W0352752

Wil und Sigrid Tondok

Ägypten individuell

WWW

http://www.reise-know-how.de/

LATEST NEWS, aktuelle Informationen zu den Büchern der Reise Know-How Reihe finden Sie unter obiger Adresse im Internet, spezielle Infos zu den Tondok-Reiseführern und -gebieten unter unsrer Homepage http://www.tondok-verlag.de

Ägypten individuell

Ein Reisehandbuch zum Erleben, Erkennen und Verstehen eines phantastischen Landes

von Wil und Sigrid Tondok

Bearbeitung der altägyptischen Themen:
Sylvia Schoske
(Staatliche Sammlung Ägyptischer Kunst, München)
Dietrich Wildung
(Ägyptisches Museum, Berlin)

IMPRESSUM

REISE KNOW-HOW Verlag GmbH, Hohentann

© COPYRIGHT by

REISE KNOW-HOW Verlag TONDOK
Nadistraße 18
D-80809 München
E-Mail: s.w.tondok@tondok-verlag.de

© Alle Rechte vorbehalten.
Alle Angaben wurden nach bestem Wissen erstellt,
eine Gewähr kann jedoch nicht übernommen werden.
ISBN 3-89662-471-7
Erstauflage Oktober 1983
13. Auflage, erweitert und aktualisiert; Oktober 1999

Umschlagkonzept Manfred Schömann, Köln, Peter Rump, Bielefeld
Umschlagdesign: Sigrid Tondok, Michael Luck
Fotos © Sigrid Tondok
Druck und Bindung: Presse-Druck- und Verlags-GmbH, Augsburg

Dieses Buch ist in jeder Buchhandlung der BRD, Österreichs, der Niederlande und der Schweiz erhältlich. Auslieferung für den Buchhandel:

- **BRD**: Prolit Verlagsauslieferung GmbH, 35463 Fernwald
  sowie alle Barsortimente
- **Schweiz**: AVA-buch 2000, CH-8910 Afoltern
- **Österreich**: Mohr Morawa GmbH, A-1230 Wien
- **Niederlande**: Nilsson & Lamm BV, NL 1380 AD Wessep

Alle Informationen in diesem Buch sind mit großer Sorgfalt gesammelt und vom Lektorat gewissenhaft überprüft worden. Da inhaltliche und sachliche Fehler trotzdem nicht ausgeschlossen werden können, erklärt der Verlag, daß alle Angaben im Sinne der Produkthaftung ohne Garantie erfolgen und daß Verlag wie Autor keine Verantwortung für inhaltliche sowie sachliche Fehler übernehmen.

Vorwort eines Ägyptenkenners

Nicht nur wegen seines Titels „ÄGYPTEN INDIVIDUELL" gehört dieser Führer ins Reisegepäck eines jeden Ägyptenfahrers. Die Fülle der praktischen Informationen findet sich nirgendwo sonst, und einzigartig ist auch, daß die beiden Autoren fast alles aus eigener Erfahrung berichten und von Auflage zu Auflage aktualisieren. So ist ein Reisehandbuch entstanden, das an Vollständigkeit und Präzision unübertroffen ist.

Was aber jeder Benutzer dieses Führers schon nach wenigen Minuten der Lektüre spüren wird, ist die tiefe Sympathie der Autoren für Ägypten und die Ägypter. Das heutige Ägypten bleibt nicht Staffage für die Altertümer, sondern es wird in seinem offen, aber einfühlsam geschilderten Anderssein selbst zu einem Erlebnis und zur bleibenden Erfahrung.

Für Ägypten-Neulinge und für alte Profis ist dieser Führer in gleicher Weise informativ und anregend - ich kann mir kein anderes Buch vorstellen, das den Aufenthalt in diesem herrlichen und schwierigen Land mehr erleichtern und intensivieren könnte.

Prof. Dr. Dietrich Wildung
Direktor des
Ägyptischen Museums, Berlin (SMPK)

Ein paar Hinweise zu diesem Buch und seinen Verfassern

Im Herbst 1983 brachten wir unter dem Titel „Ägypten - Reiseland für Globetrotter" die erste Auflage dieses Handbuchs heraus. 1985 paßten wir die Umschlaggestaltung dem Gesicht der von uns mitgegründeten Reise-Know-How-Reihe an. Im Laufe der Jahre kürzten wir den Titel und tauften das Buch in „Ägypten individuell" um. Mit jeder Auflage wuchsen Umfang und Informationsfülle; auch die jetzt vorliegende dreizehnte Auflage ist wiederum erweitert und, wo immer möglich, aktualisiert.

Die Ägyptologen Dr. Sylvia Schoske und Prof. Dr. Dietrich Wildung überarbeiteten die Teile, die sich mit altägyptischen Themen beschäftigen und setzten die Schwerpunkte so, daß der Laie einen besseren Überblick gewinnt. Daß wir für derart kompetente Unterstützung dankbar sind, wird jeder verstehen, der sich als Amateur in die ägyptische Historie einarbeitet. Darüber hinaus hat uns ganz besonders die Anerkennung durch erfahrene Ägyptenkenner gefreut.

Herzlich bedanken möchten wir uns bei den vielen Lesern, die uns schrieben und uns neue und wertvolle Informationen mitteilten. So konnten wir die Erfahrungen unserer eigenen sechzehn Ägypten-Reisen wiederum mit Leserinformationen ergänzen. Wir fanden auch immer wieder bestätigt, daß unser Hauptanliegen Resonanz findet: Verständnis für die Menschen in Ägypten und für ihre Situation zu wecken.

Am liebsten würden wir dieses Buch als Zeitschrift herausgeben, um es so aktuell wie möglich zu halten. Als Kompromiß drucken wir nur relativ geringe Auflagenhöhen. So gelingt es uns, mit ständigen Neuauflagen eine Aktualität zu erzielen, die Ihnen während der Reise sehr nützlich sein wird. Um jedoch das Buch so handlich wie möglich zu halten, drucken wir verhältnismäßig eng und klein, damit Sie im Urlaub nicht zu viel Gewicht herumschleppen müssen. Bei dieser Auflage verwenden wir eine enger laufende Schrift; sie erlaubt uns, den erheblich gestiegenen Textumfang und die neuen Pläne auf nur zusätzlichen 32 Seiten unterzubringen.

Noch ein paar Worte in eigener Sache. Wir gehören zu den Menschen, die nicht genug von der "Droge Reisen" bekommen können. In den 70er Jahren gaben wir unsere beruflichen Karrieren auf, verkauften Hab und Gut und reisten in einem VW-Camper in drei Jahren einmal um die Erde. Daraus entstand unser erstes Buch *"Im VW-Bus um die Erde"*. Schon bald nach der Rückkehr gingen wir für die UNO nach Pakistan, auch das eine interessante Erfahrung. Bevor uns berufliche Verpflichtungen endgültig an Deutschland banden, bereisten wir ausgiebig Nord-und Westafrika. Danach blieb keine Zeit mehr für längere Reisen. Daher konzentrierten wir uns auf das relativ nahegelegene Ägypten, in dem wir fast jeden freien Tag verbrachten und das Land auf nahezu jährlichen Besuchen wirklich kennen und darüber hinaus sehr lieben lernten: Ägypten wurde uns zur zweiten Heimat.

Wir wünschen Ihnen so viel Freude bei Ihrem Besuch wie wir sie jedesmal erleben, wenn wir ägyptischen Boden betreten.
Wil und Sigrid Tondok

Gebrauchsanleitung für Ägypten individuell

Wie immer man einen Reiseführer konzipiert, dem Benutzer wird Vor- und Zurückblättern leider nicht erspart bleiben. So auch bei diesem Buch. Um aber unnötiges Nachschlagen vermeiden zu helfen, machen Sie sich bitte kurz mit dem prinzipiellen Aufbau vertraut:

Kapitel 1 informiert Sie über Vorbereiten, Ankommen und Zurechtkommen in Ägypten, Kapitel 2 über Land, Leute und Vergangenheit. Mit Kapitel 3 beginnt das Reisen in Ägypten. Die Beschreibungen folgen dem System Nord nach Süd, mit Ausnahme des Sinai. Zunächst beschreiben wir Alexandria und die Mittelmeerküste einschließlich Siwa, dann geht es über Kairo (Kapitel 4) immer am Nil entlang (Kapitel 5) bis nach Abu Simbel. In Kapitel 6 machen wir einen Schritt nach Westen und fahren über die Oasen der Libyschen Wüste nach Luxor. In Kapitel 7 ein ähnlicher Schritt nach Osten: Von Port Said über Suez, Hurghada bis fast zur Sudan-Grenze. In Kapitel 8 finden Sie den derzeit ausführlichsten deutschsprachigen Sinaiführer. In Kapitel 9 sind hauptsächlich Informationen zur Übernachtung zusammengefaßt.

Noch ein paar wichtige Hinweise:

- Dies ist **kein historischer Führer**. Die relativ knappen Angaben über historische Sehenswürdigkeiten sollen Ihnen lediglich helfen, sich vor Ort zurechtzufinden.
- Dies ist **kein spezieller Autofahrerführer**. Wir wenden uns an jeden, der - wie immer möglich - in Ägypten herumreist: Mit öffentlichen Verkehrsmitteln, per Gruppe, mit Auto, Motorrad oder Fahrrad.
- In den Reisekapiteln steht vor jedem Ort eine **km-Angabe**, mit der wir die Entfernung zum nächsten erwähnten Punkt angeben. Diese Angabe basiert auf den Tachometern der von uns benutzten Fahrzeuge, sie soll nur eine Orientierung sein.
- Vor jedem Abschnitt mit Sehenswürdigkeiten finden Sie eine Übersicht „**INTERESSANTES**", damit Sie auf einen Blick feststellen können, was die Besichtigungsmühe lohnt.
- Ein sehr detaillierter **Index** sowie viele **Querverweise** sollen Ihnen helfen, schnell die gewünschte Information zu finden. Dazu sollen auch die Stichworte auf den Griffmarken und die Kopfleisten beitragen.
- Sie finden in diesem Buch viele **Karten** und Pläne. Viele davon wurden von uns entworfen oder von relativ ungenauen Vorlagen übernommen und verbessert. Leider sind uns nicht immer genaue Maßstäbe bekannt, bitte haben Sie Verständnis. Wenn keine Straßennamen vermerkt sind, so sind wirklich keine bekannt. Im übrigen ist das Karten-Recherchieren in einem militärisch sensiblen Land wie Ägypten nicht einfach. In Kairo wurden wir beim Skizzieren des Midan-Ramisis-Plans verhaftet ...
- Die **Nummerierung** innerhalb der **Karten** läuft stets von oben links nach unten rechts (soweit möglich).
- Häufiger werden Sie **GPS-Daten** finden, die wir entweder selbst ermittelten oder die uns von Lesern mitgeteilt wurden. (Beispiel: N27°04,97' E28°12,04'; Achtung, Sekunden sind dezimal als Minuten angegeben!). Bitte verwenden Sie diese Informationen mit der gebotenen Skepsis; es können sich sowohl Ablese- wie auch Übertragungsfehler einschleichen.

- Da die **Schreibweise** vieler Ortsnamen gewaltig variiert (z.B. verbirgt sich hinter Melaui und Mallawi derselbe Ort), entschieden wir uns jeweils für die Variante, die uns am gebräuchlichsten erschien (häufig die englische Version).
- ***Hintergrundinformationen*** sind in den Reisekapiteln grundsätzlich in der Schrift *Times Roman* gedruckt, damit sie sich vom praktischen teil abheben.
- Alle Informationen entsprechen dem uns bei **Redaktionsschluß** im September 1999 bekannten Stand. Wenn Sie genauere, aktuellere oder nützlichere Informationen besitzen, so teilen Sie uns **Ihre Erfahrungen** bitte - so frisch wie möglich - mit. Am Buchende finden Sie einen Vordruck dafür. Als Dankeschön schicken wir Ihnen dann ein Buch aus unserem Programn.

Wenn Sie sich über das zu dicke Buch ärgern, zerschneiden Sie es doch! Nehmen Sie ein scharfes Messer und trennen Sie - vorsichtig - die Kapitel heraus, die Sie jeweils mit sich herumschleppen müssen. Wenn Sie das geschickt machen wollen, entfernen Sie zuerst den Umschlag so, daß er möglichst erhalten bleibt. Dann können Sie später die Einzelteile zumindest wieder im Umschlag sammeln und ins Regal stellen.

Abkürzungen

AR – Altes Reich
AC – Aircondition (Klimatisierung)
Bhf – Bahnhof
JD – Jordnischer Dinar
Jhd – Jahrhundert
£E – Ägyptische Pfund
Md – Midan (Platz)
MR – Mittleres Reich
NR – Neues Reich
NIS – Neue isrelische Scheke
pP – pro Person
Pt – Piaster
Sh – Sharia (Straße)
Std – Stunde
nC – nach Christi Geburt
vC – vor Christi Geburt

Im Hotelkapitel benutzen wir viele Abkürzungen, die auf Seite 553 erläutert sind. Hier nur die beiden wichtigsten:
E+B – Einzelzimmer mit Bad
D+B – Doppelzimmer mit Bad

Bei **Abfahrtszeiten** von Bussen, Zügen etc. verzichten wir auf die stereotype Wiederholung xx Uhr; wenn dort also steht 17.00, so ist immer 17.00 Uhr gemeint.

Die **Öffnungszeiten und Eintrittspreise** von Museen etc. sind wie in dem folgenden Beispiel angegeben: (9-14,F9-12,£E 2). Die ersten Zahlengruppen beziehen sich auf die normale Öffnungszeit, also hier 9 – 14 Uhr. „F" gibt die Öffnungszeit für freitags an. Der Eintritt beträgt £E 2..

Um Ihnen eine Entscheidungshilfe bei der **Auswahl der vielen Sehenswürdigkeiten** zu geben, klassifizieren wir sie mit einem Stern-System. Wir meinen, daß man an
******** auf keinen Fall vorbeigehen sollte,daß
******* eine wertvolle Bereicherung darstellt
****** ebenfalls den Besuch lohnt. Aber auch um die Sehenswürdigkeiten, die nur mit
***** bewertet sind, würde man sich in vielen anderen Ländern noch reißen...

Inhalt auf einen Blick

Die Griffmarken auf dieser Seite sind ein Inhalts-Überblick und bringen Sie "mit einem Fingertip" zum gewünschten Kapitel, dort geht es dann mit den Einzelmarken weiter.

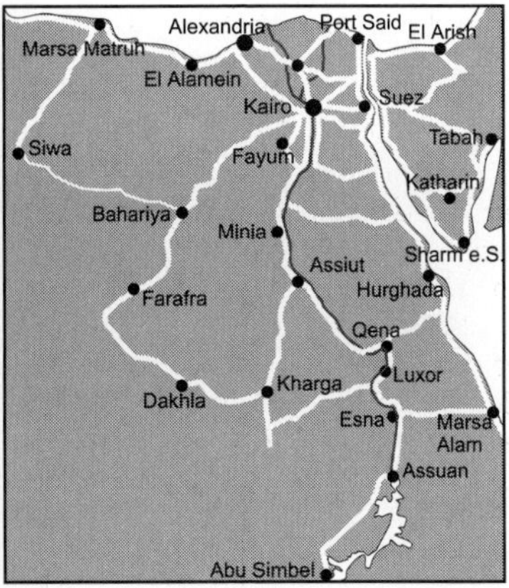

Inhaltsverzeichnis

1. Alles über Reisen in Ägypten

1.1 Als Gast im Orient

Gefahr durch Terroranschläge

Am 17. November 1997 schlachteten fanatische Terroristen mit eiskalter Brutalität 57 wehrlose Besucher im Hatschepsut-Tempel in Luxor förmlich ab. Sie begingen in irrwitzigem Wahn ein Massaker, das in der touristischen Historie sowohl Ägyptens als auch des Welttourismus ziemlich einzig darsteht. Das Schlimme: Das Massakrieren entspricht ganz und gar nicht der Mentalität dieses Volkes, schon gleich nicht der Offen- und Herzlichkeit der Fellachen, der ländlichen Bevölkerung.

Drei Wochen nach dem Attentat verurteilten die politischen und militärischen Führer der Untergrundorganisation Gamaa Islamija den Anschlag und teilten mit, daß künftig keine Aktionen gegen ausländische Touristen mehr ausgeübt würden. Die Luxor-Attentäter seien neue, junge Mitglieder gewesen, die aus eigenem Antrieb gehandelt hätten. Das hilft zwar den Todesopfern und Verletzten herzlich wenig, verspricht aber künftigen Besuchern eine Prise Sicherheit.

Seit dem Luxor-Attentat wurden bis Redaktionsschluß dieser Auflage keine weiteren Anschläge auf Touristen bekannt. Dafür führen offizielle Stellen Ägyptens mehrere Gründe an, deren Schwerpunkt je nach Interessenlage differiert. Aber letztendlich mag es die Summe aller Maßnahmen sein, die Ägypten wieder zu einem sicheren Reiseland aufsteigen ließ.

Zum einen werden die Sicherheitsmaßnahmen genannt, die für jedes für Terroristen interessante touristische Objekt ergriffen wurden. Ein dichtes Netz aus sichtbaren und unsichtbaren Sicherheitskräften riegelt sie quasi ab. Aber auch die Infrastruktur der Terroristen wurde ins Visier genommen, sowohl durch Aktionen gegen Verstecke innerhalb Ägyptens als auch gegen die Basen außerhalb des Landes. Weiterhin bemüht man sich, die Finanzquellen und die Unterstützung auszutrocknen. Unterhält man sich mit Ägyptern über diese Situation, so findet man sehr häufig die Bestätigung, daß die staatlichen Maßnahmen nun endlich wirkungsvoll gegriffen hätten.

Tatsächlich spielt aber auch eine wichtige Rolle im Bewußtsein der Menschen, daß dieses grauenhafte Attentat gegen alle Regeln eines muslimischen Gastgebers verstieß, wie "schlecht" sich die Touristen auch immer benehmen. Der nahezu totale Niedergang des Tourismus schlagartig nach dem Attentat zeigte aber auch der Bevölkerung, wie sehr sie von den Gästen des Landes in ihrer Existenz abhängt.

Aus der Sicht der fundamentalistischen Eiferer gilt es, den derzeitigen Staat zu destabilisieren; die Tourismusindustrie ist einer der effektivsten Hebel auf diesem Weg. Die Fanatiker wollen Ägypten in einen islamischen Gottesstaat, etwa nach iranischem Vorbild, verwandeln und damit alle täglichen Nöte beseitigen: Armut, Korruption und nicht zuletzt die aus westlichem Einfluß herrührende Gottlosigkeit. So sehr man allen Ägyptern die Beseitigung der immer drückender werdenden Armut wünscht, so wenig hat der fundamentalistische Weg in Vergleichsländern Erfolg erzielt. Lediglich eine Umschichtung von Macht und Geld, verbrämt mit religiöser Pseudolegitimation, war den Revolutionen mit ihren zahllosen Todesopfern beschieden.

Wie es weitergeht, ist derzeit nur schwer abzuschätzen. Viele Zeichen sprechen dafür, daß der Terrorismus langsam abebbt. Doch die eigentlichen Ursachen, nämlich soziale Spannungen und Verarmung immer größerer Bevölkerungskreise, werden sich kaum zum Positiven ändern; ein Nährboden, wie geschaffen für Revolutionäre. Es ist lediglich zu vermuten, daß sich der Terror ziemlich ausschließlich auf innerägyptische Ziele verlagern wird.

Dennoch betrachten wir in diesem Führer die Situation weitgehend so, als ob sie bereinigt wäre. Wir können nur schwerpunktmäßig auf die derzeit gefährdeten Gebiete aufmerksam machen, nicht aber die Lage für jeden Ort beschreiben; denn die häufig **undurchsichtige Situation kann sich täglich ändern**. Andererseits wollen wir Ortsbeschreibungen nicht herausnehmen oder modifizieren, nur weil Städte wie z.B. Assiut oder Minia Hochburgen der terroristischen Fundamentalisten sind.

Wenn Sie sich als Individualtourist vorsichtig verhalten wollen, dann sollten Sie an die folgenden Punkte denken:

- Vermeiden Sie Reisen im Niltal zwischen Minia und Qena; seien Sie vorsichtig im Fayum.
- Verhalten Sie sich möglichst unauffällig, dies gilt besonders auch für weibliche Kleidung.
- Erkundigen Sie sich nach der aktuellen Situation (Botschaft, Reisebüro).
- Fahren Sie weniger mit den sogenannten Luxusbussen, lieber mit der einfacheren Ausgabe, in der sie unter sehr viel mehr Einheimischen sitzen. Nehmen Sie auf der Eisenbahn nicht den Supersleeper nach oder von Oberägypten, sondern die Züge 1. oder 2. Klasse (die außerdem viel billiger sind).
- Hören Sie die lokalen oder auch internationalen Nachrichten, um auf ein eventuelles Wiederaufflammen reagieren zu können.
- Als Information: Ausländer dürfen ab Kairo nur bestimmte, militärisch begleitete Züge nach Süden benutzen. Polizeieskorten begleiten Privatfahrzeuge in den "gefährdeten" Gebieten.
- Radfahrer werden ab Minia höflich aber bestimmt auf LKWs, Jeeps oder Busse gebeten.

In Minia wie in Assiut kann man derzeit nur mit Bodyguard das Hotel verlassen, Benni Hassan besucht man in Begleitung eines Schützenpanzers und von einem Dutzend Polizisten (was nicht heißt, daß sich Besucher bei anderen Gelegenheiten nicht auch völlig zwanglos bewegen können!), in Qena dürfen Touristen nicht übernachten, Abydos überhaupt nicht besuchen.

Trotz aller Warnungen berichten viele Leser vom völlig unbehelligten Besuch auch der oben genannten Gegenden. Der Trick dabei ist, sich "unters Volk zu mischen", d.h. mit öffentlichen Verkehrsmitteln in den Klassen zu reisen, in denen auch die meisten Ägypter unterwegs sind und sich in Hotels einzubuchen, die von Einheimischen frequentiert werden. Beides ist ohnehin in diesen Gebieten kaum anders möglich. Freilich besteht dann immer noch die Gefahr, daß man in Schießereien zwischen Terroristen und der Polizei oder den Kopten gerät. Dennoch: Vermutlich ist das Risiko, zu Hause auf der Fahrt zum Flughafen in einen Verkehrsunfall verwickelt zu werden, vielfach höher.

Wenn Sie die Schwerpunkte terroristischer Aktivitäten in Mittelägypten (Minia über Assiut bis Qena) meiden wollen, dann fliegen Sie von Kairo nach Luxor. Oder fahren Sie westlich des Niltals durch die Oasen nach Luxor, was mit öffentlichen Verkehrsmitteln allerdings etwas aufwendig ist.

Zumindest 1999 hat sich nach Auskunft der Reiseveranstalter der Ägyptentourismus stark geändert. Lagen vor den Attentaten Bildungsreisen an der Spitze, so steht derzeit Baden mit Abstechern zu den Kulturzielen auf dem Programm. Dies liegt einmal daran, daß sich die Besucher fernab vom Nil sicherer aufgehoben fühlen, zum anderen aber auch an den extrem preisgünstigen Reisen und entsprechenden Last-Minute-Angeboten.

Ägypten: Reiseland für Individualisten

Allgemein gilt Ägypten als das klassische Land der Pauschaltouristen. Sie konzentrieren sich auf bekannte Orte wie Kairo, Luxor, Assuan oder auf die Badeorte am Roten Meer und am Golf von Aqaba. Auf den von vielen Millionen Besuchern ausgetretenen Pfaden sieht der Gast hauptsächlich das historische Ägypten. Daß aber noch ganz andere Attraktionen auf ihn warten, geht im üblichen Reiserummel meist unter. Daher wollen wir Sie – zusätzlich zum Kennenlernen des historischen Ägyptens – auf Entdeckungsreisen mitnehmen, die nicht zum Standardrepertoire der klassischen Besichtigungsrouten zählen.

- Folgen Sie uns in die **Weiße Wüste**, um die grandiosen Kunstwerke der Erosion zu bestaunen und sich in den Oasen im Schatten von Palmenhainen auszuruhen.
- Erleben Sie die gewaltigen Felsengebirge, die sich in den Trockentälern des **Südsinai** gen Himmel türmen; kommen Sie in die Canyons, in denen senkrechte Wände immer enger zusammenrücken.
- Schlafen Sie doch einmal in der **Einsamkeit** dieser grandiosen Wildnis unter freiem Himmel: Sie werden sich den Sternen so viel näher und der Umgebung so viel mehr verbunden fühlen.
- Und tauchen Sie, nur wenig entfernt, in das glasblaue Meer am Golf von Aqaba, um die **Unterwasserwelt der Korallenriffe** – die schönsten der Erde – zu beobachten.
- Oder legen Sie ein paar Badetage an der westlichen **Mittelmeerküste** ein, dort, wo schneeweiße Sandstrände und ins Meer stürzende Kalksteinfelsen eine ganz ungewöhnliche Badekulisse schufen.

Ägypten und *Tausendundeine Nacht*. Zwar sind viele der Flüstergeschichten verstummt, aber der geheimnisvolle, ein bißchen märchenhafte Orient ist in den meisten seiner schillernden Facetten immer noch quicklebendig, wenn auch mit weniger Pracht und viel mehr Armut. Kommen Sie mit auf Spaziergänge durch Kairos alte Viertel, da brodelt das Leben in all seinen Spielarten, da scheinen sich nur Äußerlichkeiten in den letzten Jahrhunderten geändert zu haben. Mit ein bißchen Phantasie erstehen plötzlich vergangene Zeiten auf; das Leben von heute ist mit dem Leben von gestern so eng verwoben, daß sich der Besucher häufig erstaunt fragt, ob seine Umgebung Wirklichkeit oder ein Traum ist.

Natürlich zählen die Pyramiden auch heute noch zu den Weltwundern, sind die vielen Gräber mit ihren Bildergeschichten und die imposanten Tempel aus pharaonischen Zeiten wirklich sehenswert, ist der Nil mit seinen Segelbooten, seinen Inseln und Dörfern ein wichtiger Teil des *Erlebnisses Ägypten*. Aber zum Land gehören ebenso die Menschen, die großmütig und herzlich dem Fremden begegnen – solange sie nicht zu den "professionellen" Bakschischjägern der Tourismusbranche gehören.

Dieser Führer soll daher *Wege zu den Herzen der Menschen* aufzeigen und das Verhältnis zwischen Touristen und Ägyptern entspannen helfen.

Nun werden Sie fragen, wie man sich ein Land mit so vielen unterschiedlichen Attraktionen erschließt. Die Antwort ist einfach: Starten Sie. Wo immer Sie den Orient betreten, werden Sie in wenigen Augenblicken von einer anderen, ungeheuer spannenden Welt gefesselt sein. Einmal angekommen, ist alles viel unkomplizierter als es zuvor aussah. In den folgenden Kapiteln finden Sie alle notwendigen Informationen, um eines der phantastischsten Reiseländer kennen- und (hoffentlich) liebenzulernen.

Ägypten verstehen lernen

Es liegt auf der Hand, daß man in fünftausend Jahren Geschichte eine eigene Identität erwirbt. Zwar war diese Zeit einigermaßen abwechslungsreich, eine Anzahl Fremder ergriff Besitz von der Niloase und hinterließ Spuren in der Erbmasse des Volkes. Dennoch sind die Ägypter Leute mit selbstbewußter Meinung und eigenen, auf dem Islam bzw. dem koptischen Christentum basierenden Moral- und Lebensvorstellungen. Die überwiegende Zahl der Menschen nimmt das Leben gelassen, ja zufriedener, als wir Mitteleuropäer es unter materiell so viel günstigeren Bedingungen tun.

Wenn wir also dieses so vielschichtige Volk besuchen, seine uns manchmal vielleicht unverständlichen Verhaltensweisen miterleben, dann können wir nicht hingehen und verurteilen oder gar als Lehrmeister und Besserwisser auftreten. Die Fairness den anderen Menschen gegenüber gebietet, sie vor dem Hintergrund ihrer Traditionen, Religion und geographisch-klimatischen Lage zu sehen. Erst wenn wir versuchen, uns in diese Welt einzudenken, besser noch einzufühlen, werden wir den Menschen nahekommen und feststellen, daß es hier nur andere, nicht jedoch bessere oder schlechtere Verhaltensweisen gibt.

Die folgenden Überlegungen können nur ein paar Anregungen und Anstöße zum Nachdenken geben; alle Aspekte zu erläutern, würde ein eigenes Buch erfordern.

Mit der ältesten Universität der Erde im Rücken, an der die fundamentalen Glaubenssätze des Islam für die gesamte islamische Welt noch heute geprägt und gelehrt werden, hat Ägypten eine deutliche Führungsrolle im arabischen Lager inne. Selbst wenn der Wind der Freundschaft hin und wieder dreht, weiß jeder Ägypter von dieser Führerrolle und ist stolz darauf. Doch selten werden Sie Menschen finden, die arrogant auf Nichtägypter blicken. Das Land am Nil kennt seit Jahrtausenden Fremde und verschiedene Lebensarten und weiß diese zumindest zu tolerieren.

Die Ägypter sind höfliche und hilfsbereite Leute. Ihre Höflichkeit hat lange Tradition und wird manchmal fast um ihrer selbst willen gepflegt. Wenn Ihnen ein Mann auf der Straße mit großem Wortschwall den falschen Weg weist, dann tut er das nicht, um einen Fremden in die Irre zu lenken: Es wäre ausgesprochen unhöflich, eine Antwort schuldig zu bleiben und Sie der Ungewißheit zu überlassen – auch wenn er selbst über die einzuschlagende Richtung unsicher ist. Er konnte – und das ist für unsere nüchterne Logik nicht so einfach entschlüsselbar – Sie nicht hilflos herumstehen lassen.

Die Vorstellungen des Ägypters vom Sinn des Lebens weichen fundamental von den unseren ab. Während wir überall nach dem Sinn und Zweck von Tun und Lassen suchen, nimmt der Ägypter sein Leben aus Allahs Hand und versucht, sich von seinem Schöpfer führen zu lassen. Interpretationen des Heiligen Koran weisen in erster Linie den jeweils nächsten Schritt, erst dann kommt das bewußte Kalkül.

Für den Ägypter gilt nicht so sehr das harte Feedback, das jede Entscheidung prüft und beurteilt. Was er getan hat, das ist nun mal so und dabei soll es bleiben. Das heißt nicht unbedingt, daß er beim nächsten Mal ähnlich reagieren muß.

Hier sprechen wir – häufig geringschätzig – von Fatalismus. Aber wir müssen uns mit dieser Lebenseinstellung abfinden. Wenn Sie sich z.B. mit einem Mann mittags verabreden und er kommt ein paar Stunden später, dann wurde er durch etwas aufgehalten, das des Aufhaltens wert war – es muß keineswegs wichtig oder wichtiger als Sie gewesen sein.

Sie werden des öfteren den Umgang der Ägypter mit Tieren beobachten können und feststellen, daß bei ähnlichem Verhalten mitteleuropäische Tierschutzvereine in vielen Fällen sofort zum nächsten Richter rennen würden. Umgekehrt fragen Ägypter (und Angehörige anderer Völker), ob wir nicht Tieren Neigungen entgegenbringen, die wir häufig unseren Mitmenschen vorenthalten. Sicher rechtfertigt dieses Argument keine brutale Tierquälerei, aber es ist in bezug auf den Mitmenschen des Nachdenkens wert. Zum besseren Verständnis sei noch angefügt, daß zu den unreinen Tieren im Islam u. a. auch Hunde zählen. Das kann, wenn Reisende mit Hund auftauchen, eventuell zu unverständlichen Reaktionen führen.

Immer wieder werden Sie auf den Ausruf "Malesch, Malesch" stoßen – und sich vermutlich selten darüber freuen. Malesch ist freundliche Resignation und heißt soviel wie *Schicksal*; wobei hier die ägyptische Lebensphilosophie voll zum Tragen kommt. "Malesch, das Auto ist kaputt", das ist halt passiert, da wird man nicht groß hadern und nach dem Warum und Wieso fragen. Es ist für uns als Besucher häufig besser, sich mit einer Sache – "Malesch, Malesch" – abzufinden und nicht herumzunörgeln, wenn etwas nicht klappt.

Ständig werden Sie *Inshallah – so Gott will* hören, was z.B. irritierend wirken kann, wenn der Flugkapitän die Landung ankündigt und *inshallah* an den Satz hängt. Grundsätzlich wird dieser Begriff für alle Aussagen, die sich auf die Zukunft beziehen, verwendet. Denn nach dem Glauben frommer Muslime bestimmt Allah, was morgen passiert, und nicht der Mensch. Für uns mag dies als Ausflucht erscheinen, ein Muslim würde aber Allah herausfordern, wenn er Ihnen einen Termin für morgen zusagt und etwa vergäße, *inshallah* hinzuzufügen.

Auch in der Gestik, in der **Kommunikation per Zeichensprache,** gelten andere Normen als bei uns. Hier ein paar gravierend unterschiedliche Gesten, die leicht zu Mißverständnissen führen können (die folgende Liste basiert auf einem Artikel der Zeitschrift *papyrus*):

- **Begrüßung**: Nach dem Händeschütteln als Ehrerbietung die rechte Hand auf die Brust legen.
- **Langsam, warte**: Hand erhoben, Fingerspitzen zusammengelegt, Hand langsam auf- und abbewegen. Wer ist nicht schon auf diese so typische orientalische Geste gestoßen ...
- **Heranwinken**: Ausgestreckter Arm, Handfläche nach unten, die vier Finger öffnen und schließen sich bei ausgestrecktem Daumen (Heranwinken mit dem Zeigefinger wie bei uns, ist sehr unhöflich).
- **Geh weg**: Ähnliche Gebärde wie oben, aber schnelles Öffnen und Schließen der Finger.
- **Gib her**: Ausgestreckter Arm, Handfläche nach oben, leichtes Öffnen und Schließen der Finger bei ausgestrecktem Daumen.
- **Nein**: Hand mit nach oben gestrecktem Zeigefinger schnell hin- und herbewegen.
- **Aufpassen**: Mit dem Zeigefinger der rechten Hand erst auf rechtes, dann auf linkes Auge weisen.
- **Schlau**: Mit dem Finger auf die Stirn tippen (genau das Gegenteil von unserem Verständnis).
- **Verrückt**: Mehrmaliges Drehen einer Hand in Kopfhöhe oder einen kleinen Kreis an die Schläfe malen.
- **Zahlensprache**: Erhobener Zeigefinger für "1", Zeige- und Mittelfinger zum V-Zeichen bedeutet ein Paar; abgezählt wird für "1" mit dem Daumen am kleinen Finger, für "2" mit dem Daumen am Ringfinger etc.
- **Übereinstimmung**: Gesprächspartner schlagen Handflächen der rechten Hand ineinander.
- **Schluß, vorbei**: Handflächen werden wie beim Waschen aneinander abgestreift.

Was man falsch machen kann

Das Leben der Ägypter wird weitgehend von der Religion bestimmt. Daher sind auch sehr viele Verhaltensweisen auf religiöse Hintergründe zurückzuführen. Als Gast des Landes müssen wir diese Sitten respektieren und uns dem fremden Kulturkreis anpassen. Andererseits sollte man natürlich nicht die eigene Identität aufgeben, sondern lediglich Entgegenkommen zeigen.

Leider sehen wir uns aufgrund vieler Beobachtungen gezwungen (und werden auch von vielen Lesern immer wieder und nachdrücklich darum gebeten), öfters und fast schulmeisterhaft in diesem Buch auf Fehlverhalten der Besucher hinzuweisen. Dieses Fehlverhalten kann sehr viel zerstören, sowohl im zwischenmenschlichen als auch im ökologischen Bereich. Daher reden wir nicht um die Dinge herum, sondern stellen sie möglichst klar und deutlich dar, selbst wenn es einigen Leuten auf die Nerven geht. Denn leider gibt es eine Menge Mitmenschen, die keinerlei Sensibilität für ihre Umgebung aufbringen und sich wie "Elefanten im Porzellanladen" benehmen; diese Spezies ist hier angesprochen.

Doch ganz abgesehen von aller Unsensibilität kann man/frau nicht immer wissen, wann und wo die Gastgeber völlig anders reagieren als wir, oder wo sie ganz andere Wertvorstellungen haben – wer weiß schon, daß man seine Fußsohlen nicht zeigt, etc. Darüber hinaus möchten wir Sie bitten, andere Touristen auf krasses Fehlverhalten aufmerksam zu machen, denn viele Besucher haben sich zwar über das pharaonische Ägypten informiert, aber kaum über das heutige Leben.

Generell sollte man wissen, daß die Orientalen etwas anders miteinander umgehen, als wir es im nüchternen Mitteleuropa gewohnt sind. Freunde, die sich treffen oder verabschieden, tun dies mit viel Aufwand an Stimme und körperlichem Kontakt: Umarmungen, Bruderküsse und Händchenhalten oder einander Tätscheln gehören zur Vermittlung von persönlicher Wertschätzung. Auch das Hände-Halten von Männern, die durch die Straßen schlendern, hat selten etwas mit Homosexualität zu tun, sondern ist eine Art körperlicher Kommunikation.

Die Ägypter kennen eine Reihe von **Begrüßungsformeln**. Am besten benutzt der Besucher wohl: "Ahlan we sahlan" oder kurz "Salam", worauf sein Gegenüber antwortet: "Ahlan bik" oder einfach "Salam". Lesen Sie bitte weitere Formeln des nicht gerade einfachen Begrüßungszeremoniells im Minilexikon, Seite 592, nach.

Man begrüßt sich keineswegs immer per Handschlag. Daher sollte man etwas zurückhaltend abwarten, ob der Partner die Hand reicht, dann natürlich den Handschlag erwidern. Andererseits wird man von Geschäftsleuten oder von Leuten auf der Straße sehr gern per Handschlag willkommen geheißen, auch wenn man selbst keine Anstalten dazu macht.

Viele Moslems begrüßen andersgeschlechtliche Besucher aus religiösen Gründen nicht mit Handschlag. Umarmungen und Küsse zwischen Mann und Frau sind auf die engste Familie beschränkt. Es grüßt immer derjenige zuerst, der ein Haus betritt. Bei der Begrüßung bleibt die Frau nicht sitzen.

Höflichkeit und **Gastfreundschaft** sind Tugenden, die der Ägypter bis zur Selbstaufgabe pflegt. Wenn Ihretwegen ein Fellache auf dem Land sein letztes Huhn schlachten will, dann ist das selbstverständliche Gastfreundschaft dem Besucher gegenüber. Auf der anderen Seite erwartet der Gastgeber natürlich auch von Ihnen eine Erwiderung seiner Höflichkeitsbezeugungen. Gastgeschenke legt man fast belanglos ab, um den Gastgeber nicht in Verlegenheit zu bringen; weder im positiven noch im negativen Sinn.

Die Höflichkeit verpflichtet umgekehrt auch den Ärmsten, Einladungen auszusprechen. Wenn also Traveller mit vielen Einladungen prahlen, dann sind sie – sofern sie gutgläubig waren und nicht bewußt Schnorrer spielten – der wichtigen Regel nicht gefolgt, daß man **Einladungen mindestens dreimal hartnäckig ablehnt,** erst beim vierten Mal sind sie vom Gastgeber wirklich ernst gemeint (das gilt natürlich genauso bei Einladungen, die Sie aussprechen: mindestens dreimal wiederholen). Selbstverständlich gibt es westlich orientierte Ägypter, die unsere Traditionen kennen und eine Einladung gleich beim ersten Mal ernst meinen; man muß dies mit etwas Fingerspitzengefühl beurteilen.

Man sollte bei der Annahme von Einladungen immer überlegen, ob das Festmahl für einen Ausländer die wirtschaftlichen Verhältnisse des Gastgebers nicht überfordert. Besonders bei sozial schwächeren Bevölkerungsschichten sollte man Einladungen möglichst immer ablehnen. Ein Ägyptenkenner schreibt: *"Die Gastfreundschaft ist den Ägyptern – wie mir immer wieder bestätigt wurde – eine Art Zwang und nicht selten eine große Last. Empfehlenswert ist eine hartnäckige Ablehnung hartnäckiger Einladungen, sofern nicht genau bekannt ist, daß der Gastgeber entsprechend betucht ist."*

Zu aller Komplikation gibt es noch rein formale Einladungen (z.B. vom Busnachbarn zur Übernachtung in seinem Haus), die nur aus Höflichkeit ausgesprochen werden, aber gar nicht so gemeint sind. Daher gilt es auch hier, mindestens dreimal bestimmt abzulehnen, andernfalls könnten Sie Ihr Gegenüber in arge Verlegenheit bringen. Dies gilt übrigens nicht für Wasser, das als Geschenk Gottes von jedem, der es hat, jedem, der danach fragt, zu geben ist.

Ein Hinweis: Wenn Sie bei Ägyptern übernachten, müssen Sie dies zuvor der Touristenpolizei melden, andernfalls können Sie Ihre Gastgeber in arge Bedrängnis stürzen. Auch wenn diese Bestimmung nicht sehr strikt durchgesetzt wird, so kann sie als willkommener Hebel gegen Bürger genutzt werden, die ein Polizist aus welchen Gründen auch immer ohnehin im Visier hat. Leser berichteten uns, daß ihre Gastgeber nachts von der Polizei aus dem Bett geholt und langwierigen Verhören unterzogen wurden.

Während des Essens lädt der Gastgeber Ihren Teller randvoll, Sie müssen alles probieren, einerlei wie es aussieht und schmeckt. Leeren Sie Ihren Teller nur dann, wenn Sie noch Hunger haben; denn ein leerer Teller wird sofort wieder gefüllt. Lassen Sie mindestens einen Rest zurück, um das Ende Ihrer Sättigung anzuzeigen. Wenn mit den Fingern gegessen wird, legen Sie am besten die linke Hand (sie gilt als unrein) in den Schoß. Setzen Sie sich nicht so, daß Ihre Fußsohlen auf andere Teilnehmer zeigen und diese beleidigen, am besten also im Schneidersitz (siehe auch weiter unten).

Es gibt eine Reihe von Lebensäußerungen, die uns ungewohnt und fremd erscheinen. Es sollte uns selbstverständlich sein, diese Äußerungen zu tolerieren und uns ihnen soweit wie nötig anzupassen.

Daher im folgenden ein paar wichtige **Verhaltensregeln**:

- **Aufgeschlossen sein**

Begegnen Sie den Menschen offen, ohne Besserwisserei, Dünkel und Arroganz. Wenn man – auch in schwierigeren Situationen – mit einem Lächeln Freundlichkeit anbietet, wird man umso mehr mit Herzlichkeit empfangen werden.

- **Adäquat gekleidet sein**

Über die lockeren Kleidungssitten der Europäer regen sich die Ägypter mehr auf als offiziell bekannt wird. *"Wenn Urlauber ins Ausland reisen, sollten sie ihre guten Sitten und ihren Anstand miteinpacken,"* schrieb die *Egyptian Mail*.

Die freizügigen weiblichen Bekleidungssitten treiben in Europa fast niemanden mehr auf die Barrikaden, keiner fühlt sich durch zu enge, zu kurze, alle Linien betonende T-Shirts, Leggins, Shorts, Miniröcke und was immer die Mode erfinden mag, provoziert. Für orthodoxe Muslims (aber auch Kopten), deren Frauen jahraus, jahrein komplett zugeknöpft in der Öffentlichkeit erscheinen, geht die moralische Welt beim Anblick knappster weiblicher Hüllen halbwegs unter. Sie fühlen ihren Sittenkodex durch unangemessene Kleidung verletzt, empfinden die lockere Kleiderordnung als sexuell provozierend. Für sie sind bereits weibliche Kopfhaare, nackte Arme und Beine Sexsymbole, die es zu verstecken gilt. Folglich ist die Mehrheit der Ägypterinnen traditionell gekleidet, also von Kopf, zumindest von Hals bis Fuß verhüllt. Diese Aussage muß man in Kairo und Alexandria relativieren, doch sie gilt auch in den Großstädten trotz freierer Kleidung und selbstbewußterem Auftreten der Frauen.

Man muß als westliche Frau nicht gerade in Sack und Asche gehen. Doch Schultern und Arme bedeckende, weite Kleider schützen die Trägerin meist vor aufdringlichen Belästigungen. Und diese Zudringlichkeiten – unter anderem eine Folge der von unbedarften Frauen vorgeführten aufreizenden Minimalbekleidung – können die Reisefreude erheblich mindern.

An den typischen, von Ägyptern genutzten Stränden (Mittelmeerküste) gehen die

Frauen fast ausnahmslos in kompletter Kleidung einschließlich Kopftuch ins Wasser. Es wäre völlig unpassend, dort einen Bikini zu tragen; am besten baden Sie als Frau dort überhaupt nicht, oder tragen Sie einen Badeanzug; Shorts und ein T-Shirt darüber wären noch besser.

Bedeckende Kleidung ist Pflicht für den Besuch von Moscheen und religiösen Stätten. Um dem "unangemessenen und beschämenden Aufzug" (Zitat einer Pressemeldung) von Touristinnen zu begegnen, soll entsprechend gekleideten Damen vor Betreten ein Umhang und ein Kopftuch überreicht werden. – Als Anmerkung noch: Auch Rauchen in der Öffentlichkeit gilt bei Frauen als anstößig.

Die Ägypter werden sich ebenso über Männer amüsieren oder sogar ärgern, die meinen, sich in der Hitze nur mit nacktem Oberkörper und Badehose oder Shorts bewegen zu können (und dann mit krebsroter Haut herumlaufen). Da unsere Shorts ägyptischen Unterhosen nicht unähnlich sehen, kann es leicht zu Gelächter kommen. Den Körper **bedeckende** Kleidung hat zusätzlich klimatisierende und schützende Effekte.

Ein Leser berichtet, daß die Ägypter mit Unverständnis auf seine Ohrringe reagierten. Nachdem er unter anderem immer wieder nach Sektenzugehörigkeit gefragt wurde, legte er sie entnervt ab.

Viele Leute glauben, in der Fremde käme es auf eine saubere Hose nicht an. Gerade im Orient machen Kleider Leute. Und die Ägypter wissen, daß wir zu Hause nicht in dreckigen und zerrissenen Klamotten herumlaufen und fragen sich zu Recht, warum dies in ihrem Land geschieht.

• Religiöses Verhalten respektieren

Tolerieren Sie religiöse Bräuche und akzeptieren Sie diese ohne Diskussion, wo Sie mit ihnen konfrontiert werden. Dazu gehört, daß Moscheen grundsätzlich ohne Schuhe (oder mit am Eingang ausgeliehenen Überschuhen) und in angemessener Kleidung zu betreten sind. Grundsätzlich sollten Moscheen während der Gebetszeit nicht besichtigt werden.

• Die Fastenzeit Ramadan respektieren

Provozieren Sie die Leute während dieser für den Einzelnen harten Zeit nicht durch Essen, Trinken oder Rauchen in der Öffentlichkeit. Gehen Sie tagsüber in die (wenigen) geöffneten Restaurants, die sich häufig auch auf Fremde eingestellt haben. Abends, nach Sonnenuntergang, gibt es zum Fitar (Fastenbrechen) die köstlichsten Speisen – Ramadan ist die beste Zeit für Feinschmecker.

• Kein Alkohol in der Öffentlichkeit

Obwohl Bier im Land gebraut wird *(Stella, Saqqara, sogar Löwenbräu)*, lehnt die Majorität Alkohol aus religiösen Gründen völlig ab. Derjenige Ägypter, der sich dennoch einen Schluck Alkohol genehmigt, wird versuchen, seine Mitmenschen nicht herauszufordern. Im übrigen steht Alkoholgenuß in der Öffentlichkeit unter Strafe, theoretisch kann der Trinker im Gefängnis landen.

• Keine Drogen

Drogen aller Art sind in Ägypten streng verboten. Wer sich dennoch auf Rauschgiftsuche macht, handelt völlig verantwortungslos und mißbraucht das Gastrecht. Drogenvergehen fallen unter Schwerverbrechen und können per Todesstrafe geahndet werden.

• Keine Liebesbezeugungen in der Öffentlichkeit

Auch wenn Männer (oder Frauen) miteinander händchenhaltend oder eingehakt herumschlendern, so heißt das noch lange nicht, daß man sich mit seiner Frau oder Freundin auf diese Weise in der Öffentlichkeit zeigt, sie umarmt oder sie gar küßt. Liebesbezeugungen finden ausschließlich hinter verschlossenen Türen statt.

- **Trennung der Geschlechter**

In der ägyptischen Gesellschaft sind Männer und Frauen streng voneinander getrennt, bei privaten Veranstaltungen wie auch in der Öffentlichkeit. Das geht so weit, daß sich z.B. im Postamt oder Bahnhof zwei geschlechterspezifische Schlangen bilden können. Respektieren Sie dieses System und stellen Sie sich nicht in die kürzere Reihe.

- **Taktvoll fotografieren**

Obwohl sich Kinder förmlich ins Foto drängen, gibt es andere Gelegenheiten, bei denen sich die Abzulichtenden wehren. Besonders Frauen scheuen – aus traditionellen und religiösen Gründen – den Fotografen (Sigrid hat es als Frau oft leichter, fragt aber immer, ob die betreffende Person mit dem Foto einverstanden ist). Sobald gegen Ihre Kamera Protest erhoben wird, sollten Sie dies respektieren.

Strikt verboten ist das Fotografieren militärischer Einrichtungen aller Art, dazu können bereits Brücken gehören. Angeblich ist auch das Fotografieren ärmlicher Gegenden oder von Bettlern verboten, d.h. von Motiven, die ein schlechtes Bild von Ägypten vermitteln würden. Fotografieren und Filmen mit Videokameras von kulturellen Stätten ist meist nur gegen Gebühren erlaubt, die zwischen £E 10 und £E 200 liegen können. Da die alten Farben unter Kunst- oder Blitzlicht leiden, ist das Fotografieren in den meisten historischen Anlagen untersagt. Dies ist eine sinnvolle Maßnahme zur Erhaltung der Kunstwerke, daher sollte man sie auch dann akzeptieren, wenn der Wärter es erlaubt.

Es macht also kaum Sinn, eine Fotografiererlaubnis am Eingang zu kaufen, wenn man nicht hoch- oder höchstempfindliche Filme einlegen kann, die mit dem meist schwachen Licht zurechtkommen.

- **Nicht zuviel Begeisterung**

Der *Böse Blick*, den zumindest einfachere Leute fürchten und der eng mit Neid verbunden ist, führt so manches Unglück herbei. Wenn Sie ein Kind – um der Mutter zu schmeicheln – wegen seiner Schönheit bewundern, könnten Sie insgeheim neidische böse Blicke auf das Kind werfen und die nächste Krankheit heraufbeschwören; daher werden Kinder häufig bewußt schlecht und schmuddelig angezogen, um sie hinter dieser Negativ-Fassade vor neidischen Blicken zu schützen. Oder wenn Sie – wie bei uns üblich – einen neuen Gegenstand überschwenglich bewundern, könnte der Besitzer sich genötigt sehen, Ihnen das gute Stück als Geschenk anzubieten. Man sollte natürlich schon Lob und Anerkennung aussprechen, dies jedoch zurückhaltend tun.

- **Fußsohlen nicht zeigen**

Wenn man sich lässig mit den Füßen auf dem Tisch irgendwo hinlümmelt, beleidigt man seinen ägyptischen Partner sehr grob. Wie auch in asiatischen Kulturen zeigt man auf keinen Fall seine Schuh- bzw. Fußsohlen – Amerikaner sollen schon diverse Geschäfte wegen dieser Angewohnheit verloren haben.

- **Schnorrer**

Leider nehmen immer wieder Reisende aus Europa die Gastfreundschaft der Ägypter bis zum Exzeß in Anspruch; häufig mit dem Vorsatz, auf diese Weise die eigene Kasse zu schonen. Daß ein solches Verhalten nicht gerade von hochstehendem menschlichen Niveau zeugt, ist eine Seite. Viel schlimmer jedoch ist, daß sich der finanziell besser gestellte Europäer zu Lasten eines ökonomisch sehr viel ärmeren Volkes "durchfrißt".

- **Handeln und Feilschen**

Noch ein Tip zu einer Selbstverständlichkeit im Orient: Es gibt relativ selten Festpreise. Sie müssen um den reellen Handelswert nahezu jeder touristisch interessanten Ware mit Zähigkeit feilschen, das gehört schon fast zum guten Ton. Üblicherweise ist ein

Drittel Luft im Preis, bei Fremden häufig viel mehr. Allerdings gibt es Souk-Bereiche, in denen hauptsächlich Ägypter einkaufen und in denen weitgehend Festpreise vorherrschen; hier hat Feilschen natürlich keinen Zweck. Sollten Sie sich wirklich betrogen fühlen, lassen Sie sich - wenn es sich um lohnenswerte Beträge handelt - eine Quittung geben und drohen Sie dann, damit zur Polizei zu gehen. Wenn möglich, ersparen Sie sich und der anderen Partei auf diese Weise den tatsächlichen Schritt.

Wie kann man sich vor überhöhten Preisen schützen? Eigentlich kaum, weil Handeln und Feilschen einfach zu selbstverständlich sind und dem Europäer gewöhnlich sowohl das Gefühl für den richtigen Preis als auch der sportliche Ehrgeiz zum Feilschen fehlt. Nützlich ist, wenn man die arabischen Zahlen kennt, die wenigen Preisschilder lesen und die wichtigsten Worte arabisch kann (z.B. Zahlen, was kostet das, Höflichkeitsformeln). Oder man beobachtet, wieviel ein Ägypter für die gewünschte Ware zahlt. Oder man testet beim Nachbarhändler mit bewußt niedrigem Angebot die Schmerzgrenze aus. Man kann sich natürlich auch bei Einheimischen erkundigen. Wichtig ist, immer vor Annahme der Leistung/Ware nach dem Preis zu fragen, also auch im Café oder Restaurant.

• Gastgeschenke

Sehr häufig will man sich für die Freundlichkeiten der Leute erkenntlich zeigen und sucht nach einem passenden Geschenk, das dem Beschenkten auch irgendwie nützlich ist. Da gibt es die unterschiedlichsten Dinge; doch problematisch ist immer die Transportfrage. Daher hier ein paar Beispiele:

Kugelschreiber, Malstifte, Luftballons, sinnvolles Spielzeug, Bonbons (nur bedingt, denken Sie an Karies) etc. eignen sich für Kinder. Leuten, die irgendwo und irgendwie geholfen haben ohne Bakschisch zu verlangen, kann man mit z.B. Vitamintabletten, Verbandszeug, Heftpflaster o.ä. einen Gefallen tun; europäische Zigaretten, Einwegfeuerzeuge, bunte Streichholzschachteln und Postkarten mit der heimischen Fußballmannschaft oder aus der Heimat des Besuchers (z.B. verschneite Winterlandschaft, für Ägypten ein ungewöhnliches Motiv) werden auch gern genommen. Viele freuen sich über Briefmarken, T-Shirts mit heimischem Aufdruck, Taschenmesser (Schweizer Offiziersmesser), Taschenspiegel, Nähzeugsortimente, kleine Transistorradios oder gar Kassettenspieler.

Wenn bei Einladungen die Aufwendungen des Gastgebers nicht durch Gastgeschenke kompensiert werden können – in diesem Fall z.B. einer großen Schachtel Süßigkeiten bzw. Kuchen aus einer bekannten, guten Bäckerei –, sollte man dies durch äquivalente Geldgeschenke tun, die für die Kinder des Gastgebers bestimmt sind; damit verliert keiner der Beteiligten sein Gesicht. Wenn Sie bereits in Deutschland eingeladen wurden, sollten Sie auf keinen Fall Geldgeschenke machen, sondern Kinderspielzeug oder, falls bekannt, Nützliches mitbringen. Sollte Ihr Gastgeber Alkohol trinken, dann werden Sie ihm mit einem importierten Whisky eine große Freude bereiten.

Sie sollten ein paar Fotos zum Herzeigen aus Ihrem privaten Bereich (Familie, Haus, Beruf) in der Tasche haben. Ihr Gastgeber oder andere Bekanntschaften werden sich sehr dafür interessieren. Wenn Sie keine Kinder haben, nehmen Sie die anderer Kinder mit; so mancher Frager wird Ihr Familienglück bestaunen und Sie vielleicht weniger lästig nach allen Details Ihrer Lebensumstände ausfragen.

Noch einmal sei betont, daß die Freundlichkeit, die wir den Ägyptern entgegenbringen, vielfach belohnt wird. Ein Lächeln in Ihren Augenwinkeln wird den mürrischen Kellner viel eher zur Freundlichkeit bewegen als überhebliches Schimpfen.

• Homosexuelle/Lesbierinnen
Gleichgeschlechtliche Beziehungen werden von der ägyptischen Gesellschaft praktisch nicht toleriert, obwohl zumindest Homosexualität mindestens im selben Maße wie überall auf der Welt verbreitet ist. Aber sie wird nicht zur Schau gestellt, sondern blüht im Verborgenen; lesbische Beziehungen sind noch versteckter. Gleichgeschlechtlichen Paaren kann daher nur geraten werden, ihre Beziehung tunlichst zu verbergen, um unangenehmen Situationen bis hin zu Verhaftungen aus dem Weg zu gehen.

Andererseits berichten alleinreisende Männer, daß sie von Strichern angemacht wurden. Häufige Einleitung: "Do you like Egyptian bananas?"

In Kairo soll es einen Schwulentreff im Café El Americano, Sharia 26. July/Sharia Talaat Harb geben, in Luxor im Winterpalace Hotel und in verschiedenen Diskos von Hurghada.

Bakschisch

Mohammed hat die Almosenpflicht zu einem der Grundpfeiler der islamischen Religion gemacht. Auf diese Weise hat er jedem die soziale Verantwortung für den Mitmenschen auferlegt. Es gehört daher zur selbstverständlichen Gepflogenheit, dem Bedürftigen vom eigenen Wohlstand etwas abzugeben.

Auf der anderen Seite macht der Bedürftige gern auf sich und seine Lage aufmerksam. Häufig wird dies mit einer kleinen Dienstleistung verbrämt, um mehr als ein Almosen, eher einen geringen Lohn, fordern zu können. Allerdings richtet der Bittsteller seine Forderung ganz nach dem Bild des potentiellen Gebers: Sieht dieser wohlhabend aus, so kann er ihn auch ohne vorherige Leistung um ein *Bakschisch* – sinngemäß: teile, was du hast – angehen.

Über einen Brauch, den man kennen sollte, berichtet ein Leser. Eine junge Frau verteilte auf den Tischen eines Restaurants ein paar Erdnüsse, dann bat sie um Bakschisch. Ein Ägypter klärte ihn auf, daß diese Frau eine Witwe sei, die nicht betteln dürfe, aber durch den "Verkauf" der Erdnüsse ihren Lebensunterhalt zu bestreiten suche.

Das Verlangen von Bakschisch hat häufig sehr ernste Hintergründe: Selbst mit dem Durchschnittseinkommen läßt sich heute in Ägypten keine Familie mehr durchbringen. Gerade bei den Ärmsten mit nur geringstem regelmäßigem Verdienst muß jedes Familienmitglied zum Lebensunterhalt beitragen. Sei es nun, daß der Vater tagsüber seinem schlechtbezahlten Staatsjob nachgeht, nachmittags Taxi fährt und abends Koffer schleppt, oder daß bereits die jüngsten durch Pseudodienstleistungen zum Bakschisch-Betteln geschickt werden. So unangenehm die penetrante Art für uns auch ist, häufig steckt bittere Überlebensnot dahinter.

Alle Touristen werden vom Normalbürger als reich eingestuft, weil sie sich die weite Reise leisten können. Daher gehört die Frage "Bakschisch?" häufig schon zum Umgangston, sobald der Fremde nur von Ferne auftaucht. In typischen Touristenzentren gibt es Babies, zu deren allererstem Wortschatz *Bakschisch* gehört. Fremde werden dort unentwegt nach einer Gabe angegangen, häufig in einer Form, die beim Adressaten stoische Gemütsruhe voraussetzt, um nicht zu explodieren.

Die Erfahrung, die der geplagte Tourist beim Geben macht, ist auch nicht positiv: gibt er 25 Piaster als Bakschisch, so ist das zu wenig. Erhöht er bei nächster Gelegenheit auf das Doppelte, so wird es wieder nicht genug sein. Dieses Spiel kann bis in hohe Beträge gehen, am Ende ist der Geber völlig frustriert.

Leider ist die Bakschisch-Bettelei für viele Besucher zum schlimmen Alptraum geworden. Dabei spielt dieses System im ägyptischen Alltag durchaus eine positive Rolle. Es gibt eine Unzahl Gelegenheitsjobs, die keine Arbeit im eigentlichen Sinne sind, die einem Menschen aber durch geringste Hilfereichung zu einem selbstverdienten, wenn auch niedrigen Einkommen verhelfen. Ob es junge Burschen sind, die aus dem Verkehrsgewühl ein Taxi heranwinken und dafür 50 Piaster Lohn erhalten, ob es der Mann ist, der dem haltenden Wagen die Tür aufreißt oder der behende Mensch, der die Parkplätze am Straßenrand beobachtet/"verwaltet" und suchende Autofahrer hinwinkt – sie alle haben eine Art von Beschäftigung, die sie nicht als Arbeitslose oder echte Bettler stempelt.

Dieses System der Leistung und Gegenleistung sollte auch der Besucher respektieren und anwenden. Allerdings müssen Sie sich über die Größenordnungen klar werden: Ein Lehrer verdient im ersten Berufsjahr kaum mehr als £E 5 bis 8 pro Tag, später etwa £E 10 bis 20 pro Tag; ein Professor der Cairo University nach 20 Berufsjahren £E 700 im Monat. Es wäre daher verkehrt, dem Sohn des Lehrernachbarn für eine lächerliche Hilfe 1 £E zu geben. Leider meinen immer wieder reiche Touristen, ihr soziales Gewissen mit fürstlichen Trinkgeldern beruhigen zu müssen. Hohe Beträge sprechen sich natürlich herum und führen schließlich zu den "unverschämten" Forderungen. Einige Beispiele (empfohlen in *Cairo – a practical guide*): Parkplatzwächter £E 0,50-1, Friseur bis £E 1, Kofferträger £E 0,50-1, in größeren Hotels £E 2-5(!). Bei längerem Hotelaufenthalt sollte man dem Putzkommando pro Woche etwa £E 10 geben – am besten im voraus, um so sauberer wird das Zimmer sein.

Geben Sie nur dann ein Bakschisch, wenn der Empfänger auch etwas dafür getan hat; es sei denn, es handelt sich um einen wirklich aus Not Bettelnden. Kinder sollten nur geringe Beträge erhalten, auch wenn sie 10 Piaster empört von sich weisen; am besten sind nützliche Naturalien.

Ein Tip: Häufig können Sie einer Horde von Bakschischjägern dadurch entgehen, daß Sie einen Mann aus der Gruppe als Führer oder Begleiter anheuern, der Ihnen dann die anderen vom Hals hält. Sofern man sich mit diesem Begleiter verständigen kann, erfährt man u.U. zusätzlich etwas von der Umgebung. Ein ostdeutscher Leser empfiehlt, russisch zu schimpfen, das triebe Aufdringliche allemal in die Flucht ...

Bakschisch hat auch nicht viel mit dem Begriff *Trinkgeld* zu tun. Es ist vor allem im Restaurant- und Hotelgewerbe ein fester Bestandteil des Lohns, wenn nicht gar der Hauptbestandteil. Vergessen Sie daher das Trinkgeld im Restaurant nicht (auch wenn Service Charge bereits auf der Rechnung steht): Mindestens 1 Prozent vom Rechnungsbetrag, wobei ca. 2/3 der bedienende Kellner und 1/3 der "Tischabräumer" bekommt.

In der Grauzone zwischen reinen Bakschischjägern und an Fremden wirklich interessierten Ägyptern operieren die Geschäftemacher, die Ihnen Tag und Nacht Papyrus, Alabastervasen, tonnenweise Parfüm oder Goldschmuck und noch mehr andrehen wollen. Diese Leute denken sich die tollsten Tricks aus, um mit Ihnen ins Gespräch und damit ins Geschäft zu kommen. Wenn Ihnen die Menschen auch extrem auf die Nerven gehen, so sollten Sie ein bißchen Mitleid oder gar Verständnis aufbringen: die meisten leben von diesen Geschäften, für sie ist es bitterster Überlebenskampf. Die Leute hingegen, die Ihre Bekanntschaft aus Interesse und ohne Hintergedanken suchen, erkennen Sie an Unaufdringlichkeit und schon daran, daß sie zurückhaltend sind und Ihnen z.B. nicht sofort die Hand zur Begrüßung hinstrecken.

Leider nimmt auch in Ägypten die Zahl der Bettler immer mehr zu. Dabei muß man wissen, daß es – neben wenigen berufsmäßigen – häufig aus Not bettelnde Menschen sind, die sich auf diese Weise Mittel zum Lebensunterhalt beschaffen müssen. Das können Saisonarbeiter oder sonstige Arbeitslose, aber auch Behinderte sein, die keine Arbeit finden. Es gibt jedoch auch hier eine Grauzone, in der Arbeitsscheue operieren, die u.U. aggressiv werden können, wenn sie nichts erhalten.

Erste Eindrücke in und von Ägypten

Unsere allerersten Eindrücke vom Reisen und Leben als Tourist in Ägypten waren nicht immer erfreulich, häufig genug hören wir Ähnliches oder Leser schütten uns ihr Herz aus. Wir halten es für wichtig, diese Erfahrungen zumindest anzusprechen.

Viele Einzelreisende erscheinen Bakschischjägern und windigen Händlern als Freiwild schlechthin, zumal dann, wenn der Fremde hilflos herumsteht und nicht mehr weiter weiß. *"Es gab Tage, an denen man sehr freundschaftliche Begegnungen mit Ägyptern hatte – an anderen wiederum fühlte man sich von morgens bis abends ausgenommen und betrogen und war stocksauer auf die Leute,"* schreibt ein Leser, der aufgrund einer ganzen Reihe negativer Erlebnisse eine Woche früher als geplant heimreiste. Er schließt: *"...trotzdem werde ich meinen nächsten Urlaub wieder in Ägypten verbringen, es gibt kein anderes Land, das Ähnliches zu bieten hätte."*

Ein anderes Paar, das nach der ersten Reise froh war, das Land verlassen zu können, schreibt über den zweiten Besuch: *"Wir haben jede Minute genossen und unseren Entschluß, zurückzukommen, nicht bereut."*

Wir selbst haben seit unserem ersten Besuch keine einzige schlechte Erfahrung mehr in Ägypten gemacht. In den vergangenen Jahren hat die Regierung durch Kampagnen in den öffentlichen Medien viel getan, um die negativen Auswüchse im Tourismusgeschäft abzubauen. Immer weniger Ägypter betrachten die Touristen als wandelnde Bankinstitute. Dennoch läßt sich nicht verleugnen, daß sich nach wie vor üble Szenen an touristischen Plätzen abspielen.

Hier muß man sich nun in die Lage der Leute versetzen, die vom Touristenstrom leben, und zwar nicht als pensionsberechtigte Staatsdiener, sondern als Kleinstunternehmer. Sie stehen meist in einer Hierarchie von Händlern und müssen den Kitsch und die falschen Antiquitäten auf Biegen und Brechen an den Mann bringen. Wenn nicht, hungert unter Umständen die Familie am nächsten Tag.

Keiner dieser Händler hat eine Verkaufsschulung erlebt oder wurde mit den distinguierten Kaufgepflogenheiten eines z.B. hanseatischen Bürgers bekanntgemacht. Er glaubt hingegen, daß penetrantes Anbieten und Anbiedern der sichere Weg zum Verkaufserfolg sei. Auch ist ihm nur zu geläufig,

Aus vielen Gesichtern strahlt spontane Herzlichkeit

daß Europäer das landesübliche Feilschen nicht gewohnt sind; diese Exoten scheinen für ihn zwar mit vollen Taschen nach Ägypten zu kommen, aber naive Käufer zu sein, weil sie Preisangaben wie zu Hause als unantastbar betrachten.

Daher nimmt der orientalische Händler (wie weltweit jeder Mensch an der Verkaufsfront) das, was der Markt hergibt – und mit Vergnügen auch das Doppelte dessen, was die Sache per Angebot und Nachfrage wert wäre. Kann man ihm das wirklich übel nehmen? Soll er sich wegen der Touristen umerziehen lassen, seine jahrtausendealte Händlertradition über Bord werfen?

Das gilt natürlich nicht nur für den Souvenirverkäufer, sondern genauso für den Straßenjungen, der Ihnen eine Cola zum doppelten Preis anbietet. Wenn Sie darauf reinfallen, sollten Sie sich nicht ärgern, sondern sich den richtigen Preis merken und beim nächsten Mal entsprechend feilschen. Wenn das aber unter Ihrer Würde ist, müssen Sie entweder zahlen oder nach Hause zurückkehren.

Wir glauben, daß das Wohlfühlen in Ägypten, wie überhaupt in der Fremde, wesentlich vom Besucher selbst beeinflußt wird. Sobald man europäische Gepflogenheiten erwartet oder gar einführen will, zieht man den kürzeren. Noch einmal: Wer aber den Menschen in diesem Land offen und herzlich entgegenkommt, wird ein Mehrfaches an menschlicher Wärme und Herzlichkeit ernten.

Lächeln Sie die Leute manchmal an, suchen Sie freundlichen, nicht herausfordernden Augenkontakt (allerdings kann dies, wenn Sie es als Frau tun, fehlinterpretiert werden). Fordern und verlangen Sie nicht, sondern bitten Sie. Lautstärke macht auch in arabischen Ländern keine Persönlichkeit aus. Das soll andererseits nicht heißen, sich unterwürfig zu geben. Auch der Ägypter wird eine Persönlichkeit respektieren, die selbstsicher – aber nicht überheblich – auftritt und z.B. auch beim Feilschen eine feste Vorstellung hat und die Spielregeln einhält.

Immer wenn wir nach Deutschland zurückkommen, fällt uns drastisch auf, wie dürftig doch hier die zwischenmenschlichen Beziehungen sind. Wir nüchternen Europäer gehen mit leeren Augen aneinander vorbei, uns ist der Mitmensch eher Konkurrent als Freund. In Ländern, in denen nicht jede Sekunde eines Tages verplant ist, nimmt man sich Zeit für seine Mitmenschen.

Ein weiterer Negativ-Eindruck ist der **Schmutz und Dreck**, der überall herumliegt und -fliegt. Diese Patina aus Wüstensand und Abfällen bleibt unter anderem deswegen ewig liegen, weil sie kein Regen wegwäscht. Es kommt aber noch die Gleichgültigkeit der Orientalen hinzu. Es stört sie offensichtlich nicht, wenn vor der Haustür der Müll gen Himmel wächst, weil ihn keiner abholt. Das war seit Generationen so, warum soll es sich ändern? Malesch, Malesch. Derjenige, der als Kind den Kampf gegen den steten Ansturm der Bakterien bestanden hat, den wirft später ein Schluck aus einem schmuddeligen Glas nicht gleich aufs Krankenlager.

Noch gibt es in vielen Dörfern Ägyptens keine Kanalisation, d.h. in den Häusern ist der Anschluß von Bädern oder Toiletten schlecht möglich. Da in diesen Fällen auch fließendes Wasser selten ist, geht man sparsam mit dem mühsam herangeschleppten Naß um und wäscht sich aus einer Schüssel, deren Inhalt u. U. für andere Zwecke weiterverwendet oder einfach vor die Haustür geschüttet wird. Als Toilette benutzt man häufig den nächstbesten, etwas geschützteren Platz in der Umgebung. Auch bei uns liegen die Zeiten noch nicht lange zurück, als Toiletten Luxusartikel waren, und man statt dessen in die freie Natur oder in den Kuhstall ging.

Müll

Großzügiger Umgang mit den täglichen Hinterlassenschaften menschlichen Treibens konnte den Ägyptern schon oder noch im Jahre 1652 von dem Franzosen Jean de Thevenot bescheinigt werden, der über den Khalig-Kanal schrieb, der während der Nilschwemme das damalige Stadtzentrum mit Wasser versorgte: *"Das Wasser war porphyrfarbig, grün, blau und rot. Nach Auflösung des morgendlichen Nebels war der Gestank so entsetzlich, daß man sich fragte, wie man in den Palästen und Häusern an den Ufern leben konnte. Benutzt wurde der Kanal als Stadt-Kloake, in der tote Tiere und aller Abfall schwammen. Nachts plagten einen die Mücken, am Tag die Fliegen."*

Wenn Ihnen das Verkehrschaos und der Lärm von Kairo zu sehr auf die Nerven gehen, so ergreifen Sie möglichst bald die Flucht aufs Land und kommen erst nach einer Eingewöhnungsphase an ägyptische Verhältnisse wieder zurück. Oder mieten Sie sich ein Fahrrad und radeln durch die Dörfer abseits der Durchgangsstraßen, Sie werden sich bald in einer ganz anderen Welt wiederfinden.

Auch das bei uns erst junge Umweltbewußtsein ist inzwischen in Ägypten erwacht. Der Staat beginnt, mit ernsten Maßnahmen gegen die ständig wachsenden Umweltbelastungen aus den verschiedensten Quellen anzugehen. Doch auch diese Entwicklung benötigt Zeit und letztendlich unsere Mithilfe. Als Beispiel: Pestizide – selbst solche, die bei uns längst verboten sind – kommen häufig ohne Anwendungsanleitung, ohne arabisch geschriebene Informationen und auch an Analphabeten in den Handel. Der Anwender handelt nach Gutdünken, schädigt häufig sich selbst (jährlich etwa 30 Todesfälle) und belastet die Umwelt.

Schlimm steht es um die Luft- und Wasserbelastung. Obwohl 1995 striktere Umweltgesetze mit einer Übergangsperiode von 3 Jahren in Kraft traten, hatten am Ende dieser Periode nicht einmal fünf Prozent der Industriebetriebe auf umweltfreundlichere Verfahren umgestellt. In der Zeitung Al Ahram wird im März 1998 ein Stahlwerk im Kairoer Industrieviertel Shubra genannt, das seit seiner Inbetriebnahme 1947 die Produktionsmethoden in keiner Weise geändert habe. Neben enormer Luftverschmutzung fließen stündlich 36 000 Kubikmeter Abwasser unbehandelt in den Nil. Es wird noch viel Wasser übelster Sorte den Nil hinunterfließen, bis auch nur das Minimum an Umweltsorgfalt umgesetzt sein wird.

Als alleinreisende Frau in Ägypten

Es ist nicht ganz unproblematisch, in einem muslimischen Land als Frau allein (oder zu zweit), d.h. ohne männliche Begleitung, zu reisen. In diesem Buch werden Sie immer wieder Hinweise auf angepaßtes Verhalten finden. Ob allerdings diese Infos wirklich von Nutzen sind, und ob Sie als alleinreisende Frau nicht zum Schluß das Land doch in Tränen verlassen – wie bezeichnender Weise ein Mann schreibt, aber keine einzige Frau –, das hängt von einer Reihe von Faktoren ab, die Sie selbst nicht immer beeinflussen können.

Angeblich reisen "einsame" Frauen ganz gezielt nach Ägypten, um sich einen der schönen, häufig deutlich jüngeren Männer zu angeln. Dieser Beweggrund gehört sicher zu den Ausnahmen, er könnte jedoch manchmal die hartnäckige Anmache erklären.

Doch wir wollen hier wirklich keine Angst machen. Die Erfahrungen unserer Leserinnen liegen in der Summe ganz eindeutig auf der positiven, häufig sogar sehr positiven Seite. Einer Leserin war nach der Lektüre dieses Kapitels angst und bange geworden; nach der Rückkehr schrieb sie, daß sie sofort wieder nach Ägypten fahren würde. Betrachten Sie daher die folgenden Sätze als Informationen, die Ihnen persönlich durch mehr Verständnis und angepaßteres Verhalten einen unproblematischeren Aufenthalt ermöglichen und keineswegs Angst bereiten sollen.

In diesem Zusammenhang ist Christine Polloks Buch *Kulturschock Islam* (siehe Seite 44) eine wichtige Fundgrube von Informationen, die weit über das hinausgehen, was wir hier darstellen können. So sagt sie schon im Vorwort: *"... konfliktfreies Reisen ist für eine Frau in der islamischen Welt nicht möglich, zu unterschiedlich sind die Kulturen. Daß du überhaupt (allein oder in Begleitung) unterwegs bist, ist die eigentliche Provokation; und genau das muß dir klar sein."* Christine Pollok geht die Problematik systematisch an, sagt sehr viel zum Hintergrund der unterschiedlichen Verhaltensweisen und gibt aus eigener Erfahrung eine Reihe guter Ratschläge.

Das vielleicht Wichtigste herausgegriffen und ergänzt: **Selbstsicher auftreten**, sich nicht einschüchtern lassen, umgekehrt auch nicht arrogant sein, so wenig wie möglich durch zur Schau gestellte Weiblichkeit provozieren (angemessene Kleidung, so wenig Haut wie möglich zeigen), Blickkontakt unbedingt vermeiden (dunkle Sonnenbrille tragen). Rasieren Sie Bein- und Armhaare, sofern diese zu sehen sind, denn ägyptische Frauen entfernen alle Haare außer den Kopfhaaren. Auf Ansprechen bzw. Anmachen sollte man überhaupt nicht reagieren, d.h. so tun, als ob nichts wäre. Wenn Sie darüber hinaus neben angepaßter Kleidung einen Ehering anstecken (rechts verlobt, links verheiratet) und sich passende Erklärungen dafür ausdenken (z.B. Mann beruflich unabkömmlich), eventuell ein (schwarzes) Kopftuch tragen, dann werden Sie zwar immer noch unter Anmache zu leiden haben, aber weniger aggressiv. Wenn Sie auf der Straße eine Auskunft oder sonstwo Hilfe brauchen, fragen Sie andere Frauen; vielleicht finden Sie dabei auch Kontakt zu ägyptischen Frauen, die Sie u.U. als Guide begleiten und vor Ärger mit Männern bewahren. Setzen Sie sich in Bahn oder Bus möglichst neben Frauen. Reiten Sie tunlichst nicht mit einem Mann auf einem gemeinsamen Kamel.

Sollte die Anmache zu aufdringlich werden, schimpfen Sie so laut und so wütend, daß Umstehende es hören und aufmerksam werden. Wahrscheinlich benutzen Sie am besten deutsche Schimpfwörter, weil Sie die kennen und aus dem Tonfrall Ihr Ärger hervorgeht. Arabische Worte müssen richtig betont werden und – sie müssen einem im richtigen Moment einfallen. Eine Leserin empfiehlt die folgenden Steigerungen: "Eh da?" (Was ist das?), "Fi muschkila?" (gibts ein Problem?), "Anta malak!" (kümmer' dich um deine eigenen Sachen) oder in sehr ärgerlichen Situationen "Ja kosomak" (Mutterficker). Das letztere ist für unsere Ohren ein ganz übles Schimpfwort, wird in Ägypten aber häufig benutzt.

Wenn Sie zu sehr belästigt werden, gehen Sie zur Polizei. Wenn nichts Schlimmes passiert ist, sollten Sie Ihren Ärger bei der Touristenpolizei ablassen. Lesen Sie am besten zuvor Seite 101 nach.

Frauen genießen aber auch ein paar Vorteile: Bei Ticketschaltern gibt es meist eine eigene, kürzere Reihe für Frauen, in der Metro einen nicht so vollen Wagen, im Bus wird fast immer ein Platz freigemacht.

Ein Tip für Bahnfahrten: Kaufen Sie zwei Tickets – z.B. ist zweite Klasse AC nicht teuer –, so daß Sie sich auf zwei Plätzen ausstrecken können und/oder zusätzlich eine Mindestdistanz zu unliebsamen Nachbarn haben.

Nun noch Zitate aus Briefen alleinreisender Frauen, die Ihnen auch die eine oder andere Information geben mögen:

"Euer Reiseführer war eine große Hilfe. In Ägypten gibt's keine Spielregeln für Frauen, auch angemessene Kleidung ist kein Schutz (allerdings habe ich dafür oft Anerkennung erfahren, ich trug immer lange weite Hosen, BH, nie enge oder ärmellose T-Shirts). Das Schwierige am Spiel ist, daß die Männer wirklich nett und freundlich sind, in einer Art, die wir Europäerinnen i.a. nicht kennen (ich glaube, das macht uns anfällig für großes Vertrauen)."

"Ich jedenfalls habe lange gebraucht, ein gesundes Mißtrauen auf- und eine allzu große Neugierde auf das Entwickeln einer Situation abzubauen. Das richtige Maß hab' ich immer noch nicht raus. Allerdings war ich oft in unangenehmen, teils widerlichen Situationen, aber nie in wirklich gefährlichen – manchmal hatte ich mein Gasspray aber schon in der Hand. Jedenfalls würde ich zu jeder Tages- und Nachtzeit herumlaufen (mit meinem Spray), ich fühl' mich sicherer als nachts in Frankfurt."

"Noch nie habe ich mich als alleinreisende Frau in einem Land so sicher gefühlt wie in Ägypten. Völlig in Bann gezogen wurde ich von der Freundlichkeit, Fröhlichkeit, Gastfreundschaft und Hilfsbereitschaft, die ich überall antraf. Ich fand es richtig beschämend, daß Fremden in Deutschland ganz anders begegnet wird: kein "wellcome", sondern Distanz oder gar Abweisung."

"Ich reiste mit meiner Freundin vier Wochen durch Ägypten. Für uns stellte sich das Verhalten der Ägypter anders dar als wir es aufgrund von Eurem Reiseführer erwartet hatten. Zeitweise wurden wir alle 10 Meter angesprochen, egal war, ob wir zu zweit oder allein unterwegs waren. Im Gegensatz dazu wurden wir, als ich mit einem alleinreisenden Mann in Alex unterwegs war, als "Pärchen" lediglich zweimal während eines Tages angesprochen. Dieses Verhalten der Ägypter erklären wir uns dadurch, daß die meisten es nicht verstehen können, daß es Leute gibt, die gern allein reisen und daß sie einem deswegen Gesellschaft leisten wollen. Uns Frauen gegenüber hatte das Angequatsche aber leider oft eindeutig anmachende Tendenz, obwohl wir lange und weite Kleidung trugen und nicht blond sind. Mir hat das zwar nicht den Urlaub verdorben, aber es war mitunter schon anstrengend, ständig die möglichen Reaktionen der Männer in meine Handlungen einzukalkulieren."

"Wir merkten, daß entschlossenes und sicheres Auftreten – wenn auch nur als Bluff – viel ausmacht: deutlich und laut sagen, was wir wollten, sich mit "Madame" und Nachnamen vorstellen, bei Antätscheleien im Bus laut schimpfen, sich gleich neben Frauen setzen oder stellen. Fremde nicht mit Handschlag begrüßen, denn das war oft die erste Berührung, es folgte Hand auf die Schulter legen, danach um den Rücken, so Stückchen für Stückchen. Unsere Forderung "Fassen sie mich nicht so an" wurde immer sofort akzeptiert, manchmal zunächst mit Entrüstung, dann folgte Achtung, daß wir nicht alles mit uns machen lassen."

"Alles in allem habe ich gute Erfahrungen gemacht, nachdem ich von gut gemeinten Ratschlägen eingeschüchtert aus Israel abgereist bin. Inzwischen fühle ich mich als Frau sogar in Kairo oder Assuan sicherer als in Isra-

el. Die Männer erscheinen mir weniger aggressiv, auch wenn sie einen ständig ansprechen."

"Alleinreisende Frauen brauchen in Ägypten keine Angst zu haben, wenn sie sich in der Kleidung und im Benehmen etwas anpassen können und wissen, was sie wollen. Sie sollten Frauen etwas mehr ermutigen in Ihrem Buch. Ich habe nur gute Erfahrungen gemacht und kann Ägypten nur empfehlen. Nach erstem Lesen Ihres Buches war ich allerdings eher skeptisch."

Noch ein Zitat aus einem Brief einer Studentin, die zunächst als Babysitter in Kairo arbeitete und dann mit einer Freundin durch Ägypten reiste: *"...Wir sind beide blond, blauäugig und nicht häßlich. Niemand hat uns in der Zeit belästigt oder betascht (bis auf eine Ausnahme, als mir ein Microbusdriver an die Brust griff). Wir wurden zwar häufig angesprochen, aber kamen nie wirklich in Bedrängnis. Die Ägypter sind überaus freundliche und hilfsbereite Leute, wie man sie in Deutschland lange suchen muß."*

Eine andere Leserin, die schon mehrfach allein nach Ägypten reiste, schreibt, daß die Anmache in Ägypten sehr differenziert, schlitzohrig und freundlich sei. Sie findet es falsch, sich mit Kopftuch etc. zu verstellen. Sie plädiert dem anmachenden Mann gegenüber als erstes Respekt und Akzeptanz (was würde er tun, wenn sich jemand seiner Schwester oder Mutter gegenüber so verhielte?). Wenn der Typ nervt, verlangt sie ihre Ruhe, wird er aufdringlich, fängt sie sofort ein lautes Gezeter auf deutsch an, so daß andere Leute aufmerksam werden.

Eine Leserin, der BHs "ein Greuel" sind, schreibt, daß frau ohne BH blöd angeschaut oder angemacht wird. Sie empfiehlt, das fehlende Wäschestück mit einer Weste zu kaschieren. Denn Westen seien westlich und daher nicht ungewöhnlich.

Im übrigen sollte noch angemerkt werden, daß Mütter mit Kindern ganz anders respektiert werden als alleinreisende Frauen; siehe nächstes Kapitel.

Mit Kindern in Ägypten

Ägypten ist ein sehr kinderfreundliches Land, nicht nur der sprichwörtlichen Fruchtbarkeit wegen. Kindern gehört die ganze Liebe und die ganze Aufmerksamkeit der Familie. Auch Touristenkinder sind genauso gern gesehen. Warum also nicht die eigenen Kinder mitnehmen? Carsten-Michael Walbiner aus Weimar schrieb Tips zu diesem Thema.

Reisevorbereitungen: Auch Kinder sollten auf das Kennenlernen eines anderen Landes und einer fremden Kultur vorbereitet werden. Begriffe wie Pyramiden, Wüste, Kamele, Mumien, Nil oder Pharaonen sind vielen Kindern geläufig und können als Ansatzpunkt einer eingehenden Auseinandersetzung mit Land und Leuten dienen.

Der Buchmarkt und Jugendbibliotheken bieten etliche Titel: Die wohl amüsanteste Einführung in die Vergangenheit bietet der Comic-Band *Asterix und Cleopatra*. Eingehender wird das Ägypten der Pharaonen in dem Band *Das alte Ägypten* aus der Reihe *Was ist was* (Tesloff-Verlag Nürnberg) dargestellt. Mit *Pyramiden* und *Mumien* befassen sich zwei weitere Bände dieser Reihe. Mit dem Leben im heutigen Ägypten können sich junge Leser durch den Sammelband *Idris, Geschichten aus Ägypten* (Ilse van Heyst, Spectrum-Verlag) mit Kurzgeschichten vom alltäglichen Leben der Kinder vertraut machen.

Ein besseres Verständnis des Islam ermöglicht das *Vorlesebuch Fremde Religionen*

(M. und U. Tworuschka, Band 1: Judentum/Islam. Verlag Ernst Kaufmann, Lahr, Patmos-Verlag, Düsseldorf). Vom nicht leichten Leben der Beduinen berichtet in kindgerechter Form die dokumentarische Schilderung *Drei Tage bis Ras Muhamad* (Tikva Sarig und Levy Shabtai, Arena Verlag Würzburg).

Essen: Kinder sind bei der Wahl ihrer Speisen oft etwas eigen und manchmal ist es auf Reisen nicht ganz einfach, den Wünschen der Junioren gerecht zu werden. Die großen Hotels sind aber auf die europäische Küche eingestellt und wissen auch die Wünsche der jungen Gäste zu befriedigen. Viele Geschäfte in Kairo und in den Touristenzentren führen ausländische Lebensmittel oder westliche Lizenzprodukte (z.B. Coca-Cola) und auch das beliebte *Fast-Food* nach amerikanischem Vorbild hat (leider) in Ägypten Fuß gefaßt. Dabei hält aber auch die ägyptische Küche so manche Spezialität bereit, die bei den Jungen Anklang finden dürfte.

Souvenirs: Hier bietet der orientalische Bazar eine Fülle von Ideen, die auch dann noch erschwinglich sind, wenn das Taschengeld fast aufgebraucht ist. Altägyptische Szenen auf imitiertem Papyrus, ein arabisches Kopftuch, ein Silberanhänger oder ein kleiner Wandteller mit orientalischen Motiven – alles ist für wenig Geld zu haben und es bleibt eine schöne Erinnerung. Aber es ist auch eine nette Geste, ein paar kleine Geschenke aus Deutschland für die ägyptischen Kinder mitzunehmen. So hört man häufig von Schulkindern die Bitte nach "Pen", die von ägyptischen Kindern gesammelt werden wie bei uns die Figuren aus Überraschungseiern.

Wenn Sie für Ihre Kinder Unterhaltung suchen, dann könnten folgende Besuche lohnen: CRAZY WATER PARK, 6th October City (von Kairo auf Wüstenautobahn bis zur ausgeschilderten Stadt); Wellenbad, Wasserrutschen, Wasserspiele etc. Oder FILFILA VILLAGE, Mariottia Canal in Giseh (Pyramid Road kurz vor der Abzweigung Sakkara rechts); zu typisch ägyptischen Gerichten orientalische Shows mit Akrobaten, Zauberern, Tanz und Gesang.

Ägyptische Kinder: Ägypten hat eine extrem junge Bevölkerung. Fast 60 Prozent der Ägypter sind jünger als 25 Jahre. Den Löwenanteil macht mit knapp 40 Prozent die Gruppe der unter Fünfzehnjährigen aus. Das Leben der ägyptischen Jugend ist hart und wird schon früh von Arbeit und Existenzkampf geprägt. Die allgemeine Schulpflicht ist auf sechs Jahre festgelegt, ab dem 12. Lebensjahr gestattet das Gesetz täglich sechs Stunden *leichtere* Arbeit. Vorsichtige Schätzungen gehen davon aus, daß in Ägypten ca. 1,5 Millionen Kinder unter 15 Jahren ständig arbeiten. Dem Fremden begegnen die kleinen Arbeiter als Schuhputzer, fliegende Händler, Verkäufer, Fremdenführer, Hilfskellner und Reinigungskräfte. Ihr Arbeitstag ist oft länger als zehn Stunden und mit ihren bescheidenen Einkünften tragen diese Kinder wesentlich dazu bei, ihre großen Familien zu ernähren. Der Schulbesuch ist ein Luxus, den sich viele von ihnen nicht leisten können. Es ist überraschend, wie freundlich, aufgeschlossen und fröhlich einem die ägyptischen Kinder gegenübertreten. Aber welches ägyptische Kind würde nicht lieber spielen als täglich die Schuhe fremder Leute zu putzen?

Behinderte in Ägypten

Es gibt selten fußgängergerechte Bürgersteige, geschweige denn behindertengerechte Wege in Ägypten. Behinderte müssen sich auf diverse Schwierigkeiten vorbereiten; der Besuch von Gräbern oder Pyramiden z.B. dürfte unmöglich sein. Das Reisebüro ETAMS, 13 Sharai Qasr el Nil, Kairo, Tel 02 575 4721, ist spezialisiert auf Behinderten-Trips mit entsprechenden Bussen und behindertenfreundlich eingerichteten Hotels.

Reisen mit Hund

Ob man einen Hund den Strapazen einer langen Reise aussetzt, hängt von vielen Faktoren ab, nicht zuletzt von der gesundheitlichen Konstitution. An Papieren sind lediglich die in Europa üblichen Dokumente nötig, die jedoch selten kontrolliert werden.

Ein entscheidenderer Gesichtspunkt ist, daß die Araber ein anderes Verhältnis zu Tieren pflegen als wir. Läßt man den Hund allein im Auto zurück, kann es leicht vorkommen, daß eine Horde Jugendlicher nach Kräften bemüht ist, das Tier zu ärgern. Steinwürfe gehören auch in diese Kategorie. Man muß darauf gefaßt sein, daß es eine Reihe von Situationen geben wird, in denen das Tier allein sein wird und bedingt ungeschützt ist. Ganz abgesehen davon, daß Moscheen absolut tabu für die "unreinen" Hunde sind, gibt es viele andere Gelegenheiten, bei denen der vierbeinige Freund ungern gesehen wird oder wo er gar nicht mitgehen darf.

Weitere Belastungspunkte sind der überall herumliegende Dreck und Unrat, mit dem sich ein Hund gern zu schaffen macht und sich dabei natürlich Infektionen holen kann. Auch der Kontakt mit streunenden, manchmal arg heruntergekommenen anderen Hunden dürfte selten im Sinn des Besitzers sein.

Unabhängig vom Risiko für das Tier, ergibt sich für die Besitzer natürlich der nicht unwichtige Vorteil, einen Bodyguard ständig um sich zu haben. In der Regel ergreifen selbst großmäulige Besucher die Flucht, wenn sie auf den vierbeinigen Bewacher stoßen.

Arbeiten in Ägypten

Niemand sollte nach Ägypten reisen und dort seine Reisekosten durch einfache Arbeiten wie Kellnern o.ä. verdienen wollen: Es gibt zahllose Arbeitslose im Land, denen man eine Chance zu arbeiten nicht wegnehmen darf. Andererseits finden sich für bestimmte Beschäftigungen keine oder nur wenige einheimische Kräfte. Vor allem englisch sprechende junge Frauen, die in sog. Nursery Schools als Kindergärtnerinnen arbeiten wollen, können eventuell einen Job finden. Die Monatslöhne liegen bei £E 600 bis 1000. Interessierte schauen in englischsprachige Zeitungen. Bis zu sechs Monaten kommt man meist mit dem Touristenvisum zurecht.

Am leichtesten dürfte noch in Touristenghettos wie Hurghada oder Sharm el Sheikh Arbeit zu finden sein. Besonders bei Tauchschulen oder in großen Hotels gibt es häufig spezielle Jobs für Ausländer (Tauchlehrer, Animatuere etc.).

1.2 Reisevorbereitung

Wichtige Adressen

Ägyptische diplomatische Vertretungen

Deutschland

- ***Botschaft der Arabischen Republik Ägypten*** *(keine Visa), Kronprinzenstr. 2, 53173 Bonn, Tel 0228 956830*

Generalkonsulate der Arabischen Republik Ägypten (Konsularabteilung):

- *Waldstraße 15, 13187 Pankow-Niederschönhausen, Tel 031 4771 048*
- *Südstraße, 53179 Bonn, Tel 0228 951270*
- *Eyssenеckstr. 34, 60322 Frankfurt, Tel 069 9551340*
- *Harvestehuder Weg 50, 20149 Hamburg, Tel 040 4101031*

Hinweis zur Visabeschaffung: Ostdeutsche in Berlin, Norddeutsche in Hamburg, NRW in Bonn, südlich davon in Frankfurt; zur Antragsformularbeschaffung frankierten Rückumschlag ans zuständige Konsulat schicken, dann den ausgefüllten Antrag mit DM 35 in bar, Paßfoto und Rückumschlag; Berabeitungszeit 7 – 10 Tage.

Österreich

- ***Botschaft der Arabischen Republik Ägypten****, Trautsohngasse 6, 1080 Wien, Tel 01 3708104*

Schweiz

- ***Botschaft der Arabischen Republik Ägypten,*** *Elfenauweg 61, 3006 Bern, Tel 031 352 8012*

Ägyptisches Konsulat: 47ter Route de Florissant, 1201 Genf, Tel 47 63 79

Touristische Auskünfte

Für den deutschsprachigen Raum ist das Fremdenverkehrsamt in Frankfurt zuständig:

- ***Ägyptisches Fremdenverkehrsamt,*** *Kaiserstr. 64 A, 60329 Frankfurt, Tel 069 252153*

Auskünfte über koptische Angelegenheiten:

- ***Koptisch-Orthodoxes St. Antonius Kloster,*** *Hauptstr. 10, 35647 Waldsolms-Kröffelbach, Tel 060 852317*

Papierkram (Visum, Impfungen etc.)

Die Einreise- und Zollbestimmungen können sich jederzeit ändern. Daher sollten Sie sich rechtzeitig nach den aktuellsten Vorschriften erkundigen.

Übliche Einreise

An Papieren für die Einreise sind nötig:

- Ein **Reisepaß,** mindestens noch ein halbes Jahr gültig, mit einem Visum, das Sie beim zuständigen ägyptischen Konsulat (Anschriften siehe Seite) oder bei der Einreise erhalten.

Falls Ihre Kinder mitkommen, beachten Sie bitte: Theoretisch können Kinder bis zum 16. Lebensjahr nach Ägypten einreisen, wenn sie im Paß der Eltern eingetragen sind, und dieser ein Foto des Kindes enthält. Besser: Lassen Sie sich vor Reiseantritt einen mit Foto versehenen Kinderausweis ausstellen.

Die Preise für den schönen Stempel variierten in den letzten Jahren um fast 100 Prozent, derzeit kostet das Visum DM 35 in Deutschland, ÖS 300 in Österreich und SFr 35 in der Schweiz. Wenn Sie das Visum in Europa besorgen, kalkulieren Sie ein bis zwei Wochen als Vorlaufzeit für die Bearbeitung ein. Visa-Anträge können Sie beim Konsulat anfordern oder eventuell bei einem Reisebüro bekommen. Legen Sie bei allen Schreiben an das Konsulat ausreichendes Rückporto bei.

Doch Sie können sich die Mühe auch sparen: Für Bürger aus der EU und der Schweiz ist das Visum am Einreise-Flug- oder Seehafen (Alexandria, Hurghada, Kairo und Luxor; in Sharm el Sheikh nur zwei Wochen für den Sinai) zu £E 52 bzw. US$ 15 an einem der Bankschalter zu haben, Wartezeit wenige Minuten. An den Land-Grenzübergängen (Libyen, Israel) werden keine Visa ausgestellt, also zuvor besorgen! Das in Europa erteilte Visum ist sechs Monate gültig, das an den Flughäfen nur drei Monate.

Bestehen Sie bei Visa-Erteilung auf **drei Monaten Gültigkeit**, einerlei, wo Sie es besorgen. Zur Zeit kann das Visum bis zu einem Jahr verlängert werden.

Wenn Sie einen Kurzbesuch Israels oder Jordaniens von Ägypten aus planen, sollten Sie sich vorsichtshalber ein **Multiple-Entry-Visum** geben lassen, mit dem Sie mehrfach ein- und ausreisen können. Bei nur einmaliger Aus- und Wiedereinreise lassen Sie sich ein **Re-Entry-Permit** bei der Ausreise aus Ägypten geben, das ist umsonst. Beim ägyptischen Konsulat in Elat (Adresse Seite 39) kann man andernfalls ein ganz normales Visum bekommen. Falls alles nichts hilft, kann man von Tel Aviv nach Kairo fliegen und sich am Flughafen ein neues Visum geben lassen. Wer sicher gehen will, holt sich bereits in Kairo, Mogamma-Gebäude am Midan Tahrir, 1. Stock, Schalter 40, ein Re-Eentry-Visum zu £E 13,20.

Innerhalb der Geltungsdauer des Visums wird eine **maximale Aufenthaltsdauer** im Land von drei Monaten gewährt, eine Verlängerung auf sechs Monate ist möglich. Gewöhnlich werden nur vier Wochen Aufenthalt bei der Einreise zugestanden, die Verlängerung ist neuerdings zumindest in Kairo im Mogamma-Gebäude problemlos möglich. Versuchen Sie es dennoch mit Hartnäckigkeit gleich bei der Einreise. Überziehen des Aufenthalts um 7 bis zu 14 Tagen wird meist toleriert, danach bestraft. Informationen zu Ein- und Ausreise finden Sie ab Seite 68, die Sie unbedingt kurz vor Ankunft lesen sollten.

Noch ein Tip: Wenn Sie ein vorsichtiger Mensch sind, nehmen Sie ein paar Kopien von den ersten Paßseiten mit. Sollte Ihr Paß verlorengehen oder gestohlen werden, dann können Sie sich den Verlust auf der Kopie von der Polizei bestätigen lassen und zur Botschaft in Kairo reisen, um sich einen neuen temporären Paß (ein Monat Gültigkeit) ausstellen zu lassen. Danach folgt der nervtötende Schritt: Im Mogamma-Gebäude am Midan Tahrir ein neues Visum in den jungfräulichen Paß stempeln zu lassen – das kann einen halben Tag dauern!

- Einen **Internationalen Führerschein**, den die heimische Kfz-Behörde ausstellt, sollte man nach Möglichkeit minehmen.

Wenn Sie ein Auto mieten wollen, geht es nicht ohne. Andernfalls müßten Sie den ägyptischen Führerschein machen, was Sie drei Tage Bürokratie kosten kann. (Wichtig für ehemalige DDR-Bürger: Die meisten Autovermieter erkennen den Ex-DDR-Führerschein nicht an; lassen Sie sich vor Abreise einen neuen internationalen Führerschein ausstellen).

- Wenn Sie Ihr Auto oder Motorrad nach Ägypten mitnehmen, sollten Sie sich einen **Auslandsschutzbrief** eines Automobilclubs ausstellen lassen. Falls Sie Ersatzteile aus der Heimat benötigen, werden diese schnell beschafft und die Zollformalitäten professionell abgewickelt.

- Der **Internationale Studentenausweis** verhilft dem Besitzer zu erheblichem Nachlaß bei Eintrittsgeldern und bei Eisenbahn-Tickets.

Besorgen Sie sich den Ausweis erst kurz vor der Abreise und möglichst in demselben Kalenderjahr; am besten funktioniert der grüne Internationale Studentenausweis mit Foto.

Auch die *International Student Identity Card* wird in Ägypten durchweg anerkannt. Nähere Informationen erhalten Sie über

- ***ISIC****, Box 9048, 1000 Copenhagen, Dänemark, Tel 0045 339 39303.*

Wer seinen Studentenausweis verlor oder vergaß, kann in der

- ***Medical University,*** *Kairo, 23 Shria El Manial, Insel Roda (1. Stock über Nationalbank)*

gegen £E 23 Gebühren (Öffnungszeiten: So-Do 9-19), Vorlage von einem Paßbild und der Studienbescheinigung (nicht zwingend) nach etwa einem Tag Wartezeit einen Studentenausweis bekommen. Dasselbe ist bei Prof. El Mehairy in der Faculty of Engineering in der Cairo University in Giseh (Sa-Do 9.30-13.30) möglich. Auch diverse Travel Agents am Midan Tahir bieten Studentenausweise ohne Ansehen der Person zum ähnlichen Preis an. Doch Vorsicht, vor allem bei "Straßenhändlern": Man zahlt die Gebühr und sieht den Händler nie wieder oder erhält nur ein grob gefälschtes Dokument. Ein HANY MOUSSA, Tel 362 6667 offeriert die "International Student Identity card" ISIC zu £E 25 mit persönlichem Service, d.h. auf Telefonanruf kommt jemand vorbei.

- **Zivildienstleistende** bekommen u.U. auch Ermäßigung auf ihren Ausweis.
- **Ägyptologen** oder Archäologen erhalten bei Nachweis ihres Berufes ein Türen öffnendes Permit gegen zwei Paßfotos im Antiquities Office, Kairo (Adresse siehe Seite 233).
- Schon bei der Eisenbahn ist die **International Youth Hostel Card** von Nutzen, wenn Sie einen entsprechenden Brief des Youth Hostel Office (Adresse Seite 233) vorweisen können.
- **Einreise mit Tieren**: Offiziell ist ein amtstierärztliches Gesundheitszeugnis nötig, Hunde und Katzen müssen (höchstens zwei Wochen vor Einreise) gegen Tollwut geimpft sein.

Einreise von Israel aus

In Elat in Israel werden Kurzzeit-Visa mit einer Gültigkeitsdauer von nur 14 Tagen recht unkompliziert und zu geringen Gebühren ausgestellt, sie berechtigen allerdings nur zur Einreise über Tabah und nur zum Besuch des Ostsinai.

Visa für ganz Ägypten erteilt die ägyptische Botschaft in Tel Aviv, Basel Street (Bus Nr. 5) von 9 bis 11 Uhr, oder das Konsulat in Elat, HaEfroni Str. Ecke HaNesher Str. von 9 bis 11 Uhr (Paßfoto nicht vergessen); das Visum ist dann ab 15 Uhr abholbereit.

Ein Tip für Israel-Besucher: Verlangen Sie bei der Israel-Einreise, daß Ihr Paß keine Stempel erhält; es gibt dann nur ein Einlegeblatt, und Sie erleben keine Schwierigkeiten bei der Weiterreise von Ägypten in andere arabische Länder. Das wiederum macht nur Sinn, wenn Sie sich das Ägypten-Visum bereits zu Hause besorgt haben, weil sonst jeder am Visum-Stempel erkennt, daß man in Israel war.

Sollten Sie allerdings durch Syrien zurückreisen wollen, so kann Sie der syrische Grenzer dennoch zurückweisen, weil er aus Ihrem ägyptischen Einreiseort den Israelbesuch messerscharf nachweisen kann. Also entsprechend entscheiden.

Einreise von Libyen aus

Für die Einreise von Tunesien nach Libyen müssen Sie sich in der Heimat ein Visum besorgen, dessen Ausstellung eine (bis, zumindest früher, mehrere) Wochen dauern kann (aber nicht muß), es verfällt aber 4 Wochen nach Ausstellung. Halten Sie sich bei der Beantragung, ja schon beim Anschreiben nach einem Formular peinlich genau an die Anweisungen. Schreiben Sie z.B. immer den korrekten Namen "Große arabische Volksjamahiriya Libyen".

Besorgen Sie sich auch das ägyptische Visum am besten schon zu Hause, spätestens jedoch beim ägyptischen Konsulat in Benghazi (zwei Tage Bearbeitungsdauer).

Falls Sie wieder durch Libyen zurückreisen wollen, lassen Sie sich am besten gleich bei der Hinreise in Tripolis bei Winzrik Tourism Services, P.O. Box 12794 Tripolis, Tel 021 333 6734, Fax 021 333 8364, eine Einladung zum Besuch des Landes geben. Denn die Libyer in Kairo stellen ein Visum nur gegen Vorlage einer solchen Einladung und einer Empfehlung der heimischen Botschaft in Kairo aus.

Geldtausch

An jedem Grenzübergang warten Banken darauf, daß man Geld wechselt; der Kurs entspricht in der Regel dem in Ägypten. Allerdings bieten neuerdings Wechselstuben deutlich günstigere Kurse; dies dürfte sich schnell ändern, wenn die Nationalbank die starre Dollarbindung des Pfundes lockert. Den bei Redaktionsschluß dieser Auflage gültigen Wechselkurs und weitere Informationen zum Thema Geld können Sie auf Seite 55 nachlesen.

Falls Sie am Ende der Reise ägyptisches Geld in harte Devisen rücktauschen wollen, dann geht dies nur, wenn Sie nachweisen können, daß Sie mehr als US$ 30 pro Tag während Ihres Aufenthaltes in £E tauschten; also **Tauschquittungen aufheben.**

Impfungen

Ein Impfpaß ist normalerweise nicht gefragt, es sei denn, man kommt aus Gebieten, in denen Impfungen obligatorisch sind. An Impfungen ist nur noch **Gelbfieber** vorgeschrieben, wenn man aus gefährdeten Gegenden einreist. Dasselbe gilt für **Cholera**: nur wer aus einer Gegend mit akuten Cholerafällen kommt, muß die Prophylaxe nachweisen. Im übrigen bietet die Cholera-Impfung nur wenig Schutz, sie wird von der WHO nicht mehr empfohlen.

Zur **Malaria-Prophylaxe** rät allerdings auch die WHO (im Gegensatz zu ägyptischen Ärzten). Die aktuelle Empfehlung lautet: Täglich eine halbe Tablette Resochin, vor der Einreise beginnen und noch sechs Wochen nach Ausreise durchhalten, und zwar für die Zeit von Juni bis Oktober für die Gebiete Nil-Delta, Fayum, Oberägypten und die Oasen; die bisherige Empfehlung – zwei Tabletten pro Woche – ist nach neuesten WHO-Richtlinien die Minimal-Prophylaxe und gilt nur für Langzeiturlauber oder z.B. Entwicklungshelfer etc.

Die Malariagefahr ist relativ gering, weil selbst in der lokalen Bevölkerung nur wenige Fälle bekannt werden. Wenn Sie Probleme mit dem Resochin haben (Ausschlag, Völlegefühl), sollten Sie überlegen, das Mittel abzusetzen und das geringe Ansteckungsrisiko einzugehen, anstatt die Flucht nach Hause anzutreten.

Zur besseren Abwehr von **Hepatitis A** kann man sich Gammaglobulin spritzen lassen (keine Schutzimpfung), das insgesamt die Abwehrkräfte des Körpers stärkt. Besser ist die seit 1992 zugelassene Schutzimpfung gegen Hepathitis A (Schutz 5 – 10 Jahre), die unbedingt empfohlen wird, weil die Ansteckungsmöglichkeiten wesentlich höher als in Europa sind. Weiterhin sollten Sie überprüfen, ob eine Auffrischung von **Kinderlähmung- und Tetanus-Impfungen** nötig ist; die Impfungen lassen sich zur Not in Kairo nachholen (weitere Informationen zum Thema Gesundheit siehe Seite 96).

Auch sollte man den Abschluß einer **Reisekrankenversicherung** ins Auge fassen, wenn die eigene Krankenkasse in Ägypten nicht zahlt. Als sehr preiswert wird die Europa-Krankenversicherung AG, Piusstraße 137, 50932 Köln, von Lesern empfohlen.

Sollten Sie zu Hause keine Zeit mehr für Impfungen haben, so können Sie dies in Kairo im *Vaccination Center* nachholen, das im Stadtteil Agouza am Ende der 16.October Brücke zu finden ist (Gammaglobulin-Impfung kostet £E 35).

Reise- und Impfpaß mitnehmen.

Zollbestimmungen und Zolldokumente

Zolldeklaration bei der Einreise: Offiziell müssen Wertgegenstände wie Fotoapparate etc. bei der Einreise deklariert werden (Zollformular bis zur Ausreise aufbewahren), allerdings wird diese Bestimmung in letzter Zeit sehr lässig gehandhabt. Für wertvolle Geräte wie Fernseher ist eine Kaution beim Zoll zu hinterlegen. Die Einfuhr von Sprech- oder Amateurfunkgeräten ist nicht erlaubt; im Auto fest eingebaute Geräte dieser Art müssen entfernt werden. Natürlich sind Drogen und Narkotika verboten.

Zollfrei dürfen eingeführt werden: 400 Zigaretten, 3 Liter Spirituosen, 1 Fotoapparat mit 5 Filmen, 1 Filmkamera mit 2 Filmen, 1 Fernglas, 1 Radio, 1 Kassettenrekorder oder Tonbandgerät, Campingausrüstung. Mitgeführte wertvollere Geräte wie Camcorder werden im Reisepaß eingetragen.

Zolldeklaration bei der Ausreise: Theoretisch müssen Sie das bei der Einreise ausgefüllte Formular wieder vorweisen, denn damit beweisen Sie, daß Sie alle Zollvorschriften einhielten und die Gegenstände, die Sie ins Land brachten, auch wieder ausführen. Allerdings haben wir noch nie eine Kontrolle dieses Papiers erlebt; derzeit wird es bei der Einreise überhaupt nicht ausgegeben.

Bei der Ausreise dürfen Sie keine Antiquitäten ausführen, es sei denn, Sie sind im Besitz einer Genehmigung der Altertümerverwaltung oder eines konzessionierten Händlers. Diese Bestimmung wird von Ägyptern verständlicherweise scharf überwacht, auf Mißbrauch stehen hohe Strafen.

Bestimmungen für Autofahrer

Ein mitgebrachtes Auto können Touristen laut Rundnote Nr. 7 vom 15. 1. 1985 des ägyptischen Außenministeriums und nach dem Ministerialerlaß Nr. 316/1983 bis zu drei Monate unter einer der folgenden Bedingungen vorübergehend einführen:

- Vorlage einer bis zum Ablauf der festgesetzten Freigabefrist gültigen Bankgarantie einer in Ägypten akkreditierten Bank in Höhe der fälligen Zollgebühren oder
- Vorlage eines für Ägypten gültigen **Carnet des Passages** auf den Namen des Einreisenden oder Zahlung der Zollgebühren und -abgaben als Kaution in konvertierbarer Währung, die beim Verlassen des Landes gemäß Formular Nr. 93 DE zurückgezahlt wird, oder
- **Wichtig**: Wenn Sie nicht Eigentümer des Fahrzeugs sind, mit dem Sie einreisen, müssen Sie eine Vollmacht des Eigentümers vorlegen (Formular beim ADAC), die-

se dann notariell (!) und zusätzlich von einer offiziellen ägyptischen Stelle (Botschaft oder Konsulat, Kosten ca. DM 60) bestätigen lassen. Starten Sie diesen langwierigen Vorgang möglichst frühzeitig!

- Vermerkt sei noch, daß unsere **Kfz-Haftpflichtversicherung** in Ägypten nicht gilt und daß daher bei der Ankunft eine entsprechende Versicherung abgeschlossen werden muß. Geben Sie dabei unbedingt die maximale Aufenthaltsdauer an, eine Verlängerung der Versicherung außerhalb des Ankunftsortes ist sehr zeitraubend.

Carnet des Passages

Zur vorübergehenden zollfreien Einfuhr eines Kfz wird eine Zollbürgschaft benötigt. Diese Bürgschaften übernehmen Automobilclubs (in Deutschland z.B. der ADAC) mit der Ausstellung eines Carnet des Passages. Ein Carnet für Ägypten ist wegen des häufigen Mißbrauchs teuer geworden. Übereinstimmend verlangen inzwischen alle Clubs eine Sicherheitsleistung (z.B. Bankbürgschaft) über mindestens DM 6 000 DM bzw. 10 Prozent des Fahrzeugwertes. An Gebühren sind beim ADAC DM 220 für Mitglieder und um DM 330 für Nichtmitglieder fällig.

Angeblich stellt der israelische Automobilclub in Elat auch für Ausländer eine Zollbürgschaft aus, noch dazu ohne Sicherheits-Hinterlegung. Dasselbe gilt auch für den Libyschen Automobilclub – es bleibt in beiden Fällen das Risiko, daß die Ägypter dieses Papier nicht anerkennen.

- Bei nicht verlängerter Versicherung ist mit extremen Schwierigkeiten bei der Ausreise zu rechnen (Leser schreiben, daß ihnen die Beschlagnahme des Fahrzeugs angedroht wurde), Strafe pro überzogenem Tag £E 6. Wenn Ihnen erst unterwegs einfällt, länger als vorgesehen zu bleiben, so lassen Sie sich bei der Polizeistelle, bei der Sie Ihre Aufenthaltserlaubnis verlängern, eine Bescheinigung geben, daß Sie eine Versicherungsverlängerung versucht hätten.
- Seit 1993 wird für Autos und Motorräder eine Straßenbenutzungsgebühr erhoben, die abhängig vom Hubraum und der Aufenthaltsdauer zu sein scheint; genaue Angaben sind nicht zu erfahren, Leser und wir selbst machten die unterschiedlichsten Erfahrungen. Nähere Angaben finden Sie bei dem Abschnitt zur Einreise ab Seite 71.
- Ein Tip: Für die Zeit, in der Sie im Ausland (Ägypten) versichert waren, können Sie von Ihrer Versicherung zu Hause Rückerstattung der Beiträge fordern.
- Warnung: Begleiten Sie unbedingt Ihr Auto auf dem Schiff, andernfalls kann die Zollfreigabe in Alexandria mehr Zeit als einen Urlaub in Anspruch nehmen. Ein Leser, der vorausflog, war nach einem vergeblichen Kampf gegen die Zollbürokratie froh, sein Auto – unbenutzt – wenigstens wieder zurückverschiffen zu dürfen ...

Einfuhrverbote für Fahrzeuge

Allrad- und/oder dieselgetriebene Fahrzeuge durften früher – offiziell – überhaupt nicht, jetzt können sie nach Gesetz 316/84 über alle Grenzübergänge außer Tabah eingeführt werden. Die Restriktion für Tabah wird angeblich wegen der Kurzzeit-Visa für Israelis aufrechterhalten. Die neuerdings geübte Praxis entspricht auch weitgehend dieser

Regelung. Mehrere Leser schrieben uns, daß sie dennoch mit Dieselfahrzeugen Schwierigkeiten hatten. Wie man diese umgeht, lesen Sie bitte ab Seite 76 nach.

Ein Wohnmobil darf nicht mehr Sitze als die zulässige Personenzahl haben (Sitze gut tarnen). Mietwagen sind von Israel her grundsätzlich nicht gestattet.

Für Rechtslenker muß (höchstwahrscheinlich) in Ägypten eine Sondergenehmigung beantragt werden, das kann einige Tage in Anspruch nehmen; zumal die ausstellende Behörde in Kairo sitzt, und man nicht aus dem Zoll herausfahren darf.

Einfuhr von Zweirädern

Für **Motorräder** gilt das für Autofahrer Gesagte sinngemäß. Wer allerdings sein Motorrad per Luftfracht schickt, benötigt bis zu drei Tage für das Entzollen im Flughafen Kairo. Es kann Schwierigkeiten bei der Motorradeinreise von Israel aus geben, weil die beiden Staaten angeblich kein entsprechendes Abkommen geschlossen haben. (Sie können in Luxor – allerdings nur für die Umgebung – und in Kairo Motorräder mieten.)

Fahrradfahrer haben es viel leichter. Bisher scheint der ägyptische Zoll das Problem noch nicht erkannt zu haben. Ein Leser, der sein Fahrrad auseinandergenommen, als Sperrgepäck in einer großen Pappschachtel (ohne Aufpreis) einflog, mußte lediglich ein Guckloch in die Schachtel schneiden und konnte anschließend vor staunenden Zuschauern sein Fahrrad vor dem Flughafen zusammenschrauben – die Schachtel fand sofort einen Abnehmer.

Man könnte auch auf die Idee kommen, sich in Ägypten ein Fahrrad zu kaufen und nach der Reise zu verkaufen. Lassen Sie sich eine Quittung beim Kauf geben, damit verkauft sich's leichter.

Literatur, Karten, Internet, Museen

Wer nicht als Blinder durch Ägypten reisen will, informiert sich vor der Ankunft über Land und Leute. Erzählungen oder Romane z.B. vermitteln einen allerersten Eindruck. Man liest sich dabei ein bißchen in die Seele und täglichen Probleme der Menschen ein, die man besuchen will – vorausgesetzt, man erwischt halbwegs brauchbare Literatur.

Ägypten-Literatur gibt es in Hülle und Fülle, aber die allermeisten Autoren befassen sich mit dem alten Ägypten. Über das heutige Leben ist leider nicht allzuviel Erzählerisches in deutsch zu finden. Die folgende Liste, die keine systematische Bibliographie ist und keinen Anspruch auf Vollständigkeit erhebt, soll Ihnen ein bißchen bei der Auswahl helfen. Der jeweilige Kurzkommentar stellt im übrigen unsere subjektive Ansicht dar; die bibliographischen Angaben sind umfassender als üblich, um Ihnen die Beschaffung zu erleichtern.

Ein Hinweis: Falls Sie zu Hause keine Zeit mehr zum Bücherkaufen finden: In Kairo gibt es die deutschsprachige Buchhandlung Lehnert & Landrock (44 Sharia Sherif) mit breitem Angebot von Ägyptenbüchern, in der Sie übrigens auch diesen Führer erwerben können.

Zum Einlesen

T.Hussain: **Kindheitstage**, Edition Orient, Berlin; der blinde Dichter beschreibt einprägsam seine Kindheit auf dem Land; das Büchlein gibt einen sehr guten Einblick in die täglichen Probleme und Ängste der Fellachen. Der Band **Jugendjahre in Kairo** schildert das Leben an der Schul-Moschee Al Azhar.

Y.Hakki: **Die Öllampe der Umm Haschim**, Edition Orient, Berlin; die Erzählung stellt auf einfühlsame Weise das islamische Leben Kairos aus arabischer Sicht europäischer Denkweise gegenüber.

F.Büttner, I.Klostermeier: **Ägypten**, Beck'sche Reihe BsR 842 Aktuelle Länderkunden; hervorragende Hintergrundinformationen zum Verständnis von Politik und Wirtschaft des Landes, fast spannend zu lesen.

GEO-Special Ägypten aus der bekannten GEO-Magazin Reihe beschreibt auf über 150 Seiten das Land aus historischer wie zeitgenössischer Sicht; ein hervorragender Überblick über das Land, das Sie bereisen wollen. (Der Info-Teil stammt von uns.)

Merian – Ägypten; ein informatives Heft, das einen guten *ersten Eindruck* vom Land am Nil und seinen Problemen ermöglicht.

Die drei folgenden Bücher der ägyptischen Ärztin Nawal el Saadawi zählen zur kritischen Literatur über das heutige ägyptische Leben (besonders der Frauen): **Tschador, Frauen im Islam**, CON Medien- und Vertriebsgesellschaft, Bremen; hier nimmt die (in Ägypten nicht unumstrittene) Ärztin und Frauenrechtlerin engagiert zur Rolle der Frau im Islam Stellung, geht dabei aber immer von der ägyptischen Situation aus.

Nawal El Saadawi: **Bericht einer Frau am Punkt Null**, Frauenbuchverlag, München; eine zum Tode verurteilte ägyptische Prostituierte reflektiert ihr Leben. **Gott stirbt am Nil**, Frauenbuchverlag München; hervorragende Einblicke in das Leben in einem ganz normalen Dorf: staatliche und religiöse Macht, Familienstrukturen und Solidarität der Frauen untereinander.

C. Pollok: **Kulturschock Islam**, Reise Know-How Verlag Peter Rump; die Autorin beschäftigt sich mit der Problematik von Touristinnen in islamischen Ländern. Neben sehr viel Hintergrundwissen gibt der Band auch wichtige Ratschläge für Konfliktsituationen; besonders für alleinreisende Frauen empfohlen.

Jehan Sadat: **Ich bin eine Frau aus Ägypten**, Scherz Verlag; *die Autobiographie einer außergewöhnlichen Frau unserer Zeit* ist der zu wenig versprechende Untertitel. Die Frau des ermordeten Präsidenten berichtet von der politischen Entwicklung und ihren zahlreichen Aktivitäten für die Besserstellung der Frauen sowie vom Leben in der Stadt und auf dem Land. Das spannend geschriebene Buch ist sehr empfehlenswert.

Nagib Mahfus: **Die Midaq-Gasse**, Unionsverlag, Zürich; der Nobelpreisträger schildert in einem seiner bekanntesten Bücher mit sehr viel Beobachtungsgabe das Leben in einer typischen Straße Kairos. – **Die Moschee in der Gasse**, Unionsverlag, Zürich; die ausgewählten Novellen zeichnen zum Teil spannende, zum Teil schwermütige Bilder aus dem täglichen Leben. Im Verlag C.H. Beck erschien von Mahfus der Krimi **Der Dieb und die Hunde.** – Die vom Unionsverlag Zürich herausgegebene "Kairoer Trilogie" – **Zwischen den Palästen, Palast der Sensucht, Zuckergässchen** – ist sehr spannend zu lesen, baut dabei aber ein Bild von Kairo auf, in das man als Besucher sofort eintreten kann; besonders, wenn man die Bücher in Kairo verschlingt!

G.Flaubert: **Reisetagebuch aus Ägypten**, Societäts Verlag; höchst unterhaltsam, aufschlußreich und manchmal amüsant, die Spuren dieses Mannes zu verfolgen, der, ungern unterwegs, Mitte des letzten Jahrhunderts zwei Jahre "globetrottend" durch Ägypten zog.

Kairo – Die Mutter aller Städte, Hrsg. von U. Beyer, Insel Verlag; die Herausgeberin hat Beschreibungen vom 14. Jhd bis heute über Kairo zusammengetragen, die z.T. außerordentlich aufschlußreich sind und sich gut als Reiselektüre eignen.

G.Belzoni: **Entdeckungs-Reisen in Ägypten 1815-1819**, DuMont; das spannende

Rechtfertigungsbuch des *größten Grabräubers* gibt viele Einblicke in die damalige Zeit und Lebensumstände am Nil.

Lawrence Durrell: **Justine**, rororo Bd. 724; mit seiner großartigen Tetralogie, zu der die Bände **Balthasar**, **Mountolive** und **Clea** (alle rororo) gehören, zeichnet Durrell *Paradies und Hölle Alexandrias*, wie es treffend auf dem Klappentext heißt – für Alex-Freunde fast ein Muß.

Frank Bliss: **Siwa – die Oase des Sonnengottes**, P.A.S. Bonn 1998; der Ethnologe Bliss betrieb mehrere Jahre Feldforschung in Siwa und faßt in seinem jüngsten Buch nicht nur seine eigenen Erkenntnisse zusammen, sondern schuf ein hochinteressantes Werk über das "Leben in einer ägyptischen Oase vom Mittelalter bis in die Gegenwart" (Untertitel).

Über pharaonische Zeiten

J. Romer: **Sie schufen die Königsgräber** – Die Geschichte einer altägyptischen Arbeitersiedlung, Verlag Max Hueber; die spannend geschriebene Geschichte der Siedlung Der el Medina anhand von Originaldokumenten (Papyri, Ostraka, Grabungszeugnisse).

H.Schlögl: **Amenophis IV – Echnaton** mit Selbstzeugnissen und Bilddokumenten, rororo-Bildmonographien; beste Darstellung der Amarna-Zeit, kurz und präzise, viele Originalzitate.

R. Stadelmann: **Die ägyptischen Pyramiden** – Vom Ziegelbau zum Weltwunder, von Zabern Verlag; Übersicht über die Entwicklung des Pyramidenbaus von der Frühzeit bis nach Meroe, neueste Pläne, Baugeschichte, Bedeutung (Vorgeschichte und Frühzeit langatmig).

Sennefer, die Grabkammer des Bürgermeisters von Theben, von Zabern Verlag, die Begleitpublikation zur Ausstellung einer Fotoreproduktion dieses Grabes vermittelt gute Vorstellungen von der Dekoration eines thebanischen Grabes.

D. Wildung: **Sesostris und Amenemhet** – Ägypten im Mittleren Reich, Hirmer Verlag; ausgehend von Kunstdenkmälern, umfassende Darstellung dieser Epoche.

E. Friedell: **Kulturgeschichte Ägyptens und des Alten Orients**, dtv Geschichte Bd. 100013; ein relativ nüchternes, umfassendes Sachbuch.

Knaurs Lexikon der ägyptischen Kultur, Droemer Knaur Bd. 574; ein handliches Nachschlagewerk.

P. Schulze: **Hatschepsut, Herrin beider Länder**, Bastei-Lübbe, Biographie Band 61053; ein lesenswerter Beitrag über die mächtigste Pharaonin.

S.Scheibler: **Ewig fließen die Wasser des Nil**, Goldmann Verlag; der historische Roman schildert sehr lebendig das Leben Nofretetes und Echnatons.

K. Schüssler: **Kleine Geschichte der ägyptischen Kunst**, DuMont Taschenbücher; ausführliche Information über Architektur, Grabbauten, Tempel etc.

E. Otto: **Ägypten, der Weg der Pharaonenreiche**, Urban Taschenbücher im Kohlhammer Verlag; historische Einführung mit vielen interessanten Details.

Museumsführer

Die Hauptwerke im Ägyptischen Museum Kairo, von Zabern Verlag; in 270 Katalognummern (alle mit Fotos) wird eine Auswahl der Objekte – alle bekannten sind vertreten – mit (manchmal etwas zu) ausführlichen Texten vorgestellt; weniger für den Besuch als vielmehr für Vor- und Nachbereitung geeignet (auch in Kairo direkt im Museum erhältlich).

Ägyptische Kunst München, Staatliche Sammlung Ägyptischer Kunst; Übersicht über die ägyptische Kunstgeschichte von der Vorgeschichte bis in die frühchristliche Zeit anhand von Objekten der Münchner Sammlung. Kurze, gut lesbare Einführung, auch unabhängig vom Museumsbesuch aufschlußreich.

Bildbände

Lange/Hirmer: **Ägypten – Architektur, Plastik, Malerei in drei Jahrtausenden**, Hirmer Verlag; der Klassiker unter den Ägypten-Bildbänden.

W. Weiss: **Ägypten**, Bucher Verlag; einer der besten Bildbände mit hervorragenden Fotos und informativem Text über Vergangenheit und Gegenwart.

Maroon/Newby: **Ägypten – Kunst, Geschichte, Land und Leute**, Reich Verlag; der Bildband mit den schönsten und eindrucksvollsten Fotos, Schwerpunkt ist das alte Ägypten.

Baines/Malek: **Weltatlas der alten Kulturen**, Ägypten, Christian Verlag; ein aufwendiger, sehr informativer Band über alle Bereiche des pharaonischen Ägyptens mit vielen historischen Karten, Reproduktionen etc.

E. Hornung: **Tal der Könige, Ruhestätte der Pharaonen**, Artemis Verlag; eine detaillierte Dokumentation der Königsgräber mit sehr ausführlicher Hintergrundinformation wie Auszügen aus dem Toten- und dem Pfortenbuch, Entwicklung des Grabbaus etc.

Stierlin/Ziegler: **Tanis – Vergessene Schätze der Pharaonen**, Hirmer Verlag; erste umfassende Darstellung des bisher in der Öffentlichkeit wenig bekannten Schatzfundes von Tanis; sehr interessant und mit guten Fotos.

B. Rothenberg: **Sinai**, Kümmerly + Frey; ein Bildband mit religiösem Unterton, aber sehr informativem Text über Geographie, Geologie, Flora, Fauna u.a.m. des Sinai (leider vergriffen).

N. Folberg (Fotograf): **Die Wüste – Israel, Ägypten und Jordanien**, Hirmer Verlag; dieser aufwendige Bildband mit herausragenden Fotos ist der beste, uns bekannte Band seiner Art, vor allem auch über den Sinai.

W. u. R. Jahn: **Sinai und Rotes Meer**, Durch das Land der Beduinen zum Roten Meer, Belser Verlag; die Biologen – die lange in Ägypten lebten – bereiten den Leser nicht nur mit sehr fundiertem Text, sondern auch mit schönen und zugleich informativen Fotos auf den Sinai vor.

Hinweis: Viele dieser z.T. teuren Bildbände sind häufig in öffentlichen Bibliotheken zu finden.

Reiseführer

Die Ägyptenreiseführer vermehrten sich in den letzten Jahren nahezu explosionsartig. Hier nur eine Auswahl der Titel:

Baedeckers Allianz Reiseführer Ägypten; der vor allem in der Kartographie aufwendig gemachte Führer liegt im Qualitätsanspruch sehr hoch. Nachteilig ist die typische Baedecker-Art, Ortsbeschreibungen nicht nach geographischen sondern alphabetischen Kriterien zu ordnen.

Ägypten, Der Große Polyglott und **Polyglott-Reiseführer**; **Kairo;** besonders die kleinen Polyglott-Bände bieten auf wenig Papier erstaunlich viel Information.

W.+S. Tondok: **KAIRO, Luxor, Assuan**, Reise Know-How Verlag Tondok; unser Spezialführer für Städtebesucher beinhaltet die wichtigsten praktischen Infos dieses Ägypten-Handbuchs, geht in der Beschreibung Kairos aber weit darüber hinaus.

C. Erck: **Das islamische Kairo**, Lamuv; ein sehr fundierter und detailgenauer Führer durch das islamische Kairo.

Baker/Sabin: **A Practical Guide to Islamic Monuments in Cairo**, The American University in Cairo Press; ein sehr spezialisiertes, aber informatives Buch für den an islamischen Monumenten Interessierten.

O.Seif: **Khan al-Khalili**, *a comprehensive mapped guide to Cairos's historic bazar*, American University Cairo Press; ein hervorragender Führer durch das Gewirr der Khan el Khalili-Gassen und seiner Shops (die auch nach Waren geordnet aufgeführt werden). Auch die angrenzenden historischen Stätten werden kurz beschrieben.

C.Vivian: **Oases and Western Desert of Egypt**, American University in Cairo Press; der Spezialführer für das ganze Gebiet der Libyschen Wüste einschließlich Fayum und Mittelmeerküste ist mit Abstand die beste Informationsquelle für Leute, die sich intensiv mit dieser Gegend beschäftigen wollen.

R.N.Neil: **The Fayoum**, American University in Cairo Press; ein sehr guter Führer in das Fayum, den Garten Ägyptens.

A.Fakhry: **The Oasis of Egypt**, *Siwa Oasis; Bahariya and Farafra Oasis,* The American University in Cairo Press; für Besucher der genannten Oasen eine sehr informative Lektüre über deren pharaonischen Hintergrund.

Farbaltas Meeresfauna Rotes Meer (zwei Bände: *Niedere Tiere; Fische*), Eugen Ulmer Verlag; wenn Sie Platz im Gepäck haben, sollten Sie diese Bücher wirklich einpacken; nach dem Schnorcheln/Tauchen werden Sie sich darauf stürzen, um mehr über das unter Wasser Gesehene zu erfahren.

Unterwasserführer Rotes Meer; Verlag Stephanie Naglschmid; ein Band *Fische* von Helmut Debelius und ein zweiter Band *Niedere Tiere* von Peter Schmid und Dietmar Paschke, laut *Stern* (und nach unserer Meinung) ganz ausgezeichnete Führer für die Unterwasserwelt des Roten Meeres.

Hadidi/Boulos: **Street Trees In Egypt**, Cairo, ohne Verlagsangabe, erhältlich z.B. bei Lehnert & Landrock, Kairo; viele Zeichnungen helfen dem Interessierten, die Bäume an den Straßen Ägyptens zu identifizieren.

P. Dittrich: **Biologie der Sahara**, Herausgeber Prof. Dr. Dittrich, München; informativer Führer durch die Tier- und Pflanzenwelt der Sahara.

L. Jonsson: **Die Vögel Europas und des Mittelmeerraumes**, Kosmos-Naturführer; mit 400 Farbtafeln eines der besten ornithologischen Bestimmungsbücher, das auch weitgehend die Vögel Ägyptens beschreibt.

Kauderwelsch, Arabisch für Globetrotter, ein sehr nützlicher Band aus dem Reise Know-How Verlag Peter Rump, Bielefeld.

Prof. Riad Gayed, Kairo: **Praktische Methode für die arabische Umgangssprache,** Librairie Al-Hilal (in Ägypten erhältlich). Weiterhin hat die *Elias Modern Publishing House Co.* methodisch sehr gute Arabisch-Englisch-Lehrbücher herausgegeben; erhältlich in Kairo.

Dia Ed-Din M. Badr, Kairo: **Die moderne arabische Sprache**; gutes Lehrbuch, bei Lehnert & Landrock erhältlich.

T. Troßmann: **Motorradreisen zwischen Urlaub und Expedit**ion; das Motorradbuch für Fahrten zwar hauptsächlich abseits der Asphaltstraße, aber sicher auch für motorradreisende Ägyptenbesucher von hohem Wert.

Spezialliteratur der Libyschen Wüste finden Sie auf Seite 449.

Karten

Leider sieht es auf diesem Sektor nicht besonders gut aus. Die erhältlichen Karten bieten keineswegs optimale oder gar zuverlässige Informationen. Daher Vorsicht!

In Kairo können Sie Karten bei den großen Buchhandlungen (z.B. Lehnert & Landrock, 44, Sharia Sherif) und in den Hotel-Bookshops kaufen; gut sortiert sind die Shops im Nile Hilton Hotel.

Freytag & Berndt, Ägypten-Autokarte mit Kulturführer, 1:1 Mio; zur Zeit die zuverlässigste (relativ) und übersichtlichste Karte, allerdings auch mit einer Reihe von Ungenauigkeiten.

Bartholomews, Egypt, World Travel Map, 1:1 Mio, übersichtlich, nicht schlecht.

Kümmerly & Frey, Ägypten, 1:950 000, brauchbare Karte, westlichster Teil Ägyptens (Marsah Matruh, Siwa) fehlt.

Michelin 154 Afrique (Nord-Est), 1:4 Mio, nur als Übersichtskarte brauchbar.

Shell Reisekarte Ägypten, 1:1 Mio, nur Niltal und Sinai.

Hildebrand's Urlaubskarte *Ägypten*, 1:1,47 Mio, als Übersichtskarte geeignet; die Stadtpläne sind sehr klein.

Fairey Leisure Map Egypt, 1:1 Mio, übersichtliche Karte, nur für das Niltal.

TPC (Tactical Pilot Charts), 1:500 000, gut zur geographischen Orientierung, allerdings sind Straßen nur bedingt eingezeichnet (Blätter H-5A bis H-5C nötig; Bezug: Därr, Theresienstr. 66, 80333 München).

SINAI Map of Attractions, South Sinai, 1:250 000, TZOFIT Ltd, Tel Aviv; mit Abstand beste Karte des Südsinai, informative Kurzangaben zu Reisezielen, englischsprachig; erhältlich bei Därr Expeditionsservice, München.

Russische Generalstabskarten Ägypten, 1:500 000 und 1:200 000, mit deutscher Übersetzung der Legende und des kyrrillischen Alphabets, erhältlich bei Därr Expeditionsservice, München

Stadtpläne

In Ägypten können Sie Stadtpläne von **Alexandria, Kairo und Luxor** im Buchhandel (z.B. Lehnert & Landrock, Hotel-Buchhandlungen) kaufen. Bei den Tourist Offices erhält man auch Pläne, meist jedoch sehr dürftige.

Von den käuflichen Kairo-Stadtplänen ist der von **CAIRO ENGINEERING & MANUFACTURING Co**. der aktuellste und beste.

CAIRO A-Z, Complete Cairo Streetfinder, ist ein Buch mit knapp 200 Seiten und die umfassendste Straßendokumentation, für Touristen eher zu unhandlich.

Your Handy Map of Cairo, Middle East Publishing Co., gefiel einer Leserin sehr gut. Sie hatte die Karte im Shorouk Bookshop, 1 Midan Talaat Harb, gekauft.

Luxor, Herausgeber GEOprojects Ltd., beste Karte von Luxor (dort erhältlich).

Trotz allem: Keiner der Pläne ist frei von Fehlern.

Zeitschriften

papyrus heißt die mit viel Engagement gemachte Zeitschrift der deutschsprachigen Ausländer in Ägypten, auf die eine ganze Reihe von Informationen in diesem Reiseführer zurückgehen. papyrus wird nur im Abonnement vertrieben.

Kemet – eine Zeitschrift für Ägyptenfreunde, Kemet-Verlag Adel Kamel, Berlin, Tel 030 873 5967, Email abo@kemet.de; eine vierteljährlich erscheinende Zeitschrift mit Schwerpunkt pharaonisches Ägypten, die mit hervorragenden Beiträgen über alte und neue Erkenntnisse unterrichtet; sehr empfehlenswert.

EGYPT TODAY ist ein ägyptisches Magazin, das stark kulturell ausgerichtet ist und ebenfalls stets sehr informativ über das Leben in Ägypten berichtet. Internet: http://www.egypttoday.com

Internet

Tausende von Internetseiten zum Thema Ägypten warten auf Besucher, vor allem im englischsprachigen Raum. Es ist nicht einfach, die Spreu vom Weizen zu trennen und Empfehlungen auszusprechen, zumal sich die Angebote täglich ändern oder ändern können.

Empfehlungen des **Auswärtigen Amtes** zur Reisesituation: http://www.auswaertiges-amt.de/5_Laende/aeg/reiseh.htm

Die **Uni Hamburg** (um nur eine der Unis zu nennen) informiert selbst und stellt eine Linkliste zur Verfügung: http://www.rrz.uni-hamburg.de/aegypten/

Es lohnt sich auch, die Links der Zeitschrift **Kemet** (http://www.kemet.de/aegypten.htm) auf Brauchbares durchzuschauen.

Aktuelle Informationen zu statistischen Daten verbreitet das amerikanische **CIA Factbook**: http://www.ameinfo.com/facts/egyptpeo.htm.

Aktuelle **Informationen aus Leserbriefen** oder eigenen Erfahrungen können Sie auf unserer Homepage erfahren: tondok-verlag.de oder reise-know-how.de. Klaus Därr, vielen Globetrottern als **Afrikaspezialist** bekannt, unterhält eine einschlägige Seite unter http://www.klaus.daer.de.

Einen guten Überblick über Links bietet der **Egypt WWW Index**: http://pharos.bu.edu/Egypt/Home.html, mit sehr vielen und guten Adressen in die ägyptische Internetwelt.

Im englischsprachigen Internetraum beeindruckt **Guardians Egypt** (http://guardians.net/egypt), die nach Angaben des Autors weitgehend privat finanzierte Website. Er tritt mit der Ambition an, die vollständigste Site über das alte Ägypten aufzubauen – er ist (seit 1994) auf dem besten Weg dazu. Über sein eigentliches Anliegen vergißt er das heutige Ägypten nicht, das ebenfalls mit vielen Themen vertreten ist. Seine im Aufbau befindliche "CyberJourney to Egypt" dürfte eine gute Reisevorbereitung werden.

Das offizielle **staatlich-ägyptische Informations-System** erreicht man unter http://www.sis.gov.eg/egyptinf/, die **Tourismusbranche** unter http://touregypt.net.

Wenn Sie die angesehene Zeitung **Al Ahram** als Wochenausgabe verfolgen wollen, dann unter http://163.121.116.16/weekly/1999/437/index.htm.

Ägyptische Museen im deutschsprachigen Raum

Ägyptenreisende können sich schon zu Hause über die historischen Hintergründe ihrer Reise recht gut informieren. Es gibt eine ganze Reihe von Museen oder Institutionen, die sich mit dem pharaonischen Ägypten beschäftigen. Falls Sie nicht wissen, ob eins in Ihrer Nähe liegt, hier eine Auflistung für den deutschsprachigen Raum:

- ***Berlin***
  Staatliche Museen Preußischer Kulturbesitz, Ägyptisches Museum, Schloßstraße 70 und Ägyptisches Museum, Bodestraße 1-3
- ***Basel, Genf***
  Basel: Museum für Völkerkunde, Genf: Museum für Kunst und Geschichte
- ***Hamburg***
  Museum für Völkerkunde, Rothenbaumchaussee 64
- ***Hannover***
  Museum für Kunst und Gewerbe, Steintorplatz 1
- ***Hildesheim***
  Pelizaeus-Museum, Am Steine 1-2
- ***Frankfurt***
  Liebig-Haus, Museum alter Plastik, Schaumainkai 71
- ***Karlsruhe***
  Badisches Landesmuseum, Schloß
- ***Leipzig***
  Ägyptisches Museum, Schillerstr. 6
- ***München***
  Staatliche Sammlung Ägyptischer Kunst, Hofgartenstraße

- ***Weiden***
  Internationales Kerammikmuseum, Luitpoldstraße (weltweit größte Ausstellung ägyptischer Keramik)
- ***Wien***
  Kunsthist. Museum, Ägyptisch-Orientalische Sammlung, Burgring 5

Auch Universitäten unterhalten ägyptische (Studien)sammlungen:

- ***Uni Heidelberg***
  Sammlung des Ägyptischen Instituts, Marstallhof
- ***Uni Tübingen***
  Sammlung des Ägyptischen Instituts, Wilhelmstraße 9
- ***Koptisches Kloster Waldsolms***
  Koptisch-orthodoxes Zentrum und Kloster (Hauptstr. 10, 35647 Waldsolms) mit modernen und alten Ikonen sowie Museum.

Kleidung, Ausrüstung

Allgemeine Tips

- Denken Sie an Ihr **Geld**: Brustbeutel können sehr leicht gestohlen werden, Geldgürtel (**in** der Hose getragen) oder Bauchtaschen sind sicherer.
- In einigen Gegenden gibt es vor allem in unklimatisierten Hotelzimmern penetrante **Moskitos**, gegen die man sich am besten per Moskitonetz – möglichst mit Einpunktbefestigung – oder durch Einreiben mit einem Repelent schützt, z.B. Autan (Achtung, sehr giftig). Das besserriechende, nur in der Schweiz erhältliche Anti-Brumm sowie das finnische Djungel-Oil sind ebenfalls geeignet. Nelkenöl stinkt so, daß vermutlich nicht nur Fliegen und Moskitos die Flucht ergreifen.
- In den Billighotels ist es meist so billig, daß auch an **Handtüchern** gespart wird; daher für diese Hotelkategorie Grundausrüstung mitnehmen.
- Schnorchel- oder gar **Taucherausrüstung**, eventuell auch Kamera-Unterwassergehäuse (ca. DM 100) bzw. Einwegunterwasserkamera für das Rote Meer nicht vergessen. Wenn's der Transportplatz erlaubt, am besten das eigene Gerät mitnehmen. Wichtig für **Brillenträger** ist, daß in Ägypten Gläser mit der passenden Dioptrie für Taucherbrillen nur sehr schwer zu bekommen sind. In Deutschland bieten Tauchsportgeschäfte Maskenkörper und Gläser der Stärke 1 bis 6,5 der Firmen Spirotechnique und Seemann Sub an. Kodak und Fuji verkaufen Einmalunterwasserkameras mit 24 Bildern (auch in Ägypten erhältlich). In den meisten Orten kann man Schnorchelausrüstung für wenige £E pro Tag leihen. Zum Waten über das flache Riff eignen sich alte Turnschuhe o.ä.
- Wem vor schmutzigen Duschen oder Fußpilz graut, der nehme **Badeschuhe** oder Gummilatschen mit.
- Wer unter aufgesprungenen Lippen durch die Trockenheit leidet, sollte einen Fettstift (z.B. Labello) mitnehmen.
- Wenn Sie als Frau unbedingt an hauptsächlich von Ägyptern frequentierten Plätzen baden wollen, nehmen Sie einen **Badeanzug** mit. Die Ägypterinnen gehen in voller Montur ins Wasser, um den Männern kein Stückchen Haut zuviel zu zeigen.
- Stecken Sie **Kaugummi** ein, um in Toiletten und Duschen Löcher in der Wand zustopfen zu können.
- Eine gute **Taschenlampe** sollte unbedingt im Gepäck sein, denn einige historische Stätten sind schlecht beleuchtet oder die Beleuchtung funktioniert nicht (Wirkung

der Lampe vorher zu Hause im Dunkeln ausprobieren); bequem ist z.B. eine Stirnlampe vor allem dann, wenn Sie nachts auf den Mosesberg kraxeln wollen. Ein Messer (Schweizer Offiziersmesser) kann ebenso von Vorteil sein wie ein zusammenlegbares Besteck, auch Dosenöffner nicht vergessen.

- Eine **Rettungsdecke** aus dem Auto-Verbandskasten läßt sich klein falten, ist gut als Schlafsackunterlage im Freien oder z.B. auch als Sonnen-/Wärmeschutz an Hotelfenstern etc.
- Für Rucksackreisende: Verpacken Sie den **Rucksack** für den Flug in einen See- oder Plastiksack (falls er nicht ohnehin so konzipiert ist), damit die Riemen nicht auf den Transportbändern hängenbleiben und abreißen.
- Für Benutzer von Elektrogeräten: **220 Volt** elektrische Spannung, Eurostecker passen fast immer, doch es gibt, meist bei unpassender Gelegenheit jede Menge Ausnahmen, daher vorsichtshalber Universaladapter einpacken.
- Für **Fotografen**: Filme am besten von zu Hause mitnehmen und dort auch entwickeln lassen, Blitz nicht vergessen und/oder Stativ (Tischstativ für Museums- oder Gräberaufnahmen). Fotografierverbot für alle militärischen Anlagen, Brücken, Hafenanlagen etc. Filmen mit Kamera oder Videorecorder und Fotografieren ist in historischen Stätten und Museen entweder untersagt oder nur gegen Gebühren möglich (Blitz oder Kunstlicht meist wegen Beschädigung der Kunstwerke durch Blitzlicht nicht erlaubt).
- Ein **Gaskartuschen- oder Benzinkocher** kann in der Wüste oder im abgelegenen Strandquartier von Nutzen sein; nehmen Sie allerdings keine Gaskartuschen im Flugzeug mit (Einkaufsmöglichkeit in Kairo siehe Seite 241). Besser ist ein Benzinkocher, da keine Abfallerzeugung mit leeren Kartuschen (bleifreies Benzin heißt *Bensin abjad*, ist schwierig zu bekommen, chemische Reinigungen können Tips über den Bezug geben). Noch besser ist ein Allesbrenner, der ca. DM 70 kostet, einen batteriebetriebenen Ventilator besitzt, und mit allem, was irgendwie brennt (von Holzstückchen bis Kameldung), zu betreiben ist.
- Wenn Sie unbedingt in Hotelbadewannen baden wollen, fehlt meist der **Abflußstöpsel**. Packen Sie einen Universalstöpsel ein.
- Nehmen Sie ein kleines, aber gutes **Vorhängeschloß** mit, um nicht vorhandene Schlösser zu ersetzen.
- Paßfotos und Kopien vom Reisepaß benötigt man immer mal wieder; nehmen Sie ein paar Fotos und Kopien der Fotoseite des Passes mit (falls Sie bereits ein Visum besitzen, kopieren Sie auch das).
- Für längere – eigentlich sogar auch für kürzere – Fahrradausflüge z.B. in Luxor lohnt es sich, von zu Hause einen "Knochen" und eine kleine **Luftpumpe** mitzunehmen, um eventuelle kleinere Reparaturen oder Einstellungen (Sattelhöhe) selbst vornehmen zu können. Ägyptische Leihfahrräder sind meist anfällig, passendes Werkzeug ist selten vorhanden.
- Ein Kurzwellenradio hält die Verbindung zur Heimat (Deutsche Welle, siehe Seite 101) aufrecht.
- Tampons sind nicht überall erhältlich; wer sie braucht, nimmt sie entweder von zu Hause mit oder kauft sie z.B. in Pharmazien in Kairo.

Kleidung

In den Monaten November bis März kann es speziell in Unterägypten recht kühl werden, ein Wollpullover und/oder eine Jacke bzw.

ein Anorak sind für diese Zeit unentbehrlich. Der Winter 91/92 zählte zu den kältesten seit Jahrzehnten, Ende Februar fielen z.B. am Katharinenkloster auf dem Sinai noch 10 cm Neuschnee; fast alle Touristen holten sich wegen zu leichter Kleidung Erkältungen. Im Winter 1988/89 war es in Luxor so kalt, daß man Touristen scherzhaft mit "Welcome in Alaska" begrüßte und jeder Schlafsackbesitzer beneidet wurde. Preiswerte Hotelzimmer sind meist ungeheizt, nur eine dünne Wolldecke soll gegen Kälte schützen; Kälteempfindliche sollten daher einen Schlafsack einpacken. Ein warmer, winddichter Schlafsack ist in Gegenden wie den Sinai-Gebirgen – auch bei kaltem Wind in den Wüstengebieten und selbst bei Felukenfahrten – im Winter unbedingt erforderlich. Wir erhielten viele Zuschriften, die warme Kleidung zumindest für Dezember/Januar empfahlen, z.B. ein Viertel leichte Kleidung, der Rest warm.

Für die Übernachtung in einfacheren Hotels ist ein dünner Leinenschlafsack zu empfehlen (z.B. Jugendherbergsschlafsack oder Bettdeckenbezug), mit dem man ungewechselte Bettwäsche überdecken kann.

Ansonsten eignet sich leichte, luftige Baumwollkleidung und Baumwollunterwäsche am besten. Vergessen Sie auf keinen Fall Sonnenhut, -brille, -schutzöl und Badezeug. Als Schutz gegen Anmache eignet sich, allerdings auch nur bedingt, ein schwarzes (Seiden)Kopftuch, das frau klein falten und bei entsprechenden Gelegenheiten umschlagen kann.

Vom Schuhwerk her genügen einfache Sandalen nicht, in denen man sich bei den tagelangen Wanderungen in Städten die Füße ruinieren kann. Jeder, der einmal Schlangen oder Skorpionen zu nahe kam, wird in entsprechendem Gelände zumindest feste Turnschuhe oder z.B. bei Bergtouren im Sinai Trekkingschuhe vorziehen. Kurz: Nehmen Sie Schuhwerk mit, in dem Sie sich wohlfühlen und in dem Sie auch bei heißgelaufenen Füßen noch gut gehen können.

Es empfiehlt sich sehr, für längere Reisen in klimatisierten Zügen oder Bussen – *Kühlhaustemperaturen!* – einen leichten Pullover griffbereit zu haben.

Toilettenpapier – das es inzwischen nahezu überall in Ägypten zu kaufen gibt – ist als Ausrüstung zu empfehlen, weil es sich nicht nur z.B. zum Naseputzen gut eignet, sondern in den öffentlichen Toiletten nicht vorhanden ist. Man reinigt sich statt dessen mit der linken Hand mit Wasser (man reicht niemals die Linke zur Begrüßung!), daher gibt es in den meisten Toilettenkabinen einen Wasserhahn.

Wer mit Kleinkindern unterwegs ist und Windeln benötigt: Höschenwindeln (Pampers), auch H-Milch gibt es in allen größeren Städten.

Ausrüstung für Camper

Es ist nahezu sinnlos, für Rucksack-Reisen im Niltal ein Zelt mitzuschleppen. Denn zum einen gibt es nur wenige Campingplätze, zum anderen findet man im dichtbevölkerten und landwirtschaftlich bis auf die letzte Krume genutzten Tal kaum Stellen, an denen sich auch nur einigermaßen ungestört ein Zelt aufschlagen ließe.

Ägypten verlangt aufgrund seiner äußerst günstigen klimatischen Bedingungen für das Schlafen im Freien nicht viel mehr Ausrüstung als einen guten Schlafsack für kühle Nächte (besonders auf dem Sinai oder in der Wüste) und eine auf die persönlichen Komfortwünsche abgestimmte Unterlage (Isoliermatte, Luftmatratze). Um sich gegen unerwünschte Zuschauer, aber auch Wind, Schlangen, Skorpione oder gar einen der seltenen Regenfälle (im Winter im Mittelmeer-Küstenbereich) zu schützen, ist ein leichtes Zelt für den zu empfehlen, der sich nicht auf

Hotels verlassen und außerhalb bewohnter Gegenden übernachten will.

Ausrüstung für Wohnmobil-Fahrer

Es gibt inzwischen genug Literatur über die zweckmäßige Ausrüstung von Wohnmobilen für außereuropäische Länder. Daher hier nur ein paar Tips.

Zur Fahrzeugwahl meinen wir, daß man mit jedem normal angetriebenen Wagen gut zurecht kommt; es sei denn, Sie wollen quer durch die Wüste in den Sudan oder auf anderen Pisten abseits der frequentierten Routen fahren. Allradantrieb ist manchmal von Vorteil, aber auf den "klassischen" Strecken keineswegs notwendig. Wer in der Wüste von der Straße abbiegt – und wer tut das nicht – sollte tunlichst Sandbleche und Schaufel dabeihaben, siehe Seite 108.

Die Wasserversorgung sollten Sie so konzipieren, daß Sie aufgetanktes Wasser entkeimen können. Mehrere Möglichkeiten bieten sich an: jegliches Trinkwasser abkochen (verbraucht unnötig Gas und heizt das Auto auf), Wasser chemisch mit z.B. Mikropur von Katadyn behandeln oder – nach unserer Erfahrung beste Möglichkeit – einen Wasserfilter einbauen, der für keimfreies Wasser sorgt. Wir machten während unserer dreijährigen Weltreise zuverlässige Erfahrungen mit Katadyn-Filtern, was hier nicht als *Schleichwerbung* aufgefaßt werden sollte. Denken Sie für Wüstenfahrten an genügend Wasservorräte. Nach Angaben für das britische Militär benötigt ein Mensch bei Temperaturen um 40 Grad **mindestens 5 (in Worten: fünf) Liter Trinkwasser pro Tag!**

Da Moskitos durch die kleinste Öffnung kriechen, sollten Sie zumindest den Schlafbereich – besser noch den gesamten Aufenthaltsbereich Ihres Campers – hermetisch mit Moskito-Netzen verschließen können. Zur Standardausrüstung zählen heute chemische Toiletten, die auch in Ägypten nötig sind; denn Sie werden besonders im Niltal Schwierigkeiten haben, ein einsames Plätzchen zu finden. Zum Entsorgen gibt es keine oder wenige professionelle Möglichkeiten. Daher umweltverträgliche Chemikalien verwenden und die Fäkalien besser in der Wüste ausleeren und vergraben als die Biologie von Campingplatz-Sickergruben durcheinanderbringen.

Feuerlöscher sind obligatorisch in Ägypten. Ein Leser, der in Assiut ohne einen Löscher erwischt wurde, mußte £E 20 Strafe zahlen und seinen entzogenen Führerschein in Assuan (!!) abholen.

Ausrüstung für Motorradfahrer

Für die Ausrüstung von Motorrädern gibt es einige Dinge zu bedenken. Unbedingt empfehlen wir das Buch von T. Troßmann *Motorradreisen zwischen Urlaub und Expedition* (siehe Seite 47) zur Vorbereitung.

Motorrad-Typ: Die ägyptischen Straßen zählen streckenweise nicht zu den besten der Welt, häufig sind sie wellig und mit unvermutet auftauchenden Schlaglöchern garniert. Ihr Motorrad muß also mechanisch einiges mehr verkraften als in Europa, hinzu kommt die Belastung durch Reisegepäck. Wählen Sie daher nicht ein zu schwaches Gefährt aus, im Normalfall sind gute Touren-Motorräder oder Gespanne ausreichend. Gabel und hintere Stoßdämpfer müssen in Ordnung sein, eventuell dickflüssiges Gabelöl einfüllen. Das Tankvolumen muß auch für Fahrten außerhalb des Niltals ausreichend sein.

Wenn Sie abseits der Straßen auf Pisten fahren wollen, sollte die Maschine wirklich pistentauglich sein. Erkundigen Sie sich bei Ihrem Händler nach Vertretungen in Ägypten. Es gibt bei weitem nicht so viele internationale Fabrikate wie bei uns. Vertretungen bekannter Marken dürften sich auf das Gebiet Kairo/Alexandria beschränken. Die Mitnahme von Ersatzteilen kann daher nützlich sein, z.B. Zündkerzen, Sicherungen, Gas- und Kupplungszüge, Öl-, Benzin- und Luftfilter, Kettenschloß und Sicherungsclips, Schrauben und Muttern, Ersatzschlauch, Reifenflickzeug, Luftpumpe und gutes Werkzeug. – Bauen Sie eine kräftige Hupe ein.

Gepäcktransport: Die einfachste Lösung sind robuste Tank- und Satteltaschen (Leder oder entsprechend fester Kunststoff). Einen zusätzlichen Stabilisierungsfaktor bieten Gepäckträger, die selbst allerdings stabil sein müssen. Am Gepäckträger können dann staubdichte, verschließbare Aluminiumbehälter angebracht werden, die sich allerdings nach oben öffnen lassen sollten, bei seitlicher Öffnung kann der Inhalt leicht auf die Straße fallen.

Wenn die Koffer sicher am Träger befestigt sind, besteht eine Art Diebstahlschutz. Wenn Sie Gepäckspannriemen benutzen, so sichern Sie diese gegen schnelles Öffnen (Kinder spielen da gern), Ersatzriemen mitnehmen.

Kleidung: Von Dezember bis März mag in vielen Gegenden Ägyptens sogar Lederkleidung angebracht sein, weil die Sonne gegen den aus dem Norden blasenden kühlen Wind nicht so recht ankommt. Sobald es wärmer wird, ist weite, helle Kleidung sinnvoller. Gegen immer mögliche Stürze und damit verbundene Verletzungen schützen Cross-Stiefel und Handschuhe, Schulter-, Ellbogen- und Knieschützer.

Ein Helm ist trotz der Hitze ein unbedingtes Muß. Denn viele Motorradfahrer klagen über Stürze durch Öl, häufiger noch durch Sand auf der Straße.

Ausrüstung für Fahrradfahrer

Basis ist ein stabiles Tourenrad mit entsprechenden Gepäckträgern (ein Leser war per Rennrad unterwegs und hielt dies für die beste Lösung). Speziell für den Sinai wird wegen der langen Steigungen 18- oder 21-Gangschaltung empfohlen. Flickzeug, Knochen (oder 4, 5, 6 mm Imbus und 8, 10 mm Maulschlüssel), großer und kleiner Schraubenzieher, Kombi- und eventuell Rohrzange, Speichenspanner, Ersatzspeichen, passendes Kettenschloß, ein paar Ersatzmuttern (beim Transport auf LKW lösen sich gern die vorhandenen), Draht, Bindfaden, eine solar ladbare Taschenlampe und zwei bis drei Flaschenhalter mit Jumboflaschen sollten mitgenommen werden.

Für den Sinai zusätzlich einen 5-Liter-Tank einpacken; einige Sinai-Radler empfehlen wesentlich mehr, da sie bis zu 7 Liter täglich tranken und nicht immer Nachschub fanden. Zum Schutz gegen die unerbittliche Sonne sind eine Schirmmütze und/oder z.B. Delial 20 sehr empfehlenswert, eine Sonnen-/Gletscherbrille auch als Staubschutz, für die Nacht (im Gebirge) ein Leichtschlafsack und eventuell ein Leichtzelt. Für die Ernährung ist Müsli bei vielen Radlern eine wichtige Basis, auch sollte man z.B. Micropur für Wasserentkeimung nicht vergessen.

Generell gilt auch hier, daß Männer in kurzen Hosen lächerlich wirken und Frauen in Shorts den islamischen Sitten völlig widersprechen; über Ärger darf man sich dann nicht wundern. In allen Ortschaften gibt es einfache Unterkünfte, auf die meist schon bei der Ankunft Leute aufmerksam machen. Außerdem finden Sie fast überall Reparaturshops fürs Fahrrad. Wichtig zu wissen: Europäische Reifengrößen und Fahrradzubehör für Mountainbikes oder bessere Straßenfahrräder sind selbst in Kairo kaum erhältlich.

Sehr positiv berichten alle Radler über die Ehrlichkeit der Ägypter. Obwohl sie Gepäck am unbeobachteten Rad ließen, wurde nichts gestohlen.

Geld, Preise und Kosten

Die Währung des Landes ist das Ägyptische Pfund, abgekürzt £E (oder LE). Es wird in 100 Piaster (Pt) unterteilt.

Offiziell einführen dürfen Sie maximal £E 20 und Fremdwährungen beliebiger Menge.

Als im Oktober 1983 die erste Auflage dieses Reiseführers erschien, bezahlte man noch DM 3,50 pro Pfund. Über die Jahre verfiel der Wert der Währung rapide und erreichte 1987 mit der Freigabe des Wechselkurses einen Stand von DM 0,38 pro £E. Das war ein Verlust von fast 77 Prozent innerhalb von knapp vier Jahren. Andererseits erzeugte die Wechselkursfreigabe letztlich eine erhebliche Stabilität der Währung. Etwa 1991 wurde der Kurs mit dem US-Dollar gekoppelt, d.h. Dollarschwankungen gegenüber der heimischen Währung wirken sich auch auf den Pfundkurs aus. Der offizielle Kurs lag im September 1999 bei DM 0,54 für ein Pfund (1,86 £E pro 1 DM).

Lassen Sie sich beim Geldtausch nicht mit dem Straßenangebot *Schwarzmarkt* verlocken, diese Leute legen Sie mit allen Tricks, bis hin zu Falschgeld, herein. Andererseits gibt es eine ganze Reihe von Wechselstuben, in denen man unbürokratisch, schnell und neuerdings zum deutlich besseren Kurs als bei Banken ans ägyptische Pfund kommt. Erkundigen Sie sich bei mehreren Banken bzw. Händlern nach dem aktuellen Kurs; Schwankungen um 10 Prozent sind nicht ungewöhnlich.

Travellerschecks werden von Wechselstuben ungern oder gar nicht akzeptiert. Lassen Sie sich beim Tauschen möglichst auch kleine Noten geben, da Kleingeld immer rar ist, achten Sie darauf, daß die Noten nicht zerfetzt sind.

Wenn Sie Ihr Geld in der Heimatwährung mitnehmen, ersparen Sie sich zumindest einmal Tauschgebühren gegenüber z.B. US$. Allerdings gibt es immer wieder Gelegenheiten, in denen Dollars vorteilhaft wären. Wer 10 bis 20 Prozent seines Budgets in amerikanischen Noten einsteckt, fährt nicht schlecht.

Aus Sicherheitsgründen sollte man einen Teil in **Travellerschecks** (Empfehlung: American Express, da überall bekannt) einpacken, den Rest in bar. Ohne Probleme können Sie Travellerschecks in vielen großen Hotels und Banken (bei staatlichen Banken wesentlich geringere Gebühren, größere Bürokratie) tauschen, bewahren Sie die Belege vorsichtshalber für Nachfragen auf. Generell sollte man daran denken, daß dieses Instrument nur in touristisch frequentierten Gebieten bekannt ist. In den Oasen z.B. ist nach unseren Informationen nur in Dakhla die Einlösung möglich.

Wenn man nicht genügend Travellerschecks aus der Heimat mitbrachte, helfen die Repräsentationen der Heimatbank und besorgen Nachschub. Falls Sie Bargeld in Devisen, also z.B. DM, benötigen, so können Sie dies gegen American Express Travellerschecks im gleichnamigen Büro in der Sharia Talaat Harb in Kairo gegen 1 Prozent Bearbeitungsgebühr bekommen.

Falls Sie **Kreditkarten** benutzen wollen, erkundigen Sie sich vorsichtshalber zu Hause, welche Formalitäten nötig sind, um auf diese Weise Bargeld abheben zu können. Früher gab es viele Schwierigkeiten, inzwischen scheint auch das Plastikgeld Akzeptanz gefunden zu haben. Vlisa- und Euro(Master)-Karten werden von der Cairo Bank und der MISR-Bank auch außerhalb der großen Städte akzeptiert, ebenfalls in den großen Hotels, American-Express-Karten zumindest in American Express Büros. Beachten Sie, daß Visa-Karten die größte Verbreitung gefunden haben; wenn möglich nehmen Sie zumindest eine solche Karte mit. Geldautomaten in den größeren Hotels (z.B. Hilton, Sheraton, Mariot) oder auch in der Stadt spendieren gegen Visa und Master Card oder sogar EC Card Bargeld.

Offiziell gehört Ägypten dem Kreis der Länder an, die **Euroschecks** akzeptieren. Euroschecks sind zwar in den großen Städten mittlerweile einigermaßen bekannt, aber man darf sich keinesfalls darauf verlassen. Einlösen: Höchstbetrag £E 700, nur bei größeren Banken und internationalen Hotels, z.B. MISR-Bank im Nile Hilton (24-Stunden-Service, Gebühr £E 11; auch in Assuan), Nationalbank am Flughafen. Auch beim Reisebüro Thomas Cook, Sharia Muhammad Bassiyuny, können maximal 2 Schecks gegen £E 5 Gebühren eingelöst werden. In Luxor löst die Bank of Alexandria Euroschecks gegen £E 5 Gebühr ein, in Hurghada die Nationalbank.

Öffnungszeiten der Banken: So-Do 8.30-14.00 Uhr, der Behörden: 9-21 Uhr (außer freitags).

Noch zwei Tips: Heben Sie alle Tauschquittungen bis zur Ausreise auf, sonst können Sie eventuell kein Geld rücktauschen. Ohne große Formalitäten wird bei der Egyptian Exchange Co. Bank in Kairo ägyptische Währung in DM oder US$ getauscht. Wenn Sie zu zweit unverheiratet reisen, lassen Sie sich zu Hause Schecks auf beider Namen ausstellen, andernfalls kann einer von Ihnen nie nachweisen, daß auch auf seinen Namen Geld getauscht wurde, was bei Aufenthaltsverlängerung etc. sehr ärgerlich ist.

Ein paar Worte zum Bankwesen. Es gibt staatliche Banken (National Bank of Egypt, MISR-Bank, Bank of Alexandria u.a.), Joint-Venture-Banken, d.h. Gemeinschaftsgründungen ausländischer mit ägyptischen Banken (z.B. American Express mit der Bank of Alexandria), private Banken (z.B. Nile Bank, Al Ahram Bank), Niederlassungen ausländischer Banken, die allerdings nur Transaktionen in ausländischer Währung durchführen dürfen, und islamische Banken.

Die Letztgenannten betreiben anstelle von Zinswirtschaft sog. Erfolgsbeteiligungswirtschaft, da im Islam Zinsgeschäfte verboten sind. Daher ersetzen die islamischen Banken den festen Zinssatz durch eine Vereinbarung über Gewinn- und Verlustbeteiligung mit dem Kapitalnehmer und beteiligen umgekehrt den Kunden anstelle von Guthabenzinsen am Gewinn der Bank.

Zumindest Selbstversorger können in Ägypten relativ preiswert leben. Zur Kalkulation und auch zum besseren Wissen beim Handeln und Feilschen ein paar **Preisbeispiele** der unteren Kategorie (Stand 1999):

1,5 l Mineralwasser	£E 1,50
1 Fl. Coke 0,2 l	Pt 50
1 Fl. Mirinda	Pt 30 – 50
1 Tasse Tee, Karkadeh	Pt 50 – 100
1 Fladenbrot	Pt 8 – 10
1 Fladenbrot mit Foul/Felafel	Pt 50
1 Hefeteig-Stangenbrot	Pt 10
1 Ei	Pt 12
1 Fl. Stella Bier (Lager) 0,33 l	£E 5
(im Duty Free	£E 3,25)
1 Fl. Stella Bier (Export) 0,5 l	£E 8
1 Dose Stella 0,33 l	£E 3,50
1 Portion Reis mit Sauce	Pt 50

1/2 Hähnchen	£E 3,50 – 5
1 Portion Reis, Nudeln	£E 1,50
1 Portion Kushari	£E 1,50 – 2
1 Portion Tahina	£E 1,50
1 Rolle Toilettenpapier	£E 0,75
Cleopatra-Zigaretten	£E 1,65
Marlboro-Zigaretten	£E 4

Kraftstoffpreise:

Benzin (80 Oktan)	Pt 90
Benzin (Super 96 Oktan)	Pt 100
Diesel	Pt 40

Ein paar Preisbeispiele für Kairo von typischen Souvenirs zur Information: Galabeya (ägyptischer "Kaftan") ab £E 5, Holzpuppen ab Pt 30, Wasserpfeifen ab £E 30; bessere Exemplare mit echtem Messingmittelstück können auch £E 50 kosten, Leinenrucksäcke mit Applikationen ab £E 6.

Einige Tips zum Einkaufen:

- Achten Sie bei Wasserflaschen darauf, daß der Sicherungsring tatsächlich unbeschädigt ist und Sie nicht Leitungswasser kaufen!
- Beim Einkaufen aufpassen, daß das richtige Gewicht (nicht 500 g anstelle 1 kg) auf der Waage liegt!
- Wenn Sie sich irgendwo ausgenommen fühlen (Hotel, Restaurant, Post), dann lassen Sie sich eine Quittung *(Watura)* geben; das ändert manchmal sehr schnell den Preis.
- Während der Wintersaison können die oben genannten Preise deutlich ansteigen.
- Die **Öffnungszeiten** von normalen Geschäften liegen etwa zwischen 9-12.30 und 16-20 Uhr, im Winter 9-19 Uhr – viele Ausnahmen bestätigen die Regel!

Die Reisekosten ergeben sich aus dem individuellen Bedarf. Rucksackreisende können mit ca. DM 300 bis 500 an Gesamtkosten pro Woche hinkommen, wenn sie auf preiswerte Übernachtung und Verpflegung im landesüblichen Rahmen achten. Dennoch sollte dieser Betrag nicht die Basis für das Reisebudget sein; rechnen Sie mit dem doppelten Betrag und freuen Sie sich, wenn nachher die Hälfte übrigbleibt. Andererseits sind nach oben keine Grenzen gesetzt: es gibt genug Luxushotels, teure Restaurants oder Gold-Souvenirs.

Wer in den Geschäften mit großen Parkplätzen an Landstraßen Souvenirs einkauft, sollte wissen, daß hier in der Regel Busladungen an Touristen ausgesetzt werden. Der Reiseleiter, der diese Menschen ihrem Schicksal überläßt, erhält 30 – 50 Prozent Provision. Das sollte also der Mindestrabatt für jemanden sein, der ganz aus freien Stücken auftaucht.

Reisezeit

Ägypten kennt praktisch keine Regen-, statt dessen eher Hitzesorgen. Daher liegt die klimatisch günstige Reisezeit zwischen Mitte Oktober und Mitte April, wobei das Land während der üblichen Ferienzeiten (Weihnachten, Ostern) von Touristen förmlich gestürmt wird. Kenner wählen etwa Mitte September bis Mitte November, dann ist es noch warm oder sogar heiß, die Tage sind verhältnismäßig klar. Von Dezember bis in den Februar hinein kann es morgens und abends recht kühl sein, im Frühjahr (etwa ab Mitte März) verdüstern häufig Sandstürme (Chamsin) den Himmel.

Ungestörter vom allgemeinen Andrang können Sie außerhalb der Saison oder an deren Beginn beziehungsweise Ende reisen. Dann werden Sie allerdings mit höheren

Islamische Feiertage der nächsten Jahre

	1999	2000	2001
Ramadan-Beginn	09.12.	29.11.	18.11.
Ramadan-Ende, Id el Fitr	20.01*)	09.01.*)	30.12.
Id el Adha	28.03.	17.03.	06.03.
Neujahr (Ras el Sana)	17.04.	06.04.	27.03
Mohammeds Geburtstag	26.06.	15.06.	04.06.

*) *Jeweils im nächsten Jahr*

Temperaturen rechnen müssen, aber es gibt eine Reihe Vorteile: Die Hotels, Restaurants, interessanten Stätten, Strände etc. sind weniger frequentiert, man ist in manchem Hotel ein freudig begrüßter Gast und schließlich: die Tage sind wesentlich länger als im Winter.

Aus eigener Erfahrung können wir sagen, daß eine unserer Reisen, die in den Juni fiel, klimatisch durchaus erträglich war, obwohl wir u.a. durch die Libysche Wüste fuhren. Eigentlich sollte es sogar umgekehrt heißen: weil wir durch die Wüste fuhren. Denn das extrem trockene Wüstenklima ist wesentlich besser zu ertragen als feuchte Hitze. Wenn es Ihnen also im Niltal während dieser Jahreszeit zu stickig wird, dann suchen Sie die Wüstengebiete oder die Mittelmeerküste mit ihrer erfrischenden Brise auf.

Ab Mitte Januar gibt es relativ kurze Schulferien in Ägypten, dann sind in Luxor und Assuan viele Hotels überfüllt.

Die für Kairo und Assuan ausgewählte Klimatabelle auf der nächsten Seite gibt Ihnen einen Temperaturüberblick.

Häufig ist es wichtig, Feiertage einzukalkulieren. Die Daten der religiösen Feste Ägyptens hängen vom islamischen Hedschra-Kalender ab. Sie ändern sich daher und liegen jährlich um etwa 11 Tage früher (siehe Kasten), wobei dies außerdem vom örtlichen Erscheinen bzw. Verschwinden des Mondes abhängt.

Die gesetzlichen Feiertage sind festgelegt auf: 22. 2., 3. 3., 25. 4., 1. 5., 18. 6., 23. 7., 6. 10., 23. 12. Das koptische Weihnachtsfest wird am 7.1. gefeiert.

Für Sinai-Reisende veröffentlichen wir auf Seite 491 eine Tabelle der iraelischen Feiertage, weil während dieser Zeiten ein Massenansturm auf den Ostsinai stattfindet und man besser die Region meidet.

Während des Fastenmonats **Ramadan** verlangsamt sich das öffentliche Leben tagsüber. Viele Geschäfte, Ämter, Fahrkartenschalter oder auch einige Museen sind kürzer als üblich geöffnet oder ganz geschlossen, viele Restaurants bedienen nur abends ihre Kunden. Dafür beginnt nach Sonnenuntergang ein überaus reges Leben und Treiben, das alle Einschränkungen des Tages weitgehend wettmacht. Zehn Wochen nach Ende des Ramadan wird das **Id el Adha** Opferfest gefeiert: Vier Tage lang sind Behörden, Banken und viele Geschäfte geschlossen. Vermeiden Sie, zumindest am letzten Tag auf Reisen zu gehen, weil alle Verkehrsmittel wegen der heimfahrenden Ägypter total überfüllt sind. Ebenfalls sollten Sie in den 14 Pilger-Tagen möglichst keinen Flughafen benutzen, von dem aus Reisen nach Mekka stattfinden (hauptsächlich Kairo): Pilger und ihre Verwandten übervölkern alles und jeden Quadratzentimeter, Abfertigungsprozeduren dauern viele Male länger als in Normalzeiten, Verzögerungen von Stunden sind die Regel.

Das Frühlingsfest **Sham el Nessim**, das jeweils eine Woche nach Ostermontag gefeiert wird, geht original auf die pharonischen Zeiten zurück, es hat sich praktisch nicht in seiner Ausdrucksform geändert. Die pharaonische Bevölkerung betrachtete die Tag- und

Klimatabelle (in Grad C)

		Jan	Feb	Mrz	Apr	Mai	Jun	Jul	Aug	Sep	Okt	Nov	Dez
Kairo	min	8	9	11	14	17	18	22	21	20	18	12	10
	max	19	20	24	28	32	34	35	34	32	30	24	20
Assuan	min	8	9	13	17	21	24	25	25	22	19	13	10
	max	24	30	35	38	41	42	42	42	39	36	30	25

Nachtgleiche als Neubeginn des Lebens, man stand sehr früh auf, der Mann schenkte seiner Frau eine Lotusblüte, dann färbte man Eier – Symbol des Lebens – mit Hibiskusblüten oder Zwiebelschalen. Außerdem wurden gesalzene und getrocknete Fische gegessen. Heute wird die Nacht vor dem Fest ausgiebig gefeiert, in der Morgendämmerung ißt man gemeinsam – gesalzenen Fisch und Eier. Allerdings als Basis, die Ausstattung des Festtisches ist natürlich reicher...

Es gibt eine Reihe großer religiöser Feste mit Volksfestcharakter, sogenannte *Mulids,* über die Sie nähere Informationen und Termine auf Seite 132 finden.

Die Zeitverschiebung zwischen Mitteleuropa und Ägypten beträgt MEZ + 1 Stunde (Überschneidungen während der Umstellung auf Sommerzeit berücksichtigen). Häufig werden Fahrpläne oder auch Eintrittszeiten in diesem Zusammenhang geändert.

Anreise

Drei Anreisemöglichkeiten stehen zur Wahl: per Flugzeug, Schiff oder Straße. Für die Auswahl sind meist Kosten und/oder Zeitgründe maßgebend. Jedoch vergessen viele Reisende ein wichtiges Argument. Lassen Sie Ihrem Körper und Ihren Gedanken ein wenig Zeit und Gelegenheit, sich auf das Ziel Ihrer Wünsche einzustellen. Sicherlich würde eine Schiffsreise unserem Anpassungsvermögen eher entgegenkommen als der schnelle Sprung per Flugzeug.

Internationale Zielflughäfen in Ägypten sind Kairo, Alexandria, Luxor, Hurghada und Sharm el Sheikh. Billige Tickets dorthin verkaufen einige spezialisierte Reisebüros. In den Reisebeilagen der Tageszeitungen und im Internet finden Sie immer aktuelle Billigflug-Angebote. Auch die Last-Minute-Flugbüros können für den, der das Spiel mit der letzten Minute wagt, eine Fundgrube sein; z.B. DM 300 nach Kairo und zurück.

Fragen Sie auch nach Verbindungen mit osteuropäischen Gesellschaften, diese sind häufig preiswerter als westliche, jedoch kann es zu unangenehm langen Zwischenaufenthalten in den jeweiligen Hauptstädten kommen. Eventuell ist auch der Weg über Israel oder von Athen nach Kairo interessant. Manche Charterflüge gehen ohne Ankündigung z.B. über Luxor oder Hurghada; wenn Sie bereits dort aussteigen wollen, sollten Sie sich vor dem Abflug erkundigen, wo Stops stattfinden und das Gepäck entsprechend einchecken lassen.

Wenn Sie auch innerägyptische Flüge planen, dann sollten Sie möglichst mit Egypt Air an den Nil fliegen, denn dann kostet das Ticket für einen lokalen Flug nur etwa 60 Prozent des normalen Inlandspreises. Sobald Sie für Montag, Dienstag oder Donnerstag buchen, können Sie weitere DM 50 für den Anflug sparen.

Hier ein paar Adressen von Reisebüros mit gewöhnlich sehr günstigen Angeboten:

- ***Hegazi Reisebüro****, Tauenzienstr. 16, 10789 Berlin, Tel 030 2139064*
- ***HogaTours****, 76646 Bruchsal, Tel 07251 55011, Fax 55045*
- ***Porter Reisen****, Würzburgerstr. 8, 60385 Frankfurt, Tel 069 252209*
- ***Sindbad-Reisen*** *(auch Bettenbörse), Mauritiusstr. 9, 77871 Renche-Ulm, Tel 07843 1449*
- ***Travel Overland,****Flugreisen, Isabellastr. 20 80798 München, Tel 089 272760*

Billige Flüge übers **Internet** suchen und buchen, z.B.:

- **START** (deutsch), http://www.start.de/
- **TTISS** (englisch), http://www.tiss.com/
- **TRAXXX** (deutsch, ähnlich wie START), http://www.traxxx.de/

Mit öffentlichen Verkehrsmitteln auf dem Landweg nach Ägypten

Rucksackreisende, die auf dem Landweg mit Zug und/oder Bus über die Türkei, Syrien nach Jordanien fahren, können heutzutage nach Israel einreisen oder von Aqaba aus Nuveiba (Sinai) in drei Stunden Schiffsreise erreichen (siehe Seite 73). Von Israel aus können Sie über Raffah oder Elat nach Ägypten einreisen. Über Raffah kommen Sie auf einer relativ uninteressanten Strecke am schnellsten nach Kairo. Von Elat aus können Sie gleich den südöstlichen Sinai besuchen; dort werden Sie bereits einen der ersten Höhepunkte Ihrer Ägyptenreise erleben. Es gibt noch zwei weitere Grenzübergänge, Nizzana und Ras el Nab (bei Elat), die aber für Touristen gesperrt sind.

Falls Sie Ihr Visum erst an der Grenzstation Tabah besorgen, erhalten Sie nur 7 bzw. 14 Tage Aufenthalt und dürfen den südöstlichen Sinai nicht verlassen, d.h. z.B. nicht nach Kairo weiterreisen. Der Besuch des Katharinenklosters ist nur auf der Straße von Nuveiba her möglich. Wer versucht, von Sharm el Sheikh über El Tur zum Kloster zu fahren, wird vom Polizeiposten 3 km hinter Sharm el Sheikh aus dem Bus geholt und muß zurückwandern.

Auch über Tunesien (Anreise per Schiff) und Libyen kommt man mit öffentlichen Verkehrsmitteln nach Ägypten, wobei dies in Libyen wegen weniger und schlechter Hotels wie auch Restaurants einigermaßen beschwerlich ist. Von der Grenze bei Sollum fahren Sammeltaxis nach Marsah Matruh.

Per Auto nach Ägypten

Die Anreise per Auto auf dem direkten Landweg ist von Israel, Libyen und vom Sudan her möglich.

Autofahrer, die über die Türkei und Syrien nach Jordanien fahren, können entweder über Israel nach Ägypten einreisen oder direkt von Aqaba nach Nuveiba verschiffen.

Um die oben genannten Länder zu erreichen, bietet sich der Seeweg an. Hier gibt es theoretisch drei Möglichkeiten: Entweder von einem der südeuropäischen Häfen direkt nach Alexandria – was seit den Terroranschlägen leider mangels Fährgelegenheit nicht mehr geht – oder aber nach Israel oder Tunesien verschiffen und von dort auf dem Landweg nach Ägypten einreisen.

Zur ehemaligen **Fährverbindung nach Alexandria** gibt es eine wesentlich teuerere und auch aufwendigere Alternative: Von Genua fährt ziemlich regelmäßig ein Frachtschiffe der GRIMALDI GROUP die Route Port Said – Alexandria – Izmir – Genua. Die Agentur

- ***Transcamion*** *GmbH, Bodenseestr. 5, 81241 München, Tel 089 8960730*

vermittelt Frachtschifftransporte (ohne Personen) von Genua nach Alexandria, die für

PKWs $ 600 und für Wohnmobile $ 165 pro laufenden Meter zusätzlich $ 220 Handling kosten. Die Spedition

- ***Danzas**, 64 Sharia Gaeat Al Dowal al Arabia, Kairo Mohandisin, Tel 360 1710*

wickelt u.a. den Rücktransport von Ägypten nach Europa ab.

Die Anreisemöglichkeit über **Israel** bietet für Autofahrer die derzeit "bequemste" Möglichkeit, ägyptische Grenzen zu erreichen, sie ist besonders für Sinai-Fahrer (Taucher) interessant.

Wer die Schiffseise vorzieht, muß sich zunächst nach Athen/Piräus begeben. Die *Poseidon Lines* läuft mit den Schiffen SEA HARMONY und SEA SINPHONY zweimal wöchentlich Haifa an. Buchung über

- ***Via Mare Seetouristik**, Postf. 180165, 50504 Köln, Tel 0221 2771277*
- ***NEPTUNIA**, Schmiedwegerl 1, 81241 München, Tel 089 89607320*

Eine grundsätzliche Preisinformation für diesen Anreiseweg: Von Piräus nach Haifa kostet eine Zweibett-Außenkabine in der Nebensaison DM 288, ein Wohnmobil bis 5 m Länge DM 295. Nimmt man das Schiff SEA SINPHONY, so kann das auf Deck stehende Wohnmobil als Schlafplatz benutzt werden, man zahlt dann nur den Preis für einen Pullmansitz (DM 159). Abfahrt der SINPHONY jeweils donnerstags in Piräus, sonntags in Haifa, der HARMONY jeweils montags in Piräus und donnerstags in Haifa.

Allerdings müssen Sie das Risiko der Einreisebeschränkungen nach Ägypten (siehe Seite 42) einkalkulieren. Ebenfalls wissen dann andere Araber anhand des ägyptischen Einreisestempels (z.B. Tabah bedeutet Einreise aus Elat), daß Sie aus Israel einreisten. Das ist für eine Rückfahrt z.B. über Syrien ein totales Hindernis (zumindest derzeit).

Leider lassen die Ägypter keine Einreise per Mietwagen von Israel aus zu; umgekehrt erlauben auch die Israelis keine ägyptischen Mietwagen. Man kann also nach der Grenze jeweils nur ein anderes Auto mieten.

Weitere Möglichkeiten wären noch das Verschiffen von Volos in Griechenland nach Tartous in Syrien (dann weiter nach Jordanien), Abfahrt alle 5 bis 6 Tage, ein Stop in Limassol. Oder mit den Turkish Maritim Lines von Venedig nach Izmir oder Antalya.

Wenn Sie auf dem Landweg nach **Jordanien** fahren, können Sie von Aqaba nach Ägypten verschiffen. Allerdings lohnt sich dieser Aufwand nur dann, wenn Sie jegliche Indikation vermeiden wollen, durch Israel gefahren zu sein. Dies ist vor allem in umgekehrter Richtung wichtig, wenn Sie über Syrien nach Hause fahren wollen (sollte inzwischen auch Syrien seine Grenzen zu Israel öffnen, ist das obige nicht mehr relevant). Seit der Grenzöffnung zwischen Jordanien und Israel kann man bequem von Aqaba nach Elat und von dort nach Ägypten weiterreisen. Doch für den Seetransport die folgenden Informationen:

Das normale Schiff mit Autodeck verläßt Aqaba um 15 Uhr, Ankunft nach etwa 3 bis 4 Stunden, Fahrpreis US$ 19 pP; das sogenannte Speed Boat kostet US$ 27 und erreicht Nueveiba nach ca. 1 Stunde. Die aktuellen Abfahrzeiten lagen bei Redaktionsschluß nicht vor, da das Boot seit längerer Zeit repariert wurde.

Nur als Anmerkung: Falls Sie nach **Saudi Arabien** verschiffen wollen, dann können Sie bei Egyptian Navigation Co., 26 Sharia Sherif (Ecke Qasr El Nil) buchen.

Entscheidungshilfe für den Landweg

Wenn Sie vor der Frage stehen, ob Sie über Land (Türkei – Syrien – Jordanien) nach Ägypten fahren oder übers Mittelmeer verschiffen sollen, mögen Ihnen folgende Angaben nützlich sein, die zum Teil auf unsere eigene Reise im Jahr 1985 zurückgehen. Damals konnten wir noch direkt durch Jugoslawien und Bulgarien in die Türkei fahren, was heute nur über Ungarn und Rumänien möglich ist. Wegen der schlechten Straßen, schwierigen Spritversorgung und stundenlangen Grenzabfertigungen führt der Weg heute üblicherweise über Italien, dann Verschiffen nach Griechenland und weiter auf dem Landweg in die Türkei. Von der türkischen bis zur syrischen Grenze sind etwa 1500 km zurückzulegen, Syrien durchkreuzt man auf ca. 550 km ebenso wie Jordanien. Wenn man von Aqaba nach Elat fährt, dann sind es noch knapp 20 km in Israel bis zur ägyptischen Grenze bei Tabah.

In der Türkei, Syrien und Jordanien ist der Sprit billiger als bei uns, dies wird jedoch zum Teil von hohen Visa- und Grenzgebühren kompensiert. Theoretisch kann man die Gesamtstrecke in 7 bis 10 Tagen bewältigen, allerdings gibt es unterwegs so viel zu sehen, daß man wohl mehr Zeit brauchen wird.

Bei der Anreise durch **Libyen nach Ägypten** muß man zunächst von Frankreich oder Italien nach Tunesien verschiffen. 1999, nach Lösung des Embargos, hörten wir in Libyen Gerüchte, daß eine Fährverbindung zwischen Italien und Benghazi eingerichtet werden solle, was sehr attraktiv für Autofahrer sein könnte. Doch derzeit bestehen regelmäßige Autofähren nur von Marseille, Genua, Sardinien oder Trapani/Sizilien nach Tunis. Die kürzeste Überfahrt dauert naturgemäß auf der Strecke Trapani – Tunis etwa 8 Stunden, wobei die Hinfahrt in der Regel montags tagsüber stattfindet, die Rückfahrt am Sonntagabend in Tunis startet und wegen der dann erforderlichen Kabine auch deutlich teurer ist. Buchungen über *Neptunia*, Adresse siehe vorige Seite.

Die Weiterreise durch Libyen kann etwas anstrengend sein, weil es sich um erhebliche Entfernungen durch z.T. stocklangweilige Landschaft handelt. Lediglich die historischen Stätten wie Sabrata, Leptis Magna und Cyrene überraschen durch ihre Ausdehnung und die einstige Pracht. In heutiger Zeit läßt dagegen der Sozialisimus fast überall grüßen: uniforme Plattenbauten, von denen Putz und Farbe großflächig abfallen. Unglaublich ist der stets gegenwärtige Dreck und Abfall, über lange Strecken glaubt man mitten durch Müllhalden zu fahren. Hat man schließlich Tobruk erreicht, bleiben noch 140 km bis zur einigermaßen chaotischen Grenzabfertigung.

Gruppenrabatte nutzen: Teilorganisierte Reisen

In Deutschland zu buchende Veranstalter

Reisegruppen erhalten bei Fluggesellschaften und Hotels Rabatte bis zu 50 Prozent. Auch Einzelreisende können diese Preisnachlässe zumindest in gewissem Umfang nutzen, wenn Sie die Hilfe von Reiseveranstaltern in Anspruch nehmen. Wenn Sie bereits zu Hause die Hotels in Ägypten einschließlich der Transfers zum Flughafen oder Bahnhof sowie Flug-, Bahn- oder Schiffsreisen buchen, ist einiges an Lauferei vor Ort gespart.

In vielen Katalogen der Reiseveranstalter findet man mehr oder weniger versteckt Unterkapitel mit speziellen Angeboten für Individualtouristen. Wir wollen nur zwei herausgreifen. In diesem Sinn dürfte die folgende

Adresse für Individualisten besonders interessant sein:

- ***Sindbad-Reisen*** *bzw. Egypt-Eurorepresentation, Mauritiusstr. 9, 77871 Renche-Ulm, Tel 07843 1449, Fax 07843 1448*

Unter einem Dach wickelt Dr. Ahmed Fathy sowohl die Sindbad-Reisen als auch seine **Bettenbörse** ab. Über die Börse können Hotels in Ägypten direkt gebucht werden, und das zu einem Preis, der häufig noch unter den Angaben der Hotels für dieses Buch liegt. Weiterhin arrangiert Dr. Fathy auch Züge, Busse oder Inlandsflüge für Individualtouristen.

- ***OFT REISEN****, Königstr. 20, 70173 Stuttgart, Tel 0711 225 670*

Positive Erfahrungen wurden auch mit diesem Büro und dessen ägyptischem Partner MISR TRAVEL gemacht. In der Regel klappen die Buchungen einwandfrei, da das staatliche MISR TRAVEL im ganzen Land vertreten ist und über entsprechend ausgebildete Mitarbeiter verfügt.

Ägyptische Reiseagenturen bzw. -veranstalter

Wenn Sie vor Ort keine Lust mehr am Selbstorganisieren haben oder aber bestimmte Ziele bequemer ansteuern möchten, kann Ihnen geholfen werden:

Am Ramses-Bahnhof in Kairo stehen einige sog. Tour Operators herum, die sehr preiswerte Minibus-Reisen z.B. nach Sakkara, aber auch nach Oberägypten oder in andere Gegenden anbieten. Wer mit recht fragendem Gesicht dort herumläuft, wird meist von den Leuten angesprochen, auch Rezeptionisten von Billighotels kennen diese Fahrer (siehe auch Seite 236).

HAMIS TRAVEL, die ebenfalls auf dieser Basis starteten, betreiben inzwischen ein attraktives Reisebüro direkt neben dem Bahnhof (dem eigentlichen Haupteingang gegenüber, Details siehe Seite 236).

In diese Kategorie gehört auch YEHIA M. EL TAWEL, 28 Ahmed Helmy St, CIAO Hotel, Tel 312 5693, mit preiswerten vororganisierten Reisen nach Oberägypten. Ein Leser berichtet von einem ähnlichen, sehr günstigen Service, der im Garden Palace Hotel in Kairo (siehe Seite 570) angeboten wird.

Spezialisten für Wüsten-Trips

- ***DABUKA EXPEDITIONS****, Germania Str. 3, 80802 München, Tel/Fax 089 33 9346, Email el-mahdyt@t-online.de*

Tarek El-Mahdy und Karim El-Mahdy sind Deutsch-Ägypter, die sich auf das riesige Gebiet der Westlichen Wüste spezialisiert haben und interessante Expeditionen/Touren von Siwa bis hin zur sudanesischen Grenze anbieten.

- ***Zarzora Expeditions****, 12b Sharia Mahmoud Azmi, Kairo-Zamalek, Tel/Fax 02 3410350, Email zarzora@hotmail.com*

Expeditionen zu allen interessanten Plätzen der Westlichen Wüste; besonderer Wert wird auf umweltgerechtes und andererseits komfortables Reisen gelegt – nicht umsonst ziert ein Foto des Prinzen Kemal el Din den Prospekt.

Reiserouten und -ziele in Ägypten

Für ein so vielseitiges Land wie Ägypten muß der Reisende entweder viel Zeit mitbringen, um alles Sehenswerte zu besuchen, oder sich auf das für ihn Wichtige beschränken. Die folgenden Kurzbeschreibungen der Reiseziele sollen Ihnen den Überblick erleichtern helfen, und die anschließenden Routenvorschläge Anhaltspunkte für eine Reiseplanung geben. Weiterhin finden Sie jeweils in den Kapiteln 3 bis 8 vor jeder Streckenbeschreibung unter dem Punkt **INTERESSANTES** eine Zusammenfassung der wichtigsten Sehenswürdigkeiten.

Noch ein Wort zum Fortbewegen in Ägypten: Wenn Sie Sorge haben, auf eigene Faust durch das fremde Land zu reisen, so können Sie auch höchst individuelle Trips durch ägyptische Reisebüros kurzfristig arrangieren lassen, siehe voriges Kapitel.

Die folgende Kurzbeschreibung hält sich an den Aufbau dieses Buches, es sind jeweils die Kapitelnummern in der Überschrift angegeben.

Alexandria und die Mittelmeerküste (Kap.3)

Alexandria, eine immer noch charmante, sehr lebendige und mediterran-orientalische Stadt, ist unbedingt einen ausführlichen Besuch wert. In östlicher Richtung lohnt ein Ausflug nach Rosetta an die Mündung des gleichnamigen Nilarms, nach Westen eine Fahrt über El Alamein – berüchtigtes Schlachtfeld des Zweiten Weltkrieges – nach Marsah Matruh mit seinen ungewöhnlichen kreideweißen Badebuchten und Kalkfelsen. Aber damit nicht genug, 300 km südwestlich liegt, umgeben von blauen Salzwasserseen, das malerische **Siwa**, eine der schönsten Sahara-Oasen. Auf dem Weg von Alexandria nach Kairo sollten Sie einen Abstecher ins Wadi Natrun zu den koptischen Klöstern einlegen.

Kairo/Giseh (Kap.4)

Kairo hat drei Gesichter: Das ungeheuer sympathisch-orientalische, das modern-hektische und – örtlich etwas im Hintergrund – das pharaonische der Pyramiden. Kairo muß man erleben, sich vor allem in den Gassen des Islamischen Viertels treiben lassen, mit den Leuten in Kontakt kommen und ihre Freundlichkeit erwidern. Aber auch die historischen Schätze und Sehenswürdigkeiten sind nicht zu vergessen: Sie sollten zumindest das Ägyptische Nationalmuseum besuchen, das mit seinen Kunst- und Kulturschätzen Einblicke bis in die Zeit vor 5000 Jahren bietet. Und in der direkten Umgebung der Stadt setzen sich die historischen Eindrücke mit dem Weltwunder der Pyramiden von Giseh und den nicht weniger imposanten Ruinen von Sakkara ins Überdimensionale fort. Ein Ausflug ins Fayum, den *Garten* Kairos, rundet das Bild ab.

Das Niltal zwischen Kairo und Assuan (Kap.5)

Eine Reise entlang der Lebensader Ägyptens ermöglicht Ihnen immer wieder neue Eindrücke vom Leben auf dem Land und dem der kleinen Städte. Einmalige Bilder der pharaonischen Vergangenheit können Sie an vielen Orten betrachten. Schwerpunkte auf dem Weg nach Süden sind:

- Die sympathische Stadt **Minia** und die fast unübersehbaren Kuppeln der Gräberstadt Sawjet el Maitin.
- Die bekanntesten Felsengräber des MR bei **Beni Hassan** mit einer Vielzahl von Bildern über das tägliche Leben, über Handwerk und Sport vor 4000 Jahren.
- **Hermopolis mit Tuna el Gebel** und, ein Stück südlicher, die spärlichen Reste der Hauptstadt des "Ketzer"-Pharao Echnaton bei **Tel el Amarna**
- Der am Hauptort der Osiris-Verehrung sehr gut erhaltene Tempel von **Abydos** und der 1200 Jahre jüngere Hathor-Tempel von **Dendera**.

- Dann kommt **Luxor mit Theben-West**, die größte pharaonische Ruinenstätte mit dem einmaligen Tempelkomplex von Karnak und dem jüngeren Tempel von Luxor. Gegenüber, in Theben-West, liegen die berühmten Königsgräber mit den Darstellungen des jenseitigen Lebens, die Gräber der Noblen mit einprägsamen Bildern aus dem täglichen Leben der Verstorbenen, die Gräber der Königinnen und Nekropolenarbeiter. Außerdem sind interessante Grabtempel der Hatschepsut, des Ramses II und III zu besichtigen.
- Weiter nilaufwärts warten die Tempel von **Esna, Edfu** (einer der besterhaltenen überhaupt) und der Doppeltempel von **Kom Ombo** auf einen Besuch.
- Das sympathische **Assuan** bietet ebenso eine Menge Sehenswertes: landschaftlich reizvolle Nilinseln, einen pharaonischen Steinbruch mit einem unfertigen Obelisken, die aus dem Stausee geretteten Tempel Philae und Kalabsha, schließlich die gewaltige Staumauer des Nasser-Stausees. Und noch einmal 300 km tiefer im Süden liegen die wirklich eindrucksvollen Tempel von **Abu Simbel**, die per Flug oder per Straße erreichbar sind.

Die Libysche Wüste und ihre Oasen (Kap.6)

Sie können die Wüste ungefährdet auf der Asphaltstraße der Oasen – Siwa, Bahariya, Farafra, Dakhla, Kharga und Luxor – mit herrlichen Landschaften (z.B. Erosions-Monumente der *Weißen Wüste*, Zeugenberge der *Schwarzen Wüste*) erleben und natürlich Eindrücke vom Leben in den Oasen sammeln – ein "Einstieg" für Wüstenneulinge. Die Libysche Wüste westlich und südlich der Oasen bietet phantastische Ausflüge, die aber nur mit wüstentauglichen Fahrzeugen zugänglich sind.

Suez-Kanal-Gebiet und Küste am Roten Meer (Kap.7)

Es ist schon ziemlich einmalig, Schiffe "durch die Wüste fahren" zu sehen. Das können Sie sehr schön in Ismailiya und Suez beobachten. Von Suez aus führt eine Straße parallel zur Küste des Roten Meeres bis zur sudanesischen Grenze. Unterwegs sind das Antonius- und das Pauluskloster sehenswert, sonnenhungrige Badefans liegen in Hurghada richtig. Dort und in Port Safaga finden Sie auch genug Taucherstationen, um professionell die Korallenriffe zu ertauchen.

Das noch "jungfräuliche" Gebiet um Marsah Alam wird gerade durch den Bau eines internationalen Flughafens und durch Hotelanlagen erschlossen. Die Verbindungsstraßen zum Niltal führen teilweise durch bizarre Wüstengebirgslandschaften.

Sinai (Kap.8)

Eine der landschaftlich faszinierendsten Gegenden des Vorderen Orients ist die Sinai-Halbinsel mit ihren goldgelben Sandstränden am Mittelmeer, den steil ins Meer abfallenden, von Korallen gesäumten Küsten am Golf von Aqaba – und häßlichen Ölbohrinseln im Golf von Suez. Das berühmte Katharinenkloster ist schon wegen der Anreise durch die grandiose Gebirgswelt und die Oase Feiran einen Ausflug wert, der von einer Besteigung des Mosesberges gekrönt werden kann. An der Ostküste gibt es bekannte Bade- und Tauchplätze wie Nuveiba, Dahab, Sharm el Sheikh und den Naturpark Ras Muhammed an der unbewohnten Südspitze.

Ein ganz besonderes Erlebnis ist ein Kamelritt in die Einsamkeit der Berge, den man z.B. von Nuveiba oder Dahab aus unternehmen kann.

Routenvorschläge

Die folgenden Vorschläge basieren auf unseren subjektiven Erfahrungen. Grundsätzlich wäre zu sagen, daß das Niltal mit Kairo, Luxor und Assuan die Basis einer Ägyptenreise ist und nach Möglichkeit zu jedem Programm gehören sollte, daß aber eine Reise in die Wüste – sei es östlich oder westlich des Niltals oder auf dem Sinai – ebenso wichtig für das *Erlebnis Ägy*pten ist.

Sinnvolle Reiserouten ergeben sich aus geographischen Gründen:

- Kairo – Minia – Assiut – Abydos – Dendera – Luxor und Theben-West – Assuan (wegen der Terroristengefahren ist derzeit der Abschnitt Minia – Qena nur schwer zugänglich).
- Kairo – Oasen Bahariya, Farafra, Dakhla, Kharga – Luxor – Assuan.
- Kairo – Paulus/Antoniuskloster – Hurghada – Port Safaga – Niltal bei Qena oder an der Küste weiter nach Marasah Alam
- Kairo – Suez – Ismailiya – Port Said und über Damietta, Tanta zurück nach Kairo
- Kairo – Katharinenkloster – Nuveiba – Sharm el Sheikh – Kairo
- Kairo – Suez – El Arish – Raffah
- Kairo – Alexandria – Marsah Matruh – Oase Siwa – Oase Bahariya und weiter nach Süden oder zurück nach Kairo

Für die Planung muß man eine ungefähre Vorstellung haben von der Zeit, die man an einem Ort verbringen will. Der Zeitbedarf hängt natürlich sehr von individuellen Wünschen und Interessen ab. Die folgende, subjektive Auflistung soll Ihnen lediglich Anhaltspunkte geben.

Zeitbedarf in Tagen

(Minimale Zeit in Klammern)	Tage
Alexandria	(2) – 3
Marsah Matruh, Oase Siwa	(4) – 6
(inkl. Fahrt Alexandria-Siwa-Alexandria)	
Wadi Natrun	1

Jahr-**2000-Euphorie**

Angesteckt vom Jahr-2000-Fieber in Israel und Jordanien, will Ägypten ebenfalls Pilger und "Yk2"-Interessenten ins Land locken. Die Flucht der Heiligen Familie ins Land der Pharaonen gibt genug Anlaß, um die Tourismusindustrie zu erheblichen Anstrengungen herauszufordern, diesmal auf weitgehend privater Basis.

Zum Bedauern der Organisatoren weisen viele der Orte, an denen sich die Heilige Familie aufhielt, nicht gerade den allerbesten Zustand auf. Aber weil Josef mit Maria und Jesus erst am 1. Juni die Grenze Ägyptens überschritten, soll erst ab diesem Zeitpunkt der Pilgertourismus starten; es bleibt ein halbes Jahr mehr zum Renovieren und Herausputzen der verschiedenen Stätten sowie zur Organisation der Pilgertrips.

Für die erste Phase ab 01.06.2000 sollen sieben Pilgerorte für die ausländischen Besucher bereitstehen. Beginnend in Farma (Pelusium) in Nordwest-Sinai (siehe Seite 539), dann verschiedene, bisher nur unter koptischen Pilgern bekannte Orte des Deltas, weiterhin die Klöster im Wadi Natrun und schließlich mehrere Stätten in Kairo (Matariya, Abu Serga, Alt-Kairo und Maadi).

Die mit der Flucht der Heiligen Familie in Mittel- und Oberägypten verbundenen Plätze sollen in einer späteren Kampagne hergerichtet und dem Pilgertourismus angeboten werden.

*(inkl. Anfahrt Kairo oder Alexa*ndria)

Kairo, Giseh, Sakkara (3) – 5

Fayum *(Rundreise)* (1) – 2

Oasen Bahariya, Farafra, Dakhla, Kharga (4) – 7
(inkl. Fahrt Kairo-Oasen-Assiut)

Minia, Beni Hassan, Hermopolis, Amarna (3) – 4
(inkl. Anfahrten)

Assiut, Abydos, Dendera (2) – 3
(inkl. Anfahrt von Assiut)

Luxor, Theben-West (2) – 4
(ohne An- bzw. Weiterfahrt)

Assuan, Abu Simbel (2) – 4
(*bei 2 Tagen: Flug Abu Simbel)*

Suez-Kanal-Gebiet (2) – 3
(inkl. Fahrt Suez-Isma.-Pt.Said)

Küste **Rotes Meer** mit Hurghada und Klöstern (3) – 4
(inkl. 1 (2) Badetage)

Süd-Sinai: Katharinenkloster, **Golf von Aqaba** (4) – 6
(inkl. Anfahrt von Kairo und 2 (3) Badetage)

Nordsinai (2) – 3
(inkl. Anfahrt Kairo)

Rucksackreisende fahren im Niltal am besten mit der Bahn. Besuche von Beni Hassan, Hermopolis und Tell el Amarna startet man – sofern wieder erlaubt – in Minia oder, bei kürzeren Wegen, aber schlechter Unterkunft, in Mallawi, für Abydos steigt man in Balyana aus und nimmt dann ein Sammeltaxi, Dendera erreicht man von Qena aus. Die Mittelmeerküste geht man von Alexandria aus per Bus (oder umständlicher per Bahn) an, das Rote Meer ist nur per Bus zu erreichen, sowohl von Kairo als auch von Luxor/Qena aus. In die Suezkanal-Städte kommen Sie per Bahn oder – besser – per Bus. Der Sinai ist ein Busziel, auch alle Oasen der Westlichen Wüste sind – bis auf Kharga – nur per Bus erreichbar.

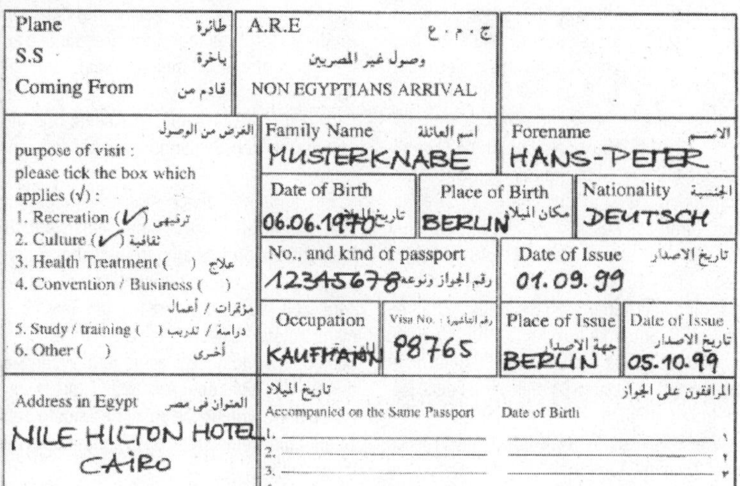
Plane طائرة
S.S باخرة
Coming From قادم من

A.R.E ج . م . ع
وصول غير المصريين
NON EGYPTIANS ARRIVAL

الغرض من الوصول
purpose of visit :
please tick the box which applies (√) :
1. Recreation (✓) ترفيهي
2. Culture (✓) ثقافية
3. Health Treatment ( ) علاج
4. Convention / Business ( ) مؤتمرات / أعمال
5. Study / training ( ) دراسة / تدريب
6. Other ( ) أخرى

Family Name اسم العائلة: MUSTERKNABE
Forename الاسم: HANS-PETER
Date of Birth تاريخ الميلاد: 06.06.1970
Place of Birth مكان الميلاد: BERLIN
Nationality الجنسية: DEUTSCH
No., and kind of passport رقم الجواز ونوعه: 12345678
Date of Issue تاريخ الاصدار: 01.09.99
Occupation المهنة: KAUFMANN
Visa No. رقم التأشيرة: 98765
Place of Issue جهة الاصدار: BERLIN
Date of Issue تاريخ الاصدار: 05.10.99

Address in Egypt العنوان فى مصر
NILE HILTON HOTEL
CAIRO

المرافقون على الجواز تاريخ الميلاد
Accompanied on the Same Passport Date of Birth
1. ١
2. ٢
3. ٣
4. ٤

Beim Hinflug wird diese Karte zum Ausfüllen verteilt

1.3 Ankunft und Abreise

Hinweis: Ab Seite 591 finden Sie unter der Überschrift *Alles o.k.?* eine Checkliste, mit der Sie u.a. recht einfach überprüfen können, was im Land an Bürokratie etc. zu tun ist.

Noch ein ganz genereller Tip zum Thema Zurechtkommen in Ägypten: Wenn Sie als unverheiratetes Paar durch Ägypten reisen, können Sie öfters mal in Schwierigkeiten bei Übernachtungen etc. geraten. Proben Sie die Ehe, beschaffen Sie sich Ringe und geben Sie sich wann immer möglich als verheiratet aus. Sie werden auf wesentlich weniger Unverständnis stoßen, und der weibliche Partner wird mehr Achtung erfahren.

Wenn Sie länger als in Ihrem Paß steht im Land bleiben wollen, dann müssen Sie Ihr Visum beziehungsweise Ihre Aufenthalserlaubnis verlängern lassen. Tun Sie dies rechtzeitig in einer Großstadt (Paßfoto notwendig). In Kairo im Mogamma-Gebäude am Midan Tahrir: Im 1. Stock am Schalter 42 Formular mit £E 8,75 Gebührenmarken besorgen, Formular mit Paßfoto an Schalter 24-26 abgeben, dann zur Kasse rechts neben Schalter 42, mit Wertmarken über £E 3,10 zurück zu Schalter 24-26. Beachten Sie beim eventuell als Nachweis verlangten Geldtausch, daß eine Gebührenmarke auf die Quittung geklebt wird, andernfalls wird u.U. das Papier nicht anerkannt. In Assuan ist dies beim Police Department möglich.

Wer mit Visum anreist, erhält auf Wunsch zwei Monate Aufenthalt; Autofahrer bekommen dann auch – mit Glück – die ägyptische Zulassung und die Haftpflicht für zwei Monate.

Ankunft Kairo-Flughafen

Falls Sie Alkohol einigermaßen preiswert erwerben wollen, so ist dies noch vor der Paßkontrolle in den Duty-Free-Shops möglich; hier dürfen Sie 4 Liter Alkohol und vier Stangen Zigaretten kaufen und einführen. Allerdings gibt es jetzt in allen größeren Städten Duty-Free-Einkaufsmöglichkeiten (wurde 1999 wieder in Frage gestellt), dort kann man aber nur 3 Liter Alkohol erwerben.

Falls Sie kein Visum in Europa gekauft haben, müssen Sie noch vor der Paßkontrolle an einem der Bankschalter zwei Marken (blau und orange) erwerben, die derzeit US$ 15 kosten, und können gleichzeitig das Geld für die ersten Tage tauschen; erst danach an der Paßkontrolle anstellen. Wenn Sie mit Freunden unterwegs sind, sollte sich eine Person zur Visa-Erteilung anstellen, und die anderen in den Schlangen vor der Paßkontrolle.

Ein anderer Service könnte interessant sein: American Express bietet einen *Airport Meet&Assist Service* : Ein freundlicher Helfer nimmt Sie in Empfang, kümmert sich um Visum, Zoll etc. und liefert Sie am Taxi ab – nicht zuletzt bewahrt er Sie vor all den Schleppern und Bakschischjägern. Wenn Sie den Service nicht über American Express vorausbuchen, wählen Sie am ersten sichtbaren Telefon die Nebenstelle 2127, und man wird Ihnen helfen.

Achtung: Einer der Geldwechsler nutzt zusammen mit einem ablenkenden Uniformierten die erste Verwirrung der Ankommenden, das Geschäft für sich profitabler zu machen: Er mischt 50-Piaster-Scheine geschickt in den £E-Stapel und zählt sie als Pfundnoten vor – prüfen Sie selbst geduldig nach und lassen Sie sich nicht ablenken.

Im Ankunftsbereich stehen offizielle Helfer, die schwarze Hose, blaues Hemd und Ausweisplakette mit Foto tragen, sie sollen den Touristen kostenlos helfen. Sie tun dies auch bereitwillig, geben aber Unerfahrene auch mal gern an Schlepper weiter.

Vorsicht: Außerhalb des Zollbereichs laufen sehr ähnlich Uniformierte herum, die sich eine Plastikkarte, meist ohne Foto und z.B. mit dem Aufdruck *Chamber of Tourism* angesteckt haben, sich je nach Umständen sehr offiziell ausgeben ("haben Sie etwas zu verzollen?") und sich bald als Schlepper (z.B. für Delta Tours) herausstellen; wimmeln Sie diese Leute ab, sie sind nur auf Geschäfte aus (siehe auch *Schlepper* weiter unten).

Noch eine schlechte Nachricht: Einige ideenreiche Menschen entdeckten, daß man auch die Kofferetiketten abstempeln und dafür £E 10 kassieren kann – fallen Sie nicht darauf herein.

Falls Sie ein Multiple-Entry-Visum benötigen, dann geht das nur tagsüber. Bei Nachtankunft sind die entsprechenden Schalter geschlossen.

Es gibt zwei internationale Terminals, ein neueres (*Terminal 2*; häufig noch als *New Terminal* bezeichnet), das leider etwa 20 Gehminuten abseits der alten Terminals *(Terminal 1, Old Terminal)* liegt. Im Terminal 1, Hall 1, ist die Egypt Air zu Hause, neben Nahost-Airlines wie Royal Jordanian, Syrian, Sudan Air etc. Terminal 2 beherbergt vor allem europäische Linien, hier findet man auch die Autovermieter. Im Terminal 3 werden Inlandsflüge hauptsächlich für Egypt Air abgewickelt, das ein Stück rechts vom Terminal 1

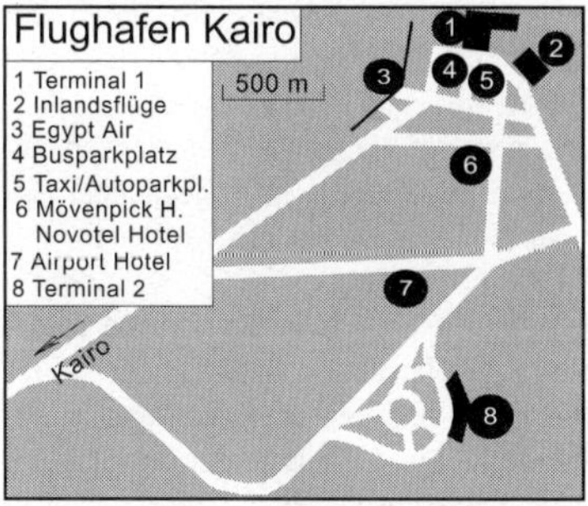

(davorstehend) liegt. Wer also im Terminal 1 ankommt und z.B. nach Luxor weiterfliegt, muß aus dem Gebäude heraus und sich dann links halten, schließlich rechts über einen Parkplatz zur Abflughalle gehen.

Halbstündlich fährt ein **Pendelbus** (wichtig: dieser wird auf den Hinweis-Tafeln in der Ankunftshalle nur als *C.A.A.-Bus* bezeichnet) zwischen Terminal 1 und 2. Er ist grün-weiß angepinselt, ein unscheinbares Schild *Terminal 1* bzw. *2* deutet auf seine Funktion. Abfahrt alle volle Stunde vom Terminal 1 rechts außen an der den Parkplatz begrenzenden Straße, vom Terminal 2 jeweils zur halben Stunde. Zu finden ist er dort wie folgt: Durch den Hauptausgang herausgehen, eine Treppe etwa in der Mitte der Straßenfront runter, über die Straße, Abfahrt vor dem Kiosk-Häuschen rechts am Parkplatz. Man kann ebenso mit den öffentlichen Bussen, die an beiden Terminals halten, hin und her fahren.

Da praktisch die meisten Einzelreisenden auf dem Internationalen Flughafen in Kairo-Heliopolis ankommen, hier noch ein paar Worte zum Weg in die Stadt (siehe auch Seite 225).

Der komfortable **AC-Bus** Nr. 356 fährt vom Terminal 2 über Terminal 1 von 6 bis 23 Uhr jede volle Stunde nonstop zum Midan Tahrir (Halt seitlich des Ägyptischen Museums) und weiter über den Midan Giseh bis zu den Pyramiden (Mena House Hotel). Der Fahrer kümmert sich um das Reisegepäck. Abfahrt am Flughafen dort, wo auch der Pendelbus startet. Neuankommenden kann diese zu £E 2 preiswerte Fahrt gegenüber den Auseinandersetzungen mit Taxifahrern nur empfohlen werden.

Vom Terminal 1 fährt der normale **Stadtbus** Nr 400 (Tag und Nacht in stündlicher Frequenz), der über Midan Ramsis bis zum Midan Abdel Minin Riyad (unter Hochstraßen an der Rückseite des Äygptischen Museums) ebenfalls ins Zentrum verkehrt. Fahrzeit jeweils ca. 1 Stunde. Bequemer können Sie vom Terminal 1 oder 2 per **Minibus** Nr. 27 zu Pt 50 alle halbe Stunde zum Midan Midan Abdel Minin Riyad fahren (Fahrtzeit z.B. mittags ca. 1 Stunde). Wenn Sie direkt nach Alexandria oder in andere Städte weiterreisen wollen, so können Sie hier gleich mit einem der Fernbusse starten.

Taxifahrer verlangen vom Neuling Phantasiepreise. Lassen Sie sich nicht abschrecken, eine Fahrt zum Midan Tahrir, also ins Stadtzentrum, sollte für ca. £E 20 bis maximal £E 35 zu haben sein (hartnäckig verhandeln). Wenn Sie übrigens der Fahrer nicht versteht, lassen Sie das "Midan" weg und sagen einfach nur "Tachrier", das hilft vielleicht besser weiter. Auch die **Touristinformation** am Flughafen – die übrigens rund um die Uhr geöffnet sein soll – hilft.

Im **Sammeltaxi** – falls vorhanden – kostet der Platz ca. £E 5 bis 8. Verhandelbare Festpreise von £E 56 verlangen die staatlichen , deren Fahrer kontrolliert werden und die für unsichere Neuankömmlinge zu empfehlen sind. – Falls Sie kein Taxi sehen, gehen Sie zu *Departure* und versuchen Sie dort Ihr Glück.

Wenn Sie all den Ärger mit Taxifahrern, Omnibussen etc. sparen wollen, dann können Sie sich neuen Ärger einhandeln, indem Sie sich selbst ins Verkehrsgewühl stürzen und bereits am Flughafen einen Leihwagen mieten.

Hotelsuche vom Flughafen aus: Sie können bei TRAVEL oder der Touristeninformation am Flughafen (kostenloser Vermittlungsservice) ein Hotelzimmer buchen. Dies klappt einigermaßen gut. Es erspart lange Märsche zwischen vollbelegten Hotels; am nächsten Tag hat man dann Zeit, nötigenfalls die Unterkunft zu wechseln. Dieser Service ist vor allem für spät nachts Ankommende von Vorteil; die Büros sollen ständig besetzt sein. Achten Sie aber darauf, daß tatsächlich nur die Angestellten telefonieren; es stehen genug Schlepper am Schalter herum, die sich als Angehörige ausgeben, aber nur auf eine Gelegenheit zum Nepp warten. – Sie können hier auch den üblichen Kairo-Prospekt mit Stadtplan bekommen.

Warnung vor Schleppern: Besonders Rucksackreisenden bieten sich bereits am Flughafen und im Bus oder vor den Billighotels hartnäckige Schlepper an. Inzwischen sehr professionell aussehend, geben sie sich auch als beauftragte Beamte etc. aus. Sie gehen jeweils von Hotel zu Hotel mit und fragen den Rezeptionisten auf arabisch nach freien Betten. Diese sind dann angeblich ausgebucht, so daß schließlich nur noch überteuerte Hotels (z.B. in Dokki das Tiab House) übrigbleiben. Wimmeln Sie diese Leute mit dem Argument ab, Sie hätten schon Hotel xy (z.B. Victoria) gebucht und suchen Sie in jedem Fall selbst (die Schlepper bekommen vom Hotelier bis zu 30 Prozent Provision). Ähnliches gilt übrigens für die Ankunft in Luxor oder Assuan, selbst am Sinai-Busterminal in Kairo tauchen Schlepper auf!

Wie immer gibt es eine Kehrseite des Problems: Man kann Schlepper auch als Makler betrachten, die versuchen, das für die Nachfrage zu geringe Gut "Hotelbett" dem zu verkaufen, der das meiste bietet. Diese Leute gehen einem Gewerbe nach, von dem sie wohl meistens leben. Leider verhalten sie sich undurchsichtig bis unfair und verlogen, was ihren Job suspekt macht.

Tips für spät Ankommende: Falls die Zimmervermittlung bereits geschlossen ist, suchen Sie sich aus der Hotelliste ein Hotel aus, das Sie einem Schlepper nennen; entweder er bringt Sie dorthin oder Sie bestehen auf dieser Preiskategorie – wenn Sie damit zurechtkommen, wird Ihnen viel Ärger erspart bleiben. Oder Sie lassen sich zum Midan Talaat Harb fahren und klappern von dort aus die Hotels in der Sharia Talaat Harb ab. Sollten Sie irgendwann gegen Morgen ankommen, so können Sie die Zeit bis 9 Uhr vertrödeln und erst dann auf Suche gehen. Zu dieser Zeit haben die Hotels wieder Betten frei und die Auswahl ist größer. Oder Sie schauen sich im Abflugbereich um, dort warten meist Traveller auf den Rückflug; mit Informationsaustausch vergeht die Zeit sehr schnell. Falls nachts vom Terminal 2 kein Bus mehr in die Stadt fährt, dann den Pendelbus zum Terminal 1 nehmen und von dort mit Bus 400 weiter zum Midan Tahrir.

Abflug vom Flughafen Kairo

Sie sollten unbedingt zwei Tage vor dem Abflug Ihr Rückflugticket bei Ihrer Fluggesellschaft bestätigen ("confirm"en) lassen; zu Stoßzeiten wie Weihnachten oder Ostern z.B. bei Egypt Air besser noch früher.

Wie schon unter "Ankunft" erwähnt, fliegen hauptsächlich Egypt Air (auch MALEV und ein paar andere) vom (alten) Terminal 1 ab, fast alle ausländischen Gesellschaften vom Terminal 2. Achten Sie also auf das zuständige Terminal; denn zum neuen fährt ab 6 Uhr in stündlicher Frequenz vom Midan Abdel Minin Riyad (unter Hochstraßen an der Rückseite des Ägyptischen Museums) der Bus Nr. 449. Terminal 1 erreichen Sie mit Bus Nr. 400, der Tag und Nacht zwischen Flughafen und Midan Midan Abdel Minin Riyad verkehrt, Abfahrt alle halbe Stunde. Allerdings kann der Bus je nach Tageszeit unterwegs sehr voll werden.

Diese Busse fahren nicht unbedingt sehr pünktlich ab, daher lieber 10 – 15 Minuten vorher an der Haltestelle sein. Trotzdem sollten Sie den Minibus Nr. 27 vorziehen, der alle halbe Stunde vom Midan Midan Abdel Minin Riyad zum Terminal 1 abfährt, von dort jede volle Stunde bis 24 Uhr mit C.A.A.-Bus zum Terminal 2. Bei Auslandsflügen sollten Sie ca. zwei Stunden, bei Inlandsflügen ca. eine Stunde vor Abflug einchecken.

Auch bei Taxifahrten zum Flughafen müssen Sie wissen, in welchem Terminal Ihre Airline abfertigt; bei Unsicherheiten lassen Sie den Fahrer warten. Zum Flughafen kann man – vor allem bei Frühflügen – eine Limousine bei MISR TRAVEL vorbestellen, Tel 2599813, 2599814, als zuverlässig bekannt, aber teurer.

Im Gegensatz zu früher kann jetzt im Abflugbereich in der Cafeteria (Kaffee £E 3, Softdrink £E 5) bzw. im Restaurant und in den Souvenirshops in £E gezahlt werden, nur im Duty-Free-Shop sind Devisen erforderlich. – Angeblich lassen sich auch bei deutschen Banken ägyptische Pfund ohne nennenswerten Kursverlust zurücktauschen.

Bei der Ausreise dürfen Sie keine Antiquitäten ausführen, es sei denn, Sie sind im Besitz einer Genehmigung der Altertümerverwaltung oder eines konzessionierten Händlers. Diese Bestimmung wird von Ägyptern verständlicherweise scharf überwacht, auf Mißbrauch stehen hohe Strafen.

Einreise per Auto/Motorrad

Seit 1993 verlangt der ägyptische Staat Straßenbenutzungsgebühren von Besuchern, die mit dem eigenen Fahrzeug einreisen. Noch immer ist kein klares System zu erkennen, ei-

Verlängerung der Autopapiere in Kairo

Im Mogamma-Gebäude am Midan Tahrir Verlängerung der Aufenthaltsbewilligung veranlassen. Mit allen Papieren zur Zollbehörde (aktive Arbeitszeit 9.30 – 13 Uhr) am Flughafen wie folgt fahren: Richtung Terminal 1/Hotels, nach Tankstelle und vor Mövenpick Hotel rechts abzweigen, nach ca. 100 m liegt rechts das mit "Car Customs" ausgeschilderte Zollgebäude, auf dessen Parkplatz man zu £E 4 parken muß.

Am Eingang lauern freischaffende Spezialisten auf dumme Ausländer (und faule Ägypter), die den schier unermeßlichen Papierkrieg nicht durchschauen, was aber nur möglich ist, wenn man arabisch einigermaßen versteht und spricht. Herr Kafka hätte seine helle Freude gehabt, wie man einen simplen bürokratischen Vorgang – die bereits vorhandene ägyptische Zulassung (Rochsa) sowie die Haftpflichtversicherung um weitere zwei Monate zu verlängern und dafür entsprechende Gebühren zu kassieren – zu einer ballongroßen Luftblase aufblähen kann.

Statt dessen werden wie schon beim Grenzübertritt die Fahrgestell- und Motornummer vom Fahrzeug abkopiert, Daten des Carnets und des Besitzer-Passes vielfach abgeschrieben und in unterschiedlichste Formaulare eingetragen, neue Nummernschilder anstelle der bereits vorhandenen ausgegeben, Gebühren (ohne Quittung) kassiert, Gebührenmarken auf diverse Papiere und zuletzt auf die Rochsa geklebt. Der gesamte Akt dauert, wenn man einen kompetenten Schlepper erwischt hat, zwei bis drei Stunden.

Für unser Mercedes-Sprinter-Wohnmobil zahlten wir für Kopien und Formulare £E 23,50, Rochsa-Gebühren von £E 900 und £E 121, für die Haftpflichtversicherung £E 30, für die Nummernschilder £E 40 und schließlich noch für den unermüdlichen Begleiter einschließlich Beamtenbakschisch £E 70.

Wer Pech hat, muß zunächst ein *Certificat of Files*, arabisch Shahaadet el Muxalfaat, bei der Traffic Police in der Sharia 26.July am Midan Ataba besorgen.

nige Leser beschwerten sich bitterlich über Gebühren bis zu $ 500, noch dazu wurden (und werden) je nach Grenze unterschiedliche Quoten verlangt. Nach einem Erlaß von 1995 oder 96 betragen die Straßenbenutzungsgebühren einheitlich £E 100, wenn der Aufenthalt vier Wochen nicht überschreitet. Bei längerem Aufenthalt steigen diese Gebühren für Motorräder und Autos drastisch, abhängig vom Zylindervolumen. Noch können wir keine auch nur annähernd klare Linie oder Regelung über die Gebührenhöhe erkennen. Aus Leserbriefen und eigenen Erfahrungen ergibt sich ein eher diffuses Bild: Die Gebührenhöhe scheint von den Faktoren Grenzort, Laune des bzw. der beteiligten Beamten, Fahrzeugart und einigen weiteren undurchsichtigen Faktoren abhängig zu sein. Z.B. zahlte ein Leser mit einem Mercedes Sprinter in Sollum DM 600 Gebühren und £E 390 Versicherung für einen einmonatigen Aufenthalt. Knapp zwei Jahre später kamen wir mit £E 105 an Gebühren und £E 20 für Versicherung für einen Monat und denselben Fahrzeugtyp davon (obwohl wir drei Monate beantragt hatten und uns dann die beiden weiteren Monate für etwa DM 800 in Kairo bei der Verlängerung erkaufen mußten).

Achtung: Bei größeren Fahrzeugen darauf achten, daß sie nicht als LKW sondern als Wohnmobil (Caravan) registriert werden. Bei LKW-Eintrag würde man nur eine Woche

Aufenthaltsdauer im Land bekommen, die dann wochenweise zu verlängern wäre.

Für die folgenden Zahlen können wir nicht bürgen, betrachten Sie diese als Anhalt:

- unter 1600 ccm £E 250 Gebühr,
- 1600 – 2000 ccm £E 400 – 500,
- über 2000 ccm £E 600 – 1000.
- Unimog (1999) $500.

Wenn Ihnen die Gebühren zu hoch vorkommen, sollten Sie zunächst darum feilschen, falls das nichts fruchtet, sich möglichst gleich beim General der zuständigen Polizei zu beschweren versuchen. Schon allein die Drohung kann den Betrag reduzieren.

Die Auto-Versicherung für vier Wochen kostet ca. £E 40 (richtet sich nach PS- und Personenzahl) bzw. £E 26 für ein Motorrad, die Fahrerlaubnis (1 Monat) £E 35, und das Ausleihen der Kennzeichenschilder £E 5.

Falls Sie sich erst unterwegs zu einer Verlängerung der Fahrzeugpapiere entschließen, kann man sein Glück in Kairo, Suez oder Assuan versuchen. Ein Leser schaffte es mit tätiger Unterstützung des Tourist Office in Assuan, allerdings sehr zeitaufwendig. Etwas weniger aufwendig geht es am Flughafenzollamt in Kairo, siehe Kasten.

Ankunft/Abreise per Flugzeug oder Schiff in Alexandria

Nur wenige **Flugreisende** werden Alexandria direkt ansteuern. Daher hier nur zwei Tips: Taxis ins nahegelegene Zentrum sollten nicht mehr als etwa £E 5 kosten, obwohl £E 30 (!) verlangt werden. Im Flughafengebäude, aber rechts außerhalb der Passagier-Hallen, ist der Duty-Free-Shop untergebracht, in dem man sich z.B. mit Bier preiswert eindecken kann.

Die Passagierschiffe – heute Kreuzfahrtschiffe – legen am Passenger Terminal (Hafenbahnhof) im Westhafen in Alexandria an (bei der Einfahrt in den Hafen schöner Blick auf den in Fahrtrichtung links liegenden Ras-el-Tin-Palast).

Wer zum Stadtzentrum gehen will, sollte nach Verlassen des Hafens der vierspurigen Sharia El Nasr (neuere Straße mit modernen Häusern und Souvenir-Shops) folgen. Sie biegt an einem kleinen Platz halbrechts ab und mündet in den Midan Tahrir. Zu Fuß sollte man etwa 15 bis 20 Minuten vom Hafenterminal zum Midan Tahrir rechnen. Bus 83 fährt vom Hafen über Midan Orabi, Ramla Bahnhof zum Hauptbahnhof.

In früheren Auflagen konnten wir das Prozedere beschreiben, das Autofahrer zu absolvieren hatten, wenn sie mit ihrem Fahrzeug im Schiffsbauch den Hafen von Alexandria erreichten. Leider macht dieser Abschnitt keinen Sinn mehr, seit die Fährverbindung eingestellt wurde.

Jordanien – Ankunft bzw. Abfahrt in Nuveiba

Mit öffentlichen Verkehrsmitteln:

Grundsätzlich muß man sich für die Überfahrt auf ein Sardinenbüchsen-Erlebnis gefaßt machen, da das 40 Jahre alte Boot meist mit Gastarbeitern überfüllt ist. Wenn Sie als Fußgänger mit durchs Autodeck schlüpfen können, sind Sie eventuell bei den Autofahrern besser dran, müssen aber Ihr Gepäck auf dem Autodeck lassen.

Von Amman verkehrt ein Bus via Fähre nach Kairo (ca. DM 70); billigere Alternative: per Bus oder Sammeltaxi nach Aqaba und dort per Taxi zur Fähre, Tickets sind in jedem Reisebüro in Aqaba erhältlich. Von Damaskus verkehrt ein direkter Bus der ägyptischen Super Jet Bus Company in 30 Stunden Fahrzeit nach Kairo, der in Jordanien nicht anhält und US$ 80 kostet.

Vom Nuveiba-Hafen fährt als direkter Anschluß an die Nachmittagsfähre ein Nachtbus nach Kairo, der gegen 6 Uhr am Sinai-Terminal ankommt. Der Weg von dort zum Zentrum ist auf Seite 233 beschrieben. Ebenso fahren Sammeltaxis nach Kairo.

Bei der Reise von **Kairo** nach **Amman** ist man auf den Jet-Bus von Kairo/Midan Ulali (Nähe Ramsis Bahnhof) angewiesen, der zwei bis drei Tage im voraus gebucht werden muß, Abfahrt 20 Uhr. Der Fahrpreis von US$ 32 ist in Devisen zu bezahlen, hinzu kommen £E 63 für die ägyptische Teilstrecke. Wer den teuren Bus umgehen will, fährt mit normalen Bussen nach Nuveiba, kauft aber am besten in Kairo ein Fährticket. In Kairo werden auch preiswerte Busreisen nach Jordanien in Zeitungen inseriert bzw. von den Travel Agents in der Gegend des Midan Tahrir angeboten. Da die Fahrzeiten bei gut 24 Stunden liegen, sollte man genug Reiseproviant einpacken.

Für die Ausreise sollten Sie ca. zwei bis drei Stunden vor der Abfahrt um ca. 15 Uhr für die Autofähre (angeblich wird ab 13 Uhr das Hafengelände geschlossen) im Hafen sein. Die aktuellen Abfahrzeiten für das Speed Boat lagen bei Redaktionsschluß nicht vor, da das Boot seit längerer Zeit reapiert wurde.

Falls nötig, sind Tickets im Hafen bei der Egyptian Company erhältlich. Man verlangt US$ 32 pP (£E 112) für das normale Boot, für den Turbo Catamaran $ 42 (£E 147) und zwar in US$ cash (neuerdings wohl auch in £E), andernfalls muß unter viel Aufwand bei der Bank im Hafen getauscht werden oder eine Umtauschquittung vom selben Tag vorliegen. Etwas preiswerter ist die Arab Bridge Maritim Company, deren Schalter außerhalb des Hafens zwischen Wohnblocks einigermaßen schwierig zu finden ist. Das Visum für Jordanien ist im Hafen von Aqaba zu JD 15 (ca. DM 41) erhältlich, in Deutschland kostet es DM 13. In der Gegenrichtung sind übrigens die Preise deutlich niedriger.

Für Autofahrer:

Die Einreise in Nuveiba (von Jordanien her) gestaltet sich ziemlich langwierig: Sie benötigen für die Ein- wie Ausreise in Nuveiba Standhaftigkeit, Bestimmtheit und Sitzfleisch. Kalkulieren Sie für die gesamte Prozedur der Überfahrt einen Tag ein. Eine Visa-Verlängerung wird zunächst kategorisch abgelehnt, berichten Leser. Nach vier Stunden gelang es schließlich dem Kfz-Halter, ein verlängertes Visum zu erhalten, damit er Zulassung und Versicherung entsprechend ausstellen lassen konnte. Lassen Sie sich nicht abwimmeln – eine Verlängerung in Kairo ist viel umständlicher.

Für die **Ausreise** mit einem Fahrzeug ist es ratsam, sich bei Travel Agents in Kairo nach Fährpreisen zu erkundigen. In Nuveiba werden gern höhere Preise verlangt, die sich jedoch nach Rücksprache mit der Agentur herunterhandeln lassen. Dieselfahrer sollten ihre Kraftstoffart tunlichst verschweigen, denn in Jordanien muß man sich eventuell sonst eine Sondergenehmigung holen. Achtung: Bei starkem Wind kann sich die Fährabfahrt um Tage verzögern.

Grenzübergang Israel für Fußgänger

Der Grenzübertritt in **Raffah** (24 Sunden geöffnet) ist einigermaßen aufwendig und dauert mehrere Stunden: Zunächst muß man sich vom palästinensischen Posten am Schlagbaum registrieren lassen, dann auf ein sich füllendes Sammeltaxi warten, das zu einem Bus fährt, der irgendwann die Passagiere zum israelischen Terminal und nach der Abfertigung zum ägyptischen Terminal bringt (NIS 10). Die Israelis verlangen derzeit NIS 50,70 Ausreisesteuer, die Ägypter £E 17 Einreisegebühr. In umgekehrter Richtung, bei der Ausreise, kassieren die Ägypter £E 16; außerdem sind weitere £E 10 für den Bus zur israelischen Seite fällig.

Im mehr frequentierten Übergang **Elat/ Tabah** (24 Stunden geöffnet) zahlt man NIS 40 an die Israelis, die Ägypter verlangen £E 17. Von der israelischen Grenzstation zur ägyptischen Abfertigung verkehren Taxis (£E 2,50 bis 5), die Strecke kann man in etwa 15 Minuten auch zu Fuß zurücklegen. Die Abfertigungsprozedur ist verhältnismäßig unkompliziert, beachten Sie aber, daß links an der Straße im Büro "Bordertax" £E 16 als Zollgebühr zu zahlen sind. Ohne eine Quittung kommt man nicht aus Tabah heraus (was Rückmarsch erfordert). Bei der Reise in umgekehrter Richtung, von Tabah nach Elat, zahlt man in Tabah £E 2 und in Israel nichts.

Schwieriger ist schon das Weiterkommen auf ägyptischer Seite in Tabah. Die Busverbindungen nach Nuveiba, Dahab, Sharm el Sheikh sind spärlich, sporadisch verkehren auch Minibusse. Taxis nach Nuveiba warten direkt am Schlagbaum; sobald der Bus abgefahren ist, kostet das Fahrzeug nach Nuveiba £E 175 (einerlei wieviel Personen), vorher ist der Preis verhandelbar. In umgekehrter Richtung, von der Tabah-Grenze nach Elat, wartet der Bus Nr. 15 direkt an der Grenzstation (freitags bis 16 Uhr, samstags ist der Fahrplan stark eingeschränkt).

Achtung: Wenn Sie ein Visum für ganz Ägypten besitzen, machen Sie den Paßbearbeiter auf dieses Visum aufmerksam; falls er Ihnen im Eifer des Gefechts nur das Sinai-Visum erteilt, verfällt das andere und Ihre Reise endet in Sharm el Sheikh. Sollten Sie noch kein Ägyptenvisum besitzen, so können Sie es in Elat oder Tel Aviv erwerben; rechnen Sie mit gut einem Tag an Bearbeitungsdauer. Verwechseln Sie es nicht mit dem Kurzzeitvisum, das nur für die Ostküste des Sinai einschließlich Katharinenkloster gilt.

Wenn Sie nur für einen **Kurzbesuch nach Israel** einreisen und dann wieder nach Ägypten zurückkehren wollen, können Sie sich ein *Re-Eentry-Visum* oder *Visa de Retour* auch beim Grenzposten in Tabah geben lassen, Kosten £E 10,50. Vorsichtige Leute beschaffen es bereits in Kairo, Mogamma-Gebäude am Midan Tahrir, 1. Stock, Schalter 40.

Lassen Sie sich den Israel-Sichtvermerk auf ein separates Blatt stempeln, das bei der Ausreise aus Israel wieder aus dem Paß genommen wird.

Ein Einreisestempel von Tabah bzw. Raffah im Paß kann dadurch zunichte gemacht werden, daß man sich im Mogamma-Gebäude am Midan Tahrir in Kairo die Daten in einen Zweitpaß übertragen läßt und mit diesem weiterreist.

Per Bus von Tel Aviv nach Kairo bzw. umgekehrt:

Von **Tel Aviv/Jerusalem nach Kairo** verkehrt jetzt Mazada Tours. Der Bus fährt von deren Büro in Tel Aviv, 141 Ibn Givrol St, Tel 544 4454, um 9 und 20.30 ab; in Jerusalem, 9 Koresh St, Tel 623 5777, um 7.30 und 19 Uhr (Achtung, der Nachtbus scheint nicht an allen Wochentagen zu fahren). Es wird empfohlen, mindestens drei Tage im Voraus zu buchen.

Über den Service von Mazada Tours erhielten wir negative Informationen, unter anderem wegen der überhöhten Grenzgebühren, die bei der Ausreise aus Israel und Einreise nach Ägypten erhoben werden. Der Fahrpreis für eine Strecke beträgt $ 35 pP (nachts $ 40) pro Richtung oder $ 50 für den Rundtrip. Hinzu kommen Grenzgebühren für Tabah/Rafah von $ 32/15 auf irsraelischer Seite und $ 6/8 für die ägyptische Grenze. In umgekehrter Richtung nur £E 17/2 auf der ägyptischen Seite. Vergleichen Sie diese Zahlen mit den o.a. für den indivudellen Grenzverkehr!! Leser berichten von einem weiteren Ärgernis, nämlich daß die Ägypter diesen Bus wohl in steter Regelmäßigkeit mehrere Stunden auf das militärische Sicherheitsbegleitkommando warten lassen.

Alternative mit öffentlichen Verkehrsmitteln: Von Tel Aviv um 8 Uhr täglich (außer samstags) Busverbindung mit EGGED-Bus Nr. 362 nach Raffah-Grenzstation (nur dieser Bus fährt zur Grenze), Fahrpreis ca. NIS 25, angeblich started um 14 Uhr ein Bus von der Grenze nach Kairo. Oder Sie können in ein Sammeltaxi zu £E 25 pP nach Kairo steigen. Abgesehen davon ist von Raffah das Weiterkommen jedoch schwierig, man ist meist für die Strecke bis El Arish auf teure Taxis angewiesen, von dort kommt man aber preiswert mit öffentlichen Bussen nach Kairo.

Von **Kairo nach Jerusalem/Tel Aviv** fährt ebenfalls *Mazada Tours*, täglich außer Sa um 5.30 und 15 Uhr vom Sheraton Hotel zu £E 120 ab. Die Fahrt dauert ca. 9 Stunden; Buchungen am besten direkt beim MISR Travel Office im Sheraton Hotel, da die Zusammenarbeit mit anderen Reisebüros nicht so ganz zu funktionieren scheint.

Der früheste lokale Bus nach Raffah fährt in Kairo um 8 Uhr ab und kommt gegen 15 Uhr in Raffah an. Dummerweise startet der letzte Bus auf der israelischen Seite ebenfalls um 15 Uhr, so daß das Weiterkommen mehr oder weniger nur per (teurem) Taxi möglich ist. Oder man fährt von Kairo per Sammeltaxi nach El Arish (nicht dirket nach Raffah, da nur wenige Fahrgäste), übernachtet eventuell dort und nimmt um 7 Uhr den Bus oder ein Sammeltaxi zur Grenze in Raffah, um 12.25 Uhr fährt dann ein Bus nach Tel Aviv.

Grenzübergang Israel für Autofahrer

Immer wieder hören wir, daß die israelischen Grenzbeamten in Elat stur behaupten, die Ägypter würden keine Allrad/Dieselfahrzeuge einreisen lassen. Viele Autofahrer glauben das und geben auf. Das ist Quatsch! Bestehen Sie auf der Ausreise, in der Regel wird es problemlos auf ägyptischer Seite weitergehen. Im ungünstigen Fall – wenn man an einen sturen Bürokraten gerät und sich selbst vielleicht auch ungeschickt verhält – muß man umkehren und dann die erbarmungslose israelische Einreiseprozedur über sich ergehen lassen und es statt dessen in Raffah versuchen. Oder gehen Sie zunächst zum ägyptischen Konsulat in Elat und lassen Sie sich eine Sondergenehmigung geben, mit der können Sie voraussichtlich einreisen, ein Restrisiko bleibt allerdings wiederum. Falls Sie zurückgewiesen werden, sollten Sie nach Raffah fahren und es dort versuchen; verschiedene Leser kamen dort anstandslos durch alle Sperren. Die Ausreisesteuer aus Israel beträgt etwa 70 Shekel. Bei den Ägyptern müssen ähnliche Gebühren wie die auf Seite 73 genannten bezahlt werden.

Bei der Ausreise nach Israel werden alle Gepäckstücke geröntgt, die Abfertigung ist sehr schleppend.

Ankunft/Abreise in Luxor, Hurghada oder Sharm el Sheikh

Die Ankunft in Luxor ist nicht besonders aufregend. Im Prinzip gilt ähnliches wie in Kairo. Das Visum ist auch hier unkompliziert zu den üblichen Bedingungen erhältlich. Lassen Sie sich für die Fahrt in die Stadt nicht von Taxifahrern übers Ohr hauen: die Fahrt sollte etwa £E 15 bis 20 per Auto plus £E 1 pP Straßenbenutzungsgebühr kosten.

Am Flughafen von Hurghada herrscht regelmäßig Chaos, es gibt keine Busse in die Stadt. Die Taxifahrt dorthin liegt bei £E 15 – 20; Achtung, Fahrer verlangen von Neulingen bis zu £E 60! Wer Aerolloyd-Tickets bestätigen lassen muß, kann dies im Neptun Office im Sandbeach Hotel tun, im Giftun Hotel geht es zeitweise auch.

Bei der Ankunft auf dem etwas bescheidenen Flughafen von Sharm el Sheikh erhält man nur ein Visum für den Ostsinai. Die Bank tauscht nur Bargeld. Häufig ist man auf die Fahrgelegenheit mit dem Bus der Egypt Air angewiesen. Die Taxifahrt kostet etwa £E 20.

Einreise/Ausreise Libyen

Am Ende der Abfertigung auf der libyschen Grenzseite steht man als Autofahrer mit 50 Libyschen Dinar da, die man als Pfand bei der Einreise hinterlegen mußte. Offiziell darf man sie nicht ausführen, aber in der ägyptischen Grenzstation warten bereits die Geldwechsler auf den billigen Einkauf...

Auf der ägyptischen Seite – Grenzübergang Umm Saad bei Sollum – sollte man mit drei bis fünf Stunden bei der bürokratisch umständlichen und unsystematischen Abfertigung rechnen. Touristen werden gegenüber dem Heer von Gastarbeitern bevorzugt behandelt. Von der Grenze fahren Sammeltaxis nach Sollum (9 km) bzw. Marsah Matruh.

1998 wurde anstelle der alten Abfertigungsbaracken eine pompöse Anlage mit mehreren Gebäuden in Betrieb genommen – doch die Bürokratie feiert auch hier freudige und chaotische Urstände. 1999 hatten wir mit unserem Wohnmobil die folgende Prozedur zu absolvieren:

Paßkontrolle in der Arival Hall an einem beliebigen Schalter, dann weiter zur Customs Hall, dort findet für Busreisende eine minutiöse Gepäckkontrolle statt, während Autofahrer zunächst über eine Grube auf der rechten Straßenseite fahren müssen, auf der das Fahrzeug von außen und innen kontrolliert wird. Während andere Reisende sogar ihre eingeschweißten Brotpackungen öffnen mußten, kamen wir mit einem eher flüchtigen Öffnen von Staufächern und Schubladen davon.

Weiterfahrt zum Gebäude der Traffic Control; dort kontrolliert ein Ingenieur Fahrgestell- und Motornummer und läßt sie von einem Adlatus abkopieren. Man erhält einige Zettel und geht mit diesen zurück in Richtung Customs Hall, muß aber zuvor im Gebäude der Port Authority (links) die bereits angesammelten Papiere einschließlich Carnet kopieren und zu einer Akte anlegen lassen, Kosten £E 5. Mit Akte und Carnet marschiert man nun zu einem beliebigen Schalter in der Customs Hall und wird zu einem Beamten in ein Büro dirigiert, der vorgibt, sich mit Carnets auszukennen. Nach dem Erstellen zahlloser Papiere sind die Gebühren fällig (z.B. Mercedes-Sprinter £E 105 für einen Monat, eine längere Periode wurde nicht gewährt; ein 2CV-Fahrer zahlte Anfang 1999 £E 252 an Zulassungsgebühren und £E 32 für die Haftpflicht-Versicherung für zwei Monate).

Jetzt wieder zum Traffic Department mit allen Papieren. Dort werden weitere Formulare ausgefüllt, abgeschrieben und bearbeitet; das kostet £E 40. Nun geht man mit einem Teil der Formulare durch ein schmales Tor in der Trennwand der beiden Straßenhälften auf die andere Straßenseite und erhält dort die Haftpflichtversicherung (£E 20). Zurück zur Traffic Control und mit allen Papieren zum Customs-Mann, der Carnet und Formulare aushändigt, die man erneut zur Traffic Control trägt. Dort wird jetzt endgültig das (hoffentlich richtig gestempelte) Carnet und die sogenannte "Rochsa" ausgehändigt, der Kfz-Schein, der einen zum Befahren der ägyptischen Straßen befähigt.

Mit Rochsa, einem Zettel vom Zoll und der Versicherungspolice kann man nun endlich das Auto besteigen und zum Ausgangstor fahren – dort wird noch einmal der Paß des

Autohalters abgeschrieben. Man zahlt £E 15 und ist endgültig befreit.

Bei der **Ausreise** Richtung Libyen muß man am Grenzeingang £E 25 für die Bearbeitung der Papiere zahlen, später noch zweimal £E 2. Die Carnetbearbeitung gestaltet sich erneut chaotisch, d.h. es wird in verschiedenen Büros "bearbeitet". Dann müssen die Kennzeichen auf der nördlichen Straßenseite abgeliefert werden, nach Einholen einer Unterschrift auf der südlichen Straßenseite wird das Carnet, richtig gestempelt, ausgehändigt. Es folgt die Paßabfertigung, dann an zwei Toren jeweils Kontrolle aller Papiere.

Die **Einreise nach Libyen** mit Auto an der Ostgrenze schlägt alles bisher Erlebte an Irrationalität: Nach der Paßabfertigung verbleibt das Auto im Zollhof, man muß per Taxi ins 6 km entfernte Dorf fahren und dort drei verschiedene Stellen in unterschiedlichen Gebäuden bzw. Baracken abklappern. Dann fährt man per Taxi 3 km zurück zu einem einsam stehenden Gebäudekomplex, zahlt dort Gebühren und erhält die libyschen Nummernschilder samt "Kfz-Schein". Damit fährt man wiederum zurück ins Dorf zur Versicherung, die nur in Dollar zu bezahlen ist. Jetzt endlich zurück zur Grenze, es folgt die Zollkontrolle, bei der heftig nach (verbotenem) Alkohol gefragt wird. Danach öffnet sich das Tor der Zollbaracke.

Wenn Sie von Ägypten nach Libyen mit **öffentlichen Verkehrsmitteln** fahren wollen, so nehmen Sie am besten einen der von Alexandria nach Benghazi täglich fahrenden Busse (z.B. West Delta Co.). Die Fahrt dauert 12 – 18 Stunden, in Abhängigkeit von der 2 – 5 Stunden langen Grenzabfertigung.

Weiterreise in den Sudan

Der Sudan wird von Hungerkatastrophen, Bürgerkrieg und innenpolitischen Krisen geschüttelt. Reisende, die in einer solchen Zeit das Land besuchen, müssen sich der Gefahren bewußt sein und sich auch die Frage stellen, ob sie die Probleme des Landes unbedingt durch ihre Anwesenheit vergrößern sollten.

Die klassische Einreise führt über Wadi Halfa. Die Personen-Fähre von Assuan nach Wadi Halfa tuckert montags nach Süden und kehrt mittwochs (jeweils 8 Uhr) zurück, Fahrtdauer ca. 15 bis 24 Stunden. Ein Ticket kostet £E 88 für einen Sitzplatz an Deck und £E 142 pP für eine 1. Klassekabine. Eine Fahrt in der zweiten Klasse bedeutet Dauerkampf um die Schlafplätze auf Deck. Daher sollte man möglichst schon in aller Frühe am Hafen sein, um einen brauchbaren Platz zu ergattern. Es können vier Motorräder an Bord genommen werden zu je £E 70 plus £E 22 Hafengebühr. Nehmen Sie Trinkwasser für ca. 2 Tage mit. Tickets verkauft nur noch die Wadi el Nile Authority (Tel 303801) gleich neben der Tourist Information Assuan.

Wie einer Pressenotiz zu entnehmen war, ist eine Eisenbahnfähre im Bau, die Assuan mit Wadi Halfa verbinden soll.

Autos können nur auf einem geschleppten Ponton transportiert werden, der £E 6000 kostet, will man sofort weiterkommen. Andernfalls muß u.U. länger auf zusätzliche Fracht gewartet werden. Ein Leser hatte Glück, daß sich in wenigen Tagen acht Fahrzeuge ansammelten, von denen jedes ohne Ansehen von Größe zu £E 926 nach Wadi Halfa transportiert wurde; Dauer zwei Tage. Nur der Fahrer durfte mitreisen, alle anderen Passagiere mußten aus Sicherheitsgründen die Personenfähre nehmen.

Von Wadi Halfa fährt sonntags, mittwochs und freitags jeweils um 16.40 Uhr ein total überfüllter Zug nach Khartoum ab. Leser berichten, daß sie trotz Platzkarten die 1000 km bis Khartoum auf dem Zugdach ausharren mußten. Gleich nach der Schiffsankunft in

Wadi Halfa stürzen sich alle Fährgäste auf den (hoffentlich) dort wartenden Zug, der zwei Tage unterwegs ist. Es empfiehlt sich, für diese Zeit Verpflegung einzupacken. In Wadi Halfa gibt es kaum etwas zu kaufen außer Grapefruits, Ölsardinen oder importiertem Dosenkäse. Falls Sie in Wadi Halfa übernachten müssen, wird das Guesthouse von Mohammed Salih-Amin, der mit einer deutschen Frau verheiratet ist, empfohlen. Alternativ zur Bahn gibt es eine Busverbindung nach Karma (40 km nördlich von Dongola), von dort eine weitere nach Khartoum. Beide führen je ca. 20 Stunden durch die Wüste, schlafen während der Fahrt ist fast unmöglich. Schließlich kann man auch nach Khartoum für ca. $ 45 fliegen.

Umgekehrte Fahrtrichtung: Neben dem Bahnhof in Khartoum kann man Tickets für die Schiffsreise Wadi Halfa – Assuan kaufen. Der Rezeptionist im Nil Hotel in Wadi Halfa (billig) verhilft gegen Bakschisch am Tag vor Schiffsabfahrt zum Ausreise-Stempel im Paß ("wer nicht schmiert, bleibt"). Vom Nil Hotel fahren Busse und Landrover zum ca. 10 km entfernten Anleger.

Alternativ zur Verschiffung bietet sich die Reise auf der Asphaltstraße am Roten Meer entlang Port Sudan an. 1999 kursierten Gerüchte, daß diese Strecke nun offen sei, aber es blieb leider nur ein Gerücht; doch mag dies ein gutes Omen für die Zukunft sein.

Auch die Verschiffung von Suez über Saudi Arabien nach **Port Sudan** ist möglich. Dazu ist ein Visum für Saudi Arabien nötig, das man nur gegen eine Einladung (z.B. Botschaft) erhält und wenn man jeglichen Verdacht ausräumen kann, je in Israel gewesen zu sein.

Schließlich noch eine Alternative für Afrikadurchquerer: Statt nach Port Sudan nach **Massawa in Eritrea** verschiffen. Dazu bedarf es ebenfalls eines saudischen Visums und erheblichen bürokratischen Aufwands in Kairo, man sollte bis zu zwei Wochen einkalkulieren. Derzeit bestehen mehrere Fährverbindungen pro Woche nach Jeddah, allerdings nur einmal wöchentlich weiter nach Massawa.

Einreise per Yacht / Boot

Insgesamt zwölf Häfen können in Ägypten angelaufen werden, neben den großen Häfen wie Alexandria und Port Said auch Nuveiba, Dahab, Sharm el Sheikh oder Hurghada. Neben Visa und den üblichen Dokumenten für das Schiff ist eine Crew- und Passagierliste in sechsfacher Ausführung den Hafenbehörden vorzulegen. Für die Suez-Kanal-Reise ist eine Versicherung nötig und es sind Gebühren in Höhe von US$ 10 pP und US$ 20 für das Schiff zu zahlen. Für den Nil ist eine Erlaubnis (Tasrih) erforderlich. Für die Ausreise muß ein Permit der Küstenwache eingeholt werden.

Rückkehr nach Europa

Irgendwann werden Sie auch wieder nach Hause zurückkehren, davor liegt der heimische Grenzübergang. Sie sollten sich vor der Abreise erkundigen, was alles zollfrei eingeführt werden darf. Aber denken Sie auch daran, daß es ein Artenschutzabkommen gibt. Die Einfuhr selbst "harmloser", am Strand gefundener Muscheln kann schon auf Schwierigkeiten stoßen. Sollten Sie grundsätzliche Zweifel haben, ob ein gekauftes oder gefundenes Stück überhaupt ausgeführt werden darf, so können Sie sich beim *Ministry of Agriculture* in Giseh Rat oder ein Zertifikat holen.

1.4 In Ägypten zurechtkommen

Fortbewegen

Das Fortbewegungsproblem ist in Ägypten nicht schlecht gelöst, praktisch alle Orte sind mit öffentlichen Verkehrsmitteln erreichbar. Jedoch halten Omnibusse z.B. nicht für eine kurze Pause an einer landschaftlich schönen Stelle, außerdem ist man auf Fahrpläne, Vorausbuchungen etc. angewiesen. Das Vorankommen auf eigenen Rädern hat jede Menge Vorteile.

Als Alternative läge noch Trampen im Bereich des Möglichen. Das ist aber in einem Land, in dem überall Leute an der Straße stehen und mitgenommen werden wollen, nicht einfach. Denn normalerweise erwarten auch LKW-Fahrer für die zusätzlichen Gäste ein am Bus-Fahrpreis orientiertes Bakschisch. Zudem sollten wir, die wir uns den meist geringen Fahrpreis leisten können, den wirklich Bedürftigen nicht eine Fahrgelegenheit wegschnappen. Außerdem können Tramper bei Militärkontrollen Probleme bekommen.

Wenn Sie mit Sammeltaxis oder Minibussen unterwegs sind, sollten Sie so planen, daß Sie noch vor Sonnenuntergang Ihr Ziel erreichen. Einmal ist die Nachtfahrerei in Ägypten deutlich riskanter, zum anderen sieht man nichts von der Umgebung. Man sollte ebenso Nachtbusse vermeiden.

Oder heuern Sie für eine Rundreise (Oasen, Sinai) ein Taxi mit Fahrer an; z.B. waren vor einigen Jahren vier Leser elf Tage mit einem Peugeot 504 zu £E 2000 unterwegs und legten etwa 4000 km zurück (in Kairo am Ramsisbahnhof Überlandtaxifahrer ansprechen). Größere Gruppen chartern preiswert Minibusse, sprechen Sie einfach einen Fahrer an.

Noch eine generelle Information: Früher standen an vielen Straßen blaue Warntafeln *Foreigners are not allowed to leave the main roads*. In jüngster Zeit verschwanden viele dieser Schilder; uns ist aber nicht bekannt, daß das Verbot offiziell aufgehoben wurde, daher hier nur der Hinweis. Offiziell ist das Verlassen der folgenden Straßen verboten: Wüstenautobahn Alexandria – Kairo, Alexandria – Marsah Matruh, Burg el Arab – Amereya, die Suez-Kanal-Zone mit Ausnahme der städtischen Zonen, der Sinai mit Ausnahme der Touristenzonen am Golf von Suez und am Golf von Aqaba und beim Katharinenkloster, weite Gebiete der Libyschen Wüste und das Grenzgebiet zum Sudan südlich von Assuan. Genehmigungen erteilt die Military Intelligence Manshiet El Bakry Group 26, gegenüber dem Militärhospital in Heliopolis.

Mit der Eisenbahn unterwegs

Die **Eisenbahn** steht an erster Stelle der Transportmittel. Sie ist im gesamten Niltal der Favorit schlechthin, besonders auf der Strecke Kairo – Assuan. Allerdings liegen manchmal die Bahnhöfe ziemlich weit von den Orten entfernt, die man besuchen will (z.B. Abydos). Die Reise in der ägyptischen Eisenbahn bietet nicht nur den Vorteil des preiswerten Transports, Sie können das Landleben durch die Fenster und das Familien- und Zusammenleben direkt neben sich betrachten.

Es verkehren die folgenden Zugarten: Supersleeper; Erste Klasse mit Airconditioning (AC); Zweite Klasse mit AC; Zweite Klasse ohne AC. Der teure Supersleeper ist nur für Touristen reseviert.

Für Tagesfahrten: Erste Klasse mit AC ist zwar etwas teurer, aber vielleicht für den europäischen Gast am angebrachtesten, weil er hier am wenigsten die ägyptischen Reiseverhältnisse stört. Meist gibt es in dieser Klasse einen Speisewagen oder das Zugpersonal verkauft Wasser etc. Nachteil der Ersten Klasse ist der gnadenlose, laute und ununterbrochene Video-Terror; die Zweite Klasse ist damit noch nicht ausgerüstet und gerade wegen dieses "Mangels" zu empfehlen.

Die Zweite Klasse mit AC ist relativ preiswert und nicht unkomfortabel, sie wird von Travellern auch häufig gebucht (kein Speisewagen), jedoch ebenso von der ägyptischen Mittelschicht. Auf die Zweite Klasse ohne AC stürzen sich (im wörtlichen Sinn) die Ägypter, sie ist zumindest in Kairo meist erbarmungslos überfüllt, Reservierungen sind wirkungslos. Eine Reise in der Dritten Klasse würde einem die Lebensbedingungen der Majorität der Ägypter buchstäblich nahebringen.

Bedenken Sie bitte, daß die dritte Klasse wegen ihres sehr geringen Preises gerade von den sozial unteren Schichten benutzt werden muß. Europäer sollten das manchmal im wörtlichen Sinne atemberaubende Gedränge vermeiden helfen und sich mindestens für die zweite Klasse entscheiden, um den Leuten einen Platz zu lassen, die keine andere Chance haben.

Einige Tips zum Eisenbahnfahren:

Achtung: Für Ausländer sind wegen der Terrorismusgefahr derzeit nur einige Züge zugelassen, deren Abfahrten im Kairo-Kapitel wie auch bei den Ortsbeschreibungen von Luxor und Assuan angegeben sind.

- Grundsätzlich sollten **Tickets** (einschließlich der Platzreservierung) zumindest für die Hauptstrecken einige Zeit **im voraus** beschafft werden.
- Für die Buchung im **Supersleeper** wird der Reisepaß benötigt, Vorausbuchung während der Saison bis zu einer Woche wird empfohlen. Alkoholische Getränke sind im Zug sehr teuer (Bier £E 12). In Luxor und Assuan sind die WAGON-LIT-Schalter nur vormittags geöffnet.
- Häufig funktioniert auch der Trick, daß man **ohne Reservierung** gegen £E 1,50 Aufpreis in der gewünschten Klasse stehend mitfahren kann. Spätestens in Minia werden die ersten Plätze frei, oder man hat schon früher Glück, denn für Privilegierte wie Parlamentarier, Armeeangehörige etc. wird immer ein bestimmtes Kontingent Plätze freigehalten und erst kurz vor Abfahrt freigegeben.
- **Reservierungen** sind grundsätzlich nur für längere Strecken möglich, auf Bahnhöfen außerhalb Kairos meist überhaupt nicht, dort sind Karten erst wenige bis eine Stunde vor Abfahrt erhältlich.
- **Ticket** sofort nach Erhalt **prüfen**, ob es tatsächlich für den gewünschten Zielbahnhof ausgestellt wurde.
- **Ermäßigung** gibt es auf den Internationalen Studentenausweis und auf den Internationalen Youthhostel-Ausweis, allerdings nicht für den Supersleeper.
- Im Erste-Klasse-Zug bedient der Kellner wie selbstverständlich, erst hinterher kommt die **dicke Rechnung**, die in vielen Fällen außerdem unkorrekt ist.

- Achtung: **AC-Abteile** können sehr **kühl** sein. Möglichst Platz auf der Schattenseite wählen, weil man sonst nur gegen geschlossene Vorhänge schaut.
- Für lange Bahnfahrten **Trinkwasser** einpacken, da Getränke im Zug furchtbar süß sind; auch Toilettenpapier sollte man mitnehmen, da im Zug nicht vorhanden.
- Die **Zugtoiletten** sind bereits nach kurzer Fahrt unbenutzbar. Verschieben Sie bei Darmerkrankung Ihre Eisenbahnreise.
- Wer den **Zug verpaßt**, tauscht sein Ticket im Ramsis-Bahnhof in Kairo im Büro vor Gleis 8; Achtung: Umtausch nur innerhalb von 24 Stunden möglich!
- **Telefonische Zugauskunft** in Kairo unter Nr. 147 und 753 555

Per Omnibus oder Sammeltaxi unterwegs

Busfahrten bieten gegenüber der Eisenbahn den Vorteil, daß man u.U. auch außerhalb der Haltestellen aus- und (mit etwas Glück) wieder zusteigen kann. Die großen Überland-Omnibuslinien sind relativ pünktlich, Stehplätze gibt es nur selten, die Komfort-Skala reicht bis zu Airconditioning, bequemen Sesseln, Video, Snack-Bar, Toilette.

Auch wenn Reisebüros Buskarten beschaffen und Vorausbuchungen erledigen, so sollte der Kostenbewußte dies besser selbst tun, denn die Agenturen schlagen bis zu 100 Prozent Berabeitungsgebühr auf den Fahrpreis.

Viele Leute beklagen sich über unerträglich laute Videofilme in Luxusbussen, manchmal drei nacheinander; unbedingt wird Ohropax für solche Reisen empfohlen. (Ein Leser schreibt: *"Der Busfahrer hat in der linken Hand die Zigarette, in der rechten Tee, lenkt mit dem Bauch und schaut dazu Video"*).

Eine sehr gute Alternative zu Bussen stellen die **Sammeltaxis** (*Bel Nafer*, was *pro Person* heißt, oder *Arabiya* oder *Servies* von Servicetaxi) dar, die zwischen nahezu allen Orten verkehren. In der Regel sind es Peugeot-Wagen, die allerdings mehr und mehr von Toyota-Minibussen abgelöst werden. Je weiter abseits der Ort liegt, um so älter sind die Fahrzeuge. Häufig verkehren dort auch Pickups, auf deren Ladefläche einfache Bänke befestigt sind.

Die Abfahrplätze liegen meist im Ortszentrum, unterwegs winkt man sie einfach heran. Sie fahren nur dann ab, wenn der Wagen voll ist (oder man für die fehlenden Passagiere mitzahlt). Fahrpläne gibt es nicht, das Warten auf einen vollen Wagen dauert selten länger als eine halbe Stunde.

Der Fahrpreis liegt etwas höher als beim Omnibus (etwa 10 – 15 Piaster pro 10 km); man sollte unbedingt vor dem Einsteigen den Fahrpreis aushandeln; man muß auch hier damit rechnen, daß mehr als von den Einheimischen gefordert wird. Sinnvoll ist, daß man sich für längere Strecken mit anderen Reisenden zusammentut (Peugeot-Taxi hat sieben Plätze) und dann unabhängig von Warterei etc. ist.

Eine weitere Alternative sind Minibusse, die im Prinzip nach ähnlichen Regeln wie die Sammeltaxis befördern und viele Strecken auf festen Linien bedienen.

Tips zum Busfahren:

- Fast immer ist **Vorabbuchung** und Platzreservierung empfehlenswert, meist sogar notwendig. Bei der Ticketreservierung immer die Bezeichnung "a.m." für vormittags bzw. "p.m." für nachmittags hinzufügen; sonst gibt Ihnen der Mann ein Ticket für den 19-Uhr-Bus, Sie wollten aber mit dem 7-Uhr-Bus fahren!
- **Kontrollieren** Sie das Ticket. Einige Busfahrer versuchen, ein paar £E mehr zu verdienen als auf dem Ticket in arabischen Zahlen aufgedruckt ist. Meist erhält man

das zuvor zuviel gezahlte Geld problemlos zurück.

- Da die meisten Busse überbesetzt sind, schließt man sich als **Alleinreisender ohne Platzreservierung** am besten anderen Travellern an. Während einer in den Bus stürzt, um Plätze zu reservieren, kümmert sich der andere darum, daß das Gepäck gut im Gepäckabteil oder auf dem Dach verstaut wird und nichts zurückbleibt.
- Am **Zielort** den Busfahrer so lange nicht aus den Augen lassen, bis man das letzte Stück zurück hat – nicht, daß der Bus mitsamt Rucksack zur nächsten Stadt auf und davonbraust.
- Die Angaben in den Busfahrplänen, die bei den jeweiligen Orten angegeben sind, stammen aus eigenen Recherchen, aus vielen Leserbriefen und aus offiziellen Angaben. Verlassen Sie sich bitte nur insoweit darauf, als Sie damit planen. Die **aktuelle Abfahrt** sollte man **immer vor Ort nachprüfen** bzw. durch Befragen anderer Traveller, die gerade die Strecke fuhren, herausbekommen. Denn Fahrpläne, die seit Jahren galten, können sich überraschend sowohl vorübergehend als auch ständig ändern, offenbar geht auch Sommer- oder Winterzeit mit ein.
- Die Busse fahren häufig auch **früher** ab als im Fahrplan steht, das können 20 bis 30 Minuten sein. Also möglichst eine Stunde vor Abfahrt zur Stelle sein.
- Wenn **zwei Gesellschaften** dieselbe Strecke befahren, erkundigen Sie sich immer nach Preisen und Fahrzeiten bei beiden; häufig gibt es krasse Unterschiede.
- Busse mit **Airconditioning** (AC) können sehr kühl sein. Gewarnt wird vor den sog. Luxusbussen auf langen Strecken, sie sind meist eher kalt;schlimmer sind die mit brutaler Lautstärke unentwegt abgespielten Videos, Ohrstöpsel (Ohropax) mitnehmen!
- Viele Leser klagen über die **unverschämten Preise in Luxusbussen**: Wer einen Tee bestellt, wird mit Keksen und Schokoriegeln zusätzlich überhäuft, die später überteuert zu bezahlen sind.

Innerägyptische Flugverbindungen

Innerägyptische **Flugreisen** verkürzen die Reisezeit erheblich, sind natürlich teurer als alle anderen Verkehrsmittel und geben kaum einen Eindruck von dem Land, über das man hinwegeilt. Da die Inlandflüge häufig überbucht sind, sollten Sie frühzeitig am Flughafen sein. Auch sollten Sie bedenken, daß Verspätungen vorkommen, d.h. daß Sie bei Inlandflügen vor Ihrem Heimflug nicht zu spät den Abflughafen erreichen. Eine Sicherheitsreserve von einigen Stunden oder von einem Tag ist eher angebracht.

Egypt Air greift bei innerägyptischen Flügen dem Besucher heftig in die Tasche. Z.B kostete bei Redaktionsschluß ein lokal gebuchter Flug Kairo – Assuan $ 198 (eine Strecke). Wenn Sie jedoch mit Egypt Air bereits einschweben, kostet ein zu Hause gebuchter Anschlußflug nur etwa denselben Betrag in DM.

EGYPT AIR bedient die folgenden Strecken:

- Von Kairo (und zurück) täglich nach Abu Simbel, Alexandria, Assuan, Hurghada, Luxor, Sharm el Sheikh
- Ebenfalls täglich Luxor – Assuan
- Mehrmals wöchentlich: Kairo – Kharga – Dakhla, Kairo – Marsa Matruh, Assuan – Sharm el Sheikh, Luxor – Sharm el Sheikh, Luxor – Hurghada

AIR SINAI:

Die Air Sinai fliegt auf den Sinai und nach Israel. Buchungen müssen in Kairo (Büro in den Arkaden des Nile Hilton, Tel 760948, oder in der Sharia Qasr el Nil, Tel 779045) vorgenommen werden, auch dann, wenn Sie z.B. von Luxor auf den Sinai fliegen wollen. Manchmal sind freie Plätze auch an anderen Flughäfen zu ergattern. In Sharm el Sheikh gibt es nur im Mövenpick Hotel (Naama) ein Büro, das von 20 bis 22 Uhr geöffnet ist.

- Flugziele (hier alphabetisch gelistet):

El Arish, El Tur, Hurghada, Kairo, Luxor, Ras el Naqb (Sinai, Nähe Tabah), Tel Aviv

ORCA AIR

Die relativ neue und expandierende Gesellschaft fliegt ähnliche Ziele wie Egypt Air an. Informationen: 40 Sharia 254, Kairo-Maadi, Tel 02 517 0102, Email Reservations@orca-air.com; http//:www.orca.air.com

Auf dem Nil unterwegs

Wenn Sie per **Feluke** oder **Motorschiff** auf dem Nil kreuzen wollen, dann bietet sich die "Rennstrecke" zwischen Luxor und Assuan an. Informationen zu Nilkreuzschiffreisen finden Sie auf Seite 356 und zum Segeln mit Feluken auf Seite 399.

Per Auto in Ägypten

Autofahrer sollten in Ägypten ein paar kleine, aber feine Unterschiede zu europäischen Verhältnissen beachten:

- Gehen Sie davon aus, daß alle uns eingedrillten Verkehrsregeln durch die Macht des Alltags aufgehoben sind.
- Ganz besonders wenig Beachtung finden alle Vorfahrtsregeln außer einer: Der Größere/Stärkere hat immer Vorfahrt.
- Verkehrsampeln oder Polizisten werden nur eingeschränkt beachtet; wenn Sie Grün haben, zwängt sich der, der's eiliger hat, bei Rot noch schnell durch.
- Jeder benutzt mit jeder Art von Fahrzeug jede Straße und Straßenseite, ob Autos, Karren, Esel, Kamele, Schafe, Ziegen, Radfahrer oder Fußgänger.
- Jeder macht soviel Lärm, wie er kann: je lauter eine Hupe ist und je öfter man sie betätigt, um so mehr wird man respektiert.
- ABER: Jeder gibt dem anderen eine Chance; man macht Platz, wenn z.B. der Vordermann ausscheren muß oder will; man blockiert nicht den Verkehr, nur um auf seinem Recht zu bestehen.

Auf der anderen Seite können Sie alle Vorteile dieses Systems in vollen Zügen ausschöpfen, solange Sie sich anpassen; wir trafen deutsche Rentner mit Wohnanhänger-Gespannen, die bestens zurechtkamen. Zeigen Sie sich so flexibel wie die anderen, dann werden Sie wie ein Fisch im Schwarm mitschwimmen und diese sehr unkonventionelle Art der Verkehrsabwicklung mit Vergnügen mitmachen.

Dennoch muß als Grundsatz gelten:

- Fahren Sie vorsichtig und mit wachen Augen; die Unfallrate Ägyptens ist angeblich zwanzigmal höher als die Deutschlands (jedoch handelt es sich nach unseren subjektiven Beobachtungen zumeist um Blechschäden).
- Vermeiden Sie tunlichst **Nachtfahrten**. Denn nachts wird Sie das orientalische Abblendsystem sehr irritieren: Einer der beiden sich kreuzenden Wagen schaltet jeweils das Licht für ein paar Sekunden ganz aus, dann schaltet man wieder an und der andere schaltet aus; totale Dunkelpausen wie totales Blenden sind in das System fest einprogrammiert! Außerdem bewegt sich vom Esel bis zum LKW alles mögliche unbeleuchtet auf der Straße. Als **besonders gefährlich** – wegen rücksichtsloser LKW – sind die Deltastraße Alexandria/Kairo und die Niltalstraße zumindest von Kairo bis Mittelägypten bekannt.

- **Ein wichtiger Hinweis zu Unfällen:** Sollten Sie in einen Unfall verwickelt sein, bei dem Menschen verletzt wurden, fahren Sie – falls möglich – unbedingt sofort weiter und melden Sie sich bei der nächsten Polizeistation, einerlei, ob Sie schuldig waren oder nicht. Der Volkszorn könnte sehr schnell überkochen, und an der Unfallstelle wären Sie völlig ungeschützt. Benachrichtigen Sie in schwierigeren Fällen Ihre Botschaft.
- Über **Blechschäden** zu debattieren, lohnt nicht, Schadenersatz dafür ist kaum zu bekommen. Wenn Sie eine Ziege zu Tode bringen, kostet das etwa £E 60.

In letzter Zeit bemüht sich die Polizei um mehr Ordnung im Verkehr, rote Ampeln und Parkverbote werden in Kairo strenger überwacht; ein Leser benötigte einen ganzen Tag, um sein aus dem Parkverbot abgeschlepptes Auto zurückzubekommen.

Dies gilt auch für die **Höchstgeschwindigkeit**: in Orten 50 km/h, außerhalb 90. Auch nur geringfügiges Überschreiten der Höchstgeschwindigkeit von 100 km/h auf den Autobahnen (Radarfallen; es genügen 5 km/h mehr) Kairo – Alexandria, Kairo – Suez, Kairo – Ismailiya kann £E 50 bis 100 an Strafe nach sich ziehen. Dabei werden zunächst Führerschein und Zulassungskarte eingezogen und Ersatzpapiere ausgestellt, die man dann, gegen Zahlung der Strafe, eine Woche später in Kairo abholen muß, einerlei, wo man statt dessen sein wollte.

Größere Straßenkreuzungen wurden kürzlich in Kairo, aber auch auf dem Land "entschärft": Der Mittelstreifen wurde zugemauert, so daß jeder, der die Kreuzung in gerader Linie überqueren wollte, nun rechts abbiegen, sich dann auf die linke Seite hinüberquetschen muß, nach ca. 100 m folgt ein U-Turn, dort fädelt man sich in die Gegenrichtung ein, drängelt möglichst schnell nach rechts, um schließlich in die Straße abzubiegen, auf die man bei Geradeausfahrt sofort gekommen wäre.

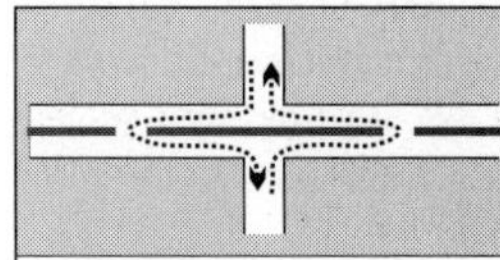

Beliebtes Kreuzungssystem

Um Schnellfahrer zu bremsen, tauchen in vielen Orten unerwartet "**Speedbraker**" als schwarze Asphaltschwellen in unglaublicher Höhe auf, meist ohne Vorwarnung, manchmal gelb angepinselt oder mit Nagelstreifen als Vorwarnung. Diese Schwellen sind achsbrecherisch, wenn man zu schnell drauffährt! Auf einer Straße bei Alexandria zählten wir auf 11 km 23 dieser nur im ersten Gang zu überwindenden Schwellen.

Verkehrssünder

Sollten Sie bei Verkehrsvergehen erwischt werden und im Giseh Traffic Office Ihren **Führerschein abholen** müssen, dann können Sie sich wie folgt zurechtfinden: Vom Sheraton Hotel Sharia Murad Richtung Zoo, großes Eckgebäude an letzter Querstraße – Sharia Abd El Salam Arif – rechts vor Zoo, dort durch Haupteingang und Außentreppe hinauf, dort rechte Tür ins angrenzende Gebäude, durch langen Gang mit Schaltern, am Ende graue Eisentreppe hinauf, an deren Ende rechts und in dieser Richtung an Aufseherbude vorbei, wieder rechts durch Gang mit ein paar Treppenstufen. Vor der abschließenden Wand sind links zwei Türen, die zweite von links ist Ihr Ziel.

Bahnübergänge wirken seit eh und je als die besten Speedbraker, man kann sie in der Regel nur im Kriechgang überwinden. Ist die Schranke geschlossen, stellen sich auf jeder Seite die Auto- und Eselskarrenfahrer über die ganze Straßenbreite auf, um dann beim Öffnen mit lautem Gehupe aufeinanderloszufahren. Aber das, was wie ein Katastrophe aussieht, löst sich schnell wieder in flüssigen Verkehr auf.

Abenteuerliche Gefährte bewegen sich auf der Straße, vom Oldtimertaxi, dessen Fahrgäste die Türen zuhalten müssen, bis zum übervoll besetzten aber kürzlich verunglückten Minibus, dessen Karosserie zum Parallelogramm verschoben ist, dessen Türen nur mit großem Spalt schließen, die Frontscheibe ist der Einfachheit halber durch ein Stück Fensterglas ersetzt. Grundsätzlich ist bei Minibussen und Taxis höflicher Abstand geboten, denn bei jedem Menschen am Straßenrand, der wie ein Fahrgast aussehen könnte, steigt der Fahrer voll in die Bremse und wechselt dabei abrupt von der ganz linken Spur zum Straßenrand hinüber.

Der starke Verkehr belastet natürlich die Straßen entsprechend, d.h. **Spur- und Querrillen** gehören zum Alltag, genauso wie Bodenwellen aller Art, die bei jeder Neuasphaltierung liebevoll erhalten werden. Eine gewisse Vorsicht ist auch bei Kanaldeckeln angebracht; sie sind entweder zu hoch oder zu tief eingebaut, in – seltenen – Fällen fehlt der Deckel überhaupt.

Verzagen Sie nicht über den ägyptischen **Straßenzustand**: gute und schlechte Abschnitte wechseln sich in schöner Regelmäßigkeit ab. Verzagen Sie auch niemals über ägyptische Straßenschilder. Diese können Sie u.U. in die genau verkehrte Richtung weisen, weil derjenige, der sie installierte, sie nicht lesen konnte.

Ein Leser mit Mietwagen wurde in Assiut ohne **Auto-Feuerlöscher** erwischt, neben der Strafe von £E 20 war besonders ärgerlich, daß er seine Papiere in Assuan abholen mußte.

Je besser der Zustand Ihres Wagens vor der Abreise ist, um so sorgloser werden Sie im Land fahren können. Größere Reparaturen sind nur in den Großstädten möglich. Unterwegs werden Sie im Fall eines Falles die Improvisationskunst der Ägypter erleben, aber man sollte sich nicht darauf verlassen.

Nehmen Sie **gute Reifen** und möglichst einen weiteren Ersatzreifen mit. In Ägypten fährt man häufiger platt als bei uns, weil alles mögliche auf den Straßen liegt und die Beanspruchung der Bereifung durch die Hitze hinzukommt. Überprüfen Sie möglichst alle Wartungs- bzw. Reparaturarbeiten selbst; einen Leser kostete ein schlampig durchgeführter Ölwechsel den Motor.

Wichtig: Der nicht in Ägypten ausgestellte Internationale Führerschein wird nur einen Monat lang anerkannt (wird selten kontrolliert), Auskunft über die Ausstellung eines ägyptischen erteilt der Automobile and Touring Club of Egypt, 10 Sahria Qasr el Nil, Kairo, Tel 578 355.

Ägypten per Wohnmobil

Eine Ägyptenreise per Wohnmobil ist nach unserer Meinung und Erfahrung das Nonplusultra aller Reisemöglichkeiten. Man kann jederzeit dorthin fahren, wohin man gerade will, übernachten, wo es einem gefällt (falls möglich natürlich) und schlägt sich nicht mit der Suche nach Hotels, Restaurants etc. herum. Und, das ist manchmal für die gestreßte Reiseseele nicht unwichtig, man öffnet die Fahrzeugtür und ist zu Hause.

Doch den Vorteilen stehen auch Nachteile gegenüber: Das Verschiffen ist sehr teuer, diese Kosten lassen sich nicht durch gesparte Hotelübernachtungen kompensieren. Es gibt wenig offizielle Campingplätze für den, der sich dort wohler fühlt als in der freien Natur. Die uns bekannten Plätze finden Sie ab Seite 586.

Ägypten per Mietwagen

Wenn Sie Ihr eigenes Fahrzeug nicht mitnehmen wollen, dann könnte ein Mietwagen eine Alternative sein. Die Preise liegen deutlich unter den europäischen, Sie können bei den internationalen Anbietern bereits zu Hause buchen, preiswerter dürfte es jedoch sein, das lokale Angebot vor Ort zu prüfen. – Mietwagen gibt es hauptsächlich in Kairo und Alexandria, mehr und mehr auch in Hurghada, Tabah und Sharm el Sheikh.

An Mietkosten muß man mit etwa DM 75 – 100 pro Tag und ca. DM 0,30 – 0,50 pro km mindestens für ein einfaches Auto wie Toyota Corola rechnen. Aktuelle Preise können Sie zur Information z.B. bei Europcar bereits in Europa abfragen. Verleiheradressen finden Sie bei den jeweiligen Stadtbeschreibungen. Beim Preisvergleich sollten Sie fragen, ob jeweils Steuer und Versicherung enthalten sind. Lesen Sie vor Unterzeichnung des Mietvertrages nach, welche Kosten tatsächlich bei einem Unfall an Ihnen hängenbleiben.

Allradfahrzeuge werden in den meisten genannten Städten vermietet. Die Wochenpreise einschließlich Vollkasko und freier km-Zahl für Fahrzeuge wie Jeep Cherokee, Landrover Discovery oder Mitsubishi Pajero beginnen bei etwa DM 1400.

Achtung: Das Mindestalter für Mieter beträgt bei den meisten Vermietern 25 Jahre, Europcar läßt auch 23jährige, Hertz schon 21jährige ans Steuer. Ex-DDR-Bürger haben Schwierigkeiten mit der Anerkennung des DDR-Führerscheins; lassen Sie sich daher einen neuen internationalen Führerschein ausstellen.

Wenn Sie sich zum Mietwagen entschließen, informieren Sie sich auf Seite 84 über das Verkehrsverhalten der Ägypter. Für einen Neuling im Orient in ungewohntem Fahrzeug können die Verkehrsbedingungen sehr oder gar zu stressig sein.

Mietwagen sind mit einem entscheidenden Nachteil behaftet: der Mieter ist der Zuverlässigkeit des Fahrzeugs ausgeliefert, ohne dieses zuvor testen zu können (wir hatten bei fast jedem Wagen mit mehr oder weniger großen Schwierigkeiten zu kämpfen).

Daher ein paar Tips:

- Die internationalen Anbieter schienen uns genauso gut oder schlecht wie die nationalen, letztere sind jedoch billiger. Sollte es allerdings zu Auseinandersetzungen (Regreß) kommen, können Sie bei den Internationalen Ansprüche u.U. noch von zu Hause durchsetzen.
- Achten Sie besonders auf den Zustand der Reifen (Schnitte, Beulen in der seitlichen Karkasse, auch auf der Wageninnenseite) und des Ersatzrades, nehmen Sie es aus der Halterung und prüfen Sie ebenfalls beide Seiten wegen schadhafter Karkassen. Reifenpannen gehören zum Straßenbild Ägyptens!
- Verlangen Sie bei längeren Fahrten unbedingt ein zweites Ersatzrad, besonders wenn Sie in die Oasen fahren (wir trafen z.B. zwischen Marsah Matruh und Siwa Deutsche, deren Mercedes-Mietwagen mit der fünften (!) Reifenpanne endgültig liegenblieb; in Siwa war nur eine weitere Krücke von Reifen aufzutreiben).
- Verlangen Sie ausreichendes Werkzeug und testen Sie den Wagenheber (auch ob die Einführungen für den Wagenheber auf beiden Seiten des Fahrzeugs in Ordnung sind); der Vorsichtige bringt einen Minimalwerkzeugsatz von zu Hause mit ...
- Feuerlöscher sind obligatorisch; bei Straßenkontrollen kann Ihnen das Fehlen eines Löschers viel Ärger bereiten.
- Prüfen Sie die wichtigsten Funktionen, u.a. unbedingt die Hupe und die Bremsen.

- Prüfen Sie den Ölstand von Motor (auch unterwegs !!), nach Möglichkeit auch von Getriebe und Differential (bei einem unserer Fahrzeuge fehlte das Differentialöl).

Ägypten per Motorrad

Immer häufiger unternehmen Motorradfahrer den Sprung nach Ägypten. Ein Motorrad hat zumindest den Vorteil, daß das Verschiffen (oder eventuell sogar das Verschicken als Luftfracht) weitaus billiger als der Transport eines Autos ist. Zudem bietet Ägypten mit seinem nahezu ununterbrochenen Sonnenschein die Garantie für Wettersorglosigkeit.

Als Motorradfahrer zählt man natürlich zu den *kleinen* und damit verwundbaren Verkehrsteilnehmern. In einem Land, in dem Respekt im Verkehrsgeschehen von der räumlichen Größe des Partners abhängt, bedeutet dies häufigeres Nachgeben und Ausweichen als z.B. im Auto. Daher ist defensive Fahrweise schon fast überlebenswichtig. Eine Gefahr, die einem Europäer kaum bewußt sein dürfte, können Kinder erzeugen: Zwei Leser schrieben uns, daß ihnen Kinder beim Langsamfahren Stöcke zwischen die Speichen steckten – also Augen auf, häufig sieht man einem Lausbuben die Absicht an und kann ihm ausweichen oder ihn durch Hupen, Draufzufahren o.ä. erschrecken. Andererseits bemühen sich die Erwachsenen sehr hilfsbereit um Motorradfahrer und bieten bei der kleinsten Panne Unterstützung an.

Informieren Sie sich über das Verkehrsverhalten der Ägypter auf Seite 84.

Ägypten per Fahrrad

Fahrrad-Fernfahrer tauchen auch mehr und mehr in Ägypten auf. Für sie sind richtiges Verhalten, Timing und die richtige Wegstrecke ganz entscheidende Punkte für das Gelingen der Reise. Wir trafen Radler, die bereits auf dem Weg von Alexandria nach Kairo entnervt aufgaben und zurückflogen, andere sind begeistert und möchten mit keinem einzigen Autofahrer tauschen. Die folgenden Argumente sollten bedacht werden:

Fahrzeit: Kinder können die ungewohnten Figuren auf dem Fahrrad – besonders kurzbehoste Radler – als so komisch empfinden, daß sie sich ein Vergnügen daraus machen, die Leute vom Rad zu holen. Das funktioniert mit Steinwürfen oder besser noch mit Stöcken, die blitzschnell in die Speichen gesteckt werden. Daher sollte man möglichst dann radeln, wenn die Knaben in der Schule sind, also bis etwa 14 Uhr. Oder Sie machen zwischen 14 und 16 Uhr Pause; denn die Burschen sind am einfallsreichsten, wenn sie, aus der Schule heimtrödelnd, ihre Aggressionen abbauen. Ein Leser empfiehlt, man solle freitags im Niltal niemals radeln, weil die Buben scharenweise vom Bolzplatz gerannt kommen, um einen vom Rad zu holen. Auf dem Sinai dagegen besteht kaum oder gar kein Anlaß zu derartigen Sorgen.

Wer früh anfängt, hat mittags ohnehin genug geschafft und freut sich auf einen geruhsamen Nachmittag. Man sollte mit kurzen Strecken zum Eingewöhnen beginnen und die Geduld für den Anfang (und den Mut) nicht verlieren, scharf rechts fahren und allen Verkehrsteilnehmern einschließlich Eselskarren die Vorfahrt lassen.

Ein Leser schreibt: *"Obwohl das Prinzip des Stärkeren gilt, existiert eine in Mitteleuropa unbekannte Kommunikation und Rücksicht zwischen den Verkehrsteilnehmern"*. Für Kairo liege die beste Fahrzeit zwischen Mitternacht und 6 Uhr morgens; andere wiederum kamen im Hauptverkehr bestens zurecht. – Wenn Sie schließlich die Lust verlieren, so stellen Sie Ihren Drahtesel in die Eisenbahn, ein Leser zahlte von Assuan nach Kairo £E 2,67 dafür. Falls es nur darum geht, den nächsten Ort, z.B. rechtzeitig vor der Dunkelheit, zu erreichen, dann hilft auch trampen: leere LKWs halten meist an.

Noch ein paar Tips:

- Die vielen Öllachen sehen wie harmlose Pfützen aus, sind aber gefährlich.
- Stets nach vorn schauen, das tun alle.
- Ständig auf **alles** gefaßt sein, das sind auch alle anderen.
- Trauen Sie sich, besonders in Großstädten, nutzen Sie jede kleine Lücke.
- Vorsicht bei Bussen und Sammeltaxen, die knapp überholen und dann sofort anhalten können.

Fahrstecke: Wer in Assuan startet, beginnt mit der verkehrsmäßig ruhigeren Zone. Denn in Oberägypten ist der Verkehr bei weitem nicht so dicht, man nähert sich langsam dem Chaos und gewöhnt sich daran. Ein echter Nachteil ist andererseits der ständig aus Norden blasende Gegenwind, der in umgekehrter, also in Windrichtung durchaus 25 km/h ermöglicht.

Wer von Kairo her die Oasenstrecke wählt, sollte entsprechende Vorräte vor allem an Wasser mitnehmen. Unterwegs laden, wenn gewünscht, LKWs oder Busse (geringer Verkehr!) den müden Radler auf. Ebenso wird der Sinai wegen seiner landschaftlichen Abwechslung und des geringen Verkehrs gelobt. Verlassen Sie sich nur kritisch auf Auskünfte von Passanten, besonders dann, wenn die Ziele mehr als 10 km entfernt sind.

Übernachtung: Es ist fast unsinnig, im Niltal ein Zelt am Straßenrand (und nur dort findet sich meist Platz) aufzuschlagen. Man ist dann auch nach des Tages Radl-Arbeit noch Sensation und Mittelpunkt der Umgebung. Selbst in jedem größeren Dorf findet sich irgendeine Art von Unterkunft. Man wird nach der ersten Frage von den, dem Radfahrer gegenüber besonders hilfsbereiten Bewohnern meist sofort hingebracht. Sinnvoll ist natürlich, die Tagesetappen so zu planen, daß man jeweils Orte mit Hotels erreicht. Wenn das Fahrrad in einen Hotel-Abstellraum kommt, bringen Sie es selbst hin, weil das Personal nicht sonderlich sorgfältig mit dem Drahtesel umgeht.

Übernachten

Da Ägypten jährlich Millionen von Besuchern unterzubringen hat, sind viele Hotels in der Hauptsaison aus- oder überbucht und der Einzeltourist hat oft seine liebe Not, eine Unterkunft zu finden. Häufig zaubert ein etwas ansehnlicheres Bakschisch dennoch ein Bett im ausgebuchten Hotel herbei.

Schwierigkeiten kann es während der Wintersaison in Oberägypten, während der Sommersaison in Alexandria sowie an der Mittelmeerküste und während des ganzen Jahres in Kairo bei der Zimmersuche geben; allerdings hat sich die Situation in jüngster Zeit gebessert. Kümmern Sie sich dennoch rechtzeitig darum, wo Sie nachts Ihr Haupt hinlegen wollen oder (nur) können. In verschiedenen Städten oder Dörfern gibt es *Resthouses*, einfache Unterkünfte für reisende Beamte, die häufig auch Fremden zugänglich sind.

Offiziell dürfen Privatleute Ausländer nicht zur Übernachtung einladen, ohne eine Erlaubnis der Polizei einzuholen. Andernfalls sind Strafen bis zu £E 2000 oder 10 Monate Gefängnis fällig.

Die ägyptischen Hotels sind offiziell in Kategorien eingeteilt, die mit 5 Sternen am oberen Ende beginnen und bei keinem Stern enden. Die 5*-Herbergen gehören fast ausschließlich internationalen Ketten und kosten deutlich ab $ 150 aufwärts. 4*-Hotels sind meist in ägyptischer Hand, durchwegs recht gepflegt und eine echte Alternative zur teuren Kategorie. Die Kosten liegen ab £E 100. Auch 3*-Unterkünfte bieten gute Konditionen fürs Geld: In der Regel Aircondition (zumindest vorteilhaft gegen Moskitos und Straßenlärm), eigenes Bad mit warmer Dusche und übliche, durchaus akzeptable Sauberkeit. Meist stehen ein Kühlschrank sowie ein TV im Zimmer und morgens ein annehmbares Frühstück auf dem Tisch. Für den anspruchsvollen, aber preisbewußten Traveller sind sie die beste Wahl, denn sie liegen zwischen £E 40 und 100 für das Einzelbett.

Zwischen den Zwei- bis Kein-Sternhotels gibt es bestenfalls Preisdifferenzen, aber in der Ausstattung zeigen sich die Unterschiede eher zwischen mehr oder weniger einfach bis miserabel. Speziell in der untersten Klasse sind Etagenduschen und -toiletten der Standard, bei der Sauberkeit muß man ein oder zwei Augen zudrücken, die Zimmer stehen voller Betten, die beliebig belegt werden. Man muß seine Ansprüche schon ziemlich gegen Null schrauben und Ungemütlichkeiten (z.B. kein AC, häufig nicht einmal ein Ventilator) auf sich nehmen, wenn man dort übernachtet. Andererseits sind sie die typischen Traveller-Hotels, hervorragede Informationsbörsen und nach überstandener Nacht für viele Abenteuergeschichten gut.

Ein paar Tips und Infos:

- Theoretisch kommen bei allen Hotelkategorien **Steuern und Servicegebühren** in Höhe von bis zu 26,6 Prozent auf die Rechnung. Die Angaben in diesem Buch nennen bis auf wenige Ausnahmen den Endpreis einschließlich aller Steuern und Gebühren.
- **Preisgünstige Hotelbuchungen:** Wenn Sie dem Streß der ersten Hotelsuche in Ägypten vorbeugen wollen, dann können Sie bereits von zu Hause aus eine preiswerte Einzelunterkunft buchen, siehe Seite 62. Auch im Land selbst haben Sie noch die Möglichkeit bei *American Express, Wagons-lits-Travel* oder *Thomas Cook* nach einem "Hotel Voucher" zu fragen. Mit einem solchen Voucher kann man zu wesentlich günstigeren Preisen einchecken (besonders bei den besseren Unterkünften). Bucht man ein Zimmer über einen in Ägypten stationierten Vertreter einer heimischen Reiseagentur (Sprechzeiten hängen meist in größeren Hotels aus), spart man u.U. 30 Prozent und mehr.
- In der **Sommersaison** (Mai bis September) sind viele Hotels deutlich billiger – außer an der Mittelmeerküste, wo in dieser Zeit Hochsaison herrscht. In der Spitzen-Hochsaison (Weihnachten, Ostern) langen viele Hoteliers mit gewaltigen Zuschlägen kräftig zu. Die Hotels am Roten Meer (auch Sinai) machen ihre Zimmerpreise häufig von mehreren Faktoren abhängig: Hauptsaison (Weihnachts-, Osterzeit, März, Juli/August, Oktober), Zwischensaison "Shoulder Season", Nichtsaison und weiterhin von See- oder Cityblick. Gruppenreisende (ab 10 Personen) erhalten die besten Konditionen.
- Auch in Hotels gehört **Feilschen** zum Handwerk, zumindest in den mittleren und unteren Kategorien. Verschenken Sie daher Ihr Geld nicht!
- Die teuren Hotels rechnen meist in harten **Devisen** ab (bar oder Kreditkarte), dies kann auch in mittleren Hotels passieren.
- Etwa vom **5. bis 20. Januar sind Ferien** an Schulen und Universitäten Ägyptens. Dann kann es durchaus passieren, daß man aus Hotels herausfliegt, weil eine Gruppe lange im voraus buchte und kein Mensch daran dachte ...
- Wenn Ihnen jemand – vornehmlich an Bahnhöfen, Bushaltestellen etc. – anbietet, bei der Hotelsuche behilflich zu sein,

so handelt es sich meist um einen **Schlepper**. Er bekommt eine Provision vom Hotel, die Sie natürlich mitbezahlen müssen. Andererseits kann sich der häufig nicht hohe Betrag lohnen, weil sich zumindest die Wege und die Sucherei verkürzen.

- Achten Sie darauf, daß Sie Ihr **Zimmer verschließen** können und daß Sie sich als Frau ungestört bzw. unbeobachtet durch Löcher in Wand oder Tür waschen können. Fragen Sie vorab in Billighotels, ob bereits jemand im Mehrbettzimmer einquartiert ist.
- Schauen Sie sich das Zimmer möglichst genau an und **testen Sie** Wasser, Toilette, Dusche, Ventilator oder Airconditioner, bevor Sie buchen.
- An die Sauberkeit der billigen Unterkünfte darf man keine hohen Ansprüche stellen. Wenn die **Bettwäsche** noch vom Vorgänger stammt, so wird sie doch in den meisten Fällen gewechselt, wenn der Gast nachhaltig darauf besteht. Nehmen Sie eigene Handtücher, Seife und Toilettenpapier mit.
- Wahrscheinlich wollen Sie unterwegs mal Ihre Wäsche waschen lassen: Viele Hotels bieten schnellen und preiswerten **Wäscheservice** an.
- In der untersten Hotel-Kategorie sind **Flöhe** keine Seltenheit (die allerdings auch gern in dichtem Gedränge oder in öffentlichen Verkehrsmitteln auf frisches Blut umsteigen). Gegen Wanzen – die sich von der Decke auf ahnungslose Schläfer fallenlassen – und natürlich Moskitos schützt ein Moskitonetz.
- Ein simpler Ratschlag: Nehmen Sie in heißer Zeit **kein Zimmer nach Westen**, dort heizt sich die Mauer, besonders der Beton so auf, daß er bis tief in die Nacht alle Wärme in Ihr Zimmer strahlt.
- Ab Seite 555 haben wir aus den uns zugänglichen Unterlagen, aus eigenen Erfahrungen und aus den vielen Leserzuschriften eine Hotelliste zusammengestellt, in der Sie im wesentlichen Hotels der mittleren und unteren Preisklasse finden.

Ein paar Bemerkungen zum – unvermeidlichen – Thema **Toiletten** in Ägypten: In den allermeisten Hotels findet man heute Sitztoiletten, auch wenn viele davon nicht gerade zum Sitzen einladen (Infektionen holt man sich übrigens weniger durchs Sitzen als durch zurückspritzende Flüssigkeit). Häufig ragt in der Mitte ein nicht gerade sauberes Röhrchen empor, das anstelle des Abputzens zum Waschen Wasser (und zwangsläufig auch Fäkalienreste) nach oben spritzen läßt. Oder es gibt einen flexiblen Schlauch mit Wasserhahn, was etwas hygienischer sein kann. Häufig steht in der Toilettenkabine ein Papierkorb für benutztes Toilettenpapier, weil Toilettenkonstruktion und Kanalisation dem ungewohnten Medium nicht gewachsen sind und dann gern verstopfen. Das ist die Horrorseite des "Call of Nature", die hygieneversessenen Europäern das Fernreisen vergällen kann.

Was läßt sich tun? Entweder nie auf eine Brille setzen oder aber entsprechende Unterlagen mitbringen oder aus Toilettenpapier zurechtlegen oder, falls vorhanden, die "türkischen" Hock-Klos mit einfachem Loch im Boden aufsuchen und beim Ziehen der Spülung fluchtartig die häufig dann unter Fluten stehende Kabine verlassen. Als weitere Alternative bietet sich die freie Natur – sofern vorhanden – an, in der Wohlerzogene und Umweltbewußte ein Loch graben und dieses wieder abdecken. Allerdings sollte man in der Wüste das benutzte Toilettenpapier nicht mitvergraben sondern verbrennen, weill es irgendwann vom Wind freigelegt wird und durch die Lande flattert.

Essen und Trinken

Zahllose Restaurants, Garküchen und Imbißstände sorgen dafür, daß man nicht verhungert. Daß es in den meisten dieser Etablissements nicht so fürchterlich hygienisch zugeht, kann der vom üppigen Mahl erfreute Besucher kurze Zeit später erleben, wenn ihn ein Durchfall plagt. *Je teurer, je ungefährlicher* – ist keine feste Regel, besitzt aber doch etwas Wahrheit. Wer mit empfindlichem Gedärm in den Orient reist, sollte Garküchen und vor allem Imbißstände am Straßenrand meiden, denn dort wird z.B. das Fett selten gewechselt oder wenig frisches Wasser benutzt. Vielleicht als Faustregel für Billigangebote: Dort, wo großer Andrang herrscht und viele Portionen verkauft werden, haben die vorbereiteten Speisen oder Lagerbestände weniger Zeit, schlecht zu werden.

Die typische Mittagessenszeit beginnt gegen 13 Uhr, Dinner wird etwa ab 20 Uhr serviert, wobei Ägypter lieber ab 22 Uhr speisen; dies gilt vornehmlich für die besseren Restaurants.

Die ägyptische Küche ist stark geprägt von türkisch-arabischer Tradition, außerdem sind mediterrane Einflüsse erkennbar. Als Anregung hierzu einige Erklärungen, die Ihnen die Wahl des vielseitigen und meist sehr schmackhaften Angebots erleichtern sollen:

- **Foul** – *das Fleisch des armen Mannes* genannt. Kleine, getrocknete braune Bohnen werden viele Stunden – häufig über Nacht – auf sehr kleinem Feuer gekocht. Foul hält sich trotz des heißen Klimas über mehrere Tage. Gewürzt und endgültig zubereitet wird jedes Gericht erst kurz vor der Mahlzeit. Zum Frühstück ißt man's aus der Schüssel mit Olivenöl und Zitrone angemacht; als kleinen Imbiß zwischendurch belädt man Fladenbrot mit Foul und gehacktem Salat und gießt darüber Tahina; als Hauptmahlzeit genießt man es mit eingelegten Gurken, frischem Salat (Vorsicht), Tomaten und hartgekochten Eiern. – Foul mit Fladenbrot und Salat kostet z.B. als Abendmahlzeit etwa 50 bis 100 Pt.
- **Tahina** – eine köstliche, dicksämige Sauce aus Sesamöl und feingemahlenen Hülsenfrüchten; viel Knoblauch, Zitrone, Salz und Pfeffer geben die nötige Würze. Mit ihrem starken Nuß-Aroma schmeckt sie vorzüglich, wenn man – ganz nach orientalischer Art – kleine Stücke von frisch gebackenem Fladenbrot in die Sauce tunkt.
- **Hummus Bi Tahina –** kaltes Kichererbsenpüree mit ähnlichen **Zutaten wie Tahina.**
- **Betingan** – geröstete Auberginenscheiben, die meist mit Tahina und Fladenbrot angeboten werden.
- **Mussaka** – dem griechischen Mussaka ähnliche Speise aus Auberginenscheiben, Tomaten, Zwiebeln.
- **Machschi Kooßa** – Zucchini mit köstlich gewürzter Reisfüllung.
- **Machschi Betingan** – dasselbe mit Auberginen.
- **Filafil** – Gemüsefrikadellen: Braune Bohnen, Zwiebeln, Erbsen, Petersilie und andere Kräuter werden durchgedreht, scharf gewürzt und in Öl ausgebacken.
- **Molucheya** – eine Art Suppengericht aus spinatartigem, kleingehacktem und in

Kleine Garküchen bereiten häufig köstliche Gerichte

Fleischbrühe gekochtem Gemüse, als Einlage dienen Reis oder Fleisch. Es ist kräftig gewürzt und mit viel Knoblauch angereichert. Das Gemüse sieht wie unsere Brennesseln aus, man verwendet nur die Blätter. Molucheya ist eines der beliebten Nationalgerichte Ägyptens.

- **Baba Ghanush** – kaltes Auberginenpüree mit rauchigem Beigeschmack, weil die Auberginen bei der Zubereitung angeröstet werden. Es eignet sich zu Vorspeisen wie z.B. eingelegten Möhren, Gurken, Rettichen oder anderem Gemüse. Es wird auch häufig als Salatsauce und zu Fisch serviert.
- **Feta** – ein in eine Schüssel geschichtetes Gericht. Die unterste Lage besteht aus Fladenbrot, darüber kommen Reis und obendrauf Fleischstücke. Alles ist mit Knoblauch zubereitet und mit würziger Brühe durchtränkt.
- **Kushari** – ein Gericht aus Spaghetti, Reis und Linsen, darüber geröstete Zwiebeln und ein Schuß Tomatensauce. Bei Bedarf gibt man über das eigentlich milde Gericht Knoblauch-Essig und Chili-Sauce. Diese Speise wird häufig an kleinen, fahrbaren Kushari-Ständen angeboten.
- **Haman Mashi** – gedünstete Täubchen. Sie sind eine ägyptische Delikatesse, der Höhepunkt vieler Festessen. Bei der traditionellen Art der Zubereitung wird der Vogel mit gestoßenen, grünen Weizenkörnern gefüllt und in einer Tonkasserolle gedünstet. Frische Minzeblätter sorgen dabei für ein anregendes Aroma. Als **Haman Maschwi** ist das Täubchen gegrillt.
- **Mashi Wara Ainab** – Weinblätter mit gewürzter Reisfüllung.
- **Dolma** – gefüllte Paprikaschoten oder Weinblätter.
- **Batata** – heiße Süßkartoffeln, die vor allem im Winter auf den Straßen verkauft werden.
- **Betingan** – gegrillte Auberginen.
- **Kufta** – am Spieß gegrillte Hammel-Hackfleischröllchen.
- **Pasterma** – Rindfleisch, das mit einer dicken Gewürzschicht umgeben ist (manchmal wird ersatzweise junges Kamelfleisch verwendet, das aber auch gut schmeckt).
- **Kebab** – ein typisches, auf Reis serviertes orientalisches Gericht aus am Spieß gegrilltem Hammel-, Rindfleisch- oder Leberstücken, Zwiebeln und Tomaten.
- **Fassulja** – weiße Bohnen in Tomatensauce.
- **Aish Baladi** – frisches Fladenbrot.
- **Banja** – ein zucchiniähnliches Gemüse, das mit viel Knoblauch und Tomaten gekocht wird.
- **Gibna Bejda** – ein recht schmackhafter, weißer Schafskäse, den es gelegentlich auch zu kaufen gibt.
- **Kibda** – fritierte Leberstückchen.
- **Fetir Mishalet** – ein blätterteigähnliches Gebäck aus mehreren Teigschichten, gefüllt mit Pistazien und gehackten Nüssen, das mit dunklem Likör aus Zuckerrohr übergossen wird.
- **Aish es Seraya** – ein in Zuckersirup eingeweichter Honigfladen, garniert mit frischer Sahne. Eine recht gehaltvolle Nachspeise, die ihrem Namen *Brot des Palastes* alle Ehre macht.
- **Sachleb** – ein köstliches Getränk aus Milch mit Kokosnuß, gehackten Nüssen und anderen Zutaten.
- **Zuckerrohrsaft** – wird mit meist vorsintflutlichen Walzenpressen direkt "von der Stange" am Ort gepreßt, schmeckt als Gemisch mit Orangensaft auch sehr gut.
- **Tamarhindi** – erfrischendes, süßsäuerliches Teegetränk, das aus getrocknetem Fruchtfleisch der Tamarinde gekocht und dann gekühlt wird.

Als Abschluß eines üppigen Mahles kann es anregend und verdauungsfördernd sein, gemeinsam mit den Tischnachbarn die Schischa, die orientalische **Wasserpfeife** zu rauchen, deren Rauch durch Wasser gekühlt wird. Das Mundstück mit seinem langen, beweglichen Schlauch wird dabei von einem zum andern Raucher gereicht. Der Tonaufsatz (*Haga*) der Shisha ist meist mit *Maasal*-Tabak gefüllt, dessen Aroma durch Beimengung von Zuckerrohrmasse leicht süßlich ist. Zur Shisha schlürft man meist türkischen Mokka. Als Tourist zahlt man etwa £E 1 für eine Shisha-Füllung.

Tee *(Shay)* und **Kaffee** *(Ahwa)* sind die klassischen Nationalgetränke schlechthin; wobei man Teebeutel-Tee erhält, wenn man nur *Shay* bestellt, aber ägyptischen Tee bei der Order *Shay el arosa* oder *Shay Masr*. Bei jeder nur denkbaren Gelegenheit wird Tee angeboten: schwarzer Tee, Pfefferminztee (Nhana) und der rote Karkade (aus Hibiskusblüten, der sowohl heiß als auch eisgekühlt getrunken wird. Beliebt sind auch Qirfa (aus Wasser, Zimt und Zucker) oder Helba, aus Bockshornklee. Bei der Kaffee-Bestellung sollten Sie türkischen Kaffee – wobei der Begriff *türkisch* negativ belegt ist – ordern, der *Ahwa* heißt, weil Sie sonst meist Pulverkaffee bekommen.

Neben **Mineralwasser** (Baraka, Siwa, Perrier, Evian etc.), das in 1,5-Liter-Flaschen zu bekommen ist, verkauft jeder Straßenhändler Pepsi Cola oder Seven-Up. Übrigens bedeutet *Baraka* Segen; ein Sprichwort heißt *Haraka – Baraka* – sich regen bringt Segen. Vorsicht: Evian-Flaschen lassen sich angeblich öffnen, ohne das Siegel zu brechen und dadurch mit beliebigem Wasser wieder auffüllen. Wenn der Kellner im Restaurant eine Flasche bringt, sollte man sich den versiegelten Verschluß zeigen lassen; denn manche Restaurantbesitzer füllen leere Flaschen mit Leitungswasser auf, das u.U. am Chlorgeschmack identifiziert werden kann.

Stella, das klassische in Ägypten gebraute **Bier** mit niedrigem Alkoholgehalt (auch als Export erhältlich), ist nach einem heißen Tag eine willkommene Erfrischung. Das läßt sich auch mit anderen, neu auf den Markt gekommenen Bieren erreichen, z.B. Löwenbräu. Alkoholfreies Bier namens *Birell* gibt es manchmal auch in Restaurants.

Auch der Weinanbau hat bis in pharaonische Zeiten zurückreichende Tradition. Wandmalereien in den Gräbern zeigen bereits Szenen von der Weinlese, und Amphoren mit Jahrgangsangaben wurden als Grabbeigaben entdeckt. Zwar ging mit dem Einzug des Islam, der ja Alkohol in jeder Form verbietet, der Weinanbau zurück, es wird jedoch in kleinerem Umfang weiterhin gekeltert. Ergebnisse ägyptischer Winzerkunst – die sich nach der Privatisierung der bisher staatlichen Weingüter schlagartig bessern wird – erhält man in einigen Supermärkten wie auch in internationalen Hotels und Restaurants.

Importierter Alkohol ist überdurchschnittlich teuer (etwa das Vierfache von europäischen Preisen), jedoch in Großstädten erhältlich. Vorsicht bei höherprozentigem Alkohol: Immer wieder werden – sogar in seriösen Geschäften – der Originalverpackung täuschend ähnlich nachgemachte Spirituosen angeboten, die aber gepanscht sind, u.a. mit Methylalkohol. Bereits geringe Mengen davon können tödlich sein; 1988 und 1991 starben jeweils zwei Deutsche in Ägypten an Methylalkoholvergiftung.

Angeblich ist der Handel mit höherprozentigem Alkohol neuerdings untersagt. Als einzige Quelle scheinen dann nur noch die Duty-Free-Shops zu funktionieren, die in verschiedenen Stadtzentren zu finden sind. Dort darf man als Ausländer mehrmals innerhalb von vier Wochen die Vorräte auffüllen.

Ein Leser machte einen guten Vorschlag, den wir gern aufgreifen: Wer eine Ägyptenreise kulinarisch vor- oder nachbereiten will, freut sich über eine entsprechende Adresse zu Hause. Wenn Sie ein gutes ägyptisches Lokal kennen, schreiben oder faxen Sie uns bitte die Anschrift. Hier die ersten Angebote:

- ***Hamburg***
  Medded, Bahrenfelder Chaussee 140
- ***Berlin*** *(Charlottenburg)*
  DER ÄGYPTER, Kantstr. 26
  Am Nil, Kaiserdamm 114
- ***München***
  Sahara City, Riesenfeldstr. 18
- ***Nürnberg***
  Kleopatra, ägyptischer Imbißstand, Königstr. 9-11 (Admiral Kino)

Gesundheit

(Impfungen vor der Reise siehe Seite 40.) Zwar zählt Ägypten nicht gerade zu den hygienisch einwandfreien Gefilden dieser Erde, aber mit etwas Um- und Vorsicht läßt sich das Land mit *heiler Haut* bereisen. Wenn Sie ein paar Regeln beachten, werden Sie die meisten Gefahren stark reduzieren oder ganz ausschalten können.

Rohes Gemüse oder auch Obst dienen vielen Krankheitskeimen (u.a. wegen der Kopfdüngung) als Sprungbrett in des Genießers Innenleben. Daher möglichst nur "natürlich **Eingepacktes**" wie z.B. Bananen essen, Äpfel waschen und dann schälen. Neben der ohnehin üblichen Hygiene gilt die etwas harte, aber sehr effektive und altbekannte Regel:

> *Auf alles rohe Obst und Gemüse, auf Salat, Eiswürfel und Speiseeis verzichten, Wasser nur abgekocht oder mechanisch oder chemisch entkeimt trinken.*

Die Engländer haben diese Weisheit sehr griffig formuliert: *Cook it, boil it, peel it or forget it!* Wenn Sie diese Regel praktizieren, haben Sie schon mal die Gefahren für eine ganze Reihe möglicher Erkrankungen auf ein Minimum reduziert, und mit ein bißchen Glück werden Sie gesund über die Runden kommen. – Ein Leser bezahlte den Trick von Obsthändlern, etwas ältlichen Melonen mit einer Wasserinjektion (meist aus direkter Umgebung) zu frischem Aussehen zu verhelfen, mit einem üblen Durchfall.

In Kairo und anderen Großstädten ist übrigens das **Wasser** so stark gechlort, daß nicht nur Bakterien einen großen Bogen darum machen. Obwohl das Wasser (das aus dem Nil gewonnen wird, der im übrigen als einer der am wenigsten umweltbelasteten Flüsse der Erde gilt), am Ausgabepunkt der Stadtwerke bakteriell einwandfrei ist, können unter ungünstigen Umständen infolge von Leitungsbruch oder bei ungenügender Pflege der Hauswassertanks Bakterien eindringen. Viele Ausländer trinken das Kairo-Wasser seit Jahren problemlos und unbehandelt.

Auch **eiskalte bzw. stark gekühlte Getränke** können durchschlagend aufs Gedärm wirken; einmal durch den Temperatursturz, den Sie Ihren Eingeweiden zumuten, zum andern – bei Eiswürfeln im Glas – durch u.U. darin aufgetaute Bakterien.

Wenn beim Anblick der Toiletten oder aufgrund der Umstellung der Darm mit **Verstopfung** reagiert, dann helfen als natürlichstes Mittel frische, geschälte Feigen (allerdings nur während der Ernte im Herbst erhältlich) oder bereits zu Hause gekaufte Früchtewürfel oder Trockenpflaumen.

In sehr kühlen Wintern holten sich viele Touristen böse **Erkältungen** mit Fieber. Daher gegen Abend oder bei kaltem Wind rechtzeitig etwas Wärmendes anziehen.

Die **Wund-Infektionsgefahren** sind in Ägypten höher als bei uns, Staub oder Fliegen können leicht Bakterien in offene, auch kleine Wunden verschleppen. Ein rechtzeitig aufgeklebtes Pflaster bietet hinreichend Schutz.

Auf Erkrankungen, die speziell in Ägypten vorkommen, sei besonders hingewiesen. Die **Bilharziose** ist eine der am längsten bekannten Tropenkrankheiten. Sie hat sich seit dem Bau des Assuan-Hochdamms epidemisch im gesamten Niltal ausgebreitet, denn früher trockneten die Kanäle nach der Nilflut aus. Dies hatte zur Folge, daß die Ausbreitung der Süßwasserschnecken (als Zwischenwirte) natürlich begrenzt war; heute sind die Kanäle jahrein, jahraus gefüllt. Die eigentlichen Erreger sind bis zu 26 mm große Würmer, die in den Blutgefäßen des Darms und der Blase leben. Sie gelangen als sog. Gabelschwanz-Zerkarien beim Trinken, Baden oder Waschen in Süßwasser (besonders gefährlich sind Tümpel, ruhige Gewässer mit Ufergras, Bewässerungskanäle) in Sekundenschnelle durch die Haut, setzen sich im Darm, den Harnwegen und der Leber fest und reifen zu Würmern heran.

Die Krankheit führt zu schweren Schäden dieser Organe und in ernsten Fällen zum Tod. Krankheitssymptome sind Fieber, Kopf- und Gliederschmerzen, Leber- und Milzvergrößerung und allgemeine Schwäche. Seit wenigen Jahren allerdings kann Bilharziose durch die Einnahme von Tabletten geheilt werden. Einer Professorin der Universität von Kairo gelang die Entwicklung eines vorbeugenden Impfstoffs, der mit Beginn des neuen Jahrtausends auf den Markt kommen soll. – Entwarnung für Vorsichtige: In den Gewässern der Oasen ist Bilharziose nicht bekannt.

Die "einfache" Heilung der Bilharziose hat untere anderem dazu geführt, daß die Kanalränder heute nicht mehr in dem Maße mit Pestiziden behandelt werden wie früher. Dadurch kann sich der **Leberegel** (Faschiola) wieder vermehrt ausbreiten. Er wird durch Blattgemüse (Salat, Brunnenkresse, Porree, Petersilie) übertragen, an dem sich die Bläschen des Egels anheften. Die Keime gelangen über die Darmwände in die Leber, von dort in die Galle, in der sie sehr starke Entzündungen auslösen. Ein durchschlagendes Mittel gegen diese Krankheit gibt es nicht, außer Vorsorge: Grünzeug mindestens 15 Minuten in Essigwasser oder eine schwachkonzentrierte Permanganatlösung legen – oder auf frische Vitamine verzichten.

Eine weitere Gefahr ist die *Ägyptische Augenkrankheit*, das **Trachom**. Sie wird durch den Kontakt mit Bindehautsekret bzw. Tränen eines Erkrankten (Fliegen!) übertragen. Unbehandelt kann sie bis zur Blindheit führen. Deshalb bei Augenentzündungen einen Augenarzt aufsuchen. Verleihen Sie nicht Ihre Brille, Fernglas, Fotoapparat etc. oder benutzen Sie umgekehrt keine fremden Utensilien dieser Art.

Die **Malaria** hat sich auch in Ägypten nicht ausrotten lassen. Sie tritt während der Monate Juni bis Oktober in verhältnismäßig geringem Umfang auf. Sie wird von der Malaria(Anopheles)-Mücke übertragen, die von ihrem Brutplatz in seichten Tümpeln bis zu 3 km ausschwärmt. Prophylaxemaßnahmen sind auf Seite 40 genannt.

Aus Australien kommt ein Schnelltest für Malaria namens *MalaQuick*, mit dem man innerhalb weniger Minuten feststellen kann, ob einen die heimtückische Krankheit erwischt hat. Das kann bei längeren Reisen nützlich für unterwegs sein, kann aber auch dann zu Hause eingesetzt werden, wenn man an unklarem Krankheitsbild nach der Reise leidet. Standby Diagnostics, Guttenbrunner Weg 15, 81829 München, vertreibt das Produkt: eine Doppelpackung kostet DM 69.

Im Frühjahr 1997 trat in Mittelägypten **Brucellose** in geringerem Umfang auf. Bakterien (Brucellen) von hauptsächlich Rindern oder Ziegen lösen zwei bis sechs Wochen nach der Infektion Fieberschübe aus. Die Krankheit wird vor allem durch unpasteurisierte Milch bzw. Milchprodukte übertragen.

Amöben sind Parasiten, die durch Fäkalien von Kranken auf Gesunde übertragen werden. Durch mangelnde Hygiene gelangen sie ins Trinkwasser, auf Speisen oder z.B. durch Fäkaliendüngung auf Obst oder Gemüse. Ein typisches Zeichen von eingefangener **Amöben-Ruhr** ist blutiger Durchfall ohne Fieber. In diesem Fall Stuhl untersuchen lassen und Arzt aufsuchen.

Eine andere Infektionskrankheit ist **Hepatitis A**, die nicht nur durch Schmierinfektion auf Toiletten, sondern auch durch unsaubere Eß- und Trinkwerkzeuge wie herumgereichte Becher oder auch das ungesäuberte Mundstück der Schischa (Wasserpfeife) übertragen wird. Lassen Sie sich unbedingt zu Hause gegen diese Krankheit impfen.

Tollwut ist auch in Ägypten stark bei Tieren verbreitet. Wenn ein streunender, tollwütiger Hund zubeißt, ist guter Rat teuer, da entsprechender Impfstoff in Ägypten nicht oder nur schwer aufzutreiben ist. Empfehlenswert ist, sich bereits zu Hause gegen Tollwut immunisieren zu lassen, was heute mit drei Spritzen innerhalb eines Monats möglich ist.

Noch ein Hinweis auf einen simplen, häufig unbeachteten Effekt: Durch das viele Schwitzen oder bei Durchfall verliert der Körper mehr **Salz** als guttut, man fühlt sich schlapp und hat u.U. mit Kreislaufbeschwerden zu kämpfen. Man kann dem mit einem Teelöffel Salz abhelfen, täuscht dann aber dem Körper eine zu hohe Salzkonzentration vor, was zu vermehrtem Salzausstoß führt. Besser ist: Speisen kräftig salzen und würzen, gesalzene Nüsse und salzige Lakritze essen. Auch getrocknete Aprikosen enthalten Minerale, die man beim Schwitzen verliert.

Ein paar Worte zum Thema **AIDS**. Viele Ägypter sehen AIDS als ein typisch westliches Problem, vielleicht sogar als gerechte Strafe Gottes für unseren lockeren Lebenswandel. Selbst wenn es denn so ist, kann auch der "Gerechte" in den Strudel dieser Strafe geraten, wenn er der Versuchung zu nahe kommt. Zahlen über AIDS-Fälle in Ägypten sind uns nicht bekannt geworden, doch ist kaum anzunehmen, daß dieses von unzähligen Fremden überschwemmte Land frei von dem heimtückischen Virus sein könnte. Zwar besteht für den Normaltouristen kaum eine Gefahr der Infektion aus ägyptischen Quellen, viel eher durch Zufallsbekanntschaften aus dem eigenen Kulturraum. Umgekehrt aber der Appell, diese Krankheit nicht unter die Ägypter zu bringen – sie haben wahrlich genug andere Überlebenssorgen.

Eine Leserin berichtet, daß man trotz des Staubes auch in Ägypten **Kontaktlinsen** tragen kann, wenn man sich eine Sonnenbrille mit seitlichem Schutz und für die Dunkelheit eine Kunststoffbrille für Radrennfahrer besorgt.

Man sollte eine den individuellen Bedürfnissen angepaßte **Reiseapotheke** mitnehmen, in der zunächst alle Medikamente, die Sie zu Hause regelmäßig einnehmen, in ausreichender Menge vorhanden sein müssen. Wenn wir im folgenden eine Medikamentenliste zusammenstellen, so muß das keinesfalls bedeuten, daß alles und jedes wichtig ist. Prinzipiell können Sie alle bei uns üblichen Medikamente in Ägypten kaufen – und das zu Spottpreisen im Vergleich zu hier –, allerdings ist die Verständigung ein Problem. Packen Sie nur das ein, was aus Ihrer persönlichen Sicht während der Reisedauer notwendig sein könnte; im Zweifel sollten Sie mit Ihrem Hausarzt sprechen.

Als pauschale Empfehlung: Medikamente gegen Erkrankungen des Magen-Darm-Traktes, gegen Allergien und Insektenstiche, Erkältungskrankheiten (relativ häufig wegen der Temperaturwechsel); fiebersenkende Mittel, Antibiotika, Schmerzmittel, Verbandszeug, Fieberthermometer, Einwegspritzen, Einwegkanülen, Desinfektionsmittel. Als Malariaprophylaxe Resochin und – last but not least – die Pille.

Für die häufigsten Erkrankungen empfiehlt ein in Ägypten lebender Arzt folgende, in ägyptischen Apotheken erhältliche Medikamente: als Fieberzäpfchen *Gripo-* und *Spasmo-Cibalgin*, für bakterielle und amöbenbedingte Durchfälle *Entocid* (dem Immodium ähnlich, aber besser auf ägyptische Verhältnisse abgestimmt) – in Giseh hergestellt.

Als wirkungsvollste Medikamente bei Magen-Darm-Erkrankungen helfen: *Perenterol* (pflanzliches Präparat, auch prophylaktisch zur Verdauungsregelung), *Immodium* bei starkem Durchfall: nach jedem flüssigen Stuhl 1 bis 2 Tabletten, bei zusätzlichem Fieber das Antibiotikum *Eusaprim forte* mit 2 x 1 Tablette täglich; falls nach drei Tagen keine Besserung eintritt, Arzt aufsuchen; Antibiotikum nur nach Angaben auf Beipackzettel einnehmen. Ebenso kann *Tannacomp* als rein pflanzliches Mittel sowohl vorbeugend als auch zur Heilung genommen werden. Unbedingt mit *Rehydran* oder *Elotrans* gegen Mineralverlust vorbeugen.

Ein ägyptisches Hausmittel gegen Magenkrämpfe und leichten Durchfall (*Ißhall*) ist ein Tee aus *Halfa Barrahs,* den man in vielen Cafés und Restaurants bestellen oder im Bazar kaufen kann.

Wenn Sie allergisch auf Wanzen und anderes Kleingetier reagieren, dann sollten Sie *Ultralan*-Creme und *Incidal*-Tabletten mitnehmen. Überhaupt müssen Allergiker ihre Präparate ständig dabeihaben.

Bei unseren langjährigen Reisen wurden wir mit Situationen konfrontiert, in denen eine medizinische Sachinformation mit Anleitung zur Selbsthilfe sehr nützlich war. Empfehlenswert sind u.a. *Medizinisches Handbuch für Fernreisen* von dem ebenfalls erfahrenen Fernreisenden Dr. Wolf Lieb (DuMont Reisetaschenbücher) und die Broschüre *Gesund reisen – ärztlicher Ratgeber für Tropen- und Fernreisende* von Dr. H. Ritter, K. Stein Verlag.

Ein Tip für Leute, die dringend ein Medikament benötigen: die **Flughafenapotheke in Frankfurt** ist Tag und Nacht geöffnet und sorgt für schnellsten Transport.

Zum Schluß dieses Kapitels ein paar Worte zum Sinn und Wert der obigen Empfehlungen. Ein Leser schrieb fast empört, daß wir *Angst und Zittern mit der Schilderung der Gefahren verbreiten*, er selbst habe nicht das geringste Übel während seiner langen Reise verspürt und alles wie die Ägypter gegessen.

Das glauben wir gern. Jedoch sind die menschlichen Abwehrkräfte individuell unterschiedlichst stark verteilt, ihre Grenzen lassen sich nur durch schmerzhafte Erfahrung ausloten. Wir würden es als verantwortungslos ansehen, nicht auf mögliche Krankheiten hingewiesen zu haben und dabei durchaus von einer Art *worst case* ausgegangen zu sein; zumal wir aus Leserbriefen wissen, daß viele Leute mit einer Ägyptenreise zum ersten Mal den Sprung in ein Land dieser Art wagen.

Wenn man die Gefahren kennt und sie nüchtern und realistisch beachtet, muß das keineswegs die Reiselust oder das Reisevergnügen dämpfen; wir selbst sind jahrelang in manchmal gesundheitlich sehr viel riskanteren Gegenden herumgereist und waren – außer einem Beinbruch – dank üblicher Vorsicht kein einziges Mal krank.

Sicherheit, Polizei

Trotz der großen Enge und Armut im Niltal gehört Ägpten zu den sichersten Reiseländern überhaupt (sieht man von der derzeitigen Bedrohung durch die Fundamentalisten ab). Das dürfte u.a. an der gutmütigen Mentalität und der sprichwörtlichen Genügsamkeit der Leute liegen. Dennoch: Gelegenheit macht Diebe, und leider bieten allzu nachlässige Touristen häufig solche Gelegenheiten reichlich an.

Wie überall auf der Welt gilt auch hier, Dieben das Geschäft so schwer wie möglich zu machen:

- Je weniger Wertvolles Sie mitnehmen, um so weniger Sorgen müssen Sie sich machen.
- Zeigen Sie nicht, wie reich Sie sind (z.B. durch teuren Schmuck).
- Tragen Sie Ihr Geld nicht gut sichtbar in einem Brustbeutel herum (der von geschickten Dieben sehr leicht entwendet werden kann), Bauchtaschen oder Taschen auf der Innenseite der Hosenbeine sind weniger auffällig und weitaus schwieriger zugänglich.

Von einem **Taschendiebtrick** im Kairoer Khan el Khalili Bazar berichtet ein Leser: Kinder bewerfen das Opfer mit Staub oder spritzen es naß, hilfreiche Erwachsene entschuldigen sich und klopfen den Betroffenen sauber – erst zu spät stellt er fest, daß dabei Wertsachen verschwanden.

Brutale Raubüberfälle – wie in westlichen Ländern schon fast an der Tagesordnung – kommen in Ägypten offenbar so selten vor, daß wir, trotz einiger Nachforschungen, nichts darüber erfuhren. Trotzdem sollte man Vorsicht walten lassen und nicht unbedingt in tiefster Nacht allein und juwelenbeladen durch dunkle Gegenden wandern.

Es soll selbsternannte oder sogar echte Polizisten in Uniform geben, die Fremde in eine Falle locken, ihnen sogar Drogen unterjubeln, um dann mit Papieren und Wertsachen unter Drohungen zu verschwinden. Sollten Sie bei einer dubiosen Begebenheit Zweifel an der Echtheit Ihres uniformierten Gegenübers haben, so versuchen Sie, so schnell wie möglich wegzukommen oder durch lautes Schreien Passanten aufmerksam zu machen.

In Kairo macht sich in letzter Zeit leider auch ein internationales Phänomen bemerkbar: die Beschaffungskriminalität von Heroinsüchtigen. Ägypten blieb von der harten Drogenwelle schließlich nicht verschont, die Folgen sind zwar noch nicht so schlimm wie in Frankfurt oder Zürich, doch die sprichwörtliche Sicherheit könnte längerfristig einen Einbruch erleiden.

Von Vergewaltigungen von Touristinnen haben wir bisher zweimal gehört, eine davon in Nuveiba durch Angestellte des Hafens. Frauen sollten diese Gefahr nicht aus dem Auge verlieren und kritische Situationen (z.B. allein an menschenleerem Strand) vermeiden. 1986 – aktuellere Daten liegen uns nicht vor – wurden insgesamt 19 Vergewaltigungen in Ägypten offiziell registriert; den Tätern droht die Todesstrafe durch Erhängen, die auch meistens vollstreckt wird. Die Dunkelziffer bei Vergewaltigungen ist allerdings unbekannt.

In allen Touristenzentren ist die Touristenpolizei stationiert, die wohl allein durch ihre

Anwesenheit für mehr Sicherheit bürgt. Leider sprechen die wenigsten dieser Beamten eine Fremdsprache, so daß Hilfe von dem Mann mit der Binde *Tourist Police* nur dann zu erwarten ist, wenn er kapiert, um was es geht. Die Touristenpolizei wurde sicher nicht nur geschaffen, um Planstellen für Dienstgrade aller Ränge zu installieren, sondern neben dem Touristenschutz vermutlich auch, um die Ägypter vor dem schädlichen Einfluß des Tourismus zu bewahren.

Andererseits hat die Touristenpolizei den Vorteil, daß man sich bei wirklich negativen Vorkommnissen an diese Leute wenden kann, ja daß die bloße Drohung schon ein Einlenken herbeiführen kann.

Wir haben uns bisher in ganz Ägypten vollkommen sicher gefühlt, obwohl wir z.B. im Wohnmobil, im Zelt oder unter freiem Himmel übernachteten. Das bestätigt u.a. auch ein Leser, der schreibt: *"Ich möchte noch erwähnen, daß ich mich absolut sicher in Ägypten gefühlt habe. Weder um mich selbst, noch um mein Gepäck habe ich jemals Angst haben müssen."* Einem anderen Leser wurde zweimal Bargeld, das er verloren hatte, nachgetragen.

Zum Thema Polizei gilt es einige Anmerkungen zu machen. In Ägypten laufen viele Uniformierte aller Schattierungen herum, die hoheitliche Aufgaben ausführen, wie z.B. die ganz normale Polizei, die Verkehrspolizei, die Touristenpolizei, Militärs und Geheimdienste.

Eine Leserin, die Ärger mit anmachenden Männern hatte, empfiehlt grundsätzlich, sich vor dem Gang zur Polizei den Sachverhalt mit Namen der Beteiligten, Zeugen, Ort, Datum und Uhrzeit in möglichst einfachen englischen Sätzen aufzuschreiben und auch anzugeben, was man eigentlich von der Polizei will. Bei der Touristenpolizei einen englisch sprechenden Beamten suchen und diesen den Text erst einmal in Ruhe lesen bzw. übersetzen zu lassen. Den Namen des Beamten herausfinden und ihn stets namentlich ansprechen, das macht viel aus. Ansonsten jede Menge Ruhe und etwas zu lesen mitbringen, denn die Mühlen mahlen langsam.

Rundfunk, Fernsehen, Zeitungen

Rundfunk und Fernsehen

Informiert zu sein, ist vor allem in politisch kritischen Situationen wichtig. Nachrichten aus Europa treffen häufig besser das Bild als lokale, politisch gefärbte Sendungen. Daher zunächst die empfangsgünstigsten Frequenzen einiger Kurzwellensender (der Empfang ist tages- und jahreszeitlich unterschiedlich, die Frequenzen müssen auch häufig geändert werden):

Deutsche Welle 6075 kHz (abends), 11795 kHz (abends), 13780 kHz (abends und tags), 17845 kHz (tags), 21600 (morgens); Österreich 11670 und 11715 kHz, Schweiz 9885 kHz. Auch Fernsehsendungen der Deutschen Welle-TV und von DW-Radio sind über Eutelsat II-F 1 (Transponder) auf 13 Grad Ost zu empfangen. Das Schweizer Radio SRI geht auf 9860, 13635 und 17565 kHz ab 7.15 Uhr MEZ auf Sendung.

Deutschsprachige Sendungen von Radio Kairo täglich von 18-19 Uhr auf Mittelwelle 558 kHz und UKW 95,4 MHz, in Alexandria 97,0 MHz, Luxor 96,3 MHz und Assuan 92,1 MHz. Französischsprachige Sendungen von 19-19.15 Uhr, englisch von 20-20.15 Uhr.

Radio Kairo sendet im 31-Meter-Band auf 9900 kHz täglich von 19 bis 20 Uhr UTC in Richtung Europa (meist gut zu empfangen), wobei das Programmangebot von arabischer Musik über Nachrichten, Tourismusinformationen bis zu einer Serie über das Leben des Propheten reicht.

Kanal 2 des ägyptischen Fernsehens sendet täglich englischsprachige Nachrichten um 20.15 Uhr; in vielen Hotels können jetzt Kabel- oder Satellitenprogramme u.a. auch mit deutschsprachigen Sendungen empfangen werden.

Zeitungen/Zeitschriften

In den englischsprachigen Zeitungen EGYPTIAN GAZETTE und in der AL-AHRAM WEEKLY (einmal wöchentlich) finden Sie auch Informationen über gerade laufende Ausstellungen, Konzerte, Zugverbindungen etc. Ebenfalls wöchentlich erscheint die MIDDLE EAST TIMES, die auch ägyptische Themen ausführlich behandelt. Monatlich erscheint u.a. EGYPT TODAY, ein recht anspruchsvolles Magazin mit Beiträgen aus Kunst und Kultur; auch gute und stets aktualisierte Tips zu Kultur und Nightlife in Kairo und Alexandria.

CAIRO'S CULTURAL & ENTERTAINMENT GUIDE (monatlich erscheinend), zu £E 3 in Hotels erhältlich, mit einer Menge nützlicher Adressen bzw. Informationen (z.B. aktuelle Flugpläne) und einem guten Überblick, was Kairo an Unterhaltung zu bieten hat.

Europäische Zeitungen und Zeitschriften gibt es in den internationalen Hotels oder z.B. auch beim Zeitungshändler am Café Groppi am Midan Talaat Harb.

Telefon und Post

Telefonieren ins Ausland

Von Europa aus kann man im Selbstwähldienst die großen Städte Ägyptens anwählen: Landeskennzahl 0020, Ortskennzahl siehe Kasten auf der nächsten Seite ("0" vom Ausland her nicht mitwählen), danach die gewünschte Nummer. Häufig teilen sich verschiedene Leute einen Anschluß: Wenn sich also jemand anderes meldet, deutlich nach dem Gewünschten fragen.

Von Ägypten ins Ausland zu telefonieren, war früher ein aufwendiges Unterfangen und kostet auch heute noch viel Geld (Ägypten zählt weltweit zu den drei teuersten Ländern in dieser Beziehung). Heute findet man nahezu überall internationale Telefone in den Telefonämtern, von denen aus man per Telefonkarte selbstwählend nach Hause anrufen kann. Dies gilt grundsätzlich auch für Hotels, die allerdings saftige Aufschläge kassieren. Ein Drei-Minuten-Gespräch nach Deutschland kostet von 8-20 Uhr £E 27, von 20-8 Uhr £E 16 beim Telefonamt (selten identisch mit Postamt). Wenn Sie sich verbinden lassen, zahlen Sie mindestens die Drei-Minuten-Gebühr, vom roten Telefoncard-Apparat nur die tatsächlich genutzte Zeit. Nicht alle der roten Telefone sind international geschaltet, es hilft nur probieren oder fragen. Wer seine Landesvorwahl nicht kennt: Deutschland 0049, Österreich 0043, Schweiz 0041; dann weiter mit der Ortsnetzkennzahl, aber ohne 0!

Es gibt Telefoncards zu £E 15, £E 20 und £E 30, man kauft sie in den Telefonämtern. Achtung: die Verkäufer geben gern falsche Karten, d.h. eine 20er anstelle einer 30er oder zu wenig Wechselgeld; MENATEL-Telefonkarten aus Kairo können nur dort verwendet werden.

In Kairo bieten u.a. die Telefonämter in der Sharia Adly, Sharia Muhammad el Alfi oder Sharia Muhammad Bey Izz el Arab 24-Stunden-Service. Am Midan Tahrir finden Sie in der Nähe Sharia Talaat Harb ein kleines Tele-

Telefonvorwahl-Nummern in Ägypten

Alexandria	03	Hurghada	065	Nuveiba	062
Assiut	088	Ismaliya	064	Port Safaga	065
Assuan	097	Kairo	02	Port Said	066
Beni Suef	082	Kharga	092	Qena	096
Dahab	062	Koseir	08	Sharm el Sheikh	062
Dakhla	092	Luxor	095	Suez	062
El Tour	062	Marsa Matruh	03	Tabah	062
Fayum	084	Minia	0865		

fonamt mit einer Selbstwählzelle. In Giseh gibt es in der Pyramid Road ein Telefonamt, das an dem danebenstehenden Sendemast zu erkennen ist. In Dokki bietet schräg gegenüber des Shooting Clubs neben dem Café Germain ein *Communication Service* Telefonverbindungen in alle Welt zu günstigeren Preisen als die Hotels an.

Faxen ist ebenfalls möglich (Post, Hotel); eine A4-Seite nach Deutschland kostet ca. £E 30, manchmal auch weniger.

Mit Abstand am billigsten sind **Telegramme** für Leute, die nur ein Lebenszeichen von sich geben wollen: ein Wort kostet £E 0,66 in Kairo (Telegraphenamt Sharia Alfi Bey), in Luxor £E 1 (auch Anschriftswörter!) – und erzeugt zu Hause eine schon nahezu anachronistische Überraschung.

GSM-Handys funktionieren zumindest in Kairo, Luxor und Assuan.

Telefonieren im Inland

Früher war Telefonieren Glückssache, die Situation hat sich inzwischen sehr gebessert. In Ägypten gibt es kaum Telefonbücher. Die Telefon-Auskunft in Kairo hat die Nummer 140 (früher: Für Privatanschlüsse 778 800 – erste Hälfte des arabischen Alphabets – und 779 900 – zweite Hälfte -; Ministerien, Ärzte, Krankenhäuser 767 000; Firmen, Behörden, Hotels, Geschäfte, Fluggesellschaften etc. 768 800; diese Angabe nur, falls die 140 nicht funktioniert).

In lokalen Telefonzellen zahlt man entweder mit Token, die zuvor gekauft werden müssen oder mit silbernen 5 oder 10 Pt Münzen (1 Münze für Drei-Minuten-Stadtgespräch). Bei einigen Apparaten muß man den Antwortknopf drücken, wenn sich der Angerufene meldet.

Post

Post heißt *Bosta*, Briefkästen sind blau für Luftpost-Auslandssendungen, rot für innerägyptische Post. Postkarten und Briefe sollte man sicherheitshalber im Postamt oder in großen Hotels abgeben. Das Porto für Postkarten sowie für Briefe beträgt £E 1,25. Postkarten im Briefumschlag kommen übrigens mit höherer Erfolgsquote beim Empfänger an.

Falls Sie sich Briefe nach Ägypten schicken lassen wollen, so können Sie die Adresse der Botschaft (M. Müller, c/o Embassy XY) angeben lassen oder die von American Express (*Client's Mail*; Adresse siehe bei den jeweiligen Städten) oder postlagernd *(poste restante*) an das Hauptpostamt.

Für denjenigen, der ein **Paket** in die Heimat schicken will, hier eine Preisinformation: Ein 5-kg-Paket kostet normal £E 50, als Express (Luftpost) £E 110. Vor dem Absenden muß man zum Zoll und sich dort eine Bestätigung holen (daher erst danach endgültig verschnüren); in Kairo im Postamt neben dem Ramsis Bahnhof im zweiten Stock links aufgeben.

Souvenir- und Einkaufs-Tips

Souvenirs

Passen Sie beim Souvenirkauf stets auf, daß Sie nicht übers Ohr gehauen werden, vor allem von fliegenden Händlern. Nach dem Kauf entpuppt sich dann der schöne Edelstein als Plastik, das Leder als Kunststoff und das Silber als poliertes Blech. Beliebt ist auch nachgemachtes Pharaonisches, das ganz Naiven als echt (und teuer), dem Normalverbraucher aber zumindest als handgemachte Basaltskulptur angedreht wird; bei genauem Hinsehen entdeckt man dann die Bläschen im Polyester.

Schlepper, aber auch Reiseagenturen oder Busunternehmer erhalten Provisionen um 50 Prozent für die Käufe der Touristen, die sie in entsprechende Geschäfte schaffen; die Provision wird natürlich auf den Verkaufspreis geschlagen.

Papyrusbilder gehören zu den beliebten Souvenirs. Doch hier gibt es viele Fälschungen, die auf Extrakt aus Bananenblättern gemalt sind. Falsches Papyrus erkennt man daran, daß es beim Knicken an z.B. einer Ecke bricht bzw. brüchig wird, während echtes Papyrus unverändert bleibt. Echtes Papyrus ist kaum unter £E 30 zu kaufen. Blankes Papyruspapier (z.B. DIN-A3 Größe £E 10) kann man selbst bemalen und dann verschenken.

Mit **Parfümessenzen** – die Ihnen ständig in aufdringlichster Weise angeboten werden – wird viel Schindluder getrieben; fast immer erhalten Sie mehr oder weniger wohlriechendes Wasser, aber selten echte Essenz. Ein üblicher Trick ist das Versetzen mit Speiseöl. Tröpfeln Sie einen Tropfen in ein Glas Wasser: wenn kein Ölfilm erscheint, halten Sie wohl tatsächlich Parfüm, jedenfalls kein Öl in der Hand. Außerdem sollten Sie erst kaufen, wenn Sie den Duft einer Probe nach ca. zwei Stunden noch riechen können.

Silber und Gold werden nach Tagespreisen verkauft; lassen Sie sich den aktuellen Preis von Ihrem Hotelrezeptionisten aus ägyptischen Zeitungen ermitteln, denn die Händler im Khan el Kalili Bazar in Kairo – größtes und qualitativ bestes Angebot im Land – schlagen automatisch 5 bis 6 £E/Gramm auf den Tagespreis. Passen Sie auf den Stempel auf, denn gern wird anstelle von 21 Karat 18karätiges Gold verkauft. Die Edelmetalle selbst dürften kaum billiger als auf dem Weltmarkt sein. Wesentlich billiger allerdings sind die Gold- und Silberschmiede: Je mehr handwerkliche Kunst im Schmuckstück steckt, um so preiswerter können Sie es in Ägypten erwerben – falls Sie dem Händler gewachsen sind.

Vorsicht ist beim Kauf von **Edelsteinen** (Opale, Alexandrite etc.) geboten; wegen der täuschend echten Imitationen nur etwas für Kenner!

Leicht lassen sich **Leinentaschen** nach Hause transportieren, die es preiswert z.B. in der Gegend des Bab Zuwela in Kairo gibt.

Auch **Gewürze** und **Heilkräuter** bringen wenig Gewicht auf die Waage. Beim Heilkräuterkauf muß man wissen , um was es geht. Gewürze gibt es in nahezu jedem Souk, z.B. kann jeder Koriander, Kreuzkümmel (Kumin) oder Pfeffer zu Hause gebrauchen. Wem einmal im Gewürzmarkt die Augen überliefen (buchstäblich), der wird dick bepackt mit der Fülle orientalischer Ingredienzen die Stätte verlassen. Doch auch hier heißt es aufzupassen: Z.B. wird gern Kurkuma als Safran verkauft, Kurkuma kostet ca. £E 1,50, Safran mehr als das Zehnfache.

An **Textilien** herrscht nahezu unbegrenzte Auswahl. Natürlich steht die westliche Mode kaum zurück,. Frauen werden neben gängiger Mode ungewöhnliche oder ungewöhnlich preiswerte Dinge finden, wie z.B. bestickte Kleider. Hier sollte frau auch ein Auge auf das werfen, was Beduinenfrauen herstellen oder direkt anbieten.

Beduinenschmuck gehört sicher nicht zu den Alltagserscheinungen in Europa. Mit etwas Suchaufwand lassen sich in vielen Souks sogar noch alte Stücke auftreiben. Am besten wird man natürlich auf Beduinenmärkten bedient.

Eine riesige Auswahl an **Kupfer- und Messinggefäßen** liegt in fast jedem größeren Souk zu Ihren Füßen. Nahezu alles stammt aus heutiger Produktion, ist aber meistens noch in Handarbeit hergestellt. Ältere Stücke mit entsprechender Patina werden immer seltener; wer darauf aus ist, muß suchen.

Auch beim Thema **Keramik** verfolgt den Interessenten die Qual der Wahl, denn gerade in diesem schon von den pharaonischen Künstlern zur Meisterschaft entwickelten Fach bieten die Nachkommen eine schier unendliche Auswahl.

Die ägyptischen **Glasbläser** beschäftigen sich vorwiegend mit blauem Material. In vielen Shops findet sich reichlich Auswahl.

Shopping

Generelle Einkaufstips

Noch vor wenigen Jahren galten strenge Importverbote für viele westliche Waren des täglichen Bedarfs. Heute stehen die Türen von Supermärkten offen, in denen es nahezu alles zu kaufen gibt, was z.B. ein in Ägypten lebender Europäer braucht oder zu brauchen meint. Dieser Trend kommt natürlich auch Reisenden zugute, die z.B. längere Zeit per Wohnmobil unterwegs sind.

Grundsätzlich sind alle lokal hergestellten Waren preiswerter als im Westen, in vielen Fällen allerdings auch bei geringerer Qualität. Bei Textilien – vor allem solche aus Baumwolle – dürfte dieses Risiko geringer sein oder durch den geringen Preis aufgefangen werden. Vielleicht wollen Sie sich neu einkleiden: Wenn Sie Ihre Größe nicht finden, dann lassen Sie doch anfertigen, viele Schneider warten auf Kunden.

Vor allem Männer können durch den Kauf von Baumwoll-Unterwäsche Geld sparen. In jeder größeren Stadt werden Sie die "Kaufhaus-Kette" Omar Effendi und dort qualitativ sehr gute Baumwollwäsche zu einem Bruchteil des hiesigen Preises finden.

Vielleicht werfen Sie auch einmal einen Blick in eine größere Apotheke. Eventuell ist das Medikament, das Sie regelmäßig einnehmen und heutzutage teuer bezahlen müssen, in Ägypten deutlich billiger – unter anderem Namen zwar, aber bei gleicher Zusammensetzung – erhältlich.

Duty Free

Innerhalb von 30 Tagen nach der Ankunft ist für Ausländer zollfreier Einkauf in besonders zugelassenen, relativ wenigen Geschäften möglich. Diese Geste des Staates Fremden gegenüber ließ wiederum eine Art Gewerbe entstehen: Leute, die Touristen ansprechen und um Einkauf von Alkohol und Tabakwaren in einem der Shops bitten, weil der Bruder morgen Hochzeit halten würde. In Wahrheit werden dann die erworbenen Waren mit entsprechendem Gewinn weiterverkauft.

Im Sommer 1999 stand diese Geste sehr in Frage und die Shopkeeper bangten um ihre Existenz. Wenn Sie also vor einem geschlossenen Duty-Free-Laden stehen, dann hat der Staat seine Drohung ernst gemeint und die Geschäfte sind vermutlich für immer geschlossen.

Tips für Wüstentrips

Wer Ägypten richtig kennenlernen will, zieht auch die riesige Fläche des Landes in Betracht, die aus Wüste besteht. Das läßt sich noch positiver formulieren: Ägypten bietet die ausgezeichnete Chance, die Wüste in fast allen ihren Erscheinungsformen kennenzulernen – ohne dabei zu verdursten.

Die attraktiven Ziele in den Wüstenlandschaften sind – neben vielen anderen – in den Kapiteln 6 bis 8 beschrieben. Hier soll die Rede vom Vorbereiten und technischen Durchführen sein, damit man gesund, munter und um viele Erlebnisse reicher heil wieder zurückkehrt.

Wandern in der Wüste

Otto Bell zieht seit vielen Jahren immer wieder als einsamer Wanderer durch Ägyptens Wüsten. Wir baten ihn, seine Erfahrungen weiterzugeben.

Wer, wie Otto, die Wüste als Hilfsmittel für Entdeckungsreisen in neue innere Welten nutzen will, kann nur allein losmarschieren. Ob man das überhaupt fertigbringt, sollte man zunächst physisch und psychisch zu Hause austesten. Ohne Vorbereitung vom heimischen Streß und Lärm in die Einsamkeit und Stille der Wüste zu fliegen, wird eher im inneren Chaos und als Horrortrip enden.

In der Wüste gibt es nur Wasserlöcher, Brunnen oder Zisternen gegen das Verdursten. Deren Wasser ist meist sauber und trinkbar, sofern sich nicht Touristen mit Seife darin wuschen. Ein Taschenfilter (Katadyn) hilft bei bakterieller Verschmutzung. Wer das Gewicht erträgt – im wörtlichen Sinn –, kann sich auch mit Plastikwasserflaschen abschleppen, sofern er bereit ist, die leeren Flaschen wieder herauszutragen. Das gilt auch für alle nicht biologisch verwertbaren Abfälle: nichts liegenlassen. Toilettenpapier läßt man nicht davonflattern, sondern zündet es nach Gebrauch an.

Für die Kleidung wendet Otto Bell das Zwiebelprinzip an, je kühler es wird, umso mehr Hosen und Pulis zieht er übereinander, die Luftschicht zwischen jeder dieser Schalen isoliert zusätzlich. Bis auf winddichte Oberbekleidung und Pullover besteht alles nur aus Baumwolle. Möglichst wenig Haut der Sonne aussetzen, daher auch Schirmmütze mit Nackenschutz oder einen Tuareg-Turban tragen. Seine Füße stecken ausschließlich in Teva-Sandalen, trotz der Horrorgeschichten um Schlangen und Skorpione. Vorsichtshalber sollte man nicht unter Bäumen schlafen, weil sich dort gern Schlangen aufhalten. Für die Nacht verwendet er einen guten Daunenschlafsack und eine Isomatte als Unterlage, ein Moskitonetz als Schutz gegen Mücken, Skorpione und Schlangen. Wasser transportiert er in Ortlieb-Wassersäcken. Zur Orientierung ist ein Kompaß unablässig, ein GPS Handgerät kann ebenfalls sehr gute Dienste leisten (zu Hause üben!).

Datteln, das uralte Nahrungsmittel der Wüste, machen den Hauptbestandteil seiner Verpflegung aus, zusätzlich Feigen, Mandeln, Nüsse, Olivenöl, Kichererbsen, Vollkornmehl, Carob (Bohnenart) und Kishk (nährstoffreiches Gericht, besonders häufig in den Oasen). Er rechnet mit 200 bis 500 Gramm Lebensmittelverbauch pro Tag.

Als Universalheil- und Desinfektionsmittel verwendet er Urin, der durch Einmassieren in wunde Füße morgens und abends "Wunder wirkt". Als einzige Medizin aus der Apotheke führt er Traumeel gegen Verstauchungen und Prellungen neben Pflastern und einer elastischen Binde mit.

Für den Transport der gesamten Ausrüstung hat sich Otto einen zweirädrigen Karren konstruiert, der ihm die Last des Tragens abnimmt, aber Bewegungsenergie fordert.

Für den Beginn einsamer Touren schlägt Otto vor, sich in der Nähe einer Wasserstelle niederzulassen und von dort aus in die Umgebung auszuschwärmen. Man sollte nicht unmittelbar am Wasser bleiben, weil man dort eher von Schlangen oder Skorpionen belästigt werden könnte, vor allem aber von menschlichen Störenfrieden. Vor Beginn einer Tageswanderung markante Punkte in eine selbstgefertigte Kartenskizze einzeichnen, damit man auch wieder zurückfindet.

Kameltrips

Wüstentrips mit Kamelen bieten deutlich mehr Komfort als ein selbst gezogener Wagen mit dem Nötigsten. Diese Trips kann der Normaltourist nur mit einem Führer und aus Kostengründen meist in einer Gruppe unternehmen; sie sind also nicht für einsame Unternehmungen geeignet.

Zu einem erfolgreichen Trip gehören gute Kamele, ein verständiger Führer, interessante Ziele und – keine wundgescheuerten Körperteile.

Daher **ein paar Tips**:

- Bei der Wahl des Kamelführers muß man grundsätzlich bedenken, daß die wenigsten Beduinen englisch sprechen, daher kann es zu Verständigungsschwierigkeiten und Komplikationen kommen. Besonders als Trekking-Neuling sollte man auf gute Kommunikation wert legen, denn es gibt unterwegs eine Menge zu fragen und zu beantworten, vor allem was Flora und Fauna, aber auch Sitten und Bräuche betrifft. Daher ist ein kenntnisreicher Mann eine weitere Kondition. Wenn dieser Idealkandidat dann abends auch noch Beduinenmusik spielt, ist das Erlebnis vollkommen. Anbieter finden Sie bei den Ortsbeschreibungen von Nuveiba, Dahab und Sharm el Sheikh auf dem Sinai, in den Oasen Bahariya, Farafra und Dakhla sowie, bedingt, bei Hurghada.
- Bestehen Sie bei der Buchung auf fester Wegstreckenzusage und darauf, daß diese Abmachung endgültig ist, also nicht mitten in der Wüste der Preis erhöht wird und daß die Tour nicht entlang der Asphaltstraßen führt.
- Buchen Sie Touren stets im nächstgelegenen Ort. Es macht z.B. wenig Sinn, von Dahab aus in den Coloured Canyon zu reiten, Nuveiba liegt um die Ecke.
- Weil man auf dem Kamel einigermaßen unbequem mit stark gespreizten Beinen sitzt, sollte man weite Hosen tragen. Gegen Wundscheuern helfen weiche Kissen, Wechsel zwischen Vorder- und Hintermann (falls man zu zweit auf einem Kamel reitet, was nicht stört) und immer mal wieder längeres Führen des Kamels (daher auch gute Wander- oder Trekkingschuhe). Weiterhin Hut und lange Ärmel als Schutz gegen die unerbittlich brennende Sonne, für die Nächte unter freiem Himmel einen warmen Schlafsack und eine Unterlage (Iso-Matte) mitnehmen.
- Falls nicht inbegriffen, sollte man Verpflegung möglichst schon in Kairo beschaffen (oder z.B. Müsli aus Europa mitbringen), dort gibt es für einen Europäer mehr Auswahl an Büchsen; oder aber, um das gestellte Angebot ein bißchen anzureichern. Unterwegs bereitet der Führer häufiger deftig schmeckende Brotfladen am offenen Feuer. Weiterhin empfiehlt sich, entsprechende Mengen an Trinkwasser einzupacken, das Wasser an den Quellen unterwegs ist mehr oder minder salzhaltig.
- Man sollte nachts nicht unter Bäumen schlafen, weil sich dort gern Schlangen aufhalten.

- Bestehen Sie darauf, daß der Beduine sein Radio zu Hause läßt; es sei denn, Sie wollen selbst stundenlang Musik hören.

Fürs Kochfeuer finden sich zwar immer wieder ein paar trockene Holzstücke; doch wenn Fremde in größerer Zahl einfallen, werden die Beduinen bald kaum mehr ein Stück Holz haben. Es ist daher sinnvoll, einen kleinen Gaskartuschenkocher mitzunehmen, auch wenn die romantische Stimmung am Feuer und der rauchige Teegeschmack zu kurz kommen.

Bei Wanderungen im Hochsinai – bei denen man die Kamele immer nur abends am Lager trifft – sollte man ein oder mehrere Wasserbehälter für den Tagesbedarf (d.h. die Zeit der Wanderung) von 4 bis 5 Litern zur Verfügung haben. Da man die Tagesverpflegung im Rucksack mitschleppt, sollte man sich bereits zu Hause energiereiche Trockennahrung als "Zubrot" zur gebotenen Verpflegung beschaffen. Gute, d.h. rutschfeste Trekkingschuhe sind für die Felskletterei wichtig. Für die manchmal bitterkühlen Nächte im Hochsinai (Temperaturen um den Gefrierpunkt, stetige Luftbewegung) benötigt man einen wirklich warmen Schlafsack und für die Zeit vor dem Schlafengehen warme Kleidung.

Mit dem Auto in die Wüste

Zahllose Beduinen kurven mit zweiradgetriebenen Pickups durch die Wüste, die aber respektablen Abstand vom Boden aufweisen. D.h. es muß nicht unbedingt Allrad sein, um im Gelände herumzufahren, doch diese Antriebsart erleichtert das Fortkommen abseits befestigter Straßen ganz erheblich. Aber Bodenfreiheit ist ein nahezu unabdingbares Muß.

Weichsandstellen können das Vorwärtskommen erheblich verzögern, aber mit etwas Übung lassen sich viele ohne Steckenbleiben durchfahren. In erster Linie gilt es, die Massenträgheit auszunutzen und mit Schwung durch die kürzeste Strecke zum wieder festeren Boden zu gelangen. Ist die Entfernung zu weit oder der Sand zu weich, hilft als nächste Maßnahme, den Luftdruck der Reifen auf etwa 1 bis 1,5 atü abzulassen, damit die Reifen breiter aufliegen und daher nicht so bald versinken. Fahren Sie dann aber besonders vorsichtig, da ein scharfer Stein sehr schnell den Reifen total beschädigen kann. Sobald festerer Boden erreicht ist, Reifen wieder aufpumpen.

Wenn Sie merken, daß Ihr Fahrzeug beginnt steckenzubleiben, geben Sie nicht soviel Gas, daß die Räder durchdrehen – Sie graben sich nur um so schneller und tiefer ein. Geht nichts mehr vor und zurück, beginnt schweißtreibende Arbeit mit der Schaufel. Es gilt, mit den Sandblechen für die angetriebenen Räder eine Anfahrstrecke zu schaffen. Dazu ist der Sand so tief zu entfernen, daß das Rad bei vorsichtiger Beschleunigung aufs Blech rollen kann. Oder man hebt den Wagen so hoch an, daß sich das Blech direkt unters Rad schieben läßt.

An zusätzlicher Ausrüstung sollten Sie also mindestens Sandbleche und Schaufeln zum Bergen eines eingesandeten Wagens sowie eine Luftpumpe (Fußpumpe und/oder elektrischen Kompressor) mitnehmen; Bezugsquellen z.B. Därr Expeditionsservice, München, Tel 089 282032 oder Woick, Stuttgart, Tel 0711 7096700. Daß Kompaß bzw. GPS, entsprechende Sprit- und Wasservorräte sowie Verpflegung dazugehören, ist eigentlich selbstverständlich.

Empfehlenswert für Unsichere und Unerfahrene ist das Studium einschlägiger Literatur (z.B. Klaus Därr: Trans-Sahara, siehe Seite 448). Wenn Sie frequentierte Asphaltstraßen (die Sie notfalls zu Fuß wieder erreichen könnten) verlassen, fahren Sie nur im Konvoi aus wenigstens zwei Wagen.

Tips für Taucher und Schnorchler

Uwe Scherner, ein passionierter Taucher mit mehr als 100 Tauchgängen im Roten Meer, schrieb die folgenden Tips.

Lassen Sie sich von den folgenden Informationen nicht abschrecken, die faszinierende Korallenwelt mit all ihren Bewohnern anzusehen. Wenn Sie die – **eigentlich wenigen** – Gefahren kennen und etwas Aufmerksamkeit walten lassen, dann ist ein Ausflug ins Korallenriff ungefährlich. Es soll auch nicht so aussehen, als ob die Meerestiere nur auf einen Taucher warten, um ihn zu verletzen. Die Tiere haben in ihrer Umwelt einen für sie günstigen Schutzmechanismus entwickelt und machen zwischen natürlichem Feind und dem Menschen, auch wenn er friedlich gesonnen ist, keinen Unterschied.

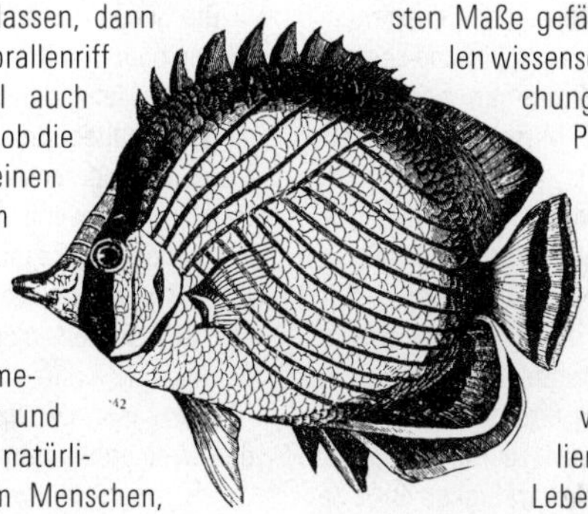

Wenn Sie noch nie geschnorchelt haben, sollten Sie das zunächst zu Hause üben; denn das Riff fällt an den schönen Stellen meist um viele Meter steil ab. Nehmen Sie möglichst die eigene Ausrüstung mit; die Leihgeräte sind häufig ausgeleiert, der eigene Schnorchel ist hygienischer.

Sie können auch Tauchkurse am Roten Meer absolvieren. In der Regel folgt ein solcher Kurs dem Lehrprogramm des CMAS. Doch eine kritische Anmerkung aus dem Mund fachkundiger Leser: Das, was im Schnellverfahren innerhalb von zwei bis vier Tagen gelehrt wird, kann nicht unbedingt das Wissen vermitteln, wie man sicher und ökologisch verträglich taucht. Anfänger sind dann unter Wasser mehr mit Tauchtechnik beschäftigt, als daß sie Muße zum Betrachten finden. In Deutschland dauert eine solche Ausbildung deutlich länger.

Es ist wichtig, sich auch hier auf seine Umwelt einzustellen, sie so schonend wie möglich zu behandeln und sich ihr zum eigenen Schutz möglichst anzupassen.

Die Korallen sind – weltweit – im höchsten Maße gefährdet. Nach aktuellen wissenschaftlichen Untersuchungen sind etwa 60 Prozent aller Riffe dem Tod nahe oder schon abgestorben. Dies gilt selbst für das 2000 km lange Great Barrier Reef vor der Küste Australiens, das größte, von Lebewesen geschaffene Bauwerk der Erde. In erster Linie ist es der Mensch selbst, der durch brutales Vorgehen die Bestände gefährdet bzw. vernichtet. Dazu gehören nicht nur das mutwillige Absägen der Korallen oder das Fischen mit Dynamit bzw. Gift, sondern mehr und mehr auch die Invasion der Taucher. Die Anker der Tauchboote wirken wie Abrißbirnen, und die Taucher selbst tragen häufig genug durch ihr Verhalten zur Zerstörung bei. Auch der Anstieg der Wassertemperaturen (infolge von z.B. El Nino) stört das empfindliche Ökosystem der Korallen, schon drei Grad höhere Temperaturen können zum Kollaps führen.

Zunächst verlieren die Korallen ihre leuchtenden Farben, weil die einzelligen Algen, mit denen sie symbiotisch zusammenleben, absterben. Sie können keine Nährstoffe mehr aufnehmen und keinen Kalk produzieren. Das Riff zerfällt.

Daher **ein paar Verhaltensregeln** (die inzwischen um die wesentlichen *Tips For Divers And Snorkellers*, die vom Ras Muhammad National Park verteilt werden, ergänzt wurden und sich mit ähnlichen, z.B. in der ADAC-Motorwelt 11/98 veröffentlichen Regeln decken):

- Die wichtigste Regel ist, sich so zu verhalten, daß möglichst gar keine Veränderungen durch Ihre Anwesenheit entstehen.
- Schonen Sie das fragile Riff und seine Bewohner maximal. Entfernen oder sammeln Sie keine Korallen, Muscheln, Fische oder sonst irgendetwas.
- Schwimmen Sie mit kontrollierten, ruhigen Flossenbewegungen (bereits im Pool trainieren), weil sonst zuviel Sand aufgewirbelt wird und dabei die winzigen Rifforganismen zerstört werden. Korallen verwenden eine Menge Energie, um sich vom Sand zu befreien, denn Sand erhöht ihre Anfälligkeit und Zerbrechlichkeit.
- Füttern Sie keine Fische, Sie würden deren Gewohnheiten nachhaltig negativ beeinflussen. Zerschlagen Sie keine Seeigel, sie kontrollieren den Algenbewuchs.
- Tappsen Sie nicht blind im Riff umher, dabei zerstören Sie Korallen. Berühren Sie die Korallen nicht, stehen oder knien Sie nicht darauf oder brechen Sie sie nicht ab. Bewegen Sie sich schwimmend mit Maske, Schnorchel und Flossen. Durch Ihre Maske können Sie auch das Herannahen einer Gefahr rechtzeitig erkennen und entsprechend reagieren.
- Fassen Sie möglichst nichts an und wenn, nur das, von dem Sie sicher wissen, was es ist. Eine Feuerkoralle ist zum Festhalten nicht geeignet und ein Steinfisch weicht auch nicht aus.
- Greifen Sie nie in Löcher oder Spalten, dort könnte eine Muräne sitzen, die das als massiven Angriff wertet.
- Handschuhe sind ein empfehlenswerter Schutz, am besten Waschleder-Handschuhe. Nehmen Sie ein altes Paar Turnschuhe mit, wenn Sie ohne Flossen schwimmen und nicht tauchen wollen.
- Werfen Sie keinen Abfall ins Meer. Im Gegenteil, bringen Sie Abfälle, die Sie entdecken, mit heraus.

Die Schönheit des Korallenriffs ist leider mit ein paar Gefahren verbunden, die von einigen dort lebenden Tieren ausgehen. Allerdings verhalten sich grundsätzlich fast alle diese Tiere defensiv und greifen (bis auf Haie) nur an, wenn sie sich bedroht fühlen. Die einfachste Regel: Nichts im oder unter Wasser anfassen, im Wasser, vor allem an seichten Stellen, möglichst stets auf Sand gehen.

Damit man den gefährlichen Tieren aus dem Weg gehen kann, hier ein Überblick:

Steinfisch

Erkennungsmerkmale: Das Maul der Steinfische ist stark hochgezogen, die Augen sitzen sehr hoch am Kopf und liegen eng nebeneinander. Die Fische sind meist grünlichgrau bis rotbraun oder hellgrau und braun gefleckt. Sie sehen aus wie ein veralgter Stein und bewohnen Flachwasser, Gezeitentümpel oder sitzen zwischen Korallen.

Der Steinfisch ist der gefährlichste Giftfisch an der Küste. Er liegt für das ungeübte Auge schlecht sichtbar bereits im knietiefen Wasser, lauert nahezu vollkommen getarnt auf seine Beute und flieht bei Annäherung nicht oder selten. Beim Überqueren der Riffplatte kann man auf ihn treten oder ihn als Schnorchler berühren. Seine Rücken- und Analflossen sind mit starken Giftstrahlern bewehrt, die einen dünnen Badeschuh durchdringen können. Allerdings ist die Rückenflosse meist angeklappt, so daß er beim Drauftreten offenbar nicht stechen kann (was die sehr geringe Zahl von Unfällen erklären mag). Die Vergiftung ist äußerst schmerzhaft, die Einstichstelle brennt und schwillt stark an, einige Betroffene werden vor Schmerz bewußtlos. Das Gift ruft neben schweren Lähmungen (Atemlähmung) Herz- und Kreislaufversagen hervor, etwa 30 Prozent der Unfälle verlaufen tödlich.

ERSTE HILFE: Das aus Proteinen aufgebaute Gift läßt sich mit heißem Wasser denaturieren, d.h. die toxischen Eiweißmoleküle werden durch die Hitze zerstört. Daher die Wunde so schnell wie möglich mit 50 bis 60 Grad heißem Wasser übergießen, besser den betroffenen Körperteil ca. eine Stunde im heißen Wasser belassen oder heiße Trockenkompressen (besser verträglich) auflegen, so heiß, wie man es aushält. So schnell wie möglich zum Arzt. Als Notmittel: Schnaps zur Kreislaufstärkung, Aspirin zur "Blutverflüssigung". Anstelle der Heißwassermethode – angeblich umstritten – wird Cortison und Sauerstoff empfohlen – doch woher nehmen?

Feuerkoralle

Erkennungsmerkmale: ein flacher, regelmäßig verzweigter Kalkfächer von gelbbrauner Farbe mit weißen Enden. Bei Berührung der Koralle werden tausende von Nesselkapseln abgeschossen, die brennenden Schmerz verursachen. Die Berührungsstelle ist meist stark gerötet und schwillt an. In schweren Fällen löst sich die Haut nach einigen Tagen ab, dann besteht Infektionsgefahr. Wiederholte Berührung kann Überempfindlichkeit auslösen, Todesfälle durch Schock und Kreislaufzusammenbruch sind möglich.

ERSTE HILFE: Der bei der Berührung an der Haut haftende Schleim enthält noch Nesselkapseln, die am besten mit Alkohol abgewaschen werden. Anschließend mit z.B. Solventolsalbe einreiben.

Feuerfisch (Rotfeuerfisch)

Erkennungsmerkmale: Feuerfische sind sehr farbenprächtig und haben ein quergestreiftes, rotbraunes und weißes Muster mit weit ausladenden Brust- und Rückenflossenstrahlen.

Diese anmutigen Tiere verfügen über eins der stärksten bei Fischen bekannten Gifte. Sie verlassen sich auf die Wirkung ihres Giftes und fliehen bei Annäherung nicht. Werden sie in die Enge getrieben, attackieren sie den Angreifer. Lassen Sie ihnen daher bei Beobachtungen einen Fluchtweg frei. Das Gift der Feuerfische wirkt ähnlich

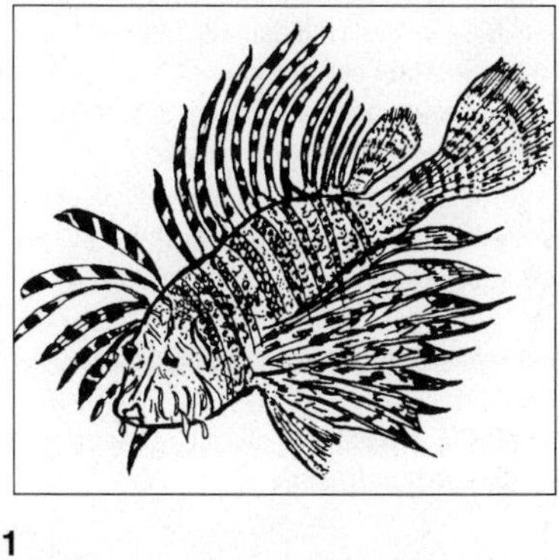

wie das der Steinfische. Die Wunde brennt und schwillt an, es kann zu Nekrosen (Gewebsverfall) kommen. Kreislauf, Atmung und Körpertemperatur (Fieber) werden beeinflußt.

ERSTE HILFE: Heißwasser-Methode wie beim Steinfisch, sofortige ärztliche Behandlung.

Haie

Es gibt etwa 250 Hai-Arten, von denen nur einige, in der Regel die 2 – 3 m langen Arten, dem Menschen gefährlich werden. An den Küsten des Roten Meeres werden Sie meistens Weiß- und Schwarzspitz-Haien begegnen, die eher scheu sind. Man kann sie bereits auf der Riffplatte in 1 m Tiefe antreffen, doch eigentlich halten sie sich viel lieber draußen in der Fahrrinne der Schiffe auf. Haie sind sehr vorsichtig, sie nähern sich ihrer Beute durch Umschwimmen und stoßen erst zu, wenn das Objekt ungefährlich erscheint. In den Morgen- und Abendstunden kommt es eher zu Angriffen, weil die Tiere dann aktiver sind.

Haie werden durch Blut angelockt wie z.B. durch gefangene Fische oder Verletzungen. Auch schwimmende und planschende Menschen erscheinen den Haien wie kranke, zappelnde Fische. Taucher und Schnorchler sehen die Haie und können sich auf sie einstellen. Man kann sie mit dem Haistock (ein ca. 1 m langer Stab) abwehren.

Bei Hai-Begegnungen am besten ruhig und besonnen handeln und nicht in Panik fallen. Auf keinen Fall fluchtartig den Rückzug antreten, sondern langsam und mit Rückendeckung (Korallen). Bei einer eventuellen Hai-Verletzung unbedingt schnell handeln, das Opfer vor dem zweiten Angriff an Land bringen.

ERSTE HILFE: Schocklage, Wunde verbinden, Arzt aufsuchen.

Stachelrochen

Erkennungsmerkmale: Rücken und Bauchseite sind abgeplattet, der Schwanz ist peitschenartig in die Länge gezogen, die Oberfläche ist grau bis olivgrün.

Der Stachelrochen trägt in der Nähe seiner Schwanzwurzel zwei Stacheln mit Widerhaken, die Giftdrüsen enthalten. Er gräbt sich unsichtbar einige Zentimeter im Sand ein und benutzt seine Waffe nur zur Verteidigung. Die Widerhaken reißen tiefe, stechend schmerzende Wunden, in denen meist ein Widerhakenstück steckenbleibt. Die Wunde schwillt schnell an, wird grau, dann blau, schließlich rot. Durchfall, Erbrechen, Schweißausbrüche, Herzklopfen, Blutdruckabfall mit Kollaps folgen.

ERSTE HILFE: Wunde gut auswaschen, mindestens 30 Minuten lang Hitzetherapie (siehe Steinfisch), Arzt aufsuchen.

Muräne

Erkennungsmerkmale: Schlangenartig langgestreckter Körper. Ihr gefährlicher Biß verursacht tiefe Fleischwunden. Der entzündlich wirkende Mundschleim kann eine Blutvergiftung hervorrufen. Auch das Muränenblut ist giftig, die Infizierung einer Wunde damit oder der Genuß von infiziertem Fleisch kann zum Tod führen. Muränen wohnen in Löchern und Spalten und verteidigen diese auch. Niemals irgendwo hineingreifen!

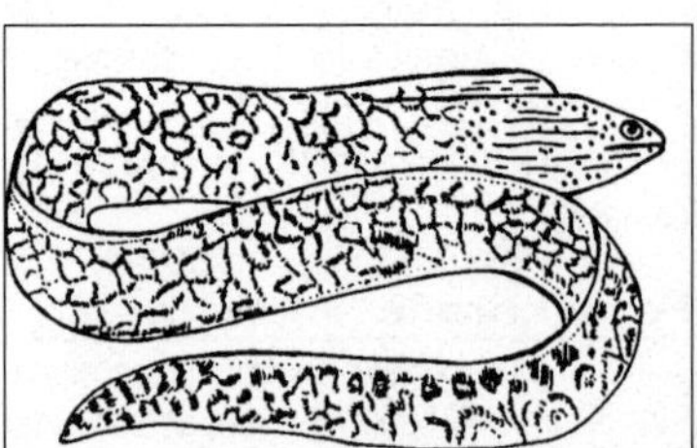

ERSTE HILFE: Bei einem Biß die Wunde mit Meerwasser gut auswaschen, desinfizieren und verbinden. Sollte kein Arzt erreichbar sein, kann man Antibiotika und Schmerzmittel geben.

Barrakuda

Erkennungsmerkmale: Langgestreckter Körper, ähnlich einem Hecht. Die gesamte Oberfläche glänzt silbrig. Barrakudas orten ihre Beute mit den Augen, der Angriff kommt plötzlich. Menschen werden selten angegriffen, wobei Schwimmer wegen ihrer heftigen Bewegungen mehr gefährdet sind. Der Barrakuda schnappt nur einmal zu. Der Partner muß den Verwundeten sofort bergen.

ERSTE HILFE: Wie bei Hai-Verletzungen.

Seeigel

Die Seeigelstacheln können leicht die Haut durchdringen, abbrechen und steckenbleiben. Einige Arten sind giftig, dann kommt es zu Rötungen, Gefühllosigkeit, Lähmungen, Atembeschwerden und (selten) zum Tod.

ERSTE HILFE: Stacheln möglichst noch im Wasser (weiche Haut) herausziehen, Wunde gut auswaschen, desinfizieren, Hitzetherapie (siehe Steinfisch) mindert die Giftwirkung, Arzt aufsuchen.

Riesendrücker

Der Riesendrücker ist besonders zur Brutzeit von Juli bis August sehr aggressiv. Er bewacht sein Gelege, das auf dem Sandgrund meist nur in wenigen Metern Tiefe angelegt ist, in einer Art Trichter, der bis zur Wasseroberfläche reicht. Der Fisch zerbeißt mit seinen scharfen Zähnen ein Korallenstück wie Watte. Taucher oder Schnorchler sind gefährdet und sollten das Tier möglichst mit den Flossen abzuwehren versuchen. Bei einem Angriff nutzt nur die Flucht in horizontaler Richtung aus dem Trichterbereich heraus, weil das Tier alles bis zur Wasseroberfläche als Feind betrachtet.

Kegelschnecke

Die hübsch gezeichnete Schnecke wird gern mit einer Muschel verwechselt. Sie besitzt jedoch einen gefährlichen Giftzahn am Ende eines beweglichen Rüssels. Das Gift kann durch Lähmung der Atemwege zum Tod führen. Die Tiere nicht anfassen, da sie bei Berührung stechen.

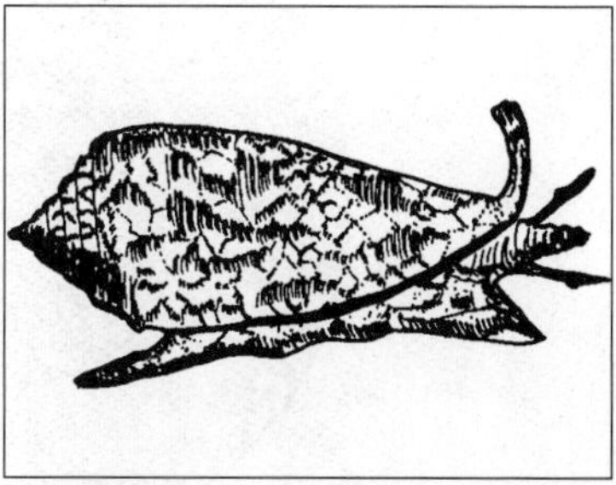

ERSTE HILFE: Bei einem Stich sofort an Land gehen, bevor die Lähmung einsetzt. Sofortige Hitzetherapie (siehe Steinfisch) der Einstichstelle vermindert die Gefahr, starken Kaffee als Kreislaufstütze trinken. Wenn nichts hilft, künstliche Beatmung und Herzmassage bis zum Eintreffen eines Arztes oder bis sich Besserung einstellt. Der Patient kann bereits nach einigen Minuten ins Koma fallen und wie tot erscheinen. Mit Wiederbelebungsmaßnahmen – am besten mit Sauerstoffbeatmung – kann die Giftwirkung überbrückt werden.

Entwarnung

Bitte betrachten Sie nach dem oben Gelesenen das Rote Meer nicht mit Weltuntergangsstimmung. Wenn ein Fischer auf dem Sinai von den Gefahren des europäischen Straßenverkehrs hört, würde er sich noch viel weniger in unsere Gefilde trauen als wir uns ins Rote Meer.

Lassen Sie sich bitte durch diese Hinweise nicht vom Baden, Schnorcheln oder Tauchen abhalten. In Nuveiba z.B. wurden 1991 bis 1993 16 Feuerfischunfälle (12 bei badenden Ägyptern) und keine Steinfisch-, Hai- oder Barrakuda-Atacken bekannt. Diese Gefahren sind also nicht so groß, daß man sich stets und ständig fürchten müßte.

2. Land, Leute und Vergangenheit

2.1 Die Landschaft

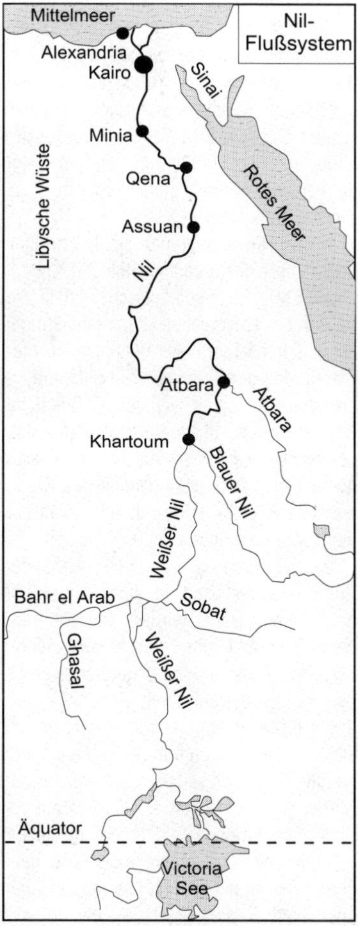

Ägypten – das ist der Nil. Dieser gewaltige Strom ist mit 6670 km der längste Fluß der Erde. Einer seiner Quellflüsse, der Weiße Nil, entspringt in 2620 m Höhe in Burundi, der andere, der Blaue Nil, in rund 2000 m Höhe in Äthiopien. Nach der Vereinigung der beiden Arme in Khartoum liegen vor den nun gemeinsamen Wassern immer noch 3000 km Reise bis zur Mündung ins Mittelmeer. Dieses letzte Stück führt ausschließlich durch Wüstenlandschaften, in denen der Fluß eine sehr schmale, aber die längste Oase der Welt geschaffen hat. Während er sich südlich von Assuan durch Sandstein beißen mußte, konnten ihm die Kalksteinschichten, die etwa 70 km nördlich von Assuan beginnen, nicht so viel Widerstand entgegensetzen. Ab hier wird das Tal deutlich breiter, das Nilbett variiert dort zwischen 4 und 12 km Breite, an den Rändern steigt es um etwa 150 bis 200 Meter an.

Erst im Deltagebiet Ägyptens weitet sich das Fruchtland zu einem fast gleichschenkligen Dreieck von etwa 250 km Seitenlänge aus. Ein Blick auf die Karte verdeutlicht den häufigen Vergleich mit der Lotosblume: das Delta als reiche Blüte, der Lauf des Nils verbildlicht den Stengel. Auch läßt sich die bereits von Herodot beschriebene Tatsache nicht übersehen: das Land, besser das Fruchtland, ist ein Geschenk des Nils. Daß dieses Geschenk im Delta reichere Früchte trägt als im engen Niltal, zeigt der Vergleich ebenfalls treffend: Etwa zwei Drittel der Anbaufläche Ägyptens liegt im Delta (ähnlich verteilt sich – abgesehen von den Städten – die Bevölkerung). Gab es zur Zeit Herodots noch sieben Mündungsarme des Nils, so teilt er sich heute im Delta nur noch in zwei Flußläufe auf, den Rosetta- und den Damietta-Arm (nach den an der Mündung liegenden Städten benannt).

Der mächtige Fluß speist zahllose Kanäle, die sich immer weiter auffächern, um auch die entferntesten Felder zu erreichen. Einer der ältesten Kanäle – ursprünglich ein Seitenarm des Nils – ist der Bahr Yussuf, der heute aus dem Ibrahimiya-Kanal abzweigt, das Fayum bewässert und schließlich im Qarun-See verdunstet.

In das Nilwasser teilen sich, vertraglich abgesichert, der Sudan mit 18,5 und Ägypten mit 55,5 Milliarden Kubikmetern jährlich (diese Zahlen entsprechen dem langjährigen Jahresdurchschnitt). Als Vergleich ist interessant, daß der Rhein mit 73 Milliarden Kubikmetern etwa gleichviel und die Donau mit 197 Milliarden Kubikmetern über das Doppelte an Wasser führen. Als weitere Wasserquellen Ägyptens dienen noch das Grundwasser mit etwa 1 Prozent der Nilwassermenge und der Regen mit 0,25 Prozent.

Das Nilwasser ist eines der kostbarsten Güter in einem Land, in dem es praktisch nicht regnet. Daher wird es von alters her peinlich korrekt mittels eines ausgefeilten Systems auf die einzelnen, rundherum eingedämmten Felder aufgeteilt. Allerdings fließt das Wasser längst nicht immer von selbst zu allen Feldern, häufig muß es angehoben werden: Nur noch selten mit pharaonischen Mitteln wie dem Göpelwerk (Sakija), das von Ochsen angetrieben wird, oder – mühseliger – mit dem Schaduf, einem in der Mitte gelagerten Balken mit einem Eimer an der einen und einem Gegengewicht an der anderen Seite oder der archimedischen Schraube, einer handbetriebenen Schneckenwelle, die sich in einem Rohr dreht. Heute übernehmen weitgehend Motorpumpen diese Arbeit.

Die Monsun-Regenfälle in Äthiopien lassen jährlich den Nil so anschwellen, daß er zwischen Juli und Oktober seinen Wasserspiegel bis zu 6 m hebt und das gesamte Tal in einen einzigen See verwandelt. Allerdings ist der Unterlauf seit dem 1971 fertiggestellten neuen **Staudamm** (Sadd el Ali) verschont: An der mächtigen Mauer unweit von Assuan staut sich das Hochwasser und kann jetzt gleichmäßig während des gesamten Jahres das Land versorgen. Doch löst der Staudamm keineswegs alle Probleme, sondern schafft eine Menge zusätzlicher Sorgen, lesen Sie mehr hierzu auf Seite 392 nach.

Das Niltal ist mit einem weiteren Vorteil gesegnet: der Wind weht, bis auf relativ kurze Unterbrechungen, fast immer von Nord nach Süd, d.h. entgegengesetzt der Laufrichtung des Nils. Diese so günstige Laune der Natur trug sicher mit zur frühen Entwicklung des Landes bei. Denn bereits die ersten Bewohner ließen sich in ihren Papyrusbooten flußabwärts treiben, flußaufwärts hißten sie Segel und überließen dem Wind den Antrieb.

Aber Ägypten besteht nicht nur aus dem Nil. Im Westen erstreckt sich die endlose Weite der **Libyschen** (oder **Westlichen**) **Wüste** mit dem, wegen seiner immensen Ausdehnung "Sandmeer" getauften Dünengebiet, mit dem siziliengroßen Tafelberg namens Gilf Kebir und den von der Erosion zernagten Felsgebilden, gesprenkelt mit ein paar, von Dattelpalmen gesäumten Oasen. Auch diese einsame Landschaft hat sich seit den 70er Jahren dem Besucher erschlossen: Eine Asphaltstraße verbindet die Oasen und ermöglicht eine Reise weit entfernt von der Hektik der Zivilisation.

Östlich des Nils erstreckt sich die **Arabische Wüste** bis an die Küste des Roten Meeres, deren bis zu 2000 m hohe Gebirgszüge aus Basalt, Granit, Diorit und anderem Hartgestein eine streckenweise bizarre Kulisse am Roten Meer bilden. Die Breite dieses Wüstenstreifens beträgt im Norden etwa 120 km, im Süden bis zu 300 km.

Über das **Rote Meer** sind auch ein paar Worte zu sagen. Es liegt so weit nördlich des Äquators, daß die Wassertemperatur wesentlich niedriger sein müßte, und daß dort normalerweise keine Korallen gedeihen könnten. Doch ein paar glückliche Umstände machen das Gegenteil möglich: Die stets von Norden blasenden Winde treiben das Oberflächenwasser nach Süden, es wird aber an der nur 27 km breiten Schwelle zum Indischen Ozean am Bab el Mandeb nach unten gedrückt und fließt langsam zurück nach Norden. Dort taucht es im Winter wieder auf, wenn die kalten Nordwinde das Oberflächenwasser abkühlen. Dieser Kreislauf – der übrigens ähnlich für den Golf von Aqaba gilt – sorgt dafür, daß die Wassertemperaturen nie unter 20 Grad sinken; eine absolut lebenswichtige Voraussetzung für Korallen. Weiterhin besitzt das Rote Meer ein felsiges Ufer mit nur ganz wenigen Zuflüssen, d.h. nährstoffarmes, sehr klares Wasser; wiederum eine Überlebensbedingung für Korallen.

Die winzig kleine **Koralle** ernährt sich mittels Fangarmen von nachts vorbeiziehendem Plankton. Die Nährstoffarmut des Wassers kompensiert sie durch ein enges Zusammenleben mit Algen. Diese Symbiose ist übrigens für das bunte Farbspektrum des Korallenriffs und die Kalkausscheidung verantwortlich, ohne Algen würde dieser Prozeß auf ein Zehntel verlangsamt.

Landschaftlich am beeindruckendsten ist der **Sinai**, die wüstenhafte Halbinsel mit ihren herrischen Gebirgszügen. Sie zwängt sich zwischen Afrika und Asien und liegt am Grabenbruch des Roten Meeres, der Fortsetzung des ostafrikanischen Grabenbruchs. Am Golf von Aqaba, an den steil ins Meer abfallenden Hängen des Grabenbruchs, liegen die wohl schönsten Korallenriffe der Welt.

Ein paar Worte zu **Fauna und Flora**. Der Esel als geduldigstes Lasttier begegnet dem Besucher allenthalben, häufig sieht man Wasserbüffel, die sich in Kanälen suhlen. Kamele werden mit zunehmender Motorisierung immer weniger, irgendwann trifft der Besucher nur noch auf "Bismarcks" (oder wie immer die Dragomane ihre Kamele werbewirksam taufen) in der Nähe der Touristenzentren. Eine ähnliche Entwicklung haben die Pferde offenbar schon hinter sich, man sieht sie hauptsächlich in Reitschulen oder bei Züchtern. Die Fellachen halten als Haustiere Ziegen, Schafe und Kleintiere wie Hühner und Gänse.

Die auf pharaonischen Bildern häufig vorkommenden Wildtiere sind fast vollkommen verdrängt. Nur mit sehr viel Glück wird man in den Wüstenlandschaften noch auf Gazellen oder Wüstenfüchse, vielleicht auch auf Schakale oder Hyänen stoßen.

Wichtig für den Besucher ist es, die **gefährlichen Tiere** zu kennen. Es gibt eine ganze Reihe von giftigen Schlangenarten, die sich im Sommer auf Steinen oder auf Sand aufhalten, sich nachts oder in der kühleren Jahreszeit im Sand eingraben oder unter Steinen Schutz suchen. Als sicherste Mittel gegen Schlangenbiß gelten: Augen offenhalten und aufpassen, Geräusche machen, damit die Schlange flüchten kann, festes Schuhwerk und Hosen als Schutz der Haut tragen. Ähnlich gefährlich wie Schlangen sind die grünen und schwarzen Skorpione, die sich an dunklen Stellen wie z.B. in Stein- oder Mauerritzen aufhalten.

In den Berichten aus pharaonischer Zeit ist von einer Menge Wildtieren die Rede, die heute spurlos aus dem ägyptischen Leben verschwunden sind. Um die vorhandenen Bestände zu retten, ratifizierte Ägypten verschiedene internationale Konventionen, doch die Umsetzung in die Praxis fand kaum oder nur schleppend statt. So sollten Zugvögel geschützt werden, tatsächlich werden immer noch Hunderttausende rastende Tiere an der Mittelmeerküste gefangen und auf Märkten verkauft, auch wenn vielversprechende Ansätze zum Schutz zu verzeichnen sind. Auf dem Sinai wurden Nationalparks zum Schutz der Unterwasserwelt abgegrenzt, doch nur am Ras Muhammed kontrollieren Ranger die Einhaltung der Bestimmungen. Lediglich in der Gegend von Hurghada wurde auf US-Initiative ein Minimalschutz der Korallenriffe durch (freiwillig) umweltbewußtes Verhalten der Tauchschulen ins Leben gerufen.

Auch das Niltal wurde nicht von landwirtschaftlichen Monokulturen verschont. Baumwoll- und Getreidefelder bestimmen vor allem im Delta die **Flora**. Die Fellachen bauen außerdem Reis, Zuckerrohr, Bohnen, Zwiebeln und eine Reihe von Gemüsesorten an, um nur das Wichtigste zu nennen. Im übrigen wurde die Baumwollproduktion, die Nasser stark förderte, in ihrer Bedeutung von staatlicher Seite zurückgenommen, um die Gefahr der Monokulturen und der Abhängigkeit von Weltmarktpreisen zu mindern, obwohl Ägypten mit die beste Baumwolle weltweit produziert.

Bei den Bäumen beherrscht die Dattelpalme das Bild, die in etwa 40 Arten in Ägypten vorkommt und deren Früchte zwischen August und Dezember reif werden. An den Kanälen stehen viele dornige Akazien, die Niltalstraße ist vielfach von Eukalyptusbäumen gesäumt. An seinen scharlachroten, großen Blüten wird Ihnen – wenn er im Frühling blüht – der Flamboyant-Baum auffallen. Der Jacaranda mit seinen blauen Blüten betört fast genauso durch seinen Duft wie durch sein Aussehen.

Verschwunden war das Wappenzeichen der Pharaonen, die Papyruspflanze, obwohl sie einst weite Flächen vor allem im Delta bedeckte und außerordentlich vielseitige Verwendung fand: Die Wurzel und der untere Stamm als stärkehaltiges Nahrungsmittel, der Schaft für Behältnisse von Körben bis zu seetüchtigen Schiffen. Erst dem Exdiplomaten Dr. Rhagab gelang es, diese so elegante Pflanze im Südsudan wiederzufinden und für die Papiergewinnung nach altem Brauch nach Ägypten zurückzuholen.

2.2 Der Staat und seine Probleme

Staatshaushalt, Schule, Bevölkerungsexplosion

Hervorragende Informationen zu diesem Themenkomplex finden Sie in dem Band *Ägypten* von Büttner/Klostermeier, Beck'sche Reihe (siehe Seite 44).

Erst seit 1952 wirklich unabhängig, trotzdem immer wieder eine Art Spielball zwischen den Mächten, mit der Last von Kriegen und ständigen Militärausgaben befrachtet, mit einem hohen Anteil Analphabetentums geschlagen, hat sich Ägypten eine erstaunliche Position im internationalen Staatengerangel geschaffen. Obwohl das Camp-

David-Abkommen, d.h. der Frieden mit Israel, eine schwere Belastung für die Führungsrolle Ägyptens in der arabischen Welt war, scheint diese Problematik inzwischen ausgeräumt zu sein.

Die Arabische Republik Ägypten – El Djumhuriya Misr El Arabiya – ist eine präsidiale Republik mit sehr starker Stellung des Präsidenten und allgemeinem Wahlrecht. Amtsinhaber ist seit der Ermordung Sadats im Oktober 1981 Hosny Mubarak, der im Oktober 1993 mit 94,6 Prozent der Stimmen für eine dritte Amtsperiode wiedergewählt wurde. Bei den Wahlen von 1995 gewannen die regierenden Nationaldemokraten erneut mit 417 Mandaten die absolute Mehrheit, daneben zogen 14 Unabhängige, 6 Mitglieder der Wafd Partei, 5 der Tagammu Partei und je ein Kandidat der Liberalen und der Nasseriten ins Parlament ein. Bei den 10 vom Präsidenten ernannten Parlamentsmitgliedern sind immerhin vier Frauen, weitere vier Frauen wurden gewählt.

Inzwischen wurde auch eine Grüne Partei gegründet, die sich für den Umweltschutz engagiert, die aber bisher den Sprung ins nationale Parlament nicht schaffte.

Eine starke Belastung des ägyptischen Haushalts stellt mit etwa 10 Prozent Anteil der Militäretat dar. Diese Tatsache läßt sich – vor allem in den Randzonen des Landes – kaum übersehen: Zum Schutz vor unliebsamen Überraschungen sind die endlos langen Küstenlinien mit Militär gesäumt, ebenso wimmelt die Libysche Wüste von Soldaten; die ungeliebten Umarmungsversuche des westlichen Nachbarn sind in bester Erinnerung.

Rund 6 Prozent des Staatshaushalts sind Schule und Bildung gewidmet. Doch dieser Betrag reicht vorn und hinten nicht aus, um die vordringlichsten Probleme zu lösen, obwohl Ägypten im internationalen Vergleich nicht schlecht dasteht. Seit der Revolution von 1952 wurden große Anstrengungen zur Besserung der Situation im Bildungsbereich unternommen.

Der Schulbesuch wurde bei Schulgeld- und Lehrmittelfreiheit obligatorisch. Innerhalb von fünf Jahren wurden 2000 Schulen aus dem Boden gestampft – doch in der gleichen Zeit hatte sich die Schülerzahl wegen der Bevölkerungsexplosion verdoppelt; z.Zt. haben die ägyptischen Schulen jährlich etwa 1 Mio Schulanfänger zu verkraften. Dies und der finanzielle Aufwand, ein Kind zur Schule zu schicken, sind Gründe für diedie hohe Analphabetenquote der über 15jährigen von 70 Prozent.

Der ägyptische Schüler hat sechs Grundschuljahre vor sich, an die sich eine dreijährige Mittelstufe anschließt, danach folgt die Oberstufe mit einer abiturähnlichen Abschlußprüfung. An den Universitäten und technischen Fachschulen sind über 500 000 Studenten eingeschrieben, davon etwa 30 Prozent Frauen.

Um den Bildungswillen auch breiter Bevölkerungsschichten anzureizen, hatte sich der Staat verpflichtet, alle Hochschulabsolventen, die anderweitig keine Anstellung finden, nach zwei Jahren Wartezeit in den Staatsdienst zu übernehmen. Diese löbliche Absicht führte dazu, daß sich die Bürokratie, wo immer möglich, noch mehr aufblähte, und daß viele Stellen mehrfach besetzt wurden, ja daß es Büros gibt, in denen weder genug Tische noch Stühle für die Staatsdiener vorhanden sind. Hinzu kommen die "fürstlichen" Gehälter, mit denen Ägyptens Beamte abgespeist werden und die das Engagement der Staatsdiener nicht gerade fördern.

Die Verwaltung, die auch Propaganda und Beratungsstellen für Familienplanung betreibt, hat unter vielem anderen eines nur in Grenzen zuwege gebracht: Den Bevölkerungszuwachs des überaus fruchtbaren Landes wirklich einzudämmen. Denn so lange eine Altersversorgung nicht glaubwürdig gesichert ist, nimmt einem Ehepaar eigentlich nur eine entsprechende Anzahl von Nachkommen die Vorsorge fürs Alter ab; dies sei als einer der wichtigen Gründe für den Geburtenüberschuß genannt.

Während Sie die letzten Zeilen gelesen haben, sind bereits zwei Kinder in Ägypten (statistisch) auf die Welt gekommen, alle 27 Sekunden eine Geburt. Abzüglich der Sterberate ergibt sich derzeit ein Geburtenüberschuß von 2,1 Prozent (vor 10 Jahren 2,6 Prozent). D.h. alle zwölf Monate wächst Ägypten um etwa 1,25 Millionen Menschen; und diese Menschen benötigen Schulen, Universitäten, Arbeitsplätze, Wohnungen – selbst hochindustrialisierte Länder wären mit einem derartigen Problem überfordert. Es ist daher eher ein Wunder, daß die Arbeitslosenquote bei offiziell nur 9,4 Prozent (1997) liegt.

Seit der Revolution von 1952 hat sich die Bevölkerungszahl mehr als verdoppelt, bei der letzten Volkszählung von 1996 lag sie bei 61,5 Millionen, Mitte 1998 wurde sie auf 66 Millionen geschätzt; knapp die Hälfte davon ist jünger als 18 Jahre. Die Lebenserwartung beträgt 62 Jahre. Obwohl Ägypten dreimal größer als die Bundesrepublik Deutschland ist, steht nur eine landwirtschaftliche Nutzfläche von ungefähr der Größe Baden-Württembergs zur Verfügung. Auf dieser Fläche drängen sich fast sechsmal mehr Menschen als im Land der Schwaben.

Nicht zu vergessen ist, daß die Nutzfläche trotz aller Anstrengungen nicht beliebig in die Wüste ausdehnbar ist. Vielmehr geht auch in Ägypten wertvoller Ackerboden durch Straßen- und Hausbau verloren. Es war schlechterdings unvorstellbar, wo die nächsten 50 Millionen Ägypter Platz finden sollen – bis das sogenannte *Toshka-Projekt* ins Leben gerufen wurde, das die Agrarfläche Ägyptens verfünfachen soll, siehe Seite 405.

Auch der Wohnungsmarkt ist mit Problemen befrachtet. So kostet eine mäßige Dreizimmer-Altbauwohnung in Kairo nur ein paar Pfund Miete, weil Nasser die Mieten auf einem niedrigen Niveau eingefroren hatte, seither sind sie nicht dem allgemeinen Preisniveau entsprechend erhöht worden. Die Mieteinnahmen sind heute jedoch noch so gering, daß sie die Unterhaltskosten für die Häuser kaum oder überhaupt nicht tragen, so daß viele Hausbesitzer keinen Handgriff zur Erhaltung oder gar Modernisierung unternehmen.

Der trotzdem vorhandene Bauboom treibt immer wieder tödliche Blüten. Da werden Häuser mit so schlechtem Baumaterial zusammengeklebt, so daß sie die Last der Bewohner nicht tragen und einstürzen. Oder man stockt ohne Überprüfung der Statik und ohne Baugenehmigung alte Häuser auf, die dann gemeinsam mit dem neugebauten zusammenfallen. 1983 und 1998 kamen viele Menschen in Kairo, 1991 in Alexandria bei Hauseinstürzen ums Leben.

Nach der Volkszählung von 1996 ist die Landflucht stark zurückgegangen. Es hat sich ein Trend verstärkt, ein Häuschen weit entfernt von der Großstadt zu bauen und per Minibus täglich bis zu 50 km zur Arbeit zu pendeln. Allerdings steht es um die Infrastruktur der meist illegal gebauten Häuser ziemlich schlecht. 20 Prozent der Häuser fehlt der Zugang zum elektrischem Strom, 50 Prozent zur Trinkwasserversorgung und 80 Prozent der Haushalte auf dem Land haben keinen Abwasseranschluß, d.h. das Abwasser versickert oder wird auf die Straße geleitet.

Die heutige und zukünftige Bevölkerung will und muß auch ernährt werden. Bis in die

60er Jahre konnte Ägypten den Eigenbedarf im Agrarsektor selbst decken. Durch Bevölkerungsexplosion und höheren Pro-Kopf-Verbrauch haben sich die Verhältnisse stark geändert, große Mengen Grundnahrungsmittel wie Weizen, Zucker, Fleisch u.a. müssen importiert werden, weil die Nahrungsmittelproduktion nicht mithalten kann und die Unterdeckung, die erst 1978 einsetzte, immer mehr zunimmt. So sank z.B. der Selbstversorgungsgrad des Landes bereits 1987 bei Weizen auf 26 Prozent, bei Mais auf 65 Prozent und bei Zucker auf 62 Prozent. Nach Zahlen, die Ende 1991 publiziert wurden, reduzierte sich die Selbstversorgungsrate bei Grundnahrungsmitteln inzwischen auf unter 50 Prozent des Bedarfs.

Da eine wesentliche Zunahme des fruchtbaren Bodens nicht mehr möglich erscheint, kann nur der Ertrag des vorhandenen Ackerlandes gesteigert werden. Dies ist nach Meinung von Landwirtschaftsexperten durchaus möglich, stößt jedoch auf eine Reihe von Hindernissen, die teils in der Tradition uralter Anbaumethoden zu suchen sind, zum anderen in der mangelnden Investitionskraft und -bereitschaft der Bauern.

Schon heute reicht der durchschnittliche Ertrag den meisten Fellachen kaum für das Nötigste zum Lebensunterhalt; wo sollen Mittel für z.B. besseres Saatgut, zusätzliche Düngemittel, notwendige Drainage gegen die Versalzung der Böden u.a. herkommen? Die Ägypter haben sich in der Vergangenheit als sehr anpassungsfähig erwiesen. Dies muß einer der Schlüssel sein, um die immer größere Enge im Niltal in der Zukunft zu meistern.

Die skizzierten Probleme stellen nur einen kleinen Ausschnitt des Berges dar, vor dem Ägypten steht. Der Besucher des Landes darf diese Probleme nicht außer acht lassen – weder antike Stätten, noch Badestrände, Wüsten oder die Souks der Städte machen allein das Land am Nil aus. Die Realität, vor der wir als verantwortungsvolle Einzelgänger nicht die Augen schließen können, liegt während jeder Stunde unseres Besuchs vor uns: Vergessen Sie die Menschen mit ihren Freuden, Sorgen und Nöten nicht.

Wirtschaft, Öl und Energie

Ägypten zählt nach Weltbank-Klassifikation auch heute noch zu den sogenannten halbindustrialisierten Ländern mit einem mittlerem Pro-Kopf-Jahreseinkommen von $ 1213 (1996/97) – mit 30,5 Milliarden $ (1997) allerdings auch zu den stark verschuldeten Ländern der Dritten Welt. Aus Dankbarkeit für die Beteiligung am Golfkrieg auf Seiten der UN-Truppen erließen 1991 die USA, die Golfstaaten und die wichtigsten Industrieländer Ägypten Schulden in Höhe von knapp 24 Milliarden Dollar; inzwischen sind sie wieder kräftig gestiegen.

Die Klassifikation der Weltbank kann dem Besucher durchaus Anlaß sein, über die Zeitläufte und das Auf und Ab der Geschichte zu philosophieren: Ein Land, das jahrtausendelang Weltmacht oder führende Macht war, um dessen Gunst so viele buhlten, kämpft heute eher ums Überleben als um weltpolitischen Einfluß.

Mit der von Sadat eingeführten sog. *Open-Door*-Wirtschaftspolitik ist Ägypten wirtschaftlich ein Stück vorangekommen. Zwar sind immer noch 40 Prozent der Erwerbstätigen in der Landwirtschaft beschäftigt, aber 22 Prozent hat die aufkeimende Industrie absorbiert, 38 Prozent arbeiten im öffentlichen Bereich einschließlich Verwaltung und Militär, zu den restlichen 10 Prozent zählen vor allem die 2,5 Millionen Gastarbeiter, die hauptsächlich in der Golfregion beschäftigt sind. Sie tragen mit ihren Devisenüberweisungen erheblich zur Entlastung des Staatshaushaltes bei. Die Entlastung des einheimischen Arbeitsmarktes hat durchaus eine Kehrseite: Diejenigen, die ins Ausland gehen, sind meist die Tatkräftigsten und Hochqualifizierten. Damit fehlen gute Handwerker und Facharbeiter, aber auch gute Ärzte oder Ingenieure in dem Land, das sie unter hohen Kosten ausgebildet hat.

Im vorigen Jahrhundert eroberte sich Ägypten mit seinen Baumwollexporten eine zeitweise dominierende Stellung auf dem Weltmarkt. Die Böden des Nildeltas sind besonders für den Anbau des *weißen Goldes*, der langfasrigen Baumwolle, geeignet. Auch heute ist die Naturfaser noch ein wichtiger Rohstoff, sowohl für die inländische Weiterveredelung in Spinnereien und Textilfabriken als auch für den Export. Erst die Revolution Nassers zerschlug den monopolartigen Großgrundbesitz der "Baumwollbarone", seither herrscht der Staat als alleiniger Monopolist über dieses Wirtschaftsgut – mit allen negativen Konsequenzen der ägyptischen Bürokratie.

Doch das *schwarze Gold* hat der Baumwolle als Exportschlager den Rang abgelaufen. Ägypten liegt zwar nicht weit von der ölreichen Golfregion entfernt, hat aber vergleichsweise nur bescheidene eigene Ölvorkommen. Sie konzentrieren sich vor allem im Golf von Suez mit Schwerpunkt bei Abou Rudeis auf der Sinai-Seite und Ras Gharib auf der "Festland"-Seite. Weitere Explorationen finden in der Libyschen Wüste statt, wo relativ ergiebige Lagerstätten gefunden wurden.

Die Erdölproduktion wuchs von 8,5 Millionen Tonnen im Jahr 1973 auf über 40 Millionen Tonnen pro Jahr, etwa die Hälfte davon wird für den Eigenbedarf des Landes benötigt. Mit viel Macht wird an neuen Energiekonzepten für die Zukunft gearbeitet. Alle Ressourcen des Landes sollen genutzt werden. Wichtiger Energielieferant in Form von Elektrizität ist der Nasser-Stausee. Zusammen mit dem Bau bzw. Ausbau von Staustufen bei Esna, Nag Hammadi und Assiut konnte die vorhandene Wasserkraftkapazität noch um etwa 20 Prozent gesteigert werden. Alle weitere elektrische Energie muß aus fossilen Brennstoffen erzeugt werden, unter anderem durch das als Nebenprodukt der Erdölförderung gewonnene Erdgas. Zusätzlich ist der Bau eines Kernkraftwerks bei El Daaba an der Mittelmeerküste vorgesehen.

Ein Projekt zur Energiegewinnung ist endgültig gestorben: Der Durchstich vom Mittelmeer in die 130 m tiefer liegende Qattarasenke. Das einströmende Mittelmeerwasser sollte elektrische Energie und als Folge einen künstlichen See erzeugen, dessen Wasserspiegel durch Verdunstung konstant bleiben sollte. Die ökologischen Folgen des Nasser-Stausees haben schließlich die Verantwortlichen vor dieser gigantischen Maßnahme zurückschrecken lassen.

Gern spricht man in Ägypten von den *Big Four* der Devisenbringer, das sind die Überweisungen der ägyptischen Gastarbeiter (10 Milliarden $), die Einnahmen aus dem Touristikgeschäft (3,1 Milliarden $), Erdölexporte (2,8 Milliarden $) und Einnahmen aus dem Suez-Kanal (0,9 Milliarden $).

Der Tourismus als zweitwichtigste Stütze des Devisenhaushalts hatte 1996, im Jahr vor dem Luxor Massaker, 3,9 Millionen Besucher zu verbuchen, 1998 ging diese Zahl drastisch zurück, aber bereits 1999 rechnet man wieder mit etwa 4 Millionen Gästen. Das Tourismusministerium ließ verlauten, daß 78 Prozent der Touristen-Deviseneinnahmen im Land verbleiben, d.h., daß weniger als ein Viertel der Einnahmen für den Unterhalt touristischer Einrichtungen wieder abfließen. Für die Richtigkeit dieser guten Quote – in anderen Drittweltländern sollen 3/4 der Einnahmen wieder abfließen – spricht auch die weitgehend inländische Versorgung mit langlebigen Konsumartikeln wie Kühlschränken, Fernsehern etc.

Obwohl Ägypten sehr viel bessere Voraussetzungen für eine wirtschaftlich gute Entwicklung als andere Entwicklungsländer hat, sorgt der Staat selbst nicht nur durch eine ausufernde Bürokratie, sondern auch durch zum Teil extreme "Subventionitis" für negative Preisverzerrungen und nimmt manchem Erzeuger Anreize zu mehr Produktion. So liegen die Energiepreise unterhalb des Weltmarktniveaus, was einer sehr hohen indirekten Subvention gleichkommt. Die Preise von Grundnahrungsmitteln werden in der Größenordnung von $ 6 Milliarden gestützt. Dadurch ist bzw. war Fladenbrot so billig, daß vielfach Tiere damit gefüttert wurden, weil es für den Bauern eins der preiswertesten Futtermittel war. Zwar wurden die Spritpreise massiv angehoben, z.B. für Diesel von ehemals 10 Pt auf derzeit 40 Pt, doch liegen sie immer noch deutlich unter dem üblichen Niveau. Die niedrigen Preise führen zur gedankenlosen Verschwendung; jeder Autofahrer kann an der Tankstelle den sorglosen Umgang mit dem billigen Sprit beobachten.

Die direkten und indirekten Subventionen kosten den Staat viele Milliarden Pfund jährlich. Aber ein Ausweg aus diesem Dilemma ist nicht in Sicht: Die Einkommen der sozial schwachen Bevölkerungsgruppen sind so niedrig, daß sie auf die preiswerten Grundnahrungsmittel angewiesen sind.

1991 setzte der Internationale Währungsfond (IWF) bei der ägyptischen Regierung ein Liberalisierungsprogramm zur Sanierung der Wirtschaft durch. Damit sind die meisten Preise freigegeben, Einfuhrbeschränkungen – welche vor allem die häufig unwirtschaftlich produzierenden Staatsbetriebe schützen – aufgehoben und der Kapitalmarkt geöffnet. Kairo, das vor dem Zweiten Weltkrieg die sechstgrößte Börse der Welt besaß, will im internationalen Börsengeschehen wieder mitmischen und die ehemalige Bedeutung zurückgewinnen. Aber solange die prinzipiellen Probleme der Wirtschaft, wie gesetzlich verordnete Überbesetzung, Schutz vor Wettbewerb und damit international nicht wettbewerbsfähige Unternehmen, nicht gelöst sind, werden Investitionen oder der Aktienmarkt für ausländische Anleger kaum interessant sein.

Der IWF konnte auch durchsetzen, daß eine Reihe von Staatsbetrieben privatisiert werden, allerdings verläuft der Prozeß sehr schleppend, nicht zuletzt weil viele Management-Posten mit Günstlingen besetzt sind, die bei der Privatisierung ihre Positionen verlieren würden. Bis 1998 waren von 314 vorgesehenen Firmen erst 100 veräußert worden.

Dennoch hat sich die ägyptische Wirtschaft in den 90er Jahren gut entwickelt, das Bruttoinlandsprodukt wuchs stetig zunehmend um durchschnittlich 5 – 6 Prozent pro Jahr; nach Expertenaussagen ist diese Rate auch in Zukunft dringend erforderlich, um die "Kosten" des Bevölkerungswachstums aufzufangen.

Bis 1997 war seit Beginn der 90er Jahre die Leistungsbilanz positiv, sie rutschte aber wegen geringerer Tourismuseinmahmen und gesunkener Ölpreise ins Negative ab. Die Reserven an harter Währung entwickelten sich positiv, 1998 wurde von 18,5 Milliarden $ berichtet, umgekehrt hatten sich die Auslandsschulden auf 25 Milliarden $ verringert. Sollten aber die Kapitalzuflüsse abnehmen, dann ist mit einem fortlaufenden Devisenabbau zu rechnen, der wiederum die Glaubwürdigkeit in die ägyptische Wirtschaft erschüttern würde. Die Direktinvestitionen, die davon besonders betroffen sind, gehen bereits 1999 u.a. wegen der schleppenden Privatisierung zurück.

Ab 1996 wurden alle Investitionsgesetze novelliert, um mehr ausländisches Kapital ins Land zu locken. So fiel die Beschränkung auf 49 Prozent bei der Gründung oder Beteiligung von Unternehmen. Immobilien bis hin zu Flughäfen oder Energieanlagen können uneingeschränkt gekauft werden. Wenn Sie also in ägyptische Feriensiedlungen investieren wollen: Es winken 10 Jahre Steuerfreiheit und – angeblich – hohe Renditen...

Wenn man abends durch Kairos enge Gassen wandert und noch ganze Heerscharen bei der Arbeit sieht, glaubt man kaum, daß Ägypten sehr stark gewerkschaftlich organisiert ist. In allen Betrieben mit mehr als 50 Mitarbeitern sind Gewerkschaftskomitees zu wählen, die u. a. über die Gewinnverteilung und eine Gratifikation der Arbeitnehmer in Abhängigkeit vom Unternehmensgewinn mitbestimmen. Darüber hinaus kümmern sie sich um die Arbeitsbedingungen, Alphabetisierungsmaßnahmen, soziale Einrichtungen oder Wohnungsbaugenossenschaften.

Die gesetzliche Arbeitszeit ist auf 48 Wochenstunden begrenzt, allerdings gilt praktisch überall die 42-Stunden-Woche. Für die über 20 Einzelgewerkschaften gibt es kein Streikrecht, Streitfragen sind durch Konsens zu lösen, Löhne und Gehälter legt die Volksversammlung fest.

2.3 Die Menschen und ihr Alltag

Die Menschen

Städtische Bevölkerung

Sehr bald kann der Besucher der Metropole Kairo erkennen, daß sich die Gesichter und Gestalten der Ägypter deutlich in verschiedene Kategorien einteilen lassen. Im Zentrum der Stadt könnte man sich fast wie in Südeuropa fühlen, sowohl vom Flair als auch von den westlich angezogenen Menschen her. Hier begegnet man der modernen, für ein Entwicklungsland erstaunlich breiten Mittelschicht. Männer, die mittlere oder höhere Schulbildung erworben haben, die durch Kasernen geschleift wurden oder gar Erfahrungen auf Kriegsschauplätzen machen mußten, die betont nationalistisch und stolz auf ihr Land sind. Ebenso Frauen, die durch gute Schulbildung ansehnliche Stellungen im Berufsleben erreichten.

Für sie bestimmt nicht die Religion allein den Tagesablauf, sie kennen zumeist westliches Denken und handeln weit pragmatischer als es in den orthodoxen Nachbarländern vorstellbar ist. Dennoch bleiben sie fest im Islam verwurzelt. Von dieser Mittel- und Oberschicht leben z.B. nur noch 2 Prozent in Polygamie.

Der überwiegende Teil der städtischen Bevölkerung setzt sich aus Nachkommen der Araber zusammen, die im 7. Jhd das Land besetzten und kolonisierten. Ihr Anteil wird auf etwa 20% der Gesamtbevölkerung geschätzt. Sie sind mittelgroß, schlank und grazil, relativ hellhäutig und haben die typisch semitische, keilförmige Nase.

Die Fellachen

Etwas anders sieht die Situation nur wenig entfernt von Kairo aus: Das Leben in den Dörfern änderte sich seit Jahrtausenden nur wenig. Die Fellachen (arabisch *Bauern*) haben sich kaum mit Fremden vermischt, sie sind die direkten Nachkommen der pharaonischen Ägypter, kräftig-drahtige Menschen, genügsam und sehr konservativ. Für sie gibt es keine andere Vorstellung und kein anderes Lebensziel als die Traditionen der Väter und Vorväter fortzuführen, mit Hingabe und fast ausschließlich für die Familie zu leben. Hier bestimmt die Zahl der Kinder sehr wesentlich das Ansehen des Mannes, die Frau hat sie zu gebären und aufzuziehen.

Die Fellachen sind von Natur aus fröhliche, herzliche Menschen, die gern lachen und das Leben auf ihre Art, manchmal durch "positives Nichtstun" genießen. Ihrer Umwelt gegenüber sind sie freundlich und hilfsbereit. Wer diese Menschen bei ihrer Feldarbeit beobachtet und die Gelassenheit wahrnimmt, mit der sie ihrem nicht leichten Los nachgehen, der findet bald viel Bewunderung – und eine Art von menschlicher Geborgenheit, wenn er näher mit ihnen bekannt wird.

Die Tage gehören vom frühen Morgen bis zur Dämmerung der Feldarbeit. Dann sind die Dörfer fast ausgestorben. Erst am Abend kehrt Leben im Dorf ein. Die Leute sitzen vor den Häusern und schwatzen, die meisten Männer schlürfen Tee oder türkischen Kaffee bei der Wasserpfeife im Kaffeehaus.

Bis zur Revolution 1952 gehörte der allergrößte Teil des fruchtbaren Landes nur wenigen großen Familien. Die Fellachen waren zumindest im übertragenen Sinn mehr Sklaven als Pächter der Landeigner. Unter der von Nasser eingeleiteten Agrarreform wurde das Land gleichmäßiger verteilt, die Fellachen avancierten von Pächtern zu Eigentümern. Allerdings hat die Tradition der Erbteilung bereits jetzt die Erbmasse stark zerstückelt, weil der Vater seinen Besitz unter den Söhnen aufteilt. So bleibt häufig für den einzelnen Erben so wenig übrig, daß er kaum davon leben kann.

Die Fellachen leiden unter einer ganzen Reihe von Übeln, wenn man von den wirtschaftlichen ganz absieht. Da sie nach wie vor häufig im Nil oder in seinen Kanälen baden oder daraus Wasser trinken, sind mehr als die Hälfte von Bilharziose befallen. Diese uralte Krankheit Ägyptens erzeugt Schlaffheit, Gleichgültigkeit und Müdigkeit. Immer noch ziehen viele Fellachen den Quacksalber im Dorf, der mit Sprüchen und dubioser Medizin häufig mehr schadet als nützt, dem Arzt in der Stadt vor.

Die Genügsamkeit der Fellachen hat uralte, pharaonische Vorbilder und Wurzeln – allerdings steht sie der heutigen Entwicklung auch im Weg: Solange der Einzelne zufrieden (und dabei glücklich) ist, wenn er sich selbst versorgt hat, solange kann er keinen Überschuß produzieren, den die anderen, die sich nicht selbst ernähren, dringend brauchen. Als Konsequenz aus dieser glücklichen Genügsamkeit des Einzelnen muß das Land Weizen teuer importieren – um etwas überspitzt diesen Konflikt zu formulieren, aber auch aufzuzeigen, daß der "Idylle" auf dem Lande in absehbarer Zukunft ein viel härterer Wind entgegenwehen wird.

Die koptische Bevölkerungsgruppe

Als weitere eigenständige Bevölkerungsgruppe – allerdings nicht im ethnologischen Sinn – sind die Kopten zu betrachten, die der koptischen Form des Christentums anhängen. Sie vermischten sich ebenfalls kaum mit

Fremden, sie sind daher auch oder besonders zu den Nachkommen der pharaonischen Ägypter zu zählen, weil sie auch in der Liturgie die Sprache der Vorfahren erhielten. Die Kopten nennen sich *Gypt* und sind der Meinung, daß die Bezeichnung *Ägypten* auf sie zurückzuführen sei. Zahlenangaben über ihren Bevölkerungsanteil schwanken, sie dürften etwa 5 bis 10 Prozent der Gesamtbevölkerung stellen.

Durch die ihnen vom Islam auferlegte Isolation wurden die Kopten von vielen Berufen und vom politischen Leben über viele Jahrhunderte ausgeschlossen. So spezialisierten sie sich u.a. auf das Bank- und Finanzwesen, das ohne sie zusammenbrechen würde, und auf handwerkliche Berufe.

Eine koptische Gruppe allerdings wurde weit abgedrängt und beherrscht ein ganz anderes Gebiet: die Müllabfuhr von Kairo, über sie wird auf Seite 255 berichtet. – Zum koptischen Christentum können Sie ab Seite 146 nähere Informationen nachlesen.

Die Beduinen

Wenden wir uns noch den Beduinen als einer weiteren Bevölkerungsgruppe zu. Nur etwa 50 000 (die Zahlenangaben schwanken sehr) leben noch als Nomaden, die überwiegende Anzahl wurde in den letzten Jahrzehnten seßhaft. So verdingen sich viele Sinai-Beduinen in den Ölfeldern, Bergwerken und im Tourismus.

Die Awlat Ali Beduinen der Libyschen Wüste siedelten sich in den neu erschlossenen Gebieten im Bereich der Mittelmeerküste oder des Deltas an. Auch von ihnen leben einige vom Tourismus; die Fremdenführer bei den Pyramiden stammten ursprünglich fast ausschließlich aus ihren Reihen. In den Gebirgen der Arabischen Wüste, also östlich des Niltals, nomadisieren noch Ababda-Beduinen. Sie sind übrigens nicht arabischen Ursprungs, sondern Hamiten.

Das Leben der Beduinen hat fast nichts mit dem der Fellachen gemein. Im Gegenteil, die stolzen Beduinen schauen auf die in der Erde wühlenden Fellachen etwas mitleidig herab, die Fellachen wiederum sorgen sich beim Auftauchen von Beduinen-Viehherden um ihr Grünzeug. Der Unterschied zwischen den beiden Gruppen könnte kaum krasser sein, denn das harte Leben in der Wüste verlangt den Bewohnern ganz andere Verhaltensweisen ab.

Die (nomadisierenden) Beduinen müssen um jede Möglichkeit der Selbsterhaltung wissen, die geringsten Zeichen von Fruchtbarkeit oder Wasser erkennen können. Sie sind auch heute noch gezwungen, alle ihre Fähigkeiten zum Überleben einzusetzen, sie müssen weite Entfernungen mit ihren Herden zurücklegen, um den spärlichen Bewuchs der Wüste für Tier und Mensch zu nutzen.

Daher zählt ständige Beweglichkeit zu einer Grundbedingung ihres Lebens. Ihre Zelte aus schwarzen Ziegenhaardecken können schnell abgebaut und auf die Kamele verladen werden. Die Gerätschaften des täglichen Lebens sind auf das Nötigste beschränkt, der größte Teil der Besitztümer muß aus eigener Kraft mitwandern. Viehherden sind die entscheidenden Mit-

Ein Fellache bei der Arbeit: Dattelpfücken erfordert Kraft und Geschick

tel im Überlebenskampf; diese Besitztümer wird man nur dann verzehren, wenn festliche Anlässe oder wirkliche Notfälle danach rufen. Normalerweise ernährt sich der Beduine von den Grundprodukten Datteln, Ziegenkäse, Brotfladen und Kamelmilch, die entsprechend miteinander verarbeitet werden, z.B. die wichtigste Speise – *Ayesh* genannt – saure besteht aus Kamelmilch, die mit Mehl verrührt wird. Im Küstenbereich bringt Fischfang Abwechslung in den Speiseplan.

Die Sinai-Beduinen – von denen hier vor allem die Rede ist – halten als Hauptherde Ziegen, seltener Schafe (obwohl diese ökologisch angepaßter wären, da sie beim Fressen nicht die Wurzeln der Pflanzen herausreißen) und Kamele, die mehr als Arbeitstiere anzusehen sind. Jeder Stamm – dem ein Sheikh vorsteht – hat ein bestimmtes Territorium, in dem er die saisonal günstigsten Weidegebiete aufsucht. Während der Dattelernte im Spätsommer kehrt zumindest der größte Teil der Familie in die Oasen zurück.

Die Beduinen-Frauen sind sehr viel selbstbewußter als andere Muslimdamen, da hier jede Aufgabe mehr oder weniger direkt mit dem Überleben zusammenhängt. Wie üblich auf der Welt, gehört zu ihrem Aufgabenbereich das Kochen, aber sie müssen auch das nötige Brennmaterial dafür einsammeln. Sie kümmern sich um die Kinder, sie hüten die Ziegen und weben z.B. die Ziegenhaar-Zeltbahnen.

Die Männer sind verantwortlich für die Tiere, insbesondere die Kamele, und für die täglichen Entscheidungen, deren wichtigste der richtige Weg zum nächsten Weideplatz ist. Sie sind die Beschützer der Familie, und sie waren, zumindest in früheren Zeiten, die Stammeskrieger. Sie betreiben, sofern möglich, Fischfang oder verdingen sich als Tagelöhner in den Minen oder auf den Ölfeldern bzw. im Tourismus.

Die Wüste ist erbarmungslos, Fehlverhalten kann schnell zum Tod führen. Daher gibt es seit alters eherne Gesetze, die unbedingt konformes Verhalten einer Gruppe und Sippe erzwingen. Noch heute hinterlassen z.B. die Sinai-Beduinen beim Aufbruch unbenötigte Dinge (meistens ein Zelt) in einem Baum, um sie bei der Rückkehr wieder benutzen zu können. Solange etwas in einem Baum hängt, wird sich kein Mensch an einem solch scheinbar herrenlosen Stück vergreifen.

Vermutlich läßt sich das biblische "Auge um Auge, Zahn um Zahn" auf die harten Gesetze dieser Wüstenbewohner zurückführen, denn z.B. muß dem Todfeind drei Tage lang Gastrecht gewährt werden – hat er das Lager verlassen, ist er schutzlos und schlimmstenfalls gegen eine Kugel nicht gefeit. Auch die Blutrache ist angeblich noch nicht ausgestorben.

Wir können nicht verhehlen, von Beduinen bzw. Nomaden fasziniert zu sein, einerlei, wo wir bei unseren Reisen auf sie trafen. Tief beeindruckt haben uns die Sinai-Beduinen, die einer außerordentlich kargen Landschaft unter extremen klimatischen Bedingungen manchmal nur ein Existenzminimum abzuringen vermögen. Diejenigen, die wir näher kennenlernten, haben wir wegen ihrer Sensibilität den Mitmenschen und der Natur gegenüber sehr schätzen gelernt.

Die Nubier

Schon seit pharaonischen Zeiten eine Minderheit, lebten die Nubier ursprünglich südlich von Esna nilaufwärts an den dort immer karger werdenden grünen Flecken bis in die Gegend des sudanesischen Dongola. Mit dem ersten Staudamm in Assuan schrumpfte ihr Land erheblich, die letzte Erweiterung verschlang es vollends.

Die etwa 120 000 Nubier sollten eine neue Heimat hauptsächlich in der Nähe von Kom Ombo finden, eine kleinere Gruppe bei Esna.

Die vor der Umsiedlung gegebenen Versprechen wurden zwar einigermaßen eingehalten, aber die neu angelegten Schachbrettdörfer entsprechen nicht dem ehemals gewohnten Großfamilienleben. Seit sich die Lage des Stausees stabilisiert hat, zieht es eine ganze Reihe Nubier zurück an den Rand der alten Heimat. Für einige mag tatsächlich die Hoffnung bestehen, am neuen Ufer ein neues Leben beginnen zu können, zumal es in Wadi Halfa und Abu Simbel lebensfähige Siedlungen gibt.

Heute trifft man in den neuen Dörfern hauptsächlich Frauen und Kinder, die Männer verdingen sich in den Städten als Wäscher, Bügler, Köche etc. Die dunkelbraunen, schlanken Menschen galten schon immer als besonders sauber. Sie sprechen eine dem Arabischen fremde Sprache, für die es keine Schrift gibt. In christlich-koptischen Zeiten diente eine modifizierte koptische Schrift lediglich religiösen Texten.

Häufig sieht man sehr dunkle Menschen mit negroiden Zügen. Es sind die Nachfahren der vor allem aus dem Sudan stammenden Sklaven, die im vorigen Jahrhundert die niedrigsten Arbeiten in Ägypten zu verrichten hatten.

Täglich Freud und Leid

Das tägliche Leben zeigt in jedem Land viele Gesichter, diese in wenigen Sätzen zu pauschalisieren, ist zumindest schwierig, und kann lediglich einzelnen Aspekten gerecht werden. Daher hier nur ein paar Blicke hinter die hohen Mauern, die ägyptisches Familienleben abschirmen. Wenn Sie ein bißchen mehr vom Leben auf dem Land wissen wollen, so können Sie z.B. aus Jehan Sadats Buch "Ich bin eine Frau aus Ägypten" sehr informative Details aus dem Alltag erfahren.

Die aus Nilschlamm errichteten Häuser der Fellachen (im Delta-Gebiet wegen des häufigeren Regens meist Ziegelbauten) könnten wegen ihrer Isolationseigenschaften den klimatischen Verhältnissen kaum besser angepaßt sein; leider werden sie zusehends von Betonbauten abgelöst. Meistens bestehen sie aus einem Hauptraum, der direkt hinter der Eingangstür liegt, in dem sich der größte Teil des Lebens abspielt. Die Einrichtung besteht aus Sitzbänken, Matten und, in bessergestellten Haushalten, Radio und Fernseher. Dort, wo die Elektrizität noch keinen Einzug hielt, werden abends Öllampen angezündet.

Einen Küchenraum in unserem Sinn gibt es selten, Backofen und offene Feuerstelle – getrockneter Kuhmist dient häufig als Brennmaterial – liegen meist im Innenhof, daneben mag ein Gas- oder Petroleumkocher stehen. Nachts legt sich jedes Familienmitglied eine Schlafmatte aus; fest vorgesehene Schlafzimmer gibt es zwar, sie dienen aber häufig als Lagerraum. In weiteren Räumen des Hauses leben die Tiere, vom Wasserbüffel bis zu Hühnern.

Toiletten gehören nicht überall zum Einrichtungsstandard einfacher Häuser im Dorf; wenn kein Plumpsklo mit Versitzgrube vorhanden ist, benutzt man die Umgebung. Als Bad dient eine größere Schüssel, die in einer uneinsehbaren Ecke des Hauses aufgestellt wird und in die sich der Badende kauert und mit Wasser übergießt. Sofern kein Wasseranschluß besteht, muß Wasser vom öffentlichen Brunnen oder vom Nil geholt und in Tonkrügen aufbewahrt werden.

Mulid – ägyptische "Kirmes"

Mulid, das ist der Inbegriff eines **ägyptischen Volksfestes**. Dieses im wesentlichen religiös inspirierte Fest aus Anlaß des Geburts- oder Todestages eines Heiligen hat auch sehr profane und säkulare Begleiterscheinungen. Schießbuden, Zirkusvorführungen, Zauberdarbietungen, Schlangenbeschwörer, Puppentheater, farbenfrohe Umzüge, Märkte etc. ziehen manchmal hunderttausende Besucher an. In Zelten spielen Musiker auf oder es drehen sich Sufis (Derwische) in ekstatischem Tanz zum Trommelwirbel.

Es gibt tausende Mulids in ganz Ägypten, denn jeder Heilige hat sein eigenes Fest. Für große Heilige können mehrere Mulids im Laufe eines Jahres zelebriert werden. Im übrigen feiern Muslims wie Kopten Mulids, es gibt sogar ein jüdisches Mulid. Oft sind beide Religionsgemeinschaften im Publikum vermischt, da beide zum gleichen Heiligen pilgern und von ihm oder durch ihn Segen und Heil erflehen. Die Gläubigen beginnen bis zu zwei Wochen vor der "Großen Nacht" zum Ort des Geschehens zu pilgern.

Schon Herodot berichtet, daß die Ägypter gerne Feste feiern. Historisch ziemlich gesichert ist, daß der Mulid auf pharaonische Zeiten zurückgeht, ja daß die alten pharaonischen Gottheiten in späterer Zeit ganz einfach durch christliche und islamische Heilige ersetzt wurden. Das ist am deutlichsten in Luxor erkennbar, wo der pharaonische (Luxor-)Tempel zunächst in eine Kirche und später in eine Heiligenmoschee umgewandelt wurde. Die heutige Prozession anläßlich des Mulids von Sidi Abou el Haggag geht eindeutig auf das Opet-Fest zu Ehren des Gottes Amun zurück. Noch heute werden die *Barken des Amun* während einer überaus farbenprächtigen Prozession durch die Stadt getragen.

Die meisten der muslimischen Mulids finden ad hoc statt oder folgen dem arabischen Mondkalender. Die koptischen Mulids liegen kalendermäßig fest.

Einige große muslimische Mulids:

Kairo: *Sayida Nafisa*, Dezember/Januar; *Sayida Zaynab*, Januar/Februar; *Sayida el Husayn*, Oktober; **Luxor**: *Sidi Abou el Haggag*, Ende Februar; **Tanta**: *Sayyid Ahmad el Badawi*, Oktober.

Einige große koptische Mulids: Bilqas/Delta: *St. Damiana*, 20. Mai; **Assiut/Der el Muharraq**, *Jungfrau Maria*, 28. Juni; **Massara/Heluan**: *St. Barsum el Aryan*, 28. September.

Der traditionelle Hausbau aus Nilschlamm stößt seit dem Assuan-Hochdamm mehr und mehr an Grenzen, weil kein Schlamm mehr nachgeliefert und statt dessen auf wertvollen Ackerboden zurückgegriffen wird; anderes Baumaterial kann sich der Fellache aber kaum leisten.

Bevor das Land mit den Segnungen der Zivilisation überschwemmt wurde, war die Hauptbeschäftigung nach getaner Arbeit der gemeinsame Schwatz im Teehaus oder einfach das nachbarliche Palaver. Heute zählen Fernsehen und Kino zu den beliebtesten Freizeitbeschäftigungen.

Die Ägypter sind nach den Indern das filmbesessenste Volk: Kinos sind fast immer ausverkauft, die Zuschauer nehmen aktiv am Geschehen auf der Leinwand teil; sie leiden unter Tränen mit den Helden, sie freuen sich voll echter Begeisterung. Nicht anders mit den per Fernsehen ins Haus gelieferten Schnulzen. Auch hier hängen die Familien an der Mattscheibe, lassen kaum einen Film aus – und verlieren den Kontakt untereinander.

Beim Sport zählt Fußball über alles. Wo immer ein Stück Land frei ist, findet sich ein Bolzplatz. Den jeweils eigenen Spielern ge-

Wasserversorgung wie vor Jahrtausenden: Eine Frau am Shaduf

hört das Herz der Zuschauer – ein bißchen emotionaler als bei uns, aber ohne die hierzulande schon zur Tagesordnung zählenden Gewalttätigkeiten.

In der breiten Masse hat sich der Dämonenglaube fast aus pharaonischen Zeiten bis heute erhalten. Von morgens bis zum späten Abend schlägt sich die Dorfbevölkerung mit Geistern herum, vornehmlich den Djin ("Dschin" gesprochen), die stets zu besänftigen sind, denen man beileibe nichts Schlimmes antun darf.

Die – nicht greifbaren – Djin wurden von Gott aus rauchloser Flamme geschaffen, die Engel aus Licht, die Menschen aus Lehm. Es gibt gute und böse Djin, sie sind mehrfach im Koran genannt. Auf der Erde wohnen sie bevorzugt an schmutzigen Orten wie in Ställen oder Toiletten. Man schützt sich gegen die Djin durch Reinheit, das Rezitieren von Koranversen und durch Amulette, auf denen meist Koranverse und geheimnisvolle Formeln stehen.

Ebenso muß man sich ständig vor dem *Bösen Blick* in acht nehmen und auch in dieser Beziehung allerlei Regeln beachten. So darf der Besucher z.B. ein Baby nicht wegen seines schönen Aussehens loben, er könnte es ja mit neidischem Bösen Blick betrachten oder Dämonen auf das Kind aufmerksam machen.

Zum Schutz erhält das Baby sofort nach der Geburt Amulette aus Gold oder nur einen blauen Plastikarmreifen. Generell bieten blaue Perlen guten Schutz vor dem so manche Heimtücken verursachenden *Bösen Blick*. Aber auch die vielen Augenabbildungen oder Handamulette sind vorzügliche Gegenmittel. Häufig behilft man sich damit, die Kinder schlecht und unansehnlich zu kleiden, sie schmuddelig zu belassen, um gar nicht erst neidische Blicke anzuziehen. Angeblich schützen sich sogar wohlhabende Fellachen durch schlechte, schmutzige Kleidung gegen den Bösen Blick Neidischer.

Wenn nun tatsächlich jemand von einem bösen Geist befallen wurde, dann kann – allerdings nur Frauen – mittels einer Zeremonie, die *Zar* genannt wird, geholfen werden. Die Betroffene begibt sich zu einer Expertin in solchen Dingen, einer *Sheika*. Nachdem festgestellt ist, um welche Art von Geist es sich handelt, wird er während eines Zar ausgetrieben.

Die Zeremonie besteht im wesentlichen aus stundenlangen, von Trommeln begleiteten Tänzen und dem Anrufen der Geister durch die Sheika. Der Rhythmus steigert sich, bis die Tänzerin in Ekstase fällt. Anschließend wird ein Tier geopfert, blutige Handabdrücke auf die Patientin und häufig auch auf Türpfosten und Wände gedrückt.

Auch der Tod hat seinen festen Ritus. Ein Toter wird unter lautem Schreien und Weinen der weiblichen Angehörigen beklagt; professionelle Klageweiber gibt es nicht mehr. Die rituellen Waschungen des Toten erfolgen noch am Sterbetag, der Körper wird in Leichentücher gehüllt und in einen Sarg oder auf eine Bahre gelegt. Er wird dann ausschließlich von Männern zur nächsten Moschee getragen (oder gefahren) und nach entsprechenden Gebeten zum Friedhof gebracht und dort mit dem Kopf in Richtung Mekka beerdigt. Abends treffen sich die Trauernden zur Koran-Rezitation. Meist wird dazu ein großes Zelt auf der Straße errichtet; aufmerksamen Besuchern werden diese Zelte, in denen schweigende Männer sitzen, immer wieder auffallen.

Die Frauen treffen sich im Haus des Verstorbenen. Dies alles geschieht am Tag des Todes, 40 weitere Tage wird strenge Trauer eingehalten, wobei sich die nahen Verwandten jeweils donnerstags am Grab treffen, Koranverse rezitieren und milde Gaben an Arme verteilen.

2.4 Die Stellung der Frauen

Es hat sich herumgesprochen, daß die Stellung der Frau in islamischen Ländern anders als bei uns ist. Die Religion prägt oder fördert eine patriarchalische Gesellschaftsstruktur, in der eindeutig der Mann an der Spitze steht. Viele, z.T. sehr feingesponnene Mechanismen sorgen dafür, daß diese Stellung nicht so leicht zu erschüttern ist.

Es beginnt bei der Geburt eines Mädchens. Sollte es das Pech haben, die Erstgeborene einer Familie zu sein, so wird man sich meist nicht gerade freuen. Wenn mehrere Mädchen nacheinander auf die Welt kommen, dann ist das Unglück groß, man wird zumindest indirekt der Mutter Vorwürfe machen, daß sie keinen Sohn zu gebären vermag. Früher kam es durchaus vor, daß Mädchen in solchen Situationen nach der Geburt getötet wurden.

Das Erziehungsprinzip für die Mehrheit der Mädchen läßt sich, sehr grob vereinfacht, auf die Formel bringen: sie werden darauf vorbereitet, die treusorgende Mutter der Kinder ihres künftigen Ehemannes zu sein und diesen Mann mit allem zu umgeben, was das Leben angenehm macht. Die andere Rolle, die den Mädchen von frühester Kindheit an eingeprägt wird, besagt, daß sie von Natur aus sündig seien und deswegen eine Gefahr für die Männerwelt darstellen.

Obwohl per Gesetz verboten, werden daher auch heute noch Mädchen beschnitten; d.h. im Alter von etwa sechs bis acht Jahren werden Klitoris und zumeist auch die (inneren, seltener auch die äußeren) Schamlippen amputiert. Diese Maßnahme soll die sexuelle Lust mindern und der künftigen Ehefrau alles Interesse an anderen Männern nehmen. Viele Generationen haben die Beschneidung der Mädchen praktiziert; traditionell wurde sie damit gerechtfertigt, daß die Frau von einem "unreinen" Körperteil befreit würde. Die Zeitschrift EGYPT TODAY (damals noch CAIRO TODAY) berichtet im July 1991, daß 98 Prozent der Mädchen der unteren sozialen Schichten noch die brutale, von älteren Frauen bzw. Hebammen oder Barbieren mit meist untauglichen und unsterilisierten Instrumenten (sogar Glasscherben!) vorgenommene Beschneidung über sich ergehen lassen müssen; daß besonders die Mütter auf die Operation pochen, weil "es sich so gehört".

Zur Weltbevölkerungskonferenz 1994 strahlte der amerikanische Fernsehsender CNN einen Film aus, in dem die Beschneidung eines neunjährigen Mädchens in all ihrer Brutalität offengelegt wurde. Zwar regten sich zunächst die ägyptischen Medien über die Darstellung intimer innerägyptischer Vorgänge maßlos auf, bald wurden aber auch kritische Stimmen über den Vorgang selbst und seine vielen negativen Folgen laut. Schließlich verbot 1996 der Gesundheitsminister per Dekret die Operation. Krankenhäusern werden bei Zuwiderhandlungen geschlossen, Ärzten wird die Zulassung entzogen. Orthodoxe Islamisten liefen dagegen Sturm, ein Verwaltungsgericht hob den Erlaß wegen "Machtmißbrauch" auf. 1998 bestätigte jedoch das oberste Verwaltungsgericht das ministerielle Verbot erneut. Einerseits kann dieses Verbot als ein Meilenstein auf dem Weg in eine normale weibliche Zukunft betrachtet werden, andererseits ist zu befürchten, daß die unheilvolle Tradition außerhalb der Krankenhäuser von Quacksalbern fortgeführt wird; zum doppelten Schaden der betroffenen Mädchen. 1998 veröffentlichte Studien berichten, daß immer noch über 90 Prozent aller ägyptischen Mädchen - Musliminnen wie Christinnen - beschnitten werden. Wobei die Rate in gebildeten Familien nahe Null, in Analphabetenkreisen extrem hoch liegt.

Im übrigen ist die Beschneidung nicht eine Erfindung des islamischen Ägyptens, sie wird ebenso konsequent bei koptischen Mädchen vorgenommen. Diese Sitte ist in vielen afrikanischen Ländern, unabhängig vom Islam, verbreitet. Sie wurde zumindest auch in Südamerika, Südostasien und Australien praktiziert, nicht jedoch in Saudi-Arabien, Iran, Irak, Algerien oder Marokko. In Ägypten läßt sich die Mädchen-Beschneidung bis in die ptolemäisch-pharaonische Zeit zurückverfolgen, aus der zum ersten Mal über derartige Praktiken berichtet wird. Anders bei den Knaben, deren Beschneidung seit alters bekannt und dokumentiert ist. Ihnen sollte das weibliche Element, dessen Sitz und Symbol die Vorhaut ist, genommen werden.

Bei Bildung und Ausbildung haben innerhalb der Familie die Knaben Vorrang, selbst beim Spielen dürfen die Jungen ausgelassen toben, während sich die Mädchen zurückhalten bzw. der Mutter bei der Hausarbeit helfen müssen. Etwa ab 15 Jahren steht die Hochzeit ins Haus. Die Eltern bestimmen nahezu immer den Ehepartner, der entweder aus dem weiteren Kreis der Familie kommt oder nach wirtschaftlichen Gesichtspunkten ausgewählt wird. Die Hochzeit dauert mehrere Tage, viele hundert Gäste sind keine Seltenheit. Wichtigstes Kriterium für den Vollzug der Ehe ist die Jungfräulichkeit der Braut.

Nach einer Fatwa (rechtskräftiger Erlaß eines Mufti), die 1999 bekanntgegeben wurde, darf eine vergewaltigte Jungfrau innerhalb der ersten vier Schwangerschaftsmonate die Frucht des Verbrechens abtreiben. Anschließend darf sie ihre Jungfräulichkeit operativ wiederherstellen lassen und muß nicht einmal ihrem künftigen Ehemann davon berichten, es sei denn, sie wird von ihm ausdrücklich danach befragt. Die psychischen Folgen der Vergewaltigung sind dem Autor der Fatwa nicht erwähnenswert; wichtig für die Zukunft einer unverheirateten Frau ist ihre Jungfräulichkeit, denn nur dieses Attribut verschafft ihrer Ehe Gültigkeit.

Die Ehe unterliegt religiösem Recht, der Sharia. Danach übt der Mann die "eheliche Gewalt" aus, d.h. ihm steht das Recht zu, seiner Frau im täglichen Leben ziemlich enge Grenzen zu ziehen, z.B. über ihre Besucher zu bestimmen. Die Frau ist verpflichtet, ihrem Mann gehorsam zu sein, am ehelichen Aufenthaltsort zu leben, sich tugendhaft zu verhalten und über den Haushalt zu wachen.

Die verheiratete Frau behält ihren Mädchennamen und ihr Vermögen, sie kann frei über ihre Mitgift entscheiden, ihr Ehemann darf sich nicht in ihre finanziellen Angelegenheiten mischen. Wegen der gesetzlich vorgeschriebenen Gütertrennung kann die Frau in geschäftlichen Dingen völlig unabhängig von ihrem Mann agieren. Die Kinder nehmen den Namen des Vaters und seine Religion, den Islam, an.

Noch vor wenigen Generationen übertraten Frauen die Schwelle ihres Hauses praktisch nur zweimal: bei der Hochzeit und bei ihrem Begräbnis. Seit einigen Jahrzehnten kann die Frau auch einer Tätigkeit außerhalb des Hauses nachgehen. Etwa 10 bis 15 Prozent der Ägypterinnen machen von diesem Recht Gebrauch – neben den vielen Frauen, die in der Landwirtschaft seit Menschengedenken mitarbeiten müssen. Im Beruf ist die Frau gesetzlich dem Mann gleichgestellt, sie hat zumindest theoretisch auch gleiche Chancen. Während des gesetzlich bis zu zwei Jahren garantierten Mutterschaftsurlaubs erhält sie ihre vollen Bezüge.

Die Majorität der Frauen rackert – nach statistischen Untersuchungen – 16 bis 19 Stunden täglich: Mann und Kinder mit Essen versorgen, Kleinvieh und eventuell vorhandene Kuh füttern und melken, Brennmaterial beschaffen, Wasser holen, Geschirr und Wäsche (meist im Kanal) mit Sand und bestenfalls Seife waschen, jedes Jahr ein Kind in die Welt setzen sowie die vorhandenen versorgen und, als Hauptbeschäftigung, auf dem Feld arbeiten wie der Mann. Schließlich hat sie die landwirtschaftlichen Produkte auf dem Markt zu verkaufen. Erst die heranwachsende Tochter wird sie entlasten.

Die alltägliche Kleidung besteht aus einem langen, weit herunterhängenden Kleid, langärmelig und mit kleinem Ausschnitt. Um den Kopf ein Tuch geschlungen, über das bei Verlassen des Hauses noch ein schwarzes längeres kommt, das fast den ganzen Oberkörper bedeckt. Auf den Rücken baumeln zwei lange Zöpfe, wenn nicht aus eigenem Haar, dann aus Stoffäden geflochten.

Für Töchter aus bessergestellten Familien zeichnet sich bereits früh ein anderes Leben ab. Sie drängen in die Hochschulen und sind in akademischen Berufen sehr viel stärker repräsentiert, dabei scheint das Bildungswesen eine Domäne der Frauen zu sein bzw. zu werden. Während die typische Landfrau nur zum Arbeiten Zeit hat, schlagen sich die Frauen aus einkommensstärkeren oder städtischen Schichten mit den Problemen der Familie und deren sozialer Stellung herum.

Im privaten Bereich gibt es kaum gesellschaftliche Beziehungen von Frauen zu anderen Männern. Bei Parties oder ähnlichen Veranstaltungen sondern sich die Frauen in eigene Gruppen ab, in denen es dann meist wesentlich fröhlicher zugeht als in der politisierenden Männerrunde nebenan. Innerhalb dieser Frauengruppen gibt es kaum Geheim-

Mashrabiya – Holzgitter vor Haremsfenstern

nisse, allerdings auch wieder Hierarchie: Die älteren Frauen geben den Ton an und achten darauf, daß Sitte und Anstand gewahrt werden und daß die unverheirateten Töchter unter die Haube kommen.

Ein Mann kann bis zu vier Frauen heiraten, eine Frau aber nur einen Mann. Will sich eine Frau gegen weitere Partnerinnen in der Ehe wehren, so konnte sie früher die Scheidung verlangen. 1985 wurde ein neues Gesetz verabschiedet, wonach die Frau im Falle einer Zweitehe nachweisen muß, daß sie dadurch materiell oder seelisch schwerwiegend beeinträchtigt wird. Erst dann ist die Scheidung möglich. Außerdem wurde sie materiell insofern schlechter gestellt, als sie nur so lange Anrecht auf Unterhalt und Wohnung hat, bis der Sohn 10 bzw. die Tochter 12 Jahre alt ist. Der Ehemann kann sich im Grunde selbst von seiner Frau scheiden, indem er dreimal nacheinander sagt: "Ich verstoße dich!" Er muß zwar Alimente zahlen, die sind jedoch mäßig – falls sie überhaupt aufgebracht werden.

Für die Frau hingegen sieht die Lage nicht so einfach aus. Selbst wenn sie sich im Ehevertrag die Selbstverstoßung ausbedungen hat, erkennen ägyptische Richter diese Bedingung heutzutage nicht mehr an, weil sie der Sharia nicht entspricht. Eine von der Frau ausgehende Scheidung ist nur in gegenseitigem Einvernehmen möglich, durchsetzbar von der Seite der Frau aber nur in Fällen nachgewiesener Impotenz oder der Unfähigkeit des Mannes, die Familie ernähren zu können. Die Frau trägt die Beweislast.

Eine geschiedene Frau verliert häufig ihre gesellschaftliche Stellung; in gebildeten Kreisen weniger als auf dem Land. Denn in gehobenen sozialen Schichten hat sie weniger Schwierigkeiten, erneut zu heiraten. Normalerweise muß sie zu ihren Eltern oder anderen Mitgliedern der Familie zurückkehren und versuchen, über die Runden zu kommen. Verläßt die nicht geschiedene Frau ihren Mann, weil er sie z.B. mißhandelte oder aus anderem Grund, so hat er das Recht, sie per Polizei in seinen Haushalt zurückzuholen.

All das oben Gesagte klingt aus unserer Sicht nicht gerade schmeichelhaft für die arabische Gesellschaft (die Stellung der Frau ist in allen arabischen bzw. islamischen Ländern ähnlich, meist jedoch weit orthodoxer als in Ägypten). Auf der anderen Seite behaupten wir, aufgeklärt zu sein und die Frau in unserer Gesellschaft gleichberechtigt neben den Mann zu stellen. Daß es damit auch nicht zum allerbesten steht, können wir täglich in der Zeitung lesen. Die Einstellung der islamischen Gesellschaft zu diesen Fragen mag aus unserem Selbstverständnis negativ beurteilt werden, aber wir haben zu berücksichtigen, daß wir einem völlig anderen Kulturkreis mit ganz anderen Wertmaßstäben angehören.

Es mag in diesem Zusammenhang nicht uninteressant sein, daß seit einigen Jahren die Frauen zur islamischen Tracht, manchmal sogar zum Schleier zurückkehren. Viele sind gebildet, ja Karrierefrauen. Die Gründe für diese Tendenz sind sicher vielschichtig, nicht zuletzt zeigt sich darin auch eine Protesthaltung gegen westliche Überfremdung. Aber der Schleier gibt auch einen gewissen Schutz, besonders vor der "Anmache" von Männern. Ich erinnere mich an den Konflikt eines guten Freundes in Pakistan, der seine junge Frau – eine Lehrerin – nach der Hochzeit zwingen wollte, den Schleier abzulegen. Sie lehnte dies vehement mit den Worten ab: *"Ich fühle mich dann wie nackt"*.

Wir sollten auch sehen, daß der Mann in der islamischen Ehe wesentlich mehr Verantwortung für das Wohlergehen und den Bestand der Familie übernimmt, als es bei Europäern gewöhnlich der Fall ist. Die islamische Familie besitzt ein ungleich stärkeres Zusammengehörigkeitsgefühl, die Mitglieder fühlen sich einander viel mehr verpflichtet. Und in dieser Beziehungswelt spielt die Frau die dominierende Rolle.

Betrachten Sie daher dieses Kapitel als Information, mit der Sie die eine oder andere Lebensäußerung des Gastlandes besser interpretieren können. Völlig falsch wäre es, daraus eine Aufforderung zu lesen, quasi missionarisch nach Ägypten zu reisen und dort die Frauen *befreien* zu wollen. Ebenso falsch ist das Argument dürftig bekleidet reisender Mädchen, den Leuten im Lande mit viel nackter Haut zeigen zu wollen, was persönliche (Pseudo-)Freiheit ist.

Die mehrfach zitierte Christine Pollok schreibt in ihrem Buch *Kulturschock Islam* (siehe Seite 44): *"Während wir uns in vielfachen Diskussionen über Selbstverwirklichung ergehen, ist die Identität der arabischen Frauen von Geburt an festgelegt. Trotz dieser aus*

Wasserholen – eine der Frauenpflichten, wenn es kein fließendes Wasser im Haus gibt

Im Frühjahr 1987 erhielten wir einen Brief von Frau El Hefny aus Kairo, die auf diesen Ägyptenführer gestoßen war, das Buch sehr begrüßte, da es nicht die stereotypen Klischees über die Ägypter wiederhole, aber meinte, daß wir die Stellung der Frau zu negativ geschildert hätten. Wir baten die damals 82jährige Dame, doch aus ihrer Sicht die Situation zu schildern. Diese Schilderung halten wir für so aufschlußreich, daß wir sie – leicht gekürzt – wiedergeben:

"56 Jahre eines Lebens in Kairo sind eine lange Zeit. Und weil sie gerade in den politischen und sozialen Umsturz Ägyptens fielen, konnte ich die schon in den 20er Jahren beginnende Entwicklung nicht nur miterleben, sondern auch daran teilhaben. 1930 kam ich mit meinem ägyptischen Mann und unseren drei kleinen Töchtern in Kairo an. Man hatte mir mit den vier Frauen, der absolutistischen Herrschaft des Mannes und dem Verbot, das Haus zu verlassen, Angst gemacht. Zumindest mein Mann gehörte nicht zu dieser Art. Ich wurde von der Familie und Freunden mit überaus großer Herzlichkeit empfangen.

Die Erinnerung an damals und der Vergleich zu heute zeigt mir die große evolutionäre Entwicklung. Ich schloß mich den Frauen aus dem Kreis meines Mannes (akademisches Bürgertum) an. Sie waren Hausfrauen und Mütter, hatten Schulbildung, manche auch ein Studium. Selten war eine meiner Bekannten auch berufstätig. Die Frauen lebten für ihren Mann und ihre Kinder, die sie mit besonderer Liebe umgaben.

Obgleich eine Abneigung gegen den Schleier bestand, gingen Anfang der 30er Jahre meine Bekannten noch verschleiert und trugen auf der Straße einen großen schwarzen Seidenmantel. Die Frauen führten ein sehr häusliches Leben, besuchten einander, aber immer nach Geschlechtern getrennt.

Ein Ehepaar konnte ein anderes besuchen, aber kam ein unverheirateter Mann hinzu, so gingen die Frauen in ein anderes Zimmer oder der Unverheiratete mußte sich entfernen. Das gesellschaftliche Ereignis für die Frau war der Istiqbal (Empfang), zu dem sich nur Frauen meist einmal wöchentlich für eine solche Nachmittagseinladung trafen. Die Frauen erschienen in großer Toilette und mit Schmuck behangen - wann hätten sie sonst Gelegenheit sich zu schmücken? Es wurde geplaudert, manchmal auch geklatscht oder es erschien eine Bauchtänzerin.

Mit der Zeit änderten sich die gesellschaftlichen Sitten. Plötzlich gab es gemischte Gesellschaften, gingen Frauen mit ihren Männern oder auch mit Begleitung ins Kino, Theater oder Restaurant. Man sah bald mehr Frauen auf der Straße, in öffentlichen Verkehrsmitteln, sogar am Steuer eines Autos. Beigetragen zu dieser Entwicklung hat gewiß der Schulzwang auch für Mädchen, Schulen für mittlere Berufsausbildung und natürlich der Ehrgeiz der Frauen, am allgemeinen Leben teilzunehmen, nicht zu vergessen der Einfluß der Frauenbewegung.

Den Weg zur heutigen Position der Frau habe ich an meinen eigenen Töchtern und deren Kindern miterlebt. Die Universitäten wurden bald in allen Fakultäten den Frauen geöffnet: Meine ältere Tochter war die erste Studentin der Technischen Fakultät, meine zweite Tochter studierte Medizin und betreibt heute eine gutgehende Praxis, die jüngste studierte Musik, sie ist heute eine bekannte Opernsängerin. Gehaltlich sind die Frauen den Männern gleichgestellt, insofern hatten wir in Ägypten die Gleichberechtigung eher als in Deutschland.

Auch die gesellschaftlichen Sitten änderten sich im Laufe der beiden Generationen: Während meine Töchter nicht allein mit ihren Verlobten ausgehen durften, konnten meine Enkelkinder ganz frei im Umgang mit dem anderen Geschlecht, z.B. mit ihren Verlobten, sein. Sie gingen allein oder mit andern Pärchen aus. Das führte aber keineswegs zu leichteren Sitten, denn hier spielt die Religion eine große Rolle.

Die Wahl des Ehepartners liegt heute nicht mehr absolut in den Händen der Eltern. Früher schlossen sie die Ehen, die ihnen günstig und passend für ihr Kind erschienen und häufig ihnen selbst Vorteile brachten. Wenn alles arrangiert war, unternahm man die offiziellen Schritte: Verlobung, Ehevertrag und Hochzeitsfest. Dieser offizielle Ritus besteht auch heute noch, doch kennt sich meistens das Paar bereits. Die Mädchen haben heute Gelegenheit, in der Universität, im Sportclub oder bei Einladungen junge Männer kennenzulernen.

Durch die bessere Ausbildung hat sich auch die gesellschaftliche Stellung der Frau gewandelt. Sie nimmt an allen Unterhaltungen teil und schielt nicht mehr auf ihren Mann, was sie wohl sagen dürfe. Im privaten Bereich kann sie nun persönliche Interessen pflegen, Sport treiben etc. Diese neue Freiheit hat der Frau weite Gebiete geöffnet. Sehr viele Frauen sind heute politisch und sozial in führenden Positionen und in fast allen Berufen tätig. Dennoch wird der Sinn der Familie hochgehalten, das Familienleben sehr gepflegt.

Aus der neuen Stellung der Frau hat sich auch die Mode geändert. Mit dem Fallen des Schleiers griff man zur europäischen Mode. In den letzten Jahren gab es dann eine scharfe Wendung ins Gegenteil. Mehr und mehr Frauen erschienen in der islamischen Tracht. Grund dafür ist die Meinung, man habe sich zu sehr vom Islam abgekehrt und sei den europäischen "Freiheiten" nachgegangen. Die Frauen auf dem Land, die Fellachinnen, leben bedeutend freier als die Stadtfrauen. Sie waren nie isoliert vom anderen Geschlecht, sie arbeiten mit ihren Männern zusammen auf dem Feld, sitzen abends im Familienkreis mit männlichen Verwandten und Bekannten.

Doch ist das Leben der Fellachin sehr hart. Neben der Feldarbeit zieht sie das Kleinvieh auf, treibt Kamele, Büffel, Esel und Ziegen heim. Dazu kommen ihre häuslichen Pflichten, sie kocht, säubert, sorgt für Vorräte. Die alltägliche Kleidung besteht aus einem langen, weit herunterhängenden Kleid, langärmelig und mit kleinem Ausschnitt. Um den Kopf ein Tuch geschlungen, über das bei Verlassen des Hauses noch ein schwarzes längeres kommt, das fast den ganzen Oberkörper bedeckt. Auf den Rücken baumeln zwei lange Zöpfe, wenn nicht aus eigenem Haar, dann aus Stoffäden geflochten.

Abschließend ist zu sagen, daß wir hier in Ägypten das Leben einer für Europa "tugendhaften" Gesellschaft führen. Die Frau ist sich ihrer Würde bewußt, füllt ihren Beruf aus und bleibt trotzdem der Mittelpunkt der Familie."

Dieser Brief gibt ein – stellenweise sicher sehr subjektives – Bild im Kaleidoskop der Meinungen wieder. Ägypterinnen aus anderen sozialen Verhältnissen werden die Stellung der Frau in ganz anderem Licht sehen. Wir glauben jedoch, daß auch das von Frau El Hefny gezeichnete Bild dazu beiträgt, das so vielschichtige Land besser verstehen zu lernen.

unserer Sicht beschnittenen Entwicklungsmöglichkeit sind die Menschen und Frauen vielleicht sogar zu beneiden, da sie ganz in ihrem Dasein aufgehen, ohne intellektuellen Krisen ausgesetzt zu sein. Hinzu kommt die Zugehörigkeit zur Frauengemeinschaft, in der soziale und emotionale Bedürfnisse befriedigt werden und zwar in einem Maß, das innerhalb der weiblichen Solidarität einen ausgleichenden Gegenpol zur männlichen Vorherrschaft aufbaut." Auch wenn diese Interpretation der Lage im Prinzip aussagt, daß die Ungebildeten und Unfreien glücklicher sind, weil sie nicht über ihre Situation und die der Welt nachdenken müssen, so spiegelt sie doch die Lebenssituation vieler Frauen wider. Nicht zuletzt werden viele Nachteile durch enge soziale Bindungen kompensiert, Glück ist nicht allein eine intellektuelle und demokratische Freiheitsfrage.

2.5 Die heutigen Religionsgemeinschaften

Der Islam

So wie die pharaonische Religion das alte Ägypten in all seinen Lebensäußerungen prägte, so bestimmt der Islam das heutige – auch das moderne – Leben des Landes. Zwar pflegen die Kopten ihre eigene christliche Religion, doch die Dominanz des Islam ist so stark, daß nach außen die koptischen Einflüsse fast völlig überdeckt werden.

Um die Lebensäußerungen der Ägypter, die der Besucher täglich, ja stündlich miterlebt und manchmal miterträgt, besser verstehen oder interpretieren zu können, ist eine wenigstens minimale Information über diese Religion unbedingt notwendig. Nehmen Sie sich daher Zeit, die folgenden Zeilen zu lesen oder, besser noch, sich über entsprechende Literatur etwas tiefer mit dieser Thematik zu befassen.

Mohammed und seine Zeit

Zunächst ein kurzer Blick auf die Entstehungsgeschichte des Islam: Seit Menschengedenken verehrten die Beduinen der arabischen Halbinsel bereits die Kaaba, einen großen schwarzen Meteoriten, um den herum sich die Stadt Mekka entwickelt hatte. Dort wächst Ende des 6. Jhs das Waisenkind Mohammed aus dem Stamm der Hashemiten als Hirte unter Hirtenkindern bei seinem Onkel Abu Talib auf. Später engagiert eine reiche Kaufmannswitwe den zuverlässigen jungen Mann als ihren Vertreter, der auf vielen Reisen in die nähere und fernere Umgebung nicht nur den Geschäften nachgeht, sondern auch mit scharfer Beobachtungsgabe die jüdischen und christlichen Relgionsinhalte wahrnimmt. 610 nC werden dem etwa 40jährigen göttliche Offenbarungen zuteil, die er als Koran *(Offenbarung, Rezitation)* den Menschen um ihn herum mitteilt.

Die monotheistische Lehre Mohammeds, der **Islam**, von einem einzigen Gott knüpft an jüdische und christliche Überlieferungen an. Aber der Prophet gilt im eignen Land nicht, die Mitbürger befürchten Einkommensverluste, wenn infolge der neuen Religion die beduinischen Pilger zur Kaaba ausbleiben sollten. Sie verehren lieber ihre traditionellen Fetisch-Götter und Idole weiter, die sie um den Meteoriten herum aufbauen.

622, nach 12 wohl ziemlich frustrierenden Jahren, erhält Mohammed einen Ruf aus Medina (damals Yathrib), dort die religiös-politischen Streitigkeiten zwischen zwei

Araberstämmen und einer jüdischen Gemeinde zu schlichten. Zusammen mit 70 Gefolgsleuten zieht er nach Medina: Mit dieser *Hedschra (englisch Hejra),* traditionell als Flucht bezeichnet, beginnt die muslimische Zeitrechnung. In Medina muß Mohammed in erster Linie politisch agieren, damit er Gehör und Erfolg finden kann. Er gewinnt Anerkennung und gründet die Umma, die Gemeinschaft der Muslime, eine theokratisch organisierte Gesellschaftsform. Auf diese Verschmelzung von politischer und religiöser Handlungsanleitung wird der spätere Erfolg des Islam zurückgeführt.

Mohammed will Mekka, d.h. die Kaaba zurückerobern, weil er diesen Sammelpunkt der Beduinenstämme zur Vereinigung Arabiens nutzen kann. 630 gelingt seinem kleinen Heer die Eroberung der Stadt. Die Bewohner ergeben sich ohne großen Widerstand und schließen sich weitgehend seiner Lehre an. Mohammed reinigt die Kaaba von Götzenbildern und bestimmt sie zum Heiligtum und Zentrum des Islam.

Als der Prophet zwei Jahre später stirbt, hat er nicht nur eine neue starke Religion gestiftet, sondern auch die zerstrittenen arabischen Stämme soweit unter dem Zeichen des Islam geeint, daß diese den neuen Glauben und den darin formulierten Gottesstaat blitzartig im Orient ausbreiten können.

Zum besseren Verständnis der historischen Zusammenhänge muß noch auf weitere Ereignisse aufmerksam gemacht werden. Mohammed hatte seine Nachfolge nicht geregelt. Als sein erster Kalif, d.h. Statthalter des Propheten, tritt Abu Bekr von 632-634 die Nachfolge an. Auf ihn folgt Omar als Kalif, der in seiner zehnjährigen Herrschaft von Persien im Osten über Syrien bis Ägypten im Westen einen großen Teil der damaligen Welt unterwirft und islamisiert. Nach Omars Ermordung wird von einem Wahlkollegium Othman als Kalif bestimmt, doch dagegen wendet sich Ali, der Schwiegersohn des Propheten. 661 verlieren die Anhänger Alis die Schlacht bei Kerbala, Ali wird getötet. Seine Anhänger spalten sich vom Hauptstrom der Muslime als *Schiiten* (*Schiat Ali,* Partei Alis) ab. Die anderen werden *Sunniten* (Befolger der Sunna) genannt. Die Schiiten leben in großen Teilen des heutigen Irak und des heutigen Iran. Das Kalifat besetzen nun die Omaijaden, die aus dem Hause Othmans stammen. 750 folgen ihnen für fast fünf Jahrhunderte die Abbasiden.

Die von Mohammed verkündete Religionslehre des Islam (deutsch Hingabe) ist im Koran festgehalten. Doch Mohammed hatte selbst keine schriftlichen Dokumente hinterlassen, erst 20 Jahre nach seinem Tod wurde eine verbindliche Fassung seiner Lehren schriftlich fixiert. Die zu jener Zeit noch nicht voll ausgeprägte arabische Schrift ließ Mehrdeutungen zu. Insgesamt besteht der Koran in heutiger Fassung aus 114 *Suren* (Abschnitten, Kapiteln), die sich wiederum in *Ayat* (Verse) unterteilen, wobei die kürzeste Sure drei und die längste 306 Verse enthält. Da Gott den Koran dem Propheten mitteilte, wird er von den Gläubigen als heilig und unveränderbar angesehen.

Anders verhält es sich mit der Sunna, einer Textsammlung aus dem 9. Jh, die im wesentlichen den Lebensweg des Propheten, sein Denken und Handeln beschreibt. Sie gilt nicht als unfehlbar, spielt jedoch eine wichtige Wegweiser-Rolle im Leben eines Gläubigen.

Viele Elemente des Islam basieren auf der Thora bzw. Bibel. So betrachtet Mohammed auch Jesus, Moses und die anderen Propheten der Bibel als seine Vorgänger, er selbst allerdings sei der letzte in der Reihe der Propheten, dem die größte und abschließende Offenbarung mitgeteilt wurde.

Der Begriff Allah für den Gott des Islam ist nicht nur das arabische Wort für Gott, *Allah* ist grundsätzlich auch bedeutungsgleich mit dem jüdischen und christlichen Gott. Doch Allah ist einzig, er hat im Gegensatz zum christlichen Gott oder zu den früheren arabischen Göttern keine Söhne oder Töchter. Er, der allwissend ist, verlangt unbedingte Hingabe und die Befolgung seiner Gebote.

Mohammeds Religion

Wie auch in anderen Religionen glauben die Muslime an das Leben nach dem Tod, werden die Taten des Menschen nach dem Tode bewertet (allerdings erst beim Jüngsten Gericht), landen die Bösen unter furchtbaren Qualen in der Hölle, die Guten im Paradies. Jedoch verhält sich der Mensch prinzipiell nach Allahs Willen, er kann sein irdisches Wandeln nur bedingt entgegen Allahs Wunsch modifizieren. Daraus resultiert ein gewisser Fatalismus, dem wir Europäer häufig erstaunt oder gar fassungslos gegenüberstehen.

"Es gibt keinen Gott außer Allah, und Mohammed ist sein Prophet" (arabisch: *"La illaha Allah wa Muhammadun rasulu Allah"*), dieses Glaubensbekenntnis und Grunddogma ist einer der fünf Grundpfeiler des Islams. Täglich hören Sie es von den Minaretten der Moscheen schallen.

Eine weitere Grundpflicht sind die täglichen fünf Gebete: Bei Sonnenuntergang (Beginn des neuen Tages) erfolgt das erste Gebet, zwei Stunden nach Sonnenuntergang das zweite, in der Morgenröte das dritte, mittags das vierte und gegen drei Uhr nachmittags das fünfte. Das Gebet muß rein, d.h. mit gewaschenen Füßen, Händen und sauberem Gesicht, barfuß und auf einer reinen Unterlage (Gebetsteppich) mit dem Kopf in Richtung Mekka erfolgen. Daher hat auch der Besucher einer Moschee entweder die Schuhe auszuziehen oder die häufig angebotenen Stoffüberschuhe anzulegen.

Einmal im Jahr hat der Muslim einen Fastenmonat einzuhalten, der im Mondmonat Ramadan liegt und 30 Tage dauert (ebenfalls einer der fünf Glaubens-Grundpfeiler). Von der ersten Dämmerung bis zum Sonnenuntergang darf weder gegessen noch getrunken, geraucht oder sonstigen fleischlichen (sexuellen) Genüssen nachgegangen werden. Darüber hinaus sollen keine bösen Worte gesagt oder gedacht und Streit sowie kriegerische Auseinandersetzung vermieden werden. Für den Besucher kann der Monat Ramadan ein paar praktische Probleme mit sich bringen, da viele Restaurants tagsüber geschlossen und nach Sonnenuntergang total überfüllt sind.

Wir selbst erlebten mehrfach die Ramadanzeit in Ägypten und fanden sie eigentlich attraktiv, vor allem in Kairo, wo das Leben nach Sonnenuntergang in eine zweite, sehr intensive Runde geht. Zunächst herrscht Ruhe vor dem Sturm nach Sonnenuntergang, dann setzt der Verkehr mit voller Vehemenz ein, denn Ramadan ist Besuchs- und Gastgeberzeit. Die Hausfrauen versuchen einander in den köstlichsten Gerichten zu übertreffen. Kinder ziehen mit Ramadan-Laternen durch die Straßen. Wer die Gelegenheit hat, den Abend in der Gegend von Kairos Hussein-Moschee (Khan el Khalili Bazar) zu verbringen, wird von der brodelnden Lebensfreude förmlich mitgerissen. Wirkliche touristische Einschränkungen – wie wir sie aus anderen

Nach dem Freitagsgebet in der Hussein Moschee, Kairo

islamischen Ländern kennen – konnten wir kaum feststellen.

Es ist erstaunlich und bewundernswert, mit welchem Durchhaltewillen tatsächlich die gesamte islamische Welt diesem Gebot folgt. Angemerkt sei, daß der Lebensmittelkonsum in allen islamischen Ländern während des Ramadan zum Teil weit über das übliche Maß hinaus ansteigt. Samira Fikry, eine ägyptische Kolumnistin, schreibt, daß im Ramadan so viele Lebensmittel verbraucht werden wie in "normalen" sechs Monaten.

Als ein weiterer Glaubenspfeiler gilt die Almosenpflicht gegenüber Armen. Mit dieser "Armensteuer" reinigt sich der Besitzende vom Makel des Besitzes, für den Habenichts ist sie eine Art von Rentenversicherung (siehe auch Seite 26). Ziemlich genaue Vorschriften regeln, welche Anteile abzugeben sind.

Weiterhin soll – als letzte der fünf grundlegenden Vorschriften – jeder Muslim einmal im Leben eine Pilgerfahrt (Haj) nach Mekka unternehmen. Sie zählt zu den Höhepunkten im muslimischen Leben; das gemeinsame Gebet mit vielen tausend anderen Pilgern vor der Kaaba in Mekka ist ein tief prägendes und die Glaubensgemeinschaft verbindendes Erlebnis.

Die Pilgerfahrt findet im Monat Dhul-Hijra statt, am zehnten Tag wird das Opferfest zelebriert, das die gesamte muslimische Welt mit den Pilgern in Mekka verbindet, die zu dieser Zeit die Kaaba umschreiten. Zum Gedenken an die Barmehrzigkeit Gottes, der letztendlich Abrahams Menschenopfer nicht zuließ, sondern sich mit einem Tier begnügte, wird an diesem Tag ein Lamm geschlachtet und das Fleisch mit Verwandten, Freunden und Armen geteilt. Das Fest dauert in der Regel drei Tage; in dieser Zeit ist das öffentliche Leben praktisch lahmgelegt.

Häufig zeigt der Pilger mit einem Gemälde an seiner Hauswand, auf dem bevorzugt die benutzten Verkehrsmittel dargestellt werden, seine erfolgreiche Reise der geschätzten Mitwelt an.

Schwache und Gebrechliche können sich, solange ihr Zustand anhält, von diesen Pflichten suspendieren.

Zu den weiteren Vorschriften des Korans zählt die Beschneidung der Knaben. Die meist mit einem großen Fest verbundene Zeremonie findet heute kurz nach der Geburt statt. Strenge, den klimatischen Verhältnissen angepaßte Verbote herrschen auch bei Tisch: Es gibt keinen Alkohol oder andere berauschende Getränke; der Verzehr von Schweinefleisch, ebenso wie von Fleisch fleischfressender Säugetiere ist verboten.

Als Mohammed vor knapp eineinhalb Jahrtausenden seine Lehre verkündete, stellte er die Frau dem Mann rechtlich und ethisch in jeder Weise gleich – damals ein ungeheurer emanzipatorischer Sprung nach vorn. Auch vor Allah sind beide Geschlechter gleich, lediglich auf Erden sind ihnen, da unterschiedlich geschaffen, auch unterschiedliche Pflichten auferlegt, aus denen wiederum unterschiedliche Rechte folgen. Dennoch bestimmt der Koran eine Gleichwertigkeit, indem er der Frau Eigenbesitz, Erbrecht und standesgemäße Versorgung zusichert. Selbst für den Fall der Scheidung wird noch vor der Heirat in einem rechtlich verbindlichen Ehevertrag vorgesorgt, der festgelegt, für was der Mann aufzukommen hat.

Der Koran verlangt, daß die Ehepartner sich gegenseitig Schutz und Geborgenheit gewähren. Weder verpflichtet er zum Geschlechtsleben, noch wird es als Sünde betrachtet. Im Grunde ging Mohammed die Probleme des täglichen Lebens und Zusammenlebens sehr pragmatisch an, indem er Scheidungen zugestand, andererseits aber den Lebensunterhalt der Frau sicherte. Wer diesen Pragmatismus mit den eher verkrampften Regeln anderer Religionen in der damaligen Zeit vergleicht, wird einen der Gründe finden, warum sich der Islam so schnell verbreitete.

Wenn heute westliche Überheblichkeit mit dem Finger auf die Ungleichstellung der Frau in islamischen Ländern zeigt, so sollte man vielleicht einmal in unserer Entwicklungsgeschichte zurückblättern, wie düster es vor sechs Jahrhunderten für Frauen in der christlichen Welt aussah. Obwohl dieser Vergleich ziemlich hinkt, so sollte man bedenken, daß die um 600 Jahre jüngere islamische Lehre sich ähnlich wie das Christentum weiterentwickeln und sich um das Jahr 2600 vermutlich anders darstellen wird als heute.

Die progressiven Ideen von damals, die sowohl dem Mann als auch der Frau Verpflichtungen auferlegten, verkrusteten im Laufe der Jahrhunderte. Die Männer verstanden es, eine patriarchalische Ordnung aufzubauen, in der die Frau in mancher Hinsicht ins Hintertreffen geriet. Doch auch in der islamischen gesellschaftlichen Welt wandeln sich Ansichten und Einstellungen, wird die Abhängigkeit der Frau vom Mann durch Berufstätigkeit und die Tendenz zur Kleinfamilie gelockert. Ein aktuelles Beispiel mag der Iran sein, dessen streng orthodoxe Restriktionen sich nun wieder aufzulösen scheinen.

Daß es in derartigen Phasen Menschen – Traditionalisten oder Fundamentalisten – gibt, die sich neuen Ideen oder Praktiken in den Weg stellen, läßt sich beliebig in der Geschichte aller Religionen verfolgen. Häufig geht es nur darum, daß Machthungrige ihr Süppchen zu kochen versuchen, um ihre Postionen zu halten. Daß sie wie in Afghanistan oder Algerien dabei ihre Umgebung in einer Weise tyrannisieren, die weit entfernt von den Idealen des Islam ist, spielt für sie keine Rolle.

Im Islam ist besonders die bildliche Darstellung von Menschen verpönt, weil sich Mohammed in dieser Richtung äußerte. Allerdings waren seine Äußerungen – keine ausdrücklichen Verbote – mehr gegen den Götzendienst als gegen figürliche Malerei gerichtet. Dennoch scheuen auch heute noch strenge Muslims vor Kameras zurück. Dieses "Verbot" hatte allerdings extreme Auswirkungen auf die Kunst: Es führte zu der reichen Flächenornamentik des Islams. Die antike Blattranke wurde zur Arabeske stilisiert, einem fortlaufenden Rankenmuster aus Stengel, Blatt und Blüte. Darüber hinaus entstand die arabische Schriftkunst, die Kalligraphie, die in keiner anderen Kultur ihresgleichen hat.

Auch in Ägypten hat in den letzten Jahren eine Renaissance des Islam eingesetzt, die mehr und mehr das öffentliche Leben durchdringt. Als typisches Beispiel mag die Rückbesinnung auf die Sharia, das islamische, gottgegebene Recht gelten. Hatte Nasser die Rechtsprechung noch sehr an demokratischen Vorbildern orientiert, so kehrt sie jetzt schrittweise zur orthodoxen Richtung zurück.

Die islamischen Fundamentalisten, vor allem durch ein fast subversives Netz der (bislang verbotenen) Muslimbrüderschaft sehr einflußreich vertreten, gewinnen an Boden im öffentlichen Bewußtsein. Sie widersetzen sich allen säkularen Bestrebungen und möchten den Staat voll in das religiöse Leben integrieren. Für sie gibt es keinen Widerspruch zwischen Islam und Staat, da die Religion das gesamte Leben und alle seine Äußerungen integriere. Auch die Sharia sei daher fundamental für die Zukunft des Staates, zumal etwa 80 Prozent der Gesetzgebung ohnehin den Ansprüchen des Islam entsprechen. Andererseits darf der Widerstand vieler Intellektueller und besonders der Kopten gegen diese häufig intolerante Linie nicht übersehen werden.

Es sollte noch angemerkt werden, daß die Ägypter in überwiegender Mehrzahl der sunnitischen Glaubensrichtung angehören; die andere Richtung, die Schiiten, erlangten durch Khomeni und die Iraner Weltberühmheit.

Nicht unwichtig für den Besucher des Landes ist der islamische Kalender, der auf dem Mondjahr basiert. Da es elf Tage kürzer als das Sonnenjahr ist, beginnt das islamische Jahr jährlich jeweils elf Tage früher, d.h. daß sich z.B. der Fastenmonat Ramadan und auch sämtliche religiöse Festtage gegenüber unserem Kalenderjahr ständig verschieben.

Die Monate werden wie folgt bezeichnet (in Klammern die Anzahl der Tage): Moharam (30), Safar (29), Rabei el Awal (30), Rabei el Tani (29), Gamad el Awal (30), Gamad el Tani (29), Ragab (30), Shaaban (29), Ramadan (30), Shawal (29), Zoul Qidah (30), Zoul Hagga (29). Die Anzahl der Tage kann variieren, da sie von der Sichtbarkeit des Neumondes abhängt. Die aktuellen Daten finden Sie auf Seite .

Die Kopten und andere Christen

Der Apostel Markus brachte das Christentum nach Ägypten, 68 nC starb er in Alexandria den Märtyrertod. Auf ihn beziehen sich die heutigen Patriarchen (Päpste) der koptischen Kirche, der gegenwärtige Patriarch, Shenuda III, ist der 117. Nachfolger.

Alexandria entwickelte sich schnell zu einem christlichen Zentrum, die neue Lehre verbreitete sich durchs ganze Land. Es konnte daher nicht ausbleiben, daß die alten Machthaber mit Neid den neuen Einfluß beobachteten und zu begrenzen oder zu vernichten trachteten. Am eifrigsten tat sich Kaiser Diocletian hervor, der angeblich 800 000 Christen ermorden ließ. Die Zeitrechnung der Kopten geht in Erinnerung daran – *anno martyrii* – auf die Thronbesteigung Diocletians im Jahre 284 nC zurück.

Doch das nächste Unglück der Kopten ließ nicht lange auf sich warten. Auf dem Konzil von Chalkedon 451 nC konnte man sich nicht über die Natur Christi einigen, die ägyptische Kirche unterlag mit ihrer Ansicht der monophysitischen Lehre von *der einen Natur Gottes, die Fleisch angenommen hat*, während Byzanz von den zwei Naturen sprach. Mit dem Konzil und dem Bruch begann die eigentliche Geschichte der Kopten und sehr bald eine neue Unterdrückung – durch die Glaubensbrüder in Byzanz. Die gnadenlose Ausbeutung der ägyptischen Provinz und ihrer abtrünnigen Christen wurde so schlimm, daß die Kopten die muslimische Eroberung 639 nC zunächst als Befreiung empfanden.

Erstaunlicherweise ließen die islamischen Herrscher der koptischen Landbevölkerung über viele Jahrhunderte relative religiöse Freiheit. Die Klöster erlebten ihre Blüte gerade in den ersten islamischen Jahrhunderten. Schließlich griff 1005 nC der schiitische Fanatiker El Hakim streng durch, alle koptischen Kirchen Ägyptens wurden zerstört und ihre Anhänger unterdrückt.

Aus der ursprünglichen Majorität wurde eine häufig geächtete und gedemütigte Minorität. Dennoch konnte sich diese Minorität über die Jahrhunderte hinweg erhalten. Erst unter Mohammed Ali gewannen die Kopten im 19. Jhd mehr persönliche und religiöse Bewegungsfreiheit. Offiziell sind sie (die Zahlenangaben schwanken je nach Standpunkt zwischen 6 und 10 Millionen) heute gleichberechtigt. Ob dies die Realität widerspiegelt, mag fraglich sein, zumindest genießen sie Freiheiten wie selten zuvor in ihrer langen Geschichte.

Allerdings gab es Ende der 70er Jahre – wie heute wiederum – Schwierigkeiten, die aus den alten Spannungen zwischen Kopten und islamischen Fundamentalisten herrührten. Einige Kirchen wurden angezündet, Bombenattentate beunruhigten die koptische Bevölkerung. Präsident Sadat ließ 3000 Unruhestifter beider Seiten verhaften, den Patriarchen Shenuda III stellte er unter Hausarrest im Kloster Der Amba Bishoi im Wadi Natrun. Anfang 1985 wurde der Patriarch von Präsident Mubarak rehabilitiert.

Dem Besucher aus dem religiös doch sehr nüchternen Europa fällt die Aktivität der Gemeindemitglieder auf. Beobachten Sie einmal die Pilgerscharen, die sich an einem ganz normalen Wochenende zu einem Kloster auf den Weg machen. Ihre Bereitschaft zu dienen und zu opfern ist bewundernswert; nicht zuletzt trägt sie zum Aufblühen der Klöster erheblich bei. Aber auch im täglichen Leben betätigen sich die Kirchenmitglieder sehr aktiv, vor allem im sozialen Bereich.

Die Kopten dokumentieren ihren Glauben auch nach außen durch ein kleines Kreuz, das bereits den Kindern im 4. oder 5. Lebensjahr auf das innere rechte Handgelenk oder zwischen Daumen und Zeigefinger tätowiert wird.

Ein wichtiges Wort ist über die **Klöster** zu sagen, denn dort kommt der Tourist am häufigsten in Kontakt mit dieser christlichen Religionsgemeinschaft. Bereits sehr früh zogen sich fromme Männer zur Askese in die Einsamkeit der Wüste zurück, Schüler schlossen sich ihnen an. Da die entstehenden Gebäude auch räuberischen Überfällen ausgesetzt waren, wurden bald hohe Schutzwälle errichtet. Innerhalb der Mauern entstanden – als das typische Kloster-"Ensemble" – Basiliken, Wohn- und Wirtschaftsgebäude, ein Fluchtturm mit Kapellen als letzte Rückzugsmöglichkeit und der überlebenswichtige Brunnen.

Das Mönchstum hat in den letzten Jahren großen Aufschwung genommen. Bei einigen Klöstern bestehen Wartelisten für die Aufnahme, generell müssen sich die künftigen Novizen im täglichen Leben bewährt, d.h. einen Beruf ausgeübt haben, viele sind Akademiker. Die Mönche leben im Zölibat, dagegen sind die Pfarrer der Gemeinden verheiratet.

Die Basilika, die koptische Kirche, hat gewisse Ähnlichkeit mit pharaonischen Tempeln. An eine Vorhalle (Narthex) schließt sich ein nach Osten gerichtetes, von Säulen getragenes Langhaus an, dahinter liegt das Allerheiligste (Sanktuar) mit dem Altar. Das Sanktuar ist durch eine Holzwand (Ikonostase), die nur während der Gottesdienste geöffnet wird, abgetrennt. Nur einmal täglich darf an einem Altar eine Messe gelesen werden, daher stehen häufig mehrere Altare nebeneinander. Gottesdienste finden mittwochs, freitags und sonntags statt, sie dauern bis zu drei Stunden.

Auch die Kopten halten Fastenzeiten ein. Generell jeweils mittwochs und freitags, aber auch lange Zeiten wie das *Große Fasten* 55 Tage lang vor Ostern, das *Kleine Fasten* mit 43 Tagen vor Weihnachten am 7. 1., 15 bis 35 Tage zu Maria Himmelfahrt am 22. 8. und ein bis drei Tage zum Fest Christi Taufe am 19.1.; insgesamt kommen die Kopten auf etwa 250 Fastentage jährlich.

Das Fasten beginnt um Mitternacht und endet in der neunten Gebetsstunde um 15 Uhr, Strenggläubige halten bis nach Sonnenuntergang durch. Während der meisten Fastenzeiten darf kein Fleisch gegessen werden.

Die größte und repräsentativste Kirche der Kopten ist die St. Markus Kathedrale in Kairo im Stadtteil Abbasiya, die bei ihrer Einweihung 1986 die aus Venedig zurückgeführten Gebeine des hl. Markus aufnahm (siehe auch Seite 254).

Auch in der Kunst haben die Kopten eigene Formen vor allem der menschlichen Darstellung entwickelt (siehe *Koptisches Museum* in Alt-Kairo). Die koptische Schrift entstammt dem Griechischen, wurde aber um acht zusätzliche Buchstaben erweitert, um die altägyptische Sprache zu beschreiben. Heute hat sich als Alltagssprache Arabisch in Wort und Schrift durchgesetzt, die eigene Sprache – also die auf pharaonische Ursprünge zurückgehende – dient nur noch der Liturgie.

Zum Schluß des Kapitels noch ein paar ergänzende Bemerkungen. Neben den Kopten sind fast sämtliche christlichen Religionsgemeinschaften in Ägypten vertreten. Stärkste Gruppe dürfte die griechisch-orthodoxe Kirche sein mit einem Patriarchat in Alexandria und dem weltbekannten Katharinen-Kloster auf dem Sinai. Aber auch die Kopten haben sich aufgespalten. So gibt es etwa 300 000 protestantische Kopten, die aus der Missionsarbeit der amerikanischen United Presbyterian Church of North America hervorgingen. Bekanntestes Zeichen ihrer Existenz ist die Amerikanische Universität in Kairo (siehe Seite 253).

Die koptische Kirche ist auch im Ausland vertreten. So existieren koptische Gemeinden in verschiedenen größeren Städten der Bundesrepublik. Ein koptisches Zentrum ist das St. Antonius-Kloster in Kröffelbach im Taunus (Hauptstr. 10, 35647 Waldsolms). Dort weihte Patriarch Shenuda III im November 1990 die St. Antonius-Kirche ein.

2.6 Die längste Vergangenheit der Welt

Im Eilgang durch die Geschichte

Geschichte

Weltmacht am Nil

Die Rekonstruktion der Geschichte der Pharaonenreiche gelang den Historikern anhand unzähliger Inschriften und Papyrii. Doch es gibt auch Zeugen der ausgehenden pharaonischen Kultur, die ihre Eindrücke beschrieben. Der fleißigste und bekannteste ist der Grieche Herodot. Er prägte zunächst das europäische Bild der alten Ägypter. Neben vielen historischen Beschreibungen berichtet er auch über das tägliche Leben, z.B. darüber, daß die Männer Lasten auf dem Kopf, Frauen auf den Schultern tragen, Frauen stehend, Männer sitzend urinieren, der Abort im Gegensatz zu anderen Ländern im Hause und nicht draußen sei, wohingegen das Essen draußen eingenommen werde. Denn alles, was häßlich sei, würde im Verborgenen getan. Während andere Völker getrennt von ihren Tieren leben, hielten die Ägypter ihre Tiere sozusagen in ihrer Wohnstube ...

Doch nun zur Geschichte des Niltals, die sehr weit zurückgeht. Belgische Archäologen entdeckten in den 80er Jahren das bisher älteste Bergwerk der Welt in der Nähe von Assiut. In einem Wadi fanden sie etwa 1,50 m tiefe Schächte, in denen ganz offensichtlich Feuerstein abgebaut worden war. Da die Bergwerker Licht brauchten, mußten sie Feuer unterhalten. Aus den vorgefundenen Kohleresten ließ sich bestimmen, daß vor rund 33 000 Jahren an dieser Stelle gearbeitet worden war.

Amerikanische Archäologen entdeckten Siedlungsreste etwa 100 km westlich von Abu Simbel bei Nabta Playa, die sie auf die Zeit ab 10 000 vC datieren. Vermutlich handelt es sich um die älteste bisher bekannte Siedlung der Welt mit 75 ovalen Steinhäusern und einem Kultplatz, der an Stonehenge in England erinnert.

Demgegenüber scheint die bekannte Vergangenheit des Niltals als kurz. Dennoch können die Ägypter als einziges Volk der Erde auf eine kontinuierliche Geschichtsschreibung von stolzen 5000 Jahren zurückblicken; das sind, anders ausgedrückt, gute 150 Generationen. Doch auch diese Zahl ist irgendwo so abstrakt, daß sie nur schwer eine wirkliche Wertvorstellung vermitteln kann.

Vielleicht eine andere Argumentation: Die Blütezeit der Pharaonenreiche umfaßte eine Zeitspanne von rund 2000 Jahren; also wie von Beginn unserer Zeitrechnung bis heute – und sie war bereits 1000 vC beendet. Zu dieser Zeit bestand die Weltkarte hauptsächlich aus weißen Flächen, Mitteleuropa lag noch im Dunkel der Geschichte. Erst knapp 1000 Jahre nach dem Niedergang der Hochkultur im Neuen Reich (NR) tauchten fellbehangene Germanen in der geschichtlichen Chronologie auf (deren – politisch unbedeutende – Existenz sich allerdings weiter zurückverfolgen läßt).

Doch nun zur historischen Entwicklung selbst. Das Niltal bot, wie kaum ein anderer Platz auf der Erde, ideale Voraussetzungen für das Entstehen sozialer Gemeinschaften: Es ist durch die beiderseitigen Wüsten hervorragend geschützt, der Nil sorgte mit seinen regelmäßigen Überschwemmungen für eine unerschöpfliche Fruchtbarkeit des Bodens, zusätzlich liegt er als idealer Transportweg vor der Tür.

Die Überschwemmungen forderten andererseits die Anwohner zur Zusammenarbeit heraus. Je besser man sich organisierte, um so günstigere Ergebnisse ließen sich in der Feldbestellung und Ernte erzielen. Bereits in der Vorgeschichte (5000 – 3000 vC) entwickelten sich dörfliche Gemeinschaften, dann größere Verbände und schließlich Königreiche. Gegen 3000 vC vereinigte Pharao Menes das oberägyptische mit dem unterägyptischen Reich, eine Tat von großer historischer Tragweite, die immer wieder in der späteren Geschichte durch die Doppelkrone von Unter- und Oberägypten bzw. durch das Umschlingen der Wappenpflanzen Papyrus und Lilie dargestellt wird.

Pharaonische Zeit

Die Epoche der Pharaonenzeit wird in Dynastien, also Herrschaftsgeschlechter, eingeteilt. Da die Dynastien von sehr unterschiedlicher Dauer waren, muß man die Abfolge mühselig erlernen. Andererseits ist sie allgemein üblich, sie muß daher auch hier verwendet werden.

In der von Pharao Menes eingeleiteten sog. **Frühzeit** findet eine sprunghafte Entwicklung statt. Die Erfindung der Schrift macht die staatliche Organisation großer Räume dadurch möglich, daß Anordnungen über weite Entfernungen erteilt, daß sie und die Ergebnisse kontrolliert und zeitlos festgehalten werden können.

Die pharaonische Schrift, deren Ursprünge nach jüngsten Grabungsergebnissen des Deutschen Archäologischen Instituts (DAI) in Kairo auf die Zeit um 3400 vC datiert werden können, hat einen damals noch nicht vorhersehbaren Vorteil gezeitigt: ohne sie (und ihre Entzifferung) wäre uns die Welt der Pharaonen weitgehend verschlossen geblieben. Denn erst aus den unzähligen schriftlichen Zeugnissen ließen und lassen sich große Zusammenhänge bis hin zu kleinsten Details des pharaonischen Lebens rekonstruieren.

Mit der 3. Dynastie beginnt das sog. **Alte Reich (AR)**, das von 2670 – 2195 vC dauert. Für uns Besucher dokumentiert sich diese Zeit als die der großen Pyramidenbauer, beginnend mit Pharao Djoser in Sakkara (3. Dynastie) und ihren Höhepunkt findend mit den Pyramiden von Giseh (Cheops, Chephren, Mykerinos; 4. Dynastie).

Neben diesen baulichen Großtaten blühen Kunst und auch Literatur auf. In der Religion tritt insofern ein Wandel ein, als der Pharao bis dahin selbst ein lebender Gott war, nun aber Horus wird, d.h. als Sohn eines Gottes zu interpretieren ist. Schließlich zerfällt das AR durch innere Unruhen, die durch das Machtstreben der Gaufürsten ausgelöst werden. Während der sog. **Ersten Zwischenzeit** halten politische Wirren Ägypten in Atem.

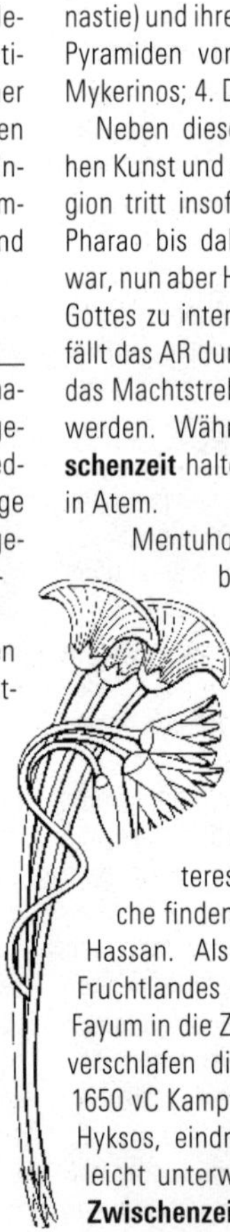

Mentuhotep II, ein Gaufürst aus Theben, stabilisiert gegen Ende der Ersten Zwischenzeit das Land und leitet die Epoche des **Mittleren Reiches (MR)** ein. Wieder herrscht eine straffe Zentralgewalt, die eine neue Blütezeit von hohem Niveau einleitet. Interessante Bilder aus dieser Epoche finden Sie in den Gräbern von Beni Hassan. Als wichtige Erweiterung des Fruchtlandes fällt die Urbarmachung des Fayum in die Zeit des MR. Doch die Ägypter verschlafen die Erfindung des Rades: Als 1650 vC Kampfwagen fahrende Fremde, die Hyksos, eindringen, können sie das Land leicht unterwerfen und damit die **Zweite Zwischenzeit** einleiten. Erst 1550 vC gelingt es Ahmose, die Hyksos zu vertreiben und so das **Neue Reich (NR)** zu begründen.

Die glanzvollste Epoche Altägyptens ist eingeleitet. Die politische Landkarte der bekannten Welt wird durch die Eroberungen Nubiens bis zum 4. Katarakt und Vorderasiens bis zum Euphrat nachhaltig verändert. Theben ist Haupt- und Weltstadt zugleich, der Tempel von Karnak entsteht in all seinem Glanz; Kunst und Kultur blühen, Ägypten ist die Weltmacht schlechthin. Pharao Amenophis IV, der sich in Echnaton umbenennt, versucht, das ägyptische Götterpantheon auf einen einzigen Gott, den Sonnengott Aton, zu reduzieren. Doch nach seinem Tod erstehen die alten Götter wieder auf, die Nachfolger Echnatons tilgen nahezu alle seine Spuren.

Unter den Pharaonen der 19. Dynastie entstehen großartige Tempelbauwerke. Ramses II setzt sich als größter Bauherr in ganz Ägypten Denkmäler (u. a. Abu Simbel, Luxor, Ramesseum, Abydos). Doch auch das NR büßt an Kraft und Macht ein. Nach einer dritten Zwischenzeit beginnt 775 mit der 25. Dynastie die Spätzeit, die den stetigen Verfall des glanzvollen Altägypten einläutet.

Fremdherrschaft

Die **Spätzeit** ist vor allem auch durch die Herrschaft von Pharaonen fremder Herkunft gezeichnet, so von Libyern, Äthiopiern, Assyrern und schließlich von Persern. Zwar übernehmen kurzzeitig auch einheimische Könige den Thron, aber die Macht Ägyptens ist gebrochen.

332 vC fällt das Land Alexander dem Großen kampflos in die Hände. Nach seinem Tod übernehmen 323 vC die **Ptolemäer** die Herrschaft, die sich als Pharaonen installieren und die alten Sitten und die Religion achten, aber dennoch als Griechen herrschen. Aber sie verhelfen Ägypten zu einer nochmaligen Blütezeit, ihr Staat gilt als einer der mächtigsten der Welt.

Alexandria ist Hauptstadt und Anziehungspunkt für Kunst und Wissenschaft. In Oberägypten können Sie noch heute Bauwerke dieser Epoche bewundern, z. B. Philae, Kom Ombo, Edfu, Dendera. 30 vC erobert der Römer Oktavian das ptolemäische Ägypten und leitet als Augustus die **römische Epoche** ein.

Auch die Römer spielen ihre Rolle als Pharaonen, aber nicht mehr mit dem Verantwortungsbewußtsein der Ptolemäer. Für sie ist Ägypten Kornkammer, die Menschen gehören zum Inventar und können keine Bürgerrechte erwerben. Die Christianisierung des Römischen Reiches greift auch auf Ägypten über. Während der Christenverfolgungen retten sich viele Gläubige in die Wüste, dort entstehen die ersten Klöster.

Ägypten wird eine der wichtigsten Säulen für den neuen Glauben, es trägt wesentlich zu seinem Überleben bei. Mit der Teilung des Römischen Reiches fällt Ägypten an Byzanz, das den Staat am Nil hemmungslos ausbeutet.

Islamisch-arabische Epoche

639 nC tauchen die islamischen Eroberungsheere der Araber auf und nehmen wenig später Ägypten unter die Fahne des Propheten. Der Islam wird Staatsreligion, die arabische Sprache Landessprache, alles Alte hinweggefegt. Aus dem Zeltlager der Eroberer, El Fustat, entwickelt sich sehr schnell eine Metropole, die heute Kairo heißt.

Ägypten bleibt für viele Jahrhunderte eine Provinz des Kalifenreiches, das von Damaskus, später von Bagdad aus regiert wird. Dennoch verstehen die Ägypter, sich auch unter der neuerlichen Fremdherrschaft eine gebührende Stellung zu verschaffen. Mit Gründung der El Azhar Universität – der ersten Universität der Welt – wird Kairo das religiös-intellektuelle Zentrum des Islam.

Die Geschichte der **islamischen Epoche** liest sich wie ein spannender Roman, der auf der einen Seite von Intrigen, Mord und Totschlag nur so strotzt, auf der anderen Seite in orientalischer Pracht von Tausendundeiner Nacht schwelgt. Allerdings sollte man nicht vergessen, daß, wer auch immer das Land regiert, seine Pracht auf Kosten der Bevölkerung entfaltet, zumeist der Landbevölkerung. So entstehen alle bedeutenden Bauwerke in Kairo, die Provinzen gehen fast leer aus.

Omaijaden, Abbassiden, Tuluniden und Ichschididen regieren in Bagdad und halten Ägypten als Provinz. Die Fatimiden, Eroberer aus dem Maghreb, machen Kairo zur Hauptstadt, werden 200 Jahre später von den Aijubiden verdrängt, die Ägypten wieder an Bagdad anschließen. Ihnen folgen die Mamluken und schließlich ab 1517 die Osmanen, in deren Regierungszeit Ägypten zu einer Randprovinz degradiert wird, in der weiterhin Mamluken die Macht halten.

Ägypten tritt aus dem Schatten der Osmanen

1798 landet Napoleon in Ägypten, weniger um das Land zu erobern, als um Englands Mittelmeerhandel zu lähmen. Die Franzosen beenden vorläufig die über 250jährige Herrschaft der Osmanen. Allerdings können sie sich, nicht zuletzt wegen des Eingreifens der Engländer unter Nelson, nur drei Jahre halten.

Das neuerliche Machtvakuum macht sich ein analphabetischer albanischer Söldner namens Mohammed Ali (1805 – 1848) zunutze, der sich durchaus brutal zum Regenten aufschwingt: Nach einem als Versöhnung deklarierten Festmahl in der Zitadelle von Kairo lockt er die 480 geladenen Gäste – praktisch die gesamte Führungsschicht der Mamluken – in einen Hinterhalt und läßt sie kaltblütig ermorden. Aber Mohammed Ali reformiert und reorganisiert den Staat, er legt den Grundstein für ein modernes Ägypten. Er holt europäische Experten ins Land und läßt die Landwirtschaft, vor allem den Baumwollanbau, reorganisieren, den Nil mit ersten Staudämmen regulieren, eine erste Industrialisierungsphase einleiten und eine schlagkräftige Armee aufbauen.

Seine Nachfolger Abbas und Mohammed Said führen das Werk der Modernisierung fort. Unter Said wird 1859 mit dem Bau des Suezkanals begonnen, den Mohammed Alis Enkel Ismail (1863-1879) vollendet. Daneben entstehen Bewässerungsanlagen, Eisenbahnen, Zuckerraffinerien und, als ganz wichtige Investition in die Zukunft, über 4000 Schulen.

Ägypten kann diese Ausgaben nicht allein finanzieren, infolge der hohen Verschuldung muß Ismail 1875 die ägyptischen Suez-Kanalaktien verkaufen und unter dem Druck der internationalen Finanzverwaltung 1879 zugunsten seines Sohnes Taufik abdanken. 1882 nehmen die Engländer nationalistische Unruhen ("Ägypten den Ägyptern!") als Anlaß, zum Schutz ihrer Interessen und des 1869 eröffneten Suez-Kanals so starken Einfluß auszuüben, daß Ägypten unter nahezu vollständige Kontrolle der Briten gerät. Von 1893 bis 1914 regiert praktisch der englische Generalkonsul Lord Comer Ägypten, der Khedive Abbas II Hilmi ist mehr oder weniger Marionette. Comers Modernisierungsbemühungen wie auch der Bau des ersten Assuandammes sind wesentlich darauf ausgerichtet, Englands Textilindustrie mit der hervorra-

Größter Bauherr Alt-Ägyptens: Ramses II (hier vor seinem Tempel in Luxor)

genden Baumwolle Ägyptens zu versorgen. 1914 wird diese Abhängigkeit "legalisiert", London erklärt Ägypten zum Protektorat und unterstellt den Suezkanal seiner direkten Kontrolle.

1917 setzen die Engländer Abbas II Hilmi wegen seiner Sympathien für die britischen Feinde ab und proklamieren dessen Onkel Hussein Kamil zum ersten, von der Hohen Pforte unabhängigen Sultan Ägyptens. 1919 brechen landesweite Unruhen mit Saad Zaghlul als Anführer (und späterem Führer der Wafd-Partei) aus, deren Folgen England schließlich 1922 dazu bewegen, sich formal zurückzuziehen und Hussein Kamil unter dem Namen Fuad I zum König einer konstitutionellen Monarchie Ägyptens auszurufen.

Bei den ersten Parlamentswahlen siegt die Wafd-Partei überwältigend. Auch als der charismatische Führer Saad Zaghlul 1927 stirbt, behält die Partei ihren Einfluß. 1936 kommt der junge Sohn von Fuad I, Faruk, auf den Thron. Die Engländer räumen Ägypten mehr Autonomie ein und ziehen sich militärisch auf die Suez-Kanalzone zurück. Doch im Zweiten Weltkrieg wird Ägypten – trotz langer offizieller Neutralität – wieder von den Briten in die Pflicht genommen. Während der Nordafrika-Kämpfe dient es den Allierten als Basis, müssen auch Ägypter ihr Leben opfern.

Ägypten nach dem Zweiten Weltkrieg

Als 1948 Ägypten im ersten Krieg gegen Israel versagt, formieren sich "Freie Offiziere" unter General Nagib und jagen König Faruk in einer unblutigen Revolution am 23. Juli aus dem Land. Der entscheidende Schritt zur unabhängigen Republik ist getan – von vielen Beobachtern als die erste, wirklich ägyptische Selbstverwaltung seit dem Ende des pharaonischen Neuen Reiches gefeiert.

In den Folgemonaten werden nahezu alle politischen Institutionen aufgehoben, das Land zur Republik proklamiert und eine Landreform durchgesetzt. 1954 tritt der eigentliche Anführer der Revolution, General Nasser, in den Vordergrund, stürzt Nagib und übernimmt alle Ämter. Auf der ersten Konferenz der Blockfreien (1955) in Bandung macht sich der wortgewaltige Nasser zum Sprecher der arabischen Sache und wettert gegen Kolonialismus und Imperialismus.

Als 1956 die letzten englischen Besatzungstruppen die Suez-Kanal-Zone verlassen haben, und die Amerikaner die Finanzierung des geplanten Assuan-Hochdammes wegen Nassers neuer Politik verweigern, verstaatlicht Nasser den Suez-Kanal. Engländer, Franzosen und Israelis versuchen, durch militärische Intervention einzuschreiten, doch ein Veto des UNO-Sicherheitsrates stoppt den Krieg. Nasser wendet sich der Sowjetunion zu, sie übernimmt die Finanzierung des Assuan-Hochdammes und beginnt 1960 mit dessen Bau (1971 fertiggestellt). Darüber hinaus avancieren die Sowjets zum Hauptwaffenlieferanten und wichtigsten Finanzier Ägyptens, eine neue Abhängigkeit bahnt sich an.

Nasser träumt von einer panarabischen Union und gründet 1958 als ersten Schritt mit Syrien die Vereinigte Arabische Republik (VAR). Die starken sozialistischen Einflüsse wie Verstaatlichung der Banken und aller größeren Industrien führen 1961 zum Bruch der VAR, weil eine innersyrische Opposition gegen diese Tendenzen revolutioniert. In Ägypten entwickelt Nasser seine arabisch-sozialistischen Vorstellungen weiter, seine Partei *Nationale Union* wird in die *Arabische Sozialistische Union* (ASU) umfunktioniert.

1967 sperrt Nasser die Straße von Tiran und damit den Zugang zum Golf von Aqaba, d.h. zum israelischen Hafen Elat. Im darauffolgenden Sechs-Tage-Krieg dringen die Israelis über den Sinai bis zum Suez-Kanal vor und schlagen die Ägypter. Unter dem Schock der vernichtenden Niederlage will Nasser zurücktreten, wird aber durch spontane Demonstrationen von der überwältigenden Mehrheit des Volkes zum Weitermachen aufgefordert. Er bleibt in seinen Ämtern.

Seit 1967 ist der Suez-Kanal Demarkationslinie und damit für die Schiffahrt blockiert. 1970 stirbt Nasser unerwartet, Anwar el-Sadat tritt an seine Stelle. In einer Art Staatsstreich säubert Sadat 1971 die politische Führung von allzu linkslastigen "Nasseristen", erläßt eine neue Verfassung und nennt das Land in *Arabische Republik Ägypten* um. 1972 schickt er 17 000 sowjetische Militärberater nach Hause und knüpft wieder stärkere Fäden zum Westen.

Unbemerkt von der Weltöffentlichkeit und ihren Nachrichtendiensten bereitet Sadat zusammen mit dem syrischen Präsidenten Assad einen Schlag gegen Israel vor, das sich trotz aller diplomatischen Interventionen weigert, das Ostufer des Suez-Kanals aufzugeben. Sadat hat Erfolg: Im Oktober-Krieg von 1973 überwindet Ägypten die gewaltigen Sperranlagen am Suez-Kanal und kann einen Teil des Sinai zurückerobern. Zwar gewinnen die Israelis bald wieder Boden, aber durch internationale Intervention wird der Krieg beendet, die Ägypter stehen wieder auf beiden seiten des Suez-Kanals. Dieser kann von gesunkenen Schiffen geräumt, erweitert und 1975 wiedereröffnet werden.

Bereits 1974 kündigt Sadat eine Öffnung der Wirtschaft durch Liberalisierung an, um ausländische Investoren anzulocken. 1975 folgt die politische Liberalisierung, indem größere Presse- und Meinungsfreiheit zugelassen wird. 1976 finden die ersten freien Wahlen seit der Revolution statt, in denen die von Nasser gegründete ASU als eine Art Sammelbecken wirkt. Nach der 1978 erfolgten Gründung der Nationaldemokratischen Partei (NPD) durch Sadat geht die ASU an Mitgliederschwund ein.

1977 fliegt Sadat nach Jerusalem und hält in der Knesset seine historische Rede, in der er zu Koexistenz und Frieden zwischen Israel und seinen Nachbarn aufruft. Unter Vermittlung des amerikanischen Präsidenten Jimmy Carter verhandeln 1978 Sadat und der israelische Premier Begin über viele Monate und erzielen schließlich im Camp-David-Abkommen den Friedensvertrag zwischen den beiden Ländern. Die meisten arabischen Staaten zeigen Unverständnis und brechen die Beziehungen zu Ägypten ab, dessen Mitgliedschaft in der Arabischen Liga suspendiert wird. Aber Ägypten erhält bis 1982 den gesamten Sinai zurück.

Doch die Enttäuschung über die Verhandlungen mit Israel sitzt besonders bei Konservativen sehr tief, trotz der Verringerung der militärischen Bedrohung und der Minderung der Militärausgaben. Im Oktober 1981 wird Sadat bei der Militärparade zur Feier des 6.-Oktober-Sieges von der islamischen Terrorgruppe El-Jihad erschossen. Sein (bis dahin blasser) Vize Hosny Mubarak übernimmt die Führung.

Als Israel 1982 in den Libanon eindringt, nutzt Mubarak die Chance, sich politisch deutlich von Israel abzusetzen, ohne bestehende Verträge zu verletzen. Dies führt zu einer Wiederannäherung an die arabischen Staaten, der Prozeß wird durch die Teilnahme Ägyptens an der arabischen Gipfelkonferenz von 1989 positiv abgeschlossen. Mubarak verfolgt auch innenpolitisch moderate Ziele, so daß er in vielen Konflikten eher einen Ausgleich findet. Allerdings zeigte er 1986 bei der brandschatzenden Meuterei der

Bereitschaftspolizei in Kairo, daß er ebenso hart durchgreifen kann.

1990/91 gerät Ägypten wieder in weltpolitische Schlagzeilen, als es sich maßgeblich auf Seiten der Amerikaner und Kuwaitis in der Allianz gegen den Irak Sadam Husseins beteiligt und an der Befreiung Kuwaits aktiv mitwirkt. Weniger positive Schlagzeilen erzeugen ab Ende 1992 die Anschläge der terroristischen Fundamentalisten, die – schon lange im Untergrund aktiv – nun zur offenen Konfrontation übergehen, um das Mubarak-Regime zu stürzen und es durch eine islamisch-fundamentalistische Variante ersetzen wollen. Als leicht verwundbares Ziel auf dem Weg zur Schwächung der etablierten Regierung haben sie den Tourismus auserkoren, der einen wesentlichen Beitrag zum Staatshaushalt leistet.

Zwar geht die Zahl der Terroranschläge und -opfer in den Folgejahren zurück, doch im Herbst 1997 schlagen die fundamentalistischen Terroristen erneut massiv zu. Zunächst vor dem Ägyptischen Nationalmuseum in Kairo, im November schlachten sechs Terroristen vor dem Hatschepsut Tempel in Luxor bei einem der blutigsten Massaker weltweit 57 Touristen z.T. grausam ab. Diesmal ist ihnen ein Tiefschlag gegen den Tourismus gelungen, der sich allerdings auch gegen die Urheber wendet. Hartes staatliches Durchgreifen und tiefe Abscheu in der Bevölkerung über das Attentat scheinen ihnen zumindest vorläufig den Rückhalt entzogen zu haben.

Geschichts-Tabelle

Viele Jahrtausende ereignisreicher Geschichte sind auf den ersten Blick verwirrend. Zur hoffentlich besseren Übersicht haben wir in der folgenden tabellarischen Zusammenfassung mehr als 6000 Jahre ägyptischer Historie zusammengedrängt.

Vorgeschichte

4300 – 3600

Negade I-Kultur, in Oberägypten mit Verbindung zu Nubien und den Oasen.

3600 – 3200

Negade II-Kultur, von Oberägypten auf das Nildelta übergreifend; Beziehungen zu Vorderasien und Mesopotamien.

Frühgeschichte

Um 3150 Zusammenschluß verschiedener Stammesgebiete in Ober- und Unterägypten zu größeren politischen Einheiten. Entstehung des Gesamtstaates Ägypten südlich von Edfu bis ans Mittelmeer. Entwicklung der Schrift. Gründung der Hauptstadt Memphis.

Um 3100 **1. Dynastie**

Ausbau des Staatswesens mit differenzierter Verwaltung um die Zentralfigur des Pharao. Vereinheitlichung von Kunst, Schrift, Religion in allen Landesteilen.

2820 – 2670 **2. Dynastie**

Letzte innenpolitische Unruhen werden beigelegt. Königs- und Beamtengräber in Sakkara.

Altes Reich (AR)

2670 – 2600 **3. Dynastie**

Explosionsartiger Aufschwung der Kultur: Stufenpyramide des Königs Djoser in Sakkara als ältester Monumentalbau. Expansion nach Osten (Sinai), Westen (Libyen) und Süden (Nubien).

2600 – 2475 **4. Dynastie**

Pyramidenzeit. Vollendung des Ausbaus des zentralistischen Staates. Nubien wird ägyptische Kolonie. Entwicklung der klassischen Pyramide als Königsgrab (Cheops-, Chephren- und Mykerinos-Pyramiden in Giseh). Beamtenfriedhöfe um die Pyramiden.

2475 – 2345 **5. Dynastie**

Reichskult des Sonnengottes Re. Neben den Pyramiden von Sakkara (Userkaf) und Abusir die Sonnenheiligtümer in Abou Gurob für den Kult von König und Re. Politische und wirtschaftliche Verselbständigung der Beamtenschaft.

2345 – 2195 **6. Dynastie**

Auflösung der Zentralregierung; Autarkiebestrebungen der Gaufürsten in Mittel- und Oberägypten; außenpolitischer Rückzug Ägyptens aus Nubien und Vorderasien.

Erste Zwischenzeit

2195 – 2160 **8. Dynastie**

Kurzlebige gesamtägyptische Regierungen.

2160 – 2040 9./10. Dynastie

Auf Mittel- und Unterägypten mit Hauptstadt Herakleopolis begrenzt. Oberägypten unter thebanischen Fürsten unabhängig.

2160 – 1994 **11. Dynastie**

Mentuhotep II herrscht zunächst als Gaufürst von Theben. Ihm gelingt die Wiedervereinigung Ägyptens durch die militärische Unterwerfung von Herakleopolis (um 2040).

Mittleres Reich (MR)

1994 – 1781 **12. Dynastie**

Ägypten wird zur Großmacht im Ostmittelmeerraum. Residenz wieder in Memphis; Theben bleibt religiöses Zentrum. Nubien und Libyen werden Teil des Reiches; mit Vorderasien enge Handelsbeziehungen. Die Großoase Fayum wird erschlossen. Gaufürsten und hohe Beamte sind relativ selbständig.

1781 – 1650 **13. Dynastie**

Zahlreiche Könige mit kurzer Regierungszeit. Außenpolitischer Machtschwund, Einsickern vorderasiatischer Elemente im Delta, Kleinkönige der 14. Dynastie und Zerfall der nationalen Einheit.

Zweite Zwischenzeit

1650 – 1540 **15./16. Dynastie**

Hyksoszeit. Die Vorderasiatischen Hyksos übernehmen die Herrschaft über Unter- und Mittelägypten. Verfall von Kunst und Kultur. Oberägypten bleibt unter der lokalen 17. Dynastie weitgehend unabhängig.

Neues Reich (NR)

1550 – 1291 **18. Dynastie**

Der Thebaner Ahmose vertreibt die Hyksos (um 1544) und vollzieht die Wiedervereinigung. Wiederherstellung der außenpolitischen Vormachtstellung Ägyptens: Unterwerfung Nubiens, Intensivierung der Kontakte zu Palästina-Syrien, das zunehmend in die Abhängigkeit Ägyptens gerät.

Der Amun-Tempel in Karnak wird unter Hatschepsut und Tuthmosis III (1479-1425) zum religions- und wirtschaftspolitischen Zentrum des Reiches und zur Sammelstelle der Tribute aus der ganzen damals bekannten Welt von Punt (Somalia) bis Nordmesopotamien.

Tuthmosis III unterwirft Vorderasien bis zum Libanon. Die Innenpolitik liegt in Händen einer selbstbewußten Beamtenschaft, der gegenüber sich der König als Realpolitiker und Person behaupten muß.

Die Individualisierung der Politik und Kultur unter Amenophis III (1387- 1350) gipfelt in der *Revolution von Amarna* unter Amenophis IV – Echnaton (1350-1333) und seiner Gemahlin Nofretete. Bruch mit religiöser, künstlerischer und politischer Tradition, Einführung der monotheistischen Aton-Religion, Aufgabe der Residenzen Memphis und Theben, Gründung von Achetaton (Amarna) als neuer Hauptstadt.

Frühzeitiges Ende der *Revolution von oben* und unter Tutanchamun (1333- 1323) Rückkehr zu den alten Verhältnissen. Ende der Dynastie unter den *Soldatenkönigen* Eje und Haremhab.

1291 – 1185 **19. Dynastie**

Wiederherstellung der in der Amarna-Zeit verlorenen Hegemonie Ägyptens im Vorderen Orient. Innenpolitisch wachsender Einfluß des Militärs. Residenz im Ostdelta. Ramses II (1279-1212) bannt durch Verträge die Hethitergefahr, Merenptah kann sich gegen die Libyer behaupten. Einsickern von Ausländern in Heer und Verwaltung und wachsende innenpolitische Kritik führen zu Thronstreitigkeiten am Ende der Dynastie.

1185 – 1075 **20. Dynastie**

Außenpolitische Bedrohung durch Seevölkereinfall, innere Krise und Zusammenbruch der Wirtschaft durch Streiks, Korruption und Kriminalität (Grabräuber). Übernahme der Macht durch Militärdiktatoren.

Dritte Zwischenzeit

1075 – 945 **21. Dynastie**

Spaltung Ägyptens in ein Nordreich mit Hauptstadt Tanis und ein Südreich mit Zentrum in Karnak (*Gottesstaat des Amun*). Verlust der ausländischen Kolonien.

945 – 718 **22. Dynastie**

Libysche Fürsten besteigen den Pharaonenthron; bewußte Pflege des national-ägyptischen Erbes. Letzter Versuch einer Vorherrschaft in Vorderasien. Nebenlinien (23./24. Dyn.) führen zum innenpolitischen Zusammenbruch.

Spätzeit

775 – 653 **25. Dynastie**

Die kuschitischen Fürsten von Napata im Sudan erobern Ägypten (seit 745) und werden als Pharaonen anerkannt. Durch assyrische Übergriffe werden die Kuschiten in ihr Stammland zurückgedrängt.

653 – 525 **26. Dynastie**

Saidenzeit. Das Fürstenhaus von Sais im Delta schüttelt die assyrische Oberhoheit ab. Es entsteht ein Gesamtreich, das noch einmal versucht, in bewußtem Rückgriff auf die Vergangenheit, Großmacht am Nil zu spielen, aber letztlich an Babylon scheitert.

525 – 404 **27. Dynastie**

Ägypten wird von Kambyses erobert und Teil des Perserreichs.

404 – 332 **28.-31. Dynastie**

Auf die durch ägyptische Aufstände in der 28. Dynastie vertriebenen Perserkönige folgen die letzten nationalägyptischen Herrscher aus Mendes und Sebennytos im Delta.

Nach der kurzen **2. Perserzeit** (sog. 31. Dynastie) erobert **332** Alexander der Große Ägypten.

331 Gründung Alexandrias durch Alexander den Großen; Alexanders Krönung in Memphis.

323 Tod Alexanders des Großen.

Ptolemäerzeit 330-30 vC

Ausstrahlung griechischer Kunst und Kultur von Alexandria auf das ganze Land. Später dann zunehmender Einfluß Roms im östlichen Mittelmeerraum; Stärkung der altägyptischen Landeshauptstadt Memphis durch Krönung der ptolemäischen Könige nach ägyptischem Ritus (ab 240). Vertreibung griechischer Gelehrter aus Alexandria (145/44), Verlust der Stellung als Kulturmetropole. Cleopatra VII (51-30): letzter Höhepunkt und Untergang der ptolemäischen Herrschaft in Ägypten.

Alexandrinischer Krieg (48/47), Bindung Kleopatras an Caesar, nach dessen Tod an Antonius. Schlacht bei Actium: Sieg Oktavians über Antonius und Kleopatra, die den Tod wählen; Einzug Oktavians in Alexandria (31/30).

Römerzeit 30 vC – 640 nC

Ägypten unter römischer bzw. oströmischer Herrschaft. Aufstieg des Christentums in Ägypten (3. Jhd); Alexandria wird ein Zentrum christlicher Theologie; Entstehen der koptischen Kirche. Bei der Teilung des Römischen Reiches (395) fällt Ägypten an Byzanz.
639 Unter Amr erobern die Araber Ägypten.

Islamisch-arabische Epoche

Ab 639 Islamisierung durch arabische Heere
646 Endgültige Unterwerfung Ägyptens durch den Kalifenstellvertreter Amr Ibn el As, Gründung von El Fustat, aus dem schließlich Kairo hervorgeht.

661 – 750 Omaijaden

Hauptstadt Damaskus, Landessprache arabisch.

750 – 870 Abbassiden

Gründung der Hauptstadt Bagdad; Handel und Kunst blühen während der Regierung von Harun el Rashid.

870 – 905 Tuluniden

Ibn Tulun, ein Türke, gründet Dynastie. Ibn-Tulun-Moschee, Kairo.

905 – 935 Abbassiden

Nochmalige Herrschaft der Kalifen von Bagdad.

935 – 969 Ichschididen

Der Statthalter Ichschid regiert.

969 – 1171 Fatimiden

Eroberer Nordafrikas aus dem Maghreb machen Kairo zur Hauptstadt ihres Reiches. Bau der El-Azhar-Moschee und Universität, der Hakim-Moschee, der Stadttore Bab el Futuh, Nasr und Zuwela.

1171-1250 Aijubiden

Saladin schließt Ägypten wieder dem Kalifat von Bagdad an. Stadtbefestigung, Bau der Zitadelle.

1250-1517 Mamluken

Beybar, Kommandant der Sklavenleibgarde, erringt die Macht und etabliert die Mamlukendynastie. Kalaun-Moschee, Mausoleum und Medersa, Sultan-Hassan-Moschee, Kait-Bey-Moschee, Mausoleum Sultan Barquq. Blüte von Kunst und Kultur.

1517-1798 Osmanen

Ägypten wird zu einer Randprovinz des osmanischen Reiches. Gouverneure sind meist Mamluken.

1798-1801 Französische Herrschaft

Ägypten kommt mit Europa in Verbindung, französische Wissenschaftler begründen die Ägyptologie.

1805 – 1848 Mohammed Ali

Nach anarchischer Periode erringt der albanische Truppenführer die Macht. Reorganisation des Staates, erste Staudämme, Alabaster-Moschee.

1848-1892 Mohammed Alis Nachfolger: Abbas I, Said, Ismail, Taufiq. Unter Said Beginn des Suez-Kanalbaus. Unter Ismail Fortführung der Modernisierung: Bau von Schulen, Bewässerungsanlagen, Eisenbahnen, Häfen, Zuckerraffinerien.

Engländer

Zunächst bis 1914 nur indirekte englische Einflußnahme, danach offizielles Protektorat.
1922-1952 Von England abhängiges **Königreich** unter Fuad I und Faruk.
1952 Staatsstreich unter General **Nagib**, Gründung der unabhängigen Republik.

Republik

1954 General **Nasser** setzt Nagib ab.
1956 Die letzten englischen Truppen verlassen Ägypten. Verstaatlichung der Suez-Kanalgesellschaft, daraufhin "Kanal-Krieg" Englands und Frankreichs gegen Ägypten, durch UNO-Veto gestoppt.
1960 Baubeginn des **Assuan Hochdammes** (Sadd el Ali).
1967 **Sechs-Tage-Krieg** gegen Israel, Verlust des Sinai, Kanal-Schließung.

Bedeutende historische Daten der letzten 5500 Jahre

1970 **Tod Nassers, Sadat** wird Präsident.
1973 **Oktoberkrieg** gegen Israel, Teileroberung des Sinai.
1975 **Wiedereröffnung des Suez-Kanals.**
1979 **Friedensvertrag Israel/Ägypten**, Isolierung in der arabischen Welt.
1981 **Ermordung Sadats, Mubarak** wird Präsident.
1982 **Vollständige Rückgabe des Sinai** an Ägypten.
1992 Teilnahme Ägyptens am **Golfkrieg**
1992-1997 Terroranschläge auf Touristen

Vergleich welthistorischer Ereignisse

Die obige – nicht sonderlich maßstabsgerechte – Graphik soll die Beziehungen der Zeiträume optisch verdeutlichen, in denen der Ägyptenreisende zwangsläufig zu denken hat. Im Vergleich zu den Ereignissen der ägyptischen Geschichte sind andere weltgeschichtliche Geschehnisse gewisser maßen als Bezugspunkte in der Graphik dargestellt, die aus der Fülle der Daten fast wahllos herausgegriffen wurden.

Die obige – nicht sonderlich maßstabsgerechte – Graphik soll die Beziehungen der Zeiträume optisch verdeutlichen, in denen der Ägyptenreisende zwangsläufig zu denken hat. Im Vergleich zu den Ereignissen der ägyptischen Geschichte sind andere weltgeschichtliche Geschehnisse gewisser maßen als Bezugspunkte in der Graphik dargestellt, die aus der Fülle der Daten fast wahllos herausgegriffen wurden.

Drei Jahrtausende kontinuierlicher, nachweisbarer Geschichte, davon fast zwei Jahrtausende als Führungsmacht der zu jener Zeit bekannten (westlichen) Welt – welches Volk auf dieser Erde kann auf eine glanzvollere Vergangenheit zurück blicken?

Zur Religion der alten Ägypter

Die äußerst günstigen geographischen und klimatischen Bedingungen des Niltals machten es für den alten Ägypter überflüssig, die Naturgewalten durch die Religion, durch Ritual und Mythos zu beschwören. Natur und Kosmos waren für ihn Ausdruck göttlicher Ordnung; der ägyptische Jenseitsglaube konzentrierte sich auf den Wunsch des Menschen, in den Kreislauf der Natur, der Sonne, der Gestirne einzutreten.

Die große Fruchtbarkeit des Niltals befreite die alten Ägypter von existentiellen Sorgen. So konnten sie sich intensiver und früher als andere Völker mit philosophischen und religiösen Fragen beschäftigen. Ihre Antworten auf die Frage nach den Ordnungsprinzipien der Welt sind über drei Jahrtausende immer wieder neu formuliert worden.

Ägyptische Götter haben nie eine endgültige, ausschließliche Gestalt angenommen. Der Gott Amun kann z.B. als Mensch mit Federkrone, als Widder oder als Gans dargestellt werden. Als Widder werden aber neben Amun auch Chnum von Elephantine und Herischef von Herakleopolis abgebildet. Hinter diesen vielen Gestalten und Namen steht ein übergeordneter, allgemein gültiger Gottesbegriff.

Die Vorstellung von der altägyptischen Religion als finsteres Heidentum mit bizarren Götzenbildern ist völlig falsch. In den ägyptischen Tempeln geht es um die Erklärung der Welt; die Tempelarchitektur ist ein Weltmodell, die Tempelreliefs mit ihren zahlreichen Bildern des Königs beim Gebet und Opfer vor den Göttern schildern und sichern das Verhältnis Gott – Mensch.

Die Grabbilder des Alten Reiches (Giseh und Sakkara) stellen eine ideale Diesseitswelt als Wunschtraum für das Jenseits dar; erst seit dem Mittleren Reich treten erdachte Jenseitslandschaften auf, unseren Paradies- und Höllenvorstellungen vergleichbar. Sie bilden das Bildprogramm der Königsgräber des Neuen Reiches.

Der Eintritt in diese ideale Ewigkeit ist weniger von materiellen Vorleistungen wie Grab, Mumifizierung oder Opfern abhängig, sondern von der moralischen Qualifikation des Menschen, die beim Totengericht festgestellt wird.

Wenn in der folgenden Auflistung aus der nie endgültig festgelegten Zahl der Namen und Gestalten ägyptischer Götter einige besonders häufig genannte herausgegriffen werden, so sei ausdrücklich darauf hingewiesen, daß jeder dieser Götter noch andere Gestalten besitzt und jede dieser Gestalten zu verschiedenen Göttern gehören kann. Entscheidend ist, was dahinter steht: eine Gottesvorstellung, die die Weltordnung garantiert und der sich die Ägypter dankbar und ehrfurchtsvoll verpflichtet fühlten.

Kurzbeschreibung der pharaonischen Götter

• **Amun**

Der "König der Götter" ist die Verkörperung aller göttlichen Eigenschaften. Er ist der alle anderen Götter überragende Reichsgott Ägyptens und göttlicher Vater des Pharao. In seiner Tempelstadt Karnak wird er wie überall sonst in Ägypten in Menschengestalt mit Doppelfederkrone, in Widdergestalt oder als Gans dargestellt, oft auch als Fruchtbarkeitsgott mit erigiertem Phallus.

• **Anubis**

Einer der Auferstehungsgötter, insbesondere als Schutzgott der Mumifizierung ein Garant ewigen Weiterlebens. Als Schakal oder schakalköpfiger Mensch erscheint er sogar noch in römerzeitlichen Grabbildern und lebt als hundsköpfiger Heiliger in Ikonenbildern fort.

• **Apis**

Fruchtbarkeitsgott, der meist als Stier abgebildet wird und im Tempel von Memphis als wirklicher Stier auf Erden weilt. Seine Bestattung als Stiermumie im Serapeum von Sakkara war eines der großen religiösen Feste. Sein Kopfputz, die Mondscheibe, spielt auf den regelmäßigen Kreislauf des Lebens an.

• **Aton**

Die in Ägypten stets vorhandene Vorstellung von einer allumfassenden göttlichen Macht wurde unter Echnaton (um 1350 vC) im Namen Aton (Sonnenscheibe) zusammengefaßt, deren Strahlen in menschliche Hände auslaufen – ein Bild des unmittelbaren Kontakts zwischen Gott und Mensch.

• **Atum**

Ur- und Schöpfergott, mit Hauptkultort Heliopolis, aber in ganz Ägypten zu Hause. Dem breiten Wirkungskreis entsprechen viele Darstellungsformen, u.a. Mensch mit Doppelkrone, Sphinx, Schlange, Aal.

• **Bes**

Schutzgott von Haus und Familie in Gestalt eines Gnoms mit Löwenfratze; Urbild des griechischen Satyrs.

• **Chnum**

Als widdergestaltiger Fruchtbarkeitsgott ist er der Schutzgott der Nilflut, aber auch der Weltschöpfer, der die Menschen auf der Töpferscheibe formt.

• **Chons**

Sohn von Amun und Mut; das göttliche Kind, das als Nothelfer große Verehrung genießt. In seinem Tempel in Karnak wurden Orakel erteilt. Als Kind abgebildet, oft auch falkenköpfig mit Mondscheibe.

• **Hathor**

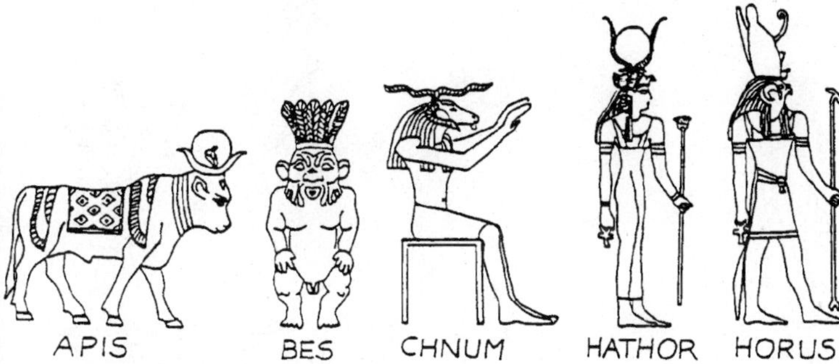

men er als *Horus, das Kind*, griechisch Harpokrates, in der ganzen hellenistischen Welt Verbreitung findet.

• Isis

Oft wie Hathor dargestellt, daneben auch als Frau mit dem Thronsessel als Kopfputz, verkörpert sie ganz allgemein den weiblichen Aspekt des Göttlichen. Überall im Land verehrt, findet sie in der Römerzeit neben Osiris im ganzen römischen Reich Verbreitung.

• Maat

Göttin der Weltordnung; als Wesenszug aller Götter genießt sie keinen eigenen Kult. Als Frau mit einer Feder als Kopfputz, der Hieroglyphe "maa" (die "gerecht" bedeutet), führt sie den Verstorbenen zum Totengericht.

• Mut

Als Gemahlin des Amun und Mutter des Chons ist die Göttin und Königsmutter Teil der thebanischen Triade. Meist wird sie mit einer Geierhaube dargestellt.

• Nut

Die Himmelsgöttin, die täglich die Sonne gebiert; ihr nackter Leib, vom Luftgott Schu gestützt, bildet das Himmelsgewölbe; als Baumgöttin spendet sie den Toten Speise und Trank. Auf der Innenseite von Sargdeckeln abgebildet, legt sie sich über den Toten und regeneriert ihn.

• Osiris

Der Gott der Auferstehung, einst König auf Erden, der von seinem Bruder Seth getötet wurde und dann den Tod überwand. Er wird damit zum Vorbild der Verstorbenen, die ihrerseits Osiris werden wollen. Der "König der Ewigkeit" trägt Krummstab und Wedel als Herrschaftsembleme. Kultorte im ganzen Land.

• Ptah

Der in Memphis beheimatete Schöpfergott schuf die Welt durch sein Wort. In enger Verbindung mit Sokaris und Osiris ist er auch Auferstehungsgott in der Nekropole von Memphis. Meist mumiengestaltig mit enganliegender Kappe dargestellt.

• Re

Der Sonnengott, meist als Re-Harachte, Re-Atum oder Amun-Re mit anderen großen Göttern zur Allgottheit verbunden und im ganzen Land verehrt. Menschengestaltig mit Falkenkopf und Sonnenscheibe. Haupttempel in Heliopolis.

• Sachmet

Löwenköpfige Göttin, in Memphis als Frau des Ptah, in Theben der Mut angenähert (Statuen im Mut-Tempel in Karnak).

• Serapis

Ein "Gott aus der Retorte"; aus der Verbindung von Osiris und Apis mit einem bärtigen

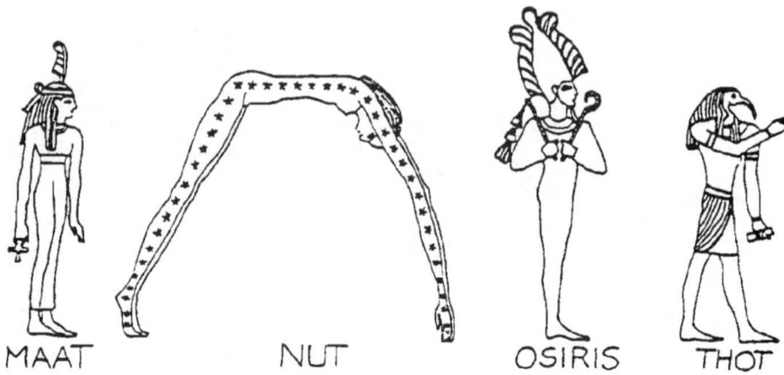

ganzen Land verehrt. Menschengestaltig mit Falkenkopf und Sonnenscheibe. Haupttempel in Heliopolis.

- **Sachmet**

Löwenköpfige Göttin, in Memphis als Frau des Ptah, in Theben der Mut angenähert (Statuen im Mut-Tempel in Karnak).

- **Serapis**

Ein "Gott aus der Retorte"; aus der Verbindung von Osiris und Apis mit einem bärtigen griechischen Götterbild wird um 300 vC ein Gott geschaffen, der Altägyptisches und Hellenistisches in sich vereinigt. Bis in der Römerzeit im ganzen Imperium verehrt.

- **Seth**

Der Widersacher seines Bruders Osiris, für dessen Ermordung er selbst von Horus getötet wird. Als Verkörperung des Bösen kann er in Gestalt eines Nilpferds oder Krokodils dargestellt werden (Horusmythos von Edfu!); oft auch Fabeltier mit langen Ohren und rüsselartiger Schnauze.

- **Sobek**

Krokodilgott, der die Sonne durch den Ozean der Nacht zum morgendlichen Aufgang transportiert. Vor allem im Fayum verehrt.

- **Thoeris**

Schwangeres Nilpferd mit Krokodilschwanz und Löwentatzen, also Konzentration der mächtigsten Tiere. Beschützerin von Mutter und Kind.

- **Thoth**

Als Ibis oder ibisköpfiger Mensch oder Affe dargestellt, ist der Weisheitsgott Thoth für Schrift und Kalender, aber auch für das Sündenregister des Menschen zuständig, das er beim Totengericht vor Osiris verliest.

Eine halbwegs vollständige Liste altägyptischer Götternamen umfaßt etwa 150 Namen; die Variationsmöglichkeiten der Götterbilder sind unbegrenzt und entziehen sich ei-

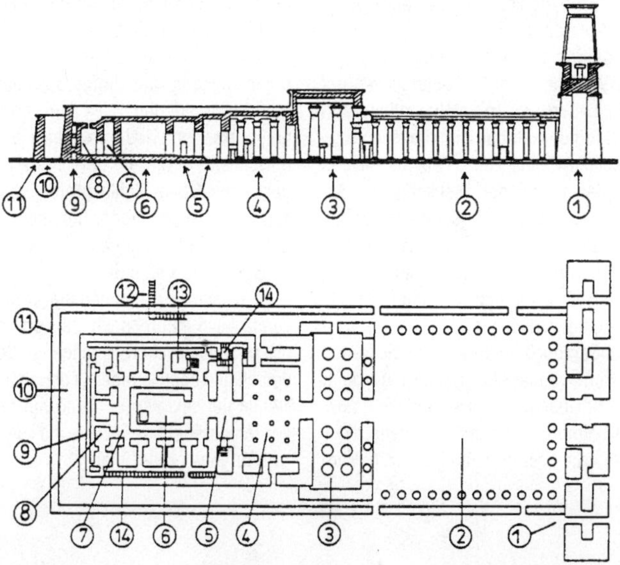

1 Pylon
2 Hof
3 Pronas
4 Säulensaal
5 Vorräume
6 Allerheiligstes
7 "Geheimer Gang"
8 Nebenkapellen
9 Krypten
10 Tempelumgang
11 Umfassungsmauer
12 Nilmesser
13 Neujahrskapelle
14 Treppe zum Dach

Tempelarchitektur am Beispiel des Horus-Tempels von Edfu

ner strengen Systematik. Als Ordnungsprinzipien in dieser Vielfalt verwendet der ägyptische Theologe u.a. die Familienstruktur Vater – Mutter – Kind (z.B. Amun – Mut – Chons in Theben) oder Zahlensymbolik wie Achtheit und Neunheit. Vorherrschend bleibt aber die Offenheit des Gottesbegriffs: Der alte Ägypter spricht oft ganz einfach von *Gott*, altägyptisch *nute*, das dem griechischen *theos* oder dem lateinischen *deus* entspricht.

Architektur altägyptischer Tempel

Der altägyptische Tempel ist gleichzeitig Kultbühne und Weltmodell. Als Kultbühne dient er als Wohnung des Götterbildes, das vom Hohepriester (in Stellvertretung des Königs) täglich bekleidet, geschminkt und gespeist wird. Bei großen Festen durchzieht die Götterstatue den Tempel, in Prozessionen verläßt sie auch den heiligen Bezirk. Die Tempelreliefs schildern ausführlich den täglichen Kult und die Feste bei der Begegnung mit dem Gottkönig.

Der pharaonische Tempel entstand als Abbild der Welt bzw. der Vorstellungswelt der Menschen. Den gestirnten Himmel stellt er an den Raumdecken dar, die Pflanzenwelt – hauptsächlich Palme, Lotos, Papyrus – in den Säulen, das Leben der Menschen in den Wandreliefs, wobei die Außenwände weltlichen Bildern wie Krieg oder Jagd vorbehalten sind, die Innenseiten religiösen Szenen. Als Abbild der Unterwelt sind die unterirdischen Krypten anzusehen.

Von außen nach innen werden die Raumhöhen (Himmel) niedriger; gleichzeitig steigt das Bodenniveau (= Erde) an und die Raumhelligkeit nimmt ab. Im dunklen, geheimnisvollen Allerheiligsten schneiden sich Himmels- und Erdlinie; im Götterbild begegnen sich Mensch und Gott.

Der eigentliche Tempel ist nach außen durch Umgang und Umfassungsmauer hermetisch abgeriegelt. Er ist Zentrum des Tempelbezirks, den wiederum eine Ziegelmauer umschließt. In diesem Bereich herrschte reges Leben: Ställe, Schlachthöfe, Vorratshäuser, Priesterwohnungen, Tempelverwaltung, Verkaufsstände, Pilgerwohnungen, Krankenhäuser – eine kleine Stadt.

In diesem Zusammenhang eine Anmerkung: Auch heute noch pulsiert in südindisch-hinduistischen, ähnlich großen Tempelanlagen ebenso reges Leben und Treiben. Neben der sakralen Funktion hat auch dort der Tempel wichtige soziale und kommunikative Aufgaben zu erfüllen.

3. Alexandria, Mittelmeerküste und Nildelta

3.1 Alexandria und östliche Umgebung

Hintergrund

Alexandria, von Alexander dem Großen 331 vC mit Kennerblick für günstige Städte- bzw. Hafenlagen gegründet, war unter den Griechen eine kosmopolitische, unter den Römern (Caesar und Kleopatra!) eine der attraktivsten Städte der Welt mit Palästen, Bädern und einer der größten Bibliotheken.

Das heutige Alexandria hat fast alles verloren, was im Altertum seinen Ruf ausmachte: Sei es der 180 m hohe, einst als eines der sieben Weltwunder apostrophierte Leuchtturm auf der Insel Pharos, sei es das Museion - eine Gelehrtenkolonie - oder die mit 900 000 Rollen damals weltbekannte Bibliothek. Die Insel Pharos, die zunächst per Damm mit dem Land verbunden worden war, hat sich zu einer Halbinsel entwickelt, die den Hafen in Ost- (heute Yachthafen) und Westhafen (heute Handelshafen) unterteilt. Der ehemalige Alexanderfluß ist im Mahmudija-Kanal, der Alexandria mit dem Nil verbindet, aufgegangen.

Im antiken Alexandria war die Forscherelite der damals bekannten Welt versammelt. Die Bibliothek war Mittelpunkt dieser Forschungsstätte, in der naturwissenschaftliche Berühmtheiten wie Archimedes und Euklid lebten und lehrten. Hier wurde auch zum ersten Mal wissenschaftlich dokumentiert, daß sich die Erde um die Sonne dreht und daß sie eine Kugel ist. Der Astronom Eratosthenes stieß in der Bibliothek auf einen Bericht aus Assuan, der besagte, daß die Sonne am Mittag der Sommersonnenwende einen Brunnen so ausleuchtete, daß das Licht reflektiert werde und daß gleichzeitig eine senkrecht stehende Säule keine Schatten werfe. In Alexandria dagegen verblieb ein Restschatten, wurde ein Brunnen nicht bis zum Wasserspiegel ausgeleuchtet. Wenn die Erde eine Scheibe wäre, hätte dies in Alexandria wie in Assuan passieren müssen, die Erdoberfläche mußte also gekrümmt sein. Aus der Länge des Restschattens und der Entfernung zwischen Alexandria und Assuan errechnete der Wissenschaftler den Erdumfang mit rund 40 000 km, eine für die damaligen Mittel erstaunliche Präzision.

Aber das Treiben der zeitweise aufmüpfigen und kritischen Wissenschaftler war vielen Mächtigen ein Dorn im Auge. Der römische Kaiser Caracalla rächte sich Anfang des 3. Jahrhunderts mit einem Blutbad unter den jungen Männern, teilte die Stadt in zwei Hälften und hob die Akademie auf. Das war der Beginn des Niedergangs, den Rest besorgten die Christen, unter denen sich der Patriarch Kyrillos durch die Judenvertreibung besonders hervortat. Außerdem hetzte er

415 nC den Pöbel auf die berühmte, schöne, aber heidnische Wissenschaftlerin Hypathia und ließ sie steinigen. Das Ende alexandrinischer Forschungstätigkeit war besiegelt, der wissenschaftliche Horizont wurde während der nächsten eineinhalb Jahrtausende von Theologen abgesteckt.

Im Laufe der islamischen Epoche verlor Alexandria an Bedeutung. Im 14. und 15. Jhd zerstörten Erdbeben den Leuchtturm so stark, daß der damalige Sultan Qait Bay die Reste zum Bau der Zitadelle verwenden ließ.

Als 1798 Napoleon die Stadt eroberte, fand er noch 5000 Einwohner vor. 1801 vertrieben die Engländer die Franzosen und durchstachen - um den Alexandrinern das Trinkwasser abzugraben - im Verlauf der Eroberungsaktivitäten die Landenge zwischen Mareotis-See und Mittelmeer: der See ist seither ein Salzwassersumpf. Mohammed Ali ließ 1819 bis 1823 den Mahmudija-Kanal von 350 000 Arbeitern anlegen, wobei 60 000 Menschen an Hunger und Epidemien starben. Doch die Verbindung zum Nil und die nun unerschöpfliche Trinkwasserversorgung waren Grundsteine zur schnellen Expansion der Stadt und des Hafens. Innerhalb weniger Jahrzehnte eroberte sich Alexandria wieder einen Platz unter den kosmopolitischen Städten der Welt.

Mit der Gründung der Republik unter Nasser begann der Glanz erneut abzubröckeln. Nach einer stürmischen Industrialisierungsphase in den 80er und 90er Jahren besinnt man sich heute der früheren Eleganz; viele Gebäude wurden in den letzten Jahren gründlich renoviert.

Bis zur Entwicklung des Flugverkehrs war Alexandria das Tor zu Europa, 2000 Schiffe liefen jährlich den Hafen an. Heute ist Alexandria eine Großstadt mit über 5,5 Millionen Einwohnern, die versucht, mit den Problemen des Industriezeitalters fertig zu werden. Über die Hafenanlagen werden etwa 60 Prozent des ägyptischen Im- und Exports abgewickelt.

Alexandria strahlt im Vergleich zu Kairo ein ganz eigenes Flair aus. Denn hier fand in der Vergangenheit eine Völkermischung statt, die einen deutlich anderen, einen mehr mediterranen und kosmopolitischen Menschenschlag hinterlassen hat. Schließlich leben auch heute noch etwa 60 000 Griechen und Italiener in der Stadt.

Französische Unterwasser-Archäologen erforschen seit einigen Jahren die Küste vor Alexandria. Sie konnten 1996 die ehemalige Königsstadt mit u.a. dem Palast der Kleopatra lokalisieren, in den Folgejahren wurden weitere Artefakte entdeckt. Allerdings bezweifeln andere Archäologen, daß die verhältnismäßig wenigen Funde derartige Aussagen zulassen und ob sie überhaupt in dieser Weise datierbar sind. Dennoch werden derzeit Pläne diskutiert, die Funde - die an Ort und Stelle verbleiben - in einem Unterwassermusuem zugänglich zu machen.

Im Osthafen Alexandrias wurde kürzlich ein vollständiges Schiffswrack entdeckt, das um die Zeitenwende vermutlich untergingt, weil es gerammt wurde. Geborgen werden Keramiken und Schmuckstücke.

In einem westlichen Vorort brach 1997 bei Straßenbauarbeiten eine Baggerschaufel in einen unterirdischen Hohlraum. Damit war ein labyrinthischer unterirdischer Friedhof entdeckt worden.

Pharos – das siebte Weltwunder

Die Küstenregion um Alexandria ist – wie weite Strecken der nordafrikanischen Küste – flach und von See her gesehen konturenlos. Nachdem sich Alexandria zum meistfrequentierten Hafen Ägyptens entwickelt hatte, ließ Ptolemäus I. Soter (282-246 vC) auf der Insel Pharos einen weithin sichtbaren Turm als Wahrzeichen errichten, der eine Höhe erreichte wie kein Turm zuvor und zu den sieben Weltwundern gezählt wurde.

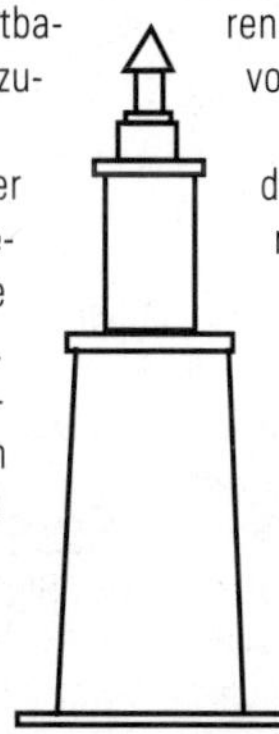

Es gibt zwar viele Berichte über den Turm von Pharos, aber fast ebenso viele Widersprüche, was sein genaues Aussehen, seine Höhe und Beleuchtungseinrichtung betrifft. Die bekannten Abbildungen liegen hauptsächlich auf Münzen, Siegeln, Mosaiken etc. vor, d.h. sie sind entsprechend ungenau. Aus den unterschiedlichen Rekonstruktionen ergibt sich folgendes Bild: Der Turm bestand aus drei Stufen, die unterste bildete ein Trapez, es folgte ein sich verjüngendes Achteck, die oberste Stufe war als Zylinder, also Turm im klassischen Sinn, gebaut worden. Sie war mit einer etwa 7,50 m hohen Statue bekrönt, die Poseidon dargestellt haben könnte. Die Gesamthöhe einschließlich Statue wird mit 110 bis 130 m angegeben.

Mit großer Wahrscheinlichkeit diente der Turm zunächst als Tagzeichen mit einem großen Hohlspiegel, der die Sonnenstrahlen reflektierte. Vermutlich wurde erst nach der Zeitenwende ein ebenfalls weithin sichtbares Leuchtfeuer eingerichtet.

Bei einem Erdbeben um 700 stürzte die Leuchteinrichtung ein, die nicht wiederhergestellt wurde. Um 1100 fiel die zweite Stufe ebenfalls einem Erdbeben zum Opfer. Auf der verbliebenen unteren Stufe wurde eine Moschee errichtet, die aber ebenfalls durch Erdbeben zusammenfiel. Schließlich nutzte 1477 der Mamlukensultan Kait Bey die Fundamente, um sein Fort zu errichten; Baumaterial lag in Hülle und Fülle herum...

Zur Erinnerung an das siebte Weltwunder soll im Fort Kait Bey ein Leuchtturm-Museum eingerichtet werden. Weiterhin bestehen Pläne, den Turm nach den Rekonstruktionszeichnungen des deutschen Architekten von Thiersch (1852-1921) als Touristenattraktion mit Luxushotel wieder aufzubauen; jüngere Pressemeldungen besagen, daß ein 130 m hoher Turm in der Form eines Oblisken anstelle einer Replika des Pharos-Turms errichtet werden solle.

Vielleicht die Nekropolis, von deren labyrinthischen Ausmaßen der griechische Geograph Strabon 25 vC berichtete. Große Teile stehen unter Wasser, dies könnte aber auch Grabräuber gehindert haben, nach Wertsachen zu stöbern. Noch ist der Friedhof nicht öffentlich zugänglich.

Wegen des im Süden gelegenen Mareotis-Sees, der früher ein natürlicher Schutzgürtel war, kann sich die Stadt nur in Ost-Westrichtung entwickeln, in nordsüdlicher Richtung bleiben kaum mehr als etwa 2-3 km Platz. Trotz dieser Enge verfügt sie über ein passables Straßennetz, das die Vororte im Osten und We-

sten an das Zentrum bindet. Eine der Hauptverkehrsadern ist die Corniche (offiziell Sharia 26. July bzw. im Osten Sharia el Geish). Diese nordöstliche Strandpromenade mit immerhin 18 km Länge hat einen großen Teil des Verkehrs der für ägyptische Verhältnisse gepflegten östlichen Vororte aufzunehmen. Das eigentliche Zentrum fokussiert sich auf die Gegend um den Midan Saad Zaghlul mit dem gleich anschließenden Ramla-Bahnhof bis hin zum Midan Orabi und Tahrir, dort liegen die wichtigsten Einkaufsstraßen, bekannte Restaurants und Hotels.

Interessant sind in Alexandria nicht nur die im Vergleich zu Kairo etwas spärlichen Zeugen der Vergangenheit, darüber hinaus ist vielmehr das tägliche Leben, das Gewimmel auf den Straßen und in den Souks, sind die vom schwachen Laternenschein eingehüllten Nächte erlebenswert. Erwandern Sie diese Stadt, bummeln Sie durch die Souks, durch das Zentrum mit seinen unzähligen Shops oder das Atarin-Viertel. Schlendern Sie auf der Corniche und schnuppern Sie die Salzluft der Brandung an stürmischen Tagen. Gehen Sie freitags in die Parks, um mit den Leuten den Feiertag zu verleben, vertrödeln Sie einfach ein paar Tage in Alexandria - es wird sich lohnen. –

Wenn Sie von der Atmosphäre Alexandrias in früheren Jahrzehnten lesen und träumen wollen, dann nehmen Sie unbedingt Lawrence Durrells spannende Romane *Justine, Balthazar, Mountolive oder Clea* zur Hand. Unwillkürlich werden Sie auch heute noch auf die Gestalten Durrells stoßen ...

Alexandria hat sich in den letzten Jahren im zu Ende gehenden Jahrtausend mächtig herausgeputzt. Ein neuer Gouverneur griff mit ziemlich eiserner Hand durch und ließ vor allem an der Seeseite aufräumen. Überall verbieten auffällige Schilder das Hupen, die Bürgersteige der Corniche wurden repariert und verbreitert, Fußgängerunterführungen bieten den Gehetzten und Gejagten eine sichere Passage, die Badestrände wurden gereinigt und aufgeräumt. Überall stehen Müllcontainer herum, die auch entleert werden; Straßenfeger setzen ihr Leben ein, um die Hauptstraßen sauber zu halten. Zumindest mit den ersten Blocks landeinwärts von der Corniche aus könnte sich Alexandria das Prädikat der saubersten Stadt Ägyptens holen.

Öffentliche Verkehrsmittel

Alexandria besitzt ein brauchbares öffentliches Verkehrsnetz, bestehend aus einer Hochbahnlinie (Ramla Bahnhof am Midan Saad Zaghlul zu den östlichen Vororten bis Sidi Bishr), Straßenbahnen und Bussen. Achtung: Bei zweiteiligen Zügen ist der erste Wagen, bei dreiteiligen der mittlere für Frauen reserviert.

Eine Auswahl der Straßenbahnen, die im Zuge der Stadtrenovierung ausgedünnt wurden (gelbe Linien – 10 Piaster – fahren nach Westen, blaue nach Osten – 15 Piaster):

- Linie **1:** Ramla Bahnhof – Sidi Bishr – Zoo
- Linie **2:** Pompejus-Säule – Hauptbahnhof – Ramla Bahnhof – Sidi Gaber Bahnhof – Zoo
- Linie **11:** Hauptbahnhof – Zoo
- Linie **15:** Ramla-Bahnhof – Hauptbahnhof – Abou-el-Abbas-Moschee – Ras El Tin

Die **Bus- bzw. Minibuslinien** 735, 736 fahren die gesamte Corniche entlang, 729 nach Abukir, 750 in westlicher Richtung nach Agami. Die Linie 711 verbindet Midan Orabi und Airport.

Die blauen **Hochbahnlinien** starten am Ramla Straßenbahnhof und fahren nach Osten; die Nummer 1 endet landeinwärts in der Nähe vom Strand Sidi Bishr. Um nach Montazah zu kommen, muß man anschließend ein Taxi nehmen. Die Vorortzüge Richtung Abukir und Rosetta fahren vom **Hauptbahnhof** (Misr Station) im Stadtteil Kom el Dik ab, ebenso wie die Züge nach Kairo. **Sammeltaxi** fahren vom Hauptbahnhof (Midan el Gumhuriya, am anderen Platzende gegenüber dem Ausgang) in unterschiedlichste Richtungen. Alle Fernzüge halten auch im östlicher gelegenen Bahnhof Sidi Gaber. Am einfachsten kommt man per **Taxi** vorwärts. Innerhalb des Stadtzentrums für ca. £E 1 bis 2, nach Montazah ca. £E 8 bis 10.

Fernerkehr

Früher starteten diverse Buslinien am zentral gelegenen Midan Saad Zaghlul, heute (leider) am Sidi Gaber Bahnhof, d.h. an einem Platz namens 15.May Station, der auf der Südseite des Bahnhofs liegt. Vom Ausgang bzw. der Unterführung muß man noch etwa 100 m nach Osten gehen und sieht dann das große Schild "West Delta Bus". Auch die Superjets starten hier. Die Gegend ist ziemlich heruntergekommen, es gibt fast nur arabische Beschilderung, man muß sich durch das Chaos hindurchfragen.

Busse

- **Hurghada**: 18.30 (£E 55)
- **Ismailiya**: 7.00, 14.30 (£E 17)
- **Kairo**: 5.00 (£E 20-28, Airport 25), alle halbe Stunde bis 1.30
- **Marsa Matruh:** 7.00 (£E 23), 7.30 (Stop in El Alamein, £E 15) 9.00 (£E 20), 15.00 (£E 20)
- **Minia:** 7.00 (£E 20)
- **Port Said**: 6.00 (£E 22), 8.00 (£E 17), 15.30, 16.30 (£E 22)
- **Siwa:** 11.00, 15.00 (£E 27)
- **Sollum:** 13.30 15.30, 18.00 (£E 23)
- **Sharm el Sheikh**: 6.30 (Superjet £E 77)
- **Suez:** 6.30, 14.30 (£E 20)

Züge

- **Kairo**: 6.00, 7.00, 8.00, 8.15, 10.00, 11.00, 13.00, 14.00, 15.00, 15.30, 17.00, 18.00, 7.30, 20.00, 20.30, 21.30 (1. Klasse £E 22, 2. Klasse £E 17)
- **Marsa Matruh**: 14.00 (nur im Sommer)
- **Luxor/Assuan**: 9.00, 12.00, 22.15

Flüge nach Kairo

- Mo, Mi, Do, Fr

Nützliche Adressen

Öffentliche Institutionen

- ***Touristen-Information,*** *Midan Saad Zaghlul, Tel 484 3380, Nähe Cecil Hotel (9-18); Zweigbüros im Hauptbahnhof und im Hafen*
- ***Touristen-Polizei****, Tel 809 611, im selben Gebäude wie die Touristen-Information*
- ***Deutsches Generalkonsulat****, 5 Sharia el Mina, Rushdy, Tel 845 475, 845 443*
- ***Österreichisches Konsulat****, Sharia Eglise Debbane, Alexandria, Tel 808 888*
- ***Paßbüro*** *(Touristenpolizei), 28 Sharia Talaat Harb*
- ***Post****, direkt am Hauptbahnhof, dort auch postlagernde Sendungen*
- ***Telefon****: 24-Stunden-Service am Ramla-Bahnhof, Sharia Saad Zaghlul und Midan Gumhuriya, am Bahnhof*
- ***Goethe-Institut****, 10 Sharia Ptolomees*
- ***Deutsche Schule der Borromäerinnen****, 32 Sharia Salah El Din*
- ***Deutsches Seemannsheim****, 12 Sharia Sultan Hassan*

Reisen und Geld

- ***Thomas Cook****, 15 Midan Saad Zaghlul, Tel 483 5118; hier können* ***Euroschecks*** *unkompliziert eingelöst werden.*
- ***Lufthansa****, 6 Sharia Talaat Harb*
- ***Swiss Air****, 20 Sharia Mahmoud Azmi*
- ***Bank Of Alexandria****, 2 Sharia Saad Zaghlul (tauscht Travellerschecks)*
- ***Bank Of Cairo****, 16 Sharia Sisostris*

- ***American Express***, *34 Sharia Mosakar el Romani, Tel 851 708, Rushdy*

Mietwagen:

- ***Avis***, *Hotel Cecil, Midan Saad Zaghlul, Tel 482 5253*
- ***Budget***, *59 Sharia El Geish, Tel 597 1273*

Medizinische Versorgung

- *Notfall-Nummer: 123*
- *Rettungswagen 123 oder 492 5810 Feuer 180*

Deutsch sprechende Ärzte

- ***Dr. Samir K. Sidhom,*** *18 Sharia Sesostris, Tel 806 259*
- ***Dr. Thüssen,*** *11 Sharia El Hindawi, Dokki, Tel 711 981*
- ***Dr. Tawa,*** *67 Sharia El Hurriya, Tel 809 340*
- ***Dr. Mohamad Galal Youssef,*** *2 Sharia Aziz Pasha Kalil, St. Stefano-Alex*

Zahnarzt:

- ***Dr. Noshi Bassili,*** *36 Sharia Saad Zaghlul, Tel 806 090*

Krankenhäuser

- ***Privatklinik Victoria-Hospital,*** *18 Sharia Philip Galad, Midan Isfaar, Victoria (zwischen Bhf Sidi Gaber und Montazah) 24-Stunden-Notdienst*
- ***Gamal-Abdel-Nasser-Krankenhaus,*** *Sharia El Hurriya (Ausländer nur im Notfall)*

Shopping

- ***Egypt Free Shops Company***, *direkt am Flughafen oder 513 Tariq el Hurriya oder 16 Sharia Salah Salem (Duty-Free)*
- ***Al Maaref***, *eine gute Buchhandlung, die auch Reiseliteratur führt, Eingänge am Midan Saad Zaghlul und Sharia Saad Zaghlul*
- ***Zahran Market***, *Shemouha, ist ein neues Shoppingcenter mit vielen Boutiquen und einem westlich orientierten großen Supermarkt (südlich in der Nähe des Sidi Gaber Bahnhofs am Gelände des Marine Racing Clubs)*

Viele interessante Shops mit **Antiquitäten** bietet das Atarin-Viertel (siehe Seite 178).

Internet Cafés

- ***GlobalNet***, *29 Sharia Nabi Daniel (Nähe Sharia Huriya), www.globalnet.com.eg, eher ein Service-Büro mit angeschlossenem Internet Café, sehr professionell, 1 Std £E 10, 1/2 Std £E 5*
- ***ACCESS***, *The First Cyber Café, Main Shopping Mall Nr. 68, Shemouha (siehe auch Shoppingcenter Shemouha), www.cyberaccess.com.eg, Email access@dataxprs.com.eg, freundlich, 1 Std £E 8, 1/2 Std £E 4*

Restaurants

- ***Adorna***, *zwei Restaurants gleichen Namens, eins an der Corniche Nähe Festung, viel besser ist das zweite, etwa 200 m vom ersten und der Corniche entfernt; dort wählt man rohen Fisch aus, der dann hervorragend zubereitet wird*
- ***Aklatika***, *8 Sharia Shakour, Nähe Ramla Bahnhof, sauber, preiswert, freundlich, u.a. gute Pizza*
- ***Amoun Hotel***, *Sharia El Nasr, in der Nähe des Hafens; zahlreiche indonesische und vietnamesische Spezialitäten, reichlich, teuer*
- ***Asteria***, *40 Sharia Safia Zaghlul; italienische Spezialitäten, gute Pizza*
- ***Athineos***, *Corniche, zwischen Ramla Bahnhof und Corniche, Multifunktionshaus mit Restaurant, Patisserie, Cafeteria und Nachtbar*
- ***Bella Vista***, *Abukir (neben Fischrestaurant Zephyrikon); sehr gutes Fischrestaurant*
- ***Chez Gaby***, *Sharia Hurriya, im Cinema-Royal-Gebäude; Spezialität Pizza, unsauber, vernünftige Preise*
- ***Derwish***, *Corniche Höhe Ramla Station; guter Fisch, teuer*
- ***El Iklas***, *49 Sharia Safia Zaghlul, im ersten Stock, sehr gut, reichhaltiges Buffet, nicht zu teuer*

- ***Elite**, 43 Sharia Safia Zaghlul, gegenüber Santa Lucia Restaurant; die Wände sind mit Drucken berühmter Künstler dekoriert, Künstler- und Journalisten-Treffpunkt, Essen reichhaltig, gute Pizza, freundliche Bedienung, ziemlich preiswert*
- ***GAD**, Querstraße der Sharia Salah Salem (siehe Plan), Filiale am Midan Saad Zahglul; Spezialität Foul, Felafel (sehr gut)*
- ***Hassan Bleik**, 18 Sharia Saad Zaghlul; libanesische und syrische Spezialitäten, klein, sauber und preiswert*
- ***Kentucky Fried Chicken (KFC)**, Ecke Sharia Saad Zaghlul/Safia Zaghlul, gegenüber dem Ramla-Bahnhof; in drei Stockwerken, guter Ausblick auf das Gewühl am Bahnhof*
- ***La Taverna**, Nähe Midan Orabi; u.a. sehr gute Pizza, relativ teuer*
- ***Laurentos**, 44 Sharia Safia Zaghlul; Spezialität Tintenfisch (Sobet), mittlere Preise, Alkoholausschank*
- ***Mohammed Ahmed**, 17 Sharia Shakour, (Seitenstraße von Saad Zaghlul); Spezialität Foul, Felafel, gut und preiswert*
- ***New China Restaurant**, im Hotel Corail, 802 Sharia El Geish, Montazah, kurz vor Sheraton Hotel; gut, angemessene Preise, 9. Stock, schöner Meeresblick*
- ***Omar el Khayam**, Corniche Nähe Ramla Bahnhof; schöner Blick auf Meer und Yachthafen; Essen unterschiedlich*
- ***Pastroudis**, 39 Sharia El Hurriya und 374 Sharia El Geish; bekannte Restaurants, meist überfüllt, preiswert*
- ***Pizza Hut**, Corniche vor der Kurve zum Stanley Beach (im Haus von Kentucky Fried Chicken); sauber, gute Pizza, toller Blick auf Strand und Straße*
- ***Saber**, 89 Sharia Heliopolis, Ibrahimiya, 5 Minuten vom Ibrahimiya Straßenbahnhalt; preiswert, besonders gute Süßspeisen*
- ***Santa Lucia**, Sharia Safia Zaghlul, gegenüber Elite Restaurant; bestes Restaurant von Alexandria, das immerhin 1980 einen Preis als eins der weltbesten Restaurants gewann, Spezialität ist Fisch, teuer*
- ***San Giovanni Hotel**, 205 Sharia El Geish (Corniche), Stanley Beach; zählt zur Spitzenklasse, gepflegt, teuer, spezialisiert auf Fisch*
- ***Sokrat**, Chatby, Sharia Eskander el Akbar; sehr gut und sehr teuer; europäische, arabische Küche*
- ***Taverna**, Sharia Saad Zaghlul (gegenüber Ramla Bahnhof); sauber, gut, schmackhafte Pizzas (auch take-away), gepflegt, preiswert*
- ***Tikka Grill**, Corniche, Nähe Abou-Abbas-Moschee; reichhaltiges Vorspeisen- und Salatbuffet (all you can eat), sehr gute indische Gerichte, teuer, Terrasse mit schönem Blick auf Meer und Corniche*
- ***Yanky Restaurant**, Take Away, 3 Sharia Muhammad Talaat Nooman, ca. 100 m vom Acropole; recht gute Pizza, Kebab*
- ***Zephyrikon**, Abukir (kennt dort jeder), 14 Sharia Khalid Ibn Walid (vom Bahnhof bzw. Alexandria kommend geradeaus bis zur Moschee, dann links zum Strand, dort liegt links um einen Block versetzt das eher wie eine Fischmarkthalle wirkende Etablissement); angeblich bestes Fischrestaurant Ägyptens*

Bekannte Cafés

In keiner anderen ägyptischen Stadt gibt es so gute und so viele Cafés wie in Alexandria:

- ***Brazilian Coffee Store**, Sharia Saad Zaghlul/Ecke Nabi Daniel; hier gibt es (ganz subjektiv) den besten Kaffee in Ägypten, Kenner lassen sich spezifische Arten zubereiten*
- ***Café Trianon**, im Hotel Metropol, Ramla Bahnhof, mit Holzfresken im Jugendstil, gutes Flair, interessantes Publikum, gute Kuchen und Torten*
- ***Pastroudis**, 39 Tariq Hourriya, spielt bei Durell eine wichtige Rolle, guter Kuchen*
- ***Patisserie Delices** und **Patiserie Athenoios** (auch während Ramadan Bier,*

INTERESSANTES
***Griechisch-römisches Museum**, die bedeutendste Sammlung dieser Epoche Ägyptens mit aufschlußreichen Stücken und gutem Display
****Schmuckmuseum** mit den Preziosen der Mohammed-Ali-Dynastie
****Römisches Theater Kom el Dik**, erst 1964 ausgegraben
****Pompejus-Säule** im Gelände des ehemaligen Serapeum
****Katakomben von Kom el Schukafa**, bedeutendste römische Grabanlage
****Fort Kait Bey**, arabische Festung auf den Mauern des Pharos Leuchtturms (guter Blick auf die Stadt)
***Felsengräber von Anfushi, Shatby und Mustafa Kamel**
***Ras El Tin Palast**, Residenz der letzten ägyptischen Könige
*Moscheen **Sidi Abu-el-Abbas** und **Ibrahim Terbana**
***Montaza Palast** mit riesigem Park, am Stadtrand im Osten gelegene Sommerresidenz der letzten Könige
***Meerwasseraquarium** mit Fischen aus dem Mittel- und Roten Meer
***Parks von Nusha und Antoniadis** mit **Zoo**

allerdings zu £E 30 pro Flasche erhältlich), beide am Midan Saad Zaghlul

- ***Patisserie Venus**, Ecke Sharia Daniel /Sharia Hurriya, Jugendstileinrichtung, große Auswahl an köstlichen Kuchen und Konfekten*
- ***Vinous Teahouse**, Nähe Pastoudis, gut erhaltene Art Deco Dekoration*

Am Abou Elyas Souk El Kanto, der tagsüber ein Kleidermarkt ist, werden abends **Tauben** oder – je nach Jahreszeit – **Wachteln** gebraten. Interessante Atmosphäre, preiswertes Essen. Auf dem Weg nach Anfushi und zum Fort Kait Bey gibt es kleine Straßenlokale, dort sucht man sich einen **Fisch** aus (Kilopreis erfragen) und läßt ihn zubereiten.

Das Stadtviertel Camp Shezar – sieben Stationen vom Ramla Bahnhof aus gelegen – bietet gute Einkaufsmöglichkeiten, gemütliche Coffee Shops und ein ziemlich orientalisches Marktviertel.

Unterhaltung, Nightlife

Die billigste Unterhaltung am Abend ist ein Bummel durch den Shoppingbereich des Zentrums (oder der jeweiligen Stadtviertel). Die Sharia Saad Zaghlul und Safia Zaghlul werden abends gesperrt, damit Publikum und Straßenhändler genug Platz zum Schauen und Handeln finden.

Die größeren Hotels unterhalten Discos und/oder Nightclubs. Entlang der Corniche stößt man ebenfalls auf eine Reihe von "Kneipen" mit Live-Musik. Bekannt ist *Crazy Horse* im *Athineos* zwischen Corniche und Ramla Bahnhof.

In einer kleinen Querstraße ("Alte Börse") der Sharia Saad Zaglul, hinter dem Hauptpostamt und einen Block vor dem Midan Orabi, wartet die Nachtbar *Spitfire* auf Gäste. Abgesehen von ein bißchen Automobil Art Dekoration fallen dem deutschen Besucher Firmenschilder deutscher Firmen ins Auge; ein Zeichen, daß hier Monteursgenerationen ihr Heimweh in Importbier und anderen scharfen Alkoholika ersäuften. In der *Monty's Bar* im Hotel Cecil treffen sich meist Ausländer. Nachtclubs bieten auch das *Au PriveRestaurant*, 14 Sharia Hurriya, sowie die internationalen Hotels. In den Hotels *Cecil* und *Palestine* können Sie Ihr Geld im Casino verjubeln.

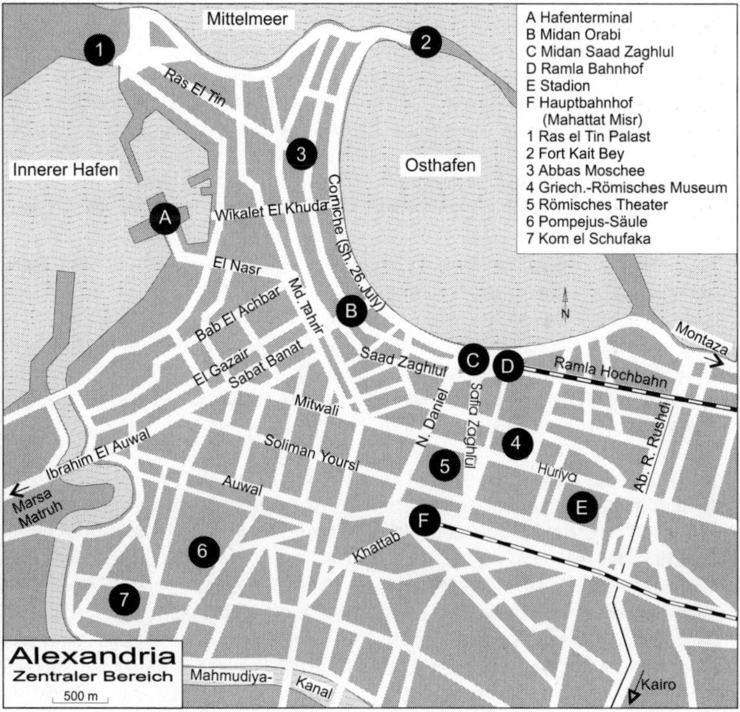

Recht gute Kinos findet man in der Umgebung des Midan Saad Zaghlul, zu den besten zählen *Metro und Amir.*

Alexandria kennenlernen

Ein Blick auf den Stadtplan zeigt, daß sich die interessanten Objekte jeweils schwerpunktartig konzentrieren: Im Norden auf der Ex-Insel Pharos, in Bahnhofsnähe im Zentrum, im Südwesten und Südosten. Es lohnt sich also, jeweils ein Gebiet abzuwandern und dann zum nächsten per Bus oder Taxi zu fahren. Apropos Stadtplan: Im Buchhandel, z.B. Al Maaref am Midan Saad Zaghlul, gibt es endlich einen brauchbaren Stadtplan von Alexandria, der besonders bei etwas längerem Aufenthalt sehr empfohlen wird.

Beginnen wir im Norden (vom Midan Saad Zaghlul mit Bus Nr. 707 bzw. Straßenbahn Nr. 15). Der ***Ras El Tin Palast** liegt auf der Westseite von Pharos (heute Stadtteil Anfushi). In diesem 1818 von Mohammed Ali errichteten Palast residierten die letzten ägyptischen Könige; hier unterschrieb 1952 Faruk die Abdankungsurkunde. Z.Zt. dient das Gebäude der ägyptischen Admiralität, es ist nicht zugänglich. Für Schiffsreisende ist der Palast ein erster, prächtiger Blickfang beim Einlaufen in den Hafen.

Am Platz vor dem Palast (hinter der Straßenbahnhaltestelle stadteinwärts) finden

Sie den Zugang zur ***Nekropole von Anfushi** (9-16, £E 12), in der vier Felsengräber aus der Ptolemäerzeit zu sehen sind. Jedes Grab besteht aus Vorraum und Kapelle, die Wände der Vorräume sind mit Malereien geschmückt; am interessantesten ist Grab Nr. 1.

Zur Ostseite der Halbinsel führt die Straße am Fischmarkt vorbei und endet am ****Fort Kait Bey** (8-17, F 8-11.30, 13.30-17, £E 12 (einschl. Marinemuseum), Fotoerlaubnis £E 10, Video £E 20) aus dem 15. Jh, für dessen Errichtung die arabischen Baumeister die Reste des berühmten, bei einem Erdbeben eingestürzten Pharos-Leuchtturms verwendeten (an dessen Stelle es steht). Die Residenzräume sind renoviert, der Besuch lohnt sich schon wegen des guten Ausblicks von den Zinnen der mächtigen Schutzmauern. Im Innern ist ein Marine-Museum im Aufbau, das u.a. den Untergang der französischen Flotte bei Abukir zeigen soll.

Der Sonnenuntergang wirkt besonders von der Hafenmauer aus sehr schön, deren Zugang ist normalerweise verboten. Erwirbt man jedoch eine Anglererlaubnis (billig, direkt hier), läßt einen der Wachsoldat passieren.

Schräg gegenüber stoßen Sie auf das ***Meerwasser-Aquarium** (£E 1), das Fische aus dem Mittel- und Roten Meer zeigt. Nach langen Jahren des Siechtums wurden die Aquarien halbwegs renoviert. Auch wenn man nicht in jedem Fall von artgerechter Haltung ausgehen kann, lohnt ein Blick – wo sonst kann man für so wenig Geld so viele hübsche Fische betrachten.

Folgen Sie jetzt der Corniche – der parallel zum Strand verlaufenden Prachtstraße – stadteinwärts. Am Weg liegt die ***Moschee Abou el Abbas Mursi** aus dem 18. Jhd, die als typisches osmanisches Bauwerk über dem Grab des muslimischen Heiligen Abou el Abbas errichtet wurde. Dieses Bauwerk brannte ab, die heutige Moschee wurde 1945 eingeweiht. Sie gehört zu den wichtigsten islamischen Einrichtungen Alexandrias. Etwas weiter südlich ist die ***Ibrahim Terbana Moschee** von der Corniche aus zu sehen, bei deren Bau antike Säulen verwendet wurden.

An der Sharia Ras El Tin, die sich etwa parallel zur Corniche nach Südosten bis zum Midan Tahrir zieht, findet man viele **Souks** für z.B. Handicrafts, Leder- und Tuchwaren etc. Im Souk el Libia werden Beduinenkleider verkauft. Je näher man dem Midan Tahrir kommt, um so mehr dehnen sich die Souks in die umliegenden Gassen aus. Wir besuchen in fast liebgewordener Regelmäßigkeit den Souk el Ched, den Souk des Fadens, weil dort ansässige Schneider schnell etwas nähen.

Wenn Sie der Corniche gefolgt sind, so biegen Sie am Midan Orabi nach rechts ab, dort steht zunächst das Denkmal des Unbekannten Soldaten, geradeaus mündet der Platz in den **Midan Tahrir**, der in der Bevölkerung mehr noch unter seinem alten Namen Midan Mohammed Ali bekannt ist. Des ehemaligen Namensgebers Statue kündet immer noch von der damaligen Bedeutung: 1830 war dieser Platz als Zentrum der neuen Stadt von Mohammed Ali angelegt worden. 1882 wurde er, nach der Bombardierung durch die Engländer, in Midan Manshiya umgetauft und schließlich unter Nasser in Midan Tahrir (Platz der Befreiung).

Prägten noch vor kurzem Autohupkonzerte im meist stehenden Verkehr, um Kurven quietschende Straßenbahnen und Menschenmassen das Bild des etwas heruntergekommenen Platzes, so wurde inzwischen kräftig aufgeräumt – d.h. zur Zeit unseres Besuches war man noch eifrig dabei –, die Straßenbahnen sind verbannt, fast alle Hausfassaden beider Plätze wurden gereinigt und renoviert. Jetzt bereits setzen die wie ein "T"

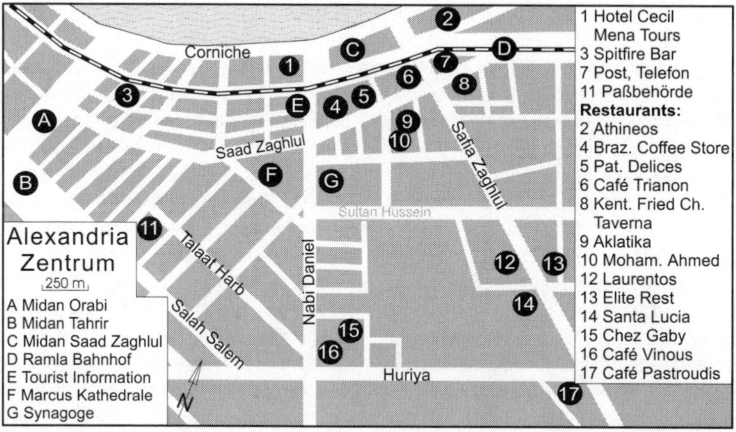

ineinandergreifenden Plätze wieder deutliche Akzente in der Stadt.

Wenn Sie den Midan Tahrir geradeaus überqueren und bis zur nächsten Parallelstraße gehen, kommen Sie in ein ausgedehntes, besuchenswertes Marktviertel: Hier kauft die alexandrinische Hausfrau ihren täglichen Bedarf an Lebensmitteln, hier pulsiert das Alltagsleben der Stadt. Östlich des Midan Tahrir gibt es ein paar Souvenir-Shops, die billiger als die Hotelboutiquen sind (auch deutsche Zeitungen erhältlich).

Das modernere Stadtzentrum hat sich vom Midan Tahrir zum **Midan Saad Zaghlul** verlagert, von dem aus die Ramla-Straßenbahn in die östlichen Vororte startet. Wahrscheinlich stand einst hier das Caesarium, jener Tempel, den Kleopatra ihrem Liebhaber Antonius bauen wollte, der aber von Octavian fertiggestellt wurde. Ganz in der Nähe, an der Sharia Nabi Daniel, finden Sie als "Landmarke" das **Hotel Cecil** in pseudomaurischem Stil, selbst schon fast ein historisches Stück, daneben das für Schiffsreisende wichtige Büro von Mena Tours. Schräg gegenüber werden Sie das **Tourist Office** (Schild "EGYPTIAN TOURIST AUTHORITY") erkennen, dessen freundliche Damen wenig Gedrucktes (mit etwas Glück ist *Alexandria by Night and Day* vorrätig), aber viel Hilfsbereitschaft zeigen, z.B. Auskunft über Busverbindungen etc. Wie Leser berichteten, ist bei den Auskünften allerdings Vorsicht geboten; sie suchten das neue Busterminal, wurden jedoch in die entgegengesetzte Richtung geschickt.

1987 beschloß die UNESCO, in Alexandria eine Bibliothek über die Kultur des Mittelmeergebietes zu errichten. Die "Nachfolgerin" der berühmten antiken **Bibliothek** soll Ende 1999 an der Corniche, westlich vom Midan Saad Zaghlul neben der *University Conference Hall* (gegenüber der nach Norden hin ersten Landzunge namens Silsila) eröffnet werden. Aus einem internationalen Wettbewerb, an dem sich 1400 Architekten aus 77 Ländern beteiligten, wurde der architektonisch hochinteressante Entwurf des norwegischen Büros Snohetta gewählt.

Die Sharia Saad Zaghlul und die südlich an den Midan Saad Zaghlul angrenzenden Straßen bilden das eigentliche *Shopping*

Center von Alexandria mit anspruchsvollen Geschäften. Folgen Sie vom Cecil aus einfach der Sharia Nabi Daniel, sie führt in südlicher Richtung zum Midan Gumhuriya. Unterwegs (Nr. 69) können Sie einen Blick in die einzige noch geöffnete **Synagoge**, die *Eliahu Hanabi*, werfen, allerdings nur durch das von finster dreinblickenden Soldaten scharf bewachte Gittertor zum Grundstück. Die Ursprünge des in einem großen Garten liegenden Bauwerks gehen vermutlich auf das 12. Jhd zurück, allerdings stammt das derzeitige Gebäude aus dem 19. Jhd. Einen alten jüdischen Friedhof mit mehreren hundert Gräbern mit z.T. sehr kunstvollen Grabsteinen findet man ganz in der Nähe des Midan Khartoum.

Quasi der Synagoge gegenüber könnte man durch ein schmales, aber verschlossenes Tor die koptische **St. Markus Kathedrale** besuchen; tatsächlich muß man jedoch bis zur nächsten Kreuzung, dort halbrechts und nocheinmal in der "Straße der koptischen Kirche" (kein Straßennamensschild zu sehen) wiederum halbrechts abbiegen. Etwa in der Mitte lassen sich über einem großen Eisentor die Worte *Patriarcat Copte-Orthodoxe* entziffern. In dem weiten Innenhof erhebt sich neben dem Patriarchatsgebäude die 1950-87 gebaute Kathedrale, die einen Besuch lohnt.

Zurück auf die Sharia Daniel. An der Kreuzung mit der Sharia Hurriya bietet sich das gepflegte *Café Venus* für eine erholsame Pause an. Nahe der Kreuzung Sharia Daniel/Sharia Saliman Yousri liegt links das sehenswerte römische Theater ****Kom el Dik**, das erst 1964 ausgegraben wurde und dessen hufeisenförmige Marmorsitzreihen etwa 800 Zuschauern Platz boten (9-17; £E 6).

Der Midan Gumhuriya wird vom **Hauptbahnhof** (*Mahattat Misr*) mit seinem quirligen Leben geprägt. Es gibt weiter östlich einen weiteren, kleineren Bahnhof namens **Sidi Gaber**, in dem auch die Züge nach Kairo kurz anhalten.

Nicht weit entfernt, südlich der Sharia Mitwalli, haben sich in der Umgebung der Sharia Masgid el Atarin viele Antiquitätenhändler (Trödler) – deren Zahl in den letzten Jahren geschrumpft zu sein scheint – niedergelassen. Dieses unter ***Atarin*** bekannte Trödel- und Antiquitäten-Viertel durchstöbern in Ägypten lebende Ausländer gern. Es macht sehr viel Spaß, auch durch die Seitengassen zu bummeln und mit den Händlern, die sich übrigens wesentlich zurückhaltender als ihre Kollegen im Khan el Khalili Bazar in Kairo geben, ins Gespräch zu kommen. Hier finden Sie weniger pharaonische Altertümer, dafür jedoch chinesisches Porzellan oder z.B. Jugendstilmöbel aus der reichen Vergangenheit Alexandrias.

Etwas weiter östlich in der Sharia El Mathaf El Romani (hinter dem städtischen Gebäude *Mohafza*) liegt das *****Griechisch-Römische Museum** (9-16, F 9-12, 13-16; £E 16). Ein Besuch lohnt sich unbedingt schon als Ergänzung der Museen von Kairo, weil hier ausführlich über die griechisch-römische Epoche berichtet wird. Das Museum ist hell und übersichtlich gestaltet, die Ausstellungsstücke werden gut bezeichnet dargeboten. Die langgestreckten, weitgehend natürlich belichteten Räume umschließen einen Innenhof. Es macht einfach Freude, ein paar Stunden mit den alten Griechen und Römern - nicht zuletzt mit Alexander dem Großen und Cleopatra - zu verbringen, zumal sich hier nicht die Touristenmassen wie in Kairo drängen. Sehenswert ist auch die aus verschiedenen Jahrhunderten stammende große Münzsammlung des Mittelmeerraums.

Vom Eingang aus geht man zunächst links in Saal 6 und führt im Uhrzeigersinn den Rundgang fort:

- Saal **6**: Dokumente zur Stadtgeschichte, u.a. Büste Alexanders des Großen, lebensgroßer Apis-Stier aus Diorit
- Saal **7-9**: Pharaonische Zeit, u.a. eine Kolossalstatue von Ramses II, Funde aus dem Fayum mit Krokodilmumie (Saal 9)
- Saal **10**: Sammlung des John Antoiadis (pharaonische Kleinkunst wie Amulette, Skarabäen, Kleinplastiken etc.)
- Saal **11**: Plastiken und Architekturfragmente mit griechischem und römischem Einfluß
- Saal **12**: Porträtbüsten ptolomäischer Herrscher
- Saal **13-15**: Helenistische Achrchitektur- und Skulpturfragmente (in Saal 15 schönes Fresko eines Göpelwerkes, Grabmalereien)
- Saal **16-16A**: Griechische Skulpturfragmente, u.a. Köpfe des Serapis sowie Kleinplastiken, mit die schönsten Stücke des Museums
- Saal **17**: Sarkophage, Mosaikfußboden einer oberägyptischen Landschaft
- Saal **18-18A**: Kleinkunst, Mosaike, Terrakotten
- Saal **19**: Urnen, Glas- und Terrakottagefäße
- Saal **20**: Relikte aus der Shatby-Nekropole
- Saal **21**: Relikte aus den Gräbern von Ibrahimija
- Saal **22**: Glasarbeiten der ptolemäischen und römischen Zeit aus Alexandria
- Saal **22A**: Bronzeplastiken
- Saal **23**: Große Münz- und Schmucksammlung
- Saal **1-5**: Frühchristliche und koptische Relikte.

Nur ein paar Blocks östlich des Museums beginnen die **Shalalat Gärten** mit altem Baumbestand und einigen antiken Säulen bzw. Statuen. Die Gärten, die auf einem Teil der ehemaligen Umwallung angelegt wur-

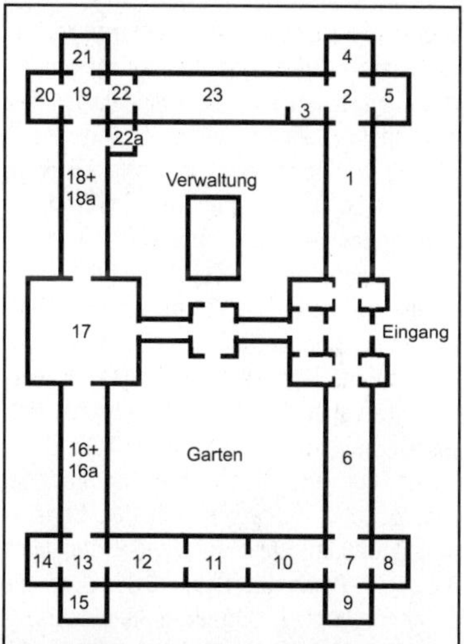

Griechisch-römisches Museum

den und die von der sehr frequentierten Sharia Huriya (Nasr) zerteilt werden, grenzen im Süden an das große Stadion. An der Kreuzung der Sharia Hurriya mit der Abdel Rahman Rushdy steht die Blumen-Uhr, eine bekannte Landmarke. Noch weiter südlich, auf der anderen Seite der Bahnlinie, können Interessenten das **Museum der Schönen Künste** (18 Sharia Menasha, Straßenbahn Nr. 14) besuchen, das zeitgenössischer Kunst gewidmet ist (nur spärliche Stücke aus den 60er und 70er Jahren).

Durchaus sehenswert – trotz etwas aufwendiger Anfahrt – ist das **Schmuckmuseum** (9-16, Fr 9-12, 13.30-16, £E 20) in einem kleinen, reichlich schwülstigen Palast in 21 Sharia Ahmed Yehia Pacha (Ortsteil Zizinia; blaue Straßenbahn Nr. 2 von Ramla, aussteigen bei Qasr el Safa), der etwa auf halbem Weg Richtung Montaza liegt (etwas schwierig zu finden, lassen Sie sich die Adresse in arabisch im Tourist Office aufschreiben). Hier sind wertvolle Preziosen der Mohammed-Ali-Dynastie zu besichtigen. Interessant ist aber auch der kleine Palast, dessen Innendekoration so gar nicht ins muslimische Moralbild paßt. So durfte z.B. Prinz Youssef Kamal aus seiner (zum Ertrinken hohen) Badewanne splitternackte Damen auf den Kacheln seines Bades betrachten ...

Im Südwesten der Stadt lag das **Serapeum**, der glanzvolle Tempel des Serapis. Diesen Gott führten die Griechen als eine Symbiose griechischer und ägyptischer Götter ein. Sein Kult wurde erst um 400 nC von Theodosius endgültig gebrochen und der *heidnische Götzentempel* von den Christen dem Erdboden gleichgemacht. Übrig blieb die sog. ****Pompejus-Säule** (9-16, £E 6). Die 27 m hohe und 2,70 m dicke, aber sehr elegant wirkende Säule war dem Diocletian gewidmet, sie gehörte zur Bibliothek des Serapeums. – Nehmen Sie vom Stadtzentrum aus die Straßenbahnlinie 16, bis Sie die Säule sehen, oder mit Bus 209 vom Ramla Bahnhof.

Ganz in der Nähe finden Sie die Katakomben von ****Kom el Schukafa** (9-16, £E 12), die größte Grabanlage der Römer in Ägypten. Die aus dem 2. Jhd nC stammende Anlage ist drei Stockwerke tief aus dem Fels gehauen (unterste Ebene meist unter Wasser). Sie enthält Sarkophage und sog. Schiebegräber, einige Wände sind mit Reliefs geschmückt, u.a. bärtigen Schlangen.

Der Vollständigkeit halber seien zwei weitere Grabanlagen erwähnt. Die Gräber von ***Shatby**, Sharia Port Said gegenüber dem St. Mark's College (9-16, £E 6), werden als die ältesten, bisher in Alexandria entdeckten eingestuft. Das archäologische Gebiet von ***Mustafa Kamel** (9-16, £E 6) liegt am Rand der gleichnamigen Wohnanlage an der Sharia El Muasker el Rumani (kurz vor Stanley Beach). Es wurde 1934 beim Bau eines Fußballplatzes entdeckt. Nach längerer Restauration entstand eine recht hübsche Anlage mit Palmen und viel Grün. Die vier Grabstätten aus der Zeit um 200 vC bestehen aus zwei unterschiedlichen Typen. Zwei Gräber sind teilweise über- und unterirdisch im Fels angelegt, die beiden anderen als ausschließlich unterirdische Katakomben. Die besser erhaltene Katakombe ist über eine in den Fels gehauene Treppe zugänglich, die in einen offenen Säulenhof mündet. Von dort aus gelangt man zu den Gräbern und Bestattungsräumen.

Einen Besuch sind die ***Nusha- und Antoniadis-Gärten** (jeweils £E 2 Eintritt) wert. Üppige, zum Teil subtropische Vegetation, relative Stille, schöne Ausblicke – eine wirklich erholsame Alternative zum Gewühl der Stadt. Der Antoniadis-Garten, ehemaliger Landsitz eines reichen Griechen, schließt sich an den Nusha-Garten an, man muß aber eigens Eintritt zahlen. Zusätzlich können Sie den hier liegenden **Zoo** besuchen. Die Gärten grenzen – südöstlich des Zentrums – direkt an den Mahmudija-Kanal an. Die Straße am Kanal bildet hier noch ein bißchen die Vergangenheit ab, als man im Schatten von Arkazien und Sykomoren aus den nahegelgenen vornehmen Häusern am Wasserweg bummelte. Kürzlich wurde hier bei den Gärten eine Art Promenade angelegt, die heute wieder zum Spaziergang einlädt. Folgt man jedoch dem Kanal weiter zum Meer hin, verliert er sehr schnell seinen Charme, denn bald dient er als Müllabladeplatz. Über weite Strecken deutet nur noch ein schmaler Schilfgürtel auf seine Existenz hin. Kleinbetriebe reihen sich am Ufer aneinander, Kinder werkeln im Schatten der noch vorhandenen Bäume, die Asphaltreste der Straße sind in einem erbarmungswürdigen Zustand.

Eine andere Art der Erholung bieten die vielen **Badestrände** entlang der Corniche: elf verschiedene Strände von West nach Ost in-

Im Sommer gehört Alexandria den Urlaubern, die aus ganz Ägypten zusammenströmen

nerhalb des Stadtgebiets. Der Badebetrieb prägt auch das städtebauliche Bild der östlicheren Corniche. Dort stehen Geister-Hochhäuser, von denen die meisten nur für die wenigen Saisonmonate im Sommer zum Leben erwachen. Die sorglose ägyptische Bauweise zeigte sich – mal wieder – Anfang 1992, als hier ein 17stöckiges Hochhaus explosionsartig einstürzte, kurz zuvor war das Gebäude ohne Genehmigung um 9 Stockwerke erhöht worden. Das Unglück kostete 20 Menschenleben.

Durch die Hafennähe zählen die Badestrände Alexandrias nicht zu den saubersten Ägyptens, obwohl in jüngster Zeit viel zu ihrer Verbesserung getan wurde. In den Sommermonaten werden sie nicht nur von den Bewohnern der Stadt rege genutzt, sondern sind auch beliebte Ausflugsziele von Kairo her. In der Badesaison überschwemmen 1,5 Millionen ägyptische Urlauber die Stadt, dann herrscht ein Gedränge wie bei uns samstags in der Fußgängerzone – sowohl an Land/Sand wie auch im Wasser. Der ägyptische Mensch scheint stets die Nähe zu seinesgleichen zu suchen, einsame Plätzchen müssen eher ein Greuel für ihn sein.

Aufpassen, hier wird viel gestohlen! Wer baden will, sollte sich den *Stanley Beach* oder den etwas besseren *Sidi Bishr Beach* ansehen (vorletzter vor Monataza). Der relativ lange Sandstrand liegt an saubererem Wasser, Duschen sind vorhanden. Wer – vor allem während der Saison – relativ ungestört baden will, kann den Privatstrand des Hotels Palestine gegen £E 30(!) oder den hoteleigenen Pool benutzen. Hier sei noch auf *Agami*, den bekannten, westlich der Stadt liegenden Badestrand aufmerksam gemacht, der mit Bus Nr. 11 vom Midan Orabi oder Minibus Nr.

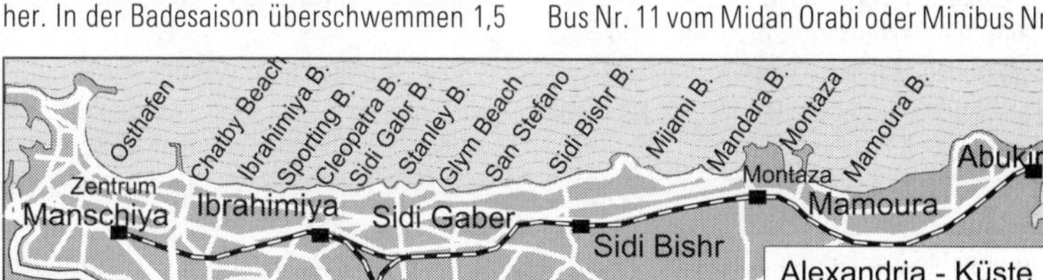

750 vom Midan Saad Zaghlul aus erreichbar ist. Doch erwarten Sie dort nicht Stille unter Palmen: Die dichte Bebauung reicht bis in den weißen Sand hinein.

Ganz am östlichen Stadtrand finden Sie den großen ***Park und Palast von Montazah**. Diese Anlage war die Sommerresidenz der letzten ägyptischen Könige, die 1892 von einem venezianischen Architekten gebaut wurde. Zinnen und Türmchen bestimmen den Anblick des so gar nicht orientalischen Bauwerks. Die asphaltierten Wege innerhalb des Parks können sogar gegen £E 4 per Auto befahren werden, Fußgänger bzw. Autoinsassen bezahlen ebenfalls £E 4; der Palast selbst ist nicht zugänglich. Freitags ist hier großer Picknick-Treff. Erreichbar mit Minibus Nr. 220, der auch noch den Mamura-Strand bedient.

Östlich schließt sich an den Montazah-Park der **Mamura-Strand** (Eintritt) an. Es handelt sich um eine Art großes Feriendorf mit vielen Zweitwohnungen betuchter Ägypter, Hotels, Pensionen und relativ preiswerten Geschäften. 6 km weiter östlich trifft man auf das Städtchen **Abukir**, in dessen Bucht 1798 Nelson die vor Anker liegende französische Flotte leicht vernichten konnte: Die Franzosen hatten nachlässig ihre Schiffe nur an einem Anker befestigt, ein ungünstiger Wind drehte sie mitsamt den Kanonen in die falsche Richtung. Im Westen des Dorfes ist das Fort Taufikiya zu finden, das auf den Ruinen des antiken Kanopus steht.

Abukir ist für frische Fischgerichte bekannt, die Restaurants *Zephyrikon* und *Bella Vista* haben den besten Ruf. Fischer und Angler offerieren und bereiten ihre Beute direkt am Strand zu.

Rosetta

Ein etwa 45 km langer, durch Fischerdörfer und Dattelpalm-Plantagen sowie an Köhler-Plätzen vorbeiführender Ausflug von Montazah entlang der Küste endet in Rosetta (arabisch: *Rashid*), das durch den gleichnamigen, dreisprachig beschrifteten Stein bekannt wurde, der Jean-Francois Champollion die Entzifferung der Hieroglyphen ermöglichte. Aber nicht dieser Stein – im Britischen Museum in London ausgestellt – ist die Attraktion, sondern das etwas pittoreske Städtchen mit hohen Ziegelhäusern und Moscheen, das als letzte größere Bastion am Nil (Rosetta-Arm) liegt, bevor sich dessen Fluten nach langer Reise ins Mittelmeer ergießen.

Rosetta scheint sehr orthodox islamisch geprägt zu sein, man sieht kaum unverschleierte Frauen. Nach Rosetta reisende Besucherinnen sollten daher bedeckende Kleidung tragen, wie eine Leserin empfiehlt.

Rosetta war im 17. und 18. Jhd der wichtigste Hafen Ägyptens. Aus dieser Zeit stammen die noch erhaltenen Bürgerhäuser und die Zaghlul-Moschee, die bekannteste der 128 Moscheen der Stadt. Sehr typisch ist die *Soukstraße* Sharia El Mehalli, die parallel zum Fluß verläuft und von vielen Shops gesäumt ist. Das **Museum** (nach "mathaf" fragen), das ebenfalls in dieser Straße liegt, ist in einem schönen, alten Wohnhaus untergebracht. Es widmet sich der Geschichte Rosettas und besitzt eine Replika des berühmten Steins. In der Nähe des Museums findet man das **Beyt el Amsili**, ein kürzlich restauriertes Wohnviertel mit einer Mühle. Die eigentliche Niluferstraße ist die Corniche, an der es - etwa im Stadtzentrum - eine Bootsanlegestelle gibt.

Rosetta bietet eine weitere, nicht unbedingt berauschende, aber beschauliche Attraktion: Einen Bootstrip zum 5 km nördlich gelegenen **Fort Kait Bey**, in dem 1799 der Stein von Rosetta gefunden wurde. Das restaurierte Fort besitzt nur wenig Attraktives, am schönsten werden Sie wohl die Bootsreise empfinden (pro Strecke etwa eine Stunde). Ein kürzerer Ausflug per Boot führt zur **Moschee Abou Mandour**, die hübsch am Nilufer südlich der Stadt liegt. Der Aufstieg auf das Minarett wird vom Ausblick auf die Deltalandschaft belohnt.

3.2 Alexandria - Marsa Matruh - Oase Siwa - Oase Bahariya

Hintergrund

Ägypten hat von der israelischen bis zur libyschen Grenze Anteil an der Mittelmeerküste. Die Ägypter verstehen jedoch unter Mittelmeerküste den "klassischen" Bereich zwischen dem Delta und der libyschen Grenze, den sie – da kühler als das Rote Meer – im Sommer in großen Scharen als Badeplatz okkupieren. Doch die Strände mit manchmal fast schneeweißem Sand haben einen Nachteil: je näher man Alexandria kommt, um so mehr Unrat liegt herum und um so mehr Teerklumpen kleben an den Füßen. Die Bucht von Marsa Matruh scheint noch der sauberste Badeplatz des Küstenstreifens zu sein.

Der gesamte Landstrich war verhältnismäßig dünn besiedelt. Die seßhaft gewordenen Beduinen betrieben Feigenpflanzungen und Viehzucht. Hauptproblem der Gegend war der Wassermangel, obwohl Winterregen durchaus beachtliche Niederschläge hinterlassen, die in Zisternen gesammelt werden.

Inzwischen hat sich die Situation wesentlich verändert, da Wasser vom Nil herangeführt wird. In den letzten Jahren wurden südöstlich der Marsa-Matruh-Straße große Siedlungsprojekte erstellt bzw. erweitert, nördlich dagegen wird fiebrig die Küste zugebaut. In der Zeit unseres vorletzten Besuchs 1997 bis zur aktuellen Reise in 1999 veränderte sich

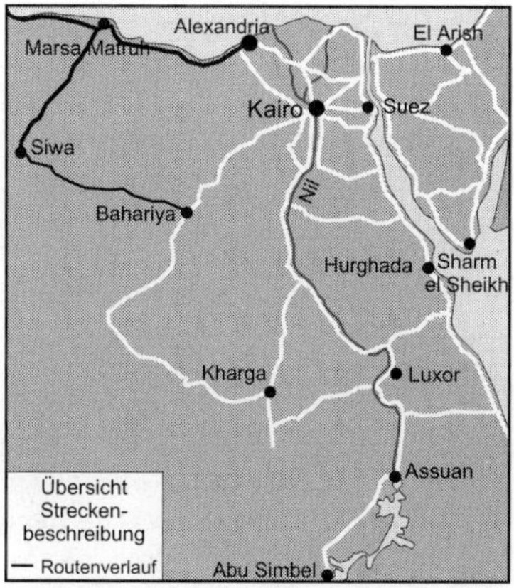

das Bild so rapide, daß es schwierig wurde, alte Orientierungspunkte wiederzufinden. Im Grunde kann man sagen, daß sich Alexandria derzeit ziemlich nahtlos von Abukir im Osten bis El Alamein nach Westen ausdehnt. Aber auch westlich dieser nahezu kontinuierlichen Bebauung weisen immer wieder pompöse Einfahrten auf Feriendörfer hin.

Es gibt Pläne, vom Niltal her einen Versorgungskanal zu bauen und die gesamte Region zu bewässern, um sie landwirtschaftlich zu nutzen. Als eins der Hindernisse nennt die Regierung die Minenfelder in der Gegend von El Alamein, deren genaue Lage unbekannt ist. Doch unter dem Bevölkerungsdruck im engen Niltal wird der Landstreifen bis hin zur

Qattarasenke als eine wichtige Entlastung angesehen – in zehn oder zwanzig Jahren dürften Alexandria und Marsa Matruh zusammengewachsen sein...

INTERESSANTES
****Oase Siwa**, die wohl schönste Oase Ägyptens mit 300 000 Dattelpalmen, umgeben von tiefblauen Salzwasserseen
***Marsa Matruh**, einige der schönsten Badebuchten der ägyptischen Mittelmeer-Küste
Soldatenfriedhöfe von **El Alamein**
Ruinen des ** **Osiris-Tempels von Abusir**

Unsere Route endet nicht in der westlichsten Großstadt Ägyptens, sondern setzt sich zunächst in die ehemals so abgelegene Oase Siwa und von dort noch einmal bis zur Oase Bahariya in der Libyschen Wüste fort. Sie ist der ideale Start für denjenigen, der alle Oasen westlich des Niltals besuchen will – wenn man in Kairo Richtung Alexandria losfährt, kann man sogar noch das Wadi Natrun mitnehmen, das nicht ganz so ernst als Oase gezählt werden kann wie die anderen.

Bei der Reise von Alexandria nach Westen sollte man ein Weiteres berücksichtigen: die Straße hält meist einen respektablen Abstand zur Küste, so daß nur relativ selten ein halbwegs bequemer Abstecher zum Strand möglich ist – hat man ein ruhiges Plätzchen gefunden, wird man u.U. vom Militär vertrieben. Auch sollte man in unerschlossenen Gegenden vorsichtig sein, dort könnten noch immer scharfe Minen aus dem Zweiten Weltkrieg herumliegen (besonders um El Alamein).

Die teilweise riesigen Feriendorf-Siedlungen oder sogar -Städte zählen zu den Ungereimtheiten eines Entwicklungslandes wie Ägypten. Außerhalb der Saison sind sie Geisterstädte, in denen sich gerade mal die Wachmannschaften aufhalten. Während der Saison gibt sich die ägyptische Mittel- und Oberschicht ein Stelldichein. Die schier endlosen Siedlungen zeigen, daß sich offenbar sehr viele Ägypter (und zum Teil auch Araber der Golfstaaten) einen Aufenthalt leisten können. So sehr man den Leuten auch diese sommerliche Flucht aus der Enge des Niltals in die nur unwesentlich weitläufigere Enge der Feriensiedlungen gönnen mag, rein volkswirtschaftlich wird hier sehr viel Energie in Projekte gesteckt, die nur einen Bruchteil ihrer Lebensdauer genutzt werden und für die Entwicklung des Landes nur von untergeordneter Bedeutung sind.

Von der schier endlosen Anzahl von Wohnungen zu schließen, müßte während der Ferienzeit das Niltal fast entvölkert sein, wenn sich hier an der Küste alles füllt. Die dann entstehende Verkehrsproblematik dürfte sich auf gut ägyptische Weise lösen: Die Verkehrslawine walzt in klassischer Chaos-Manier los, Autos, Busse und die wenigen Züge randvoll gefüllt, kommt aber vermutlich ohne große Staus oder Massenkarambolagen am Ziel an – in Deutschland würde das Problem überreguliert werden, hunderte Kilometer Stau mit pausenlosem Einsatz von Rettungshubschraubern wären die Folge.

Einige Feriendörfer sind auch Ausländern zugänglich, zumeist aber nur außerhalb der Saison. Wer hier wohnt, hat zumindest die Gewißheit, abends unbehelligt von Militär baden zu können, was sonst wegen der Gefahr der Schmuggler nicht erlaubt wird. Man wird sich aber während der Saison als Fremdkörper vorkommen, noch dazu sprechen hier die wenigsten Hotelangestellten englisch.

Straßenzustand: Bis Marsa Matruh vierspurig asphaltierte Straße. Ein Hinweis für Offroad-Fahrer: Denken Sie an Minen und Militär, wenn Sie die Asphaltstraße verlassen. Für größere Abstecher benötigt man eine Tasrih!

Entfernungen (von Alexandria): Marsa Matruh 295 km, Sollum 511 km, Siwa 605 km, Bahariya 1015 km.

Die Ausfahrt aus Alexandria ist theoretisch nicht schwer: möglichst nahe der Küste in westliche Richtung halten. Vom Midan Tahrir aus in die (dem Midan Orabi gegenüber beginnende) Sharia Saba Banat, die in die Sharia Ibrahim el Awat übergeht, einbiegen. Diese führt über den Mahmudija-Kanal und die Hafen-Eisenbahnlinie in den westlichen Industrievorort Gabbari, rechts liegt das Hafenbecken. Auf der Weiterfahrt auf zum Teil sehr ausgefahrener Straße folgen endlose Vororte mit Industrie- und Militäranlagen. Die Landzunge zwischen Mareotis-See und Küste verengt sich stellenweise bis auf 1,5 km.

16 km bis

Agami

Rechts 2 km zu dem Küsten- und Badevorort, den einst die High-Society bevölkerte. Von daher rühren noch einige prachtvolle Villen, von denen die Villa *Wahid el Wakil* wegen ihrer Architektur von der Aga Khan Stiftung prämiert wurde. Es sind nicht alle Strände öffentlich zugänglich.

7 km: **Abzweigung**

Links zur Wüstenstraße nach Giseh/Kairo.

11 km bis **Sidi Kreir**

Aus dem kleinen Dörfchen von einst entwickelte sich ein lebhaftes Ferienstädtchen mit Badestrand.

Nach 13 km:

Links Ruinen des ****Osiris-Tempels von Abusir**. Die umliegende Stadt (Taposiris Magna) erlebte ihre Blütezeit während der römischen Epoche, in der sie u.a. Hafenplatz für die Pilgerstadt Abou Menas war; eine im Grundriß byzantinische Kirche mit Taufbecken ist gut erkennbar. Damals reichte der noch mit dem Nil verbundene Mareotissee bis hierher und ermöglichte Handelsverbindungen nilaufwärts. Davon kündet ein auf einem Hügel im Norden erhaltener Turm, der als ein Abbild des berühmten Pharos-Leuchtturmes von Alexandria gilt. Von einem Osiris-Tempel, der auf einem Kalksteinfelsen lag, sind die beiden Pylone erhalten. Treppen führen hinauf, von oben schöner Ausblick.

1 km: **Abzweigung**

Links 4 km nach **Burg el Arab** (und auch zum Menaskloster). Die Stadt ist eine Gründung des britischen Offiziers Jennings-Bramly, der eine Vorliebe für florentinische Architektur hatte, was noch an einigen Bauten sichtbar ist. Er wollte hier Beduinen ansiedeln und schuf Arbeitsplätze, indem er Webereien gründete. Dies gab wohl den heutigen Planern den Anstoß, in der Umgebung große "Gewerbegebiete" zu schaffen, in denen hauptsächlich Textilindustrie siedelt, wie viele internationale Markennamen zeigen.

(Zum **Meanaskloster**: Am Ortsanfang links nach Bahiq abbiegen, nach 5,3 km ist die von der Desert Road kommende vierspurige Straße erreicht, hier rechts abbiegen und der Beschreibung von Seite 205 folgen.)

19 km: **Abzweigung**

Links 4 km nach **El Hammam**, einem beliebten Marktplatz unter den Beduinen, die bevorzugt dienstags und samstags einkaufen; der traditionsreiche Souk bietet aber auch an den anderen Tagen genug Abwechslung. Von hier führt eine Straße zur Wüstenautobahn Alexandria – Kairo.

Etwa 14 km vor El Alamein beginnt rechts der Straße eine Mauer, die Sie bis El Alamein begleiten wird. Dahinter breitet sich bis zur Küste das Feriendorf **Marina** aus, das in Ägypten wegen seiner Preise und der dort auftretenden Prominenz einen gewissen Bekanntheitsgrad besitzt. Man hat sehr geschickt eine große Lagune in die Gestaltung mit einbezogen, deren Haff ebenfalls mit "Villas" (Ferienhäusern) bebaut ist. Im Grunde handelt es sich hier schon um eine Art Kleinstadt mit Restaurants, Shops und mehreren Hotels. In dem etwas bescheideneren Hotel namens Seagull kann man im Doppel zu £E 380 oder in der Suite zu £E 760 nächtigen.

Die Anlage mit ihren weißen, feinsandigen und sehr gepflegten Stränden vor dem türkisblauen Wasser ist durchaus einen Blick wert, allerdings muß dieser mit £E 15 auch teuer bezahlt werden; zusammen mit einem Badebesuch zahlt sich der Preis aus.

46 km: **Abzweigung**

Links 155 km **Autobahn** ins Wadi Natrun mit Anschluß an den Desert Highway. Diese neue Autobahn verkürzt die Anreise aus Kairo ganz erheblich.

3 km: **Abzweigung,** links nach

**El Alamein

Der Afrikafeldzug der Deutschen und Italiener im Zweiten Weltkrieg fand in der Gegend um El Alamein ein bitteres Ende. In der Schlacht, die vom 23.10. bis 14.11.1942 hier wütete, wurde das deutsche Afrikakorps unter Rommel von den Alliierten unter Montgomery geschlagen. Das Kriegsmuseum und die umliegenden Soldatenfriedhöfe sind sehenswert als erschreckendes Beispiel von der Sinnlosigkeit kriegerischer Handlungen.

Die alte Straße zweigt links ab zum Museum, während die Autobahn den Ort nördlich umgeht.

Von El Alamein führt eine **Asphaltstraße nach Süden** und trifft 200 km von Kairo entfernt auf die Strecke Kairo – Bahariya. Wenn Sie also auf dem kürzesten Weg von hier aus in die südlichen Oasen der Libyschen Wüste fahren wollen, dann folgen Sie der Straße, die nur kurz vor obiger Abzweigung zum Bahnhof El Alamein und von dort nach Süden verläuft (Beschreibung siehe Seite 415). Allerdings sollten Sie sich zuvor bei der Polizei bzw. dem Militär in El Alamein erkundigen, ob eine Genehmigung (Tasrih) notwendig ist, was unter Umständen sehr zeitaufwendig werden kann.

Links der Straße im Ort liegt der **Friedhof der Alliierten**, ein Stück weiter rechts das **Kriegsmuseum**, das den Verlauf der Kämpfe halbwegs nachzeichnet, im Außenbereich ist authentisches Kriesgerät ausgestellt (8-18, £E 5).

8 km westlich von El Alamein zweigt rechts eine schmale Straße zum **deutschen Ehrenmal** für die Gefallenen ab, das als beeindruckendes Mahnmal in der Einsamkeit der Wüste auf einem Hügel mit weitem Blick steht (der Wärter namens Abd el Raouf rennt mit Schlüssel beim Anblick von Besuchern herbei). Wenn man dort Geburts- und Sterbedatum der Gefallenen liest – die jüngsten von ihnen gerade mal 18 Jahre alt –, dann geht man tief betroffen mit der Frage davon, welche Zwänge zahllose junge Menschen hier in den Tod trieben.

5 km weiter steht rechts der Straße das **italienische Ehrenmal**.

Ein Problem für die Weiterentwicklung der gesamten Region von El Alamein sind unzählige Minen, von denen unbekannt ist, wo sie vergraben wurden. Die Provinzverwaltung von Marsa Matruh hat einen Aufruf an die ehemals kriegsführenden Parteien veröffentlicht, bei der Beseitigung zu helfen; und die Deutschen waren ganz wesentlich am Minenlegen beteiligt.

3 km bis **Sidi Abd el Rahman**

2 km rechts der Straße schöne Badebucht, modernes Hotel *El Alamein*, guter Surfplatz.

30 km bis

El Daba

Größerer Ort mit (eingeschränkten) Versorgungsmöglichkeiten. Hier soll (seit langem) das erste ägyptische Kernkraftwerk gebaut werden. Vielleicht deutet die gut 16 km lange, mit Wachtürmen gespickte Einfassungsmauer rechts der Straße auf das Vorhaben hin. – Die Straße zieht sich ohne sonderliche Überraschungen dahin, der Strand bleibt meist in der Ferne, gegen Abend stimmungsvolle Bilder. Weit südlich der Straße fällt die Wüste in die Qattara-Senke ab.

65 km: **Abzweigung**

Rechts 14 km über Abu Haggag (Bahnhof) nach **Ras El Hekma** (in fast allen Karten als Ras El Kanayis bezeichnet), wo Faruk (oder Nasser?) eine Sommer-"Residenz" unterhielt. Heute wird die ehemals feudale Unterkunft während der Saison als Hotel genutzt. Sehr schöne Sandstrand-Buchten, aber leider in militärischem Sperrgebiet gelegen. Camping nur, wenn man sich zuvor in Marsa Matruh eine Erlaubnis besorgte.

67 km bis

***Marsa Matruh

Hintergrund: *Eine weite, vor Tankerabfällen geschützte Lagune hat Werbeleute verführt, von der "Riviera" Ägyptens zu sprechen. Ruhige Sandstrände innerhalb der Lagune stehen im Gegensatz zu gischtgepeitschten (vor allem im Winter) Stränden direkt an der Küste, an der sich Kreidefelsen und Dünen aus weißem Sand auftürmen – phantastische Badeplätze. Während der Saison können Sie mit Fähr-Segelbooten in wenigen Minuten von einer zur anderen Seite wechseln. Die Stadt (80 000 Einwohner) liegt etwa gegenüber der relativ engen Einfahrt zur weitläufigen Lagune, durch deren östlichen Teil ein Damm zum Küstenriff hinüberführt. Die strandparallele Corniche, die in den letzten Jahren zu einer Art Promenade mit Sitzgelegenheiten und gesäuberten Strandabschnitten ausgebaut wurde, beginnt am Fähranleger in der Nähe des Hotels Beau Site und zieht sich bis fast zum Damm durch die Lagune. Nahezu in der Mitte zweigt die Sharia Iskendariya im rechten Winkel landeinwärts ab und mündet in die aus Alexandria kommende Landstraße.*

Unter dem Namen Amonia errang Marsa Matruh bereits vor der Zeitenwende Berühmtheit: Alexander der Große rastete während seiner Siwa-Reise hier, 300 Jahre später lebte Cleopatra mit Antonius in einem prächtigen Palast an der Lagune. Davon blieb zwar nichts erhalten außer dem Namen "Kleopatras Bad" für ein, in einem hohen Kreidefelsen liegendes Becken. Etwa zweitausend Jahre später schlug der deutsche Feldmarschall Rommel während des Nordafrikafeldzugs vorübergehend sein Hauptquartier in Marsa Matruh auf, ein Rommel-Museum erinnert daran.

Die Küste von Marsa Matruh war über die Jahrhunderte hin bekannt für ihre Schwämme. Schwammtaucher kamen während der Saison von weit her, um – ohne Gerät – bis zu 80 m tief nach dem Naturprodukt zu tauchen. Als primitive Tauchgeräte aufkamen, nahmen die Unfälle so zu, daß sie verboten wurden. Im letzten Jahrzehnt wurde die Jagd nach Seeschwämmen endgültig eingestellt.

Die über 50 000 Einwohner zählende Stadt zieht während der Sommermonate zigtausend Ägypter zum Badeurlaub mit

Kind und Kegel an. In dieser Zeit ist die Stadt fest im Griff der Besucher, alle Strände sind dicht an dicht belegt. Vor- und Nachsaison sind ruhiger von der Besucherzahl her, weniger vom Wetter. Bei unseren Aufenthalten im Oktober/November blies jedesmal ein unangenehm kühler Wind, der uns bereits nach kurzer Zeit vom Strand vertrieb; und selbst bei einem Aufenthalt Mitte April zogen wir am späteren Nachmittag einen Pullover über, während wir in Siwa vor Hitze stöhnten. Der Ort verfällt im Herbst ein bißchen in Melancholie, die Einheimischen erholen sich von den Strapazen des Sommers, man setzt sich am besten auch ins Kaffeehaus. Oder man macht lange Strandspaziergänge mit hochgestelltem Kragen gegen die frische Brise und fühlt sich wie auf Sylt im Sommer.

Die **Touristen-Information** – die für Ausländer wenig lokales Material aber viel redliches Bemühen bietet (wenden Sie sich an den gut deutsch sprechenden und sehr hilfsbereiten Nabil Yousuf) – findet man im Governorate Building, im westlichen Block am Nordende der Sharia Iskendariya (Tel 046 493 184, Fax 493 3192).

Immer wieder beschweren sich Leserinnen über die Ansammlung von Gaffern am Strand (Ägypterinnen gehen im hochgeschlossenen Kleid ins Wasser), vor allem am direkten Stadtstrand machen sie das Baden nahezu unmöglich. Der Tip eines Pärchens zu diesem Problem: Sandburgen als Blickschutz bauen oder aber den hoteleigenen Strand des *Beau Site* Hotels gegen geringe Gebühr benutzen, zu dem nur Hotelgäste Zutritt haben und der nicht so überlaufen ist.

Verkehrsverbindungen

Das in Marsa Matruh übliche, sehr beschauliche Verkehrsmittel ist die *Caretta*, ein einachsiger Eselswagen. Die Fahrer gehen mit ihren Eseln nicht sonderlich liebevoll um; nehmen Sie nur solche, bei denen die Esel nicht wundgeprügelt sind! Erst 1997 ließ die Stadtverwaltung auch normale Taxis zu, die einigermaßen preiswert sind.

Im Sommer fahren Busse zu den Stränden, im Winter kostet ein Tagesausflug mit einer Caretta ca. £E 3. Da Marsa Matruh von den Sommertouristen abhängt, verändern sich in der Nicht-Saison Fahrpläne, Busverbindungen, Preise etc; berücksichtigen Sie dies bitte bei Ihren Planungen.

Fernverkehr

Der Bahnhof liegt etwas abseits südlich des Zentrums, zur Corniche am Strand marschiert man gute 2 km. Der alte Busbahnhof ist ein Stück westlich des Bahnhofs zu finden, von hier fahren ab 9 Uhr bis nach Mitternacht stündlich Busse nach **Alexandria** (£E 15). Ein einfacher Bus fährt um 7.30 nach Kairo. Schräg gegenüber ist der Sammeltaxistand.

- **Siwa**: 7.30, 13.30 (AC, £E 15), 16.00 (£E 12).
- **Alexandria**: 9.00, 14.00, 15.00 (£E 20)
- **Kairo**: 12.00, 14.30, 15.30 (£E 36)

Die besseren bzw. Luxusbusse nach Alexandria und Kairo fahren am Tourist Office ab.

Die obigen·Busverbindungen gelten das ganze Jahr, in der Feriensaison werden diverse zusätzliche Busse eingesetzt – schließlich müssen zigtausend Menschen hin und her transportiert werden.

Es gibt einen Flugplatz und in der Sommersaison drei Flüge pro Woche (Do, Fr, So) von und nach Kairo.

Restaurants

Die für Traveller interessanten Retsaurants liegen in der Sharia Iskendariya, das heißt aber nicht, daß man sich in deren Nähe nicht auch umsehen könnte.

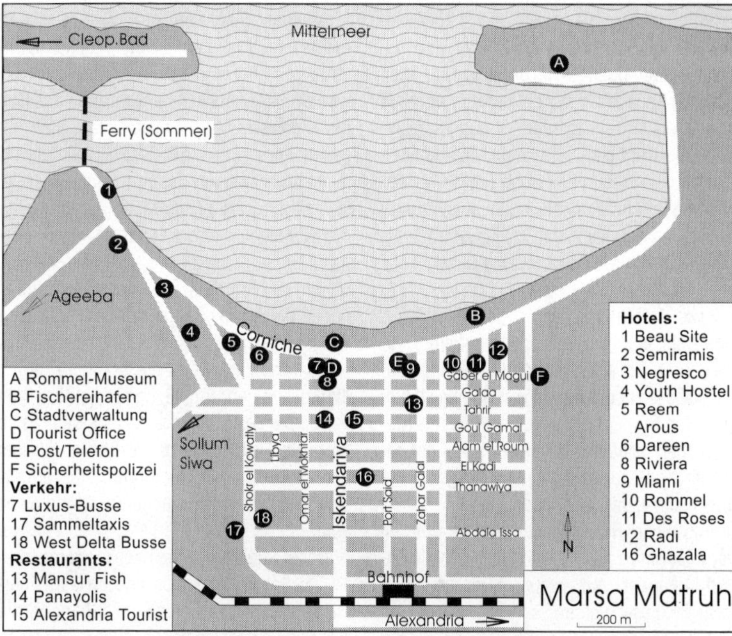

- ***Panayotis**, Sharia Iskendariya; bekanntes Griechen-Restaurant, Traveller-Treff, preiswert, Stella Bier auch zum Mitnehmen (seit der Renovierung fehlt das Schild; es ist das erste Resraurant südlich des Reviera Hotels)*
- ***Sheherazat**, gegenüber Panayotis, gute lokale Küche*
- ***Alexandria Tourist Restaurant**, Sharia Iskendariya; bekannt für Kebab und Kofta, Bier erhältlich*
- ***Pizza Abou Ali**, neben Alexandria Restaurant, gute Pizzas und übliche Gerichte*
- ***Abou Rabijer**, Sharia Iskendariya, sehr gute lokale Küche, preiswert*
- ***Ttourist Café Oberge**, Sharia Iskendariya; mittelmäßig*
- ***Mansur Fish Restaurant**, Sharia Tahrir; gute Fischgerichte, relativ preiswert*

Stella-Bier gibt es im "Supermarkt" MILAD, der in der Straße liegt, die gegenüber der Tankstelle in der Sharia Iskendariya abzweigt.

Marsa Matruh kennenlernen

Diese Stadt ist ganz auf Badegäste eingestellt, viel mehr als Strandleben bietet der Ort nicht. Man kann das Rommel-Museum (Sommer 10-16, Winter 10-13; £E 0,50) besuchen, das in der vom Feldmarschall benutzten Höhle auf dem östlichen Riff eingerichtet wurde. Das Museum bietet außer vergilbten Erinnerungsstücken nichts, es ist schon eher wegen der Naivität der Darstellungen sehenswert.

In der Umgebung der Stadt liegen einige sehr attraktive Badestrände. Nicht versäumen sollte man den etwa 24 km entfernten **Ageeba Strand**. *Ageeba* bedeutet in Arabisch *wunderbar*, und dieser Begriff beschreibt recht treffend den von schneeweißem Kalkstein gesäumten Strand und die malerischen Buchten dieser Gegend. Vom Parkplatz aus sieht man allerdings auch all den Unrat im türkisblauen Wasser schwimmen und fragt sich, wie lange ageeba noch zutreffen wird. Von hier oben führt ein Treppenweg hinunter in die erste ausgeprägte Bucht, von dort kann man am Felsstrand entlang weiterlaufen und sich ein ruhiges Plätzchen suchen.

Etwa 1,5 km vor dem Hügel weist linker Hand ein arabisch beschriftetes Schild auf die etwa 100 m entfernt liegenden Grundmauern eines kleinen **Tempels von Ramses II** hin; erwarten Sie außer den gut erhaltenen Hieroglyphen nicht viel. In der Nähe, auf der anderen Straßenseite, liegt eine ausgedehnte griechisch-römische Nekropole.

In östlicher Richtung wurde der größte Teil der Küste mit zum Teil mehrstöckigen Feriendorf-Gebäuden auf weiten Strecken zugestellt. Zu dieser weißen Sandküste findet man über ein strandnahes Sträßlein, das direkt vor dem Parkplatzhügel abzweigt. Sucht man sich dort – außerhalb der Saison – einen Strandplatz, vertreibt das allgegenwärtige Militär in Wassernähe parkende Ausländer mit dummen Argumenten zurück an die Straße.

Anfahrt zum Ageeba-Strand: Busse starten im Sommer jede Stunde vom Busbahnhof aus, letzte Rückfahrt gegen 18 Uhr; auch Minibusse fahren zu £E 1,50 häufig nach Ageeba. Per Auto der Straße folgen, die am Hotel *Semiramis* stadtauswärts links abzweigt und parallel zur Küste verläuft. Nach 6 km hat man endlich das Militärgelände hinter sich. Fahren Sie halblinks (halbrechts verläuft die alte Straße) dem Hauptverkehrsstrom folgend, nach 22 km endet die Straße auf einer Anhöhe mit Militärposten. Die dann folgenden Buchten sind tatsächlich wunderbar.

An der 6-km-Kreuzung zweigt scharf rechts eine Straße ab, die auf dem Küstenriff entlangführt. Wenn Sie dieser Straße folgen, werden Sie 3 km nach der Kreuzung das **Bad der Cleopatra** (Zutritt nur bei Tag) besichtigen können: Links der Straße wurden ein paar Rastplätze mit Schattendächern angelegt, deren Eingangsportal an einen überdimensionalen Türstock erinnert. Zum Pool führt ein gemauerter Weg. Charakteristisch ist ein säulenartiger Fels, der gleich rechts neben Cleopatras Bad aus dem Wasser aufsteigt.Cleopatras Pool ist wirklich einen Blick wert, besonders wenn die Brandung durch die seeseitigen Tunnel hereindonnert. Von der Spitze des Cleopatra-Felsens bietet sich ein guter Ausblick auf das blaugrüne Wasser und die Küstenlinie. Der Strand in diesem Küstenabschnitt ist von höheren Kreidefelsen geprägt.

Unser Sträßlein endet nach weiteren 3 km an der Spitze der Landzunge an der Meerwasserentsalzungsanlage – Fußgänger, die sich hier übersetzen ließen, haben also einen entsprechenden Marsch zu Kleopatras Bad vor sich. Der Strand hier heißt übrigens *Liebes-Strand*, arabisch *Shat el Garam*. Auf der anderen Seite des Laguneneinlasses liegt der heute bei Ägyptern sehr beliebte *Rommel-Strand,* an dem sich der Feldmarschall schwimmend zu erholen pflegte; schließlich waren es von seinem Unterstand nur ein paar Schritte. Weitere 4 km südlich zieht sich das Hoteldorf *Andalusia* am Strand entlang.

Weiterreise nach Siwa, Bahariya oder Sollum

Für den Besuch von Siwa benötigt man keine Sondergenehmigung mehr. Wer nicht mit den häufig von Soldaten überfüllten Bussen fahren will, kann für etwa den doppelten Fahrpreis in ein Sammeltaxi steigen. In Siwa können Sie **keine Travellerschecks** tauschen, auch Bargeld sollten Sie nötigenfalls noch in Marsa Matruh wechseln.

15 km südlich von Marsa Matruh:

Abzweigung mit Polizeiposten

Die typisch ägyptische Verkehrsregelung zwingt Siwa-Fahrer, zunächst etwa 1 km Richtung Sollum zu fahren und dann an einem U-Turn zurück, um rechts nach Süden abzubiegen.

Zur libyschen Grenze

Rechts nach **Sollum** und zur libyschen Grenze. 130 km bis Sidi Barani mit einer Raststätte namens TAMOIL, am westlichen Ortsausgang (auch Übernachtungsmöglichkeit), weitere 86 km bis Sollum, dann noch ca. 9 km zur Grenze. Interessant ist, daß die Grenzziehung erst 1938 zwischen Italien und England vereinbart und fixiert wurde. Bis dahin gab es eine Grauzone, die bei Ras El Hekma, also weit östlich von Marsa Matruh begann.

Sollum ist ein lebendiges Städtchen, dessen orientalische Betriebsamkeit Reisenden, die aus Libyen kommen, nach dem regelmentierten Maghreb-Land wohltut. Außer dem Marktgeschehen und einem Hafen hat Sollum nur einen Soldatenfriedhof des Commonwealth zu bieten, der etwas steril-verlassen wirkt. Auch hier schlägt sich ein Besuch auf's Gemüt: Die meisten der Gefallenen waren kaum älter als 30 Jahre...

Nach Siwa

Etwa 3 km südlich der oben genannten Abzweigung überquert man die Eisenbahnschienen der Strecke nach Sollum. Die Straße ist relativ neu und gut asphaltiert. Sie führt zunächst durch eine Steppenlandschaft, in der Kamele grasen, dann durch eine brettflache, ziemlich abwechslungslose Wüstenzone. Erst mit Erreichen des Abfalls zur Siwa-Senke ändert sich das Bild. Es handelt sich übrigens in etwa um die Strecke, auf der früher die Karawanen zogen; eine der berühmtesten war die von Alexander dem Großen, der samt Truppe nach Siwa pilgerte, um dort das Orakel zu befragen.

Nach 146 km: (Ehemaliger) **Rastplatz und Abzweigung**

Von hier führt eine Straße zur 138 km entfernten Mini-Oase Gara am Rand der Qattara Senke (Tasrih – Permit – erforderlich).

Nach 155 km:

Nach Durchfahren von zum Teil verlassenem Militärgelände kündigt sich der Abstieg in die Siwa-Senke an. Plötzlich wird der Blick frei auf die weiten Seen und das Meer der dichtgedrängten Dattelpalmen.

Noch 10 km bis

****Oase Siwa

Nach dem Ortseingang passiert die Straße bald links das Hotel *Arouz el Waha*, schräg gegenüber steht das Haus mit der **Touristen-Information** (Sa-Do 9-13, Fr 18-20). Die nach dem Hotel links abzweigende Straße führt quer an der neuen Moschee vorbei zum Zentrum am großen Marktplatz (N29°12,13' E25°31,20') und der rechts aufragenden Altstadt Shali.

Die beste **Besuchszeit** für Siwa liegt zwischen Oktober und April, wobei die Monate Dezember und Januar etwas kühl sein können. Regen ist in Siwa ziemlich unbekannt, allenfalls tröpfelt es für ein paar Minuten vom Himmel. 1985 regnete es allerdings drei Tage lang mehr oder weniger ununterbrochen, insgesamt wurden über 200 Familien obdachlos, weil ihre Lehmhäuser eingestürzt oder unbewohnbar geworden waren.

Wasser, Abwasser, Salz

Siwa dehnt sich in Ost-Westrichtung in einer ca. 80 km langen Depression aus, die bis zu 26 m unter dem Meeresspiegel liegt. Die Geologen vermuten, daß die Siwa- und die östlich anschließende Qattara-Senke durch Erosion und Ausräumung durch den ständig aus Norden wehenden Wind entstanden. Als Beweis dieser Theorie wird das südlich sich anschließende Große Sandmeer angeführt, in das der Sand verfrachtet wurde.

In Siwa quillt Wasser im Überfluß durch artesischen Druck von selbst aus der Erde, die ergiebigste von den mehr als 300 Quellen liefert 50 000 Kubikmeter pro Tag. Im Gegensatz dazu muß es in den anderen Oasen der Libyschen Wüste meist an die Oberfläche gepumpt werden. Chemische Untersuchungen ergaben, daß es sich auch hier um fossiles Wasser handelt, das etwa 30 000 Jahre alt sein dürfte.

Die Nähe zum Grundwasser hat allerdings auch eine Kehrseite: Die Lage der Oase unterhalb des Meeresspiegels bedingt, daß die Abwässer nirgends abfließen können. Sie sammeln sich in riesigen, relativ flachen Seen (Birket) und dunsten infolge der Sonneneinstrahlung ab. Im Winter steigt ihr Wasserstand wegen der geringeren Verdunstung an. Die Bodenfeuchte in Ufernähe der Seen führt vielfach zu starker Salzverkrustung mit aufgebrochenen, wie umgepflügt aussehenden Erdschollen. Von West nach Ost liegen im zentralen Oasen-Bereich die Birkets Maraqi, Siwa, Aghurmi und Zeitun.

Dieser natürliche Kreislauf setzt dem Wasserhaushalt klare Grenzen: Es darf nicht mehr Wasser gefördert werden als verbraucht wird und in den Seen verdunsten kann, andernfalls versinkt die Oase im eigenen Abwasser. Dies bedeutet für die absehbare Zukunft, daß Experimente mit der Fruchtlanderweiterung sehr gut überlegt werden müssen. Da trotz aller Warnungen immer wieder neue Quellen erschlossen werden, kommt die Verdunstungsrate nicht nach, und Siwa droht vielleicht doch irgendwann der Abwasserkollaps.

Leider ist das Wasser der Oase so mineralhaltig, daß es nach Meinung von Medizinern eigentlich nicht für den längeren menschlichen Verbrauch zugelassen werden sollte. Allein der Salzgehalt beträgt durchschnittlich 7 Gramm pro Liter (Meerwasser 35 g/l). Da es bis vor wenigen Jahren keine Alternative gab, schlagen sich vor allem die älteren Bewohner mit Gicht und ähnlichen Krankheiten herum. 1988 spendierten die USA eine Demineralisierungs-Anlage, deren Wasser die Menschen vor diesen typischen Krankheiten schützen soll. 1990 wurde hinter dem Gebel Dakrour eine Süßwasserquelle angebohrt, die den medizinischen Forderungen gerecht wird und inzwischen alle Häuser versorgt.

Auch der Boden ist meist so stark versalzt, daß die Erde vom trockenen Salz (Kharshif genannt) zusammengehalten wird, sie wird daher z. B. als Baumaterial verwendet. Früher bestanden alle Häuser aus diesem Baustoff, dessen Ausdünstungen auch zur Gicht der Bewohner beitrugen. Während heftiger Regenfälle weicht das Kharshif auf, und die einstürzenden Häuser begruben nicht selten ihre Bewohner. Kein Wunder also, daß heute Beton und Ziegel bevorzugt werden.

Die ca. 300 000 Dattelpalmen sind die wichtigste Erwerbsquelle der etwa 20 000 Einwohner. Daneben werden Oliven, Feigen, Orangen und Weizen geerntet und Gemüsesorten wie Tomaten oder Zwiebeln angebaut, die in dem salzhaltigen Boden gedeihen können. Doch die

Bizarre Ruinen von Alt-Siwa – *Shali* – (oben), neuerer Lehmbau (unten)

Dattelpalmen sind Siwas Haupterwerbsquelle. Sie zählen zur Spitzenqualität, denn hier finden sie ideale Bedingungen: genug Wasser im Boden, ständig strahlende Sonne und knochentrockene Luft fast das ganze Jahr über. Neben den Früchten spendet der Dattelbaum Zweige für hübsch anzusehende Zäune und für Brennmaterial, aber auch Bast für Stricke und Polstermaterial, sogar Palm-Milch und am Ende seines Lebens (etwas krumme) Balken für Häuser.

Geschichte

Die Geschichte Siwas läßt sich bis in die 18. Dynastie (1550 -1291 vC) zurückverfolgen. Der Haupttempel der Oase, auf dem Plateau neben Aghurmi errichtet, war dem Gott Amun geweiht. Die Sprüche seines Orakels wurden weit über die Grenzen des Pharaonenreiches bekannt. Historische Schlagzeilen machte etwa 500 vC das tragische Ende der Soldaten des Kambyses. Antike Quellen berichten, daß das damals weltberühmte Orakel Siwas sich in einem Spruch gegen die regierenden Perser gewandt hatte und die Bataillone des Kambyses daraufhin den Amun-Tempel Siwas zerstören sollten. Auf ihrem Weg von Farafra, quer durch das Große Sandmeer, begrub ein Sandsturm die gesamte Armee spurlos; das Orakel war erfüllt, Kambyses wurde wahnsinnig.

Die nächsten Schlagzeilen machte Alexander der Große, der Macht und Einfluß des Orakels geschickt nutzte und sich hier zum Pharao krönen ließ. Später fiel die Oase in Vergessenheit, vieles spricht dafür, daß sie zeitweise komplett verlassen war. Als sie wieder besiedelt wurde, schlugen sich die Bewohner immer wieder mit räuberischen Beduinen herum. Die Häuser der Dörfer wurden daher eng zusammengebaut und von hohen Festungsmauern umgeben. Da diese Mauern nicht erweitert wurden, wuchs der Ort Shali (Alt-Siwa) bis zu acht Stockwerke in die Höhe, von engen und nahezu lichtlosen Gassen durchzogen. Erst als die Zeiten sicherer schienen und 1926 ein verheerender Dauerregen viele Mauern einstürzen ließ, verließ man endgültig die drückende Enge und baute westlich vom Burgberg weitläufigere Häuser, die inzwischen allerdings auch wieder zugunsten besserer verlassen werden. Die Ruinen dieser Vergangenheit ragen in Shali und Aghurmi malerisch gen Himmel.

Die heutigen Bewohner gehen auf Berberstämme zurück, die nach der arabischen Eroberung des Maghreb in die Wüste auswichen. Durch die Isolation der Oase erhielt sich ihre ursprüngliche Sprache, ein Dialekt, der sehr der Tuareg-Sprache ähnelt. Arabisch ist eigentlich eine Fremdsprache in Siwa.

In früheren Zeiten gab es fundamentale Gegensätze zwischen den Sippen im Ost- und Westteil der Oase, die selbst in der Abgeschiedenheit der Wüste zu langen, blutigen Auseinandersetzungen führten. Die Kämpfer der verfeindeten Parteien trafen sich auf dem Schlachtfeld und fochten von Sonnenauf- bis Sonnenuntergang. Dann wurden Tote und Verletzte eingesammelt, am nächsten Morgen ging der Kampf weiter, bis eine Partei den Sieg errungen hatte. Bezeichnend ist, daß sich auch in diesem Mikrokosmos ein getreues Abbild der umgebenden Menschheit widerspiegelte; weder gemeinsame Sprache, noch gemeinsame Religion, Vergangenheit oder täglicher

Überlebenskampf konnten die Leute vom gegenseitigen Töten abhalten.

In den Palmengärten wurden Arbeiter beschäftigt, die nicht innerhalb der ummauerten Ortschaften übernachten durften, sondern mit den Gärten vorlieb nehmen mußten. Außerdem war ihnen nicht erlaubt, vor dem 40. Lebensjahr zu heiraten – Homosexualität gehörte zum Leben dieser Männer. Dies ging so weit, daß Ältere für junge Männer eine Art Brautgeld zahlten. Erst die Senussi gingen gegen die Sittenlosigkeit vor.

Mitte des letzten Jahrhunderts hatte Ali el Senussi eine Sekte gegründet, um die lockeren Sitten zurückzudrängen und im Maghreb den Islam auf seine strengen Grundelemente zurückzuführen; z.B. durften seine Anhänger auch nicht rauchen. Sein Sohn Sayed el Mahdi vereinigte die Beduinen und beherrschte praktisch die Nordsahara. Während dieser Zeit gehörte Siwa zu den wichtigen Stützpunkten der Sekte. Später gerieten die Senussi ins Getriebe der europäischen Großmächte, sie wurden von Franzosen und Engländern bekämpft und schließlich von den Italienern in den 30er Jahren vernichtend geschlagen.

Die Isolation Siwas in der Vergangenheit wurde noch dadurch verkompliziert, daß der Verkehr mit der Außenwelt früher hauptsächlich in der Hand von Beduinen lag, die mit ihren Kamelkarawanen für den Warenaustausch sorgten. In Siwa selbst wurden aus einer Reihe von Gründen niemals Kamele in nennenswerter Zahl gehalten. Erst seit der Fertigstellung der Asphaltstraße findet reger Warenaustausch mit dem Niltal statt. Seither gibt es Waren und auch Nahrungsmittel, die früher völlig unbekannt waren und für die gar keine Worte in der Siwa-Sprache existieren.

Die Menschen in Siwa waren früher ausgesprochen fremdenfeindlich, heute sind sie herzlich-freundlich, doch ein bißchen scheu, vor allem wegen der Sprachprobleme. Die Frauen leben auch heute noch extrem zurückgezogen, weit mehr als im gesamten übrigen Ägypten. Eine verheiratete Frau geht – wenn überhaupt – nur völlig verschleiert aus dem Haus, nur Mädchen sieht man unverschleiert. Heute wohnen etwa 15 000 Menschen in Gesamt-Siwa, angeblich zogen ca. 1000 aus Ägypten zu.

Besuchen Sie bald nach der Ankunft **Mahdi Hweiti**, den Chef des Tourist Office. Er stammt aus Siwa, spricht sehr gut englisch und bemüht sich nach Kräften, den Besuchern seine Heimat näherzubringen. Wenn Sie ihn nicht im Office erreichen, fragen Sie in seinem Handicraft-Shop direkt neben dem Telefonamt. Mahdi übernimmt auch Führungen und organisiert Trips in die Umgebung. Als Zeitbedarf für das Kennenlernen der Oase sollte man wenigstens zwei bis drei Tage einplanen.

Mahdi Hweiti bat uns ausdrücklich, auf die Traditionen der Oase hinzuweisen und an **Ihre Verantwortung zu appellieren:** Wie in anderen Oasen (lesen Sie hierzu bitte die Einführung am Beginn von Kapitel 6, Seite 412) gilt hier um so mehr, daß Sie in einen lange Zeit weltabgeschlossenen Mikrokosmos eindringen. Respektieren Sie bitte die muslimischen Sitten, tragen Sie als Frau lange Röcke

oder Hosen und entsprechende weite Oberteile. Baden Sie im einteiligen Badeanzug, vermeiden Sie dabei die ortsnahen Quellen, in letzter Zeit hat sich *Fatnas* als geeignetster Badeplatz herausgestellt (siehe auch weiter unten).

Praktische Informationen

Busse nach Marsa Matruh (£E 12) und weiter nach Alexandria starten um 6.30 und 13.00 Uhr.

Der Verkehr innerhalb der Oase wird traditionell mit einachsigen Eselskarren abgewickelt (die hier *Karussah* heißen), die auf den welligen Pisten bestens vorankommen.

Für einen Ausflug können Sie sich eine Karussah (ca. 1 £E pro Stunde) mit Führer oder ein (manchmal bremsenloses) **Fahrrad** zu £E 3 bis 5 pro Tag u.a. beim *Cleopatra* oder *Youssuf* Hotel wie auch am Marktplatz mieten (Fahrräder oft ziemlich schlecht, unbedingt Luftpumpe mitnehmen).

Geldwechsel in der Bank neben dem Post Office oder im Hotel *Cleopatra* (nur Cash).

Gegenüber dem Alexander Hotel bietet ein **Telefon- und Faxoffice** seine Dienste bis 23 Uhr an.

Das Hotel *Palm Tree* organisiert gute **Jeep-Ausflüge** in die Umgebung. Auch andere Hotels und Restaurants offerieren Ausflüge, die jedoch häufig nicht allzu viel bieten; also vorher genau abfragen, wohin die Reise geht.

Die am meisten frequentierten **Touristen-Restaurants** findet man am oder um den Marktplatz, *Abdou* und *Kelani* (sehr freundlich) sowie das *East West Restaurant*, das eigentlich am besten eingerichtet ist und meist frisch zubereitete und nicht vorgekochte Gerichte anbietet.

In einer Reihe von **Souvenir-Shops** kann man Geld los werden, aber auch hübsche Dinge wie Siwa-Schals oder Körbe kaufen. Ein Shop (neben dem Telefonamt) gehört Mahdi Hweiti, der abends öffnet und eine gute Souvenir-Auswahl sowie englischsprachige Bücher im Programm hat. Nach der Y-Kreuzung südlich des *Cleopatra* Hotels hat in einer blauen Halle links der Straße eine **Teppichknüpferei** eröffnet.

Für Ausflüge nach Bir Wahed, Zeitouna, Abou Sharouf, zum Beduin Village und den Trip nach Bahariya benötigt man ein **Militär-Permit**, das wie folgt erhältlich ist: Mit 3 Kopien vom Paß zunächst zu einem Militärbüro gehen, das in der ersten links abzweigenden Straße nach dem Cleopatra Hotel liegt, dort zahlt man £E 10,50 pP. Danach zur "Intelligence", die noch weiter südlich an einer links abzweigenden Straße liegt. Da man für die Ausstellung der Tasrih unabhängig von der Anzahl der Ziele zahlt, sollte man gleich alle möglichen Plätze angeben, die man besuchen könnte; andernfalls muß man jeweils von neuem die Prozedur absolvieren.

Siwa kennenlernen

In der Nähe der Moschee liegt das relativ kleine **Siwa House** (Sa-Do 10-12, £E 1,50), eine Art Folklore-Museum mit Ausstellungen von Gebrauchsgegenständen der Oase und der dem Fremden sonst verborgenen speziellen Kleidung der Frauen. Falls geschlossen, wenden Sie sich an das Tourist Office.

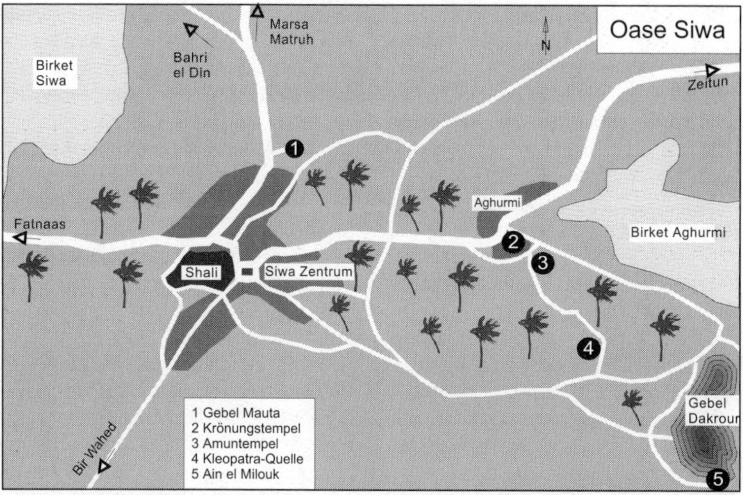

Eine Kletterpartie in den Ruinen der **Altstadt Shali** lohnt allemal. Sehr pittoresk ist die Gegend um die alte Moschee von Shali, die übrigens noch genutzt wird. Stöbern Sie ein bißchen umher, Fotografen und Filmer werden ungeahnte Perspektiven entdecken; doch Vorsicht, daß Ihnen die immer labiler werdenden Wände nicht aufs Haupt stürzen oder Sie plötzlich in einem Hohlraum unter Ihren Füßen verschwinden. Es gibt übrigens Pläne, Shali zu renovieren und als Kulturdenkmal wieder bewohnbar zu machen.

Nördlich am Altstadthügel sticht ein Neubau-Komplex mit zwei Kuppeln ins Auge, dessen Ursprünge auf ein Projekt der schweizer Ethnologin Bettina Leopoldi zurückgehen. Sie hatte mit ihrem Mann viele Jahre in der Oase gelebt, die Sprache erlernt und mit Hartnäckigkeit internationale Gelder zur Realisierung eines **Mutter-Kind-Hospitals** aufgetrieben. Als Architekten hatte sie den bekannten Hassan Fathy gewonnen, der als eine seiner letzten Arbeiten vor seinem Tod das Krankenhaus entwarf. Mitte der 90er Jahre wurde Bettina das Projekt aus der Hand genommen. Nach einigem Hin und Her wurde es schließlich an der heutigen, ursprünglich nicht vorgesehenen Stelle realisiert; die Architektur lehnt sich offensichtlich auch nur an den Entwurf Fathys an.

Der beste Aussichtsturm in Siwa ist allerdings der östlich gelegene **Gebel Dakrour**. Vom Marktplatz im Ort Siwa – südöstlich wegführende Straße – erreicht man den Berg nach etwa 3 km. Auf die Spitze führen einige deutlich sichtbare Pfade (denen man wegen der Überhänge folgen sollte), von oben schweift der Blick über die Palmenhaine, die stillen Seen, die Zeugenberge und im Süden auf die Dünengebirge des Großen Sandmeeres (siehe Seite 444), das vor den Toren Siwas beginnt. Der Gebel Dakrour ist der höchste der Zeugenberge innerhalb der Oase, der Blick von oben – besonders stimmungsvoll bei Sonnenuntergang – einer der Höhepunkte des Besuchs.

Im Herbst, in der Vollmondzeit im Oktober, findet am Gebel Dakrour ein dreitägiges Fest statt, das **Versöhnungsfest**, bei dem Streit des vergangenen Jahres beigelegt werden soll. Von den Familien wird Brot gesammelt, mit heißer Fleischbrühe übergossen und dann gemeinsam mit den Freunden verzehrt. Ansonsten lagert man in den normalerweise leerstehenden Hütten und Häusern am Dakrour und unterhält sich. Das Fest ist zu einer kleinen Touristenattraktion geworden, einige hundert Besucher strömen herbei und sorgen für manchmal wohl nicht so gern gesehene Abwechslung.

Auf der "Rückseite" des Dakrour, also der Siwa abgewandten Seite, wurde eine knapp 1000 m tiefe Bohrung gelegt (neben Ain el Milouk), aus der Mineralwasser der Marke *Siwa* gewonnen wird (angeblich die beste Qualität). Die zugehörige blaue Fabrikhalle am Rand des Sandmeeres paßt optisch ganz und gar nicht an diese Stelle. Eine weitere Abfüllfabrik für Mineralwasser der Marke Safi steht am Eingang zur Oase. Es gibt Pläne, am Gebel Dakrour ein Touristenzentrum mit Rheuma-Heilbad zu bauen. Seit langer Zeit gibt es übrigens bereits "Rheuma-Kliniken" hier: Im Sommer lassen sich Gichtkranke Siwi und Patienten, die sogar aus Europa kommen sollen, im heißen Sand am Fuß des Dakrour eingraben und entsprechend behandeln.

Wenn Sie von hier aus Richtung Siwa zurückgehen, sich aber rechts halten, stoßen Sie auf **Cleopatras Quelle**, die bereits von antiken Schriftstellern als *Sonnenquelle* gerühmt wurde. In einem großen kreisrunden Becken steigt eine sehr ergiebige, himmelblaue Quelle auf. Stufen führen hinunter in Cleopatras große Badewanne. Hier konnte man im warmen Quellwasser baden, aber die Seifenreste der allzuvielen Benutzer (vor allem auch Soldaten) ließen die Quelle in den letzten Jahren stark vermoosen.

Der Weg führt weiter zu den sehr bescheidenen Überresten des Tempels von Nektabenes (Umm Obayda Tempel) aus der 30. Dynastie, dessen bis zur Jahrhundertwende noch gut erhaltenes Mauerwerk damals zum Bau der Polizeistation und der Moschee verwendet wurde. Nur ein kurzes Stück weiter folgt das Dorf Aghurmi mit seinem malerischen Ruinen-Burgberg, der neben jüngeren Häuserruinen die Reste des vermeintlichen **Amun-Tempels**, und eine Moschee beherbergt. Der Tempel, der das berühmte **Orakel** beherbergte und der vermutlich der Krönungstempel Alexanders war (falls die Krönung überhaupt hier stattfand), geht ursprünglich auf die Zeit von Pharao Amasis (26. Dynastie) zurück. Das Orakel funktionierte wahrscheinlich so, daß ein Priester durch den schmalen Geheimgang (heute weitgehend verfallen) rechts des Sanktuars zu einem Geheimraum gelangte und von dort die Fragen an das Orakel belauschte, um sie dann dem Oberpriester mitzuteilen, der sie beantwortete.

Ein Stück westlich sehen Sie den **Gebel Mawta** (Mauta), den Totenberg. Er diente in pharaonischer Zeit als Gräberberg und zeitweise während des Zweiten Weltkriegs als Luftschutzbunker. Die meisten Gräber und Reliefs sind allerdings stark zerstört; am besten erhalten sind die Grabkammern von Niperpathot, Mesu-Isis und Si-Amun, wobei das letztere das eindrucksvollste ist. Der Wächter mit den Schlüsseln hält sich täglich von 9 bis 14 Uhr bei den Gräbern auf (Fotografieren wegen des nahen Militärgeländes nicht erlaubt).

Einen sehr schönen Ausflug können Sie vom Ort Siwa nach Westen machen. Hier gehen die Palmerien in einzelne Inseln über, die inmitten der verkrusteten Erdschollen liegen. Eine davon, als *Fantasy Island* oder arabisch **Fatnas** bezeichnet, ist eine tatsächliche Insel im Birket Siwa. Ein Damm führt hinüber, drüben neigen sich Palmwipfel über einem

Auf dem Weg zum Markt

schattigen Pfad, der am großen Badebecken der Insel endet. Diese Quelle hat sich zum Touristenbad entwickelt, Frauen und Männer können hier ziemlich ungestört baden. Doch gehen Sie von der Quelle noch ein paar Schritte geradeaus zum Westufer, dort neigt sich eine – inzwischen leider abgestorbene – Palme sehr malerisch zum Wasser hinunter; ein Platz für stimmungsvolle Sonnenuntergänge. Das hat auch der Grundstücksbesitzer erkannt und eine kleine Cafeteria mit natürlich gestalteten Sitzgelegenheiten und einen Getränkestand geschaffen, dennoch wird der Sonnenuntergang eher sympathisch als kommerziell vermarktet.

Der Weg zur Insel Fatnas ist etwa 4 km lang, man folgt der ausgeschilderten Asphaltstraße vom Arouz-Hotel an der Stadtverwaltung vorbei und hält sich möglichst immer nach Westen. Selbst wenn Sie einmal falsch abbiegen sollten: Sie können sich kaum verirren, die Insel liegt nahezu am Ende des Fruchtlandes etwa südöstlich des fast rechteckigen "Container"-Zeugenberges; sie ist deutlich am Damm durchs Wasser zu erkennen. (Parkplatz: N29°11,54' E25°28,92').

Ein Ausflug zum **Bir Wahed**, dem *See im Großen Sandmeer*: Bei der Suche nach Öl im Großen Sandmeer stießen die Ölbohrer auf Wasser, das sich seither in zwei neu entstandenen Seen sammelt, in dem sogar Fische ausgesetzt wurden. Dieser Ausflug lohnt sich sehr, weil man einmal die schier unendliche Dünenlandschaft des Großen Sandmeers erlebt oder zumindest einen Eindruck davon gewinnt, zum anderen, weil plötzlich mitten in diesem Sandmeer Wasser plätschert, grünes Buschland und ein Garten entstanden sind. Ein Mann aus Siwa namens Saad lebt dort mehr oder wenig ständig und vermietet auch Zelte zum übernachten.

Man folgt der Straße, die vom Marktplatz aus am Cleopatra Hotel vorbei nach Süden führt, der Einstieg in die Dünenlandschaft liegt bei N29°10,58' E25°27,89'. Nach 18 km ist der erste See erreicht. Die Piste ist schwierig, stark versandet und daher nur mit Allrad zu schaffen. Man mietet am besten einen Jeep mit Fahrer und kann bei dieser Gelegenheit sehr viel mehr vom Sandmeer sehen und erleben als nur die jüngsten Wasserseen. Touristmanager Mahdi Hweiti ist bei der Beschaffung eines Fahrzeugs behilflich. Wir selbst machten einen Trip mit Omar Kanauwi, Tel 046 460 226, der ein hervorragender und sensibler Fahrer ist; er zeigt Ihnen auch die Schönheit der Dünenlandschaft. Derzeit (1999) kostet ein Fahrzeug etwa £E 50 pP, mindestens vier Plätze müssen belegt oder bezahlt sein.

Tagesausflüge führen nach Osten oder nach Westen. Fahren wir zunächst nach **Osten**: Folgen Sie der Straße nach Aghurmi, der Amun-Tempel bleibt rechts liegen. Die Straße führt bald auf einem neuen Damm quer durch den Birket Zeitun. An der T-Kreuzung nach dem Damm (16 km von Siwa-Zentrum entfernt) hält man sich rechts. Nach 5 km liegt rechts die ergiebigste Quelle der Oase, **Ain Qurayshat** (29°12,43' E25° 42,74'). Das große Bassin ist einer der besten Badeplätze schlechthin. Nach 2 km folgt das Neubau-Dorf Qurayshat, weitere 3 km entfernt das Dorf Abou Sharouf (•N29°10,99' E25°44,63'). Halten Sie sich bei der Weiterfahrt in Seenähe, dann werden Sie auf die verlassenen Ruinen von **Alt-Zeitun** stoßen. Nur etwa 3 km (und 35 km von Aghurmi) entfernt liegt mitten in der Wüste das entsetzlich phantasielose Neu-Zeitun. Interessant sind hier Beduinen, die neben den Betonhütten in ihren Zelten leben. Sie stammen aus dem Küstenbereich und sprechen arabisch. Die neue Straße trifft auf die Bahariya-Piste.

Ein Ausflug vom Ort Siwa nach **Westen** ist landschaftlich eindrucksvoller, weil die Piste meist in der Nähe des Abbruchs zur Siwa-Senke verläuft. Man verläßt den Ort auf der Asphaltstraße und biegt knapp 2 km nach dem Hotel Arouz links ab (grüne, arabisch beschriftete Schilder). Nach gut 10 km kommt man am mächtigen "Container"-Zeugenberg vorbei (von den Leuten hier Gebel Seida – weißer Berg – genannt), bei km 14 zweigt links eine Piste in die Dörfer El Gary und Mashendet ab, geradeaus weiter führt die Piste in das 27 km von Siwa entfernte Bahaj el Din. Die Dörfer sind relativ groß und über ziemliche Flächen verstreut.

In einigen Dörfern finden sich – freilich äußerst bescheidene – Relikte der Römerzeit. Fast überall in den senkrechten Steilabhängen sieht man säuberlich eingemeißelte Grabkammern. Bald nach der Abzweigung nach El Gary (am geradeaus weiterführenden Abschnitt) stehen rechts am Hang einige Ruinen, die bisher nicht näher identifiziert wurden. Eine griechische Archäologin war auf der Suche nach dem Grab von Alexander dem Großen und meinte, es in der Nähe des Dorfes Chamica gefunden zu haben. 1997 erhielt das Team Grabungsverbot, weil es Steinblöcke willkürlich zussammengesetzt hatte, damit sie den Namenszug *Alexander* ergeben.

Von Siwa nach Bahariya

Seit Ende 1991 ist die erst wenige Jahre zuvor fertiggestellte Straße zwischen den Oasen Siwa und Bahariya auch für Privatleute zur Benutzung freigegeben. Die 420 km lange Strecke eröffnet eine Verbindung, die vor allem für Touristen von Interesse ist. Denn jetzt führt der Besuch von Siwa nicht in eine Sackgasse, man kann in südöstlicher Richtung direkt in die anderen Oasen der Libyschen Wüste weiterreisen – wenn nicht die Straße inzwischen wieder den Zustand einer Piste angenommen hätte.

Nach unserer Einschätzung wird es lange dauern, bis ein Bus die beiden Oasen miteinander verbindet, denn eigentlich liegen Welten zwischen Bahariya und Siwa. Für bis zu 15 Personen läßt sich in Siwa eine Pickup- oder LKW-Reise organisieren, was derzeit etwa £E 500 bis 600 kostet (achten Sie unbedingt auf den Fahrzeugzustand, siehe folgenden Abschnitt). Fragen Sie oder im Tourist Office oder aber im Restaurant *Abou* nach dem Polizisten Ahmad, mit dem ein Leser gute Erfahrungen machte; auch ein Englischlehrer soll die Strecke anbieten.

Warnung: bis auf die ersten ca. 40 km ist die gesamte 410 km lange Strecke lediglich eine bessere Piste, auf die man Asphalt gegossen hat – mit äußerst rauher Oberfläche, ohne jegliche Markierungen, Versorgungsmöglichkeiten oder Trinkwasserquellen. Die mit z.T. scharfkantigen Steinen gebaute Oberfläche radiert nicht nur die Reifen zusehends ab, sie weist auch keine gute Haftung auf, d.h. man kann unversehens ins Rutschen geraten. Inzwischen ist der Asphalt nahezu überall verlorengegangen, statt dessen erwarten den Autofahrer nervtötende Wellblechstrecken, die vor allem im mittleren Teil noch vor dem dritten Checkpost das Fahrzeug fürchterlich durchrütteln. Will man ihnen entgehen, muß man in den Sand, der direkt neben der Straße ebenfalls Wellblechoberfläche aufweist.

Erst etwa das letzte Drittel der Strecke ist etwas besser, vor allem stößt man kaum mehr auf Wellblech. Ferner ziehen häufig und unerwartet Sandverwehungen über die Straße, die so tief sein können, daß man sehr plötzlich festsitzt. Insgesamt also eine für Fahrer und Fahrzeug anstrengende Strecke. Zwar hört man, Präsident Mubarak habe den Ausbau versprochen, aber wann diese Zusage umgesetzt wird, wagt niemand vorherzusagen.

Diese Strecke sollte man also nur mit einem zuverlässigen Auto und möglichst mit zwei Ersatzreifen befahren, eine Schaufel und genug Trinkwasser für einige Tage mitnehmen. Denn wenn Sie eine Panne, oder schlimmer noch, einen Unfall haben, müssen Sie mit langen Wartezeiten rechnen, bis überhaupt jemand vorbeikommt (uns sind zwei Unfälle bekannt, bei denen die Verletzten 36 bzw. 48 Stunden auf Versorgung warteten). In der Regel wird die Strecke von kaum mehr als einem Fahrzeug pro Tag frequentiert, an vielen Tagen von keinem einzigen (mindestens einmal wöchentlich von einer Militärpatrouille). Fahren Sie möglichst im Konvoi, um sich eventuell gegenseitig helfen zu können. Die Soldaten an den Checkposts werden alle 30 Tage (!) ausgewechselt und freuen sich über frisches Gemüse und arabische Zeitschriften.

Vorsicht: Wenn Sie dem Wasser der Salzseen in den am Wege liegenden unbewohnten Oasen zu nahe kommen, kann Ihr Wagen im feuchten Untergrund sehr schnell einsinken und auf dem Bodenblech landen; denken Sie bei Abstechern von der Straße an Ihre Sicherheit.

Vor Ihnen liegt eine landschaftlich streckenweise reizvolle, typische Wüstenstraße, bei der sich langweilige Abschnitte mit Dünenlandschaften, Zeugenbergformationen und Kalksteinuntergrund mit banalem Schotter abwechseln. Manchmal begleiten schwarze, dann goldgelbe Oberflächen die Route.

Folgen Sie vom Siwa Zentrum (N29°12,28' E25°31,19') der auf Seite 200 beschriebenen Strecke "Ausflug nach Osten" bis Alt-Zeitun. 1 km nach dem Ort stoßen Sie auf eine Y-Kreuzung (N29°09,12' E25°47,47'). Hier links zum Beduin Village abbiegen. Wenn Sie nach 4 km am ersten Checkpost ankommen, befahren Sie die richtige Straße. Hier endet praktisch derzeit auch der Asphalt, N29° 08,41' E25°49,80'.

Nach 47 km erstes Dünengebiet mit häufigeren Sandverwehungen auf der Straße, dann 46 km zum zweiten Checkpost, N28°47,70' E26°33,16'. 11 bis 20 km weiter liegen rechts in einiger Entfernung die beiden Seen der Oase Bahrein (unbewohnt). In der Nähe bietet sich ein guter Nachtplatz bei hübschen Pils-Zeugenbergen an, N28°44,36' E26° 37,55'.

Nach 22 km folgt der dritte Checkpost, N28°47,40' E26°55,02'. Etwa 7 km nördlich der Straße liegt El Areg (ebenfalls unbewohnt), die schönste der Oasen an dieser Strecke. Die Zufahrt ist schwierig, viel übler jedoch das Herauskommen aus der Senke auf sehr weichem Sand. Also Vorsicht!

Nach 18 km (N28°47,85 E27°03,44) führt die Straße bergab und kreuzt für etwa 20 km die Sitra Depression. Achtung: Diese Strecke ist bekannt für die scharfkantig-spitzen Flintsteine, die mit Leichtigkeit Autoreifen aufschlitzen. Einige Ansammlungen sind links und rechts der Straße zu sehen. Etwas entfernt westlich gibt es einen See.

Nach 30 km (N28°42,93' E27°22,92') folgt das zweites Dünengebiet, viele z.T. hohe Sandverwehungen queren die Straße. Wenn der Sand nicht weggebaggert wurde, ist nur mit Allrad durchzukommen.

Nach 90 km taucht der erste, zu Bahariya gehörende Checkpost auf (N28°27,11' E28°06,73'), nach weiteren 43 km der zweite Posten, N28°34,67' E28°31,60'. 42 km später (N28°22,59' E28°48,86') erfolgt die Abfahrt in die Bahariya-Depression. Nach 4 km werden Sie von einem letzten Checkpost empfangen, der die Tasrih einbehält, 3 km entfernt verzweigt sich die Straße, rechts geht es zu *Ahmeds Safari Camp*, links 4 km nach Bawiti.

Die **Oase Bahariya** ist erreicht. Alle weiteren Informationen entnehmen Sie bitte Kapitel 6.1 ab Seite 418.

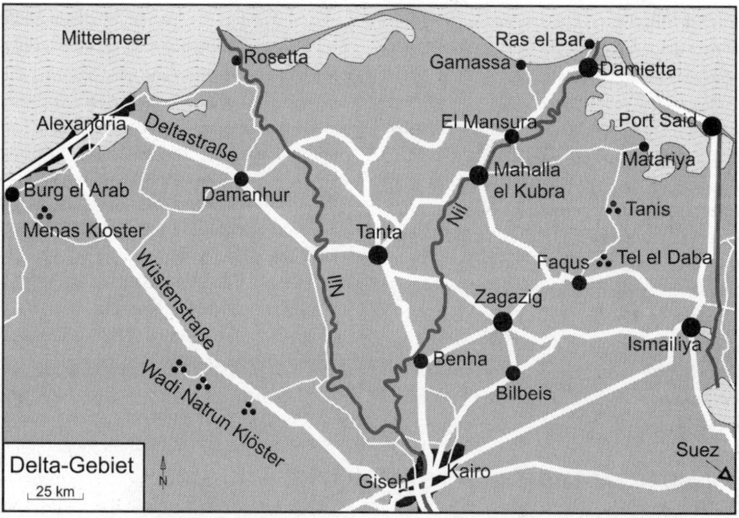

3.3 Alexandria - Kairo und Deltagebiet

Von Alexandria führen zwei wichtige Straßen nach Kairo, die Wüstenautobahn (210 km bis Kairo/Giseh) und die Deltastraße (225 km). Die autobahnähnlich ausgebaute Wüstenstraße ist wegen der hier gefahrenen höheren Geschwindigkeiten bei gleichermaßen schlechten Bremsen und der besonders im Winter plötzlich aufkommenden Nebelschwaden durchaus mit Vorsicht zu genießen. Aber sie hat den Vorteil, daß man einen Abstecher ins Wadi Natrun mit seinen koptischen Klöstern machen kann.

Auf der Deltastraße tummelt sich alles, was Beine und Räder hat, sie führt mitten durch das bäuerliche Leben und nicht zuletzt durch die Haupt-Landwirtschaftszone Ägyptens. Unterwegs werden Sie im wesentlichen dieses mühselige tägliche Leben der Fellachen beobachten können, abseits der großen Straßen auch die herzliche Freundlichkeit der Menschen erleben. Wir fahren diese Strecke sehr gern, nicht zuletzt weil sie zeigt, daß das Deltagebiet auch heute noch ein eigenes Gesicht gegenüber dem oberägyptischen Niltal hat – man versteht ein bißchen besser die pharaonische Mühe, beide Landesteile zusammenzuhalten.

Wenn Sie im Herbst durchs Delta reisen, werden Sie erleben können, wie das weiße Gold, die ägyptische Baumwolle, geerntet wird. Heerscharen von Helfern pflücken die geöffneten Kapseln mit dem blütenweißen Inhalt. Häufig schaffen über und über beladene Kamele die in große Tücher gehüllten Bündel zu Sammelstellen, von denen dann nicht minder überdimensional beladene LKWs die leichte Last zur Weiterverarbeitung befördern.

Das Delta ist zwar das größte landwirtschaftlich genutzte Gebiet Ägyptens, es bietet jedoch keine großen historischen Attraktionen. Die in der Pharaonenzeit glänzenden Städte, die sich durchaus mit Theben messen konnten oder gar prächtiger waren, sind wegen der hier angewendeten Lehmziegelbauweise fast vollständig verschwunden. Als von der Größe her imposanteste Ruinenstätte gilt Tanis (bei San el Haggar), dessen Besuch lohnenswert ist. Wenn Sie einen Abstecher dorthin machen wollen, so werden Sie mit zweierlei belohnt: einer der seltenen Besucher an einem einsamen Ort zu sein und bei der Anfahrt zusätzlich Gelegenheit zum Kennenlernen des etwas abgelegeneren Deltagebietes zu haben *(siehe Seite 209)**.*

INTERESSANTES

******Wadi Natrun** mit den vier koptischen Klöstern

***Einsame **Ruinen von Tanis** im Ost-Delta

Ruinen des **Menas Klosters

****Leben und Arbeiten der Delta-Bauern**

***Badawi-Moschee in Tanta**

Wüstenstraße Alexandria - Kairo

Der Begriff "Wüstenstraße" – allgemein **Desert Road** genannt – gilt nur noch eingeschränkt. Im Laufe der letzten Dekade haben die Ägypter diese Wüstenregion mehr und mehr in fruchtbares Ackerland verwandelt oder neue Städte vor allem im Raum Kairo erbaut. Wenn man diese Strecke mit Abstand von einigen Jahren erneut fährt, ist man über das Vordringen von Grünflächen verblüfft; eines Tages wird vermutlich der Begriff Wüstenstraße ganz von blühenden Feldern verdrängt sein.

Auf der Strecke besteht Mautpflicht von £E 2,25. Die zulässige Höchstgeschwindigkeit für PKW ist hier auf 100 km/h angehoben; strenge Radarkontrollen.

Ausfahrt aus Alexandria: Folgen Sie vom Midan Orabi her der Corniche südöstlich bis hinter das Ende der ersten großen Bucht (links führt eine militärisch gesperrte Landzunge ins Meer; gegenüber steht der auffallend moderne Bau der University Conference Hall). Kurz nach der Landzunge zweigt rechts die Sharia Abdel Rahman Rushdy ab, an der auch ein bescheidenes Schild gen Kairo weist. Biegen Sie hier ab und bleiben Sie unverzagt auf dieser bald kreuzungsfrei ausgebauten, breiten Straße. Sie unterquert die Eisenbahn und schließlich überquert sie als Hochstraße die Hafenbahnlinie, Straßen und den Mahmudija Kanal. Am Ende der Ausbaustrecke landen Sie in einem Kreisel: Rechts

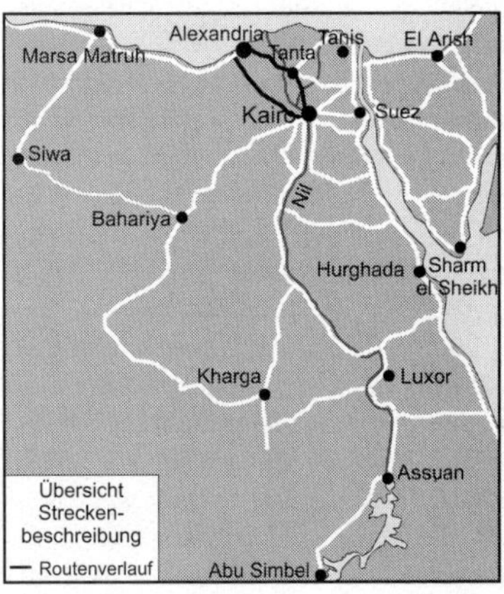

geht es auf einem Damm quer durch den Mareotis-See auf die Wüstenstraße nach Kairo (links auf die Deltastraße).

24 km: **Abzweigung**

Die Straße schwenkt nach Süden, links halten zur Wüstenautobahn nach Kairo, rechts zur Küstenstraße.

2 km bis

El Amiriya

Der Ort ist ein landwirtschaftliches Zentrum mit einem lebendigen Markt, der auch eine große Auswahl von Beduinen-Teppichen bietet. Rechts führt eine Verbindungsstraße zur Küstenstrecke Richtung El Alamein/Marsa Matruh.

2 km: **Abzweigung**

Rechts führt eine vierspurige Schnellstraße Richtung Burg el Arab (und dort auf die Küstenstraße nach Marsa Matruh) oder zum Menas Kloster.

Abstecher zum **Menas Kloster

Anfahrt: Die vierspurig ausgebaute Straße verläuft für etwa 14 km nach Westen quasi parallel zur Küstenstraße und knickt dann nach Süden ab. 2 km nach dieser Kurve überquert sie die Eisenbahnlinie nach Marsa Matruh. Bald tauchen große Industrieansiedlungen auf. Nach weiteren 10 km geht sie in eine normale Straße über, nach 2,5 km links und nach weiteren 2 km rechts abbiegen; das Kloster war als Zielmarke schon eine ganze Weile zuvor an seiner Kuppel und den Türmen zu erkennen. – Sporadisch fahren von Alexandria auch Minibusse zum Kloster.

Die gesamte Gegend zählt zu den Fruchtlandgewinnungs-Projekten, die sich bis zur Deltaregion hinziehen. Ein Netz von großen und kleinen Kanälen sorgt für die Wasserzufuhr. Lag 1983 bei unserem ersten Besuch das Kloster noch einsam mitten in der Wüste, so verwandelt sich die Umgebung heute zusehends in die typische Fruchtlandschaft.

Geschichte

Der christliche Märtyrer Menas war hier in der Nähe einer Quelle (Zisterne) begraben worden, deren Wasser bald Wunder wirkte. Dieses Wasser wurde in typischen, den sog. Menas-Flaschen verkauft. Es entstand eine reiche, aus Marmor und edlen Hölzern errichtete Pilgerstadt mit einer großen Basilika (der größten in Ägypten) und der Gruftkirche mit einer unterirdischen Krypta, in der Menas seine letzte Ruhestätte fand.

Im 9. Jhd wurde die Stadt von muslimischen Eroberern zerstört, die Ruinen im Laufe der Zeit vom Wüstensand zugeweht. Der deutsche Forschungsreisende C. M. Kaufmann entdeckte 1905 die Reste von Abou Menas inmitten unwirtlicher Wüste.

Noch heute finden vom Deutschen Archäologischen Institut jährliche Grabungen statt. Bei Lehnert & Landrock in Kairo ist der empfehlenswerte, vom langjährigen Ausgrabungsleiter Dr. Großmann verfaßte Führer *Abou Mina, A Guide to the Ancient Pilgrimage Center* erhältich. Die wiederentdeckten Bauwerke zählen zu den ältesten christlichen Monumenten Ägyptens. Die bereits freigelegten Ruinen – Reste der im 4. Jhd errichteten gewaltigen Basilika, der Gruftkirche mit Krypta, Badehäuser und Wohnsiedlungen – ermöglichen einen guten Einblick in die ehemalige Siedlung.

Gleich neben dem antiken Menas bauten koptische Mönche in den 60er Jahren ein neues Kloster, über dessen hohe Wehrmauern (auch heute angeblich noch gegen diebische Eindringlinge notwendig) eine mächtige Beton-Kirchenkuppel ragt. In einer Krypta dieser Kathedrale liegt der koptische Papst Kyrillos VI (1959 – 1971) begraben, der die Neugründung 1959 beschlossen hatte. Auch die Reliquien von Abou Menas wurden von Alt-Kairo, wohin sie nach der Zerstörung der Pilgerstadt im 9. Jhd gebracht worden waren, wieder hierher überführt.

Der Baueifer der Mönche ist um so bewundernswerter, als sie über keinerlei Wasservorkommen verfügten. Alles Naß mußte von einer über 5 km entfernten Versorgungsstelle herangeschafft werden; ursprünglich per Eselskarren, dann mit Tankwagen. Erst seit wenigen Jahren gibt es direkte Wasserzuführung von den nahen Kanälen.

Bei unserem vorletzten Besuch (1989) fuhren wir vom Kloster aus südlich der oben beschriebenen Strecke zurück zur Wüstenautobahn, unterwegs fragten wir uns immer wieder durch. 1997 schickte uns ein Mönch leider in die falsche Richtung, aus Zeitgründen konnten wir den ersten Weg nicht mehr verfolgen. Da unsere Beschreibung von damals vermutlich überholt ist, hier nur der Hinweis, daß man bis zur Wüstenautobahn auf asphaltierten Straßen durchkommt.

Die Route führt mitten durch ein für Städter-Augen gigantisches Projekt zur Begrünung der Wüste. Es ist erstaunlich, was der sonst so tot aussehende Boden hervorbringt. Daher lohnt es sich, vielleicht ein paar Umwege in Kauf zu nehmen und unterwegs ein positives Beispiel menschlicher Schaffenskraft zu bestaunen.

Doch jetzt weiter auf der Wüstenautobahn nach Kairo:

26 km nach El Amiriya: **Abzweigung**

Links nach Matamir und weiter zum Weingut Gianaklis, mit etwa 7000 ha das größte Ägyptens. Der Grieche Gianaklis hatte das Gut im 19. Jhd gegründet und zum führenden Weinproduzenten Ägyptens gemacht. Nasser ließ es verstaatlichen, der Name blieb erhalten. 1999 wurde es wieder privatisiert.

53 km: **Abzweigung**

Von hier führt eine vierspurige Straße nach El Alamein.

Nach 8 km Tankstelle und Motel Sahara Inn
5 km bis

***Wadi Natrun

Die beliebteste Raststelle auf dem Weg nach Kairo bietet neben Tankstelle, Restaurants, Pizzeria, Souvenirshops und Hotel auch den Direktverkauf des oben erwähnten Weingutes. Achtung, Ägypten-Neulinge werden hier gern geschröpft. Schließen Sie Ihr parkendes Fahrzeug gut ab, uns wurde wiederholt von Einbrüchen berichtet. – Falls Sie länger bleiben wollen: Im Hotel *Rest House* kann man relativ gut unterkommen.

Wenn Sie mit öffentlichen Verkehrsmitteln unterwegs sind: Die Busse der West Delta Bus Co. halten am Rasthaus. Vom Rasthaus ungünstige Verbindungen zu den Klöstern, am besten ein Taxi für einen Rundtrip anheuern.

Das etwa 35 km lange und bis zu 10 km breite Wadi Natrun liegt bis zu 24 Meter tiefer als der Meeresspiegel, vom Niltal her drückt Grundwasser ins Tal, das die über 10 000 Bewohner zur Bewässerung nutzen. Eine Reihe von Seen trocknen im Frühjahr aus, dabei wird Salz und Natron (früher das für die Mumifizierung wichtige Natrun) gewonnen. Im Winter steigt der Wasserspiegel wieder. Am nördlichsten liegt der Birket Gara, weiter südlich der Birket Bayda, der im Sommer völlig austrocknet und daher seinen Namen Weißer See erhielt. Im stark salzhaltigem Wasser des südlichen Birket Mawhala kann man gemütlich schwimmen. Im Westen des Wadi Natrun beginnt der Bahr Bela Ma, der

Fluß ohne Wasser, dessen sandiges, viele Kilometer breites und häufig mit versteinerten Bäumen bedecktes Bett bis zur Oase Dakhla reicht.

Im 4. Jhd zogen viele Christen als Einsiedler in diese Gegend, später entstanden – als eine Art Schutz um die Einsiedeleien – eine Reihe von Klöstern, von denen vier noch heute erhalten sind. Da diese Gemeinschaften häufig unter Überfällen zu leiden hatten, bauten sie ihre Klöster zu Schutzburgen mit hohen Mauern und einem Schutzturm als letzte Rückzugsmöglichkeit aus.

Besuch der Klöster Bishoi, Surian und Baramus

Anfahrt: Rechts vom Rasthaus führt eine Straße ins Wadi Natrun, nach ca. 4 km erreicht man ein kleines Dorf namens Bir Hooker, am Marktplatz geradeaus halten und wenig später dem Straßenverlauf erst nach links, dann rechts folgen. Nach ca. 4 km links trifft man auf eine Kreuzung mit Wegweiser zu den Klöstern: Links nach Bishoi und Surian, geradeaus nach Baramus (14 km vom Rasthaus entfernt).

Das im 4. Jhd gegründete **Deir Amba Bishoi Kloster** überrascht mit hohen Mauern, einer großen und gut erhaltenen Basilika und dem Klostergebäude für die Mönche (geöffnet täglich 9-18, auch während der Fastenzeit). Ein deutsch oder englisch sprechender Mönch führt Besucher sehr einfühlend und verdeutlicht die Entwicklung des Mönchtums über die Jahrhunderte. Er zeigt die Basilika St. Bishoi, den Festungsturm, alte Mönchszellen und das Refektorium mit Gegenständen des früheren täglichen Lebens. Derzeit leben etwa 150 Mönche und 300 Arbeiter im Kloster, das sich durch die landwirtschaftlichen Erträge finanziert.

Das nur 500 m entfernte **Deir el Surian Kloster** (Syrer Kloster; während Fastenzeit geschlossen, sonst ab 13 Uhr geöffnet) wurde im 10. Jhd von einem syrischen Kaufmann erworben und syrischen Mönchen geschenkt. Es ist mit seinen Gärten, der aus dem 9. Jhd stammenden el Adra Kirche mit sehr schönen Fresken und Ikonen, mit Schutzturm, den Wohn- und Wirtschaftsgebäuden sowie einer bekannten Bibliothek vielleicht interessanter als das Bishoi Kloster.

Das **Deir el Baramus Kloster**, in dem 80 Mönche leben, ist das entlegenste. Der alte Klosterkomplex wird von einer dicken Mauer umgeben, hinter der sich – neben einer Reihe anderer Kirchen – die sehenswerte Basilika der Jungfrau Maria, deren Säulen römischen Ursprungs sind, mit alten Fresken und Ikonen, und dem direkt angebauten Refektorium, verbirgt. Vor der Basilika steht der dreistöckige Schutzturm mit Mönchszellen, einer Kapelle und Speicherplatz. Die Mönchsgemeinschaft lebt noch in den alten Traditionen weiter. – Etwa 10 km westlich zieht sich das oben genannte Wadi Bahr Bela Ma entlang.

Zurück zum Rasthaus.

15 km: **Abzweigung**

Rechts 3 km zum **Makarios Kloster** (von Kairo/Tahrir fährt ein Minibus), das ein Anziehungspunkt für Pilger ist. Der Gesamtkomplex wurde in den letzten Jahren renoviert. Leider ist das Kloster seit 1992 für jedermann ohne Ausnahme geschlossen, wie ein Schild am Tor verkündet. Wenn Sie jedoch rechts zum Buchladen gehen und dort mit dem Mönch sprechen, wird mit etwas Glück eine Ausnahme von der so strengen Ausnahmeregelung stattfinden. Es sollte aber ganz nüchtern gesagt werden, daß ein eigens arrangierter Trip z.B. von Kairo aus allein auf diese Hoffnung hin nicht gerechtfertigt wäre; man kann sein Glück nur im Vorbeikommen probieren.

Bekannt ist die Makarios Kirche wegen der aus dem 10. Jhd stammenden Ikonostasen und dem Schrein des Hl. Makarios. Neben zwei weiteren Kirchen finden Sie den typischen Schutzturm, in den die Mönche bei Überfällen flohen und dessen Stockwerke sie zu Kapellen ausbauten.

Das Makarios Kloster hat uns von allen koptischen Klöstern am meisten beeindruckt. Nicht so sehr wegen seiner Vergangenheit, sondern wegen seiner Gegenwart. Die etwa 100 dort lebenden Mönche engagieren sich besonders in der Entwicklung neuer landwirtschaftlicher Anbaumethoden, widerstandsfähigerer und ertragreicher Pflanzen oder Tiere und in der Urbarmachung der Wüste. Die Ergebnisse ihrer Forschungs- und Entwicklungstätigkeit sieht man ringsum wachsen und blühen, ihre Erkenntnisse und Erfahrungen stehen der Allgemeinheit kostenfrei zur Verfügung.

In die Mönchsgemeinschaft wird nur aufgenommen, wer bereits im täglichen Leben seinen Mann gestanden und den Wehrdienst abgeleistet hat. Die meisten Mönche sind Akademiker, darunter viele Ärzte und Ingenieure.

3 km bis **Sadat City**

Entlastungsstadt für Kairo.

42 km: **Autobahnkreuzung**

Rechts zur Entlastungsstadt 6.October und zur Oase Bahariya, links auf der Zubringerautobahn namens *26.July Corridor* nach Kairo-Mohandessin.

30 km bis

Giseh

Die Stadt der Pyramiden ist erreicht. An der T-Kreuzung können Sie rechts zum Mena House Hotel und zu den Pyramiden abbiegen, links führt die Pyramid Road ins Stadtzentrum von Kairo.

Deltastraße Alexandria - Kairo

Die Hauptstraße nach Kairo (auch Agriculture Road genannt) ist vierspurig ausgebaut. Sie zählt zu den gefährlichsten Ägyptens: starker Verkehr, überladene LKWs, unachtsame Fahrer. Vermeiden Sie besonders hier Nachtfahrten.

Öffentliche Verkehrsmittel: Busse, Minibusse und Sammeltaxis verkehren in reger Frequenz zwischen den Städten.

Entweder Sie wählen die Ausfahrt aus Alexandria wie auf Seite 204 beschrieben, biegen jedoch im Kreisel nach der Hochstraße links ab und fahren am Flughafen vorbei, danach nächste Kreuzung rechts. Oder: An der Blumen-Uhr östlich abbiegen; einige Blocks weiter zweigt an einer Kreuzung, an der rechts eine schwarz-weiß gestreifte Polizeikanzel steht, eine Straße schräg rechts ab (auf kleinem Schild ausgewiesen), dieser bis nach der Bahnunterführung folgen, gleich danach Kreisel, dort links abbiegen bis zum nächsten Kreisel, von dort ist bereits die Kanalüberführung sichtbar, über die man zu der von rechts kommenden Umgehungsstraße fährt, schräg links beginnt die Delta Road nach Kairo.

28 km: **Abzweigung**

Links 2 km nach **Kafr el Dauwar**. Hier findet ein sehr bunter und sehenswerter Gemüsemarkt statt. Die Marktstraßen liegen gleich nach der Überführung rechts. Wenn Sie aus umgekehrter Richtung kommend, also von Kairo aus, in die östlichen Bezirke von Alexandria reisen wollen, so könnten Sie hier den Kanal überqueren und dann auf der anderen Seite weiter gen Norden fahren. Auf dieser Strecke kommen Sie an der größten ägyptischen Textilfabrik, den (staatlichen) Misr Textilwerken vorbei.

1 km: **Abzweigung** (an einer Tankstelle)

Rechts führt eine Straßenverbindung über Matamir und das Weingut Gianaklis zur Wüstenautobahn (siehe auch Seite 206): Nach 7 km kann man eine Köhlerei besichtigen, bei km 33 Kreuzung rechts halten (links Matamir), bei km 40,5 überquert man eine Kanalbrücke mit Blick auf das ehemalige Gutshaus Gianaklis (heute zeitweilig vom Staatspräsidenten bewohnt), danach rechts das Verwaltungsgebäude (Weinverkauf nach ca. 1 km rechts durch eine Schranke, dann 5 km in nördlicher Richtung). Von hier aus sind es 19 km bis zur Wüstenautobahn.

36 km

Damanhur

Provinzhauptstadt, Baumwollverarbeitung. Jährlich findet hier ein jüdisches *Fest (Mulid)* zu Ehren des jüdischen Heiligen Abu Hatzira statt, das deutlich anders und eher westlich abgehalten wird als die üblichen islamischen Mulids.

40 km: **Brücke über den Rosetta-Nilarm.**

23 km

Tanta

Provinzhauptstadt und Handelszentrum des Deltas. Jährlich feiert man hier im Oktober ein großes islamisches Fest (*Mulid*) zu Ehren des im ganzen Land verehrten Heiligen Ahmed el Badawi, der 40 Jahre in Tanta lebte. Dieser Mulid (zwei kleinere finden im Januar und März statt) zieht zahllose Pilger aus ganz Ägypten an, er trug wesentlich zur wirtschaftlichen Entwicklung von Tanta bei. Die große, im türkischen Stil erbaute ***Moschee** ist dem Heiligen geweiht. Auch außerhalb von Festtagen ist sie vom regen Treiben der Gläubigen erfüllt und einen Besuch durchaus wert.

47 km: **Brücke über den Damietta-Nilarm**

35 km: **Abzweigung**

Rechts – im Ort Qalyub – 10 km zu Nilstaudämmen *Barrages du Nil* (siehe Seite 289).

15 km bis **Kairo**

Östliches Deltagebiet

In diesem Kapitel beschreiben wir ein einige Alternativen, um das an sich interessante Deltagebiet abseits der üblichen Durchgangsstraßen etwas kennenzulernen, denn wegen der weniger spektakulären historischen Zeugnisse steht es praktisch auf keinem Sightseeing-Programm. Das bietet dem Individualtraveller die Chance, im täglichen Leben mitschwimmen zu können und nicht ständig von Bakschischjägern umlagert zu sein.

Zagazig und Tanis

Wenn Sie auf nicht so stark frequentierten Straßen ein bißchen mehr vom Delta sehen wollen, dann empfiehlt sich z.B. die Strecke Tanta – Mit Ghamir – Abou Kebir – Faqus – Ismailiya, die Sie auch beim Besuch von **Tanis** streckenweise benutzen.

Doch der östliche Teil des Deltas bietet auch eine Reihe von historischen Stätten, die kaum von Touristen heimgesucht werden, allerdings manchmal nicht ganz einfach zu finden sind. Lohnenswert ist ganz sicher ein Besuch von Tanis in der Nähe des Fischerdorfes **San el Haggar**. Früher wurde eine Genehmigung des Antiquities Office in Kairo zur Besichtigung benötigt, neuerdings gibt es Eintrittskarten (£E 8) direkt am Eingang der Ruinenstätte.

Anfahrt mit öffentlichen Verkehrsmitteln

Diese Reisemöglichkeit ist einigermaßen umständlich und mit Schwierigkeit verbunden, weil man nur in Zagazig und eventuell Husseiniya (unkomfortabel) übernachten kann: von Kairo per Zug nach Zagazig. Von dort fährt um 10 Uhr ein Bus nach San el Haggar (Busbahnhof am Stadtrand). Oder man fährt von Zagazig per Sammeltaxi nach Husseiniya und dann weiter nach San el Haggar, von dort per Taxi nach Tanis.

Per Auto nach Zagazig

Von Kairo aus sollte man zunächst Zagazig – im übrigen eine durchaus sympathische Stadt – anfahren. Dazu bieten sich zwei Routen an: Einmal der *Agriculture Road* durchs Delta bis Benha folgen und dann rechts 35 km nach Zagazig, oder vom Stadtzentrum aus über Heliopolis (Flughafen) über eine recht gute Straße durch die Wüste nach Bilbeis (60 km) und dann weitere 25 km nach Zagazig.

Zagazig ist Provinzhauptstadt mit einem sehr geschäftigen Souk und den üblichen Verwaltungseinrichtungen. Am südöstlichen Stadtrand von Zagazig – zwischen Sharia Mustafa Kamal und Sharia Bulbais – liegen die Ruinen der antiken Stadt **Bubastis**, Hauptkultort der katzengestaltigen Göttin Bastet. Zum Hauptfest der Göttin strömten in pharaonischen Zeiten mehr als 700 000 Menschen zusammen; Herodot hielt den Bastet-Tempel für den schönsten Ägyptens.

Links der Straße sieht man Reste eines AR-Tempels, rechts neben einem Magazin der Altertümerverwaltung die Ruinen eines Tempels von Osorkon II aus der 3. Zwischenzeit. Über ein ausgedehntes Areal verstreut liegen Blöcke mit Reliefs des Sed-Festes, des königlichen Erneuerungsfestes und Reste zahlreicher Statuengruppen, mehr zur modernen Siedlung hin ein Palast aus dem MR und eine Nekropole aus dem AR. Vorsicht: im hinteren Teil des Geländes Schießplatz der ägyptischen Armee, durch Zäune abgegrenzt. In der Nähe der Stadtverwaltung wurde ein interessantes Museum (Mi-Mo 9-13) mit Funden aus der Umgebung eingerichtet.

Von Zagazig nach Tanis

Die Ausfahrt von Zagazig nach Nordosten ist etwas schwer zu finden; in der Stadt folgt man der Parallelstraße zum Kanal bis zu einer Art T-Kreuzung, dort nach rechts abbiegen und parallel zur Bahn bis zu einer Überführung, vor der man links abzweigt. Die Straße führt nach einer Weile einspurig über eine Kanalbrücke, gleich dahinter scharf links abbiegen.

35 km bis **Abou Kebir**

Geradeaus durch den Ort fahren.

15 km: **Faqus**

Am Stadtbeginn von Faqus gabelt sich die Straße an einer – besser gesagt: um eine Tankstelle –, fahren Sie nicht geradeaus in die Stadt, sondern nehmen Sie links die Umgehungsstraße.

Nach 7 km:

Rechts in den Feldern liegt Tell ed Daba, der Ort der ehemaligen Hyksos-Hauptstadt Auaris (heute nichts mehr zu sehen), 2 km nördlich **Kantir**, die Hauptstadt des Landes in der Ramessidenzeit (umfangreiche Grabungen, Besichtigung nicht möglich).

16 km bis **Husseiniya**

In der Mitte des Städtchens links eine Abzweigung an einem Denkmal, doch hier geradeaus.

2 km: **Abzweigung**

Bei Geziret Saud links abbiegen.

16 km bis

San el Haggar, rechts der Hauptstraße liegt

***Tanis

Kurz vor dem Ortseingang sieht man rechts ein ausgedehntes Hügelgelände, zu dem ein Schild *Tanis Area* weist (£E 16 Eintritt), oben auf dem Hügel steht das Grabungshaus der Franzosen.

Tanis, die Hauptstadt Ägyptens in der 3. Zwischenzeit (21./22. Dyn.), lag in der Antike in Küstennähe am tanitischen Nilarm. Dieser ist heute versandet, das Ufer des Mansala-Sees verläuft jetzt etliche Kilometer weiter nördlich. Aus der brettflachen Ebene ragt der gewaltige Hügel (Tell) schon von weitem deutlich sichtbar heraus: Das gesamte Gebiet der alten Stadt umfaßt ein Gelände von ca. 1 x 3 km, das noch nicht ausgegraben ist. Darin liegt der große Amun-Tempel (in Ost-West-Richtung), von einer Ziegelmauer von 430 x 370 m eingefaßt. Ursprünglich war dies die größte Tempelanlage im Delta, nur von Karnak in der Ausdehnung übertroffen. Die wenigen, noch aufrecht stehenden Blöcke sprechen dafür, daß der Tempel vermutlich durch ein Erdbeben zerstört wurde.

In dem weitläufigen Gelände können Sie auf Entdeckungstour gehen: Blöcke mit zum Teil hervorragenden Reliefs, fragmentarische Kolossalfiguren, Säulen und Kapitelle liegen und stehen im Sand, ebenso mehrere Obelisken. Einer von ihnen wurde vor wenigen Jahren nach Kairo gebracht und vor dem Flughafen aufgestellt.

Links der Tempelachse sind die Ausmaße des Heiligen Sees zu erkennen, am Ende der Tempelachse folgt jenseits der inneren Umwallung (drüberklettern) ein weiterer Tempel. Das Spannende an all den Überresten: Sie stammen nicht aus der Erbauungszeit des Tempels, sondern aus früheren Epochen, aus dem AR und MR (Blöcke von Cheops und Chefren, Sesostris I), vor allem aber aus der Ramessidenzeit. Deswegen wurde Tanis lange Zeit für die Ramses-Stadt gehalten – erst die Grabungen in Kantir stellten klar, daß man sich in Tanis geirrt hatte, und daß man in der 3. Zwischenzeit im steinarmen Delta praktisch alles in Kantir abräumte und nach Tanis schaffte, vermutlich auch aus anderen Deltastädten.

Innerhalb der Umfassungsmauer – rechts der Tempelachse – liegen die Gräber der Könige der 21./22. Dynastie, ursprünglich unterirdische Kammern (nicht zugänglich, meist im Grundwasser). Hier fand der französische Ausgräber Montet in den Jahren 1939 bis 1946 die fast ungestörten Bestattungs-Relikte der Könige Psusennes I, Amenemope, Osorkon III und Scheschonk III und zweier Beamter – in Silbersärgen, mit Goldmasken, ihrem gesamten Schmuck und Gefäßen aus Edelmetall. Ein Fund, der mit der Entdeckung des Tutanchamun-Grabes zu vergleichen ist und wegen des Zweiten Weltkrieges nicht ins Bewußtsein der Öffentlichkeit drang. Heute steht er nahezu gleichrangig neben der Tutanchamun-Ausstellung im Nationalmuseum in Kairo. – Die Wärter bieten gegen Bakschsich die Besichtigung eines dieser Gräber an; Freunde pharaonischer Kunst werden sich an der Ausschmückung erfreuen.

Außerhalb der Tempeleinfassung, im rechten Winkel zur Tempelachse im Süden, liegt ein kleiner Tempel der Göttin Mut (Kolossalgruppe Ramses II, Mut mit Löwenkopf).

Von Tanis aus könnten Sie (über schlechte Straßen) nach Damietta weiterfahren und sich an der Mittelmeerküste ausruhen, siehe Seite 212.

Oder aber Sie kehren um Richtung Zagazig und biegen in Abou Nebir rechts ab nach Simbellawin, wo man 8 km nach Nordosten über Feldwege zu den gewaltigen Ruinen der

Stadt **Mendes**, Tell Timai und Tell el Roba fährt (wer ohne Auto unterwegs ist, nimmt am besten in Simbellawin ein Sammeltaxi nach Roba). Hier wurde der Widder von Mendes verehrt, riesige Sarkophage zur Bestattung der Tiere sind noch im Ruinengelände zu sehen. Amerikanische Archäologen legten Gräber aus dem AR frei. Am beeindruckendsten jedoch ist der weithin sichtbare, fast 8 m hohe Naos aus einem einzigen Granitblock. Er trägt eine Inschrift des Amasis aus der 26. Dynastie, ursprünglich standen vier Schreine im heute verschwundenen Tempel.

Dieser Schrein spielt heute noch eine wichtige Rolle im Volksglauben: selbst aus Tanis wandern (eine gute Tagestour) jung verheiratete Frauen hierher, gehen um den Naos herum und lassen sich anschließend auf einem der Blöcke nieder – ein Ritual, das die Fruchtbarkeit fördern soll.

Von Tanta über El Mansura nach Damietta

Von Tanta führt eine sehr gute Straße über El Mansura nach Damietta. Auch diese Route bietet gute Einblicke in das bäuerliche Leben des Delta, sie endet in einem beliebten Badegebiet der Ägypter am Mittelmeer.

Man fährt 24 km bis Mahalla el Kubra, dann

9 km bis

Samannud

Hier können Sie einen 9-km-Abstecher nach links zum **Heiligtum der Isis** aus der Ptolemäerzeit (Iseum) in **Behbeit el Haggar** einlegen. Es ist zwar nur ein Haufen durcheinandergeworfener Blöcke übriggeblieben (Erdbeben), doch lohnt ein Rundgang: Die ausschließlich aus Rosengranit gearbeiteten Blöcke tragen überaus feine Reliefs, die in ihrer Qualität diejenigen der oberägyptischen Ptolemäer-Tempel übertreffen.

Zurück zur Hauptstraße.

17 km bis

Talkha/El Mansura

El Mansura – auf dem rechten Ufer des Damietta-Nilarms gelegen – ist historisch bekannt als die Stadt, bei der 1249 die Kreuzfahrer unter Ludwig IX (dem Frommen) von einem Söldnerheer unter Sultan El Salah geschlagen wurden. Ludwig geriet in Gefangenschaft und konnte sich nur durch ein Lösegeld freikaufen. Mit diesem Sieg drängten die Muslime endgültig die Eroberungen der Christen zurück und läuteten damit das Ende der europäischen Kreuzzugseuphorie ein. Das etwas bunte Heer des Sultans wurde später unter dem Namen Mamluken bekannt; der Sieg hier verführte die Truppe, den Sultan zu ermorden und in Kairo die Macht zu erobern - von der sie dann 250 Jahre lang bis zum Einzug der Osmanen nicht ließ.

Die Stadt selbst bietet keine besondere Sehenswürdigkeit außer dem ehemaligen Europäerviertel mit alten Villen in großen Gärten, der nicht häßlichen El Muwafik Moschee und der von recht gepflegten Parkanlagen gesäumten Corniche am Nil. Eine Brücke verbindet die Stadt mit ihrer Nilinsel, auf der Cafeterias einladen.

66 km bis

Damietta

Damietta (ägyptisch Dumyat) lag vor allem im 13. Jhd im Visier der Kreuzritter, die von hier aus versuchten, in Ägypten Fuß zu fassen. Sie hielten die Stadt von 1219 bis 1221, dann wurde sie von den Ägyptern zurückerobert. Das stark zerstörte Damietta wurde geschleift und in der Nähe wieder aufgebaut. Bis zur Wiederbelebung Alexandrias durch Muhammed Ali im 19. Jhd waren Damietta und Rosetta die bedeutendsten ägyptischen Mittelmeerhäfen. In den zurückliegenden 80er Jahren wurde in der Nähe ein neuer Hafen zur Entlastung Alexandrias gebaut.

Aus der vergangenen Blütezeit sind eine Reihe von Moscheen und Bürgerhäusern erhalten geblieben. Die El Gabana Moschee im Nordosten der Stadt stammt aus dem 13. Jhd, die El Bahr Moschee im Zentrum gehört theologisch zur Al Azhar Universität in Kairo. Der Souk von Damietta bietet alles, was das Herz eines Ägypters begehrt; touristischer Nepp hat mangels Nachfrage noch nicht Einzug gehalten.

Von Damietta führt eine auf dem Haff bzw. einem Damm zwischen Mittelmeer und Mansala-See angelegte Straße (52 km) nach **Port Said** (siehe Seite 451).

Badeorte

Vielleicht wollen Sie eine Erholungspause am Mittelmeer einlegen: **Ras El Bar**, 13 km nordwestlich von Damietta direkt an der Mündung des Damietta-Nilarms gelegen, ist ein beliebter Badeort der Ägypter mit allerdings nicht allzu anspruchsvoller Infrastruktur, aber wohl tausenden von Unterkunftsmöglichkeiten für den ägyptischen Mittelstand. Hier steht relativ einfallslos Haus an Haus, kaum weniger eng als in den Städten des Niltals, der Strand liegt meist weit entfernt; unsereinem bleibt ein ewiges Rätsel, welches Vergnügen ein Urlaub hier bereiten kann. Außerhalb der sommerlichen Badesaison von Juni bis Ende September macht das Städtchen eher den Eindruck einer *Ghost Town*. Ein ähnliches Schicksal erleidet die knapp 30 km Küstenlinie weiter westlich gelegene "Nachbar-Badestadt" Gamassa, die nur durch den neuen Hafen und ewig lange Sandstrände von Ras El Bar getrennt ist.

Ebenfalls Urlaub ohne Europäer können Sie unter allerdings einfachsten Verhältnissen in den Städtchen El Manzala und El Matariya an der Südküste des Manzala Sees verleben. Von El Matariya gibt es auch eine Fährverbindung (2 Stunden) über den See nach Port Said.

4. Kairo, Pyramiden und Fayum

4.1 Hintergrund

Geschichte

Bevor Sie sich ins Gewühl Kairos stürzen, ein ***paar Worte zur Geschichte der Stadt****:*

Gleich neben der alten römischen Festung Babylon gründet 641 nC der moslemische Eroberer Ägyptens Amr seine Zeltstadt el Fustat und am Platz seines eigenen Zeltes die erste, nach ihm benannte Moschee. (Als Jahre später, 1168, ein Kreuzritterheer anrückte und die Bewohner glaubten, Fustat nicht halten zu können, zündeten sie die prächtige Stadt an und legten sie für immer in Schutt und Asche.)

876 bis 879 verlegt Ibn Tulun das Stadtzentrum weiter nach Norden und baut die damals größte Moschee, die auch heute noch seinen Namen trägt und eine der großen Sehenswürdigkeiten ist.

969 übernehmen die Fatimiden – schiitische "Ketzer" aus Nordafrika – die Macht, legen im August den Grundstein für eine neue, wiederum ein Stück nördlich von Ibn Tuluns Gebiet gelegenes Machtzentrum, das sie El Qahira nennen. Sie bauen die Al Azhar Moschee, die zusammen mit der ihr später angeschlossenen gleichnamigen Universität weltberühmt wird. Hier entsteht der Stadtbereich, der heute noch existiert und "Islamisches Viertel" genannt wird, obwohl die gesamte Stadt mehrheitlich islamisch ist. Korrekter könnte man ihn nach seinen Gründern als "Fatimidisches Viertel" bezeichnen.

1171 begründet Saladin die Dynastie der Aijubiden. Als eine weitere Landmarke Kairos errichtet er die Zitadelle. Die Mamluken, die als türkische Sklaven nach Kairo kommen, erringen 1250 die Macht. Sie sind am Nil stationiert und werden daher Bahri-Mamluken genannt. Als 1517 die Osmanen Ägypten erobern, müssen die Mamluken klein beigeben und die Oberhoheit Konstantinopels anerkennen, jetzt setzen sich allerdings die in der Zitadelle stationierten "Burgi"-Mamluken durch. In der langen Herrscherzeit der Mamluken entsteht eine Vielzahl von Prachtbauten.

Eine neuerliche Wende leitet der albanische Söldner Mohammed Ali ein, der 1811 durch Abschlachten der Mamluken-Repräsentanten seine Macht endgültig festigt. Er führt Ägypten in die Moderne und setzt sich in der Industrialisierung, Alphabetisierung und nicht zuletzt in der Mohammed Ali Moschee neben der Zitadelle Denkmäler. Auch Mohammed Ali muß die Rechte der Hohen Pforte in Ägypten anerkennen, ebenso wie seine Nachfolger, die zwar später dann die Engländer als Oberhoheit zu akzeptieren haben. Erst durch den Staatsstreich Nas-

sers wird 1952 die Linie Mohammed Alis endgültig abgesetzt, Ägypten erhält die volle staatliche Souveränität.

Aus dieser wechselvollen Geschichte der "Mutter der Welt", wie sich Kairo gern nennt, sind viele prächtige Bauten erhalten geblieben. Unglücklicherweise stehen sie ein bißchen im Schatten der Pyramiden und finden in doppelter Hinsicht nicht die ihnen gebührende Beachtung: weder von den Besuchern noch von den Bewohnern.

Orientierung in Kairo – Topographie der Stadt

Kairo zu verstehen, sich im Gewirr von Gassen, Gängen, Straßen, Hochstraßen und Brücken zurechtzufinden, ist keine leichte Aufgabe. Will man nicht wie ein blindes Huhn herumirren, sollte man sich ein paar Minuten Zeit nehmen und sich in die Topographie der Stadt hineindenken.

Am Anfang der Stadtentwicklung standen die beiden Nilinseln Gezira und Roda. Der Insel Roda gegenüber, zwischen Nil und den Mokattam-Hügeln am Ostufer des Tals, entwickelte sich aus einem Zeltlager (Fustat) des arabischen Eroberungsheeres 641 eine Stadt, die sich bald ausdehnte und unter den Fatimiden im 10. Jhd Hauptstadt namens el Qahira (die Siegreiche) wurde. Diese Stadt wuchs bis in die neuere Zeit am Ostufer nach Norden. So liegen die Residenzen all der glanzvollen islamischen Herrscher ein Stück nördlich Alt-Kairos. Dieses, Islamisches Kairo genannte Gebiet, zieht sich bis zu den Resten der ehemals nördlichen Stadtmauer an der El Hakim Moschee hin; es lehnt sich im Osten an die Mokattam-Hügel, erreicht aber das Nilufer im Westen nicht.

Im ehemaligen "Freigelände" zwischen Ostufer und dem islamischen Teil entstand schließlich das moderne Stadtzentrum. Verkehrsmittelpunkt ist der Midan Tahrir ("Tachrier" gesprochen), ein Platz, auf den sechs Straßen zulaufen und an dessen Peripherie das weltbekannte Ägyptische Nationalmuseum, Bürohochhäuser und das Nile Hilton Hotel liegen. Im Dreieck zwischen dem Midan Tahrir, dem Midan Ataba und dem ein Stück nördlich gelegenen Hauptbahnhof (Ramsis Station) finden Sie das moderne Einkaufsviertel für den anspruchsvolleren Konsumenten.

Am Nilufer verläuft die Corniche, eine im Verkehr erstickende ehemalige Prachtstraße mit u.a. Hotels (Semiramis, die beiden Hiltons etc.) und Botschaften. Auf der anderen Seite des Nils liegen im Norden die neueren Stadtteile bzw. Wohnviertel Zamalek und Mohandissin, südöstlich davon Dokki mit der Kairo-Universität und dem Zoo. Südwestlich schließt sich Giseh an, offiziell eine selbständige Stadt mit ca. 2,5 Millionen Einwohnern, zu der die Pyramiden am westlichen Wüstenrand gehören, tatsächlich ist sie jedoch fest mit Kairo verwachsen.

Neben diesen, zum eigentlichen Kerngebiet Kairos zählenden Vierteln sind noch zu erwähnen: die im Nordosten liegende Vorstadt Heliopolis (in pharaonischer Zeit bereits besiedelt) mit dem internationalen Flughafen und der neueren Vorstadt Nasr City (inzwischen beide eher zu Stadtteilen integriert), im Südosten die Vorstadt Maadi, ein teures Pflaster, wo viele Ausländer leben, und ein Stück weiter südlich das noch ältere Heluan.

"Kairo soll schöner werden" könnte man ein Programm nennen, das vermut-

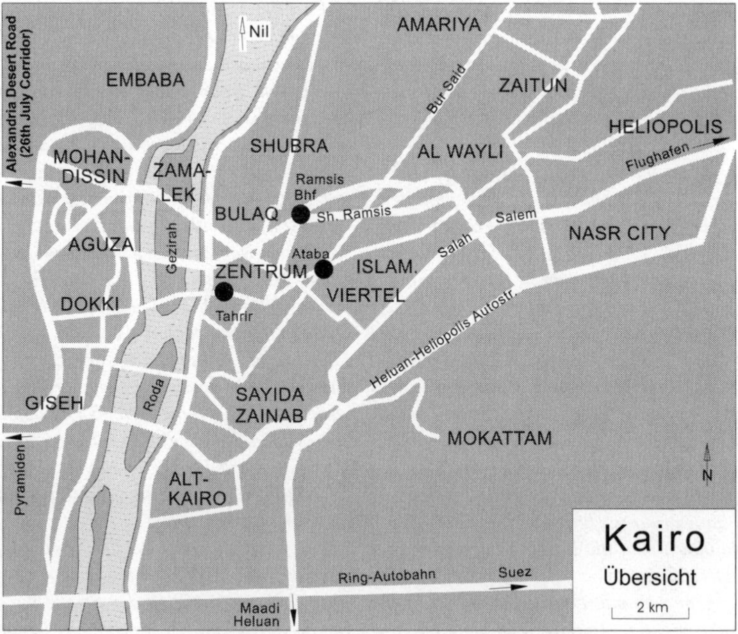

lich garnicht als strenge Auflage besteht, sondern dort umgesetzt wird, wo Mittel und Möglichkeiten es zulassen oder vielleicht politischer Druck dahintersteht. Speziell in der Innenstadt wurden einige Plätze (Talaat Harb, Mohammed Farid) renoviert und begrünt. Auf verschiedenen Straßen wurden Pflanzeninseln geschaffen. Insgesamt hat sich das Bild Kairos in den letzten Jahren deutlich positiv geändert.

Rund um die Hauptstadt entstanden in den letzten Jahren und Jahrzehnten Satellitenstädte – die bekannteste 6.October –, deren Bevölkerungszahl auf derzeit etwa 5 Millionen geschätzt wird. Aber auch an die Reichen ist gedacht, denen Kairo nicht mehr attraktiv genug ist. Sie finden exklusive Refugien frei von Smog und Lärm vor, die mit Mauern und Wachpersonal abgeriegelt sind. In diesen bestens gepflegten Zonen kauft man sich ein freihstehendes Haus, "Villa" genannt, mit Marmorbädern, Whirpool und Swimmingpool für etwa $600 000 aufwärts, Servant Quarters (Unterkunft fürs Dienstpersonal) inbegriffen.

Das Straßennetz Kairos

Das Fortbewegen in Kairo hat – leider – sehr viele Schattenseiten. Die Stadt wurde für etwa 2 Millionen Einwohner geplant, 1976 lebten etwa 5,1 Millionen im Großraum Kairo, 1999 spricht man von ca. 15,5 Millionen und jährlich nimmt ihre Zahl zu. Diese Leute müssen sich in der Stadt bewegen, die wenigsten per Auto (aber diese verstopfen die Straßen schon genug), die meisten, nämlich täglich über 4 Millionen (!) in Bussen, etwa 400 000 mit der Straßenbahn, 100 000 per Heluan-Vorort/U-Bahn und etwa 35 000 mit Nilschiffen. Die U-Bahn soll im Endausbau den Oberflächenverkehr um 1 Million Passagiere entlasten.

Umgehungsstraßen in unserem Sinne gibt es erst seit Ende der 90er Jahre, seit die Ringroad stückweise fertiggestellt wurde. Früher führten alle Straßen hinein in den Flaschenhals und irgendwie dann wieder hinaus: die Straße nach Oberägypten, zwei Verbindungen nach Alexandria, je eine autobahnähnlich ausgebaute Strecke nach Suez und Ismailiya – um nur die wichtigsten zu nennen. Heute übernimmt die Ringroad gewisse Verteilerfunktionen.

Eine zumindest aus touristischer Sicht sehr wichtige Aufgabe muß man der von den Pyramiden und damit der Wüstenstraße von Alexandria herführenden Sharia El Ahram (Pyramid Road) zusprechen, die Giseh durchschneidet und über die südlichste der Kairoer Nilbrücken auf die breit angelegte Sharia Salah Salim führt.

Diese wiederum umgeht die Zitadelle östlich und endet als Sharia El Uruba in gerader Linie am Flughafen in Heliopolis. Zuvor zweigen, über einige Kreuzungen hinweg, die Straßen nach Suez und Ismailiya ab. Doch erwarten Sie nicht, auf dieser Strecke besonders schnell die Stadt von den Pyramiden her umgehen zu können, es gibt im engeren Stadtgebiet einige Kreuzungen und Engpässe, deren Überwindung viel Zeit und Geduld kostet.

Parallel zu ihr und bereits etwas früher von der Desert Road abzweigend, führt die Sharia Feisal ebenfalls zum Midan Giseh. Noch früher zweigt von der Alexandria Desert Road eine Ende der 90er Jahre fertiggestellte, 14 km lange Autobahn-Verbindung in die Stadt ab, die auf den etwas ungewöhnlichen Namen "26th July Corridor" getauft wurde. Etwa 30 km vor der Kreuzung am Mena House Hotel kreuzt sie die Desert Road. Der nach Osten in die Stadt führende Teil endet auf dem Midan Lebanon (auch Lebnon) in Mohandissin; derzeit muß man sich von dort auf normalen Stadtstraßen zur 6.October-Brücke und damit zum Midan Tahrir durchschlagen. Eine Verbindung zur Sharia 26.July ist jedoch im Bau und wird den Eingang in die Stadt deutlich beschleunigen.

Das westliche Stück des 26.July Corridor führt von der Desert Road zur 6.October City, die nördlich der Straße nach Bahariya in nahezu rasendem Tempo wächst. Fährt man, umgekehrt, vom Stadtzentrum auf diesen Corridor nach Westen, so gelangt man an dessen derzeit endgültigem Ende sehr weit westlich auf die Oasenstraße. Man muß sich also nicht auf der Pyramid oder Feisal Road mühselig stadtauswärts quälen, sondern schwebt sozusagen auf einem Hochdamm bzw. auf Brückenpfeilern durch das grün-friedliche Fruchtland mit seinen fleißigen Bauern zur Wüste hinüber. Dort, wo die Straße in einer T-Kreuzung endet, hält man sich nach Westen, um die Oasen zu erreichen.

Eine weitere, als Schnellstraßen-Tangente angelegte innerstädtische Umgehung führt, von Suez kommend, Richtung Zitadelle, biegt dort leicht links ab, läßt El Fustat rechts liegen und umgeht Maa-

di ebenso wie Heluan, um schließlich am Ostufer auf die Niluferstraße zu münden.

Doch es besteht Hoffnung. Eine ***Ringautobahn*** *– die nicht geschlossen sein wird – um Kairo herum ist im Bau. Bereits fertiggestellt ist der Abschnitt, der von der Ismailiya-Autobahn über die Suez-Autobahn hinweg nach Maadi führt. Dort fehlt derzeit ein kurzes Stück bis zur neuen Nilbrücke, von der aus es aber bereits auf einem Hochdamm kreuzungsfrei bis zum Ende des Fruchtlandes bei der Saqqara Road weitergeht.*

Wichtige innerstädtische Verbindungen sind auch die Straßen zu beiden Seiten des Nils. Die östliche, die Corniche el Nil, nimmt im Norden den Verkehr vom Delta und von Alexandria her auf und verläuft häufig kreuzungsfrei und vierspurig immer am Nil entlang, quer durch die Stadt Richtung Heluan. Ihr Gegenüber am Westufer ist die Sharia El Nil, die ebenfalls von Norden her in die Stadt führt, aber an der El Gala Brücke am Südende der Gezira-Insel den Verkehr an die um einen Block vom Nilufer entfernte Sharia El Giseh abgibt. Erst südlich der El Giseh Brücke wird der Nil wieder erreicht.

Der Nil, der die westlichen Stadtteile vom größeren östlichen Gebiet trennt, kann im innerstädtischen Bereich nur auf sechs Brücken überquert werden. Ihnen kommt fast eine Schlüsselfunktion zu. Eine der wichtigsten ist die 6.October Brücke. Östlich wird sie von einer in Abbasiya beginnenden Hochstraße (angeblich längste Afrikas) gespeist, die etwa dem Verlauf der Sharia Ramsis zum Ramsis-Bahnhof folgt, dann Richtung Midan Tahrir zielt, aber vorher zur 6.October Brücke abknickt, auf dieser den Nil überquert, die Insel Gezira nach Dokki überquert und dort auch noch kreuzungsfrei über einige Straßen hinwegführt. Ihre westliche Abfahrt endet am Landwirtschaftsmuseum und zielt in Nordwestrichtung direkt nach Mohandissin. Die Verlängerung auf der anderen Seite ist die Sharia Ramsis, die verhältnismäßig gut ausgebaut am Ramsis-Bahnhof vorbei stadtauswärts verläuft und schließlich auf die Sharia Salah Salim trifft.

Die 26.July Brücke (auch 15.May Bridge) ist die nördlichste der über die Insel Gezira führenden Brücken. Die gleichnamige Straße beginnt im Zentrum an den Ezbekiya-Gärten (Nähe Midan Ataba), durchquert zunächst den östlichen Zentrumsteil, dann Zamalek und mündet in die sechsspurige Gamniat el Doval el Arabiya im Wohnviertel Mohandissin.

Südlich der 6.October Brücke überspannt die El Tahrir Brücke den Nil bis zur Insel Gezira, dann verläuft die Straße ein Stück auf der Insel und findet über die El Gala Brücke Anschluß ans Westufer. Diese Strecke nimmt viel Verkehr vom Midan Tahrir, an dem sie eigentlich beginnt, in Richtung Dokki oder Giseh auf.

Die Insel Roda dient zwei Brücken als Stützpunkt: der El Gamma Brücke im Norden und der El Giseh Brücke im Süden, welche die Pyramid Road mit der Sharia Salah Salim verbindet.

Die jüngste der Nilbrücken überquert den Strom beim südlichen Vorort Maadi als Basis der Ringroad, die – zur Zeit der Recherche – noch isoliert von hier aus bis zum Ende des Fruchtlands verläuft, aber später sowohl in Maadi Anschluß an die aus Osten kommende Ring Road finden wird als auch westlich irgendwie zur Desert Road führen und dabei die Pyramiden westlich umgehen soll.

Wichtige Ausfallstraßen

Es ist in Kairo nicht immer ganz einfach, die richtige Straße nach draußen zu finden, zumal Straßen- oder Hinweisschilder spärlich gesät, häufig in winzigen Buchstaben oder nur arabisch beschriftet sind. Zwar scheint sich in jüngster Zeit auch hier einiges zum Besseren zu wenden, denn es tauchen an den großen Straßen mehr und mehr blaue Hinweisschilder auf, die zumeist zweisprachig beschriftet sind. Dennoch können die folgenden Hinweise – die auf eine Zeit ohne blaue Schilder zurückgehen – für das Zurechtfinden von Nutzen sein.

Fremde orientieren sich daher auch an "Landmarken" wie Brücken, Hotels, Moscheen etc. Die folgenden Beschreibungen beginnen jeweils am Midan Tahrir, sie stellen allerdings nicht die einzige und häufig nicht die kürzeste Verbindung dar.

Wichtige Ausfallstraßen in westlicher Richtung:

A) Vom Tahrir zu den Pyramiden und zur Wüstenstraße nach Alexandria, ins Fayum und die Oasen

Über die Tahrir Brücke, Insel Gezira, Gala Brücke, dort am Kreisel links am Sheraton Hotel vorbei auf die Sharia El Giseh, nach einer Weile rechts der Zoo, an dessen Ende halbrechts in die Sharia Murad, die in den Midan Giseh mit seinem Brückensystem mündet. In diesen schräg rechts ein- und nach ca. 50 m halb links in eine vierspurige Straße, die Pyramid Road, abbiegen. Wenn diese Straße ein kurzes Stück weiter, unter einer ebenerdigen Eisenbahn hindurchführt, hat man die zu den Pyramiden führende Route erwischt. Vom Midan Giseh immer geradeaus, nach 9 km steht man kurz vor den Pyramiden. Dort, noch im Tal, treffen Sie an der großen Kreuzung rechts auf das Mena House Hotel; geradeaus den Hügel hinauf geht's zu den Pyramiden. Vor dem Hotel rechts ab nach Alexandria, ca. 200 m weiter zweigt links die Straße zu den Oasen und ins Fayum ab.

Sollten Sie sich am Midan Giseh zuvor zu weit rechts gewagt und in die Sharia Faisal geraten sein, so ist die Richtung nicht verloren; diese Straße verläuft parallel zur Pyramid Road und mündet schließlich auf die Wüstenstraße nach Alexandria. Zu den Pyramiden sollten Sie unterwegs, z.B. am ersten Kanal, links abbiegen und auf der Pyramid Road wieder rechts.

B) Vom Tahrir nach Alexandria auf der Delta-Straße

Auf der Corniche el Nil nach Norden, also nilabwärts, und dieser unentwegt folgen.

C) Vom Tahrir nach Heluan und Oberägypten

Auf die Corniche el Nil links nilaufwärts einbiegen und immer geradeaus. Kurz hinter Heluan führt eine Brücke über den Nil und auf die Hauptstrecke nach Oberägypten.

Eine gute Alternative für die Anfahrt: Am Mokattam auf die vom Flughafen kommende Schnellstraßen-Tangente fahren, die zwischen Mokattam- und Festungshügel vorbeiführend östlich von Maadi und Heluan nach Süden führt. Sie mündet 5 km südlich der Heluan Brücke in die oben beschriebene Niluferstraße (genaue Anfahrtbeschreibung siehe D). Wenn Sie die ***traditionelle Hauptstrecke*** *auf der westlichen Nilseite nach Oberägypten fahren wollen, so sollten Sie vom Tahrir aus bereits auf der Tahrir-Brücke* *den Nil überqueren. Am Sheraton Hotel links auf die Sharia El Giseh abbiegen, am Ende des Zoos geradeaus. Diese Straße stößt nach Unterquerung der Giseh-Brücke ans Nilufer und führt Sie unentwegt nach Süden.*

D) Vom Tahrir nach Suez

Sie haben die folgenden Möglichkeiten:

D1) Quer durch die Stadt

Auf der Hochstraße der Sharia Ramsis vorbei am Ramsis-Bahnhof bis rechts neben der Hochbrücke MISR TRAVEL TOWER Hotel (Midan Abbasiya) auftaucht, nächste große Kreuzung links (erkenntlich an sich kreuzenden Hochbrücken). Jetzt ist die Sharia Salah Salim erreicht. Auf dieser ein Stück bleiben, nach 3,6 km Unterführung, links der Wohnsitz von Präsident Mubarak. 1 km nach der Unterführung rechts ab in die Sharia El Tahwra und dieser folgen, sie mündet in die Autobahn nach Suez. Als Wegmarke: Kurz vor der letztgenannten Kreuzung liegt rechts ein palastähnliches Gebäude mit indischem Einschlag und gleich anschließend, etwas zurückgesetzt, eine Imitation eines indischen Tempels (siehe auch Seite 288).

D2) Am östlichen Stadtrand

Alternativ können Sie auch auf der folgenden Strecke die Stadt verlassen: Unterhalb der Festung, dort wo die Straße zu den Mokattam-Hügeln abzweigt, besteht eine Auffahrt auf die vierspurige Umgehung (Schild SUEZ). Von hier aus unbeirrt immer geradeaus fahren, die Straße mündet am Ende in einer T-Kreuzung (dort rechts) auf den Autobahnzubringer nach Suez. In umgekehrter Richtung: Nach dem Ende der Autobahn und Passieren der Militärposten auf erster vierspuriger Abzweigung nach links abbiegen.

D3) Auf der Ringstraße

Dies ist die einfachste, allerdings auch uninteressanteste Art, aus Kairo herauszukommen. Sie fahren zur Zitadelle und weiter zur Kreuzung am Mokattam und dort auf die Schnellstraßen-Tangente Richtung Heluan. Etwa 5,5 km nach der Auffahrt überquert die Ringroad diese Straße, an diesem Kreuz nach Osten einbiegen (Kreuzungsbrücke war bei unserem letzten Besuch 1999 gerade im Bau). Bleiben Sie etwa 20 km unentwegt auf der Ringstraße und biegen Sie dann am weiter oben erwähnten Kreuz – die Ringroad führt weiter zur Ismailiya-Autobahn – rechts ab nach Suez.

D4) Über Ain Sukna nach Suez

Wenn Sie zunächst einen Blick auf's Rote Meer werfen wollen, so können Sie die Route über Ain Sukna wählen. Sie fahren (wie unter D2) auf die Ringstraße, biegen aber nach 8 km rechts ins Wadi Digla ab (siehe auch Seite 476).

E) Vom Tahrir zum Flughafen Heliopolis

Wie unter D1, jedoch nach der Unterführung stets geradeaus weiter, nach 5,2 km überqueren Sie über einen Fly-Over eine Kreuzung, 700 m danach rechts ab zum neuen Terminal 2 oder 2,5 km geradeaus zum alten Terminal 1.

F) Vom Tahrir nach Ismailiya (Wüstenautobahn)

Wie unter E, jedoch auf dem Fly-Over links der Ausschilderung folgen.

G) Vom Tahrir nach Ismailiya (Kanalstraße)

Auf der Sharia El Tahrir und der Sharia Abd El Aziz zum Midan Ataba, dort rechts halten und parallel zur Hochstraße (nicht hinauf) bis zur nächsten größeren Kreuzung, dort links in Sharia Bur Said. Dieser Straße, die bald auf einem Fly-Over über die Sharia Ramsis führt, stets folgen.

H) Auf den Strecken D1 bis G zum Midan Tahrir

Vom Midan Abbasiya aus verläuft die Strecke zunächst als Einbahnstraße parallel zur Eisenbahn. Dort, wo die Sharia Bur Said diese Straße per Hochbrücke kreuzt, fällt die Entscheidung: entweder links einfädeln und etwas mühselig über die Sharia Ramsis ins Stadtzentrum oder (besser) rechts halten und auf eine alternative Hochstraße, die zunächst die Eisenbahn überquert und dann quasi über dem Gleiskörper zum Ramsis Bahnhof und von dort kreuzungsfrei zur 6.October Brücke zum Nil führt. Dort die Abfahrt zum Midan Tahrir nehmen.

4.2 Autofahren in Kairo

Fürchten Sie sich nicht!

Kairo überrumpelt den ordnungsliebenden Mitteleuropäer mit dem chaotischsten Verkehr der Welt – umgekehrt wird ein Ägypter über die Sturheit unseres Verkehrssystems nur den Kopf schütteln können. Dennoch, haben Sie keine Angst, sich in Kairo ans Steuer zu setzen. Denn jeder Verkehrsteilnehmer ist ständig darauf gefaßt, daß sich alle um ihn herum jederzeit alles erlauben: plötzlich ausscheren, abbiegen, bremsen, wenden, stehenbleiben, mitten auf der Fahrbahn parken etc. Das alles geschieht hautnah, manchmal ein bißchen zu hautnah, weil keine Chance des Vorwärtskommens ungenutzt bleiben darf und jede auch nur handtellergroße Lücke sekundenschnell zu besetzen ist. Es ist erstaunlich, wie schnell man – mit etwas gutem Willen und ohne die Idee, in Kairo mitteleuropäisches Verkehrsverhalten einführen zu wollen – sich in dieses System integriert. Mir selbst macht es ausgesprochen Spaß, in dem Getümmel mitzumischen.

Diese extrem flexible Verkehrsabwicklung ist nur möglich, weil sie sich in der Praxis durch nur wenige Regeln einengen läßt; es gilt, auf den verstopften Straßen voranzukommen und sich nicht durch abstrakte Gesetze behindern zu lassen. Allerdings bemüht sich die Obrigkeit neuerdings um mehr Ordnung: Ampeln wurden mit Rotlichtblitzanlagen ausgerüstet, Polizisten greifen mehr durch.

Der Huplärm erreicht, wie Messungen ergaben, am Midan Tahrir und Dokki Werte von 105 Dezibel, also weit mehr, als die Dauerbelastung zuläßt. Daher ist seit 1998 in Kairo das Hupen verboten, Zuwiderhandlungen kosten £E 100 Strafe. Wenn seither für jeden Druck auf den Hupknopf nur £E 1 kassiert worden wären, könnte Kairo schlagartig alle Finanznöte vergessen...

In Kairo finden Sie Werkstatt-Schilder mit allen großen Automobil-Marken. Daß dahinter in jedem Fall ein Fachmann sitzt, können Sie nicht unbedingt erwarten. Bei Problemen mit dem eigenen Auto sollte man am besten bei seiner Botschaft oder in Kairo lebende Ausländer fragen und sich eine Werkstatt empfehlen lassen.

Sollten Sie sonstige Hilfe brauchen, so können Sie sich an den Automobil-Club of Egypt, 10 Sharia Qasr El Nil (Nähe Midan Tahrir), wenden. Allerdings finden Sie nicht den zu Hause gewohnten Service. Wenn Sie in Verkehrsprobleme verwickelt werden, z.B. Ihr Wagen abgeschleppt oder gestohlen wurde, so finden Sie das Cairo Traffic Department am Ende der Sharia 26.July am Midan Opera.

Als großes Problem – wie könnte es anders sein – erweist sich das **Parken**. Noch scheint es, daß jeder sein Auto stehen läßt, wo immer es ihm einfällt. An vielen Straßen hüten selbsternannte Parkwächter den arg begrenzten Raum. Häufig kann man – wenn nichts Wertvolles im Wagen liegt – Auto samt Schlüssel hinterlassen, und der gute Mann wird es in die erste freiwerdende Lücke bugsieren. Auch wenn Sie einen Platz gefunden haben, lassen Sie den Wagen ohne Bremse stehen, damit er hin- und hergeschoben werden kann. Wilde Parker werden auch abgeschleppt, allerdings kennt niemand die Regel, warum gerade welcher der unendlich vielen Falschparker von der Bildfläche verschwindet.

In der Innenstadt gibt es nur wenige **öffentliche Parkflächen** bzw. -häuser. Hier die uns bekannten: unter der 6.October Brückenabfahrt zum Tahrir; dort können auch Wohnmobile problemlos von der Höhe her parken. Ganz in der Nähe des Midan Tahrir steht ein Parkhaus: Fahren Sie in die Sharia Talaat Harb, dann gleich rechts in die Sharia Bustani und dort wiederum die erste Straße rechts, links sehen Sie das Schild. Quasi vor dem Mogammagebäude gibt es einen öffentlichen Parkplatz, der allerdings schon bald überfüllt ist. Neben dem Restaurant *Arabesque* im spitzwinkligen Dreieck der Straßen Sharia Qasr el Nil und Champolion wurde auf einem unbebauten Grundstück ein Parkplatz eingerichtet. Auch am Midan Opera finden Sie zwei Parkhäuser. Am Ramsis Bahnhof kann man gegen Gebühr direkt vor dem Haupteingang parken, der gleich links neben dem üblichen Eingang liegt.

4.3 Kairo für Fußgänger – Busse, Metro, Nilboot, Taxi

Fußgänger in Kairo zu sein hat etwas mit Überlebenskunst zu tun: Da jeder motorisierte Verkehrsteilnehmer den jeweils Schwächeren aussticht, ist der am Ende der Kette laufende Fußgänger der Dumme – in Kairo lernt auch der Faulste, um sein Leben zu rennen. Trotzdem sollten Sie auf Spaziergänge vor allem in den Souks nicht verzichten, nur als Fußgänger mit Muße werden Sie Blicke hinter die Kulissen werfen können.

Kairos Busse

Kairo verfügt über ein dichtes Netz verbeulter, lärmender, schwarze Abgasschwaden ausstoßender Linienbusse. Das Busvergnügen kostet zwischen 25 und 45 Piaster. Diesen Betrag nach Möglichkeit passend in der Hand halten, denn der Schaffner ist meist knapp an Wechselgeld.

Obwohl die Mitfahrer in der Regel sehr freundlich zu Fremden sind, sollten Sie auf Ihre Wertsachen achten. Es soll professionelle Taschendiebe geben, die sich auf Touristen in Bussen spezialisiert haben. Frauen sollten Busse meiden und statt dessen Minibusse vorziehen, weil Touristinnen-Grapschen beliebt ist und von allen sozialen Schichten geübt wird.

Man steigt hinten im Bus ein und vorn aus; der Kampf nach vorn ist notwendig, außerdem ist dort meist ein Hauch mehr an Platz. Bleiben Sie in Türnähe und verteidigen Sie diesen Platz mit aller Standhaftigkeit, denn rauszukommen ist manchmal schwieriger als hinein. Behalten Sie Ihr Ticket bis zum Aussteigen: Immer öfter drängen sich Kontrolleure durch die Busse (Schwarzfahren kostet £E 20).

Die Liniennummern der weißroten oder weißblauen öffentlichen Busse stehen oberhalb der Windschutzscheibe und neben der vorderen Tür; allerdings in arabischen Ziffern. Die Haltestellen sind mit einer im Original roten Stange und, falls noch lesbar, einem Schild der haltenden Busnummer und meist einer Traube Wartender gekennzeichnet. Die meisten Busse verkehren von 6 bis 24 Uhr, während Ramadan bis 2 Uhr nachts. Die wichtigsten **Busbahnhöfe** sind:

- **Midan Abdel Minin Riyad**: Unter der Hochstraßenbrücke an der Rückseite des Äygptischen Museums nahe dem Ramsis Hilton Hotel entstand ein neuer Busbahnhof, der nach dem Attentat vom Herbst 1997 nahe dem Tahrir-Terminal den Verkehr von dort aufnimmt und damit zum wichtigsten Busbahnhof avanzierte.
- **Midan Ramsis**: Endstation direkt vor dem Bahnhof, durchfahrende Linien vom Midan Tahrir halten in der Sharia Ramsis, zum Tahrir unter der Hochstraße in der Sharia Galaa, zum Midan Ataba in der Sharia Gumhuriya.
- **Midan Ataba**: Normale Busse halten im Erdgeschoß des nördlicheren Parkhauses, während Minibusse das Parkhaus zwischen den beiden Hochbrückrampen benutzen. Aber der Platz wird massiv umgebaut, vielleicht werden bessere Haltestellen geschaffen.
- Fernbusse (Details siehe Seite 229) starten vom **Midan Turgmann** und (wenige) vom Midan Ulali (südlich des Ramsis-Bahnhofs).

Vor allem zu den Hauptverkehrszeiten herrscht hautnahes Gedränge. Jemand sagte: "Wenn du wissen willst, was Lebenskampf ist, dann fahre mit einem Omnibus in Kairo ..."

Aus den mehr als 200 Buslinien haben wir eine Auswahl der für Fußgänger interessanten Linien zusammengestellt (Vorsicht, diese Liniennummern müssen nicht stimmen; fragen Sie unbedingt vor dem Einsteigen nach dem Ziel).

Busse in Kairo

Fahrtstrecke	Liniennummer
Md Ataba – Flughafen	948
Md Ataba – Abbasiya – **Heliopolis**	50
Md Ataba – Md Abdel Minin Riyad – Uni – **Md Giseh**	10
Md Ataba – Zitadelle – **Mokattam**	401
Md Ataba – Md Abdel Minin Riyad	99
Md Ramsis- Md Abdel Minin Riyad – **Dokki**	810
Md Ramsis – Md Abdel Minin Riyad – **Maadi**	412
Md Ramsis – Md Abdel Minin Riyad – Maadi – **Heluan**	431
Md Ramsis – Md Abdel Minin Riyad – **Mokattam**	407
Md Ramsis – Md Abdel Minin Riyad – **Zamalek**	23
Md Ramsis – Zamalek – **Pyramiden**	30
Md Ramsis – **Zitadell**e (El Qualla)	160
Md Abdel Minin Riyad – Corniche el Nil	26, 222, 432
Md Abdel Minin Riyad – Md Ramsis – **Flughafen** (Terminal 1)	400
Md Abdel Minin Riyad – Md Ramsis – Md Abbasiya – **Flughafen** (Terminal 2)	949
Flughafen – **Md Tahrir** (Haltestelle seitlich des Museums) – **Pyramiden** (Mena House Hotel), AC-Bus, jede volle Stunde, £E 2	356

Md Abdel Minin Riyad – Md Ramsis – Md Abbasiya/Sinai Term. – **Heliopolis**	500, 510
Md Abdel Minin Riyad – Md Ramsis – Md Abbasiya – **Sinai-Terminal**	350
Md Abdel Minin Riyad – Nazlit El Saman **(Sphinx, Pyramiden)**	997
Md Tahrir (Mogamma) – Manial – **Pyramiden,** Haltest. Mena House	998
Md Abdel Minin Riyad – Pyramiden (Mena House Hotel)	900
Md Abdel Minin Riyad – Sh Sudan – **Md Libanon** (Mohandissin)	99
Md Abdel Minin Riyad – **Islamisches Museum**	75
Md Tahrir/Mogamma – **Amr Moschee**	92
Md Tahrir/Mogamma – **Khan el Khalili Bazar**	186
Md Tahrir (Mogamma) – Sayida Zeinab – **Ibn-Tulun-Moschee – Zitadelle**	174
Md Abdel Minin Riyad – Sultan Hassan Moschee – Zitadelle	194
Md Tahrir (Mogamma) – **Südliche Totenstadt**	82
Md Abdel Minin Riyad – **Kamelmarkt**	214

Minibusse sind bequemer

Eine hervorragende Alternative zum normalen Bus sind die etwas teureren Minibusse, die tollkühn durch die Stadt rasen und als eines der schnellsten oberirdischen Verkehrsmittel gelten. Früher wurden nur Sitzplätze verkauft, heute ist dieses System "durchlöchert". Der Fahrpreis beträgt normal 50 Pt, die Busse fahren allerdings an den Endpunkten erst los, wenn alle Plätze besetzt sind.

Daneben gibt es diverse Strecken, die von privaten Minibussen versorgt werden, z.B. auf der Pyramid Road durch VW-Transporter aller Altersklassen. Man winkt die Busse an und nennt sein Fahrziel, wenn die Richtung stimmt und Platz ist, steigt man zu und zahlt zwischen 25 und 50 Pt. Man kann z.B. vom Midan Tahrir zu den Pyramiden, nach Heliopolis oder von der Sharia Qasr El Aini Richtung Maadi/Heluan fahren. Allerdings sind diese Busse meist total überfüllt.

0	1	2	3	4	5	6	7	8	9	10
٠	١	٢	٣	٤	٥	٦	٧	٨	٩	١٠

Arabische Zahlen

Minbusse in Kairo

Fahrtstrecke	Liniennummer
Md Ataba – Md Abbasiya – Roxy (Heliopolis)	25
Md Ataba – **Dokki – Umm El Masriyn**	77, 102
Md Ataba – Md Abbasiya – Nasr City	34, 41
Md Ataba – Md Tahrir – **Insel Roda**	59
Md Ataba – Sharia 26.July – **Zamalek**	8
Md Ataba – Sayida Zainab – **Amr-Moschee (Alt-Kairo)**	53
Md Ataba – **Sharia 26.July – Bulaq El Dakrour**	76
Md Ataba – **Zitadelle** – Basatin **(südliche Totenstadt)**	57
Md Ramsis – Manial-Palast – Dar ElITaawun	58
Md Ramsis – Sharia 26.July – **Zamalek**	47
Md Ramsis – Sharia 26.July – **Md Lebanon** (Mohandissin)	70, 72
Md Abdel Minin Riyad (Tahrir) – Md Ramsis – Roxy – **Flughafen** (Terminal 1)	27

Md Abdel Minin Riyad – Dokki – **Pyramiden**, Mena House Hotel	183
Md Abdel Minin Riyad – Bab el Wazir (**Zitadelle/Hassan Moschee**)	75
Md Abdel Minin Riyad – Md Abbasiya (**Sinai Terminal**) – Roxy (Heliopolis)	30, 32
Md Abdel Minin Riyad – Sayida Zainab – **Zitadelle**	54
Md Abdel Minin Riyad – Sharia Port Said – **Khan el Kalili**	77, 102

Die Metro, Kairos U-Bahn

Im Herbst 1987 wurde die von den Franzosen erbaute Metro eröffnet, die erste U-Bahn in afrikanischem Boden. Sie verbindet die schon existierenden Vorortbahnen von Heluan im Süden durch die Stadt mit der Vorortbahn nach El Marq im Norden. Diese Strecken wurden überholt und für das Metro-System ausgebaut. Inzwischen wurde eifrig an der Linie 2 gebaut, die Planungen für die Linie 3 sind abgeschlossen.

Von Süden kommend verschwindet die Stammstrecke (Linie 1) der Metro im innerstädtischen Bereich bei der Station Saad Zaghlul (Nähe Sharia Qasr El Aini, Parlament) in der Erde. Die nächste Station heißt Anwar el Sadat und liegt unter dem Midan Tahrir, danach folgt die Station Gamal Abdel Nasser an der Straßenkreuzung Sharia 26.July /Sharia Ramsis, dann die Station Ahmed Orabi an der Kreuzung Sharia Orabi/Sharia Ramsis und schließlich die Station Hosny Mubarak unter dem Midan Ramsis vor dem Ramsis-Bahnhof, dann geht's wieder ans Tageslicht. Die noch junge Linie 2 verbindet Bulaq mit dem Midan Ramsis, fährt dann weiter über Midan Ataba zum Midan Tahrir, unterquert den Nil und endet nach verschiedenen Stops am Midan Giseh.

Die Folge der Stationen – die arabisch und englisch ausgeschildert sind – geht aus dem nebenstehenden Metroplan hervor. Oberirdisch weisen Schilder, auf denen ein rotes M in achteckigem Stern und der arabische Schriftzug für Metro steht, auf das Verkehrsmittel hin. **Wichtig**: Heben Sie das Ticket bis zum Aussteigen auf, Sie benötigen es für die Ausgangssperre (französisches System).

Die Züge fahren in wenigen Minuten Abstand, im innerstädtischen Bereich kosten Tickets mindestens 60 Pt, z.B. von Sadat bis Maadi 50 Pt, bis Wadi Hof 60 Pt und Heluan 70 Pt. Achten Sie darauf, daß Ihr Ticket die gesamte Fahrstrecke deckt, andernfalls kommen Sie nicht bzw. nur gegen £E 20 Strafe aus dem Bahnhof. Die Züge sind nur während der Stoßzeiten von etwa 8 bis 9.30, um die Mittagszeit gegen 14 Uhr und nachmittags von etwa 15 bis 16.30 Uhr brechend voll. **Für alleinreisende Frauen** sind die ersten beiden Wagen reserviert; sie können aber auch andere Wagen benutzen. Männer, die versehentlich einsteigen, müssen sich gegenüber der Polizei rechtfertigen. Längerer Aufenthalt im Bahnhof ist verboten, der nächste einlaufende Zug muß genommen werden.

Die **Straßenbahn**, einst Hauptverkehrsmittel, dann Verkehrshindernis, ist nach dem Metrobau praktisch aus dem Innenstadtbereich verbannt worden.

Als weitere Schienenverbindung ist die **Heliopolis-Linie** zu nennen, die aus drei Linien besteht und eher eine Schnellbahn ist. Sie startet am Ramsis-Bahnhof und fährt auf eigenem Gleiskörper. Die drei Linien steuern, nachdem sie Zentral-Heliopolis (Roxy und Sharia Al Ahram) hinter sich haben, unterschiedliche Ziele an: zur Sharia El Mouzha (rote Linie), bzw. nach Mirghani (gelbe Linie) und nach Higazi/Abdel Aziz Fahmy (türkis).

Motorboot-Liniendienst

Für 50 Pt Fahrpreis befördern blauweiße Linienschiffe täglich 35 000 Leute auf dem Nil. Die Haltestellen (großes weißes Schild mit roter arabischer Schrift auf weißem Untergrund am blauen Anleger) liegen:

- Rechtes Nilufer nördlich der 6.October Brücke nahe dem Radio & Television Building
- Linkes Nilufer in Dokki, Nähe der Universität nördlich der El Gamma Brücke
- Insel Roda, südlich der El Gamma Brücke
- Insel Roda, südlich der Giseh Brücke
- Linkes Nilufer in Giseh südlich der El Giseh Brücke
- Rechtes Nilufer Alt-Kairo (etwas südlich gegenüber dem Nilometer)

Die Fahrzeit über die gesamte Strecke beträgt ca. 35 bis 40 Minuten. Letzte Abfahrt von Alt-Kairo nach Norden um 16 Uhr. Wenn Sie dieses Boot verpassen: Einige Buslinien (Haltestelle neben der Bootsanlegestelle) fahren zum Midan Tahrir. Freitags stellen die Motorboote gegen Mittag ihren Dienst ein, was nicht immer und für alle Linien stimmt. Achtung: Manche der regulären letzten Boote fahren nachmittags nur bis Giseh. Von der Anlegestelle an der Embaba-Eisenbahnbrücke fahren auch Boote zu den Barrages du Nil ab (siehe Seite 289).

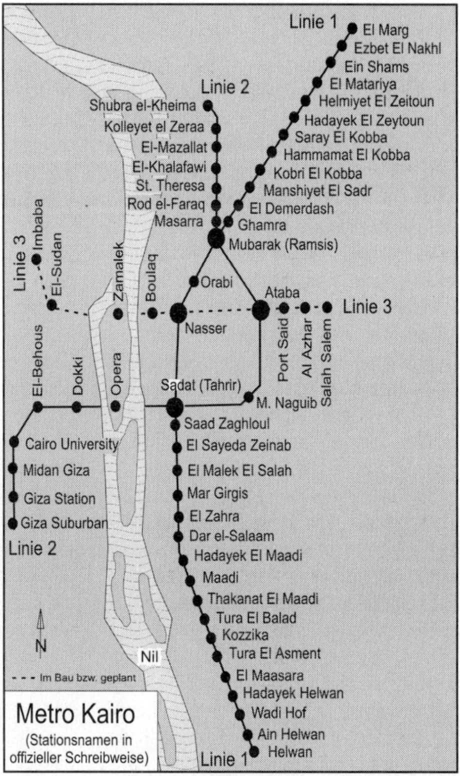

Metro Kairo
(Stationsnamen in offizieller Schreibweise)

Taxi

Taxifahrten sind, verglichen mit deutschen Preisen, spottbillig. Für die hiesige Grundgebühr fährt man in Kairo durch zwei Stadtteile, z.B. vom Midan Tahrir über den Nil nach Mohandissin.

Wer günstig davonkommen will, kennt den Preis für die Strecke im voraus, hält passendes Geld bereit, zahlt kommentarlos beim Aussteigen und läßt sich auf weiteres Feilschen nicht ein. Für den ersten Kilometer sollte man ca. £E 1,50 rechnen, jeder weitere km bis zu £E 0,50, allerdings geht auch die Verkehrssituation mit in den Preis ein. Mit etwa £E 2 bis 6 kann man im Stadtzentrum zurechtkommen, z.B. die Strecken Midan Tahrir

– Khan el Khalili oder zur Zitadelle abfahren. Die Fahrt Midan Tahrir – Pyramiden kostet ca. £E 10 – 15, Midan Tahrir – Sinai Terminal £E 3 bis 4 (diese Preisangaben beziehen sich jeweils auf den Fahrgast, also nicht auf den gesamten Wagen). Der Taxameter alter Prägung, falls überhaupt eingeschaltet, zeigt meist sehr viel weniger an; denn die offiziellen Gebühren liegen weit unter dem aktuellen Niveau. Es sollen neue korrekte Taxameter eingeführt werden; ob sie dann wirklich funktionieren, sei dahingestellt. Vielleicht zahlen Sie auch nach Zeitverbrauch: Ein Ägypter empfiehlt pro 10 Minuten Fahrt LE 2,50 bis 3, d.h. die Taxistunde kostet ca. LE 15 – 20. An diesem Stundenpreis sollte man sich orientieren, wenn man z.B. ein Taxi für einen Ausflug mietet. Binden Sie dann vielleicht auch Ihren Hotelrezeptionisten mit ein, diese Leute haben meist einigermaßen zuverlässige Fahrer an der Hand, die unterwegs nicht erneut um den Preis feilschen.

Es gibt keine Taxi-Standplätze wie bei uns; man stellt sich möglichst dicht an den Straßenrand und versucht, durch Winken auf sich aufmerksam zu machen. Sobald sich ein Taxi interessiert nähert und bereits Fahrgäste befördert, rufen Sie Ihr Fahrtziel (möglichst bekannte Straße oder Stadtteil) dem Fahrer zu. Wenn dies an seiner Strecke liegt, nimmt er sie mit. Leere Taxis fahren natürlich das gewünschte Ziel an. Angesichts größerer Gewinnspanne halten Taxis bevorzugt bei Fremden.

Wichtig für Billig-Mitfahrer ist, tunlichst die schwarzweißen, meist japanischen/südkoreanischen Taximodelle anzuwinken; zwar sprechen deren Fahrer selten englisch, aber sie sind meist mit dem Preis zufrieden. Wenn der Fahrer Phantasiepreise für das angegebene Ziel nennt, dann lassen Sie ihn sofort anhalten, steigen Sie kommentarlos aus, das nächste Taxi kommt vermutlich nur einen Augenblick später, selbst nachts. Unterwegs nehmen die Fahrer zusätzliche Fahrgäste auf, das ist üblich.

Doch bei dem verständlichen Wunsch, nicht vom Taxifahrer übers Ohr gehauen zu werden, sollte der Fahrgast auch an den Mann/Familienvater hinter dem Steuer denken: Sein durchschnittlicher Tagesverdienst liegt nach allen Abzügen bei £E 10 – 15. Wer würde sich in Deutschland für einen ähnlichen Hungerlohn einen Tag lang durch Abgasschwaden quälen?

Klagen werden über die Taxifahrer vor dem Ramsis-Bahnhof laut. Dort scheinen Schlepper dafür zu sorgen, daß die Preise hochgehalten werden. Daher am besten den Vorplatz verlassen und ein Taxi aus dem fließendem Verkehr anwinken.

An Plätzen mit touristischen Attraktionen oder vor Hotels stehen häufig etwas vornehmere Taxis (bevorzugte Marke Peugeot) herum. Sie sind durchaus doppelt so teuer wie die Klapperkisten, die Fahrer sprechen aber meist etwas englisch. Diese Wagen können Sie auch für Fahrten ins Fayum oder nach Sakkara anheuern. Vereinbaren Sie aber unbedingt vorher Preis, Fahrtroute, Dauer und eventuelle Sonderleistungen möglichst eindeutig und genau. Gehen Sie davon aus, daß Sie dem Fahrer unterwegs ausgeliefert sind, und daß er diese Situation u.U. zum Erpressen höherer Preise nutzen wird. Zahlen Sie erst nach der Rückkehr.

Wenn Sie in aller Herrgottsfrühe zum Flughafen müssen und kein Risiko eingehen wollen, können Sie bei *Misr Travel Limousine* (Tel 285 6721) eine Limousine bestellen, die (angeblich) zuverlässig und pünktlich zu festgesetztem Preis (mindestens £E 55) vor der Tür steht.

Für längere Strecken außerhalb Kairos (z.B. Sakkara, Fayum) sind **Sammeltaxis** oder **Minibusse** eine gute Alternative zu Bussen oder normalen Taxis. Von Kairo aus können Sie in jede Richtung mit diesen (meistens Peugeot-Limousinen) fahren, die allerdings erst dann starten, wenn alle Plätze besetzt sind.

Abfahrtplätze für Sammeltaxis finden Sie in der Nähe des Ramsis-Bahnhofs und des Midan Giseh (von dort sollen zumindest die Niltaltaxen zum südlicher gelegenen Midan Monib verlegt worden sein). Zur Oase Bahariya geht es vom Café Bahariya, Sharia Muhammed Quadri, Ecke Haret Khorshid Bet im Stadtteil Sayida Zeinab.

Fahrrad

Besonders mutige Besucher können sich ein Fahrrad leihen (ca. £E 3 pro 6 Std) bei Fahrradhändlern in der Sharia Rushdy (Zentrum: vom Midan Mustafa Kamel in Sharia Mohammed Farid, erste größere Querstraße, bei der National Bank) oder in Zamalek bei Hannafi Mohammed Moussa, 8 El Said el Bakri.

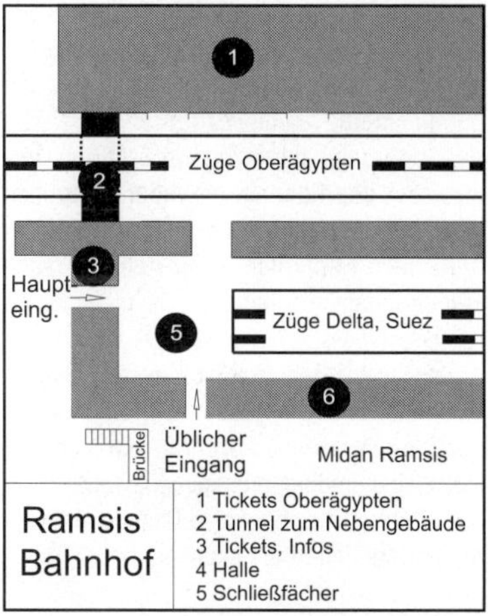

Fernverkehrsverbindungen

Zugverbindungen

Luxor und Assuan:

Derzeit sind nur drei Züge für Ausländer mit folgenden Abfahrzeiten zugelassen:

- 07.30 (Ankunft Luxor 17.00, Assuan 22.00)
- 22.00 (Ankunft Luxor 7.00, Assuan 12.00)
  Fahrpreis: Assuan £E 60 1. Kl., £E 38 für 2. Kl.; Luxor £E 52/32; Studenten nur 35 Prozent
- 19.45, Supersleeper (Luxor Ankunft 5.30, Assuan 9.30), Fahrpreis $ 93

Alexandria:

Drei unterschiedlichen Zugtypen verkehren auf dieser Strecke: Der *"Turbin Train"* (T) als schnellster Zug mit 2 Stunden 10 Minuten Fahrzeit, der *"Spanish Train"* (S), der 10 Minuten mehr braucht und dem normalen *"French Train"* (F), der nochmal 25 Minuten länger unterwegs ist.

In der folgenden Auflistung ist jeweils vor die Abfahrtszeit der Zugtyp vorangestellt, die theoretische Ankunftszeit ist leicht zu errechnen.

- F 06.00; T 08.00; F 08.30; S 09.00; F 09.30; F 11.00; S 12.00; T 14.00; F 14.10; S 15.00; F 15.10; F 16.00; F 17.00; S 18.00; F 19.00; T 20.20; F 22.30

Die Fahrkartenschalter sind im **Ramsis-Bahnhof** einigermaßen unsystematisch angelegt; siehe Plan. Tickets für Alexandria gibt es in der Haupthalle links, für Oberägypten hinter der Haupthalle, d.h. man muß die Gleise unterqueren und sich im Gebäude anstellen, das an den Midan Ahmed Helmi angrenzt. Dort gibt es in der ersten Schalterhalle Tickets für die Erste Klasse, in der zweiten für die Zweite Klasse. Fahrkarten für den Supersleeper (WAGON-LIT) kauft man im schmalen Bürogebäude neben dem Parkplatz von 9-18 Uhr. Die anderen Fahrkartenschalter öffnen um 6 Uhr, häufig sind die Zugnummern, für die Karten verkauft werden, angezeigt (allerdings in arabisch, wie auch auf den Bahnhöfen, daher sollte man die Zahlen kennen, siehe *Minisprachführer* Seite 592). Häufig langes Anstehen, Frauen stehen in eigener Reihe an, die meist kürzer ist.

Im Ramsis-Bahnhof gibt es am Gleis 1 Schließfächer (£E 1 pro Tag). Achtung, freitags geschlossen (zeitweise wohl auch von 16 bis 8 Uhr; also unbedingt erkundigen); wer sein Gepäck unterstellte, hat keine Chance, es während dieser Zeiten zu bekommen!

Fernbusse

Aus schwerverständlichen Gründen wurde das Haupttterminal für Fernbusse auf den **Midan Turguman** verlegt, einem staubigen Platz ohne irgendeinen Komfort wie ausreichende Sitzbänke oder Toiletten. Das Ganze sieht eher wie ein Provisorium aus, aber Provisorien leben bekanntlich am längsten. Der Platz ist wie folgt zu finden (siehe auch Plan Seite 255): vom Ramsis Bhf kommend der Sharia Galaa, die unter der Hochbrücke liegt, Richtung Midan Tahrir bis zum Gebäude der *Industrial Development Bank of Egypt* (rechts) folgen, dort rechts in die Sharia Shanan abbiegen, nach ca. 200 m liegt der Platz auf der linken Seite. Von hier starten die Fernbusse der Upper Egypt Bus Co., West Delta Bus Co., East Delta Bus Co. und Middle Delta Co. sowie die Superjetbusse.

Abfahrten vom Midan Turguman

- **Alexandria**: von 5.00 bis 1.30 jede volle Stunde; Fernbusse von Westdelta Co. nach Alexandria starten auch am Midan Abdel Minin Riyad am Straßenrand nahe Ramsis Hilton Hotel von 5.00 bis 21.00 alle Stunde, bzw. ab 21.30 bis 1.30 (£E 16-21)
- **Assiut**: 7.00 bis 23.00 jede Stunde
- **Assiut, Kharga, Dahab:** 20.00; 21.00
- **Dahab** (Middle Delta Bus Co.): 7.30, 13.00, 16.30, (alle £E 55), 23.30 (£E 70)
- **El Arish**: 7.00, 8.30, 10.00, 15.00
- **Hurghada:** 9.00, 12.00, 15.00, 18.30, 24.00, 24.30 (45,50)
- **Ismailiya**: 6.30 alle Stunde bis 20.00 (£E13-15)
- **Kharga, Dakhla**: 9.00; 21.00 (£E 47)
- **Luxor**: 17.00, 21.00 (£E 50,50)
- **Marsa Matruh:** 7.15 (£E 36), 8.00 (£E 33), 8.30 (£E 28.00), 15.30 (£E 33), 17.00 (£E 36)
- **Mansura/Damietta:** 6.00-18.30 halbstündl. (£E 12)
- **Suez**: Ab 6.00 jede halbe Stunde bis 20.00 (£E 6)
- **Sharm el Sheikh** (Middle Delta Bus Co.): 7.30, 10.00, 13.00, 15.00, 16.30 (£E 60-65)
- **Wadi Natrun:** 6.00; 7.00; 8.00; 9.00 (£E 4)

<u>Superjet</u>:

- **Hurghada**: 8.30, 14.30, 23.00 (£E 47)
- **Sharm el Sheikh:** 23.00 (£E 55)
- **Alexandria:** ab 5.30 alle halbe Stunde bis 23.00 (£E 20)

Oasen

Das Terminal wurde 1998 aus der Sharia Azhar zum Midan El Qala (Salah el Din) unterhalb der Zitadelle verlegt (von der Sultan Hassan Moschee kommend rechts). Dies scheint aber auch nur eine vorläufige Lösung zu sein, vermutlich folgt noch 1999 eine Verlegung Midan Turguman(?).

Minibusse fahren neben der Ibn Tulun Moschee ab.

- **Bahariya**: 7.00*), 8.00, 12.00, 15.00, 18.30*)

*)weiter nach **Farafra, Dakhla**

Sinai

East Delta Bus Co. wickelt den meisten Verkehr zum Sinai ab. Abfahrten vom **Sinai Terminal**, das nach der Kreuzung Sharia Ramsis/Salah Salim in der Nähe des Midan Abassiya liegt (von diesem Platz aus am Misr Travel Tower vorbei, unter vier Überführungsbrücken hindurch zum Terminal, rechte Straßenseite).

Dahab: 9.30, 14.00, 17.00, 24.00 (vormittags £E 50, abends £E 55)

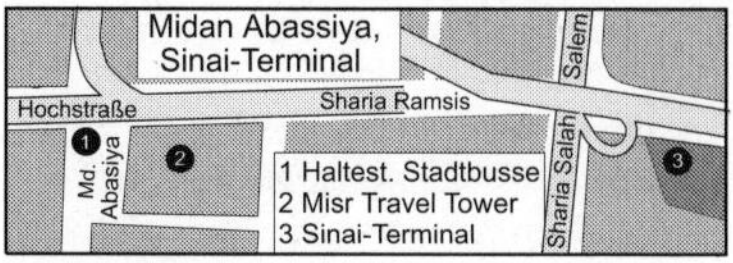

Nuveiba: 8.00 (£E 45), 23.00 (£E 50)
St. Katharina: 11.30 (£E 35)
Sharm el Sheikh: 7.00, 9.30, 11.00, 14.00, 16.00, 17.00, 23.30, 24.00 (vormittags £E 50, nachts £E 55)
Tabah: 8.00, 23.00 (£E 70)

4.4 Nützliche Adressen, Souvenirs, Shopping

Wichtige Organisationen/staatliche Stellen

- ***Touristen-Information:*** *Hauptbüro 5 Sharia Adly, Tel 391 3454; Öffnungszeiten 9 bis 19 Uhr. Wenden Sie sich nach Möglichkeit an Mr. Mohamed Laboudi, der sich sehr gut auskennt und sehr hilfsbereit ist, z.B. auch bei Beschaffung von Tickets; leider meist nur nachmittags am Sa, Mo und Mi anwesend. Für die meisten Damen hinter dem Tresen scheinen allerdings Besucher eher Störenfriede zu sein, auf die wenigsten Fragen erhält man, wenn überhaupt, befriedigende Antworten.*
  Weitere Büros finden Sie in beiden Flughafenterminals, im Hauptbahnhof und an der Pyramid Road Nähe Mena House Hotel.
- ***Touristenpolizei**: 5 Sharia Adly, Tel 126 / 92 60 205, in Giseh gegenüber Mena House Hotel*
- ***Polizei:** Tel 122 Notruf 757 987, 760 785, 930 900, 922*
- ***Cairo Traffic Department** (Verkehrsfragen): Ende der Sharia 26.July am Midan Opera*
- ***Youth Hostel Office:** 1 Sharia Ibrahim, Garden City*
- ***Antiquities Office**: 4d Sharia Fakhri Abdelnour, Abbasiya (direkt hinter Misr Travel Tower)*
- ***Tasrih-Ausstellung:** Military Intelligence, Group 26 Sharia Manshia el Bakry, Heliopolis*
- ***Hauptpost:** Midan Ataba, geöffnet 7 – 19 Uhr, postlagernde Sendungen (8-18, Fr 10-12) in der Seitenstraße rechts*
- ***Telefon** (Auslandsgespräche) und Telegramme mit 24 Std-Service: Central Telephone and Telegraph Office (1999 wegen Umbau geschlossen), Sharia Adly (nahe Toristeninformation), Midan Tahrir, Sharia Ramsis und Sharia El Alfy (siehe auch Seite 102)*
- ***Mogamma**, Behördensilo, Südseite des Midan Tahrir*
- ***Automobile and Touring Club of Egypt**,: 10 Sahria Qasr el Nil, Tel 578 355*
- ***Deutsche Evangelische Oberschule** (DEO): 6 Sharia El Dokki, Dokki*
- ***Deutsche Schule der Borromäerinnen**: 8 Sh. Muhammad Mahmoud, Bab el Louk*

Diplomatische Vertretungen

- *Botschaft der **Bundesrepublik Deutschland**, 8 Sharia Hassan Sabry, Kairo-Zamalek, Tel 339 9600, Fax 341 0530 (Geschäftszeiten Mo – Fr 9 – 11 Uhr)*
- *Botschaft der **Republik Österreich**, 5 Sharia Wissa Wassef/Corner Sharia El Nile (südlich neben der Universitäts-Brücke "Kubri el Gama"), Kairo – Dokki, Tel 5702 975*
- ***Deutsches Generalkonsulat Alexandria**, 5 Sharia El Mina, Rushdi, Tel 5457 025*
- ***Österreichisches Konsulat in Alexandria**, 8 Sharia Kenesset El Debana, Telm 808 888*
- ***Schweizerische Botschaft**, 10 Sharia Abdel Khalek Sarwat, Kairo, Tel 5758 133*
- ***Schweizer Konsulat Alexandria**, 8 Sharia Moukhtar Abdel Halim Khalaf, Tel 587 3696*
- ***Jordanische Botschaft**, 6 Sharia Gohainy, Dokki (2 Blöcke hinter Sheraton), Tel 348 5566; tgl. 9 – 14 Uhr*
- ***Libysche Botschaft**, 7 Sharia El Salah Ayoub, Zamalek, Tel 340 8219*
- ***Sudanesische Botschaft**, 3 Sharaia Ibrahimy, Garden City, Tel 354 5043*
- ***Syrische Botschaft**, 18 Sharia Abdel Rahim Sabri, Dokki, Tel 377 7020*

Kultur, Archäologie

- ***American University in Cairo** (AUC), Public Relation Office, Hauptgebäude Sharia Sheikh Rihan (Nähe Tahrir)*
- ***Deutsches Archäologisches Institut** (DAI): 31 Sharia Abou el Feda, Zamalek*
- ***Deutscher Akademischer Austauschdienst**: 11 Sharia Slah Ayoub, Zamalek*
- ***Goethe-Institut**: 5 Sharia Abdel Salam Aref (Nähe Tahrir), Tel 5759 877; http//:www.goethe.de/na/kai (Bibliothek geöffnet Mo,Di,Do 13-19, Fr 8-12; deutsche Bücher, Zeitschriften und Tageszeitungen)*
- ***Österreichisches Archäologisches Institut**: 6A Sharia Ism. Muhammad, Zamalek*
- ***Österreichisches Kulturinstitut**: 1103 Corniche el Nil, Garden City*
- ***Pro Helvetia**, Schweizer Kulturinstitut, c/o Schweizer Botschaft, 10 Sharia Abdel Khalek Sarwat*
- ***Schweizer Institut für Ägyptische Bauforschung**: 13 Sh. El Shaer Aziz Abaza, Zamalek*
- ***Schweizerverein Kairo**: Villa Pax, Sharia El Salam, Embaba*
- ***Sprachschule: International Language School** (ILI), Sharia Mahmoud Azmy, Mohandissin, Tel 302 8358*

Fluggesellschaften

- ***Air Sinai**, Nile Hilton, Tel 760 948/9 "Rückgebäude" zum Midan Tahrir (hier finden Sie auch Reisebüros und andere Fluggesellschaften)*
- ***Austrian Airlines,** 22 Sharia Qasr el Nil, Tel 392 1522*
- ***Egypt Air**, Sharia Adly, Tel 390 0999, 390 2444; 9 Sharia Talaat Harb; Tel 393 0381; Reservation/Confirmation: 392 9785, 392 9787; Flughafen 245 0270, 245 0260, (Alex. 482 5937, Assuan 322 400, Hurghada 40 788, Luxor 224 139); weitere Büros in vielen Stadtteilen*
- ***Lufthansa**, 6 Sharia El Sheikh el Marssafi, ' Zamalek, Tel 339 8339; Flughafen Terminal 2 417 6419*
- ***MALEV**, 10 Sharia Talaat Harb, Tel 5744 959*
- ***SWISSAIR**, 22 Sharia Qasr el Nil, Tel 393 7955*
- ***TAROM**, 83 Sharia Ramsis, Tel 575 2307*

Banken

Die deutschen Banken sind nur durch Repräsentanten in Ägypten vertreten. Banken-Öffnungszeiten: außer freitags 8.30 – 13.30 Uhr, sonntags 10 – 12 Uhr.

- ***American Express**, 15 Sharia Qasr El Nil, POB 2160, Tel 5743 383 (täglich 8.30-16.30 U), auch Sharia Syria, Mohandissin oder im Nile Hilton Hotel; Büros auch in den großen Hotels Kairos, im Winter Palace Hotel in Luxor und Old Cataract Hotel in Assuan*
- ***Citibank**, 4 Sharia Ahmed Pascha, Garden City*
- ***Commerzbank**, Banque Misr Tower, 22nd floor, 153 Sharia Muhammed Farid*
- ***Dresdner Bank**, Nile Tower Building, 12th floor, 21/23 Sharia Giza*
- ***Misr America. International Bank**, 8 Sharia Ibrahim Neguib, Garden City*
- ***Swiss Bank Corporation**, 3 Sharia Ahmed Nessim, Giseh*

Sonstige Adressen

Anwaltskanzlei

- ***LAW & TAX**, Pyramid Road, 7 Saad Ibn Abi Waggas, Giseh, Tel 582 8814, Fax 582 8815, Email Law&Tax@link.com.eg; englisch-deutsche Kanzlei, falls Bedarf besteht...*

Wenn Sie gezielt **mit Ägyptern Kontakt aufnehmen** wollen, so bietet die

- ***Tourist Friends Association Egypt**, Kairo, 33 Sharia Qasr el Nil, linker Gebäudeflügel, 9. Stock, (18-21, Winter 19-21 Uhr)*

die Möglichkeit dazu. Deren Mitglieder sprechen verschiedene Sprachen und sind in der Lage, Auskunft über Kultur, Kunst und Lebensart zu erteilen.

Kirchen in Kairo

- *Koptisch: **St. Markus Kathedrale**, 222 Sharia Ramsis, mit englischsprachigen Messen*
- *Katholisch (deutschsprachig): **Kirche der Hl. Familie**, 55 Road 15, Maadi (samstags deutsch); Kapelle der Borromäerinnen, 8 Sharia Muhammad Mahmoud, Bab el Louk*
- *Protestantisch: **Deutsche Evangelische Kirche**, 32 Sharia El Galaa, Boulak; Schweizerische Evangelische Kirche, 39 Sharia 26.July*

Medizinische Versorgung

- ***Krankenwagentransport**
Tel 770 018 (Sharia Ramsis), 720 123 (Giseh), 350 2873 (Maadi), 244 4327 (Heliopolis), kann sehr lange dauern, daher möglichst Taxi nehmen*

Allgemeinärzte

- ***Dr.** Salah und Fardus **Dusoki** (Ärztezentrum, deutschsprachig, Innere Medizin, Gynäkologie, Zahnmedizin), 8 Sharia Murad, Giseh, Tel 572 9960, Dr. Fardus D. priv. 572 3302*
- ***Dr. Poeschel** (Botschaftsarzt), 11 Sharia Dr. Abdallah-El Kateb, Dokki, Nähe Midan Fini, Tel 361 0211*
- ***Dr. Monika Ismael** (deutsche Allgemein- u. Kinderchirurgin), Child Health Institute, 14 Sharia Okasha, Dokki, Tel 348 4497, priv. 341 105*
- ***Frau Dr. Mona Abu-Zekry** (deutschsprachig; sehr gut), 7 Sharia El Zouhour, Mohandissin, Tel 360 0101 (auch privat)*
- ***Frau Dr. Vicicevic-Salama** (deutschsprachig), 5, Road 296, Maadi, Tel 353 9858*

Hals-Nasen-Ohren

- ***Dr. Abdelaziz Attia** (deutschsprachig), 139A, Sharia El Tahrir, Dokki, Tel 349 3513, priv. 980 857*

Magen/Darm/Hepatitis

- *Dr. Nabil Elnahas (deutschsprachig), Gastroenterology & Hepatology Centre, 9 Sharia Tahrir, Dokki, Tel 336 1688*

Urologe

- ***Dr. Hesham El Din Mustafa** (Assistent Dr. Samir spr. deutsch), über Shaalan Surgicenter, Mohandissin, Tel 360 3 26*

Gynäkologen

- ***Frau Dr. Samira El Mallah**, (deutschsprachig), 21 Sharia El Kalifa El Maamoun, Roxy Heliopolis, Tel. 291 8030, priv. 245 3906*
- ***Dr. Sherif Hamza** (deutschsprachig), 53 Sharia El Zahraa, Mohandissin, Tel 348 3424, privat Tel 340 8874*

Augenarzt

- ***Dr. Hassan El Samra*** *(deutschsprachig), 19 Sharia Wezara El Zerai, Dokki, Tel 719 816*

Zahnärzte

- ***Dr. Bahira Wefky*** *(deutschsprachig), 3A Midan Tahrir, Asstra Building 4th Floor, Apt. 14, Tel 354 3482*
- ***Dr. Wafik Mahrous*** *(deutschsprachig), Ärztehaus 9. Str., Maadi, Tel 350 2323*

Krankenhäuser:

Bei Behandlung im privaten Krankenhaus wird meist Vorschußzahlung verlangt.

- ***Anglo-American Hospital****, Tel 3406 162, 3406 165, direkt neben dem Kairo Tower*
- ***Cairo Medical Center****, Midan Roxy, Heliopolis, Tel 258 1003*
- ***Misr International Hospital****, 12 Sharia El Saraya, Dokki (Nähe Midan Saad El Aly), Tel 3608 26170*
- ***As Salam Hospital****, 3 Sharia Syria, Mohandissin, Tel 342 2780 Corniche el Nil, Maadi, Tel 363 8050*
- ***As Salam International Hospital****, Corniche el Nil, Maadi, Tel 363 8050*
- ***Arab Contractors Medical Centre****, 33 Sharia Gabal El Akhdar, Nasr City, Tel 283 0000*
- ***Erste Hilfe bei Vergiftungen: El Shams Universitätsklinik****, Heliopolis, Tel 828 212, 24 Std Service, Dr. Bahira Fahim oder Dr. Nefertiri*

Tierarzt, Tiermedizin

- ***Dr. Albert Hanna****, 2/3 Sharia Ramsis, Tel 935 163*
- ***Maadi Veterinary Clinic****, Dr. Awad, 82 Road 9, Maadi, Tel 35 646*

Apotheken

- ***Attaba Pharmacy****, 17 Midan Attaba, Tel 910 831*
- ***Abul Ezz,*** *49 Qasr el Aini, Tel 843 772 Gumhouria, Sharia Ramsis / 26.July Tel 743 369*
- ***Essam****, 101 Road 9, Maadi, Tel 350 4126*
- ***Seif****, 76 Qasr el Aini, Tel 354 2678 Gumhouria, Shagaret el Dor, Zamalek, Tel 816 424*
- ***ZECCINI****, 21 Sharia Adli (Nähe Tourist Information)*

Reiseagenturen und -führer

Grundsätzlich muß man sich überlegen, ob man mehr Zeit fürs Anstehen und Buchen oder mehr Geld für eine organisierte Reise ausgeben will. Für diesen Fall:

- ***Blue Sky Travel****, 14 Sharia Champollion (Zentrum), Tel 574 2201, besorgen Einzelplätze auf Nilkreuzfahrern (Büros in Luxor, Assuan, Hurghada)*
- ***De Catro Tours****, 12 Sharia Talaat Harb, gegenüber Felfela Restaurant; guter Service, günstige Preise, Studentenrabatte*
- ***Deutsch-Arabische Handelskammer****, 3 Sharia Abu el Feda, Zamalek; die Handelskammer betreibt auch ein Reisebüro, in dem eventuell preiswerte Flüge zu bekommen sind*
- ***Eastmar****, 13 Sharia Qasr El Nil (Nähe Tahrir), Tel 753 216, auf Nilkreuzfahrten spezialisiert, seriös*
- ***Etams Tours****, 99 Sharia Ramsis, Tel 745 721; spezialisiert auf Touren für* ***Behinderte*** *(entsprechende Fahrzeuge vorhanden)*
- ***Hamis Travel****, Ramsis Station (im Nebengebäude gegenüber dem eigentlichen Haupteingang, in dem auch die Schlafwagenreservierung ist), Tel 574 9275, Email hamis@ritsec2.com.eg,*

Dr. Abou Shadi von Hamis Travel und seine deutsch sprechende Frau Anny haben sich auf organisierte Touren für Individual-Traveller spezialisiert. Die Angebote sind nach Leserangaben fair und flexibel. Im Angebot stehen Tagestrips nach Giseh und Sakkara, Mehrtagestrips nach Luxor und Assuan, in die Oasen, auf den Sinai und Feluka-Trips zwischen Assuan und Edfu sowie Busservice zwischen Luxor und Dahab.

- ***Isis Travel***, *48 Sharia Giseh, Giseh, Tel 348 7761, spezialisiert auf Wüstentouren (Sinai)*
- ***MISR Travel***, *1 Sharia Talaat Harb, staatliches ägyptisches Reisebüro, gut englisch- auch deutschsprachiges Personal*
- ***Pan Arab Tours***, *Alma Nagub, 55 Sharia Gumhuriya, Tel 902 133, deutschsprachiges Personal*
- ***SIAG Travel*** *im gleichnamigen Hotel an der Straße nach Sakkara ist auf Off Road spezialisiert, besorgt eventuell auch Erlaubnis (Tasrih) für die Westliche Wüste; der Besitzer, Rami Siag, verfügt über viele Beziehungen und ist, gegen Bezahlung, bereit, z.B. die Tasrih für die Strecke am Westufer des Nasser Sees in den Sudan zu besorgen*
- ***Spring Tours***, *Hauptbüro 3 Sharia El Said el Bakry, Zamalek, Tel 3415 972-75. Zweigbüro 11 Sharia Talaat Harb, Tel 778 728. Wir machten gute Erfahrungen mit der Hilfsbereitschaft und Effektivität dieser Leute*
- ***Thomas Cook***, *17 Sharia Mahmoud Bassiouny, Tel 5743 955*
- ***Ashraf Kamal***, *52 Sharia El Zahara (Dokki), Tel 361 1195, bietet häufig gelobte Minibus-Touren nach Sakkara, ins Fayum oder zu anderen Zielen an*
- *Ein gut deutschsprechender* ***Kairo-Führer*** *ist Ahmed Elshebokshi, 9 Sharia Riadshams, Nasr City, Tel 287 3839, Email: elshebokshi@hotmail.com*
- ***ZEKRI TOURS,*** *14 Sharia El Khateb, Dokki, Tel 348 2923 arrangiert Jeeptouren ins Fayum, zu den Oasen oder zum Sinai*
- ***Sherif Nabawi Muhammad***, *privat Tel 242 6587, 5 Sharia Amin el Shamsy, Apt. 17, Heliopolis/Kairo, sehr empfehlenswerter und erfahrener Spezialist für Sinai-Touren*
- *Als* ***Sprachlehrer*** *arabisch/deutsch kann Amr Kassem, Tel Kairo 282 0685 empfohlen werden*

Weitere Reisebüros finden Sie in der Broschüre *"Cairo by Night and Day"*.

Mietwagen

Lesen Sie hierzu auch die allgemeinen Informatuionen ab Seite 87.

- ***AVIS***: *16 Sharia Mamaal El Sokkar, Garden City, Tel 354 7400*
- *Hotel Meridien, Tel 84 5444*
- *Nile Hilton Hotel, Tel 74 0777*
- *Sheraton Hotel, Tel 98 3000*
- *Airport, Tel 96 3270*
- ***Budget***: *5 Sharia El Makrazi, Zamalek, Tel 340 9474*
- *Airport Tel 66 7711*
- *Heliopolis Tel 66 6027*
- *Zamalek Tel 80 0070*
- ***Bita***, *73 Sharia El Nuzha, Tel 454 2620*
- ***Elite***, *2 Sharia Tahran, Dokki, Tel 360 9976*
- ***Europcar*** *(früher MAX Rent a Car),5 Sharia El Fallah, Mohandissin, Tel 347 4712 (Flughafen 291 4255 Nst. 2212), führt auch Allradfahrzeuge (Jeep CJ8, Lada)*
- ***Hafez*** *Co., 4 (A), Sharia Haroun, Dokki, Tel 360 0542*
- ***Hertz***, *195 Sharia 26.Juli, Tel 347 4172*
- ***Thrifty***, *1 Sharia El Entessar, hinter Sheraton Heliopolis, Tel 266 3313*
- ***T.C.S.***, *11 Sharia El Messaha, Dokki, Tel 349 9363*
- ***See-Land Caravan Tours***, *47 Sharia Falaki, Tel 335 5060, vermietet große Reisemobile ab £E 150 pro Tag.*

Zumindest Avis, Budget und Europcar sind auch am Flughafen vertreten.

Internet Cafés

- ***Starnet***, *Internet Café im Café de Paris, im Untergeschoß des Bustan Commercial Center, Sharia Bustan, ein Block von der Sharia Talaat Harb Richtung Midan Falaky, Email bostancyber@hotmail.com, sehr günstig gelegen, guter Service, 1 Std £E 10, 30 Min £E 5,50*

- **Cyber Café**, 2 Midan Qasr el Dubara, 6. Stock, Garden City, Tel 356 2882, Email: info@brain/y1.ie-eg.com. *Neben einer Reihe fest installierter Computer gibt es gute Musik, u.a. ägyptische Popmusik und alkoholfreie Getränke.*
- ***Connection****, Osman Building (Maadi) und 3 Shagrah El Dor, Zamalek, Email Info@conti.net (15 Min £E 2,50, 1 Std £E 10)*

Shopping: Von Souvenirs bis Blumen

Souvenirs

Die größte Konzentration und auch Ansammlung von Souvenirs bietet mit Abstand der Khan el Kalili Bazar. Wenn Ihnen die Anmache dort zu sehr auf die Nerven geht, dann sehen Sie sich im Zentrum um, z.B. in der Sharia Talaat Harb. In den einschlägigen Shops finden Sie ein ähnliches Angebot, allerdings teurer.

Vielleicht sollten Sie, bevor Sie sich ins Getümmel stürzen, die generellen Tips über Souvenirs und Einkaufen auf Seite 104 nachlesen.

Bei den folgenden Adressen können Sie **ausgefallenere und anspruchsvollere** Souvenirs zu entsprechenden Preisen zu kaufen:

- ***Al Ain Gallery****, 73 Sharia El Hussein, Dokki, (Nähe Shooting club) – hochwertiges Kunsthandwerk in weitestem Sinn: Schmuck, Beduinenstickereien, Messing, Klein-Möbel*
- ***Atlas****, im Khan el Khalili, schneidert aus großem, schönem Stoff-Angebot auf Bestellung hochwertige Kleidung; teuer*
- ***Gallery Morgana****, 57 Maadi Road No. 9, Maadi, eine kunsthandwerklich orientierte Verkaufs-Galerie mit Produkten speziell aus den Oasen (es gibt in derselben Straße noch ein weiteres Morgana, allerdings nicht gut)*
- ***NOMAD Gallery,*** *14 Sharia Saaya al Gezira, 1st floor, traditioneller Schmuck, Textilien, Haushaltgegenstände (Shop auch im Mariott Hotel)*
- ***Senouhi****, 54 Sharia Abdel Khalek Sarwat (Nähe Midan Opera), 5. Stock, erlesenes Angebot, alt und neu: Gefäße aus Silber, Kupfer, Messing, Keramik, Handgewebtes, Bücher, Stiche, Schmuck, Batiken, Wissa Wassef-Produkte; traditionsbewußt*
- ***Shahira Mehrez****, 12 Sharia Abi Emama, Dokki (Nähe Sheraton) 6. Stock, traditionelle Kleider (alt und neu), Fayum-Keramik, Schmuck, Stickereien; edel, teuer*
- ***SHEBA Gallery,*** *6 Sharia Sri Lanka, 1st Floor, Zamalek; moderner dekorativer Schmuck unter Verwendung alter jeminitischer Silberelemente (erlesen und teuer)*
- ***Samir el Guindi****, 261 Sharia Sudan (Nähe Midan Lebnon), Tel 347 3445, ungewöhnlich schöne Arbeiten der traditionellen ägyptischen Töpferkunst (Academy of Fine Arts), viele Ausstellungen im Ausland,*
- *Künstlerisch außergewöhnliche* ***Teppichknüpfkünste*** *können Sie bei Wissa Wassef (Seite 284) bewundern und erwerben, übliche Ware im Weberdorf Kerkdasa (Seite 284) kaufen*
- *Die am besten verarbeiteten* ***Leinentaschen*** *zu fairen Preisen gibts bei Yosri M. Ouf, zwischen Bab Zuwela und Eingangstor zum überdachten "Zeltmacher-Bazar", gegenüber der Sali Talai Moschee, der letzte kleine Laden rechts. Er fertigt auch auf Bestellung innerhalb von zwei bis drei Tagen. – Im überdachten Bazar residieren einige Lederhändler.*
- *Für* ***Papyrusbilder*** *wird häufig das Delta Papyrus Center, 21 Sharia Ghouria, 3. Stock empfoheln; der Besitzer Said hat recht gute Kenntnisse – aber lassen Sie sich nicht übervorteilen.*

- *Das angeblich größte Angebot an* ***Heilkräutern*** *und* ***Gewürzen*** *– vier Stockwerke, eigene Gärten – hat der 1885 gegründete* ***Harraz Herb Shop****, 39 Sharia Ahmed Maher.*
- *In der Sharia Muezz Li-Din Illah nahe der Ecke mit der Sharia Muski (gegenüber Ashraf-Barsbay-Moschee) am Khan el Khalili Bazar finden Sie den Laden von* ***Khedr al Attar****; werfen Sie beim Bazarbesuch unbedingt einen Blick hinein, Augen und Nase werden sich freuen.*

Falls Sie unbedingt **Parfüm** kaufen wollen, seien Sie besonders kritisch z.B. im *Palace of Thousand Flowers Parfumes* in der Sharia Qasr El Nil – und in allen anderen Shops, die Sie zum Parfümkauf drängen.

Messing-Türschilder, Stempel, Visitenkarten etc. bieten viele kleine Shops in der Sharia Qala (früher Mohammed Ali), die zur Zitadelle führt. Hier gibt es auch preiswerte Musikinstrumente, arabische wie importierte; typisch ist die Gegend um die Nr. 160.

Weitere Messingwaren im Khan el Khalili Bazar, z.B. bei Hassan Mohammed Said, 99 Sharia Muezz Li Din Allah.

Wer Transportkapazität für relativ ungewöhnliche **Ton- und Keramikerzeugnisse** hat, kann in der Sharia Mari Girgis in Alt-Kairo für wenig Geld schöne Mitbringsel erwerben.

Preiswerte Kleidung wird zwischen Sharia Khalek Sarwat und Qasr el Nil angeboten. Hosen, Hemden etc. können Sie sich in Assuan innerhalb kurzer Zeit schneidern lassen (siehe Seite 388). Große Auswahl an bestickten Beduinenwesten gibt es in Luxor.

Maßgeschneiderte Galabeyas kann man sich u.a. in einer kleinen Seitengasse der Sharia Muezz Li-Din Illah etwa gegenüber der Fakhami-Moschee machen lassen.

Stoff für Hochzeitszelte (wie im Farbteil abgebildet) gibt es im überdachten Bazar südlich vom Bab Zuwela oder in der Darb el Ahmar, ganz in der Nähe der Maridani Moschee (Nr. 31 auf der Karte vom südlichen Islamischen Viertel).

Bauchtanzzubehör gibt es bei Al-Wihalah-Mahmoud Abd El Ghaffar, 73 Sharia Gawhar el Qayid oder bei Haberdashery, 73 Sharia Muski (Parallelstraße der Sharia Al Azhar), allerdings in einer Seitengasse, fachkundiger Besitzer.

Musikassetten mit ägyptischer Musik konservieren allgegenwärtige akustische Eindrücke; fragen Sie nach der berühmtesten Sängerin Om Kassum oder dem Sänger Abdel Halim Hafez.

Ausgefallenes können Sie vielleicht auch auf auf dem **sudanesischen Flohmarkt** am Ataba-Parkhaus finden.

Bilder moderner ägyptischer Maler gibt es in der Wakalat el Guri. Z.B. verkauft der Maler Ragheb Eskander, der gut deutsch spricht und schon an vielen Ausstellungen in Europa teilnahm, Bilder in seinem Atelier, das ohnehin einen Besuch wert ist.

"Normales" Shopping

Im Grunde ist ganz Kairo ein Einkaufszentrum, jedoch gibt es einige Schwerpunkte. Die höchste Konzentration an Boutiquen mit den letzten Modehits finden Sie im Diplomatenviertel Zamalek. Ähnlich, etwas billiger und weniger elegant, hat sich Heliopolis herausgemausert: Der Midan Roxy und die Sharia Bagdad sind die ersten Adressen, aber in der Umgebung gibt es noch viele andere. Schließlich versucht man im Stadtzentrum alles zu verkaufen, was ein Mensch begehren könnte. Das ist aber mehr auf den Normalverbraucher ausgerichtet und entsprechend preiswerter.

Duty-Free

- *Innerhalb von 30 Tagen nach der Ankunft läßt Ägypten noch Einkauf in Duty-Free-*

Shops der ***Egypt Free Shops Company*** *in der Stadt zu, z.B. in 19 Sharia Talaat Harb (kein Alkohol und Zigaretten), 17 Sharia GumHuriya und im Sheraton Hotel. Notwendig sind – neben Geld – Paß und Flugticket. Ähnliche Shops gibt es in Alexandria, Assuan, Luxor und Nuveiba-Hafen.*

Supermärkte

- ***ABC****, Sharia Malek el Afdal, Zamalek, auch Sportkleidung, Elektroartikel*
- ***Alfa****, Dokki, Sharia El Nil, Nähe El Gamma Brücke (kurz nach der Brücke links, unten Bank, im selben Haus ist die Österreichische Botschaft), sehr gut sortiert (gut per Nilboot erreichbar, zwei Stationen südlich des Hilton aussteigen)*
- ***Al Bustan Commercial Center****, Sharia Bustan, eher unscheinbares Gebäude (teils Parkhaus) ein Block von der Sharia Talat Harb Richtung Midan Falaky, mit einer Unzahl von Schuh-, Hosen- und T-Shirt-Boutiquen westlicher Prägung*
- ***Dary****, 330 Sh Ahram (Pyramid Road), rechte Seite stadtauswärts, Do-it-yourself und Autoartikel*
- ***Fairway****, Sharia Al Asari Ibn Nafi, Heliopolis; das derzeit neueste und am reichhaltigsten mit westlichen Gütern ausgestattete Kaufparadies*
- ***Cash and Carry****, Midan Lebnan, Mohandissin (10 – 15, 17 – 22 Uhr), gute Auswahl an Europäischem*
- ***Maxim****, 30 Sharia Syria, Mohandissin (9.30 – 19 Uhr, täglich).*
- ***Saudi****, Sharia El Missaha, Dokki (9.30 – 21.30 Uhr).*
- ***Sunny****, 1 Midan Fuad el Din (Sharia Gamat Al-Duwal Al Arabiya, Mohandissin und 11 Sharia Aziz Osman, Zamalek (vom Zentrum kommend auf der Sharia 26.July über den Nil fahrend im zweiten Kreisel rechts oder, etwas abseits, die Dependance in Zamalek)*
- ***Capri****, Sharia Abbas El Aqad, Nasr City*
- ***Tamco Market,*** *Maadi gegenüber Maadi-Hotel; gute Auswahl für Europäer (im Vorort Maadi leben viele Ausländer).*

Bekannte Frischmärkte

- ***Ataba*** *Markt, am Midan Ataba (Fleisch und Fisch)*
- ***Bab el Louk Markt****, am Midan el Falaki (Gemüse, Obst).*
- ***Taufikiya Markt****, am Midan el Orabi*
- *Jeweils donnerstags verkauft die Sekem Farm vor der Deutschen Botschaft Graubrot, Käse, Quark, Milchprodukte, Honig.*

Lebensmittel

- *In den staatlich kontrollierten* ***ALRAHAM****-Läden sind Lebensmittel gut und billiger als auf den Märkten, allerdings beschränkte Auswahl.*

Bäckereien/Konditoreien

- ***Groppi****, Midan Talaat Harb (Café, Kuchen)*
- ***Semiramis****, 72 Qasr el Aini*
- ***Thomas****, 23 Sharia Adly*
- ***Simonds****, 112 Sharia 26.July, Zamalek*
- *In folgenden Hotels gibt es Bäckereien mit Kuchen, Brötchen und dunklen Broten: Marriott (gutes Schwarzbrot), Meridien, Nile Hilton, Sheraton, Semiramis, President (braunes Brot); Vollkornbrot in den Hotels Jolie Ville, Mövenpick Airport, Meridien Heliopolis. Sheraton, El Salam*

Lokaler Alkohol

- ***Christos Orphanides*** *(Wein, Bier, Gin, Whisky),*
  23 Sharia 26.July (vom Ezbekiya kurz vor Sharia Ramsis rechts). Comparos, 19 Sharia 26.July, in der Nähe der Kreuzung Talaat Harb; ägyptischen Wein gibt es auch links neben dem Rivoli Kino. Importierten Alkohol bekommt man in den oben erwähnten Egypt Free Shops

Blumen

- ***Fleurop****, Sharia 26.July, Zamalek, gegenüber von Tankstelle am Midan Orabi, in der Sharia Zaky*

Einige Kaufhäuser

- ***Chalons***, *Sharia Qasr El Nil*
- ***Chemla***, *Sharia 26.July*
- ***Cicurel***, *Sharia 26.July*
- ***Hannaux***, *Sharia Muhammad Bassiyuny*
- ***Omar Effendi***, *Sharia Talaat Harb*

Bücher

- ***American University Cairo Press,*** *11 Qasr el Aini, vielfältiges, englischsprachiges Angebot vor allem eigener Produktionen*
- ***Anglo Egyptian Bookshop*** *(englisch), 165 Sharia Muhammad Farid*
- ***Lehnert & Landrock***, *44 Sharia Sherif (größte Auswahl deutschsprachiger Ägyptenliteratur, Karten), ein weiterer Laden im Komplex des Ägyptischen Museums*
- *Deutschsprachige Literatur auch in einem Bookshop neben dem Hotel Tulip am Midan Talaat Harb*
- *Außerdem Buchläden in den internationalen Hotels*
- *Gute Auswahl fremdsprachiger Zeitschriften, auch deutsche Regionalzeitungen, vor dem Cafe Groppi am Midan Talaat Harb*

Sonstige Artikel

Foto (Entwicklung von Filmen, teilweise auch Reparaturen)

- ***Actina***, *4 Talaat Harb (wird empfohlen)*
- ***Photo Centre***, *3 Sharia Mahrani (Nähe Kosmopolitan Hotel), gut und preiswert*
- ***Kodak***, *20 Sharia Adly, Kodak Passage (1 Std-Filmentwicklung, gutes Ergebnis)*
- ***Agfa*** *(eigener Laden), Sharia Abd el Hamid Sayed, Seitenstraße der Talaat Harb.*
- ***Bedewi***, *34 Sharia Adly (macht auch Farbabzüge)*
- ***Khatchig Voukoufian***, *27 Sharia Abdel Khalek Sarwat*

Musikinstrumente

- *Zahlreiche Shops für Flöten, Trommeln, Lauten etc.in der Sharia El Quala (ehemals Sharia Mohammed Ali)*

Gaskartuschen

- *Gaskartuschen gibt es bei Borletti (Mo-Fr 10-16), Sharia Irabi (vom Midan Taufik in Richtung Sharia Ramsis, 7. Geschäft links) oder im Haus der Österreichischen Botschaft in Dokki neben der Giseh-Brücke.*

Was man alles unternehmen kann

Kairo ist eine Weltstadt und bietet Unterhaltung jeder Art. Typisch ägyptischen Veranstaltungen von Derwish-Tänzen bis Bauchtanz, aber auch Konzerte, Theater, Oper, Kunstaustellungen und viels mehr begeistern den Kulturbeflissenen. Nachtschwärmer müssen dem nicht nachstehen, zwar wechselt die Szene wie überall ständig, aber ein Urlaub wird nicht ausreichen, um alle Möglichkeiten durchzuprobieren. Nehmen Sie eine der englischsprachigen Zeitschriften in die Hand, Sie werden erstaunt über das Angebot sein. *Egypt Today* gibt sich nach unserem Einblick am meisten Mühe und listet fast akribisch über viele Seiten auf, was ein Monat zu bieten hat, sowohl in Kairo als auch in den andern wichtigen Städten. Wir publizieren hier wegen der Schnellebigkeit nur einen Ausschnitt des Geschehens.

Es sei noch auf die

- ***Community Services Organisation (CSA)***, *4 Shria 21, Maadi, Tel 350 5284*

hingewiesen, eine Organisation, die ein ziemlich breites Spektrum an Ausflügen – von Saqqara bis zu Besuchen bei Kupferschmieden oder Zeltmachern im Khan Khalili Bazar und einiges mehr für Interessierte anbietet.

Kunstgalerien, Kino, Theater

Galerien

- ***Aida***, *Km 6, Sakkara Road, Giseh, Tel 358 141. Kunstgalerie und Restaurant "Can Zaman" im Haus von Mahmoud Sadek und seiner Frau Aida Ayoub; sehr exklusiv; Innendekoration von Haus und Galerie in hervorragendem islamischen Design*
- ***Akhnaton Galery***, *1 Sharia Mahed el Swissry, Ecke Sharia 26.July, Zamalek. In einer alten Villa direkt am Nil Ausstellungen moderner ägyptischer Kunst oder auch ausländische Ausstellungen*
- ***Cairo-Berlin Art Galery***, *17 Sharia Youssef El Guindi, Bab el Louq, ägyptische und ausländische Künstler, geöffnet 12 – 15 und 17 – 20 Uhr außer sonntags*
- ***Egyptian Centre for International Cultural Cooperation***, *11 Sharia Shagaret el Dorr, Ecke Sharia 26.July, Zamalek. Dieses Zentrum besitzt zwar auch eine Galerie, dient aber mehr dem internationalen Austausch: Arabische Sprachkurse, ägyptische Filme mit englischen Untertiteln, Volksmusikabende etc.*
- ***Center For Art and Life***, *Manisterli Palace, 2 Sharia Malek el Salah, neben dem Nilometer an der Spitze der Insel Roda. Kunsthandwerk – Keramik, Textilien, Batik, Bilder etc. – von der pharaonischen Zeit bis zur Gegenwart. Auch Kaufmöglichkeit, geöffnet 9 – 15 Uhr, außer Fr und Sa*
- ***Cairo Atelier***, *2 Sharia Karim al Dawla (Querstraße Sharia Bassiyuny, Nähe Ägypt. Museum), Ausstellungen junger Künstler, aber auch Lesungen, Filmvorführungen, Kunstdiskussionen; im kleinen Garten kann man ausruhen und etwas trinken*
- *Das* ***Museum of Egyptian Modern Art*** *neben der neuen Oper soll hier noch einmal erwähnt werden (siehe Seite 258)*

Kino: Nicht entgehen wird Ihnen die Kinoreklame. Wenn Sie von den ägyptischen Filmen auch kein Wort verstehen, so werden Sie dennoch die meistens sehr einfache Handlung eines Films nachempfinden können; Filme bieten einen guten Blick hinter die Traum- und Wunschkulisse des jeweiligen Volkes. Die Vorstellungen beginnen gewöhnlich um 15.30, 18.30 und 20.30 Uhr, Karten – £E 3 bis £E 10 – sollten vorab gekauft werden. Für Europäer mag ein Open-Air-Kino interessant sein, z.B. im Gezira Sportclub auf der Gezira-Insel oder *Sphinx*, Midan 26.July. Vielleicht wäre auch ein Besuch in einem der alten Paläste wie *Metro* (35 Sharia Talaat Harb) oder *Radio* (24 Sharia Talaat Harb) etwas; dort werden häufig US-Filme mit arabischen Untertiteln gespielt, an denen das Publikum lautstark Anteil nimmt.

Deutsche oder deutschsprachige Filme bietet häufig das Goethe Institut an, in anderen Kulturzentren gibt es ebenfalls Filmprogramme. Westliche Filme kann man im Metro Kino oder im Ramsis Hilton Kino anschauen.

Aber vielleicht denken Sie eher an einen **Theaterbesuch**:

- ***Um-Kulthum-Theater (Balloon Theater)***, *Sharia El Nil (südlich der 26. July Brücke), Agouza: Folklore, arabische Stücke, ägyptischer Volkstanz der bekannten Reda Gruppe; beliebtestes Theater Kairos (Kasse ab 10, Vorführungen ab 20 Uhr).*
- ***Zaki-Tolaimat-Theater***, *Midan Ataba: Arabische Avantgarde.*
- ***Gumhuriya Theater***, *12 Sharia Gumhuriya: Ausländische Bühnen, aber auch Arabic Music Troupe.*
- ***Sayyid Derwish Concert Hall***, *Sharia Gamal el Din el Afghani, arabische Musikgruppen, Kairo Symphonie Orchester.*
- ***Cairo Opera***: *Im neuerbauten Opernhaus auf der Insel Gezira gibt es eine große Opernbüh-*

ne, vier Kinosäle und einen Musiksaal. Kartenvorbestellung 10 bis 13 und 17 bis 20 Uhr unter Tel 342 0598, 34 2061 oder 34 2063. Jackett- und Krawattenzwang für den Besuch von Vorführungen (werden dort verliehen). Die Eintrittspreise variieren in Abhängigkeit von Vorstellung und, natürlich, Sitzplatz..

Sollten Sie allerdings das jährlich im Oktober stattfindende Freilicht-Operspektakel **Aida** bei den Pyramiden besuchen wollen, müssen Sie für den billigsten Platz $ 100 an der Kasse abliefern.

- *Vielleicht ist Ihnen auch der* ***Ägyptische Staatszirkus*** *einen Besuch wert. Sein Stammquartier liegt an der Corniche gleich nördlich der 26.July Brücke.*
- *Auch das* ***Cairo Puppet Theatre*** *(Oktober bis Mai, Midan Ataba) kann sehr unterhaltsam sein – vielleicht mehr wegen der jungen Besucher als wegen der eigentlichen Vorführung; denn hier ist der Fremde völlige Nebensache, er hat Muße, die aufgeregten Kinder zu beobachten und zu fotografieren.*
- *Die* ***Ägyptische Nationalbibliothek, Darb El Kutub****, stellt mittelalterliche Meisterwerke des islamischen Schrifttums, u.a. auch persische Miniaturen aus. Der Ausstellungsraum liegt gegenüber dem Eingang, leider gibt es nur Erklärungen in arabischer Schrift. Die Darb el Kutub (9 bis 15 U, Eintritt frei) liegt an der Corniche el Nil nördlich der 26.July Brücke.*
- ***Cooki Park****, Sharia Eryani, Giseh, hinter Jolie Ville Hotel (Alex.-Road), eine Art Kirmes-Park mit Karussels etc.*
- ***Merryland Park****, Sharia Hegaz, Roxi, Heliopolis: Familienausflugsziel mit kleinem Zoo, Spielplätzen, Booten, Nachtclub.*

Nightlife

Im Gegensatz zu anderen arabischen Ländern bietet Ägypten ein reges Nachtleben. Als größte Attraktion (besonders für die orthodoxen arabischen Nachbarländer) gilt der Bauchtanz, die ägyptische nationale Unterhaltungsshow schlechthin (die zwölf erfolgreichsten Tänzerinnen zahlen zusammen jährlich etwa $ 260 Millionen an Steuern!). Eine solche Veranstaltung wird mit anderen Varieté-Einlagen verbrämt, wir haben uns köstlich amüsiert. Es lohnt sich, eine Show zu besuchen; in der Regel beginnt sie kaum vor 23 Uhr. An der Pyramid Road finden Sie eine ganze Reihe von (nicht sonderlich guten, aber teuren) Nightclubs mit "Oriental and Belly Dance", außerdem bieten alle internationalen Hotels in ihren Nachtbars Bauchtanz und ähnliche Shows. Da die wirklich guten Stars hauptsächlich in diesen Hotels auftreten, lohnt sich die Mehrausgabe gegenüber einer mittelmäßigen Veranstaltung. Bekannte Tänzerinnen sind u.a. Fifi Abdou, Soher Zaki, Sahar Hamdi, Nagwa Fouad, Lucy und Diana. Die mittelmäßigen Shows sind während der Woche wegen Besuchermangels noch weniger als mittelmäßig, man sollte sie nur am Wochenende besuchen.

In den besseren Etablissements herrscht häufig Krawattenzwang. Erkundigen Sie sich auch nach einer Minimum Charge, falls Sie nur kurz hineinschauen wollen; es könnte sonst ein etwas teurer Kurzbesuch werden.

Gutes Essen und ein Getränk zu £E 55 pP gibt es im **Qasr El Nil** gegenüber dem Hilton auf der Insel Gezira am Nilufer (gute Show ab 23 Uhr). Oder im **New Arizona** (nur arabisch beschriftet), 6 Sharia Alfi Bey, Nähe Nordende Sharia Talaat Harb (auch negative Kritik: "Ältliche Damen tänzelten lustlos zur lustlos spielenden Band ..."); besser scheint es im **Palmyra**, Sharia 26.July zu sein. Nicht ganz so gut/lustig, aber billiger ist **Sharazad**, Sharia Alfi, in der Fußgängerzone am Midan Orabi. Immer wieder gelobt: Das **Ramses Hilton** mit gutem Bauchtanz um 20 Uhr, verbunden mit einem obligatorischen, aber gutem und teurem Dinner. Alles auf einen Schlag: Bauchtanz, Nilkreuzfahrt und ein opulentes Abendessen während der 1,5 Stunden langen Fahrt auf dem Dampfer **Pharao**.

Mit der **Nile Cruise Organisation** kann man sowohl Tages- als auch Abendtouren auf dem Nil unternehmen. Abends sehr schöner Blick auf die erleuchtete Stadt, gute ägyptische Atmosphäre, Musik und Tanz.

Wirklich sehenswerte Derwisch-Tänze ("Sufi Dancers") finden jeweils am Mittwoch- und Samstagabend ab 21 Uhr in der El-Guri-Moschee (siehe Seite 242 und Plan vom Khan el Khalili Bazar) statt, Tel 511 0472; der Andrang ist groß, besser eine Stunde als eine halbe vor Beginn dort sein.

Auf der südlichen Seite der Sharia 26.July zwischen Sharia Sherif und Sharia Muhammad Fuad gibt es diverse Nachtclubs, auch mit Bauchtanz ab 22 Uhr. In Kairo lebende Ausländer frequentieren gern **Deals**, Sharia al Sayyid al Bakri, Zamalek (nördliche Parallelstraße zur Sharia 26.July).

Eine ganze Reihe von **Discos** warten auf Publikum (die meisten allerdings in den Internationalen Hotels). Hier ein paar Adressen für Discos, Bars und Pubs:

- ***Absolute**, Midan Anan, Mohandissin, Upper Class, sehr elegant, sehr teuer, Bier £E 25*
- ***After Eight**, 6 Sharia Qasr El Nil*
- ***Audio 9**, Wahba Building, 33 Sharia Qasr El Nil, günstig im Hotelbereich gelegen*
- ***B's Corner**, 22 Sharia Taha Husayn, Zamalek, Video-Bar, beliebter Treffpunkt der Ausländer in Kairo. Im selben Gebäude ist auch das Restaurant El Capo*
- ***Cairo Jazz Club**, 197 Sharia 26.Juli (gegenüber Balloon Theater), Restaurant und Jazz Club mit Live Music bis 2 Uhr, überwiegend Ausländer*
- ***Crazy House**, Entertainment Center, 1 Sharia Salah Salem, Disco in drei Stockwerken mit zwei Bars*
- ***BalimoraL** – The German Corner –, 175 Sharia 26.July, vom Zentrum kommend gleich rechts nach der Brücke, viele ausländische Geschäftsleute, gute Stimmung*
- ***Disco Horris**, im Hotel Horis, 5 Sharia 26.July, Nähe Midan Opera im 15. Stock im Freien, eher langweilig, aber toller Blick auf Kairo*
- ***Flat Black Pussy & Jaaz Dog**, 32 Sharia Jeddah, Mohandissin, IN-Kneipe, sehr gemütliche Bar, Jazz, Bier £E 10*
- ***Four Corners**, 2 Sharia Hassan Sabri, Zamalek, eine "IN-Kneipe" mit zwei Restaurants, Bar und Disco*
- ***Jackie's**, Nile Hilton Hotel, Corniche; eine der besten Discos, aber teuer, vor allem am Wochenende überfüllt, nur für Paare, häufig Live Music*
- ***Le Cameleon**, Disco im Safir Hotel, Midan El Messaha, Dokki*
- ***Harry's Pub**, Marriott Hotel Zamalek; typische amerikanische Bar mit guter Atmosphäre, viele Ausländer*
- *Hotels mit Dachterrassenbar und gutem Blick: **Carlton**, 21 Sh 26.July und **Odeon Palace Hotel**, 6 Sharia Abd el Hamid, Seitenstraße der Sharia Talaat Harb*
- ***Magha**, 36 Sharia Talaat Harb (neben Brazilian Burger), typische Bierbar, eher schmierig*
- ***Merryland**, Sharia Hegaz, Heliopolis, bekannter Nachtclub vornehmlich mit asiatischen Tänzern*
- ***Pizza Pomodore**, Corniche neben dem World Trade Center, In-Restaurant mit sehr guter Pizza und nachts bis 3.30 Uhr Live-Musik. Viele junge Leute.*
- ***Pub 28**, Sharia Sharagat el Dur, Nähe General Hotel, Zamalek, bekanntes Gay-Lokal*
- ***Sultana**, Semiramis Hotel, Corniche*
- ***Tamango**, Atlas Zamalek Hotel, Sharia Gameat el Dowwal el Arabia, Mohandissin; preiswertere und populäre Disco, allerdings nur für Paare*

- ***Taverne Du Champs De Mars****, im Nile Hilton Hotel, teuer, Gay-Treffpunkt*
- ***Windows Of The World****, Ramsis Hilton im Zentrum, ist für uns der obligatorische und schönste Platz Kairos für den Sundowner: mit Glück sieht man die Sonne im Dunst hinter den Pyramiden versinken, die Lichter der Stadt flammen auf – ein phantastischer Ausblick; in dieser Bar kann man, etwas teuer zwar, den Abend bei Live-Musik verbringen*
- ***World Trade Center****, Corniche, hier ist für teure Unterhaltung und Abwechslung gesorgt: Im Bar-Restaurant* ***Piano Piano*** *kann man bis 3 Uhr bei Pianomusik gepflegt speisen, sich im* ***Downstairs****, einer American Bar, mit Cocktails aller Art vergnügen oder sich in der Disco* ***Upstairs*** *austoben*
- ***Yolli****, 44 Sharia Mohy el Din Abou el Ezz, Dokki; "(ehemalige) In-Kneipe"*
- *Wenn Sie Ihr Geld am* ***Roulette****-Tisch loswerden wollen, so können Sie dies sehr leicht im Nile Hilton, Marriott und Sheraton Hotel.*

Sport

Wer in Kairo nicht auf sportliche Aktivitäten verzichten will, kann in einem der Sportclubs eine – in der Regel ziemlich teure – temporäre Mitgliedschaft erwerben und dann die angebotenen Möglichkeiten nutzen.

Am meisten bietet der Gezira-Sporting-Club auf der Insel Gezira mit 20 Tennisplätzen, 18-Loch-Golfplatz, Bowling, Squash, Schwimmbad, Sauna, Reiten etc; Eintritt für Tagesgäste nur in Begleitung eines regulären Mitglieds zu £E 20, Poolbenutzung nur für Mitglieder.

Im Al Qahira Sport Club, gegenüber der neuen Oper auf der Insel Gezira, können Sie gegen £E 5 pro Tag Tennis, Fußball, Squash, Volleyball spielen. Andere Sportclubs gibt es in Heliopolis und Maadi. Ein weiterer Sportclub mit Golfplatz wird vom Oberoi Mena House Hotel in Giseh unterhalten (auch z.B. Tennis und Schwimmen).

Der Sakkara Country Club (rechts ab von der Sakkara Road etwa in Höhe der Abusir Pyramiden) bietet – neben sauberen Hotelzimmern – jede Menge sportlicher Aktivitäten: Schwimmen, Golf, Tennis, Reiten.

Reiten ist relativ preiswert. Entweder handeln Sie mit den Leuten, die Ihnen in der Nähe der Pyramiden ohnehin ein Pferd aufdrängen wollen, oder Sie gehen zu einem der renommierten Ställe ganz in der Nähe des Sphinx. Dort sind die bekannten Ställe "AA" und "MG" ausgeschildert, die im übrigen auch Reitunterricht erteilen oder Pferde für den Ritt nach Sakkara vermieten. Die Pferde sind so billig, weil das Angebot – etwa 2000 Pferde – bei weitem die Nachfrage übersteigt. Neben den Besitzern haben vor allem die Pferde darunter zu leiden.

Vormittags kann man das *Ägyptische Nationalgestüt El Zahra* mit seinen Araberpferden anschauen. Es liegt in der Nähe des El Shams Club in Heliopolis.

Ein paar Tips zur Wahl des Pferdes: Schauen Sie, daß das Tier keine Blutflecken bzw. Narben hat, daß das Maul nicht vom Vorgänger blutig gerissen wurde und unter dem Sattel keine wundgescheuerten Stellen sind. Fragen Sie nach einem ruhigen Pferd. Für längere Ritte sollten man eine weiche lange Hose tragen, damit man sich nicht an den Beinen aufscheuert. Nicht zuletzt: sich dick mit Sonnencreme einschmieren.

Im Wüstenland Ägypten wurden in den letzten Jahren verschiedene Golfplätze angelegt, die mit ihrem satten Grün im heftigen Kontrast zur umliegenden Wüste stehen. Als der derzeit schönste Platz gilt Katamaya Hights, der 23 km südöstlich außerhalb Kairos liegt.

4.5 Restaurants

Wir haben versucht, eine gewisse geographische Zuordnung von Kairos Restaurants zu treffen, damit Ihnen auch aus diesem Blickwinkel die Entscheidung leichter fällt. Doch ist uns klar, daß wir nur einen kleinen Ausschnitt aus der Fülle von Eßplätzen auflisten konnten.

Wer luxuriös und ein wenig ausgefallen speisen mag, kann sich auf der M/S SCARABE (gehört zum Hotel Sofitel) jeweils um 14.30 Uhr zum Lunch (ca. £E 50), 18 Uhr zur Sunset Cruise (£E 25) oder um 20 Uhr zu ca. £E 70 zum Dinner mit Bauchtanz und Live Band einbuchen und beim Speisen die nächtliche Skyline an sich vorbeiziehen lassen. – Nördlich der Tahrir-Brücke liegen an der Gezirah-Seite eine Reihe schwimmender oder nur ankender Restaurants unterschiedlichster Preislage.

Ein Teil der Restaurants im Zentrum sind in dem Plan Seite 251 markiert.

Zentrum

Internationale Küche (auch ägyptisch)

- ***Arabesque***, *6 Sharia Qasr El Nil, nahe Midan Tahrir; gutes Lokal mit arabischer und französischer Küche in geschmackvoller Atmosphäre und mit entsprechenden Preisen; angeschlossen ist eine Galerie mit Exponaten zeitgenössischer Künstler*
- ***Caroll***, *12 Sharia Qasr El Nil; sehr gutes internationales Restaurant, gepflegt, teuer*
- ***Excelsior***, *Sharia Talaat Harb; etwas lieblos, Weißwein, Stella-Bier, Essen relativ gut, Take-away-food, mittlere Preislage*
- ***Evergreen***, *10 Sharia Talaat Harb, Neubau im Hinterhof; Pizza, Pasta, Stella Bier, relativ ruhig, relativ teuer, Terrasse*
- ***Fatari El Tahrir***, *Midan Falaky; sehr gute Pizza, ägyptische Snacks, preiswert und sauber*
- ***Fu Ching***, *28 Talaat Harb; gute Auswahl nordchinesischer Küche, schmackhaft, mittlere Preise*
- ***Groppi Restaurant***, *Midan Talaat Harb; bekannter Treffpunkt, Essen sehr mäßig, schlechter Service*
- ***Katcho'z 417***, *World Trade Center, 1191 Corniche el Nil; eins der exquisiten, aber teuersten Restaurants in Kairo, hauptsächlich Geschäftsleute*
- ***Kowloon***, *im Cleopatra-Hotel, Sharia Bustan Nähe Midan Tahrir; gute chinesische Küche, sehr sauber und gemütlich, freundlicher Service*
- ***La Chesa***, *21 Sharia Adly; excellentes Schweizer Restaurant, freundlich, hervorragendes Essen, gutes Frühstücksbuffet, nicht zu teuer, Creditcard, internationale Zeitungen*
- ***Le Grillon***, *8 Qasr El Nil; ein bißchen lauschig eingerichtet (teilweise), "französische" Küche, diese allerdings sehr abgewandelt und weniger schmackhaft, nicht billig*
- ***Nile Hilton; Frühstücksbar, IBIS-Café***, *Restaurants, hervorragende Küche, sehr empfehlenswerte Abend-Buffets (besonders während Ramadan), Preise angemessen bis teuer, Touristen-Treffpunkt. Gutes italienischen Restaurant Da Mario, auch Wein zu akzeptablen Preisen; mittags im zugehörigen Außenrestaurant Kushari und andere ägyptische Spezialitäten.*
- ***Peking***, *14 Sharia el Ezbekeya, Nähe Kino Diana; gute chinesische Küche, auch Take-away-food*
- ***Rex***, *33 Sharia Abdel Khaled Sarwat; gut und preiswert*

Ägyptische Küche

Es gibt einige "Schwerpunkte" typisch ägyptischer Lokale: vom Midan Taufiq nach Osten in der Sharia El Ezbekiya, zwischen Midan Falaki und Sharia Muhammad Mahmud.

- ***Abou Shakra****, 69 Sharia Qasr el Aini; bekanntes Spezialitätenrestaurant für Kufta und Kebab, viele leckere Vorspeisen, trotz relativ geringer Auswahl empfehlenswert.*
- ***Alfi Bey****, Sharia Alfi (Nähe Midan Orabi; neben Nachtclub Shahrazad), brauchbare ägyptische Gerichte, gutes Lamm, freundlich, sauber, reichhaltige Portionen, sieht nobel aus, ist aber relativ preiswert*
- ***Coin De Kebab****, 28 Sharia Talaat Harb (dort in kleiner Seitenstraße); sehr gutes Kebab und Kufta, Huhn, preiswert*
- ***El Guesh****, Midan Falaky; sehr gut, teuer, unfreundlicher Service*
- ***El Haty****, 8 Sharia 26.July; relativ gediegen, sauber, gutes Kufta und Kebab, gute Tahina*
- ***El Tabie El Domiati****, 31 Sharia Orabi, zwischen Sharia Taufikiyakia und Sharia Ramsis; "mensa-ähnlich", vorwiegend vegetarich, sehr gutes Salatbuffet, gutes Foul und gutes Filafil, sehr preiswert*
- ***El Tahrir Kushari****, Sharia Tahrir Nähe Midan Tahrir, gutes, preiswertes und reichliches Kushari*
- ***Fatari El Tahrir****, Sharia Tahrir Nähe Midan Tahrir; Spezialist für Feteer*
- ***Filfila*** *(auch* ***Felfela****), 15 Sharia Hoda Shaarawy, südl. des Midan Talaat Harb; das "Touristenrestaurant" mit ägyptischer Küche, durchaus empfehlenswert, relativ sauber, bekannt für viele Foul-Arten und gute Vorspeisen; Preise halten sich in Grenzen. Zum Filfila gehört eine Art Schnellimbiß (Eingang Sharia Talaat Harb) mit preiswertem Take-away-food, Portionen eher spärlich. Ein weiteres Filfila gibt es am Midan Ahmed Orabi, das wesentlich weniger von Touristen heimgesucht wird, ebenfalls als Uferrestaurant an der Corniche in Maadi sowie an der Wüstenstraße nach Alexandria*
- ***GAD****, 20 Sharia Adly, preiswertes Schnellrestaurant, take away*
- ***Odeon Palace Hotel****, Sharia Abd el Hamid, Seitenstraße der Sharia Talaat Harb; Dachterrassen-Restaurant im 10. Stock, internationale und ägyptische Gerichte, relativ preiswert, Treffpunkt ägyptischer Künstler und Journalisten*
- ***Zeina****, 34 Sharia Talaat Harb (gegenüber Einmündung Sharia Adly); gute ägyptische Küche, relativ sauber, eher teuer, unpersönlich, man wird zur Eile getrieben, unfreundlich*

Schnellimbisse, Garküchen

- ***American Fried Chicken****, 8 Sharia Hoda Shaarwy; auch gute Pizza, nicht billig*
- ***Domiati****, Midan el Falaki/Sharia Tahrir; sehr gute kleine ägyptische Gerichte, preiswert*
- ***Fatarane El Tahrir****, Sharia El Tahrir, 2 Blocks vom Tahrir; gute ägyptische Fleisch- oder Gemüsepastetchen*
- ***Filfila*** *(Fast-Food-Abteilung), Sharia Talaat Harb*
- ***Izaevitch****, Midan Tahrir, Sharia Talaat Harb; Sandwiches, Salate*
- ***McDonald*** *und* ***Kentucky Fried Chicken*** *sind in der Sharia Muhammad Mahmud (südlich vom Tahrir abgehend) zu finden*
- ***Pizza Hut****, Midan Tahrir, gute Lasagne und Pizzas*
- ***Take Away****, 1 Sharia America. el Latineya, Garden City*
- ***Wimpy****, 26 Sharia Sherif, Immobilia-Building, Sharia Talaat Harb und Sharia Hoda Sharawi (Nähe Midan Falaki)*

Kaffee- und Teehäuser

- *Typische ägyptische Kaffeehäuser, in denen die Besucher den Tag mit Backgammon, Domino oder Schach verspielen, sollte man am Midan el Falaki sowie in der ersten Querstrasse rechts von der Sharia El Ezbekiya am Midan Taufiq suchen.*
- ***Brazilian Burger****, 34 Sharia Talaat Harb, Stehcafé mit hervorragendem Kaffee*
- ***Cristal****, Sharia Talaat Harb, Nähe Tahrir; weit weniger frequentiert als das nahegelegene Groppi, allerdings kein Café, nur wenige Sorten Kuchen zur Auswahl*

- ***El Abd Konditorei**, 25 Sharia Talaat Harb; sehr guter ägyptischer Kuchen und sehr gutes Gebäck, besser als Groppi*
- ***Fishawi**, Midan Hussein/Khan El Khalili (enge Parallelgasse hinter Senussi Teahouse); "altehrwürdiges", stimmungsvollstes, verstaubtes Café und Teehaus, in dem sich Intellektuelle trafen/treffen – werfen Sie wenigstens einen Blick ins Café und in seine vergilbten Spiegel*
- ***Groppi**, Midan Talaat Harb/Sharia Qasr El Nil; große Auswahl an Kuchen und Süßigkeiten; das Groppi – einst eine Institution – glänzt heute durch miserablen Service*
- ***Groppi Garden**, 2 Sharia Abdel Khalek Sarwat; hier sitzt man in weinumrankten Gartenlauben, besserer Service*
- ***Hurriya**, Sharia Tahrir, Nordseite, Nähe Midan Falaki, traditioneller Stil, ägyptische Intellektuelle spielen Schach, korrekte Abrechnung, es gibt auch Bier*
- ***L'Americaine**, Sharia Talaat Harb/Sharia 26.July; guter Kaffee, Torten, Snacks, Eis und Getränke*
- ***Rhaghadan**, 25 Sharia Adly; hervorragende ägyptische Kuchen und Kekse*
- ***Senussi Teahouse**, Khan el Khalili Bazar, gegenüber Hussein-Moschee; guter Platz zum Entspannen nach einem Khan el Khalili-Bummel, teuer, Vorsicht: Kellner sind auf Nepp aus*

Khan el Khalili

- ***Al Dahan**, 4 Khan el Khalili (direkt neben El Hussein Hotel); Kufta und Kebab, einfach, nicht sehr sauber*
- ***Chicken House**, Sharia Muski kurz vor Midan Hussein am Khan el Khalili Bazar; gut und preiswert*
- ***Egyptian Pancake**, Straße, die links von der Fußgängerunterführung von der Sharia el Azhar zur Sharia Muski führt; preiswerte und sehr gute Pfannkuchen (ab £E 10), gute Pizza*
- ***El Halwagy**, Nähe Egytian Pancake, sehr gutes Foul und andere Gerichte, preiswert*
- ***Nagib Mahfus** Restaurant und **Coffeeshop** (gehört zum Mena House Oberoi; mittags häufig ausgebucht, Vorbestellung nötig), direkt im Khan el Khalili Bazar an der Hauptgasse Sekket el Badistan. Sehr geschmackvoll ausgestattetes "Nobel"-Kaffeehaus im islamischen Stil; gute orientalische Gerichte, mäßiger Service. Ab 20 Uhr ägyptisch-musikalische Untermalung, ab 22 Uhr mit Gesang. Das zugehörige*
- ***Khan El Khalili Restaurant** bietet gutes Essen, sehr sauber, stilvoll, Preise angemessen*

Gezira und Zamalek

Internationale Küche (auch ägyptisch)

- *Cairo Tower, Insel Gezira, Aussicht bestens, Menüs mittelmäßig*
- ***Cloche d'Or**, 3 Sharia Abou El Feda, (Nähe Pizza Hut), Zamalek; gute internationale und arabische Küche, teuer, angeblich das beste Restaurant westlich des Nils*
- ***La Pacha 1901**, ein Restaurantschiff, Sharia Gezirah in Zamalek etwa gegenüber dem TV-Gebäude; insgesamt sorgen sich neun Restaurants und Pubs um das Wohl der Gäste, d.h. für jeden Geschmack ist etwas geboten, nicht billig*

Ägyptische Küche

- ***Casino Qasr El Nil**, gegenüber Kairo Tower auf der Insel Gezira, direkt am Nilufer; teuer, aber nicht sonderlich gut*
- ***Papillon**, Sharia 26.July, Zamalek, gegenüber Sporting Club; hervorragende arabische Küche, Bier und Wein, relativ teuer*

Schnellimbisse und Garküchen

- ***MAISON THOMAS**, Sharia 26.July, Zamalek; gute Pizza, Sandwich, relativ teuer*
- ***Pizza Hut**, Sharia Abu El Feda, Zamalek*
- ***Wimpy**, 6A Ismail Muhammad, Zamalek*

- ***Zamalek Restaurant**, Sharia 26.July, gleich hinter Sharia Hassan Sabri; mehr Schnellimbiß als Restaurant, Filafil*
- *Direkt an der Norspitze der Insel Gezira in Zamalek gibt es in der Sharia Abu el Fida eine Reihe netter **Cafés** direkt am Nil bei relativ wenig Verkehrslärm.*

Agouza und Mohandissin

Internationale Küche (auch ägyptisch)

- ***Chili's**, Sharia El Themar, Nähe Mustafa Mahmoud Moschee, Mohandissin; gutes amerikanisch-mexikanisches Restaurant, nicht billig*
- ***Flying Fish**, 166 Sharia El Nil, Agouza; sehr gutes Fischrestaurant, aber auch Kofta und Kebabs, gute Atmosphäre, nicht billig*
- ***Kandahar**, 3 Sharia Gameat el Dowal el Arabia, Mohandissin; gutes pakistanisches Restaurant mit Tandoori und Curries*
- ***Marush**, Midan Lebnon, Mohandissin, gute libanesische Küche*
- ***Taj Mahal**, 5 Sharia Lebanon, Mohandissin (Schwester-Restaurant in Maadi: **Bukhara**, 43 Sharia Misr Heluan); gute indische Restaurants mit indischen Köchen, bekannt für gute vegetarische Gerichte, Take away*
- ***Tikka Chicken**, Mohandissin neben Wimpy, Sharia Abd el Aziz/Gama el Dawat el Arabiya; sehr gutes Huhn und Salatbuffet; unten Take Away, oben gutes Restaurant*
- ***Tirol**, Mohandissin, 38 Sharia Gezirat El Arab; österreichische und deutsche Spezialitäten vom Chef Alois Gartner zubereitet, "urgemütlich"*
- ***Tokyo**, Zamalek, erste Parallelstraße zur Sharia 26.July; japanisches Restaurant, teuer, hat nachgelassen*

Ägyptische Küche

- ***Abou Shakra**, 17 Sharia Gamit el Dawal el Arabiya Mohandissin (Filiale des Restaurants im Zentrum); ein "In-Restaurant" der Upper Class mit sehr gutem Essen, aufmerksamer Bedienung*
- ***Filfila El Ahram**, Sharia Ahmed Orabi, Mohandissin; touristisch, gut*

Schnellimbisse und Garküchen

- ***Kentucky Fried Chicken**, El Batal Ahmed Aaziz, Mohandissin; gute Hamburger, Salat-Bar reichlich*
- ***Wimpy**, Sharia Gamiat el Doval el Arabia, Mohandissin*

Dokki und Giseh

Internationale Küche (auch ägyptisch)

- ***Andrea**, am Maryutia Kanal in Giseh, stadtauswärts auf der Pyramidenstraße an der Kreuzung der Sakkara Straße rechts ab (ausgeschildert); sehr bekanntes und beliebtes Gartenrestaurant mit hervorragenden Brathühnchen und ägyptischen Spezialitäten, Familienrestaurant, empfehlenswert*
- ***Le Chalet**, 3 Sharia Ahmed Nessim, Dokki Nähe University Bridge; gute Snacks und Kuchen, im oberen Stockwerk **Le Chateau**, Spezialität Hühnchen auf Holzkohle gegrillt und Steaks*
- ***Christo**, gegenüber Mena House Hotel (Pyramiden); ausgezeichnetes Fischrestaurant, große Auswahl von frischem Fisch, relativ teuer*
- ***La Farnesia** im Hotel Forte Grand Pyramids, Alexandria Desert Road, Giseh, hervorragendes italienisches Restaurant, nicht billig*
- ***Mena-House Hotel**, Pyramid-Road; Khan El Khalili, sehr empfehlenswerter Coffee Shop, sehr gut mit Superblick auf Pyramiden. Im Moghul Room wird indische Küche in "Moghul-Atmosphäre" serviert, teuer*
- ***Scoozi**, 16 Midan El Masaha, Dokki, gehobenes libanesisches Restaurant, sehr gut, sauber, sehr freundlich*
- ***Steak Corner**, 8 Midan Amman, Dokki; gute, preiswerte Steaks*
- ***The Nile Pharao**, Giseh, 31 Sharia El Nil; schwimmendes Restaurant mit arabischer und internationaler Küche, Bauchtanz, empfehlenswert, Reservierung notwendig*

Ägyptische Küche:

- ***Bawadi***, *Dokki, Midan Messaha; arabisch/libanesische Küche, (auch gutes Take-away-food), empfehlenswert*
- ***Casino Des Pigeons***, *Giseh, südl. von Kubri Abbas am Nilufer; Spezialität: gegrillte Täubchen*
- ***Radwan***, *Midan Dokki, Sharia Dokki Ecke Sharia Tahrir; im 1. Stock, gutes Kebab, preiswert*
- ***Sakkara Nest***, *etwas außerhalb an der Straße nach Sakkara; typisches Familienausflugsziel im Grünen*
- ***Sun Rise***, *Sharia El Nil, Dokki, Eingang neben Bowling Club; ägyptisches Lokal direkt am Nil, mit sehr angenehmer Atmosphäre, gutes Kebab, sehr preiswert*

Schnellimbisse und Garküchen:

- ***Pizza Hut***, *64 Sharia Mosadak, Dokki; Midan Mesaha, Dokki; 37 Sharia Giza, Giseh*
- ***Wimpy***, *8 Sharia Mourad, Giseh*

Kaffee- und Teehäuser:

- ***Swissair Coffeeshop (£Le Chalet)***, *El Nasr Building, Sharia Shahid Abdel Hady Salah Abdullah/Sharia El Nil, Giseh; Kuchen nach Schweizer Art und Käsespezialitäten*

4.6 Kairo kennenlernen

Sollten Sie noch keinen Stadtplan besitzen, so ist es ratsam, sich für die kommenden Unternehmungen zumindest einen Plan zu besorgen (die Stadtpläne in diesem Führer sind nur als Überblick gedacht). Sehr gut ist übrigens der Falk-Plan *Kairo*.

Zur Klarstellung: Die Schreibweise der im folgenden verwendeten Straßennamen wurde weitestgehend an die des Falk-Plans angelehnt.

Kairo kennenlernen – das ist eine Monate währende Entdeckungsreise. Doch Touristen steht normalerweise nicht soviel Zeit zur Verfügung, sie müssen sich auf wenig, viel zu wenig beschränken. Die folgenden Informationen sollen Ihnen die Auswahl erleichtern helfen. Dabei müssen wir uns auf Tips und kurze Infos zu den einzelnen Sehenswürdigkeiten beschränken. Es geht mehr darum, Ihnen das Einleben, das Hineingleiten in das Abenteuer Kairo zu erleichtern.

Doch nun kommen Sie mit in ein Riesenlabyrinth, das überquillt von Lärm, Menschen, Autos, Dreck, in dem neben Hochhäusern das Leben in pharaonisch geprägten Lehmhütten wie vor Jahrtausenden (scheinbar) dahinplätschert, dessen durch und durch orientalische Bazare alle Wohlgerüche des Orients verströmen und dessen chronische Verkehrsstaus zusammen mit allen anderen Luftverpestern den Himmel verdüstern. Und dennoch: wenn Schaf- oder Ziegenherden durch eine der Hauptstraßen getrieben werden oder wenn nachts das Glockengebimmel von ein paar daherziehenden Kamelen an Ihr Ohr dringt, wenn im Bazar Pfefferschwaden die Nase reizen oder der Bazari zu einem Glas Tee im Dämmerlicht drängt, dann ist das Orient in all seiner phantastischen und sympathischen Vielfalt.

Die Lobeshymne auf Kairo soll Ihnen den "Einstieg" erleichtern helfen; denn viele Touristen schrecken entsetzt vor dem vermeintlichen (und tatsächlichen) Chaos zurück, trauen sich kaum einen eigenen Schritt. Aber erst wenn Sie allein oder zu zweit durch die Straßen wandern, werden Sie das echte Kairo erleben können.

Schreiben Sie uns bitte, wenn Sie Änderungen oder Neues entdecken.

INTERESSANTES

Nachfolgend haben wir die interessantesten Sehenswürdigkeiten Kairos für Ihren Überblick zusammengefaßt:

Modernes Kairo

****Ägyptisches Nationalmuseum,** berühmtestes Museum der Pharaonenzeit mit mehr als 100 000 Funden, u.a. Grabschatz des Tutanchamun
***Insel Gezira** mit **Kairo Tower** (guter Aus- und Überblick), **Andalusischen und Tahrir-Gärten**
***Museum für Islamische Keramik**, relativ kleines Haus, aber mit auserlesenen Keramiken aus der islamischen Welt
***Museum für islamische Kunst**, quasi das "Standardmuseum" der islamischen Kunst mit hervorragenden Stücken
***Mahmoud Khalil Museum** sehenswerte Sammlung impressionistischer Maler
Geschäftszentrum Taufikiya nördlich des Midan Tahrir
*Landwirtschaftsmuseum** (in Dokki) mit Gebrauchsgegenständen des täglichen Lebens seit den ersten Pharaonen
*Botanischer und Zoologischer Garten**

Islamisches Kairo

****Souks und Märkte**, insbesondere beiderseits der Sharia El Azhar (u.a. der **Khan el Khalili Bazar**)
****Gayer-Anderson-Museum**, ein im alten Stil restauriertes Wohnhaus direkt an der Ibn-Tulun-Moschee
***Ibn-Tulun-Moschee**, altes, imposantes und ausgewogenes Bauwerk aus der Frühzeit des Islami in Ägypten
***Zitadelle** u.a. mit ***Mohammed-Ali-Moschee** ("Alabaster-Moschee"), **Mohammed Alis Palast, **Nasir-Moschee,** Militärmuseum und herrlichem Ausblick
***Sultan-Hassan-Moschee,** eines der Meisterwerke islamischer Architektur
***Beyt-el-Suhaimi-Palast**, stimmungsvoller Sheikh-Palast
***El-Azhar-Moschee,** einflußreichste Moschee und Institution mit ältester Universität des Islam
***Mausoleum-Sabil-Kuttab** und **Moschee von El Guri**; vor allem das erstere Gebäude ist wegen seiner hervorragenden Restaurierung sehenswert
***Kalaun Mausoleum und Madrasa**, interessanter Komplex mit schönen Mashrabien und Dekorationen
***El-Hakim-Moschee**, renoviert, daneben die beiden nördlichen
Stadttore Bab el Futuh und **Bab el Nasr**
***Totenstädte**, Kairos Friedhöfe mit einer Vielzahl von Kuppelgewölben, besonders sehenswert in der nördlichen Totenstadt die Mausoleen von ***Sultan Barquq** und von

*****Sultan Ashraf Qaytbay**, in der südlichen Totenstadt das Mausoleum des
*****Immam el Shafi**.
****Rahman Katkuda Brunnenhaus** (Sabil Kuttab), gut restauriert
****Ak-Sunkur-Moschee**, die wegen ihrer glasierten persischen Fliesen auch **Blaue Moschee** genannt wird
****Hussein-Moschee** mit dem Kopf des Enkels des Propheten als Reliquie (beliebte Moschee für die täglichen Gebete)
****Qajmas-el-Ishaqi-Moschee** mit sehr schöner Innendekoration
****Er-Rifai-Moschee**, ("Schwester" der Sultan-Hassan-Moschee) mit vielen Stilelementen aus der islamischen Vergangenheit
***Beshtak-Palast**, typischer Palast für ehemals gehobene Verhältnisse
***Muayad-Moschee** mit dem Bronzetor der Sultan-Hassan-Moschee und baumbestandenem Innenhof
***Wakalat El Guri**, sehr gut restaurierte ehemalige Karawanserei, heute ein Atelier-Haus

Alt-Kairo, Insel Roda

*****Alt-Kairo**, der älteste Stadtteil, ist wegen seiner koptischen Kirchen – besonders **El Moallaka und **St. Sergius -, des *****Koptischen Museums** und seiner engen Gassen einen Besuch wert
****Manial-Palast** (Insel Roda), etwas überprächtiges Gebäude aus dem 19. Jhd mit schönem Garten und Jagdmuseum
****Nilometer** (Insel Roda), der viele Jahrhunderte zur Bestimmung des Wasserstandes diente und eindrucksvoll zeigt, wie hoch die Fluten stiegen
***Amr-Moschee**, die älteste Moschee Kairos
***Fustat**, spärliche Ruinen einer einstmals blühenden Stadt

Umgebung von Kairo

*******Pyramiden von Giseh**, seit alters her zu den Weltwundern zählend, am besten erhaltene Pyramiden
*******Nekropole von Sakkara** mit der Stufenpyramide des Djoser, vielen interessanten Gräbern und den Resten der im Fruchtland gelegenen ersten Hauptstadt **Memphis**
****Pyramide von Medum**, 80 km südlich von Kairo, bekannt wegen des an den Seiten liegenden Bauschutts
Pyramiden von **Abusir und ****Dashur**
***Pharaonic Village**, ein auf einer Nilinsel nachgebautes pharaonisches Dorf
***Heliopolis**, nordöstlich gelegener Vorort, eine Anfang des Jahrhunderts geplante Reißbrett-Stadt mit Atmosphäre
***Heluan**, einstige Kurstadt, heute Schlaf- und Industriestadt, Observatorium, Wachsfigurenkabinett
***Barrages du Nil**, Staudämme aus Mohammed Alis Zeiten, beliebtes Ausflugsziel der Bevölkerung Kairos

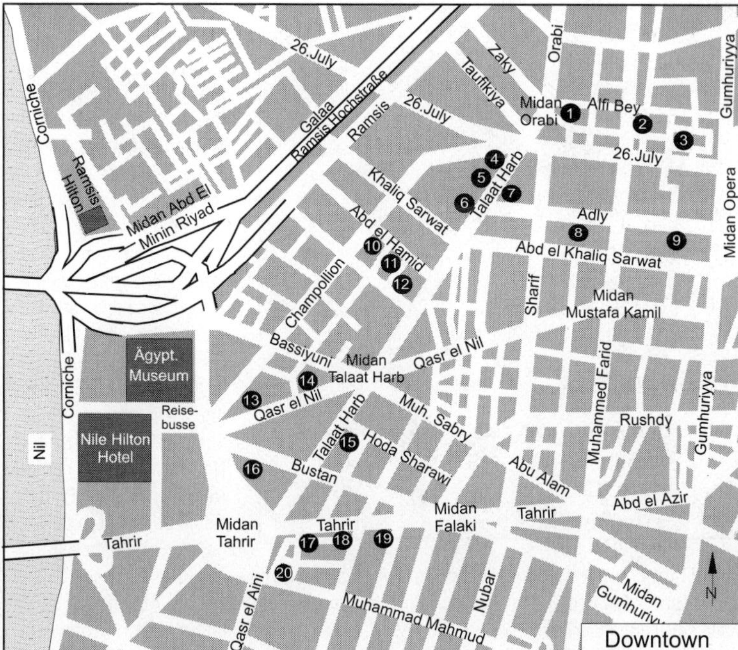

Restaurants im Zentrum:

1 Alfi Bey	6 Brazilian Coffee	11 Coin de Kebab	16 Kowloon
2 Peking	7 Excelsior	12 Fu Ching	17 Fatari el Tahrir
3 El Haty	8 GAD	13 Arabesque	18 El Tahrir Kushari
4 L'Americane	9 Groppi Garden	14 Caroll	19 El Guesh
5, 20 McDonalds	10 Odeon Hotel	15 Filfila	20 Kentucky Fried Chicken

Modernes Kairo

Stadtzentrum

Das moderne Leben pulsiert im Stadtzentrum mit seinen Geschäftsstraßen, Bürohäusern, Banken. Die *City* (häufig auch *Downtown* genannt) breitet sich vom Midan Tahrir mit der Sharia **Talaat Harb** nach Norden aus, südlich liegt die Garden City mit (ehemals) vornehmen Wohnpalästen, Botschaften und Hotels. Ein wichtiger Knoten ist der **Midan Talaat Harb**, der von der Geschäfts- und Bankenstraße Qasr El Nil und der Sharia Muhammad Bassiyuny gekreuzt wird. Ein spitzwinkeliges Gebäude an diesem Platz beherbergt das Café Groppi, ein bekannter Treffpunkt.

Das Shopping-Leben im modernen Kairo spielt sich im wesentlichen im Dreieck zwischen Midan Talaat Harb, der Sharia Qasr El Nil, der Sharia Gumhuriya, der Sharia 26.July und Sharia Talaat Harb ab. Besonders in der

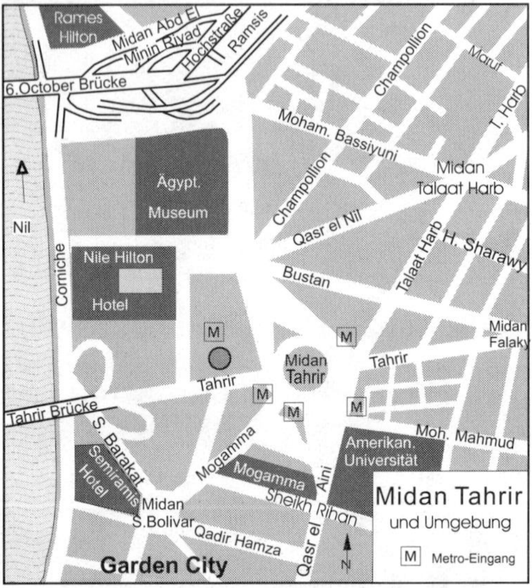

eine Art Institution in Kairo. Sechs Straßen spucken allen Verkehr auf dieses Areal, Massen von Fußgängern – meist um ihr Leben rennend – überqueren die Straßenzüge, obwohl der Metro-Bahnhof sicheres Unterqueren ermöglicht. Besonders Neuankömmlinge sollten die Unterführungen vorziehen, weil der Verkehr lawinenartig über Platz und einmündende Straßen rollt.

Von Nord nach Süd liegen am Tahrir oder in unmittelbarer Nähe: das Ägyptische Nationalmuseum, das Nile Hilton Hotel, das ehemalige Gebäude der Arabischen Liga, das Außenministerium, das Mogamma-Gebäude mit vielen Verwaltungsstellen sowie die Amerikanische Universität. Zwischendrin finden noch zwei Busbahnhöfe und natürlich eine Menge von Geschäften und Restaurants Platz.

Sharia Talaat Harb und Qasr el Nil (bis zum Midan Mustafa Kamil) drängen sich am frühen Abend die Fußgänger, stehen die Parkplatzsucher in einer einzigen Schlange. Es ist wirklich interessant, zu dieser Zeit hier zu bummeln, entweder selbst einzukaufen oder nur den Ägyptern beim Shopping zuzuschauen. Wer es bis etwa 22 Uhr aushält, kann in der Gegend des Midan Orabi in einen der Nachtclubs gehen und den Ausflug mit einer Bauchtanzaufführung beschließen. Aber auch am Tag lohnt ein kurzer Abstecher zum Midan Orabi mit dem kleinen Taufikiya-Frischmarkt und der augenblicklich einzigen kurzen Fußgängerzone Kairos (der allerdings weitere folgen sollen), die nicht nur autofrei gehalten wird, sondern auch mit Grünanlagen und Sitzbänken aufgewertet wurde. Sogar die Häuserfronten sind neu gestrichen und im Farbton auf die Straßenpflasterung abgestimmt.

Der **Midan Tahrir** (der offiziell *Midan Anwar el Sadat* wie die Metro-Station heißt), ist

Das **Nile Hilton Hotel** war früher die Touristen-Drehscheibe und auch für viele Ägypter ein wichtiger Treffpunkt; in den letzten Jahren kam es ein wenig aus der Mode. Es entstand 1959 in den fast puritanischen, nach Moskau ausgerichteten Zeiten unter Nasser. Damals wurde es von dem mehr kosmopolitischen Teil der Bevölkerung gern als eines der wenigen Fenster Richtung Westen genutzt. Trotz des Menschenumschlagplatzes findet man in dem eher unansehnlichen Bau mit seinen Restaurants doch meist eine ruhige Ecke. Vor einigen Jahren wurde als Schwester-Hotel das Ramsis Hilton gleich nördlich der 6.October Brücke in den Himmel geklotzt, ebenfalls kein Architektur-Denkmal. Von der Bar *Windows on the World* (die kurz vor Sonnenuntergang öffnet; Mindestverzehr £E 36 pP) im 30. Stockwerk überrascht der phantastische Ausblick, u.a. auf den Midan Tahrir und Umgebung. Außerdem ist sie ein sehr brauchbarer Platz für einen "Sun Downer", den Drink nach englischer Art bei Sonnenuntergang.

Sollten Sie etwas mehr Zeit haben, so könnten Sie einen Blick in die **American University of Cairo** (AUC) werfen, an der 3500 Studenten eingeschrieben sind. Dort finden häufig auch für Fremde interessante Vorträge oder Theateraufführungen statt. Im Café/Mensa läßt sichs z.B. gut frühstücken und mit Studenten in Kontakt kommen oder im gut sortierten Bookshop einkaufen. Informationen gibt es im Public Relations Office, Eingang Sharia Sheikh Rihan (Querstraße der parallel zum Nil verlaufenden Sharia Qasr El Aini). An dieser liegt auch das Parlamentsgebäude.

Im nächsten Block der Sharia Qasr El Aini ist das Haus der sehr betagten Geologischen Gesellschaft von einer Polizei- oder Militärkaserne vereinnahmt worden. Das interessante **Geologische Museum**, das einst hier verstaubte, ist in die Corniche Nr. 2-4 in der Gegend von Alt-Kairo verlegt worden, Eingang Atar el Nabi (Nähe Metro-Station Zahra). Es beherbergt beeindruckende Tertiär-Fauna, Meteoriten, Minerale etc.

Doch lassen Sie uns nun die Sharia Talaat Harb hinaufwandern und in die Sharia Adly rechts einbiegen, an ihrem Ende landen Sie am **Midan Opera**. Das zugehörige Opernhaus brannte 1971 aus, es wurde durch ein profanes Parkhaus ersetzt, ein Neubau wurde 1988 auf der Insel Gezira (siehe Seite 257) eingeweiht. Hier, am Anfang der Sharia 26. July, gibt es eine ganze Reihe von Textilgeschäften und Schneiderwerkstätten: Wenn Sie auf die Schnelle eine neue Hose brauchen, dann lassen Sie hier maßschneidern.

Gleich nebenan sehen Sie die Reste der ehemaligen **Ezbekiya Gärten**. Früher breiteten hier Wanderbuchhändler ihre Schätze aus, heute sind sie weitgehend verdrängt. Denn die Gärten weisen eine wechselvolle Geschichte auf: Einst stand die Gegend während der Nilflut unter Wasser, Kahnpartien waren eine beliebte Abwechslung der Bevölkerung. In moderner Zeit zerschnitt hier einer der wichtigsten Busterminals Kairos die Gärten in zwei Hälften und hüllte sie in Abgas-

Parfümiertes Wasser

Schlepper nutzen die Not der Touristen auf den Straßen, springen ihnen schnell zur Seite, halten die heranbrausenden Autos auf und geleiten den Fremden freundlich auf die andere Seite mit dem Spruch: "I saved your life!" Der so Gerettete kann dann kaum die Einladung ins Parfümgeschäft und dort den Kauf einer Literflasche überteuerten parfümierten Wassers ausschlagen...

Das ist übrigens nur einer der Tricks. Besonders am Midan Tahrir, in der Sharia Talaat Harb und den umliegenden Straßen sind **Schlepper** sehr geschickt auf ahnungslose Touristen aus. Meist sprechen Sie ein paar Sätze deutsch und verwickeln den höflichen Zuhörer in ein Gespräch. Die Freundschaft endet schließlich in einem Parfüm-Shop, dessen Preise um den Faktor 10 überhöht sind (als Anhaltspunkt: 1 ml Parfümessenz sollte ca. £E 1 kosten). Aber es geht nicht nur um Parfüm, andere versuchen, Ihnen überteuerte Ausflüge z.B. nach Sakkara oder sonstwohin anzudrehen oder sich Ihnen den ganzen Tag über als freundschaftlicher Führer anzudienen und am Ende ein saftiges Honorar zu verlangen.

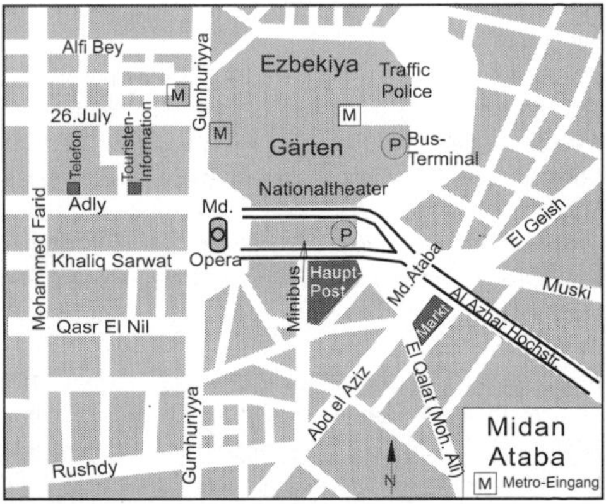

wolken. Dann wühlten die Metrobauer alles durch; nach deren Abzug blieben neu angelegte Gärten zurück, der Busbahnhof wurde ins Erdgeschoß des Parkhauses neben der Traffic Police verlegt. Weiterhin finden Sie im Komplex zwischen Opera-Parkhaus (nicht zu verwechseln mit dem des Busterminals) und der Sharia 26.July das Nationaltheater (das aber eventuell verlegt werden wird) und das Cairo Puppet Theater.

Wenn Sie Interesse an Eisenbahnen – historischen wie aktuellen – haben, dann folgen Sie der Sharia Gumhuriya nach Norden, die am **Hauptbahnhof** – *Ramsis Bahnhof* – endet; gleich rechts im Bahnhof verkauft ein Postamt Briefmarken (mehr Details zum Bahnhof siehe Seite 81). Seinen Namen verdankt er der Ramses-Statue, die einst groß und einsam den Platz beherrschte. Inzwischen wird sie von Hochstraßen eingekeilt, von Autoabgasen erodiert.

Wenn gerade kein Erdbeben stattfindet oder ein Feuer ausbricht, dann nehmen Sie doch den (langsamen) Lift ins Everest-Hotel im Hochhaus an der Bushaltestelle. Vom "Café" im 15. Stock können Sie das Straßengewirr bestens überblicken und sich einen Eindruck von der Umgebung verschaffen.

Am Nordende des Bahnhofgebäudes liegt das zumindest für Bahn-Fans und Nostalgiker sehenswerte **Eisenbahnmuseum**, das bereits 1933 eröffnet wurde (8-13, £E 3,00) und heute fast charmant verstaubt-veraltet ist. Attraktion ist eine von Stephenson in England gebaute Lokomotive, deren Kohle-Tender der Khedive Ismail zum kleinen Salon ausbauen ließ. Nicht uninteressant dürfte auch eine Darstellung über den Transport einer Monumentalstatue in pharaonischen Zeiten sein.

Einen interessanten Abstecher können Sie von hier aus zum modernen koptischen Zentrum mit dem Neubau der **Markus Kathedrale** (angeblich nur bis 16 Uhr geöffnet) machen. Am besten nehmen Sie die Metro bis zur Station El Demerdash und gehen dort ca. 500 Meter südwärts, unterwegs sehen Sie die Kuppel. Oder Sie fahren per Taxi ca. 2 – 3 km auf der Sharia Ramsis stadtauswärts, kurz nach der Kreuzung mit der Sharia Bur Said (Fly-Over), ist auf der linken Straßenseite die riesige Betonkuppel der Markus Kathedrale – das bedeutendste Gotteshaus der Kopten – nicht zu übersehen. Die Kathedrale gilt als die größte christliche Kirche auf afrikanischem Boden. Die Gebeine des Heiligen Markus – der christliche Missionar Ägyptens – wurden bei der Einweihung der Kathedrale teilweise aus Venedig hierher zurückgeführt.

Innerhalb eines Verwaltungskomplexes mit einer alten Basilika erhebt sich auf einem Grundriß von 100 x 150 m der mächtige, 1960 begonnene Bau mit seiner 41 m hohen Kuppel. Ein Besuch der Kathedrale ist beeindruckend, zum einen wegen des imposanten Bauwerks, zum andern durch den hier zur Schau gestellten Überlebenswillen der koptischen Gemeinschaft.

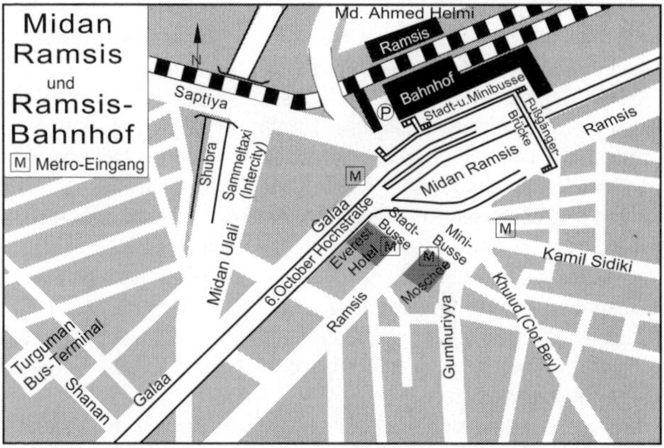

Das nicht minder sehenswerte alte koptische Viertel namens Alt-Kairo ist ab Seite 280 beschrieben.

Man könnte meinen, daß die unweit der Markus Kathedrale ebenfalls an der Sharia Ramsis stehende El Noor Moschee als Antwort der Muslime auf die koptische Kathedrale verstanden werden sollte. Rein subjektiv wirkt ihre Baumasse unter den fünf grünen Kuppeln mit zwei extrem hohen Minaretts sehr viel gewaltiger als die des christlichen Pendants.

Doch zurück zu den Ezbekiya-Gärten und dem Midan Opera. Ein paar Schritte weiter treffen Sie auf den **Midan Ataba** mit der **Hauptpost** (8-15, Fr 8-12) und der Hauptfeu-

Leben im Müll

Bei Ihren Spaziergängen werden Ihnen sicher unförmige Eselskarren begegnen, randvoll mit Müll beladen und von Kindern gelenkt. Auch diese sog. Zabbalin sind ein Mosaiksteinchen im Bild Kairos. Es handelt sich um Kopten, die einst als Arbeitslose aus Mittelägypten, vornehmlich aus Assiut, nach Kairo zogen und keine andere Arbeit fanden. Sie schaffen gegen geringes Entgelt die Abfälle der Geschäfte, Restaurants und vieler Bürger auf die Müllhalden. Dort sortieren sie per Hand den Unrat und verwerten ihn soweit wie möglich. Den größten Teil der organischen Rückstände wird an die von den Zabbalin gehaltenen Schweine verfüttert, andere Abfälle gehen in die Hände von spezialisierten Altwarenhändlern, den Moalems. Insgesamt leben etwa 50 000 Menschen in sieben Siedlungen hauptsächlich am Ostrand von Kairo in primitiven Hütten inmitten der Müllberge und vom Müll – ein Los, das die ägyptische Gesellschaft kaum als besondere Tragik wahrnimmt.

Dieses System funktionierte jahrzehntelang perfekt, heute kommen die Zabbalin mit ihren ehemals etwa 1700 Eselskarren, die sie mehr und mehr durch klapprige Lastwagen ersetzen, nicht mehr nach. Aber auch die städtische Müllabfuhr schafft die Aufgabe nicht, trotz modernerem Gerät und zu vierfach höheren Kosten. Vor den Häusern, die keinerlei Müllentsorgung haben, wachsen die Berge zwangsläufig gen Himmel.

erwache (kann man sogar, inoffiziell, besichtigen). Postlagernde Sendungen (Poste Restante) gibt es auf der rechten Gebäudeseite (Schild *Correspondence Delivery* über dem Eingang), Einschreiben werden nur im Paketpostamt (links auf der gegenüberliegenden Straßenseite) angenommen. Philatelisten dürften am **Postmuseum** (Sa-Do 9-13) interessiert sein, das im zweiten Stockwerk der Hauptpost untergebracht ist.

Biertrinker finden eine gemütliche Kneipe – eine Rarität in Kairo – gegenüber der Traffic Police direkt vor Beginn der Arkaden (grüner, schmaler Türladen).

An der Hauptfeuerwache vorbei und die Sharia Abd el Aziz überquert, stoßen Sie direkt auf den **Ataba Markt**, einer der lebendigsten täglichen Märkte Kairos. Sie sollten den kurzen Abstecher und Einblick in den Alltag nicht versäumen.

Sie haben übrigens soeben die **Sharia Bur Said** überquert, die erst Ende des letzten Jahrhunderts dadurch entstand, daß der *Khaliq el Misr Kanal* zugeschüttet wurde und eine neue Verkehrsachse geschaffen werden konnte. Dieser Kanal und die heutige Sharia Bur Said bildeten die Grenze der von den Fatimiden gegründeten Altstadt, dort zog sich auch die westliche Stadtmauer entlang, die heute verschwunden ist. Der Kanal wurde damals während des Niedrigwassers des Nils durch einen Damm vom Fluß abgetrennt. Bei einem bestimmten Hochwasserpegel riß man ihn mit einer großen Zeremonie ein, dann wurden weite Gebiete überflutet. Die Ezbekiya Gärten wurden von einem See gesäumt, auf dem sogar Boote verkehrten.

Von hier könnten Sie z.B. die Sharia Abd el Aziz zurückgehen, bis Sie auf die Sharia Gumhuriyastoßen, dieser links bis zum Midan el Gumhuriyafolgen und damit im eigentlichen Regierungsviertel landen. Links liegt der **Abdin Palast** aus dem 19. Jhd, der heute als Sitz des Staatspräsidenten offiziellen Anlässen dient.

Das unübersehbar ausgeschilderte **Abdin Palace Museum** (9-15; £E 10; Eingang quasi auf der Rückseite des Palastes) dürfte besonders für den Waffenfreund eine unerschöpfliche Fundgrube allermöglichen Handwaffen, aber auch alter Geschütze darstellen. Die Deutschen sind u.a. mit Schmuckwaffen der Nazis sowie einem Standbild von Friedrich III. (!) vertreten. Es gibt außerdem Medaillen, Silberarbeiten und Porzellan zu sehen.

Wenn Sie der Palast nicht interessiert, schlendern Sie vom Midan Ataba einfach Richtung Midan Tahrir zurück, unterwegs gibt es viel tägliches Leben zu sehen.

Diese Markierungspunkte grenzen zumindest den wichtigsten Teil des Stadtzentrums ein. Wenn Sie Hotels, Schuhgeschäfte, teure Souvenir-Shops, Kaufhäuser, Buchhandlungen, Reisebüros etc. suchen, dann gehen Sie hier richtig.

Insel Gezira - Zoo - Insel Roda

Ein Ausflug zur Insel Gezira (das arabische *Gezira* heißt Insel) bietet dreierlei: Bummel an den Andalusischen Gärten entlang (die mit hohen Zäunen gegen das Publikum abgeschottet sind), Einblick in die sportlichen Aktivitäten der Ägypter und als Hauptattraktion den Ausblick vom **Cairo Tower** (£E 21; keine Studentenermäßigung, kein Warten in der Schlange der Einheimischen). Von oben gewinnen Sie einen vortrefflichen Überblick über die Stadt und ihre Lage am Nil, besonders schön ist die Sonnenuntergangsstimmung. Falls Sie oben speisen wollen, müssen Sie bereits unten am Eingang Gutscheine kaufen, das Restaurant hat nicht den besten

Ruf; vor allem bei Sonnenuntergang wartet man lange auf seine Bestellung.

Der Turm steht am Rand der Sportplätze, die meist dem Gezira Sporting Club gehören und auf denen vor allem gegen Abend eifrig trainiert wird. Im Postamt, links vom Aufgang, kann man telefonieren, links vom Turm ist ein Kartentelefon. Unweit vom Tower sind Restaurantschiffe am Nilufer vertäut, die sich als beliebter Treffpunkt der Ägypter entwickelten, bekannte Sängerinnen und Sänger treten während der Mahlzeiten auf.

Gegenüber dem Eingang zum Gezira Sporting Club (Nähe Deutsche Botschaft), 1 Sharia El Sheikh El Masrafi, steht ein exquisiter, kleiner islamischer Palast (1927 für einen Ururenkel des Khediven Ibrahim gebaut), der das ***Museum für islamische Keramik** (Di-So 10-13.30, 18-22, z.Zt. kein Eintritt) beherbergt. In den Sammlungen des Museums scheinen sich die hervorragendsten Keramiken der islamischen Vergangenheit zu vereinen. Neben arabischen und türkischen sind vor allem auch die andalusischen Stücke sehr sehenswert; ein Raum ist pharaonischer Kunst gewidmet. Im Untergeschoß (östlicher, tieferliegender Seiteneingang) finden wechselnde Ausstellungen zeitgenössischer ägyptischer Künstler statt.

Jetzt sind Sie bereits im Herzen von Zamalek gelandet, einem ehemals recht feudalen Wohnviertel auf der Insel Gezira, in dessen Straßen Sie manche vornehme alte Villa betrachten können. Noch heute besitzt Zamalek Anziehungskraft für die gehobene Mittelschicht, wie die Boutiquen an der Sharia 26.July und in den nördlichen Querstraßen zeigen. Aber auch die Diplomaten fanden Gefallen an dieser Gegend, denn sehr viele Botschaften siedelten sich hier an. Sollten Sie zur Deutschen Botschaft kommen, dann werfen Sie einen Blick in den **Gabalaya Aquarium Park**, Eingang Sharia Hassan Sabri (der Park gegenüber der Botschaft). Er bietet in labyrinthartige Grotten gehauene Aquarien mit Nilfischen. Der von König Ismail im 19. Jhd angelegte Park ist gepflegt (£E 0,50; 9-15.30).

Für einen Abstecher sollten Sie zum linken Nilufer über die 6.October Brücke fahren. Praktisch an deren Ende steht das **Landwirtschaftsmuseum** (Mo-So 9-13.30, £E 0,20). Im ersten Gebäude wird das Landleben mit seinen Gebrauchsgegenständen zur Pharaonenzeit – von Broten bis zu Tiermumien – dokumentiert, im zweiten Gebäude sind Alltagsszenen, Nilbarken und Tiere zu sehen; im dritten ist der Feldanbau mit Schwerpunkt bei Getreide, Baumwolle und Zuckerrohr dargestellt.

Wenn wir auf die Insel Gezira zurückkehren und ein Stück weiter nach Süden wandern, so fällt ein Geschenk der japanischen Regierung an Ägypten, das an der nördlichen Seite der Sharia Tahrir liegende neue **Opernhaus**, unübersehbar auf. Das 1988 eingeweihte Bauwerk ist einer fatimidischen Burg nachempfunden und bietet neben der Oper mit 1200 Plätzen in weiteren Sälen Kino, Musik und Unterrichtsräume. Direktorin der Anfangszeit war übrigens Frau El Hefny, eine Tochter der Dame, deren Stellungnahme zum Thema *Frauen in Ägypten* wir ab Seite 138 abgedruckt haben. Kartenvorverkauf (10-13, 17-20; £E 15 – 50); für Vorstellungen herrscht absoluter Krawatten- und Jacketzwang (kann hier geliehen werden).

Die künstlerisch sehr gelobte Oper bietet ein breites Repertoire von sehr guten Eigenproduktionen (z.B. Zauberflöte auf Arabisch) oder Ballett-Aufführungen wie auch von internationalen Gastspielen; von jedem Platz ist die Bühne sehr gut zu sehen. Das Opernhaus (großer Saal, Konzertsaal und Freilichttheater) zu £E 5 pP mit englischsprachiger Führung kann auch besichtigt werden, ein durchaus lohnenswerter Einblick.

Das **Museum of Modern Egyptian Art** (11-14, 17-21; £E 10), das früher in Dokki zu Hause war, ist in das neue Kunstmuseum umgezogen, das im Komplex der Oper entstand. In drei Stockwerken sind Gemälde, Grafiken, Zeichnungen und Keramiken ausgestellt, vor dem Museum stehen 60 Skulpturen. Vorhanden war hier bereits das kleine **National Museum for Civilization** und das **Planetarium**. Sehenswert ist übrigens auch das kleine Museum des Bildhauers **Mahmoud Moktar** an der Sharia Tahrir, der Eingang liegt kurz vor der Galaa Brücke. Hier finden Sie über 100 Arbeiten Moktars, der moderne Kunst in Ägypten einführte und von dem übrigens die Plastiken auf der Pyramid Road stammen.

An der Südspitze der Insel Gezira erhebt sich der schlanke Rundturm des El Gezirah Sheraton Hotels. Sein Terrassenrestaurant, das fast als Wellenbrecher der Inselspitze dient, bietet einen fast schon ungewöhnlichen Ausblick nilaufwärts, besonders die frühe Abendstimmung beschert schöne Stimmungen.

Wenn Sie jetzt den Nil nach Westen überqueren und vom Sheraton Hotel aus der Sharia Giseh nach Süden folgen, stoßen Sie im nächsten Block links auf das ***__Mahmoud Khalil Museum__**, Sharia Giseh, zwei Blocks südlich vom Sheraton Hotel, (Di-So 9.30-18; £E 25, Stud. £E 5), das erst kürzlich hierher – in das ursprüngliche Haus von Mahmoud Khalil – verlegt wurde. Die Sammlung mit einer hervorragenden Kollektion impressionistischer Maler wie van Gogh, Renoir, Gaugin ist wirklich sehenswert.

Ein Stück weiter liegen an der Sharia Dokki – dort, wo die Straßenbäume vom Vogelmist weiß gefärbt sind – der ***Botanische Garten** und der ***Zoo**. Dort hinein führen drei Eingänge, zwei in der Nähe des Midan Giseh. Der Zoo wurde in den letzten Jahren umgestaltet, die meisten Tiere – bis auf Löwen, Tiger und einen Elephanten – sind jetzt in artgerechten Gehegen untergebracht. Die weit ausladenden Baumgruppen spenden kühlen Schatten, ein Spaziergang durch die schön angelegten Gärten, darunter ein Korallengarten aus der Zeit Mohammed Alis, kann Erholung und Abwechslung bieten. Der Zoo ist vor allem freitags ein beliebtes Picknick-Ausflugsgebiet, Familien lagern in den

Relaxen

Vielleicht wollen Sie sich nach anstrengender Besichtigungsarbeit zwischendurch mal gepflegt erholen: Im Hotel Fontana, Midan Ramsis, kann man **Swimmingpool** zu £E 10 pP relaxen, im Meridien Hotel können Sie gegen £E 60 in den Pool springen, im Cairo Sheraton zu £E 89, im Semiramis für £E 84, im Hotel Atlas-Zamalek in Mohandissin für £E 25, im Mena House Hotel mit Pyramidenblick und Lunch zu £E 85. Besonders schöne Swimmingpools bietet das Hotel Forte Grand Pyramids, Alexandria Desert Road, Giseh (bei der Abzweigung zum Fayum): Sechs Becken unterschiedlicher Tiefe mit Blick auf die Pyramiden (£E 60).

Die Spätnachmittags- oder die Abendstimmung können Sie besonders auf dem Wasser genießen, indem Sie per **Feluke** auf dem Nilabschnitt der Stadt kreuzen; Kosten etwa £E 25 bis maximal £E 35 pro Boot. Schiffe liegen am Ufer des Nile Hilton, des Shephard und des Meridien Hotels. Für längere Trips empfiehlt sich, eine Feluke am Filfila in Maadi zu heuern, weil dort keine Brücken das Vorwärtskommen hindern. Nehmen Sie abends ein Mückenmittel mit!

Grünflächen, Kinder spielen und Radios plärren. Den Star des Zoos spielt ein 130 Jahre alter Anden-Kondor. Weit weniger Betrieb herrscht im angrenzenden Botanischen Garten, der mit weitläufigen Rasenflächen angenehmere Erholungsplätze unter ebenfalls alten Bäumen bietet.

Etwa 1 km weiter südlich treffen Sie auf den **Midan Giseh**, der, von einer Hochbrücke ("Fly-Over") verdunkelt, ein wichtiger Knotenpunkt ist: Nach Süden geht es auf die oberägyptische Niltalstraße, nach Westen auf der breit ausgebauten Pyramid Road (Sharia El Ahram) zu den Pyramiden und weiter nach Alexandria.

Vom Zoo zurück zum Stadtzentrum gibt es den direkten Weg, aber wenn Sie noch Lust haben, legen Sie einen kleinen Umweg über die Insel Roda ein.

In einem kleinen Park an der Südspitze der Insel Roda liegt der 715 nC erbaute **Nilometer** (9-15, £E 6), ein seit dem Assuan-Stausee außer Interesse geratenes, durchaus sehenswertes Bauwerk. Früher konnte aus dem Höchststand einer Überflutung der Ertrag der nächsten Ernte geschätzt werden; heute läßt die Meßlatte nur noch ahnen, welch ungeheure Unterschiede die Wasserstände erreichten. Gerader dieser, so ins Auge springende Unterschied macht den Besuch des Nilometers wert.

Im Komplex des Nilometers steht der zumindest ehemals prächtige Palast des Manisterli, der um 1850 Innenminister war. Derzeit werden die Gebäude restauriert, nach Fertigstellung soll dort anstelle des bisherigen *Center of Art and Life* ein *Center of Making Art* untergebracht werden. Werfen Sie auch bereits zuvor einen Blick in die schön dekorierten Palastgebäude.

Von hier aus führt eine Fußgängerbrücke ans westliche Ufer, d.h. quasi direkt Richtung Alt-Kairo. Es macht durchaus Sinn, einen Besuch Alt-Kairos mit Roda zu verbinden.

Mehr im Norden der Insel liegt der **Manial-Palast** (mit angeschlossenem Jagdmuseum) (9-14, £E 10), den Mohammed Ali, ein Bruder des Königs Fuad, zu Beginn des 20. Jhd erbauen ließ. Neben dem Jagdmuseum gibt es die königliche Residenz, den Thronsaal und ein Museum mit persischen Miniaturen, Möbeln, Teppichen etc. zu besichtigen.

Ägyptisches Nationalmuseum

Jetzt sollten Sie an einen Besuch des Ägyptischen Nationalmuseums denken (tgl 9-16.30, Einlaß bis 16.00; £E 20; Fotografiererlaubnis – kein Blitz erlaubt – £E 10; Video £E 100; Pharaonen-Mumiensaal £E 50). Es ist überfüllt mit Exponaten (Neubau geplant), daher soll im folgenden kurz ein Hinweis auf den Standort der Stücke gegeben werden, die besonders sehenswert und ein *Muß* sind, falls man nur wenig Zeit hat. Vorsicht vor Parfümladen-Schleppern: Sie behaupten, das Museum sei erst später für Individualtouristen geöffnet oder ähnliche Phantasie-Stories und daß man am besten die Zeit bis dahin beim Tee (im Parfüm-Shop) verbringen würde...

An den Kiosken am Eingang sind ausführliche und bebilderte Führer erhältlich. Dem historisch Interessierten sei geraten, sich bereits zu Hause den hervorragend aufgemachten offiziellen Katalog zu kaufen (siehe Seite 45) und sich schon vor dem Besuch so zu informieren, daß er sich dann auf die für ihn wichtigen Stücke konzentrieren kann.

Ansonsten ist zu empfehlen, die Besichtigung auf mehrere Tage zu verteilen, z.B. vor und nach einem Oberägyptenbesuch zu legen. Die Touristenmassen führen zur Überfüllung, ja fast zum Kollaps des Museums und zu verbrauchter Luft. Der späte Vormittag (ab 11 oder 11.30 Uhr) und spätere Nachmittag (15 – 16 Uhr) scheinen noch die günstigsten Besuchszeiten zu sein, weil dann die meisten Gruppen anderen Programmen nachzuhetzen haben – das ist aber keine sichere Regel! Auch sonntags ist das Museum stark überfüllt.

Über einen Neubau des Nationalmuseums wird seit vielen Jahren diskutiert. Als Standorte stehen ein Platz in der Nähe der Pyramiden, ein anderer auf einem großen Gelände in El Fustat, östlich von Alt-Kairo, zur Debatte. Das neue Museum soll dann die gesamte Geschichte Ägyptens bis in die Neuzeit abdecken; allerdings dürften noch viele Jahre bis zur Eröffnung vergehen.

Trotz der Überfülle erschließen sich die Bestände recht gut, wenn man sich vorher über das System der Ausstellungen informiert. Das Erdgeschoß ist chronologisch angeordnet, im Obergeschoß sind die Stücke thematisch gruppiert. Man sollte hier auch abseits der Touristenströme in abgelegenen Galerien stöbern, überhaupt auf Entdeckungstour gehen. Ein Rundgang durch das Ägyptische Museum kann so spannend wie eine Ägyptenreise sein, und man wird bei jedem Besuch wiederum Neues entdecken.

1994 wurde der Mumiensaal des Museums wiedereröffnet. Präsident Sadat hatte ihn 1980 schließen lassen, um die Ruhe der Toten nicht zu stören und die empfindlichen Gebilde vor endgültiger Zerstörung durch Pilze und Bakterien zu bewahren. Dies soll in Zukunft durch technische Maßnahmen verhindert werden. Die Toten liegen in Glassärgen, die – mit Edelgas gefüllt – die Mumien vor weiterem Zerfall schützen sollen. Der Weg zum Mumiensaal (Nr. 56, Obergeschoß) führt durch eine informierende Galerie, im Saal sind die Mumien von elf Pharaonen, u.a. Sethos I, Tuthmosis IV, Ramses II, zu sehen. Die Glassärge sind U-förmig parallel zu den Wänden aufgestellt. Nur Ramses II mit seinem scharfen Profil und den rotblonden Haaren liegt im schützenden Glassarg bzw. -kasten im Sarkophag in der Mitte des Raumes. Die Toten sollen tatsächlich ruhen, daher werden die Besucher um Ruhe gebeten; der Raum ist völlig abgedunkelt, nur die Mumien werden durch Lichtspots beleuchtet.

In der folgenden Liste ist nach der Raumnummer jeweils auf das oder die wichtigen Stücke, die meist (mehrsprachig) beschriftet sind, hingewiesen. Vieles neue arrangiert

Erdgeschoß

Saal Nr. (in der Reihenfoge des Rundgangs)

- **43**: Mittelraum gegenüber Eingang – gelegentlich wechselnde Präsentation wichtiger Frühzeitobjekte, Djoser-Statue
- **47**: Mykerinos-Triaden
- **41**: Pastenreliefs des Nefer-maat
- **42**: Chefren mit Falke, Dorfschulze (Ka-aper), Schreiber
- **32**: Plastik AR: Rahotep und Nofret, Zwerg Seneb, Ti, Kupferstatue König Pepi und Sohn, Malerei Gänse von Medum
- **31**: Statuenpaar Ranofer
- **26**: Statue Mentuhotep II
- **22**: MR-Plastik, darunter Statuen Sesostris I (lebensgroß)

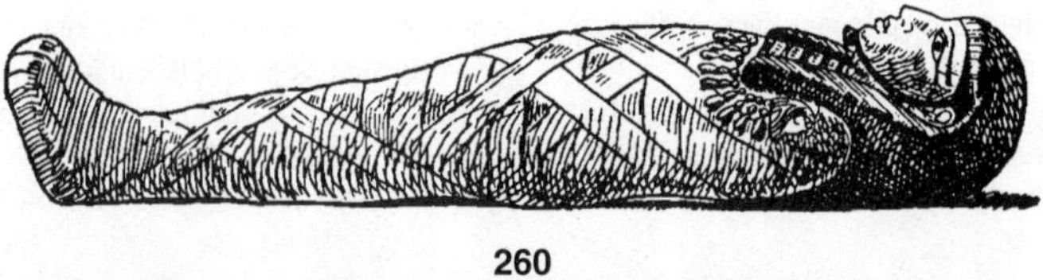

- **16**: Mähnensphingen Amenemhet III
- **11**: Mähnensphinx der Hatschepsut, Statue Thutmosis III
- **12**: 18. Dynastie-Raum: Hatschepsut, Puntreliefs, Senenmut, Amenophis-Sohn des Hapu, Kapelle mit Hathor-Kuh aus Der el Bahri
- **7**: Sphingen Hatschepsut
- **3**: Amarna: Kolossalstatuen Echnatons, Malereien aus dem Palast, Köpfe der Nofretete und Prinzessinnen, königlicher Sarg
- **10**: Kolossalfigur Ramses II
- **14**: Ramessidenraum: Statuen von Sethos I, Ramses II, Reliefs
- **25**: Kopf des Taharqa, 25. Dynastie
- **24**: Plastik und Reliefs der 25. (Kuschitenzeit) und 26. (Saitenzeit) Dynastie
- **40**: Objekte der meroitischen Kultur
- **44**: Objekte der X-Group (4.-6. Jhd nC): Kronen und Schmuck aus Silber, Pferdegeschirre (Bestattung), Waffen
- **49**: Spätzeitsärge
- **Mittelhalle**
- **18**: Kolossalfigur Amenophis III und Teje
- **28**: Palastfußboden aus Amarna
- **33**: mehrere Särge aus dem Tal der Könige

Obergeschoß

Die Räume **45, 40, 35, 30, 25, 20, 15, 10, 9, 8, 7**und **3** sind dem **Grabschatz des Tutanchamum** gewidmet. Goldmaske und Sarkophage stehen im eigens klimatisierten Raum 3, im Flur davor alle möglichen Grabbeigaben wie Kästen und Wagen.

- **4**: "Ancient Egyptien Jewellery", Schmuck aus verschiedenen Zeiten
- **2**: Grabschatz aus Tanis (3. Zwischenzeit, Silbersärge, Goldmasken, Schmuck)

Die Räume 2, 3 und 4 – die jeweils verdunkelt und daher gut per Spots ausgeleuchtet sind – zählen zu den Highlights des Museums, zumindest was Schmuck- und Edelmetallkunsthandwerk betrifft.

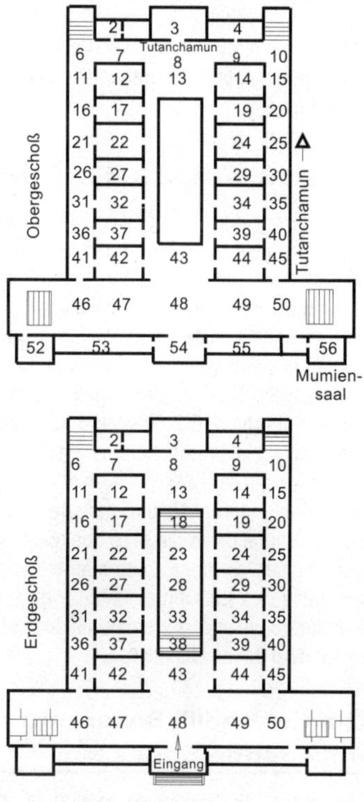

Ägyptisches Nationalmuseum

- **17**: Funde aus dem Grab des Sennedjem
- **27**: Modelle aus dem MR aus dem Grab des Meketre
- **37**: weitere Modellgruppen, zwei Soldatengruppen
- **42**: Frühzeit
- **43**: Grabschatz von Yuya und Tuya (Eltern der Teje) aus dem Tal der Könige
- **56**: Mumiensaal mit elf Pharaonen-Mumien, u.a. Ramses II
- **48**: Särge der Königinnen Kawit und Ashait, 11. Dynastie, kleine Preziosen-Vitrine, u.a. Miniaturbild Cheops

(jetzt Erdgeschoß links vom Eingang), davor in mehreren Vitrinen wechselnde Ausstellung neuester Grabungsfunde
- **29**: Papyri
- **24**: Ostraka ("Schmierzettel" und Skizzen)
- **19**: Götterbronzen
- **14**: Mumienportraits

Kairos Altstadt: Islamisches Viertel

Ein Hinweis: In dieser Umgebung werden wir eine ganze Reihe von Moscheen besuchen können. Nach uralter Tradition betritt man isalmische Gotteshäuser nur barfuß. In der Regel steht am Eingang ein Regal, in das die Schuhe gestellt werden; manchmal kann man auch Stoffüberschuhe gegen ein Bakschisch von etwa £E 2 "mieten". Auch der Mann, der am Regal eher herumsteht als aufpaßt, erwartet ein Bakschisch, hier genügt eine Halbpfundnote. Nimmt man statt dessen die Schuhe mit in die Moschee (was ungern gesehen wird), so sollte man sie eher unauffällig und stets mit den Sohlen gegeneinander tragen und sie niemals mit den Sohlen auf dem Boden abstellen.

Khan el Khalili Bazar und umliegende Souks

Ein Hinweis: Die Sharia Al Azhar wird derzeit untertunnelt, um den gesamten Verkehr unter die Erde zu verlegen, oberirdisch soll eine Fußgängerzone entstehen. Während der Bauarbeiten ist mit Einschränkungen und Behinderungen zu rechnen.

Tauchen Sie ein in den Orient, in das quirlige, immer noch einen Hauch Mittelalter, einen Hauch Tausendundeine Nacht versprühende Leben des Islamischen Kairo. Hier, zwischen den stellenweise noch vorhandenen Stadtmauern, lag über viele Jahrhunderte das Zentrum Ägyptens, viele historische Bauwerke spiegeln das Auf und Ab der Geschichte seit der islamischen Eroberung wider. Historisch Interessierten sei *A Practical Guide to I*slamic Monuments in Cairo sehr empfohlen.

Wandern Sie durch diese verschachtelte Welt mit ihren Moscheen und Palästen, zwischen denen immer wieder enge Ladenstraßen – Souks – auftauchen. Besonders in der nördlichen und südlichen Umgebung des Khan el Khalili Bazars werden Sie Souks finden, in denen Sie fast ausschließlich Ägyptern und nur selten den Mitmenschen deutschen Zungenschlags begegnen..

Doch bummeln Sie auch durch den Khan el Khalili Bazar, der zwar zu den üblichen touristischen Pflichtübungen gehört, dessen Kitsch-Kulissen aber nach dem zweiten oder dritten Besuch zusammenfallen und der dann sein sympathischeres Gesicht zeigt. Nehmen Sie sich viel Zeit für das Islamische Kairo, denn hier finden Sie Kontakt zu einem Ausschnitt sehr lebendigen ägyptischen Lebens, hier werden Sie ungezwungener als in anderen Städten die täglichen Sorgen und Freuden der Ägypter studieren können, weil hier Fremde zum gewohnten Bild gehören.

Dieser vor Ihnen liegende Komplex aus engen Gassen funktioniert heute in vielen Beziehungen noch wie vor Hunderten von Jahren. Wohn- und Arbeitsstätte gehen vielfach ineinander über, theoretisch herrscht hier immer noch eine ausgeglichene soziale Struktur – bis auf die Tatsache, daß sich seit den 60er Jahren die Wohnbevölkerung mehr und mehr zurückzieht, Kleinindustrie die billigen Flächen übernimmt und die damit verbundenen Bela-

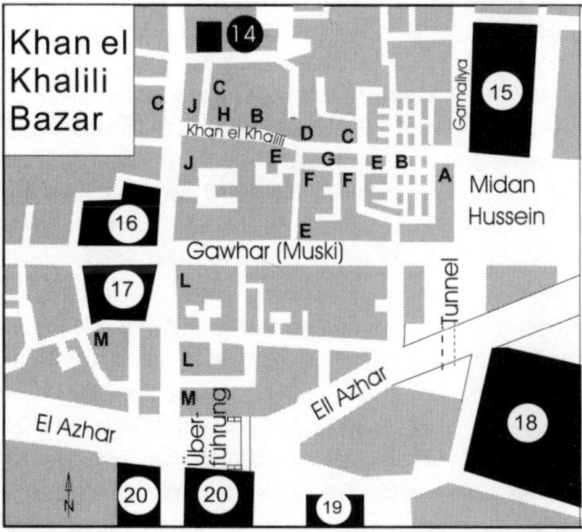

A Teahouse Senussi
B Galabeya Händler
C Kupfer,Messing
D Antiquitäten
E Teppiche
F Silber
G Beduinenschmuck
H Schmuck
J Gold
L Parfüm
M Gewürze

14 Saalih Ayub Madrasa
15 Hussein Moschee
16 Mutharar Moschee
17 Ashraf Barsbay Madrasa
18 Al Azhar Moschee
19 Wakalat El Guri

Goldgräber

Als in den 80er Jahren bei Restaurierungsarbeiten an einer Moschee ein Arbeiter von Goldmünzen förmlich überschüttet wurde, sprach sich diese verheißungsvolle Nachricht wie ein Lauffeuer herum. Seither buddeln immer wieder Gold-Träumer in den Hinterhöfen des Islamischen Viertels. Nennenswerte Funde wurden bisher nicht gemacht, aber einige der Goldgräber fielen ihrer Leidenschaft zum Opfer, weil die ungesicherten Gruben über ihnen zusammenstürzten. Selbst Zauberer aus Oberägypten wurden engagiert, um die bösen Geister – Djins – zu vertreiben, die über den Schätzen unter ihren Häusern wachen. 1998 kam wiederum ein junger Mann in der Nähe des Bab Zuweila kurz vor seiner Hochzeit in seiner selbstgebauten Grube ums Leben – sollte der Zauber nicht gewirkt haben und die Djins zugeschlagen haben?

stungen wie mangelnde Infrastruktur (z.B. überlastete Kanalisation) und zusätzlicher Verkehr, Unruhe und Umweltschäden herbeiführen. Allerdings versucht man jetzt, den Prozeß umzudrehen und beginnt, größere Betriebe auszulagern.

Durch Umweltbelastung und mangelhafte Unterhaltung verfallen die historisch wichtigen Bauwerke immer schneller. Zwar versucht die ägyptische Antikenverwaltung zusammen mit ausländischen Partnern zu erhalten und zu restaurieren, aber der Wettlauf gegen den Zerfall ist schon an vielen Stellen verloren. Hinzu kommt, daß zusätzliche schwere Schäden durch das Erdbeben von 1992 entstanden, die noch lange nicht beseitigt sein werden. Daher ist durchaus auch Vorsicht beim Besteigen von Minaretts geboten.

Doch nun wollen wir unsere Wanderungen beginnen. Zur besseren Übersicht haben wir bei den folgenden Sehenswürdigkeiten jeweils die in den Plänen Seite 266 angegebenen Nummern dem Namen in eckigen Klammern vorangestellt. Vom Zentrum aus können Sie entweder einen Bus nehmen (fragen Sie nach "El Hussein") oder aber zum Midan Ataba bummeln und, falls noch nicht geschehen, dort einen Blick in den überdachten

Gemüse- und Fleischmarkt werfen. Nach dieser "Einstimmung" verlassen Sie den Markt zur Sharia El Azhar hin. Dieser ewig im Verkehr erstickenden und von einer Hochbrückenkonstruktion zusätzlich verunzierten Straße können Sie entweder zu Fuß folgen oder Sie springen auf einen der stadtauswärts fahrenden Busse in der Sharia El Azhar. Kurz hinter dem Ende der Hochbrücke werden Sie eine Fußgängerbrücke über die Sharia El Azhar sehen, steigen Sie dort aus.

Als viel interessantere Alternative zur Sharia El Azhar bietet sich eine Wanderung vom Midan Ataba durch die nördliche Parallelstraße **Sharia El Muski** (deren Verlängerung offiziell Sharia Gohar el Quaid heißt) an, die durch lokale Souks führt, in denen es wirklich alles fürs tägliche ägyptische Leben gibt, und in die Ägypter von weit und breit strömen. Diese Straße wurde übrigens im 19. Jhd als erste Bresche in die mittelalterliche Stadt geschlagen, um eine Verbindung zu den neu entstehenden Vierteln an den Ezbekiya Gärten zu schaffen.

Doch zurück zur unübersehbaren Fußgängerbrücke über die Sharia El Azhar: Überqueren Sie diese und gehen Sie auf der anderen Straßenseite noch über die erste Kreuzung mit Autoverkehr (Sharia Muezz Li-Din Illah) zurück und biegen Sie danach in die erste enge Gasse rechts ab. Nach wenigen Schritten verstummt der Verkehrslärm, Sie hören das Klappern von Nähmaschinen oder das Feilschen um Kleider und Stoffe. Hierher verirrt sich seltener einer der Pauschaltouristen.

Gehen Sie geradeaus bis zur nächsten (engen) Kreuzung, dort links und dann wieder rechts einbiegen, wird Ihnen bald der Geruch von orientalischen Gewürzen entgegenwehen: Sie stehen im jahrhundertealten Gewürzmarkt (Souk el Attarin). An dem kleinen Platz können Sie rechts Gewürzmühlen beobachten, die Müller haben – je nach Auftrag – die Farbe ihrer Gewürze angenommen, starker orientalischer Gewürzgeruch steigt in die Nase und reizt die ungewohnten Schleimhäute. Die Gasse endet an der Sharia Muski – siehe die Bemerkungen ein paar Absätze zuvor. Sollten Sie den 'Einstieg' in die enge Gasse verpaßt haben, so können Sie auch der Sharia el Azhar noch ein Stück bergab folgen und in die Gasse einbiegen, die spitzwinklig einmündet. Wenn Sie diese dann durchwandern, wird sich bald der Gewürz-Reiz in Ihrer Nase melden, biegen Sie dann rechts ein, um die laut dröhnenden Gewürzmühlen zu sehen und sich von dem feinen Staub ähnlich wie von Schnupftabak in der Nase reizen zu lassen. Im übrigen sollte man beim Gewürzeinkauf daran denken, daß es hier leider immer noch Zubereitungen von Tieren gibt, die unter das Artenschutzabkommen fallen – bitte unterstützen Sie das Abmetzeln von z.B. Nashörnern nicht.

Wenn Sie nun der nächsten Gasse rechts unverzagt folgen, werden Sie im Herzen des ******Khan el Khalili Bazar** landen. Der Khan el Khalili ist dem flüchtigen Besucher eine einzige Nepp-Falle. Wenn Sie an mehr als dem üblichen Touristenkitsch interessiert sind, müssen Sie sich Zeit nehmen, viel Tee trinken und sich dem orientalischen Handel und Wandel anpassen. Dann öffnet der eine oder andere Bazari auch mal die Schublade, in der er die besseren Stücke für interessierte Kunden aufhebt. Doch es bleibt kein Zweifel, der Khan el Khalili hat sich voll auf Touristen eingestellt, das unverfälschtere und stimmungsvollere Bild orientalischen Handels und Wandels zeigen viel besser die umliegenden Souks. Dennoch können Sie mit etwas Gespür unter all dem Ramsch auch heute noch Kostbarkeiten finden. Freilich dürfen Sie sich nicht im Glauben wiegen, daß auch nur einer der Händler Ihre Finanzkraft unterschätzt.

Das Leben im Khan el Khalili beginnt kaum vor 10 Uhr und endet zwischen 20 und 21 Uhr, einige Shops öffnen noch länger; viele Läden sind zumindest während der freitäglichen Gebetszeit und – noch mehr – sonntags geschlossen (der Sonntag eignet sich wegen der dann geringeren Menschenmassen daher besonders für eine Besichtigungstour durchs Islamische Viertel). Eine sehr gute Orientierungshilfe für den Khan el Khalili und für das Islamische Kairo sind die Karten *SPARE MAP* (z. Zt. 1 und 2), noch besser ist das Büchlein *Khan al-Khalili, a comprehensive mapped guide to Cairo's historic bazar* (American University Cairo Press), z.B. in Hotel-Buchhandlungen erhältlich.

Im Herzen des Khan el Khalili, an der Hauptgasse, hat die Oberoi-Kette ein Café *Nagib Mahfus* -– benannt nach dem Nobelpreisträger – und daneben ein entsprechend feudales, gut eingerichtetes Restaurant (Mindestverzehr £E 5; saubere Toilette) eröffnet.

Der Khan el Khalili Bazar besteht aus einem Gewirr schummriger, gegen die Hitze überdachter Gassen. Hier müssen Sie sich treiben lassen, mal rechts, mal links einbiegen. Sie brauchen keine Angst zu haben, die Richtung zu verlieren: Die Gegend steigt sanft an. Wenn Sie sich zum Schluß Ihrer Entdeckungsreise in die höher gelegenen Regionen begeben, stoßen Sie auf das Ende des Bazars und an die Mauern der [15] ****Hussein-Moschee**, deren südöstliches Tor und Minarett aus dem 12. Jhd stammen.

Sie ist eine der beliebten Moscheen Kairos. In der großen Bethalle murmeln fromme Männer Gebete, im Seitentrakt wird der Sarg mit dem Kopf Husseins, dem Enkel des Propheten, ehrfürchtig umwandert. Diese Reliquie wird noch an sechs weiteren Orten verehrt. Während der fatimidischen Herrschaft war sie nach Kairo gebracht worden. – Ungläubige sind in der Regel sehr ungern gesehen, ganz bestimmt freitags, Frauen müssen den östlichen Seiteneingang benutzen.

Schräg gegenüber der Hussein-Moschee liegt in dem Eckhaus mit den zum Platz zeigenden Arkaden das **Teahouse Senussi**. Es ist ein guter Ort für eine ausgiebigere Verschnaufpause: Beim Tee kann man ungestört dem ameisenhaften Treiben zuschauen oder, freitags gegen Mittag oder beim Nachmittagsgebet gegen 17 Uhr, vom ersten Stock die vielen Gläubigen beobachten, die wegen Platzmangels vor den Toren der Moschee beten. Denn die Hussein-Moschee zieht viele Strenggläubige und Fanatiker an, die sich besonders freitags in der Nähe der Reliquie versammeln. Leider ist das Senussi inzwischen eine ziemlich unverschämte Touristenfalle geworden: Erfragen Sie zuvor Preise und gehen Sie u.U. demonstrativ in ein anderes Lokal.

Im übrigen können Sie in diesem Gebäudekomplex eine brauchbare **Toilette** finden: durch die 9. Arkade von links gehen, Herren müssen gegenüber dem Laden mit dem Schild *Bazar East Khan Oriental Souvenirs* eine Treppe hinunter. Damen haben noch ein paar zusätzliche Schritte einzulegen: weiter in die nächste Quergasse links, erste Gasse rechts, dort gleich links (angeblich nicht mehr existent, Alternative: Hussein Hotel).

In der schummrigen Quergasse hinter dem Senussi liegt das ehemals bekannte **Teahouse Fishawi**. Es erinnert mit seinem Interieur an bessere Zeiten. Es war einst das

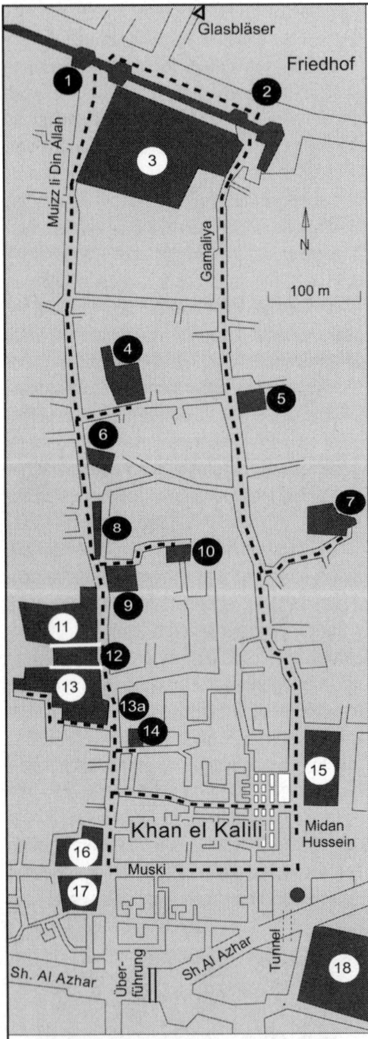

Islamisches Viertel
Nördlicher Teil

- - - Beschriebener Besichtigungsweg

Zeichenerklärung für beide Pläne

1 Bab el Futuh
2 Bab el Nasr
3 Hakim Moschee
4 Beyt el Suhaimi Palast
5 Khanqah Baybars el Gashankir
6 El Aqmar Moschee
7 Musafirkhana Palast
8 Sabil-Kuttab des Katkhuda
9 Beshtak Palast
10 Mithgal Moschee
11 Barquq Mausoleum
12 Nasir Moschee
13 Kalaun Komplex
13a Saleh Nageh Ad Din Ayub Mausoleum
14 Saalih Ayub Madrasa
15 Hussein Moschee
16 Mutharar Moschee
17 Ashraf Barsbay Madrasa
18 Al Azhar Moschee
19 Wakalat El Guri
20 El Guri Moschee und Mausoleum
21 Gamal el Dahabi Palast
22 Fakahani Moschee
23 Muayad Moschee
24 Bab Zuwela
25 Zeltmacher-Bazar
26 Salih Talai Moschee
27 Mahmud el Kurdi Moschee
28 Imal el Yusufi Madrasa
29 Ishaqi Moschee
30 Mihmandar Moschee
31 Mardani Moschee
32 Bayt el Razzaz Palast
33 Ak Sunkur Moschee
34 Gani Bak Madrasa
35 Ganim el Bahlwan Moschee
36 Barmaq Moschee
37 Aytmish el Bagasi Moschee
38 Bab Magak el Silahdar
39 Ilgay el Yusufi Madrasa
40 Muayad Maristan
41 Madrasa des Amir
42 Er Rifai Moschee
43 Sultan Hassan Moschee

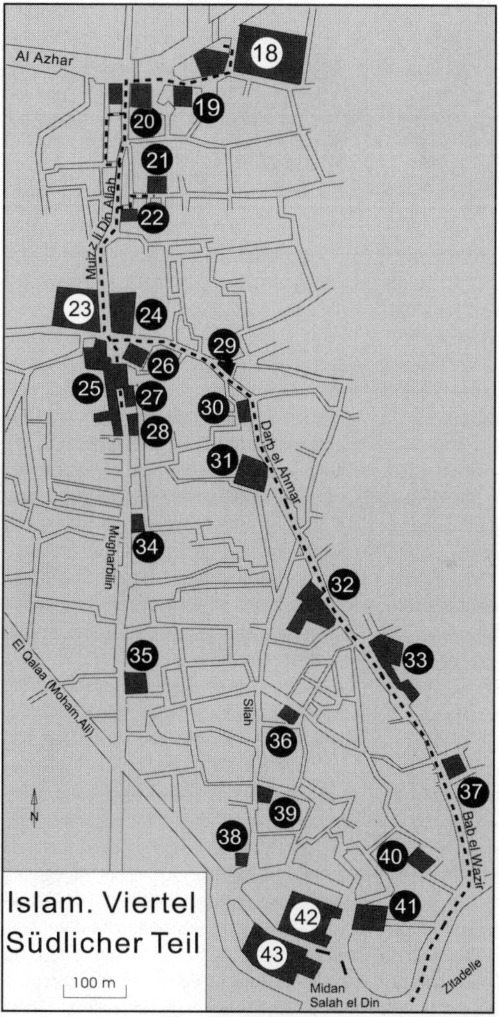

Literaten-Café und eine Institution in Kairo, in der sich Politiker und Intellektuelle trafen. Sollten sich heute Einheimische in diese Gegend verirren, so wird häufig das Klappern des beliebten Tricktrack-Brettspiels das Hupkonzert der Sharia El Azhar übertönen. – Leser berichteten von einem *Darwash Caffee*, das vom Midan Hussein links an der Moschee vorbei in der ersten Querstraße rechts liegt und auch tagsüber mit ägyptischer Folklore aufwartet.

In der kleinen Gasse des Fishawi stoßen Sie auf den Eingang zum Hotel El Hussein, von dessen (nicht sonderlich empfehlenswerten) Restaurant im 4. Stock sich ein noch besserer Ausblick bietet. Für Hungrige gibt es in der Umgebung mehrere Restaurants (siehe Seite 246).

Nördliches Islamisches Viertel

Wenn Sie gestärkt aus dem Teahouse heraustreten, sich nach links (Norden) wenden und der Straße zwischen Hussein-Moschee und dem Khan el Khalili Bazar folgen, so sollten Sie an der zweiten Querstraße rechts und gleich wieder halblinks in die Gasse Darb el Tablawi abbiegen. Sie führt zum [7] **Musafirkhana-Palast** aus dem 18. Jh (£E 6). Er wurde von einem Kaufmann im Mamlukenstil errichtet, später von der königlichen Familie übernommen und diente zeitweise als Gästehaus ("Musafirkhana"). Heute ist er teilreno-

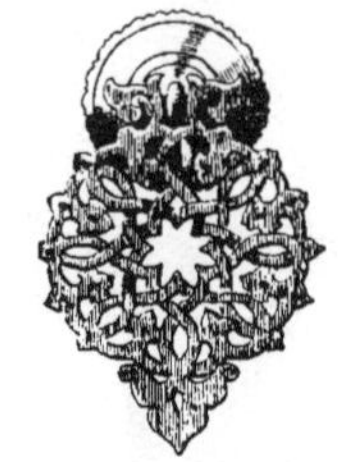

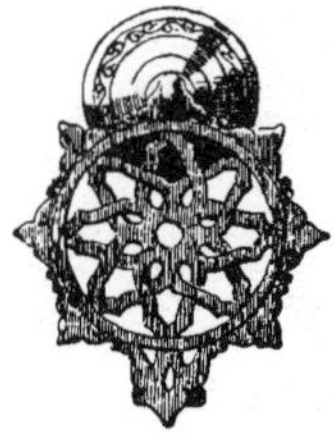

viert, Künstler haben sich Ateliers eingerichtet. Der Palast ist ein Beispiel islamischer Architektur, zumal er ein typisches Merkmal feudaler Bauten aufweist: Lufttrichter auf dem Dach fingen Wind ein und bliesen die kühlende Brise in die unteren Stockwerke.

Gehen Sie zurück zur Sharia Gamaliya, von der Sie abbogen. Halten Sie sich rechts, und Sie werden nach 15 bis 20 Minuten auf die Stadtmauer mit dem noch erhaltenen Tor [2] **Bab el Nasr** (Tor des Sieges) stoßen.

Gehen Sie durch das Bab el Nasr, dann links an der original erhaltenen ehemaligen Stadtmauer entlang und wieder links in das [1] **Bab el Futuh** (Tor der Eroberungen), das wie sein Schwester-Tor aus dem 11. Jhd stammt. Ein sehr lohnenswerter Spaziergang führt auf die Umwallung der beiden Tore, dabei kann man Gewölbe, Kasematten und Folterkammern anschauen (nehmen Sie eine Taschenlampe mit). Das Ticket (£E 10) gibt es am Eingang der gleich nebenan liegenden El Hakim Moschee.

Von der Umwallung sehen Sie über die Dächer hinweg in den Innenhof der Hakim-Moschee und auf der gegenüberliegenden Seite in die Bretterbehausungen auf den Gräbern des gleich anschließenden Friedhofs.

In der Nähe liegen **Glasbläsereien** (in der Haret Elbeerkedar), die man wie folgt findet: Sie gehen aus dem Bab el Futuh hinaus, überqueren die Hauptstraße, biegen gleich dahinter in die erste schmale Quergasse rechts ab, ein paar Schritte weiter die erste Straße links. Am Ende der leicht ansteigenden Gasse liegen die *"glas factories"*, in denen Sie sowohl dem schweißtreibenden Umgang mit dem Blasrohr zuschauen als auch die gerade entstandenen Produkte kaufen können. Aber auch hier scheinen Marktkonzentrationen stattzufinden. 1996 war nur noch eine Glas- "Fabrik" (tatsächlich eine Werkstatt) vorhanden (nach dem links angebrachten Schild *Glas Factory* ca. 20 m).

Wenn Sie sich schon auf dieser Seite der Hauptstraße aufhalten, werfen Sie vielleicht noch einen Blick in die gleich östlich anschließende **Totenstadt**, die von vielen Lebenden bewohnt wird. Das sind zum Teil "Profis", nämlich Bewacher von noch intakten Grabanlagen oder Leute, die besitzlose, d.h. aufgegebene Grabbauten als Wohnung übernommen haben. Denn Kairos Grabbauten bestehen jeweils aus der eigentlichen Familiengruft und oberirdischen Wohnbauten, in welche die Anverwandten während der Totenfeste einziehen.

Daher gibt es häufig Elektrizität und sogar Wasseranschluß; verlockend genug für Zuwanderer oder sonstige Wohnungslose, sich pragmatisch mit den Umständen abzufinden und den Friedhof als neue Umgebung zu akzeptieren. Wenn Sie dort herumgehen, wird die Aufnahme vermutlich nicht besonders freundlich sein oder schnell in Ablehnung umschlagen, denken Sie daher an die Gefühle der Menschen, die sich durchaus ihrer Lebensumstände bewußt sind (das muß nicht so sein, Besucher haben auch menschlich sehr positive Erfahrungen gemacht).

Für den Rückweg sollten Sie die vom Bab el Futuh stadteinwärts führende Sharia Muezz Li-Din Illah wählen. Diese Straße war im Mittelalter die Hauptstraße, die **Qasaba**, die sich von Nord nach Süd bis Fustat zog. Gleich

Islamische Monumente in chronologischer Reihenfolge

Zahllose Bauwerke wurden seit der arabischen Eroberung durch Ibn Amr in Kairo geschaffen, ein Bruchteil davon stehen heute noch mehr oder weniger wohlbehalten im Islamischen Viertel. Die wichtigsten sind im Text beschrieben und hier als Überblick in chronolgischer Reihenfolge aufgelistet (jeweils nach Fertigstellungsjahr):

Nilometer	814
Amr-Moschee	827
Ibn-Tulun-Moschee	879

Fatimidische Epoche

Al-Azhar-Moschee	972
El-Hakim-Moschee	1013
Bab el Nasr, Bab el Futuh	1087
Bab Zuweila	1090
Hussein-Moschee	1154
Sali-Talai-Moschee	1160

Ajubidische Epoche

Zitadelle	1176
El Shafi Mausoleum	1211
Saleh-Nageh-Ad-Din-Ayyub-Maus.	1249

Mamlukische Epoche

Kalaun-Mausoleum und Hospital	1284
Mausoleum von El Nasir Mohammed	1296
El-Nasr-Moschee (Zitadelle)	1335
Beshtak-Palast	1339
Ak-Sunkur-Moschee	1347
Sultan-Hassan-Moschee	1363
Moschee Madrasa von Sultan Barquq	1384
Mausoleum von Sultan Barquq	1411
El-Muayad-Moschee	1423
Mausoleum von Sultan Ashraf Qaytbay	1432
Qajmas el Ishaqi-Moschee	1481
Wakalat el Guri	1504
El Guri Madrasa und Mausoleum	1517

Ottomanische Epoche

Beyt el Suhaimi (Palast)	1648
Sabil Kuttab von Rahman Katkuda	1744
Mohammed Ali Moschee (Zitadelle)	1824
Er-Rifai-Moschee	1911

nach dem Tor durchstreifen Sie den Knoblauchmarkt oder eher den Umschlagplatz für die gesunden Knollen. In dieser Gegend werden auch die Wasserpfeifen (Shisha) produziert und gehandelt.

Links neben Ihnen dehnen sich die – ziemlich frisch renovierten – Mauern der im 10. Jhd gebauten, wie eine Trutzburg wirkenden, [3] ***El-Hakim-Moschee** (£E 10) aus. Ihr Bau wurde von dem Fatimiden El Aziz begonnen und von seinem religiös sehr exzentrischen Sohn El Hakim im Jahr 1013 beendet. Im Laufe der Jahrhunderte diente sie auch sehr profanen Zwecken: Gefangenenlager für Kreuzritter, Stall unter Saladin, Lager unter Napoleon, Schule unter Nasser.

Gehen Sie nun weiter und biegen Sie in die zweite Gasse links (Haret ed Darb el Asfar) ab, ca. 50 m weiter finden Sie links das [4] ***Beyt el Suhaimi** (8-16, £E 6; derzeit wegen Renovierung geschlossen), das ehemalige Haus (besser Palast) des Stadtteil-Sheiks aus dem 17. Jhd, dessen grüner Innenhof eine sehr erholsame Oase im Trubel der Umgebung ist. Die Salons zeigen die "Wohnlandschaft" der damals Reichen (derzeit wegen Renovierung nicht zugänglich).

Beim Weiterweg auf der zuvor verlassenen Hauptstraße wird Ihnen am Platz an der dritten Querstraße ein spitzwinklig auf die Straße zulaufendes Haus auffallen, dessen Stirnseite mit einem sehr hübschen, von

Holzgitterwerk überdachten Brunnen geschmückt ist. Dieses [8] ** **Sabil Kuttab von Rahman Katkuda** (Brunnenhaus) genannte *Brunnenhaus* gehört zweifelsohne zu den Schmuckstücken des Islamischen Kairo; es wurde in den 80er Jahren unter Mithilfe des Deutschen Archäologischen Instituts (DAI) renoviert. Wenn Sie es besichtigen wollen, so finden Sie dem Mann mit dem Schlüssel meist im nebenan liegenden Beshtak-Palast (oder am Kalaun Mausoleum). Das dahinter anschließende Gebäude ist übrigens ein "Appartementhaus", Baujahr 1300.

Weiter auf der Hauptstraße führt rechts ein unscheinbarer Eingang zu einem türkischen Bad (Hammam), das – nur für Frauen – mit £E 25 für Heißwasserbad und Massage zwar teuer, aber wohl das einzige dieser Art in Kairo ist. In dem in schönen alten Räumen untergebrachten, sauberen Bad wird auch Enthaarung angeboten. Gleich links liegt der [9] **Beshtak-Palast**, der von 1982 bis 1985 ebenfalls unter Mithilfe des DAI renoviert wurde und der ganz sicher einen Besuch wert ist (Schlüssel bei Ali, siehe oben). Der Palast war ursprünglich fünf Stockwerke hoch und überall mit fließendem Wasser ausgestattet. Besonders sehenswert ist die große Halle mit einem prunkvollen Marmorbecken mit Springbrunnen, kunstvollen Kassettendecken und holzvergitterten Fenstern zur Straßenseite. Der Erbauer Al Din Beshtak ließ 1335 eine Reihe älterer Bauten abreißen, um Platz für seinen überdimensionierten Palast zu schaffen. Eine ebenfalls im Weg stehende Moschee bezog er kurzerhand ins Gebäude ein. Auch sie ist restauriert und kann besichtigt werden.

Gegenüber dem Beshtak-Palast beginnt ein Mauerkomplex, der sich zwar nahtlos ein ganzes Stück an der Straße hinzieht, jedoch aus drei recht unterschiedlichen Gebäuden besteht. Da ist zunächst die 1386 fertiggestellte [11] **Moschee und Madrasa von Sultan Barquq** (£E 6). Durch einen Marmor-Torbogen gelangt man in einen Korridor mit anschließendem Hof. Der rechts liegende Hauptliwan wirkt sehr massig und besitzt eine gut restaurierte Facettendecke. Barquq baute sich übrigens eins der schönsten Mausoleen in der nördlichen Totenstadt (das wir uns dort auch anschauen werden).

Es folgen jetzt anschließend [12] **Mausoleum und Madrasa von El Nasir Mohammed**, einem Sohn von Kalaun, 1296-1304 erbaut. Außer dem gotischen Eingangsportal, das als Beute der Kreuzfahrerkirche von Akkon nach Kairo geriet, ist kaum etwas erhalten; und davon wurde noch einiges durch das Erdbeben zerstört. Das unmittelbare Nachbargebäude, im 13. Jhd vom Vater Nasirs erbaut, ist das [13] *****Kalaun Mausoleum mit Madrasa und Hospital** (£E 6), dessen Besuch Sie nicht versäumen sollten. Allerdings wurde gerade diese Anlage bei dem Erdbeben im Herbst 1992 ziemlich beschädigt, die Wiederherstellung geht nur langsam voran. Sehr störend wirkt sich das Gerüst aus, das den schönen Eingangsbereich verdeckt. Links vom Korridor liegt die Madrasa, rechts das Mausoleum (£E 3 Eintritt). Eine sehr hohe Halle, deren Wände mit feinen Marmoreinlegearbeiten geschmückt sind, beherbergt den Sarkophag, der wiederum mit einem der größten Mashrabien (Holzgitterwerk) Kairos umgeben ist. Vom Minarett bot sich bis zum Erdbeben ein eindrucksvoller Ausblick, jetzt ist das Besteigen gefährlich. Das ehemalige Hospital, das aus medizinischer und sozialer Sicht weltberühmt war, ist zerfallen. An seiner Stelle wird heute eine Augenklinik betrieben, die gleich nach dem Kalaun Komplex rechts über die schattige Gasse erreichbar ist.

Gegenüber dem Kalaun-Komplexes erhebt sich das ** **Mausoleum des Saleh Na-**

geh Ad Din Ayyub (£E 3). Es wurde in den Jahren 1990-92 vom Deutschen Archäologischen Institut sehr sorgfältig restauriert. Von den Bauten auf unserem Rundgang gibt dieses Mausoleum noch den besten Eindruck der islamischen Baukunst. Denn einmal wurde hier sehr sorgfältig der Originalzustand wiederhergestellt, zum andern funktioniert hier (noch) die Beleuchtung, die viele Details des Bauwerks wirklich erstrahlen läßt. Nicht zuletzt wurde viel Kunstsinn und Geschmack in die Restaurierungsarbeiten investiert, Schautafeln erklären Details. Versäumen Sie auf keinen Fall den Besuch, falls geschlossen, ist der Wärter der Kalaun Moschee zuständig.

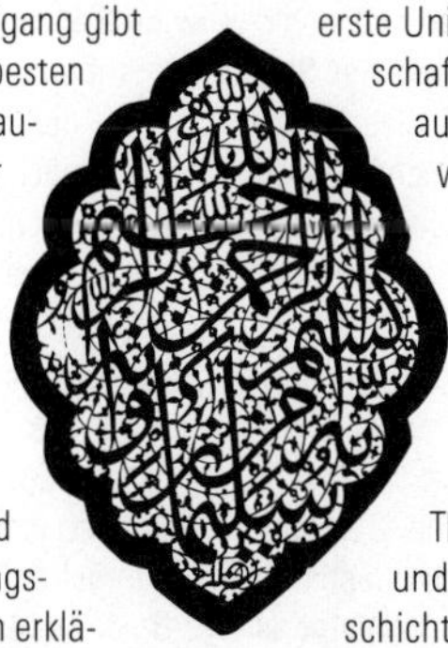

Gehen Sie auf unserer Hauptstraße ein Stück weiter, vielleicht wollen Sie noch einen Blick in den Kupferbazar werfen, der an seinen Geschäften unschwer zu erkennen ist. Dann, beim Goldbazar, führt links ein Fußgängerweg in den Khan el Khalili Bazar. Dort können Sie sich im Café Nagib Mahfus erholen und tausende vorbeiziehende Touristen beobachten; interessanter ist jedoch der Ausblick vom bereits bekannten Teahouse Senussi bei der Hussein-Moschee.

Al Azhar Moschee – Ak-Sunkur-Moschee

Wenn Sie Lust haben, kann es im Islamischen Kairo weitergehen: Unterqueren Sie die Sharia El Azhar durch den Fußgängertunnel. Auf der anderen Seite laufen Sie links direkt in das *Tor der Barbiere* der [18] ***Al-Azhar-Moschee** (£E 12 Eintritt; Frauen müssen ein Kopftuch tragen). Die Moschee wurde nach den Erdbebenschäden komplett renoviert. Sie ist als einer der intellektuellen Mittelpunkte in der gesamten islamischen Welt bekannt. 970 unter den Fatimiden gegründet, wurde sie wenige Jahre später die erste Universität, die auch naturwissenschaftliche Fächer in den Lehrplan aufnahm. Unter den Sunniten entwickelte sie sich zum religiösen Zentrum des Islam.

Die Al Azhar Universität wurde 1961 modernisiert, von den 37 Fakultäten stehen seither neun für Frauen offen. Als Hauptfächer werden Theologie, Islamisches Recht und Arabisch, als Nebenfächer Geschichte, Geographie, Mathematik, Chemie, Biologie und Astronomie gelehrt. Die durchschnittliche Studienzeit beträgt 15 Jahre, die Studienbewerber werden schon in frühester Jugend, u.a. nach ihrer Religiosität, ausgewählt, wobei ein wichtiges Kriterium eine strenge islamische Einstellung der Väter ist. Die Studentenzahl der Al Azhar liegt bei über 100 000, wobei viele Fakultäten und Institute über ganz Ägypten verstreut sind.

Als Rektor der Universität fungiert der Immam (Vorbeter der Moschee), der gleichzeitig Vizepräsident des Staates ist; woran der Einfluß der Institution Al Azhar gemessen werden kann. Wenn auch heute bei weitem nicht mehr alle Studenten in der großen Gebetshalle der El Azhar – in Gruppen um den Lehrer lagernd – unterrichtet werden können, so ist die Moschee dennoch das Zentrum der Uni geblieben.

Der Hauptliwan – wie immer der nach Mekka weisende Ostliwan – mißt immerhin 80 x 50 Meter, seine Decke wird von 140 Marmorsäulen, z.T. pharaonischen Ursprungs, getragen. Bei genauerem Hinschauen läßt sich erkennen, daß das Sanktuarium aus fünf Schiffen mit jeweils 17 Bogen, die Seitenhallen aus drei Schiffen bestehen. Ein Mittelschiff verläuft vom Hof zum Mirhab und unterbricht die Arkaden.

Lassen Sie sich irgendwo auf dem Teppich nieder, der Verkehrslärm verstummt, bald werden Sie nur noch das Murmeln der Studenten hören, und 1000 Jahre Geschichte werden wach. Gegen ein Bakschisch läßt sich eins der Minarette besteigen, das Ausblick über die Umgebung und die Studentenquartiere gestattet; beim Dekan der Universität (gegenüber der Moschee) gibt es deutschsprachige Literatur über den Islam.

Aus der El Azhar gehen Sie links, die nächste Straße rechts am Obst- und Gemüsemarkt vorbei und kehren dann im nächsten Block in die [19] 1504 erbaute **Wakalat el Guri** (£E 6), die einzige erhaltene und (sehr gut) restaurierte (1962) ehemalige Karawanserei mit 365 Räumen ein, die heute als Begegnungsstätte und Ausstellungsgalerie für das Kunsthandwerk dient (meist nicht viel geboten). Damals stellten die Kaufleute im Erdgeschoß ihre Pferde und Kamele ein, in den Stockwerken darüber breiteten sie ihre Waren aus und wohnten auch dort. Das oberste Stockwerk mit den Mashrabien war den Damen vorbehalten, die durch das Holzgitter alles beobachteten, aber selbst nicht gesehen werden konnten.

Gehen Sie nun weiter zur Kreuzung der Sharia El Azhar mit der Sharia Muezz Li-Din Illah (bei der Fußgängerbrücke). Der südliche Eingang der Muezz in den Souk wird von zwei Gebäuden flankiert: rechts die [20] ****Madrasa von Sultan El Guri**, links sein *****Mausoleum Sabil Kuttab** (durch das Erdbeben 1992 in Mitleidenschaft gezogen, unter Renovierung). Das letztere wurde sehr sorgfältig restauriert und geriet zu einem Augenschmaus, wie er nur von wenigen islamischen Gebäuden noch übertroffen werden kann.

Am schönsten ist die ehemalige Koranschule links vom Eingang mit einer herrlichen Decke. Heute wird dieser Gebäudeteil als Stadtteil-Theater genutzt, mittwochs und samstags jeweils ab 20.30 Uhr werden **Derwish-Tänze** ("Sufi Dancers") aufgeführt (eine Stunde vor Beginn dort sein, weil sehr schnell überfüllt). Sehen Sie sich, wenn irgendmöglich, eine Aufführung an, das ist ein unvergeßliches Erlebnis.

Jetzt folgen wir aber endgültig der Sharia Muezz Li-Din Illah nach Süden. Sie werden wieder einmal von der Enge der Straße erdrückt. Sie können gleich in die nächste schmale Gasse rechts flüchten, dort empfängt Sie ein kleiner Gewürzmarkt. Interessanter ist freilich der Weiterweg geradeaus. Z.B. der Laden, der etwa nach der ersten Hälfte der Straße links wie ein afrikanischer Fetischhändler ausgetrocknete Tiere und allerlei Kräuter feilbietet.

Unsere Straße mündet schließlich in das Stadttor [24] **Bab Zuwela**, das durch die südliche Stadtmauer führt. Rechts vor dem Tor liegt die sehenswerte [23] **El-Muayad-Moschee** (£E 10) aus dem 16. Jhd, in deren Portal die berühmten Türen der Sultan-Hassan-Moschee gesetzt wurden und die einen erholsamen, baumbestandenen Innenhof besitzt. Auch hier hat das Erdbeben starke Schäden angerichtet, die wohl bald behoben sein werden; derzeit reduziert der Bauschutt die Stimmung. Die Minarette der Moschee stehen übrigens auf dem Bab Zuwela, sie können von der Moschee her bestiegen werden; von oben bietet sich ein guter Ausblick auf das Leben und Treiben in einem der Zentren der Altstadt.

An der links gegenüberliegenden Ecke scheint die fatimidische, durch ihre Schlichtheit bestechende [26] **Sali-Talai-Moschee** in den Boden gesunken zu sein, in Wahrheit wurden die Straßen ringsum im Laufe der Jahrhunderte aufgeschüttet.

Es lohnt sich, vom Bab Zuwela geradeaus weiter in den überdachten Bazar zu gehen und sich dort die [25] **Stoffapplikationen** und Baumwolltaschen anzusehen. Sie können dieser mit Souks gesäumten Straße – die z.B. sehr viel mehr das echte Leben Kairos widerspiegeln als der Khan el Khalili Bazar – bis zur ehemaligen Sharia Mohammed Ali (heute Sharia El Qala) und weiter bis zur Hassan-Moschee und Zitadelle folgen oder Sie kehren Richtung Bab Zuwela zurück.

Wir wollen unseren Weg fortsetzen, indem wir uns am Bab Zuwela nach links, nach Südosten in die Sharia Darb el Akmar wenden. Das erste auffallende Bauwerk ist die [29] ****Qajmas-el-Ishaqi-Moschee**, die 1481 inmitten einer Y-förmigen Straßengabelung errichtet wurde. Das nach allen Seiten freistehende Gebäude wurde mit guter Ventilation konzipiert, Marmor-Arabesken schmücken die Innenwände, den Minbar-Aufgang schöne Holzintarsien.

Auf der rechten Seite der Straße folgt bald die Mihmandar-Moschee, danach die [31] **El-Mardani-Moschee** aus dem Jahr 1339 mit zinnenbekrönten Außenwänden. Im Innern trennt ein langes Holzgitterwerk den Ostliwan vom baumbestandenen Innenhof.

Links gegenüber Haus Nr. 40 und nach der Querstraße Sekhet Darb el Kazzazin, liegt die 1346 erbaute [33] ****Ak-Sunkur-Moschee** (£E 10), die wegen ihrer mit blauen Motiven geschmückten, persisch inspirierten Fayencen unter der Bezeichnung **Blaue Moschee** bekannt und sehenswert ist. Ihre blauen und türkisen Fliesen mit Blumenmustern entstammen einer Restauration aus dem Jahr 1654. Man sollte aber nicht eine in Blau leuchtende Moschee erwarten; vielmehr liegt hier die Schönheit im Detail der wunderschönen Fayencen.

Wenn Sie nun die Straße immer weiter bergauf gehen, werden Sie direkt auf die **Zitadelle** stoßen. Hier, an einer T-Kreuzung, beginnen gleich gegenüber Treppen, die zum Bab el Gedid, dem Neuen Tor der Festung, führen.

***Zitadelle und Umgebung

Falls Sie per Bus zum Midan Salah ed Din fahren, so sollten Sie sich nach rechts wenden und der Straße an der Festungsmauer folgen,

Herrliche Stoffaplikationen findet man im Zeltmacherbazar

bis Sie auf auf das Eingangstor stoßen.Das Bab el Gedid (Tor A im Plan) scheint (vorübergehend) geschlossen zu sein. Daher sollte man vorsichtshalber gleich zum Tor C gehen bzw. besser ein Taxi dorthin nehmen.

Autofahrer nehmen die Sharia Salah Salim vom Nil her Richtung Mokattam und bald nach dem Fly-Over die steile Straße links den Hügel hinauf und am Bab el Gebel parken. Falls Sie nicht abbiegen können, fahren Sie bis zum Polizisten an der Mokattam-Abzweigung und machen Sie dort einen U-Turn.

An den Eingängen ist Eintritt für die gesamte Zitadelle (9-17, Sommer 9-18, £E 20) zu bezahlen, also nicht für jedes einzelne Objekt, ausgenommen die Mohammed Ali Moschee, die ebenfalls £E 20 Eintritt kostet. Vermeiden Sie den **Besuch freitags und an Feiertagen**, weil dann viele Ägypter hierherströmen, um innerhalb der Festungsmauern zu picknicken und die Museen zu besuchen. Dann ist Gedränge und vielfach nervige Anmache *("Trauben von Kindern hängen an einem")* angesagt.

Die im 12. Jhd von Saladin errichtete, ungeheuer wuchtig über Kairo drohende Zitadelle diente über viele Jahrhunderte als feudale Residenz und nahezu uneinnehmbares Bollwerk, hinter ihren heute 10 m hohen und 3 m dicken Mauern spielten sich Feste aus Tausendundeiner Nacht, alle möglichen Intrigen, Revolten und Greuel ab.

Mohammed Ali – der in Griechenland geborene Albaner, der 1805 die Macht übernahm und Ägypten auf den Weg in die Moderne brachte – ließ die meisten Gebäude abreißen und durch Neubauten ersetzen, allzu Altes gibt es also nicht zu sehen. Dominierend ist die von ihm erbaute und nach ihm benannte *****Mohammed-Ali-Moschee**, allgemein als **Alabaster-Moschee** bekannt. Sie kann ihre Vorbilder in Istanbul nicht verleugnen. Ihre Bleistift-Minarette hoch über der Stadt wurden zu einem Wahrzeichen Kairos, die Alabaster-Verkleidung, die gewaltigen Dimensionen der Gebetshalle und eine reiche Innendekoration machen sie sehenswert. Rechts vom Eingang steht der Sarkophag Mohammed Alis hinter einem vergoldeten Bronzegitter. Im Vorhof, der von Säulenreihen umgeben ist, dominiert ein Reinigungsbrunnen, die Uhr im Uhrenturm wurde Mohammed Ali vom französichen König Louis Philippe als Gegengeschenk gemacht für den Obelisken, der heute auf dem Place de la Concorde steht. Unvergeßlich wird auch der Ausblick über Kairo bleiben, den Sie von den Terrassengärten neben der Moschee genießen können.

Östlich, fast gegenüber der Alabaster-Moschee, erhebt sich die ****El-Nasir-Moschee** aus dem 14. Jhd, zu deren Bau antike Säulen verwendet wurden. Als einziges vorottomanisches Bauwerk überlebte sie alle Umbauten und Abrisse im Zitadellengelände. Allerdings verschwand ihre gesamte Marmor-Innenverkleidung, der ottomanische Sultan Selim ließ sie nach Istanbul schaffen. Dieses Bauwerk strahlt eine ruhige, fast besinnliche Atmosphäre aus, zumal nicht allzuviel Touristenrummel herrscht. Ganz in der Nähe (südlich) finden Sie den 88 m tiefen **Josephsbrunnen** aus der Zeit Saladins. Treppen führen auf Zwischengalerien, auf denen früher Ochsen Schöpfwerke antrieben.

Zum **Palast El Gwahara** müssen Sie noch ein Stück weiter südlich gehen. Hier lebte Mohammed Ali und hier wartete er auch das Massaker an den Mamluken ab, das hinter dem Bab el Arab stattfand. Das Interieur dieses 1974 teilweise ausgebrannten Palastes mutet etwas simpel im Vergleich zu der Persönlichkeit an, die hier einst einem gedemütigten Land Selbstbewußtsein zurückgab.

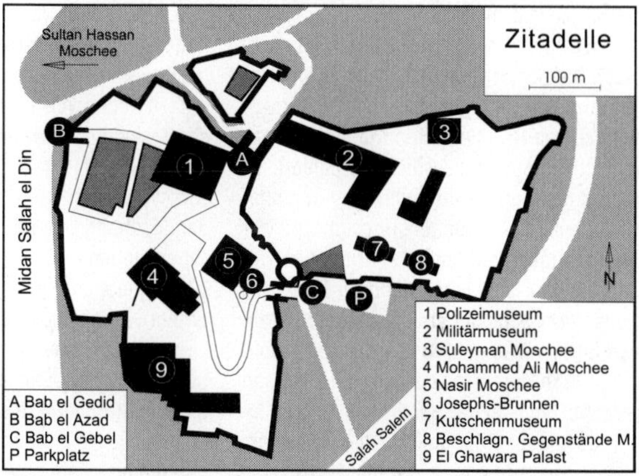

Im nördlichen Teil der Zitadelle finden Sie ein **Militärmuseum** mit Waffensammlungen, vor allem Beutestücken aus den Kriegen mit den Israelis. Interessanter ist jedoch, daß dieses Gebäude der Haremspalast Mohammed Alis war und daß man beim Rundgang die Originaltapeten und Stuckarbeiten bewundern kann. Das Cafe neben dem Militärmuseum lädt zu einer Pause ein.

Das **Kutschenmuseum der Zitadelle**, das ebenfalls im nördlichen Bereich der Festung liegt, erhielt übrigens die prächtigsten Gefährte aus dem eigentlichen Kutschenmuseum in der Sharia 26.July Nr. 86, das dort in den ehemaligen königlichen Ställen untergebracht ist – etwa 100 m von der Corniche aus, rechte Straßenseite – und immer noch einige sehenswerte, verstaubte Gefährte jener Zeit ausstellt.

Nicht weit entfernt wartet ein erst in jüngster Zeit eröffnetes **Museum für beschlagnahmte Gegenstände** ("Seized Museum"), in dem gestohlene und von der Polizei wiederentdeckte Artefakte quer durch die ägyptische Geschichte ausgestellt sind.

Etwas abseits steht – in dieser Gegend – die hübsche **Suleyman Pasha Moschee,** die 1528 als erstes osmanisches Gotteshaus von ihrem Namensgeber erbaut wurde. Nach sorgfältiger Restauration in den letzten Jahren ist sie zugänglich und sicher einen Blick wert.

Direkt am Bab el Gedid wurde ein **Polizeimuseum** installiert (derzeit im Umbau), das u.a. das Gefängniswesen im Spiegel der Entwicklung darstellt (rechts vom Eingang). Gipsfiguren schmachten bis in die Neuzeit dahin, während der moderne Gefangene eifrig lesend/lernend seiner Resozialisierung entgegenharrt. Eine **Cafeteria** lädt bei herrlichen Ausblick über die Stadt zu einer Pause ein.

Wenn Sie von der Zitadelle aus auf der Verlängerung der Sharia Salah Salim nach Südwesten Richtung Nil weiterfahren, werden Ihnen bald links hohe Mauern auffallen. Dies ist das 1311 erbaute **Aquädukt**, auf dem Wasser zur Zitadelle befördert wurde. In dem hohen Gebäude an der Corniche, an dem das Aquädukt endet, schöpfte ein riesiges, vom Nil angetriebenes Wasserrad das kostbare Naß auf das entsprechende Niveau.

Zu Füßen der Festung liegt links an der Sharia El Qala die 1362 fertiggestellte *** **Sultan-Hassan-Moschee** (£E 12). (Achtung: Eintrittskarten für die Sultan Hassan und die Rifai Moschee gibt es im Tickethäuschen im unteren Drittel des kleinen

Parks.) Sie gilt als eines der hervorragendsten Beispiele arabischer Moscheen-Baukunst. Die riesige Baumasse, die als eine Art Pendant zur Zitadelle gedacht und auch zweimal von rebellierenden Mamluken dazu benutzt wurde, ist geschickt gegliedert, so daß sie nicht erdrückend wirkt. Im Innenhof steht ein schöner Brunnen, ringsum sind vier Liwane angeordnet, dahinter wiederum vier Madrasas für die vier orthodoxen Riten des Islam. Vom sehr stimmungsvollen Hauptliwan führen zwei gold- und silberbeschlagene Türen in der Ostwand in das für Hassan gedachte, von der riesigen Kuppel überwölbte Mausoleum. Der Sultan, der bei einem Putsch ums Leben kam, hat hier nicht seine letzte Ruhe gefunden. Eine Minarettbesteigung (£E 10) lohnt nur insofern, als man den Blick auf die Zitadelle genießen kann, die Sicht in den Innenhof der Moschee ist jedoch weitgehend durch das Dach verdeckt.

Genau gegenüber der Hassan-Moschee stoßen Sie auf die **Er-Rifai-Moschee** (£E 12) aus dem Jahr 1912, die am Ruhm der Nachbarin zu partizipieren sucht. Sie wurde von der Mutter des Khediven Ismail initiiert, aber die Bauarbeiten schleppten sich mit Unterbrechungen dahin. Als bei der endgültigen Fertigstellung keine Pläne für den Innenausbau mehr vorhanden waren, kopierte man die schönsten Stücke aus Kairos Moscheen; zumindest daher lohnt sich der Besuch. Die letzten ägyptischen Könige Fuad und Faruk sowie der letzte persische Schah, Reza Palevi, sind hier bestattet (Zugang gegen £E 2 Bakschisch).

Von der Hassan-Moschee gehen Sie am besten zurück Richtung Zitadelle, biegen aber auf dem Midan Salah El Din in die dritte Straße rechts ab und folgen ihr etwa 10 bis 15 Minuten. Irgendwann taucht links das unübersehbare Mauerrechteck und das Minarett mit der Wendeltreppe der ***Ibn-Tulun-Moschee (£E 6) auf. Ibn Tulun kam als abbassidischer Gouverneur nach Ägypten, machte sich aber bald unabhängig und gründete nördlich von Fustat eine neue Hauptstadt namens El Qatai, deren Zentrum die Moschee war. Als die Abbassiden Ägypten zurückeroberten, machten sie die neue Stadt dem Erdboden gleich, ließen aber die Moschee stehen.

Um die eigentliche Moschee wurde eine zweite Außenmauer gezogen, die sie vom Lärm der Umgebung abschirmt. Bei der Betrachtung der großen, aber doch sehr klar gegliederten Baumasse spürt man, daß hier in erster Linie ein Platz zum Beten und zum Meditieren geschaffen werden sollte und weniger ein Denkmal des Erbauers. Der riesige Innenhof ist von relativ schmalen Liwanen gesäumt, deren Säulen nur mit einem Fries geschmückt sind. Hier, an diesem aus der Frühzeit des Islam stammenden Versammlungsplatz zum gemeinsamen Gebet, kann man die ursprüngliche Aussage der Religion noch klar nachvollziehen. Diese sehr alte Moschee Kairos (879 nC) und drittgrößte der Welt sollten Sie in jedem Fall in Ihren Besichtigungsplan aufnehmen.

Wenn Sie die Moschee verlassen, vergessen Sie auf keinen Fall das rechts liegende ****Gayer-Anderson-Haus (9-16; F 9-11, 13.30-16; £E 16). Es handelt sich, genauer gesagt, um zwei alte arabische Häuser, die auf das frühe 17. Jhd zurückgehen. 1934 wurden sie in völlig verwahrlostem Zustand vom Staat übernommen und dem britischen Armeearzt Gayer-Anderson, der als Sammler islamischer Kunst bekannt war, überlassen. Gayer-Anderson faßte die Gebäude zu einem Doppelhaus zusammen, ließ es renovieren und vor allem die Inneneinrichtung mit Originalelementen aus Abbruchhäusern so wiederherstellen, daß sie dem Stil eines vornehmen arabischen Hauses entsprechen. Aller-

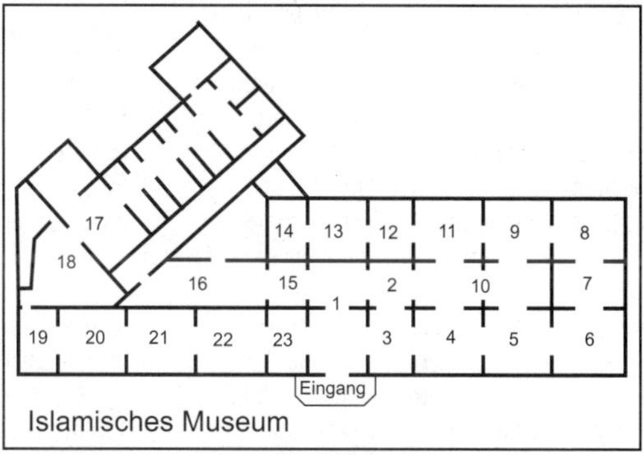

dings stammt der überwiegende Teil der Inneneinrichtung aus islamischen Nachbarländern. Nehmen Sie sich Zeit oder besser Muße für ein altes arabisches Haus mit all seinen raffinierten und erlesenen Einrichtungsgegenständen. – Achtung: Üblicherweise wird man geführt; machen Sie Ihrem Führer deutlich klar, daß Sie das Museum in Ruhe anschauen wollen.

Islamisches Museum

Das Museum für Islamische Kunst (9-16, F 9-11, 13.30-16, £E 16) besitzt die umfassendste Sammlung islamischer Kunst der Welt. Wenn Sie sich an Dingen erfreuen können, die Menschen geschaffen haben, denen die Darstellung ihrerselbst aus religiösen Gründen untersagt ist und die sich daher auf Ornamente und Kalligraphie stürzen und in diesen Bereichen unübertroffene Meisterwerke hinterließen, dann dürfen Sie einen Besuch des Museums nicht versäumen.

Es liegt am Midan Ahmed Maher, an dem sich die Sharia Bur Said und die Sharia Qala (Mohammed Ali) kreuzen. Die Sammlungen sind in insgesamt 23 Sälen untergebracht. Die Säle 2 – 5 wurden den großen Kunstepo-

Brunnen, deren Wasser manchmal mit Duftstoffen versetzt war, gehörten zur Wohnkultur

chen des islamischen Ägypten gewidmet, die Exponate der anderen Säle beziehen sich jeweils auf ein bestimmtes Thema oder einen Ort, z.B. Holz-, Keramik- oder Metallarbeiten, Fayencen, Teppiche etc.

Wichtige Exponate in einzelnen Sälen:

- **1**: Chronologische Übersicht, neuere Erwerbungen; großer Messingleuchter (14. Jhd)
- **2**: Omaijadische Kunstepoche (7.-8. Jhd), noch römisch und koptisch beeinflußt
- **3**: Abbassiden, Tuluniden (8.-10. Jhd), Einflüsse aus Persien und der Türkei
- **4**: Fatimidische Epoche (10-12. Jhd), erste Kalligraphien und Arabesken
- **5**: Mamlukische Epoche (13.-16. Jhd), syrische Beeinflussung; Holzarbeiten, schöner Springbrunnen
- **6**: Fatimidische Holzarbeiten, Mirhabs, hölzerne Friese
- **7, 8**: Ajubische und mamlukische Holz- und Elfenbeinarbeiten
- **9**: Möbel, Metallarbeiten
- **10**: Rekonstruierter ottomanischer Wohnraum
- **11**: Metallarbeiten aus der mamlukischen Epoche
- **12**: Waffen
- **13**: Fayencen, meist fatimidischen Ursprungs, chinesisch beeinflußt
- **14-16**: Keramik aus anderen Ländern, türkische und äygptische Textilien sowie Teppiche
- **17**: Textilien vom 7.-17. Jhd
- **18**: Steinmetzarbeiten und Inschriften
- **19**: Kunst im arabischen Buch
- **20**: Metall-, Glas- und Keramikarbeiten, Teppiche
- **21**: Sammlung von Moscheenlampen
- **22**: Persische Kunst in Metall, Keramik, Teppichen
- **23**: Wechselnde Ausstellungen aus Museumsbeständen

Totenstädte

Wenn anderswo die Muslime ihre Toten in der Erde verscharren und das Grab namenlos mit einem Stein bedecken, so folgen die meisten Ägypter – Moslems wie Christen – 5000 Jahre alten Bräuchen. Sie errichten manchmal sogar gewaltige Mausoleen und bleiben über diese Bauwerke mit ihren Toten verbunden. Aus bestimmten Anlässen zieht die ganze Familie zur Familiengruft und veranstaltet dort ein Festessen zu Ehren der Verstorbenen.

Während der übrigen Zeit liegen die Totenstädte verlassen – allerdings nicht in Kairo, denn hier haben die Lebenden ganze Bezirke zurückerobert; angeblich 150 000 Menschen, die sonst keine Unterkunft fanden. Die Besiedlung hat schon ein bißchen Tradition und ist heute so selbstverständlich, daß die Stadtverwaltung Elektrizitäts- und Wasseranschlüsse legte.

Andererseits gab es schon immer Menschen, die hier als Grabwächter und -wärter dienten und mit ihren Familien in den Oberbauten lebten. Gräber, die von den Hinterbliebenen nicht mehr besucht werden, fallen bald Unterkunftsuchenden ins Auge, so daß eine "Grabbesetzung" schnell gehen kann. Hierbei werden jedoch die eigentlichen unterirdischen Grabkammern intakt gehalten, lediglich die Oberbauten okkupiert.

In der Stadtverwaltung wälzt man angeblich Pläne, die Totenstädte umzukrempeln und damit Platz für ein paar Millionen Lebende zu schaffen. Aber bis zur tatsächlichen Ausführung dürfte noch viel Wasser den Nil hinunterfließen.

Aber Totenstadt ist nicht gleich Totenstadt. Rings um Kairo wachsen mit den Satellitenstädten auch die modernen Totenstädte, darunter sehr exklusive, die vor ungebetenen Lebenden streng bewacht und saubergehalten werden wie die exklusiven Wohnviertel

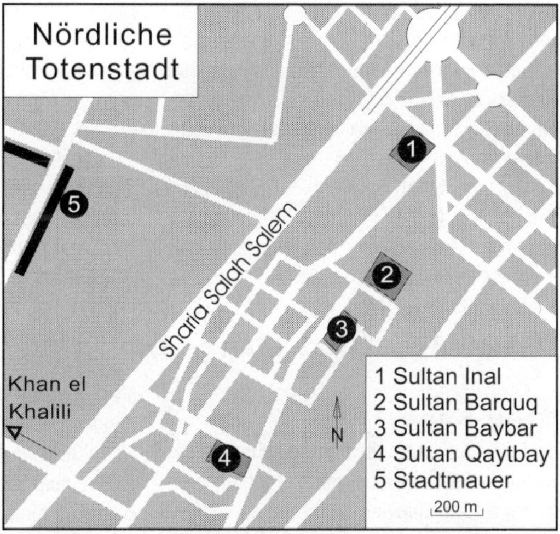

auch. Zu Preisen ab $ 40 000 läßt sich in einem 60 qm großen Totenhaus z.B. in Heliopolis ungestört ruhen. Etwas weiter außerhalb kommt man schon billiger davon.

Fremden begegnet man in den traditionellen Totenstädten mit etwas Mißtrauen, zumindest sollten Sie sich darauf gefaßt machen, die Aufmerksamkeit von Kindern und Jugendlichen auf sich zu ziehen. Trotzdem lohnt ein Besuch, zum einen wegen des blühenden Lebens auf den Friedhöfen, zum anderen wegen einiger sehenswerter Bauwerke.

Es gibt zwei große Nekropolen, die eine liegt südlich der Zitadelle, die andere nördlich, und zwar östlich der Sharia Salah Salim. Die interessantesten Bauwerke finden Sie im nördlichen Gebiet, sie sind auch etwas leichter zu erreichen; am einfachsten kommen Sie per Taxi zurecht.

Die Verlängerung der Sharia El Azhar führt direkt in die nördliche Nekropole. Oder aber, man fährt die Sharia Salah Salim stadtauswärts an der Zitadelle vorbei und biegt beim ersten Fly-Over rechts in die Totenstadt ab. Hier ein paar Blocks zurück Richtung Zitadelle und dann links auf den großen *** **Mausoleumskomplex von Faraq Ibn Barquq** (£E 6) zuhalten.

Dieses, von 1400 bis 1411 errichtete große Bauwerk, ist als Mausoleum und Kloster angelegt. Um den Innenhof waren die Klosterzellen angeordnet, der Ostliwan ist dreischiffig und beherbergt einen sehenswerten Minbar. Das Eckquadrat zwischen Ost- und Nordliwan diente als Mausoleum von Barquq, das gegenüberliegende dem seiner drei Frauen. Versäumen Sie nicht, in der Nordwestecke aufs Dach und auf eines der zierlich wirkenden Minarette zu steigen, ein guter Ausblick wird sie belohnen.

Von hier aus in südlicher Richtung liegt bald links das **Mausoleum von Ashraf Baybar** (£E 2), das wegen seiner Perlmutt- und Mosaikdekorationen – vor allem auf dem Fußboden – einen Blick wert ist.

Noch ein Stück weiter südlich an dieser Straße erhebt sich das ***Mausoleum von Sultan Ashraf Qaytbay** (£E 6) aus dem Jahr 1474, das wegen seiner harmonischen Architektur und seiner Ornamentdekorationen am bekanntesten ist (auf der £E-1-Geldnote abgebildet). Links vom Eingang ein Sabil-Kuttab, rechts das Minarett (kann bestiegen werden), das zu den schönsten seiner Epoche zählt. Die riesige Mausoleumskuppel ist außen mit Arabesken und geometrischen Mustern geschmückt, der Innenhof mit einer schönen Holzdecke überdacht.

Die **südliche Totenstadt** wird von Touristen seltener besucht. Das am meisten erwähnte Bauwerk ist das ***Mausoleum des Immam el Shafi**, das etwa 1,5 km südlich des Midan Salah El Din liegt: Den Fly-Over an diesem Platz unterqueren und den Schienen der aufgelassenen Straßenbahn über deren Ende hinaus folgen. Der Imam Shafi war ein Nachkomme des Onkels des Propheten und gründete den nach ihm benannten Ritus. Das Mausoleum wurde knapp 400 Jahre nach seinem Tod 1211 errichtet und mehrfach umgebaut. Es ist das größte, freistehende Mausoleum Ägyptens. Die gewaltige Kuppel stammt aus dem Jahr 1772, auf ihrer Spitze ist eine Art Boot angebracht, das stets mit Vogelfutter gefüllt sein sollte. Jeweils im achten Monat des islamischen Kalenders findet hier ab dem ersten Mittwoch ein großes, eine Woche dauerndes Fest (Mulid) statt.

Alt-Kairo und Umgebung

***Alt-Kairo

Zentrum des hauptsächlich von Kopten bewohnten Alt-Kairo ist eigentlich die altrömische Festung Babylon mit ihren schmalen, verwinkelten Gassen, die dem Viertel eine sehr eigene Atmosphäre verleihen. Zu erreichen ist es am einfachsten mit der Metro/Heluan-Bahn (Haltestelle Mari Girgis) oder per Nilboot (siehe Seite 227). Autofahrer nehmen vom Tahrir aus die Corniche in südlicher Richtung, biegen an der Giseh-Brücke links ab (dort verläuft die Straße durch eine Unterführung) und gleich nach der Unterführung rechts; an der links liegenden Amr-Moschee vorbei bis zur nächsten Y-Kreuzung, dort rechts halten.

Das heutige Verwaltungszentrum der koptischen Kirche mit der neuen Markus Kathedrale liegt nicht hier, sondern im Stadtteil Abbasiya, siehe Seite 254.

Als Zugang Alt-Kairo wird das erhaltene nördliche Tor – gegenüber der Bahnüberführung –, zu dem eine Treppe hinunterführt, genutzt (8-17, £E 16). Der eigentliche Haupteingang zwischen den beiden römischen Türmen (im übrigen den einzigen Monumenten aus römischer Zeit in Kairo), läßt nur den Zugang zum Museum zu. Leider sind innerhalb der ummauerten Festung nur noch die Kirchen (und natürlich die Souvenirshops) zugänglich, die übrigen Gassen wurden für Nicht-Bewohner gesperrt.

Hat man die Festungsmauer durch das kleine Tor hinter sich gelassen, zweigt in der anschließenden Gasse bald links ein Weg zum Kloster St. Georg ab, das noch bewohnt ist. An der nächsten Kreuzung führt links eine Gasse zur Kirche der Hl. Jungfrau (Qasirat el Rihan), die 1979 einem Feuer zum Opfer fiel, und zur Kirche St. Georg, die nach einem Brand im letzten Jahrhundert erneuert wurde. Rechts und nach ein paar Schritten links finden Sie den tiefer als das Straßenniveau liegenden Eingang zur ****St. Sergius und Bacchus Kirche**, der wohl ältesten von Kairo. Sie ist den Märtyrersoldaten gleichen Namens geweiht, sie soll um die Wende vom 4. zum 5. Jhd gebaut worden sein. Bekannt ist sie vor allem wegen ihrer schönen Holz-Intarsien aus dem 12./13. Jhd auf der Abschlußwand zum Heikal, d.h. dem Sanktuarium mit den Altären. Die teils (noch) im Grundwasser stehende Krypta soll Josef und Maria auf der Flucht nach Ägypten Schutz geboten haben.

Östlich der Sergius Kirche steht die **St. Barbara Kirche**, deren heutiger Bau aus dem 10. Jhd stammt. Die Namensgeberin wurde von ihrem Vater wegen ihres Übertritts zum

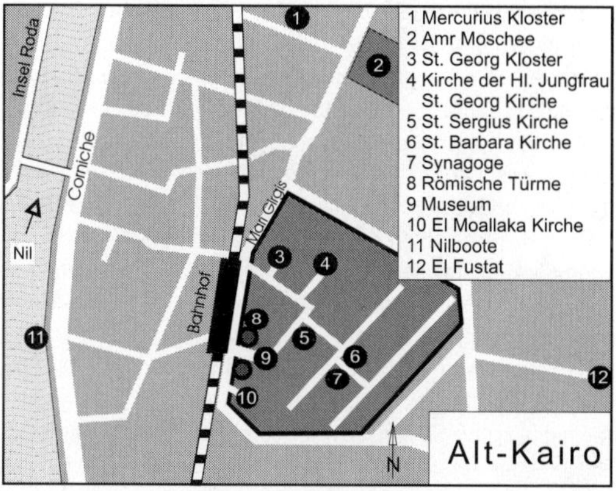

Christentum zu Tode gefoltert. Die Basilika soll einst die schönste in Ägypten gewesen sein. Nicht weit entfernt stößt man auf die **Ben Ezra Synagoge**, die zunächst als Kirche erbaut und im 12. Jhd in eine Synagoge umgewandelt wurde. Sie ist gut restauriert worden. Ein weiteres, nicht koptisches Bauwerk ist übrigens die griechische Rundkirche, die sich gleich neben der Bahnlinie nördlich des römischen Nordturms erhebt.

Zum Besuch des Koptischen Museums und der hängenden Kirche muß man das "Kirchenviertel" wieder verlassen und an der Bahnlinie nach Süden bis zu den römischen Türmen gehen. Zwischen den Türmen hindurch stößt man auf einen kleinen Platz und auf den Museumseingang. Nur wenig südlich des Südturms und durch eine Verbindungstür von der "Cafeteria" aus zu erreichen (falls geschlossen, zurück aus dem Turmeingang, dort links und erster Eingang links), "hängt" die auf das 4. Jhd zurückgehende ****El Moallaka Kirche**, die oft erwähnte Attraktion. Sie wird "die Hängende" genannt, weil sie über das Südwest-Tor gebaut wurde und dort "hängt". Aber dieses Attribut sollte völlig unwichtig sein, die El Moallaka Kirche ist – für uns – die stimmungsvollste koptische Basilika in Alt-Kairo. Wenn sich am späteren Nachmittag das Licht in den Mosaikfenstern im Dachgewölbe bricht und eben jenen Zedernholz-Tonnengewölbe-Dachstuhl ausleuchtet und auch die Intarsienarbeiten im Kirchenschiff tiefer erstrahlen, dann kann man hier die abgeschiedene Stille einfangen und ein wenig meditieren – der sehr harmonisch wirkende Innenraum der El Moallaka verführt ganz einfach dazu. Aber auch Details wie die fein gearbeitete Abschlußwand zum Heikal (Sanktuar mit den Altären) und die beachtenswerte Kanzel mit ihren feinen Marmorsäulen bestimmen den Eindruck dieser altehrwürdigen Basilika. Die El Moallaka wurde im übrigen im 7. Jhd erbaut, von dem armenischen Statthalter Ali Ibn Jahja 840 zerstört und im 10. Jhd unter dem Patriarchen Alexander schließlich wieder errichtet.

Derzeit läuft ein Restaurierungsprogramm für Alt-Kairo, das mit einer gründlichen Überholung der El Moallaka Kirche begann. Es kann also sein, daß Sie auf Bauarbeiten bzw. geschlossene Objekte stoßen.

Das *****Koptische Museum** (9-17, Fr 9-11, 13-17, £E 16) wurde wie ein koptisches Haus um einen rechteckigen Hof errichtet, viele Bauteile wie Türen und Fenster entstammen alten koptischen Gemäuern. Es besteht aus einem *Old Wing*, der seit dem Erdbeben leider gesperrt ist, und einem *New Wing*. Das sehenswerte Museum hat sehr viel Atmosphäre, es wurde Anfang der 80er Jahre vollkommen renoviert. Die meisten

Stücke sind dreisprachig beschriftet. Im Shop neben der Kasse gibt es für den Interessierten einen sehr guten und detaillierten Führer (Gawdat Gabra: Cairo, the Coptic Museum & Old Churches, The Egyptian International Publishing Company; im Buchhandel in der Innenstadt wesentlich billiger als hier).

Beim Besuch sollten Sie auch öfters mal einen Blick nach oben werfen, denn die Decken vieler Räume entstammen alten Häusern und sind immer mit sehr schönen Intarsienarbeiten dekoriert. In den **Räumen 1 bis 8** findet man im wesentlichen Architekturfragmente (z.B. Säulen, Friese, Kapitelle, Fenster oder Türstöcke) und auch Fresken aus koptischen Klöstern. In **Raum 9** ist das große Fresko aus Umm el Bregaat (Fayum) beachtenswert: Rechts sind Adam und Eva nackt vor dem Fall, links verschämt nach dem Essen der verbotenen Frucht dargestellt. Im Obergeschoß geht es weiter mit Raum 10 mit Manuskripten und Keramikfragmenten. Die **Räume 11 und 12** enthalten im wesentlichen Textilien mit religiösen Darstellungen. **Raum 13** ist Malereien und Elfenbeinschnitzereien vorbehalten, z.B. Teile von kirchlichen Fresken, die Elefenbeinstücke mit z.T. Miniaturmalereien gehen auf das 2. und 3. Jhd zurück. In den **Räumen 14-16** finden Sie hauptsächlich Metallarbeiten wie Lampen, Waffen oder die vergoldete Krone eines Patriarchen. **Raum 17** überrascht mit Freskenfragmenten und Keramiken aus Nubien, **Raum 18** mit Stein- und Marmorarbeiten aus den frühen christlichen Jahrhunderten. Die **Räume 22-30** liegen im Old Wing, sie sind derzeit nicht zugänglich.

Umgebung

In der Sharia Mari Girgis am westlichen Rand des Ruinenfeldes steht die **Amr-Moschee** (£E 6), deren Ursprünge auf die Zeit von Fustat zurückgehen, sie ist die älteste Moschee Kairos und Afrikas. Allerdings stammen die heutigen, ziemlich mächtigen Bauwerke aus osmanischer Zeit, denn der Originalbau wurde zusammen mit seiner Umgebung Fustat zerstört.

Ganz in der Nähe liegt das koptische **Kloster des Hl. Mercurius** (Deir Abou Seifein), ein Komplex mit drei alten koptischen Kirchen: Gehen Sie die Straße, die vom Eingang der Amr-Moschee Richtung Eisenbahnlinie führt, bis fast zur Eisenbahn. Dort kommt von rechts die Sharia Aly Salim. Direkt an der Kreuzung sehen Sie die Kirchengebäude hinter hohen Mauern. Die drei Kirchen *Mercurius* (vom Eingang her die letzte), *Anba Shenuda* und *El Adra* ***Damji*****rja** (Jungfrau von Damjirja) stammen nach Angaben auf der Beschilderung aus dem 4. Jhd, in der Literatur ist vom 7./8. Jhd die Rede. Die dem oberägyptischen Abt Schenute geweihte Kirche wird 743 anläßlich einer Bischofsversammlung erstmals erwähnt. Sie liegt heute 2 m unterhalb des Straßenniveaus, Säulenreihen teilen das Innere in zwei Seiten- und ein Hauptschiff. Die Zedernholz-Altarschranke trägt sehr schöne Ikonen, in der Westwand des Narthex steht ein Schrein mit den Reliquien von Shenute und Wissa. Auch die Mercurius Kirche besitzt wertvolle alte Ikonen.

Hinter dem Klosterkomplex – vom Eingang aus gesehen – liegen die christlichen Friedhöfe der koptischen, maronitischen, anglikanischen und protestantischen Kirche.

Fustat

Gleich östlich der Ex-Festung Babylon stößt man auf **Fustat**, den in Ruinen liegenden Ursprungsort von Kairo. Hier hatten die auf die byzantinische Festung Babylon einstürmenden Araber unter Amr Ibn el As zunächst ein Zeltlager errichtet, später entstand anstelle der Zelte eine Stadt mit fünf- bis sechsstöckigen Häusern, die um die Jahrtausendwende größer und reicher als Bagdad oder Damaskus war. Im November 1168 setzten die Bewohner die Stadt in Brand, weil sie glaubten, sich vor dem anrückenden Kreuzritterheer unter König Alamaric von Jerusalem nicht retten zu können.

Heute arbeiten hier **Gebrauchstöpfer**, denen man das eine oder andere, manchmal auch ungewöhnliche Stück abkaufen kann. Ein Spaziergang lohnt sich durchaus, vielleicht auch, um im Ausgrabungsbezirk einen Eindruck vom ehemaligen Fustat zu gewinnen. Wer Lust an Töpferarbeiten hat, findet in der gesamten Gegend von Alt-Kairo Verkaufsstände mit recht unterschiedlichem Angebot. Wenn Sie direkt in die Gegend der qualmenden Töpfereien wandern, machen Sie sich auf ziemlich aggressive Kinder gefaßt.

Zu erreichen ist Fustat folgendermaßen: Vom Bahnhof her links an Babylon vorbeigehen bis zur nächsten Kreuzung, dort rechts bis rechts eine breite Straße aus Babylon/Alt-Kairo einmündet. Etwa 50 Meter weiter ist links ein Eisentor, dort hinein und geradeaus bis zu einer Baumgruppe mit Wärterhäuschen (Eintritt £E 6).

*Pharaonic Village und Papyrus Institut

Dr. Ragab, Wiederentdecker der Papyrusherstellung, baut seit vielen Jahren auf einer Nilinsel Papyrus an. Mitten in dieser Pflanzung errichtete er nach alten Vorbildern ein typisches pharaonisches Dorf. Dort versucht er, die alltäglichen Arbeiten jener Zeit vorzuführen. Wenn auch das Ganze den Eindruck eines pharaonischen Disneylandes macht, so ist doch die Reise durch die Vergangenheit einigermaßen informativ, allerdings mit £E £E 60 pP auch teuer. Immer mehr Leser beklagen die lustlosen Komparsen und die wenigen Vorführungen – der anfängliche Schwung scheint entschwunden zu sein.

Die Rundfahrt per Boot durch papyrusgesäumte Kanäle passiert zunächst Götterstatuen, dann führen in handgewebte Originalkleidung gehüllte Komparsen das Landleben vor. Da wird gepflügt, gesät, geerntet und gedroschen, Brot gebacken, Feuer geschlagen und einiges mehr aus längst vergangenen Zeiten vorgeführt. Zum Schluß können Sie einen Tempel, das Haus einer reichen und einer armen Familie besuchen.

Wenn Sie die Zeitmaschine in die pharaonische Vergangenheit besteigen wollen, fahren Sie am Westufer nilaufwärts, ca. 2 bis 3 km südlich der Giseh-Brücke taucht links ein unübersehbares Schild *Pharaonic Village* auf. Vom Zentrum können Sie Bus Nr. 107 oder 109 nehmen.

Das *Papyrus-Institut*-Hausboot ankert in der Nähe des Sheraton Hotels, es war der Ausgangspunkt von Dr. Ragabs Aktivitäten. Seit der Eröffnung des Pharaonic Island scheint es etwas ins Hintertreffen geraten zu sein. Sehenswert: Die Herstellung von Papier aus Papyruspflanzen. Wenn Sie hier die Eintrittskarte für das Pharaonic Village kaufen, können Sie sich für £E 3 ein Geschenk aussuchen.

Dr. Ragabs Wiederentdeckung und -entwicklung fand viele Nachahmer, die vor allem im Pyramidenbereich ihre Fangarme nach Touristen ausstrecken und versuchen, viel Schund, aber wenig Gutes abzusetzen. Bevor Sie kaufen, lesen Sie vorsichtshalber auf Seite 104 nach.

Schreiben Sie uns bitte, wenn Sie Änderungen oder Neues entdecken.

Engere Umgebung von Kairo

Wissa-Wassef-Werkstatt

Die Teppichknüpfkunst war – wie die Papyrusherstellung – in Ägypten verlorengegangen. 1939 gründete der Kunsterzieher Habib Gorgy eine Schule im Alt-Kairo-Viertel, in der er diese Kunst wiederbelebte. Sein Schwiegersohn Wissa Wassef zog 1952 in das Dorf Haraniya und ermunterte die Kinder von Fellachen, ihre Vorstellungswelt in die Teppiche einzuweben. Die herausgeforderte und geförderte Kreativität der Kinder führte zu phantastisch-naiven Kunstwerken, die sich zudem gut verkaufen ließen. Nachahmer bieten ihre – sichtbar schlechtere – Ware in den typischen Touristenläden an.

Ein Besuch in der Original-Werkstatt (10-17) lohnt sich, denn man kann in den Ausstellungsräumen einige der schönsten Stücke bewundern. Man fährt auf der Pyramid Road bis zum ersten Kanal (Wegweiser Sakkara leider verlorengegangen) und biegt dort links ab. 4 km entfernt liegt im Dorf Haraniya an der rechten Seite die unscheinbare Einfahrt zum Haus des Wissa Wassef (daneben übrigens der Campingplatz *Salma Camp)*.

Weberdorf Kerkdasa

In Kerkdasa, einem traditionsreichen kleinen Dorf am Rand von Giseh, weben viele Familien Teppiche nach der Schule von Wissa Wassef (siehe übernächsten Abschnitt). Die rechtwinklig vom Kanal nach Westen führende Straße ist mit Shops gesäumt, in denen nicht nur eine reichliche Auswahl z.T. hübscher und relativ preiswerter Teppiche zu finden ist, sondern auch andere Souvenirs (Lederarbeiten, Kupfer, Galabeyas, Beduinenkleider vom Sinai, etc.). Hier lohnt übrigens das Feilschen besonders wegen des reichhaltigen, vergleichbaren Angebots. Im Dorf selbst kann man Webern (meist Kinder und junge Frauen) bei der Arbeit zuschauen.

Kinderarbeit

Eine grundsätzliche Anmerkung: Auch wenn es sich bei der Teppichherstellung meist um – bei uns verpönte – Kinderarbeit handelt, so wäre es verkehrt, dieses Problem nur durch die Augen wohlhabender europäischer Besucher zu beurteilen, für die Kinderarbeit undenkbar ist. In Ägypten gehört Arbeit der Kinder zum gewohnten Alltag, sei es auf dem Feld, in der väterlichen Werkstatt oder z.B. beim Teppichknüpfen. Selbstverständlich streichen die Carpet Schools den meisten Profit ein, doch auch die Kinder profitieren, indem sie kunsthandwerklich ausgebildet werden und mit dem kargen Lohn zum Lebensunterhalt ihrer Familie beitragen. Es wäre fatal, wenn man deswegen keine Teppiche kaufen und damit den Kindern eine Chance verweigern würde. Die Lösung des Problems kann nur in der sozialen Entwicklung der ägyptischen Volkswirtschaft liegen, die es den Familien ermöglicht, auch ohne diese zusätzliche Einnahme auszukommen. Darüber hinaus ist es wichtig, daß den Kindern der Schulbesuch ermöglicht wird, daß sie fair entlohnt werden und die Unternehmer ihre Gewinne entsprechend weitergeben.

Nach Kerkdasa kommt man am besten von der Pyramid Road. Wenn Sie von Kairo kommen, biegen Sie an der Kreuzung, die als erste einen Kanal überdeckt, nach rechts (links

Junger Töpfer in der Werkstatt von Wissa Wassef

geht es nach Sakkara), aber auf die linke (westliche) Seite des Kanals ab, lassen nach gut 1 km das Restaurant Andrea links liegen und nach weiteren 5 km liegt links das Weberdorf. Etwa 30 Meter von der genannten Pyramid-Road-Abzweigung fahren Minibusse nach Kerkdasa; vom Midan Giseh der Bus 116.

Kamelmarkt

Eigentlich eine sehr traurige Angelegenheit: Das Ziel eines gut vierwöchigen Trekks vom Sudan bis nach Kairo ist – das Schlachthaus. Den letzten, eher qualvollen Zwischenstop haben die Kamele auf einem tristen Marktplatz nördlich von Kairo einzulegen. Dort werden sie nach altarabischer Sitte jeweils freitags (Hauptmarkt) verschachert. Manche der stolzen Wüstentiere scheinen ihr Schicksal zu ahnen und brechen zu einem letzten Fluchtversuch aus; aber die Händler sind allemal schneller und treiben die Ausreißer mit brutalen Schlägen zurück.

Leider ist der Markt von seinem seit Menschengedenken traditionellen Standort im Vorort Embaba im Frühjahr 1995 nach **Barkash** in eine Gegend verlegt worden, die eher einer Verbannung gleichkommt: Fernab von Straßen und Bahnverbindung an den Rand der Wüste. Der Ort Barkash (in der freytag & berndt Karte als Birqash bezeichnet) liegt 24 km nördlich der Sakkara-Kreuzung der Pyramid Road.

Folgen Sie zunächst der Beschreibung zum Weberdorf Kerkdasa im vorigen Abschnitt und dann dem Kanal noch 18 km nach Norden. Barkash liegt dort, wo rechter Hand etwas entfernt eine neue große Betonbrücke einen Kanal und die Eisenbahnlinie überspannt. Halten Sie sich hier halblinks bis die Straße nach ca. 700 m wieder auf einen Kanal stößt, auf dessen anderer Seite die Eisenbahnlinie verläuft. Links breitet sich der mittelgroße Ort Barkash aus. Fahren Sie am Kanal 4 km weiter bis rechts ein Schild zu einer Farm namens Nimos verweist, hier halblinks halten. Nach 2 km ist der schattenlose Marktplatz erreicht.

Öffentliche Verkehrsmittel: Der Bus 214 fährt vom Midan Tahrir Richtung Barkash. Von der Endhaltestelle bzw. ca. 300 Meter in Rückrichtung verkehren Minibusse direkt zum Markt. Fragen Sie unterwegs nach *Barkhash* und dann nach *Souk el Gimaal*. Eine Alternative: Zum alten Markt in Embaba fahren und von dort auf einem Pickup nach Barkash. Eine Taxifahrt kostet etwa £E 70. Einige Traveller-Hotels organisieren Minibusfahrten, fragen Sie z.B. im SUN, 2 Sharia Talaat Harb.

Der Marktplatz ist weitläufig ummauert, er liegt am Rand des Fruchtlandes an der beginnenden Wüste. Eine Abteilung ist den Alltagsbedürfnissen vorbehalten, die Kamelabteilung kostet £E 5 (Ausländer) Eintritt und überrascht durch die Vielzahl der Tiere, allerdings auch mit der Brutalität, mit der sie hin und her getrieben oder verladen werden. Da der ursprünglich gleichzeitige Esel- und Pferdemarkt neuerdings samstags stattfindet, hat der Markt ohnehin an Attraktion verloren. Ein Besuch kann nur dem empfohlen werden, der unbedingt an solchen Veranstaltungen interessiert ist. Denn hier geht es mehr um die Menge an Kamelen, an Atmosphäre ist diesem Ort jeder übliche Landmarkt überlegen.

October War Panorama

Auf dem Weg zum Flughafen oder nach Heliopolis könnten Sie am **October War Panorama** (£E 8) haltmachen. Dieses, an den Oktober-Krieg 1973 gegen Israel erinnernde Denkmal wurde von Nordkoreanern gebaut. Im zylindrischen Hauptgebäude wird u.a. der Durchbruch durch die israelische Bar-Lev-

Zum Kamelmarkt gehört auch ein Eselsmarkt

Linie dargestellt. Die Vorführungen finden täglich außer dienstags um 9.30, 11, 12.30, 18 und 19.30 Uhr statt, allerdings nur mit arabischem Kommentar in den beiden Seitensälen, im Hauptsaal sind Kopfhörer mit deutscher Übersetzung erhältlich; zu anderen Zeiten kein Einlaß. Außerhalb des Hauptgebäudes sind Panzer, Flugzeuge und anderes Kriegsgerät ausgestellt.

Heliopolis und der Obelisk von Sesostris

Heliopolis, den meisten Besuchern nur als Flughafen-Vorstadt von Kairo bekannt, blickt auf eine sehr lange Vergangenheit zurück. Der altägyptischen Mythologie zufolge lag hier der Ursprungsort des Pharaonentums, daher war es über lange Zeiten hinweg religiöses Zentrum. Heute kündet nur noch der einsame **Obelisk des Sesostris I** (£E 12) von der ehemaligen Bedeutung. Er steht zusammen mit anderen altägyptischen Monumenten in einem Park im Dorf Matariya am nordwestlichen Rand von Heliopolis. Zu erreichen mit Bus /50 zum Midan Hegaz, dort weiter mit Bus 55. Oder etwa 10 km per Auto auf der stadtauswärts führenden Sharia Bur Said.

Aber Heliopolis hat einen interessanten neugeschichtlichen Hintergrund. Der Belgier Edouard Empain – vom armen Lehrersohn zum Multimillionär aufgestiegen – wollte zeigen, daß man auch in der Wüste Gärten anlegen kann und plante daher eine Oase im Norden Kairos. Ohne staatliche Hilfe begann er 1905 seine Ideen in die Tat umzusetzen: Es entstand eine gut durchdachte Siedlung mit einer Kathedrale im Mittelpunkt, mit Moscheen, Klubs, Luna-Park und einem feudalen Hotel. Die Einwohnerzahl stieg von 1000 im Jahr 1909 auf 24 000 in 1928 und 200 000 in 1986. Bevorzugt besiedelt wurde und wird der inzwischen vom auswuchernden Kairo eingefangene Vorort von Freiberuflern, höheren Staatsangestellten und Europäern.

Fußgänger nehmen am besten den Minibus Nr. 24 vom Midan Tahrir oder die Nr. 25 vom Midan Ataba aus. Autofahrer halten sich auf der Sharia Salah Salim immer Richtung Flughafen und biegen vor der einzigen Unterführung bei der Ausschilderung HELIOPOLIS bzw. ROXI SQ rechts ab, überqueren die Sharia Salah Salim nach links und sind bald im Herzen von Heliopolis. Vom Midan Roxy führt die Sharia Ibrahim Laqqani ins ursprüngliche Zentrum von Heliopolis. Bald zweigt links die Einkaufsstraße Sharia al Ahram ab, an deren Ende die Basilica steht, die von einem belgischen Architekt der Istanbuler Haya Sofia nachempfunden wurde. Baron Empain und seine Familie sind hier begraben.

Hier und in der Umgebung können Sie sowohl alte Häuser als auch moderne Boutiquen anschauen. Nicht weit entfernt, in 5 Sharia Damaskus, haben die Palästinenser das **Palestinian Heritage** House (8.30-15, Do 8.30-13) eingerichtet, in dem sie ihre Bräuche und Kultur dargestellen. – Eine weitere Attraktion vor allem für ägyptische Familien ist der **Merryland-Park** am Ende der türkisen Straßenbahnlinie, dessen Seen und Wiesen vor allem freitags von Großfamilien gestürmt werden.

Baron Edouard Empain baute sich übrigens einen extravaganten Wohnpalast im Stile eines hinduistischen Tempels, der nur drei Blocks in Richtung Flughafen nach der oben angegebenen Unterführung auf der rechten Seite liegt. Leider ist das einst von grünen Gärten umgebene Gebäude – dessen Drehturm angeblich automatisch dem Sonnenstand folgte – völlig heruntergekommen, seit es in den 50er Jahren von der Familie des Barons verkauft wurde.

Mokattam Berge

Von der Sharia Salah Salim zweigt hinter der Zitadelle eine Straße ab, die in Serpentinen auf die etwa 200 m hohen Mokattam-Berge hinaufführt. Am Rand des Steilabfalls liegen einige Restaurants. Vom oberen Hügelrand bieten sich vor allem frühmorgens gute Ausblicke über Kairo, bevor die Smogwolke die Stadt einhüllt. Auch können Sie von dort den langen Weg abschätzen, den das Pyramiden-Baumaterial zurückzulegen hatte; denn in den Steinbrüchen zu Ihren Füßen wurden auch Verkleidungsplatten für die Pyramiden gebrochen, durchs Niltal transportiert, über den Nil übergesetzt und schließlich die Anhöhe zu den Pyramiden hinaufgeschafft.

Wer länger in Kairo bleibt, sollte nicht zuletzt zum Schnappen besserer Luft den Weg hinauf nicht scheuen, abends wird diese Erholung mit einem besonders schönen Blick über das Lichtermeer von Kairo belohnt.

Wadi Digla

Früher gehörte ein Ausflug zum tiefeingeschnittenen, landschaftlich sehr schönen Wüstencanyon des Wadi Digla Canyon schon zum Geheimtip. Inzwischen sind die Zufahrten durch neue Siedlungen verstellt. Allerdings soll der Canyon als eine Art Nationalpark eingerichtet und damit offiziell zugänglich gemacht werden.

Heluan

Schwefelhaltige Quellen und gesunde Luft begründeten schon im Altertum den heilkräftigen Ruf von Heluan. Die Khediven Ismail und Taufik ließen fruchtbare Erde aus dem Delta heranschaffen und legten ein mondänes Heilbad mit schachbrettartigen Straßenzügen an. Im Laufe der letzten Jahrzehnte rückte die Industrie der Stadt immer näher, von der guten Luft blieb fast nichts.

Im Grunde bietet Heluan heute nicht mehr viel. Das alte Badehaus im maurischen Stil ist noch erhalten. Am einzigen **japanischen Garten** im Nahen Osten – außerordentlich fremd in diesem Wüstenland – hat der Zahn der Zeit schon arg genagt, die Buddha-Figuren schauen traurig in die Zukunft. Der Garten, der leider beispielhaft ist für nachlässige Pflege und Verfall, liegt ein paar Blocks östlich der Endstation der Metro Kairo – Heluan.

Etwa 1,5 km von der Endstation entfernt oder einen Bahnhof zuvor finden Sie an der Westseite dieser Linie ein kleines **Wachsfigurenmuseum** (9-17, £E 1) in einem Vergnügungspark. Hier sind Begebenheiten der ägyptischen Vergangenheit in etwas naiven Szenenfolgen dargestellt, von pharaonischer Geschichte (Echnaton mit Gemahlin oder Kleopatra, sterbend mit Schlange am Busen) bis hin zu Bildern aus dem täglichen Leben vor und nach der Nasser-Revolution. Leider hat auch hier der Zahn der Zeit arg an den Figuren genagt; ein Besuch kann vielleicht einen kleinen Beitrag zur Restaurierung beisteuern.

Delta-Staudamm (auch Barrages du Nil)

1835 begann Mohammed Ali, am Eingang zum Delta, Staudämme zur Regulierung der Nilfluten zu bauen, die nach knapp 20 Jahren und vielen Mißgeschicken fertiggestellt wurden; immerhin waren sie damals die größten Stauwerke weltweit. Im Laufe der Zeit mußten die Dämme mehrmals verstärkt werden, weil man die Unterspülung durch den Nil unterschätzt hatte.

Die Anlage wurde an der Stelle angelegt, an der sich der Nil in den Rosetta- und Damietta-Arm teilt. Die ursprünglichen Dämme sind 452 und 522 m lang, der Nil strömt durch insgesamt 132 Schleusentore. Sehr grotesk wirkt die in den Fluß verpflanzte Ritterburgen-Architektur der Dammoberbauten, zumal zwischen den beiden Flußarmen schöne Gärten mit alten Banyan-Bäumen den Kontrast noch unterstreichen. Sehenswert ist das **Bewässerungsmuseum** (Mathaf Zrahi) im ehemaligen Verwaltungsgebäude mit einem Überblick über die Bewässerungstechnik und mit aktivierbaren Modellen. Die Festung El Kalaa el Saidiya wurde im Auftrag von Mohammeds Sohn Said errichtet.

Heute ist diese Gegend ein beliebtes Ausflugsziel. Besonders an Wochenenden strömen viele Familien und junge Leute aus Kairo hierher. Fahrradtouren sind neben dem obligaten Picknick auf der grünen Wiese offenbar der Höhepunkt des Freizeitvergnügens.

Am schönsten ist eine Segeltour per Feluke von Kairo aus zu dem etwa 20 km stromabwärts liegenden Damm, freitags und sonntags (je nach Jahreszeit auch an anderen Tagen) fahren Motorboote etwa ab 9 bis etwa 11 U und zwischen 16 bis 17 Uhr zurück (£E 5 pP) von der Maspero Station beim TV-Building (nebenan starten die Boote nach Alt-Kairo), ansonsten Bus Nr. 210 vom Tahrir (sehr voll). Per Auto bietet sich eine Rundreise an: z.B. am rechten Nilufer auf der Delta-Straße flußabwärts bis Qalyub, dann über den Damm und auf der anderen Seite zurück.

4.7 Die Pyramiden

Hintergrund

Erst in jüngster Zeit hat sich die Erkenntnis durchgesetzt, daß die Pyramiden nicht das Produkt harter Sklavenarbeit waren, sondern daß sich viele Menschen zusammentaten, um in religiöser Inbrunst Sakralbauwerke zu schaffen – erste Vorbilder für Sakralbauten vieler Generationen in aller Welt. Mit großer Wahrscheinlichkeit bestimmten auch innenpolitische Überlegungen die Monumentalität der Pyramiden. Es wäre daher sicher falsch, beim Anblick der Pyramiden nur an den Schweiß und die Mühsal der Arbeiter zu denken oder gar daran, daß sie zu ihrer Leistung geprügelt wurden.

Ein Bauwerk, an dem Zehntausende beschäftigt waren, bot die Gelegenheit des Kennenlernens und der positiven Zusammenarbeit der Bewohner des Niltals, nicht zuletzt auch eine Beschäftigung während der drei- bis viermonatigen Untätigkeit in den Zeiten der Nilüberflutung. Denn am Ende der Pyramidenzeit ist der noch relativ junge ägyptische Staat ein hierarchisch gestuftes Gebilde mit einer sehr differenzierten Beamtenschaft; eine Entwicklung, die zumindest teilweise auf den Bau der Mammutprojekte zurückzuführen ist.

Sicher war es kein leichter Job, viele Tonnen schwere Steinquader neben den Pyramiden oder auf der östlichen Nilseite in den Brüchen des Mokattam, Tura (Außenverkleidung) oder gar bei Assuan (Granit) mit den damaligen Werkzeugen zu brechen, sie anschließend auf Holzschlitten zum Nil, dann per Schiff nach Giseh und schließlich bis zur Spitze der Pyramiden zu schaffen. Aber der Glaube, Stein für Stein für das Überleben des Volkes aufzuschichten, versetzte buchstäblich Berge und machte den Arbeitern die Last leichter. Herodot berichtet (3 Jahrtausende nach Entstehen), daß 100 000 Arbeiter mit dem Bau einer Pyramide be-

schäftigt gewesen seien. Moderne Berechnungen ergaben, daß es etwa 10 000 bis 20 000 Menschen in 20 Jahren geschafft haben müßten, die ungefähr 2,3 Millionen Steine aufeinander zu stapeln und mit einer Mörtelschicht zu verbinden.

Dabei bewältigten die Erbauer technische Probleme wie die Nivellierung des Bodens zu einer absolut waagerechten Ebene, die exakte Ausrichtung der Cheopspyramide nach Norden (Fehler nur 5 Minuten, 30 Sekunden!), Abweichungen in der Waagerechten zwischen den einzelnen Steinschichtungen von nur wenigen Zentimetern und schließlich die Tatsache, daß sich die vier Kanten tatsächlich gemeinsam in der Pyramidenspitze trafen – eine Abweichung dieser Linien um nur 2 Grad würde ein Auseinanderklaffen um 15 m (!) an der Spitze bewirkt haben.

Auch unter heutigen Verhältnissen wäre das Errichten einer solch großen Baumasse (die Cheops-Pyramide ist immer noch das vom Volumen her größte, jemals von Menschen geschaffene Gebäude) eine technische Meisterleistung – um wieviel höher müssen wir diese Präzisionsbauwerke bewerten, wenn wir uns vorstellen, daß die Pyramiden in der Steinzeit mit Steinwerkzeugen errichtet wurden: Mit Dolerit-Hämmern, Quarzit-Poliersteinen und Bolzen aus Kiesel. Lediglich Beile und Sägen bestanden aus gehärtetem Kupfer. Als Transportmittel dienten von Ochsen bewegte Ziehschlitten.

Mit welchen Methoden die Pyramiden errichtet wurden, bleibt unter den Fachleuten wohl so lange umstritten, bis nicht ein archäologischer Beweis für die eine oder andere gefunden wurde. Als gängige Meinung herrscht vor, daß man Rampen angelegt habe, um das Baumaterial auf einer schiefen Ebene nach oben zu schaffen. Berechnet man jedoch eine solche Rampe, so hätte sie letztlich eine Länge von etwa 3 km erreichen müssen, um ihrer Aufgabe bis zur Pyramidenspitze gerecht zu werden. D.h., daß die Erstellung der Rampe selbst eine etwa zehnmal höhere Bauleistung als die der Pyramide erfordert hätte. Herodot spricht jedoch von "Maschinen" aus kurzen Hölzern. Neuere Theorien gehen daher von hölzernen Winden (Spills) aus, mit denen man die Steine über eine schiefe Ebene hinaufgezog.

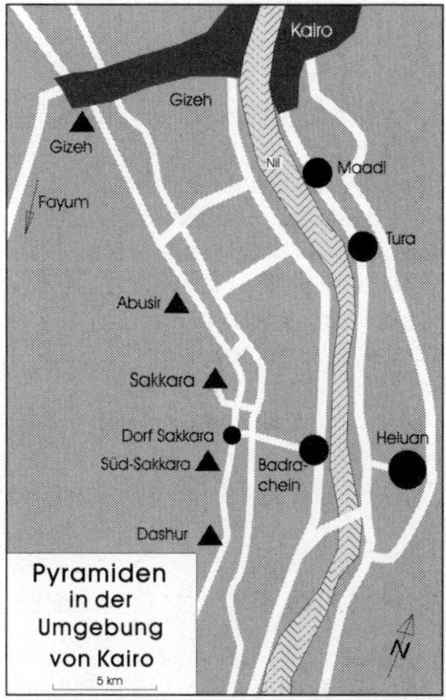

Doch neben der rein technischen Großtat muß die logistische und organisatorische Leistung in ebenso hohen Tönen gelobt werden. Denn die mindestens 10 000 Menschen mußten in eigens er-

Pyramiden

richteten Dörfern untergebracht, verköstigt und sozial betreut werden. Ihre unterschiedlichen Tätigkeiten waren so aufeinander abzustimmen, daß jeweils das richtige Material zum richtigen Zeitpunkt an Ort und Stelle stand, daß sich die Leute nicht gegenseitig auf die Füße traten oder z.B. nicht dort waren, wo sie benötigt wurden, um nur einige der Probleme zu nennen.

Die Pyramiden haben eine deutliche Entwicklung durchgemacht. Das erste Bauwerk dieser Art, die Stufenpyramide des Djoser in Sakkara, stellt eigentlich nur eine vergrößerte Form der vorher gebräuchlichen Mastaba (Bankgrab) dar. Bald wurden die Stufenabsätze verkleidet, und es entstand die reine Pyramidenform mit glattpolierten Außenwänden. Zwischen den Anfängen in Sakkara und dem Höhepunkt in Giseh liegen nur etwa zwei Jahrhunderte.

Aus der religiösen Bedeutung der Pyramide – dem toten Pharao (Gott) die Verbindung zwischen dem Reich der Lebenden im Osten und dem der Toten im Westen zu ermöglichen – entwickelte sich das typische Schema dieser Bauten. Ein Taltempel auf der Grenzlinie zwischen Frucht- und Ödland, mit dem Nil durch einen Kanal verbunden, diente den ersten religiösen Zeremonien und der Mumifizierung. Hier am Ende des Reichs der Lebenden endete auch die Trauerprozession. Die Mumie wurde dann auf einem überdachten Weg (Aufweg) zum direkt an der Pyramide liegenden Totentempel gebracht und schließlich in der im Westen (Reich der Toten) liegenden Sargkammer beigesetzt. Der Totentempel diente fortan den Priestern für die Totenriten.

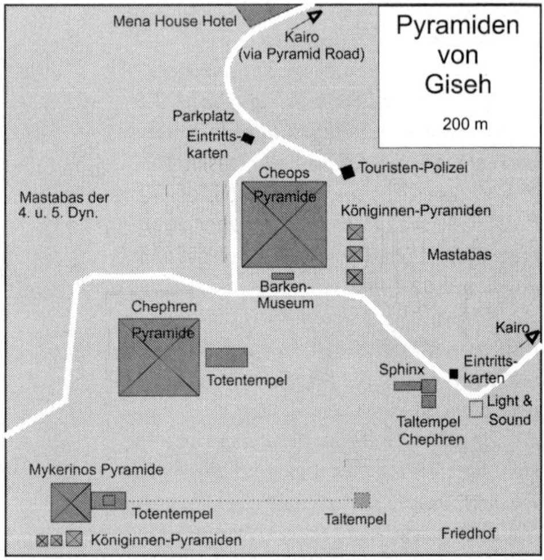

****Pyramiden von Giseh

Achtung: Die Pyramiden liegen direkt am Stadtrand, nicht mitten in der Wüste, wie raffinierte Taxifahrer glauben machen wollen! Von den beiden Eingängen zum Gelände sollten Sie für den Beginn den bei der Cheops Pyramide oberhalb des Mena House Hotel nehmen und dann das Gelände über den Eingang beim Sphinx verlassen.

Auf dem Weg vom Stadtzentrum her tauchen die Pyramiden, sobald man den Midan Giseh hinter sich gelassen hat und die Pyramid Road – Sharia el Ahram – ein Stück gefahren ist, zunächst schemenhaft aus dem Dunst Kairos auf, bald wachsen sie in ihrer geometrisch klaren Form immer gewaltiger gegen den Horizont. Die Straße führt schnurgerade auf sie zu und erklimmt dann am Mena House Hotel den Steilabfall der Wüste zum Fruchtland.

Hier unten, am Mena House Hotel, ist Endstation der Buslinien 900 (vom Midan Abdel Minin Riyad), 998 (vom Midan Tahrir) und 30 (Midan Ramsis) oder der Minibuslinie 183 (Tahrir). Auch der Airport-Bus 356, der am Midan Tahrir neben dem Ägyptischen Nationalmuseum hält, beendet hier seinen Trip quer durch die Stadt.

Die Linie 913 endet im Dorf Nazlit El Saman am Sphinx etwa 500 m vom Taltempel entfernt mitten im Ort; sie eignet sich besonders für die Rückfahrt, weil man nicht zum Mena House Hotel zurückwandern muß. Da sie dort startet, gibt es fast immer Platz für müde Wandersleute.

Es gibt kaum eine andere Stelle in Ägypten, an der Touristen mit so vielen Tricks und Lügen ausgenommen werden wie an den Giseh-Pyramiden; hier kann man wirklich den Glauben an die sonst so freundlichen Ägypter verlieren. Es lauert eine Horde von Bakschischjägern: Dragomanen (Führer), Kamel- und Pferdevermieter, selbsternannte Ticketverkäufer (ohne gültige Tickets!), Souvenirverkäufer etc. Versuchen Sie, alle Leute energisch abzuwimmeln, Sie brauchen wirklich keinen einzigen.

Passen Sie vor allem als Orient-Neuling auf, die Händler merken sofort Ihre Unerfahrenheit und "ziehen Sie bis auf die Unterhose aus", wie ein Leser schreibt. Nur zwei von vielen Tricks: Sie sollen sich auf dem sitzenden Kamel fotografieren lassen, plötzlich steht das Kamel auf und Sie kommen nicht mehr ohne saftiges Bakschisch herunter. Taxis werden bereits in der Mena-House-Gegend angehalten und den darin sitzenden Touristen erklärt, man könne nur um die Pyramiden reiten – die Taxireise endet dann an einem der Reitställe. Also noch einmal: **Wimmeln Sie jeden ab.**

Fünftausend Jahre lang standen die Pyramiden einsam am Rand der Wüste, jedermann konnte sie – kostenlos – besichtigen, sie besteigen oder ganze Steine als Souvenir davontragen. Das ist nicht mehr möglich, der Gesamtkomplex ist umzäunt, die Pyramiden dürfen nicht mehr bestiegen werden, da immer mehr der Steine zerstört wurden. Ganz abgesehen von den vielen Todesopfern und Verletzten dieser Kletterpartien: Es sind zahllose vom Sand schlüpfrige, über 1 m hohe Stufen zu überwinden, einmal abgerutscht, findet man keinen Halt und stürzt nach unten. Das Verbot ist also sinnvoll. Man sollte sich daran halten, auch wenn immer wieder selbsternannte Führer zum Aufsteigen ermuntern. Wen die Polizei erwischt, der zahlt £E 200 Strafe.

Die Umweltbelastung des Großraums Kairo und der touristische Massenansturm der letzten Jahre setzen den Bauwerken, vor allem dem Sphinx, massiv zu. Für die Zukunft ist geplant, immer nur das Innere einer Pyramide zur Besichtigung und auch nur für eine maximale Zahl von Besuchern pro Tag freizugeben, um die tourismusbedingten Schäden zu minimieren.

Der Pyramidenkomplex kostet £E 20 **Eintritt**, damit darf man die Steinkolosse nur von außen bewundern. Für den Besuch der Grabkammern der Cheops-, Chephren- und Mykerinos-Pyramide wird man mit je £E 10 Eintritt zur Kasse gebeten. Wer den Komplex per Auto befahren will, zahlt £E 2 zusätzlich. Das Barkenmuseum kostet £E 20 Eintritt, die Fotoerlaubnis für das Innere der Pyramiden £E 10, Videofilmen £E 100; von außen darf man so viel filmen und fotografieren wie man will (wenn Sie irgendeine Pyramide von innen filmen wollen, dann fahren Sie nach Dashur, dort läßt sich über den Preis verhandeln). Allgemeine Eintrittskarten werden am Eingang bei der Cheops-Pyramide und beim Taltem-

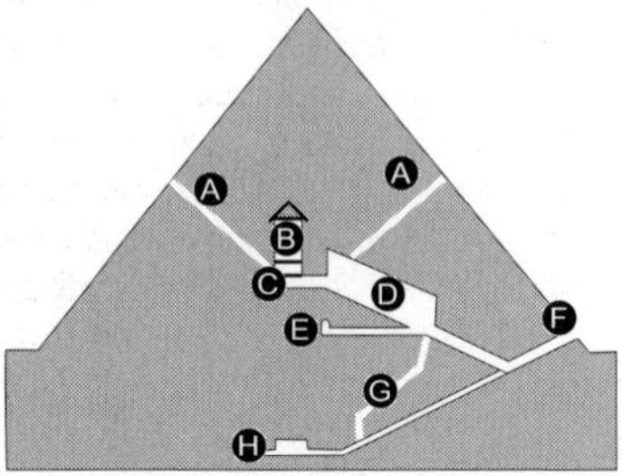

Cheopspyramide (Querschnitt)

A Luftschächte (?)
B Entlastungskammern
C Grabkammer
D Große Halle
E Königinnenkammer
F Heutiger Eingang
G Sicherheitsweg
H Unterirdische Grabanlage

pel verkauft, die speziellen bei den jeweiligen Objekten. Denken Sie bei den Eintrittspreisen daran, daß Sie Spitzenerzeugnisse der Kategorie *Weltwunder* vor sich haben. Nehmen Sie für die Besichtigung der Grabkammern vorsichtshalber eine Taschenlampe mit. Die Grabkammern und das Barkenmuseum sind im Sommer von 9 bis 17, im Winter nur bis 16 Uhr geöffnet; aus dem Pyramidenareal selbst wird man – je nach Tageslaune – ab etwa 17 bis 19 Uhr vertrieben.

Freitags ist der Besucherandrang höher, weil viele Ägypter den freien Tag für eine Besichtigung nutzen. Generell günstig ist ein sehr früher Besuch; dann ist die Gegend noch vergleichsweise menschenleer. Allerdings wird das eigentliche Gelände erst um 8.30 geöffnet, bis dahin kann man sich außerhalb der Umzäunung (soweit vorhanden) aufhalten (wimmeln Sie Wichtigtuer, die Sie vertreiben wollen, einfach ab).

Sollten Sie den Wunsch nach einem Führer – Dragoman – nicht unterdrücken können, so nehmen Sie am besten einen lizensierten Mann, er muß sich mit einer Messingplakette ausweisen. Die Kenntnisse dieser Leute werden geprüft, dadurch haben Sie die Gewähr, mehr Fakten als Märchen aus Tausendundeiner Nacht zu hören. Übrigens kommen die meisten Dragomanen aus Beduinen-Kreisen.

Für Unentwegte, die auf einen Kamelritt um die Pyramiden nicht verzichten wollen, gibt eine Tafel innerhalb des Geländes Auskunft: Eine Kamelstunde kostet ca. £E 10, Esel bekommt man bereits zu £E 6 pro Stunde, Pferde für £E 12 (im Tourist Office – gegenüber dem Mena House Hotel – erfahren Sie aktuelle Preise als Basis für Ihre Verhandlungen). Spät nachmittags sinken die Preise. Ein Kamelritt mag den Vorteil haben, daß man die Pyramiden aus einiger Distanz sieht und die Treiber die besten Fotoplätze kennen. In der Nähe der Pyramiden gibt es einige Reitställe; wer Interesse an größeren Reitausflügen hat, lese Seite 301 nach.

Doch zu den Pyramiden selbst. Im Norden erhebt sich die **Cheops-Pyramide** (pharaonischer Name Chufu), mit 137 m (ursprünglich einschließlich Verkleidung 147 m) die höchste und älteste der drei. Obwohl das Bauwerk jahrtausendelang allen Unbilden trotzte, schafften es die Besucher des 20. Jahrhunderts, durch Ausdünstungen soviel Feuchtigkeit zu hinterlassen, daß 1998 über 300 Risse im Gestein festgestellt wurden. Sie mußte "repariert" werden. Außerdem erhielt sie eine Belüftungsanlage, die künftige Schäden verhindern soll. Jetzt sind nur noch 300 Besucher täglich zugelassen; wer zu spät kommt, muß mit einer der anderen Pyramiden vorlieb nehmen.

Sie können eine oder zwei **Grabkammern** der Pyramiden besichtigen; es sind in einem rollierenden System immer nur zwei der großen Pyramiden geöffnet. Die Grabkammer der Cheops-Pyramide lohnt sich am meisten; denn trotz aller Mühsal, schlechter Luft und dem Gedränge zeigen sich im Innern die Baumassen in ihren gewaltigen Ausmaßen sehr eindrucksvoll. Vom heutigen Eingang führt der Weg zunächst nach unten, dann hinauf in die sog. große Halle mit polierten und fast fugenlos aneinandergefügten Steinplatten, am Ende in die Grabkammer. Sie ist mit Granit verkleidet, die Decke wird von gewaltigen Granit-Monolithen gebildet. Etwas außerhalb der Mitte steht der leere Sarkophag. Eine weitere, ebenfalls leere Kammer wird über einen 106 Meter langen Gang in die Tiefe (teils kriechend) erreicht. Dort ist man ziemlich allein, weil nur wenige die Mühe auf sich nehmen. Der Wärter zeigt gegen Bakschisch den Weg.

Ein wichtiger Hinweis: Die drangvolle Enge und die Hitze können Leute mit Engen/Platzangst (Klaustrophobie), Atemnot oder Kreislaufbeschwerden in ernste Gefahr bringen, besser: draußen bleiben.

An der Südseite der Cheops-Pyramide wird Ihnen ein aus der Form geratenes Betonbauwerk auffallen. Dort ist eine erst 1954 am selben Platz gefundene **Barke des Pharao** ausgestellt. Versäumen Sie trotz des zusätzlichen Eintritts den Besuch nicht. Das Boot hat die 4500 Jahre Lagerung nahezu unbeschädigt überstanden, sein Anblick ist überwältigend: Ohne jegliche metallische Elemente zusammengefügt, übertrifft es die Größe heutiger Nil-Feluken bei weitem. Es führt sehr deutlich den hohen Stand der Handwerkskunst sowohl in Planung als auch in der Ausführung vor Augen. Ein zweites Boot wird trotz der Tatsache, daß Besucherstrom und Umweltverschmutzung dem ersten stark zusetzen, von japanischen Archäologen ausgegraben. Da beide Boote unter der höheren Feuchtigkeit gelitten haben, ist geplant, ein neues Museum für beide Boote an der Fajumstraße zu errichten.

An der Ostseite der Pyramide erhob sich einst der Totentempel des Cheops. Allerdings sind nur noch Pflasterungen erhalten, die das Ausmaß des Gebäudes mit 52 x 40 m veranschaulichen. Die drei kleinen Pyramiden, die sich südlich an den Totentempel anschließen, dienten Königinnen als letzte Ruhestätte, d.h. (von Nord nach Süd) der Königsmutter Hetepheres, die mittlere der Nebenfrau Miretitis (Mutter seines Nachfolgers Chefren) und die dritte der weiteren Nebenfrau Henutsen. Sie wurden restauriert und können neuerdings besichtigt werden. Ähnlich wurden kürzlich westlich der Pyramide 15 Mastabas geöffnet, deren AR-Dekorationen ebenfalls sehr interessant sind.

Es folgt die **Chefren Pyramide** (pharonischer Name Cha-ef-Ra), 136,50 m hoch (früher 143,50 m). Sie überragt die Nachbarin, aber nur, weil sie auf einem etwas höheren Felspodest erbaut wurde. Die Verkleidung an der Spitze blieb erhalten, sie läßt ahnen, wie die Pyramide ursprünglich aussah. Die Grabkammer, die über einen unterirdischen Gang zugänglich ist, wurde unterhalb der Pyramide in den gewachsenen Fels geschlagen. Sie vermittelt daher nicht die Monumentalität der Cheops-Grabkammer.

Die **Mykerinos-Pyramide** (Men-Kau-Ra) mit 62 m (früher 66,50 m) zeigt sich als kleinste südlichste des Trios. Im unteren Bereich zeigt die noch vorhandene Granitverkleidung, mit welcher Sorgfalt die Baumeister arbeiteten. Die Grabkammer wurde gründlich restauriert und mit einem Ventilationssystem versehen. Neben der Pyramide liegen drei unvollendete, kleinere Pyramiden, die der königlichen Familie zugedacht waren. Etwas entfernt wurden Gräber von Arbeitern aus der 4. Dynastie gefunden, die beim Pyramidenbau beschäftigt waren. Interessant ist, daß Armknochen mit Holzstücken geschient waren; ein Beweis, daß die Männer von Ärzten betreut wurden. Die Gräber sind zugänglich.

Von allen zugehörigen Tempeln ist nur noch die Ruine des Taltempels der Chephren-Pyramide übriggeblieben, die vom weltberühmten Sphinx überragt wird. Eine Asphaltstraße führt steil hinab zum Tempel. Unterwegs werden Sie den **Sphinx** sehen, der im ersten Augenblick viel kleiner erscheint als man erwartet, obwohl er 20 m hoch und 75 m lang ist. Aber nehmen Sie sich auch hier Zeit, um den Blick des Sphinx in die zeitlose Ferne zu erfassen, schauen Sie ihn zu verschiedenen Tageszeiten mit unterschiedlichem Lichteinfall an; der Kopf wird Sie wie viele Generationen seiner Besucher vor Ihnen immer mehr fesseln.

Die etwas rätselhafte Figur gab und gibt noch heute zu vielen Spekulationen Anlaß, wer sie aus welchem Grund erbaut haben könnte. Vielleicht trifft die simple These zu, daß sich der Rest eines Felsrückens im Steinbruch einfach anbot, daraus einen Sphinx als Wächter zu schaffen. Üblicherweise trug er die Gesichtszüge des Pharao, und tatsächlich läßt sich eine gewisse Ähnlichkeit mit Chefren nicht verleugnen.

Auch ist der Sphinx nicht mehr der, der er einmal war: Die Umweltprobleme haben ihm bis ins Innerste zugesetzt. Eine falsche Renovierung in den 80er Jahren schadete mehr als sie nutzte, erst eine neuerliche, 5-jährige Restaurierung in den 90er Jahren konnte den Zustand stabilisieren. Eine wesentliche Ursache des ständigen Verfalls sind die unkontrollierten Abwässer des nahen, 350 Jahre alten Dorfes Nazlit El Saman. Im Zuge der Renovierung wurde jedoch der Grundwasserspiegel so weit abgesenkt, daß diese Gefahr gebannt zu sein scheint. Dennoch wurde 1994 beschlossen, die Siedlung wegen der Abgase und Erschütterungen zu verlegen – allerdings fehlt bisher noch der erste Handschlag.

Der nahezu vollständig erhaltene **Taltempel** zeigt die meisterhafte Leistung der Steinmetze: Es gibt keinen noch so dünnen Spalt zwischen den übermannshohen Granitplatten. Vom Eingang führte die Prozession für den verstorbenen König in einen Vorraum, von dort in die Pfeilerhalle mit ihren monolithischen Granitpfeilern und dann vorbei am Sphinx zum Totentempel. Im Tal- wie im Totentempel standen Statuen des Königs; aus dem Taltempel stammt das berühmte Sitzbild des Chephren mit dem Falken im Nacken (heute Ägyptisches Museum in Kairo).

Zu erwähnen ist noch das "**Light and Sound**" Spektakel (£E 33). Für manche Augen und Ohren geht es nur hart am Kitsch vorbei, bei manchen trifft es mitten hinein. Zumindest stehen die Pyramiden mal in anderem Licht da; wir haben es schließlich der Lichteffekte wegen nicht bereut. Die Show wird überwiegend in englisch, sonntags und mittwochs (ändert sich häufig) jedoch auch in deutsch abgespielt. Erkundigen Sie sich in einem der großen Hotels nach Termin und Anfangszeit der gewünschten Sprache. Nehmen Sie eine warme Jacke und Mücken-Schutzmittel mit.

Wenn Sie die Show aus ungewöhnlicher Perspektive ohne Ton erleben wollen: Oberhalb des Friedhofs (südlich des Sphinx) ist ein guter Beobachtungsplatz. Sollten emsige Kartenverkäufer kommen – hier kostet die Show nichts. Mitsamt Ton und fast besser als von der Originaltribüne können Sie die Show vom Restaurant El Sharaghish erleben, das genau gegenüber dem Eingang zu "Light and Sound" liegt; der Aussichtsplatz auf der Dachterrasse kostet zusätzlich £E 5. Auch vom Restaurant am Pool im Mena House Hotel läßt sich die Show – tonlos – verfolgen.

Vom Pizza Hut Restaurant gegenüber dem Sphinx-Eingang kann man in klimatisierter Umgebung Sphinx und Pyramiden in aller Ruhe bewundern. Der Besitzer des dahinter liegenden Parfümladens lädt nicht nur zur Parfümprobe, sondern auch zu sehr überteuerten Pferderitten u.a. nach Sakkara ein.

Blick in die Unendlichkeit: Sphinx von Giseh

*Pyramiden von Abusir, Sonnen-Heiligtümer von Abu Gurob

Auf halber Strecke zwischen Giseh und Sakkara liegt das wenig besuchte, aber durchaus sehenswerte Pyramidenfeld von Abusir.

Anfahrt per **Bus**: Vom Midan Tahrir mit Bus Nr. 8 bis zur Haltestelle Terat el Maroteiya, auf der gegenüberliegenden Straßenseite fahren Busse nach Abusir ab, dort durchfragen bzw. Beschreibung für Autofahrer folgen. Das ist auch per **Minibus** möglich; dazu an der Sakkara-Kreuzung (siehe nächster Absatz) einen Minibus ins Dorf Abusir suchen.

Anfahrt per **Auto**: Von der Pyramid Road auf die Sakkara-Straße abbiegen (1,4 km vom Mena House Hotel rechts bzw. von der Stadt aus kommend an erster Kanalüberquerung links), nach 14,5 km kurz nach dem Restaurant Sakkara rechts abbiegen, nach 1 km im Dorf Abusir vor einer Kanalbrücke rechts ab am Kanal entlang, nach 1,4 km links über den Kanal, 300 m weiter liegt das Pyramidenfeld. Hübschere Alternative: Bereits nach 9,5 km rechts abbiegen (Schild *Sakkara Country Club Hotel*); nach knapp 2 km stößt man auf einen baumgesäumten Kanal, dort links 3,5 km bis zu den Pyramiden, die auf der anderen Kanalseite liegen.

Vom Ruinenfeld aus können Sie einen nicht uninteressanten, etwa einstündigen Spaziergang immer am Rand des Fruchtlandes entlang nach Süden nach Sakkara machen; allerdings müssen Sie dort an der Gesamtanlage vorbei zunächst zum Ticketthäuschen gehen.

Das Gebiet war über Jahre praktisch nicht oder nur schwierig zugänglich. 1999 wurde es quasi wiedereröffnet. Ein großzügiger Parkplatz wurde auf die künftigen Besucheransturm ausgelegt, Ticketschalter und Toiletten installiert.

Von Nord nach Süd liegen die **Pyramiden von Sahu-Re, Neferirkara, Niusera** und **Raneferef** (letztere unvollendet). Die Pyramidenanlagen der 5. Dynastie sind in ihren Ausmaßen wesentlich bescheidener als die der 4. Dynastie, doch läßt sich hier das Grundprinzip des Pyramiden-Komplexes gut erkennen: Taltempel – heute nur noch wenige Blöcke, da schon im Fruchtlandbereich liegend – Aufweg, Totentempel und schließlich das Grab, die Pyramide.

Am besten ist die Pyramide von Sahu-Re erhalten mit Tal- und Totentempel und einer zusätzlichen Südpyramide. Viele der sehr guten Tempel-Reliefs befinden sich heute vor allem in den Museen von Kairo und Berlin. Neben dem hellen Kalkstein für die aufgehenden Wände wurde für Säulen, Fundamente, Schwellen und Architrave wertvolles "farbiges" Steinmaterial wie Rosengranit und Basalt verwendet. Die Pyramiden wurden in den letzten Jahren restauriert, allerdings kann ihr Inneres nicht besichtigt werden.

Tschechische Archäologen entdeckten 1989 im Gelände von Abusir den von Grabräubern geleerten Sarkophag von Udja Horesnet. Er soll den letzten ägyptischen Herrscher der 26. Dynastie, Psammetich III, an den Perserkönig Kambyses verraten haben.

1996 fanden dieselben Wissenschaftler das unberührte **Grab des Iufaa**, Vorlesepriester und Palastchef in der 26. Dynastie. Ein 28 m tiefer Schacht (neun Stockwerke!) führt zu der Grabkammer, in der noch der versiegelte Sarkophag stand. Zunächst mußten aber die eher fragilen Wände und Decken gesichert werden, bevor man sich dem bisher fünften, unversehrt gefundenen Grab näher widmen konnte. Bei der unter großem Presserummel im November 1998 zum 75. Jahrestag der Entdeckung des Tutenchamun-Grabes erfolgten Öffnung des Steinsakrophags stellte sich heraus, daß im Inneren ein weiterer schwarzer Basaltsarkophag einen Holzsakrophag enthielt, der durch Feuchtigkeit sehr gelitten hatte. Die Wände der Grabkammer sind mit sehr gut erhalten und schönen Reliefs geschmückt. Die Gesamtanlage kann inzwischen besichtigt werden.

Bei klarem Wetter bietet Abusir einen guten Weitblick. Im Norden erkennt man die Pyramiden von Giseh, im Süden zunächst Sakkara, dann sogar Dashur.

Zwischen den Totentempeln der beiden nördlichen Pyramiden liegen Mastabas, deren größte die des **Ptah-schepses** ist. In dieser Grabanlage finden sich die frühesten Beispiele von Kapitellen in Lotusform.

Nördlich von Abusir liegen die **Sonnenheiligtümer der Könige Userkaf und Niusere** (von Abusir aus von den Pyramiden zu sehen und in 20 Minuten zu Fuß zu erreichen). Das Sonnenheiligtum des Userkaf ist heute fast völlig zerstört, das des Niusere läßt die ursprüngliche Anlage noch gut erkennen, die Parallelen zum Pyramiden-Komplex aufweist: am Fruchtlandrand ein Eingangsbereich, der Taltempel, dem sich der Aufweg anschließt.

Das eigentliche Sonnenheiligtum bestand aus einem großen offenen Hof mit einem überdimensionalen Altar aus Kalzit-Alabaster (vor Ort erhalten). Dahinter erhob sich auf einem Pyramidenstumpf ein gewaltiger aufgemauerter Obelisk, das Kultsymbol für den Sonnengott Re, dessen Verehrung in der 5. Dynastie einen ersten Höhepunkt erlebte. An den Hof schlossen sich beiderseits Magazine und Schlachthöfe an, die Opferbecken sind heute noch vorhanden.

Die Plattform des Obelisken konnte über einen mehrfach abgeknickten Gang erreicht werden – diesen Weg kann man heute noch nachvollziehen, während vom Obelisken selbst praktisch nichts mehr übriggeblieben ist.

In einer kleinen Kapelle im Hof und in einem geschlossenen Gang im Süden, der zu dem oben erwähnten Aufstieg führte, wurden überaus wichtige Reliefs gefunden, die zum einem das königliche Erneuerungsfest darstellen, zum anderen in der sog. Jahreszeitenkammer in Naturdarstellungen das Wirken des Sonnengottes schildern (heute in Kairo, Berlin und München).

****Pyramiden von Sakkara, Memphis-Ruinen

Hintergrund: Als am Ende des 4. Jahrtausends vC Ober- und Unterägypten zu einer politischen Einheit zusammenwuchsen, bildete sich an der natürlichen Nahtstelle zwischen Delta und Niltal die Stadt Memphis, die Waage der beiden Länder. Sie war die Hauptstadt Ägyptens in der Zeit des Alten Reiches, zeitweise auch im MR und NR. Auch in den Zeiten, als das politische Zentrum des Landes in Oberägypten oder im Delta lag, war Memphis stets einer der religiösen Mittelpunkte Ägyptens. Von der einst mit weißen Mauern umgebenen Pracht ist fast nichts geblieben, vieles versank im Nilschlamm, die meisten Bauwerke dienten als "Steinbruch" für die Umgebung, vornehmlich also für Kairo.

Im Westen von Memphis, dort wo das Reich der Toten beginnt, entstand die Nekropole der damaligen Hauptstadt. In der Nähe des heutigen Dörfchens Sakkara erhebt sich als deutliches Wahrzeichen die Stufenpyramide des Djoser. Sie ist die erste Pyramide überhaupt und die erhabenste von den 15 Pyramiden der näheren Umgebung. Weiterhin zeugen eine unübersehbare Zahl von Mastabas –

die Bankgräber der Würdenträger – von der Bedeutung dieser Stätte.

Etwas verwirrend für den Besucher ist die Tatsache, daß hier bis zur Perserzeit Tote bestattet wurden. Dennoch handelt es sich hauptsächlich um die Nekropole des AR, und aus dieser Epoche sind hier einige der interessantesten Dokumente zu finden. Betrachten Sie vor allem die Reliefs in den Gräbern als eine Art dokumentarisches Bilderbuch des AR, das viele Lebensbereiche des vor fünf Jahrtausenden existierenden Gemeinwesens detailliert schildert.

Anfahrt

Sakkara liegt nur 20 km südlich von Giseh. Von Kairo aus gibt es mehrere Möglichkeiten der Anreise, von denen – pragmatisch – als beste Alternative die folgende in Frage kommt: Per Bus oder Minibus (82, 83) vom Zentrum bis zur Abzweigung Sakkara Road der Pyramid Road fahren (erster Kanal namens *Maryutia* von der Stadt aus, stark frequentierte Kreuzung), dort in den Minibus nach Sakkara steigen, an der gut sichtbaren Abzweigung zu den Pyramiden aussteigen und von dort etwa 30 Minuten zum Tickethäuschen wandern. Oder an der Endstation den Fahrer überreden, einen Abstecher zu den Pyramiden zu machen bzw. ein Taxi nehmen.

Beachten Sie bei allen Busfahrten, daß Sie von Sakkara auch wieder zurückkommen müssen: Taxifahrer wissen das und verlangen dann soviel, wie man sonst für eine Rundreise hätte ausgeben müssen. Hierzu eine Alternative: Mieten Sie sich gegen Abend ein Kamel oder Pferd und reiten Sie bis zum Dorf Abusir, von dort fährt ein Minibus zurück. Damit sind Sie unabhängig und können zudem die Sonnenuntergangsstimmung genießen.

Sammeltaxi/Taxi: Vom Midan Giseh, besser noch von der Pyramid Road, Abzweigung Sakkara Road, fahren Sammeltaxis nach El Badrachen. Wenn der Fahrer nicht zu einem Umweg zu den Ruinen bereit ist, muß man von der entsprechenden Abzweigung zum Pyramidenfeld ca. 30 Minuten marschieren. Man kann auch mit einer kleineren Gruppe ein Sammeltaxi für ca. £E 8 – 10 pP für die gesamte Rundreise mieten, der Taxifahrer wartet bei den Sehenswürdigkeiten.

Wenn Sie ein normales Taxi mieten, das nicht mehr als £E 50 bis 70 insgesamt kosten sollte, haben Sie den Vorteil, daß Sie definitiv wissen, wieder nach Kairo zurückzukommen. Legen Sie aber vor Abfahrt Preis und Konditionen (Aufenthaltszeit etc.) fest. Durchaus sinnvoll ist es, einen Pauschal-Stundenpreis inklusive km-Kosten von z.B. £E 10 zu vereinbaren, dann ist man unabhängig bei den Besichtigungen. Taxis in guter Auswahl stehen auch in der Nähe vom Taltempel bzw. Sphinx, dort ist die Auswahl größer als am Haupteingang beim Mena House Hotel.

Eine ganze Reihe von Hotels bieten Taxifahrten an, die in der Regel sehr gelobt werden; z.B. Swiss Pension, Tulip und andere. Bei diesen Fahrten tragen zumindest indirekt die Hotels eine gewisse Verantwortung dafür, daß das Vereinbarte auch eingehalten wird. Oder Sie nehmen eine für Individualisten organisierte Tour (siehe weiter unten).

Auto: Die Hauptstraße zweigt 6 km von Midan Giseh an der ersten Kanalüberquerung von der Pyramid Road (oder etwa 1,4 km vor dem Mena House Hotel) nach Süden ab, sie ist relativ gut ausgebaut. Unterwegs passiert man das Städtchen Haraniya (Wissa Wassef, siehe Seite 284). Interessantere Blicke gewinnt man auf der nächsten (und letzten vor den Pyramiden) links abzweigenden Straße. Man fährt immer am Kanal entlang, kann unterwegs das Leben im Fruchtland betrachten und trifft schließlich auf die oben genannte Hauptstraße nach Sakkara.

Reiten: In Giseh drängen Kamel- und Pferdetreiber jedem Fremden Ritte nach Sakkara förmlich auf. Ein solcher Ritt wäre eigentlich die dem Anlaß und auch der Umgebung am besten angepaßte Reisemöglichkeit, zumal man auch noch die Pyramidenruinen von Abusir besuchen kann. Vorausgesetzt allerdings, man hält körperlich den langen Ritt durch und reitet in der Wüste und nicht auf schmalen Straßen vorbei an Abfallhaufen am Fruchtlandrand.

Das Reiten hat jedoch einen Haken: Die Reitstallbesitzer gehen häufig mit ihren Tieren gnadenlos brutal um. Nehmen Sie daher nur gesunde, wundfreie Tiere, deren Haut vor allem unter dem Sattel heil und nicht durchgescheuert ist (siehe auch Seite 243). Als Kamel-Mieter sollten Sie sich nicht darauf einlassen, mit dem Führer für eine so lange Strecke auf einem Kamel zu sitzen, das wird unbequem und unangenehm.

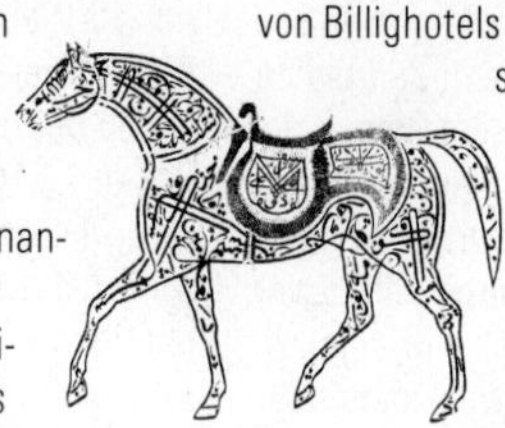

Es empfiehlt sich, vor Besteigen des trabenden Untersatzes den Preis und die Konditionen fest auszuhandeln (z.B. kosten zwei Pferde mit Begleiter für den Tagesausflug zwischen £E 60 und 100, zwei Kamele mit Führer £E 30 bis 50 pro Tag). Für eine Strecke ist mit etwa 2 – 3 Stunden zu rechnen, insgesamt etwa mit 10 Stunden. Uns sind Berichte bekannt, wonach die Treiber unterwegs den zuvor vereinbarten Preis mit der Drohung, die Fremden allein stehenzulassen, rigoros in die Höhe trieben.

Dagegen kann man sich wohl höchstens schützen, indem man bei der ersten Kontaktaufnahme Bezahlung am Ende vereinbart oder in einer größeren Gruppe reitet. Es passiert auch immer wieder, daß die auf etwa halbem Weg liegenden Pyramiden von Abusir als die von Sakkara ausgegeben werden, um den Trip kurz zu gestalten; viel zu häufig fallen Unwissende auf diesen Trick herein.

Stimmungsvoll ist die Rückkehr am späten Nachmittag, also bei den Giseh-Pyramiden im Sonnenuntergangslicht ankommend. – Verlangen Sie auch, daß der Treiber in Sakkara zunächst mit zum südlich gelegenen Tickethäuschen reitet, andernfalls haben Sie später den Ärger, Eintrittskarten besorgen zu müssen.

Organisierte Fahrten: Wenn man das Selbstorganisieren satt hat, sollte man zum Ramsis Bahnhof gehen. Dort stehen einige sog. Tour Operators herum, die preiswerte Minibus-Trips nach Sakkara anbieten (z.B. Hamis Travel, Büro im Ramisis-Bahnhof-Nebengebäude). Auch die Rezeptionisten von Billighotels (z.B. Lotus Hotel) kennen diese Tour Operators. Die Preise liegen bei £E 20 – 25 pP für den ungehetzten Tagestrip. Außerdem bieten viele Reisebüros in Kairo organisierte Fahrten im vollklimatisierten Bus nach Sakkara/Memphis an, aktuelle Informationen z.B. bei MISR Travel.

Besichtigung Sakkaras

Die große Auswahl der zu besichtigenden Stätten (7.30-16.00; Sommer bis 17, £E 20; Fotoerlaubnis pro Sehenswürdigkeit £E 5, generelle Erlaubnis £E 20) droht den Besucher zu erschlagen. Es ist wichtig, sich vorher in die historischen Zusammenhänge einzulesen und sich ein Bild von dem zu machen, was einen hier erwartet:

- die früheste Steinarchitektur
- der Übergang vom Bank-Grab (Mastaba) zur Pyramide
- weiterentwickelte Pyramiden

- Scheinbauten von Kapellen und Heiligtümern (innerhalb der Umfassungsmauern der Djoser-Pyramide)
- Mastabas der hohen Beamten (Pyramiden waren den Pharaonen vorbehalten), die reich verziert und ausgestattet den alten Lebensstil nach dem Tode ermöglichen sollten
- Gräber der Beamten, die ähnlich wie die Scheinbauten den Grabherren wenigstens bildlich mit der verlassenen Umwelt umgeben und das Weiterleben nach dem Tod ermöglichen sollten
- die Begräbnisstätte der heiligen Stiere (Apis) des Gottes Ptah (derzeit geschlossen).

Das wichtigste und sehenswerteste Bauwerk ist die Pyramide des Djoser. Ganz Eilige sollten zusätzlich wenigstens die Gräber des Ti, Mereruka und Idut besichtigen (diese aber in Ruhe betrachten), wenn Zeit bleibt, einen Blick in die Persergräber, die Unas-Pyramide und das Serapeum werfen.

Ein Hinweis: Nehmen Sie vorsichtshalber eine lichtstarke **Taschenlampe** mit, zwar sind die meisten Gräber inzwischen "elektrifiziert", manchmal fällt der Strom mehr oder weniger zufällig zur Freude der Wärter aus. Auch geben bakschischgierige Wärter manchmal vor, Gräber seien geschlossen, um dann gegen Extra-Trinkgeld den Eintritt doch zu ermöglichen. Die Entfernungen zwischen den einzelnen Stätten sind beachtlich. Wer sich mit öffentlichen Verkehrsmitteln nach Sakkara begibt, sollte die zusätzlichen Wanderungen einkalkulieren, sowohl zeitlich als auch in schweißtreibender Sicht. Wenn Sie sich am Ende der Besichtigungsstrapazen erfrischen wollen: Im *Sakkara Palm Club* – kurz nach dem Tickethäuschen rechts an der Straße nach Kairo – gibt es einen großen Swimmingpool am teuren Restaurant.

Die bemerkenswertesten der vielen Sehenswürdigkeiten Sakkaras sind im folgenden kurz skizziert, jeweils örtlich zusammengefaßt (nicht immer sind alle zugänglich).

Bezirk der Djoser-Pyramide

****Stufenpyramide des Djoser** (3. Dynastie): Der Komplex der Djoser-Pyramide ist von größtem Interesse, weil hier der erste monumentale Steinbau überhaupt entstanden ist (vorher Ziegelarchitektur). Das eigentliche Grab, die Pyramide, ist umgeben von einer ganzen Reihe Bauten, die als Scheinarchitektur – nicht begehbar, innen massiv – dem verstorbenen König ins Jenseits mitgegeben wurde. Der Architekt dieser grandiosen Anlage ist bekannt: Imhotep, dem die "Erfindung" der Steinarchitektur zugeschrieben wurde, galt späteren Generationen als Weiser und wurde in der Spätzeit wie ein Gott verehrt (Heiligtum in Philae).

Der Bezirk ist von einem Mauergeviert von 277 m x 544 m umgeben (Nischenarchitektur). Der einzige Zugang liegt im Südosten, zunächst geht man durch eine Eingangshalle mit Pflanzensäulen und erreicht den offenen Hof vor der 62 m hohen Pyramide. Diese hat eine ziemlich komplizierte Baugeschichte: Ursprünglich als Mastaba begonnen, wurde sie mehrfach vergrößert, schließlich sechs Stufen aufeinandergesetzt; damit war die erste (Stufen-)Pyramide entstanden. Von der Hofseite aus sind die Vergößerungen deutlich zu erkennen.

Gehen Sie rechts an der Pyramide am *Haus des Südens* und dem *Haus des Nordens* vorbei, das Sie betreten können; allerdings endet der Gang nach wenigen Metern, dann folgt der massive Kern. Im Eingang sind Besucherinschriften aus der Ramessidenzeit nicht zu übersehen, vergleichbar den heutigen Touristen-Graffiti. Hinter der Pyramide (im Norden) liegen die Überreste des Toten-

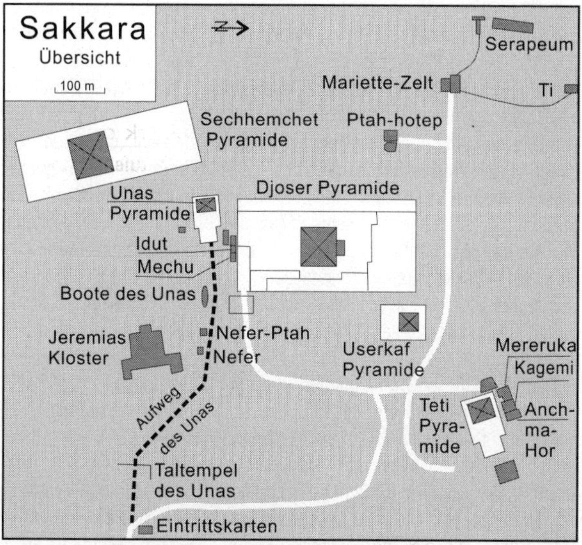

tempels, von dem aus ein Schacht hinunterführt zur Grabkammer und einem verzweigten Gangsystem (wegen Einsturzgefahr nicht zugänglich). Im Bereich des Totentempels steht eine kleine geschlossene Kapelle für eine Statue des Königs (hier nur die Kopie, Original im Museum in Kairo). Beim Rückweg nicht durch den Hof, sondern leicht links durch eine Reihe von Kapellen – wieder Scheinbauten – gehen.

Hier läßt sich gut der Übergang von der Lehmziegel- zur Steinarchitektur beobachten: Die geböschten Wände, die Hohlkehle, der Rundstab sind Elemente aus dem Lehmziegelbau, im Steinbau funktionslos und hier erstmalig als Schmuckform übernommen. Die Kapellen bilden Heiligtümer aus Ober- und Unterägypten nach und stehen wahrscheinlich in Verbindung mit dem königlichen Erneuerungsfest (Heb-Sed), das der Tote auch im Jenseits feiern sollte. Am Südende des offenen Hofes liegt quer das *Südgrab* (nicht zugänglich) mit einem unterirdischen Kammersystem für ein rituelles Begräbnis der königlichen Seele (Ka).

****Mastaba des Wesirs Mechu** (6. Dynastie): Die Reliefs sind wegen der besonders gut erhaltenen Farben von Interesse, die Motive entsprechen der Themenvielfalt am Ende des AR: Fisch- und Vogelfang im Papyrusdickicht, Landwirtschafts- und Handwerkerszenen, lange Reihen von Opferträgern.

*****Mastaba der Prinzessin Idut** (6. Dynastie): In diesem Grab, das ursprünglich für einen Wesir namens Ihi bestimmt war, liegt der Schwerpunkt der Darstellung auf der Ausfahrt der Grabprinzessin ins Papyrusdickicht (Rudern, Fischen etc.).

****Persergräber** (27. Dynastie): 25 m tiefe Schachtgräber. Wände z.T. mit feinsten Hieroglyphen und religiösen Darstellungen geschmückt.

*****Unas-Pyramide** (5. Dynastie): In der Sarg- und Vorkammer dieser Pyramide vom Ende der 5. Dynastie finden sich erstmalig die sogenannten Pyramidentexte. Sie sind eine Spruchsammlung aus älterer Zeit, die auf Rituale während der königlichen Bestattung anspielt, dem König den Übergang ins Jenseits und den Aufstieg zu den Göttern ermöglichen soll.

Auf der dem Eingang gegenüberliegenden Südseite ist eine Inschrift von Chaemwase (Sohn Ramses II), der die Pyramide restaurieren ließ, zu sehen. Am Aufweg findet man die Reste der ursprünglichen Reliefdekoration (Sternenhimmel, Säulentransport).

Gräber am Aufweg des Unas: Östlich der Unas-Pyramide liegen am Aufweg einige Gräber, u.a. sind beachtenswert: Mastaba der Nefer-jrw-ka-Ptah, wegen feiner Entwurfszeichnungen für die Reliefs bekannt, Felsengrab des Nefer, vermutlich mit seiner Mumie und z.T. originellen Reliefmotiven aus dem täglichen Leben.

Südöstlich dieser Gräber blieben vom ehemaligen **Jeremias-Kloster** fast nur noch Ruinen übrig. Südwestlich der Unas-Pyramide sind Reste des unvollendeten Grabkomplexes des **Sechemchet** (Nischen-Architektur der Umfassungsmauer) zu erkennen, der noch größer als der Djoser-Bezirk werden sollte. In der 40 m tiefen Grabkammer wurde ein Sarkophag, im Zugang zur Kammer Goldschmuck (jetzt Museum Kairo) gefunden.

Bezirk der Teti-Pyramide

*****Teti-Pyramide** (6. Dynastie): Zwar ist die Pyramide von Teti, dem Gründer der 6. Dynastie, in ihrem Oberbau stark zerstört, doch sind die unterirdischen Kammern mit den Pyramidentexten gut erhalten. Da die meisten Touristengruppen in die Unas-Pyramide drängen, empfiehlt sich ein (gleichwertiger) Besuch der Teti-Pyramide (Schlüssel normalerweise beim Wärter des Mereruka-Grabes).

*****Mastaba des Wezirs Mereruka** (6. Dynastie): Innerhalb des Grabkomplexes des Mereruka liegen auch die Räume für den Grabkult seiner Frau Watet-chet-Hor und seines Sohnes Merjtetj. Mit seinen insgesamt 32 Räumen ist diese Anlage der umfassendste private Grabkomplex des AR. Der ursprünglich massive Oberbau der Mastaba ist jetzt vollständig "ausgehöhlt" und beinhaltet eine Abfolge von reliefdekorierten Räumen, die für den Totenkult zugänglich waren.

Wichtige Darstellungen: der Grabherr als Maler vor einer Staffelei im Eingangsbereich, dann Nilpferdjagd, im folgenden kleinen Raum Handwerksszenen (mit Zwergen), im rechten Längsraum Tanz- und Musikdarstellungen. In dem großen Pfeilersaal findet sich eine beeindruckende Kombination von Grabstatue und Scheintür – überaus lebendig tritt eine lebensgroße Statue des Mereruka aus seinem Grab heraus. An den Wänden Schiffsdarstellungen und Szenen aus der Tierzucht (Geflügelhof, Mästen einer Hyäne). – Die nicht zugängliche Grabkammer mit Sarkophag und Beigaben liegt ein Stockwerk tiefer, zu dem Schächte hinabführen.

****Mastaba des Wesirs Kagemni** (6. Dynastie): Die Außenmaße der direkt an die Anlage des Mereruka anschließenden Mastaba übertreffen diese, doch ist das Grab im Innern weniger differenziert und enthält weniger dekorierte Räume.

****Mastaba des Wesirs Anch-ma-Hor** (zeitweise geschlossen) Gehen Sie die Gräberstraße weiter entlang und biegen Sie bei der ersten Möglichkeit nach links ab, vorbei an einigen Scheintüren führt der Weg zum Grab des Anch-ma-Hor, in dem einige der seltenen medizinischen Darstellungen – darunter eine Beschneidungsszene – bemerkenswert sind (im Durchgang vom Eingangsraum rechts zur Pfeilerhalle).

Nordwestlicher Bezirk

******Mastaba des Ti** (5. Dynastie): Obwohl dieses Grab in seinen Ausmaßen deutlich hinter Mereruka oder Kagemni zurückbleibt, ist es wegen der Qualität seiner Reliefs und deren gutem Erhaltungszustand eines der bekanntesten Gräber des AR; Sie sollten es auf keinen Fall versäumen. Aus der Fülle der

Von der Mittelmeerküste durch die Oasen nach Süden
Oben: Kreideweißer Strand bei Marsa Matruh, unten: Sandmeer bei Siwa

Oben und gegenüberliegende Seite: Zeitlose Bilder in der Oase Dakhla

Einer der letzten Weber in Farafra

Beduinenfrauen in Zeitun, Siwa

Zweckmäßig und schön: Lehmarchitektur in Dakhla (oben), jeder Halm wird genutzt (unten, Farafra)

Einfach, aber genauso funktionabel: statt Brett- ein Sandspiel (Farafra)

Oben: Dreschen wie seit Jahrhunderten in Dakhla, unten: Melonensteine an der Straße Assiut - Kharga

Faszination Kairo

Pyramiden von Giseh (oben), Pyramidenbesichtigung per Kamel (unten)

Islamische Ornamente und Arabesken schmücken ein Festzelt in Kairo

Islamische Architekturelemente in Kairo: Erlesene Ausstattung eines Mirhab (Gebetsnische). Gegenüberliegende Seite: Zedernholz mit Elfenbeinintarsien an einem Minbar (Gebets-

kanzel, oben links), Marmorfenster eines Sabil-Kuttab (oben rechts), Fensterdurchblick (unten links), Bronzetür (ursprünglich Sultan Hassan Moschee, jetzt Muayad Moschee)

Souvenirs für jeden Geschmack: von ganz edel bis fast ganz kitschig

Marktszenen in Kairo

Im Niltal

Einkaufen, Kalksteinbearbeitung, Straßencafé, Großwäscherei (von oben links nach unten rechts)

Dorf am Rand der Wüste (oben)
Ob Kohlköpfe, Baumwolle oder Wäsche – alles wird auf dem Kopf getragen

Pharaonisches Ägypten
Mundöffnungsszene (Weiße Kapelle, Freilichtmuseum Karnak)

Details aus Jahrtausenden

Assuan

Kataraktlandschaft (oben), Ramses II vor seinem Tempel von Abu Simbel (unten)

Droschkengaul (oben links), nubische Hausfassade (oben rechts), nubische Kinder auf der Insel Elephantine (unten)

Abu Haggag Moschee, Luxor

Sinai: Ikone im Katharinenkloster (oben links), Gipfel des Mosesberges (oben rechts), Dornengewächs (unten links), Katharinenkloster (unten rechts)

Der Sinai hat viele Gesichter: Coral Island (oben), die Erosion als „Säulen-Baumeister" (unten)

Dünen im Nordsinai (oben), Bilderbuch-Oase Ain Hudra (unten)

Beduinen auf dem Sinai

Im Wadi Feiran

Von oben links nach unten rechts: Offroad im Sinai, Kameltrip, Coloured Canyon, Beduinenmädchen, am Brunnen bei Serabit el Khadem, Kamele wissen alles

Darstellungen, die das tägliche Leben und die Versorgung für das Jenseits schildern, seien nur einige besonders interessante herausgegriffen.

Im schmalen Korridor zur Kultkammer auf der linken Seite Transport der Statuen des Grabherrn, rechts Schiffsdarstellungen; in der ersten (kleinen) Kammer Szenen des Backens und Bierbrauens; in der Kultkammer links vom Eingang landwirtschaftliche Szenen (von der Aussaat bis zur Ernte), auf der rechten Wand die berühmte Szene von der Fahrt des Ti ins Papyrusdickicht mit Nilpferd, Fischen, Bootsbau.

** **Serapeum** (elektrisch beleuchtet): Der Apis-Stier, *die lebende Wiederholung des Gottes Ptah*, wurde nach seinem Tod mumifiziert und beigesetzt. Seit Amenophis III fand die Bestattung in Einzelgräbern statt, unter Ramses II wurde mit dem Bau einer unterirdischen Galerie für viele Gräber, dem Serapeum, begonnen. Der für Besucher zugängliche Teil stammt aus der Spätzeit (ab der 26. Dynastie), beeindruckend sind die gewaltigen, tonnenschweren Sarkophage für die Stiermumien. Der letzte Sarg blieb mitten im Gang stehen. Rechts vom Eingang wurden zahlreiche kleine Nischen für Kultgegenstände des Apisstiers in den Fels geschlagen.

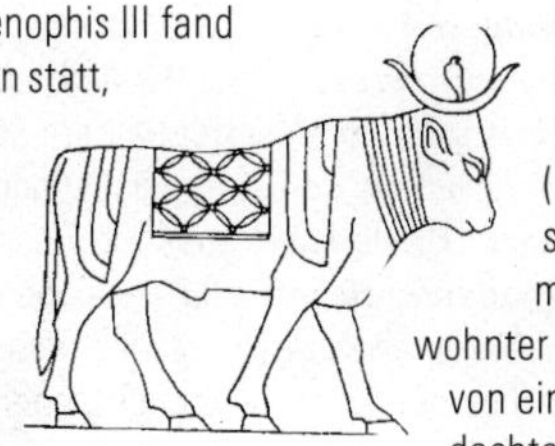

****__Mastaba des Ptah-hotep__ (5. Dynastie): Obwohl kleiner in den Ausmaßen, übertrifft dieses Grab in der Qualität seiner Reliefs noch diejenigen des Ti. In einer einzigen Kammer (jenseits der Pfeilerhalle liegt die Kultkammer seines Vaters Achti-hotep) finden Sie auf engstem Raum die Vielfalt altägyptischen Lebens wiedergegeben: Fischfang und Bootsbau, Weinherstellung und Tierschlachtung, Spiel und Musik, Jagd und Tierhaltung, Handwerker und Opferträger und immer wieder, deutlich größer dargestellt (Bedeutungsmaßstab), der Grabherr mit seiner Familie. Nehmen Sie sich Zeit, hier immer neue Details zu entdecken.

Etwa 1,5 km südlich liegt die stark zerfallene Nekropole Sakkara-Süd mit weiteren Pyramiden.

**Memphis

Da von Memphis nicht viel erhalten blieb, kann der Besucher ein paar Minuten Rast unter einer Palme einlegen und darüber philosophieren, daß selbst 3000 Jahre lebendigster Geschichte eine Weltstadt nicht vor dem Auslöschen bewahren. Am Rande einer Palmenplantage sind (von Sakkara kommend rechts beim Dorf Mit-Rahina) zu besichtigen (9-17, £E 14, Foto £E 10, Video £E 20):

****Ramses II**, liegend (19. Dynastie): Die Kolossalstatue wirkt hier fast überdimensional, da sie in ungewohnter Perspektive und noch dazu von einer Balustrade in einer überdachten Halle anzuschauen ist – ganz im Gegensatz zu ihrem Pendant, das hier gefunden und am Ramsis-Bahnhof in Kairo aufgestellt wurde, dort aber eher klein und schmächtig aussieht.

Alabaster Sphinx: Er stammt aus der 1. Hälfte der 18. Dynastie. Ursprünglich lag er vor dem Eingang des Ptah-Tempels. In seiner Umgebung liegen Architekturfragmente und Statuen, die nur noch eine schwache Vorstellung von der ehemaligen Bedeutung dieses Tempels vermitteln können.

Balsamierungshaus der Apis-Stiere: Etwa 200 m weiter an der Straße nach Sakkara finden sich die Überreste des Balsamierungshauses für die Apis-Stiere (die in Sakkara im Serapeum bestattet wurden). Erhalten blieben einige überaus fein gearbeitete Balsamierungstische aus Alabaster mit stilisierten Löwenkörpern an den Längsseiten.

Hathor-Tempel: Ziemlich unbeachtet sind die Ruinen eines kleinen Hathor-Tempels mit einigen Hathor-Köpfen. Von der rechten hinteren Ecke des Parkplatzes führt ein Pfad in südwestliche Richtung, nach etwa 50 m finden Sie die Köpfe.

Pyramiden von Dashur

*Hintergrund: Fünf Pyramiden wurden bei Dahshur errichtet: Näher zum Fruchtland reihen sich in einer Linie von Nord nach Süd die Pyramiden des MR, eine Ziegelpyramide von Sesostris III, die **Weiße Pyramide** aus Kalkstein von Amenemhet II und die **Schwarze Pyramide** von Amenemhet III, wiederum eine Ziegelpyramide. Östlich davon liegen die beiden Pyramiden des Snofru aus der 4. Dynastie, deren südliche die bekannteste Pyramide von Dashur ist: die **Knickpyramide**, die in ihrer unteren Hälfte einen Neigungswinkel von rund 54 Grad aufweist, im oberen Teil sind es nur noch 43 Grad.*

*Jüngste Untersuchungen des Deutschen Archäologischen Instituts in Kairo brachten interessante Ergebnisse zu einer recht komplizierten Baugeschichte zutage: Infolge eines nicht geeigneten Untergrunds (Absenkungen) ergaben sich Verschiebungen und dadurch Schwierigkeiten in der Statik. Dem versuchte man zunächst durch eine Umschalung zu begegnen, dann durch das Auffüllen von Kammern und die beschleunigte Fertigstellung durch die Verringerung des Neigungswinkels. Offensichtlich fruchteten die Maßnahmen nicht, so wurde diese Pyramide aufgegeben. Nördlich davon ließ Snofru eine weitere, die **Rote Pyramide**, errichten. Sie weist gleich von Anfang an den flachen Neigungswinkel des oberen Teils der Knickpyramide auf, außerdem erhielt sie ein stabiles Fundament aus Kalksteinplatten.*

Das Dashur-Pyramidenfeld lag in militärischem Sperrgebiet, eine Besichtigung war nur mit Sondergenehmigung möglich, seit Sommer 1996 ist es jedoch zugänglich (8-17, £E 10).

Minibusse, Sammeltaxis oder Taxis fahren in Giseh von der Kreuzung der Pyramid Road mit der Sakkara Road (siehe oben) ab. Per Minibus nach Dashur zu kommen, stellt überhaupt kein Problem dar. Allerdings muß man vom Ort aus noch ein ganzes Stück bis zu den Pyramiden marschieren. Ein Leser heuerte in Giseh ein Taxi für den Drei-Stunden-Rundtrip zu £E 25 an.

Per Auto erreicht man die Pyramiden auf der Sakkara-Straße, fährt jedoch an Sakkara vorbei und noch 8 km weiter nach Süden bis zum Dorf Dashur. Dort, an der Kreuzung mit der Kanalüberquerung, biegt man rechts ab (auf die Straße, die eigentlich weiter ins Fayum führt, aber für Ausländer kurz hinter den Pyramiden gesperrt ist), fährt 2,5 km durchs Dorf, an dessen Ende das Tickethäuschen auftaucht. Nach weiteren 2,5 km geradeaus steht man vor der Roten Pyramide.

Besucher sollten sich entsprechend der Nähe zur militärischen Macht verhalten: Kamera und Fernglas nur auf die Historie richten oder gar nicht auspacken. Auch sollte man sich nicht zu weit von den Pyramiden entfernen.

Gewarnt wird vor dem Trick eines Polizisten, der sich Einzeltouristen aufdrängt, sie um die Pyramide herumführt, um dort ein Photo mit Kalashnikow machen zu lassen. Dann verlangt er £E 20 Bakschisch – mit der Kalashnikow in der Hand.

Man kann in die Rote Pyramide, die direkt neben der Straße liegt, hineinklettern, um die leere Grabkammer zu besichtigen. Ob sich die Anstrengung lohnt, muß jeder selbst entscheiden, wenn er sieht, daß man vom recht hoch gelegenen Eingang in gebückter Haltung bis etwa auf Bodenniveau hinunterklettern und später auf demselben Weg, wieder gebückt, bei schlechter Luft hinauf muß. Dennoch besticht die, leider durch eine Holzstellage verschandelte Kammer durch ihre Höhe und ihre Architektur. Nicht zuletzt auch durch die Präzision, mit der die Steinquader aufeinander gelegt wurden. – Menschen mit Atembeschwerden oder unter Klaustropophie leidend sollten unbedingt draußen bleiben.

Etwa 2,5 km südlich erhebt sich – fast stolz ob ihres Knicks – die ungewöhnlichste Pyramide von der Kontur her. Ihre beiden Eingänge sind geschlossen, man kann hier lediglich – in ziemlicher Stille wegen des noch nicht vorhandenen Rummels – die Bautechnik studieren. Dies ist insofern interessant, weil noch ein großer Teil der Verkleidung vorhanden ist. Und wenn man ein bißchen zusätzliches Glück hat, beschwert sich der hier wohnende langohrige Wüstenfuchs mit krächzendem Bellen und argwöhnischem Schauen.

Wenn Sie per Auto kamen, können Sie relativ bequem über Heluan zurückfahren, indem Sie nicht nördlich in die Sakkara Road einbiegen, sondern den Kanal überqueren, nach gut 2 km auf die Niltalstraße stoßen, in diese kurz links ein-, nach wenigen hundert Metern aber rechts auf die Heluan-Nilbrücke abbiegen.

Pyramiden von Lisht

27 km südlich von Dashur liegen die Pyramiden von Lisht. Sie entstanden – im Gegensatz zu den Pyramiden der Umgebung – erst zu Beginn des MR (12. Dynastie), also gut 600 Jahre später als Sakkara. Die nördliche Pyramide wurde von Amenemhet I, die ca. 2 km südlicher gelegene von seinem Sohn Sesostris I errichtet. Vermutlich lag in der Umgebung auch die von Amenemhet I gegründete Königsstadt der 12. Dynastie. Beide Pyramiden sind stark zerstört und nur für totale Pharaonen-Freaks interessant. Die Grabkammer des Hohenpriesters Senuseretanch, die im Gebiet der Südpyramide liegt, ist noch relativ gut erhalten.

Anfahrt: Von Kairo aus bei km 57 von der Niltalstraße nach Westen abbiegen, 2 km geradeaus bis über eine Kanalbrücke, dort links, nach ca. 200 m rechts über den zweiten Kanal (kurz vor dem Kanal erhält man im "schönsten" Haus links den Schlüssel für das Grab des Senuseretanch), von hier aus rechts und dann wieder links zur Nordpyramide oder links, nach 100 m rechts, dann halblinks, nach 200 m erneut rechts zur Süd-Pyramide.

Pyramide von *Medum

Diese Pyramide erhebt sich mit ihrer gewaltigen Bau- und Schuttmasse majestätisch auf der Höhe des Wüstenabbruchs zum Fruchtland. Östlich steht ein kleines Heiligtum mit zwei unbeschrifteten Stelen, von dort führt der Aufweg schnurgerade zum Rand des Fruchtlandes. Es handelt sich eigentlich um den Totentempel, der hier erstmals im Osten angeordnet ist.

Am Ende der 3. Dynastie als siebenstufige Stufenpyramide begonnen, wurde die Pyramide zunächst erweitert und auf acht Stufen erhöht, schließlich wurden in einer dritten Bauphase die Stufen aufgefüllt, und sie erhielt die Verkleidung einer "echten" Pyramide. Ob diese letzte Bauphase abgeschlossen wurde, ist umstritten, vermutlich war Snofru dafür verantwortlich. Die verschiedenen Bauphasen lassen sich in der Bänderung der Pyramide, die von geglätteten und ungeglätteten Partien stammt, gut ablesen.

Die Theorie einer Baukatastrophe läßt sich nach neueren Grabungen der ägyptischen Altertümerverwaltung nicht mehr aufrechterhalten. Unter dem Schuttberg – der durch die Glättung der Außenflächen entstanden ist und aus kleinen Kalksteinsplittern besteht – wurde die vollständig erhaltene Verkleidung des unteren Drittels der Pyramide teilweise freigelegt. Das Verschwinden der oberen Verkleidungsblöcke dürfte mit dem Abtransport von Steinmaterial im Mittelalter wie bei den anderen Pyramiden in Verbindung gebracht werden.

Anfahrt: km 82 südlich von Kairo taucht ein Wegweiser zur rechts sichtbaren Pyramide auf, dort abbiegen, nach ca. 2 km steht man vor dem Bauwerk. Per Bus: Am Turguman Terminal den Bus nach Beni Suef nehmen, Fahrer hält dann am Abzweig. Von dort Minibus oder Taxi zur Pyramide.

Der Pyramide (£E 16) gegenüber erhebt sich eine gewaltige Mastaba, wohl aus der 3. Dynastie, die Identität ihres Besitzers ist nicht geklärt. Durch einen alten Grabräubergang ist die Anlage zugänglich. Obwohl es ein bißchen anstrengend und staubig ist (stellenweise geht's nur auf dem Bauch und mit Hilfe einer wackeligen Leiter weiter; nichts für Leute mit Platzangst!) sollte man diese Mühe doch auf sich nehmen. Unten wird man von einer ganz schlichten, archaisch wirkenden Architektur erwartet, die gerade dadurch perfekt ist. Der gewaltige Sarkophag ist heute leer – unter seinem beiseite geschobenen Deckel liegt noch ein altägyptischer Bildhauerschlegel!

4.8 Fayum

Überblick

Das Fayum (mit der Provinzhauptstadt Medinet Fayum) ist eine nur an der dünnen Nabelschnur des Bahr Yussuf Kanals (ursprünglich ein Nil-Seitenarm) hängende Semi-Oase, die zur Libyschen Wüste hin vom Qarun See (Birket Qarun) abgeschlossen wird. Von Beni Suef herkommend fließt der Bahr Yussuf auf 23 m Höhe ins Fayum ein. Seine Ab- und Dränagewässer münden schließlich im 46 m unter dem Meeresspiegel liegenden Qarun See, nachdem die weite Fläche von rund 4000 Quadratkilometern mit einem Netz von Kanälen bewässert wurde.

Ursprünglich bedeckte der Qarun See fast die gesamte Fläche der Oase. Die Pharaonen der 12. Dynastie regulierten den Bahr Yussuf durch Dämme und Schleusen, um der jährlichen Überschwemmungen besser Herr werden zu können und den Wasserspiegel abzusenken. Aus der Sumpflandschaft entwickelte sich fruchtbares Ackerland. Da der See von Krokodilen wimmelte, lag es auf der Hand, daß hier der Kult des krokodilgestaltigen Gottes Sobek dominierte.

Bereits die Ptolemäer erkannten im 3. Jh vC, daß man per Wasserkraft das Wasser aus den Kanälen auf die höher gelegenen Felder schaffen konnte. Sie führten die für das Fayum typischen Wasserschöpfräder ein: Die ziemlich starke Strömung in den Kanälen treibt Schaufelräder an, an denen zugleich Schöpflöffel befestigt sind, die das Wasser bis zu

4 m hoch anheben und damit höherliegende Kanäle speisen. Insgesamt gibt es noch etwa 200 dieser Schöpfräder; sehr bekannt sind die vier Wasserräder in Medinet Fayum und die sieben Wasserräder am Bahr Sinnuris.

Am Eingang des Fayum bei Illahun wird seit altersher, d.h. seit dem MR, der Wasserhaushalt mit Schleusenanlagen im Bahr Yussuf mit seinen beiden hier abzweigenden Seitenkanälen Bahr Whasif und Bahr Wahbi kontrolliert, Überschußwasser fließt zurück durch den Bahr Giza ins Niltal. In der Hauptstadt Medinet Fayum verschwindet der Bahr Yussuf dann endgültig von der Landkarte: Bei den Wasserrädern im Zentrum zweigt der Bahr Tanhala ab, wenig später im Westen der Stadt wird er in sechs Kanäle aufgeteilt.

Kein Vorteil ohne Nachteil: Bei Dauerbewässerung muß per Drainage dafür gesorgt werden, daß die gelösten Salze im Boden nicht aufsteigen. Seit alten Zeiten leiten zwei große Kanäle alles überschüssige Drainagewasser in den Qarun See. Aber der See kann nur soviel aufnehmen wie natürlich verdunstet, d.h. eine maximal nicht überschreitbare Menge. Überschwemmungen des salzigen Sees führten in der Vergangenheit zu großen Schäden auf den Feldern. Daher war wasserintensiver Anbau wie Reis bis vor kurzem nicht möglich.

Zur Abhilfe wurde eine Art Überlauf zum südwestlich gelegenen Wadi Rayan durch ein unterirdisches Kanalsystem geschaffen, welches das Fayum ein Stück nördlich von Medinet Madi verläßt. Wadi Rayan ist eine 600 qkm große Depression, die vom Fayum völlig getrennt 42 m unter dem Meeresspiegel liegt. Die Wasserableitung vom Fayum hat Süßwasserseen mitten in der noch unbewohnten Wüste erzeugt, die schon zur Fischzucht genutzt werden. Endgültig soll ein See von der Größe des Birket Qarun entstehen, und man hofft, fruchtbares Land für Bauern zu gewinnen.

Zunächst sammelte sich Wasser in drei Seen, von denen zwei inzwischen ineinanderübergingen. Der nordwestliche See liegt auf einem Niveau von bereits -32 m, der südöstliche bei -42 m. Zwischen beiden plätschert ein Wasserfall (Anfahrt siehe Seite 312).

Das Fayum ist der große Garten Ägyptens, der zumindest früher bei Reisenden Vorstellungen vom Garten Eden erweckte. Heute baut man hauptsächlich Baumwolle an, die im April gepflanzt und im September geerntet wird. Auf sandigerem Boden ziehen die Bauern Tomaten, in den typischen, von Dattelpalmen beschatteten Gärten wachsen Bohnen, Melonen, Gurken, Kartoffeln, Gewürzpflanzen etc. Im zentraleren Gebiet dominieren Obstgärten mit Orangen, Limonen, Mangos, Feigen und anderen Früchten.

Eine Reise durch die von etwa 1,9 Millionen Menschen bewohnte Halboase zeigt auf der einen Seite die mögliche üppige Natur (natürlich abhängig von der Jahreszeit), auf der anderen die Mühsal der Bauern, ihre Felder durch gezielte Bewässerung üppig zu erhalten und zum dritten, daß diese offenbar so biblisch-friedvollen Menschen sich gerade hier sehr häufig in aufdringlichste Bakschisch-Jäger verwandeln können. Von den historischen Stätten blieb nicht viel erhalten. Ein Besuch des Fayum gilt mehr dem verschwenderischen Garten und dem Qarun See.

Rucksackreisende mit etwas mehr Zeit sollten sich in Medinet Fayum ein Fahr-

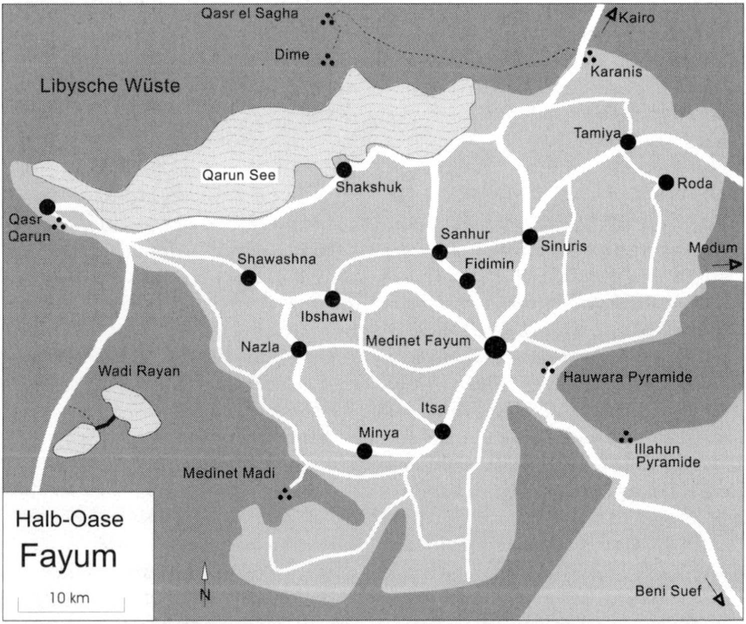

rad mieten und dann zum Qarun See radeln; auf diese Weise erschließt sich das Fayum wesentlich besser als per Omnibus.

Das Fajum gewinnt immer mehr Wochendbesucher aus Kairo, die der Großstadt kurzzeitig entfliehen wollen. Die Tourismusindustrie kommt diesem Trend entgegen, mehrere Feriendörfer sind im Bau bzw. wurden bereits fertiggestellt.

Rundreise durchs Fayum

Das Fayum gilt als eine Hochburg der Fundamentalisten. Derzeit werden – je nach aktueller Situation – Ausländer am Eingang zur Oase höflich aber bestimmt gebeten, nur freigegebene (durchaus wechselnde) Orte zu besuchen oder von einem Besuch Abstand zu nehmen und nach Kairo zurückzukehren.

Öffentliche Verkehrsmittel: Am besten fährt man von Kairo, Midan Giseh aus per Bus (stündlich von 6 bis 20 Uhr) oder per Sammeltaxi nach Medinet Fayum. Eine sehr umständliche Eisenbahnreise ist auch möglich: In El Wasta an der Strecke nach Beni Suef umsteigen und dann nach Medinet Fayum. Von dort führen Linien nach Sinnuris und Ibshawai/Abou Kesa. Im Fayum selbst schlägt man sich per Taxi oder Sammeltaxi zum Qarun See durch. Nehmen Sie ein Sammeltaxi zum See (Pickups mit Sitzbänken, Startplatz siehe Stadtplan) nach Sanhur. Dort müssen Sie umsteigen, die Fahrer nennen den See meist "El Birka", Fahrpreis weit unter £E 1 für die gesamte Strecke.

Viel bequemer reist man – besonders zu abgelegenen Plätzen wie Wadi Rayan – per Auto ins Fayum. Mietwagen sind nicht so

furchtbar teuer, vor allem, wenn sich mehrere die Kosten teilen.
Von der Pyramid Road kommend, fährt man am Mena House Hotel rechts, am nächsten Kreisel links.

Nach 7 km: **Abzweigung**
Rechts zur **Oase Bahariya**
65 km: **Abzweigung**
Links **Kom Auschim** mit antikem **Karanis.**

Karanis entstand unter den Ptolemäern und beherbergte etwa 3000 Bewohner. Straßenzüge und Grundmauern der Häuser sind noch gut erkennbar. Die Tempelruine im Zentrum trägt eine Inschrift Neros, vom Dach des Tempels hat man einen sehr schönen Blick weit in die Fayum-Ebene. Am nördlichen Stadtrand steht eine weitere, ähnliche Tempelruine. Das kleine, durchaus sehenswerte **Museum** (8.30-15.30; £E 8) beherbergt Funde aus dem Fayum und dokumentiert damit eine weite Geschichtsspanne. Guter Rast- und Picknickplatz.

Abstecher nach Dime und Qasr El Sagha

Schräg gegenüber (rechte Straßenseite) zweigt die Piste nach Dime und Qasr El Sagha ab (gelbliches Schild "DIMEH ES SIBA" am Beginn der Piste). Die Piste ist durch Sand/Erdhaufen in unregelmäßigen Abständen nicht gut markiert, bis Qasr El Sagha aber vor einiger Zeit als Fahrstrecke für Minenarbeiter aufbereitet worden, und von daher eigentlich nur schlecht verfehlbar. Dennoch sollten Pisten-Neulinge die Strecke nur im Konvoi (Weichsandstellen) von wenigstens zwei Fahrzeugen angehen (Tips siehe Seite 108). Knapp 1 km von der Straßenabzweigung im Sandgrubengelände biegt die Hauptpiste der LKWs links ab, hier rechts halten, 3 km später liegt rechts eine blaue Halle, etwas später sieht man die letzten grünen Ausläufer vom eigentlichen Dorf Kom Auschim.

Löwenkopf in Qasr el Sagha

Bald sind auch die letzten Erdbaggereien zu Ende, die Piste zieht sich ohne weitere Ereignisse bis km 22 hin, wo rechts ein verblichener Wegweiser QASR ES SAGHA auftaucht. Am Abhang der Tafelberge ist jetzt auch bereits der Tempel erkennbar, der sich ganz der Farbe seiner Umgebung anpaßt. Nach km 25 ist der Tempel **Qasr el Sagha** (N29°35,61' E30°40,70') erreicht, der ein bißchen trotzig von einem Absatz des Tafelberges in die Ferne schaut.

Imposant sind die mächtigen Steinquader der Frontseite, die hier im MR zu einem Bauwerk aufgeschichtet wurden, das mit seiner Umgebung zu einer nahezu perfekten Einheit verschmolzen scheint. Im Innern finden Sie sieben nebeneinander liegende Nischen – ein sehr ungewöhnlicher und in seiner Funktion noch nicht geklärter Grundriß. In der Antike führte der Qarun See weit mehr Wasser, der Tempel lag näher am Ufer.

Von Qasr El Sagha erblickt man am Horizont (im Süden) bereits die unverwechselbare Silhouette von Dime; wie Haifischflossen heben sich die gewaltigen Mauerreste gegen den Himmel ab. Um dorthin zu kommen, fahren Sie vom Tempel aus ca. 1 km zurück und halten sich am Rand des Absatzes rechts. Die folgende Piste ist praktisch nicht markiert, das Ziel verliert man allerdings kaum aus den Augen und erreicht es nach 7 km (N29°32,16' E30°40,10').

Dime ist die eindrucksvollste Stadtanlage aus griechisch-römischer Zeit im Fayum. Auch diese Stadt lag einst am See, auf den man heute herabblickt. Nehmen Sie sich Zeit, durch das ausgedehnte Stadtgebiet zu streifen. Übriggeblieben sind bis zu 10 m hoch aufragende, mächtige Mauern, Tempel- und Wohnviertel, gelegentlich kann man sogar Reste der Stuckverkleidung der Wände entdecken. Interessanterweise handelt es sich größtenteils um grau-weiße Lehmziegelmauern – Millionen von Ziegeln müssen hier verbaut worden sein –, die immerhin zwei Jahrtausende dem ewigen Wind und seinen Erosionsgelüsten standhielten. In Richtung See liegen noch zwei weitere Komplexe, von denen der erste zumindest noch einen Besuch wegen erhaltener Gewölbekonstruktionen wert ist.

Dime kann auch per etwa zweistündigem Bootstrip von Shakshuk (allerdings ist es schwierig, ein Boot anzuheuern; sehr aufdringliche Kinder) auf der anderen Seite des Sees her erreicht werden, von der Anlegestelle aus etwa 1 Stunde Fußmarsch zu den Ruinen.

Zurück zur Hauptstraße.

10 km (nach Karanis): **Abzweigung**

Hier führt rechts die Straße zum Qarun See, der wir folgen wollen. In den letzten Jahren wurde eine sehr gute Asphaltstraße am Qarun See entlang und weiter bis über die neu entstandenen "Entlastungsseen" im Wadi Rayan hinaus gebaut. Ein Ausflug auf dieser Straße zu den stillen Seen des Wadi Rayan bietet eine echte Alternative zum betriebsamen Fayum.

Man kann hier dem Hauptverkehr geradeaus folgen, um direkt nach Medinet Fayum über Sinuris zu gelangen. **Sinuris**, das 10 km vor der Provinzhaupstadt liegt, ist die zweitgrößte Stadt des Fayum. Sollten Sie samstags vorbeikommen, dann lohnt sich ein Halt wegen des regen Markttreibens.

Der **Qarun See** ist seit Eröffnung der "Uferstraße" auf längeren Strecken zugänglich, verschiedene Strandabschnitte sind erschlossen. Da das Wasser salzhaltig ist, können Sie unbesorgt vor Bilharziose baden. Vor allem freitags entladen sich Busse mit Abwechslung suchenden Ägyptern. Ein Leser schreibt zum Qarun See, er sei "nicht sehenswert". Tatsächlich hat diese riesige "Restwasserlache" nun wirklich nicht den Charme eines oberbayrischen Gebirgssees, in dem sich die umliegenden Gipfel spiegeln. Sein etwas knirschender Reiz liegt im Gegensatz von Wasser und Wüstenumgebung, einer Wüste, die er nicht fruchtbar zu machen vermag, deren Bedürfnis nach Wasser er buchstäblich Hohn spricht. Machen Sie sich also keine Hoffnungen auf Bodensee-Stimmung, Strandcafés und Discos.

8 Km 90 **Abzweigung**

Links halten, um über Sanhur und Sillin nach Medinet Fayum zu fahren.

Abstecher zum Wadi Rayan

Ein durchaus ungewöhnliches Erlebnis können Sie sich gönnen, wenn Sie an obiger Abzweigung geradeaus weiter am See entlang ins Wadi Rayan fahren:

Nach 8 km ***Auberge du Lac***

Das Hotel, das zu einer Nobelherberge ausgebaut wurde, war ursprünglich eine Residenz von König Faruk. 1945 fand hier eine Konferenz mit Churchill statt. An der langen Pier legen Fischerboote an, man kann auch Boote leihen.

47 km: **Abzweigung (ausgeschildert)**
Links abbiegen

2 km **Kreuzung**
Geradeaus weiter. Rechts zum Tempel von **Qasr Qarun** und Ruinenfeld von **Dionysias** (siehe Seite 317), links nach Medinet Fayum.

5 km **Abzweigung**
Links über einen Kanal fahren, dann diesem folgen.

2 km: **Abzweigung**
Kanal nach links verlassen; Eintritt kassierender Checkpost (£E 5 pP und Auto). Jetzt zieht die Straße schnurgerade in die Wüste.

13 km: **Abzweigung**
Links führt eine 3 km lange, für PKW problemlos zu befahrende Piste zum Verbindungskanal der **beiden Seen** mit einem dreigeteilten, etwa 2 m hohen Wasserfall. Dort gibt es Restaurants und Feriensiedlungen. Außerdem bietet sich hier ein guter Nachtplatz für Camper an.

Aber fahren Sie auf der Asphaltstraße noch ein paar Kilometer weiter, Sie werden mit einigen wirklich schönen Ausblicken auf den zweiten See, auf Zeugenberge und handliche Dünen belohnt. Die beiden tiefblauen Seen, die – noch – mitten in der Wüste liegen, vermitteln eine eigenartige, fremde Stimmung. Zumindest sind sie außerhalb der Wochenenden abgeschiedene Ruheplätze, an denen man bestens relaxen kann – kaum eineinhalb Autostunden von den Giseh-Pyramiden entfernt.

Die Asphaltstraße, die wir vorhin verließen, führt weiter durch die Wüste südlich des Fayum und trifft auf die westliche Wüstenstraße Richtung Assiut.

Wir setzen die Beschreibung von Seite nach Medinet Fayum vom Qarum See aus, fort:

Nach 7 km

Sanhur

Die Gegend um Sanhur ist das Zentrum des Obstanbaus mit besonders reichen Gärten. Auf dem Weiterweg nach Siliin liegt **Fidmin**, wo eine Kunsthandwerksschule (links gegenüber dem Krankenhaus, Mo-Do 8-14) angesiedelt wurde. Dort können Sie handgewebte Teppiche, Schmuck und Keramik erwerben.

4 km:

Sillin

Eine Mineralwasser-Quelle liefert den Anlaß für ein beliebtes Ausflugsziel der Ägypter mit einem großen Picknick-Platz mit Restaurants und Sportmöglichkeiten im Herzen des Fayum. Hier können Sie Körbe aller Art aus den nahen Korbflechtereien erwerben; in einem staatlichen Shop im Park kauft man zu festen Preisen ein. (Von Medinet Fayum erreichen Sie Sillin wie folgt: zunächst der Eisenbahn Richtung Sinnuris folgen, an T-Kreuzung 2 km nach der Bahnlinie rechts, nach 5 km Sillin.)

9 km:

Medinet Fayum

Die Stadtgeschichte geht bis weit in die pharaonischen Zeiten zurück, als das frühere Krokodilopolis ein Zentrum des krokodilköpfigen Gottes Sobek war. Die damalige Fayum-Hauptstadt lag im Norden der heutigen, die Kultstätten des Sobek bildeten das eigentliche Zentrum. In einem Wasserbecken, von dem noch spärlichste Reste vorhanden sind, wurden heilige Krokodile für Sobek gehalten. Leider diente Krokodilopolis dem modernen Medinet Fayum als Steinbruch und Baustofflager, so daß von der einst sehr großen Stadt nur Fragmente übrig blieben. Heute ist Medinet Fayum eine sehr lebendige Provinzhauptstadt an beiden Seiten des Bahr Yussuf mit Mittelklassehotels.

Tourist Office: Das Hauptbüro findet man im etwas abseits liegenden Governorate-Gebäude (Sharia Saad Zaghlul); dort wurde auch ein kleines Museum mit Funden zur lokalen Geschichte eingerichtet. Im Zentrum, ganz in der Nähe der Wasserräder, gibt es eine Zweigstelle mit brauchbaren Infos und einer guten Karte (zu kaufen).

Bekannter Treffpunkt im Zentrum ist die **Cafeteria El Medina** (in der man auch relativ gut essen kann) an den **Wasserrädern** am Bahr Yussuf. Die Wasserräder markieren das touristische Zentrum der Stadt, obwohl sie nur noch Ansichtswert besitzen; sie drehen sich zwar unermüdlich – aber für nichts. Vorsicht: In der Abenddämmerung versammeln sich Tausende von Vögeln in den Bäumen und lassen jede Menge Mist herunterfallen.

Restaurants:

- ***Im Nadi El Muhafza*** *(Governorate Club) gibt es brauchbares westliches Essen, das auch im Garten am Sinnuris Kanal serviert wird*
- ***Mokhimar,*** *Nähe Tourist Office (sehr gutes Huhn und Tahina); ebenfalls gut:*
- ***Kebabgi*** *in der Sharia Mustafa Kamil und Hagg Khaled in der Sharia Mahammedia*

Wenn Sie durch die Stadt radeln wollen: Der Manager des Hotels Palace (schräg rechts über den Kanal vom Café Medina aus) verleiht Räder gegen £E 5 pro Tag. (Achtung: Kinder werfen manchmal mit Steinen nach radelnden Touristinnen; meiden Sie den Freitag, dann wird das Fayum von Ausflüglern überschwemmt). Fahrradverleih auch nahe der Qaitbay-Moschee. Zum Qarun See radelt man etwa zwei Stunden, ein Taxi kostet etwa £E 15.

Im Zentrum der Stadt finden Sie mehrere Moscheen, darunter die sehenswerte **Qaitbay-Moschee** aus dem 15. Jhd und das in der Nähe liegende Mausoleum des Ali er Rubi, eines Lokalheiligen. Die dazugehörige Moschee ist Mittelpunkt diverser religiöser Feste. Von den koptischen Kirchen ist die der Hl. Jungfrau erwähnenswert.

Der mit seinen verwinkelten Gassen erlebenswerten **Souk el Qantara** für den täglichen Bedarf liegt in der Nähe des Bahr Yussuf Kanals, dahinter der **Souk el Sagha**, der allein den Gold- und Silberhändlern vorbehalten ist (etwas schwierig zu finden, am besten durchfragen).

Jeweils dienstags findet der **Souk el Talat**, ein großer Viehmarkt, statt; dabei füllt sich die Stadt mit ambulanten Händlern, obwohl der eigentliche Viehhandel etwa 6 km außerhalb an der Straße nach Beni Suef abgehalten wird. Zeitgleich kommen in der Gegend der nördlich gelegenen Sharia Madaris Töpfer und Geflügelhändler zusammen. Wenn Sie dichtes Gedränge nicht scheuen, dann können Sie beste Einblicke in den ägyptischen Alltag gewinnen.

Bekannt sind die sieben **historischen Wasserräder** des Bahr Sinnuris, die etwas außerhalb liegen und die schon allein der Stimmung wegen einen Besuch wert sind: Von den Wasserrädern im Zentrum westlich am Bahr Yussuf entlang und kurz nach der Moschee bis zur Eisenbahnlinie, diese überqueren, dann links halten bis zum Kanal Bahr Sinuris, diesen überqueren, dann rechts. Die Straße führt am pittoresken Kanal entlang stadtauswärts. Nach 3 km stehen Sie am ersten Wasserrad, dann folgen vier und ein Stück weiter noch einmal zwei.

Die spärlichen Ruinen der historischen Fayum-Hauptstadt **Krokodilopolis**, die heute Kiman Faris genannt wird, liegen im Norden; allerdings gibt es kaum etwas zu sehen. Im ersten Kreisel der Kairo-Straße wurde ein 13 m hoher "Obelisk von Abgig" aus der 12. Dy-

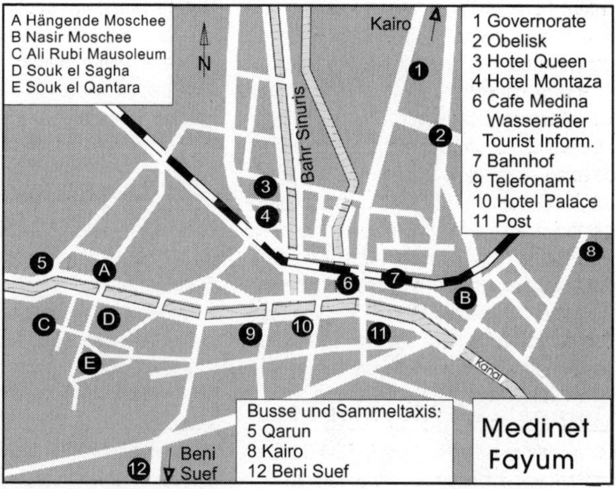

nastie wieder errichtet, der aus einem Dorf nahe Itsa stammt und eigentlich eine überlange Stele ist.

Wenn Sie als Fußgänger zur Hauwara Pyramide kommen wollen, gibt es entweder die Anreise per Taxi oder Sammeltaxi nach Hauwara und dann noch etwa 45 Minuten Fußmarsch oder aber per Bus Richtung Beni Suef und Hauwara el Makta aussteigen. Als letzte Alternative sei die Empfehlung eines Lesers genannt, der zur Pyramide marschierte und sich dabei durchfragte; als Lohn traf er auf freundliche Menschen und gewann ungestörte Einblicke ins ländliche Leben.

Eine sehr interessante **Rundreise** läßt sich von Medinet Fayum aus ins westliche Fayum nach **Medinet Madi** unternehmen. Dort scheinen nur selten Touristen aufzutauchen, daher reagiert die Bevölkerung wesentlich gelassener. Dieser Ausflug ist am besten per Auto/Taxi zu machen, zumal Medinet Madi – eines der lohnenswerten historischen Ziele – kaum per Bus zu erreichen ist. Bei einer Sammeltaxi-Reise muß man sich durchfragen, Taxis kosten mindestens £E 30. Ein Leser probierte die Reise mit öffentlichen Verkehrsmitteln, kam bis Abou Gandir mit Minibussen und mußte anschließend auf ein Motorradtaxi umsteigen, das ihn bis fast zum Tempel brachte – allerdings dort nicht wartete. Der 3-km-Fußmarsch zurück zum Fruchtland war etwas anstrengend.

Rundreise durchs westliche Fayum

Medinet Fayum in Richtung Itsa verlassen. Nach 12 km (2 km nach Itsa) Kreuzung, rechts halten.

4 km:

El Minia

Größeres Städtchen, an dessen Stadtausgang links auf eine stark frequentierte Staubstraße abbiegen. Die Asphaltstraße führt weiter über Abou Gandir nach Nazla.

3 km: **Kreuzung**

Die Straße wird von einer schönen Baumallee flankiert, sie stößt auf eine Kanalverzweigung, rechts vor dem Kanal abbiegen und auf dem Damm stets geradeaus.

7 km: **Abzweigung**

Links über Kanalbrücke zum 300 m entfernten "Vorort" namens Kashef von **Medinet**

Madi. Beim ersten Anhalten wird sich ein Führer zum Tempel anbieten; zwar ist der Tempelhügel am Grabungshaus durchaus von der Ferne zu identifizieren, aber die Mitnahme eines Führers als "Pistensucher" ist beim ersten Besuch der Anlage empfehlenswert.

Oder: Geradeaus durch den Ort fahren und der Piste nach Südosten zum Grabungsgelände folgen. Die 4 km lange Piste läßt sich bis kurz vor dem Hügel mit dem Grabungshaus relativ gut fahren, im Hügelbereich wirds ziemlich sandig. (Vom Dorf vor der obigen Abzweigung führt auch eine Piste zum Tempel, sie soll aber sehr versandet sein).

Tempel von Medinet Madi

Der – relativ kleine – Tempel (£E 12) wurde im MR von Amenemhet III gegründet und von den Ptolemäern erweitert. Er gilt als eines der wenigen Architekturbeispiele eines kompletten Tempels aus dem MR und ist daher für Enthusiasten des pharaonischen Ägyptens von besonderem Interesse.

Von der ehemaligen (ptolemäischen) Löwen- und Sphingen-Allee sind noch einige Exemplare gut erhalten. Auch der dem Krokodilgott Sobek geweihte MR-Tempel hat die Jahrtausende in wesentlichen Teilen überdauert. Die Wände sind mit Szenen ausgeschmückt, die meist Amenemhet III und seinen Sohn bei der Opferung darstellen. Im Sanktuar sind noch die drei Nischen vorhanden, in denen einst die Götterstatuen standen. An der Rückseite des MR-Tempels finden Sie einen kleinen ptolemäischen Tempelbau, der, wie die gesamte Anlage, arg vom Dünensand bedroht ist, obwohl erst in den 60er Jahren die letzten Grabungen stattfanden. (Detailliertere Informationen im *Guide to the Antiquities of the Fayum*, in Kairo erhältlich).

Fahren Sie zurück zum Dorf und biegen Sie nach der Kanalbrücke links ab.

5 km: **Abzweigung**

Hier die Kanaldamm-Straße nach rechts verlassen und in den folgenden Dörfern geradeaus.

4 km: **Kreuzung**

Rechts nach El Minia, links nach Nazla halten.

An der Straße zwischen Abou Gandir und Nazla zweigt links (also nach Süden) eine Straße zum Wadi Rayan mit seinen künstlichen Seen ab. Es wird dringend davon abgeraten, diese Route zu fahren, folgen Sie lieber der offiziellen, die weiter oben beschrieben ist.

3 km:

Nazla

Die **malerischen Töpfereien von Nazla** sind unbedingt einen Besuch wert. Nach der Moschee biegt man rechts ab und blickt bald in das tief eingeschnittene Wadi Masraf, an dessen Ufer Töpfereien und Brennöfen stehen, umgeben von frisch geformten, zum Trocknen in die Sonne gestellten Gefäßen. Schwarze Qualmwolken steigen zum Himmel, fleißige Töpfer formen hauptsächlich *Bukla*, kugelige Wassergefäße, die fürs Fayum typisch sind. Übrigens wird die Porösität des Tons – die für die Wasserverdunstung und damit Kühlung des Inhalts notwendig ist – durch Zugabe von Strohhäcksel zum Ton erreicht, das nach dem Brennen des Tons Kapillaren hinterläßt.

Im Laufe der letzten Jahre hat die Tourismusbranche die Töpfer entdeckt, seither gehört aufdringliches Bakschisch-Fordern zum ortsüblichen Ton. Allerdings sollte man bedenken, daß die Menschen hier trotz harter Arbeit sehr wenig verdienen, weil ihre Arbeit und damit sie selbst von der Bevölkerung nicht sonderlich anerkannt werden.

Nach 4 km: **Y-Kreuzung**

Rechts nach Medinet Fayum über Ibshawai. Links führt ein interessanter Abstecher nach Qasr Qarun. Unterwegs, 10 km nach der Y-Kreuzung hinter einer kleinen Brücke, rechts abbiegen, nach weiteren 15 km ist nach einem Ort links der **Tempel von Qasr Qarun** nicht zu übersehen. Der eindrucksvolle ptolemäische Sobek-Tempel (£E 16) ist im Innern relativ gut erhalten (schöne Reliefs mit geflügelter Sonne; nehmen Sie eine Taschenlampe mit), vom Dach weiter Ausblick. Gleich nebenan liegt das Ruinenfeld von **Dionysias**, einer ptolemäischen Stadt und Garnison.

Etwa 8 km vor Qasr Qarun zweigt links eine ausgeschilderte Straße ab, die zum **Wadi Rayan** führt, siehe Seite 313.

Zurück zur Y-Kreuzung.

22 km über Ibshawai nach Medinet Fayum; unterwegs rechts halten über El Agamiyin (Zentrum von Korbflechtern). Ende der Rundreise.

Zur Fortsetzung der Reise von Medinet Fayum nach Beni Suef halten Sie sich an die im Zentrum aufgestellten Schilder HAUWARA PYRAMID.

5 km: **Kreuzung**

Links 3 km Piste zur

**Hauwara Pyramide

Die Pyramide des Amenemhet III (£E 16) wurde aus Nilschlammziegeln erbaut und von der Witterung bis auf einen hohen Stumpf zerstört. Ebenso erging es dem daneben liegenden, im Altertum zu den sieben Weltwundern zählenden **Labyrinth**, das aus 1500 Räumen in zwei Stockwerken bestand und den eigentlichen Totentempel bildete; nur noch Schutthügel lassen die Dimensionen erahnen.

In römischer Zeit lag hier eine ausgedehnte Nekropole, aus ihr stammen die meisten der sog. Mumienporträts der römischen Bevölkerung (3./4. Jhd nC).

Ein Besuch am späteren Nachmittag ist wegen der langen Schatten und des Blicks über die Umgebung recht stimmungsvoll.

10 km:

Illahun

Hier kreuzen Sie die Schleusen, die den Wasserhaushalt im Fayum kontrollieren. Die älteste, aus dem 13. Jhd stammende Schleuse ist noch erhalten, doch darf sie wegen der strategischen Bedeutung der Gesamtanlage nicht näher besichtigt werden: Fotografieren ist streng verboten.

Wenn Sie die Ruinen der stark zerstörten **Pyramide von Illahun** (£E 8) – die Sesostris II zugeschrieben wird – besuchen wollen, fahren Sie nach den Schleusenanlagen und dem Überqueren einer modernen Eisenbrücke links ab auf die erste Staubstraße. An der nächsten Kreuzung rechts, dann durch das Dorf Illahun, nach ca. 2 km links ab auf einen Deich, diesem folgen, in der Ferne ist die Pyramide zu sehen.

Diese Pyramide ist interessant wegen ihres Konstruktionsprinzips: Da durch die Erosion die ursprüngliche Steinverkleidung der Ziegelpyramide verschwunden ist, kann man heute die aus Kalkstein bestehende, strahlenförmige Innenkonstruktion des Baus erkennen.

Im Norden liegen Mastaba-Gräber. In der zur Pyramide gehörenden, östlich gelegenen Stadt wurde ein umfangreiches Papyrus-Archiv gefunden.

42 km bis **Beni Suef**

Rückfahrt nach Kairo.

Schreiben Sie uns bitte, wenn Sie Änderungen oder Neues entdecken. Zwar bemühen wir uns nach Kräften, stets auf dem Laufenden zu bleiben, Ägypten steckt jedoch in einem sehr dynamischen Entwicklungsprozess, so daß sich Vieles ändert – auch solche Dinge, die man nie oder nicht so bald erwartet hätte.

5. Im Niltal von Kairo nach Süden

5.1 Kairo - Luxor

Das Niltal als Hort islamischer Fundametalisten und Terroristen steht ganz unter dem strengen Auge der Sicherheitsbehörden. Ausländer dürfen sich theoretisch nur mit militärischer/polizeilicher Begleitung bewegen, Ausnahmen sind die Stadtbezirke von Luxor und Assuan. Das führt zu der absurden Situation, daß zu festgelegten Zeiten Konvois mit Autos, Taxen und Bussen von Luxor nach Assuan und umgekehrt rasen, bzw. zum Roten Meer und zurück. Wer Wert darauf legt, kann sich als Einzelfahrer mit Polizeibegleitung von Kaio nach Süden durchs Niltal hetzen lassen. Es ist zu hoffen, daß diese völlig überflüssigen "Spielereien" bald eingestellt werden.

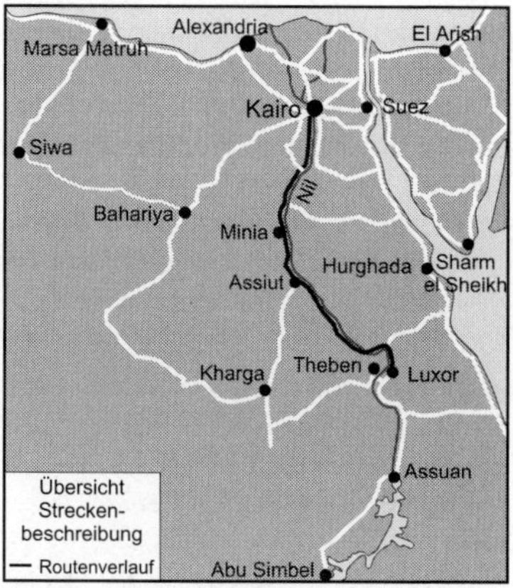

Die Reise im Niltal nach Oberägypten wird Ihnen die unterschiedlichsten Eindrücke bescheren. Sie werden – je nach Fortbewegungsmittel – mehr oder weniger in das Alltagsleben der Ägypter hineingezogen werden und das emsige, ameisengleiche Gewimmel im Niltal mit allen seinen Licht- und Schattenseiten beobachten können. Sie werden viele freudige Überraschungen und positive Eindrücke gewinnen und natürlich das Gegenteil. Und Sie werden als Fremder immer wieder Attraktion für Kinder oder Erwachsene sein, die sich, je touristischer ein Ort ist, desto Bakschischheischender an Sie hängen. Auch das ist tägliches Leben in einem Land, das seit über zwei Jahrtausenden von Touristen heimgesucht wird.

Landschaftlich bieten sich keine überwältigenden Höhepunkte auf diesem Abschnitt. Das Niltal ist nur ganz selten so breit, daß man die Wüste aus den Augen verlieren könnte, zumal sich der Nil ziemlich tief eingegraben und im Osten und Westen meist deutliche Steilabfälle erzeugt hat. Von der Straße her bekommt man den Fluß nur sehr selten zu Gesicht, meist zieht sich die ziemlich stark von allen denkbaren Verkehrsmitteln fre-

INTERESSANTES

****Tempel von Abydos**, einer der besterhaltenen Tempel des NR (von Sethos I gebaut), ein interessanter Ramses III-Tempel und Königsgräber der Frühzeit
****Tempel von Dendera**, ein der Göttin Hathor geweihtes und noch sehr gut erhaltenes Bauwerk mit aufschlußreichen Reliefs
***Tell el Amarna**, der Ort, an dem Echnaton seine Hauptstadt errichtete, allerdings sind außer Grundmauern nur Felsengräber zu besichtigen
***Beni Hassan**, aus dem MR stammende Nekropole der dortigen Gaufürsten mit sehr lebendigen Darstellungen des täglichen Lebens; durchaus vergleichbar den Gräbern der Noblen in Theben West
***Sawjet el Maitin**, eine von der Bevölkerung von Minia auch heute noch benutzte Kuppelgräberstadt mit tausenden von Kuppeln; gleich nebenan die knochenharte Arbeit der Steinbrucharbeiter; in der Nähe die Nekropole Techna el Gebel aus dem AR und das koptische Kloster Deir el Adra
Hermopolis, das einst berühmte Schmunu, wo imposante Reste eines Thot-Tempels und in seiner Nekropole **Tuna el Gebel** stilistisch ungewöhnliche Malereien zu sehen sind
Minia, eine sympathische Stadt mit einer für Ägypten gepflegten Uferpromenade
Auch Städte wie *Mallawi** und *Assiut** sind es wert, ein paar Stunden zu verweilen und den Alltag mitzuerleben.

quentierte Strecke an Kanälen entlang. Melodramatische Sonnenuntergänge über den Bergrücken der Libyschen Wüste lassen alle Plackerei eines heißen Tages vergessen.

Dieses Tal birgt Zeugnisse aus fünf historisch nachvollziehbaren Jahrtausenden und noch einiges mehr aus grauer Vorzeit. Wenn Sie alle bekannten Stätten besuchen wollen, sind Sie viele Tage beschäftigt. Doch gibt Ihnen eine auch nur knappe Auswahl der am besten erhaltenen Ruinen bereits einen guten Eindruck vom Leben in pharaonischen Zeiten.

Im folgenden Kapitel berichten wir auch über die weniger bekannten oder besuchten Plätze, denn an diesen Stellen können Sie sich meist mit mehr Ruhe in die Vergangenheit vertiefen. Einige davon sind allerdings derzeit wegen der Terrorismusgefahr nicht oder nur umständlich zugänglich.

Streckenbeschreibung

Öffentliche Verkehrsmittel: Die Eisenbahn fährt durch das gesamte Niltal, alle Orte sind erreichbar, wenn auch manchmal auf Umwegen. Das Busnetz wird von Jahr zu Jahr verbessert, auch die Busse selbst durch komfortablere Modelle abgelöst. Daher ist dieses Verkehrsmittel durchaus der Bahn ebenbürtig oder streckenweise vorzuziehen, selbst so lange Verbindungen wie Kairo – Assuan sind eine Alternative zur Bahn.

Busse verkehren sowohl als Überlandlinien mit wenigen Stops als auch als örtliche Linien zwischen den Städten. Schließlich sind Sammeltaxis überall unterwegs (Abfahrt in Kairo vom Midan Monib am südlichen Stadtrand). Wenn Sie Orte zwischen Kairo und Luxor besichtigen wollen, empfiehlt sich generell der Bus. Für die Stätten Beni Hassan, Hermopolis und Tell el Amarna

Nord-Süd-Verbindungen abseits des Niltals

Als Alternative zur traditonellen, überlasteten Straße auf dem Westufer bieten sich Routen am Ostufer über Heluan, Beni Suef (Nilbrücke) und weiter nach Minia (Nilbrücke) und Assiut wie auch westlich des Niltals an. Beide Straßen führen jedoch am wirklichen Leben an den Ufern des Nils vorbei.

Weiterhin verbindet seit Ende der 90er Jahre eine neugebaute "Wüstenautobahn" durch die Westliche Wüste Kairo mit Assiut. Auf keiner uns bekannten Karte Ägyptens ist bisher die neue Verbindung zwischen Kairo und Assiut eingezeichnet. Die autobahnähnlich ausgebaute Straße zweigt etwa 20 km südlich von Kairo von der Fayoum-Strecke ab und führt in ziemlich weitem Abstand westlich des Nils südwärts. Nur wenige Abfahrten verbinden sie mit den wichtigsten Städten Mittelägyptens.

Für die Ostroute fahren Sie zunächst bis El Burumbul (siehe Routenbeschreibung Seite 478) und halten sich dort weiterhin südlich.

Nach 34 km: **Abzweigung**

Rechts über Nilbrücke nach Beni Suef.

26 km: **Abzweigung**

Rechts zum Dorf El Hiba mit den Ruinen von **Ankyronopolis.** Unter Palmen verstecken sich die ehemalige, dicke Stadtmauer und die Reste eines Tempels aus der 22. Dynastie.

40 km: **Abzweigung**

Rechts zu den **Felsengräbern von Sharuna** aus dem AR. Bei km-Schild 76 (Richtung Minia) und der Tafel *Monumental Area* rechts abbiegen und auf der Piste bis zur Nekropole am Fruchtlandrand immer rechts halten.

10 km: **Kreuzung**

Links nach Ras Gharib am Roten Meer (siehe Seite 479, rechts nach El Sheikh Fadl und zur Nilfähre nach Beni Mazar am Westufer.

41km: **Abzweigung**

Rechts zum Zementwerk, von dort aus zum Kloster Deir el Adra (siehe Seite 324)

28 km: **Kreuzung**

Links nach Minia, rechts nach Techna el Gebel

3 km: **Kreuzng**

Rechts 3 km über Nilbrücke nach Minia, geradeaus nach Assiut.

ist Mallawi eine günstige Ausgangsbasis, allerdings mit relativ anspruchslosen Hotels. Wer Wert auf mehr Komfort legt, wählt Minia als Standort. Eisenbahnfahrer erreichen Abydos von Balyana aus, den Tempel von Dendera von Qena.

Der **Straßenzustand** ist erträglich, allerdings ist die traditionelle Straße am Westufer sehr stark von allen nur vorstellbaren Verkehrsteilnehmern frequentiert, Unfälle gehören fast zur Tagesordnung. Die erst in den 80er Jahren gebaute Parallelstraße am Ostufer ist deutlich ruhiger und bis Minia durchgehend befahrbar. Allerdings sollte man bei der Planung berücksichtigen, daß es südlich von Heluan nur in Beni Suef, Minia, Assiut, Sohag, Nag Hammadi, Qena, Luxor, Edfu und Esna **Nilbrücken** bzw. -dämme auf die andere Seite gibt. Zusätzlich sorgen diverse mehr oder weniger gut funktionierende Fähren für eine Verbindung. Südlich von Nag Hammadi bzw. Qena verläuft die traditionelle Strecke auf dem Ostufer, als Pendant wurde erst in den 80er Jahren eine Parallele auf dem dort meist schmalen Westufer asphaltiert.

Entfernungen: Beni Suef 58 km, Beni Mazar 186 km, Minia 235 km, Mallawi 278 km, Assiut 357 km, Sohag 450 km, Balyana (Abydos) 498 km, Qena 590 km, Kuft 615 km, Luxor 652 km, Esna 709 km, Edfu 763 km, Kom Ombo 826 km, Assuan 872 km, Abu Simbel 1164 km.

Ausfahrt aus Kairo siehe Seite 220

24 km: **El Badrachen**

Rechts nach Sakkara (siehe Seite 300)

5 km: **Kreuzung**

Links Nilbrücke nach Heluan; nur ein kurzes Stück weiter zweigt rechts an einer Y-förmigen Kreuzung die Straße zu den **Pyramiden von Dashur** ab (siehe Seite 306).

28 km: **Abzweigung**

In einem kleinen Ort zweigt rechts eine Straße (blauer Wegweiser in arabischer Schrift) zum Rand der Wüste zu den beiden **Pyramiden von Lisht** (12. Dynastie) ab. Sie sind stark zerstört und im Innern nicht zu betreten. Die nördliche Pyramide war für Amenemhet I, die ca 2 km südlicher gelegene für dessen Sohn Sesostris I errichtet worden. Diese ist so stark verfallen, daß ihre Grundkonstruktion recht gut zu erkennen ist (siehe auch Seite 307).

25 km: **Abzweigung**

Rechts zur Pyramide Medum (siehe Seite 307) und weiter auf Nebenstraßen ins Fayum.

23 km:

Beni Suef

Die Provinzhauptstadt Beni Suef liegt an der mit etwa 25 km in Ost-West-Richtung breitesten Stelle des Niltals; dies wiederum gibt der Provinzhauptstadt eine wichtige Rolle als Handelszentrum für die Landwirtschaft. Die Stadt selbst quetscht sich, wie etliche andere im Niltal, zwischen Nil und Ibrahimiyakanal. Die Gebiete westlich des Kanals sind mehr oder weniger erst in jüngerer Zeit entstanden. Etwa in der Stadtmitte (der westlichen Seite) zweigt von der vierspurigen Durchgangsstraße die Straße ins Fayum ab. Den älteren, aus dem Mittelalter stammenden Stadtteil mit Souks etc. finden Sie auf der östlichen Seite der Eisenbahn. Am südlichen Ortsausgang links führt eine vierspurige Straße (vom südlichsten Bahnübergang aus) zur Nilbrücke ans Ostufer.

Knapp 20 km südwestlich der Stadt können Phararonenfans die Hauptstadt der Ersten Zwischenzeit, später **Herakleopolis** genannt, bei dem heutigen Ort Ahnasiya el Medina besuchen, wo noch beachtliche Reste eines Tempels von Ramses II stehen.

20 km: **Beba el Kubra**

Rechts 22 km nach **Deshasha**, eine von Gaufürsten des MR am Wüstenrand jenseits des Bahr Yussuf angelegte Nekropole, von der eigentlich nur das Grab des Ateti einen Blick lohnt.

51 km: **Beni Mazar**

Rechts 15 km nach Behnasa, wo nur noch die letzten Reste der christlichen **Klosterstadt Oxyrhynchos** (in der Blütezeit von 10 000 Mönchen und 12 000 Nonnen bewohnt) zu finden sind.

Links mit Fähre über den Nil und auf einer Asphaltstraße nach **Ras Gharib** am Roten Meer.

29 km

Links auf der anderen Seite des Nils ragt der Gebel el Ter mit dem Kloster Deir el Adra auf.

20 km:

**Minia

Achtung: Da der Bereich von Minia bis Qena als terroristisch aktiv gilt, muß mit erheblichen Einschränkungen der persönlichen Bewegungsfreiheit gerechnet werden. Z.B. wird man kaum Taxifahrer finden, die bereit sind, historische Stätten anzufahren. Sollten sie dies tun, dann nur mit militärischem Geleitschutz.

Die etwa 500 000 Einwohner zählende Provinzhaupt- und Universitätsstadt, die wahrscheinlich auf pharaonische Ursprünge zurückgeht, ist ähnlich wie Beni Suef auf ca. 5 km Länge zwischen Ibrahimiya-Kanal und Nil eingequetscht, an dem sie mit einer breiten und erstaunlich gepflegten Uferpromenade, der Sharia El Nil, prunkt. Wie überhaupt alles in Minia mindestens einen Hauch gepflegter zu sein scheint als anderswo in Ägypten. Vor der Nasser-Revolution residierten hier einige Großgrundbesitzer, zu deren Festen angeblich sogar Gäste aus Kairo mit Freude anreisten.

Vielleicht hat sich aus jener Zeit noch der Wunsch nach sauberen Straßen und Grünanlagen erhalten. Beste Beispiele sind der Midan Tahrir auf der Straße vom Bahnhof zum Nil und die Sharia El Nil mit ihren schattigen Alleen. Wenn Sie durch die Stadt bummeln, werden Sie auf ein paar Prachtbauten stoßen, die, obwohl nicht mehr im ursprünglichen Besitz, immer noch einen für ägyptische Verhältnisse guten Eindruck machen. Zusammen mit der Partnerstadt Hildesheim ist am Ostufer ein Museum geplant, das Funde aus der Umgebung und auch die Ausstellungsstücke des kleinen Museums in Mallawi aufnehmen soll.

An der Sharia El Nil gibt es ein **Tourist Office** mit hilfsbereitem, gut beratendem Manager (geöffnet bis 16 Uhr, Tel 320 150; drei Blocks nördlich der vom Bahnhof auf den Nil treffenden Straße). Das Telefonamt mit internationalen Kartenapparaten ist im Bahnhof untergebracht.

Minia ist ein geschäftiges Städtchen inmitten einer vor Fruchtbarkeit strotzenden Region. Besonders an den montäglichen Markttagen herrscht reges Leben und Treiben, die Straßen werden dann von der Landbevölkerung mit ihren frischen Waren überflutet, dichtes Gedränge und Geschubse beherrscht die wichtigsten Souk-Gegenden. Aber auch an anderen Wochentagen ist die sympathische Stadt einen Bummel wert.

Da Minia über eine für ägyptische Provinzstädte erstaunlich gute Hotel-Infrastruktur verfügt, dient der Ort gern als Ausgangspunkt für den Besuch der Umgebung bis hin nach Tell el Amarna. Seit der Eröffnung der Nilbrücke 1987 hat die Stadt auch verkehrstechnisch an Bedeutung gewonnen. Taxi- und Bushaltestelle liegen ganz in der Nähe der Brücke. Sammeltaxis verkehren nach Kairo, Mallawi und Assiut.

Für Fußgänger/Radfahrer bietet sich ein Spaziergang bzw. Ausflug über die Brücke ans andere Ufer und durch die Felder des Ostufers an, was recht stimmungsvoll sein kann. Fahrräder vermittelt das Palace Hotel zu £E 5.

Restaurants:

- *Im Studentenrestaurant **Ali Baba** (Einmündung der Sharia Bur Said in die Sharia El Nil) kann man billig speisen und guten Kuchen bekommen*
- *Noch billiger geht es im Restaurant **Farouz** an der Sharia El Nil Ecke Sharia Salatin*
- *In der Sharia Hoseini (Hauptmarktstraße) bieten die Restaurants **El Mohamady** und **El Mafatesch** recht guten Nilfisch an*
- *Das Restaurant/Cafe **Nani** liegt im schattigen Park zwischen Sharia El Nil und Nilufer, etwa in der Mitte zwischen Einmündung der Sharia Gumhuriya und Nefertiti Hotel.*
- *Das Restaurant des **Lotus** Hotels bietet guten Ausblick, europäische Küche und freundliche Bedienung.*
- *Im Hotel **Nefertiti** (Etap) finden Sie das teuerste (aber gute) Restaurant der Stadt und ei-*

nen Swimmingpool, den Nichtbewohner gegen Gebühr benutzen können.

Gute Versorgungsmöglichkeiten findet man – außerhalb des Souk – in der Straße nördlich des Lotus Hotels.

Nach Beni Hassan werden Fahrten per Minibus angeboten, der dann an der Nilfähre wartet. Preis etwa £E 20 für den Bus inklusive Rückfahrt; fragen Sie am besten in einem der Hotels.

Einen sehr lohnenswerten Ausflug können Sie direkt von Minia aus am Ostufer des Nils unternehmen:

***Kuppelgräberstadt Sawjet el Maitin

(auch als *Zawiet el Amwad* bekannt)

Nahe dem Dorf Sawjet el Sultan bestatten auch heute noch die Einwohner von Minia ihre Toten in Kuppelgewölben, die sich tausendfach wie Bienenwaben am Wüstenrand entlangziehen; ein kaum glaubhaftes Bild von Fleiß und Totenverehrung vieler Generationen – angeblich der größte Friedhof der Welt. Während des jährlich dreimal stattfindenden Totenfestes zieht Leben in die Totenstadt ein. Die Familien besuchen die Toten in den Kuppelbauten, plötzlich herrscht eine Art Jahrmarktstimmung mit Musik und Fernsehen – der Kontrast könnte kaum größer sein.

Hoch oben am Berghang kurz vor dem Gräberdorf wird Kalkstein in halsbrecherischer Arbeit mit einfachsten Hilfsmitteln gebrochen und auf Klapperlastwagen zu Tal gekarrt. Vom Staub kalkweiß gefärbte Kinder bedienen die Steinmühlen am Nilufer, wo Feluken auf den Abtransport warten.

Anfahrt per Sammeltaxi: Von der Nilbrücke aus nach Sawjet el Maitin fahren (im zweiten Dorf aussteigen), dort zu Fuß weiter.

Autofahrer: Über die Brücke und an der T-Kreuzung rechts abbiegen, durch erstes Dorf (Sanada) mit koptischen Kuppelgräbern und auch an den Kuppelgräbern vorbei durch das Dorf Sawjet el Sultan fahren und etwa 100 Meter nach Dorfende links *roten Hügel* mit vielen Tonscherben hinauf (etwa 5 km von der Kreuzung). Dort oben öffnet sich ein guter Blick über die Kuppelgräber, besonders schön bei Sonnenuntergang. Außerdem gibt es ein paar pharaonische Gräber aus dem AR und NR sowie eine kleine Kult-Pyramide aus der 3. Dynastie. Achtung, die Kinder hier können sehr aggressiv sein.

In der koptischen Gräberstadt führt Sie Shadi Aziz (einziges Haus am rechten Straßenrand) durch die beiden sehenswerten koptischen Kirchen.

Techna el Gebel und koptisches Kloster Deir el Adra

Ebenfalls auf der Ostseite, aber nördlich der Gräberstadt, liegt das im 4. Jhd gegründete koptische Kloster **Deir el Adra** (an der T-Kreuzung links abbiegen, 21 km), das früher sehr einsam war. Heute ist das umliegende Dorf dicht bevölkert, ein Besuch ist wegen der alten Klosterkirche und der Lage auf dem Gebel *El Ter* (Vogelberg) am Rand des fast senkrechten Abfalls zum Fruchtland bedingt empfehlenswert. Zumindest lohnt sich die Anfahrt durch das offenbar selten von Fremden heimgesuchte Fruchtlandgebiet. Die letzten Mönche verließen im 19. Jhd das Kloster, heute ist es jeweils am 22. August (Maria Himmelfahrt der Kopten) Wallfahrtsziel für zahllose Gläubige.

Auf etwa halbem Weg können Sie bei **Techna el Gebel** Felsengräber aus dem AR bis hin in die Ptolemäerzeit und die Reste einer in eine Felswand gehauenen kolossalen Figur des Ramses II besichtigen: 11 km nach der T-Kreuzung rechts ins Dorf Techna el Gebel abbiegen, bald lassen sich die – am rechts liegenden Steilabfall – in halber Höhe in den Berg getriebenen Gräber ausmachen.

Im Dorf gibt es zwei Möglichkeiten: Entweder Sie fahren am Eingang rechts über die enge Brücke, dann links bis Ende und wieder rechts auf schmalster Holperpiste bis direkt unterhalb der Monumente (oder Sie lassen den Wagen stehen und gehen das kurze Stück zu Fuß) oder Sie durchqueren das Dorf und folgen nach rechts dem Wadi. Etwa 1 km nach dem Dorf den Berg hinaufgehen. Deutlich ist ein kleiner Tempel mit Säulen und Sanktuar im Fels zu erkennen, in einem vergitterten Raum liegen Krokodilmumien.

Wenn Sie sich noch ein bißchen mehr umsehen wollen, folgen Sie der Piste, nach ca. 3 km rechts in ein Seitenwadi abbiegen, die Piste zieht sich durch eine Kalksteinwüste und steigt zuletzt steil auf das Hochplateau an, von dort grandioser Ausblick. Links sind Überreste eines auf pharaonische Zeit datierbaren Steinbruchs zu sehen, in dessen Felswand die Ramses-II-Statue zu sehen ist, außerdem liegen noch "frisch" gebrochene Steinquader herum.
Weiter im westlichen Niltal:

22 km: **Abou Kurkas**

Von hier führt eine Straße zum Nilufer. Dort, auf der gegenüberliegenden Seite, liegen die sehr sehenswerten

***Felsengräber von Beni Hassan

Die Gräber von Beni Hassan sind besonders deswegen interessant, weil sie von vermögenden Gaufürsten des MR (11. und 12. Dynastie, 2040 – 1850) angelegt und sehr lebensnah ausgeschmückt wurden. Ähnlich wie die Gräber der Noblen in Theben-West stellen auch hier die Fürsten – ein wenig prahlerisch vielleicht – ihre Welt dar. Wer also das tägliche Leben, Jagd, Sport, Handwerker etc im MR

sehen, ja eigentlich wegen der detaillierten, in Einzelphasen festgehaltenen Aktivitäten miterleben will, der sollte sich diese Illustrationen auf keinen Fall entgehen lassen, zumal sie gute 600 Jahre älter sind als die von Theben-West.

Anfahrt per Sammeltaxi oder Minibus von Minia nach Abou Kurkas (£E 1). Dort den Ibrahimiya-Kanal und die Eisenbahn überqueren, nach ca. 200 m gibt es einen Pickup-Standplatz; fragen Sie nach Beni Hassan und man wird Sie zur Anlegestelle für Fährboote (Motorboot-Sonderfahrt £E 8 für Hin- und Rückfahrt) bringen. Achtung, das letzte Schiff fährt angeblich um 16 Uhr.

Anfahrt per Auto: Links über die einzige Kanalbrücke, in östlicher Richtung halten. Nach etwa 3 km Dorf umfahren, noch 2 km bis zum Nilufer mit der Fähre. Oder Sie können Ihr Auto mit einer LKW-Fähre auf das Ostufer schaffen lassen.

Auf der anderen Nilseite karrt ein Minibus die Besucher das kurze Stück bis zum Rasthaus unten am Hang. Dort werden Eintrittskarten verkauft und dort wartet auch die Begleitmannschaft (Schlüsselträger, Aufschließer, Beleuchter, Maschinenwart etc.). Die Anlage wurde erst in den 80er Jahren restauriert, der Weg den Berg hinauf neu angelegt und eine Beleuchtungsanlage in den wichtigsten Gräbern installiert.

Die beste Besuchszeit ist die Mittagszeit, weil dann die Gruppen Besichtigungspausen einlegen (9-17, £E 12; Fotoerlaubnis £E 10, kein Blitz). Die Beleuchtungsanlage fällt regelmäßig dann aus, wenn die Besucher die Hälfte der Gräber gesehen haben. Abhilfe: Besichtigung abbrechen, mit Beschwerde im Wärterhaus drohen, dann funktioniert plötzlich der Generator wieder.

Von den insgesamt 39 Gräbern des MR sind sehenswert:

- Grab Nr. 2 Amenemhet (12. Dyn.)
- Grab Nr. 3 Chnumhotep (12. Dyn.)
- Grab Nr. 15 Baket (11. Dyn.)
- Grab Nr. 17 Cheti (Sohn des Baket)

Im Prinzip wiederholen sich die Darstellungen in allen vier Gräbern. Ihre Besonderheit liegt in der ausführlichen Schilderung der Jagd in der Wüste, des Fischfangs und der Vogeljagd; in fast kinematographische Abfolge sind Ringer-, Kampf- und Schlachtszenen in Hunderten von Einzelbildern (besonders Grab 17) dargestellt. Weiterhin sind Friseure, Maler, Wäscher, Goldschmiede, Fischer und Weberinnen vertreten.

Grab Nr. 3 ist berühmt wegen seiner ausdrucksvollen, in kräftigen Farben gehaltenen

Malerei- en, u.a. auch wegen der Karawane (Mitte Nordwand), die gerade vom Grabherrn empfangen wird: 37 semitische Beduinen sind zusammen mit ihren Frauen, Kindern, Vieh und mit Augenschminke beladenen Eseln versammelt. Der Anführer wird übrigens als "Herr der Fremdländer" bezeichnet. Dies gilt als der erste bisher bekannte Hinweis auf die Hyksos.

Etwa 3 km südlich liegt rechts am Eingang eines ziemlich breiten Wadis eine unter der griechischen Bezeichnung **Speos Artemidos** bekannte, von Hatschepsut und Thutmosis III erbaute Felskapelle der Löwengöttin Pachet. Diese Kapelle ist unter Ägyptologen vor allem wegen einer langen Inschrift bekannt, in der Hatschepsut ihre Regierungszeit lobpreist. Der Weg dorthin lohnt sich nur für Enthusiasten; man geht (oder fährt besser) vom Rasthaus aus auf der Piste nach Süden weiter bis zum nächsten Dorf und fast an diesem vorbei (fragen Sie nach *Estabel antr*). Das breite Wadi ist jedoch gut zu erkennen. Der Wärter mit dem Schlüssel heißt Ali, bei irgendwie nach Besuchern aussehenden Menschen kommt er aus dem Dorf gerannt.

Von Abou Kurkas weiter nach Süden:

15 km: **Roda**

Am Ostufer lag einst **Antinoupolis**, die Stadt, die Kaiser Hadrian seinem hier im Nil ertrunkenen Freund Antionus erbauen ließ. Die im 19. Jhd noch ansehnlichen Ruinen wurden zum Bau der Zuckerfabrik von Roda verwendet, es blieb praktisch nichts zurück.

3 km: **Abzweigung** (rechts Schild TUNA EL GEBEL)

Typisch im Niltal: Taubenhäuser nehmen schon eher Taubenburg-Dimensionen an

Diese Straße führt direkt nach Hermopolis und Tuna el Gebel (siehe unten).

3 km:

*Mallawi

Das ziemlich dreckige Städtchen (auch Mellauwi geschrieben) hat sogar auch Atmosphäre, besonders wenn man spätnachmittags oder abends durch den Souk bummelt. An Markttagen (großer Markt samstags, kleiner Markt donnerstags) herrscht sehr buntes Treiben.

Wenn Sie Mallawi als Standort für Ausflüge in die geschichtsträchtige Umgebung wählen, so sollten Sie diese Orte eher per Taxi ansteuern, weil die öffentlichen Verkehrsmittel doch verhältnismäßig viel Zeit in Anspruch nehmen. Taxifahrten sind nicht teuer.

Seit das Museum nach Minia umgezogen ist, hat Mallawi noch weniger zu bieten, zumal die örtlichen Hotels unterster Standard sind. Ein schöner Rastplatz besonders für Abendstimmungen ist die Nilufer-Promenade (über eine der Kanalbrücken, dann immer geradeaus).

Ganz in der Nähe liegen die antiken Stätten Hermopolis und Tuna el Gebel, die Sie per **Sammeltaxi, Minibus** oder mehrmals täglich per Bus nach Ashumein (von der Bushaltestelle etwa 1 km zu laufen) oder per **Auto** wie folgt erreichen können:

Weg A) (etwas schlechterer Straßenzustand): In Mallawi von der Niluferstraße rechts in die Hauptstraße abbiegen, geradeaus an kleiner gelber Moschee vorbei, über den Hauptkanal, danach scharf rechts. Nach Durchfahren von einem Dorf am Kanal auf nächste Kanalüberquerung nach links aufpassen, hier links abbiegen.

Weg B): 3 km zurück in Richtung Minia, bei blauem Hinweisschild links abbiegen (siehe oben), nach 2 km über Kanal (von links kommt hier Weg A), nach 5 km durch das langgestreckte Dorf Ashumein, gleich am Ortsausgang liegt rechts Hermopolis; geradeaus weiter und an der nächsten Kreuzung links noch 11 km bis Tuna el Gebel. Vom Dorf Tuna el Gebel bis zum Grabungsgebiet ist Maut in Höhe von 25 Pt pP zu zahlen. Für **Fußgänger**: vom Dorfausgang bis Tuna gibt es kaum Verkehr; Sie sollten anstelle des etwa 5 km langen Fußmarsches lieber ein Taxi anheuern und dieses für die Rückfahrt warten lassen (Besichtigung dauert etwa eine Stunde).

**Hermopolis

Das antike Shmunu, war jahrtausendelang Hauptstadt des oberägyptischen Hasengaues. Es galt als die Stelle, an der die Schöpfung der Welt begann.

Mitten in dem riesigen Ruinengelände stehen – leider teils im Grundwasser – das Tor eines Tempels der 12. Dynastie, der Pylon eines Tempels der Ramessidenzeit (um 1200) und die korinthischen Säulen einer frühchristlichen Basilika. Überall stößt man auf Reste von Kolossalstatuen, Säulen, Kapitellen, Inschriften. Dazwischen liegen 10 m hoch die Schuttkegel der antiken Stadt. Diese im 19. Jhd noch wesentlich besser erhaltene antike Stätte diente leider den Erbauern der Zuckerfabrik von Roda als Steinbruch.

**Tuna el Gebel

Die Nekropole von Hermopolis (£E 10 Eintritt) schmiegt sich wie üblich an den Rand der Wüste.

Am bekanntesten ist der um 300 vC errichtete Grabtempel des Petosiris. Die Darstellungen in der eigentlichen Totenkapelle sind rein ägyptisch, während die Bilder vom täglichen Leben im Vorraum (handwerkliche Arbeiten, Weinanbau etc.) stark von griechischen Elementen geprägt sind; schließlich gaben zur Zeit des Petosiris die Ptolemäer den Ton im ägyptischen Alltag an, die Totenriten jedoch folgten altägyptischer Tradition. Der Sarkophag von Petosiris steht heute im Ägyptischen Museum in Kairo.

Um das **Grab des Petosiris**, der zu seiner Zeit sehr verehrt wurde, hatte sich eine regelrechte Stadt für Tote entwickelt, einige der Häuser sind ausgegraben und können – wie das der Isiedora – besichtigt werden. Sehr interessant ist ein erhaltenes und zur Zeit der Entdeckung noch voll funktionsfähiges Schöpfwerk (Sakija) einschließlich eines 35 m tiefem Brunnens, zu dessen Mitteletage eine bequeme Treppe hinunterführt.

Tuna el Gebel ist aber auch wegen seines großen **Tierfriedhofs** (zweitgrößte Anlage nach Sakkara) bekannt. In der kilometerlangen Katakomben-Anlage wurden Mumien von Pavianen, Ibissen, Hunden, Rindern, Schafen, Katzen und vielen anderen Tierarten, die im altägyptischen Tierkult eine Rolle spielten, beerdigt. Über Treppen steigt man hinunter in die düsteren Gänge und kann ein seltenes Ensemble von Skeletten und Sarkophagen besichtigen.

Ca. 200 m westlich vor dem Nekropolengelände ist rechts der Straße an einem Felshang (5 bis 10 Minuten zu Fuß) eine **Felsenstele** mit Statuen des Echnaton und seiner Familie in den Fels geschlagen, eine der Grenzstelen des Stadtgebietes von Achet-Aton (Amarna), das gegenüber auf dem Ostufer lag.

Es sollte noch erwähnt werden, daß – Mallawi gegenüber – auf der Ostseite des Nils das koptische Kloster **Deir el Bersha** steht (quasi am Ende des Wadi el Nachla). Im nördlichen Talhang gibt es Felsengräber aus dem MR, von denen das Grab des Djehutj-heteb einigermaßen gut erhalten und interessant ist.

5 km nach Mallawi:

Abzweigung (zweite Kanalbrücke nach Mallawi, an einer kleinen Polizeistation erkennbar)
Links nach

***Tell el Amarna

Ein paar Worte zum geschichtlichen Hintergrund von Tell el Amarna. Pharao Amenophis IV, der sich in Echnaton umtaufte, nannte seine auf einem Wüstenplateau am Ostufer des Nils neu gegründete Hauptstadt Achet-Aton; heute sind die wenigen Reste unter Tell el Amarna bekannt.

Echnaton war der Ketzer-König, der gegen die mächtige Priesterkaste aufbegehrte und sie dadurch zu entmachten suchte, daß er mit der Göttervielfalt Schluß machte und sie auf einen einzigen Gott Aton (die Sonne) reduzierte. Daher verließ er zusammen mit seiner Frau Nofretete Theben und erbaute hier eine neue und prachtvolle Hauptstadt mit Königspalast, großer Halle und Tempeln, die sich 2,5 km am Nil entlangzog.

Die neue monotheistische Lehre überlebte allerdings ihren Gründer kaum. Nach dem Tod Echnatons kehrte Ägypten zum Pantheon der Götter zurück, tilgte, wo immer es ging, den Namen Echnaton und ließ seine Hauptstadt zerfallen. Daher sind heute nur noch Schutthügel im Raster der Grundmauern und eine Reihe von Felsengräbern mit interessanten Reliefs zu sehen.

Doch für den Besucher zählt eigentlich ein ganz anderes Erlebnis. Vom Eingang der Gräber fällt der Blick auf ein verlassenes Wüstenareal, das einst von prachtvollem Treiben erfüllt war, ins Leben gerufen einzig durch die Idee eines großen Mannes, der sich gegen die Übermacht von Traditionen aufstemmte und eineinhalb Jahrtausende vor Buddha und Christus eine monotheistische Lehre verkündete – offenbar bevor die Zeit reif für seine Erkenntnis war (zum Vertiefen ist das Buch von H. Schlögel: Amenophis IV, siehe Literaturangaben Seite 45, empfehlenswert).

Anfahrt: Für **Fußgänger**: Entweder von Mallawi aus per Taxi/Sammeltaxi/Pickup oder per Minibus (Abfahrt südlich des Bahnhofs) bis zur Anlagestelle. *"Tell el Amarna"* als Zielangabe wird verstanden. Auf der anderen Nilseite rattert ein Traktor mit Sitzbank-Anhänger und/oder ein Minibus zu den Gräbern (LE 5 pro Fuhre), Einzelreisende müssen meist auf Gruppen warten. Wir fanden bei unserem ersten Besuch den Eselritt am stimmungsvollsten, aber dieses Transportmittel wird offenbar nicht mehr angeboten. Welches Verkehrsmittel auch immer Sie wählen, zunächst müssen Sie 25 Pt Straßenbenutzungsgebühr bezahlen.

Autofahrer fahren über den Kanal, an der ersten Kreuzung rechts, nächste Kreuzung links, 5 km nach Verlassen der Hauptstrecke endet die Straße in kleinem Dorf mit Anlegestelle der Fährboote. Hier können Sie mit der LKW-Fähre Ihr eigenes Fahrzeug auf die andere Nilseite zu £E 5 verschiffen; was sich durchaus wegen der Unabhängigkeit drüben lohnt, besonders dann, wenn Sie das Grab des Echnaton oder die Südgräber besuchen wollen. Allerdings fahren Sie dort hauptsächlich auf Pisten, das Fahrzeug sollte also geeignet sein.

Sie sollten zumindest die **Nordgräber** besichtigen (vorsichtshalber Taschenlampe mitnehmen, falls Beleuchtung defekt), die Südgräber sind weniger sehenswert. Der Weg führt quer durch die nur als Bodenwellen sichtbaren Ruinen der Hauptstadt Echnatons, nach 2,5 km passiert man das Wärter-Häuschen, in dem Eintrittskarten (neuerdings direkt vor den Gräbern?) – gültig für alle Monumente – (8-18; £E 8) verkauft werden (zerreißen Sie Ihr Ticket bei der Rückkehr, da sonst erneuter Verkauf). Schließlich steigt der Pfad steil den Berg hinauf, hier bietet eine Teebude Erfrischungen und Schatten. Ein Stück zuvor zweigt nach rechts eine Piste zur Echnaton-Stele und zu seinem Grab ab (siehe weiter unten).

Interessant sind:

- Grab Nr. 1 Huje, Haremsvorsteher und Haushofmeister (sehr gut erhalten, wunderschöne Reliefs)
- Grab Nr. 2 Merire II, ebenfalls Harems-Vorsteher und Schreiber
- Grab Nr. 4 Merire I, Hohepriester des Aton, mit einer Darstellung des Aton-Tempels, die wesentlich zum heutigen Bild dieses Tempels in Achet-Aton beitrug

Die Gräber wurden in jüngster Zeit renoviert, die wieder besser erkennbaren Reliefs zeigen neben dem jeweiligen Grabherrn viele, häufig private Szenen aus dem Leben am Hof. Deutlich ist der aufkommende Realismus in der darstellenden Kunst erkennbar: Der König wird mit fliehender Stirn, Hängebauch und Spindelbeinen gezeichnet.

Zum **Grab des Echnaton** führt eine 11,5 km lange (ab Wärter-Häuschen gerechnet), zum Teil sehr steinige Piste. Nach 2,5 km zweigt nach links eine kurze Strecke zu der am Hang eingeschlagenen Grenzstele des Echnaton ab. Sein Grab liegt weltabgeschieden in einem fernen Wadi in der Wüste. Diese Lage reizte uns, den argen Schüttelweg in die Einsamkeit zu fahren. Die Piste endet an einem Wärterhäuschen, in dem wir die beiden Herren während der Ramadan-Zeit nur durch lautes Klopfen wecken konnten.

Der "Chef" schnallte sich ein Gewehr um, wir marschierten die ca. 100 Meter bis zum Grab, dann verlangte er £E 5 als Extra-Bakschisch, lässig auf sein Schießeisen gestützt.

Wir fanden die Situation mitten in der Einsamkeit schon fast kinoreif und bestanden auf freiem Zugang, schließlich räumte er schlitzäugig sein Machtinstrument zur Seite und öffnete das Tor.

Das Grab selbst ist nicht gerade überwältigend, die einstmals schönen Reliefs sind von modernen Grabräubern weitgehend zerstört, nämlich gestohlen worden. Der Weg in die Wüste läßt sich eher als Referenz an einen großen Mann rechtfertigen, der hier seine letzte, aber leider nicht ungestörte Ruhestätte fand.

Sonnengesang des Echnaton
(kurzer Auszug aus dem sehr langen Hymnus)
Schön erscheinst Du
im Horizonte des Himmels,
du lebendige Sonne,
die vom Anbeginn lebt!
Du bist aufgegangen im Osthorizont
und hast jedes Land mit deiner Schönheit erfüllt.
Schön bist Du, groß und strahlend, hoch über allem Land.
Deine Strahlen umfassen die Länder
bis ans Ende von allem, was du geschaffen hast.
Du bist Re, wenn Du ihre Grenzen erreichst,
wenn Du sie niederbeugst für deinen geliebten Sohn.
Fern bist Du, doch deine Strahlen sind auf Erden;
du scheinst auf die Gesichter, doch unerforschlich ist dein Lauf.
Gehst du unter im Westhorizont,
so ist die Welt in Finsternis,
in der Verfassung des Todes.
Am Morgen aber bist Du aufgegangen im Horizont
und leuchtest als Sonne am Tage;
Du vertreibst die Finsternis und schenkst Deine Strahlen.
Bäume und Kräuter grünen.
Die Vögel sind aus ihren Nestern aufgeflogen,
ihre Schwingen preisen Deine Kraft.

Die Südgräber liegen östlich des nächsten Dorfes. Zwar weist kurz nach der Anlegestelle ein Schild nach rechts, doch sollte man so schnell nicht aufgeben, die Route führt quer durch das Dorf und dann an der Fruchtlandgrenze entlang nach Süden, im nächsten Dorf nach Osten fahren. Unterwegs nach "El Makabr el Tschenobeja" fragen.

Weiter auf der Westuferstraße.

23 km: **Dairut**

Der Bahr Yussuf, ehemaliger Nilarm und heutiger Seitenkanal des Ibrahimiya-Kanals, zweigt hier zu seinem Weg ins Fayum und schließlich in den Qarun See ab. Die Schleusenanlagen sind nicht uninteressant. Aufgrund seines großen koptischen Bevölkerungsanteils gehört Dairut zu den Städten, in denen immer wieder terroristische Anschläge zwischen den beiden Religionsgruppen stattfinden; man sollte also derzeit einen Aufenthalt hier vermeiden.

6 km:

Kusiya

Rechts 12 km zum koptischen **Kloster Deir el Muharraq** und zur Nekropole von Kussai, heute nach dem nahen Dorf **Mir** benannt. Das Kloster soll eines der ersten in Ägypten gewesen sein; Joseph und Maria sollen hier während ihrer Flucht vor Herodes sechs Moante lang in einer Höhle gerastet haben. Allerdings sind die ursprünglichen Gebäude zerstört. Das neu erbaute

Kloster zieht Ende Juni Tausende von Pilgern an.

Im 6 km entfernten Mir (auch *Meir*) sind Gräber aus dem AR und MR mit Reliefs und Malereien zu sehen, jedoch oft schlecht erhalten, daher eigentlich nur für Archäologen interessant. Die Gräber 1 und 2 sind mit vielen pharaonischen Götterbildern bemalt, Grab Nr. 3 ist u.a. mit dem Bld einer kalbenden Kuh dekoriert.

37 km: **Abzweigung**

Rechts zur **Oase Kharga** (siehe Seite 436). Die Kreuzung ist leicht zu übersehen: sie liegt ca. 100 m vor einer Tankstelle oder 400 m nachdem sich die Straße auf vier Spuren erweiterte oder unmittelbar vor einer Pipeline-Brücke über die Straße.

8 km:

*Assiut

Ausländische Besucher werden wegen der Terrorismusgefahr derzeit am Stadteingang von Militär empfangen und zu ihrem innerstädtischen Ziel begleitet. Auch Individualreisende können kaum einen Schritt ohne Polizeischutz tun, Touristenautos dürfen nur mit Begleitschutz von Polizeifahrzeugen mit schußbereiten Maschinengewehren durch die Stadt fahren. Eine Leserin berichtet im Frühjahr 1999, daß sich der Begleitschutz sehr dezent verhalten habe.

Ein langer geschichtlicher Weg liegt hinter der Provinzhauptstadt Assiut, ohne die Stadt mit historischen Reichtümern gesegnet zu haben. Bereits in der ersten Zwischenzeit spielte der Ort eine gewisse politische Rolle, hielt sich über die Jahrtausende aber eher im Hintergrund. Im Mittelalter gewann die Stadt einen (heute zweifelhaften) Ruf als der größte Sklavenmarkt Ägyptens, denn hier endete der mörderische Trekk über die Darb el Arbein, die 40-Tage-Piste, die von den Sklaven zu bewältigen war.

Die heute größte Stadt Oberägyptens mit rund 300 0000 Einwohnern und die drittgrößte des Landes dehnt sich bis zur westlichen Gebirgskette aus. Ein 833 m langer und 12,50 m hoher Staudamm sperrt den Nil, um den Ibrahimiya-Kanal zu speisen, der hier seinen langen Weg beginnt. Über den Staudamm verläuft eine Straße zum östlichen Nilufer. Im dort gleich links liegenden Police Officer's Club sind Gäste willkommen (50 Pt Eintritt, guter Blick auf die rauschenden Wassermassen aus den Staudamm-Auslässen und auf den Nil, recht gutes Essen), ebenso wie im Sportclub auf der westlichen Seite.

In Assiut und seiner Umgebung leben viele Kopten, wie die zahlreichen Kirchtürme neben den Minaretten beweisen. Andererseits gilt Assiut seit jeher als eine Basis islamisch-fundamentalistischer Strömungen. Die terroristischen Fundamentalisten, die seit Mitte 1992 mit ihren Attentaten auf Touristen weltweit Furore machten, scheinen ihre Basis oder zumindest sehr viel Rückhalt in Assiut zu finden.

Wir selbst haben uns in Assiut immer sehr wohl gefühlt und das Leben in der Provinzhauptstadt sehr gern beobachtet und miterlebt; insofern bedauern wir um so mehr, daß dem Ägyptenbesucher ein sympathischer Ort zum Kennenlernen des täglichen Lebens nicht mehr offen steht.

Assiut ist bekannt für sein Kunsthandwerk, hier werden viele Souvenirs für Kairo hergestellt. Allerdings dürften sich die Fabrikationsmethoden inzwischen mehr zur Massenherstellung entwickelt haben, man sieht kaum mehr etwas Attraktives.

Die Touristen-Information ist im Governorate Gebäude in der Sharia Thawra untergebracht (nilaufwärts bald links nach der Kreuzung, an der die Straße zum Nildamm abzweigt). Verkehrsknotenpunkt ist der Bahnhof. Gleich nebenan liegt der Busbahnhof und ca. 100 m südlich der Sammeltaxistand. Hier finden Sie die besten Verbindungen in die Umgebung. Für die Fahrt in die Oasen sollten Sie sich bei den Sammeltaxifahrern erkundigen, die Reise ist kaum teurer als im Bus. Sie können auch – falls noch nicht geschehen – von hier aus per Sammeltaxi nach Tell el Amarna fahren (um LE 15) oder natürlich weiter nilabwärts.

Restaurants

- *Das* ***MAHTAM EL AZHAR RESTAURANT*** *in der Sharia Saad Zaghlul, ca. 100 m südlich vom Bahnhof, hat den besten Ruf*
- *Nicht schlecht ist das* ***EXPRESS RESTAURANT*** *in der Sharia 26.July (vom Bahnhof nördlich bis zur Unterführung, dann links)*
- *In der* ***CAFETERIA MAJESTIC****, gegenüber dem Bahnhof, gibt es preiswertes ägyptisches Essen*
- *Auch die* ***Hotels*** *offerieren in der Regel brauchbareGerichte; z.B. serviert das Akhenaton-Hotel auch Bier*

Das Zentrum der Stadt mit geschäftigen Souks liegt in der Nähe des Bahnhofs. Den großen **Souk**, der einen Besuch schon wegen der freundlichen Händler wert ist, finden Sie recht einfach: Die Straße, die genau vom Haupteingang des Bahnhofs geradeaus verläuft, mündet in eine Souk-Straße. Dieser folgen, ein Stück weiter quert eine enge Gasse, die sowohl nach rechts als auch nach links streckenweise überdacht (oder mit alten Säcken überdeckt) ist. Hier gibt es alles zu kaufen, von Henna bis zu "Fleckerlteppichen" (*Kilim* auf arabisch) in kühnen Farbkombinationen.

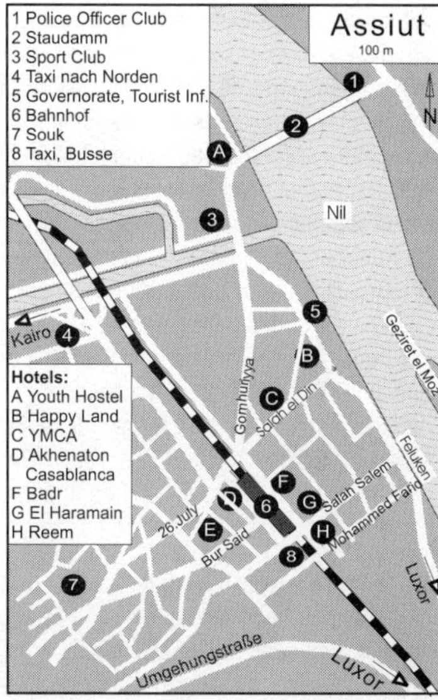

Kurz vor dem Ortseingang wird Ihnen die Universität aufgefallen sein, die zu den größten des Landes zählt. Die Studenten suchen gern Kontakt zu Ausländern, sie bieten sich häufig fast selbstlos als Stadtführer an. Allerdings gibt es auch hier die landesüblichen Auswüchse. Ein Leser berichtet von raffinierten Schleppern, die ihn am Bahnhof ansprachen und ihm, nachdem sie sein Ziel kannten, erzählten, der Zug sei entgleist, heute führe keiner mehr, sie könnten ihm aber ein Hotel besorgen – doch der Zug kam mit der üblichen Stunde Verspätung.

Sie können auch ein kleines **Museum** mit pharaonischen, koptischen und islamischen Relikten besuchen. Auch bietet sich ein Ausflug zur Nilinsel **Geziret el Moz** an: Dort, wo die Sharia Salah Salim auf das Nilufer trifft, liegt die Anlegestelle der Fähre (Feluke), die zur Insel übersetzt. Ein schöner Spaziergang führt durch Nilauen, vorbei an Weingärten,

Alternative zur Hauptstraße am Westufer:
Für die Weiterfahrt sollten Autofahrer überlegen, ob sie nicht besser auf dem Ostufer des Nils aufgehoben sind; zumal dann, wenn sie bereits auf dem Ostuferstraße nach Assiut kamen (siehe Kasten Seite 321, allerdings gibt es derzeit wegen der Terroristen Restriktionen zwischen Assiut und Nag Hammadi). Die Ostuferstraße nach Süden ist – obwohl seit Jahr und Tag vorhanden – wesentlich weniger frequentiert. Sie führt außerdem durch touristisch seltener besuchtes Gebiet und ist landschaftlich reizvoll, da sie ein paar Mal für einige Augenblicke direkt am Nil oder am Steilhang der östlichen Berge entlangführt. Diese Strecke ist auch für Radfahrer besser geeignet als die Weststraße.

In Assiut über den Staudamm, dann erste Kreuzung rechts über El Badari nach Achmin (100 km). Abydos-Besucher müssen jetzt rechts abbiegen und über die Nilbrücke nach Sohag aufs Westufer fahren. Nach weiteren 75 km am Ostufer zweigt rechts die Straße über den Staudamm nach Nag Hammadi ab. Etwa 8 km nilaufwärts liegt El Daba, wo stark beschädigte Gräber von Gaufürsten der 6. Dynastie (unter Qasr el Saijad, antik als Chenoboskion bekannt) in den östlichen Bergen zu sehen sind. Nach etwa 57 km erreicht man Qena.

Bananenpflanzungen, Orangengärten und wohlhabenden Gehöften.

In den Steilabfall der westlichen Gebirgskette sind **Gräber der Gaufürsten** des pharaonischen Sykomorengaues eingemeißelt. Der dort ruhende Hepdjefai mißtraute den Totenpriestern so sehr, daß er die Verträge mit ihnen über die abzuhaltenden Rituale an seiner Grabwand niederlegen ließ. So konnte jeder kontrollieren, ob die Priester ihren Verpflichtungen nachkamen.

Leider sind die Gräber von militärischem Sperrgebiet umgeben und nur mit Sondergenehmigung zugänglich. Der Ausflug in diese Gegend lohnt sich dennoch, weil sich von hier aus Tausende von Kuppelgräbern am Wüstenrand hinziehen. Sie liegen direkt westlich der Umgehungsstraße von Assiut und sind sichtbar, sobald diese an den Rand der Wüste stößt.

Dort, wo die Umgehungsstraße das Militärgebiet unterhalb der Felsengräber erreicht, zweigt nach Süden eine Straße ab, die zum **Convent Virgin Mary** führt; von den Ägyptern **Deir Doronka** genannt, von Assiut per Sammeltaxi erreichbar (ausgeschildert, 8 km). Diese größtenteils neu errichtete Klosteranlage klebt in fast kühner Betonarchitektur am Steilhang. Eine freundliche Nonne führt Besucher in eine im ersten Jhd nC errichtete Höhlenkirche, in der die Heilige Familie angeblich Zuflucht fand. Das Kloster ist von 6 bis 18 Uhr geöffnet, nach vorheriger Anmeldung besteht Übernachtungsmöglichkeit (auch im nahen – darunterliegenden – katholischen Kloster möglich). Sehr schön ist der Blick über das Fruchtland bis hin nach Assiut.

Das Dorf Doronka wurde im November 1994 von einer schweren Katastrophe getroffen: Während eines heftigen Unwetters zündete ein Blitz eine Explosion in einem großen Benzintank, das durchs Dorf schwimmende Benzin löste eine Feuersbrunst aus, in der mehr als 500 Menschen umkamen.

Bei der Weiterfahrt werden Sie immer wieder Taubenhäuser entdecken: Wahre Burgen und Paläste für die Vögel, die zum einen als Delikatesse auf den ägyptischen Tisch kommen, deren Mist zum anderen als Düngemittel dient – wobei freilich fraglich bleibt, ob diese Düngung das

Heute noch fröhliche Kinder – wer gibt ihnen morgen Arbeit?

Unter Militärschutz auf Besichtigungstour
Wer unbedingt wissen (und sehen) will, wie man sich in den Terroristen-Hochburgen Mittelägyptens als Ausländer fortbewegen kann, der fahre nach Sohag und versuche wie unser Leser zunächst Abydos, dann das Weiße und das Rote Kloster zu besichtigen.

Sobald man in Sohag das Hotel betreten hat, schnappt die Falle zu. Jeder Schritt nach draußen kann nun nur noch unter Militärschutz erfolgen, selbst ein Bummel zum Bazar. Für den Ausflug nach Abydos wird es jedoch zur vollen Groteske: Zwei Militär-Pickups mit je acht MP-bewaffneten Soldaten erscheinen vor dem Hotel, halten für den Gast ein Taxi an, das ihn – von den Militärs vorne und hinten eskortiert – zum Minibus-Stand bringt. Dort warten der Besucher und 16 Soldaten, bis der nächste Minibus voll besetzt ist. Dann braust der Bus unter vollem Begleitschutz nach Balyana. Dort aber muß umgestiegen und erneut gewartet werden, bis sich der Minibus nach Abydos gefüllt hat. Schließlich setzt sich die Eskorte nach Abydos in Bewegung. Unser Leser besichtigt in aller Ruhe die Tempel, völlig unbehelligt von anderen Besuchern. Die Soldaten warten geduldig draußen, bis sie schließlich einen Minbus zurück nach Balyana begleiten können. Dort aber scheint Feierabend für die Militärs zu sein. Sie überantworten den Fremden kurzerhand dem Bahnhofsvorstand, der ihn in den nächsten Zug nach Sohag setzt.

Am nächsten Morgen steht ein Ausflug zu den Klöstern auf dem Programm, aber es fährt kein Minibus. Nach langen Diskussionen vereinfacht die Eskorte die Prozedur, indem sie den Besucher direkt in einen der Pickups setzt und zur Kloster-Rundreise aufbricht...

wettmacht, was die Tauben von der Ernte wegfressen.

93 km:

Sohag

Provinzhauptstadt mit einem sehr lebendigen Souk in der Nähe des Bahnhofs, einer Nil(dreh)brücke ans Ostufer zum 5 km entfernten, aus pharaonischen Zeiten bekannten Achmin, von dort gute Straße sowohl nach Assiut als auch nach Qena. Die Brücke ist Kulisse eines aufwendigen, durchaus sehenswerten Schauspiels, wenn sie meist abends für den Schiffsverkehr geöffnet, d.h. gedreht wird. Auch Sohag steht im Zeichen des Terrorismus, obwohl nicht so extrem wie Assiut. Touristen können sich praktisch nur im Geleitschutz bewegen und nachts darf man das Hotel nicht verlassen.

Die Bushaltestelle und der Sammeltaxistand für die südliche Richtung liegen etwa 300 m südlich des Bahnhofs, der Sammeltaxistand für die nördliche Richtung etwa 200 m nördlich, westlich der Sharia El Mahatta; die meisten Busse halten auch vor dem Bahnhof. Den Taxistand für die nähere Umgebung, vor allem die Klöster, finden Sie vom Stand für die südliche Richtung wie folgt: etwa 400 m nach Westen, am Kreisel links halten, danach etwa 150 m. Nach Balyana und Qena verkehren Minibusse, Abfahrt am süddlichen Busbahnhof.

Restaurants oder Essensplätze finden Sie in Bahnhofsnähe. Wer allerdings die besten Speisen der Stadt sucht, muß auf die Ostseite des Nils gehen/fahren und dort im Hotel Cazalovy oder Merit Amoun dinieren.

Wenn Sie Abydos besuchen wollen und es ist schon später am Tag, dann sollten Sie in Sohag übernachten; hier sind die Unterkünfte wesentlich besser als in Balyana oder in Abydos.

Achmin, die "Schwesterstadt" von Sohag auf der Ostseite des Nils, liegt etwa 5 km vom Ufer entfernt. Sie ist auf den Grundmauern des pharaonischen Chente-Min aufgebaut, das dann unter den Ptolemäern Panopolis genannt wurde. Unter dem Römer Trajan baute man einen bekannten Tempel, die Christen gründeten eine Reihe von Klöstern.

Heute ist Achmin für seine Webereien, in denen hauptsächlich Baumwoll- und Seidenschals hergestellt werden, und für seinen Souk bekannt. Bei Ausgrabungen der letzten Jahre konnten Tempelreste und Statuen freigelegt werden. Die schönste Statue wurde zufällig 1982 bei Erdarbeiten entdeckt: Es handelt sich um ein sehr hohes Denkmal der Königin Meret Amun, Tochter von Ramses II, das im Zentrum der Stadt zu besichtigen ist (9-17, £E 10).

Zurück nach Sohag: Die Hauptverkehrsader der Stadt führt bald an den Nil und ein Stück parallel zum Ufer. An der ersten Ampel am Nil zweigt rechts eine Straße über die Bahn und zum Souk ab. Doch die Niluferstraße wendet sich schließlich auch nach Westen und folgt ein kurzes Stück einem Kanal und mündet dann in die Straße Assiut – Qena.

Abstecher zum Weißen und Roten Kloster

Wenn Sie als Autofahrer an obiger Kreuzung die Staatsstraße überqueren und sich knapp 1 km geradeaus halten, nach der Kanalbrücke mit der T-Kreuzung rechts und 300 Meter später links abbiegen, dann 4 km geradeaus, am Wüstenrand rechts, so stoßen Sie nach 1,5 km auf das sogenannte **Deir Amba Bishoi (Weißes Kloster;** aus weißen Kalksteinblöcken gebaut) und weitere 4 km nach Norden auf das **Deir Amba Shenuta (Rotes Kloster**; mit Ziegelumwallung, links in einem Ort liegend).

Beide Bauwerke, die aus dem 5. Jhd stammen, besitzen teilweise erhaltene und für Gottesdienste genutzte Basiliken, bei beiden wurden pharaonische Materialien wie z.B. Säulen verwendet, beide können besichtigt werden. Das Weiße Kloster ist am imposantesten durch seinen wuchtigen Rechteckbau und die noch besser erhaltenen pharaonischen Relikte. Doch muß man zugeben, daß sich die Besichtigung mehr für echte Klosterfans oder Leute lohnt, die besonderes Interesse am koptischen Christentum haben.

Das Weiße Kloster besitzt insofern für die koptische Kirche Bedeutung, als hier der Abt Schenute von 385 an wirkte. Unter seiner Leitung lebten im Weißen und Roten Kloster (mit einigen Außenstellen) 4000 Mönche, deren Leben er streng regelte. Beim dritten ökumenischen Konzil in Ephesus spielte er eine bedeutende Rolle.

Sie können von Sohag aus die Klöster per Sammeltaxi erreichen, nach Deir Amba Shenuta bzw. Deir Amba Bishoi fragen. Der zuständige Taxistand liegt nicht im Zentrum, sondern am südlichen Stadtausgang an der Straße zu den Klöstern.

Von Sohag weiter nach Süden.

30 km:

Girga

Ehemals bedeutende Stadt, inzwischen aber von Assiut überflügelt. Sie wurde vom Nil bedroht, der sich stetig westlich verlagerte und Häuser fortriß, seit dem Bau des Assuan-Hochdammes ist die Gefahr praktisch gebannt. Noch heute künden Moscheen, Kirchen und Klöster (Girga ist koptischer Bischofssitz) von den besseren Zeiten der Stadt.

18 km: **Balyana**

Rechts zur Tempelanlage von

****Abydos

10 km westlich liegt – in der Nähe des Dorfes El Arabat el Madfuna – am westlichen Rand des Fruchtlandes die berühmte Tempelanlage von Abydos (8-17, £E 10). Zugreisende müssen ein Taxi oder Sammeltaxi oder morgens um 9 Uhr den Bus nehmen. Übernachtungsmöglichkeiten gibt es praktisch nur im sehr einfachen Hotel in Balyana oder, besser, in Sohag.

Alternativ gäbe es beim Luxor-Besuch die Möglichkeit, einen Ausflug per Sammeltaxi nach Qena (ca. £E 5), von dort per Taxi nach Dendera (£E 5) und nach der Besichtigung eins der in Dendera stehenden Taxis für den Abstecher nach Abydos anheuern (hin und her etwa £E 20). Mit diesem sehr strammen Programm erspart man sich die Übernachtung im miesen Hotel von Balyana.

Derzeit können Sie allerdings kaum eine der Möglichkeiten wegen der terroristischen Gefahren wahrnehmen, wahrscheinlich auch den Tempel nicht oder nur unter größten Sicherheitsvorkehrungen besichtigen, siehe Kasten.

Die Osiris-Legende hat Abydos zu einer in ganz Altägypten berühmten Wallfahrtsstätte gemacht, deren Mythos ein wenig an Benares in Indien erinnert; denn hier wie dort sollte bzw. soll sich beim Sterben ein Vereinen der Seele mit dem göttlichen Wesen vollziehen.

Um den Hintergrund von Abydos zu verstehen, schnell eine Kurzfassung von mehreren möglichen Versionen der Osiris-Legende: Osiris, ein edler und geliebter König (Gott), wird von seinem Bruder Seth aus Neid ermordet, seine Leiche zerstückelt und in alle Himmelsrichtungen verstreut. Seine Frau und Schwester Isis sucht die Leichenteile zusammen, wobei sie den Kopf in Abydos findet. Von seiner Mumie empfängt sie den Sohn Horus, den sie heimlich aufzieht und der später seinen Vater rächt. Osiris aber ersteht auf und lebt als Gott im Reich der Toten.

Zunächst nahmen nur Pharaonen nach dem Tod die Gestalt und Bedeutung des Osiris ein. Später war das Weiterleben im Jenseits als Osiris jedem Ägypter möglich, daher galt der Tod nur als Übergang in ein anderes, besseres Leben. Dieser Glaubenshintergrund führte zum so aufwendigen Totenkult.

Einmal jährlich wurden in Abydos Mysterienspiele zu Ehren des Osiris veranstaltet, unzählige Gläubige pilgerten in die heilige Stadt. Viele von ihnen wollten mit Osiris begraben sein, um so die Wiederauferstehung sicherzustellen. Pragmatischerweise setzten die meisten diesen Wunsch in Form einer Stele oder eines Scheingrabes um. So bauten schließlich Sethos I und Ramses II Tempel, die diesem Zweck dienten. Die immer noch gut erhaltenen Bauwerke zählen zu den großen Sehenswürdigkeiten Oberägyptens.

Der Tempel von Sethos I, an dem sein Sohn Ramses II viel umgebaut und verändert hat, ist das wichtigste Bauwerk. Er ist sieben Göttern geweiht, von denen jeder in einem eigenen Sanktuar verehrt wurde. Diese Siebenteilung zeigt sich deutlich in der gesamten Hauptachse. Im separat angebauten Südflügel waren hauptsächlich die Prozessions-Barken untergebracht. Außerhalb des Tempels, quasi auf der Rückseite, liegt das Osireion, das Schein-Grab des Sethos I. (Zum grundsätzlichen Tempelaufbau siehe Seite 165.)

Der ursprüngliche Eingangspylon ist zerfallen, ebenso der **Erste Hof** stark zerstört.

Über eine Rampe geht man zu einer **Vorhalle** mit zwölf Pfeilern und einer Trennwand, dahinter liegt der **Zweite Hof**. Von hier wieder eine Rampe zu einer **Pfeilerhalle**. Aus dieser führten ursprünglich sieben Türen in den **Ersten Säulensaal**, Ramses II ließ jedoch fünf davon zumauern. Nach dem ersten folgt, diesmal durch sieben Türen zugänglich, der **Zweite Säulensaal**, dann die sieben **Kapellen**, die, von links nach rechts, Sethos I, Ptah, Harachte, Amun, Osiris, Isis und Horus geweiht waren. Im Vorraum der Kapellen wurden die heiligen Barken abgestellt. Die unter Sethos I entstandenen Reliefs dieser Kapellen zählen zu den schönsten des NR. Deutlich ist der Unterschied zu den gröberen Reliefs von Ramses II zu erkennen. Von der Osiriskapelle führt ein Durchgang zur **Osirishalle** mit weiteren Kapellen und schönen Reliefs.

Vom Zweiten Säulensaal gelangt man links (vor der Sethos I Kapelle) in den **Ptah-Sokaris Saal** mit vielen Reliefs. Von großer historischer Bedeutung ist die sog. **Königsliste** im Durchgang vom Zweiten Säulensaal in den Südtrakt. An der rechten Wand hat Sethos fast alle seine Vorgänger, beginnend mit Menes im AR, auflisten lassen; es fehlen allerdings die Pharaonen der beiden Zwischenzeiten und der Amarna-Epoche, z.B. auch Tutanchamun. Von hier führt rechts ein Treppenhaus zum Osireion.

Das Scheingrab von Sethos I, das sog. **Osireion**, ist so tief in die Erde eingelassen, daß es heute vom Grundwasser erreicht wird. Früher speiste ein Nilkanal einen Teich, der in der Mittelhalle um die Insel – die wahrscheinlich für den Sarkophag bestimmt war – herumführte. Diese Insel sollte den Urhügel inmitten des Urwassers darstellen, auf dem der Urgott die Welt erschuf.

Nur ein kurzes Stück nordwestlich liegt der **Tempel von Ramses II** (der Wärter am hinteren Ende des Sethos-Tempels besitzt ei-

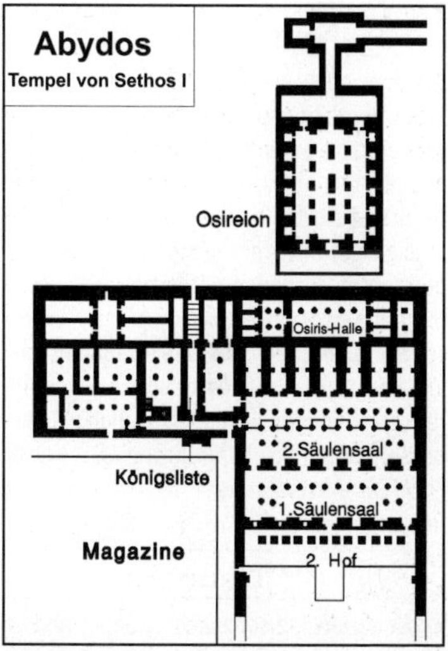

nen Schlüssel, oder an der rechts des Tempels liegenden Häuserzeile entlanggehen). Das aus .den Anfängen der Ramses-Aktivitäten stammende Bauwerk gehört zu den sorgfältigsten seiner Epoche, leider ist es stark zerstört, dennoch lohnt ein Besuch sehr.

Die noch vorhandenen Mauern zeigen den klassischen Tempelgrundriß: Eingang durch den ersten Pylon, erster Hof, zweiter Hof mit Osirispfeilern und Säulenhalle, zwei hintereinander liegende Säle mit Kapellen. Auf den z.T. gut erhaltenen Reliefs sind Szenen aus den Hethiter-Kriegen, ein Opferzug und religiöse Darstellungen zu sehnen.

Die heilige Stadt Abydos dehnte sich weit aus, allerdings zeugen nur noch spärliche Reste in der Umgebung davon. Nördlich der Tempel liegen Nekropolen aus dem AR, MR und NR, ein Hunde- und ein Ibis-Friedhof.

22 km: **Nildamm**

Straße ans Ostufer, geradeaus weiter

15 km:

Nag Hammadi

Als man noch glaubte, der Assuan-Stausee produziere eher zuviel als zu wenig Elektrizität, wurde hier ein Aluminium-Werk gebaut, obwohl die notwendigen Rohstoffe eingeführt und ein Teil des hergestellten Aluminiums ausgeführt werden müssen. Inzwischen betrachtet man den Stromfresser ziemlich reumütig.

Die Eisenbahn und die Nationalstraße wechseln auf die andere Nilseite. Autofahrer, die Dendera besuchen wollen, bleiben besser auf der Westufer-Straße.

50 km: **Abzweigung**

Rechts 1,5 km nach

****Dendera

Wegen der terroristischen Gefahren können Sie derzeit wahrscheinlich den Tempel nicht oder nur unter größten Sicherheitsvorkehrungen besichtigen.

Für Fußgänger ist der Tempel am besten per Taxi (ca. £E 5) oder Bus von Qena aus zu erreichen (Bus Richtung Nag Hamadi nehmen und dem Fahrer Bescheid sagen; vom Stop ca. 15 Minuten Fußweg oder Taxi zu etwa £E 1). Ein Tagesausflug von Luxor nach Dendera und Abydos ist ebenfalls möglich.

Dieser, schon im ältesten Ägypten heilige Ort war der Muttergöttin Hathor geweiht. Sie ist die kuhköpfige oder auch als Kuh dargestellte Dame, die mit dem Falkengott Horus verheiratet war. Ihr Sohn Ihi ist der junge Gott der Musik.

Der Tempel von Dendera stammt aus der Ptolemäer-Zeit. Er läßt sich nicht genau datieren, dürfte aber um 70 vC entstanden sein. D.h. zwischen ihm und dem Sethos-Tempel von Abydos liegen immerhin gute zwölf Jahrhunderte, eine Zeitspanne wie zwischen dem Bau des Aachener Doms und dem des Münchner Olympiazeltes!

Innerhalb der kaum mehr vorhandenen Umwallung finden sich verschiedene Bauwerke: rechts vom Eingang ein Geburtshaus (Mamisi), dahinter die Ruinen einer koptischen Kapelle, dann rechts vom eigentlichen Tempel ein älteres Mamisi, weiter hinten Reste eines römischen Sanatoriums und am Ende der heilige See. In der Verlängerung der Achse des Hathor-Tempels können Sie Reste eines Isis-Tempels entdecken. Alles das läßt sich vom Tempeldach, auf das Treppen führen, gut überblicken; falls Zutritt erlaubt.

Zur Besichtigung sollten Sie eine Taschenlampe mitnehmen. Beginnen Sie mit den Mamisi, an denen in ausführlichen Reliefs die Geburt des Hathor-Sohnes Ihi, seine Präsentation dem Vater und seine Erziehung dargestellt sind.

Der Hathor-Tempel (9-17, £E 12) besitzt im Gegensatz zur üblichen Bauweise keine Pylone, vom Nordtor verläuft der Weg direkt in die **Vorhalle** mit 24 Säulen. Die Wände sind mit Reliefs über die Krönung römischer Kaiser zu Pharaonen (Augustus u. a.), die gut erhaltene Decke mit astronomischen Zeichen (u.a. den Mond- und Sonnenphasen) geschmückt.

Der folgende **Saal der Erscheinung** beeindruckt mit sechs Säulen mit Hathorkopf-Kapitellen und Reliefs, die den ungenannten Pharao bei der Grundsteinlegung zeigen. Im nächsten Saal ist der König opfernd dargestellt, von hier aus führen Treppen aufs Dach.

Im folgenden Saal rechts eine Tür zu einem Innenhof mit einem hübschen Kiosk für Hathors Geburtstag. Von der Mitte dieses Saales gelangt man in den **Barkenraum** mit Reliefs über die hier üblichen Zeremonien.

Um den Barkenraum herum sind 11 Kapellen angeordnet. Von den Kapellen hinten rechts führen Treppen zu **Krypten** hinab, in denen schöne Reliefs zu sehen sind.

Die **Treppen zum Dach** hatten ebenfalls kultische Bedeutung: Auf ihnen zog am Neujahrstag eine Prozession mit der Hathor-Statue hinauf, damit sie sich bei Sonnenaufgang mit den Strahlen ihres Vaters, des Sonnengottes Re, vereinen konnte – eine Szene voller Symbolkraft. Sie ist auf den Treppenhauswänden aufgezeichnet.

In der Südwestecke des Daches stehen ein Kiosk mit Hathorsäulen, in der Nordwestecke und gegenüber je eine Osiris Kapelle. In der Decke der nordöstlichen Kapelle ist der Gipsabdruck des berühmten runden Tierkreiszeichens – des einzigen altägyptischen in dieser Form - an der Stelle des Originals angebracht, das sich im Louvre befindet. An vielen Stellen auf dem Dach haben sich Besucher aus dem 18. und 19. Jhd per Graffiti verewigt.

3 km:Kreuzung mit Polizeiposten

Geradeaus am Westufer ca. 55 km nach Theben-West und weiter nach Esna, links nach Qena und Luxor. Autofahrer sollten für die Hin- oder Rückreise die Strecke am Westufer nach Theben-West wählen, schon um sich dort unabhängig bewegen zu können. Über eine südlich von Theben-West gelegene Brücke kommen Sie nach Luxor. Sie können auch von Theben-West über Esna und Edfu bis fast nach Assuan weiterfahren und dort auf das Ostufer übersetzen. Die gesamte Strecke ist asphaltiert.

Wenn Sie den Ort **Ballas** besuchen wollen, aus dem die in ganz Ägypten bekannten porösen (durch Beimischung von Stroh zum Ton) Tonkrüge stammen, so müssen Sie auch am Westufer bleiben, 16 km von hier aus überquert die Straße einen Kanal, genau hinter der Kanalbrücke biegen Sie rechts ab und

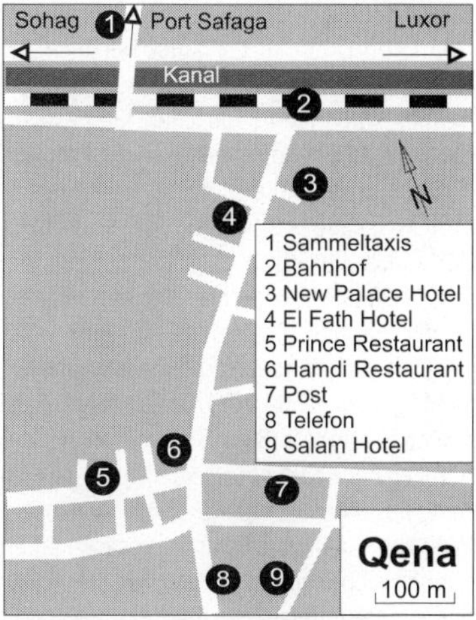

gleich die nächste Straße wieder links in Richtung Wüste. Sie endet zwischen den Töpfereien.

Wir fahren an der obigen Kreuzung links und dann über die Nilbrücke.

5 km:

Qena

Qena ist eher eine gemütliche Provinzhauptstadt mit, für ägyptische Verhältnisse, gepflegtem Stadtzentrum ohne Touristenrummel. Die Anfänge der Stadt gehen auf die Ptolemäer zurück; in islamischen Zeiten gewann sie Bedeutung als Ausgangspunkt für Karawanen ans Rote Meer und den damit verbundenen Handel mit Indien. Auch die nach Mekka ziehenden Pilger mußten sich hier für die Durchquerung der Arabischen Wüste versorgen. Heute ist Qena nicht zuletzt durch poröse Flaschen namens Kulla bekannt, in denen Wasser infolge Verdunstung abkühlt.

Die Bahnlinie schneidet das eigentliche Zentrum von den östlichen Vororten ab, der

Bahnhof liegt eher am Rand des Stadtzentrums. Dort, ein kurzes Stück westlich der Moschee mit den zwei Minaretts und der gegenüberstehenden koptischen Kirche, wurde der Busbahnhof angelegt (vom Bahnhof aus die Hauptstraße Richtung Nil, die erste größere Straße rechts). Ca. 100 m entfernt ist der Sammeltaxistand nach Sohag und Theben-West oder Dendera, wohin es auch eine relativ häufige Busverbindung gibt, man muß mit Geduld fragen. Sammeltaxis ans Rote Meer und nach Luxor/Assuan fahren östlich des Bahnhofs (Bahn überqueren) bei der nördlich nach ca. 1 km an einem Platz gelegenen Moschee ab; rechts der Moschee ein Weg zum Sammeltaxistand. Diese Angaben können sich insofern ändern, als 1999 südlich des Bahnhofs eine Überführung im Bau war. Von Qena führt eine der wichtigsten Straßen zum Roten Meer (siehe Seite 479).

Für Hungrige können das Hamdi- und das Prince-Restaurant empfohlen werden.

Auf dem Ostufer nach Norden: Wenn Sie in Süd-Nord-Richtung reisen, lohnt es sich aus verkehrstechnischen Gründen, auf dem Ostufer nach Assiut zu fahren (siehe Kurzbeschreibung dieser Route auf Seite 334).

25 km:

Kuft

Links Straße nach Koseir am Roten Meer (siehe Seite 482). Kuft war bereits zu pharaonischer Zeit wegen seiner Verbindung zum Hafen Leukos Limen als Handelsplatz für Waren bekannt, die per Schiff im Roten Meer transportiert und vor allem in Punt gehandelt wurden.

16 km: **Kreuzung**

Rechts zum **Kunsthandwerkszentrum**

Garagos

Wenn Sie über die Kanalbrücke fahren, werden Sie gleich danach ein erstes Hinweisschild GARAGOS CERAMIQUES sehen. Dann weiter über die Eisenbahnüberführung und anschließend über die der Zuckerrohrbahn fahren, danach rechts abbiegen und der Ausschilderung folgen. 5,4 km nach der Abzweigung von der Hauptstraße im Dorf Garagos links ab, 200 m weiter links die "Pottery". Eine koptische Gemeinschaft stellt Gebrauchskeramik her und webt ähnlich wie in Haraniya (siehe Seite 284) Teppiche, allerdings mit anderen Motiven und in grellen Farben. Die Gemeinschaft beschafft sich durch diese Aktivitäten Mittel für eine Sozial- und Krankenstation.

Fußgänger können von Luxor per Bus nach Qus fahren und dort ein Sammeltaxi nach Garagos nehmen.

16 km: **Abzweigung**

Rechts 1,5 km nach **Medamud**.

Einst lag hier die nördliche Vorstadt von Theben, die im AR gegründet, im NR vergrößert und besonders von den Ptolemäern ausgebaut wurde. Aus dieser Epoche sind spärliche Ruinen eines Month-Tempels geblieben.

km: Kreuzung

Rechts 6 km nach Luxor

Schreiben Sie uns bitte, wenn Sie Änderungen oder Neues entdecken.

5.2 Luxor, Karnak und Theben-West

Überblick

Theben ist die griechische Bezeichnung für die altägyptische Hauptstadt Waset. Zu ihr gehörten die heutigen Ruinen

- *des Amun-Tempels von Karnak,*
- *des Luxor-Tempels und*
- *die Nekropolen und Tempel von Theben-West.*

Im Alten Reich (AR) war Theben Kultort des Falkengottes Month. Mit Vertreibung der Hyksos und der Wiedervereinigung des Landes unter der aus Theben stammenden 11. Dynastie (2050 vC) gewann der Ort an Bedeutung. Durch die Gründung des Karnak-Tempels für Amun, den König der Götter, stieg Theben zum geistigen und religiösen Zentrum Ägyptens auf. Mehrmals war es im 2. und 1. Jahrtausend vC Hauptstadt Ägyptens, immer aber blieb es jedoch der Mittelpunkt pharaonischer Kultur. Alle Könige des Neuen Reiches (NR) sind hier im Tal der Könige bestattet, und noch die römischen Kaiser kamen hierher, um die Wunder des Hunderttorigen Theben zu bestaunen.

INTERESSANTES auf der Ostseite des Nils – Luxor

****Karnak**, der große Tempel des Gottes Amun, über 2 Jahrtausende das größte Heiligtum der Ägypter

***Luxor-Tempel**, eine aus der 18./19. Dynastie stammende, gut erhaltene Tempelanlage mit vielen interessanten Details

***Luxor Museum**, das Museum mit dem besten Display Ägyptens; nicht zuviele, aber erlesene Stücke sind gut ausgestellt

*Kamelmarkt**, jeweils dienstags

*Besuch von Nilinseln**

*Light and Sound-Spektakel** abends im Karnak Tempel.

INTERESSANTES auf der Westseite des Nils – Theben-West

****Tal der Königsgräber**, in dem 62 Gräber von Pharaonen entdeckt wurden, darunter das nicht ausgeraubte Grab des Tutanchamun

****Gräber der Noblen,** Beamten und Würdenträger, in denen mit z.T. hervorragenden Bildern das tägliche Leben im NR geschildert wird

****Tempel Der El Bahri**, Totentempel der Pharaonin Hatschepsut, förmlich in die Felswand des Steilabfalls hineinkomponiert

***Medinet Habu**, eine große, z.T. recht gut erhaltene Totentempelanlage von Ramses III

***Ramesseum**, Totentempel von Ramses II, auch in Trümmern liegend vermittelt er noch einen Eindruck seiner ehemals imposanten Größe

***Tal der Königinnen- und Prinzengräber**, nicht so prächtig wie die Königsgräber, doch das ****Nefertarigrab** weist mit die schönsten Grabbilder auf

*Memnon Kolosse**, vereinsamte Wächterfiguren, die als einzige Reste des Totentempels von Amenophis III im Fruchtland stehen.

Im Mittelpunkt Thebens stand der Tempel von Karnak, dessen Bedeutung u.a. aus den nüchternen Zahlen eines Papyrus aus der Zeit von Ramses III hervorgeht: Insgesamt standen 81 322 Männer im Dienst des Tempels, sie hatten sich um 421 662 Stück Vieh, 433 Gärten, etwa 2 395 qkm Ackerfläche, 83 Schiffe, 46 Baustellen und 65 Dörfer zu kümmern – übertragen auf die heutige Zeit handelte es sich um ein Großunternehmen; eine solche wirtschaftliche Konzentration zöge auch heute noch politische Aufmerksamkeit auf sich. Besonders dann, wenn man die Bedeutung des Großunternehmens Karnak mit der damaligen Bevölkerungszahl Ägyptens (geschätzt auf 4 – 5 Millionen) in Relation setzt, zeigt sich, daß sich hier ein wirtschaftlich erstrangiger Betrieb etabliert hatte.

Erst als die Ptolemäer Alexandria zu ihrer Metropole erkoren, verlor Theben endgültig an Rang. Die Römer legten eine Garnison in die Stadt, die Christen stürmten die noch sichtbaren "Götzenbilder" und funktionierten die Tempel zu Kirchen um, spätere Generationen nutzten die Trümmer als bequemes Baumateriallager.

Systematische Ausgrabungen seit der Jahrhundertwende förderten großartige Relikte zu Tage. Sie lassen erahnen, welch prächtige Bauwerke hier standen und welche künstlerischen Leistungen an diesem Ort vor 4000 Jahren erbracht wurden.

Heute sieht es hier ein wenig anders aus. Der Ort Luxor gibt der Stätte seinen Namen, er bedeckt einen Teil des ehemaligen Theben. Er zieht sich vom Nil bis zur Eisenbahnlinie, ja quillt inzwischen darüber hinaus und dehnt sich weiter und weiter am Nilufer entlang aus, immer mehr wertvollen Ackerboden verschlingend. Am Rand des Fruchtlandes im Osten liegt der Flughafen, am Nilufer dümpeln die Touristendampfer. Die parallel zum Nil verlaufende Straße heißt Corniche, ihre Uferpromenade wurde in den 80er Jahren ausgebaut – zur Zeit wieder unter Reparatur – und ist heute besonders zur Sonnenuntergangszeit einen Spaziergang wert. Dabei allerdings werden Sie auf Schritt und Tritt von Feluken-, Taxi- und Kaleschenfahren oder fliegenden Händlern angemacht, was durchaus in eine Art Spießrutenlauf ausarten kann.

Landmarke und eine Art Mittelpunkt der Stadt ist der Luxor-Tempel, der gleich am Nilufer liegt. Ca. 3 km nördlich finden Sie, etwas abseits des Nils, den Tempelkomplex von Karnak. Unterwegs kommen Sie am Luxor-Museum vorbei. Die gegenüberliegende Seite des Nils bietet dem historisch Interessierten viele Tage Beschäftigung: Am Rand des Fruchtlands blieben einige Totentempel sehr gut erhalten, in der Wüste wurden bisher so viele Gräber entdeckt, daß die Besichtigung der relativ wenigen freigegebenen bereits einen sehr guten Einblick in das pharaonische Leben (und Sterben) vermittelt.

Zunächst mögen die vielen Sehenswürdigkeiten in Theben-West etwas unüberschaubar erscheinen. Doch ein Blick auf den Übersichtsplan zeigt die klare Zweiteilung. Es gibt Totentempel zur Abhaltung der nötigen religiösen Zeremonien für den jeweiligen toten Pharao; sie liegen am Rand des Fruchtlandes. Die eigentlichen Gräber wurden in den Wüstenbergen versteckt.

So sind von Nord nach Süd die Totentempel von Sethos I, Hatschepsut (Der El

Bahri), Ramses II (Ramesseum), Amenophis III (Memnon-Kolosse) und Ramses III (Medinet Habu) mehr oder weniger dicht an dieser Fruchtland-Grenzlinie aufgereiht. Dagegen wurden die Königsgräber in einem weiter entfernten Tal in die Wüstenberge geschlagen. Viel näher zum Fruchtland, fast gegenüber dem Ramesseum, finden Sie die Gräber der Noblen, wieder etwas weiter in den Bergen die Gräber der Arbeiter – welche all die Anlagen schufen – und ihre Wohnsiedlung Der el Medina. In deren relativer Nähe liegt das Tal der Königinnengräber.

Es sollte noch an das Fest (Mulid) zu Ehren des Heiligen Abou el Haggag erinnert werden, das im islamischen Monat Shaaban stattfindet. Dann wird eine Barke mit dem Bild des Verehrten in großer Prozession durch Luxor gezogen; Ähnlichkeiten mit pharaonischen Vorbildern sind rein zufällig. Eine Leserin berichtet von einem großen Fest zu Ehren der arabischen Eroberung Luxors, das jeweils 15 Tage vor Ramadan stattfindet, und bei dem die Stadt von Menschenmassen überflutet wird.

Eine neuere Kreation ist das Opet-Fest jeweils am 4. November, das dem pharaonischen Fest gleichen Namens nachempfunden ist. Dann werden die ehemals lokalen Götter Amun, Mut und Chons per Boot vom Karnak- zum Luxor-Tempel gebracht. Die ganze Mühe nimmt man nur der Touristen wegen auf sich, die denn auch in Scharen herbeiströmen und die Rahmenveranstaltungen mitmachen sollen. Als große Attraktion für Opernfans erweist sich die zweijährlich im Oktober stattfindende Aida-Aufführung vor der Kulisse des Hatschepsut-Tempels.

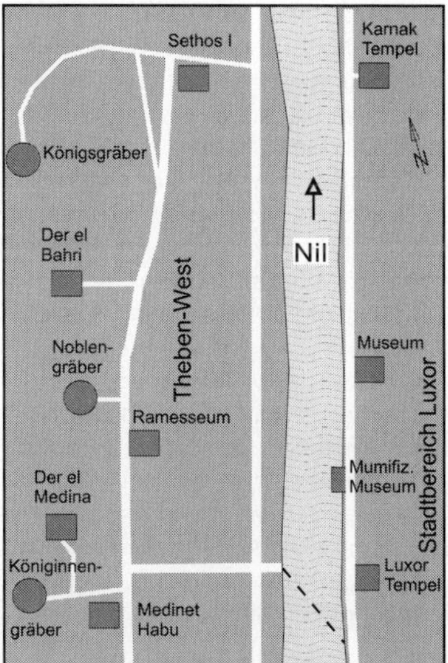

Luxor/Theben - Übersicht

Zurechtkommen in Luxor und Theben

Hotelsuche

Am Bahnhof (manchmal sogar schon im Zug ab Qena) und am Flughafen Luxor (Sammeltaxi ca. £E 4 pP) warten zahlreiche **Schlepper** und versuchen, üble Kaschemmen an den Gast zu bringen. Sie schrecken auch nicht vor "dirty tricks" zurück, wie z.B., in Luxor sei der Aufenthalt ohne Hotelnachweis verboten. Oder daß man Sie zum gewünschten Hotel zu führen vorgibt, Sie aber in Wahrheit ganz woanders abliefert, wo kein Schild an der Tür auf den tatsächlichen Aufenthaltsort hinweist. Immer mehr Hotels scheinen aufgrund der Konkurrenzsituation Schlepper zu beschäftigen. Ansonsten lassen Sie sich nicht beirren und gehen Sie (Taxi ist eigentlich in der kleinen Stadt nicht nötig, Pferdedroschke ist besser) in das Hotel, das Sie sich schon zuvor ausgesucht haben. – Sobald Sie Luxor leid sind, können Sie auch in Theben-West übernachten, dann sind Sie ungestörter.

Im übrigen sind während der Sommermonate die Hotelpreise häufig stark ermäßigt, auch andere Dienstleistungen wie Fahrradverleih etc. passen sich der geringeren Nachfrage an.

Ob Hoch- oder Nichtsaison, in Luxor herrscht der Touristennepp: Jeder versucht, Ihnen mindestens das Doppelte vom Üblichen abzuknöpfen, sei es für Tee oder ein Souvenir – informieren Sie sich möglichst vor der Ankunft und feilschen Sie unerbittlich (Souvenirtips siehe Seite 104, allgemeine Preisbeispiele Seite 56).

Einige wichtige Adressen

- ***Touristen-Information**: Am Bahnhof (freundlich und hilfsbereit) und im Touristenbazar an der Corniche Nähe Winter Palace Hotel, Tel 37 2215; wie üblich eine wenig effiziente Institution.*
- *Das **American Express** Office und **Thomas Cook** finden Sie vor dem Winter Palace Hotel*
- ***Geldwechseln** können Sie in der Nähe in der National Bank of Egypt.*
- ***Telefonieren** können Sie am preiswertesten aus dem Central Telefon Office, das in der Sharia Karnak einen Block südlich der Kreuzung mit der Sharia Nefertiti liegt (Zweigstellen vor dem Winter Palace Hotel und am Bahnhof), überall sind auch **Tel**efonkarten erhältlich.*
- *Das **Hauptpostamt** liegt in der Sharia Mahata in der Nähe des Bahnhofs, eine Poststelle im Touristenbazar.*
- *Die meisten **Reiseagenturen** finden Sie an der Corniche. Für Nilkreuzfahrten sollten Sie sich u.a. an Eastmar Travel, Misr Travel, Thomas Cook oder Cheops Travel wenden (alle Büros Nähe oder beim Winter Palace Hotel).*

Ca. 70 m vom Bahnhof entfernt auf der Hauptstraße zum Luxor-Tempel gibt es links eine gute **Bäckerei**, um die Ecke vom New Karnak Restaurant die Konditorei Twinky mit den besten arabischen Süßigkeiten. **Wein** und Spirituosen verkauft Mitcho's Grocery, 41 Saad Zaghlul, Nähe Post, auch in der Sharia Souk gibt es einen Bier- und Weinhändler (etwa in der Hälfte auf der linken Seite). Wer preiswert importierten Alkohol kaufen will, sollte in den **Egypt Free Shop** nördlich vom New Emilio Hotel gehen; Johnny Walker kostet $ 12, es gibt aber auch Wein und Bier.

- ***Internet Cafés:** Zwischen Luxor Museum und Mercure Etap Hotel bietet ein **Internet Service Center** seine Dienste an. **Rainbow Café**, Corniche, ca. 1 km von der City Richtung Karnak Tempel, £E 12/0,5 Std, nur 2 PCs. Tagsüber in der **Informatik-Schule**, Corniche ca. 500 m südlich der City, beschildert, Geduld und gute PC-Kenntnisse erforderlich.*

Fernverkehrsverbindungen

Für Touristen zugelassene **Züge**:

- Assuan: 6.30 und 16.30 (£E 40 pP)
- Kairo: 8.15, 22.30

Wegen der Terroristengefahr dürfen derzeit **Fernbusse**, Taxis und Privatfahrzeuge nur im **Konvoi** und nur zu bestimmten Zeiten (zwei- bis dreimal am Tag, Abfahrtszeiten ändern sich) fahren. Erkundigen Sie sich also entsprechend frühzeitig, wann und ob überhaupt ein Bus in die gewünschte Richtung aufbricht. – Der Busbahnhof liegt in der Sharia Karnak auf einem Platz zwischen Horus Hotel und Luxor Tempel.

- **Hurghada**: 6.00, 14.30, 19.00
- **Kairo**: 19.00

- **Assuan**: 6.00-18.00, jede volle Stunde
- Dreimal wöchentlich können Sie per Bus direkt nach **Dahab** fahren, fragen Sie in Ihrem Hotel nach Details. Das Happy Land Hotel, Tel 371 828, vermittelt Direkt-Minibusse nach Dahab (£E 70-120).

Minibusse und **Sammeltaxis** starten in der Sharia Abou Goud. Diese können derzeit (1999) allerdings nicht empfohlen werden, weil derzeit unterwegs Touristen herausgeholt und aus Sicherheitsgründen in die normalen Busse gesteckt werden.

Achtung: Luxusbusse aus Kairo oder vom Roten Meer, die nach Assuan unterwegs sind, fahren Luxor nicht an, sondern halten ein paar Kilometer außerhalb an der Kreuzung der Niltalstraße mit der Flughafenstraße.

Vorsicht: An den Bushaltestellen versuchen viele **Schlepper**, den Wartenden Sammeltaxis zum mehrfach überhöhten Preis anzudrehen! Im Touristoffice hängen Busfahrpläne aus ebenso wie eine Liste mit Taxipreisen für Überlandfahrten, z.B. nach Abydos oder Hurghada. Viele Taxifahrer halten sich daran, die Feilscherei hat ein Ende.

Falls Sie von hier aus direkt (also nicht über Assiut) in die **Oase Kharga** reisen wollen, dann geht dies nur per Taxi (auf zuverlässiges Gefährt achten). Leser zahlten für ein Taxi bis Dakhla £E 700.

Fortbewegen in Luxor

Die Fortbewegung zwischen den einzelnen Stätten ist für den Individualisten verhältnismäßig unproblematisch. Von Luxor nach Karnak können Sie mit der **Pferdekutsche** – Kalesche – reisen, die für £E 4 bis 8 pro Fahrt zu haben ist. Luxor-Karnak-Luxor mit zwei Stunden Wartezeit sollte etwa £E 10 kosten. Nehmen Sie nur Kaleschen mit gesunden Pferden und versuchen Sie den Kutschern mit geschundenen Tieren klarzumachen, warum Sie dort nicht einsteigen; nicht mehr als 4 Personen pro Kutsche! Man kann auch wandern oder ein Sammeltaxi vom Bahnhof aus zu 25 Pt, bzw. einen Minibus vom Bahnhof über Sharia Television oder vom Club Med aus zum Karnak-Tempel zu 25 Pt nehmen. Taxis kosten innerhalb von Luxor oder Theben-West ca. £E 5 pro Fahrt. Busse zum **Flughafen** starten am Winter Palace Hotel.

Für die **Nilüberquerung** können Sie Feluken, kleine Motorboote bzw. die Motorfähre oder – als Autofahrer – die Nilbrücke südlich von Luxor benutzen. Eine Feluke (£E 1 pP) heuert man ebenso wie Motorboote auf Zuruf an; Motorboote haben den Vorteil, auch nachts den Nil zu überqueren, falls es gelingt, den Kapitän zu wecken. Sie liegen in der Nähe des Fähranlegers. Die sogenannte "Volksfähre" (£E 1 für Ausländer, £E 0,20 pro Fahrrad; 24-Stunden-Dienst, Abfahrt alle halbe Stunde oder öfter) ist die beste Lösung für Individualisten. Sie legt gegenüber dem Eingang des Luxor-Tempels ab. Vom Fähranleger auf der Westseite fahren viele Pickups zum Inspektorat (danach fragen, denn einige Linien zweigen schon vorher ab).

Achtung: Taxifahrer behaupten, daß die Nilfähren wegen der neuen Brücke eingestellt seien und man nur per Taxifahrt ans andere Ufer käme. In Luxor angebotene Taxi-Trips nach Theben-West sind meist total überteuert. Vversuchen Sie daher, ein für Ihre Pläne optimales Angebot direkt **in** Theben-West zu bekommen.

Fortbewegen in Theben-West

In Theben-West stehen Ihnen beachtliche Entfernungen zwischen den einzelnen Sehenswürdigkeiten bevor. Neben dem für Trainierte möglichen **Wandern** bieten sich als Fortbewegungsmittel an: Fahrrad, Esel oder

Taxi. Natürlich läßt sich auch ein komplettes Besichtigungsprogramm bei einem örtlichen Reisebüro buchen (siehe weiter unten). Falls Sie sich mit eigener Kraft fortbewegen, nehmen Sie genug Getränke und eventuell Essen mit nach Theben-West (teures Restaurant im Tal der Könige, manchmal Speisen ausverkauft). Ferner ist eine **Taschenlampe** wichtig und Kleingeld für die Bakschichjäger, denen Sie nicht entkommen können.

Ein Tip: Auch als Auto-, Rad- oder Motorradfahrer sollten Sie sich überlegen, den Weg ins Tal der Könige zu Fuß über den Berg oberhalb von Der El Bahri zurückzulegen, er ist sehr viel eindrucksvoller und einstimmender, als der nüchternen Asphaltstraße zu folgen. Wenn Sie noch mehr für die Einstimmung tun wollen: Klettern Sie zumindest zur Kante des Steilabfalls hinauf (vom Tal der Könige aus nicht ganz so anstrengend und die Überraschung ist beim Blick aufs Fruchtland um so größer) und erleben Sie, bei klarer Sicht, den berauschenden Ausblick übers Niltal bis hinüber zur Arabischen Wüste.

Wer sich als Frühaufsteher eine ganz besondere Morgengabe gönnen will, planen den Trip auf den Berg für den Sonnenaufgang: Vielleicht stimuliert der über dem Nil und dem Karnak-Tempel aufsteigende Sonnenball eine noch intensivere Einstimmung auf die pharaonische Philosophie, die doch soviel mit dem Weg der Sonne, zumal über den ewigen Tempeln von Theben, zu tun hatte.

Die Schönheit dieses Weges scheinen auch besonders penetrante Souvenirverkäufer sehr zu lieben: Selbst beim Sonnenaufgang stehen sie wartend bereit – auf Touristen, nicht auf die Sonne ...

Zu Fuß in die Berge

Leute mit gesunden Füßen können durchaus den folgenden "Spaziergang" antreten: Ein Taxi zu den Königsgräbern nehmen, von dort zu Fuß über den Berg nach Der El Bahri, weiter zu den Gräbern der Noblen, dem Ramesseum und – soweit die Füße noch tragen – zu den übrigen Taltempeln. Wenn man nicht mehr weiterkommt, hält man auf der Asphaltstraße ein Sammeltaxi an (was ganz sicher am Inspektorat möglich ist).

Wer mit wenig Geld in die Nähe der Sehenswürdigkeiten gelangen will, nimmt bei der Volksfähre ein Sammeltaxi/Pickup (£E 0,50) zum Tickethäuschen am Inspektorat. Von dort lassen sich Der el Medina und Medinet Habu gut zu Fuß erreichen. Nach Der el Bahri und zu den Königsgräbern kommt man allerdings nur per längerem Fußmarsch. Am besten hält man wieder ein Pickup an und steigt am Abzweig nach Der el Bahri aus.

Auf dem Esel unterwegs

Sehr beschaulich ist der Ritt auf dem **Esel**, sofern man einen unaufdringlichen Treiber erwischt und einem die Tiere vor allem im Sommer nicht zu leid tun. Wenn Sie per Esel ins Tal der Könige reisen wollen, dann ist der Aufstieg von Der el Medina aus sinnvoller; denn von dort geht es etwas weniger steil den Berg hinauf als von Der El Bahri. Der Ritt entlang des Felsabbruchs nach Der El Bahri wird Sie mit imposantem Ausblick wirklich überraschen.

Sollten Sie sich statt dessen zum Aufstieg von Der El Bahri aus überreden lassen, ist es überlegenswert, die Esel dort stehen zu lassen und den Weg zu Fuß über den Berg zu machen (ca. 40 Minuten). Andernfalls aufpassen, der Aufstieg Richtung Königsgräber findet auf einem relativ engen, sehr steilen Pfad statt, die Esel rutschen leicht aus.

An der Anlegestelle in Theben-West werden Sie von Esel-Treibern überfallen. Ein Esel sollte um £E 15 bis 20 pro Tag kosten, weiterhin erwartet der Treiber ein Bakschisch für die "Führung", d.h. eine Art Tageslohn um

£E 5 – 10. Einige Esel-Treiber werden unterwegs immer wieder versuchen, den Preis in die Höhe zu treiben. Bleiben Sie standfest. Nehmen Sie Sättel ohne Steigbügel, es sei denn, Sie können die Füße dort einhängen; andernfalls scheuern die Bügel die Beine wund. Obwohl einige Hotels oder Organisatoren Eselstouren anbieten, sollten Sie bis zum preiswerteren Theben-West warten.

Unabhängig per Fahrrad

Unabhängiger werden Sie mit dem **Fahrrad** sein. Allerdings sollten Untrainierte die Entfernungen besonders zum Tal der Könige nicht unterschätzen (ca. 45 Minuten) und die Mittagshitze meiden. Fahrräder können Sie in Luxor an vielen Stellen mieten, Kosten um £E 3,50 bis 6 pro halber Tag (Qualität des Rades, besonders der Bereifung und Bremsen sehr kritisch prüfen; es wurden sehr unangenehme Erfahrungen gemacht). Auch in Theben-West werden Fahrräder nicht allzu weit vom Anleger angeboten; gelobt wird dort Ahmed, der neue und gute Räder führt. Allerdings macht es mehr Sinn, sich bereits in Luxor (mehr Auswahl) umzusehen und dann dort gleich zur Fähre zu radeln. Mieten Sie das Rad am Abend zuvor, dann ist die Auswahl größer. Wenn Sie ins Tal der Könige direkt von Der el Bahri über den Berg gelangen wollen, so bieten sich Ägypter an, Ihr Fahrrad für einige £E über den Steilabfall zu schieben; drüben kann man dann bequem den Berg hinunter zurückfahren.

Achtung: Es kommt vor, daß z.B. im Tal der Könige oder bei zu wenig Bakschisch bei den Noblen-Gräbern Ventile aus den Fahrrädern gedreht und Luftpumpen gestohlen werden – dann ist eine teure Taxi-Heimfahrt fällig. Stellen Sie Fahrräder möglichst in Sichtweite von Ticketkontrollhäuschen ab und versprechen Sie dem Mann ein Bakschisch nach der Rückkehr.

Motorrad

Als bisher einzig lizenzierter Verleiher bietet das Everest Hotel, Tel 373 260, **Motorräder** (Suzukis 100, £E 60 pro Stunde) an, ebenfalls die Pension Princess bzw. das Hotel Hatschepsut. Prüfen Sie die Bremsen und das Starten, bevor Sie handelseinig werden. Mit der Zuverlässigkeit scheint es nicht weit her zu sein: Ein Leser berichtet von vier Pannen in drei Tagen; er fuhr 125 km, schob 8 km und legte 30 km auf einem Lasttaxi zurück.

Taxi oder Minibus

Taxis liegen je nach Saison um £E 30 bis 50 für die Rundfahrt, offziell ist der Preis auf £E 35 festgelegt. Nachmittagstrips sind billiger zu haben als der Vormittag (ca. £E 20 – 25). Eine Einzelfahrt ins Tal der Könige kostet um £E 20 bis 30 von der Anlegestelle aus. Man sollte grundsätzlich in Theben-West auf Suche gehen, da dort die Taxis billiger sind. Achtung: Taxifahrer erzählen gern, daß bestimmte Gräber geschlossen seien, um die Fahrzeiten abzukürzen; also nachprüfen.

Auch komplette **Minibusse** kann man mieten: Es soll schon für £E 15 pP für eine Tagesrundfahrt in Theben-West gehen. Eine weitere Alternative: Von der Fähre mit dem Pickup nach Qurna fahren. Dort ein Taxi ins Tal der Könige anheuern, das billiger als am Fähranleger sein kann.

Organisierte Touren

Sie können ebenso eine der **Sightseeing-Tours** buchen, die von verschiedenen Hotels oder Reiseagenturen (z.B. Ibis-Hotel oder Msr Travel) für ca. £E 30-120 auch mit deutschsprachiger Führung im klimatisierten Bus angeboten werden; die von Cheops Travel im Winterpalace Hotel vermittelte Theben-West-Tour mit deutschsprachigem Führer wird gelobt. Prüfen Sie die Preise, besonders bei der Tour, die vom Grand Hotel orga-

nisiert wird. Klimatisierte Busse sorgen besonders im Sommer für eine Abkühlungs- und Erholungspause.
Everest Trips nach Theben-West (Tal der Könige, Tal der Königinnen, Hatshepsut Tempel, Noblengräber) im AC-Minibus mit englischer Führung zu £E 70 pP (Studenten £E 50) einschließlich aller Eintritte.

Besichtigungs-Programm

Eilige Individual-Besucher fassen die Besichtigung der Tempel von Karnak und Luxor an einem Tag zusammen (der Luxor-Tempel ist auch abends geöffnet), Ramesseum, Gräber der Noblen, Der El Bahri und Tal der Könige an einem weiteren, für Medinet Habu, Tal der Königinnen und Nekropolen-Arbeiter benötigt man im Eilschritt einen halben Tag.

Beim typischen Gruppenprogramm werden innerhalb von zwei Tagen der Besuch der Tempel von Karnak und Luxor, des Museums, der *Light and Sound Show* und in Theben-West das Tal der Könige, Der El Bahri, Gräber der Noblen, Ramesseum und Medinet Habu abgespult.

Vielleicht legen Sie Ihre Hauptaktivitäten auf die Zeit zwischen 12 bis 14 Uhr, weil dann die Gruppen die Mittagshitze im Hotel verbringen und Sie die Sehenswürdigkeiten fast allein für sich haben; oder auf den sehr frühen Morgen (viele Stätten öffnen bereits um 6 Uhr). Am späteren Nachmittag ist es vor allem in Theben-West ruhiger. Ein imposanter Schattenplatz auch während der Mittagszeit ist der Säulensaal von Karnak.

Beachten Sie, daß **Fotografieren und Filmen** in Gräbern und Innenräumen von historischen Gebäuden wegen der Beschädigung der alten Farben durch Blitzlicht verboten ist; Leser berichteten, daß ihnen der Film aus der Kamera genommen wurde. Offizielle Erlaubnis (für Fotos ohne Blitz) gibt es zu £E 5 pro Grab.

Ein mögliches Besichtigungs-Programm ist im Kasten aufgelistet. Die Zeiten sind so gewählt, daß zwischendurch Erholungspausen möglich sind. Sie können das Programm durchaus schneller abwickeln, Dinge auslassen oder es ausdehnen.

Eintrittskarten

Eintrittskarten (Preise siehe Kasten) für die Sehenswürdigkeiten von Theben-West können Sie **nur** am Tickethäuschen beim Inspektorat kaufen, also am Weg vom Nil zu den Grabtempeln und Gräbern. Von der Anlegestelle kommt man am billigsten mit einem Pickup-Sammeltaxi dorthin oder per Taxi zu Preisen zwischen £E 2 – 5 je nach Saison. Besonders am frühen Morgen herrscht Gedränge an den Schaltern. Überlegen Sie sich vor dem Anstehen genau, welche Stellen Sie besuchen wollen. Die Eintrittskarten sind immer nur für den Tag des Kaufs gültig; es lohnt also nicht, im Voraus Tickets zu kaufen. Kartenrückgabe oder -umtausch ist selbst dann nicht möglich, wenn Sie die anvisierte Stätte verschlossen fanden, weil z.B. der Wärter spurlos verschwand. Zeigen Sie später immer nur eine Karte vor; schlitzohrige Wärter reißen sonst gleich alle ab. Studenten sollten daran denken, daß sie **verbilligte Eintrittskarten (Studenten**) erhalten. – Dagegen werden die Eintrittskarten für die Sehenswürdigkeiten in Luxor intelligenterweise jeweils am Ort des Geschehens verkauft.

Die Ägypter erhöhten 1990 rigoros die Eintrittspreise aller historischen Stätten und verdoppelten erneut die Preise 1996. Diese Maßnahme muß Verständnis finden, sofern die zusätzlichen Einnahmen tatsächlich zur Erhaltung der einmaligen Kulturgüter verwendet werden. Denn durch den Massenansturm der Besucher wird in wenigen Jahren das zerfallen, was das Wüstenklima über Jahrtausende konserviert hat. Betrachten

Besichtigungsvorschläge und Öffnungszeiten

In Luxor:

- 1 Tag Tempel von Karnak (besser 2 x 1/2 Tag) (6-17.30, im Sommer: -18.30)
- 1 Tag Tempel von Luxor (6-21, im Sommer -22)
- Luxor- und Mumifizierungsmuseum (9-13; 16-21, Sommer 17-22)

In Theben-West:

- Öffnungszeit: 6.30-17; Sommer 6.30-18. Während Ramadan sind diese Zeiten verkürzt.
- 1 Tag per Esel/Fahrrad/Taxi nach Der El Bahri, Tal der Könige *)
- 1 Tag per Esel/Fahrrad/Taxi nach Medinet Habu, Tal der Königinnen, Dorf der Nekropolen-Arbeiter
- 1 Tag per Esel/Fahrrad (Esel ist wegen der Kraxelei günstiger) Gräber der Noblen, Ramesseum**)
- 1 Abend *Light and Sound* im Karnak-Tempel (Mi, Sa 19.30, So 22 in deutsch)

*) Wegen der durch Besucher verursachten Schäden dürfen nicht mehr als drei Königsgräber besucht werden.

**) Gräber in folgender Auswahl: Sennefer + Rechmere; Menena + Nacht; Ramose + Userhet + Khemet.

Foto-Tickets werden übrigens auch am Tickethäuschen, allerdings von einem eigenen Verkäufer verkauft (z.B. £E 5 pro Grab).

Eintrittspreise (£E) (Studenten zahlen 50 Prozent)

Tempel von Karnak	20	Tal der Königinnen	20
Karnak-Freilichtmuseum	10	Grab der Nefertari	100
Light and Sound	33	Der el Medina	12
Tempel von Luxor	20	Peshedu-Grab (Der el Medina)	10
Luxor Museum	30	Gräber der Noblen	12
Mumifizierungsmuseum	20	Der El Bahri, Medinet Habu, Ramesseum, Sethos I, Assaif-Gräber je	12
Tal der Könige (3 Gräber)	20		
Tutanchamun-Grab zusätzlich	40	(Gesamtsumme aller Eintrittsgelder £E 359)	

Sie daher die Gebühren als einen Beitrag zum Erhalt der historischen Stätten für spätere Generationen.

Noch eine wichtige Information: Das über viele Jahre hin mühselig restaurierte **Grab der Nefertari** – das mit den schönsten Wandmalereien von Theben geschmückt ist – darf seit seiner Wiedereröffnung nicht mehr als 150 Besucher pro Tag ertragen. Wohl nicht zuletzt deswegen wurden die Eintrittspreise auf £E 100 erhöht. Um eins der begehrten Tickets zu bekommen, muß man sich sehr früh am Inspektorat anstellen; bereits um 6 Uhr beginnen sich Schlangen zu bilden. Gegen 7 Uhr öffnen mißlaunige Beamte den Kassenschalter, dann beginnt das große Drängeln, bis bei Ticket Nr. 150 der Schalter geschlossen wird. Das Grab selbst ist von 8.30 bis maximal 16 Uhr geöffnet, dort heißt es dann wiederum warten. Die erlaubte Besuchszeit beträgt nur 10 Minuten, das Ticket ist nur am Tag des Ausstellungsdatums gültig.

Relaxen in Luxor

Wer in Ruhe ein Bier trinken will, kann dies im Restaurant im 6. Stock des *Ramoza* Hotels am Bahnhofsplatz mit interessanter Aussicht auf die Umgebung tun. Auch von der Dachterrasse des Hotel *Emilio* bietet sich ein schöner Rundblick. Die Nacht **durchzechen** kann man im *Kings Head Pub* (siehe unter *Restaurants*). Nachts können Sie in den Hotels *Mercure ETAP, Isis, Mövenpick* und *Winter Palace* Bauchtänzerinnen bewundern oder deren Discos oder die der anderen großen Hotels bevölkern. Sehr viel ägyptischer geht es spät nachts im *Mandaria* (Corniche, ca. 400 m vom Isis Hotel stadteinwärts) und im *Tutanchamun*, (Theben-West, direkt am Westufer des Nils; nahe der Fähre) zu; Frauen können hier nur in männlicher Begleitung erscheinen.

Das Everest Hotel, Tel 373 260, vermittelt **"Schnupper"-Tages-Nilkreuzfahrten** nach Esna (£E 150), oder nach Dendera (£E 150).

Falls Sie einen **Badetag** einlegen wollen und nicht in einem der feudalen Herbergen wohnen, können Sie in den folgenden Hotels den hauseigenen Pool benutzen: *Winter Palace* (£E 40 inkl. Essen und Getränk), *Isis* (£E 10), *Luxor* (£E 10, schöner Garten), *ETAP* (schöner Pool, £E 42 inkl. Essen), Egotel (£E 20 inkl. Essen), *Novotel* (£E 15), *Emilio* (£E 10, Pool auf der Dachterrasse), *El Shady* (£E 7), *Windsor* (£E 7) oder *Wela* (£E 5, kleines Becken). Ebenso bietet das recht gut angelegte Hotel *Pharao*, ca. 1 km nördlich des Karnak-Tempels (Sammeltaxi £E 0,50), Poolbenutzung zu £E 10 bis 15; auch für Sonnenuntergangsstimmung empfehlenswert. Im *Club Med* kann der Pool gegen £E 15 inklusive Getränkegutschein benutzt werden.

Einige Nil-Inseln dienen fleißigen Fellachen als Anbaufläche. Eine davon wird **Banana-Island** (südlich von Luxor gelegen) genannt, da sie voll mit Bananen bepflanzt ist. Die Bananenpflanzer verlangen Eintritt bis zu £E 3,5 pP, dafür kann man drei bis vier Bananen im Souvenirshop essen. Die etwa 4 km lassen sich zu Fuß oder per Fahrrad zurücklegen; eine Felukenfahrt von Luxor aus kostet ca. £E 15 bis 20 pP, durchaus stimmungsvoll am späteren Nachmittag, Rückfahrt bei Sonnenuntergang. Allerdings ist das Ganze inzwischen stark kommerzialisiert, Feluken-Kapitäne wie auch Bananenbauern schauen nur noch nach dem schnellen Geld. Legen Sie vorher Mindestauftenthaltszeit fest. Natürlich können Sie auch auf die Insel verzichten und sich nur an der Fahrt auf dem Nil in dem altertümlichen Boot erfreuen: Man zahlt etwa £E 5 pP per Stunde.

Die Insel ist per Damm mit dem Festland verbunden, eine Straße führt über sie hinweg zur danebenliegenden, noch echten Insel namens **Crocodile-Island**. Diese wurde vom Schweizer Mövenpick-Konzern in eine Hotelinsel verwandelt und von der Konzeption her als Erholungslandschaft angelegt – eine völlig andere, fast Schweizer Welt.

Wie immer man zu diesem "Ghetto" stehen mag, es bietet tatsächlich Gelegenheit zur Erholung bei stimmungsvollen Sonnenuntergängen (Baden im Pool nur für Hotelgäste). Der Hotelbus pendelt stündlich zwischen Winter Palace Hotel und der Insel.

Selbstverständlich segeln Feluken auch von Luxor aus **nilaufwärts nach Assuan**; nachteilig ist jedoch, daß man u.U. zurückdriftet, wenn der Wind ausbleibt. Obwohl jeder Tourist ständig mit Angeboten überschüttet wird, sollte nur derjenige sich auf einen Trip einlassen, der sowohl.Zeit als auch Geduld hat. Daher sind die Preise günstiger als beim Standardtrip von Assuan aus flußabwärts (nähere Infos siehe Seite 397).

Eine andere Art, Luxor zu betrachten, macht ein **Heißluftballon** möglich: Für $ 200 pP können Sie in die Luft gehen, "es ist wahnsinnig schön, über die Tempel und Gräber zu schweben," schreibt eine Leserin. Es gibt zwei Anbieter namens *Hod Hod Soliman*, Tel 370 116 und *Upper Egypt*. Zu buchen ist das Vergnügen über Reisebüros. Der Start erfolgt am frühen Morgen zwischen 4 und 5 Uhr, zuvor gibt es am Boden noch ein Frühstück. Der Flug dauert etwa 1 bis 1 1/2 Stunden. Nach der Landung wird man vom Bus des Unternehmens wieder eingesammelt und ins Mövenpick zum zweiten Frühstück kutschiert.

Alternativ sind auf dem Westufer schöne Spaziergänge möglich. Eine Leserin schreibt begeistert von der friedlichen Stimmung, die sie auf dem Weg entlang des Nilufers südlich der Anlegestelle erlebte. Sie traf auf freundliche, unaufdringliche Menschen, die ihrer Arbeit nachgingen. Am Fähranleger auf der Westseite kann man auch Kamele zu etwa £E 25 pro Stunde mieten, wenn einem unbedingt danach zumute ist.

Oder man hängt einen Ausflug an eine Fahrrad-Besichtigungstour durch Theben-West und radelt z.B. von Medinet Habu ca. 100 m Richtung Nil bis zum ersten Kanal, an diesem entlang nach Süden. Unterwegs bieten sich interessante Einblicke in die Bewässerungstechnik und das ländliche Leben, nicht zuletzt werden Sie viele Vögel beobachten können. Irgendwann biegt man auf einem der größeren Feldwege nach Osten ab, fährt bis zur Asphaltstraße und kehrt zurück.

Wer die Nillandschaft reitend erkunden will, findet in Theben in der Nähe des Hotels Amon (Nähe Fähranleger) Reitställe. Ein Leser empfiehlt *Pharaos Stables Bakry el Gilany* mit gut gepflegten arabischen Pferden.

Kirchgänger finden eine katholische Kirche in der Sharia Maabad El-Karnak; es gibt auch eine evangelische Kirche, die etwa 300 m nördlich des Luxortempels neben der (schönen) koptischen St. Markus Kirche steht.

Wenn Sie von Luxor aus Abstecher in die Oasen oder zum Roten Meer unternehmen wollen, so empfehlen Leser den Taxifahrer Abdou Mohamed Ahmed, Tel 095 39 2207, Car Nr. 907, der englisch spricht, als sehr zuverlässig und freundlich beschrieben wird.

Bazar, Tiermarkt

Das heutige Luxor ist erst in jüngster Zeit von einem Dorf zu einer Kleinstadt mit etwa 50 000 Einwohnern gewachsen. Stimmungsvolle Bazare wie im Islamischen Kairo gibt es nicht, doch einen "**Ägypter-Souk**" (Slang der Droschkenfahrer), der immer mehr Touristisches zu Lasten der Gebrauchsgegenstände des täglichen Lebens feilbietet.

Ein Bummel durch die Sharia El Souk, die parallel zur Sharia Karnak, der Straße hinter dem Luxor-Tempel, verläuft, ist zumindest eine sehr lebendige Abwechslung zum Besichtigungs-Pflichtprogramm; die Chancen, Ungewöhnliches zu finden, sind jedoch recht gering. Souvenir-Shops außerhalb des Souk finden Sie u.a. links neben dem Winter Palace Hotel (Touristenzentrum), hinter dem Luxor-Tempel und in den Seitenstraßen, die von der Corniche in den Stadtzentrumsbereich abzweigen.

Jeweils dienstags findet von etwa 6 bis 11 Uhr ein **Kamel- und Tiermarkt** statt, der in der Nähe der Flughafenstraße außerhalb der Stadt im Fruchtland abgehalten wird. Bei der Veranstaltung (Eintritt £E 2,50) sind manchmal alle möglichen Tierarten, von Kamelen bis Schlangen, auf engstem Raum vertreten. Doch gibt es auch Tage, an denen nur zwei einsame Kamele traurig in die Runde schauen. Taxifahrer verlangen Phantasiepreise, £E 5 sollten reichen (um sich verständlich zu machen, zeigen Sie dem Taxifahrer das Foto vom Kamelmarkt in Kairo, dann ist das Ziel klar).

Allerdings braucht man wegen der ständigen Anmache vielleicht noch stärkere Nerven für den Besuch des Marktes als für Luxor selbst.

Anfahrt: Von der Stadt aus Richtung Flughafen fahren, bis man auf die Niltalstraße nach Assuan kommt, rechts ab, ca. 2 km bis zu einer Kanalbrücke, dort links abbiegen, nach 2 bis 3 km ist der Markt erreicht.

Ebenfalls dienstags ist Markttag in Qurna in Theben-West, und zwar dort, wo von der nilparallelen Straße die Straße ins Tal der Könige abzweigt. Dieser Markt ist rein lokal, ohne Kamele, Esel und (kaum) Touristen. Wegen seiner Ursprünglichkeit und der Tatsache, daß Touristen nichts Ungewöhnliches sind, sollte man diesen Platz bevorzugen. Die Leute sind sehr freundlich, sie lassen sich in ihren Marktgeschäften von den Fremden kaum stören.

"Bergsteigen"

Auf der Westseite gibt es zwei recht hohe "Berge", deren Besteigen eine schweißtreibende Angelegenheit ist. Der eine, das sog. *Horn von Qurna*, wird von Der El Bahri aus in Angriff genommen. Man folgt dem Pfad, der zum Tal der Könige führt, hält sich unterwegs an die nicht zu verfehlenden Abzweigungen, die auf den Gipfel führen (auch als "Erholung" nach dem Besuch des Königstals empfohlen, Aufstieg von dort etwa 30 Minuten). Belohnt wird man mit einem noch besseren Ausblick als von den Hügeln direkt über Der El Bahri, vor allem nach Westen in die Wüste hinein; hier können Sie auch wunderschöne Wüsten-Sonnenuntergänge erleben.

Die zweite Wanderung könnte auf den *Thot-Berg* führen, der etwas höher ist und nördlich der Straße zum Tal der Könige liegt. Dieser Berg ist ein sehr altes Heiligtum, das dem Gott Month-Re geweiht war. Dort steht der einzige, in Ägypten auf einem Berg gebaute Tempel; er stammt aus der 11. Dynastie. Man biegt per Auto oder Taxi etwa 200 m nach der letzten Kreuzung rechts ab auf eine Piste und fährt ca. 2 km bis zu einer Stelle, an der links ein neuerer Steinbruch liegt und rechts die Hügelflanken so steil sind, daß man nicht mehr hinaufklettern kann, dann geht es zu Fuß weiter. Der Ausflug nimmt etwa zwei bis drei Stunden in Anspruch. Allerdings Vorsicht: Seit Herbst 1995 gräbt dort ein ungarisches Team, leider ist seither das gesamte Gebiet zur strikten Sperrzone erklärt worden. Derzeit werden Zufallsbesucher fast wie Verbrecher behandelt und zunächst zeitraubend von der Antikenverwaltung, dann von der Touristenpolizei verhört.

Kreuzfahrten auf dem Nil

Obwohl der Nil seit alters her die Hauptverbindungsader des Landes war, wundern wir uns immer wieder, wie wenig Lasten, z.B. im Vergleich zum Rhein, dort transportiert werden. Es gibt – abgesehen von Kairo – auch keine öffentlichen Motorboote, die Passagierdienste übernehmen.

Allerdings kreuzen im Gebiet zwischen Balyana (Abydos) und Assuan die Luxusschiffe der Touristen, auf denen man sich gegen den Preis von Luxushotels einbuchen kann: vollklimatisiert mit entsprechend ausgestatteten komfortablen Kabinen, Restaurant, Bar mit Tanzfläche und mit meist brauchbarem Swimmingpool. Die Nil-Kreuzfahrten mit gut ausgestatteten Motorschiffen sind ein besonderes Erlebnis. Man schwimmt in Vier- oder Fünfsterne-Hotelumgebung an den tiefgrünen Nilufern entlang, die aus dieser Perspektive über lange Strecken wie unbewohnt erscheinen. Im Gegensatz zur Felukenfahrt sitzt man hier sehr viel höher und kann herrliche Ausblicke in das Fruchtland mit der dahinterliegenden Wüste genießen, besonders Sonnenuntergangsstimmungen sind von einmaligem Reiz.

Aber man lebt auch in einer anderen Welt, weit von der ägyptischen Wirklichkeit entfernt. Daß die Atmosphäre an Bord dem Niveau von Gruppenreisen angepaßt ist und Unterhaltung mit sog. Folklore und *Fancy-Bällen* die Abende laut und aufdringlich ausfüllt, muß man akzeptieren. Unterwegs stellen die Tempelbesichtigungen in Esna, Edfu und Kom Ombo gute Unterbrechungen der Reise dar.

Zwei Informationen: In Süd-Nord-Richtung, also von Assuan nach Luxor, bläst Ihnen der nahezu stetige Nordwind ins Gesicht und die Dieselabgaswolken nach hinten über Bord. In umgekehrter Fahrtrichtung mindert der Fahrtwind die erfrischende Brise, unter Umständen bleiben die Abgaswolken über dem Schiff hängen. Andererseits gehts nilaufwärts auch langsamer und gemütlicher vonstatten, im Winter freut man sich über die geringere Windgeschwindigkeit. – Buchen Sie, wenn irgend möglich, nur die reine Fahrzeit, nicht die Liegezeiten am Abfahrts- und Ankunftsort. Denn in Luxor oder Assuan liegen in der Regel mehrere (manchmal sechs und mehr) Schiffe nebeneinander. Wer nicht zufällig ganz außen andockt und eine Kabine an der Außenseite hat, schaut von morgens bis abends aus seinem Fenster auf Schiffswände. Schlimmer noch ist der Lärm der ständig laufenden Versorgungsmotoren und die vereinten Abgaswolken der Schiffspulks. Gerade bei Einzelreisenden lassen die Reedereien mit sich reden und die Aufenthaltsdauer auf die Fahrtzeit beschränken.

Wie bucht man am besten? Es sollte eigentlich immer möglich sein, unter den mehr als 250 Schiffen eine freie Liegestatt zu finden. Als Tip: Versuchen Sie bei einem Reisebüro zu buchen, das eigene Schiffe vermittelt; andernfalls müssen Sie meist zusätzlich Provisionen zahlen. Es ist verhältnismäßig leicht, als Einzelreisender eine leerstehende Kabine zu ergattern, zumindest außerhalb der Hochsaison. Klappern Sie die großen Reisebüros bereits in Kairo ab, Wartezeiten bis zu Beginn der Kreuzfahrt können Sie dann einfacher mit anderen Aktivitäten ausfüllen. In der Sommersaison (etwa Mitte Mai bis Mitte September) sind die Preise stark reduziert. Oder Sie fragen direkt bei den in Luxor oder Assuan liegenden Schiffen. Die füllen gern einen freien Platz aus, besonders dann, wenn sie leer fahren, um eine Gruppe abzuholen. Generell können Sie von etwa $ 45 pP pro Nacht aufwärts (je nach Kategorie) ausgehen, die Preise sind häufig verhandelbar!

Restaurants

Luxor:

Wirklich preiswerte Eßplätze findet man in der Bahnhofsgegend, im Soukbereich und in der Sharia Television, die besseren liegen u.a. südlich in der Gegend des Isis Hotel. Teuer dagegen sind die Restaurants in den internationalen Hotels. In den preiswerten Häusern bekommt man das halbe Huhn für £E 5 – 10, in der Mittelklasse kostet es ca. £E 15 und in den teuren Häusern etwa ab £E 25. (Wenn wir in der folgenden Liste keine Hausnummern angeben, dann daher, weil sie selbst den Besitzern häufig unbekannt sind ...)

- ***1886****, Old Winter Palace, Corniche, Luxusrestaurant der Spitzenklasse mit französisch orientierter Küche und entsprechendem Ambiente*
- ***Abou Hager****, Sharia Abdel el Moneim el Adasi, zwischen Bahnhof und Midan Salah el Din, vom Bahnhof aus linke Seite; sauber und freundlich, AC, mittelmäßiges Essen, sehr preiswert*
- ***Abu Mesuhud,*** *Sharia Mahatta, vom Bahnhof auf linker Seite, etwa Mitte; orientalisch, gut, preiswert*
- ***Ali Baba****, Dachterrassenrestaurant im Garten des Luxor Hotels, guter Blick, relativ sauber,*

Luxor, Restaur.

gute Tahina, kleine Portinonen, freundliche Bedienung, mittlere Preise

- ***Al Houda**, Sharia Television, Nähe El Shady Hotel; orientalisch und europäisch, gut, sauber, preiswert*
- ***Anubis**, gegenüber Touristik-Center, neu, Terrasse am Nilufer, schöner Blick, teuer*
- ***Amoun**, Sharia Karnak, hinter Luxor Tempel, orientalische Küche, Pizza, sauber, freundlich, sehr preiswert*
- ***Anubis**, Corniche Nähe Luxortempel, schöner Blick, schöne Sonnenuntergänge, gutes Essen, Stella-Bier*
- ***Class**, Corniche südlich von Club Med vor dem Isis Hotel; Cafeteria und Bistro, empfehlenswerte einheimische und internationale Küche, sauber, gehobene Kategorie*
- ***El Haty**, Sharia Mahatta, vom Bahnhof aus rechte Seite; gut, sauber, kleine Portionen*
- ***El Hussein,** Sharia Karnak neben Amuon-Restaurant, sauber, gute Auswahl, schmackhaft, preis- und empfehlenswert*
- ***Fish World Restaurant**, Nähe Bahnhof; klein, sauber, Fisch vom Nil und vom Roten Meer, Pizza, freundliche Bedienung, sehr preiswert*
- ***KING's HEAD RESTAURANT,** Sharia Television; ägyptische und indische Gerichte, relativ teurer*
- ***McDonald**, hinter Luxor Tempel*
- ***Marhaba**, Corniche, im Touristenbazar Nähe Winter Palace; Dachterrasse mit schönem Blick, Essen durchschnittlich, gute Nachspeisen, mittlere Preise, Abrechnung prüfen*
- ***Mensa Restaurant**, Sharia el Mahatta; wenig Auswahl, relativ geschmackloses Essen, unfreundlicher Service*
- ***Mina Palace Hotel**, Corniche; Terrasse, gutes, preiswertes Essen, freundliche Bedienung, Stella Bier, empfehlenswert*
- ***Mish-Mish**, Sharia Television, schräg gegenüber Hotel Santa Maria; gut aber etwas teuer, Pizza, guter Karkade*
- ***New Karnak Restaurant**, am Bahnhofsplatz; sehr preiswert, geringe Auswahl, verhältnismäßig kleine Portionen, vegetarisch, Traveller-Treff*
- ***Pub 2000**, Corniche, Nähe Isis Hotel, gehört Ägypter mit englischer Frau, gut*
- ***Ramsis**, Nähe Emilio Hotel; freundlich, im Erdgeschoß sauber, gut; im Obergeschoß angenehmere Atmosphäre*
- ***Rezeiky Camp**, Nähe YMCA, Motel und Caravan Park; Swimmingpool, brauchbares Restaurant, gutes ägyptisches Essen, besorgt auch Schweinefleisch*
- ***Salt & Bread**, am Bahnhof; sehr preiswert, gut, aber etwas wenig*
- ***Sayyida Zeinab**, Sharia Television, sehr gutes Kushari, sehr preiswert*
- ***Santa Maria Hotel**, Sharia Television; Restaurant auf Dachterrasse, sehr angenehm, gut und reichhaltig, Stella-Bier, nicht billig*
- ***Sunrise**, kurz vor Isis Hotel, "bürgerlich" (viele Gäste vom Isis), sauber, nicht zu teuer*
- ***Twinky's Café**; in Bahnhofsnähe in der Straße des Abou Hager Restaurant; ägyptische und internationale Kuchen, Tee und Kaffee sehr gut, relativ teuer, freundlich*

Theben-West:

- ***Hotel Pharaos**, an kleiner Straße von Medinet Habu; gutes Essen, schöne Terrasse*
- ***Ramesseum-Lokal**; Restaurant des (verstorbenen) Sheikh Hussein, jetzt unter Leitung seines Sohnes Nubi, mittelmäßige Küche, vor der Bestellung Preise aushandeln*
- *Beim Medinet Habu Tempel liegen drei preiswerte Restaurants: Ramses Cafeteria & Restaurant, Maratonga Restaurant, Habou Hotel*
- ***Hatschepsut**, Besitzer spricht deutsch, an der Straße zwischen Noblen-Gräbern und Abzweigung nach Der el Bahari, Restaurant auf einer Alabaster Factory, schöner Blick*
- ***Tut-Anch-Amun**, direkt am Nilufer; links vom Anleger der Volksfähre, sehr gutes ägyptisches Essen, sehr reichlich und preiswert*

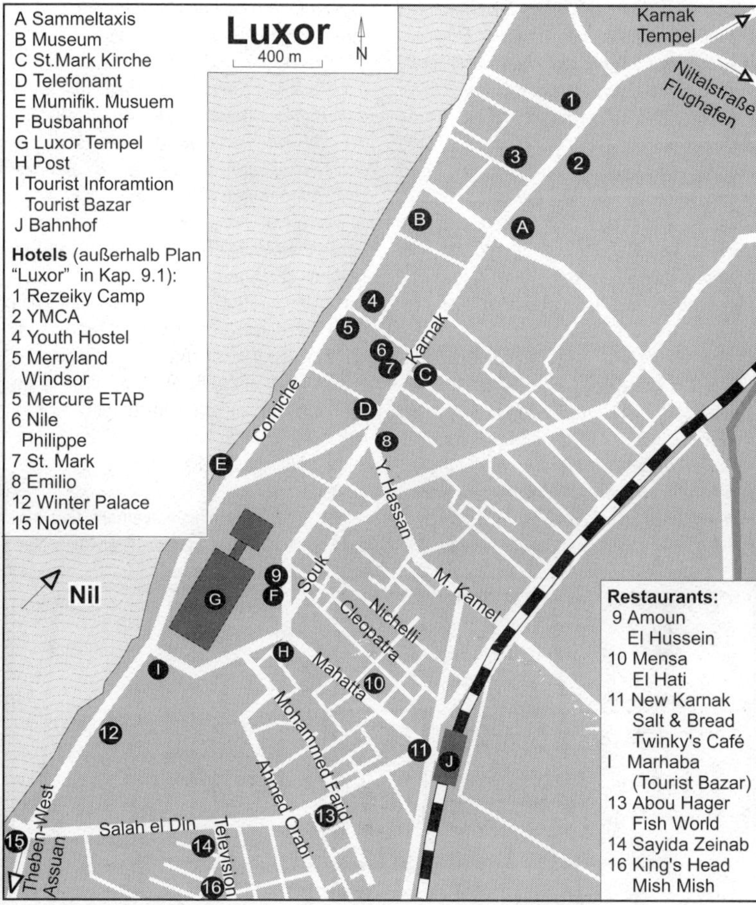

Luxor kennenlernen

Tempelanlage von Karnak

Karnak braucht Zeit; suchen Sie sich ruhige Stunden z.B. nach 12 Uhr aus, um einen Eindruck von der Atmosphäre dieses *Rom des alten Ägypten* gewinnen zu können. Achtung: kaufen Sie gleich am Eingang das Ticket für das Freilichtmuseum (£E 10).

Im pharaonischen Ägypten hieß der Platz "Auserwählte der Stätten", denn hier stand über zwei Jahrtausende das größte Heiligtum der Ägypter. Dies bedeutete außerdem, daß hier über zwei Jahrtausende gebaut wurde. Von einem ursprünglichen Tempel im MR wuchs die Anlage immer weiter, teils nach Osten, hauptsächlich jedoch in westlicher Richtung. Daher stehen die jüngsten Gebäudeteile an der dem Nil nächsten Stelle, dort wo auch der Eingang ist. Dies zu wissen ist ein wichtiger Schlüssel für das Verständnis des verwirrenden Komplexes.

Seit 2100 vC war der Tempel des Amun-Re, des Königs der Götter, das bedeutendste Heiligtum Ägyptens, und durch ihn wurde Theben zum religiösen und geistigen Mittelpunkt des Landes. Über mehr als zwei Jahrtausende haben fast alle ägyptischen Könige in Karnak gebaut, angebaut, umgebaut, haben Reliefs anbringen und Statuen aufstellen (oder abreißen) lassen.

Die verwirrende Vielfalt der Tempel-Stadt von Karnak erschließt sich auch dem Fachmann heute noch nicht vollständig, da eine systematische Ausgrabung und Dokumentation des Tempels erst vor zwei Jahrzehnten begonnen hat.

Vier große Tempel-Komplexe bilden den Gesamtbereich der Tempel-Stadt des antiken Theben: der **Amun-Tempel**, direkt nördlich davon der (heute unzugängliche) Tempel des alten thebanischen Ortsgottes **Month**, südlich der Tempel von Amuns göttlicher Gemahlin **Mut**, und schließlich mehr als 2 km weiter im Süden der **Luxor-Tempel**, mit Karnak durch eine Sphingen-Allee verbunden, deren nördliches und südliches Ende ausgegraben ist.

Der Amun-Tempel ist von einem (teils modern rekonstruierten) Lehmziegelwall umge-

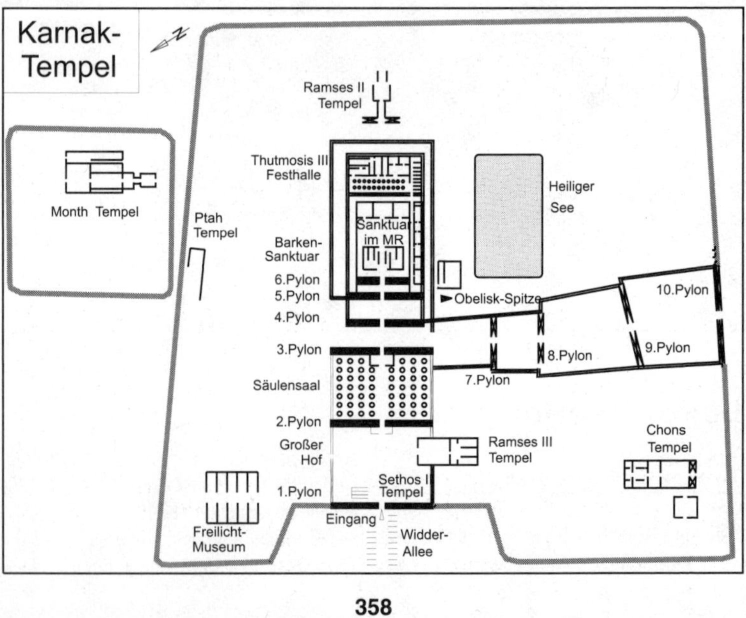

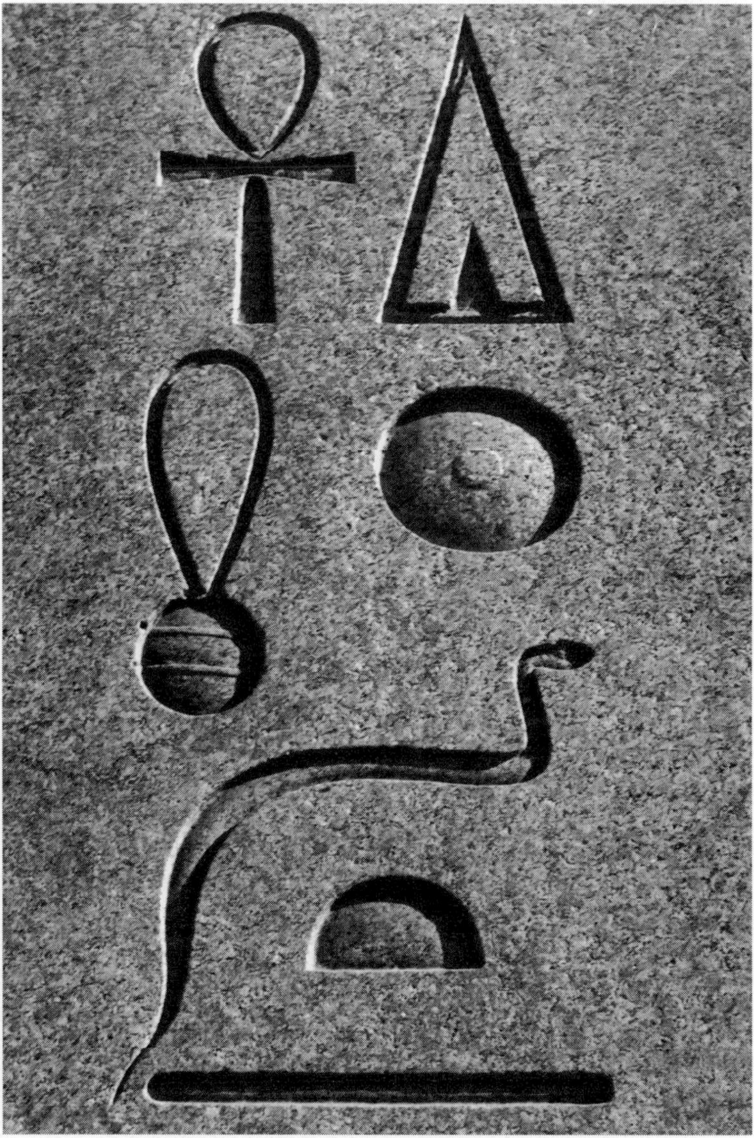

Präzision im Stein mit Werkzeugen der Steinzeit: Hieroglyphen im Karnak Tempel

ben, der einen heiligen Bezirk umschließt, in dem rings um den eigentlichen Tempel zahlreiche Nebentempel liegen: am Nordtor der Tempel des memphitischen Schöpfergottes Ptah, am Osttor der Obeliskentempel von Ramses II (von hier stammt der Lateran-Obelisk in Rom), im Südosten der Heilige See (östlich über den Ruinen von Priesterhäusern die Tribünen für die Light and Sound Show), im Südwesten der Tempel des Gottes Chons, des Sohnes von Amun und Mut.

Der Tempel selbst entwickelt sich an zwei Achsen. Die West-Ost-Achse beginnt (beim modernen Zugang) bei einer Kultplattform (südlich war die antike Anlegestelle), von der eine Widder-Sphingen-Allee zum **Ersten Pylon** (unfertig, ptolemäisch) führt. In seinem Tordurchgang können Sie sich anhand informativer Übersichtspläne gut orientieren. Dahinter folgt der **Erste Hof**; links steht ein kleines dreiteiliges Heiligtum des Sethos II für Amun, Mut, Chons; rechts Reste einer antiken Baurampe. Rechts vor dem Zweiten Pylon steht der **Tempel Ramses III**, davor in der Hofmitte der **Taharqa-Säulengang**. Vor dem Zweiten Pylon ist noch eine von ehemals zwei Kolossalstatuen von Ramses II erhalten.

Am Ende des Ersten Hofes weist links ein Schild zum **Open-Air-Museum**, dessen Besuch sehr empfohlen werden kann: Hier sind die *Weiße Kapelle* des Sesostris I (um 1970 vC, einer der Ursprünge von Karnak) und weiterhin – aus schönen Quarzit-Relief-Blöcken – die *Rote Kapelle* der Königin Hatschepsut wieder zusammengesetzt worden. Zum anderen wird dieser Platz relativ wenig von Touristen besucht, unter schattigen Bäumen kann man sich ausruhen. Auf dem Weiterweg sollten Sie an der Außenwand des Ersten Hofes und des Säulensaals die detailreichen **Schlachtenreliefs von Sethos I** (um 1300 vC) anschauen.

Oder Sie lassen das Freilichtmuseum aus und gehen direkt im Verlauf der Tempelachse vom Ersten Hof durch den **Zweiten Pylon** (Haremhab, um 1300 vC) in den **Säulensaal** mit 134 Papyrus-Säulen; ein in seinen Dimensionen überwältigender Raum, der – letztlich nicht erfaßbar – sich nur beim Herumgehen etwas als ein *Stein gewordener Heiliger Hain* erschließt. Auf den Wänden und Säulen haben sich Sethos I und Ramses II mit Reliefs religiösen Inhalts verewigt. An der Ostseite der nördlichen Außenwand zeigen aktionsgeladene Reliefs Libanesen beim Zedernabholzen und die Eroberung von Kanaan durch Sethos I.

Weiter in der Mittelachse durch den **Dritten Pylon** (Amenophis III, um 1360 vC), vorbei am **Obelisken** Thutmosis I und der Hatschepsut (23 m hoch; oberer Teil des südlichen Pendants liegt beim Heiligen See) durch das unübersichtliche Gebiet des **Vierten bis Sechsten Pylons** bis zum **Granit-Sanktuar** (um 320 vC als Erneuerung eines Sanktuars Thutmosis III errichtet), in dem die Prozessionsbarke des Amun-Re aufbewahrt wur-

Karnak, Botanischer Garten (Thutmosis III)

de. Auf der südlichen Außenwand sind sehr schöne Reliefs der Prozession zu sehen.

Dahinter der weite leere **Hof des Mittleren Reiches** mit wenigen Spuren (Türschwellen aus Granit, Kapellensockel aus Kalzit-Alabaster), des ältesten Tempels (um 2000 vC). Östlich schließt sich die querliegende, fünfschiffige **Festhalle Thutmosis III** an, hinter der das Allerheiligste lag. In diesem Komplex ist der sog. **Botanische Garten** einen Blick wert: ein kleiner Saal, an dessen Wänden Reliefs Tiere und Pflanzen zeigen, die der Pharao aus Syrien mitgebracht hatte.

Jetzt sollten Sie über die Tempelmauer nach Osten gehen und rechts zum **Heiligen See** (Cafeteria) mit Blick auf die Nord-Süd-Achse des Tempels abbiegen. Sie beginnt am Säulensaal und verläuft vom Siebten bis zum Zehnten Pylon (derzeit gesperrtes Areal) nach Süden, hinaus zum Mut-Tempel.

Der **Neunte Pylon** ist z. Zt. demontiert, da sein Kernmaterial aus Zehntausenden von Reliefblöcken Amenophis IV (Echnaton) bestand, die hier nach Ende der Amarna-Zeit als Baumaterial wiederverwendet wurden. Heute sind sie alle katalogisiert. Im Luxor-Museum ist eine Tempelwand aus diesen Fragementen zusammengesetzt.

Der westlich der Nord-Süd-Achse liegende **Chons-Tempel** ist eine klar überschaubare klassische Tempelanlage mit Sphingen-Allee, Pylon, Hof, Säulensaal, Sanktuar. Hier bietet sich ein schöner Blick zurück zum Amun-Tempel.

Von der Nordseite des Großen Säulensaales führt ein Pfad an die nördliche Umwallung zum kleinen, aber eindrucksvollen **Ptah-Tempel**. Im Sanktuar sind eine (kopflose) Ptah-Statue und nebenan die seiner Gemahlin Sechmet aufgestellt. Bei geschlossener Tür fällt nur ein Lichtstrahl durch eine Öffnung oberhalb der Götterfigur – ein Beleuchtungstrick, der die Statue geheimnisvoll ins Halbdunkel taucht. Dieses Arrangement entspricht aber nicht den antiken Verhältnissen, da die Edelmetall-Kultstatuen der Tempel-Sanktuare in Schreinen aufbewahrt wurden.

Als Abschluß des Besuchs faßt die **Light and Sound Show** noch einmal die Eindrücke in buchstäblich anderem Licht zusammen, ein Besuch ist eindrucks- und stimmungsvoll. Man wandert (allerdings von Wärtern mit "gemma-gemma, zack-zack" angetrieben) etwa 45 Minuten durch die Tempelanlage und sitzt dann ähnlich lange auf den Tribünen; nehmen Sie etwas Trinkbares und im Winter eine **warme Jacke** mit. Eintrittskarten dafür gibt es am Schalter neben den Tempel-Ticket-Verkäufern.

Luxor-Tempel

Ein Hinweis: Nur hier kann man Karten für den Tempel el Tod (15 km südlich) sowie für das Grab des Anchtifi aus der Ersten Zwischenzeit in Moalla (ca. 20 km südlich) erwerben. Beide Stätten sind sehr sehenswert und selten besucht.

Der im Herzen der Stadt gelegene Tempel, in dessen Fleisch eine Moschee wie ein Parasit hineinragt, aber doch eine historische Symbiose bildet, dieser Komplex scheint ein Teil des täglichen Lebens von Luxor zu sein. Die beste Besuchszeit ist der frühe Morgen; für den Nicht-Fotografen mag sogar der Abend stimmungsvoller sein, wenn die Beleuchtung Details noch besser zum Vorschein bringt.

Als südlicher Teil der Tempelstadt Theben-Ost ist der Luxor-Tempel mit Karnak durch eine über 2 km lange **Sphingen-Allee** verbunden, deren südlichstes Ende freiliegt und einen prachtvollen Zugang zum Tempel bildet. Der Tempel hieß altägyptisch *Südlicher Harem,* er war der Ort der heiligen Hochzeit des Amun-Re.

Der **Pylon** stammt von Ramses II (Reliefbilder der Kadesh-Schlacht auf der Pylonfront, gut sichtbar ganz früh am Morgen oder bei abendlichem Kunstlicht); vor dem Pylon stehen kolossale Sitz- und Standfiguren Ramses II sowie ein Obelisk, dessen Bruder heute auf der Place de la Concorde in Paris (Geschenk Mohammed Alis an Frankreich) der ihm nicht gerade angemessenen Witterung ausgesetzt ist.

Hinter dem Pylon folgt der **Erste Hof** (Ramses II), dessen Nordost-Ecke von der Moschee des Ortsheiligen Abul el Haggag belegt ist. Rechts steht eine **Kapelle der Hatschepsut**. Rings um den Hof ragen Kolossalstatuen Amenophis III und Ramses II auf. Rechts vom Durchgang zur Kolonnade sollten Sie das **Reliefbild der antiken Tempelfassade** anschauen, auf dem viele Details wie z.B. die Tempelbeflaggung zu erkennen sind. Die anschließende **Kolonnade** wurde von Amenophis III erbaut. Die Wandreliefs sind unter Tutanchamun entstanden; sie erzählen in sehr lebhaften Bildern vom *Opet-Fest*, bei dem Amun, Mut und Chons in prachtvoller Prozession von Karnak nach Luxor ziehen (Hinweg auf der Westwand, Rückweg auf der Ostwand). Der **Säulenhof** Amenophis III, eine der ausgewogensten Architekturschöpfungen, leitet über zum **Säulensaal** mit 25 Papyrus-Säulen. Die daran anschließende **Vorhalle** wurde von den Römern zu einem römischen Heiligtum umgebaut.

Von hier führt der Weg durch einen Raum mit vier Säulen, den **Opfertischsaa**l, zum **Sanktuarium**. Östlich davon liegt das **Mamisi**, dessen Reliefs den Mythos der Geburt Amenophis III darstellen. An seiner Außenwand Graffiti des Amun-Re als Fruchtbarkeitsgott mit erigiertem Phallus. Rings um den Tempel Baureste aus der Römerzeit, als der Luxor-Tempel zu einer römischen Festung umgebaut worden war.

Im Januar 1989 wurden bei Renovierungsarbeiten im Säulenhof des Amenophis III zufällig Statuen aus Hartgestein etwa 3 m tief im Boden entdeckt, u.a. Amenophis III, Haremhab, die Göttin Hathor und eine vermutlich den Gott Atum darstellende Figur. Alle sind hervorragend erhalten und meisterhaft gearbeitet. Fachleute glauben, daß dies nur ein Teil möglicher weiterer Entdeckungen in dem Säulenhof ist und bezeichnen den Fund als den wichtigsten seit Jahrzehnten. Zumindest stellt sich heraus, daß die Erde von Theben noch für manche Überraschungen gut sein wird. Diese Funde sind im Luxor Museum ausgestellt, siehe unten.

Museen in Luxor

Das erst 1976 eröffnete **Museum von Luxor** unterscheidet sich wohltuend vom Ägyptischen Museum in Kairo: relativ wenige, aber gute Stücke in mustergültigem Display. Der Besuch lohnt sich ganz sicher, zumal die meisten Exponate aus der unmittelbaren Umgebung stammen und die Eindrücke von dort vertiefen. Gerade die Beschränkung auf wenige, aber durchwegs exzellente Stücke macht den Besuch zu einem Genuß. Ein besonderer Leckerbissen ist die Ausstellung der neuesten Funde (siehe oben), von denen 16 Statuen in eigens gebauten "Tiefpaterre" rechts nach dem Eingang zu bewundern sind.

An der Wasserseite der Corniche gegenüber dem Mina Palace Hotel (Nähe Luxor Tempel) wurde in die Uferpromenade ein interessantes **Mumification Museum** (9-13, 16-21, Sommer 17-22; £E 20) gebaut. Zu sehen gibt es u.a. mumifizierte Tiere und die Mumie von Maseharti, einem Priester und General aus der 21. Dynastie, mitsamt seinen ineinandergeschachtelten Sarkophagen, Kanopen, Grabbeigaben, Mumifizierungs-Instrumenten und Informationen über die Technik der Mumifizierung.

Relief von Tutenchamun im Luxor Tempel mit Namenskartusche von Horimhep

Theben-West kennenlernen

Znächst noch eine praktische Informationen: Wer von Luxor herüberfährt, hat die folgenden **Entfernungen** zurückzulegen: Zur Nilbrücke 9 km, quer durchs Fruchtland 4 km, dann wieder 10 km nach Norden bis Neu-Qurna.

Das tragische Attentat vom 17. November 1997 hinterließ insofern Spuren in Theben-West, als schießbereite Soldaten an allen wichtigen (und vielleicht auch unwichtigen) Stellen mit dem MG im Anschlag herumstehen. Verschiedene Straßen wurden extrem verbreitert, so daß ganze Panzerarmeen anrollen könnten. Vor den wichtigsten Sehenswürdigkeiten wurden große Parkplätze angelegt und Souvenirshops so aufgemauert, daß die ankommenden Besucher zwangsweise vorbeizugehen haben; die früheren wilden Stände sind der Ordnung gewichen.

In Der el Bahri sucht man vergebens nach einer Gedenktafel oder einer entsprechenden Erinnerung an das Attentat. An vielen Straßen stehen (statt dessen?) Schilder "Smile you are in Luxor". Diesen eher dummen Spruch kann man auch sarkastisch lesen "lächele oder lache, weil Du in Luxor bist..." Er paßt in die Reihe der Straßenschildersprüche, Ägypten sei das Mutterland der Zivilisation; das liest sich besonders gut, wenn das Schild mitten im Müll aufgestellt wurde.

Die Straße zu den pharaonischen Sehenswürdigkeiten führt an einem jungen historischen Denkmal vorbei: ***Neu-Qurna****, eine von dem bekannten ägyptischen Architekten Hassan Fathy konzipierte Lehmhaus-Siedlung. Fathy hatte lange nach einer besseren, aber zugleich nicht teureren Baumethode als die übliche Ziegelbauweise für die Fellachen gesucht. Er entdeckte die Lehmbauweise wieder, die vor allem hervorragende klimatische Eigenschaften aufweist. Allerdings machten im holzarmen Ägypten Deckenbalken das Bauwerk wieder fast so teuer wie zuvor. Daher fand Fathy zum Gewölbe- und Kuppelbau aus Lehm zurück, der alle gewünschten Vorteile in sich vereinigte und den er durch geschickte Luftzirkulation zusätzlich kühlte.*

Ende der 40er Jahre veranlaßte ein dreister Grabraub die Regierung, den Räubern das Handwerk zu legen und das buchstäblich auf "goldenem" Boden stehende Dorf Qurna zu räumen. Fathy bekam gegen viele Widerstände den Auftrag, ein neues Dorf im Fruchtland zu bauen. Allerdings waren die Widerstände so stark, daß er sein Konzept nur zum Teil realisieren konnte und es schließlich als gescheitert einstufte.

Doch es ist nicht ganz gescheitert, was ein kurzer Abstecher nach Neu-Qurna beweist. Zwar haben sich die Qurnawis erfolgreich gegen den Umzug gewehrt, von der Lehmarchitektur ist auch nicht allzu viel übriggeblieben. Aber von Fathys Ideen gingen so viele Impulse aus, daß in Ägypten mehr und mehr Lehmhäuser entstehen – freilich meist als extravagante Wohngebilde für Betuchte oder im Hotelbau.

1997 ging übrigens durch die Presse, daß die ägyptische Regierung erneut versucht, das Dorf Qurna zu verlegen und statt dessen einen historischen Park auf dem Gräberfeld anzulegen...

Geht man in Neu-Qurna die erste doppelspurige Querstraße nach der Kreuzung, so

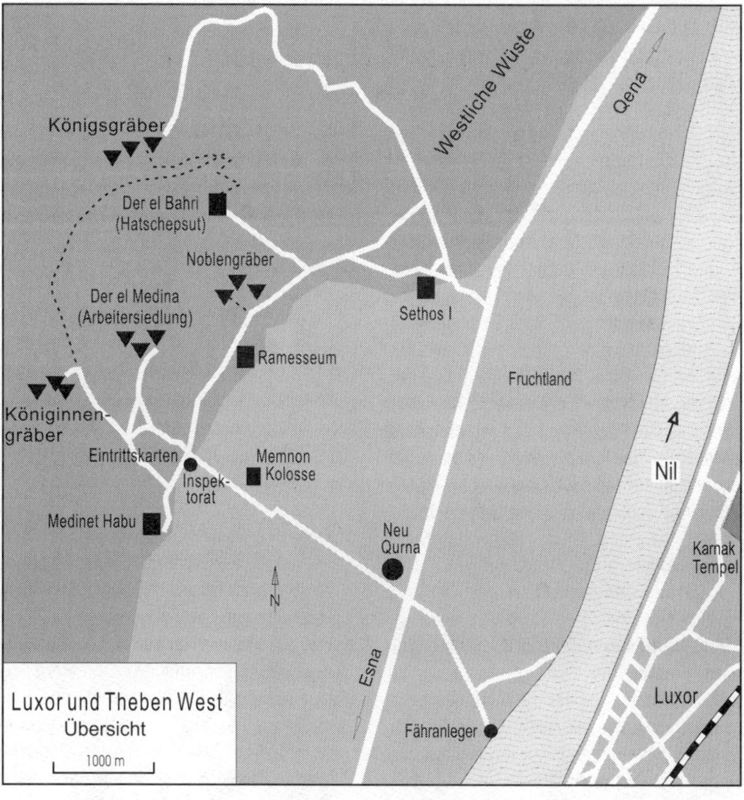

kann man die eigenwillige Moschee und ein paar Häuser nach Fathys Ideen bewundern.

Grabanlagen

Die Gräber der Könige, Königinnen, Noblen und Arbeiter liegen – jeweils erheblich voneinander entfernt – im Wüstenbereich unweit des Fruchtlandes.

Tal der Könige

Vergessen Sie nicht: **Eintrittskarten** gibt es nur am Tickethaus beim Inspektorat, nicht an den Gräbern. Dies gilt für alle Plätze in Theben-West – ohne Eintrittskarten stehen Ihnen erhebliche Umwege bevor. Lediglich für das Tutanchamun-Grab können Sie an Ort und Stelle ein Ticket kaufen. – Auch wenn Taxifahrer das Gegenteil behaupten: Man kann nach wie vor über den Berg nach Der el Bahri hinüberwandern!

Ein wichtiger Hinweis: Gehen Sie nicht aus lauter Neugierde in eines der vielen offenen, offiziell jedoch nicht zugänglichen Gräber. Dort unten ist die Luft heiß und stickig, Fledermäuse flattern um den Kopf, die akustische Verbindung zur Außenwelt bricht sehr bald ab – ein Leser berichtet von panischer Reaktion und davon, daß eine Frau, die nicht mehr herausfand, verhungerte; ihre Leiche wurde erst Jahre später entdeckt.

Das vollkommen vegetationslose Wadi mit den Königsgräbern liegt etwas versteckt hinter einer Gebirgskette nach der Fruchtland-Grenze (auf der die *Herrin des Westens,* die das Schweigen liebt, ihren Sitz hatte).

Den stärksten Eindruck von dem einsamen Wadi gewinnen Sie, wenn Sie von Der El Bahri zu Fuß oder per Esel über eben jenen Berg hinüberkommen. Doch auch die Straßenführung durch das enge Trockental vermag die Abgeschiedenheit dieser Totenwelt zu vermitteln. Allerdings ist es seit dem Massenansturm der Touristen mit der Abgeschiedenheit nicht mehr weit her, häufig stauen sich lange Schlangen vor den Gräbern und in Zeitnot geratene Gruppenführer drängen Einzelreisende rücksichtslos zur Seite. Nutzen Sie die Mittagszeit, da ist das Gedränge deutlich geringer.

Einige Vorbemerkungen zu den Königsgräbern:

- Ohne Verständnis für die Mythologie und die Philosophie, die hinter diesen Grabanlagen stehen, sehen die Gräber aus wie bemalte Bergwerksstollen. Versuchen Sie dennoch, sich stimmungsmäßig in die hier dokumentierte Gedankenwelt versetzen zu lassen.
- Unter dem Massenansturm schwitzender Touristen verändern sich die klimatischen Bedingungen in den Kammern grundlegend. Es wird nicht mehr lange dauern, bis die eindrucksvollen Bilder zerstört sind. Denken Sie an diese spezielle Umweltbelastung und vermeiden Sie, die Reliefs durch Berühren o.a. zusätzlich zu belasten. Denken Sie auch daran, daß zum vollen Erleben Ruhe und Stille gehören.

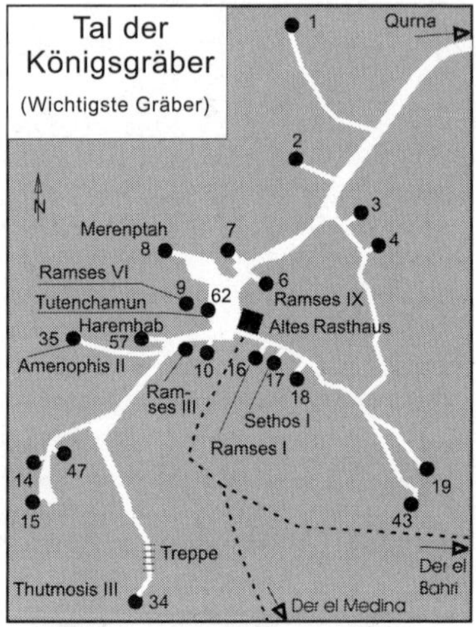

- Wie schon erwähnt, herrscht in den Gräbern wegen der Anfälligkeit der alten Farben striktes Fotografierverbot mit Blitz, bitte halten Sie sich der Kunstwerke zuliebe unbedingt daran, auch wenn Ihnen die Wärter immer wieder gegen Bakschisch das Fotografieren anbieten. Kaufen Sie sich einen Bildband; die Fotos kann man selbst abfotografieren und erhält vermutlich bessere Bilder als die hastigen in der Grabes-Dunkelheit.
- Das alte Rasthaus gegenüber dem Tutanchamun-Grab wurde abgerissen und statt dessen ein moderner Restaurantkomplex vor Beginn des Gräberbezirks erbaut (für Fußgänger, die über den Berg ka-

men, umständlicher zu erreichen). Am Platz des alten Rasthauses wurde eine Art Rastplatz mit Schattendach errichtet.

Vom Parkplatz marschiert man entweder ca. 300 m zu den Gräbern oder steigt in eine "Bimmelbahn", die zu den Gräbern fährt (£E 1).

Die Gräber sind zum Teil tief in den Fels getrieben. In der 18. Dynastie weisen sie eine 90-Grad-Abwinkelung in ihrem Kammer- und Gangsystem auf, in der Ramessidenzeit verläuft der Weg vom Eingang bis zur Sargkammer geradlinig. Das System der verschiedenen Räume und Schächte ist als eine Wiedergabe der Vorstellung vom Jenseits zu interpretieren, das in der Zeit des NR in der Unterwelt liegt.

Die altägyptische Vorstellung von diesem Jenseits geben auch die Dekorationen wieder, die königliche Jenseits-Texte des NR illustrieren: Das Buch Amduat schildert die Fahrt des meist widderköpfigen Sonnengottes in seiner Barke durch die zwölf Stunden der Nacht; der König möchte sich dieser Fahrt anschließen, um, gleich dem Sonnengott, am nächsten Morgen wiederaufzuerstehen. Weitere Jenseitsbücher sind das Pfortenbuch (Durchschreiten der von Dämonen bewachten Tore der Unterwelt) oder das Höhlenbuch, das die Strafen für die Verdammten im Jenseits schildert. – Den Sargraum überwölbt meist eine astronomische Decke mit der Wiedergabe der Sternbilder.

Von den insgesamt 64 Gräbern sind nur etwa zehn so gut erhalten, daß eine Besichtigung lohnt. In chronologischer Reihenfolge handelt es sich um Grab Nr. 34, Thutmosis III, Nr. 35 Amenophis II, Nr. 62 Tutanchamun, Nr. 57 Haremhab, Nr. 16 Ramses I, Nr. 17 Sethos I, Nr. 8 Merenptah, Nr. 11 Ramses III, Nr. 9 Ramses VI und Nr. 6 Ramses IX. Zur Besichtigung sind meistens nur wenige Gräber, und diese abwechselnd freigegeben, um die Belastungen der Anlagen zu vermindern.

Zu den interessantesten Gräbern zählen:

- Nr. 17, Sethos; eines der größten und am prächtigsten ausgemalten Königsgräber (wegen Restaurierung derzeit geschlossen)
- Nr. 34, Thutmosis III; Amduat-Illustrationen, skizzenhaft wie auf einem Papyrus
- Nr. 35, Amenophis II; ähnlich wie Nr. 34 dekoriert
- Nr. 57, Haremhab; Pfortenbuch, der unfertige Zustand des Grabes ermöglicht interessante Beobachtungen zur Technik der Reliefzeichnungen (Vorzeichnungen)
- Nr. 62, Tutanchamun; ungewöhnlicher Grundriß für ein Königsgrab und sehr klein; wohl ursprünglich für einen Privatmann begonnen, vermutlich aus Zeitgründen für den Kindkönig übernommen.
- Nr. 9, Ramses VI, ist frisch restauriert und u.a. auch daher sehenswert.

Tip: Sie sollten nicht unbedingt mit dem schönsten Grab, dem des Sethos, beginnen; dann fallen die anderen vielleicht zu sehr ab.

Gräber der Noblen, Beamten und Würdenträger

In Theben-West gibt es über 400 dekorierte Gräber von Privatleuten, d.h. von Angehörigen der Oberschicht. Sie sind hochinteressant wegen der Darstellungen aus dem täglichen Leben, die oft in direktem Bezug zur Person des Grabinhabers, zu seinem Beruf bzw. seinen Ämtern stehen.

Schauen Sie sich diese Dokumentation des pharaonischen Alltags an und lassen Sie sich aus längst verflossenen Jahrtausenden erzählen. Der aufmerksame Beobachter findet deutliche Parallelen zu abendländischen Lehren. Wenn der Verstorbene laut Toten-

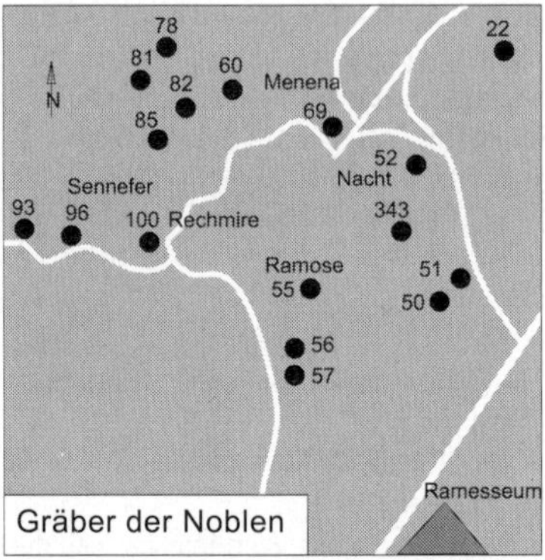

Gräber der Noblen

buch den Totenrichter beschwört: *"Ich habe kein fremdes Eigentum beschädigt, niemanden verleugnet, keinen Schmerz zugefügt, niemanden hungern lassen, keine Tränen verursacht. Ich habe niemanden getötet und auch nicht zu töten befohlen ... "*, dann ist der Weg zu den biblischen zehn Geboten nicht weit und man stellt betroffen fest, daß die grundsätzlichen Probleme der Menschheit vor 4000 Jahren schon allzu bekannt waren, die Lösung aber heute ebenso weit entfernt liegt wie damals.

Die Gräber bestehen im Prinzip aus Vorhof, Quer- und Längshalle, der bei den größeren Anlagen ein Pfeilersaal vorgeschaltet sein kann. Von diesen Räumen gingen die Schächte hinunter zu den unterirdischen Grabkammern, in denen die Särge und die Grabausstattung abgestellt wurden. Während dieser Teil der Grabanlage verschlossen wurde, blieben die dekorierten Räume weiterhin für die Totengedenkfeiern zugänglich.

Für den Besucher stellt sich das Problem der Auswahl und der Orientierung. Vereinzelte Schilder weisen zwar in Richtung einiger Grabstätten, die aber dennoch schwer zu finden sind. Die Gräber liegen (von Nord nach Süd) in Dra Abou el Naga, im Asaif, El Cocha, Qurna und Gurnet Murai, wobei die meisten der zur Besichtigung freigegebenen Gräber in Qurna zu finden sind. Diese Nekropole zieht sich um das gleichnamige Dorf - westlich des Ramesseums - den Hang hinauf.

Falls möglich (auch hier können Gräber vorübergehend geschlossen sein) sollten Sie – je nach aktuellem Öffnungsstand – eine Auswahl der folgenden Gräber besuchen:

- Nr. 52, Nacht; Darstellungen aus dem bäuerlichen Leben, Musikantinnen (als Schutz wurden Wände glasverkleidet)
- Nr. 55, Ramose; Relief (Festdarstellung) und Malerei (Begräbniszug), Übergang zum Amarna-Stil
- Nr. 56, Userhet; sehr schöne Malereien
- Nr. 57, Chaemhet, schöne Flachreliefs
- Nr. 69, Menena; Landwirtschaft, Totengericht und Begräbnisrituale
- Nr. 96, Sennefer; Weinlaubdecke,
- Nr. 100, Rechmire; Handwerkerszenen

Weiterhin sind sehenswert: Nr. 51, 57, 38, 50, 56, 78, 81, 82, 60, 85 und 93. Da die Gräber innerhalb der Bereiche von zwei Umfassungsmauern liegen, sollten Sie sich je nach Umfang Ihrer Besichtigungs-Ausdauer zuvor im Plan einen Rundgang markieren.

Auch in den beiden anderen Nekropolen, Asaif und El Cocha, liegen sehenswerte Gräber, insbesondere Nr. 36, 39, 49, 178, 192 und 279.

Der El Medina

In dieser sehenswerten Stadt wohnten die Künstler, Steinmetze und Maler, die für die Anlage der Königsgräber im Tal der Könige zuständig waren. Für sich selbst legten sie am Hang über ihrem Dorf "nach Feierabend" ihre meist kleinräumigen Gräber an, die sich durch einen ganz eigenen Stil und eine oft recht eigenwillige Farbgebung auszeichnen. In diesem Gebiet finden Sie neben einem

Die schöne Schwägerin des Grabherrn im Ramose-Grab

kleinen, mit allen Nebenräumen erhaltenen Ptolemäer-Tempel (Wärter suchen, der aufschließt und Strom besorgt).

Die Grundmauern der engen Häuser und manchmal noch Stufen der Treppe in den oberen Stock sind erhalten, sie ermöglichen eine gute Vorstellung von den damaligen Wohn- und Lebensbedingungen. Dies ist um so interessanter, da die meisten der altägyptischen Siedlungen, aus vergänglichen Nilschlammziegeln errichtet, nicht erhalten geblieben sind.

Einige Gräber sind zugänglich, aber nur für 5 bis 10 Minuten. Das des Sennodjen (Nr. 1) liegt seinem Haus gegenüber, noch besser hat uns das Grab des Onuris Cha (Nr. 359) gefallen (für uns eins der schönsten in Theben-West überhaupt), dessen beide Kammern mit sensiblen, sehr eindrucksvollen Bildern bemalt sind.

Übrigens konnten sehr viele Details über die Stadt und das damalige Leben rekonstruiert werden, weil hier zahllose, mit allen möglichen Notizen bekritzelte Ton- und Kalksteinscherben (*Ostraka*) gefunden wurden; allein 5000 in einem mit Abfall gefüllten unvollendeten Brunnen nordöstlich des Ptolemäertempels.

Man kann von hier aus auf schönen, aussichtsreichen Wegen nach Der el Medina wandern. Allerdings sollte man derzeit die Polizei informieren, weil die Strecke stark bewacht ist. Man wird sonst in unangenehme, ständige Fragerei verwickelt.

Königinnengräber

Das südwestlich von Der El Medina gelegene Tal der Königinnen birgt nicht nur Gräber von Königinnen, eine Reihe von Prinzen und Priestern wurde hier auch begraben. Die Anlagen ähneln denen der Könige, sind aber insgesamt bescheidener angelegt und ausgestattet.

Das berühmteste Grab, das der **Königin Nefertari** – Lieblingsfrau von Ramses II – hatte unter Mineralausscheidungen (hauptsächlich Salz) sehr gelitten, in einem außerordentlich aufwendigen Renovierungsprozeß wurde es wieder so hergerichtet, daß man es besichtigen kann – allerdings nur 10 Minuten lang (zum Prozedere siehe Seite 351). Ein Leser schreibt begeistert: "Es ist, wie wenn man vor einem wunderschönen, von Farben überbordenden Bild steht und dann die Erlaubnis bekommt, es zu betreten. Plötzlich ist es überall, um einen herum." Tatsächlich überwältigt die frohe Farbenfülle den Besucher; es ist kaum zu glauben, daß die wunderschönen Malereien die Jahrtausende überdauerten und ihre lebendige Ausdruckskraft behielten. Treiben Sie den nicht unerheblichen Aufwand und besuchen Sie das Grab.

Kurz vor Redaktionsschluß erreichte uns die Meldung, daß bereits wieder Schäden an den Malereien entstanden seien und eine weitere Reduzierung der Besucherzahl erwogen wird.

Wenn Sie Zeit erübrigen können, so schauen Sie sich auch das gut erhaltene Prinzengrab Nr. 44 und das der Königin Titi (Nr. 52) an.

Grabtempel

Einst lagen die Grabtempel an der Grenze zwischen Fruchtland und Wüste. Es waren die Tempel, in denen die Bestattungszeremonien und später die Totenrituale abgehalten wurden; sie waren der thebanischen Götter-Triade Amun, Mut und Chons geweiht.

An den Grabtempeln hat der Zahn der Zeit sehr stark genagt, von manchen ist nichts oder nicht viel übriggeblieben. Daher sollen hier auch nur die wichtig-

sten beschrieben werden, wieder im Norden beginnend.

Grabtempel von Sethos I

Der von Sethos I begonnene und von seinem Sohn Ramses II fertiggestellte Tempel liegt am Rand des Dorfes, das an der Königsgräberstraße östlich der vom Inspektorat kommenden Straße liegt und ausschließlich aus Alabasterfabriken zu bestehen scheint.

Der Tempel war stark zerstört. Das Deutsche Archäologische Institut arbeitete viele Jahre an der jetzt abgeschlossenen Rekonstruktion. Besonders gut erhalten und sehenswert sind die Reliefs der verhältnismäig kleinen Anlage. Bei Zeitmangel sollte man allerdings den Besuch des Ramesseums vorziehen.

Zu sehen sind die Vorhalle, der Säulensaal mit sechs Papyrussäulen, Seitenkammern und schließlich das Sanktuar. Neben dem Allerheiligsten ließ Ramses II einen Sonnenhof anlegen.

Der El Bahri

Hatschepsut, die mächtigste Frau auf dem Pharaonenthron, integrierte ihren Totentempel in den Steilabfall des Gebirges: Er breitet sich wie eine überdimensionale Bühne aus, die mit ihrer Hintergrundkulisse aus ockerfarbigen, senkrecht in den Himmel wachsenden Felsen verschmolzen ist.

Drei übereinander gestaffelten **Terrassen** tragen Hallen, zu denen Rampen hinaufführen. Auf der mittleren Terrasse finden Sie im Süden (links) die berühmte **Punt-Halle** mit Reliefs über eine Handelsexpedition nach Punt (heute Somalia) zur Gewinnung von Weihrauchbäumen. Diese Reliefs sind so detailliert und naturgetreu geschaffen, daß aus eigentlich nebensächlichen Einzelheiten, wie z.B. den Fischarten, der Reiseweg rekonstruiert werden konnte. Südlich der Punthalle schließt sich das **Heiligtum der Göttin Hathor** an. Die Reliefs zeigen die Göttin überwiegend in ihrer Kuhgestalt.

Im nördlichen Teil der Mittelterrasse können Sie die Schilderung der **Geburtslegende** verfolgen: Der Reichsgott Amun zeugt zusammen mit der großen königlichen Gemahlin den zukünftigen ägyptischen König – hier Hatschepsut. Das königlich-göttliche Kind wird vom Schöpfergott Chnum auf einer Töpferscheibe geformt. Am nördlichen Ende der

(Noblen)-Grabherr Sennefer und Gemahlin

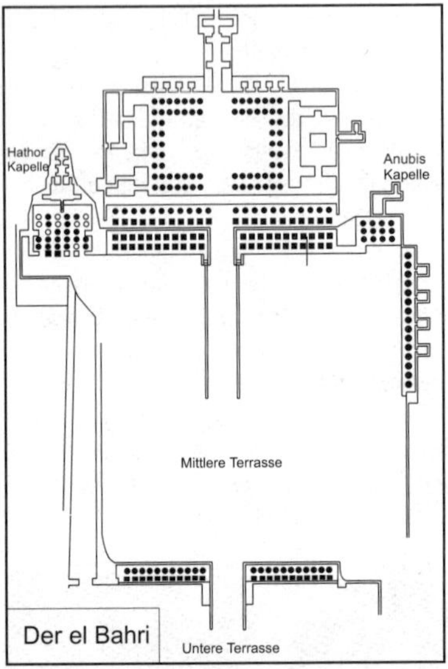

Terrasse liegt, in den Fels hineingearbeitet, eine **Kapelle für Anubis** mit Darstellungen des Mitregenten Thutmosis III.

Die Restaurierungsarbeiten auf der obersten Terrasse stehen kurz vor dem Abschluß, ab März 2000 soll sie wieder geöffnet werden. Auch von weitem sind die kolossalen Pfeilerfiguren zu erkennen, die Hatschepsut in Gestalt des Jenseitsherrschers Osiris darstellen.

Südlich des Hatschepsut-Tempels wurden erst 1964 unter Grabungsschutt Überreste eines **Heiligtums von Thutmosis III** entdeckt. An dieses schließt sich der **Totentempel von Mentuhotep**, den sich der Gründer des Mittleren Reiches hier rund 500 Jahre früher in direkter Kombination mit einem Felsengrab, das tunnelartig in den Fels hineinführt, anlegen ließ und der als Vorbild für Hatschepsuts Bauwerk diente.

Besonders gut ist die Tempelanlage von dem darüberliegenden Felsplateau aus zu erkennen (z.B. auf dem Fußweg ins Tal der Könige).

Ramesseum

Den Totentempel von Ramses II betritt man heute von Nordwesten durch den Zweiten Hof – will man ihn entsprechend seiner Raumfolge vom eigentlichen Eingang her kennenlernen, wendet man sich zunächst nach links und erreicht durch den **Ersten Hof** mit einer umgestürzten kolossalen Sitzfigur des Königs (ursprünglich ca. 17 m hoch) die Rückseite des **Ersten Pylons**, heute stark zerstört und bereits ins Fruchtland reichend.

Auf der Rückseite dieses und auch des **Zweiten Pylons** können Sie in Bildern und in Texten die Schilderung der Schlacht von Kadesh, die Ramses II in seinem 5. Regierungsjahr in Syrien gegen die Hethiter schlug, nachverfolgen – obwohl die Ägypter, wie aus den Berichten des Gegners hervorgeht, in einen Hinterhalt gelockt wurden und nur mühsam einer Niederlage entgehen konnten (es entstand eine Patt-Situation), stellt die ägyptische Version einen grandiosen Sieg des Pharao dar. Außer hier im Ramesseum ist die Kadesh-Schlacht noch in Abydos, im Luxor-Tempel und in Abu Simbel verherrlicht.

Im hinteren Tempelteil sind noch die Decken zweier Säle erhalten, eine davon zeigt eine astronomische Darstellung, die Wiedergabe verschiedener Sternbilder, die auch in den Königsgräbern zu sehen sind. Außerhalb des eigentlichen, aus Stein errichteten Tempels werden Ihnen ausgedehnte Ziegelgebäude auffallen, die Magazine des Ramesseums.

Obwohl dieser Tempel stark zerstört ist, lohnt sich ein Besuch. Wegen der Nähe des Fruchtlandes sind die Ruinen von Bäumen durchwachsen, was der Anlage eine sehr eigene Atmosphäre verleiht. Außerdem sind hier deutlich weniger Touristen anzutreffen als in Der El Bahri oder Medinet Habu. Im

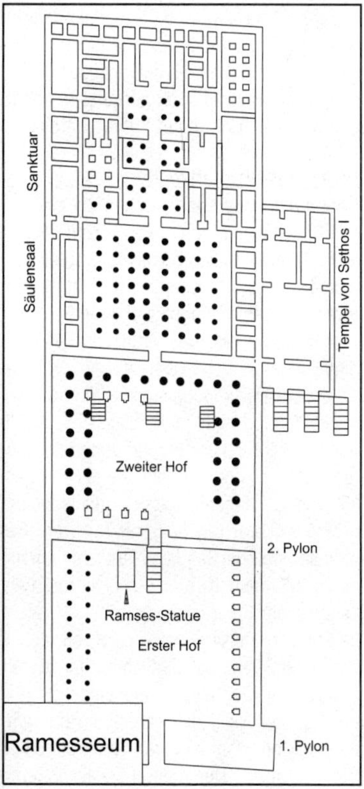

Resthouse neben dem Ramesseum kann man sich erfrischen.

Medinet Habu

(Neuerdings ist der Tempel mit *Ramses III* ausgeschildert). Von einer gewaltigen Umfassungsmauer aus Ziegeln umgeben, ist der Totentempel von Ramses III der größte noch erhaltene Tempel in Theben-West. Man betritt den Bezirk durch einen in der ägyptischen Architektur ungewöhnlichen Bau, das sog. **Hohe Tor**, das an syrische Festungsbauten erinnert (Zinnen).

Die Darstellungen der Feindvernichtung verstärken den Abwehr-Charakter des Torbaues. Über ein offenes Areal gelangt man zum **Ersten Pylon**, der das Erschlagen der Feinde zeigt. Im Tempelinnern ist eine sehr klare Raumfolge von Hof – Zweiter Pylon – Zweiter Hof, Säulensaal – Opfertischraum und Sanktuar zu beobachten, der Boden steigt über Rampen zum Allerheiligsten stetig an.

Im **Ersten Hof** ist links das Erscheinungsfenster zu sehen, von dem aus der König Belobungen an seine Beamten und Heerführer verteilte. Dahinter liegt eine kleine **Palast-Anlage** (von außen zugänglich), die mit Thronsaal, Schlafräumen, Badezimmer und Toilette das verkleinerte Abbild des Königspalastes darstellt: Hier nicht für den lebenden, sondern für den verstorbenen König bestimmt.

Die **interessantesten Reliefs** finden sich auf den Außenseiten: Im Norden (Rückseite Erster Pylon, Teil Außenmauer) sieht man Schlachtenbilder, die nach Vorlagen aus dem Ramesseum gearbeitet sind. Ramses III kämpft hier gegen Völker, die zu seiner Zeit gar nicht mehr existierten!

Eine grandiose Neuschöpfung dagegen ist die rechts anschließende Schilderung der Seevölkerschlacht, die Ramses III gegen aus dem Norden ins Delta eingedrungene Völker tatsächlich geschlagen hat. Die Darstellung beginnt ganz rechts mit einem Aufmarsch der Truppe und Auszug aus dem Tempel. Dann folgt die Schlacht zu Lande, unterbrochen von einer Löwenjagd (symbolische Feindvernichtung), der sich die Seeschlacht anschließt – ein bewußt chaotisches Durcheinander von ägyptischen und feindlichen Schiffen, der König nimmt vom Ufer aus teil. Anschließend werden die besiegten und gefesselten Gegner vom König vor den Gott Amun gebracht.

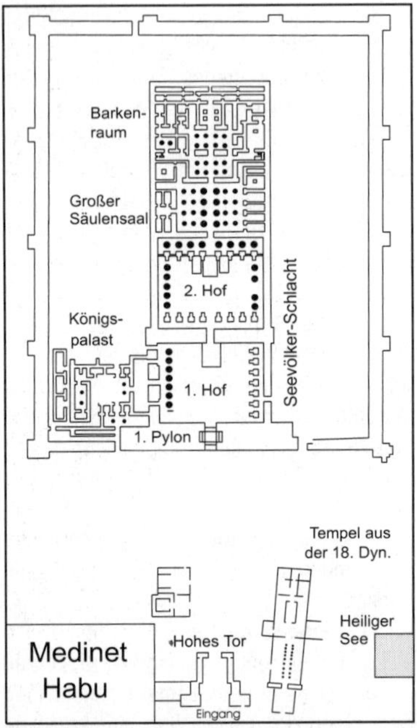

Weitere interessante Darstellungen auf der Rückseite des Ersten Pylon im Süden (von Tempelpalast aus zu sehen): der König bei der Wildstierjagd und bei der Jagd in der Wüste.

Vom offenen Areal zwischen Hohem Tor und Erstem Pylon sind zusätzliche, nicht zum Totentempel gehörende Gebäude zu erreichen: Links liegen die Grabkapellen von Priesterinnen aus der Spätzeit, den *Gottesgemahlinnen des Amun* Amenirdis, Schepenupet und Nitokris (25./26. Dynastie). Rechts der **Kleine Tempel** von Medinet Habu, der in seinen ältesten Teilen (innen) auf den Beginn der 18. Dynastie zurückgeht und dann in der Spätzeit und der griechisch-römischen Zeit immer neue Anbauten erhielt, bis er schließlich nach Osten hin die große Umfassungsmauer durchbrach.

Falls Sie nach all dem Besichtigen relaxen wollen: In den Cafés gegenüber dem Eingang können Sie eine Erholungspause einlegen; noch hübscher sitzt man ein paar Schritte nördlich im Garten des Pharao Hotels.

Memnon-Kolosse

Neben der Hauptstraße stehen die gewaltigen 18 m hohen Monolithkolosse mit z.B. 3 m langen Füßen. Diese Torwächterstatuen sind fast alles, was vom einst hier errichteten Totentempel von Amenophis III übrig blieb.

Amenophis war der Vater des Ketzerkönigs Echnaton, Schwiegervater der Nofretete, Großvater Tutanchamuns. Nilfluten, Sonnenglut, das Sandstrahlgebläse der Wüste und der Abbruch der Steine für andere Bauten haben nichts von dem Tempel aus dem 15. Jhd vC stehen gelassen, der wohl der größte und prächtigste seiner Zeit war. "Gebaut aus weißem Sandstein, Gold, einem Boden aus Silber, mit Türen aus Elektrum" (wie es auf einer Stele im Ägyptischen Museum heißt). Erstaunlicherweise gab seit einem Erdbeben 27 nC die nördlichere der beiden Statuen bei Sonnenaufgang einen singenden Ton von sich, den vermutlich die wärmende Morgensonne durch Spannungen im Stein auslöste. Der römische Kaiser Septimus Severus wollte dem Torwächter Gutes tun und ließ ihn restaurieren - seither schweigt er.

Die Kolosse waren in griechisch-römischer Zeit eine der größten Touristen-Attraktionen der damaligen Welt. Die Griechen glaubten nämlich, es seien Statuen des legendären Memnon, König von Ethiopien und Sohn der Göttin der Morgenröte Eos/Aurora, der im Trojanischen Krieg von Achilles getötet wurde. Das Weinen sei die Stimme des Memnon, der seine Mutter jeden Morgen grüßte. Die Tränen der Eos um ihren früh gefallenen Sohn legten sich wiederum als Tau

Größenverhältnisse im Grabtempel Medinet Habu

auf die Gräser. Seit Septimus Severus die Steinblomben einfügen ließ, erinnert nur noch der Morgentau an die griechische Tragödie...

5.3 Luxor - Assuan

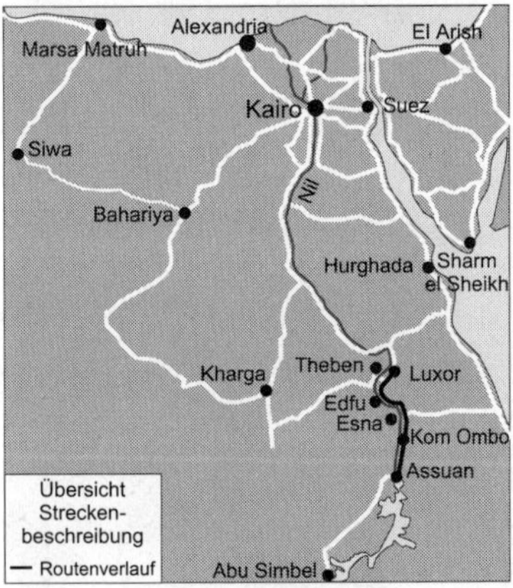

Ausländische Touristen werden höflich aber bestimmt gebeten, nach Assuan nur im militärisch eskortierten Konvoi zu fahren. Wie schon an anderer Stelle gesagt, bildet eine solche Ansammlung von Autos die beste Zielscheibe für Schießwütige.

Für Autofahrer besteht die – zumindest reale – Chance, diesem Zwang zu entgehen: Man fährt fröhlich von Theben-West auf dem Westufer nach Süden und erzählt dem Checkpost gleich nach der Abzweigung, an der links die Straße nach Luxor zurückführt, man wolle nach Kharga reisen. Das wird nicht weiter kontrolliert. Dann übersieht man die Abzweigung nach Kharga, fährt weiter bis zum Ende der Westuferstraße 8 km vor Assuan und setzt dann mit einer Autofähre (7-17) auf die andere Seite über. Soweit uns bekannt ist, kommt man unbehelligt bis dorthin – diesen "Trick" schreiben wir allerdings ohne jegliche Gewähr..

.Im südlichen Niltal Oberägyptens finden Sie eine Reihe sehenswerter Tempel. Das Tal selbst erscheint dem Besucher enger als bisher, häufig rücken die Wüstenstreifen bis an den Nil heran, in Silsila geht das Ufer auf beiden Seiten direkt in die Wüste über. Diese nahe beieinander liegenden Kontraste zwischen Wüste und üppiger Fruchtbarkeit machen andererseits einen besonderen Reiz der Landschaft aus; nicht umsonst bevorzugen die Nilkreuzfahrer diese Strecke.

INTERESSANTES

***Tempel von Edfu**, einer der besterhaltenen Tempel Ägyptens mit sehr informativen Bildern und Inschriften

***Tempel von Kom Ombo**, in seiner Konzeption als Doppeltempel ungewöhnlich, schöne Lage am Nilufer

****Tempel von Esna**, von dem nur die (sehr gut erhaltene) Vorhalle errichtet wurde

****Reise auf dem Nil an Bord einer Feluke**: Fortbewegen wie zu pharaonischen Zeiten

***El Kab**, Ruinen und Gräber eines einst einflußreichen Zentrums

***Gebel el Silsila**, ausgedehnte antike Steinbrüche, Kapellen, Felstempel des Haremhab

***Darau**, dienstags Ägyptens größter Kamelmarkt

Denken Sie daran, daß in kleineren Städten wie Esna, Edfu und Kom Ombo die Verpflegungslage für empfindliche Mägen schwierig sein kann, weil vermutlich nur Edfu Restaurants auf Ausländer eingestellt sind. Da die Hotels in Edfu nicht besonders attraktiv sind, sollte man besser in Assuan oder Luxor übernachten und von dort aus einen Tagesausflug nach Edfu machen.

Achtung: Wenn Sie per Bus fahren und Edfu besuchen wollen, nehmen Sie besser einen Bus mit Endstation Edfu, der hält dann im Ort und nicht, wie die Busse nach Assuan, auf der anderen Seite des Nils in Edfu-Bahnhof, von wo man sonst per Sammeltaxi (ca. £E 0,50) ca. 2 – 3 km nach Edfu-Stadt weiter muß. Sammeltaxis stehen hier wie an anderen ähnlichen Haltestellen, so daß man immer Anschluß ins jeweilige Zentrum findet; Gepäck kann man häufig bei den Polizeiposten gegen Bakschisch unterstellen.

Eine sehr attraktive Alternative ist die **Reise auf dem Nil**, entweder mit teurem Dampfer oder auf einer Feluke (detaillierte Informationen über Feluken-Segelreisen siehe Seite 397).

57 km nach Luxor:

Esna-Bahnhof

Rechts nach Esna über den Nil. Nach der Nilbrücke führt rechts eine Asphaltstraße nach Theben-West bzw. nach Assuan.

Der ****Tempel von Esna** (9-16; £E 8) ist eigentlich nur der Pronaos (Vorhalle) des ansonsten nicht fertiggestellten Baues. Er liegt mitten in der Stadt, 9 m unter dem heutigen Straßenniveau.

Den aus der 18. Dynastie stammenden Chnum-Tempel begannen die Ptolemäer völlig neu zu gestalten, danach ließen sich hier auch die römischen Kaiser von Claudius bis Septimus Severus verewigen. Der Tempel für den widderköpfigen Gott Chnum ist damit der späteste Tempelbau Altägyptens überhaupt.

Ungewöhnlich sind im Inneren einige Darstellungen des Pharaos (römischer Kaiser!), die ihn mit dem altägyptischen Königskopftuch und altägyptischen Kronen, aber im römischen Gewand zeigen. Die mächtigen Säulen sind mit den unterschiedlichsten Kapitellen geschmückt.

Vom Nil kommend zweigt links vom Tempel eine Gasse in einen überdachten Bazarabschnitt ab, dieser Teil des Souk ist sehr viel ägyptischer als das vom Fluß herführende Stück (dort kaufen zur Freude der Händler die Kreuzfahrt-Touristen ihren Plunder für die Fancy-Bälle an Bord).

Wer viel "Nilatmosphäre" erleben will, nimmt nicht die größere westliche Verbindungsstraße nach Edfu, sondern hält sich auf einer kleinen Verbindungsstraße, die direkt am Ufer verläuft. In Esna also möglichst direkt das Ufer ansteuern (N25°18,06' E32°33,35') und dann – so lange es geht – auf dieser Straße nach Süden.

33 km:

*El Kab

El Kab, das pharaonische Necheb, war während der Vorzeit, also vor Gründung des altägyptischen Reiches, Hauptstadt des oberägyptischen Reiches, später dann Hauptstadt des dritten oberägyptischen Gaues. Mit Hierakonpolis (gegenüber auf dem Westufer) bildete es ein politisches Zentrum Oberägyptens.

Rechts der Straße sieht man die noch immer mächtigen **Mauern der antiken Stadt Nechbat**, die der Geiergöttin Nechbet geweiht war. Zugang (£E 2) mit Wärter, der die einzelnen Objekte aufsperrt, vom neuen Rasthaus über die Eisenbahn und über eine schmale Kanalbrücke zu einer Lücke in der Nordmauer. Innerhalb der Mauern liegen die fast dem Erdboden gleichgemachten Ruinen eines Thoth-Tempels und die etwas besser erhaltenen des Nechbet-Tempels.

Links der Straße zieht sich der **Gräberberg** (frühe 18. Dynastie) hin mit ausgezeichnet erhaltenen Reliefs (Grab Nr. 3 des Peheri und

Reni) und wichtigen historischen Texten (Grab des Admirals Ahmose, der von der Vertreibung der Hyksos berichtet). Die modernen Treppen stören die Atmosphäre des Ortes.

Von den Gräbern führt eine neue Straße nach Osten in das Wadi Hilal; nach 1 km links ein **Felsentempel** (ramessidisch, ptolemäisch umgebaut) und rechts ein kleiner Tempel des Vizekönigs von Nubien Setau (Zeit Ramses II); vorbei am Geierfelsen (prähistorische Felsbilder), nach 3 km ein kleiner Tempel des Amenophis III mit schönen, teils erst vor wenigen Jahren zerstörten Reliefs.

21 km:

Edfu (Bahnhof)

In einer Rechtskurve am Ortsausgang führt links eine Straße zum Roten Meer (siehe Seite 483), rechts eine Brücke über den Nil zur Stadt Edfu.

Dort, nur etwa 800 m vom Busbahnhof und Sammeltaxistand entfernt, liegt der ***__Horus-Tempel von Edfu__** (7-17; £E 20; Tempelgrundrißplan siehe Seite 165). Er ist der am besten erhaltene Tempel Ägyptens, ein Besuch lohnt sich daher sehr. Doch planen Sie lieber keine Übernachtung in dem etwas langweiligen Städtchen, sondern fahren Sie weiter nach Assuan bzw. Luxor. Achtung, vormittags ist der Tempel mit Gruppen von den Kreuzfahrtschiffen häufig sehr überfüllt.

Ptolemäus III begann 237 vC mit dem Bau an der Stelle eines früheren Tempels, erst 57 vC wurde die gewaltige Anlage fertiggestellt.

Im Innern beeindruckt besonders die Lichtführung: aus der Helligkeit des Hofes tritt man durch Vorhalle und Säulensaal hindurch in immer dunklere, geheimnisvollere Räume, die nur noch durch kleine Lichtschächte erhellt werden. Um das **Sanktuar** steht ein Kranz von zum Teil völlig dunklen, kleinen Räumen, im Allerheiligsten der aus einem Block gehauene Schrein (Naos) für das Kultbild.

Die **wichtigsten Reliefs** des Tempels sind auf der Innenseite der großen Umfassungsmauer und auf der Außenseite des eigentlichen Tempelhauses zu finden. Dargestellt ist der Horusmythos; die Reliefs schildern den Kampf des falkenköpfigen Gottes gegen den meist als Nilpferd wiedergegebenen Gott Seth – letztlich der Sieg des Guten über das Böse.

Im rechten Winkel zur eigentlichen Tempelachse liegt das **Mamisi** (Geburtshaus), in dem in den Tempeln der griechisch-römischen Zeit die Geburt des Götterkindes dargestellt und gefeiert wurde (vergleiche auch die Tempel von Dendera und Philae).

Südwestlich des Tempels steckt unter den hohen Schutthügeln noch die antike Stadt.

Restaurants in Edfu:

- ***HAPPY LAND*** *am Nil, ca. 50 m vor dem Tempel mit englischsprachigem Besitzer*
- ***NEW EGYPTIAN RESTAURANT****, Sitzimbiß*

Recht schön liegt am Rand des Dorfes Edfu-Hagir das **koptische Pachomius Kloster** am Fuß eines Tafelberges, daneben ein pharaonisches Grab. Sehenswert sind die beiden Gärten des Klosters, schreibt Anton Maier aus Waldsolms, auf den man sich bei Abt Abbuna Musa berufen soll.

Noch ein wichtiger Tip zum **Feluken-Segeln**: Da diese Reisen von Assuan aus flußabwärts boomen, scheint flußaufwärts von Edfu aus so wenig geboten zu sein, daß man große Boote sehr preiswert mieten kann. Bei gutem Wind (angeblich besonders in der Vollmondzeit) ist Assuan in drei bis vier Tagen erreicht. An der Anlegestelle für Steinfrachter südlich der Kreuzfahrtschiffe auf ankommende Boote warten (mehr Informationen siehe Seite 397)

(ca)37 km: **Abzweigung, rechts zum**

*Gebel el Silsila

Auf der höchsten Spitze des Gebietes steht ein riesiger Sendemast, der als Landmarke gelten kann. Etwa 2 km weiter, bei der 9 km entfernten Kreuzung nach Nasr City, unmittelbar nach Brücke rechts am Kanal entlang in Richtung Nil, nach 500 m rechts über Brücke, dann links bis zum Fluß, oder aber (bequemerer Weg): von Kom Ombo kommend links eine Tankstelle, hinter der Tankstelle ca. 100 m am ersten Kanal links zum Nil.

Das gesamte Gebiet, auf beiden Flußseiten, diente den pharaonischen Baumeistern als Steinbruch; zu Zeiten von Ramses II waren hier 3000 Arbeiter beschäftigt. Nördlich dehnt sich mehrere Kilometer das wildromantische antike Steinbruchgebiet des Gebel el Silsila mit haushohen Wänden, mit Treppen und Höhlen, tief eingeschnittenen Kanälen und mit unfertigen Werkstücken (Widdersphinx, Naos etc.) aus.

Am Nordende ist eine Wasserpumpstation; dort kann man eventuell ein Boot zur Überfahrt auf die Westseite mieten, wo sich die interessanteren antiken Steinbrüche viele Kilometer hinziehen. Direkt gegenüber liegt ein Felsentempel, der unter Haremhab (18. Dynastie) angelegt und später immer wieder erweitert und mit interessanten Reliefs ausgeschmückt wurde. Ca. 15 Gehminuten flußaufwärts sind zwei säulenbegrenzte Nischen zu sehen, die auf Merenptah und Ramses II zurückgehen.

9 km: **Abzweigung**

Links beschilderte Abzweigung nach **Nasr City**, am Nordrand der weiten, fruchtbaren Ebene des Wadi Kom Ombo. Bereits zu Anfang unseres Jahrhunderts begann die Wadi Kom Ombo Gesellschaft, durch systematische Bewässerung das Trockental in fruchtbares Ackerland umzuwandeln. Ein Netz von Kleinbahnen wurde angelegt, um das Zuckerrohr in eine ortsansässige Zuckerfabrik zu transportieren.

Beim Bau des Assuan-Staudammes wurde beschlossen, in dieser Gegend die durch den Stausee vertriebenen Nubier anzusiedeln. Entsprechend der ursprünglichen geographischen Lage der Siedlungen fanden die drei unterschiedlichen Sprachgruppen der Nubier in 43 Dörfern gleichen Namens – allerdings mit dem Zusatz Neu – neue Unterkunft. Alle Häuser enthielten mindestens vier Schlafzimmer, Gästezimmer, Küche und Bad, einen Hof und einen Viehstall.

Als im Oktober 1973 der Umzug in die neue Heimat begann, steckten die meisten Nubier Erde aus dem alten Dorf in die Tasche und küßten die Mauern und Gräber, die sie für immer zu verlassen hatten. Wenn auch die neuen Siedlungen komfortabler sind, so wohnen die Menschen hier eng beieinander, früher lebten sie in kilometerweit entfernten kleinen Weilern in der Weite der Wüste.

Ihr Tagesablauf wird heute von dem streng organisierten genossenschaftlichen Zuckerrohranbau bestimmt, früher waren sie lediglich von den Nilüberflutungen abhängig. Heute gehen die Kinder zur Schule, die Kranken in Hospitäler. Trotz allem "Komfort" sind bereits einige an die inzwischen stellenweise fruchtbar werdenden Ufer des Stausees zurückgekehrt.

Wenn Sie Interesse an den Lebensbedingungen der Nubier haben, so biegen Sie hier links ab und fahren Sie auf den schmalen Straßen durch die Ebene – was sich allerdings nur wenig lohnt.

17 km:

Kom Ombo

Zentrum der umliegenden fruchtbaren Wadis mit ca. 70 000 Einwohnern.

Der ***Tempel von Kom Ombo** (9-18, £E 20) liegt malerisch am Nilufer (am südl. Ortsausgang, knapp 5 km vom Bahnhof entfernt, rechts abbiegen bzw. mit Sammeltaxi vom Busbahnhof aus hinfahren). Am späten Nachmittag können Sie hier stimmungsvolle Stunden erleben.

Der Tempel ist ein Doppelheiligtum. Entlang einer Mittelachse sind alle Räume zweimal vorhanden, Sanktuar, Opfersaal, Hof, auch der Eingang wurde verdoppelt. Die rechte – südliche – Tempelhälfte ist dem krokodilsköpfigen Sobek, die linke, nördlichere dem falkenköpfigen Haroeris geweiht. Vom Dach über den Sanktuaren bot sich ein guter Überblick über die Gesamtanlage, die zum Teil bis auf die Fundamente abgetragen und so im Grundriß gut zu erkennen ist; jedoch darf die Treppe nicht mehr betreten werden.

Begonnen wurde der Tempel unter den Ptolemäern (Ptolemäus V), erst in der römischen Kaiserzeit schmückte man Hof und Umgang mit Reliefs aus. Zwei davon sind besonders interessant: Im äußeren Umgang hinten links eine Reliefdarstellung mit chirurgischen Instrumenten. Geht man diesen Gang weiter, findet sich genau in der Mittelachse des Tempels rechts eine Darstellung mit vier geflügelten Wesen: Löwe, Stier, Adler und Mensch als Darstellung der vier Winde (in der christlichen Kunst dann die apokalyptischen Wesen bzw. Evangelistensymbole).

Ein Teil des Vorhofs und des Geburtshauses (Mamisi) ist zum Nil hin abgestürzt. Südlich des Haupttempels liegt ein kleines **Hathor-Heiligtum**, in dem Krokodilsmumien aus einem nahegelegenen Tierfriedhof aufbewahrt werden.

Wer z.B. per Feluke am Tempel landet und dann weiter will, ist auf ein Taxi angewiesen. Falls kein Taxi wartet oder der Fahrer zu unverschämt ist, kann man ca. 1 km Richtung Kom Ombo marschieren und an der ertsen stark befahrenen Straße eine Sammeltaxi anhalten. Busse nach Edfu fahren alle Stunde zu £E 1,50 pP. – Wer im Tempelbereich von Hunger gequält wird, kann sich in den Cafeterias am Ufer mehr schlecht als recht verköstigen, oder er muß zurück ins Zentrum. In der Nähe der Sammeltaxistation liegt das *Noba Restaurant,* das einigermaßen sauber und preiswert ist.

8 km:

Darau

Am Ortsrand Daraus findet während der Wintermonate (November bis Mai) jeweils sonntags, montags und dienstags der **größte Kamelmarkt Ägyptens** statt, wobei montags Hengste, dienstags Stuten gehandelt werden (Dienstag ist der Haupttag). Die sudanesischen Bishari-Nomaden kaufen im Sudan Kamele auf und treiben sie in tausendköpfigen Herden 1500 km durch die Wüste nach Darau. Hier werden sie dann um bis zu fünffach teurer zu ca. £E 2000 an Ägypter verkauft oder per Eisenbahn auf den Kamelmarkt bei Kairo (siehe Seite 286) gebracht. Wobei die eigentlichen sudanesischen Aufkäufer inzwischen die Herden von angeheuerten Hirten treiben lassen, sie selbst fliegen für den Verkaufstag ein ...

Den Markt finden Sie, wenn Sie beim Hospital die Bahngleise überqueren und auf dem Asphaltsträßchen ca. 1,5 km durch den Ort fahren. Links der Straße liegen in hoch ummauerten Höfen die Quarantäne-Stationen, rechts etwas abseits findet der eigentliche Markt statt. Die interessanteste Zeit ist im Winter etwa von 7 – 8.30 Uhr, im Sommer schon ab 5 – 6 Uhr, weil dann um die wertvollen Bullen geschachert wird, danach kommen die Jungtiere an die Reihe, bald tauchen Souvenirverkäufer und Touristenbusse auf.

Dienstags wird (an anderer Stelle) in Darau außerdem ein großer Markt für die Umgebung mit Wasserbüffeln, Schafen, Ziegen, Eulen, Schlangen etc. abgehalten. Auch können Sie nubische Handicrafts, Obst und Gemüse erwerben.

Falls notwendig, bietet in Darau die Poliklinik der Deutschen Evangelischen Mission medizinische Hilfe.

38 km: **Assuan**
Die südlichste Stadt Ägyptens ist erreicht.

5.4 Assuan und Abu Simbel

Überblick

Assuan ist seit alters her wegen seines trockenen und ausgeglichen warmen Klimas als Kurort bekannt. Wichtiger für die Bedeutung der Stadt waren die Stromschnellen im Nil, die ersten Katarakte von der Mündung her gesehen. Sie schützten Ägypten gegen von Süden eindringende Boote und stellten daher eine Art natürliche Grenze dar. Für unzählige Generationen von Ägyptern endete an den Katarakten die Vorstellung von der Bewohnbarkeit der südlichen Erde, in der Mythologie entsprang hier sogar der Nil.

Eroberungslustige Pharaonen schoben die Grenze immer weiter nach Süden ins Land der Nubier vor – die vielen im heutigen Stausee versunkenen Tempel

INTERESSANTES

****Assuan**, eine sehr lebendige orientalische Stadt mit bunten Souks und viel Atmosphäre, für viele Besucher die angenehmste Stadt Ägyptens
****Abu Simbel**, Tempel des Ramses II, rd. 280 km südlich von Assuan in der Einsamkeit der nubischen Wüste gelegen
****Nubisches Museum** mit 1200 Exponaten einer fast untergegangenen Kultur
***Insel Elephantine** mit Museum, Nilometer und Nubierdorf
***Insel Philae**, einst als "Perle Ägyptens" apostrophierte Tempelinsel, heute nach Versetzen auf die Insel Agilkia immer noch sehr sehenswerter Tempel
***Nilstaudämme**, d.h. besonders der Hochdamm: Sieg des Menschen über die Wassergewalten
Kalabsha-Tempel, ebenfalls vor dem Stausee geretteterTempel.
Unvollendeter Obelisk in den Granitbrüchen, an dem deutlich die Arbeitsweise der pharaonischen Steinmetze zu erkennen ist
Pflanzen-Insel (Kitchener Island), üppiger Botanischer Garten
Ausflug mit einer Feluke durch die Kataraktlandschaft
Gräber von Gaufürsten des AR und MR am westlichen Steilufer
Ausflug zum ****Simeonskloster**

beweisen derartige Aktivitäten. Assuan war auch wegen seiner Granitsteinbrüche für die pharaonischen Ägypter von erheblicher Bedeutung. Dieser, im Gegensatz zum weiter nördlich vorkommenden Sand- und Kalkstein besonders widerstandsfähige Werkstoff konnte in den hiesigen Brüchen gewonnen, zu Kolossalstatuen oder Obelisken verarbeitet und ohne lange Landtransportwege verschifft werden.

Interessant ist, daß einst der Wendekreis des Krebses durch Assuan verlief, denn sonst hätte der Ptolemäer Eratosthenes keinen schattenlosen Brunnen finden können (siehe Seite 167). Im Laufe der seither verflossenen zwei Jahrtausende hat sich der Wendekreis ein ganzes Stück nach Süden verschoben.

Nach fast jahrtausendelangem "Dornröschenschlaf" ist Assuan aufgewacht. Weltberühmtheit erlangte es durch zwei Bauwerke in seiner Nähe: Der gegen Ende des letzten Jahrhunderts von den Engländern errichtete alte Nilstaudamm, der über viele Jahrzehnte zu den größten seiner Art zählte und die Fluten des Nils durchaus wirkungsvoll regulierte. Und der neue Hochdamm, der nach allerlei politischem Hin und Her von den Russen in den 60er Jahren gebaut wurde und Ägypten in eine stets fruchtbare, von den Launen der Natur unabhängige Oase verwandeln sollte.

Verkehrsverbindungen

Eisenbahn nach Luxor/Kairo:

- 5.00, 20.45 (1. und 2. Klasse)
- Supersleeper 5.20

Busse:

Busse und Privatautos dürfen derzeit wegen der Terroristengefahr nur im Konvoi und nur zweimal täglich (8.00 und 13.00, donnerstags 7.00 und 13.00) fahren, was sich jedoch jederzeit ändern kann. Erkundigen Sie sich also entsprechend frühzeitig nach der aktuellen Lage.

Das **Bus-Terminal** liegt ziemlich zentral in der Sharia Abtal el Tahrir, der Sammeltaxistand für Verbindungen nach Süden östlich des Bahnhofs (durch Tunnel zu erreichen) etwa auf Höhe des Busstandes. Sammeltaxis vor allem für südliche Strecken stehen auch vor dem Continental Hotel.

- **Luxor, Qena**: 6.00 alle volle Stunde
- **Hurghada**: 8.00, 15.30
- **Qena, Hurghada, Suez**: 8.00
- **Qena, Hurghada, Kairo**: 15.30, 16.00

Eine **Taxifahrt zum Flughafen** kostet etwa £E 25 für das gesamte Taxi, bzw. £E 10 pP.

Per **Sammeltaxi** nach Luxor: Die Fahrer behaupten gern, daß die Polizei keine Touristen durchläßt, für £E 20 anstelle von £E 7,50 würde man es jedoch riskieren. Tatsächlich können Sammeltaxis problemlos im Konvoi mitfahren.

Wichtige Adressen

- *Bevor Sie sich in Aktivitäten stürzen, sollten Sie im* ***Tourist Office****, Tel 312 811, Bahnhofsvorplatz, vom Bahnhof kommend etwa 50 m rechts (ca. 9 – 13, 18-22 Uhr; sehr flexible Öffnungszeiten), vorrbeischauen.*

  In diesem Office ist man sehr bemüht, den Gästen mit Informationen über Verkehrsmöglichkeiten nach Abu Simbel, Felukenfahrten, Taxipreisen oder z.B. mit einem (bescheidenen) Stadtplan zu helfen. Fragen Sie nach Mr. Schoukry Saad, Mr. Farrag oder Hakeem Hussein, die Männer kennen sich gut aus und sind sehr hilfsbereit.
- *Das* ***Telefonamt*** *liegt rechts neben dem Egypt Air Office, 24-Stunden-Service.*
- *Die* ***Hauptpost*** *finden Sie neben dem öffentlichen Schwimmbad an der Corniche, postlagernde Briefe gibt es allerdings nur im*

alten Postamt (um einen Block von der Corniche versetzt hinter dem Philae Hotel)

- *Das* ***American Express*** *Office ebenso wie* ***Wagons-lits Travel*** *(vermittelt günstige Abu-Simbel-Trips) finden Sie im New Cataract Hotel*
- *Das* ***Telefon-Office*** *ist neben dem Egypt Air Office, südliche Corniche*
- ***Egypt Air****, Corniche, Tel 22 400*
- *Der* ***Duty Free Shop*** *in einem unscheinbaren Gebäude neben Egypt Air Office verkauft neben Waschmaschinen auch importierte Alkoholika, von Bier bis Cognac (im 2. Stock)*
- *Für Notfälle:* ***Deutsches Krankenhaus****, 23 Sharia El Corniche, bekannt unter El Germania, Nähe Egypt Air Office, Außenstelle in Darau.*
- ***Internet Café*** *im Nubian Oasis Hotel, Sharia el Souk (£E 1 per Minute; Email £E 12)*

Ein paar praktische Tips

- Assuan ist eine ziemlich **langgestreckte Stadt,** Sie sollten bei der Planung Ihrer Aktivitäten daran denken. Auf der Corniche, der am Nilufer verlaufenden Straße, pendeln jede Menge Taxis und Pferdekutschen, wobei Taxis billiger als Kutschen sind.
- Oder Sie radeln. **Fahrräder** kosten etwa £E 5 und mehr pro halber Tag. Verleiher findet man im östlichen Teil der Sharia El Matar (Bahnhofsgegend), beim Ramses Hotel oder an der Corniche Nähe Misr Bank, weitere Adressen vom Tourist Office.
- Oder Sie nehmen eine **Kutsche** (Kalesche) für eine Rundfahrt: Von der hohen Sitzposition hat man einen recht guten Ausblick, der Trip ist gemütlich und man sieht mehr als im Taxi.
- Das Restaurant EMYS an der Corniche verleiht **Pedalo-Boote**, mit denen man den Felukenkapitänen Konkurrenz machen kann.

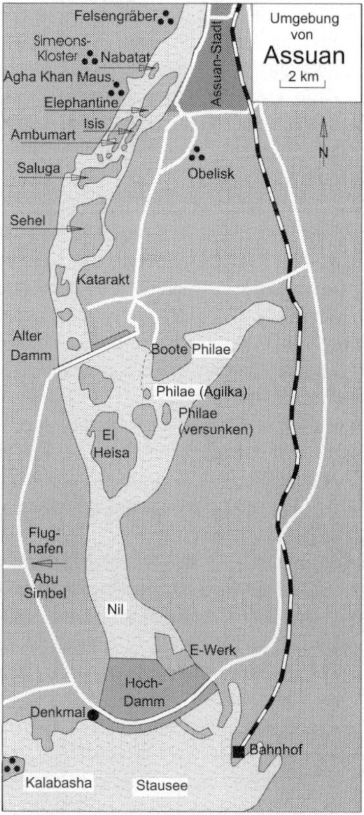

- Wenn Sie Abkühlung im **Swimmingpool** suchen, so können Sie auch als Außenstehender den Pool im *Cataract* Hotel (nicht immer, £E 35), *Isis Island* Hotel (£E 15, großer Pool), im *Oberoi* Hotel (£E 20) auf der Insel Elephantine, im Hotel *Cleopatra* (£E 8) oder den des *Club Med* auf der hoteleigenen Insel (£E 46 incl. Lunch oder Dinner; Boot-Shuttle ab Corniche, Evangelische Mission) benutzen.
- Wenn Sie für 10 – 14 Tage ausprobieren wollen, wie ein Tatoo aussehen könnte,

dann lassen Sie sich von Nubierinnen die Haut mit Henna bemalen. Das El Salam Hotel bietet professionellen Service zu £E 20 an. Auch Rachma malt hübsche Tatoos, Sharia Sultan Abu Elelast (kleine Straße neben Egyt Air Office hinaufgehen, letzte Straße links).

- Sehenswerte **nubische** und ägyptische **Tänze** werden von Oktober bis Februar allabendlich außer freitags um 21.30 Uhr im Assuan Palace of Culture – Qasr El Sakafaa – (zwischen Moschee und Hauptpost gegenüber vom Rundbau des Ruderclubs) von der bekannten Folklore-Tanzgruppe Assuans aufgeführt.
- **Nubische Folkore** versetzt mit Bauchtanzvorführungen können Sie auch im Old Cataract Hotel zu £E 40 betrachten; wobei die Musik ernüchternd, der Saal selbst ein Augenschmaus ist.
- Es existiert auch eine Art von **Nightlife** in Assuan: Viele internationale Hotels veranstalten spät abends Bauchtanzvorführungen z.B. im Old Cataract (Mindestverzehr £E 102). Bekannt ist die *King Ramses Disco* im *Ramses* Hotel. Die Disco *Shasha* im *New Cataract*, die lebhafteste in Assuan, verlangt Mindestverzehr von £E 15, die *Osiris Disco* im *Isis Island* Hotel ist ziemlich teuer. Wenn man so will, kann auch die "Light and Sound Show" im Philae-Tempel (siehe weiter unten) zur Bereicherung des Nachtlebens gezählt werden.
- Zum **Kamelmarkt von Darau** (siehe Seite 380) kommen Sie per Taxi (£E 40 – 50), Sammeltaxi oder ab 5.30 Uhr per Bus. Vereinbaren Sie gleich mit dem Taxifahrer, daß Sie alle Märkte (die an verschiedenen Stellen liegen) in Darau besuchen wollen.
- Recht preiswerte und offenbar auch gut geführte Rundfahrten zu den Staudämmen, der Insel Philae u.a. bietet der **deutschsprechende Führer** Refaat Abdel-Latif Atia, 237 Sharia Elmatar, Tel 323 637, an.

Kreuzfahrten auf dem Stausee

Auch auf dem Nassersee gibt es **Kreuzfahrten**, inzwischen sind sogar fünf Schiffe unterwegs. Sie starten am Hochdamm, klappern die nubischen Tempel bis Abu Simbel ab, von dort fliegen die Gäste zurück, neue steigen zu. Eine Reise dauert vier Tage nach Abu Simbel und drei zurück. Als Preisinformation: Eine Doppelkabine kostet um $ 100 pP.

Informationen u.a. bei

- *Belle Epoque Travel Bureau, 17 Sharia Tunis, Maadi/Kairo, Tel 02 516 964 oder 516 965, oder beim Tourist Office in Assuan bzw. Travel Agents.*
- *Auch Travcotels, 112, Sharia 26.July, Kairo-Zamalek, Tel 02 342 0488, Fax 02 340 3520, bietet mit der M/S Tania ähnliche Trips an.*

Restaurants

Wenn man in Assuan zum Essen geht, stellen die Restaurants am Nilufer der Corniche die erste Wahl: Die meisten sind preiswert und gut, sie bieten alle den besonders abends stimmungsvollen Ausblick auf den Nil. Allerdings kann der Lärm, der von den ankernden Nilkreuzern ausgeht, viel von der Stimmung verderben. Den besten Ausblick hat man übrigens von dem zweistöckigen schwimmenden Restaurant EMYS. In der folgenden Auflistung sind alle am Nilufer liegenden Restaurants mit einem * gekennzeichnet.

- **__Aswan Moon__, Corniche etwa Höhe Kaufhaus Benzion; meistens gut, freundlich, Bierverkauf, gute Musik, nubische Veranstaltungen, relativ preiswert*
- **__Panorama__, Corniche schräg gegenüber Egypt Air Office; sauber, schmackhafte*

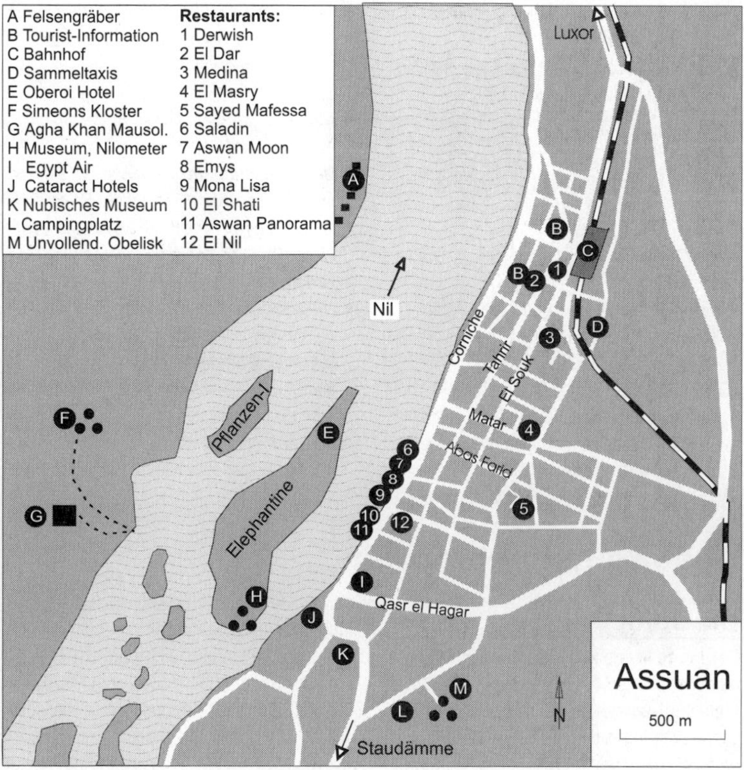

ägyptische/nubische Küche (sehr gute "spicy Tadschen"), viele Kräutertees, den nubischen Kaffe nicht versäumen, verkauft auch nubische Kassetten, zeitweise nur bis 21 Uhr geöffnet

- ***Cafe Mohammed**, gegenüber Abu Shelib Hotel; angenehme Atmosphäre, hilfsbereiter Besitzer, organisiert auch Felukenfahrten*
- ***Derwish**, gegenüber Bahnhof am Beginn Sharia El Souk (Saad Zaghlul); gut, freundlich, sauber und preiswert*
- ***El Esmailia Sons**, mitten im Souk zwischen Verkaufsständen, weißgekacheltes, sehr sauberes Imbißlokal, preiswert, gut und freundlich*
- ***El Medena**, Sharia El Souk, im Bazar, Bahnhofsnähe; mittelmäßig, nicht sehr preiswert*
- ***El Masry**, Sharia Matar; Essensqualität unterschiedlich doch meist gut, geringe Auswahl, mittlere Preise*
- ***El Sayeda Nafessa**, in gleichnamiger Straße, Souknähe; sehr gute Küche, sehr sauber, preiswert und freundlich*
- ****El Shati**, Corniche nördlich des Police Department; billig, nicht sauber, Fisch aus dem Nasser-See, manchmal nubische Tänze, mei-*

stens aber laute, klirrende Kassetten-Musik, nicht empfehlenswert

- **Emys, Corniche südlich vom Kaufhaus Benzion, neben Assuan Moon; mittelmäßig, preiswert (20 Prozent Studentenermäßigung), gute Atmosphäre, gute frische Fruchtsäfte; dank der Restaurant-eigenen Pedalos kann man zwischen den Gängen eine Boots-Runde auf dem Nil einlegen*
- ***Gomhoreya**, gegenüber Bahnhof; gut und preiswert*
- ***Horns el Basry**, Sharia Abdel Magid Abu Sid, einfaches orientalisches Restaurant in einer Querstraße der Sharia El Souk*
- ***Horus Bourger**, kleine Gasse neben Youth Hostel, preiswerter Schnellimbiß*
- ***Medina**, Sharia El Souk, gegenüber Cleopatra Hotel, gutes Kofta und Kebab*
- ****Mona Lisa**, Corniche südlich von Emys und Assuan Moon; reichliche Portionen (Fisch schmeckt am besten), empfehlenswerte, alkoholfreie Cocktails, Stella-Bier*
- ***Nefertari**, gutes arabisches Restaurant im New Cataract Hotel, teuer*
- ***Nobian Restaurantr Al Dokka**, auf Insel direkt vor Elephantine, kostenloser Bootstransfer (Nähe Egypt Air Office), hervorragende nubische Gerichte, nubische Tänze, teuer*
- ***Panorama**, siehe Assuan Panorama*
- ****Saladin**, Corniche gegenüber Kaufhaus Benzion; auf Boot, Buffet, laute Musik, ziemlich lange Wartezeit auf mäßiges Essen und Bedienung, relativ teuer; im gleichen Komplex Nightclub mit Bauchtanz*
- *Gute **Frühstücksbuffets** gibt es im Club Med (£E 11), Old Cataract (£E 20), Isis Island Hotel (£E 23).*

Assuan kennenlernen

Die Stadt

Das heute knapp 500 000 Einwohner zählende, aber immer noch wie eine gemütliche Kleinstadt wirkende Assuan zieht sich ausschließlich am östlichen Nilufer entlang, das westliche Ufer geht abrupt in Wüste über. Allerdings verbreitert sich gleich nördlich der Felsengräber auch die Westseite als Fruchtland, dort liegen am Wüstenrand einige Nubierdörfer. Die Katarakt-Inseln im Strom sind teils bewohnt; wo immer es geht, werden sie zumindest landwirtschaftlich genutzt.

Assuan unterscheidet sich deutlich von den Orten am Unterlauf des Nils. Die Stadt öffnet sich dem Fremden schneller, drängt sich ihm aber nicht so reißerisch auf wie z.B. Luxor. Die Menschen scheinen zurückhaltend und toleranter zu sein, die Häuser und Straßen sind einen Hauch gepflegter (solange man nicht in die untouristischen Viertel gerät) – für viele Ägyptenbesucher ist Assuan die schönste Stadt des Landes.

Assuan erschließt sich vom Nil und der doppelspurigen Uferstraße Corniche her. Auf der Flußseite der Corniche ankern die Hotelschiffe, dümpeln die vielen auf Touristen wartenden Feluken. Fährverbindungen halten den Verkehr zur Insel Elephantine (südlichste Fähre), zum Hotel Oberoi und zum Westufer (LE 2, gegenüber Assuan Palace of Culture) aufrecht.

An der Ostseite der Corniche erheben sich einige moderne Verwaltungsbauten wie Post und Telegrafenamt, Banken, Hotels, das "Kaufhaus" Benzion, das "Hochhaus" des Police Department und Souvenir-Läden. Ganz am Südende der Corniche liegt das Doppel-Hotel Old and New Cataract.

Das **Old Cataract** hat sehr viel Ambiente aus alten Tagen herübergerettet; Agatha Christie arbeitete hier an ihrem Krimi *Tod auf* dem Nil, in dessen Verfilmung das Hotel ebenfalls eine passende Kulisse stellte. Gönnen Sie sich einen Drink auf der Terrasse bei Sonnenuntergang, Sie werden verstehen, daß nicht nur berühmte Reisende früherer Jahrzehnte gleich den ganzen Winter in Assuan verbrachten (Hauptterrasse nur für Hotelgäste, bekommt man dennoch Platz beträgt der Mindestverzehr £E 35). Unterhalb rechts der "historischen" gibt es weitere Terrassen, auf denen auch Nichtgäste – bei Mindestverzehr £E 25 – den Blick auf Nil, Inseln und Wüste in vollen Zügen genießen können. Falls Sie durch den Garten hinunter zur Anlegestelle der Feluken bummeln, wird Ihnen der Rückweg vom Sicherheitspersonal verwehrt – entweder nicht hinuntergehen oder eine Feluke für den Weiterweg buchen. Wenn Sie statt dessen nördlich vom Hotel in dem kleinen Park zum Nil gehen, können Sie einen sehr ähnlichen Blick zum Nulltarif genießen, aber ohne die Hotelstimmung.

Geht man direkt nach dem New Cataract Hotel rechts, so stößt man nach ein paar Schritten auf das erste der **Nubierdörfer** an diesem Niluferstück. Der Abstecher lohnt sich für Leute, die ein bißchen mehr sehen wollen als nur das übliche Touristenprogramm.

Fährt oder geht man vom Cataract Hotel weiter den Berg hinauf und läßt das Kalabsha Hotel rechts liegen, so trifft man bald auf das ****Nubische Museum** ("Mathaf el Nuba"; 9-13, 15-21 auch 18-22; Fr 9-11, 17-21; £E 20; Foto £E 10, Video £E 100; Führer £E 13,50), das im Herbst 1997 nach 17jähriger Planungs- und Bauzeit, finanziert durch die UNESCO, eröffnet wurde. Das Gebäude ist harmonisch in den Felsenhügel eingepaßt, die Außenanlagen mit einer Art Steingarten, Wasserläufen und Springbrunnen sollte man ebenfalls nicht versäumen. Garten und Musueum sind rollstuhlgerecht angelegt. Entworfen wurde das Gebäude vom ägyptischen Architekten Mahmud el Hakim, die Innendekoration stammt vom mexikanischen Architekten Pedro R. Vasquez (daher auch Ähnlichkeiten mit dem mexikanischen Nationalmuseum), der hauptsächlich Assuaner Rosengranit als Verkleidungsmaterial selbst für die Vitrinen verwendete; schon allein diese harmonische Einrichtung ist einen Besuch wert.

Von den eingelagerten 5000 nubischen Exponaten sind nur 1200 ausgestellt, nach Meinung von Kritikern mit zu starker ägyptischer Tendenz bei der Auswahl. Die Stücke überdecken praktisch die gesamte Geschichte Nubiens, von der prähistorischen über die pharaonische bis zur islamischen Zeit. Die aktuelle Situation der Nubier kommt dagegen eher zu kurz. Neben einem Dokumentationszentrum für nubische Kultur und Folklore ziehen einige Darstellungen über die Wohnkultur, die bäuerlichen und handwerklichen Aktivitäten die Besucher an. Hier würde man sich eine Aufklärung über das im Nasser-Stausee versunkene Nubien und die Folgen für die Bevölkerung wünschen.

Autofahrer sollten der Museumsstraße den Berg hinauf folgen. Sie gibt immer wieder andere Blicke auf den Nil frei – obwohl sie mehr und mehr zugebaut wird – und mündet nach ein paar Kilometern in die Flughafenstraße.

Wenden wir uns vom Cataract Hotel nach Norden, dem eigentlichen Stadtzentrum zu. Gleich nach dem Hotel breitet sich ein kleiner Park – **Ferial Gardens** – aus, der vor allem an Feiertagen als Familienausflugsziel genutzt wird. Auch von hier aus ergibt sich ein schöner Blick auf den Nil mit seinen Inseln. Wenn man im Schatten der Corniche weiter nilabwärts bummelt, fällt bald rechts das Egypt Air Office als eine Art Landmarke auf. Links am Nilufer beginnen die Bootsanlieger für

Kreuzfahrtlinien, an der linken Straßenseite trifft man immer wieder auf Restaurants, die zum Essen und Schauen einladen. Etwa gegenüber dem Bootsanlieger vom Oberoi Hotel zweigt rechts eine Straße in das Häusergewirr ab, die sich besonders gegen Abend mit Fußgängern füllt, hier geht es zum Souk von Assuan.

Zum Standardprogramm aller Touristen gehört ein Bummel durch die **Sharia El Souk**, die Straße, die alles bietet, was das Herz eines Ägypters erfreut, vom täglichen Gemüse, Brot, Gewürzen bis hin zum ausgesprochenen Touristen-Kitsch. Gehen Sie vom Nil aus in die zuvor erwähnte Straße hinein, zwei Querstraßen weiter ist die eigentliche Sharia El Souk erreicht. Wenn Sie dort rechts abbiegen, finden Sie nach ein paar Schritten eine Bäckerei mit frischem Fladenbrot. Doch der Hauptbereich des Souk erstreckt sich in der entgegengesetzten Richtung, Sie sollten also umkehren und dem Verlauf der Sharia El Souk, die später Sharia Saad Zaghlul heißt, bis in Bahnhofsnähe folgen.

In der 5. Auflage dieses Führers empfahlen wir den Schneider Barakat Nadir Kaldas, dessen Laden in der Sharia Saida Nafisa, einer Querstraße der Sharia El Souk, ausgeschildert ist, der "in Blitzesschnelle" billige Hosen (ca. £E 15 bis 20 für Baumwollhose, besserer Stoff kostet mehr) oder Galabeyas produziert und dabei seine Kunden wortgewaltig (ein neuerer deutscher Reiseführer, der diese Info übernahm, schreibt treffend von *Kinski*) über das Leben in Assuan informiert. Eigentlich wollten wir den schnellen Schneider nicht mehr erwähnen, doch bei Durchsicht der vielen lobenden Leserstimmen (*"es war einfach ein Erlebnis"*) konnten wir uns nicht dazu entschließen, denn der Meister scheint den Boom zu beherrschen.

Aber nicht nur Mr. Barakat schneidert Hosen, sondern auch seine Kollegen in der Umgebung. Z.B. sein Nachbar Abkas Abdou Morcos. Grundsätzlich sollten Sie das Endprodukt sorgfältig kontrollieren: Wenn z.B. Doppelnähte angeboten werden, so schauen Sie beim Abholen nach, und zwar bei allen Nähten, weil sonst die Hose schnell ausfranst oder auseinanderfällt.

Auf dem Weg zum Flughafen zweigt etwa 1 km südlich des Cataract Hotels und nach einem links liegenden Gräberfeld/Friedhof links eine Straße ab (*Unfinished Obelisk* ausgeschildert), die an Schutthalden vorbei zum ****Uunvollendeten Obelisken** (9.00-16.00, £E 10) führt. Dieser, wahrscheinlich wegen eines Sprungs im Stein nicht fertig bearbeitete 41 m lange Granit-Gigant zeigt ganz deutlich die Handwerks-Technik: Mit Dokrit-Hämmern wurde das Granitgestein bearbeitet, die dadurch entstandenen Rillen sind noch zu erkennen.

Vielleicht wollen Sie auf dem Rückweg noch einen Blick in die **Große Moschee** werfen, die sehr dominierend auf einer Anhöhe steht (guter Rundblick über die Stadt) und die ein recht schönes Portal besitzt. – Mittwochs findet vormittags in der Nähe ein durchaus interessanter Markt statt.

***Insel Elephantine

Eine öffentliche Fähre legt vom südlichsten Anlieger an der Corniche ab, kurz vor dem Ferial-Park vor dem Cataract Hotel. Eine weitere Fährverbindung besteht zum zweiten, nördlicher gelegenen Dorf. Zum Oberoi Hotel verkehrt eine kostenlose Hotelfähre, die etwa gegenüber dem Oberoi von der Corniche ablegt; allerdings ist der Park des Hotels meist gesperrt und ein Weiterweg auf die Insel dann nicht möglich.

Auf der Insel Elephantine – eigentlich Teil der Katarakte im Strom – entstand die erste Siedlung namens Yebu (Elephant), die heutige Stadt Assuan war ur-

sprünglich nur der Hafen von Yebu. Besiedlungsspuren reichen bis in die Vorzeit zurück. Ausgrabungen im südlichen Teil der Insel belegen, daß dieser Platz vom 4. Jahrtausend vC bis ins 1. Jahrtausend nC besiedelt war.

Verschiedene Tempel der Stadtgöttin Satet (Bringerin des Wassers) waren im Laufe der langen Geschichte übereinander gebaut worden, der jüngste in ptolemäischer Zeit, der älteste rekonstruierbare in der 6. Dynastie. Dabei entstand die jeweils nächste Generation aus dem Baumaterial der Vorgängerin. Bei den Ausgrabungen (des Deutschen Archäologischen Instituts) ließ sich daher die Entwicklung sozusagen Stein für Stein verfolgen. Andererseits lag eine solche Fülle von Bausteinen vor, daß sich die Tempel verschiedener Epochen in ihren Grundzügen rekonstruieren ließen. Die Ausführungen aus der 6. und 18. Dynastie sowie der ptolemäischen Zeit liegen heute immer noch quasi übereinander, die Bauten des Mittleren Reiches wurden in nordwestliches Gelände ausgelagert und dort teilweise wiederhergestellt. Außerdem konnten Wohnbereiche, die bis zu sechs Meter dicke Stadtmauer und verschiedene andere Tempel, z.B. des widderköpfigen Gottes Chum oder des städtischen Schutzheiligen Heqaib, freigelegt wurden.

Ein großer Teil der Ruinen wurde restauriert, sie können besichtigt werden. Ein empfehlenswerter, interessanter Rundgang ist ausgeschildert; von einer Aussichtsplattform bietet sich ein schöner Rundblick sowohl über die Ausgrabungen als auch die Kataraktlandschaft, im Westen ist der massive Bau des Simeonskloster gut zu erkennen.

Zum Gelände (und Rundgang) gehören sehenswerte **Nilometer** am Ufer. Die dort vorgenommenen Wasserstandsmessungen waren Grundlage für die Organisation der Feldarbeiten und nicht zuletzt der Steuerbeiträge in der Antike.

Das **Museum** (Sommer 8.30-18.00, Winter 8.00-17; £E 10) – Ex-Dienst-Villa des britischen Ingenieurs, der den alten Damm baute – liegt in einem zauberhaften Blumengarten und ist einen Blick wert (vergoldete Mumie eines Chnum-Widders, schöner prähistorischer Schmuck u.a.). Zwar wird das Museum nicht gerade hohen Ansprüchen gerecht, im Grunde ist es eine Rumpelkammer, in die lieblos beliebige Stücke geworfen wurden. Doch eine Pause zum Relaxen im vielblütigen Museumsgarten macht vieles wieder gut. In einem sogenannten Annex wurde quasi ein zweites, tatsächliches Museum mit den Funden der letzten 20 Jahre eröffnet. Beachten Sie das Grabungsmodell, dann wird der Rundgang durch das Gelände verständlicher.

Die 1,5 km lange, von Gärten und Palmen gesäumte Insel bietet Platz für zwei **Nubierdörfer** mit ihren Gärten, die sich zwischen Ausgrabungsstätte und das Oberoi Hotel zwängen. Ein Spaziergang vom Museum aus durch die Dörfer mit ihren, wie Oasengärten angelegten Feldern, bis hin zum Oberoi Hotel, versetzt Sie in eine einfache und – von außen betrachtet – friedliche Welt. Die Nubierhäuser – wenn, dann gelb oder blau angemalt – rücken fast auf Schulterbreite zusammen, die Gassen winden sich um viele Ecken. Die Bewohner sind freundlich, das Wort Bakschisch gehört zwar fest zu ihrem Wortschatz, nach unseren subjektiven Einschätzungen hat es aber an Aufdringlichkeit über die Jahre hin verloren. Doch machen Sie sich darauf gefaßt, daß Sie als reicher Tourist betrachtet werden und kaum ein Foto umsonst machen können.

Wenn Sie sich bei Ihrem Spaziergang immer in ungefähr nördlicher Richtung halten, so werden Sie unweigerlich auf die hohe Mauer des Oberoi Hotels stoßen, welche die Nordseite der Insel abriegelt. Sie können in dieser Gegend mit der Felukenfähre zurück in die Stadt segeln oder zum Westufer der Insel gehen. Dort gibt es ein Eisengittertor, das meist geöffnet ist und durch das man Zugang zum Hotelgarten und letztlich in eine andere Welt findet. Das Hotelpersonal versucht, diesen Durchschlupf zu unterbinden, vom Hotel zum Dorf ist derzeit kein Durchkommen. Je nach Wasserstand des Nils versinkt außerdem der Zugang im Schlamm.

Der die gesamte Silhouette Assuans verschandelnde Betonturm des Hotels ist übrigens für nicht viel gut; das Dachdrehrestaurant ist meist geschlossen. Mit der Hotelfähre kann man zurück zur Stadt schippern. Nördlich des Oberoi wird derzeit die Insel mit einem weiteren Hotel, dem Elephantine Hotel, zugebaut.

Oder aber Sie lassen sich von hier für wenige Pfund zur Pflanzen-Insel hinüberrudern. Für Fotografen: Nachmittags ab ca. 15 Uhr kreuzen die meisten Feluken zur Insel hinüber.

**Pflanzen-Insel (Gezira El Nabatat)

Nordwestlich von Elephantine umspült der Nil die ehemalige Privat-Insel von Lord Kitchener ("Kitchener Island", allerdings hört man den Namen aus der Kolonialzeit nicht mehr gern, daher eher *Botanical Island*), heute ein Botanischer Garten mit afrikanischen und asiatischen **Tropenpflanzen** (£E 5 Eintritt). Lassen Sie sich mit einer Feluke (£E 5 – 10) von der Stadt aus hinübersegeln – es gibt keine öffentlichen Fähren – und genießen Sie den Spaziergang durch sattes Grün vor dem nur einen Steinwurf entfernten Hintergrund der Wüste. Falls Sie keine Feluke finden, nehmen Sie die Fähre zur Insel Elephantine und lassen sich von der Westseite, wie oben erwähnt, hinüberrudern. Wenn Sie Zeit haben, bleiben Sie bis zum Sonnenuntergang am Ostufer der Insel. Dann beginnen – nach ägyptischer Interpretation – die dort nistenden Ibis-Scharen mit ihrem *Abendgebet*, dem Ruf, der wie "Allah-Allah-Allah" klingt. Vermeiden Sie den Freitag, weil dann die Insel fest in der Hand der Einheimischen ist.

Das Westufer

Die Landmarke **Aga Khan Mausoleum**, in dem das 1957 verstorbene Oberhaupt der Sekte der Ismaeliten in einem Marmor-Sarkophag ruht, ist auf Wunsch der Witwe Begum wegen "unziemlichen Verhaltens der Touristen" leider nicht mehr zugänglich.

Statt dessen bleibt in dieser Gegend des Westufers nur noch der lohnenswerte Besuch des Simeonsklosters. Dazu muß man für Hin- und Rückweg eine Feluke anheuern (ca. £E 10 per Boot) oder ein Ruderboot (ca. £E 5). Eine schöne Alternative: Man schickt von hier die Feluke nach Hause, besucht das Simeonskloster, wandert dann zu den Felsengräbern hinüber und nimmt von dort die öffentliche Fähre zurück nach Assuan. Dieser Weg ist umgekehrt ebenfalls möglich, man muß dann aber für den Rückweg eine Feluke finden, die – hoffentlich – zufällig hier liegt und natürlich den Preis diktiert.

Der Weg zum ****Simeonskloster** (9-17; £E 12) führt von der Anlegestelle etwa 15 bis 20 Minuten bergauf; hier drängen sich auch Kameltreiber auf, die ca. £E 20 für den kurzen Trip verlangen. Allerdings kümmert sich jetzt die Touristenpolizei um den Handel, man zahlt direkt bei ihr.

Man stößt auf die Ruinen einer imposanten Klosteranlage, die einst zu den größten Ägyptens zählte. Das Kloster wurde im 7.

oder 8. Jhd gegründet und im 10. Jhd weitgehend erneuert, schließlich aber nach einer Reihe von Nomadenangriffen im 13. Jhd verlassen. Einst, als hier reges Leben inmitten wasserloser Wüste herrschte, muß der gewaltige Gebäudekomplex noch beeindruckender gewesen sein.

Die Ruinen bergen auf der unteren Terrasse die Basilika mit gut erhaltenem Steinplattenboden und Freskenresten im Sanktuarium. Auf der oberen Terrasse ist das einst drei Stockwerke hohe Hauptgebäude mit Mönchszellen und Refektorium gut erhalten. Weiterhin zeigt der Wärter eine Mühle, eine Bäckerei und weitere Nebengebäude.

Vom Simeonskloster können Sie zu den Felsengräbern wandern (oder auch auf einem Kamel reiten): Entweder immer den Kamelspuren folgen (und dabei dauernd von Kameltreibern angequatscht werden) oder in nordöstlicher Richtung auf den Nil zuhalten und dann parallel zu dessen Ufer bis zu den Gräbern gehen. Allerdings muß man an den Gräbern zunächst zum Ufer hinunter, da dort die Eintrittskarten verkauft werden. Kalkulieren Sie ein, daß ein Fußmarsch durch den Wüstensand einigermaßen beschwerlich ist (Wasser mitnehmen).

Weithin sichtbar sind die ****Felsengräber der Gaufürsten** von Assuan aus dem AR und MR am Steilabfall der Libyschen Wüste (£E 12; Achtung: für Kameras werden grundsätzlich £E 10 verlangt, ob man fotografiert oder nicht). Von der Niluferstraße aus sind die Rampen gut zu sehen, auf denen die Särge zu den Gräbern hinaufgezogen wurden. Zum Westufer unterhalb der Gräber verkehrt etwa alle zehn Minuten eine Fähre zu £E 1, die ungefähr 300 m südlich der Stelle an der Corniche ablegt, an der die Straße vom Bahnhof mündet.

Zu den Felsengräbern führt eine bequeme Treppe hinauf. Wer die vielen Gräber Mittelägyptens gesehen hat, wird hier nicht unbedingt Überraschungen erleben können – allerdings wird er kaum von anderen Besuchern bedrängt. Um es sehr profan zu sagen: Für den Laien ist der Ausblick das Schönste an den Gräbern.

Falls Sie sich umsehen wollen: Gegen ein Bakschisch schließt der Gabir die Gräber auf. Das besterhaltene ist das Grab des Sarenput II (Nr. 31) aus der 12. Dynastie. Es besteht aus mehreren Räumen und ist gut geschmückt; die farbigen Querstreifen im ersten Raum sollen die im Dunkel nicht sichtbare natürliche Farbgebung des Gesteins verdeutlichen. Auch die miteinander verbundenen Gräber von Mechu (Nr. 25) und Sabni (Nr. 26) sind einen Blick wert, ähnlich die Gräber Nr. 36, 35, 34 und 31.

Ein noch grandioserer Aus- und Rundblick ergibt sich allerdings von der Spitze des Gräber-Berges, auf dem die Kuppel-Ruine des Sheikh-Grabes **Kubet el Hauwa** steht. Wer die Diretissima hinauf scheut, kann einem etwas nördlich der Gräber abzweigenden, bequemeren Pfad folgen. Von oben überblickt man die gesamte Katarakt-Landschaft in Nord-Süd-Richtung bis hin zum Hochdamm am Horizont. Nach Osten liegt die geschäftige Stadt, direkt zu den Füßen tummeln sich Feluken auf dem Nil und nach Westen schweift der Blick in eine Wüstenlandschaft, die erst 5000 km entfernt am Atlantik endet – einer der spektakulärsten Ausblicke in der mit Aussichtspunkten nicht schlecht versorgten Stadt.

Die Fähre zu den Felsengräbern bedient eigentlich die **nubischen Dörfer** auf dem Westufer nördlich der Gräber. Diese Dörfer werden seltener von Touristen heimgesucht, hier sind die Leute weniger aufdringlich, Handicrafts etwas billiger. Fahren Sie doch einfach mit einem der Sammeltaxis von der Anlegestelle aus ein Stück nilabwärts.

***Die Staudämme

Bereits 1898 bis 1902 zogen die Engländer südlich von Assuan einen 2 km langen Staudamm quer durch den Fluß, der nach zwei Erhöhungen 1912 und 1943 51 m Höhe erreichte. 180 Tore regulierten den Wasserhaushalt so, daß der Stausee vor Beginn der Nilflut praktisch leer war, durch die dann voll geöffneten Tore konnte der Nil ungehemmt die Felder mit seinem fruchtbaren Schlamm überfluten. Im Herbst wurden die Wassermassen erneut gestaut. Der neue Hochdamm läßt dies nicht mehr zu: Der Schlamm verbleibt im Stausee, die Felder müssen künstlich gedüngt werden.

Die Planung des Hochdammes geht auf deutsche Firmen zurück, die allerdings nicht beim Bau zum Zug kamen, weil die Finanzierung scheiterte. Der damalige Präsident Nasser war über die Behandlung durch den Westen so empört, daß er aus einer Reihe von Gründen die politische Linie radikal änderte und sich fortan an die Sowjetunion hielt.

In einer Art Eiszeit der Beziehungen Ägyptens zum Westen errichtete die Sowjetunion in den Jahren 1960 – 1971 den ***Sadd el Ali*** *genannten Damm und weitgehend das elektrische Verteilernetz im Land. Das Bollwerk gegen die Nilfluten ragt 111 m über das Flußbett, an der Krone ist es 3,6 km lang und 40 m breit, an der Basis erreicht es eine Breite von 980 m. Diese gewaltige Dicke ist nötig, da der Damm allein durch sein Gewicht dem Druck des Wassers standzuhalten hat; andere Hochdämme sind gewölbt und im umliegenden Fels verankert, was hier nicht möglich war. Die aufgeschüttete Baumasse entspricht dem siebzehnfachen Inhalt der Cheops-Pyramide. Der Hochdamm staut im Nassersee den Nil über eine Länge von 550 km bis weit in den Sudan. Bei voller Turbinenleistung stehen 10 000 MWh elektrischer Energie zur Disposition.*

Durch das riesige Wasserreservoir konnten und können noch große Wüstengebiete urbar gemacht und bewässert werden; bis Ende der 80er Jahre wuchs die Anbaufläche um ca. 25 Prozent. Weiterhin konnte vor allem in Oberägypten die traditionelle Beckenbewässerung (bei der das Hochwasser die Becken füllte) durch Dauerbewässerung abgelöst werden. Dadurch lassen sich zusätzliche Ernten erzielen, da die Äcker nicht mehr monatelang unter Wasser stehen oder aber ausgetrocknet sind. Die gewonnene elektrische Energie machte überhaupt erst die Elektrifizierung der rund 4000 Dörfer Ägyptens möglich.

Immerhin bewahrte der Wasserspeicher während der letzten Trockenphase im Zuflußgebiet des Nils Ägypten vor erheblichen Problemen. Die lange Dürreperiode Mitte der 80er Jahre ließ den Wasserstand bis auf ein Minimum sinken, und nur den sintflutartigen Regenfällen 1988 im Sudan war ein Auffüllen in buchstäblich letzter Minute – kurz vor dem Abschalten der Turbinen – zu verdanken. In den 90er Jahren trat dann der umgekehrte Effekt ein. Heftige Regenfälle im Oberlauf des Nils füllten das riesige Becken bis zum Überlauf, aber Ägypten wurde vor verheerenden Überschwemmungen bewahrt, wie sie ohne Damm unvermeidlich stattgefunden hätten.

Doch hat der Stausee auch ***gewaltige Nachteile****. Fuad Ibrahim (Professor der Uni Bayreuth) schreibt in der Geographischen Rundschau (1984, Heft 5), daß es sich "bei dem Bau des Hochstaudam-*

mes um einen der großen Irrtümer unserer Zeit handelt". Als Begründung für dieses harte Urteil führt er eine Reihe von Ursachen auf:

- Die fruchtbare Schlammflut erreicht, düngt und entsalzt nicht mehr die Felder; dies mußte durch eine drastische Steigerung der Kunstdüngeranwendung kompensiert werden. Doch ohne Kunstdünger ging es infolge der höheren Bodennutzung zuvor auch nicht mehr, denn etwa 80 Prozent des Schlamms lagerten sich in den Kanälen ab oder verschwanden im Mittelmeer. Die Düngekraft des Schlamms war ohnehin nur für eine Ernte pro Jahr ausreichend, sie hätte aber nicht die jetzt üblichen drei Ernten stützen können.
- Infolge der Dauerbewässerung steigen die Bodensalze an die Oberfläche und verderben den Boden, ein Problem, das nur per Drainage zu lösen ist. Ein immenses Entwässerungs-System wird überall vorangetrieben, um eine dauerhafte Entsalzung zu gewährleisten. Früher übernahm die Natur diese Drainage durch das Auswaschen der Felder während der Nilüberflutungen und die anschließende Austrocknung der Böden. Allerdings ist das Problem nicht ganz neu; denn durch die seit Mohammed Ali großflächig eingeführte Bassinbewässerung entstanden bereits Bodensalze, die durch Drainage abgeführt werden mußten.
- Gleichzeitig reinigte die Flut die Felder vom Flugsand. Heute bleibt der Sand liegen; man schätzt, daß auf diese Weise etwa 8 Prozent des Fruchtlandes verloren gehen werden.
- Auch die Ratten erfreuen sich einer von Wasser-Attacken ungestörten und ungeheuren Vermehrung.
- Die Bodenabtragung an den Ufern und im Mündungsgebiet gleicht sich nicht mehr durch neue Anlagerungen aus, mühselige Erhaltungsarbeiten sind notwendig.
- Die großen Brücken und Wehre werden stark in Mitleidenschaft gezogen und bedürfen dringend einer Sanierung; ebenso nagt das aufsteigende Salzwasser an den Fundamenten vieler historischer Bauten.
- Früher schob sich das Mündungsdelta stetig ins Mittelmeer vor, jetzt drängen Meeresströmungen bedrohlich landeinwärts.
- Nicht zuletzt fehlt der Ziegelindustrie der Nachschub an Schlamm – mit der Folge, daß fruchtbarer Ackerboden zu Ziegeln verarbeitet wird (was inzwischen streng verboten ist, dennoch nicht konsequent genug unterbunden wird)
- Im Mündungsgebiet fehlen die nährstoffreichen Sedimente, was einen drastischen Rückgang des Fischfangs auslöste.
- Der Stausee füllt sich sehr viel schneller mit Schlamm als ursprünglich angenommen, Wasserhyazinthen breiten sich sehr schnell aus, die Zunahme der lösbaren Salze im See hat eine Verschlechterung der Trinkwasserqualität des Nils zur Folge.
- Die Verdunstung von jährlich etwa fünf Meter Höhe des Stauseewassers beeinflußt zumindest in Oberägypten die klimatischen Verhältnisse.
- Durch den 250 km südlich der Mauer gelegenen Überlaufkanal in die Toshka-Senke soll Gefahr abgewendet werden. Hier lassen sich bis zu 120 Milliarden Kubikmeter Wasser zusätzlich speichern und für die Bewässerung des *New Valley* – Oasen Kharga, Dakhla, Farafra – verwenden (der Nasser-Stausee kann 200 Milliarden Kubikmeter maximal halten). Andererseits scheinen auch bei diesem Projekt die ökologischen Folgen für die Senke nicht genügend abgeklärt worden zu sein. Ebensowenig sind die Folgen für die Archäologie nicht abgeklärt, denn dieses Gebiet gilt als

eine der großen prähistorischen Fundstätten, wie die Siedlungsreste z.B. bei Nbata Playa beweisen.

- Nicht zuletzt stellt der Damm ein Sicherheitsrisiko, vor allem aus militärischer Sicht, dar. Bei seiner schlagartigen Zerstörung würden die dann freigesetzten Wassermassen innerhalb von ein bis zwei Tagen Ägypten praktisch auslöschen. Allerdings fällt die Zerstörung insofern schwer, als sich die gewaltigen Erdmassen des Damms nicht so einfach aus dem Weg räumen lassen.
- Weniger betont wird die Tatsache, daß im See die Heimat von etwa 120 000 Nubiern versank, die diesen Verlust weder wirtschaftlich noch emotional bis heute verkrafteten.

Andererseits wäre eine Rückkehr zum natürlichen Überflutungssystem kaum mehr vorstellbar. Noch sehen viele Ägypter den Damm als positive Errungenschaft, wenn auch die Euphorie der Vergangenheit einer sehr viel kritischeren Betrachtung gewichen ist. Die ökologischen und wirtschaftlichen Folgelasten sind tatsächlich noch nicht endgültig abzusehen. Vorschläge, den Damm wieder abzutragen, locken mit der Aussicht, daß dann etwa 500 000 Hektar fruchtbares Land im trockengefallenen Nasser-See zu gewinnen wären ...

Noch in den 80er Jahren vom Aussterben bedroht und durch ein Jagdverbot geschützt, fanden die Nil-Krokodile im Nassersee so ideale Bedingungen, daß sie sich sprunghaft vermehrten und heute schon eher eine Bedrohung darstellen (1997 wurden 9 Menschen und zahlreiches Vieh getötet). Besonders die Fischer sind von den Reptilien bedroht, aber auch Touristen sollten am Ufer des Sees die Augen aufhalten.

Sie können – und sollten – beide Dämme besichtigen, wobei der **alte Damm** meist bei der Anfahrt überquert wird. Ein Halt am westlichen Ende des alten Staudammes (auf dem Damm striktes Halteverbot) ermöglicht einen Blick auf das einst berühmte Mammutbauwerk. Doch der neue Damm hat ihm die Schau gestohlen.

Die Besichtigung des neuen **Hochdammes** zu Fuß ist nicht mehr gestattet; nur noch per Auto oder Fahr- bzw. Motorrad, Aussteigen/Anhalten nur am Aussichtspunkt. Die Besichtigung kostet £E 5.

Kommt man von Westen her zum Damm, dann ragt bald nach dem Tickethäuschen das Denkmal der ägyptisch-russischen Freundschaft, eine hohe Beton-Lotosblume mit (häufg nicht funktionierendem) Lift auf eine Aussichtsplattform in 74 m Höhe mit gutem Ausblick weit über den See. Angeblich ist eine Tasrih für die Besichtigung notwendig, die man beim ca. 100 m entfernten Kontrollposten oder im grauen Gebäudekomplex im Westen des Dammes oder bei der Polizei in Assuan erhält. Doch der Wärter bietet eine Fahrt gegen Bakschisch (ca. £E 2) nach oben bereitwilligst an - vielleicht hat er die Tasrih-Geschichte nur zur wundersamen Geldvermehrung erfunden. Südlich gegenüber dem Denkmal sind auf einem Hügel der Kalabsha-Tempel, ein Stück dahinter das Hotel Amun Village zu erkennen.

Etwa in der Mitte des Sadd el Ali liegt der Parkplatz, von dem aus man ungestört fotografieren kann. Auf der Ostseite führt die erste Abzweigung ein Stück hinunter zu einem größeren Platz, von dem aus man einen guten Blick auf das Elektrizitätswerk und die aus den Turbinen strömenden Wassermassen hat. Die Krone des Sadd el Ali setzt sich bis in die in die Nähe des Stausee-Eisenbahnhofs fort.

Anfahrt: Zum Sadd el Ali (auch als High Dam bekannt) kommt man per Taxi zu etwa £E 20 bis 25 hin und zurück, eine Taxi-Rundfahrt mit möglichen Stops am unvollendeten Obelisken, Insel Philae, den Staudämmen und dem Kalabsha Tempel kostet etwa £E 30 – 40 (Taxi u.a. vor dem Hotel Continental). Auch Sammeltaxis fahren zu £E 0,50 zum Staudamm. Als derzeit nicht empfehlenswerte Alternative, da keine Fußgänger auf dem Damm geduldet werden: Vom Hauptbahnhof verkehren mehrmals täglich überfüllte, verschmutzte Züge. Zum alten Damm fährt Bus Nr. 20 oder 59 (Haltestelle vor Hotel Abu Simbel oder Hotel Hathor) bis zum Dorf Hazan, von dort gibt es aber keine Verbindung mit öffentlichen Verkehrsmitteln zum neuen Hochdamm. Nicht empfohlen wird eine Radtour wegen der teils uninteressanten Landschaft und des Gegenwinds.

Wenn Sie einen Abu-Simbel-Besuch planen, dann ist bei organisierten Fahrten meist die Staudamm-Besichtigung eingeschlossen, zumindest läßt sie sich leicht damit verbinden. Wenn Sie den Kalabsha Tempel besichtigen wollen, so sollten Sie dabei auch den Damm besuchen.

Autofahrer können vom Sadd el Ali am Ostufer entlang auf einer sehr schlechten Straße direkt zum alten Damm fahren.

***Insel Philae

Die ursprüngliche Insel Philae – Perle Ägyptens – war einst vollständig mit Tempelbauten und schattigen Palmen bedeckt, auf ihr lebten die pharaonischen Götter am längsten in Ägypten, die letzten datierten Inschriften stammen aus dem Jahr 456 nC. Nach dem Bau des alten Staudammes versank die Insel jährlich für zehn Monate in den Fluten. Der neue Hochdamm ließ sie für immer untergehen, da der Rest des alten Stausees sich in der Höhe praktisch nicht mehr verändert. Daher wurde der größte Teil der Tempelbauten auf die benachbarte, ähnlich große Insel Agilka umgesetzt (die heute unter Philae "firmiert").

Anfahrt: Per Taxi (ca. £E 15 – 20 inkl. Wartezeit oder £E 8 pP einfach) bis zur Anlegestelle unterhalb des alten Staudamms oder aber per Sammeltaxi von der Corniche oder mit einem der auf der Corniche nach Süden fahrenden Busse, die meist bis zum alten Staudamm oder einem Dorf davor fahren. Vom Beginn des alten Staudamms links durch ein Dorf am Stausee entlang zur Anlegestelle etwa 15 Minuten gehen. Die Boote zur Insel fahren auf Zuruf (Hin- und Rückfahrt offiziell £E 20 (nachts £E 22) für ein Acht-Personen-Boot), allerdings muß man zuvor die Eintrittskarten zu £E 20 pP (9 – 17 Uhr) am Tickethäuschen kaufen. Merken Sie sich das Boot für die Rückfahrt. Einzelgänger sollten bis zum Eintreffen einer Gruppe warten bzw. – besser – sich mit anderen Individualisten zusammentun, wenn sie nicht den vollen Mietpreis für ein Boot zahlen wollen; aber warten Sie vor der Absperrung und schließen Sie sich einer Gruppe an, bevor die Kassierer Ihrer gewahr werden. – Wenn Sie spätnachmittags die Insel besuchen, werden Sie ziemlich allein sein und die Eindrücke um so mehr genießen können.

Dominierendes Bauwerk ist der Isis Tempel, dessen Achse zweimal abknickt, um das Gebäude an die Gegebenheiten des Geländes anzupassen. Daher liegt das Mamisi hier auch im Hof zwischen erstem und zweiten Pylon und nicht vor dem Tempel im rechten Winkel zu ihm, wie es bei den Anlagen der griechisch-römischen Zeit üblich ist. Die frühesten erhaltenen Gebäude auf Philae datieren in die 30. Dynastie; unter Nektanebos I wurde der Pavillon am Südende der Insel errichtet, wo heute die Touristenboote anlegen.

Neben dem großen Isis-Tempel sind einige kleinere Tempel durchaus von Interesse: Das **Heiligtum für Imhotep** (rechts hinter den Eingangs-Kolonnaden) wurde zur Verehrung des göttlichen Architekten aus der 3. Dynastie errichtet (siehe auch Sakkara, Seite 299).

Im **Isis Tempel** finden sich auf den Säulen für die Göttin Hathor vergnügliche Darstellungen des tanzenden, zwerggestaltigen Gottes Bes. Eine sehr ungewöhnliche Architektur weist der Trajans-Kiosk auf, hier vermischen sich altägyptische Formen mit Architekturelementen der Spätantike. Achten Sie sowohl hier als auch im Isis-Tempel auf die große Vielfalt an Kapitell-Formen – es gibt fast keine identischen Stücke.

Der Philae-Tempel kann auch bei einer **Light and Sound Show** bewundert werden (£E 33 pP), eine Spätvorstellung pro Woche (derzeit sonntags) ist in deutsch. Allerdings gibt es negative Kritik: Die Show ist zu kurz, zumal Anfahrts- und Übersetzkosten hinzukommen.

**Tempel von Kalabsha und von Beyt el Wali

Auch dieser, ehemals etwa 40 km südlich gelegene Tempel war von den Fluten des Stausees bedroht; er wurde auf eine westlich des Sees gelegene Granitkuppe etwa 1 km südlich des Hochdamms verlegt und damit gerettet. – Der Besuch des Tempels lohnt vor allem auch wegen seiner einsamen Lage hoch über dem See und der meist ungestörten Besichtigung (wenige Besucher). Nehmen Sie für im Halbdunkel liegende Reliefs eine Taschenlampe mit.

Das unter Augustus errichtete Bauwerk war der größte freistehende Tempel des ägyptischen Nubien, er gehört zu den spätesten Bauten, seine Reliefs sind unvollständig geblieben. Er ist dem nubischen Gott Mandulis geweiht, der in den Bildern meist von der Göttin Isis begleitet wird. Der Pylon ist über eine Treppe zu erreichen, von oben herrlicher Rundblick über Stausee und Hochdamm. Auf den Säulen und Schranken zu beiden Seiten des Eingangs Graffiti und Inschriften in meroitischer Schrift, darunter die berühmte Darstellung des Silko, eines spätnubischen Königs aus dem 5. Jhd nC (Reiter ersticht Feind). Bei der Versetzung des Tempels 1961-1963 fand man wiederverwendete Blöcke eines Tores, das als Dank für die Unterstützung bei der Versetzung der nubischen Tempel der Bundesrepublik Deutschland geschenkt wurde. Es steht heute im Ägyptischen Museum in Berlin.

Auf einer Terrasse südlich des Tempels wurde der leichte Bau des **Kiosks von Kertassi** wiedererrichtet, der ebenfalls im Stausee versunken wäre. In der anschließenden Senke lagern Blöcke des Gerf Hussein Tempels mit zum größten Teil noch gut erhaltenen Reliefs aus dem rund 100 km südlicher liegenden Felstempel Ramses II. Auch zwei Blöcke mit prähistorischen Felszeichnungen (Elefant und Gazelle) sind zu sehen.

Weiter nordwestlich steht der hierher versetzte **Tempel Beyt el Wali**, den Ramses II größtenteils in den anstehenden Fels hineinschlagen ließ. In der Vorhalle auf der Südwand (links) Reliefs von Kämpfen gegen die Nubier, auf der Nordwand (rechts) gegen die Asiaten. Der König wird bereits zu Lebzeiten vergöttlicht dargestellt. Im Inneren sehen Sie Reliefs mit zum Teil noch sehr gut erhaltenen Farben.

Anfahrt: Verbinden Sie Damm- und Tempelbesuch miteinander. Bei normalem Wasserstand ist der Tempelbezirk (9-16; £E 12) per Boot erreichbar, das gegenüber der Anlage zu mieten ist (£E 10 – 25 oder £E 5 pP). Bei niedrigem Wasserstand des Stausees kann man gleich links neben dem Lotosdenkmal durch das Gelände der Fischfabrik bis fast zum Tempel fahren oder etwa 30 Minuten gehen.

Katarakt-Ausflug mit einer Feluke

Am Nilufer dümpeln Segelboote, Feluken genannt, die noch aus pharaonischen Zeiten zu stammen scheinen. Sobald Sie sich in die Nähe eines Schiffes wagen, wird Sie der Kapitän zu einer Segelpartie einladen. Machen Sie nach unermüdlich-mühseligem Feilschen – am allerbesten direkt mit den Kapitänen in den Feluken und nicht mit den Schleppern auf der Straße – unbedingt Gebrauch davon (ca. £E 15 – 25 pro Boot und Stunde, bei längerer Miete deutlich geringere Stundensätze). Versuchen Sie Kapitäne zu finden, die von den Inseln stammen, sie sind meist preiswerter als die aus der Stadt. Man sollte höchstens ein zweites Mal mit einem Kapitän fahren, denn die "Vertrautheit" verführt schnell zu einem vertrauensseligen Aufschlag.

Eine Segelpartie am späten Nachmittag gehört zu den stimmungsvollsten Erlebnissen, die Assuan bieten kann. Wenn man Glück hat und einen guten Kapitän findet, sollte man in den kleinen nubischen Dörfern halten; häufig gibt es abends unverfälschte nubische Musik mit Tanz am Lagerfeuer.

Üblicherweise führt die Reise zwischen Stromschnellen hindurch nilaufwärts zu einer der Inseln, die von Nubiern besiedelt sind. Machen Sie sich darauf gefaßt, daß diese Leute sehr auf Touristen eingestellt sind (Kleinkinder lernen als erstes das Wort "Bakschisch") und Sie keine Fluchtmöglichkeit haben, aber dennoch ist ein Besuch der Dörfer nicht uninteressant.

Zum festen Repertoire gehört die **Insel Sehel**, auf der auch Inschriften, bis in pharaonische Zeiten datierend, zu sehen sind. Am bekanntesten ist die sog. **Hungersnot-Stele** auf der höchsten Erhebung im Südosten der Insel, die von einer siebenjährigen Hungersnot berichtet. Von ihren Autoren fiktiv in die Zeit von Djoser (2650 vC) datiert, in Wirklichkeit aber erst unter Ptolemäus V (um 200 vC) verfaßt, sichert der Text die Rechte der Priester des Katarakt-Gottes Chnum. Die Stele ist eingezäunt, der Wärter verlangt £E 10 Eintritt, ist aber meist schwer zu finden.

Man kann auch schneller und billiger zur Insel Sehel kommen: per Taxi zum Nubierdorf El Mahatta, dann mit dem Ruderboot zu £E 1,50 übersetzen.

Erholsame Felukenausflüge gibt es auch nilabwärts zu einer der etwa 10 km entfernten Inseln mit Sandstrand, wo man sehr ungestört den ganzen Tag in der Sonne liegen kann. Obwohl eine Leserin schreibt, daß dort Baden wegen der starken Strömung ungefährlich sei, empfehlen wir die Bemerkungen über Bilharziose auf Seite nachzulesen.

Per Feluke nilabwärts

Eine viel interessantere Segelreise führt nilabwärts nach Esna oder Luxor. Bereits ein Tagesausflug nach Kom Ombo ist eine Schnupper-Möglichkeit fürs Felukenreisen und kostet etwa £E 50 pro Boot, Rückfahrt per Bus oder Taxi.

Eine Segelreise auf dem Nil mit einer Feluke ist ein ungewöhnliches, an längst versunkene Zeiten erinnerndes Erlebnis. Man folgt äußerst beschaulich dem Lauf des Flusses, die laute Welt des Niltals liegt in weiter Ferne, das üppige Ufergrün kontrastiert mit den Wüstenbergen im Hintergrund. Das Leben an den Uferdämmen scheint sich seit Jahrtausenden nicht geändert zu haben.

Üblich sind Trips von Assuan nach Kom Ombo (ein Tag), Edfu (drei Tage, zwei Nächte) oder Esna (vier Tage, drei Nächte), wobei die Edfu-Fahrt am häufigsten gebucht wird. Man

Nubische Felukenkapitäne gehen sehr lässig mit den schweren Booten um

könnte auch noch bis Luxor weitersegeln, das ist dann aber eher langweilig; hinzu kommt, daß viele Kapitäne keine Erlaubnis für die Weiterfahrt von Esna aus nach Norden besitzen.

Der beste Ausgangsplatz für eine Felukenreise ist Assuan, weil man von dort mit der Strömung flußabwärts treibt. Ein Boot zu finden, ist keine Schwierigkeit, da an der Corniche gut englisch sprechende Broker unentwegt damit beschäftigt sind, sowohl Kundschaft als auch Segelmannschaften zusammenzustellen. Aber auch das Tourist Office (wie auch einige Hotels) bemühen sich um die Zusammenstellung von Gruppen. Erkundigen Sie sich am besten zunächst beim Tourist Office nach der aktuellen Lage. Auch wenn die dort vermittelten Touren teurer sein sollten, so ersparen Sie sich u.U. viel Zeit und Nerven. Selbstverständlich kann man sich auch direkt mit den Kapitänen in Verbindung setzen und sein Glück versuchen.

Die Preise liegen – ohne Verpflegung – ziemlich stabil ungefähr bei: Assuan – Kom Ombo £E 25 pP, Assuan – Edfu £E 30 pP, Assuan – Esna £E 45 pP. Üblicherweise kostet die Bord-Verpflegung £E 5-15 pP und Tag, man kann sich statt dessen auch selbst versorgen. Gewöhnlich teilen sich vier Personen ein kleineres, bis zu acht Mitfahrer ein größeres Boot. Laut Polizei dürfen pro Feluke nicht weniger als drei und nicht mehr als acht Fahrgäste befördert werden. Will man nur zu zweit reisen, wird ein Strohmann bis zur Polizeikontrolle geladen. Der "Broker" erhält eine Vermittlergebühr von etwa £E 5 pP; nach der Vermittlung sieht man ihn nie wieder, sondern muß mit einem Kapitän zurechtkommen, der häufig kaum englisch spricht. Der Kapitän erstattet natürlich kein Geld, wenn man – was immer wieder vorkommt – vor dem vereinbarten Ziel an Land komplimentiert wird.

Auf den Fahrpreis kommt noch eine Gebühr von £E 5 pP für eine Erlaubnis (Tasrih) der Touristenpolizei. Der Paß muß möglichst schon am Tag vor der Abreise bei der Polizei eingereicht werden (dauert ca. 1/2 Tag). Diese Maßnahme dient dem Schutz der Fahrgäste, weil vor ein paar Jahren zwei Touristen beim Streit mit einem allzu eiligen Kapitän ums Leben kamen. Im Frühjahr 1997 waren Felukenfahrten verboten, weil es angeblich Todesfälle gegeben hatte. Das Verbot ist wieder aufgehoben, aber die Polizei in Assuan kontrolliert die Feluken schärfer als früher, sogar, ob Rettungswesten an Bord sind (die ein paar Minuten später an den nächsten Kapitän weitergeliehen werden).

Gestartet wird um 8 Uhr, dann erreicht man abends Kom Ombo und kann am nächsten Morgen den Tempel besichtigen. Gesegelt wird von Sonnenauf- bis Sonnenuntergang, der Kapitän spielt häufig gleichzeitig Koch. Ein "einträglicher" Zeitvertrieb während der Fahrt kann Angeln sein. Im Assuan Souk, in der Nähe der kleinen Moschee, können Sie die nötigen Utensilien erwerben.

Ein paar Tips zum Segelvergnügen:

- Preisvergleiche lohnen sich sehr, vor allem, wenn man Kapitäne erwischt, die am Zielort zu Hause sind und nicht länger in der Fremde herumsitzen wollen. Nehmen Sie möglichst eine größere Feluke, sie kommt besser voran und bietet mehr Platz.
- Hami Travel in Kairo (Adresse siehe Seite 234) bietet (teurere) Feluken-Touren für Individualtouristen an. Wenn Sie sich das Suchen und Verhandeln in Assuan ersparen wollen, buchen Sie bereits in Kairo.
- Nehmen Sie sich Zeit bei der Suche nach dem richtigen Boot und reden Sie eine Weile mit dem Kapitän, um ihn besser kennenzulernen und beurteilen zu können. Legen Sie die Bedingungen möglichst genau fest: Fahrtziel, Mindestfahrtzeit, Besichti-

gungsstops und -dauer (nur während Tageslicht!), kein Segeln über Nacht, kein Schleppenlassen von einem stinkenden Motorkahn, Preise etc.

- Schauen Sie sich das Boot gut an, Sie werden viele Stunden hauptsächlich sitzend dort zubringen. Können Sie gut sitzen, gibt es ausreichenden Sonnenschutz und Decken für die Nacht? Der eigene Schlafsack (zusätzlich) ist die bessere Wahl, denn die Nächte werden vor allem im Winter ziemlich kühl bis kalt. Da man auf der Feluke unter freiem Himmel schläft, ein Moskitonetz mitnehmen (oder bei Anmietung entspr. vereinbaren).
- Versuchen Sie, über Aushang in Hotels bzw. im Tourist Office Mitsegler zu finden. Leser berichten sehr positiv von Fahrten, die über das Abu Simbel Hotel vermittelt wurden, andere waren mit der des Tourist Office oder des Mona Lisa Restaurants sehr zufrieden. Auch im Aswan Moon Restaurant treffen sich Felukeninteressierte.
- Unterhalten Sie sich vor Abfahrt auch mit Ihren Reisepartnern. Bedenken Sie, daß Sie mehrere Tage jede Sekunde lang mit Ihren Mitreisenden zusammen sein werden; wenn man dann nicht einigermaßen gut miteinander auskommt, kann der Trip zum Trauma werden. Es gab schon bösen Streit, weil einige ein Sonnendach haben, andere lieber in der Knallsonne liegen wollten.
- Leisten Sie möglichst keine oder höchstens 50 Prozent an Vorauszahlungen. Versuchen Sie, mit dem Broker ein Stück Papier in arabisch zu verfassen, das Dauer und Bedingungen regelt und dieses vom Hotelrezeptionisten oder Tourist Office gegenlesen zu lassen. Ob das gelingt und hilft, ist eine andere Frage. Geben Sie Ihren Paß nicht aus der Hand, sondern gehen Sie selbst mit dem Kapitän zur Polizei. Denn wenn der Kapitän oder Broker Ihren Paß hat, sind Sie ihm ausgeliefert: Er kann weitere Mitfahrer suchen, verspätet abfahren etc.
- Vielleicht gelingt es, das Boot nicht entfernungsabhängig zu mieten, sondern zeitabhängig für einen gemütlichen Trip von z.B. vier Tagen bis Edfu. Dann hetzt der Kapitän nicht, Sie können auf längeren Pausen und Nachtplätzen abseits der üblichen Ankerplätze (an denen es manchmal laut hergeht) bestehen. Andererseits kann es vorkommen, daß der Kapitän Sie gnadenlos an Land setzt, wenn die vereinbarte Zeit abgelaufen ist, unabhängig von der bewältigten Strecke. Achtung: Manche Kapitäne argumentieren, die Tasrih sei abgelaufen; das stimmt nicht, sie ist zeitlich unbegrenzt. Wenn Sie der Kapitän gegen Ihren Willen an Land setzen will, drohen Sie mit der Touristenpolizei.
- Früher gaben wir hier einige namentliche Empfehlungen weiter. Da wir selbst nicht Vergleichstests aller Feluken anstellen können, andererseits uns immer wieder unterschiedliche Erfahrungen mitgeteilt werden, wollen wir diese "Tradition" einstellen. Allerdings empfehlen wir unbedingt, sich mit dem Tourist Office in Verbindung zu setzen und sich dort aktuelle Empfehlungen zu holen; selbst wenn Ihr Hotelrezeptionist Stein und Bein auf seine Kapitäne schwört.
- Begleiten Sie den Kapitän beim Einkauf für die Reiseverpflegung oder kaufen Sie selbst ein. Dann wird's vermutlich billiger, und Sie können den eigenen Geschmack berücksichtigen. Kaufen Sie den Proviant schon am Abend vor der Abfahrt, sonst verlieren Sie zu viel Zeit. Weiterhin empfiehlt sich, Klopapier, Flaschen- und Dosenöffner und ein Buch für langweilige Strecken einzupacken.

- Bestehen Sie darauf, daß Trinkwasserflaschen in ausreichender Menge mitgeführt werden und daß Nilwasser nicht zum Kochen und möglichst auch nicht zum Abspülen verwendet wird – einen Durchfall auf der Feluke zu pflegen, dürfte eine besondere Erfahrung sein.
- Bei heftigem Sturm kommt eine Feluke ganz schön ins Schaukeln, dabei gingen bereits Rucksäcke über Bord . Nehmen Sie, bevor die großen Gepäckstücke unter Deck verstaut werden, alles für die Reise Notwendige heraus.
- Als beste klimatische Zeit (gute Brise, erträgliche Hitze) empfehlen sich die Monate Februar bis April und September bis Mitte November, während Dezember und Januar recht kühl sein können.
- Für den fast absurden Fall, daß Ihr Boot nachts unterwegs ist, sollten Sie selbst unbedingt wach bleiben; denn der Kapitän wird sich wahrscheinlich schlafen legen und die Steuerung einer höheren Macht überlassen – die aber einen Zusammenstoß mit z.B. einem Kreuzfahrer vielleicht auch übersehen könnte. Es soll auch Kapitäne geben, die bei später Ankunft in Kom Ombo die zeitraubende Besichtigung am nächsten Tag dadurch abkürzen, daß sie nachts heimlich weiterschippern. Also aufpassen!

Die Tempel von Abu Simbel

Die Tempelgruppe liegt 290 km südlich von Assuan. Seit 1985 verbindet eine Asphaltstraße Abu Simbel mit der Außenwelt, der Flug ist nicht mehr, wie lange Zeit, die einzige Anreisemöglichkeit. Man kann per Bus oder Auto nach Abu Simbel fahren. Unterwegs überquert man nicht nur den nördlichen Wendekreis, sondern hat mit etwas Glück auch Gelegenheit, von der Straße aus Kamelkarawanen zu beobachten, die aus dem Sudan zum Markt nach Darau ziehen.

1998 wurde die Straße (angeblich) wegen Reparaturarbeiten gesperrt, daher kommt nur der teure Flug infrage. Nach allen Gerüchten soll sie im Herbst 1999 endgültig wieder geöffnet werden. Ob dann die weiter unten aufgeführten Regularien (Konvoi) und Preise noch stimmen werden, können wir leider nicht vorhersehen, jedoch die Größenordnung dürfte wohl erhalten bleiben.

Ein paar grundsätzliche Tips:

- Obwohl Abu Simbel die südlichste Sehenswürdigkeit Ägyptens ist, haben wir (und viele Leser) dort in den kühleren Jahreszeiten schon **bitter gefroren.** Der Wüstenwind bläst ungehindert und ist morgens sehr kalt - nehmen Sie eine Jacke mit.
- **Besuchszeit**: Die Tempel werden von der Morgensonne beleuchtet, daher den Besuch möglichst für den frühen Vormittag planen. Am besten ist, in Abu Simbel zu übernachten und dabei Abend- und Morgenstimmung in der stillen Einsamkeit zu erleben. Allerdings sollte man bei einem Reisebüro oder bei Egypt Air (einem Miteigentümer des Hotels Nefertari) nötigenfalls mit etwas Nachdruck versuchen, im voraus ein Zimmer zu buchen. Zur Not vermieten auch die Bewohner "Privatpension" (im Ort oder bei den Tempel-Guides erfragen).
- Wenn Sie auf bestes **Fotografierlicht** nicht so viel Wert legen, können Sie Ihre Anreise z.B. per Taxi so arrangieren, daß Sie erst am späteren Nachmittag ankommen. Dann kehrt schon langsam Ruhe ein, der Sonnenuntergang über der Wüste ist auch stimmungsvoll. Anschließend läßt man sich die Tempelbeleuchtung einschalten, kann ein paar ungewöhnlichere

Fotos schießen und fährt dann zurück nach Assuan.

- Die Straße nach Abu Simbel gehört zu den unfallträchtigsten Ägyptens, vermutlich wegen der Eintönigkeit. Der Flug ist sicherer und nicht so anstrengend.

Anreise

Flugzeug: Von Assuan aus verkehren mehrmals täglich Flugzeuge nach Abu Simbel, Hin- und Rückflug $ 80 (direkt bei Egypt Air und nicht über ein Reisebüro buchen, da teurer), rechtzeitig am Flughafen sein, Flugzeuge starten manchmal früher. Großer Nachteil: Für die Besichtigung bleiben nur etwa 1,5 Stunden Zeit, alle Fluggäste stürzen sich gleichzeitig auf die Tempel. Überspringen einer Maschine ist schwierig, es dürfte nur außerhalb der Saison oder mit Glück möglich sein. Wenn Sie jedoch die letzte Nachmittagsmaschine für den Hinflug nehmen und mit der ersten Morgenmaschine, die leer fliegt, nach Assuan zurückkehren, sollte es keine Probleme geben; sie müssen das nur dem Buchungspersonal klarmachen. Überlegenswert ist auch, die Anreise per Bus zu bewältigen und zurück mit der ersten, meist leeren Morgenmaschine zu fliegen.

Beim üblichen **Landeanflug** vom Stausee her sieht man von der linken Fensterreihe sehr schön auf die Tempel, rechts nicht. Vom Flughafen zum Tempel fahren Pendelbusse der Egypt Air. Die Anfahrt zum Flughafen in Assuan ist wegen des Militärgeländes nur per Taxi erlaubt.

Auf dem Landweg durfte vor der Straßensperre nur einmal täglich ein Konvoi aus Bussen, Minibussen, Taxis und Privatwagen aufbrechen. **Die folgenden Informationen beziehen sich auf dieses Situation**. (Nehmen Sie Ihren Paß wegen möglicher Kontrollen unterwegs mit.)

Die Fahrzeuge sammeln sich um 4 Uhr vor dem Nubischen Museum, dann rast eine lange Fahrzeugschlange nach Süden. Der Pulk der Insassen stürzt sich auf das Tickethäuschen, Wartezeit bis zu einer Stunde ist nicht ungewöhnlich. Um 10 Uhr, d.h. eineinhalb bis zwei Stunden nach Ankunft geht es bereits wieder zurück!

Man kann auch einen Konvoi "überspringen", d.h. erst am nächsten Tag zurückfahren und hat dann Abu Simbel praktisch ganz für sich. Das ist bei Autofahrern einfach; wer per Bus kam, muß versuchen, sich einen sicheren Rückfahrplatz für den nächsten Tag zu reservieren.

Der normale öffentliche **Bus** (£E 30) fährt (fuhr) ab Busbahnhof um 8.00 Uhr ab, einfache Fahrzeit etwa 3,5 Stunden, 2,5 Stunden Aufenthalt, Rückfahrt gegen 14.00 Uhr. Vorausbuchung wird empfohlen. MISR Travel verlangt für einen klimatisierten Bus mit Video-Show und Lunch $ 60 pP (einschließlich Eintritt und Führer).

Fast jedes Hotel vermittelt Fahrten im **Minibus** nach Abu Simbel, die Preise liegen etwa zwischen £E 25 bis £E 40 pP; erkundigen Sie sich also bei mehreren Hotels oder auch bei Wagon-lits Travel im New Cataract Hotel. Wenn möglich, schauen Sie sich den Minibus vorher an, es gibt viele Klagen über engste Sitzverhältnisse, die man über viele Stunden zu ertragen hat (meiden Sie die engen Sitze hinter dem Fahrer bzw. Beifahrer). Wenn man bei der Rückkehr den Kalabsha Tempel, den Hochdamm und die Insel Philae besichtigen will, kostet die Tour zusätzlich £E 10.

Es geht auch **per Taxi/Sammeltaxi**: Die Reise kostet hin und zurück ca. £E 30 oder £E 35 pP inklusive Hochdamm und Philae. Ein Taxi lädt bis zu sieben Personen, allerdings wird es dann für die lange Fahrstrecke unbequem eng. Sollten sogar acht Fahrgäste hineingequetscht werden, dann vermeiden Sie den Sitz auf dem Schalthebel zwischen Fahrer und Beifahrer, oder kaufen Sie sich beide Vorderplätze. Genug Trinkwasser für die Autofahrt mitnehmen! Einigen Sie sich vor der Abfahrt, wer die Straßenbenutzungsgebühr in Höhe von £E 10 am ersten Kontrollposten zahlt.

Viele Hotels, das Youth Hostel, der Verwalter vom Campingplatz oder Agenturen wie Queen Tours organisieren Fahrten nach Abu Simbel. In diesem Zusammenhang, wie überhaupt, wird das Hathor Hotel immer wieder gelobt, auch das Noorhan Hotel wird positiv bewertet. Doch der uneigennützigste Vermittler ist das Tourist Office, lassen Sie sich dort zunächst beraten.

Per Auto: Immer wieder mal mußte man sich eine Tasrih besorgen. Seit 1983 änderte sich diese Bestimmung nun schon zum fünften Mal. 1995 war sie noch nötig, 1996 nicht mehr. Sollte der Wunsch der Bürokraten erneut aufflammen, so fahren Sie 48 Stunden vor dem geplanten Trip zum Gebäude Police Department an der Corniche und verhandeln Sie mit dem Intelligent Service, dort bekommen Sie die Tasrih.

Auf der Straße nach Abu Simbel

Abfahrt vom Egypt Air Office und Ausfahrt auf der Straße zum Hochdamm bzw. Flughafen

14 km: **Abzweigung**

Geradeaus 2 km zum Hochdamm, rechts nach Abu Simbel, nach 1 km Checkpost

96 km: **Raststätte (Getränke, WC)**

120 km: **Abzweigung**

Links nach Abu Simbel, geradeaus nach Wadi Halfa/Sudan. In dieser Gegend kreuzt man den Überlauf- und Bewässerungskanal für das New Valley/Toshka-Projekt

55 km: Flughafen, Checkpost; in der Nähe steht das neue Hotel *Pharao Village*

(Für Flugreisende verkehren Busse zu den Tempeln).

5 km:

Abu Simbel

Man fährt durch die ehemalige Bauleute-Siedlung, die heute von Nubiern bewohnt wird. Die Versorgungsmöglichkeiten sind bescheiden, doch ausreichend: eine Bäckerei und zwei Cafeterias, Restaurant im Nefertari Hotel, vor dem die Straße endet und in dessen Swimmingpool man sich erfrischen kann. Kurz zuvor links zum Tempel-Parkplatz. Sollten Sie im See baden wollen, so denken Sie an die vielen stets hungrigen Krokodile und die Bilharziose.

Gönnen Sie sich, wenn Sie hier übernachten, die Flutlichtbeleuchtung am Abend. Der "Maschinist" der Tempel schaltet für ein Bakschisch von ein paar £E das Licht an (falls nicht ohnehin wegen Nachtbesuchern per Flugzeug bereits an). Der Mann sitzt meist in der Nähe des Eingangs zur Stahlbetonkuppel des Ramses-Tempels. Oder fragen Sie einen Guide, der stellt den Kontakt her.

Öffnungszeit 7-16 Uhr (Winter 8-16), £E 36 Eintritt für beide Tempel, einschließlich Gebühr für obligatorischen Guide und £E 3 für örtliche Steuer. Individualtouristen müssen sich für die Tempel-Innenbesichtigung meist Besuchergruppen anschließen.

Im Großen Tempel wurde eine Light and Sound Show installiert – es fragt sich nur, für wen. Denn Übernachtungen in Abu Simbel stehen nur bei den allerwenigsten Besuchern auf dem Programm.

Geschichte der Abu Simbel Tempel

Ramses II ließ zur Demonstration seines Einflußbereiches mitten in der Einsamkeit der nubischen Wüste in den Steilabfall zum Nil einen großen Tempel für sich und, wenige Schritte entfernt, einen für seine Gemahlin Nefertari in den vollen

Fels hauen. Schließlich geriet die Anlage in Vergessenheit, Sandverwehungen bedeckten sie.

Stille und Einsamkeit wurden Jahrtausende später nachhaltig gestört. Die Fluten des Nasser-Sees drohten die Heiligtümer für immer zu versenken. Eine 36 Millionen DM teure Hilfsaktion der UNESCO erreichte schließlich die Rettung der Tempel.

Als die Entscheidung zur Versetzung gefallen war, stieg der See bereits unaufhörlich. Die Bauwerke mußten zunächst durch einen künstlichen Damm geschützt werden. Dann galt es, die monolithischen Tempel in handliche Blöcke zu zersägen, an einen sicheren und höheren Platz zu transportieren und wieder zusammenzusetzen. Diese gewaltige Aufgabe wurde am 10. März 1980 mit einem Festakt besiegelt, man sieht den Bauten die Reise kaum an.

Der große Tempel

Die Mittelachse des Tempels ist nach Osten ausgerichtet. Um den 21. Februar und 21. Oktober beleuchtet die aufgehende Sonne die Götterbilder im Allerheiligsten, ein etwa zehnminütiges, atemberaubendes Erlebnis. Durch eine leichte Winkeländerung ergibt sich eine Verschiebung um einen Tag gegenüber früher, als die Sonne jeweils am 20. die Tempel ausleuchtete. Diese Gelegenheit lassen sich natürlich viele Touristen, aber auch tausende Ägypter nicht entgehen. Selbst aus anderen afrikanischen Ländern kommen Folkloregruppen und machen aus dem Ereignis ein Volksfest. Doch der Rummel verleidet inzwischen das Erlebnis, wer nicht spätesten um 3.30 Uhr dort ist, hat kaum eine Chance, das Schauspiel im Tempel zu erleben – und wenn, hat es wegen der Menschenansammlung kaum mehr mit dem ursprünglichen Vorgang zu tun.

In Abu Simbel begründen Tempelführer diese Daten mit dem Geburtstag von Ramses am 21. 2. und seiner Krönung am 21. 10.; das erstere ist völlig unbekannt, für das zweite Ereignis gibt es nur die vage Zeitangabe zwischen Juli und Oktober. Auch ist kaum anzunehmen, daß die Götterbilder im Sanktuarium das eigentliche Ziel der Beleuchtung waren, denn sie wurden von der sehr großen Barke mit dem Kultbild förmlich in den Schatten gestellt. Das im Vordergrund stehende Kultbild selbst sollte wohl im frühen Morgenlicht erstrahlen.

Auf einer Terrasse vor dem Eingang steht ein Sonnenheiligtum, über der Tempelfassade sehen Sie eine Reihe von Pavianen mit erhobenen Armen, die den Aufgang der Sonne begrüßen. Vor der Fassade dominieren vier kolossale Sitzstatuen des Königs, die aus dem anstehenden Fels geschlagen wurden. Besucherinschriften lassen sich von jüngster Zeit bis in die griechisch-römische Epoche zurückverfolgen.

Eine schmale Tür führt in die 55 m weit in den Berg getriebene Anlage, die in der Raumfolge einem *normalen* Tempel entspricht. Der offene Hof ist hier allerdings eine große Halle mit acht kolossalen Pfeilerfiguren des Königs; an den Wänden ausschließlich Kampfdarstellungen (rechts Kadesh-Schlacht). Durch einen Zwischensaal betritt man das Sanktuar, an dessen Rückwand thronen nebeneinander vier aus dem Fels gearbeitete Götterfiguren: Amun von Theben, Re-Harachte von Heliopolis, Ptah von Memphis und der vergöttlichte Ramses II selbst.

Besichtigen Sie auch die moderne Technik: Rechts vom Ramses-Tempel führt eine Tür in das Stahlbetonbauwerk, das den Tempel heute überdeckt, um wieder den Eindruck eines Felstempels zu erzeugen. Der Blick hinter die Kulisse (mit Dokumentation der Technik und der Versetzaktion) ist inter-

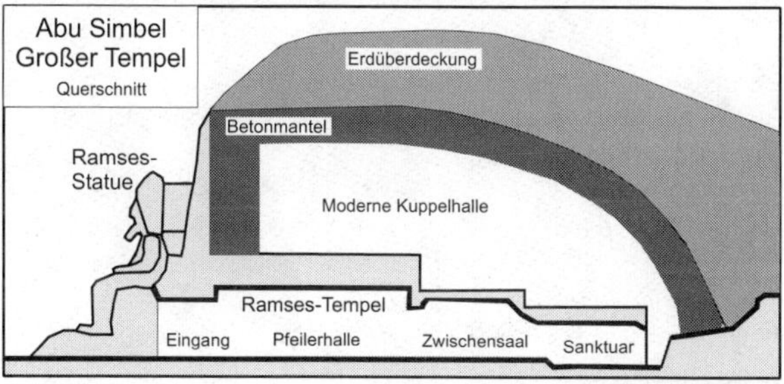

essant und überraschend, man kann sogar oben auf dem Tempel spazierengehen. Auf den Felswänden stehen neben und zwischen den Tempeln eine Vielzahl von Fels-Stelen, die von hierher versetzten bzw. für die Tempel zuständigen Beamten in Auftrag gegeben worden waren.

Der kleine Tempel

Dieser, der Göttin Hathor geweihte Tempel ehrt gleichzeitig die hier vergöttlicht gezeigte Große Königliche Gemahlin Nefertari, die vor der Fassade in kolossalen Standbildern mit ihrem Mann Ramses II gezeigt wird und den Kopfschmuck der Göttin Hathor (Kuhgehörn mit Sonnenscheibe) trägt. Neben dem Königspaar stehen kleine Figuren von Prinzen und Prinzessinnen, im Innern Pfeiler mit dem Gesicht der Göttin. Die Thematik der Reliefs wird beherrscht von Opferdarstellungen, welche die Königin vor der Göttin zeigen.

Aus privater Initiative entsteht derzeit ein Zoo/Terrarium unweit der Tempel. Hier sollen demnächst Krokodile, Schlangen, Skorpione und was die Wüste sonst noch an Lebwesen bietet, zu sehen sein.

5.5 Toshka – das Jahrhundertprojekt

Anfang 1996 wurde ein Milliardenprojekt in Angriff genommen, das von den Kosten her den Bau des Assuan-Dammes weit übertreffen und voraussichtlich erst im Jahr 2015 fertiggestellt sein wird: Ein 800 km langer Kanal soll Wasser vom Nasser-See bei Abu Simbel über Baris, Kharga, Dakhla bis nach Farafra transportieren. Damit soll der Fruchtlandanteil von derzeit etwa 5 Prozent auf 25 Prozent der Landesfläche erhöht und Lebens- sowie Arbeitsraum für hunderttausende von Siedlern geschaffen werden.

Der Kanal zieht sich mit einer Breite von 60 m an der Oberfläche und 30 m am Boden quer durch die Wüste. Um die hohen Verluste durch Verdunstung nicht auch noch durch Versickern zu erhöhen, wird er in der gesamten Länge betoniert. Rund um die Uhr, sieben Tage die Woche wird fernab von jeder Zivilisation gesprengt, gebaggert und der Boden mit schweren LKW bewegt. Der gigantische Aufwand kreiert natürlich viele Arbeitsplätze, aber die Menschen müssen in einfachster Umgebung, mit Staub und Lärm ebenfalls rund um die Uhr fernab ihrer Familien leben.

Damit das Wasser von selbst bis zum Ende des Kanals fließt, wird es zu Beginn am Nassersee 20 m hoch gepumpt. Die Pumpstation, die in der Nähe von Abu Simbel beim umgesiedelten nubischen Dorf Toshka liegt, wird nach ihrer Fertigstellung 30 Milliarden Liter Wasser täglich in den Kanal befördern und die größte ihrer Art weltweit sein. Experten üben allerdings Kritik, daß diese Menge viel

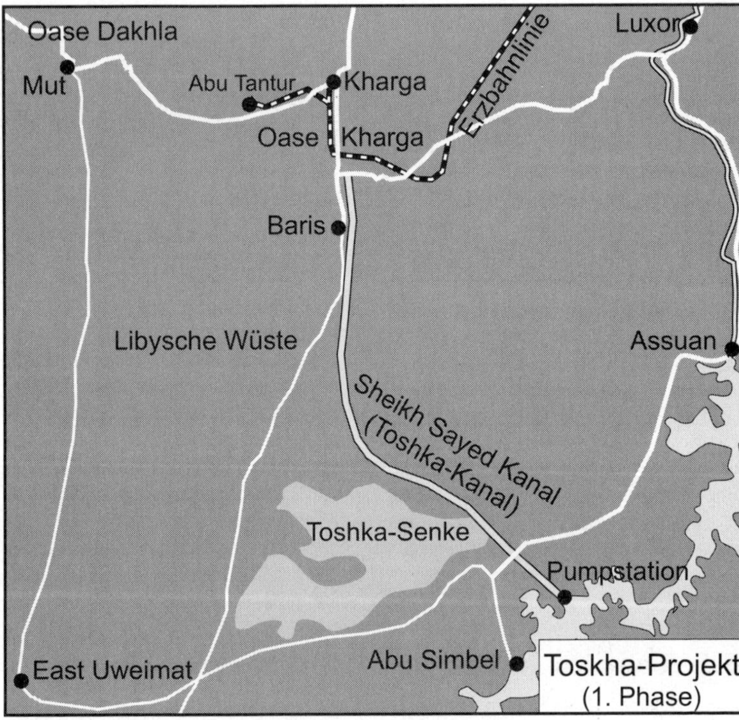

*) Diese Kartenskizze wurde nach einer im Toirst Office in Kharga aushängenden Karte gezeichnet. Die Straßenführung im östlichen Teil stimmt nur bedingt mit der Übersicht über die Libysche Wüste in Kapitel 6.2 überein – die Realität liegt vermutlich zwischen beiden.

zu hoch ist, weil sie letztendlich dem Niltal entzogen wird.

Die Finanzierung des insgesamt auf etwa 90 Milliarden $ geschätzten Projekts – davon etwa 1,6 Milliarden $ für den Kanal – soll weitgehend durch Privatinvestitionen aufgebracht werden. So wurde das erste Kanal-Teilstück bis Kharga nach dem Investor in *Sheikh Sayed Kanal* getauft.

Die Reste der einstigen Idylle in den betroffenen Oasen, die Sie heute noch in quasi letzten Zügen sehen, werden also irgendwann nach der Jahrtausendwende der Vergangenheit angehören.

Neben vielen unberücksichtigten ökologischen Folgen bereitet dieses Projekt auch den Prähistorikern ernsthafte Sorgen. Denn durch die Bauarbeiten werden Gebiete berührt und völlig "umgepflügt", in denen große prähistorische Schätze lagern und weitere vermutet werden. So gehört z.B. die Nabta-Ebene zu einem der hochinteressanten Plätze, denn die savannenartige Gegend war bis etwa 6000 vC ziemlich dicht besiedelt und mußte verlassen werden, als um diese Zeit zunehmende Trockenheit die Wasserversorgung versiegen ließ. Die Ebene war nicht nur ein Zentrum für die direkten Bewohner, sondern auch eine zeremonielle Begegnungsstätte, an der sich Menschen von weither versammelten.

Der amerikanische Archäologe Fred Wendorf konnte eine Siedlung mit 75 ovalen Häusern freilegen, die eine der ältesten menschlichen Behausungen darstellt. Weiterhin fand er eine Art "Stonehenge", einen Steinkalender, der exakt in Nord-Süd ausgerichtet ist und außerdem die Sonnenwende am 21 Juni zeigt, dem Beginn der Regenperiode in diesem Bereich Afrikas. Schließlich kamen 30 Megalithe zum Vorschein, jeder etwa 2,5 Tonnen schwer, die von den Steinzeitmenschen bearbeitet worden waren. Eine Theorie besagt nun, daß die Bewohner nach Ausbleiben des Regens zum ständig Wasser führenden Nil abwanderten. Ihre Fertigkeiten entwickelten schließlich die Technolgien, die wir heute als Hinterlassenschaften der Pharaonen bewundern.

6. Westlich des Niltals unterwegs

6.1 Durch die Wüste – Oasen Bahariya, Farafra, Dakhla und Kharga

INTERESSANTES
****Tägliches Oasen-Leben** und **erholsame Spaziergänge in den Palmenhainen**, besonders in Bahariya, Farafra und Dakhla
****Weiße Wüste** zwischen Bahariya und Farafra, auch als Gegensatz zur nördlich gelegenen *Schwarzen Wüste*
***Steilabfall der Dakhla-Senke** als Hintergrund der Dakhla Oase
Hibis-Tempel, Nekropole ****Bagavat** in Kharga
*El Qasr,** recht malerischer Ort in der Oase Dakhla
*Verwinkelte Altstadt** in Kharga

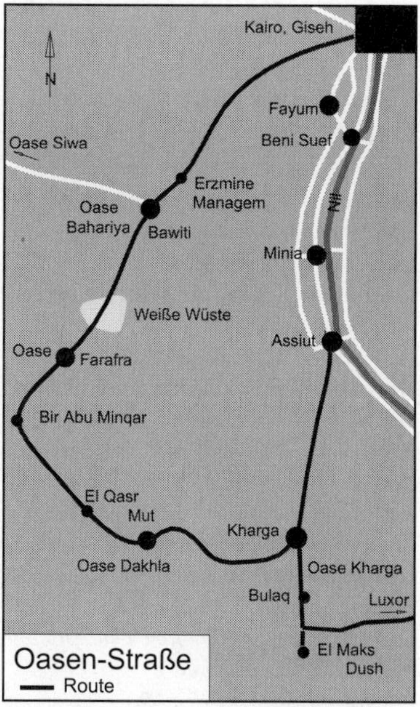

Achtung: Lösen Sie Traveller Checks ein, bevor Sie abfahren. Denn nur in den Oasen Dakhla und Kharga lassen sie sich zu Bargeld tauschen!

Sporadisch sind Erste Hilfe Stationen an der Strecke verteilt.

Überblick

Völlig zu Unrecht geraten die Wüstenlandschaften gegenüber dem kulturhistorischen Angebot des Niltals in den Hintergrund. Unter Kennern zählt gerade die Libysche Wüste (auch Westliche Wüste genannt) zu einem der interessantesten Gebiete der Sahara. Über diese riesige Fläche erfahren Sie mehr ab Seite

Überblick

Sahara

Die ägyptische Sahara hat, wie auch die restliche Fläche dieses riesigen Trockengebietes, eine bewegte Geschichte aus mindestens sechs Feuchte- und Trockenperioden in erdgeschichtlich jüngerer Zeit hinter sich. Während der letzten europäischen Eiszeit vor 70 000 bis 11 000 Jahren lag die Sahara unter einer Trockenglocke, dann folgte eine Feuchteperiode, die vor etwa 5000 Jahren wieder zur Trockenheit wechselte. Für die Menschen, die zu jener Zeit in diesem Gebiet lebten, hieß es, sich nach Wasser umzusehen; eine der heutigen Sahel-Problematik nicht unähnliche Situation. Ziemlich gesichert ist, daß damals viele Bewohner der Ostsahara ins Niltal abwanderten.

Der Boden, auf dem wir uns bewegen, besteht im wesentlichen aus Kalk- und Sandstein. Während der Feuchteperioden saugten diese Gesteine das Wasser wie ein Schwamm auf und speicherten es. Während der Trockenperioden blies die Winderosion weniger feste Gesteine als Sand davon, es entstanden tiefer liegende Flächen, in denen schließlich Wasser zutage trat – die heutigen Oasen. Falls dann noch Schlammablagerungen aus früheren Flüssen oder Seen hinzukommen, gibt es kein Halten bei der Vegetation.

Wenn Sie zu einem erfrischenden Bad in eine der reichlich sprudelnden Quellen in den Oasen springen oder z.B. eine Mineralwasserflasche der Marke SIWA leeren, können Sie sicher sein, daß dieses Wasser vor vielen tausend Jahren zum letzten Mal vom Himmel regnete.

443. Hier wollen wir Sie mit einem Leckerbissen bekanntmachen, der, gefahrlos und vergleichsweise bequem, sozusagen vor der Haustür des Niltals liegt: die Straße der Oasen.

Waren bis Mitte der 80er Jahre nur die Oasen südlich von Kairo zugänglich, so kam mit der Öffnung der Oase Siwa ein Schmuckstück hinzu. Mit der Freigabe der Straßenverbindung zwischen Siwa und Bahariya ergibt sich eine faszinierende Erweiterung der Reise durch die Oasen: am Mittelmeer in Marsa Matruh starten und nach rund 2000 km Fahrt durch Wüstenlandschaften schließlich in Luxor den Nil erreichen.

Obwohl Siwa in den Zusammenhang dieses Kapitels gehört, belassen wir die Oase dort, wo von der Mittelmeerküste die Rede ist. Denn Siwa orientiert sich eindeutig nach Marsa Matruh und ist auch von dort am besten zu erreichen. An der oben erwähnten Straße nach Bahariya hat der Zahn der Zeit so schnell genagt, daß sie nur noch bedingt empfohlen werden kann. Über Siwa sollten Sie bitte ab Seite 191 nachlesen.

Eine gut ausgebaute Asphaltstraße verbindet Kairo mit der Oase Bahariya, führt dann weiter nach Farafra, Dakhla, Kharga und von dort ins Niltal bei Assiut. Diese Strecke zählt für uns zu einer der abwechslungsreichsten Wüstenrouten. Da sind einmal die Oasen, die immer noch in einer etwas abgeschlossenen, eigenen Welt zu überleben scheinen, deren allerletzte Tage jedoch gezählt sind. Spaziergänge durch die schattigen Gärten und Palmenhaine lassen den Lärm, das Gedränge und die Hektik des Niltals vergessen: Exotische Vögel zwitschern im Geäst, Kinder hüten weltvergessen Schafe und Ziegen, Esel traben hochbeladen in den heimischen Stall.Aber nicht nur das Erlebnis der Oasen mit ihren freundlichen Bewohnern beeindruckt uns. Fasziniert sind wir immer wieder von der, auf der relativ kurzen Strecke zwischen Bahariya und Farafra zusammengedrängten Kulisse der Wüstenlandschaften. Nach Reisen durch viele Wüstengebiete der Erde kennen wir kaum ein vergleichbares Stück, das in so kurzer Folge so viele unterschiedliche Landschaftstypen förmlich ausstellt.

Man durchfährt ein grandioses Erosions-Theater, das von schwarzen Tafelbergen zu weißen Kalksteindomen, von goldenen Sandmeeren zu Geröllebenen wechselt. Hier zeigt die Erosion, zu welchen nahezu künstlerischen und kraftvollen Leistungen sie fähig ist.

In der ***Weißen Wüste*** *hat sie – und man kann ihr bei der Arbeit zuschauen – ganze Säulen, Kegel, Pilze, Köpfe und viele Phantasiegebilde mehr aus dem Kalkstein herausgefräst. Ein kurzes Stück weiter weist sie das Endprodukt vor. Dort sind die Kalksteingebilde bereits abgeschliffen und eingeebnet, der Wind fegt über eine tote Ebene.*

*Seit den 50er Jahren hat sich die Regierung insofern der Oasen angenommen, als damals das "****New Valley Project****", das Kharga, Dakhla und Farafra umfaßt, gestartet wurde. Durch erweiterte Wassernutzung und Kulturlandgewinnung soll zusätzlich zum (alten) Niltal ein neues, fruchtbares Tal mit viel Platz für Siedler aus Gesamtägypten geschaffen werden. Im Neuen Tal – El Wadi el Gedid – ist seither viel Geld investiert worden. Am 3. Oktober 1959 erreichten die ersten Siedler aus dem "alten Tal" Kharga, viele tausend folgten ihnen.*

Doch die ehrgeizigen Projekte ließen sich nur zum Teil in die Tat umsetzen, auch heute noch müssen Lebensmittel vom Niltal eingeführt werden. Neben Dattelpalm- und Olivenplantagen sind Klee, Getreide, Reis, Mais, Obst und Gemüse die Hauptanbauprodukte. Zur Zeit leben etwa 120 000 Menschen im Gebiet der Oasen.

Unsere letzten Reisen auf dieser Strecke haben uns das Thema Fruchtlandgewinnung in erfolgreicherem Licht gezeigt. Es herrscht im wörtlichen Sinn Aufbruchstimmung, besonders in der Umgebung Farafras. 120 neue Quellen wurden erschlossen, Bewässerungsprojekte aus dem Boden gestampft und die einst einsame Hauptsiedlung von Farafra wird von neuen Dörfern förmlich eingekreist; mit dem wüstenüblichen Abstand von einigen Kilometern natürlich. Viele neue Straßen ziehen sich durch die ehemalige, jetzt schon grüne Wüstenlandschaft.

Alle Oasen des New Valley liegen gegenüber dem umgebenden Wüstenplateau jeweils in einer um etwa 100 bis 150 m tieferen Mulde bzw. Senke. Sie werden bisher ausschließlich von ***Grundwasser bewässert****, das hier relativ nahe unter der Oberfläche lagert und daher einfacher erreichbar ist, bzw. das in artesischen (unter natürlichem Druck stehenden) Brunnen leichter an die Oberfläche dringen kann. Doch dieses Grundwasserreservoir ist nicht unerschöpflich. Nach allen bisherigen Erkenntnissen handelt es sich um fossiles, d.h. etwa 20 000 bis 30 000 Jahre altes Wasser, das aus regenreichen Zeiten der Sahara durch Versickern in speichernden Gesteinen übrigblieb.*

Dieses stark mineralhaltige Wasser sieht nicht immer sehr appetitlich aus, es ist meist leicht rostbraun verfärbt, an der Oberfläche von Brunnen und Kanälen entstehen häßliche Bollen, die schließlich auch in die Kanäle treiben. Mehrere Leser waren davon so unangenehm berührt, daß sie nicht badeten - lassen Sie sich nicht abschrecken, auch nicht-blaues Wasser kann erfrischend sein!

Die in den letzten Jahrzehnten stark intensivierte Nutzung führt besonders in der Oase Kharga zu deutlichem Absinken des Grundwasserspiegels; einige Brunnen sind versiegt, bei anderen, früher artesischen, muß jetzt gepumpt werden. In Dakhla ist die Situation günstiger, der Verlust liegt bei etwa 1 cm pro Jahr. Das mineralhaltige Wasser läßt zudem die Böden schneller versalzen, dies wiederum muß mit aufwendigen Drainage-Systemen kompensiert werden.

Auch aus der Wüste drohen Gefahren. Besonders den Oasen Kharga und Dakhla rücken einige Wanderdünen immer näher und beginnen, Kulturland zu vernichten.

Alle Oasen waren bereits in pharaonischen Zeiten bekannt. Zeugen dieser Vergangenheit sind überall vorhanden, außer in Farafra, das jedoch in pharaonischen Inschriften genannt wird. Die Bedeutung der Monumente steht freilich hinter denen des Niltals weit zurück. Weniger schmeichelhaft ist, daß in jenen Zeiten die Oasen beliebte Verbannungsorte und Straflager waren. – Ausgezeichnete Hintergrundinformationen bieten die Bücher von Fakhry (siehe Seite 47), gute praktische Informationen finden Sie bei Cassandra Vivian (ebenfalls Seite 47).

Der Besucher sollte sich auch über die extremen Temperaturschwankungen im ariden Wüstenklima im klaren sein: Im Winter können die Nachttemperaturen sogar ein paar Grad unter den Gefrierpunkt abfallen, während das Thermometer am Tag leicht über 20 Grad steigt.

Verantwortung

Die schwärmerischen Absätze weiter oben über die friedliche Stimmung in den Oasen stammen noch aus der ersten Auflage dieses Reisehandbuchs. Inzwischen haben Ströme von Touristen die Oasen überschwemmt. Aus den einst scheuen Kindern entwickelten sich schnell freche Rotznasen, denen der Begriff *Bakschisch* selbstverständlich, meist aufdringlich-fordernd über die Lippen kommt.

Ob sich diese Erscheinungen verhindern lassen? Höchstens durch Zerstören aller Zufahrtswege und Errichten einer hohen Mauer um jede Oase. Andererseits wird sich aber keiner der Bewohner in einen Zoo sperren und als mittelalterliches Relikt betrachten lassen wollen. Zumal die Oasen-Traditionen längst von fremden Ideen und Vorstellungen beeinflußt wurden, die von der Regierung bzw. Verwaltung, von den Nachbarn aus dem Niltal und von den in den Oasen-Kasernen stationierten Soldaten infiltriert wurden. Seit Einführung des Fernsehens Ende der 80er Jahre dürfte vermutlich der größere Bruch mit der Vergangenheit begonnen haben. Doch man sollte auch die Attacke des Tourismus auf die Traditionen und das soziale Gefüge nicht unterschätzen.

Natürlich müssen sich auch die Oasenbewohner mit dem 20. Jahrhundert auseinandersetzen, sowohl mit den positiven als auch negativen Aspekten fertig werden. Die Leute sind auch nicht so "hinterwäldlerisch", daß sie das nicht schaffen würden, im Gegenteil, man trifft auch hier auf viele weltoffene Menschen.

Einige Leser warfen uns vor, wir hätten einen *Run* in die Oasen ausgelöst und sollten dieses Kapitel ganz streichen. Wir meinen jedoch, daß sich diese Gegend durch Verschweigen in nur einem von vielen Reiseführrern nicht vor den Negativfolgen des Tourismus schützen läßt, sondern nur durch Diskussion der Problematik. Zum anderen vermittelt der Besuch sowohl der Oasen selbst als auch der Landschaft, in die sie eingebettet sind, dem aufgeschlossenen Touristen sehr viel Hintergrund über die Lebensbedingungen in der Wüste.

Andererseits legt die Einsamkeit und in gewissem Sinn Unberührtheit der Wüste dem Besucher die Verpflichtung auf, das auch hier vorhandene Gleichgewicht der Umwelt nicht zu beeinflussen oder es zu zerstören. Jahrtausendelang sind die hier lebenden Menschen durch ausbalancierte Regelmechanismen mit der Umgebung ausgekommen, sei es mit der Vegetation oder dem Wasser. Wir als flüchtige Gäste sind daher um so mehr verpflichtet, die vorhandene Vegetation nicht zu schädigen oder zu zerstören. Jede für's (unnötige) nächtliche Lagerfeuer herausgerissene Kameldorn-Pflanze fehlt dem eigentlichen Nutznießer und kann sich nicht mehr vermehren.

Selbst wenn die folgende Zusammenfassung schulmeisterhaft klingt und einiges wiederholt, was bereits gesagt wurde, so fühlen wir uns doch verpflichtet, erneut an Ihr **Verantwortungsbewußtsein** und Ihr **Verständnis** zu appellieren und Sie zu bitten:

- Wenn Sie in den Quellen der Oasen **baden**, nehmen Sie unbedingt Rücksicht auf die Bewohner, deren Frauen niemals zusammen mit den Männern baden würden. D.h. Frauen als Besucher sollten in allgemein zugänglichen Quellen grundsätzlich erst nach Anbruch der Dunkelheit ins Wasser gehen. Abgelegene Badebecken können Sie auch während des Tages benutzen, aber möglichst im einteiligen Badeanzug und nur, wenn keine einheimischen Männer gleichzeitig baden.
- Baden **einheimische Frauen** in einer Quelle, so darf diese nicht auch von Männern benutzt werden.
- **Frauen sollten nicht allein** durch die Oasengärten gehen, denn die Oasen-Frauen gehen stets in Begleitung; Männer könnten das als herausfordernde Geste interpretieren.
- Gehen Sie behutsam mit der **Weißen Wüste** um: Der Wind benötigt tausende von Jahren zum Formen eines Kunstwerks, das eventuell mit einem Fußtritt zerstört ist. Fahren Sie nicht unnötig bzw. zerstörerisch mit dem Auto zwischen den Kalksteingebilden herum.
- Hinterlassen Sie **keine Abfälle** in der Wüste; nehmen Sie in jedem Fall Ihre Abfälle mit heraus, denn vergrabene Abfälle können Tiere oder der Wind wieder freilegen. Toilettenpapier verbrennt man nach der Verwendung.
- Die meisten größeren **archäologischen Stätten** werden durch einen Wärter beaufsichtigt, weil ausländische Amateur-Archäologen häufig nach Schätzen forschten und diese außer Landes karrten. Die Wärter sollen daher aufpassen, daß nichts passiert. Diese Leute sind also nicht allein Bakschischjäger, sondern haben eine Aufgabe, die man anerkennen muß.
- Falls Ihnen die **Umweltsünden** zu schlimm vorkommen, schreiben Sie an das Ministry of Tourism, Burg Masr al Siaha, Qasr el Aini, Cairo, und beschweren Sie sich ganz konkret. Nur wenn viele Briefe dort eingehen, wird sich etwas bewegen.

Öffentliche Verkehrsmittel

Achtung: Wegen der Terroranschläge ist die Reise nach und von Assiut derzeit Restriktionen unterworfen. Man kann von Kharga direkt weiter nach Luxor fahren oder aber fliegen.

Besonders bedauerlich für Busreisende ist, daß sie auf den Wüstenstrecken nicht anhalten und ein Stück abseits der Straße durch die Erosionsgebiete wandern können. Sowohl in Bawiti als auch in Farafra werden jedoch Touren in die Weiße Wüste angeboten, machen Sie unbedingt Gebrauch davon. Wir hören immer wieder von Leuten, die sich für die Gesamtstrecke ein Taxi mieteten. Selbst wenn dies zunächst teurer erscheint als die Busreise, so kommt es letztlich vielleicht sogar in ähnliche Kategorien, da man sich den Extra-Trip in die Weiße Wüste ersparen kann. Entscheidend ist natürlich der Fahrer, mit dem man sich wenigstens einigermaßen verständigen können und der sich halbwegs in der Gegend auskennen sollte.

Bedenken Sie auch, daß die Oasenbewohner sich bis vor kurzem von dem ernähren mußten, was vor der Haustür wuchs. Das lokale Angebot ist daher nicht übermäßig. Es gibt ägyptische Restaurants und ein nicht sonderlich reichhaltiges Konservenangebot in den größeren Orten. Daneben bieten Verkaufsstände (meist nur vormittags) mehr oder weniger frisches Obst und Gemüse der Saison aus den Feldern der Nachbarschaft an.

Straßenzustand

Die gesamte, rund 1300 km lange Strecke ist asphaltiert; allerdings verstehen es die ägyptischen Straßenbauer, mit jeder neuen Lage von Aspahlt die alten Bodenwellen liebevoll zu erhalten.

In ganz seltenen Fällen scheinen alle Tankstellen zwischen Kairo und Dakhla ausgetrocknet zu sein. Dann hilft nur die Minenverwaltung in Managem oder aber Herumfragen bei Privatleuten; in solchen Fällen muß man natürlich mit erhöhten Preisen rechnen. Wer der Tankstelle in Farafra nicht traut, sollte sicherheitshalber Sprit für eine Strecke von gut 400 km fassen können, um z.B. von Bahariya nach Dakhla ohne Nachtanken durchkommen zu können. Diese Warnung war bis fast zur Mitte der 90er Jahre tatsächlich berechtigt; als wir 1999 nur an einer abgelegenen Tankstelle in Bahariya Sprit bekamen, schien es angebracht, den Absatz noch für eine weitere Auflage zu drucken...

Wenn Sie sich abseits der befestigten Straßen bewegen wollen, lesen Sie bitte zuvor die Tips ab Seite 108 nach.

Bahariya ist als "El Wahat" ausgeschildert.

Entfernungen von Kairo aus: Bawiti (Bahariya) 370 km, Weiße Wüste 515 km, Farafra 555 km, Mut (Oase Dakhla) 868 km, Kharga 1071 km, Luxor (über Baris) 1406 km.

Streckenbeschreibung

Abfahrt in Giseh, Mena House Hotel. Zunächst Richtung Alexandria, erste Abzweigung (Kreisel) links.

7 km: **Abzweigung**

Rechts halten (geradeaus ins Fayum), die Straße ist bis zum "Green Valley" der Trabantenstadt **6.October City** vierspurig ausgebaut.

7 km: Links großer Vergnügungspark namens MAGIC LAND

Etwa 5 km vor der eigentlichen neuen Stadt, die auf Wüstenboden entstand, mündet von rechts (Norden) die Verlängerung des 6.October Corridor (siehe Seite 218) ein. Als wir Anfang der 80er Jahre zum ersten Mal diese Strecke fuhren, begann kurz hinter den Pyramiden die unendliche Weite der Wüste; heute scheint die Besiedlung nicht aufzuhören. Westlich unsrer Route entstand eine fast riesige Stadt, deren Wachstum ungebremst weiterzugehen scheint. Wenn Sie ein bißchen Zeit haben, biegen Sie doch in eine der Abzweigungen zur Stadt ein. Am meisten wird erstaunen, wie schnell die Ägypter es schaffen, neue Gebäude Altbauten ähnlich sehen zu lassen. Außerdem vermißt man hier die fleißigen Zabalin aus Kairo: Der Müll türmt sich vor allem vor den einfacheren Wohnhäusern auf, der Wüstenwind treibt Plastiktüten umher, schwarze Fliegenschwärme bedecken die Abfälle des Marktes.

Auch für die Toten ist gesorgt. Östlich der Durchgangsstraße entstand eine typische Totenstadt mit unzähligen, etwas uniformen Ziegelgebäuden für die Hinterbliebenen.

16 km:

Rechts der Straße ziehen sich noch Anbauprojekte unter dem Namen GREEN VALLEY entlang, schließlich beginnt die Wüste endgültig, nur noch einmal nach etwa 20 km durch das Oil Rig 12 unterbrochen. Die Straße zieht sich bis Bahariya durch eine flache, relativ langweilige Steinwüste, sie verläuft über weite Strecken parallel zur Erztransport-Eisenbahn.

80 km (und weiter):

Beiderseits der Straße **versteinertes Hol**z

67 km: **Tankstelle** (fast immer ohne Sprit, Teestube, arg heruntergekommen)

7 km: **Resthouse,** relativ neu, Essen und Getränke, kein Sprit

26 km: **Abzweigung**

Rechts zweigt eine Asphaltstraße nach El Alamein ab.

"Shortcut" nach El Alamein

Diese Straße war streckenweise in miserablem Zustand, sie wurde überholt – und ist inzwischen wieder schlecht. Sie stellt eine sehr gute Alternative für denjenigen dar, der – von Süden kommend – an die westliche Mittelmeerküste und z.B. direkt nach Alexandria unter Umgehung von Kairo fahren will. Die Strecke führt quer durch rege Erdölexplorations- und Fördergebiete. Im ersten Drittel sieht man schöne Dünenzüge und häufig versteinertes Holz. Nach etwa 170 km durchquert die Straße die unterhalb des Meeresspiegels liegende Qattara Senke. Vorsicht, ab hier bis zur Mittelmeerküste liegen noch unzählige Minen aus dem Zweiten Weltkrieg herum! El Alamein ist etwa 290 km nach der Abfahrt von der Bahariya-Straße erreicht.

Weiter nach Süden, 131 km:

Erzmine Managem

(Auch *Gedida*). Gleich nach dem Polizeiposten liegt rechts die Siedlung der Minenarbeiter mit einfachen Einkaufsmöglichkeiten. Im Club- und Resthouse besteht mit Genehmigung der Minenverwaltung Übernachtungsmöglichkeit; relativ brauchbares Restaurant.

Nach 3 km Abzweigung rechts nach Bahariya, links zur eigentlichen Mine. An der Tankstelle der Mine können Sie tanken (auch Diesel, die Versorgung in Bawiti ist nicht immer gewährleistet), Tankgenehmigung problemlos bei der Minenverwaltung erhältlich.

Die Mine ging 1970/71 in Betrieb, nachdem eine Eisenbahnlinie (kein Personentransport) vom Stahlwerk Heluan bis zur Grube gezogen worden war. Die Erzvorkommen – mit hohem Eisenanteil im Erz – sind die größten Ägyptens. Die Mine zog natürlich Arbeitskräfte aus Bahariya an (oder ab, da sie dort der Landwirtschaft fehlen), etwa ein Drittel der Arbeiter stammt aus der Oase.

11 km: **Naqb el Kaharia, Steilabfall in die Bahariya-Senke**

*Die **Oase Bahariya** – 95 km lang und bis zu 24 km breit – ist kein zusammenhängender Komplex wie in westlicheren Highlights Sahararegionen, sondern sie besteht aus sechs Ortschaften und weiteren kleinen Weilern. Sie alle leben von dem Wasser, das aus der Tiefe kommt, teils unter na-*

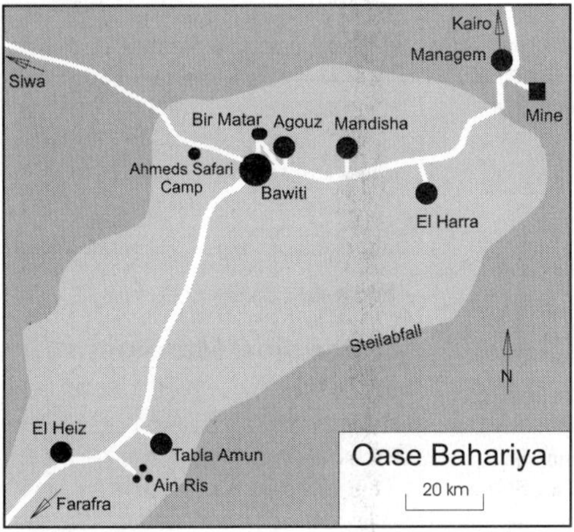

türlichem Druck oder als Tiefbrunnen; etwa 400 Quellen werden genannt. Insgesamt leben etwa 27 000 Menschen im Gesamtgebiet, davon rund 18 000 in der Doppelstadt Bawiti/Qasr. Haupternährungsquelle sind die etwa 150 000 Dattelpalmen, daneben wachsen aber auch reichlich Oliven und andere Obstbäume. Derzeit ist weniger als etwa ein Viertel des kultivierbaren Landes tatsächlich genutzt.

6 km: **Abzweigung**
Links ca. 3 km nach **El Harrah**, kleiner Oasen-, komplex (drei Dörfer) inmitten fruchtbaren Landes.

8 km:
Rechts auf einem Hügel Ruinen angeblich koptischen Ursprungs. Guter Blick von dort über den nördlichen Teil der Oase mit Salzseen und im Hintergrund dem Pyramidenberg, dem Gebel Dist.

3 km: **Abzweigung**
Rechts ca. 1 km zu dem Dorf Geballah mit freundlichen Leuten. Die Dorfstraße endet an einer warmen Quelle.

3 km: **Abzweigung**
Rechts Straße in die recht großen Dörfer Mandisha und Zabw, die sich um ausgedehnte Palmengärten gruppieren.

3 km:

Agouz

Kleines Dorf, das seine Gründung Verbannten aus Siwa verdankt (z.B. Frauen, die sich nicht an die strengen Sitten hielten). Von hier führt eine ca. 4 km lange Piste zur Quelle Bir Matar (siehe unter Bawiti). Unterwegs – nach ca. 1 km – zweigt links eine Piste in ein Wadi ab. Diese (schlecht befahrbare) Piste schraubt sich auf den Berg, auf dem sich der ungeliebte englische Gouverneur eine Dienstvilla mit Blick über die Oase baute. Heute stehen davon nur noch zinnenartige Gemäuerreste.

3 km:

Bawiti

Hintergrund: Von dem Hauptort Bahariyas – früher war es El Qasr – gab es schon zu pharaonischen Zeiten (dokumentierte) Verbindungen ins Niltal ode, z. B. als Stützpunkt der Handelskarawanen während der 22. Dynastie, nach Libyen. Auch während der christlichen Epoche fand die Oase Erwähnung, seit der Islamisierung ging bis zu Beginn unseres Jahrhunderts die Bedeutung zurück. Mehr Interesse fand die Oase erst mit der Erschließung der Mine von Managem. Heute scheint sie ein bißchen stiefmütterlich behandelt zu werden, da sie nicht zum New Valley Project gehört, sondern verwaltungsmäßig zum weit entfernten Giseh.

Frauen beim Wasserholen in der Oase Bahariya

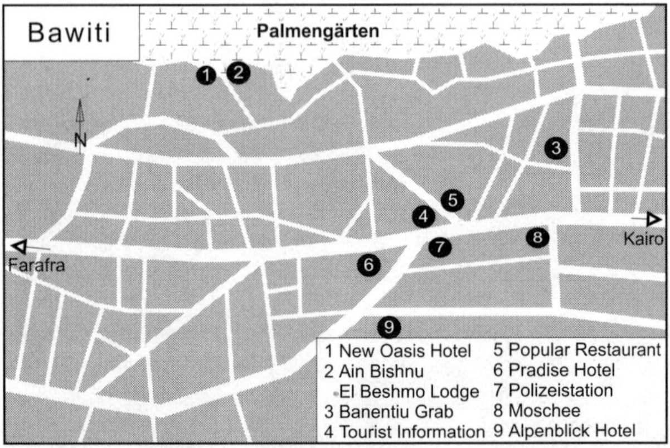

Bawiti ist ein Städtchen im Aufbruch in die Neuzeit, aber mit freundlichen Menschen. Manchmal trifft man Frauen in rot bestickten schwarzen Gewändern und dem für Bahariya typischen Schmuck, mit silbernen Arm- und Fußringen und einem goldenen Nasenring mit großem Anhänger. Spaziergänge durch die schattigen Palmenhaine führen in eine scheinbar friedliche Welt mit Vogelgezwitscher, grasenden Eseln, in Wasserläufen planschenden Enten. Die bayrische Stadt Bad Endorf unterhielt eine Städtefreundschaft mit Bawiti, die neben einem Straßennamen ein nie recht auf die Beine gekommenes Badehaus an der Quelle Bir Matar erzeugte.

Auch Hotels können Geschichte schreiben: Im Ortszentrum liegt links auf einer leichten Anhöhe das Hotel Alpenblick, auf dessen Terrasse das keimende Heimweh mit Tee oder Bier so lange ersäuft werden kann, bis die Alpen im Dunst sichtbar werden. Der Hotelname wurde von einem Schweizer Reiseführer vergeben, der in Bahariya eine Zweitwohnung unterhielt. Er starb 1986 und wurde auf eigenen Wunsch im Gebiet der Oase beigesetzt.

Das Hotel Alpenblick unter seinem Besitzer Salah war lange Zeit die einzige Übernachtungsmöglichkeit und als Traveller-Treff eine Institution in Bawiti, ja in den Oasen. Zu Beginn der 90er Jahre mußte es aufgrund von Hygiene-Auflagen praktisch neu gebaut werden – ein Stück Traveller-Romantik aus durchgelegenen, flohreichen Matratzen, miserablem Sanitärstandard, aber sehr relaxter Atmosphäre gehört seither der Vergangenheit an. Immerhin blieb das ursprüngliche Schild "HOTEL", aus simplen Brettern und einem Autoreifen zusammengefügt, noch als nostalgisches Markenzeichen erhalten.

Ahmed Abdel Rahim, der lange Zeit im Alpenblick mitarbeitete, baute 1991 etwa 4 km außerhalb Bawitis in einem Oasengarten an der Straße nach Siwa ein kleines Resort mit Campingplatz, hübschen Bungalows und Hütten als Einfachunterkunft. Trotz der Randlage ist der Platz zu einem beliebten Traveller-Treffpunkt geworden.

Doch der zunehmende Tourismus brachte neue Impulse, ein deutsch-ägyptisches Joint Venture baute ein International Health Center am Ostrand

Bawitis, dessen Architektur gewöhnungsbedürftig und das als eine Art Erholungszentrum mit Fitneßgeräten, Sandbädern etc. gedacht ist. Es wendet sich an eine zahlungskräftigere Klientel, die sich nicht unbedingt "unters Volk" mischt. Dem lokalen Stil paßt sich dagegen die El Beshmo Lodge neben der Quelle Ain Bishmu mit tonnengewölbe-Räumen sehr viel besser an, von der aus die Gäste über die blaugrünen Palmwipfel der Gärten schauen.

Im Sommer 1999 sorgte eine Bekanntmachung der ägyptischen Altertümerverwaltung für Aufsehen, daß in Bahiriya das größte intakte Mumienfeld der bisherigen Grabungsgeschichte gefunden worden sei. 105 Mumien wurden in vier Gräbern freigelegt. Es handelt sich angeblich um ein sehr großes Begräbnisfeld, das bis zu 10 000 Mumien bergen könne. Dies könnte durchaus der Realität entsprechen, denn in römischer Zeit lebten etwa 500 000 Menschen in Bahariya.

Zur Zeit unserer Recherche war eine heftige Diskussion entbrannt, ob man aus Pietät die Gräber überhaupt der Öffentlichkeit zugänglich machen solle, und wenn, zu welchem Zeitpunkt. Zumindest soll der genaue Platz vorläufig nicht bekannt gegeben werden, um ihn vor modernen Grabräubern zu schützen. Spekuliert man mit den spärlichen Angaben, so könnte es sich um die Gegend von Ain Ris liegen.

Die **Touristen-Information** (8-14, 17-20) unter Mohammed Abd el Kadr, Tel 018 82222, ist im City Council (Neubau gegenüber der Abzweigung zum Hotel Alpenblick, neben Post und Bank) untergebracht. Geld können Sie bei der National Bank, Nähe Post, tauschen; allerdings nur Cash!

Busverbindungen

Tickets (alle Busse £E 12) gibt es in der kleinen blauen Bretterbude schräg gegenüber dem Paradise Hotel; dort ist auch die Haltestelle.

An der Bushaltestelle warten die Hoteliers, um ankommende Gäste in ihr Haus zu schleppen. Orientieren Sie sich zuvor in aller Ruhe über das aktuelle Angebot.

Busse nach Kairo:

- 7.00, 15.00 (starten direkt in Bawiti)
- 12.00, 01.00 (kommen aus Dakhla)

Restaurants

- ***El Gash**, Hauptstraße*
- ***Popular Restaurant**, gute, preiswerte Gerichte*
- ***Rashid**, am Ortseingang nach der zweiten Tankstelle links, 1997 eröffnet, sauber; gilt als derzeit bestes Restaurant in Bawiti*
- ***Titanic**, im Zentrum, einfache Cafeteria mit Ausblick auf das, was sich im Zentrum tut*

Prinzipiell bieten auch alle Hotels bzw. Camps Verpflegung an.

Bahariya kennenleren

Wie überall in Ägypten, können Sie auch in Bawiti Geld für Souvenirs ausgeben; im Zentrum und in der Hauptstraße finden Sie Gelegenheit dazu.

Ain Bishmu (pharaonisch: "Wasser-Quelle"), die bekannteste und älteste Quelle Bawitis, fördert zwar nicht mehr allzu viel Wasser, der tiefe Einschnitt ist jedoch hübsch anzusehen. Eine neue Wasserader wurde ein kurzes Stück weiter bachabwärts gebohrt, so daß sich beide Quellen mischen und weiterhin die Gärten versorgen. Ein Spaziergang nach Ain Bishmu lohnt zum Kennenlernen der Oase, denn von dort aus kann man auch in die Palmengärten weiterwandern oder zuvor im gleichnamigen Hotel einen Drink nehmen.

Oder man geht (fährt) von Ain Bishnu am Rand der Gärten weiter bis nach El Qasr und hält sich dort rechts, fragen Sie eins der Kinder nach **Ain Muftellah** (N28°21,32' E28°50,92'); dies ist auch eine Quelle aus alter Zeit, die am Fuß eines ziemlich hohen Dünen-Hügels liegt. Von der Spitze bietet sich ein lohnenswerter Ausblick über die sattgrüne Gartenlandschaft Bawitis mit dem Pyramidenberg im Hintergrund.

Das historische Zentrum der Oase, dessen Ursprünge – wie gesagt – bis in pharaonische Zeiten zurückreichen, lag in **El Qasr**, dem südwestlichen, heute mit Bawiti zusammengewachsenen "Vorort". Dort grub Ahmed Fakhry Reste eines Tempels, eines römischen Triumphbogens und andere Relikte aus. Mehr im Bereich von Bawiti liegt der Ibis-Friedhof Farargi und, als wirklich sehenswertestes historisches Monument, das **Grab des Banentiu** im Hügel Qasr Salim. Das Grab ist exzellent erhalten, seine Wände sind mit schönen Malereien geschmückt. Leider war es zur Zeit der Recherche für diese Auflage immer noch nicht offiziell zugänglich, aber die Öffnungsgenehmigung sei unterwegs (!) Wenden Sie sich an Mohammed Abd el Kadr vom Tourist Office.

Der Künstler Mahmud Eed hat (nach dem Vorbild von Farafra) ein kleines **Museum** an der Hauptstraße (etwa 1,3 km vor dem Zentrum, von Kairo kommend) eröffnet, in dem er das Leben der Oase dokumentieren will. Vielleicht schauen Sie einmal vorbei; falls geschlossen, einfach klopfen.

In Bawiti eröffnet sich die Möglichkeit, die Wüste kennenzulernen. Etwa 15 km außerhalb liegt in der Nähe des "Pyramidenbergs" (Gebel Dist) die Quelle **Bir Ghaba**, auch sie ein Ziel für einen Tagesausflug; in ihrer Nähe unterhält das Hotel Alpenblick ein einfaches Strohhütten-Camp. In ihrem 38 Grad warmen Wasser kann man auch tagsüber weitgehend unbeobachtet baden. Unterwegs bietet sich ein Halt an der Quelle **Bir Matar** (N28°23,07' E28°54.66') an, deren ursprüngliche Bohrung versiegte und die jetzt aus einer Nebenbohrung gespeist wird. Früher konnte man im dicken Strahl vergnüglich duschen, jetzt ist's langweilig. In der Dunkel-

Ausflüge von Bawiti aus

Die folgenden Trips stehen auf dem Programm fast aller Anbieter, die Angaben basieren allerdings auf dem Angebot von Ahmed's Safari Camp.

- **Besichtigung Bahariya**
  Rundfahrt zu allen mehr oder weniger sehenswerten Objekten innerhalb Bahariyas; erweiterbar auf Übernachtung an einer recht malerischen Düne (£E 30 – 75 pP)
- **Weiße Wüste**
  Abfahrt gegen Mittag, Übernachtung in der Weißen Wüste im Zelt oder unter freiem Himmel. Entweder beide Strecken auf der Asphaltstraße oder eine Richtung auf der Piste. Die Preise liegen bei £E 300 (Asphalt) bzw. £E 450 (Piste) pro Fahrzeug.
- **Weiße Wüste, Farafra, Dakhla, Kharga, Luxor**
  Für diesen Trip muß man mit etwa £E 1500 pro Fahrzeug rechnen.
- **Größere Ausflüge**
  8-Tage-Trip: Kairo – Alexandria – Marsa Matruh – Siwa – Bahariya – Kairo
  8-Tage-Trip: Kairo – Fayum – Wadi Rayan – Piste nach Bahariya – Weiße Wüste – Farafra – Bahariya – Kairo

Oben:"Blick ohne Alpen" in Bawiti (1982); unten: Dreschen bei El Qasr, Oase Dakhla

heit fährt man z.B. zur 40 Grad warmen Quelle **Bir Roumellah** (N28°21,59' E28°52,54'), in der dann Frauen unbeobachtet baden können.

Ausflüge nach Farafra mit Übernachtung in der **Weißen Wüste** (siehe Seite 424) werden immer wieder sehr gelobt (ein Leser bemerkt: "Es war das am besten angelegte Geld der Reise"). Diese Ausflüge sind eine gute Alternative für Leute, die per Omnibus kommen und sonst kaum die Chance für einen Abstecher in die Weiße Wüste haben.

Es gibt die unterschiedlichsten Veranstalter, angefangen von Mohammed, dem Tourismus-Manager, über alle Hotels bzw. Camps bis hin zu Privatunternehmern mit 4WD-Fahrzeugen. In den vorigen Auflagen empfahlen wir Tour-Anbieter, wollen aber jetzt davon absehen, weil die Chancen neuer bzw. uns nicht bekannter Führer herabgesetzt werden.

Wenn Sie einen Trip über einen "Fliegenden Händler" auf der Straße buchen, sollten Sie sich dessen Personalien und Adresse in einem Restaurant bestätigen lassen und gut einprägen, damit Sie bei Unstimmigkeiten tatsächlich wissen, um wen es geht.

Leisten Sie nur geringe Anzahlungen und zahlen Sie den größten Teil erst nach erfolgreicher Reise. Denn leider wird hier gern geschludert: Unzuverlässige Autos oder der Ausflug beginnt nicht zur versprochenen Zeit, sondern so spät, daß man erst bei Dunkelheit ankommt.

Lassen Sie sich unbedingt mehrere Angebote machen, versuchen Sie, eine möglichst große Mitfahrergruppe zusammenzubekommen, weil der Preis pro Fahrzeug gilt. Es werden zwei unterschiedliche Trips in die Weiße Wüste angeboten, einmal schön brav per Landstraße, zum anderen auf der alten Piste quer durch die Wüste. Dieser Trip ist sicherlich faszinierender und abenteuerlicher; er kann aber auch als Disaster enden, wenn das Auto nicht durchhält und man weitab von Verkehrsmöglichkeiten strandet. Hier einige wichtige Tips:

- Schauen Sie sich die Fahrzeuge vorher gut an; was hilft es, wenn Sie bei einem billigen Trip ständig wegen Autoreparaturen warten müssen. Sofern man tiefer in die Wüste vordringen will, sollte man aus Sicherheitsgründen möglichst nur mit zwei Fahrzeugen starten.
- Gibt es ein funktionsfähiges Sonnnendach?
- Sind genügend Decken für die Nacht an Bord?
- Gibt es genug und einwandfreies Trinkwasser?
- Start am besten am späten Vor- oder frühen Nachmittag, damit man trotz aller Pausen die Weiße Wüste noch sicher vor Sonnenuntergang erreicht. Am nächsten Tag sollte auch für den Besuch Farafras genug Zeit zur Verfügung stehen.
- Verzichten Sie nach Möglichkeit nicht auf die Übernachtung in der Weißen Wüste, denn das Abend- und Morgenlicht zeichnet die Konturen viel besser als die harte Mittagssonne.

Wir hörten von Fahrten zur Gazellenjagd oder -beobachtung in der Wüste. **Tun Sie bitte alles, um diese Trips zu verhindern**, damit durch nicht vorhandene Nachfrage überhaupt kein Anreiz gegeben wird, nicht mal zum Schauen. Wenn Ihnen jemand einen solchen Trip anbietet, brechen Sie sofort die Verhandlung ab und suchen Sie einen anderen Anbieter. Denn die wenigen noch vorhandenen Gazellen müssen weder aufgescheucht und aus ihren Revieren vertrieben noch aus purer Schießlust getötet werden.

Neben diesen Auto-Trips stehen auch Kamelausflüge oder sogar Wandertrips in die

Weiße Wüste auf dem Programm. Mohammed vom Tourist Office kann Interessenten weiterhelfen. Wenn Sie sich zu dieser Reiseart entschließen, sollten Sie die Tips auf Seite 106 lesen.

In Bawiti werden auch "Ausflüge" nach Siwa angeboten; dies ist durchaus interessant, aber erst dann preiswert, wenn genug Fahrgäste zusammenkommen. Denken Sie bei einem solchen Trip daran, daß Sie 400 km lang auf großenteils Wellblechpiste unbarmherzig durchgeschüttelt werden (siehe Seite 201).

41 km: **Abzweigung**

Links 4 km zum kleinen Dorf **Tabla Amun**, das bereits zur Dorfgruppe namens El Heiz gehört.

2 km: **Abzweigung**

Links ein lohnenswerter Abstecher nach Osten zum ca. 4 km entfernten Dorf **Ain Ris**. Unterwegs liegen unübersehbar die Ruinen einer **koptischen Basilika** (nördlich der Straße) und, südlich der Straße, die eines größeren Bauwerkes, das von Fakhry *Palast* oder *Fort* genannt wurde. Den Ursprung der Bauwerke vermutet er im 1. oder 2. Jahrhundert. Die Straße endet im kleinen Weiler Ain Ris.

5 km: **Kreuzung mit Kontrollposten**

Das südliche Ende der Oase Bahariya ist erreicht. Rechts liegt der Weiler Ain el Iza, 4 km weiter das Hauptdorf von El Heiz, Ain el Gharbiya.

Die Straße wird seit Verlassen Bawitis von schwarzen Zeugenbergen auf dunklem Wüstengrund gesäumt, das richtige Kontrastprogramm zur später folgenden Weißen Wüste. Gönnen Sie sich eine Pause, klettern Sie auf einen der Hügel hinauf und lassen Sie die Weite, die Einsamkeit und Stille dieser Landschaft auf sich einwirken.

33 km: **Naqb el Silim el Aqabat**

Steilabfall(anstieg) der Bahariya-Senke. Die Straße hat das Niveau der umgebenden Ebene erklommen. Rechts sehr schöner Blick auf die Erosionslandschaft.

15 km: **Crystal Mountain**

So wird ein von Kristallen eingerahmter Felsdurchbruch links der Straße genannt, der eine Betrachtung wert ist.

45 km: **Naqb el Sillim**

Kurz nach einem TV-Übertragungsturm erblickt man etwas überraschend den Steilabfall zur Farafra-Senke, ein lohnender Ausblick auf die kommenden Kalkstein-Erosionsgebiete, besonders gut gleich links auf der sandverwehten "Aussichtsplattform". Nach etwa 10 km tauchen westlich der Straße die Kalkstein-Inselberge auf, die als manchmal schneeweiße Felsgiganten über eine Strecke von etwa 20 km die Abbruchkante der Senke zu bewachen scheinen.

3 km: **Pistenabzweig** (N27°29,12' E28°14,50')

Am Fuß der Abfahrt zweigt links die alte Straße ab, von der wiederum gleich rechts (östlich) eine knapp 3 km lange Piste zu einer langgezogenen Düne führt (N27°27,71 E28°15,07'). Mit etwas Schwung kann man auf den Dünenkamm hinauffahren oder man geht hinauf in eine etwas pittoreske Fels- und Dünenlandschaft. Sucht man sich die Auffahrt südlich vom zweiten großen bräunlichen Kegel mit "Dutt" aus, so findet man oben eine fotogene Felsbrücke in einem der Hügel, nach Osten bieten sich schöne Ausblicke in die Giganten-Welt der Abbruchkante. Diese Gegend heißt **El Agabat**, weil früher die Kamelkarawanen hier den schwierigen Aufstieg auf die Hochebene zu bewältigen hatten.

Wenn Sie keine Wüstenerfahrung haben, lesen Sie als Selbstfahrer bitte auf Seite 108 die Informationen über Pistenfahren nach. Das gilt auch für Fahrten in die Weiße Wüste – denn hier ist man versucht, sich immer weiter von der Asphalstraße zu entfernen..

17 km: **Pistenabzweig** (N27°21,62' E28°10,10')

****Weiße Wüste

In der Weißen Wüste (arabisch *Sahara el Bejda*) hat die Erosion phantastische Kunstwerke geschaffen. Die gesamte Umgebung ist mit Kalksteingebilden übersät, in denen auch phantasielose Leute die tollsten Märchengestalten entdecken können.

Es lohnt sich sehr, durch diese Kunstausstellung der Natur zu wandern und dabei auch die kleinen Begebenheiten zu beachten, wie z.B. den im Windschatten eines herumliegenden Steines stehengebliebenen Kalksteinfleck oder die vielfältigen Versteinerungen von z.B. Schnecken, Muscheln oder Zweigen. Denken Sie jedoch daran, daß die Monumente durchaus gebrechliche Gebilde sein können. Wenn Sie z.B. auf einen der Pilze hinaufklettern, könnte er umstürzen; wahrscheinlich werden Sie ihn dabei beschädigen.

Beim oben angegebenen Abzweig kreuzt die Asphaltstraße eine Art Allee von Kalksteingebilden, die sich nach Osten hinzieht und nach etwa 10 km an einer dürftigen, mit ein paar Palmen umstandenen Quelle endet ("Magic Spring"). In dieser Allee-Gegend sind die Kalksteinmonumente kleiner und etwas zarter, während westlich der Straße mehr die Inselberg-Giganten vorherrschen. Auch enden auf der östlichen Straßenseite die Kalkmonumente sehr bald, während sie im Westen noch über eine weite Strecke zu sehen sind.

Für den Wanderer bietet die östliche Allee die besten Eindrücke, die Giganten im Westen sind nur über größere Entfernungen erreichbar und entfalten erst dann ihre volle Wirkung, wenn man ein Ensemble mehrerer Monumente von möglichst weit oben betrachtet (also auf den einen oder anderen Hügel hinaufklettert). Hier kann man wirklich einsame Stunden in einer anderen Welt verbringen.

Für den Allradfahrer bietet die "Verlängerung" der Weißen Wüste nach Süden (vermutlich Wadi Henis) das noch bessere Erlebnis. Schuf die Erosion im Nahbereich der Straße hauptsächlich pilsförmige Gebilde, so findet man im Süden unglaublich plastische und phantasievolle Statuen mit Gesichtern, die zu reden scheinen, gähnen oder verträumt in die Ferne schauen. Allerdings ist die Anfahrt mit einigen längeren Weichsandstellen gespickt, die es zweiradgetriebenen Fahrzeugen zumindest schwer machen, den Skulpturen-Garten zu erreichen.

Man fährt von der Straße aus wie folgt: 3 km auf den Hauptspuren nach Osten bis rechts ein massiver Kalksteinhügel liegt, an dessen Fuß drei, zur Zeit angebrannte Palmen stehen (die ersten Palmen, die man hier überhaupt zu Gesicht bekommt). An der Ostecke dieses Hügels (N27°20,46' E28°11,04') biegt man rechts nach Süden ab. Gleich hier beginnt eine der Weichsandstrecken; man hält sich grundsätzlich südlich und folgt möglichst den Hauptspuren, die mehr oder weniger am Westrand von Kalksteinpilzen und -kegeln entlang führen. Nach etwa 7 km steht man mitten im Skulpturen-Garten (N27°17,02' E28°11,39'), in dem man viele Stunden zubringen und die Meisterwerke der Natur bewundern kann.

Unvergeßliche Erlebnisse waren für uns **Vollmondnächte** (wir planten mehrere Reisen entsprechend) in der Weißen Wüste: Die fahl vom Mondschein beleuchteten Kalksteinmonumente, die ihre Schatten auf gletschergleichen Untergrund warfen, schienen zu einem überdimensionalen Theaterspiel anzutreten, dessen Akteure zwar langsam, aber stetig Position und Aussehen änderten.

3 km: Neue Quelle (Bir el Akhbar)

Hier wurde im Zuge der Fruchtlandgewinnung ein Brunnen gebohrt, der sehr ergiebig ist und dessen kaum mineralhaltiges Wasser

Phantastische Kalkstein-Gebilde in der Weißen Wüste

Häufig zu spät

Die Prähistoriker bemühen sich, die hochinteressante Geschichte der auf den ersten Blick so öden Sahara Stück für Stück zu entblättern. Doch viel zu häufig kommen ihnen Mitmenschen in die Quere – von Ralleyfahrern über Offroadtouristen bis hin zu Neusiedlern –, die wichtige Funde zerstören oder einsammeln und davontragen. Der Kölner Prähistoriker, Professor Kuper, der ein großes Forschungsprojekt leitet, sagt: *"Wenn auch nur ein paar Stein-Artefakte aus einer Fundstelle als Souvenir eingesammelt werden, ist für uns der gesamte Zusammenhang zerstört. Das ist, wie wenn man aus einer mittelalterlichen Urkunde ein Stück herausreißt. Damit ist der ganze Kontext nicht mehr verständlich."*

gut schmeckt. Mit dem richtigen Werkzeug kommt man an das köstliche Naß, falls es nicht ohnehin ausläuft. Es ist für den Bestand der Weißen Wüste nur zu hoffen, daß selbst an ihrem direkten Rand keine Fruchtlandprojekte verwirklicht werden. Absichten, hier Kalkstein leicht und bequem abzubauen, konnten im letzten Augenblick – zumindest vorläufig – verhindert werden.

Bei der Weiterfahrt erlebt man das tragische Ende des Schauspiels. Die Kalksteingebilde schrumpfen mehr und mehr, gehen schließlich ganz in Wüstensand über. Hier hat die Erosion ihr Ziel erreicht, die Oberfläche ist eingeebnet.

12 km: **Abzweigung**

Die rechts abzweigende Straße endet nach ca. 90 bis 100 km an der kleinen, nur als Militärstützpunkt genutzten Süßwasseroase **Ain Della**, leider scheint der Weg dorthin nach wie vor militärisch gesperrt zu sein, obwohl der Posten am Beginn der Straße aufgehoben wurde. Ain Della liegt strategisch sehr günstig, denn von hier aus lassen sich alle Oasen der Westlichen Wüste in Entfernungen von weniger als 200 km erreichen. Die Straße zur Oase soll besonders im ersten Teil landschaftlich sehr schön sein. Achtung: Nach sehr widersprüchlichen Meldungen soll die Gegend um Ain Della vermint sein!

23 km: **Polizeiposten**

Oase Farafra

Nach etwa 2 km ist der Ort Farafra erreicht; hier zweigt halblinks eine neue Straße nach Osten ab, die sowohl als eine Art Umgebung fungiert als auch das Neubaugebiet östlich des ehemaligen Dorfkerns erschließt. In diesem neuen Farafra wohnen hauptsächlich Neusiedler aus dem Niltal; es scheint daß die hiesigen Bewohner die des alten Kerns von Farafra überholt haben.

Mit ca. 2000 Einwohnern (im Kerngebiet) ist Farafra von der Besiedlung her die kleinste, von der Senkenfläche her die größte der Oasen und am weitesten vom Niltal entfernt. Die ursprünglichen Bewohner, von denen die meisten nach wie vor in ihren klimatisch so günstigen Lehmhäusern wohnen, gelten als besonders ehrlich und offen; wahrscheinlich liegt es (oder lag?) an der Isolation abseits aller Wege. Obwohl auch Farafra auf eine lange Geschichte zurückblicken kann – erwähnt wurde die Oase zum ersten Mal während der 19. Dynastie im Neuen Reich – ist sie erst mit dem New-Valley-Projekt und der Asphaltstraße etwas mehr ins Rampenlicht gerückt.

Seit 1989 wird die Oasenlandschaft südlich vom Ort Farafra umgekrempelt. Probebohrungen hatten gezeigt, daß entgegen früheren Meinungen genug

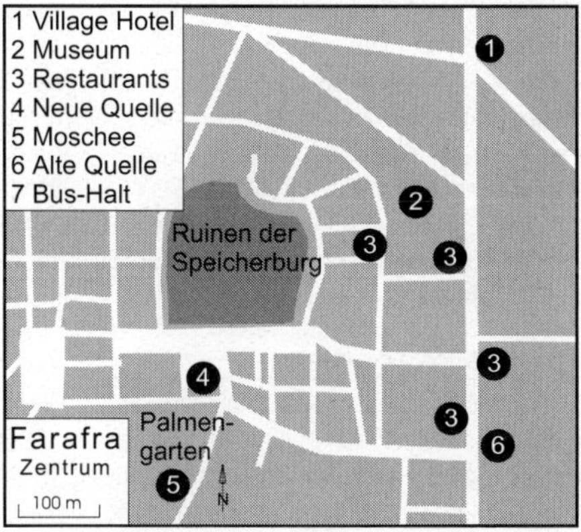

Grundwasser vorhanden ist, um im großen Stil Neuland durch Bewässerung zu gewinnen. Auf der Weiterfahrt nach Süden werden Sie noch über viele Kilometer Erdarbeiten, Kanäle und eine Reihe abzweigender Straßen sehen. Hier wird massiv in die Fruchtbarmachung der Wüste investiert. Inzwischen sollen bereits etwa 15 000 Menschen neu gesiedelt haben. Man hört auch immer wieder von Konflikten zwischen den Eingesessenen und den Neuansiedlern; kein Wunder bei den Gegensätzen.

Leider hat der alte Ortskern durch den Abriß einer ganzen Reihe alter Häuser und die Verbreiterung der Hauptstraße viel von seinem ursprünglichen Charakter und seiner Atmosphäre verloren. Farafra ist wie alle Oasen Ägyptens ebenfalls auf dem bestem Weg, sein altes sympathisches Gesicht der Neuzeit zu opfern.

Den Schatten der Oasengärten spenden hauptsächlich Dattelpalmen und Olivenbäume, zusätzlich werden Apfelsinen, Aprikosen und Zitronen angebaut. Neben dem Hauptort Farafra gab es noch den südlich gelegenen Weiler Ain Sheikh Murzuk mit acht Gehöften, der heute praktisch vom Neulandgebiet vereinnahmt wird.

Kern von Farafra war eine Speicherburg (Qasr) aus dem 18. Jhd, die vermutlich auf viel ältere Anlagen zurückgeht. Bei Angriffen konnten sich die Bewohner in die Festung zurückziehen. Jeder Familie war ein Vorratsraum zugeteilt, in dem die wichtigsten Notrationen aufbewahrt wurden. Daher gruppierten sich die Häuser auch unmittelbar um die Qasr-Mauern. 1945 zerfiel die Anlage nach heftigen Regenfällen und stürzte 1958 endgültig zusammen. Heute ist nur noch ein Schutthügel (etwas nördlich der Moschee) sichtbar, von dessen Spitze sich ein recht guter Blick über die Lehmhäuser bietet.

Busverbindungen:

- **Kairo**: 10.00 und 22.00 Uhr (£E 25)
- **Dakhla**: 01.00 und 14.00 Uhr (£E 12)

Die Asphaltstraße streift den Ortsrand, wo eine Reihe von Neubauten entstanden. u.a. einige **Restaurants**. Sie pflegen regelmäßig und in immer schnellere Folge die Besitzer zu wechseln. Es macht daher keinen Sinn hier Empfehlungen auszusprechen. Das Restaurant Happy Time in der Nähe des Museums gilt als der derzeitige Traveller-Treff.

Links am Ortseingang fällt der architektonisch gelungene Neubau des Hotels Badit El Farafra Village auf. Dessen Mitbesitzer ist Saad, der fließend deutsch und englisch spricht. Er, wie auch die Lehrer Talat und Hassan bieten viel gelobte Touren in die **Weiße Wüste** und zu anderen Zielen der Umgebung an.

Ein Trip in die Weiße Wüste per Jeep von 15 bis 9 Uhr am nächsten Tag kostet etwa

£E 200 – 250 für Fahrzeug, Fahrer, Decken, Abendessen und Frühstück. Lassen Sie sich mehrere Angebote machen. Achten Sie auf ausreichende Decken bzw. Zelte und bezahlen Sie erst am Schluß der Reise. Saad unternimmt auch Kameltouren in die Weiße Wüste oder sogar bis nach Siwa. Für diese langen Trips muß man etwa einen Monat vorher Kontakt aufnehmen (Tel Kairo 345 8524).

Farafra kennenlernen

Der Ort selbst schmiegt sich an einen Hügel, auf dessen Plateau der Hauptplatz mit Moschee, Schule und Verwaltungsgebäude liegt. An der Moschee geradeaus vorbei und hinter dem nächsten Block links sprudelt ein aus einem dicken Rohr gespeister arthesischer Brunnen.

Vom Hauptplatz aus links an der Moschee vorbei trifft man am Beginn des Palmenhains auf den alten Brunnen Ain el Balad (zu erkennen an einer Wasserstelle links an einer Lehmmauer, dahinter der Brunnen), aus dem das lauwarme Wasser, mit dicken Luftblasen vermischt, wie seit Jahrtausenden aufsteigt. Verzichten Sie nicht auf einen Spaziergang durch die schattigen Gärten.

Das ****Farafra Art Museum**, diese sehens- und erlebenswerte Institution, finden Sie vor den Toren des Ortes in einem eigens vom Besitzer Badr entworfenen und geschaffenen Gebäude. Der begabte Künstler Badr ist ein vom Dienst freigestellter Lehrer, der in sehr ausdrucksstarker Malerei und in Plastiken das Leben Farafras dokumentiert, Gesichter aus seinen Bildern lassen sich auf den Straßen wiedererkennen. Einige Museumsräume sind ausgestopften Tieren der Oase und Wüste vorbehalten; ein nur äußerlicher Kontrast zu Badrs Kunst. Denn für einen derart mit seiner Heimat verwurzelten Mann gehören Fauna und Flora zur selbstverständlichen Umgebung. In seinem *Phantasie-Garten* – im Innenhof des Museums – stehen wirklich phantasievolle Skulpturen, deren Ursprünge fast immer auf die Wüste zurückgehen. Auch die allermeisten Haj-Malereien an den Häusern Farafras stammen von ihm. Gamal, der Bruder von Badr, spielt sehr schön auf seiner Farafra-Flöte, die für Musiker ein interessantes, weil ungewöhnliches Instrument ist.

Farafra war bekannt für Stricksachen und Wolldecken, doch auch diese alte Kunst fiel der Modernisierung zum Opfer.

Bekannt als Badeplatz ist die Quelle Bir Sitta (Brunnen Nr. 6). Der Weg ist relativ leicht zu finden: Von Badr's Museum der Asphaltstraße nach Südwesten ca. 3 km folgen, dort zweigt links eine Asphalstraße ab, an der Bir Sabah (7) (ca. 1 km) liegt (dort kann man ebenfalls baden). Rechts führt eine Noch-Piste in Richtung zu einem im Bau befindlichen Hotel, unterhalb des Hotel-Hügels liegt die Quelle (N27°04,84' E27°55,30'), bei der man/frau relativ ungestört duschen kann (vielleicht nur noch bis zur Hoteleröffnung).

Gleich rechts nach dem Polizeiposten am nördlichen Ortseingang führt eine Asphaltstraße zum Neulandprojekt **Abou Nos** mit neugewonnenen Feldern. In einer Senke liegt eine phantasielose Neubausiedlung. Ganz in der Nähe ist aus dem Überschuß- und Drainagewasser der See El Moufid entstanden, der schon von vielen Wasservögeln entdeckt wurde. Wer baden will, fährt am besten zu diesem See: Der nach Westen abzweigenden Straße am Polizeiposten folgen, nach 7 km biegt sie nach Westen ab, um das Fruchtland zu durchqueren, nach weiteren 6 km nach Norden. Nach 2,5 km endet der Asphalt an einem Pumpenhaus (N27°09,80' E27°55,89'), hier rechts abbiegen und an einem ca. 600 m Schilfgürtel entlang fahren. An dessen Ende links noch ca. 1,1 km bis zur Badegelegenheit (N27°10.37' E27°55,97').

Von Farafra-Zentrum wurde eine asphaltierte Piste etwa 60 km nach Osten zu einem landwirtschaftlichen Entwicklungsprojekt namens Krauin angelegt.

Östlich von Farafra liegt eine 1989 von dem deutschen Wüstenwanderer Dr. Carlos Bergmann wiederentdeckte Tropsteinhöhle mit unschätzbaren prähistorischen Informationen wie z.B. Bildern von Antilopen, Straußen, Ziegen und Rindern. Die Höhle, deren Koordinaten uns bekannt sind, ist zum Glück vom Gelände her extrem schwer zu erreichen. Würde sie sich zu einer touristischen Attraktion entwickeln, dann fürchten die Prähistoriker um ihre reiche Fundstelle. Zwar werden in Farafra Touren angeboten, man kann aber nur hoffen, daß sie wegen der Beschwerlichkeit nicht stattfinden oder daß sie vor dem Ziel umkehren müssen – schließlich gibt es genug andere Attraktionen von großem landschaftlichen Reiz in der Farafrasenke.

Per GPS in die Weiße Wüste

Unser Leser Michael Ferdinand fuhr mit einem Allradfahrzeug von Farafra aus in die Weiße Wüste. Er warnt vor den diversen Weichsandfeldern, die nur mit voller Wüstenausrüstung und in einer Fahrzeuggruppe zu bewältigen seien. Hier seine Daten:

Abfahrt Ortsmitte Farafra, Richtung N27°04,97' E28°12,04'
Pistenanfang N27°05,48' E28°22,76'
Weites, gut fahrbares Sandfeld bei N27° 05,65' E28°19,24'
Weiter Richtung N27°07,19' E28° 21,10'
Dünengebiet bei N27° 07,15'
Guter Nachtplatz bei E28°22,10'
Weiter Richtung N27°11,47' E28° 21,50'
N27°13,90' E28°20,40"
N27°14,43" E28°20,07'
Geröllfeld bei N27°18,15' E28° 19,53' (besten Weg suchen)
Rand der Weißen Wüste wird gestreift bei N27°18,65' E28°19,22'
Geröllfeld bei N27°19,61' E28°19,65'
Schwierige Weichsandfelder bei N27° 21,20' E28°20,81'
Quelle Magic Spring, Wasser, schöner Nachtplatz bei N27°22,12' E28°20,81'
Steilabfall bei N27°22,05' E28°20,37
Geröllfeld bei N27°22,84' E28°15,55'
Quelle bei N27°22,27' E28°13,10'
Beginn der Weißen Wüste und einer Piste, die quer durch die Weiße Wüste führt bei N27°21,25' E28°12,08'
Asphaltstraße Farafra-Bahariya bei N27°21,54 E28°09,98'

31 km:

Ain Sheikh Marzuk

"Weiler mit acht Gehöften und einst erholsamem Rastplatz auf der linken Straßenseite" – das konnte man vor 10 Jahren noch schreiben, als Farafra aus nicht mehr als dem Ortskern und eben jenen acht Gehöften bestand. Heute reihen sich vier neue, ziemlich gesichtslose Dörfer allein an dieser Straße auf, die damalige Wüste ist grünen Feldern gewichen, Bäume säumen Stichstraßen, die nach links und rechts abzweigen in eine Gegend, in der früher kein Mensch lebte oder Felder bestellte. Wenn man diese Entwicklung miterlebt, kommt man aus dem Staunen nicht heraus: Es ist unglaublich, was Sonne, Wasser und menschlicher Fleiß einer scheinbar toten Wüstenfläche abringen können. Heute leben bereits 17 000 Menschen im "Großraum" Farafra, und täglich werden es mehr.

Die Vision, die der damalige Präsident Nasser vom New Valley entwickelte, benötigte zwar etwas mehr Zeit, aber sie scheint sich mehr und mehr in Realität umzusetzen.

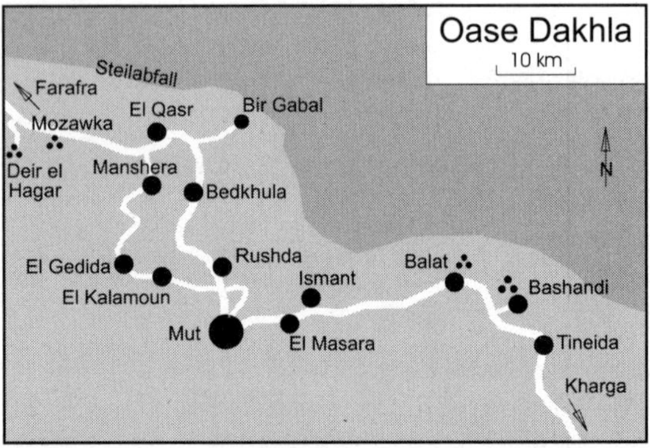

65 km:

Bir Abou Minqar

Kleine und letzte zur Farafrasenke gehörende Oase am Rand einer brettflachen, blendend goldgelben Sandwüste, ursprünglich für landwirtschaftliche Versuche geschaffen. Weit abseits von der Zivilisation entstehen hier neue Dorfgemeinschaften, wachsen Kinder in einer neuen Heimat auf. Ein kleines Restaurant an der Straße wartet auf Gäste.

35 km:

In dieser Gegend verläuft die Straße so weit westlich, daß rechts die ersten Dünenzüge des Großen Sandmeeres (siehe Seite 444) zu erkennen sind. Der etwa 4 km weite Abstecher bis zur ersten Düne birgt kaum Schwierigkeiten, der Blick vom über 100 m hohen Dünenkamm über die am Horizont verschwindende endlose Kette ist beeindruckend.

103 km:

El Mawhub

Ein Ort, der im Zuge der New Valley Bewässerungsprogramme neu und monoton angelegt wurde, aber allmählich ein eigenes Gesicht entwickelte.

Hier beginnt das Gebiet der

Oase Dakhla

Damit ist die landschaftlich schönste und mit ca. 80 000 Einwohnern in 16 Orten größte der Oasen des New Valley erreicht.

Dakhla wird wegen des stets im Hintergrund schimmernden *****rosaroten Felsabbruchs*** *auch Rosa Oase genannt. Funde beweisen, daß schon im Neolithikum der damalige See, der das Becken der Oase größtenteils ausfüllte, von Jägern und Sammlern durchstreift wurde. Im Alten Reich stand die Oase nachweislich bereits mit dem Niltal in Verbindung. Unter den Römern wurde die Landwirtschaft stark ausgebaut. Historisch läßt sich also die Kontinuität der Besiedlung praktisch lückenlos nachvollziehen. Zwar sind keine spektakulären Zeugen aus dieser langen Geschichte erhalten, aber die bekannteren (und im folgenden genannten) lohnen einen kurzen Besuch durchaus.*

Streckenweise führt die Straße durch schattige Alleen, gesäumt von sattgrünen Feldern. Hinter den Lehmmauern der Gehöfte hört man Wasserbüffel brüllen, in den Bäumen wetteifern Vogelscharen. Und das alles vor der stets präsenten Felskulisse des Steilabfalls zur Senke. Durchstreifen Sie mit Muße wenigstens ein paar Orte, Gärten und Felder; Sie werden sich manchmal in biblische Zeiten zurückversetzt fühlen.

Mehr als eine Million Dattelpalmen wachsen in der Oase. Neben den üblichen Früchten liegt der landwirtschaftli-

che Schwerpunkt bei Weizenanbau im Winter und Reis im Sommer.

Auf dem Weiterweg nach Qasr versucht die Straße einem Wanderdünengebiet auf einem hohen Damm zu entkommen; vermutlich wird der Wettkampf zugunsten der Dünen ausgehen, wie das Schicksal der bereits vergrabenen alten Straßen nur zu deutlich zeigt.

ca. 30 km: **Abzweigung** (erste rechts abzweigende Asphaltstraße seit langem)

Rechts zu den römischen Tempelruinen **Deir el Haggar:** (£E 20!!) 2 km Teerstraße bis zu einem Dorf, dort am Ende des Asphalts links abbiegen, an einer Häuserzeile entlang auf eine breite Piste fahren, die etwa 2,5 km zum Tempel führt, der hinter einem Hügel liegt.

Der den Göttern Amun-Re, Mut und Konschu gewidmete Tempel wurde unter Nero und seinen Nachfolgern aus Sandstein errichtet und war von einer Ziegelmauer umgeben. Er wurde viele Jahrhunderte noch benutzt, dann aber unter einer hohen Düne begraben. Der deutsche Wüstenforscher Gerhard Rohlfs besuchte die Ruine 1874, sein gesamtes Team hinterließ Namengraffitis hoch oben an der ersten Säule links – was den damaligen Sandpegel dokumentiert.

Zwar wurde die Anlage mühselig und mit ziemlichem Aufwand restauriert, aber im Niltal sieht man für £E 20 wesentlich mehr...

4 km: **Abzweigung**

Rechts ca. 1 km zu den römischen Gräbern **Mozawka** (£E 8; der Wärter versucht gern, höhere Preise zu verlangen), deren gut erhaltene, farbenfrohe Wandmalereien das Auge erfreuen. Derzeit leider wegen Einsturzgefahr geschlossen. Das Grab des Petosiris zeigt pharaonisch/griechisch/römische Szenen, an der Ostwand eine Bauchtanzszene. Im anschließenden Grab des Sadosiris findet man doppelköpfige Gestalten, die zurück ins Leben und in die Zukunft nach dem Tod schauen. Der kurze Abstecher ist auch z.B. von El Qasr aus per Taxi möglich.

5 km:

*El Qasr

Der von zwei, mit Bauhölzern gespickten Minaretten überragte Ort gehört zu den malerischsten der Oasen. Bekannt ist El Qasr wegen seines – leider stellenweise verfallenden – alten Dorfkerns. Angeblich geht die Siedlung sogar auf pharaonische Ursprünge zurück, doch das jetzige Bild wurde im wesentlichen in mamlukisch-ottomanischen Zeiten geprägt.

Die **Nasr el Din Moschee** mit Medersa stammt aus dem 11. Jh, ihr Minarett ist das pittoreskere. Über einigen Türstöcken warten Querbalken mit schönen Holzschnitzereien auf Entdeckung, die meist den Eigentümer, den Erbauer und das Entstehungsdatum angeben; der älteste soll aus dem 10. Jhd stammen. Ihr Minarett können Mutige besteigen und gute Ausblicke auf die Umgebung und Einblicke in die Innenhöfe der umliegenden Häuser gewinnen. Sie liegt ganz in der Nähe der modernen Moschee mit dem weißen Minarett, das auch bestiegen werden kann.

Weiterhin sind eine alte Getreidemühle und ein nicht mehr funktionsfähiges Wasserschöpfrad eine Besichtigung wert.

Am südwestlichen Dorfrand werden in einer sehenswerten **Töpferei** ungewöhnliche Wasserkrüge (Gara) hergestellt, die seit alters nur in Dakhla zu finden sind. Außerdem können Sie hier handgeflochtene Bastkörbe oder -sonnenhüte erwerben.

Den ankommenden Fremden bieten sich selbsternannte Guides mit der Angabe an, Touristen dürften nicht mehr allein durch den Ort marschieren. Das stimmt zwar nicht, andererseits kann eine gute Führung unnötiges

Suchen vermeiden helfen. Einer der Guides ist der deutsch sprechende Ahmed Muhammed Mustafa, mit dem Leser gute Erfahrungen machten.

Die Altstadt von El Qasr wurde unter Schutz gestellt, es darf nichts baulich verändert werden. Laut Touristen-Office kümmern sich nahezu 30 Leute um die Erhaltung des derzeitigen Standes.

Es ist durchaus eine Überlegung wert, bei der Reise von Farafra her in Qasr den Bus zu verlassen, im – einfachen – Hotel zu übernachten und am nächsten Tag mit lokalem Bus oder mit einem Minibus nach Mut weiterzufahren.

Ab hier beginnt der malerische und stellenweise "biblischere" Teil der Oase mit ihren weiten Feldern, der von hohen Eukalyptusbäumen gesäumten Straße und immer wieder neuen Einblicken in das Leben zwischen Wüste und Steilabfall. Westlich verläuft der Saum des goldgelben Sandmeers, östlich stürzen die steilen Felswände vom Hochplateau in einem Farbenspiel aus gold, ocker oder basaltgrau hinunter.

4 km: 840/464 Abzweigung

Links 5 km nach **Bir Gabal**, einer ehemals Quelle, die malerisch neben einem schattigen Palmengarten lag; sie ist inzwischen ziemlich verkommen, das auf dem Straßenschild angekündigte Resthouse existiert nicht mehr. Der kurze Abstecher lohnt sich für Motorisierte dennoch wegen der Ausblicke auf kleine Oasendörfer mit ihren fruchtbaren Feldern, dem schönen Blick auf Wüste und Steilabfall und der Rast unter schattigen Palmen. Diese kann man jetzt an der Quelle Dineria einlegen. Dazu biegt man nach etwa 4 km an einer Straßenerhöhung links ins Fruchtland ab und folgt einer ca. 1 km langen Piste. Am Ende der Asphaltstraße können Camper weiter Richtung Steilabfall fahren und dort ungestört die Nacht verbringen.

20 km: **Abzweigung**

Rechts Straße nach **Kalamoun** und weiter nach El Qasr. Das sehr ursprüngliche Kalamoun zieht sich Haus an Haus über einen Hügel, durchschnitten von engen, manchmal recht verwinkelten Gassen. Etwa auf halbem Weg nach Kalamoun zweigt links eine Piste zur sog. "Magic Spring" ab, einer alten Quelle kurz vor der ersten Düne, die so stark hervorbricht, daß Taucher immer wieder nach oben getrieben werden.

Links weist ein Schild auf das BEDUIN CAMP, dessen Besitzer auch Kamel- und Jeeptouren arrangieren (Ausrüstungstips hierzu siehe Seite 107).

1 km: **Abzweigung nach links**

Die Straße führt in ein kleines Dorf, dessen kurz zuvor gelegener Friedhof eine ganze Reihe Kuppelgräber aufweist und ziemlich ungewöhnlich ist.

2 km: **Rechts hoher Erdwall**

Dahinter verbirgt sich ein künstlicher See, in dem das Drainagewasser verdunstet. Die (nachfüllende) Pumpstation ist rechts neben der Straße zu sehen; da im See erfolgreich Fische ausgesetzt wurden, bietet der Wärter gern frischen "Oasenfisch" an.

2 km:

Hier, kurz vor dem Ortseingang von Mut, wurde nur ein paar Schritte rechts der Straße eine Art Badeanstalt *Hot Spring Hotel* (von den Leuten hier *Bir Mut talata – Brunnen Mut 3* – genannt), mit Übernachtungsmöglichkeiten gebaut. Das Wasser stammt von dem 42 Grad warmen Brunnen Mut 3.

3 km:

Mut

Hauptort der Oase Dakhla mit 15 000 Einwohnern (insgesamt etwa 80 000 Menschen in der Oase), kleinem Markt mit guten Versorgungsmöglichkeiten, Restaurants und Hotels. Mut ist in den letzten Jahren stark ge-

Lehmziegel-Moschee im malersichen El Qasr, Oase Dakhla

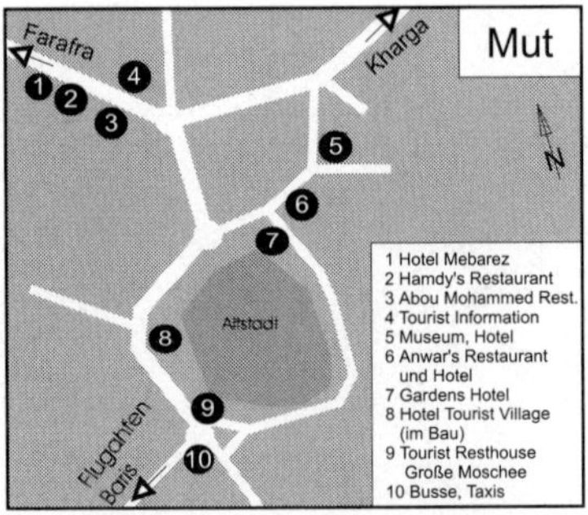

wachsen und gewann ein eigenes Gesicht, das überschaubar und sympathischer als das eher unpersönliche von Kharga ist.

Das **Tourist Office** liegt gegenüber dem Abou Mohammed Restaurant. Der hilfsbereite Manager, Omar Ahmed Mahmoud, Tel 821 686 (privat 820 782), engagiert sich sehr. Man sollte ihn unbedingt kontakten, besonders bevor man sich für irgendwelche Trips entscheidet. Sein Vorgänger und heutiger Chef, Ibrahim Mohammed Hassan, wurde oberster Tourist Manager des New Valley, er ist auch einige Tage in Dakhla anzutreffen. Er zeigt auch das kleine und sehenswerte **Museum** (£E 2), in dem hauptsächlich das tägliche Leben dargestellt wird. Außerdem verhilft er zu Touren nach El Qasr oder zu den antiken Stätten und sorgt dafür, daß von Touristen keine überzogenen Preise verlangt werden. Z.B. hängen in allen Restaurants und Hotels vom Tourist Office abgestempelte Preislisten, an die sich der Besitzer halten muß.

Busverbindungen

Die Bushaltestelle (fern und lokal) liegt bei der großen Moschee, ein Stop auch bei der Polizeistation. Minibusse nach Kharga bzw. innerhalb der Oase fahren an der Polizeistation ab.

Fernbusse

- **Kairo**: 6.00 (£E 30), 18.00 (£E 37; beide über Farafra), 19.00 (£E 37), 20.00 (£E 43, westliche Wüstenautobahn über Fayum)
- **Assiut**: 6.00, 8.00, 17.00, 19.00, 22.00
- So, Di, Do fährt um 5.00 ein Direktbus nach **Luxor, Assuan** (£E 40 – 60) über Assiut (Minibus für 14 Personen, der über das Tourist Office organisiert wird)

Lokale Busse

- El Qasr: 6.00 und 9.30, Rückfahrt 12.00, 17.30; es verkehren auch ständig Minibusse

Flüge

- So und Mi, jeweils über Kharga

Restaurants:

- ***Hamdy's Restaurant**, ca. 100 m vom Mebarez Hotel Richtung Ortsmitte, sehr gut, schmackhaft und sauber. Hamdy war sozusagen der Erfinder der Touristenrestaurants in Dakhla, sein Bruder Arabi firmiert ebenfalls unter Hamdy. Der Original-Hamdy gibt vor, gleiche Preise von Touristen und Ägyptern zu verlangen, im Gegensatz zur Konkurrenz.*
- ***Abu Mohammed**, gut, große Portionen, teurer als Hamdy's, sehr gute Infos, verleiht auch Fahrräder (am Tag vorher aussuchen, um Reparaturen der Vehikel veranlassen zu können), bietet Tagesrundfahrt auf Pickup durch die Oase; weiterhin betreibt Abou Mohammed ein Café am Sammeltaxi-Stand, das zum Traveller Treff avancierte*
- ***Anwar'S Restaurant** (auch Desert Paradise), im Zentrum, ebenfalls Traveller Treffpunkt, veranstaltet auch Ausflüge, Tagestrip zum Kennenlernen der Oase pP £E 70,00*
- *Auch im den Hotel **Mebarez**, kann man gut (und teurer) essen*

Wenn Sie Geld brauchen, so können sie nahe der Polzeistation in einer Bank tauschen.

In Mut werden diverse Trips per Pickup, Allrad oder Kamel angeboten. Selbst Ausflüge in die Weiße Wüste stehen auf dem Programm, wobei von £E 300 per Auto die Rede ist. Konkrete Angebote sollte man über das Tourist Office einholen und dann mit denen der privaten Anbieter wie Anwar vom gleichnamigen Hotel/Restaurant, Ibrahim Abdallah vom Gardens Hotel oder im Bedouin Camp von Abd el Hameed einholen. Auch die Restaurants wie Hamdy (dort der Beduine Abdallah Hassan Ahmed) oder Abou Mohammed haben ähnliche Trips auf dem Programm.

Vielleicht wollen Sie einen Blick auf Alt-Mut werfen, den wesentlich stimmungsvolleren Ursprung der modernen Stadt. Gehen Sie in der Nähe der Großen Moschee in die engen Gassen. Von den Trümmern der alten Festung bietet sich ein schöner Rundblick.

Am Rand der Altstadt wird seit Jahren am Tourist Village Hotel gebaut, das architektonisch erwähnenswert ist: Es handelt sich um den letzten Entwurf von Hassan Fathy, den er kurz vor seinem Tod schuf. Hassan Fathy – der seine Generation zur ursprünglichen ägyptischen Architektur zurückzuführen versuchte – zählt zu den international bekanntesten Architekten Ägyptens.

Von Mut aus ist eine Straße nach Süden im Bau bzw. größtenteils fertiggestellt, die über Bir Tarfawi letztendlich Abu Simbel erreichen soll. Eine Querverbindung soll nach Baris in der Oase Kharga führen und von dort dann weiter nach Luxor (siehe Seite 441).

Die Straße nach Kharga zweigt – von Qasr kommend – am Ortseingang an der ersten Ampel-Kreuzung nach links ab, hier liegt auch die Polizeistation.

8 km: **Ismant**

9 km: **Abzweigung**

Rechts ca. 1 km zu den Ruinen von **Ismant El Khorab** mit Gräbern, Tempeln, frühen christlichen Kirchen und Privathäusern.

11 km:

Balat

Balat und Ismant sind typische Dörfer der Oase, in denen offenbar selten Touristen Halt machen. Direkt am Ortsausgang von Balat – das einst Ausgangsort von Karawanen war – stehen zwei überdimensionale arabische Schilder mit hellroten Pfosten (N25°33,49 E28°16,19'), rechts ein altes Resthouse mit verblichener Schrift auf grünem Schild, gegenüber etwas abseits der Straße ein Militärposten. Östlich (N25°33,64' E29°16,85') von dort erreichen Sie nach etwa 1 km **pharaonische Gräber (Mastabas)** (£E 20) aus der 6. Dynastie, die von französischen Archäologen ausgegraben werden. Die Grabanlagen waren tief unter der Erde versteckt, "Sackgassen" sollten Grabräuber in die Irre führen. Hier sollen in den nächsten Jahren Modellbauten und ein Museum entstehen. Der kurze Abstecher bietet einen gewissen Reiz wegen der einsamen Lage und der Tatsache, daß es sich um rund 5000 Jahre alte Geschichtsdokumente handelt.

16 km: **Abzweigung,** links ca. 3 km nach.

Bashandi

Der kleine, für ägyptische Verhältnisse gepflegte und malerische Ort, besitzt eine Art Vorzeigefunktion für Touristen.

Verwöhnte Niltal-Besucher werden an den eher spärlichen **römisch-pharaonischen Gräber-Relikten** (£E 16) kaum Besonderes entdecken, doch die Leute hier sind stolz darauf. Der Wärter mit dem Schlüssel wird Sie bald entdecken und herumführen und Ihnen mindestens zwei der Relikte zeigen: Das Grab des Ketenus besteht aus sechs Räumen, die teilweise dekoriert sind; die Basis des Grabmals von Sheikh Bashandi ist römisch, das eigentliche Bauwerk darüber für den islamischen Heiligen stammt allerdings aus jüngerer Zeit. Weiterhin gibt es eine Teppichknüpfer-Schule in Bashandi, typische Erzeugnisse werden mit Vorliebe an Touristen verkauft.

Nur 1,5 km östlich von Bashandi entfernt liegt das Grabungsgebiet **Ain Asil**. Dort wird die pharaonische Hauptstadt der Oase vermutet.

5 km:

Tineida

Letztes Oasendorf von Dakhla; gleich links am Ortsausgang kurz nach einem Polizeiposten liegt ein Friedhof mit ungewöhnlichen, nur in Tineida benutzten Grabsteinen. – Bis Kharga abwechslungsreiche Wüstenlandschaft.

55 km: **Polizeiposten**

Links Brunnen, danach folgt ein großes Neulandgewinnungs-Projekt.

43 km:

Abu Tantur

Unerwarteter grüner Fleck in der Wüste, der von einer 450 m tiefen Bohrung am Leben erhalten wird. Links zweigt eine 10 km lange Asphaltstraße zur Phosphatmine ab, deren Vorkommen übrigens von dem bekannten englischen Saharaforscher Beadnell entdeckt wurde.

Seit vielen Jahren entsteht hier eine der größten Phosphatabbaustätten der Welt, in der nach Inbetriebnahme etwa 3600 Arbeiter beschäftigt sein werden. Eigentlich sollte der volle Betrieb mit einer Jahreskapazität von 4 Millionen Tonnen Phosphat schon 1994 aufgenommen werden. Aber der Zusammenbruch der Sowjetunion als Sponsor und Hauptabnehmer hat die Erwartungen drastisch schrumpfen lassen, derzeit rechnet man mit einem Viertel der ursprünglichen Kapazität.

Von Port Safaga, dem Phosphathafen am Roten Meer, wurde eigens eine Eisenbahnlinie nach Abu Tantur gebaut. Die notwendige, gewaltige elektrische Energie wird über eine neue Hochspannungsleitung von Nag Hammadi herangeführt. In großen Mengen wird auch Wasser für die Phosphatanreicherung benötigt, das hier nur als fossiles Wasser aus Tiefbohrungen gewonnen werden kann.

In der Siedlung der Mine sollen endgültig etwa 25 000 Menschen leben, viele Wohnblocks sind bereits fertig und stehen einer als ernüchternd-uniforme, eher trostlose Wohnlandschaft am Rand der Straße.

25 km: **Dünengebiet**

Gebiet mit großen **Sicheldünen**. Sie gehören zur riesigen Abu Moharrik Düne, die sich über ca. 500 km von Nord nach Süd zieht und ständig alles überwandert, was sich ihr in den Weg stellt – wie man an der alten zugewehten Straße und deren Telegrafenmasten erkennen kann.

21 km:

Oase Kharga

Khargas Ursprünge gehen weit in die Vergangenheit zurück. Wie der Hibis Tempel zeigt, war die Oase bereits zu pharaonischen Zeiten bekannt. Die Römer legten eine Reihe von Befestigungen an, um vor allem die aus dem Sudan auf der Piste Darb el Arbein kommenden Karawanen zu beschützen. Unter den Christen geriet sie mehr zu einer Art Verbannungsort für Aufmüpfige, dann in Vergessenheit und erst im 17. Jhd gewann sie wieder an Bedeutung.

Kharga ist die Hauptstadt der Oase und des New Valley Project. Hier wurden viele Ägypter aus dem Niltal, oder durch den Assuan-Stausee vertriebene Nubier, angesiedelt – mit allen Problemen, die ein solcher Zuzug in eine fest gefügte, lange Zeit auf sich selbst bezogene Ge-

Abgeschiedenes Leben in der Oase Dakhla

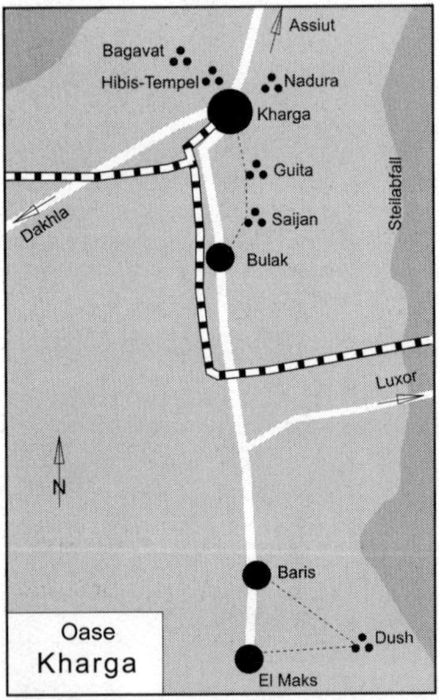

sellschaft mit sich bringt. Geplant waren eine ganze Reihe neuer Bewässerungsprojekte und zugehöriger Siedlungen. Jedoch erfüllten sich die Erwartungen nicht wie erhofft. Die Siedlungspolitik wird an einfallslosen Betonbauten im Stadtzentrum von Kharga deutlich, die allerdings dank ägyptischem Chaos auf den Balkonen schon wieder individuelle Züge annehmen.

Auch Kharga – derzeit etwa 70 000 Einwohner – hat sich in den vergangenen Jahren stark weiterentwickelt, die Hauptstraße ist inzwischen mit Neubauten aller Art gesäumt, selbst die letzten weißen Flecken zwischen dem alten Ortskern und der Hauptstraße haben sich gefüllt. Die Verwaltung ist offensichtlich bemüht, Kharga einen einigermaßen gepflegten Anstrich zu geben, wie u.a. die breiten Straßen mit den begrünten Mittelstreifen zeigen. Allerdings konnten wir im Kharga-Gebiet nur selten den Charme und die Freundlichkeit wie in den anderen Oasen finden.

Die Modernisierungsbemühungen haben deutliche Spuren hinterlassen. Wer einen echten Eindruck vom Leben der Oasen gewinnen will, sollte sich daher nicht auf Kharga allein beschränken, sondern – falls vom Niltal kommend – sich wenigstens noch den relativ kurzen Abstecher bis Dakhla gönnen.

Bei Ankunft in Kharga sollten Sie sich mit der **Touristen-Information** in Verbindung setzen (8.30-16.00; 20.30-24.00), das Office liegt schräg gegenüber dem Kharga Oasis Hotel in einem igluähnlichen Gebäude. Der Manager, Ibrahim Mohammed Hassan, Tel 921 611, 921 206, ist ein Mann, wie man ihn sich in vielen anderen Institutionen dieser Art wünschen würde. Er ist engagiert, nimmt seine Aufgabe ernst, kennt sich bestens aus, ist hilfsbereit und informationswillig.

Seine Assistenten Farahat Mohammed und Refaat Younis bemühen sich ebenfalls sehr um Gäste. Auch eine *New Valley Tourist Friends Association* hilft gern weiter, rufen Sie Tel 905 451 an.

Verkehrsverbindungen

Fernbusse

- **Assiut**: 6.00, 7.00, 8.00, 9.00, ca. 8.30 (aus Dakhla), 14.00, 17.00, 18.00, 22.00 (£E 12)
- **Kairo**: 6.00, 8.00 (westliche Wüstenstraße durch Fayum), ca 8.30 (aus Dakhla), 21.00
- Luxor, Assuan: 7.30

Lokale Busse

- **Baris**: 7.00, 12.00, 14.00

Rückfahrt: 11.30, 15.00, 06.00 (nächster Morgen)

Alternative: Minibusse oder Pickups

Eisenbahn

Auf der Phosphatbahnstrecke verkehrt einmal wöchentlich ein Personenzug von Qena nach Kharga. Donnerstags um 6.10 Uhr Abfahrt in Qena, freitags um 16.00 Uhr Abfahrt in Kharga, Fahrzeit etwa 8 Std. Von Luxor um 4.15 Uhr abfahrend, erreicht man den Zug in Qena.

Flug

Egypt Air verbindet Kharga So und Mi (über Dakhla) mit Kairo, Abflug 6.00 Uhr, Rückflug etwa 8.30 Uhr, Returnticket $ 160.

Der örtliche Personentransport findet auf Pickups statt, die zwischen den Ortsenden pendeln, Fahrpreis 10 Pt.

Wenn Sie von Kharga nach Luxor/Assuan weiterreisen wollen, empfiehlt sich schon wegen der Probleme in Assiut die direkte Fahrt nach Theben-West/Edfu (siehe Kasten Seite 441). Man kann in Kharga ein Sammeltaxi für die Fahrt anheuern, das ca. £E 350 kostet; angeblich verkehren auch Minibusse zu £E 25 pP (Fahrzeit 4 Stunden). In umgekehrter Richtung, von Luxor über Kharga nach Dakhla bezahlten Leser für ein Taxi £E 700 (wegen des geringen Verkehrs sollte das Fahrzeug zuverlässig sein).

Wer ein **Restaurant** sucht, geht am besten in eins der Hotels. Das **Kharga Oasis Hotel** ist das teuerste, preiswerter kommt man im **Hamad Allah Hotel** vom Tisch oder im **El Ahram Restaurant** gegenüber dem Waha Hotel. Im Souk gibt es köstlich gewürzten, frisch gebratenen Fisch. Die vom Tourist Office betriebenen **Resthouses** El Gomhuriya, El Montaza und die Chalets direkt am Office bieten komplette Menüs zum Festpreis von £E 12.

Inzwischen wechseln drei Banken auch Traveller Checks.

In Kharga können Sie allerhand unternehmen:

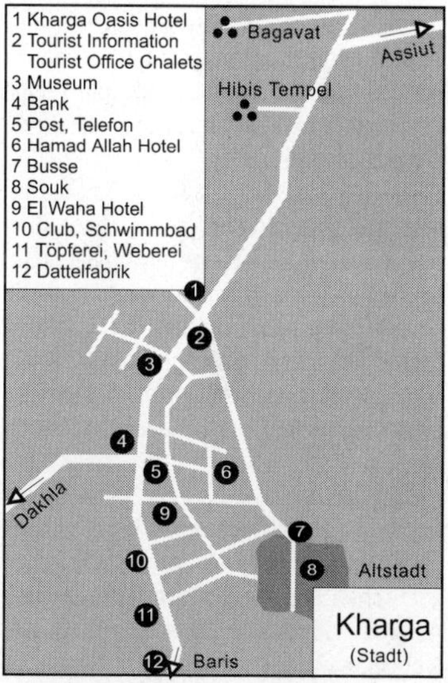

Kharga kennenlernen

Vom einstigen Kharga kann man noch einen Hauch bei einem Bummel durch den **Souk der Altstadt** (arabisch *Darb el Sindadeia*) verspüren. Versuchen Sie auch, einen Blick in die übriggebliebenen überdachten, höhlenartigen und dort kühlen Altstadtgassen zu werfen, bzw. hindurchzugehen.

Vom noch früheren Kharga gewinnt man einen Eindruck beim Besuch des schmucken ****Hibis-Tempels** am östlichen Stadtausgang links, der – vom Perserkönig Darius I etwa 500 vC gebaut – mit Reliefs bedeckt und gemütlich zu besichtigen ist. Wegen Restaurierungsarbeiten ist er derzeit nur bis zum vierten Pylon zugänglich. Daneben im Norden liegen die Ruinen der römischen Stadt Hibis.

Die ob ihrer Lage und Stimmung sehr lohnenswerte frühchristliche ****Nekropole el Bagavat** (8-17, £E 20) sollte man keineswegs missen. Sie zieht sich etwa 2 km vom Hibis Tempel nordöstlich entfernt über einen Hügel und kann entweder zu Fuß vom Tempel über einen Weg oder per Auto von der Straße her erreicht werden.

Die Ruinenstätte umfaßt eine Basilika und über 200 Kuppelgräber sowie Grabbauten aus dem 4. – 7. Jhd. Einige der Kuppelbauten sind mit biblischen Szenen ausgemalt: Die *Kapelle des Auszugs* (Chapel of Exodus) mit Szenen des Alten Testaments und die *Kapelle des Friedens* (Chapel of Peace) mit byzantinischen Heiligenfiguren sowie naiven Malereien.

Das an der Hauptstraße Nähe Tourist Office liegende **Museum** (8-16; £E 20) mit prähistorischen, pharaonischen, römischen, koptischen und islamischen (Obergeschoß) Ausstellungsstücken kann einen Besuch wert sein, auch wenn man sich über die dahindösende Bedienungsmannschaft ärgert (zahlen Sie erst, wenn die Beleuchtung eingeschaltet ist und funktioniert!!). Im Grunde ist der Eintrittspreis für das Gebotene stark überhöht im Vergleich mit gleich teuren Museen des Landes.

An der südlichen Ausfallstraße liegen ein **Kunsthandwerkszentrum** und ein Handicraft Center mit **Teppichweberei und Töpferei** (arabisch *Mansar el Chasaf*) sowohl zum Anschauen wie auch als Shopping-Gelegenheit. Auch eine **Dattelfabrik** (arabisch *Mansar el Balach*) in der Nähe kann besichtigt werden.

Nach des Tages Mühe kann man sich im **Schwimmbad** des Kharga Club erfrischen (ab 15 Uhr, £E 2), oder in einem der größeren Hotels (£E 5) relaxen.

Die Oase wurde unter den Römern durch eine Reihe von **Forts** gesichert, von einigen sind noch durchaus imposante Reste erhalten. Z.B. *Umm El Dabadib* (Kastell und Stadt mit noch erhaltener Umfassungsmauer), *Deir Mustafa Kashef* (Kloster), *Qasr Labakha* (Festung und Stadt), *El Someitra* (Festung), *El Gib* (Festung). Sie sind nur auf z.T. schwierigen Pisten zugänglich und daher für Normalbesucher kaum erreichbar. Bei Interesse erkundigen Sie sich im Tourist Office nach Details. Bei Abstechern in die Wüste beachten Sie bitte die Informationen auf Seite 108.

Abstecher nach Süden

Ein Ausflug bis zur **südlichsten Oasensiedlung Ägyptens**, El Maks, bietet einige interessante Eindrücke.

Allerdings wird sich bald die Wüstenlandschaft gerade hier sehr massiv ändern, denn der vom Nasser-Stausee abzweigende Toshka-Kanal (siehe Seite 405) wird in seiner ersten Ausbaustufe dieses Gebiet erreichen und - so hoffen die Erfinder und Beteiligten - in eine grüne Oase verwandeln.

7 km: Von Hauptkreuzung mit Obelisk bis **Bahnhof**

11 km: **Abzweigung**

3 km links von der Hauptstraße liegt der **Tempel von El Guita** (£E 16) auf einem Hügel mit schöner Aussicht. Der Amun-Tempel ist von 10 m hohen Mauern geschützt; im Innern gibt es nicht allzuviel zu sehen. Der aus persischer Zeit stammende Tempel gehörte zu einer Befestigungsanlage.

5 km: **Abzweigung** zum NASSER CAMP

4 km **Abzweigung**

Links eine Asphaltstraße zum 5 km entfernten römischen **Fort und Tempel von Saijan** (£E 16), der westlich eines kleinen Dorfes liegt. Er wurde in den 80er Jahren restauriert.

3 km:

Bulaq

Recht großer Ort mit Übernachtungs- oder Campmöglichkeit beim Rasthaus (mit Quelle).

Direkte Straße Kharga – Edfu/Luxor

Anfang der 90er Jahre wurde in typischer ägyptischer Vorgehensweise eine Piste, die aus der Kharga-Oase heraus direkt ins Niltal bei Luxor führt, mit einer dünnen Teerschicht asphaltiert. Wie in allen ähnlichen früheren Fällen, glich die neue Straße bald einer löchrigen Asphaltpiste. Man mußte sich also erneut ans Werk begeben und diesmal eine ganz normale Fernstraße bauen. Nach der Abzweigung von der Barisstraße wendet sie sich für etwa 20 km nach Nordosten und beginnt dann den Anstieg durch ein teilweise schönes Dünengebiet auf das Hochplateau. Im Sommer 1999 benötigte man keine Tasrih mehr, Kontrollposten standen lediglich 4 und 56 km nach der Abzweigung "im Weg", gaben aber ohne Diskussion die Durchfahrt frei.

Bald nach dem zweiten Checkpost endete die Neubaustrecke und man quälte sich für gut 30 km sowohl durch eine ewig lange Straßenbaustelle als auch über die z.T. ausgefahrene alte Piste. In dieser Gegend, am Beginn des Hochplateaus, kann man auf beiden Seiten der Straße steinzeitliche Artefakte finden; allerdings wurden die Plätze durch den Straßenbau stark beschädigt.

Am Ende der alten Piste beginnt die zweite Neubaustrecke, die über lange Entfernungen schnurgerade mit dem Lineal nach Osten gezogen wurde. Die Wüste auf dieser Strecke kann man nicht einmal Landschaft nennen; sie ist hauptsächlich grau und platt. Erst ca. 200 km nach der Abzweigung tauchen die Rand-"Gebirge" auf und die Straße windet sich wenig spektakulär aus einer Höhe von etwa 500 m in das Niltal hinunter. Sie mündet schließlich nach 238 km in einer T-Kreuzung (N25°34,99 E32°27,22') auf die westliche Verbindungsstraße zwischen Theben-West und Esna.

Da auch hier nur arabische Schilder stehen, sollte man in umgekehrter Fahrtrichtung 15 km südlich der Einmündung der Brückenstraße von Luxor aus (oder 32 km nach der Kreuzung mit der nördlichen Brücke von Esna) nach einer gut ausgebauten Abzweigung nach Westen Ausschau halten, wobei diese Straße mit breiten gelben Seitenrändern und einem breiten weißen Mittelstreifen bemalt ist. Auf den 15 km von Norden zweigt auch keine annähernd so breite Straße nach Westen ab.

Sobald die letzte Ausbaulücke geschlossen ist, steht eine recht komfortable Direktverbindung zwischen Kharga und Luxor/Esna zur Verfügung.

42 km: **Abzweigung** (N24°48,75' E30°34,86')

Links zweigt die **neue Straße nach Luxor** ab, große Schilder mit arabischer Beschriftung (siehe obenstehenden Kasten).

15 km: New Baris

Der bekannte Architekt Hassan Fathy wollte hier ein Neu-Baris in traditionellem Stil für die Desert Development Administration bauen. Doch der Sechstagekrieg 1967 unterbrach jäh das begonnene Werk. Es verblieb ungenutzt im Wüstensand.

2 km:

Baris

Links in Ortsmitte, direkt vor einem kleinem Park, zweigt eine gut befahrbare Piste nach Dush ab, die stellenweise durch ein schönes Dünengebiet führt.

13 km: **El Hadada**

2 km: **El Maks**

Der Ort liegt rechts der Straße, knapp 1,5 km danach zweigt links die Straße nach Dush ab, die parallel zu einer Telefonleitung verläuft; die Hauptstraße führt noch 5 km weiter zum endgültig letzten bewohnten Fleck namens El Qasr, wir halten uns links.

9 km:

Dush

Dush, in römischer Zeit bekannt als *Kysis* und alter Karawanenknotenpunkt, war damals ein blühendes Gemeinwesen mit gut entwickelter Landwirtschaft, u.a. Weinanbau. Heute leben noch etwa 200 Einwohner hier. Neben El Maks ist es die südlichste Oasensiedlung Ägyptens.

Die antike Stätte wird von französischen Archäologen ausgegraben. Bisher konnten eine hochummauerte Festung – hier eine römische Garnison – mit einem Tempel (in der Literatur sowohl Isis, als auch Osiris und Serapis zuegordnet) im Innern, ein weiterer Tempel und ein Friedhof freigelegt werden. Der **Tempel** (£E 16) steht etwa hinter dem Hügel, der das Dorf überragt. Diese Siedlung liegen lassen und auf einer Asphaltstraße noch ca. 3 km bis zu Lehmbauten und den Baracken der Archäologen fahren. Direkt darüber liegen die uninteressanteren Ruinen. Festung und Tempel erreicht man auf einem weiteren Pistenabschnitt, der auf die Ostseite des Hügels führt. – Im Herbst sind die Areale, in denen die Archäologen arbeiten, meist nicht zugänglich.

Zurück fährt man am besten auf der direkten Piste nach Baris.

Die **Weiterfahrt in den Sudan** auf der alten Karawanenstraße *Darb el Arbein* (Straße der 40 Tage) stößt leider südlich von El Maks auf bürokratische Hemmnisse: Aus militärischen Gründen gibt es derzeit keine Erlaubnis. Wer die Militärposten umgeht und dennoch fährt, geht das Risiko ein, von Militärstreifen beschossen zu werden (dabei sollen Touristen erschossen worden sein); genaue Informationen über den Pistenverlauf finden Sie im Därr-Führer *Durch Afrika* (siehe Seite 447).

Nicht zuletzt dieser in islamischer Zeit sehr wichtigen Karawanenstraße hat Kharga viel an Bedeutung zu verdanken. Denn hier machten die zahllosen Karawanen, die neben allen möglichen Schätzen vor allem auch Sklaven aus Schwarzafrika nach Ägypten brachten, ihren ersten Halt: Wer hier als Sklave lebend ankam, war in der Regel 40 Tage lang in sengender Sonne, angekettet an den Nachbarn, durch die Wüste marschiert.

Weiterfahrt von Kharga nach Assiut

Achtung: Wegen der Terrorismusprobleme in Assiut darf nach 17 Uhr kein Nicht-Ägypter Kharga in Richtung Assiut verlassen. Unterwegs melden die Straßenposten den Behörden in Assiut, daß sich Ausländer der Stadt nähern. Bei Busankunft steht ein "Empfangskommando" bereit, das die Touristen zum Bahnhof und nächsten Zug begleitet.

Die Straße wurde neu ausgebaut, infolge von Begradigungen können sich einige Entfernungsangaben verkürzt haben.

Ausfahrt aus Kharga nach Osten.

7 km: rechts **Flughafen Kharga**

29 km: **Monera**

Polizeiposten, letztes Dorf der Oase

(ca.)41 km: **Naqb el Ramliya**

Die Straße verläßt die Depression von Kharga, windet sich – ein letzter grandioser Blick zurück – den hohen Steilabfall (einer der nur sieben möglichen Aufstiege aus der Oase nach Osten) hinauf und führt dann über eine relativ ebene Steinwüste zum Niltal.

5 km: **Polizeiposten**

63 km:

In dieser Gegend liegen südlich der Straße kugelförmige **"Melonen"-Steine** herum, die aus Feuerstein bestehen. Bei Kilometerschild (arabisch) 104/128 gleich rechts neben der Straße ein sehr großes Feld. (Fragen Sie vielleicht beim Polizeiposten nach dem *Wadi el Battikah*.) Die Steine entstanden einst auf seichten Meeresbuchten durch Anlagern von Mineralien an einen Reizkern, der von der Brandung sanft gerollt wurde. Ihr harter Kern hat sich jetzt durch Verwitterung aus den Meeres-Sedimenten herausgeschält.

90 km: **Zementwerk**

10 km: **Kreuzung mit der Niluferstraße**

Die Kreuzung liegt 8 km vor Assiut (gerechnet vom dortigen Bahnübergang). Wer die Route umgekehrt fahren will, muß – von Kairo kommend – aufpassen: Ca. 100 m vor einer Tankstelle (rechts) oder 400 m nachdem sich die Straße auf vier Spuren erweitert oder unmittelbar vor einer Pipelinebrücke über die Straße geht es rechts ab. Großes grünes Schild über die Straße ASSIUT CEMENT FACTORY, auch ein Hinweis auf KHARGA.

6.2 Faszination der Libyschen Wüste

Überblick

Zwar gilt die Wüste dem Durchschnittsbesucher aus dem kühlen Norden immer noch als unheimlich, unkomfortabel und im wesentlichen aus Sand bestehend. Daß dieses Bild völlig schief liegt, kann nur ein Besuch wirklich klarstellen. Auch dieses Kapitel soll ein bißchen an dem Trugbild retuschieren helfen.

Noch bis in die 20er Jahre zeichneten die Ägypter auf ihren Karten alle Gebiete westlich der Oasenkette Bahariya – Kharga als weißen Fleck ein – diese Gegend war allen menschlichen Bemühungen zur Eroberung so feindlich gesonnen, daß sie als große Unbekannte, als Reich der Toten im übertragenen wie im wörtlichen Sinn über Jahrtausende erhalten blieb. Zwar durchstreiften immer wieder Beduinen die menschenleeren Flächen, aber nur selten erreichte einer die westlichen Oasen – und wenn, dann kaum in freundlicher Absicht. Umgekehrt bestand für die Bewohner des fruchtbaren Niltals kein Anlaß, sich dieser lebensbedrohenden Unbekannten auszuliefern.

Der deutsche Afrika-Forscher Gerhard Rohlfs hatte 1874 erste Forschungsreisen in die bis dahin von keinem Europäer betretene riesige Wüstenfläche unternommen, Anhaltspunkte durch Vermessungen geschaffen und Berichte veröffentlicht. Nach dem Ersten Weltkrieg befaßte sich der Ägypter Hassanein Bey systematisch mit der Libyschen Wüste; er berichtete als erster über den Gebel Uweinat. Wichtige Beiträge leisteten die Engländer Bagnold, Newbold, Shaw, Clayton, Harding-King und Dr. Ball. Der ägyptische Prinz Kemal el Din, der auf Raupenschleppern und mit standesgemäßer Dienerschaft große Gebiete durchforschte, entdeckte 1926 den Gilf Kebir. Nicht zu vergessen der ungarische Abenteurer Graf Almasy, der sich dann intensiv mit dem Gilf Kebir beschäftigte und u.a. viele Felszeichnungen fand. Wer Gelegenheit hat, sein spannendes Buch "Schwimmer in der Wüste" zu lesen, der wird viel von der Faszination dieser Landschaft erahnen können.

Dieser "historische" Exkurs soll zeigen, daß erst in jüngster Vergangenheit jener unbekannte Teil Ägyptens ins Bewußtsein einer breiteren Öffentlichkeit gerückt ist.

Noch ein paar Fakten. Die Libysche Wüste wird heute von den Ägyptern heimlich-hoffnungsvoll als eine Art unterirdischer Schatzkammer angesehen. Die bisherigen Explorationen ergaben, daß in der Gegend südlich von El Alamein Erdöl und Erdgas lagern (und auch ausgebeutet werden), in der Nähe der Oase Bahariya wird die größte Erzmine des Landes betrieben, bei Kharga (Abu Tantur) ist eine der größten Phosphatminen der Welt im Bau, bei Beni Suef gibt es Alabaster, im Fayum wird im großen Stil Salz gewonnen. Und nicht zuletzt läßt sich der Sand zu allerlei verwenden, von der Bauindustrie bis hin zu den Mikrochip-Herstellern (dort allerdings nur in geringsten Mengen ...)

Die Libysche Wüste gehört zu den trockensten Gebieten weltweit, oder hält sogar den Rekord an Trockenheit. In diesem größten hyperariden Raum der Erde regnet es an manchen Stellen Jahrzehnte, manchmal sogar Jahrhunderte nicht. Ganz grob läßt sich die Libysche Wüste, die im Prinzip eine etwa 300 m hoch gelegene Kalksteinebene ist, in deutlich unterscheidbare Gebiete unterteilen. Nur wenige Kilometer von der Mittelmeerküste bei El Alamein entfernt sinkt die Oberfläche bis zu 130 m unter Meeresspiegelniveau ab. Diese Depression, ***Qattara-Senke*** *genannt, erstreckt sich gute 150 bis 200 km nach Süden, etwa an ihren Südwestausläufern liegt die malerische Oase Siwa.*

Das ***Große Sandmeer*** *scheint tatsächlich ein Meer zu sein, dessen riesige Wellen im Sand erstarrt sind. Es dehnt sich in Nord-Südrichtung fast 800 km aus, von Ost nach West streckenweise über 200 km. An der Ostflanke steht die erste Düne mit gut 70 m Höhe wie eine Trutzmauer in der Wüstenebene. Dahinter folgen weitere Dünenketten mit bis zu 100 m Höhe, nach etwa der 10. bis 15. Kette gehen die Dünen ineinander über und nur noch die Wellenkämme aus goldgelbem Sand "wogen" über die schier endlose Fläche. Im Süden stoßen die Ausläufer des Sandmeeres bis fast an das Gilf Kebir Plateau, sie bilden hier ein fast unüberwindliches Hindernis.*

Daß eine Durchquerung dieser Sandwüste eine harte, risikoreiche Arbeit ist, viel Erfahrung und technisch einwandfreie Fortbewegungsmittel voraussetzt, ist jedem klar, der bereits viel niedrigere Dünen überquerte.

Das ***Gilf Kebir*** *Gebiet ist gut 300 km lang, es besteht aus mehreren einzelnen Plateaus, von denen der Gilf Kebir der Namensgeber ist. Der riesige Tafelberg mit brettflacher Oberfläche erhebt sich bis auf 1100 m Höhe. An der Westflanke bricht er abrupt um 400 – 500 m ab, an der Ostflanke stellenweise um etwa 200 m, an der Nordostecke beginnt er allmählich anzusteigen. Die zum Teil wild zerklüfteten, von tief eingeschnittenen Wadis unterbrochenen Steilabfälle machen die eigentliche landschaftliche Faszination des Gilf Kebir aus.*

Nur durch die schmale Aakaba-Passage ist das nordwestlich anschließende ***Abu Ras Plateau*** *vom Gilf Kebir getrennt. (Vorsicht, die Ägypter legten hier in den 80er Jahren Minen aus.) Es erhebt sich ebenfalls bis zu 110 m, fällt nach Norden ab und ist stärker von Tälern zerklüftet. In einigen der Wadis, vor allem im Mittel- und Südteil, finden sich spärliche Akazien und Tamariskenbestände, am Nordrand liegt das als Passage bekannte Wadi Qubba, am Ostrand das Wadi Abd el Melik, am Westrand das durch*

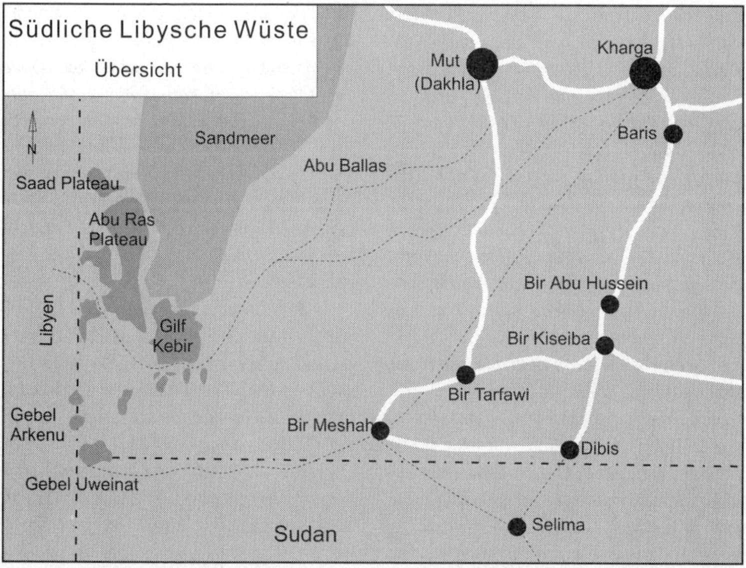

Felszeichnungen bekannte Wadi Sura. Ganz im Norden der Gruppe erhebt sich das Saad Plateau, vom Abu Ras Plateau durch das Wadi Qubba getrennt (keine Verbindung). Ein ganzes Stück südlich steht eine als Landmarke auf dem Weg zum Gebel Uweinat dienende Doppelfelsgruppe, die den bezeichnenden Namen Peter und Paul trägt (Vorsicht, Minen). Neben seltenen Gazellen leben in dem weiträumigen Gebiet noch seltenere Mähnenschafe.

Mehr und künstlerisch beeindruckendere Felszeichnungen gibt es am ***Gebel Uweinat*** *in über 20 Sandsteinhöhlen zu besichtigen, im ägyptischen Bereich im Karkur Tal, im libyschen Teil bei Ain Daua. In der Vorzeit war hier eine wesentlich dichtere Besiedlung möglich. Auch heute noch führt eine Quelle ständig Wasser.*

Der Gebirgsblock des Gebel Uweinat steht wie ein unverrückbarer, angespitzter Pfeiler mit immerhin 1900 m Höhe und ungefähr 160 km Umfang mitten in der Wüstenebene. Auch er könnte ein attraktives Ziel für Wüstenfahrer sein, wenn er nicht genau im Grenzgebiet nach Libyen liegen würde. Da die Grenzlinie nicht markiert ist und neben dem libyschen Grenzposten bei Ain Daua Militärstreifen oder ständige Posten in der Umgebung zumindest zu vermuten sind, kann ein Besuch des Gebel Uweinat sehr riskante Komplikationen auslösen. Auf der anderen Seite der Grenze liegt, nicht weit entfernt, die von Senussi bewohnte Oase Kufra, etwas nördlich der Gebel Arkenu, auch dies wären verlockende Ziele.

Neben den ständig bewohnten Oasen gibt es einige bekannte Plätze in der Li-

byschen Wüste. Etwa 75 km nordwestlich der Oase Farafra liegt die Quelle ***Ain Della*** *mit brauchbarem Trinkwasser. Diese Quelle war stets ein Stützpunkt auf dem Weg nach oder vom Westen, einerlei ob für Räuber, Schmuggler oder Krieger. Überlebenswichtig war sie in den 30er Jahren für die von den Italienern vertriebenen, nach Ägypten fliehenden Senussi. Heute ist Ain Della ein Militärstützpunkt, dessen Umgebung und alte Zufahrt von Farafra aus z.T. vermint sein sollen. Von der Verbindungsstraße Bahariya – Farafra zweigt eine Asphaltstraße nach Ain Della ab (siehe Seite 426).*

Eine weitere bekannte Landmarke ist das 250 km südwestlich von Mut (Oase Dakhla) gelegene ***Abu Ballas,*** *ein Felshügel, an dessen Fuß räuberische Beduinen in großen Tonkrügen – Ballas genannt – Wasservorräte angelegt hatten. Erst als die Oasenbewohner die Krüge entdeckten und zerstörten, hörten die Überfälle auf.*

88 km nordwestlich von Abu Ballas liegt Regenfeld, ein Lagerplatz der Rohlfs-Expedition aus dem Jahr 1874. Dort hatte Rohlfs einen der seltenen Regen erlebt, das Lager danach getauft und eine kleine Steinpyramide mit einer Botschaft errichtet. Außer diesem Steinhaufen, Botschaften der nachfolgenden Besucher und ein paar historischen Reminiszenzen gibt es nichts an diesem Platz.

Etwa 500 km südwestlich von Kharga grub der Engländer Beadnell 1928 einen 70 m tiefen Brunnen, um die von seinem Landsmann Ball aufgestellte Theorie zu beweisen, daß unter der Libyschen Wüste Grundwasser in konstanter Höhe vorhanden sei. Nach fünf Monaten harter Arbeit stießen die Brunnenbauer tatsächlich auf einwandfreies Trinkwasser. Beadnell taufte die Stelle ***Bir Mesaha.*** *Über dem heute versandeten Brunnen errichtete er ein Holzhaus und in der Nähe einen Wegweiser.*

In ***Bir Tarfawi,*** *ein Stück nordöstlich von Bir Mesaha, betreiben die Ägypter neuerdings eine landwirtschaftliche Versuchsstation. Im südöstlichen Teil der Libyschen Wüste können Sie auf die Spuren der Darb el Arbein, der Straße der 40 Tage, stoßen. Die bekannte Karawanenroute von Kharga über die Oase Selima in den Sudan ist von tausenden von Karawanen gegangen worden, auf ihr wurden zahllose schwarze Sklaven nach Ägypten getrieben. Dieser Todes-Treck hat – streckenweise heute noch sichtbar – eine breite Spur von Skeletten aller Art hinterlassen.*

Die Karte dieses Kapitels zeigt eine Reihe neuer Asphaltstraßen, von denen uns berichtet wurde und die tatsächlich ungefähr in dem gezeichneten Verlauf existieren. Leider ist für alle diese Straßen eine Tasrih notwendig. Z.B. ist die Strecke Baris – Bir Hussein alle 10 km mit Kontrollposten besetzt, jeder von ihnen möchte sich die Zeit mit genauer Kontrolle vertreiben, ein Umfahren der Posten ist praktisch kaum möglich.

Unterwegs in der Libyschen Wüste

Achtung: Es liegen Minen in verschiedenen Gegenden, zum Teil aus dem Zweiten Weltkrieg stammend, zum Teil von den Ägyptern als Grenzsicherung gelegt. Die letzteren scheinen sichtbar durch Schilder und Stacheldrahtzaun markiert zu sein, sie liegen nicht weiter als 10 km von der Grenze entfernt. Ein Panzerminenunfall ereignete sich am Westausgang des Wadi Wasa bei N23°0,17′ E25° 51,30′, ein Platz, der in ägyptischen Unterlagen nicht kartiert war.

Weitere Gegenden, an denen mit Verminung zu rechnen ist, sind: Uweinat, Peter und Paul, sowie die Passagen im südlichen Gilf Kebir. Gut markiert sund ein Minenfeldeld über die Mündung des Karkur Talh bei N22°02,75` E25°07,86′ und ein Feld über die Piste nach Libyen bei N25°02,81` E22°04,55`.

Offiziell ist das Reisen in der Libyschen Wüste abseits der im vorigen Kapitel beschriebenen Oasenstraße nicht erlaubt. Genehmigungen sind nicht oder nur äußerst schwierig zu bekommen; mit gewissen Erfolgsaussichten können Sie es bei den Sicherheitsbehörden in Kairo (Military Intelligence Group, 26 Sharia Manshia el Bakry, Heliopolis) versuchen.

Ohne Tasrih in dieses Gebiet zu fahren, birgt zumindest das Risiko, als ungebetener Eindringling betrachtet, schlimmstenfalls beschossen, zumindest aber Tage lang festgehalten oder eingesperrt zu werden. Im westlichen Grenzgebiet könnten die Libyer mehr als verärgert reagieren.

Von Kennern wird die Landschaft als noch weitgehend unzerstört und unberührt (für heutige Verhältnisse) beschrieben. Archäologen beschweren sich, daß herumreisende Touristen durch wahlloses Sammeln prähistorischer Objekte wie Steinwerkzeuge etc. die Fundstätten zerstören und wichtige Rückschlüsse auf die prähistorische Besiedlung vereiteln.

Für eine Reise in die Libysche Wüste muß man jede Einzelheit sorgfältigst vorbereiten. Je nach Jahreszeit trocknet ein Mensch hier so schnell aus, daß er nach acht Stunden ohne Wasser stirbt. Man kann diese Wüste nur im Konvoi geländegängiger, zuverlässiger Fahrzeuge bereisen, weil ein einzelner Wagen zu leicht ausfallen könnte und die Chance, daß jemand rechtzeitig vorbeikommt, gleich Null ist.

Die von der Libyschen Wüste erhältlichen Karten gehen z.T. auf Vermessungen vor dem Zweiten Weltkrieg zurück, die englischen Karten sind trotzdem recht zuverlässig. Eine auf dem Satelliten Landsat basierende Karte haben die Freie und die Technische Universität und die Fachhochschule Berlin gemeinsam erstellt. Neuerdings vertreibt der Därr Expeditionsservice sehr genaue Karten russischer Herkunft.

Trotz aller modernen Technik gehen auch heute nur wenige Wüstenfahrer in die Libysche Wüste. Die auf Karten eingezeichneten Pisten bestehen praktisch nicht, so daß die meisten Ziele per Navigation gesucht werden müssen. Wir selbst kennen diese Gegend nur aus Beschreibungen und Erzählungen von Leuten, die dort waren. Wir können und wollen daher keine Streckeninformationen geben, sondern lediglich darauf hinweisen, daß Ägypten nicht am Westrand des Niltals endet.

Spezialliteratur zu diesem Thema

Leider sind einige der interessanten Bücher vergriffen, trotzdem sollen sie nicht unerwähnt bleiben, vielleicht bietet sich Ihnen antiquarisch oder in Bibliotheken eine Gelegenheit (z.B. Staatsbibliothek München).

H. Schiffers: **Die Sahara und ihre Randgebiete**; wissenschaftlich orientiertes, sehr informatives Werk in 3 Bänden

L. Almasy: **Schwimmer in der Wüste**, dtv Verlag München, Oktober 1998; der Autor schildert sehr spannend und mit viel Gefühl für Landschaftsbeschreibungen seine abenteuerlichen Reisen.

R. Bagnold: **Travel in a dead world**, Hodder and Stoughton, London; das Buch des bekannten Erforschers der Libyschen Wüste ist vergriffen.

K. Därr: **Trans-Sahara**, Reise Know-How Verlag Därr, Hohentann, wichtiges und informatives Handbuch für Vorbereitung und Durchführung von Wüstenfahrten.

Durch Afrika,Reise Know-How Verlag Därr, (beide Därr-Bücher in der Reise Know-How Reihe, siehe Anzeige).

E. Klitzsch: **Zur Geologie des Gilf Kebir Gebietes in der Ostsahara**, Clausthaler Geologische Abhandlungen 30 (1979).

7. Suez-Kanal-Gebiet und Küstenregion am Roten Meer

7.1 Suez-Kanal-Gebiet

INTERESSANTES
****Suez-Kanal** mit regem Schiffsverkehr
****Port Said** und ***Suez**, Kanal-Hafenstädte
***Ismailiya**, recht gepflegte Stadt am Kanal und guter Platz zur Beobachtung des Schiffsverkehrs

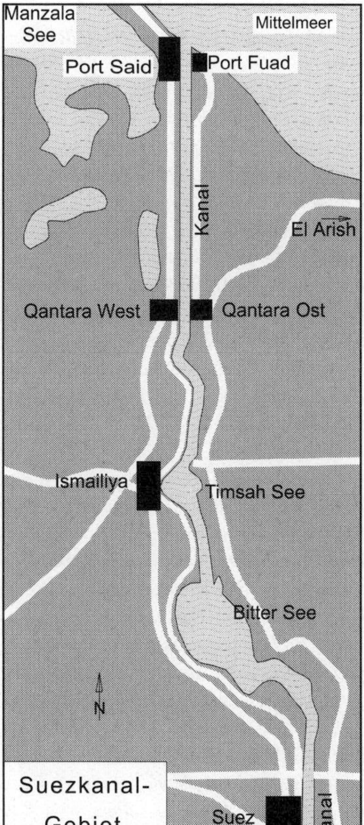

Überblick

Der Suez-Kanal zählt zu den wichtigsten Kanal-Wasserstraßen der Welt. Dennoch ist es erstaunlich und nachdenkenswert, daß die Weltwirtschaft von 1967 bis 1975 ohne den Kanal auskommen mußte und diese Krise ohne ernsthafte Probleme meisterte.

Schiffbare Verbindungen zwischen dem Mittelmeer und dem Roten Meer gehen historisch weit zurück. Ein erster Kanal wurde im 6. Jhd vC von Necho II begonnen, Darius I ließ 100 Jahre später die Arbeiten zu Ende führen. Der Kanalverlauf entsprach etwa dem heutigen Süßwasserkanal nach Ismailiya. Damit war die erste schiffbare Verbindung vom Roten Meer bei Suez bis zum Nil bei Bubastis (in der Nähe des heutigen Zagazig) geschaffen worden. Irgendwann versandete dieser Kanal. Unter dem römischen Kaiser Trajan entstand eine erneute Ver-

Überblick

bindung. Ab etwa dem 8. Jhd versandete auch sie.

Erst Ferdinand de Lesseps, französischer Konsul in Ägypten, setzte mit viel Tatkraft den Bau eines neuen Kanals durch. 1859 wurde begonnen, 20 000 ägyptische Arbeiter schufteten zehn Jahre, Tausende von ihnen bezahlten den Bau infolge von Cholera-Epidemien, Trinkwasserknappheit und wegen der katastrophalen Arbeitsbedingungen mit ihrem Leben. Daher mußte – teilweise im Bett des antiken Kanals – ein Trinkwasserkanal gezogen werden. Nach der Meisterung vieler technischer Probleme konnte die Wasserstraße 1869 eröffnet werden. Sie verkürzt den Seeweg von Europa nach Indien um ein gutes Drittel.

Als die Israelis im Krieg 1967 bis zum Kanal vordrangen, wurde die Durchfahrt durch versenkte Schiffe versperrt. Nachdem die Ägypter die auf der Ostseite gebaute israelische Bar-Lev-Befestigungslinie im Oktoberkrieg 1973 überwunden hatten, kam der Kanal wieder unter ägyptische Kontrolle. Nach gründlichen Aufräumungs- und Verbreiterungsarbeiten konnten erst 1975 die ersten Schiffe wieder passieren.

Der schleusenlose 171 km lange und ca. 16 m tiefe Kanal ist derzeit nur an vier Stellen und im Bittersee für zweibahnigen Verkehr breit genug. Auf den übrigen Strecken werden Konvois von jeweils 20 bis 30 Schiffen in der einen oder der anderen Richtung durchgeleitet. Im Bittersee und auf den anderen zweibahnigen Routen können sich die Konvois kreuzen.

Der Kanal wurde neben dem streckenweisen zweibahnigen Ausbau ständig vertieft und von ursprünglich 52 m Breite auf jetzt bis zu 140 m erweitert, so daß er heute unbeladenen 400 000-Tonnen-Tankern kein Hindernis mehr bietet, vollbeladen kommen immerhin noch 150 000-Tonnen-Tanker durch. Die Durchfahrt in täglich drei Konvois bei einer maximalen Geschwindigkeit von 14 km/h dauert um 15 Stunden; zur Zeit liegt die Kapazität bei etwa 80 Schiffen pro Tag. Durchschnittlich kassiert die Kanalbehörde $ 70 000 pro Schiff für die Durchfahrt.

Die Kanalgebühren tragen nicht unerheblich zum ägyptischen Haushalt bei, heute liegen die Einnahmen bei knapp 1 Mrd $ pro Jahr. Zum Unterschied: Vor der Nationalisierung im Jahr 1956 erhielt Ägypten von der in englischem und französischem Besitz befindlichen Kanalgesellschaft jährlich bescheidene $ 3 Millionen an Gebühren.

Die Strecke

Öffentliche Verkehrsmittel: Die Eisenbahn fährt Kairo – Ismailiya – Port Said bzw. Kairo – Suez.

Der Kanal kann bei Qantara, Ismailiya und Suez per Fähre überquert oder bei Suez im Tunnel unterquert werden (siehe Seite 491). Bei Qantara ist eine Brücke im Bau.

Die beiden Städte Port Said und Ismailiya heben sich positiv vom üblichen ägyptischen Stadtbild ab. Sie sind gepflegter, oder anders ausgedrückt, nicht ganz so schmutzig. Es gibt immer wieder kleine Parks oder grüne Inseln, vor allem die Hauptstraßen von Ismaliya sind relativ breit angelegt. Port Said mit seinen vielen Reklameschildern und den unzähligen Shops erinnert sehr entfernt ein bißchen an Hongkong. Suez dagegen fällt mit seinen von Müll überquellenden Straßen eher von der umgekehrten Seite auf, es bietet im Grunde genommen nur die Kanaleinfahrt als Attraktion. – Die Kanalzone vervollständingt das Ägyptenbild um eine weitere Facette, die man eigentlich nicht vermissen sollte.

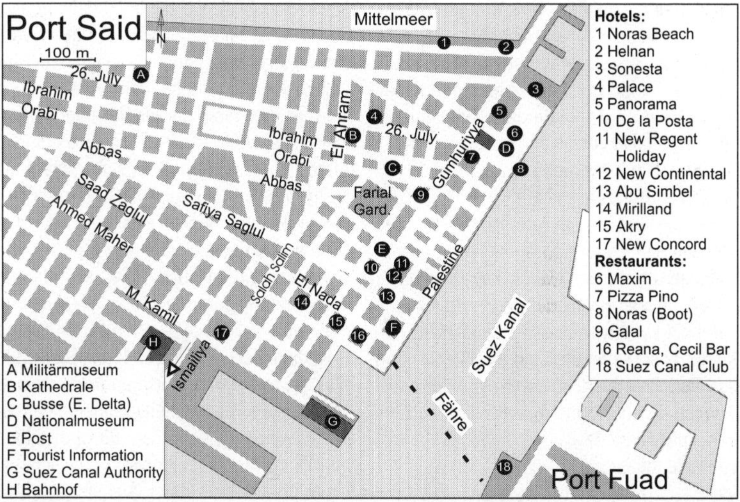

Entfernungen von Port Said aus: Ismailiya 80 km, Suez 170 km.

km: 0/170

**Port Said

*Diese Stadt (arabisch: **Bur Said**) hat ihre Existenz ausschließlich dem Kanal zu verdanken, einschließlich des Sandes, auf dem sie gebaut wurde. Nicht anders die Schwesterstadt Port Fuad auf der gegenüberliegenden Kanalseite; die "Schlaf- und Wohnstadt" ist per Fährschiff erreichbar. – Seit ihrer Gründung 1859 hat Port Said in einer kurzen, aber wechselvollen Geschichte alle Höhen und Tiefen erlebt; Tiefstpunkt war der israelisch-ägyptische Sinai-Krieg, in dem sie stark von Bomben in Mitleidenschaft gezogen wurde.*

Nach der Wiedereröffnung des Kanals erholte sich Port Said nicht zuletzt deswegen, weil es samt Hafen zur Freihandelszone erklärt wurde. So beherbergt es heute wieder knapp 500 000 Einwohner. Dieser Umstand führt zu ungeheurer Geschäftigkeit, die Straßen wirken wie riesige Bazare. Port Said gewinnt dadurch ein eigenes, fast unägyptisches Flair. Hinzu kommen die noch vielerorts erhaltenen Kolonialbauten mit ihren Balustraden aus der Zeit, als hier die französische bzw. englische Kanalverwaltung mit ihren Angestellten den Ton angab.

Touristen-Information: 43 Sharia Palestine, Tel 235 289 (10-16); Stadtplan und Übersicht über Hotels sind erhältlich.

Die meisten wichtigen Institutionen wie Hauptpost und Banken liegen in der Sharia Gumhuriya.

Busverbindungen

Grundsätzlich sollte man die Stadt nicht per Sammeltaxi, sondern per Bus verlassen, da u. U. die Sammeltaxis mehrere Stunden an der Zollgrenze warten müssen.

Die **Busse** nach Kairo der Arab Union Transport Co. fahren vor dem Bahnhof ab, die der East Delta Bus Co. (nach Kairo, Alexandria, Suez und Tanta) von einem eigenen Terminal in der Nähe der Farial Gardens. Am Eingang zum Terminal findet die Zollabfertigung statt.

- **Kairo**: alle 30 Minuten von 6.30-20.00
- **Alexandria**: zweimal täglich.

Nach Ismailiya und Suez fährt man am besten mit Sammeltaxis.

Einen kostenlosen Ausflug kann man nach Port Fuad mit einem der stets pendelnden Fährboote unternehmen und dabei nicht viel mehr tun als einen Blick auf die Wasserfront von Port Said werfen sowie die 1995 nach Wiederaufbau eröffnete moderne Moschee von Port Fuad besichtigen, die direkt am Fähranleger aufragt.

Restaurants

- ***Abu Esam***, Sharia Atif Sadat, berühmtes Fischrestaurant
- ***Caboria***, Sharia Gumhuriya (Nähe Große Moschee)
- ***Galal***, Sharia Gumhuriya/Sharia Gaberti, Fischrestaurant, sehr preiswert
- ***Maxim***, im Shopping Center Nähe Sonesta Hotel, gut aber teuer
- ***Pizza Pino***, Sharia Gumhuriya/Sharia 26.July, gute, preiswerte Pizza
- ***Cecil*** und ***Reana House***, Sharia Gumhuriya, Cecil offeriert nur Kaffee, Tee und Bier, das darüberliegende Reana südostasiatische Küche, gemütlich, sauber, auch dort Bier erhältlich
- ***Suez Canal Authority Club***, Port Fuad, direkt links neben Ferry-Anleger, Einlaß nur mit Paß, nur mittags, toller Blick von der Terrasse auf Port Said, relativ preiswert
- *Oder gönnen Sie sich eine Rundfahrt auf dem **Restaurantschiff Noras**, Abfahrt jeweils um 14.30, 16.00 und 20.30 Uhr (europäische und orientalische Küche)*

Port Said kennenlernen

Port Said ist für denjenigen, der dem Touristenrummel entgehen und nicht gerade das übliche Ägypten erleben will, einen Besuch wert. Es geht nicht nur um das relativ preiswerte Einkaufen, sondern besonders um die Atmosphäre dieser Stadt. Hier muß man sich treiben lassen, das geschäftige Leben studieren, hin und wieder einkehren oder den Schiffen am Kanal zuschauen.

Wichtigste Einkaufsstraßen sind die am Kanal entlanglaufende Sharia Palestine und die parallele Sharia Gumhuriya, die Sharia El Nada gleicht schon fast einem Bazar. Die für Ägypter relativ günstigen Preise ziehen vor allem am islamischen Wochenende (daher tunlichst meiden) viele Einkaufswillige an. Für Ausländer ist Port Said preislich weniger interessant. Beim Ausreisen finden ziemlich scharfe Zollkontrollen statt, die Zölle liegen sehr hoch. Leser berichteten in früheren Jahren, daß sie bei der Ausreise Schwierigkeiten hatten, wertvolle Geräte wie Video, Fotos etc. als "mitgebracht" zu deklarieren.

Musterbeispiel der Gründerzeit ist das Gebäude der Kanalverwaltung – Suez Canal Authority – aus dem vorigen Jahrhundert, im maurischen Stil errichtet. Mit seinen drei, an eine Moschee erinnernden Kuppeln drückt es der Stadtsilhouette am Kanal seinen Stempel auf. Es ist allerdings nur von außen zu betrachten. Aber auch an vielen anderen Stellen der Stadt fallen immer wieder "Kolonialbauten" mit ihren meist etwas heruntergekommenen Holzfassaden auf.

Im **Militärmuseum** (9-14, 18-22, £E 8), Sharia 26.July, werden neben pharaonischen Schlachten detailliert die Kriege gegen Israel mit Beutestücken dargestellt. Im **Nationalmuseum** (9-16; £E 12), Sharia Palestine direkt am Kanal, sind Funde von prähistorischer Zeit über die Pharaonen, hübsche isalmische und koptische Stücke sowie die Paradekutsche, die dem Khediven Ismail als fahrbarer Untersatz während der Kanaleinweihung diente, ausgestellt. Neben dem Museum wurde eine elegante Einkaufspromenade gebaut. Der Kai am Kanal wurde in jüngster Zeit als Promenade mit Marmorboden angelegt, auf der man abends gern flaniert.

Noch viel mehr wird während der Badesaison auf der Promenade an der Mittelmeerküste flaniert, also westlich des Kanals. Auch dieser recht lange Fußgängerbereich entstand erst in jüngster Zeit, er dient hauptsächlich den Sommergästen. In gewissen Abständen wurden Duschen und Toiletten eingerichtet. Am etwa 100 m breiten Strand-Sandstreifen bieten fliegende Händler alles Nützliche und Unnütze für den einheimischen Tourismus, das beste Geschäft machen die Schattendachvermieter.

Der westlich gelegene **Manzala-See** ist ein Vogelparadies. Von Port Said nach Matariya besteht eine Bootsverbindung, für £E 2 kann man geruhsam über den See schippern und von Matariya mit dem nächsten Boot zurückkehren.

Eine gut ausgebaute Straße führt auf dem Haff bzw. dem Damm, der den Manzala-See vom Mittelmeer trennt, nach Damietta am gleichnamigen Nilarm (siehe Seite 212). Wer nach Kairo auf einer anderen Strecke zurückfahren will, kann diese Route wählen (es soll auch eine Busverbindung geben, sonst Sammeltaxi).

45 km südlich von Port Said:

El Qantara

Eine alte Karawanen-Stadt, die der Kanal zweiteilt. Nach starken Kriegszerstörungen entstand sie neu und lieblos in Beton. Eine kostenlose Fähre verbindet beide Stadtteile, ca. 1,5 km südlich überquert eine Autofähre, manchmal auch eine Pontonbrücke, den Kanal. Hier verläßt die Hauptstraße das Ufer der Wasserstraße. Interessanter dürfte die schmale, den Kanal begleitende Straße sein, sie ist jedoch (meist) vom Militär gesperrt.

km: 51 **Links zur Kanalfähre**

Ein Wegweiser *EL ARISH* verweist auf eine recht zügige, kostenlose Fährverbindung (24-Stunden-Service) nach Qantara Ost und weiter nach El Arish. Quasi nebenan ist eine Brücke über den Kanal im Bau, der 1999 schon weit vorangeschritten war.

20 km: **El Firdan**

Eine Dünen-Hügelkette, die den Kanalbau sehr erschwerte.

15 km:

*Ismailiya

Auch diese, am Timsah(Krokodil)-See gelegene Stadt (300 000 Einwohner) verdankt ihre Existenz dem Kanal. Aus den "Gründerjahren" hat sie sich einen fast gemütlichen und für ägyptische Verhältnisse gepflegten Stil erhalten, von dem auch heute noch eine ganze Reihe typischer Kolonialbauten mit Veranden und Gärten zeugen. Ismailiya beherbergt den Sitz der Suez-Kanalverwaltung und die Suez Canal University. Die Stadt wird durch die Eisenbahnlinie in Ost und West geteilt, wobei der Süßwasserkanal vom Ostteil wiederum ein Stück abtrennt. Auf seiner Westseite verläuft die Hauptstraße, der Muhammad Ali Quay.

Touristen-Information: Governorate Building, Muhammad Ali Quay. Kaum englischsprechende Leute haben Ihnen weder viel zu sagen noch zu geben, nicht einmal einen Stadtplan.

Busse: Das Busterminal wurde aus der Bahnhofsnähe eher in die Peripherie verlegt. Vom Bahnhof aus kostet ein Taxi £E 6.

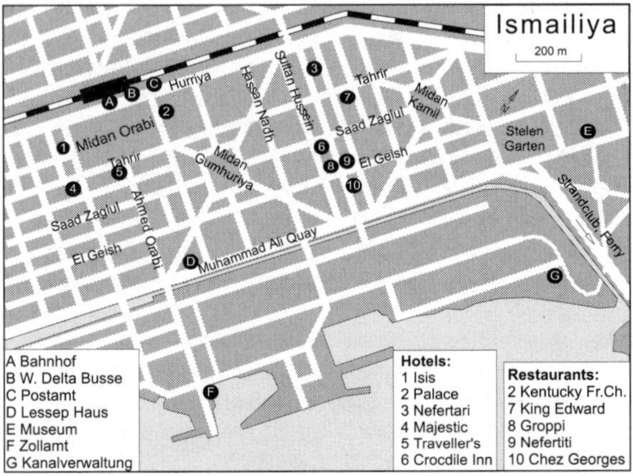

Fahrräder kann man in den Seitenstraßen des Muhammad Ali Quays mieten.

Restaurants

- ***Chez Georges***, *Sharia Sultan Hussein, griechischer Besitzer, ist stadtbekannt für gute Shrimps*
- *Fischrestaurant **Nefertiti**, Sharia Sultan Hussein, nicht sonderlich gut, etwas billiger als Georges*
- *Ganz in der Nähe von Chez Georges gibt es quasi eine Sparausführung des Kairoer **Groppi Cafés** mit gutem Kuchen und Süßigkeiten*
- ***Kentucky Fried Chicken**, Midan Orabi (Bahnhofsplatz), direkt neben Palace Hotel, im ersten Stock ein **Pizza Hut***
- ***King Edward**, 171 Sharia Tahrir, Fleisch- und Fischgerichte, Pizza, etwas teurer*
- ***Beach Club Ismailiya**, kurz vor Ferry Nr. 6 rechts ab, Eintritt, gegenüber der Universität, im Terrassenrestaurant guter Fisch, freitags sehr voll*

In der Nähe des Timsah-Sees zweigt halbrechts vom Muhammad Ali Quay eine Straße zur städtischen Universität ab, die am Mercure Hotel vorbeiführt. Die nächste mögliche, nach rechts abzweigende Straße nach der Hotelabfahrt endet am **Strandclub** (Eintritt £E 10). Hier kann man gut essen, die durchfahrenden Schiffe beobachten und im Salzwassersee baden (allerdings ziemlich schmutziges Wasser; weitere Badestrände liegen südlich der Stadt).

Die nächste Straße nach dem Strandclub führt zur kostenlosen Kanalfähre Nr. 6. Von der Anlegestelle oder dem Hügel mit Moschee daneben kann man auch gut den Schiffsverkehr beobachten. Taxifahrer verstehen den Zuruf "Number Six" und bringen Sie hin. Auf der gegenüberliegenden Kanalseite erhebt sich das 1973 October War Memorial. Auch dort gibt es eine Cafeteria mit gutem Blick auf den Kanal und seine Schiffe.

Im kleinen **Museum** (9-14; £E 6) am Muhammad Ali Quay sind u.a. Stücke ausgestellt, die beim Kanalbau gefunden wurden. Besondere Beachtung findet ein Mosaik aus dem 4. Jh vC mit Darstellungen griechischer Mythologie. Ein Block weiter stadteinwärts liegt der sog. Stelen-Garten, dessen Stelen inzwischen nach Port Said gebracht wurden; dafür entschädigt der gegenüberliegende kleine Park. Ebenfalls am Muhammad Ali Quay steht das **Lessep's House**, in dem der Mann lebte, der die treibende Kraft für den Kanalbau war. Das eigentlich sehenswerte Haus ist nur bedingt zugänglich; versuchen Sie, bei der Suez Canal Authority (der das Haus gehört) eine Erlaubnis zu bekommen.

Der **Ismailiya Express Market** in Bahnhofsnähe neben dem Hotel Isis ist ein vollklimatisierter Supermarkt mit vielen europäischen Angeboten wie Frischkäse aus Dänemark, Nivea etc. Gegenüber dem Majestik Hotel unterhält einer der letzten Griechen in Ismailiya ein Lebensmittelgeschäft; hier kann man einiges über das Leben im Land hören (englisch).

Bei der Weiterfahrt können Sie auf die schmale, den Kanal begleitende Straße abbiegen, für die man keine Genehmigung mehr benötigt. Sie ist in ziemlich miserablem Zustand, verläuft allerdings parallel zum Strand des Bitterssees, an dem viele Hotels und Villages für ägyptische Sommerurlauber liegen. Wir folgen jedoch der Hauptstraße, die in einiger Entfernung vom Kanal verläuft.

47 km: **Kreuzung**
Links zum sog. **Serapeum**, einer Felsenschwelle mit Resten eines Darius-Monuments und Spuren des antiken Kanals.

18 km: **Fayid**
Links (bei km-Schild 54) zur Kanalstraße am Großen Bittersee, die nur selten Zugang zum Strand erlaubt. Die Küste ist gesäumt von Hotels für Ägypter (da nur arabisch beschriftet), denn diese Gegend ist von Kairo aus schnell erreichbar, im Sommer gehört sie zu den beliebten Feriengebieten. Richtung Ismailiya liegt ein **Helnan Morgan Hotel** mit allen Anehmlichkeiten eines 4*-Hotels (E+B 188, D+B 250). In die ähnliche Kategorie gehört **Shamousa Village**, ein Freizeitzentrum (£E 10 Eintritt) mit vielen Sportmöglichkeiten, Badestrand und Übernachtungsmöglichkeit.

44 km: **Kreuzung**
Links durch den **Kanaltunnel** zum Sinai, rechts zur Autobahn nach Kairo.

28 km:

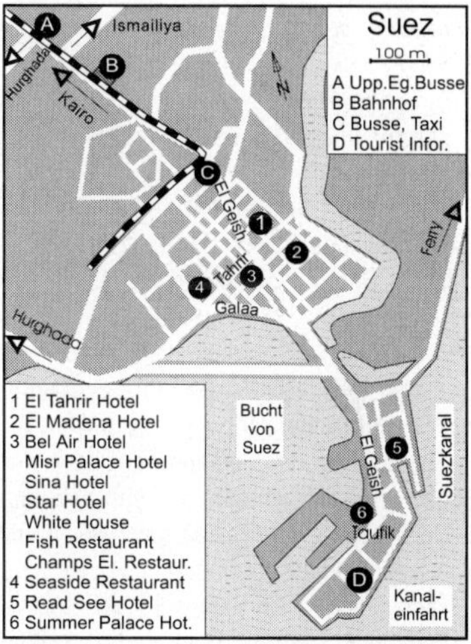

*Suez

Auch diese, im 15. Jh gegründete Stadt verdankt den wesentlichen Anteil ihrer Existenz dem nach ihr benannten Kanal. Allerdings geht sie in ihrer heutigen Form nicht auf das 15. Jhd zurück. Daß sie zu einem Öl- und Industriezentrum ausgebaut wurde, läßt sich bei der Ausfahrt nach Süden nicht übersehen.

Suez hatte unter den Auseinandersetzungen zwischen Israel und Ägypten besonders stark zu leiden. Bei unseren ersten Besuchen fühlten wir uns allzu deutlich an das Nachkriegsdeutschland mit seinen zerbombten Städten erinnert. Inzwischen sind diese Wunden weitgehend vernarbt. Heute leben 600 000 Menschen in der Stadt.

In den letzten Jahren bemühte man sich, Suez ansehnlicher und sauberer zu gestalten. Eine in der Bucht neu aufge-

Schreiben Sie uns bitte, wenn Sie Änderungen oder Neues entdecken.

schüttete, achtspurige Straße nimmt den Verkehr von der Dammstraße nach Port Taufik Richtung Süden auf. Auch die Strandpromenade wurde ansehnlicher hergerichtet.

Touristen Information: An der Kanal-Promenade in Port Taufik (zwei Häuser neben Green Valley Tours bzw. Donald-Imbiß); Tel 331 141 (8-15). Sprechen Sie mit Mr. Taher Ali Dakrouni, der sich auskennt und sehr hilfsbereit ist (er hilft auch außerhalb der offiziellen Öffnungszeiten weiter).

Die wichtigsten Restaurants und Hotels liegen in der Umgebung der Kreuzung Sharia El Geish/Sharia Tahrir. Sie ist, von Port Taufik kommend, leicht zu finden, da kurz zuvor links das Restaurant Camps-Elysées und das Hotel bzw. Restaurant White House zu erkennen sind.

Busverbindungen

Es gibt zwei Busbahnhöfe: Das Terminal der Upper Egypt liegt einige Kilometer außerhalb, dort starten die Busse nach Hurghada, Port Safaga, Luxor und Assuan. Das innerstädtische Busterminal findet man in der Sharia El Farz, die stadtauswärts von der Sharia Salaam kurz vor der Schienenkreuzung links abzweigt. Dort fahren auch die Sammeltaxis ab. Zwischen beiden Busterminals verkehren laufend Minibusse. Der Bahnhof für den ohnehin langsamen Zug liegt ebenfalls einige Kilometer außerhalb des Zentrums.

- **Alexandria**: 7.00, 14.00, 14.30 (£E 30)
- **Dahab**: 11.00 (£E 23)
- **Assuan**: 6.00, 7.00, 8.00, 8.30, 9.00, 17.00 (Luxor £E 40, Assuan £E 45)
- **Hurghada**: 5.00, 6.30, 7.30, 8.30, 11.00 (£E 18)
- **Ismailiya**: 6.00-17.00 alle Stunde (£E 3,50)
- **Kairo**: 6.00-20.00 jede halbe Stunde (£E 6)
- **Luxor**: 5.00 (£E 29)
- **Nuveiba, Tabah**: 15.00 (£E 25)
- **Qena**: 9.00, 11.00, 14.00, 22.00
- **Port Said**: 7.00, 9.00, 11.30, 13.00, 24.00 (£E 9)
- **Sharm el Sheikh**: 13.30, 15.00 (£E 25)
- **St. Katharina**: 20.00 (£E 25)

Restaurants

- ***Champs-Elysées***, nobel aussehend, aber preiswert und gut
- ***Fish Restaurant***, zwischen White House und Bel Air Hotel, frischer, preiswerter Fisch
- ***Seaside***, Sharia Saad Zaghlul, 24 Std. geöffnet, preiswertes Huhn, Fischgerichte, Bier
- ***White House*** (Hotel), reichlich, sehr gut, preiswert

Fahrradverleiher findet man in der Parallelstraße zur Sharia Salaam hinter dem White House Hotel.

American Express Reiseschecks wechselt nur die National Bank of Egypt in der Sharia Saad Zaghlul, schräg gegenüber dem Misr Palace Hotel.

Der Hafen liegt in **Port Taufik**, eine aus dem Kanalaushub geschaffene und mit der Stadt über einen Damm verbundene ehemalige Insel, die durch Aufschwemmungen zu "Festland" wurde. Hier finden Sie auch die **Kanaleinfahrt**, an der man sitzen und den Schiffen nachträumen kann. Eine Art Promenade mit Clubhäusern begleitet die ersten paar hundert Meter des Kanals. Nachmittags zwischen 14 und 16 Uhr kommen die Schiffe vom Mittelmeer hier vorbei.

Quasi die Verlängerung der Taufik-Dammstraße zum Zentrum ist die Hauptstraße Sharia Salam. Rechts und links münden relativ enge, aber sehr lebendige Gassen ein. Parallel der Hauptstraße, etwa gegenüber der Sammeltaxistation und in der Gegend, in der kurz Eisenbahngeleise in der Mitte der Straße verlaufen, gibt es – um einen Block zur Hauptstraße versetzt – einen sauberen überdeckten **Frischmarkt**, dessen Besuch schon allein ein Augenschmaus ist. An der Hauptstraße finden Sie eine Reihe von Restaurants und Shops.

Kurz vor Port Taufik zweigt links eine mit Ismailiya ausgeschilderte Straße ab, die früher gesperrt war. Inzwischen ist sie befahrbar und eigentlich die interessantere Alternative zur Hauptstraße Richtung Ismailiya. 15 km nach der Kreuzung wird man schon an der Schlange wartender LKWs die Fähre über den Kanal erkennen, die neuderdings keine PKWs mehr transportiert. Die Abzweigung zum Tunnel ist nicht ausgeschildert (als wir mit dem Ziel Ismailiya diese Strecke fuhren, entdeckten wir sie nicht und können daher keine Entfernung angeben).

7.2 Verbindungsstraßen Kairo – Suez-Kanal-Gebiet

Insgesamt führen drei Straßen von Kairo quer durch die Wüste ins Kanalgebiet. Je eine uninteressante Schnellstraße nach Ismailiya und Suez und eine Landstraße nach Ismailiya. Diese sogenannte Kanalstraße folgt dem Süßwasserkanal, der zur Versorgung der Bauarbeiter angelegt worden war.

Landstraße Kairo – Ismailiya

(Ausfahrt siehe Seite 221). Die Straße trifft nach 120 km auf die Suez-Kanalstraße, unterwegs zweigt nach 73 km in El Abassa eine Straße nach Zagazig ab.

Schnellstraße Kairo – Ismailiya

(Ausfahrt aus Kairo siehe Seite 221). Nach 46 km Abzweig zur Satellitenstadt 10th Ramadan, nach weiteren 64 km ist Ismailiya erreicht.

Schnellstraße Kairo – Suez

Vorsicht: Geschwindigkeitskontrollen. Die Straße folgt dem alten Pilgerpfad von Kairo Richtung Mekka, der damals durch Wachtürme (heute nicht mehr vorhanden) gesichert war. Heute übernehmen schier endlos sich hinziehende Kasernen die Wachfunktion.

Vor allem in der näheren Umgebung von Kairo sieht man immer wieder neue Siedlungen in der Wüste.

Ausfahrt aus Kairo siehe Seite 221.

km: 7 Kreuzung

Von rechts überführt die Ring Road die Suezautobahn, links geht die Ring Road in die Desert Road nach Ismailiya über.

9 km:

Rechts, etwas entfernt von der Autobahn, liegt eine neue Totenstadt.

37 km: **Abzweigung**

Links zur Wüstenstadt 10th Ramadan.

57 km: **Abzweigung**

In Straßenmitte Polizeihäuschen, links zum **Ahmed Hamdi Kanaltunnel** (Richtung Sinai), hier mit "Tunnel" ausgeschildert.

25 km: **Suez**

7.3 Küstenstraße am Roten Meer (Suez – Hurghada – Shalatin)

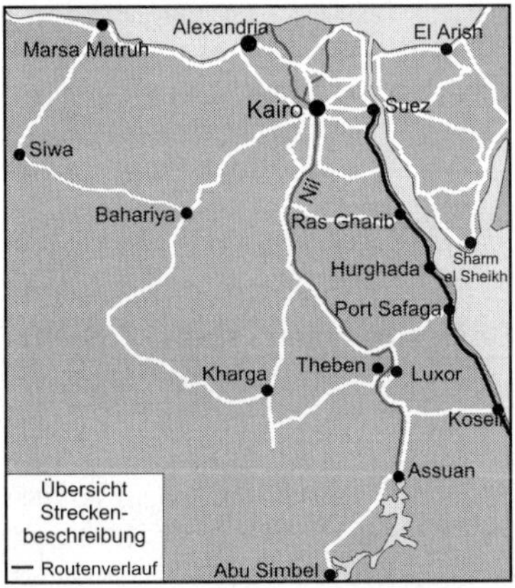

INTERESSANTES
******Küstenlandschaft** mit Korallenriffen im Meer und streckenweise faszinierender Gebirgslandschaft im Hintergrund
** **Hurghada** ist *der* Badeort an der Küste
****Pauluskloster** aus dem 5. Jhd

Überblick

Die Küstenstraße am Roten Meer zählt zu den landschaftlich reizvollen Strecken Ägyptens außerhalb des Sinais. Die Gebirgsketten der Arabischen Wüste treten mal dichter, mal etwas distanzierter an die Küste, so daß immer für Abwechslung dieser grandiosen Kulisse gesorgt ist. Unvergeßliche Bilder erleben Sie, wenn die Sonne mit pompösem Farbaufwand hinter der Gebirgsbühne versinkt.

Übrigens verdankt das Rote Meer seinen Namen dieser Gegend, die im Altertum wegen der dominanten roten Farbe Rotes Land genannt wurde und die Farbbezeichnung auf das angrenzende Meer übertrug. Ursache der Rotfärbung sind präkambrische Gesteine, die ähnlich wie auf dem Sinai als Scholle angehoben wurden und jetzt als Granit, Diorit, Gneis und kristalliner Schiefer zutage treten. Die Scholle erhebt sich bis zu 2000 m hoch, die Scheitellinie verläuft etwa 40 km westlich des Roten Meeres, auf den weiteren 80 bis 100 km zum Nil hin senkt sich das Land langsam zunächst in eine Sand-, dann in eine Kalksteinzone ab. Das Gebirge selbst birgt viele Schätze, angefangen von Gold bis hin zu Rosengranit, der einst bis nach Rom geschafft wurde. Ausflüge in die Wüstenumgebung zu alten Minen oder Steinbrüchen gehören zum Standardprogramm nahezu aller Trips, die an der gesamten Küste angeboten werden.

Die eigentliche Küstenlinie besteht, wie könnte es im Wüstenland Ägypten anders sein, ebenfalls fast ausschließlich aus Wüste. Bei den wenigen Städten läßt sich kaum von Oasencharakter sprechen, denn selbst dort ist Grün selten zu entdecken.

Andererseits macht die Natur die auf der Erde fehlenden Farben unter Wasser bei weitem wett. Denn das bis zu 2300 m tiefe Rote Meer bietet mit seinen nie unter 20 Grad sinkenden Wassertemperaturen und seinem hohem Salzgehalt ideale Bedingungen für eine reiche Fauna und Flora (siehe hierzu Seite 117). Nahezu der gesamten Küste sind Korallenriffe vorgelagert, die jeden Schnorchler oder Taucher begeistern.

Bedauerlicherweise haben gerade an dieser schönen Küste die Ölbohrer und Schiffsreiniger ihre Spuren nur allzu deutlich hinterlassen: Über weite Entfernungen bedeckt eine schwarz-tödliche Teerschicht den Strand; auch die Korallen leiden immer mehr unter der Umweltbelastung.

An Historischem gibt es eigentlich nur das koptische Pauluskloster zu sehen, das wie eine Trutzburg im nahen Gebirge liegt (und etwas weiter landeinwärts das Antoniuskloster, das wir auf einer anderen Route besuchen, siehe Seite 478).

Warnung

An der gesamten Küste liegen immer noch **Minen**. Die Felder sind (müssen aber nicht!) in den meisten Fällen durch Zäune und/oder Hinweisschilder gekennzeichnet, dennoch stolpern jährlich Leute über die Todesfallen. So verlockend das Verlassen der Straße ist, tun Sie es nur dort, wo Spuren anzeigen, daß sich vor Ihnen schon jemand bewegt hat.

Ein Leser schreibt bestürzt, daß er an einsamer Stelle, an der er vor Jahren badete, bei der Rückkehr zahlreiche Minen vorfand, die während der Winterstürme an Land gespült worden waren. Die Minen können übrigens auch im Gelände westlich der Straße liegen. Außerdem soll noch an einigen Stellen Unterwasserstacheldraht vorhanden sein.

Entfernungen von Suez aus: Ras Zafrana 128 km, Pauluskloster 158 km, Ras Gharib 231 km, Hurghada 391 km, Port Safaga 447 km, Marsa Alam 671 km, Shalatien 915 km.

Streckenbeschreibung

An öffentlichen Verkehrsmitteln verkehren auf der Küstenstraße Busse und Sammeltaxis, wobei ein Sammeltaxi den häufig überfüllten Bussen nach Hurghada vorzuziehen ist. Startorte sind Kairo, Suez oder Qena. **Straßenzustand:** Durchgehend sehr gut asphaltierte Straße.

Streckenbeschreibung

Ausfahrt aus Suez: Vom Taufik-Damm aus immer so weit wie möglich links halten, die Straße führt an Ölraffinerien und Industriebauten vorbei. Sie drängt sich zunächst zwischen Militärlagern und dem Gebirgszug des Gebel Ataka ziemlich dicht an der Küste entlang und zieht dann in die weite Ebene des Wadi Ghuweiba.

42 km: **Abzweigung**

Rechts nach Kairo (siehe Seite).

16 km: **Abzweigung zur Küste**

Ain Sukna

Bei Ain Sukna treten heiße Schwefelquellen an die Oberfläche, daher entwickelte sich hier ein bescheidenes Bad. Die im letzten israelisch/ägyptischen Krieg zerstörten Badeanlagen (Hotel) sind wiederaufgebaut, der Strand dieser einst sehr beliebten Badebucht ist jedoch ziemlich verschmutzt. Neue Hotels sind im Bau bzw. bereits geöffnet.

Nach wenigen Kilometeren schiebt sich das Gebirge bis ans Meer. Kurz zuvor liegt die Ölverladestation für die Pipeline nach Alexandria.

Der folgende Abschnitt zeigt sich als der landschaftlich schönste dieser Route: Rechts die steil ansteigenden Berge, links das türkisblaue Meer, dessen Wellen häufig fast die Straße berühren. Leider bedeckt stellenweise ein schwarz-klebriges Terrband die Küste, die mit diesem Trauerstreifen wie tot erscheint.

In jüngster Zeit entstanden in dieser schönen, aber isolierten Lage mehrere Feriendörfer bzw. sind noch im Bau, selbst Hilton hat sich einen der schönen Plätze ausgesucht. Auch während der Weiterfahrt nach Süden tauchen immer mal wieder – und häufig an den abgelegensten Plätzen – Feriendörfer auf.

33 km: **Ras Abou Daraq, Leuchtturm.**

Das schönste Stück der Küstenstraße liegt hinter Ihnen, ab hier treten die Berge merklich in den Hintergrund, statt dessen Hotel- und Feriendorfneubauten in ununterbrochener Reihenfolge bis Ras Zafarana in den Vordergrund.

35 km:

Ras Zafarana

Ziemlich trostloser Platz mit Cafeteria/Restaurant und Motel namens *Sahara In* (in dem man übernachten kann, wenn es bei den Klöstern nicht klappt; D+B £E 80), rechts Abzweigung nach Kairo und zum **Antoniuskloster**, das zwar im Zusammenhang mit der direkten Route beschrieben ist (siehe Seite 478), das aber auch von hier aus angefahren werden kann.

17 km: **Abzweigung (links Tankstelle)**
Rechts 13 km Asphaltstraße zum

**Pauluskloster

Das in einem Wadi der Wüstenberge gelegene Kloster stammt in seinen Anfängen aus dem 5. Jhd und ist an der Stelle errichtet, an welcher der Einsiedler Paulus von Theben in einer Grotte lebte. Dieser Platz wurde mit einer Doppelkirche überbaut, wobei in der Unterkirche das eigentliche Grabmal und alte Fresken aus dem 4. bis 7. Jhd, in der Oberkirche jüngere Fresken und Ikonen zu sehen sind. Innerhalb der hohen Wehrmauern liegen Wirtschafts- und Wohngebäude, an der westlichen Mauer die Quelle, die recht große Gärten bewässert. In jüngster Zeit wurde eine weitere äußere Mauer errichtet, welche sozusagen die Grundstücksgrenze markiert.

Außerhalb der ursprünglichen Mauern enstanden diverse Erweiterungsbauten, um der Pilgerscharen – in der *Saison im Juni täglich 600 – Herr zu werden. Dieses Hostel steht auch anderen Besuchern offen – wenn sie in Schlafsälen mit sehr einfachen Doppelstockbetten nach Geschlechtern getrennt nächtigen wollen. Während der Fastenzeiten kann das Kloster geschlossen sein. Erkundigen Sie sich am besten in Kairo bei der Koptischen Kirche St. Peter und Paul, 22 Sharia Ramsis in Abbassiya. Dort wird man Ihnen eventuell auch hinsichtlich der Anreise behilflich sein.*

Dem Kloster gehören etwa 80 Mönche an, von denen 60 ständig innerhalb der Mauern leben. Zwei Eremiten haben sich in die Berge zurückgezogen. Sie kommen nur einmal wöchentlich ins Kloster, um an der Messe teilzunehmen und sich mit dem Notwendigsten auszurüsten.

86 km:

Ras Gharib

Aufstrebende, bei einem Ölfeld mit 150 Bohrstellen gelegene Ölstadt, alle Versorgungsmöglichkeiten bietend, guter Supermarkt und andere Geschäfte mit deutlich freundlicherer Bedienung als in Hurghada.

Rechts führt eine wenig befahrene Asphaltstraße ins Niltal nach El Sheikh Fadl an der Ostuferstraße und Beni Mazar (Nilfähre) (siehe Seite 479). Der beherrschende, dreigezackte Gipfel im Westen ist der Gebel Gharib.

Diverse Rasthäuser im Bereich dieser Kreuzung buhlen um die Gunst der Durchreisenden.

33 km: **Ras Shukeir**, Öl- und Gasfeld, Ölverladehafen

44 km: **Abzweigung**
Links zweigt eine Straße zum *Zeit Oil Field und* **Gebel el Zeit** ab, der nördlich des Ölfeldes liegt. 1982/83 führte eine französische

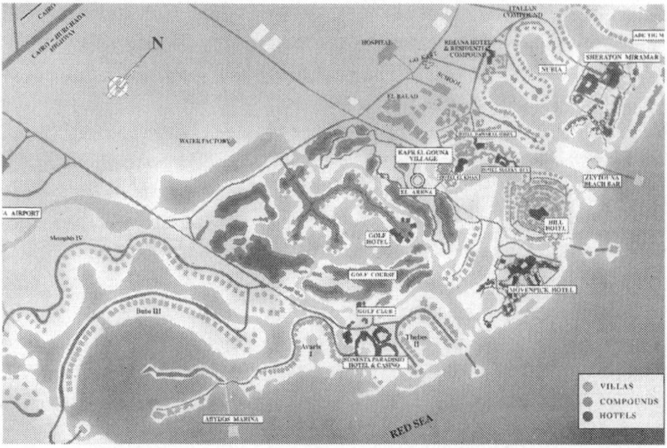

Ausschnitt aus dem offiziellen El-Gouna-Plan, der deutlich die hier geschaffene Lagunenlandschaft zeigt

Archäologengruppe Ausgrabungen auf dem Gebel el Zeit durch. Die Ergebnisse zeigen, daß im MR und NR laufend Expeditionen in dieses Gebiet kamen, um Galenit abzubauen. Reste eines kleinen Heiligtums, Bergwerksstollen, Vorratsräume und Arbeitsplätze wurden in der Umgebung des Gebel entdeckt.

14 km: **Abzweigung**

Links 12 km nach **Ras Gemsa**, einem Militärstützpunkt. Ein paar Soldaten bewachen die Gegend. Dabei ist die Halbinsel recht malerisch, ihre Spitze teilt sich und schließt eine weite Lagune ein. Vermutlich wird es nicht mehr lange dauern, bis auch hier Hotels die Küste zustellen.

Vor der Küste laden Korallenriffe zum Tauchen ein. Ras Gemsa wäre ein sehr viel reizvollerer Standort als das nahegelegene Hurghada. Aber der Militärposten gestattet höchstens die Zufahrt auf das nach Süden ragende Landzipfelchen; die nördliche Hauptpiste führt zu Ölfeldern.

47 Km **Abzweigung**

Rechts 4 km zur Hotel- und Betuchten-Siedlung

El Gouna

Den Ursprung der aus dem Erdboden gestampften brandneuen Stadt bildete eine natürliche Bucht, die frühe Siedlungsspuren und Ruinen eines Forts aufweist (direkt südlich der modernen Siedlung). Ein cleverer und risikofreudiger Geschäftsmann kaufte eine sieben Quadratkilometer große Wüstenfläche zwischen Bucht und Straße. Dort ließ er sowohl internationale als auch ägyptische Architekten eine ungewöhnliche städtebauliche sowie architektonische Konzeption entwickeln und in die Praxis umsetzen. An künstlichen Lagunen und Wasserarmen entstand eine heute bereits sehr lebendige Siedlung mit sechs Hotels von drei bis fünf Sternen, einem Golfplatz in der Wüste, etwas Industrie (z.B. eine Löwenbräu-Lizenz-Brauerei) und vielen Privathäusern von sehr unterschiedlichem, aber immer wieder interessantem Stil. Das Projekt wurde so gut angenommen, daß der clevere Mann nun eine ähnliche Stadt südlich von Tabah auf dem Sinai (siehe Seite 515) baut.

El Gouna lernt man am besten vom Wasser aus kennen, indem man in eins der kostenlosen "Shuttle"-Boote steigt und durch die Lagunen fährt. Der Ort bietet die unterschiedlichsten Freizeitvergnügungen, deren Schwerpunkt mit Wassersport zu tun hat. Aber auch Wüstentrips etc. stehen auf dem Programm. Neben diversen Kneipen und Nachtbars sorgt eine Open Air Disco namens El Arena für Unterhaltung.

Wenn Sie hier einen Platz an der Sonne kaufen wollen, so können Sie (noch) mit $ 1000 pro Quadratmeter Wohnfläche dabei sein. Das kleinste Appartement umfaßt 60 qm.

Es lohnt sich durchaus, einen Abstecher (auch von Hurghada aus) nach El Gouna einzulegen.

6 km: **Abzweigung**

Rechts "äußere" Hurghada-Umgehungsstraße nach Port Safaga. Etwa 12 km vor dem Stadtzentrum Hurghadas passiert man eine imposante Windfarm.

19 km

**Hurghada

*Korrekt heißt das Städtchen **"El Ghardaqa'**. So sollten Sie fragen, wenn Ägypter bei Hurghada den Kopf schütteln. Schließlich geht es um den größten Ort an der Rotmeerküste mit internationalem Flughafen, regelmäßigen Autobus- und Sammeltaxiverbindungen ins Niltal und mit allen Versorgungsmöglichkeiten für Touristen. Auch das Auge wird verwöhnt: Im Westen wächst eine hier besonders ausgezackte, fast pittoreske Bergkulisse der Arabischen Wüste in den Himmel, im Osten das azurblaue Rote Meer mit den Korallenriffs und den vorgelagerten Inseln; sowohl Sonnenauf- wie untergänge sind ein Erlebnis.*

Hurghada – ursprünglich eine Gründung britischer Ölexploratoren um die Jahrhundertwende – ist der am besten ausgebaute ägyptische Badeort am Roten Meer. Seit Ende der 70er Jahre gibt es bereits ein Sheraton Hotel und gab es den Club Med, der unter Magawish firmierte und dessen Anlagen heute staatlich geführt werden. Sheraton und Magawish waren der Beginn einer atemberaubenden Entwicklung vom namenlosen Fischernest zum wohl größten und mondänsten Badeort in Nahost östlich des Mittelmeeres. Seit Jahren lärmen hier Baumaschinen, um immer neue Hotelkomplexe aus dem Boden zu stampfen. Je mehr dieser Tourist-Villages in Betrieb gehen, um so mehr neue scheinen angefangen zu werden, der Hunger nach Hotelbetten ist offensichtlich nicht zu stillen.

Heute genügen kaum mehr Fahrräder, um von einem zum anderen Ende der ausufernden Stadt zu gelangen. Wer vom derzeit südlichsten Hotelkomplex namens Coral Beach bis zum Hydrobiologischen Institut im Norden radeln will, ist bei dem ständigen Gegenwind ewig unterwegs: Die Stadt zieht sich – schier endlos erscheinend – über 30 km an der Küste entlang.

Was auf der einen Seite neu gebaut wird, scheint auf der anderen der Spitzhacke zum Opfer zu fallen. Die ehemalige Altstadt oder das, was man Souk nennen konnte, hat ihr Gesicht weitgehend verloren. Anstelle der "Tante-Emma-Läden" fürs tägliche Leben reiht sich heute ein Souvenirshop an den anderen. Überhaupt scheint es schon bald mehr Souvenirshops als Betten in Hurghada zu geben; der Khan el Kalili Bazar von Kairo wird bald in den Schatten gestellt sein, obwohl insgesamt das Souvenir-Preisniveau in Hurghada deutlich höher als z.B. im Niltal liegt.

Die Stadt ist für den Neuankömmling einigermaßen unübersichtlich, weil sie entwicklungsgeschichtlich sozusagen aus drei Klecksen auf der Landkarte besteht: Von Norden her erreichen Sie den Stadtteil ***Dahar*** *(vielfach auch Downtown genannt), das eigentliche Zentrum mit wichtigen öffentlichen Einrichtungen, in dem aber auch der Souk, viele Restaurants, eine Reihe Hotels bis hin zur besseren Kategorie zu finden sind. Die Haupt- und Durchgangsstraße ist die Sharia El Nasr, die allerdings nicht zur Küste führt. Südlich folgt an der Küste ein Hügel namens Afish, an den sich schließlich eine Art Hafenbucht anschließt, etwa 3 km vom Zentrum entfernt; die Gegend dort heißt* ***Sigala*** *(auch Saqala oder Segala).*

Um den Hafen herum liegt die ursprüngliche Fischersiedlung. Dann folgte früher wieder ein langes Stück Wüstenstrand, der heute total zugebaut ist. Im alten Kern von Sigala geht es noch recht ägyptisch zu, nach Süden entstand jedoch in jüngster Zeit ein komplette Shopping Meile mit jeder Menge Souvenirgeschäften, sog. Supermärkten, Restaurants und Hotels. Wer hier unterkommt, kann sich direkt in der Nachbarschaft ins touristische Getümmel stürzen. Wobei auch mit Bars und Diskos für die Nacht gesorgt ist.

Fährt man am Strand entlang weiter, dann stößt man am Beginn der nächsten Bucht auf den Rundbau des Sheraton Hotels. Hier beginnt ***"Hotel-Hurghada"****, offiziell* ***Touristic Center*** *genannt, das sich am Strand der weit ausladenden Bucht bis zur fernen Hügelkette hinzieht, und derzeit mit dem Coral Beach Komplex nahezu am Horizont endet.*

Da laufend neue Hotels ***jeder*** *Kategorie – von der Billigunterkunft bis zum Touristenghetto größten Ausmaßes – entstehen, scheint Hurghada samt Umgebung eher eine einzige, häßliche Baustelle zu sein und diesen Zustand noch lange zu erhalten.*

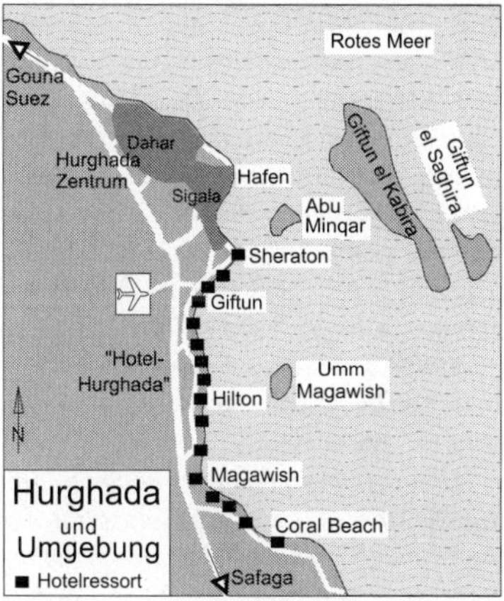

Es ist schwierig für uns, auf dem laufenden zu bleiben und all die neuen Unterkünfte, Restaurants oder sonstigen Neuigkeiten aufzulisten. Ebenso geht es mit den beiden Stadtplänen zu Hurghada, die nur eine grobe Orientierung ermöglichen sollen. Inzwischen können Sie im Ort einen Stadtplan kaufen, der Ihnen einen besseren Überblick verschafft, als es die Möglichkeiten dieses Buches zulassen.

1999 gab es (oder sind noch im Bau) laut Touristik-Ministerium 240 Hotels und Tourist Villages in Hurghada, d.h., es standen 18 000 Räume mit insgesamt 36 000 Betten zur Verfügung. Derzeit wohnen 60 000 Menschen, die nahezu ausschließlich vom Tourismus leben, in der Stadt. 60 Prozent der Einnahmen kommen von den Tauchern, der Rest von Sonnenanbetern.

Hauptproblem Hurghadas war die Trinkwasserversorgung, die durch Pipe-

lines vom Niltal her und durch eine Meerwasserentsalzungsanlage wesentlich verbessert wurde. Das heißt, jeder Liter Süßwasser muß entweder teuer erzeugt oder von weit her über die Berge gepumpt werden; gehen Sie daher sparsam mit dem kostbaren Naß um. Die Abwässer werden übrigens nicht ins Meer geleitet, sondern durch Kläranlagen so gereinigt, daß sie als Nutzwasser z.B. für Bewässerung weiterverwendet werden können.

Als noch brisanteres Problem bereitet die Zerstörung bzw. die Belastung der Korallenriffe erhebliche Kopfschmerzen. Die größte Gefahr geht von Bootsankern aus, die das Riff zerstören, oder von "grounding boats". Inzwischen werden die Küsten möglichst streng überwacht und Eigner bestraft, die ankern oder durch Grounding Schaden anrichten. Die höchste Strafe für Ankern betrug $ 6000, für Schäden durch Grounding $ 6 Millionen. Aber Strafen sind nicht das Allerheilmittel, sondern mehr Sensibilität und Verantwortung sind gefragt.

Erwarten Sie nicht zuviel von Hurghada, besonders wenn starker Wind das Schnorcheln/Tauchen kaum zuläßt, dann kann es arg langweilig werden. Die verhältnismäßig weiten innerstädtischen Entfernungen sind ebenfalls nicht dazu angetan, zusätzliche Begeisterung für den Ort aufkommen zu lassen (mehrfach klagen Leser: "Hurghada – totaler Flop").

Wir selbst verstehen auch nicht so recht, was den Traveller lange in Hurghada halten kann. Vielleicht, weil man hier doch mehr seinesgleichen trifft als anderswo in Ägypten. Diese Stadt ist einerseits für Tauch- und Badefreunde geschaffen, andererseits wohl mehr für Pauschaltouristen, die sich nachts in der Hotel-Disco amüsieren und sich, wenn sie ausgeschlafen haben, am Hotelstrand in der Sonne braten lassen.

Allgemeine Informationen

Die **Touristen-Information** (8-20); Tel 444 420, hat sich im Tourist Center neben der Tourist Police und einer Dependance des gleichnamigen Ministeriums in einem Neubau angesiedelt, etwa in der Gegend des Grand Hotels, direkt gegenüber Hurghada Sports Club bzw. neben dem International Hospital. Brauchbare Unterlagen gibt es leider nicht, aber doch den einen oder anderen nützlichen Rat.

In Hurghada wird allerlei **Meeresfauna** und -flora getrocknet und ausgestopft angeboten: ein Paradebeispiel für negative Tourismusfolgen. Jeder, der sich mit derartigen Souvenirs auf die Heimreise begibt, sorgt für die weitere und sinnlose Vernichtung der Umwelt. Im übrigen sammelt der heimatliche Zoll viele dieser Souvenirs aufgrund des Artenschutzabkommens wieder ein, die Ausgabe war also umsonst und kann Strafen nach sich ziehen.

Verkehrsverbindungen

Lokaler Transport

Minibusse pendeln zu £E 0,25 – 1,00 pP zwischen dem Zentrum und dem alten Hafen bzw. dem Intercontinental Hotel; wer weiter nach Süden will, muß dort in einen anderen Minibus umsteigen. Taxifahrer wissen die Situation der ahnungslosen Touristen zu nutzen und verlangen Phantasiepreise. Als reale Preisbeispiele: Sofitel – Hadar ca. £E 20, Aquafun – Hadar £E 10.

Von Hadar zum **Flughafen** fährt morgens und nachmittags ein Bus der Egypt Air, der diverse Hotels abklappert, Taxis sollten nicht mehr als £E 15 kosten. Das Büro der Egypt

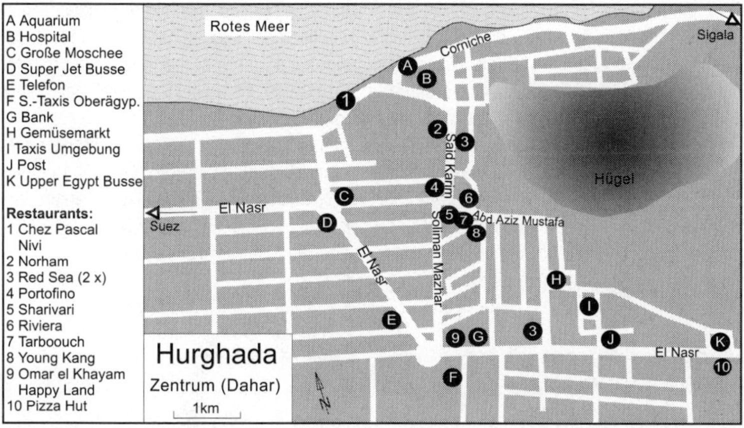

Air, das früher einen Orientierungspunkt im Stadtzentrum abgab, wurde etwa 10 km entfernt nach *Hotel-Hurghada verlegt.*

Mit einem geliehenen **Fahrrad** (Verleiher in der Souk-Gegend oder auch Hotels, £E 5 bis 10 pro Tag) läßt sich Wartezeit und Geld bei Strandausflügen sparen.

Superjet-Busterminal

(neben Großer Moschee, Tel 54 6768)

- **Kairo** 11.00, 14.30 (beide £E 47), 18.00 (£E 52, geht weiter nach Alexandria)

Downtown Busterminal (Tel 54 7582)

- **Assuan**: 10.00, 15.30, 23.00 (£E 35)
- **Kairo**: 10.00, 13.00, 17.00, 23.00, 24.00, 0.30 (£E 45.50)
- **Luxor**: 1.00, 2.00, 6.00, 9.30, 10.00, 12.30, 15.30, 19.00, 22.30, 23.00 (£E 15)
- **Marsa Alam:** 5.00, 12.00, 21.00
- **Qena**: 7.00, 9.00, 9.30, 11.30
- **Suez**: 7.30, 9.30, 10.30, 11.30, 12.30, 14.00, 15.00, 16.00, 21.00, 22.00, 23.00 (£E 21)

Sammeltaxis fahren ständig nach Kairo oder Suez; dorthin dauert die Fahrt 3,5 Stunden und kostet etwa £E 20 pP. Man kann u.U. auch verhältnismäßig günstig mit einer Reisebüro-Tour auf einem freien Platz nach Kairo weiterreisen, fragen Sie z.B. Silvermoon Travel (gegenüber Red Sea Roof Garden Restaurant).

Achtung, an der Bushaltestelle offerieren aufdringliche **Hotel-Schlepper** tolle Konditionen und freien Transport, den die meisten Hotels ohnehin anbieten – verweisen Sie, wenn's nachher ganz anders aussieht, auf die Preise unserer Hotelliste, das hilft häufig. Manchmal fahren sogar Schlepper im Bus von Luxor mit, um ihre Hotels an den Mann zu bringen. Glauben Sie auch diesen Leuten nicht, denn sie leben von den Kommissionen, die sie von ihrem Hotel erhalten. Daher wird, wenn nötig, die gesamte Kiste von "Dirty Tricks" durchgespielt, z.B. das von Ihnen anvisierte Hotel sei ausgebucht oder pleite.

Tips zur Hotelauswahl

Grundsätzlich ergeben sich drei Möglichkeiten für die Übernachtung. Entweder man bleibt im Zentrum Dahar und findet dort schnell Anschluß in den Restaurants oder Cafés, oder man läßt sich in Sigala nieder, das quasi einen kleinen eigenen Ort mit einem moderneren Zentrum als Dahar darstellt. Als dritte Möglichkeit bietet sich das weiter südlich gelegene Ghetto *Touristic Center*, wo man wesentlich besser baden kann, aber noch weniger mit dem täglichen Leben Kontakt findet.

Eine Unterkunft direkt am Strand ist im Grunde dann nicht nötig, wenn man intensiver tauchen oder schnorcheln will. Denn dann muß man einen der Schnorchel- oder Tauchausflüge zu den umliegenden Riffs buchen, dabei ist der Standort ziemlich einerlei.

Wichtige Adressen bzw. Telefonnummern

Öffentliche Institutionen:

- *Polizei Tel 546 723*
- *Touristenpolizei 546 765*
- *Feuerwehr Tel 54 9814*
- *Fluginformation Tel 442 831*
- *Geldwechsel: Banken in der Sharia Nasr, private Wechselstuben bieten derzeit bessere Kurse*
- ***Telefonamt**, Sharia Nasr, internationale Kartentelefone stehen davor auf der Straße*

Medizinische Versorgung:

- *Krankenwagen Tel 546 490*
- *Privat-Klinik Al Safa, Sharia El Nasr, Dahar*
- *Allgemeines Krankenhaus, Sharia Sayed Karim, Dahar (Nahe Shedwan Hotel), Tel 546 740*
- ***Dekompressionskammer***, Magawish Tourist Village, Tel 542 620
- *Dr. Zaher H. Saeed, Internist, Tel 547 551*
- *Dr. Nagla Shatta, Gynäkologe, 548 772*
- *Dr. Hany Monir, Orthopäde, Sportmedizin, Tel 544 622*
- *Dr. Emad Hindy, Zahnarzt, Tel 546 782*

Mietwagen:

Diverse lokale wie internationale Firmen möchten Ihnen Autos vermieten. Allerdings ist das Angebot, was Modelle anbetrifft, ziemlich eingeschränkt. Avis streicht z.B. aus der Ägyptenliste mit 14 unterschiedlichen Modellen 10 wieder heraus. Grundsätzlich aber kann man zwischen Klein- und unterer Mittelklasse sowie 4WD wählen. Der Toyota Corolla als eins der Standardmodelle wurde zur Zeit unserer Recherche zu Preisen zwischen 60 und 70 $ pro Tag (100 km frei) einschließlich aller Versicherungen gehandelt.

- *Avis, Sigala, Sheraton Road, Reservation Tel 02 354 7400*
- *Budget, Hotel Sofitel, Tel 442 261*
- *Firebird, Sheraton Road, Tel 444 801*
- *Europcar Tel 442 116*
- *Hertz Tel 442 884*
- *Hera, Sheraton Road, Tel 012 314 0196*
- *Red Line, Sigala, Tel 444 536*
- *Lisa Rent a Car, Tel 443 811*

Reisebüros

- *Thomas Cook, Dahar, Tel 546 799*
- *Misr Travel, Nähe Große Moschee, Dahar, Tel 442 130*

Internet Cafés:

- *ABOUDI Internet Café, Sharia Sayed Karim, gegenüber Three Corners Empire Hotel, Tel 54 7089, Email kassen@hurghada.ie-eg.com, £E 10 pro Std, £E 4 pro 15 Minuten.*
- *Internet Egypt Café, Hurghada Trading Center, Sigala*
- *Papa's ICC, neben Papa's Bar, Sheraton Road, Sigala, Tel 44 5230, Email: papasicc@read-sea.com*
- *Villa Kunterbunt, Arabia Bech Hotel, Tel 54 8790*

Weitere aktuelle Adressen kann man der relativ jungen, deutschsprachigen Zeitschrift *HURGHADA Bulletin* entnehmen, die in den meisten Hotels ausliegt.

Restaurants

Eine ganze Reihe von Hurghadas Restaurants hat sich auf die deutschen Pauschalurlauber eingestellt und kocht eher im Stil des Mallorca-Tourismus als nach ägyptischem

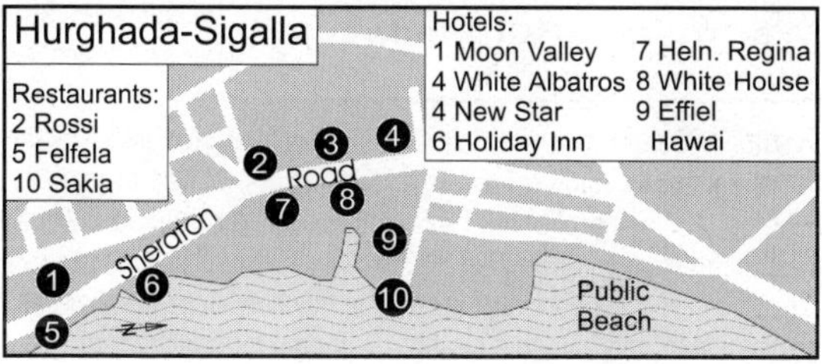

Geschmack. Es macht in diesem Reiseführer keinen Sinn, die unzähligen Hotelrestaurants aufzulisten. Wir beschränken uns daher, bis auf wenige Ausnahmen, auf die Gaststätten im Zentrum (Dahar).

- ***Aladin's Lamp***, kleine Seitengasse im Zentrum; sehr gut und freundlich, nicht ganz billig
- ***Café Cheers***, Nähe Shedwan, mittelmäßig, aber 24 Stunden geöffnet
- ***Chez Pascal*** neben Empire Hotel; sehr gute französische Küche, pfiffige Fischgerichte, ebenso gute Pizza, freundlich, teuer
- ***Fishers***, (Gegend neuer Hafen); gutes Essen, bei Abrechnung aufpassen
- ***Fantasia***, neben Busstation; gut und preiswert
- ***Filfila***, Nähe Sheraton (Ableger des Filfila in Kairo), gute ägyptische Küche, preiswert, freundliche Bedienung, schöner Blick aufs Meer
- ***Happy Land***, Sharia el Nasr, Nähe Omar el Khayam, Fischgerichte, mittlere Preislage
- ***Moby Dick***, Sharia Sheraton, Sigala, gute schmackhafte Gerichte von Fisch bis Hahn, nett eingerichtet, freundlich, nicht zu teuer
- ***Moon Valley***, Sigala, etwa auf halbem Weg zum Sheraton rechts; mittlere Preislage, nicht schlecht
- ***Norham,*** Sharia Sayed Karim, kleiner, aber recht guter und preiswerter Eßplatz mit großzügigen Portionen
- ***Nivi***, neben Shedwan Hotel; gute Pizza, relativ teuer; daneben das gemütliche Café
- ***1001 Nights***, (neben Shedwan Hotel) das einer Wienerin gehört
- ***Omar El Khayam***, Sharia el Nasr; gutes Essen, freundlich, preiswert
- ***Pharaos***, Sharia 23.July, Dahar, AC, mittelmäßiges Essen, etwas teuer
- ***Pizza Hut***, Nähe Bus-Terminal, relativ preiswerte Pizza
- ***Princess Club***, reichhaltiges Buffet (£E 20) ab 19 Uhr
- ***Pop In***, Hafennähe, Sheraton-Straße; gutes Essen, gute Atmosphäre, relativ teuer
- ***Portofino***, Sharia Sayed Karim; sehr gutes Fischrestaurant, deutschsprachig, Stella Bier
- ***Red Sea***, Dachrestaurant im Stadtzentrum, das In-Restaurant mit guter Atmosphäre, *sauber, gut, relativ teuer; ein weiteres Read Sea (2) in der Sharia Sayed Karim Nähe Three Corners Empire Hotel*
- ***Riviera Ristorante***, gute Pizza, preiswerte Spaghetti (auch schlechte Erfahrungen)
- ***Rossi***, Sigala, italienisches Restaurant, Mittelklasse, auch Takeaway
- ***Sheraton***, gutes warmes Buffet
- ***Sharivari***, Sharia Soliman Mazar, bayrisches Restaurant mit Löwenbräubier
- ***Salsa***, Sharia Sheikh Sebak; nicht schlecht, laute Musik
- ***Sunset***, Nähe Four Seasons; gutes, preiswertes Essen
- ***Tarboouch Restaurant*** (auch Sea Food Restaurant), Nähe Riviera Ristorante; frische Fischgerichte und Pizza, relativ preiswert
- ***The Three Corners***, Nähe Hurghada Hotel; sehr gut, teuer
- ***Young Kang***, Sharia Sheikh Sebak; gutes chinesisches Restaurant

Was man in Hurghada unternehmen kann

Natürlich Baden, Surfen, Schnorcheln oder Tauchen, denn die echte Attraktion von Hurghada sind Korallenbänke (wie man sie natürlich an der gesamten Küste findet). Aber hier ist alles kommerzialisiert, was zumindest für denjenigen vorteilhaft ist, der ohne entsprechendes Gerät anreiste.

Baden

Das Baden hat an den Hurghada-Stränden durchaus auch seine Tücken für Ungeübte, denn Strömung und Brandung können Probleme bereiten. Schnorcheln oder Tauchen direkt an den Hurghada-Stränden ist nicht zu empfehlen, weil das Wasser zu trübe ist, d.h. man hat nur das halbe Erlebnis. – Denken Sie beim Baden oder Tauchen an Umwelt, Haie, Steinfische u.ä., lesen Sie bitte *Tips für Taucher*, Seite *109*.

Mit den Bademöglichkeiten ging es mit steigendem Bauboom bergab, weil die schönsten Strandabschnitte zugebaut wurden. Inzwischen hat man öffentliche Badestrände – *Public Beaches* – im Neustadtbereich südlich vom Geisum Restaurant, direkt südlich des alten Hafens und in der Nähe des Sporthafens geschaffen, die eher öde, nicht sonderlich sauber und kaum zu empfehlen sind. Wer in einem Hotel ohne eigenen Strand wohnt und an den öffentlichen Stränden nicht baden will, kann z.B. den hauseigenen Badestrand des *Sheraton* Hotels bzw. dessen Swimmingpool gegen £E 10 benutzen (abends hervorragendes Buffet) oder den – inzwischen leider sehr engen und unansehnlichen – *Shell Beach* mit dem Shell Gada Restaurant gleich links neben dem Sheraton gegen £E 5 mit Liegen und Sonnenschirm. Auch das Restaurant *Pop In* (El Shakia) in Hafennähe an der Sheraton Road bietet seinen hauseigenen Strand zu £E 5 pro Tag an. In Dahar können Sie sich auf dem Strand des Hotels *Shedwan* (£E 5,25, Swimmingpool, relativ großer Strand, sauber) oder, vielleicht etwas besser, auf dem des nahegelegenen Hotels *Sand Beach* (£E 15), oder dem vom Hotel *Three Corners* (£E 5) mit kleinem Riff oder dem des *Geisum* (die letzten drei liegen nebeneinander) niederlassen. Im Touristic Center offerieren *Jasmin Village* und *Coral Beach* (£E 30, davon £E 25 Verzehrbon) eigene Strände und Korallen.

Beim Baden – und auch generell – sollte man besonders für die kühlere Jahreszeit bedenken, daß fast ununterbrochen heftiger Wind weht, der alle körpereigene Wärme schnell davonblasen kann. Ohne Windschutz ist ein Strandaufenthalt unter Umständen nicht lange durchzustehen. Statistisch legt der Wind nur an 2 Prozent der Tageszeit eine Pause ein. Als nüchternes Argument für euphorische Weihnachtsurlauber: Im Dezember/Januar kommen die Durchschnittstemperaturen auf 16 Grad, im Juli allerdings dann auf 36 Grad. Die relative Luftfeuchte ändert sich im Küstenbereich hingegen kaum und liegt nahezu konstant bei 50 Prozent

Wer nicht naß werden will, kann eine zweistündige Fahrt mit einem **Glasbodenboot** zu £E 30 pP buchen. Eine bessere Alternative ist **Aquascope**, ein Schiff mit einem erweiterten Rumpf, aus dessen Glasfenstern 10 Passagiere die Unterwasserwelt zu $ 35 pro Stunde betrachten können, Tel 548 249. Oder man kann, noch tiefer unten, per **U-Boot** – *Sindbad Submarine* – die Korallen betrachten (ca. $ 50 pP). Einige Leser meinen, daß beim Schnorcheln mehr zu sehen sei. Das U-Boot liegt ähnlich wie Aqascope am Riff von Klein-Giftun, dorthin wird man mit einem normalen Boot gebracht. Reservierung über Sindbad Village, Tel 443 261.

Schnorcheln/Bootsausflüge

Zum Standard-Repertoire Hurghadas gehört ein **Schnorchelausflug zu den Korallen-Inseln** direkt vor der Haustür, zumindest für Rot-Meer-Neulinge ein besonderes Erlebnis. Sehr attraktiv waren Ausflüge zur großen und kleinen Insel **Giftun**, allerdings schwärmen täglich 30 und mehr Boote aus. Die Trips sind total kommerzialisiert, die Korallen stark beschädigt und zum Teil von Müll bedeckt. Ein Tagesausflug dorthin mit Gelegenheit zum Schnorcheln (auch Tauchen) mit einem Fischkutter kostet etwa £E 35 bis 40 einschließlich Mittagessen (am preiswertesten in den Agenturen im Ort, deutlich teurer in den Hotels).

Gewöhnlich gibt es zwei einstündige Schnorchel- bzw. Tauchstops und die Grill-Mittagspause am Sandstrand der Insel. Bei etwas stärkerem Wind wurden Fahrgäste seekrank. Denken Sie an Sonnenschutz und ausreichendes Trinkwasser. Wenn Sie weiter auf den Sinai fahren, sollten Sie hier auf den Ausflug verzichten und lieber früher abreisen; denn am Sinai gibt es mehr unter Wasser zu sehen und dort können Sie an vielen Stellen bequem vom Strand aus schnorcheln.

Die Insel **Abou Minqar** liegt etwas näher und ernährt ein paar Mangroven. Die Insel **Abou Ramada** südlich der Giftun-Inseln lockt mit schöneren Korallen, ebenso die über 20 km lange Insel **Shedwan** (etwa 30 km nördlich von Giftun). Ein Stück nordwestlich davon liegt die **Gubal Island Gruppe**, die aus einer größeren und einer kleineren Insel besteht und ebenfalls mehr bietet; allerdings dauern die Ausflüge dorthin gewöhnlich zwei bis drei Tage.

Die Tauchbasen bieten derartige Ausflüge meist billiger als die Hotels an. Es lohnt sich auch, direkt zum Yachthafen (Marine Sports Club), Nähe El Samaka Village Hotel, zu gehen und dort mit Kapitänen, die keinen Trip bekamen, über z.B. nur einen Halbtagesausflug zu verhandeln.

Es gibt ein paar schlechte Erfahrungen mit diesen Ausflügen: Verzichten Sie bei starkem Wind darauf; versuchen Sie, bereits am Tag zuvor eine komplette Gruppe für ein Boot zusammenzubekommen, andernfalls vergeht der halbe Tag mit Warten im Hafen auf ein volles Boot. Während des Trips wird Ihr Paß bei der Hafenpolizei hinterlegt. Sorgen Sie dafür, daß Ihr Hotelier, der die entsprechenden Formulare auszufüllen hat, alle Daten Ihres Reisepasses korrekt an die Hafenpolizei weitergibt.

Bei Fehlern haben Sie den Ärger am Hals und das Boot schippert vermutlich ohne Sie davon. Achten Sie darauf, daß das Boot auch zu interessanten Riffen fährt und nicht den ganzen Tag über am Giftun-Strand mit seinen kleineren Korallenriffen ankert. Wenn sich der Kapitän nicht an die Abmachungen hält, drohen Sie mit der Touristenpolizei, mit der die wenigsten in Berührung kommen wollen. Überprüfen Sie geliehene Taucherausrüstung penibelst!

Wie schon weiter oben erwähnt, werden die Riffe durch ankernde Boote stark zerstört. Inzwischen wurden zumindest stellenweise Bojen ausgebracht, an denen die Boote festmachen sollen. Viele Touristen füttern leider Fische mit Brot oder Essensresten; da dies in Massen geschieht, kann es nicht gut für die Unterwasserwelt sein. Immer noch brechen Besucher Korallen ab; tun Sie selbst dies bitte nicht und versuchen Sie, andere daran zu hindern.

Falls Sie keinen Bootsausflug machen wollen, so können Sie direkt am Strand Hurghadas ebenfalls Korallen bewundern. Ein Riff liegt gleich nördlich des Sheraton Hotels, ein weiteres nördlich der Neustadt (trotz vieler Fische bereits stark umweltverschmutzt).

Tauchen

An Tauchmöglichkeiten und Tauchkursen bietet Hurghada eine nahezu unüberschaubare Auswahl, doch Vorsicht, bei weitem nicht alle Tauchlehrer besitzen Ausbildungszertifikate von CMAS oder Padi. Neben den Tauchschulen großer Hotels gibt es eine ganze Reihe von privaten Institutionen. Einige, die wir in früheren Auflagen erwähnten, existieren schon nicht mehr, oft entstehen neue Unternehmen. Erkundigen Sie sich am besten vor Ort über den aktuellen Stand, aber auch den Zustand der Ausrüstung und Boote. Es soll hier nur erwähnt werden, daß die Hurghada Dependance der Schweizer Tauchschule SUBEX allen Widrigkeiten widerstanden hat und zu den bekanntesten und zuverlässigsten im Ort zählt. Wichtig für Taucher: In Hurghada gibt es jetzt eine funktionsfähige Deko-Kammer, eine andere in El Gouna.

Einige der Tauchschulen haben sich unter einer Art Gütesiegel "Hurghada Quality Dive Club" zusammengeschlossen, um ein bestimmtes Maß von Qualitätsanforderungen sicherzustellen. Mitglieder sind: Aquanaut Red Sea, Peter Dielesen, Giftun Village, James & Mac; Jasmine Diving Center, Monika Wiget; Hotel Reemyvera, Roland Schumm, Rudi Direkt Reisen, Rudi Kneip; Subex Hurghada, Johann Vitian. Weiterhin sollte "HEPCA" ein Auswahlkriterium sein. Die Mitglieder der 1992 gegründeten *Hurghada Environmental Protection and Conservation Association (HEPCA)* verpflichten sich, die Naturschätze Hurghadas zu schützen und zu erhalten

Surfen, Segeln und sonstiger Wassersport

Hurghada ist mit seinem nahezu ständigen Wind ein ideales Surfparadies. Viele der größeren Hotels (u.a. Arabia Beach, Giftun, Jasmin, Sofitel, Three Corners) unterhalten Surfschulen oder vermieten Surfausrüstungen, Kosten etwa £E 100 pro halber Tag. Auch zum Segeln bietet Hurghada eine gute Basis, was von einigen Scippern erkannt wurde, die ihre Boote im Hafen festgemacht haben und zu Segelturns (kostenpflichtig) einladen. Man kann auch Boote mieten, darf allerdings die ägyptischen Hoheitsgewässer nicht verlassen. Fragen Sie im Tauchcenter von Subex nach.

Banana-Riding, Jet-Ski, Wasserski und Parasailing gehören ebenfalls zum sportlichen Zeitvertreib in Hurghada.

Landausflüge

Der kürzeste Landausflug führt zu einem (privaten) **Aquarium** (9-21, £E 5) neben *The Three Corners,* das in zu kleinen Becken mit relativ guter Beschriftung einen Eindruck von den Riffbewohnern vermittelt. Nach unserer Meinung handelt es sich eher um eine Fischquälerei. Einziger Vorteil: Man sieht auch einige der gefährlichen Fische, wie z.B. ein gewaltiges Steinfisch-Exemplar, und kann sich mit den Viechern in sicherem Abstand vertraut machen, mit denen man besser nicht in Berührung kommen sollte. Ein weiteres Aquarium (8-20, £E 5) unterhält das **Meeresbiologische Institut** ca. 5 km nördlich der Hauptmoschee rechts der Straße. Hier geht man eher noch schlechter mit den Fischen um, die als einsame Einsiedler jeweils in einem Becken gehalten werden. Obwohl es direkt vor der Tür der Anlage von Fischen wimmelt, sind etwa ein Drittel der Becken leer, als Erklärungen der wenigen bewohnten Becken gibt man lediglich den lateinischen Fischnamen an, falls überhaupt. Das angeschlossene "Museum" mit ausgestopften Meeres- und Riffbewohnern läßt den Tierfreund aufatmen und ist sowohl Eintritt wie auch den weiten Weg wert.

Die örtlichen Reisebüros und die typischen Traveller Hotels wie z.B. Four Seasons bieten diverse **Ausflüge in die Wüste – Desert Trips** – an. Das geht bis zum Mons Claudianus (siehe Seite 479) oder zum nähergelegenen Mons Porphyrites (siehe Seite 480) oder in andere Wadis. Ein solcher Trip ist sicher ein Erlebnis, für den sich finanzieller Einsatz lohnt, zumindest, wenn man keine anderen Gelegenheiten während eines Ägyptenaufenthaltes dazu hat. Wenn es zum Abschluß kommt, sollten Sie die Wüstenfahrer-Tips auf Seite 106 nachlesen.

Beliebt sind kürzere Ausflüge, per Jeep oder Kamel, zum Sonnenauf- oder untergang in die Wüste mit Besuch bei Beduinen, Tee und Essen im Zelt, Kamelreiten etc. Diese ebenfalls total kommerzialisierten Abenteuer gehören fast schon in die Kategorie Disneyland, das reale Beduinenleben sieht ein bißchen anders aus. Achten Sie beim Buchen auf kleine Gruppen, damit man nicht zu eng im Fahrzeug sitzt und besseren Kontakt zu den Beduinen findet.

Oder man schaut sich ein bißchen weiter um: Sehr strapziöse Eintagesausflüge werden sowohl nach **Kairo** als auch nach **Luxor** angeboten; wenn irgend möglich, sollte man mindestens zwei Tage buchen. Der Trip zum Paulus- und Antoniuskloster ist durchaus an einem Tag zu bewältigen.

Wem all das nicht gefällt, kann in eine **Ballon**-Gondel steigen und die Lage von oben betrachten: *Cast Balooning Egypt,* Tel 44 4928, macht's möglich.

Auch zwei **Bowling Center**, im Sindbad Beach Resort und in Sikalla, sind für Interessenten geöffnet.

Nightlife

Nach dem Baden und Tauchen kommt die lange Nacht von Hurghada, die man mit einem ausgedehnten Dinner beginnen kann, um später die Kalorien in einer der derzeit etwa 15 **Discos** auszuschwitzen. Bekannt sind u.a. *Sheraton, Intercontinental (D.O.M.) Magawish* oder in Dahar das *Cha Cha* (Nähe Shedwan Hotel). Die *Peanuts Bar* in Dahar ist eine beliebte Bierbar, die ab 18 Uhr ihre Zapfhähne öffnet. Viele der größeren Hotels betreiben eigene Discos, fragen Sie Ihre Rezeption, wo was los ist. Die Disko im *Intercontinental* Hotel ist besonders für alleinreisende Frauen geeignet, da Männer nur in weiblicher Begleitung Einlaß erhalten, daher keine Anmache. Die Disco im *Sindbad* ist von Russen überlaufen.

Als ganz billiges Vergnügen: von einem der kleinen Hügel am Hadar-Strand den **Sonnenuntergang** genießen, dabei auf die touristisch-hektische Stadt und den Zusammenprall von Wüste und Meer schauen – vielleicht gewinnt dann Hurghada einen anderen Stellenwert.

Eine andere Möglichkeit, sich zumindst einen Teil der Nacht um die Ohren zu schlagen: Ab etwa 20 Uhr kann man sich der Illusion hingeben, in die Märchenstimmung von **1000+1 Nacht**, Tel Auskunft 442 5781, einzutauchen. *Alf Leila Wa Leila* verspricht Ihnen das mit Folklore, Beduinen-Pferderennen und allerlei Bazar-Handwerkskunst gegen $ 25 einschließlich Dinner. BezZiehen Sie die weite Anfahrt an den südlichen Ortsausgang in Ihre Kalkulation mit ein.

Schiffsverbindung Hurghada - Sharm el Sheikh

Die Schiffsverbindung nach Sharm el Sheikh bietet immer wieder Neues. Es verkehrt derzeit nurmehr ein "Slow Boat", Abfahrt So, Di und Do jeweils 9.30, 6 Std Fahrt, Preis pro Fahrt £E 90. Rückfahrt Mo, Mi, Fr 10.30. Ein Bus holt die Fahrgäste entsprechend frühzeitig von den Hotels ab. Tickets gibt es in vielen Hotels, in Reisebüros (einige geben Studentenermäßigung von £E 5), oder direkt im Hafen. Man muß den Paß am Tag zuvor abgeben und erhält ihn auf dem Schiff zurück.

Die Überfahrt mit diesem Boot taugt wohl nur für Seefeste, vor allem bei rauherem Wetter. Die vielen Negativberichte, die uns zum Thema Überfahrt erreichten, beschäftigen sich meist mit der unerbittlichen Schaukelei bei schon geringem Seegang und der dann noch unerbittlicheren Seekrankheit. Selbst bei brauchbarem Wetter dreht es vielen Fahrgästen den Magen um.

1998 wurde ein neues, in Norwegen gebautes Speed Boat in Dienst gestellt, das bis zu 308 Passagiere und bis zu 12 PKWs in 1,5 Std nach Sharm el Sheikh befördert: Abfahrt Sa und Di jeweils 6.00 Uhr, Mo 5.00 Uhr, nachmittags eine Hin- und Rückfahrt, Samstag nur eine Fahrt. Die einfache Fahrt kostet $ 33 oder £E 115, ein Auto £E 250 (maximale Höhe 1,90 m), Reservation Tel 547 821. Tickets u.a. bei El Shaymaa (schräg gegenüber Gobal Hotel) oder Eid Travel/Sherif Tours (Arkade des Sand Beach Hotels); auch Hotels sind bei der Beschaffung behilflich.

Bei der Ankunft in Sharm el Sheikh hat man eine etwas umständliche Paßkontrolle über sich ergehen zu lassen. Tun Sie sich bereits zuvor für Taxifahrten nach Naama (£E 18 per Wagen) mit anderen zusammen, dann wird es deutlich billiger.

Die Straße von Hurghada nach Süden ändert ihren Charakter grundsätzlich nicht, allerdings gehört der Abschnitt bis Port Safaga zu den schönsten, weil hier die Gebirge der Küste sehr nahe kommen und ihrer gezackten, urgewaltigen Felsen sehr an die noch herrischeren und höheren Sinaiberge erinnern. Je weiter südlich man kommt, umso mehr nimmt der Küstenstreifen an Breite zu.

Ab Dahar 24 km: **Abzweigung**

Links eine vierspurig asphaltierte Straße zum Holiday Village Coral Beach, danach endet die Straße knapp 9 km weiter am Sandstrand auf der anderen Seite des Hügels. Dort läge eine schöne und einsame Badebucht – wenn der Militärposten in der Nähe mitspielt.

5 km: **Mehrere Abzweigungen zur Küste**

Eine davon führt zum Abu Machadik Beach (ausgeschildert), der 1999 noch eine riesige Großbaustelle an einer ausgedehnten Bucht war. Hier soll der Strand nicht zugebaut werden sondern Strandwanderern in voller Länge offenstehen – eine ganz neue Idee in Ägypten.

11 km: **Abzweigung**

Links 7 km unangenehme Wellblechpiste nach **Sharm el Naga**, einer kleinen Bucht mit einem leicht zugänglichen, aber schon arg lädierten Korallenriff direkt am Strand. Hier entstand ein Touristen-Camp mit nett eingerichteten Zelten, sauberen Sanitäranlagen, Restaurant und Tauchbasis (£E 15 Eintritt). Wer Abgeschiedenheit vom Rummel Hurghadas sucht, ist hier gut aufgehoben, allerdings bei deutlich höheren Preisen. Ohne eigenes Fahrzeug ist man ziemlich eingeschränkt.

5 Km **Abzweigung**

Links 11 km nach **Soma Bay**, einem neuen Hotelentwicklungsgebiet auf einer Art Halbinsel. Fertiggestellt sind ein Robinson Club Hotel (D+B £E 500) und ein Sheraton Hotel, das man durch eine Sphingen-Allee anfährt und dessen Architektur offensichtlich Elemente eines pharaonischen Tempels enthält. Der zugehörige Golfplatz "The Cascades" zieht sich als sattgrüner Streifen quer durch den Wüstensand und zum Teil am Strand entlang. Von Soma Bay bietet sich ein sehr schöner Blick – der schon die Anfahrt lohnen kann – über die weit ausholende Safaga-Bucht mit den bizarren Bergen im Hintergrund.

5 km: **Abzweigung**

Links zweigt eine Asphaltstraße zum am Ende der Bucht beginnenden **Hotelbereich** von **Port Safaga** ab. Achtung Busreisende aus Luxor: Zu den Hotels dieser Gegend nicht in Safaga, sondern erst hier aussteigen; Taxis von Port Safaga aus sind teuer.

7 km:

Port Safaga

Hafenstadt mit inzwischen sehr guten Versorgungsmöglichkeiten, z.B. einem Supermarkt in der Nähe des Safaga Hotels mit reichhaltigem Angebot. Hauptumschlagsgüter des Hafens sind Phosphat, das in der Nähe abgebaut wird, und Getreide (hauptsächlich der Amerikaner), das hier gelöscht wird. Die Spuren des schlampigen Weitertransports konnte man früher kilometerweit verfolgen: Löcher im Asphalt und Straßenränder waren mit Weizenkörnern übersät, die aus aufgerissenen Säcken von den LKWs heruntergeschüttelt wurden. Inzwischen haben sogar die Stauer und Trucker gelernt, sorgsamer mit dem kostbaren Gut umzugehen.

Am nördlichen Stadtrand ist ein moderner Badestrand-Komplex mit verschiedenen Hotels wie Menaville, Lotus, Shams Safaga und das Sun Beach Camp entstanden. Die parallel zum Strand verlaufende Hauptstraße heißt Sharia Gumhuriya.

Der nördliche Teil von Port Safaga entwickelt sich mehr und mehr zur Alternative für das überlaufene Hurghada. Hier sind die Strände sauberer, die Korallen-Riffe nicht oder geringer in Mitleidenschaft gezogen und die Stadt ist nicht ausschließlich auf Tourismus angelegt, sondern lebt im wesentlichen vom Hafen. Die derzeit vorhandenen Hotels bieten neben den üblichen Schnorchelmöglichkeiten Bootsausflüge zum **Tobias Island** an, einer eigentlich schattenlosen Insel, auf der aber jedes Hotel Schattenplätze errichtet hat. Der große Fischreichtum in Strandnähe verleidet zum Schnorcheln und Tauchen (denken Sie beim Baden an Umwelt, Haie, Steinfische u.ä., lesen Sie bitte *Tips für Taucher, Seite 109).* Die Überfahrt dauert etwa eine Stunde, der Trip kostet £E 25-35 pP, mit Lunch £E 45 pP.

Weitere Tauch- und Schnorchelplätze sind das Panorama Riff, Abou Suma, Tobias Kebir, Abou Kafan und Shaab Sher. Es gibt auch hier verschiedene Tauchcenter, die auch durchreisenden Touristen offenstehen.

Wegen des nahezu ständigen, nicht sehr böigen Windes gilt Port Safaga als idealer **Surfplatz**. Die beiden Mistral-Surfcenter *Menaville* und *Lotusbay* verleihen die jeweils neuesten Geräte. F2-Verleih vom Hotel *Menaville* und *Lotus Bay*. Bei Vorausbuchung ca. DM 200/Woche, bei Vorortbuchung ca. DM 300/Woche.

Wegen der eher dürftigen Busverbindungen reist man am besten per Minibus nach Süden oder Norden, z.B. kostet der Hurghada-Trip etwa £E 5.

Im Zentrum rechts führt eine gute Straße ins Niltal nach Qena (siehe Seite 479).

Auch der weiteren Strecke nach Süden hat sich bereits die Tourismusindustrie angenommen. Bis Koseir derzeit noch in etwas bescheidenerem Maße, danach aber beginnt der Bauboom. Denn kurz vor vor Marsa Alam ensteht ein neuer internationaler Flughafen, über den alle die geplanten oder schon begonnenen Projekte mit Gästen gefüllt werden sollen.

65 km: **Hamrawein,** häßlicher Phosphathafen

19 km:

Koseir

Hafenstädtchen mit etwa 50 000 Einwohnern und langer Vergangenheit, von der u.a. noch Ruinen eines Forts des osmanischen Sultans Selim aus dem 16. Jhd zeugen. In der Antike lag hier (etwas weiter nördlich) einer der bedeutendsten Rotmeerhäfen namens Leukos Limen (Weißer Hafen), später diente die Stadt vor allem den Mekka-Pilgern als Anlegeplatz (Flaubert berichtet recht aufschlußreich davon). Das Fort wird derzeit mit Hilfe von USAID restauriert, es soll künftig als Visitor Center dienen. Ein Bummel durch den sympathischen, erstaunlich sauberen Ort mit einer Art Strandpromenade und mit freundlichen Menschen ist ein lohnenswertes Erlebnis, das deutliche Unterschiede zu Touristenorten wie Hurghada vermittelt.

Auch hier will man mit Touristen ins Geschäft kommen, der Mövenpick-Konzern hat 4 km vor Ortsbeginn ein exquisites Hotel (manchmal günstige Sonderkonditionen) eröffnet, weitere folgen. Die Strände direkt am Ort sind allerdings von der Phosphatfabrik her ziemlich verschmutzt, besser sucht man sich einen Platz ein Stück nördlich oder südlich von Koseir (der etwa 10 km südlich gelegene Strand Ashara ist ein guter Tip).

Als **Restaurant** empfiehlt sich das in der Ortsmitte liegende Hotel Sea Princess, in dem man gute Fischmahlzeiten bekommt. Es gibt aber auch schräg gegenüber ein kleines Restaurant und am Strand eine brauchbare Cafeteria, natürlich auch die Restaurants der Hotels Mövenpick und Fanadir.

Koseir ist derzeit die letzte gute Versorgungsmöglichkeit auf dem Weg nach Süden. Rechts zweigt eine Verbindungsstraße ins Niltal ab (siehe Seite 483).

Busverbindungen:

- **Hurghada**: 7.00, 20.00
- **Qena**: 7.00

Sammeltaxis verkehren regelmäßig nach Safaga (£E 9) und auch weiter nach Norden.

Die Straße nach Marsa Alam wird jetzt noch einsamer. Häufig öffnen sich schöne Ausblicke über das manchmal postkartenkitschig türkis-blaue Meer, das nur dünn die Riffplatte bedeckt, dahinter aber steil abfällt – dies sind die unter Tauchern gehandelten Paradiese der Rotmeerküste Ägyptens. Allerdings nähert sich der internationale Tourismus mit großen Schritten auch diesen Paradiesen. Spätestens, wenn der etwa 70 km südlich von Koseir entstehende neue internationale Flughafen Marsa Alam, dessen nationaler Teil 2001 und dessen internationaler Teil 2002 eröffnet werden soll, voll in Betrieb sein wird, gibt es kein Halten. Schon jetzt entstehen auf dem Abschnitt bis Marsa Alam etwa 15 Hotelresorts bzw. Feriendörfer. Für den Ausbau der Umgebung von Marsa Alam wurde ein Masterplan für eine kontrollierte und umweltgerechte Entwicklung erstellt. Insgesamt sollen 18 000 Hotelzimmer in der Region neu entstehen.

Wenn Sie an der Küste südlich von Koseir campen wollen, dann könnten die Militärposten Schwierigkeiten machen. Häufig kann man sich gegen Hinterlegung vom Paß und/oder Bakschisch an Traumplätzen einnisten.

50 km südlich von Koseir steht ein Resthouse, nach weiteren 18 km eine Tankstelle, nach weiteren 40 km durchfährt man die Großbaustelle *Blondie Beach,* an der bereits ein 5*-Hotel fertiggestellt ist, weitere sind im Bau.

140 km:

Marsa Alam

Kleines, trostloses Städtchen mit dem Charme einer Müllhalde. Außer zwei Tankstellen und einem freitäglichen Markt gibt es derzeit nur bescheidene Versorgungsmöglichkeiten (Lebensmittelgeschäft, Bäckerei). Ein kleines Restaurant versucht zu überleben, an der

Hauptstraße steht ein Resthouse. Vor der Küste liegt ein sehr schönes und artenreiches Korallenriff, das selten von Touristen heimgesucht wird. Dominierend sind die Minenarbeiter der Mining Corporation. Diese Gesellschaft vermietet auch Gästebungalows bzw. Zelte; fragen Sie nach dem Managing Director, er ist hilfsbereit, verlangt aber inzwischen stolze Preise (£E 80 pP inklusive Halbpension). – Achtung: Hier gibt es noch große eingezäunte Flächen, das sind Minenfelder.

Rechts Straße nach Edfu (siehe Seite 483)

Busverbindungen:

- **Kairo**: 18.00, 23.00
- **Qena**: 8.30, 10.30

Die Küstenstraße nach Süden, und damit die Strecke in Richtung Sudan, wurde erst 1998 auch für Ausländer freigegeben. Sie verliert sich ab Marsa Alam derzeit noch in Einsamkeit. Nur selten begegnet man anderen Autos auf der gut ausgebauten Straße, vom Zustand her einer der besten Ägyptens. In der Einsamkeit wird dem Reisenden bewußt, daß er sich auf der gesamten Rot-Meer-Straße am Ostrand der Sahara entlangbewegt. Die Berge im Westen halten zwar ziemliche Distanz, sehen aber mit den über die Hänge gewehten Dünen manchmal fast wie schneebedeckt aus. Zwar bleibt die Straße meist in respektierlichem Abstand zur Küste, doch Abstecher zum Strand sind häufig – vor allem in den kleinen, hübschen Buchten – möglich. Ins Auge fallen, neben den wunderschönen türkisenen Wasserflächen, lange mangrovenbewachsene Küstenstrecken.

Wer ein eigenes oder ein Miet-Auto durch Ägypten fährt, sollte einen Abstecher in diese Einsamkeit einlegen; hier finden sich herrliche, ungestörte Bade- und Schnorchelplätze. Der Manager des ersten hier eröffneten Hotels erzählte, daß seine Tauchlehrer innerhalb der ersten zwei Monate 33 bisher unbekannte Tauchplätze entdeckten – jungfräulich.

80 und 105 km nach Marsa Alam durchquert man Siedlungen von Bergbaugesellschaften. Nach 140 km zweigt links eine 11 km lange Stichstraße nach Berenice ab, das jedoch völlig in der Hand der Militärs liegt, denn die Zufahrt wird verweigert. Der Name Berenice geht auf eine etwas südlicher gelegene ptolemäische Gründung aus dem Jahr 275 vC zurück. Damals war es über viele Jahrhunderte einer der wichtigsten Häfen am Roten Meer.

Geradeaus erreicht man nach 104 km **Shalatin**, ein Ort, der ebenfalls östlich der Straße an der Küste liegt. Er ist das Versorgungszentrum der in dieser Gegend lebenden Beduinen der Stämme Ababda, Bishai und Rishai.

Auf dem mehr oder weniger ständig stattfindenden Kamelmarkt von Shalatin wechseln täglich etwa 1000 Kamele den Besitzer. Denn die Sudanesen dürfen ihre Tiere nur bis hierher treiben, dann werden sie an ägyptische Händler verkauft. Man trifft auch unterwegs immer mal wieder einen Lastwagen, aus dem sich Kamelhälse recken. Auf dem normalen Markt der Ortschaft wird viel von dem angeboten, was ein Kameltreiber benötigt, von handgefertigten Messern, Peitschen bis hin zu Satteltaschen.

Nach Süden folgen noch zwei kleine Dörfer, **Abu Ramad** und schließlich der eigentliche Grenzort **Halaib**.

Aus dem Sudan kommend, sollte man tunlichst darauf achten, den notwendigen Papierkram so bald wie nur irgend möglich zu erledigen. Grenzformalitäten und Zollabfertigung sind nach unserem Wissensstand frühestens in Port Safaga bzw. Hurghada möglich, bis dorthin ohne Aufenthalte weiterfahren und auf kritisch-umständliche Abfertigung gefaßt sein.

7.4 Verbindungsstraßen Niltal - Rotes Meer

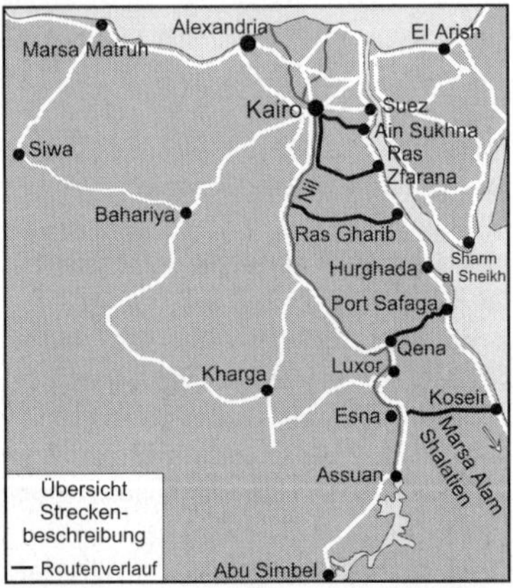

Überblick

Seit alters her führten Verbindungswege, d.h. meist Karawanenpfade vom Nil an die Küste des Roten Meeres. Bereits die Pharaonen beuteten die Mineral- und Erzvorkommen in der Arabischen Wüste aus oder unterhielten erste Hafenstädte an der Küste. Felsinschriften und Ruinen der Minen-Siedlungen zeugen von den Aktivitäten vor einigen Jahrtausenden und von den Bedingungen, unter denen damals gearbeitet werden mußte.

Aber bereits vor den Pharaonen durchstreiften Jäger und Sammler die Arabische und die weiter südlich gelegene Nubische Wüste. Sie hinterließen Felsbilder, die bis etwa in das 5. Jahrtausend vC zurückdatiert werden können. Die Bilder sind südlich der Linie Qena – Port Safaga und abseits der Straßen zu finden.

Heute gibt es südlich von Kairo sechs Straßen, die vom Niltal her die Küste erschließen. Die landschaftlich langweiligste ist die nach Ras Zafarana, alle anderen führen durch abwechslungsreiche Bergformationen. Die im folgenden beschriebenen Strecken sind durchgehend asphaltiert, daneben gibt es einige Pisten quer durch den Gebirgsriegel.

Kairo - Ain Sukna/Suez

Diese Route lohnt sich für diejenigen, die von Kairo ohne den Umweg über Suez nach Ain Sukna oder weiter nach Süden fahren wollen. Die Straße ist breit angelegt und kostet £E 2,50 Straßenzoll; allerdings herrscht starker LKW-Verkehr, nicht zuletzt wegen diverser Zementwerke, die an dieser Strecke die Luft verpesten.

Ausfahrt Kairo: Auf der östlichen Umgehungsstraße Richtung Heluan bei der Ausschilderung auf die Ringroad nach Osten abbiegen (siehe Seite 221).

8 km: **Abzweigung**

Rechts an miserabler Kreuzung vom Ring herunter auf die eigentliche Straße, die immer mehr ansteigt, eine eintönige Hochebene durchzieht, um sich schließlich einem Wadi anzuschließen, das erst auf dem letzten Stück Gestalt annimmt und Abwechslung zeigt. Nach 116 km trifft man auf die Küstenstraße am Roten Meer, siehe Seite 458.

Kairo - El Burumbul - Ras Zafarana

Ausfahrt: Vom Tahrir auf die Corniche und dieser nilparallelen Straße immer in südli-

Antonius-Kloster: Blick über die Kirchdachkuppeln

cher Richtung folgen. Oder über die autobahnähnliche Straße Richtung Heluan (siehe Seite 220) fahren.

25 km: **Abzweigung**

Links nach **Heluan**

km: 31 **Abzweigung**

Links ab zur **Nilbrücke**

*11 km:***Abzweigung**

Links Einmündung der Umgehungsstraße über Heluan.

62 km: **Abzweigung**

Am Ortsausgang von El Burumbul (auch Karaimat) schwenkt die Straße aus dem Niltal heraus nach Osten und folgt einem weiten Wadi ohne besondere Höhepunkte. Rechts nach Beni Suef, Minia.

127 km: **Abzweigung**

Rechts 15 km zum

**Antoniuskloster

In dem von einer alten, hohen Wehrmauer und, in weitem Abstand, von einer modernen Grundstücks-Mauer geschützten Komplex liegt der Hl. Antonius begraben, der im 4. Jhd 300 m oberhalb des Klosters in einer Höhle lebte. Antonius, der aus reichem Haus stammte, hatte sein Erbe verschenkt und sich in asketische Einsamkeit in die Wüste bei Beni Suef zurückgezogen. Als er immer bekannter wurde und sich von Pilgern gestört fühlte, wich er in die Höhle über dem heutigen Kloster aus, in der er schließlich im Alter von 105 Jahren starb. Seine Anhänger gründeten das Kloster, das sich wegen seiner abgeschiedenen Lage lange Zeit ungehindert entwickeln konnte, bis es im 15. Jhd geplündert und gebrandschatzt wurde. Die meisten der heute vorhandenen Bauten wurden nach dieser Katastrophe errichtet bzw. wiederhergestellt. Wie so viele der Wüstenklöster war auch diese Anlage nur über einen Seil-Aufzug zugänglich, erst in jüngerer Zeit wurde ein Tor in die hohe Befestigungsmauer gebrochen.

Die Höhle des Hl. Antonius liegt 1300 neugebaute Treppenstufen oberhalb des Klosters in den Bergen: Nach einer Stunde erreicht man sie und wird mit sehr schönem Ausblick belohnt (möglichst am frühen Morgen oder späteren Nachmittag gehen, Getränke und eine Taschenlampe mitnehmen, sonst sieht man innen nichts).

Freundliche Mönche sind zu einer Führung durch die Kirchen und Wirtschaftsgebäude gern bereit. Größte Sehenswürdigkeit ist die St. Antonius Kirche mit ihren noch erhaltenen Fresken. Sie stammt aus der Zeit vor der Klosterzerstörung. Der Wehrturm, der häufig genug als letztes Refugium diente, war nur in halber Höhe über eine Zugbrücke erreichbar. Die gleichmäßig sprudelnde Quelle, von der das Leben des Klosters abhängt, tritt in einem Stollen im Berg an die Oberfläche. Interessant ist auch eine alte Getreidemühle mit geschnitzten Balken und Trichter.

Früher konnten Klosterbesucher in einem Hostel übernachten, heute schließt man bei Sonnenuntergang die Tore und Besucher müssen sich woanders nach einer Bleibe umsehen (im Zweifel im Pauluskloster, siehe Seite 460). Camper können ungestört im "äußeren Ring" übernachten.

Das Antoniuskloster ist stets geöffnet, andere Klöster lassen häufig während der Fastenzeit keine Besucher ein. Für Rucksackreisende ist es schwierig, das Kloster zu erreichen. Ein Leser berichtet, daß er die gesamte Strecke von der Abzweigung bis zum Kloster zu Fuß ging, da kein Fahrzeug kam. Auch der Rückweg war mit langem Warten verbunden. Da es ihm offenbar nicht allein so erging, wurden inzwischen entlang des Weges vereinzelte Schattendächer installiert.

Wer die Einsamkeit dieser Wüsten-Gebirgswelt auskosten will, kann vom Antonius- zum Pauluskloster wandern. Die Strecke führt durch Wadis, Canyons, über Steilabfälle und Hochplateaus. Sie ist nicht schwierig zu gehen, erfordert aber die genaue Kenntnis einiger Landmarken, da der Pfad häufig nicht erkennbar ist. Interessenten für eine solche Tour sollten sich vorher gut informieren.

35 km: **Ras Zafarana, Rotes Meer**

El Sheikh Fadl – Ras Gharib

Diese relativ selten benutzte, uninteressante Strecke hat erst seit der Fertigstellung der Ostuferstraße des Niltals an Bedeutung gewonnen.

Wer auf der Westuferstraße fährt, setzt in Beni Mazar (siehe Seite 321)über den Nil und fährt dann von El Sheikh Fadl 280 km nach Ras Gharib.

Qena – Port Safaga

Die am meisten befahrene Strecke von Oberägypten zum Roten Meer führt durch eine landschaftlich sehr eindrucksvolle Gebirgswelt, für uns die beeindruckendste durch die Östliche Wüste, vor allem auf dem letzten Drittel Richtung Port Safaga. Es ist empfehlenswert, die Strecke in der beschriebenen Richtung und am besten am späteren Nachmittag zu fahren, da dann die schroffen, häufig rotbraunen Berge am besten beleuchtet sind. Die Straße wurde überholt; Autofahrer sollten bei Kurven aufpassen, hier wurden die Fahrbahnen geteilt und in der Mitte ein reifenbreiter Schlitz belassen – eine bessere Reifenfalle ist kaum denkbar. Über lange Strecken begleitet die neu gebaute Eisenbahnlinie die Straße. Sie ist der erste Abschnitt der Phosphat-Bahn von Port Safaga nach Abou Tantur im Gebiet der Oase Kharga (siehe Seite 436).

9 km von Qena: **Abzweigung**

Links Piste durchs Wadi Qena zu den Porphyrbergen (und weiter zur Küste bei Hurghada, siehe Kasten). Falls Sie diese Strecke fahren wollen, lesen Sie bitte auch die Informationen zu Pistenfahrten auf Seite 108 nach.

76 km: **Resthouse und kleines Dorf Abu el Kasem**

37 km: **Abzweigung**

Zwischen Roter-Halbmond-Station und kleinem Resthouse zweigt links eine Piste ab zum

**Mons Claudianus

(Gebel Fatiri).

Der Abstecher zum Mons Claudianus lohnt sehr wegen seiner landschaftlichen Reize, der (relativen) Einsamkeit und nicht zuletzt wegen der interessanten Relikte aus der Römerzeit.

Anfahrt: Für Autos mit einigermaßen Bodenfreiheit stellen weder die Asphaltstraße noch die Pisten ein größeres Problem dar; fahren Sie allerdings vorsichtig, weil in Straßenmitte dicke Steine liegen oder im Sand verborgen sein können. Weichsandstellen mit etwas Schwung nehmen. Bei dem o.a. Abzweig liegt hinter einem runden Hügel links eine kleine Teebude, dort links abbiegen und ca. 200 Meter bis zur alten Asphaltstraße fahren, dann ein ganz kurzes Stück zurück Richtung Qena, dort zweigt nach Nordosten (jetzt also nach rechts) die schmale Asphaltstraße Richtung Mons Claudianus ab.

Nach 19 km können Sie links einen römischen Wachturm mit 20 Meter tiefem Brunnen sehen, er heißt **Bir Mitgal** und gehörte zum Versorgungsnetz der Römer. Auch der nächste Brunnen nach weiteren 4 km, an dem die Asphaltstraße endet, geht auf die Römer zurück. Von hier aus fahren Sie noch ca. 800 Meter geradeaus (am ersten, schma-

Über die Porphyrberge nach Hurghada

Diese ca. 200 km lange, inzwischen eher schwierige Piste sollte man tunlichst nicht allein fahren, da für ca. 150 km keine Hilfe zu erwarten ist, viele Weichsandstellen zu durchfahren sind und Markierungen weitgehend fehlen. Sie führt durch herrliche, sehr beeindruckende Berglandschaft. Die folgende Beschreibung ist eine Zusammenfassung verschiedener Leserbriefe.

Abfahrt von der Asphaltstraße bei km 9 in leichter Rechtskurve (N26°13,57' E32°45,17') über die Eisenbahn (unscheinbarer Übergang), dann rechts zunächst entlang der Bahn, bei N26°15,15' E32°46,00' nach Nordosten in ein Wadi mit oft nicht festgelegtem Pistenverlauf und verschiedenen Sandfeldern fahren. Nach etwa 12 km Kurs auf 26°23,69' E32°48,06' nehmen, um Weichsand zu umgehen.

Nach 31 km erreicht man El Haitz (N26°36,40' E32°45,73'; römische Wasserstation und Kastell auf dem Berg. Nach ca. 400 m von El Haitz aus auf relativ unscheinbarem, aber wichtigem Abzweig (N26°36,73' E32°45,68') von der Hauptpiste – die hier nach links schwenkt – auf eine ebenfalls eher unscheibare Piste rechts ins relativ breite Wadi el Atrash abbiegen und den Hauptspuren Richtung Nordosten folgen; bei einer Y-Kreuzung (N26°40,82' E32°48,27') rechts halten.

Nach ca. 22 km Beginn einer etwa 20 km breiten Hochebene mit unklarem Pistenverlauf und vielen Spuren in alle Himmelsrichtungen; streng nach Nordost halten und einen Felseinschnitt im gegenüberliegenden Randgebirge suchen (N26°50,60' E33°01,20'), die Piste verläuft hier weiter, schlängelt sich durch Sandfelder und erreicht nach 28 km das Kastell Deir el Atrash (N26°56,04' E33°04,93'). – Den Gebirgskamm überwindet man nach ca. 22 km (Siedlungsreste und markanter Baum N27°00,62' E33°09,03'), dann bergab, bis man bei einer Ruine (N27°05,05' E33°13,77') eine befestigte Piste erreicht. Bei der Kreuzung nach wenigen hundert Metern geradeaus fahren.

Bei einer im Aufbau befindlichen Manganmine (Zeltlager N27°06,96' E33°16,34') beginnt eine nervige Wellblechpiste, die bei N27°19,85' E33°40,00' eine asphaltierte Nebenstraße erreicht, die nach links zur Küstenstraße führt.

Etwa 20 bis 22 km nach Beginn der befestigten Piste zweigt links eine steile Piste ab zum rosaroten Porphyrberg (unter den Römern Mons Porphyrites, heute Gebel 'Abou Dukhan), die nur mit Allrad zu bewältigen ist. Nach ca. 2 km Ende bei Siedlungsresten; phantastischer Ausblick auf die umliegenden Berge.

len Seitenwadi vorbei) und biegen dann rechts ins Wadi Um Hussein ab. (Sollten Sie nach Besichtigung der Anlagen auf Pisten bis nach Hurghada bleiben wollen, dann müssen Sie an dieser Abzweigung geradeaus fahren, um nach gut 60 km den südlichen Stadtrand zu erreichen).

Nach 1,5 km zweigt links ein Seitenwadi ab, in dem die **Verladerampe** für die Säulen lag, an unfertigen Werkstücken unschwer zu erkennen. Nach 300 Meter mündet rechts ein Wadi ein, in dem die Ruinen **Claudianus I** (Hydreuma) nach etwa 500 Metern zu finden sind, und durch das Sie das Gebiet verlassen sollten, denn die Piste führt an den Trümmern eines Aquädukts entlang und mündet nach 3 km oberhalb von Bir Mitgal wieder in die Asphaltstraße. Aber jetzt bleiben Sie noch für 700 Meter im Wadi Um Hussein, denn dann stoßen Sie auf das interessanteste Gebiet mit dem großen Lager **Claudianus II**.

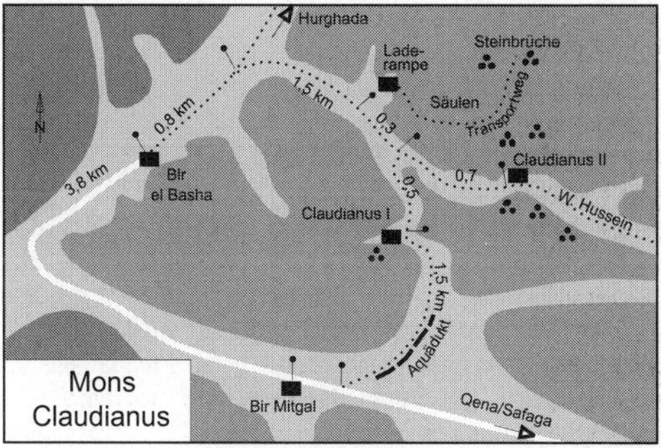

Einstmals wurde in dieser Gegend Quarzdiorit für das ferne Rom gebrochen und mühsam dorthin transportiert, z.B. die Frontsäulen für die Vorhalle des Pantheon, für das Forum Romanum und für andere Bauwerke. Am emsigsten wurde hier unter den Kaisern Trajan und Hadrian gearbeitet, weil sie ein ganz besonderes Faible für das Material hatten. Vermutlich ging der Betrieb im 5. Jhd nC zu Ende. Aus den verbliebenen Ruinen, vor allem der Anlage Claudianus II im Wadi Um Hussein, kann man sich durchaus ein Bild von den damaligen Arbeits- und Lebensbedingungen mitten in der Wüste machen.

Die Steinbrecher fertigten Säulen, Pfeiler, Kapitelle, Blöcke, Sarkophage etc. auf Bestellung an. Die einzelnen Stücke wurden nahezu vollständig auf dem Werkplatz des jeweiligen Steinbruchs fertiggestellt, dann auf Rutschen, Rollen oder Schlitten zur Verladerampe transportiert und dort vom Auftraggeber qualitätsgeprüft; nicht abgenommene Exemplare liegen noch an den Rampen. An der Verladerampe wartete ein vielspänniger Wagen, der die Ware im Gewicht vieler Tonnen bis zum Nil nach Qena zu transportieren hatte, dort begann die Schiffsreise ins ferne Bestimmungsland. Die schwersten Brocken mußten jedoch auf Schlitten oder Bohlen mühsam bis zum Nilufer geschafft werden. Schließlich geschahen die letzten Feinarbeiten am Ort der Aufstellung, um Transportschäden ausbessern zu können.

Gut erkenntlich ist ein **Kastell** mit Wehrtürmen und einer stabilen Mauer mit nur einem Eingang auf der Westseite, in dem sich einst die Wohnungen der Arbeiter befanden, die vermutlich mit ihren Familien hier lebten. Leider ist die Anlage ziemlich stark verfallen, aber ein Spaziergang durch das Areal beflügelt die Phantasie. Westlich schließen sich Ställe für etwa 300 Tiere an, in deren Südteil noch 88 Stützpfeiler für das Dach zu erkennen sind.

Imponiert haben uns die **Thermen**, die nordwestlich an der sog. Prozessionsstraße liegen. Einige der Räume tragen noch den Originalverputz, aber auch die nackten Mauern ergeben mit ihrer starken graphischen Aussage reizvolle Bilder. Deutlich zu erkennen sind Umkleide- und Baderäume, zwei Badebecken sind noch erhalten.

Die Prozessionsstraße führt leicht den Hang hinauf zu den Resten des **Serapis Tempels**, der im Jahr 110 nC geweiht wurde.

Doch gehen Sie unbedingt den nördlichen Hang hinauf, dort wo auf halber Höhe Säulenreste herumliegen und Schleifspuren auf den Ex-Transportweg andeuten. Folgen Sie dem Trampelpfad, der Sie über eine Anhöhe in das eigentliche **Abbaugebiet** führt. Hier finden Sie diverse Steinbrüche und Säulenreste. Das imposanteste Stück liegt direkt am Wegesrand: Eine gebrochene Riesensäule von über 18 m Länge, 2,70 m Durchmesser und einem Gewicht von 240 Tonnen! Immer wieder entdeckt man in den Felsen Kerben, in die Holz gesteckt und gewässert wurde, bis der Stein barst.

Wenn Sie nun Claudianus II verlassen, biegen Sie – wie oben beschrieben – nach 700 m links ab. Bald werden Sie rechts das Lager **Claudianus I** in einem engen Seitenarm des Wadi erkennen. Bemerkenswert ist das gut erhaltene, 60 000 Liter fassende Zisternenbecken. Es wird vermutet, daß vom Brunnen Mitgal eine Wasserleitung – deren Trümmer auf dem Weiterweg gut zu erkennen sind – das wertvolle Naß zumindest bis hierher schaffte.

Fahren Sie zurück zur Straße Qena – Port Safaga. Auf dem Weiterweg zur Küste erleben Sie das landschaftlich beeindruckendste Stück der Verbindungsstraßen durch die östliche Wüste.

32 km: **Port Safaga**

Kuft - Koseir

Wenig befahrene, relativ schöne und gut ausgebaute Strecke durch das Wadi Hamamat. Bis in die moderne Zeit war diese Route eine der wichtigsten Verbindungen vom oberägyptischen Niltal zur Küste, einst von Koptos (Kuft) nach Leukos Limen (Koseir). Seit der Verbindung Qena – Port Safaga und dem Ausbau des dortigen Hafens verlor sie an Bedeutung.

Am südlichen Ortsausgang von Kuft zweigt man links ab.

32 km: **Laqeita**

Inzwischen aufgegebene Siedlung der Ababda-Beduinen, seit alters her Karawanenstation.

13 km: **Qasr el Banat**

Links ein großer, als *Schloß der Töchter* bekannter Sandsteinfelsen, bei dem einst eine römische Wasserstelle (Hydreum) errichtet war.

31 km: **Bir el Hamamat**

Links der sehenswerte Bir el Hamamat, der Taubenbrunnen, nach dem das Wadi benannt wurde und in dem eine bequem begehbare, durch Mauerschlitze vom Brunnen her erhellte Wendeltreppe 30 m in die Tiefe bis zum Wasserspiegel führt.

3 km:

Für ca. 1 km hauptsächlich auf der rechten Seite der Straße etwa 150, z.T. sehr gut erhaltene **Felsinschriften**, die bis auf die 5. Dynastie zurückgehen. Links auch Sarkophagreste.

6 km: **Polizeiposten**

Einst herrschte hier im Goldbergwerksgebiet von El Fawachir rege Tätigkeit, wie die Stollen-, Werkstatt- und Siedlungsreste zeigen.

4 km: **Aufgelassene Goldmine**

24 km: Ab hier verschiedene römische Wasserlager

In dieser Gegend sehen Sie auf Bergkuppen gut erhaltene kubische Alamat ("Steinmännchen" bzw. -haufen zur Wegmarkierung) aus römischer Zeit. Zusammen mit den **Wasserlagern** oder Karawansereien sind sie ein deutliches Zeichen dafür, daß diese Route besonders im Altertum hohe Bedeutung besaß und daß man unterwegs entsprechend ausgerüstete "Tankstellen" für die Transportmittel unterhalten mußte. Entlang der bewehrten Umfassungsmauern der Karawansereien waren Räume angelegt, in der Mitte ein Brunnen oder eine Zisterne.

44 km: **Bir el Bejda, "Weißer Brunnen".**

In der Nähe wurde in den 30er Jahren Phosphat abgebaut und per Bahn nach Koseir gebracht.

13 km:

Quelle inmitten üppiger Vegetation

10 km: **Kreuzung mit der Küstenstraße**

Edfu - Marsa Alam

Abzweigung südlich kurz hinter Edfu-Bahnhof nehmen.

50 km:

Rechts ca. 1 km Piste zu einem kleinen Tempel von Sethos I, den der Pharao in eine Bergwand schlagen ließ. Er war dem Amun-Re geweiht. In der Vorhalle mit vier Säulen findet man hauptsächlich Darstellungen von Sethos I als Sieger über Kuschiten und Asiaten. Das Sanktuar des Tempels ist leider (und sehr lieblos dazu) zugemauert. In der Nähe sind deutlich Ruinen einer Karawanenstation zu erkennen, außerdem ist noch ein zum Tempel gehörender, etwa 40 m tiefer Brunnen vorhanden. Ebenso weisen die "Steinmännchen"-Wegzeichen (Alamat) auf den Hügeln auf die uralte Karawanenstraße hin, die von Edfu nach Berenike führte, einem damals bedeutenden Rotmeerhafen. Auch die prähistorischen Felszeichnungen (nach 22, 28, 29, 30, 31 und 35 km) beiderseits der Straße zeigen die Bedeutung dieser Route an.

Die Straße mündet bald in das relativ enge, nicht langweilige Wadi Barramiya. Später führt sie längere Zeit über ein Hochplateau und folgt dann dem weiten, mit vereinzelten Tamarisken bestandenen und sehr reizvollen Trockental Wadi Besah zur Küste.

173 km: **Marsa Alam**

8. Sinai

Überblick

Die Sinai-Halbinsel schiebt sich wie ein Keil zwischen Afrika und Asien. Im Süden, im Bereich der Keilspitze, ragen schroffe, bis zu 2500 m hohe Berge von phantastisch-faszinierender Schönheit in den Himmel. Je weiter nördlich, um so breiter und um so flacher wird der Keil, schließlich läuft er am Mittelmeer in einer von Dünen gekräuselten Sandebene aus. Hier im nördlichen Küstenbereich wirkt die Landschaft sanft. Der fast ständig blasende Nordwind verfrachtet Sand aus dem Mündungsbereich des Nils ins Landesinnere, einzelne Dünenzüge ziehen sich über 50 km weit nach Süden ins Land hinein.

Das verästelte Trockental Wadi el Arish, das bis weit in den mittleren Bereich des Sinai reicht, mündet bei der Stadt ins Mittelmeer, der es den Namen gab und der es Wasser spendet. Von der Mittelmeerküste nach Süden hin dehnen sich wüstenhafte Kalkstein-Geröllebenen aus, die allmählich ansteigen und mit dem Hochplateau Badiet el Tih (Wüste des Irrens) über 1000 m Höhe erreichen. Hier ist der Sinai besonders unwirtlich und lebensfeindlich.

An ihrem Südrand bricht die Wüste Tih schließlich steil um ein paar hundert Meter ab und geht in einen schmalen Sandstein- und Geröllgürtel über. Gleich anschließend wachsen Gebirgszüge empor, die durch tektonische Verschiebungen und Brüche entstanden. Viele, fast geradlinig verlaufende Täler zeigen die Bruchrichtung an; schmale, wie mit dem Lineal gezogene Lavagänge legen manchmal kilometerlange Linien über Berg und Tal.

Die Gebirgszüge sind geologisch sehr alt, die Erosion konnte die ursprünglichen Deckschichten der Gesteine nahezu vollständig abtragen. Granite, Gneise und Schiefer prägen das Bild, das ständig in Farbvariationen von rot, rosarot, purpur und schwarz wechselt; durchkreuzt von schwarzen bis dunkelgrünen Lava-Adern.

In dieser Hochgebirgszone sammelt sich hier und dort in den Tälern ein bißchen Grundwasser und ernährt meistens spärliche, nur in einigen wenigen Oasen wie dem Wadi Feiran üppige Vegetation. Doch die Flora des Sinai ist erstaunlich vielfältig, die Botaniker identifizierten etwa 1000 verschiedene Pflanzenarten, von denen 270 nur auf dem Sinai und nicht im sonstigen Ägypten und 39 nirgends sonst auf der Welt vorkommen.

Aber auch die Buchten zu beiden Seiten des Sinai sind des Betrachtens wert: Das Rote Meer ist im Golf von Suez verhältnismäßig flach mit Meerestiefen bis zu 85 m, ein langsam ansteigender Landstreifen ist meist dem Gebirge vorgelagert. Dagegen reicht das Rote Meer im Golf von Aqaba als Fortsetzung des ost-

afrikanischen Grabenbruchs bis in Tiefen von 1700 m. Der große Grabenbruch entstand durch das Wegdriften der arabischen von der afrikanischen Kontinentalplatte, er reicht vom ostafrikanischen Rift Valley über das Rote Meer bis hin zum Jordangraben. Auf der Ostseite der Halbinsel fallen die Berge, die ebenfalls aufgrund tektonischer Verschiebungen aus der Tiefe angehoben wurden, manchmal fast senkrecht ins Wasser ab. Die Küste ist gesäumt von Korallenriffen (siehe auch Seite 117), vereinzelte Oasen inmitten landschaftlich großartiger Kulisse bilden die Basis für ideale Schnorchel- und Tauchgründe.

INTERESSANTES auf dem Sinai

******Faszinierende, berauschende Gebirgslandschaft** im Süden; z.B. die Umgebung der beiden höchsten Berge, des Gebel Musa und Gebel Katharina (Kap.8.2)

******Katharinenkloster**, am Fuß des Gebel Musa, auf dem Moses die Gesetze empfangen haben soll. Das Erlebnis der großartigen Gebirgs- Landschaft zählt ebenso wie das Kloster selbst (Kap.8.2)

******Korallenriffe** an der Ostküste (Golf von Aqaba) laut Tauchexperten die schönsten und reichsten Schnorchel- und Tauchgründe weltweit, besonders an der Südspitze bei Ras Muhammed (Kap.8.1)

******Coloured Canyon**, eine enge Felsschlucht mit herrlichen, von der Erosion geschaffenen 'Malereien' (Kap.8.3)

*****Serabit el Khadim**, spärliche Ruinen eines Hathor Tempels, einsam auf einem Gipfelplateau gelegen (Kap.8.6)

*****Wadi Feiran**, größte Oase des Südsinai, sehr malerisch gelegen (Kap.8.2)

*****Wadi Arada,** wilde Canyons (Kap.8.2)

*****Qalat el Jundi,** Ruinen einer Burg Saladins inmitten von Wüsteneinsamkeit, schöner Blick (Kap.8.3)

*****Kamel- und Trekkingtouren** in die Einsamkeit der Gebirgswüste (Kap.8.7)

****Blaue Berge**, Landschaftsmalerei im Hochsinai

****Ain Hudra**, kleine Bilderbuch-Oase (Kap.8.2)

****Mittelmeerküste** mit Dünenlandschaften und schönen Sandstränden (Kap.8.5)

****Nawamis**, etwas geheimnisvolle Grabtürme aus grauer Vorzeit (Kap.8.2)

****Nuveiba, Dahab, Sharm el Sheikh/Naama,** beliebte Bade- und Tauchoasen an der Ostküste (Kap.8.1)

***El Arish**, quirlige Hauptstadt des Sinai mit schönem Mittelmeerstrand (Kap.8.4)

***Oase Quseima** mit Quelle Ain Gedeirat, wasserreichste Quelle im Nordsinai mit fruchtbaren Plantagen (Kap 8.4)

***Forest of Pillars**, ungewöhnliche, röhrenartige Felsformationen (Kap.8.6)

***Pharaonische Türkisgruben** und Arbeitslager am **Gebel Maghara**, Inschriften im **Wadi Mukattab**

Eine nicht zu unterschätzende Gefahr, zumindest für die Unterwasserfauna und -flora, ist der Massentourismus. Sinnloses Zerstören der Korallen – durch bewußtes Abbrechen oder Ankern der Taucherboote –, Harpunieren von Fischen

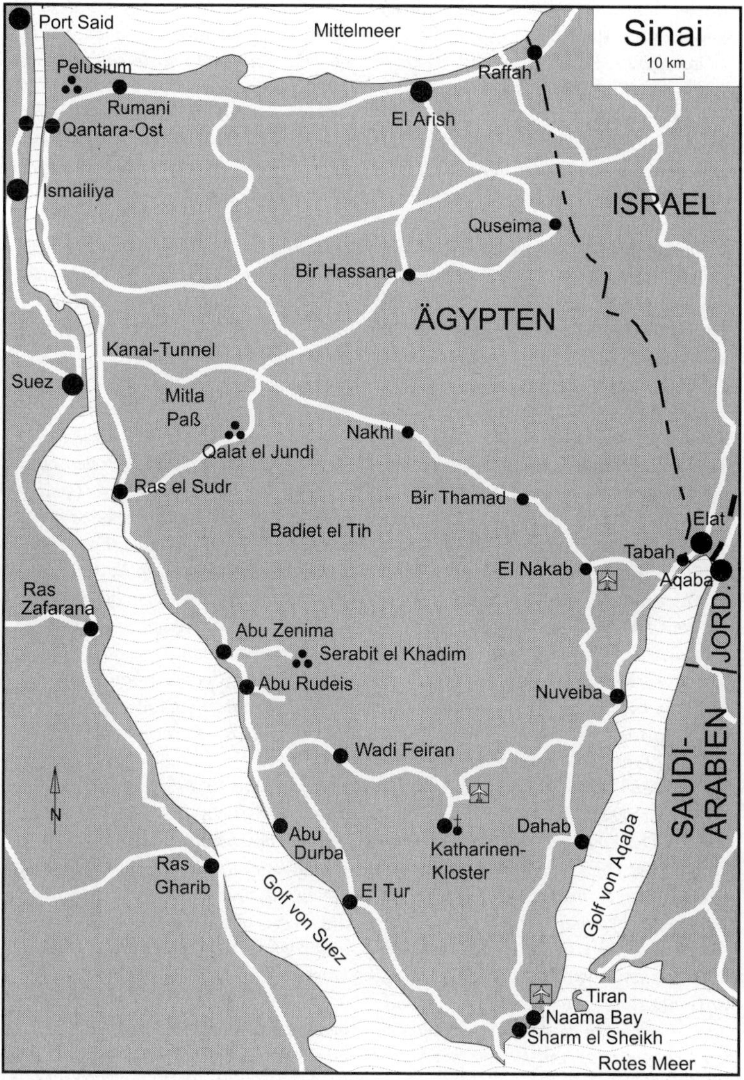
Sinai
10 km
Port Said
Mittelmeer
Pelusium
Rumani
Qantara-Ost
Raffah
El Arish
Ismailiya
ISRAEL
Quseima
Bir Hassana
ÄGYPTEN
Kanal-Tunnel
Suez
Mitla
Paß
Qalat el Jundi
Nakhl
Ras el Sudr
Bir Thamad
Elat
Badiet el Tih
Tabah
El Nakab
Aqaba
Ras
Zafarana
JORD.
Abu Zenima
Serabit el Khadim
Abu Rudeis
Nuveiba
Wadi Feiran
SAUDI-
ARABIEN
N
Abu
Durba
Katharinen-
Kloster
Dahab
Ras
Gharib
Golf von Suez
El Tur
Golf von Aqaba
Tiran
Naama Bay
Sharm el Sheikh
Rotes Meer

etc. sind nur eine Seite der Medaille. Hinzu kommen große Belastungen durch Abwässer und Abfall.

Das größte Problem auf der Versorgungsseite liegt beim Trinkwasser. Es gibt keine Flüsse auf dem Sinai, nur schnell versickernde Wasserläufe während der Regenzeit. An der Nordküste wird Süßwasser aus dem Grundwasser und durch Sammeln von Regenwasser gewonnen, im Gebirgsstock des Südsinai ist man hauptsächlich auf Grundwasser angewiesen und auf Tiefbrunnen, die fossile Wasserreservoire anzapfen. El Tur verfügt über einen Tiefbrunnen, Sharm el Sheikh versorgt sich mit Brunnenwasser aus etwa 80 km Entfernung und zusätzlich durch Meerwasserentsalzung. Auch Dahab, Nuveiba und Tabah decken einen wesentlichen Wasserbedarfsanteil durch Entsalzungsanlagen. In der Küstenregion im Norden stützt eine 150 km lange, bis El Arish reichende, Nilwasser führende Wasserleitung die Versorgung, genau wie eine 130 km lange Wasserleitung an der Küste des Golf von Suez, die bis Abu Zenima verlegt ist. Geplant ist eine weitere, hochvolumige Wasserleitung für den Nordsinai, welche die Hauptlast der bis zum Jahr 2000 geplanten 600 000 Neuansiedler aus dem Niltal tragen soll.

Von modernster Technik in die Vergangenheit: Der Sinai war seit altersher Pufferzone zwischen Asien und Afrika, er war genauso Aufmarschgebiet der Pharaonen, Babylonier, Perser, Griechen, Römer und wie sie alle hießen, schließlich auch der ägyptischen Soldaten unserer Generation. 1967 besetzte Israel endgültig – nach den beiden vorhergegangenen Kriegen 1948 und 1956 – den Sinai, 1973 eroberten ägyptische Soldaten Teile zurück. Am 26. März 1979 unterzeichneten der ägyptische Präsident Sadat und der israelische Premier Begin den Friedensvertrag zwischen Ägypten und Israel. Die Halbinsel wurde stufenweise ab 1980 zurückgegeben, am 25. April 1982 war dieser Prozeß bis auf einen umstrittenen Streifen bei Tabah abgeschlossen, den Ägypten nach langem Tauziehen 1989 erhielt.

Im Friedensvertrag wurde auch vereinbart, eine Pufferzone mit abgestufter militärischer Präsenz und internationaler Überwachung zu schaffen. Diese aus zehn Ländern rekrutierte Multinational Force and Observers (MFO) ist in der Sicherheitszone C stationiert, die etwa zwischen der israelischen Grenze und der Linie Sharm el Sheikh – El Arish liegt.

Auch Moses wanderte mit den Israeliten auf dem Weg ins gelobte Land vermutlich über die Landbrücke namens Sinai von Afrika nach Asien. Fast erstaunlich ist, daß die meisten Reiseführer die Wanderung der Israeliten als das erwähnenswerteste Ereignis auf dem Sinai überhaupt betrachten. Erstaunlich vor allem deshalb, weil die biblischen Angaben wissenschaftlich nicht gesichert sind und eigentlich nur Vermutungen darstellen.

Da wir uns in diesem Führer aus dem Streit der Vermutungen heraushalten wollen, beschäftigen wir uns fast ausschließlich mit den so reichlich vorhandenen Faszinationen des Sinai, seien es die Berge, Küsten oder die Menschen; natürlich vergessen wir das Katharinenkloster nicht.

Die überaus karge Landschaft war immer auch Heimat für eine Handvoll nomadisierender Bewohner. Auch heute noch sind 120 000 der 170 000 Sinai-Bewohner Beduinen, die teils seßhaft wurden und sich zu allerlei Handlangerdiensten, z.B. bei den Ölbohrern oder auch im Touristikbereich, anstellen ließen. Der größte Anteil der Beduinen lebt zwar auf etwa 90 Prozent der Fläche, aber außerhalb des relativ fruchtbaren Gürtels im Nordosten der Halbinsel.

Erstaunlich ist u.a. auch, wie flexibel die Beduinen auf die einigermaßen aufregenden Zeitläufte ihrer Heimat reagieren, sei es in der ihnen aufgezwungenen Politik oder Technik (der Pickup parkt neben Kamel und Zelt) oder im Tolerieren der allen muslimischen Sittenvorstellungen entgegenlaufenden Touristenmanieren an den Stränden. Dennoch leben die Beduinen festverwurzelt nach ihren Gesetzen und Traditionen, und sie erwarten, daß der Fremde – dem sie mit Freundlichkeit und Achtung entgegentreten – ihre Lebensweise respektiert (siehe auch Beduinen Seite 126).

Ein paar wichtige Tips:

- Auf dem Sinai herrscht an vielen Orten **Wasserknappheit**. Frischen Sie als Autofahrer nach Möglichkeit Ihre Vorräte auf der westlichen Seite des Suez-Kanals bereits auf. Überall gibt es Plastikwasserflaschen zu kaufen.
- Taucherbrillen und **Schnorchel** können fast überall **geliehen** werden, sind allerdings häufig ausgeleiert. Nehmen Sie, wenn Sie Platz haben, diese Utensilien am besten von zu Hause mit und verkaufen oder verschenken Sie sie am Ende Ihrer Schnorcheleien (Brillenträger sollten Seite 50 nachlesen).
- Der Sinai wird alle paar Jahre von sintflutartigen **Regenfällen** heimgesucht, dabei wurden PKWs und sogar Busse von den Wassermassen fortgespült. Man sollte grundsätzlich nicht, ganz bestimmt nicht bei Regen, in Wadis campen, zumal es häufig weit entfernt regnen kann und man urplötzlich von den Fluten erwischt wird. In der Wüste sind schon mehr Leute ertrunken als verdurstet – lautet eine alte Sahara-Weisheit.
- Sollten Sie dennoch von **Wassermassen überrascht** werden, stellen Sie Ihr Fahrzeug möglichst an einen Hang (Front abwärts bzw. in Richtung der Flut) und sichern Sie es mit um die Räder verkeilten Steinen. Bringen Sie sich noch höher am Hang in Sicherheit.
- Der Sinai ist nicht gerade eine rucksackreisefreudige Gegend, machen Sie sich daher auf ein paar **Unbequemlichkeiten** gefaßt: Weite Entfernungen zwischen den Orten, dünner Verkehr (daher Trampen kaum möglich, u.U. langes Warten in schattenloser Knallhitze).
- Aus den letzten Kriegen auf dem Sinai liegen immer noch **Minen** herum. Meiden Sie unbedingt eingezäunte Flächen oder Gebiete, über deren Gefährdung Sie hören. 1995 wurden zwei Amerikaner auf dem Südsinai durch eine explodierende Mine an einer Stelle getötet, die als sicher galt.
- Wenn wir hier viele Sehenswürdigkeiten beschreiben, die nur per unabhängigem Fahrzeug zu erreichen sind, so können auch **Rucksackreisende** davon profitieren: Tun Sie sich mit anderen zusammen und mieten Sie bei den Beduinen einen Jeep, es lohnt sich immer und erschließt Ihnen viele Naturschönheiten.
- Ein **Radfahrer** bat uns um Angabe der folgenden Infos über Steigungen. Tabah – Nuveiba: Nur kleine Steigungen von insgesamt ca. 350 Höhenmetern, Nuveiba – Dahab: Kurz nach Nuveiba steigt die Straße steil auf 700 m, dann langsam hinunter mit leichteren Gegensteigungen, unterwegs Bedu-Teebuden. Dahab – Sharm el

Sheikh: auf 200 m hinauf, dann mit Gegensteigungen hinunter, unterwegs Bedu-Teebuden. Sharm el Sheikh – El Tour: Bald nach dem Ort auf 200 m, danach flach, Windrichtung Nord – Süd.

- Während **israelischer Feiertage** stürmen Urlauber aus dem Nachbarland den Ostsinai, schlagartig explodieren Preise, Unterkünfte werden rar. Damit Sie diese Situationen vermeiden können, drucken wir die Feiertagstabelle aus unserem Führer *Israel, palästinensische Gebiete und Ostsinai* im folgenden Kasten ab.

Daten jüdischer Feiertage bis zum Jahr 2001

Jahr	Purim	Pessach	Shavuot	Rosh Hash.	Yom Kip.	Sukkot	Chanukka
1999	02.3.	01.-08.4.	21.-22.05.	11.-12.09.	20.09.	25.-26.9.	04.-11.12.
2000	21.3.	20.-27.4.	09.-10.06.	30.9.-1.10.	09.10.	14.-15.10.	22.-29.12.
2001	09.3.	08.-15.4.	28.-29.05.	18.-19.09.	27.09.	02.-03.10.	10.-17.12.

8.1 Suez-Kanal - Sharm el Sheikh - Tabah

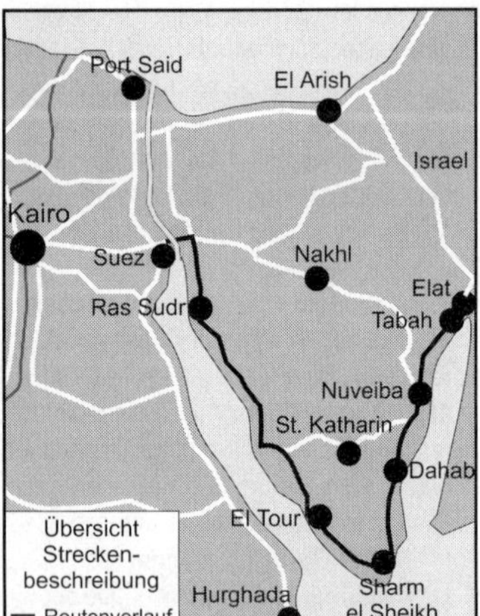

Fortbewegen

Zwischen Ägypten und dem Sinai bildet der Suez-Kanal eine Wasserbarriere, die an verschiedenen Stellen per Ferry über- und 17 km nördlich von Suez per Tunnel unterquert werden kann. Dieser Tunnel – als *Ahmed Hamdi Tunnel* bezeichnet – ist die wichtigste aller Querverbindungen. Die 1600 m lange Röhre wurde in den 70er Jahren 46 m unter Meeresniveau unter dem Kanal hindurch gebohrt; Tunneleinfahrt West N30°05,74' E32°33,69', Ost N30°05,09' E32°34,56'.

Falls mal wieder die Straßen zwischen St. Katharin und der Küste fortgeschwemmt sind – was alle paar Jahre passiert –, kommt man eventuell besser per Taxi als per Bus durch, weil der Bus möglicherweise früher umkehrt.

Wenn Sie in Kairo eine Offroad-Sinai-Tour buchen, schauen Sie sich zuvor Wagen und Fahrer gut an. Inzwischen haben einige Leute den Boom erkannt und schicken untaugliche Autos mit nichtsahnenden Fahrern auf die Strecke – "fahrende Särge" spottet man sarkastisch auf dem Sinai.

Straßenzustand: Die gesamte Strecke ist asphaltiert, größtenteils neu und gut ausgebaut wie auch das Tankstellennetz. Zugelassene Höchstgeschwindigkeit auf den einsamen Straßen: 90 km/h.

Entfernungen vom Tunnel aus: Ras Sudr 61 km, Sharm el Sheikh 372 km, Dahab 480 km, Nuveiba 545 km, Tabah 610 km.

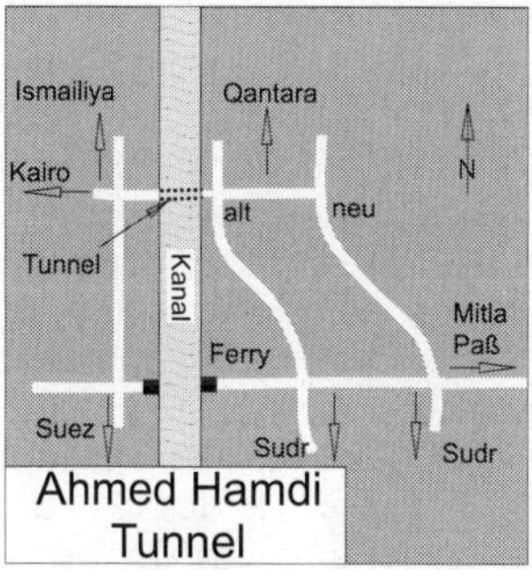

Anfahrt Suez-Kanal-Tunnel

Von Kairo aus: Autobahn Kairo – Suez, nach 97 km (bei km-Schild 24) steht in der Mitte ein Polizeipostenhäuschen. Dort links abbiegen, dann geradeaus 25 km zum Tunnel. **Achtung**: Auf dieser Autobahn gerne Radarfallen; bei Geschwindigkeitsübertretung Strafe und Führerscheinentzug, Rückgabe der Papiere nur in Kairo!

Tunneldurchfahrt

Offiziell ist im Tunnel die Mitnahme von Reservekraftstoff und Gas verboten. Wir selbst haben seit Jahren keine einzige Kontrolle erlebt, allerdings verschiedene Leser, die Reservebenzinkanister ausschütten mußten. Sollten Wohnmobilfahrer wegen ihrer Gasvorräte ernste Schwierigkeiten haben, so können sie auf das Fährboot von El Schatt bei Suez ausweichen. Für die Tunneldurchfahrt müssen Sie £E 1,75 – 3,50 pro Auto zahlen und (manchmal) einen Feuerlöscher vorweisen können.

Streckenbeschreibung

Eine lohnenswerte Alternative zur direkten Fahrt nach Süden führt über den Mitla-Paß zur Festung Qalat el Jundi und bei Ras el Sudr wieder auf die Strecke zum Südsinai (siehe Seite 532). Wenn Sie etwas Zeit haben, lohnt sich der Umweg wegen der Festung und des abwechslungsreichen Wadi Sudr.

Direkt nach dem Tunnel geht es sowohl rechts (auf der alten Straße) als auch geradeaus nach El Tur. Geradeaus kommen Sie nach 2,5 km an eine T-Kreuzung mit der neueren Verbindungsstraße Qantara – Ras Sudr. Dort biegt man rechts ab und erreicht nach 6 km eine Kreuzung, die man geradeaus überfährt. Die Straße rechts führt zum kostenlosen Fährschiff über den Kanal, links zum Mitla-Paß.

23 km:

Ain Musa

Moses-Quellen, brackige Quellen im Schilfgürtel mit Palmen am Meer, eine der Quellen verwandelte Moses angeblich in Trinkwasser. In neuerer Zeit dienten die Quellen der Wasserversorgung von Schiffen und Reisenden auf dem Weg in den Sinai. – Diese Gegend war während des letzten Sinai-Krieges heiß umkämpft, in der Umgebung liegen einige eroberte israelische Stellungen.

Unter dem Namen **Eyoun Mousa** restaurierte links der Straße denn auch die ägyptische Armee einen Kommandobunker und Kanonenstellungen der israelischen Bar-Lev-Linie. Gegen £E 3,50 Eintritt führt ein gut englisch sprechender Sergant durch die Anlagen, die – laut Führer – unversehrt erobert, dann aber von den Ägyptern zerstört und Mitte der 90er Jahre restauriert wurden. Interessant ist die Darstellung der Schlacht aus ägyptischer Sicht. Immer wieder klingen die Resentiments gegen die Israelis durch. Wer darauf beharrt, kann in einer 20 bis 30minütigen Führung einen Einblick gewinnen; die Routineführung dauert wesentlich länger.

Auf dem Weiterweg werden Sie rechts der Straße eine ganze Reihe von Holiday Villages sehen, die erst Ende der 90er Jahre aus dem Boden gestampft wurden.

31 km:

Ras el Sudr

Das eher trostlose Städtchen war nach dem israelischen Teilrückzug im November 1975 bis zur vollen Rückgabe des Sinai im Jahr 1980 die provisorische Verwaltungsstadt des Südsinai, dann mußte es diese Rolle an El Tur abgeben. Es ist jüngst durch Hotelbauten am Strand aufgewertet worden. Die relative Nähe zu Kairo lockt viele Wochenendausflügler zum Baden und Surfen an (vor allem bei den Dauerwinden im Frühjahr und Herbst interessant).

4 km: **Kreuzung (Ortsausgang)**

Links zum Wadi Sudr, 56 km bis **Qalat el Jundi** und weiter zum Nord- und Ostsinai (siehe Seite 532).

26 km:

Die Straße erreicht den Strand. Rechts ein bei Wochenendlern beliebtes Bade- und Surfgebiet.

34 km: **Abzweigung** (ausgeschildert *Hammam Faraun*)

Rechts 4 km Asphaltstraße zur

Pharaonenquelle

Direkt am Strand entspringen schwefelhaltige, warme Quellen (bis zu 72 Grad C). Der Aufenthalt ist nur von 6 bis 18 Uhr gestattet, doch die Soldaten erlauben meist das Übernachten gegen Hinterlegen vom Reisepaß. Seit vielen Jahren stehen hier Schilder, die eine touristische Entwicklung ankündigen. Inzwischen entstanden einige Rohbauten, aber deren Fertigstellung ist nicht abzusehen.

Die Straße, die sich bisher durch die uninteressante Küstenebene zog, führt jetzt bis Abu Zenima durch abwechslungsreichere Bergformationen.

37 km:

Abu Zenima

Der Ort spielte schon lange als Hafen für das in der Umgebung gewonnene Mangan eine Rolle, neuerdings aber auch als Ölstadt (ein pharaonischer Hafen namens Maghara lag etwa 8 km weiter südlich). Die Siedlung geht auf Sheikh Abu Zenima zurück, ein Heiliger der hier ansässigen Fischer, der in einer Grotte ausschließlich von Kaffee lebte, den ihm Vögel aus Mekka brachten. Eine ganze Weile zuvor landeten hier die Schiffe der pharaonischen Bergbauexpeditionen, die dann nach Serabit el Khadim weiterzogen.

Heute beginnt "Neu-Abu-Zenima", das inzwischen viel größer als die alte Siedlung ist, bereits etwa 3 km vor der eigentlichen alten Siedlung. Kurz zuvor zweigt dort, wo die Straße auf die Küste trifft, rechts eine etwa 2 km lange Piste zu einer landschaftlich sehr schönen, einsam gelegenen Badebucht ab.

3 km: **Abzweigung**

Links nach **Serabit el Khadim**, zum **Forest of Pillars** und Wadi Feiran. Unscheinbare, leicht zu verfehlende Kreuzung, jedoch einzige Abzweigung nach links weit und breit, genau 1,5 km nach der alten Tankstelle von Alt-Abu-Zenima (Beschreibung der Strecke siehe Seite 542).

7 km: **Militärposten**

7 km: **Abzweigung**

Links führt eine landschaftlich reizvolle Strecke zu den Türkisminen des **Gebel Maghara** und weiter zum Inschriftental **Wadi Mukattab** und von dort zur Asphaltstraße ins Wadi Feiran/Katharinenkloster (ausführliche Beschreibung siehe Seite 546).

7 km:

Abu Rudeis

Ölstadt, Bohrinseln im Meer. Angeblich gibt es hier sogar ein Diving Center. An der Straße

Die Erosion hat bizarre Formen in den Sinai-Bergen geschaffen

sind Shopping-Möglichkeiten und Restaurants angekündigt. Links eine Straße – die bald in eine Piste mit einer Reihe von Weichsandstellen übergeht – ins Wadi Sidri und Wadi Mukattab.

26 km: **Abzweigung**

Geradeaus Sackstraße nach Bilayim bzw. Abu Durba, links Richtung El Tur und Katharinenkloster.

12 km: **Abzweigung, Polizeiposten**

Raststätte ***Manta Rest*** mit Einkaufsmöglichkeit. Links geht es zum Katharinenkloster (siehe Seite 516), wir fahren geradeaus weiter.

71 km: **Abzweigung**

Die gleich nach dem Polizeiposten kurz vor El Tur rechts abzweigende Asphaltstraße führt – als kleiner Abstecher – zum **Hammam Musa** (Moses-Bad), einer Heilwirkung versprechenden Quelle inmitten eines Palmengartens. Die Quelle ist in einem Haus rechts vom Eingang zu finden. Im Becken kann man – wenn einem unbedingt danach gelüstet – ein Bad nehmen. Die Straße endet schließlich an einer T-Kreuzung mit der strandparallelen Straße. Nach rechts versperrt bald das Militär den Weiterweg, fahren Sie nach links bis zum neuen Hotel *Daly Magdolina*, das sich am Anfang der Hafen-Lagune einen recht hübschen Platz ausgesucht hat. Die Straße von dort aus bringt Sie quer durchs Zentrum von El Tur (siehe unten) zur Umgehungsstraße am südlichen Stadtausgang zurück.

4 km:

El Tur

Das auf Korallenriffen gebaute und z.T. ehemals aus Korallen erbaute El Tur war über viele Jahrhunderte Quarantäne-Hafen für aus Mekka kommende Pilgerschiffe. Heute ist das aufstrebende Städtchen Verwaltungshauptstadt des Südsinai. Vom alten El Tur sind nur in der Hafengegend einige Reste – eine Moschee, eine Kirche u.a. – übriggeblieben. Der Ort hat sich praktisch komplett landeinwärts verlagert und besteht fast ausschließlich aus Neubauten, die sich unaufhaltsam und rapide in alle Himmelsrichtungen weiter ausdehnen.

An Versorgungsmöglichkeiten gibt es Lebensmittel, Sprit, Reifenservice, eine Apotheke und am südöstlichen Stadtrand eine gute Bäckerei mit Kuchen, Brot, Gebäck etc.

Unsere Straße umrundet jetzt den Südwesten der Halbinsel auf einer ziemlich langweiligen Strecke.

67 km: **Abzweigung** (N27°49,61' E34°06,21)

Rechts zum

****Nationalpark Ras Muhammed

Diese nicht ausgeschilderte Einfahrt ist zeitweise durch Erdwälle blockiert, der Weg führt offiziell erst bei der 17 km entfernten östlichen Zufahrt über das sogenannte Main Gate zum Park. Doch auch die hier abzweigende Straße, die stellenweise zwar ein bißchen versandet ist, mündet später in die eigentliche Straße zum Nationalpark. Wer hier in den Park fährt, zahlt keinen Eintritt (und erhält auch keine Unterlagen mit guter Karte), der ist dann erst bei Ausfahrt am Main Gate fällig.

*Auf unserer Route beginnen hier die **Korallenbänke** und Tauchgebiete des östlichen Sinai. Wir treffen hier auf die Halbinsel Ras Muhammed (an der Halbinsel Sinai) mit ihren sehr fischreichen Korallengebieten. Sie hängt gewissermaßen an einer nur 700 Meter breiten und 3,5 km langen "Nabelschnur" am Sinai und spielt die Speerspitze bei der Teilung des Roten Meeres in den Golf von Aqaba und in den Golf von Suez.*

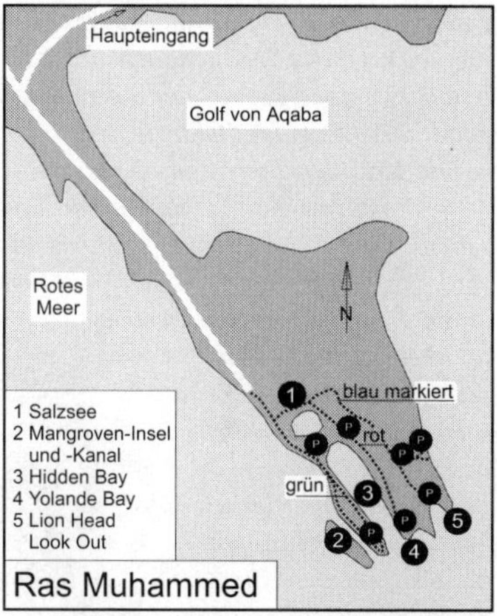

Bereits unter den Römern erhielt sie den Namen Poseidon, die Araber nannten sie nach dem Propheten (wörtlich "Kopf Mohammeds"). Im Osten steigt sie aus Meerestiefen bis zu 100 Meter empor und ragt auch an Land noch steil auf, während sie im Westen in eine flache Sandbank ausläuft. Die Halbinsel besteht aus fossilen Korallen im Alter zwischen 750 000 und 20 Mio Jahren, die bei Erdbewegungen angehoben wurden und ein bizarres, eigentlich ziemlich ödes Landschaftsbild erzeugten – wären nicht neue Korallen in ca. 250 Arten als neue Attraktion unter Wasser entstanden. Ganz abgesehen von der ungeheuer vielfältigen Unterwasserwelt ist die sichtbare Oberfläche auch nicht ganz so tot und öde; hier leben Füchse und Nagetiere, viele Vogelarten sind entweder ständige Bewohner oder legen erholsame Rast während des Trips nach Afrika ein. Im Frühling (April) und Herbst (Oktober) ist Ras Muhammed bevorzugter Rastplatz von Störchen und Greifvögeln während des Vogelzugs.

Gilt schon die Küste am östlichen Sinai als zumindest eines der schönsten und interessantesten Tauchgebiete der Erde, so werden Taucher in Ras Muhammed das Paradies schlechthin entdecken. Gründe dürften wohl sein, daß die Versorgung der Unterwasserwelt durch günstige Strömungen besonders nahrhaft ist und daß das Riff am offenen Roten Meer liegt.

Ras Muhammed wurde 1983 zum Naturschutzgebiet und 1988 zum Nationalpark – dem ersten Ägyptens – erklärt (Eintritt $ 5 pP und $ 5 per Auto). Unter Mithilfe der Europäischen Union schuf man ein wesentlich größeres Reservat als das ursprüngliche Naturschutzgebiet, aus dem zunächst einmal das Militär unter Mitnahme aller Minen und sonstiger Explosivkörper abziehen mußte. Dann wurden die meist schon vorhandenen Pisten markiert, der überall herumliegende Müll beseitigt und Mülltonnen aufgestellt (die auch regelmäßig entleert werden). Gegen frühere Zeiten hat sich die Gesamtsituation wesentlich gebessert, die Fliegenschwärme sind sogar weniger geworden. Neun Ranger sorgen für etwas mehr Ordnung und passen auf, daß sich die Besucher an die Regeln des Nationalparks halten.

Etwas abseits der östlichen Zufahrtsstraße entstand ein architektonisch der Landschaft schön angepaßtes Besucherzentrum, dessen Besuch eigentlich obligatorisch sein sollte – wenn es nicht inzwischen wieder geschlossen wäre. Hier wurden Hintergrundinformationen vermittelt, ein Lehrpfad informiert über die Entstehung des Riffs. Ein paar km südlich wurden Forschungslabors angelegt, gleich danach zweigt eine Piste zu den im Park ausgewiesenen Campingplätzen entlang einer Bucht ab; allerdings wird hier außer einem Schattendach nichts geboten; Camping abseits der ausgewiesenen Plätze kostet LE 50 Strafe.

Die Korallen leiden zusehends unter dem Ansturm der Unterwasser-Touristen. Eine Untersuchungskommission stellte fest, daß viele Korallen vor allem durch die Anker der Taucherboote, aber auch absichtlich zerstört wurden und daß bereits einige Fischarten das Riff verlassen haben. Wissenschaftler sehen das Nationalpark-Vorhaben immer noch als zu touristisch orientiert an, sie meinen, daß anstelle einer schnellen jetzt eine kontrollierte Katastrophe stattfinden wird, daß das Ende der Korallen absehbar sei. Um so wichtiger ist, daß sowohl Schnorchler als auch Taucher das Riff behutsam und schonend behandeln. Denken Sie beim Baden an Umwelt, Haie, Steinfische u.ä., lesen Sie bitte Tips für Taucher (Seite 109).

Eingriffe in die Natur wie Jagen und Sammeln – ob lebendiger oder toter Dinge – oder z.B. Beschädigen der Korallen sind in Ras Muhammed strikt untersagt; halten Sie sich sowohl aus Eigeninteresse (hohe Strafen) als auch aus Verantwortung gegenüber diesem herrlichen Stück Natur an die Bestimmungen. Taucher und Schnorchler oder Schwimmer dürfen nur an bestimmten, markierten Stellen ins Wasser. Das Füttern von Fischen ist untersagt, weil das natürliche Gleichgewicht damit außer Kraft gesetzt wird. Benutzen Sie nur die markierten Pisten, werfen Sie keinen Müll in die Landschaft. Bis zum Sonnenuntergang muß der Park verlassen werden. Unterstützen Sie die Ranger – ein in Ägypten bis dahin unbekannter Beruf – bei ihrer sicher nicht leichten Aufgabe. Diese Männer müssen sich um alles kümmern, von der Müllabfuhr bis zur individuellen Information der Besucher.

Öffentliche Verkehrsmittel zum Ras gibt es nicht. In Sharm el Sheikh bieten Taxi Tagesfahrten an (siehe Seite 499).

Doch begeben wir uns nun endgültig in den Park. Von der östlichen Zufahrt fährt man 11 km bis zu der Kreuzung, an der von rechts die 12 km lange westliche Zufahrtsstraße einmündet. 3 km später durchquert man das (häßliche) Main Gate, nach weiteren 4 km teilen sich die Pisten. Vom Ende der Asphaltstraße führt eine Piste (grün markiert) geradeaus auf einer flachen Bank nach Süden, an der ersten Kreuzung zweigen alle anderen Farbmarkierungen nach links ab. Diese Bank ist durch eine Lagune vom Hauptkomplex getrennt, nach Westen hin schiebt sich ein Kanal vor eine schmale Insel, die **Mangroven-Insel**. Im Kanal wachsen Mangroven, die zu den nördlichsten der Welt gehören.

Die von der grünen Piste 4 km nach dem Main Gate abzweigenden Strecken enden mehr oder weniger alle an der Südspitze der Halbinsel. Einigermaßen zentral liegt der **Main Beach**, der anhand der blauen Markierung erreichbar ist. Wenn Sie dort Ihr Auto parken oder sich per Taxi dorthin bringen lassen, dann können Sie die anderen Punkte der Südspitze leicht erwandern. Empfehlenswert ist in jedem Fall der Aufstieg zum **Shark Observatory** (Look Out). Das ist ein ca. 50 m hoher Felsen an der Südspitze, von dem man tief in das glasklare Wasser hinuntersehen und – mit etwas Glück – umherziehende Haifische beobachten kann. Ein Stück weiter westlich des Main Beach verbirgt sich hinter einer weiteren Hügelkette die **Yolande Bay**, die auch gut als Schnorchelplatz geeignet und insofern vorteilhaft ist, weil sie zwei Schattendächer bietet.

Das Korallenriff zieht sich um die Spitze der Halbinsel herum, drei Stellen sind besonders bekannt. Wegen seiner reichen Fauna und des spektakulären Steilabfalls wird das Riff beim Shark Observatory von vielen Tauchern als der großartigste Tauchplatz der Welt bezeichnet. Im glasklaren Wasser fällt das Riff bis zu 70 Meter steil ab, die Strömung bietet gerade hier reichlichst Nahrung für unzählige Fischarten.

Vor der großen Bucht liegen zwei ebenfalls sehr fischreiche Riffe. Ein dritter Tauchplatz ist am Westufer zu finden. Dort, wo etwa 1 km nach der Abzweigung ein alter Steindamm ins Meer führt, fällt das Riff 40 m tief ab. Hier wachsen auffallend große Korallen, in deren Umgebung auch große Fische leben.

Jetzt wieder weiter auf der Hauptstraße.

17 km: **Abzweigung** (N27°58,09' E34°13,67')

Rechts ab auf die östliche (Haupt)zufahrtsstraße nach **Ras Muhammed** (siehe oben).

8 km: **Checkpost**

Dieser Checkpost kontrolliert Reisende in Nord-Süd-Richtung besonders penibel. Besitzer von Kurzzeitvisa für den Ostsinai (aus Israel) müssen umkehren.

Hinter der Kontrollstelle betreten Sie die im Camp-David-Friedensabkommen festgelegte, bis zur israelischen Grenze reichende Sicherheitszone C, in der nur ägyptische Polizeibeamte stationiert sein dürfen, kein Militär. Die Zone C wird besonders intensiv von den *Multinational Force and Observers (MFO)* überwacht, Fahrzeuge und Hubschrauber patrouillieren hier ständig. Sie sollen die Gewähr dafür übernehmen, daß die entmilitarisierte Zone zur Friedenssicherung erhalten bleibt.

3 km:

Sharm el Sheikh

Sharm el Sheikh mit seiner einzigartigen Unterwasserflora – sei es direkt vor der Haustür oder in der Umgebung – gehört heute zu den beliebtesten Tauchplätzen der Welt, wie erst im Juni 1999 die Zeitschrift GLOBO wieder bestätigte.

Die südlichste Sinai-Siedlung (heute etwa 4000 Einwohner) liegt an einer hübschen Hafenbucht. Auf dem Plateau an der Nordostseite der Bucht errichteten die Israelis während der Besatzungszeit einen Touristenstützpunkt. In den vergangenen Jahren wuchs aber nicht nur die Oberstadt vor allem in Richtung Küste, d.h. zum Ras Umm Sid. Auch die Unterstadt, die ehemals nur aus der Tankstelle und ein paar Hallen bestand, expandierte gewaltig. Inzwischen ist die Buchtseite mit Hotels zugebaut. Darüber hinaus bietet der extrem touristische Ort Restaurants, Tauchschulen, Supermärkte, Souvenirshops, Banken, eine Bäckerei und Supermärkte; kurz, es fehlt an nichts. Das ehemalige Beduinendörfchen hat sich zum absoluten Vorposten der Tourismusindustrie auf dem südlichen Sinai entwickelt.

War bis in die 90er Jahre die 12 km nördlich gelegene Badebucht Naama Bay ***das*** *Touristenzentrum schlechthin und Sharm el Sheikh spielte eine untergeordnete Rolle, so hat der Ort einmal durch den Hotelboom, zum anderen durch eine ausgedehnte Wohnsiedlung in der Oberstadt die Hauptrolle wieder übernommen. Dort oben entstand – neben Hotelressorts im Küstenbereich – eine Kleinstadt mit dicht an dicht gebauten*

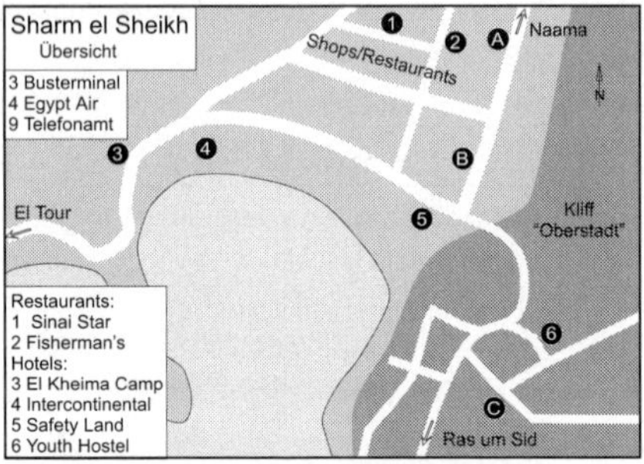

Häusern, die zum Teil von Ägyptern als Ferienhäuser genutzt, zum größeren Teil an die Besserverdienenden der Tourismusindustrie vermietet werden, die Mieten liegen ab $ 700 pro Monat. An die vielen Wenigverdiener wurde bisher nicht gedacht, sie müssen lange Anfahrten bzw. -märsche in Kauf nehmen. Der Bedarf an Wohnungen ist zumindest groß, denn insgesamt sollen in den nächsten Jahren etwa 120 Hotelanlagen entstehen, dazu eine Freihandelszone, um Kreuzfahrer anzulocken.

Busverbindungen

Die Bushaltestelle liegt kurz nach dem Egypt Air Office an der Straße nach Dahab. Dort können/sollten Reservierungen nach Kairo gebucht werden.

- **Dahab**: 7.30, 9.00, 14.30, 17.00, 21.00, 24.00 (£E 10)
- **Kairo**: 7.30 (£E 50), 8.30, 11,30, 12.30, 13.30, 15.00, 16.00 (£E 50), 22.00, 23.00, 24.00 (£E 65)
- **St. Katharina**: 7.30 (£E 20)
- **Tabah**: 9.00 (£E 25)

Zwischen Sharm el Sheikh und Naama verkehren ständig Minibusse, Abfahrt Unterstadt. Die Hilton Hotels der beiden Orte sind mit einem Shuttle-Bus verbunden, den man als Nichtgast für £E 1 benutzen kann.

Wenn Sie Ihr Egypt Air Flugticket bestätigen lassen müssen, so können und sollten Sie es hier tun. Die Airline sitzt in einem neuen Marmorpalast an der Kreuzung Ober/Unterstadt.

Restaurants

Die meisten kleineren Restaurants haben sich in der Unterstadt im Shoppinggebiet angesiedelt.

- ***Ali Baba**, Fischrestaurant in der Unterstadt nahe Red Sea Diving College, Dachterrasse, guter Blick, gutes Essen*
- ***Sinai Star**, Unterstadt, einfaches, aber gutes und sehr beliebtes Fischrestaurant der mittleren Preisklasse*
- *Im **Brilliant Restaurant** gibt es gute ägyptische Küche*
- ***Fisherman's Cafe**, gemischte Küche, preiswert*
- ***El Fanar**, Beduinenrestaurant unterhalb des Leuchtturms, guter Meerblick, relativ teuer*
- ***Viva El Patio**, Unterstadt neben Red Sea Diving College, Pizzas und kleine Gerichte*
- ***Sinai Star**, Unterstadt, eins der ganz "alten" und bekannten Fischrestaurants, gut, preiswert*

Daneben gibt es in den Hotelanlagen bzw. in deren Umgebung weitere Restaurants. Wegen des rasanten Umbruchs von Sharm el Sheikh lohnt es kaum, weitere Namen aufzuführen – morgen schon können sie der Spitzhacke zum Opfer gefallen sein.

Von El Tur kommend, fährt man zunächst an der Hafenmauer vorbei. Dahinter legt auch das Boot nach Hurghada ab, links neben dem Eingangstor ist das Passport Office. Auf der Straße öffnet sich jetzt der Blick auf die landschaftlich hübsch gelegene Siedlung. Es geht dann den Hügel hinunter, und bald breitet sich die Unterstadt aus: rechts zur Bucht hin Hotels, links bald ein großer neugestalteter Platz mit der Statue Mubaraks. Links vor der

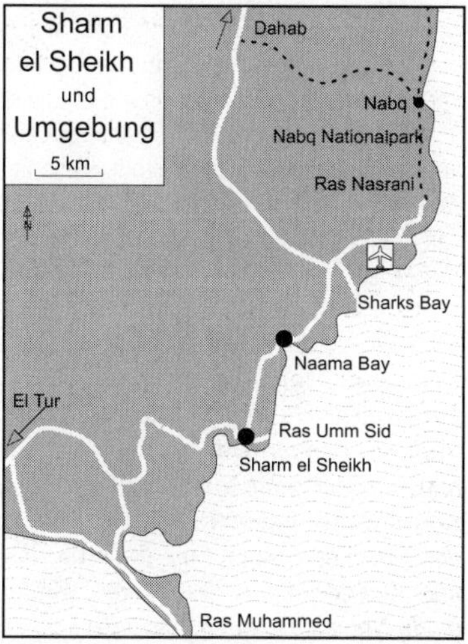

Einbahnstraße geht es in den Shoppingbereich, wo man Souvenirs, aber auch Lebensmittel kaufen und sich in den Cafés bzw. Restaurants von der Anfahrt erholen kann.

Die eigentliche Hafenbucht mit ihrem nicht gerade sauberen Wasser und dem regen Bootsverkehr – hier liegen die meisten Tauchboote – taugt kaum zum Baden. Zum Schnorcheln fährt man am besten nach Naama oder aber durch die Oberstadt bis zum Leuchtturm am Ras Um Sid (über 2 km Fußmarsch für Nichtmotorisierte).

In der Oberstadt gleich rechts haltend finden Sie Banken, Post und Telefon. Das einst nahezu leere Wüstenplateau wurde in den letzten Jahren an der Wasserseite mit Hotelanlagen zugestellt, die auch gleichzeitig die zugehörigen Strände für Fremde sperren bzw. Zutritt nur gegen durchschnittlich £E 10 gewähren. Direkt unterhalb des Leuchtturms ist der Strand noch öffentlich zugänglich. Hier gibt es gute Sicht für Schnorchler auf viele Schmetterlings- und Wimpelfische, zeitweise allerdings auch starke Strömung.

In Sharm el Sheikh und Naama können Sie unter nahezu zahllosen Tauchschulen und -stationen wählen; Preisvergleiche lohnen sich sehr, aber auch ein Blick auf das Gerät und, nicht zuletzt, das Umweltbewußtsein der Crew. Das Tauchen kostet etwa $ 70 – 100 pro Tag. Angeblich tummeln sich hier an der Südostküste bis zu 1000 Taucher pro Tag im Wasser. Wenn der derzeitige Zustand der Fauna und Flora erhalten werden soll, dann kann dies nur mit Verantwortungsbewußtsein aller Beteiligten gehen.

Im Hafenbereich wurde eine Dekompressions-Kammer für sechs Personen eingerichtet, die praktisch für den gesamten Sinai zuständig ist. Der dortige Arzt Dr. Adel Taher betreibt auch Allgemeinmedizin.

Als weiterer Zeitvertreib ist der Ausflug zum Nationalpark Ras Muhammad (siehe Seite 494) nahezu obligatorisch, der von jeder Menge Taxiunternehmer angeboten wird (£E 100 bis 150 pro Auto); vereinbaren Sie einen Ganztagestrip vor der Abfahrt, legen Sie in jedem Fall die Aufenthaltsdauer im Nationalpark fest. Achtung: Vergessen Sie nicht, Ihren Paß mitzunehmen, ohne ihn gibt es kein Durchkommen beim Checkpost hinter Sharm el Sheikh.

Zwischen Sharm el Sheikh und Hurghada gibt es Schiffsverbindungen (genaue Infos siehe Seite 471), Tickets werden in verschiedenen Hotels oder Reisebüros sowohl in Naama als auch in Sharm el Sheikh verkauft. Bei Schiffsankunft muß man zunächst durch eine Gepäckkontrolle (rechts von der Anlegestelle) und nahe dem Ausgang zum Zoll. Am Hafentor warten Sammeltaxis und häufig ein Minibus nach Dahab, die Taxifahrt kostet LE 10 pP, der Minibus LE 8. Falls schon alle Anbieter davongefahren sind oder man sich über den Preis ärgert, kann man auch zur Busstation in ca. 15 bis 20 Minuten gehen.

Eine vierspurige "Prachtstraße" mit Palmen auf dem Mittelstreifen und durchgehender Beleuchtung verbindet Sharm el Sheikh über Naama hinaus mit dem Flughafen. Links am Ortsausgang ein (zur Historie Ägyptens passender) pyramidenförmiger Glasbau, der das Krankenhaus beherbergt.

12 km:

Naama Bay

*Die ehemals hübsche Bade- und Übernachtungsbucht (auch **Marina Beach**, arabisch Mersa al At, genannt) ist von teuren Hotels und Tourist Villages total zugepflastert. Bereits am Eingang kündet der Vergnügunspark Fun Town an, daß hier Langeweile totgeschlagen werden muß. Naama ist noch touristischer als Sharm, hat nichts anderes zu bieten als Hotels, Shops und touristische Infrastruktur. Wer dieses Ghettoleben inmitten von Heerscharen von Pauschaltouristen aus ganz Europa mag, der ist hier bestens aufgehoben.*

Die Bucht von Naama, von den Israelis zuerst mit Hotels bebaut, blieb noch einige Jahre nach der Rückgabe des Sinai vom Massentourismus verschont. Damals war sie der Traveller-Treff im Südsinai; man schlief am Strand oder in einfacheren Unterkünften und genoß die unverfälschte Natur. Doch als mit dem Farouz-Hilton Hotel der Startschuß für teure Neubauten gegeben war, wurde die schöne Bucht innerhalb weniger Jahre zugestellt und der Strand quasi privatisiert.

Dabei scheint man in Naama mit geschlossenen Augen gebaut zu haben; denn genau hier endet ein Wadi, das bereits 1979 nach der Schneeschmelze mit einer riesigen Schlamm- und Steinlawine bittere Bekanntheit erntete; auch im Herbst 1996 standen viele Hotelzimmer unter Wasser. Inzwischen wurde oberhalb des Ortes ein Damm gebaut, der Schlimmeres verhüten soll.

Der Besitzer des Hotels Sanafir, Adla El Mestekawy, erkannte sehr bald, daß Tourismus und die Erhaltung der Umwelt eng miteinander verknüpft sind. Er gründete eine Initiative der Hoteliers von Sharm el Sheikh und Naama mit dem Ziel, die Müllberge gezielt zu entsorgen und die bis dahin in einem künstlichen Teich gesammelten Abwässer zur Bewässerung zu nutzen. Außerdem stellte er sich hinter die Initiative verschiedener Ornithologen, die während des Vogelfluges rastenden Störche vor den Abwässern zu schützen; 1990 z.B. kamen über 300 Störche in dem Dreckwasser ums Leben. Derartige Initiativen sind für ein Land, in dem Umweltschutz noch kaum eine Priorität besitzt, sicher ungewöhnlich; vielleicht belohnen Sie die Anstrengungen dadurch, daß Sie das Hotel Sanafir vorziehen.

*Im nördlich von Naama gelegenen Hotel Coral Bay Resort hat sich **Sinai Wildlife Projects** (Tel 601 610 Extention 1038) angesiedelt, eine Non-Profit-Organisation, die sich zum Ziel gesetzt hat, das ökologische Gleichgewicht auf dem Sinai zu erhalten bzw. wiederherzustellen. Zusätzlich werden Beduinen medizinisch betreut und auch deren kranke Tiere, damit Seuchen von den Gazellen und Ibexen ferngehalten werden. Der Leiter des Projekts, Dr. Jim Dinsmore, verkauft auch Handicrafts der Beduinen zu günstigen Preisen; schon daher lohnt sich ein Besuch. Falls der Mann am Gate nicht Bescheid weiß, fragen Sie nach dem Doktor. Das Institut liegt am südwestlichen Ende des riesigen Komplexes.*

Mietwagen, Bus

- ***Avis***, *Sonesta Beach Resort, Tel 600 979*
- ***Budget***, *Coral Bay Hotel, Tel 601 610*
- ***Europcar***, *Hilton Fayrouz, Tel 600 686*
- ***Hertz***, *Mövenpick Hotel, Tel 600 459*

Wenn Sie Naama per **Bus** verlassen wollen, so fahren Sie besser nach Sharm el Sheikh und warten nicht an der hiesigen Durchgangsstraße; hier hält der Busfahrer nur, wenn er beste Laune hat.

Restaurants

Die nicht wenigen Restaurants von Naama muß man ausprobieren, hier ein paar Tips:

- ***Aida***, *Filafil und Foul*
- ***Da Frnaco Pizzeria***, *gute Pizza, beliebt*
- ***Danameer***, *hübsch dekoriert, gute Middle East Gerichte*
- ***Farouz-Hilton***, *reichhaltiges Frühstücksbuffet, relativ preiswert*
- ***Marina***, *sehr gutes und teures Fischrestaurant*
- ***Mövenpick***, *gutes Café mit gutem Kuchen*
- ***Pigeon House***, *preiswerte Fleisch- und Fischgerichte vom deutschen Koch*
- *Viel Atmosphäre hat das zum Hotel* ***Sanafir*** *gehörende Restaurant*
- ***Tam Tam***, *preiswert und gut*
- ***Viva***, *viele Taucher, gutes Essen und preiswerte Drinks*

Internet:

Cyber Café (am Strand)

Nightlife

In fast allen der größeren Hotels gibt es Nachtbars, Discos oder Pubs. Beliebt ist die Dachterrasse des Sanafir Hotels, auch die Cactus Disco im Mövenpick zieht viel Publikum an, wie auch die 1998 eröffnete Disco *Hard Rock Cafe* am südlichen Ende der Bucht.

In Naama kann ein Tourist sein Haupt in die unterschiedlichsten, aber selten billigen Hotelbetten legen, er kann alles kaufen, was das Herz begehrt und er kann baden, schnorcheln, tauchen oder dies erlernen, er kann surfen, Wasserski fahren oder ganz simpel mit einem Pedaloboot herumschwimmen. Wenn er vom feuchten Element die Nase voll hat, kann er einen Kameltrip (was man eigentlich besser in Dahab oder Nuveiba macht) in die nahen Berge oder eine Jeeptour buchen, Pferde, Quads (Vierradmotorräder) oder Fahrräder mieten oder den Sinai von oben per Hubschrauber betrachten. Selbstverständlich werden auch Besichtigungstrips nach Kairo oder ins Niltal offeriert. Das Angebot für all diese Vergnügungen ist reichhaltig, man sollte Preise vergleichen und mit den Leuten feilschen – hier wird gutes Geld verdient.

Mehrmals täglich schippert ein **Glasbodenboot** von der Anlegestelle am südlichen Ende der Bucht zu den Korallenriffen. Sehr viel spektakulärer bleiben Tauchtrips in die Straße von Tiran, nach Ras Muhammed oder als besonderes Highlight zu den Brother Islands, die aber nur in Mehrtagesfahrten erreichbar sind, in Erinnerung.

Schöne, fischreiche **Schnorchelplätze** liegen gleich nördlich am Ende der Naama-Bucht, noch bessere ein Stück weiter "um die Ecke". Sie sind zu Fuß – immer am Strand entlang – in ca. 45 Minuten, die besseren mit zusätzlichen 30 Minuten erreichbar. Südlich der Naama-Bucht waren die besten Schnorchelplätze zu finden, aber leider inzwischen durch Hotels blockiert. Nehmen Sie zumindest Trinkwasser mit bei längeren Unternehmungen. – Als Notfalltip: Im Hilton und im Mövenpick Hotel praktizieren gute Ärzte.

Auch nördlich von Naama hören die Hotelburgen nicht auf. In wenigen Jahren wird die Küstenlinie bis zur Grenze des Nationalparks Naqb dicht an dicht zugebaut sein. Allerdings muß man den Architekten, die auf dem Sinai bauen, zugestehen, daß sie nicht mehr uniforme Klötzer in die Landschaft stellen, sondern durchaus reizvolle Ideen verwirklichen; dies gilt für Hotelbauten wie auch für Wohnhäuser.

7 km **Abzweigung**

Rechts zum **Flughafen**, nach **Ras Nasrani**, **Nabk**, zum Wrack der **Maria Schröder** und ins **Wadi Kid**.

Hier zweigt gleich rechts eine Straße u.a. zur **Sharks Bay** ab, eine kleine, noch vor wenigen Jahren recht einsame Bucht, die heute mit Tauchschule und Hotels mehr oder weniger zugemauert ist (Strandzugang £E 10 einschließlich Mitbenutzung der Duschen). Für Schnorchler sehr günstig, da man nicht über die Riffplatte gehen muß. Nachteile: etwas abgelegen, zeitweise Moskitoplage, außer teuren Taxis Verkehrsverbindungen nur von der Asphaltstraße aus.

Der etwas bescheidene Airport bewältigt eine Menge Charterverkehr aus Europa und tägliche Flüge von und nach Kairo.

Schöne Korallenriffe finden Sie neben dem Flughafen (nach Umzäunung rechts auf Piste zum Strand abbiegen; Vorsicht, hier sollen noch Minen liegen, eingezäunte Stellen unbedingt meiden). Die Teerstraße führt weiter zur Küste (10 km von der Abzweigung. Dort schaut man auf die mit 8 km engste Stelle der Straße von Tiran, auf zwei auf der Riffplatte gestrandete Frachter und auf die wasserlose Insel Tiran, die sich über 500 m hoch aus dem Meer erhebt. An diesem strategisch günstigen Platz läßt sich mit minimalem Aufwand der Schiffsverkehr in den Golf von Aqaba lahmlegen, was Ägypten auch zweimal demonstrierte. Mitte der 90er Jahre wurde diskutiert, hier eine Brücke nach Saudi Arabien zu bauen, aber das Projekt scheint eingeschlafen zu sein.

In Ras Nasrani (N28°10,65' E34°18,13') beginnt eine Piste, die parallel zur Küste über Nabq nach Norden verläuft und einige sehenswerte Ziele bietet wie die nördlichsten Mangroven oder das Wrack der Maria Schröder (siehe Seite 548).

In dieser Gegend – mit Zentrum um Nabq – wurde ein weiterer **Nationalpark** (Eintritt $ 5 pP und $ 5 per Auto) auf dem Sinai eingerichtet, wobei die hier lebenden Beduinen mit integriert sind. Wie seit vielen Jahrhunderten sollen sie ihren Gewerben – hauptsächlich Fischfang – nachgehen, dies aber im Einklang mit der Natur tun, d.h. das ökologische Gleichgewicht nicht stören. Einige hauptberufliche Ranger kümmern sich um das Projekt.

Die jetzt folgende, noch original von den Israelis erbaute Straße nach Norden zieht sich durch phantastische Bergformationen, meidet bis Nuveiba die Küste und muß einige Pässe mit Höhen von bis zu 650 m Höhe überwinden. Leider wurde Ende der 90er Jahre eine Hochspannungsleitung mehr oder weniger parallel zum Straßenverlauf gezogen, die – so nützlich sie auch sein mag – die bizarre Schönheit der Landschaft extrem stört; Fotografen werden sie verfluchen.

25 km: **Abzweigung** (N28°09,14' E34°18,14')

Erste Piste zum National Park Naqb

6 km: **Pistenabzweigung**

Rechts (N28°10,65' E34°18,78') beginnt eine Piste durch's untere **Wadi Kid** und zum Wrack der **Maria Schröder**. Wenn Sie nicht der ab Seite 547 beschriebenen Strecke an der Küste gefolgt sind, lohnt sich ein Abstecher hinunter zum Strand und zu den Mangrovenwäldern. Auf etwa halbem Weg wurde das Main Gate der "Protected Area" der Oase Nabq, siehe oben, errichtet.

13 km: **Abzweigung** (N28°20,18' E34°11,76')

Links führt eine zunächst brauchbare, später stellenweise stark versandete Piste zur sehr malerischen **Oase im oberen Wadi**

Kid. Die Piste endet nach 14 km an einer Felsbarriere, die eine Schlucht abriegelt. An dieser Barriere scheint sich so viel Grundwasser zu stauen, daß die Palmen der dahinter liegenden, von hohen Felswänden eingeengten Oase bestens gedeihen (etwa 15 Minuten Fußweg). Die Oase wird von den Beduinen nur als Sommerlager benutzt, im Winter ist sie verlassen.

Das Wadi Kid beginnt in 2190 m Höhe am Gebel Sheikh el Arab, an dem auch die Wadis Nasb und Isla beginnen.

15 km: **Sharira Paß** (650 m Höhe)

Diese Strecke gehört zu den landschaftlich eindrucksvollsten der Ostsinai-Straße. Der Paß war in den Sinai-Kriegen stark vermint, man sollte vorsichtshalber nicht allzu weit abseits der Straße herumlaufen. – Eine Bedu-Cafeteria offeriert Getränke.

24 km: **Abzweigung**

Rechts 6 km auf vierspuriger, beleuchteter Straße nach Dahab, nach 3 km zweigt links eine Straße ab, die in Nord-Assalah in die Straße mündet, die schließlich zum Blue Hole führt.

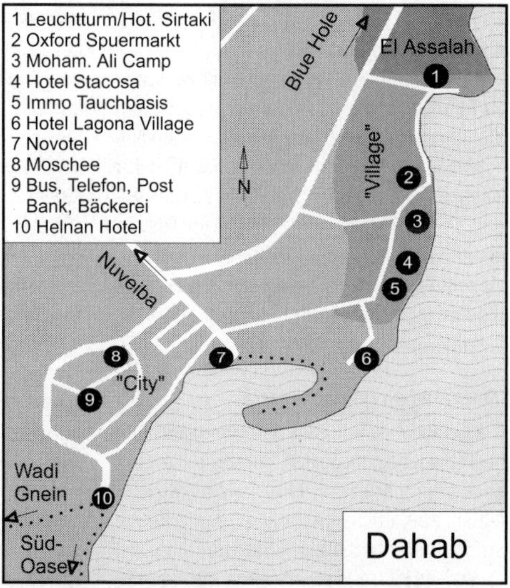

Dahab

Der goldgelbe Sandstrand – von Korallenriffen gesäumt – gab dem schönen Schwemmland-Fleck den Namen *Gold* (arabisch *Dahab*). Besonders die nach Süden verlaufende Gebirgskette bildet eine landschaftlich herrliche Kulisse als Hintergrund der Oase. Bisher scheint hier der Baurausch noch nicht in dem Maße ausgebrochen zu sein wie andernorts und der Strand noch nicht mit Feriendörfern zugepflastert zu werden.

Touristenzentrum

Die Asphaltstraße führt direkt in das ursprünglich von den Israelis erbaute **Touristenzentrum** mit Bushaltestelle. Hier unten am Strand breiten sich die Hotels Novotel, Hilton, Ganet, Swiss Inn und – etwas weiter südlich – Helnan über jeweils große Flächen aus. Alternativ zu diesem modernen Komplex errichteten die Beduinen neben ihrem Dorf El Assalah ein *Bungalow-Dorf*, das viele Traveller anzieht und häufig *Village* oder *Bedu-Village* genannt wird (siehe weiter unten).

Busverbindungen

- **Sharm el Sheikh**: 15.00, 17.30 (£E 5)
- Sharm el Sheikh, **Kairo**: 8.30, 13.00, 14.30, 22.00 (£E 70)
- Sharm el Sheikh, **Suez**: 8.00 (£E 25)
- Sharm el Sheikh, **Ismailiya, Zagazig** 10.00, 20.30
- St. **Katharina**: 9.30

Dahab

- **Nuveiba**: 18.30 (£E 10)
- **Nuveiba, Tabah**: 10.30

Das Busterminal für beide Ortsteile wurde im Touristenzentrum in der Nähe des Telefonamt eher versteckt, früher lag es vor dem Novotel und war leichter zu erreichen. **Ein Tip für Kairo-Busse**: Nehmen Sie Plätze zwischen 1 und 20, da die anderen in Sharm el Sheikh vergeben werden und Sie dann Ihren Platz räumen müßten. Sammeltaxis verkehren ziemlich regelmäßig nach Sharm el Sheikh, Kairo, Tabah oder zum Katharinenkloster.

Touristemzentrum

Die Bucht beim Touristenzentrum eignet sich hervorragend zum Surfen. Surfgerätschaften kann man u.a. in der Surfschule im Novotel leihen, aber auch in Assalah.

Ein Stück oberhalb des Touristenzentrums zweigt eine Straße nach Süden ins eigentliche "Stadtzentrum" ab, in dem ein modernes Verwaltungsgebäude die Präsenz der ägyptischen Bürokratie mehrstöckig demonstriert. Ein Stück den Berg hinunter treffen Sie auf Supermärkte, die Bushaltestelle, Post, Telefonamt, Bank, eine Bäckerei, verschiedene Shops und ein paar Restaurants.

Wenn wir nicht ins öde Zentrum abbiegen, sondern nach Süden weiterfahren, so passiert man zunächst das neue Helnan Hotel, dann geht die Straße in eine Piste über, nach 3 km ist die **Südoase** am Wadi Gnein erreicht. Diesem gesamten Strandabschnitt sind immer wieder Korallenriffe vorgelagert. Ein guter Tauchplatz liegt an der vorletzten Palmengruppe der Südoase. Zum Schnorcheln sind die "Pools" noch besser geeignet, die ca. 500 m weiter südlich zu finden sind. Es handelt sich um eine Kette von drei miteinander verbundenen Löchern im Riff, die fast am Strand beginnen.

Von der Südoase aus können Sie auf schwieriger Piste ins **Wadi Gnein** fahren und in einer kleinen Oase mit 20 Palmen und einer Beduinenfamilie Rast machen. Wenn Sie den Strandabschnitt über die Südoase hinaus erforschen wollen, so endet bald die befahrbare Piste an den steil ins Wasser fallenden Bergen, dort geht es nur zu Fuß oder per Kamel weiter.

Beduinendorf

*Die alte **Beduinensiedlung El Assalah** in Dahab, in der die Muzeina-Beduinen leben und die heute **der** Budget-Travellertreff auf dem Sinai ist, liegt etwa 45 Minuten Fußweg (ungefähr parallel zum Strand) nördlich des Touristenzentrums oder 3 km Asphaltstraße von der entsprechenden Kreuzung aus. Bei Bus-Ankunft warten meist Taxis an der Haltestelle, die £E 5 pP für den Kurztrip verlangen.*

Südlich vor ihrem Dorf vermieteten die Beduinen in der Gründerzeit Hütten aus allerlei Baustoff wie Bambusgeflecht, Pappe oder Sperrholz an junge Budget-Traveller. Doch diese simpelste Art von Baumaßnahmen gehört der Vergangenheit an. Statt dessen geht der Trend zu Camps aus Beton- bzw. Steinhütten, die zwar mehr Schutz gegen Diebstahl bieten, freilich mit dem Nachteil, daß sich die Buden während des Tages stark aufheizen und nachts nur langsam abkühlen. Einige davon unterscheiden sich in Aussehen und Einfallslosigkeit kaum von Gefängnisanlagen, andere wiederum sind originell und keineswegs uniform gestaltet. An Komfort wird in der Regel harter Boden mit Schaumstoffunterlage in den kahlen vier Wänden geboten, oder in den besseren Klassen Stein- bzw. Holzbetten. Die Sanitäranlagen sind meist zentral angelegt, aber immerhin jetzt in jedem Camp vorhanden.

Das Dorf wächst ständig vor allem in südlicher Richtung, es dürfte derzeit aus ca. 150 Camps, Restaurants, Cafeterias und Supermärkten – an einer richtigen Bazarstraße – bestehen. Doch die kommerzielle Tourismus-Industrie hat es zum Glück bisher nicht entdeckt, hierher pilgern fast ausschließlich Individualtouristen.

Nach den Gründerjahren mit vor allem Sanitärproblemen hat sich das Dorf trotz seines Wachstums recht positiv entwickelt; es ist ein – vom Komfort her zwar anspruchsloser – Platz zum Relaxen und Erholen geworden. Dies gilt vor allem für junge Leute und solche, die auf vornehme Hotelzimmer mit Bad und AC keinen Wert, dafür aber auf Geselligkeit um so mehr Gewicht legen. Auch das sonst allgegenwärtige Bekleidungsthema spielt hier nicht mehr die Rolle wie sonst in Ägypten. Zumindest an der Oberfläche hat sich die Situation offenbar ziemlich entkrampft; erfreulicherweise scheint andererseits die Topless-Welle abgeebbt zu sein. Mit dem Erholen scheint es heute nicht mehr weit her zu sein, denn plärrende Musik und lärmende Wasser-Bikes lassen von morgens bis Mitternacht kein Trommelfell ungerührt.

Inzwischen gibt es sogar eine Art professioneller Müllabfuhr und es ist zu hoffen, daß die Plastikmüllfahnen, die der Wind an jede Pflanze bis hin zum Touristenzentrum weht, auch bald der Vergangenheit angehören. Noch ist die Wasserversorgung das zentrale Problem. Das Waschwasser wird meist aus einem Brunnen auf dem jeweiligen Camp-Grundstück gewonnen. Man muß sich darüber klar sein, daß Trinkwasser aus der Hauptoase herangeschafft werden muß; Magen-/Darmprobleme sind bei dem lockeren Umgang mit der Hygiene für den frisch Eingeflogenen einigermaßen vorhersehbar.

Eine ziemlich starke Ruhr-Epidemie im Frühjahr 1989 hatte die Leute zum Nachdenken über die Entsorgung menschlich erzeugter Abfälle gebracht; denn seit der Überflutung der Oase mit Touristen läßt sich dieses Problem nicht mehr einfach auf traditionelle Weise mit Sand verdecken. Die jetzt überall vorhandenen Sickergruben werden angeblich regelmäßig per Tankwagen entleert und deren Inhalt ***nicht*** *ins Meer gekippt. Eine Kanalisation ist im Bau.*

Trotz aller Probleme hat das Beduinendorf eine eigene, durchaus charmante Identität entwickelt. Eine so lockere Institution wie diese etwas chaotisch-sympathische Ansammlung von Sammellagern dürfte in ganz Nahost nicht wiederzufinden sein; in ihrer Unkompliziertheit und mit dem etwas naiven Kommerz vielleicht auch nicht in Europa.

Kehrseite der Medaille ist das allgegenwärtige Drogenproblem, das von Anbeginn das Dorf begleitete. Wenn die ägyptische Polizei ihre Drohungen ernst werden läßt – dann müssen nicht Wenige aus den kahlen Wänden der Camps in nicht minder kahle ägyptische Gefängniszellen umziehen. Dealer können in Ägypten per Strick zu Tode befördert, in leichteren Fällen mit Gefängnis bis zu 25 Jahren bestraft werden (ein Dahab-Dealer beendete 1989 sein Leben auf diese Weise). Will man die Zeit in den hiesigen Gefängnissen auch ohne den Galgen überleben, braucht man zumindest eine äußerst stabile Gesundheit. Zugenommen hat in jedem Fall die Beschaffungskriminalität der Besucher – passen Sie gut auf Ihre Habseligkeiten auf.

In jüngster Zeit zeichnet sich ein Trend ab, daß die Taucher mehr und mehr die Majorität der Besucher stellen. Dies wird zur schnelleren Kommerzialisierung des Dorfes beitragen, die Hippie-Kultur wird langsam verdrängt.

Doch zu den praktischen Informationen: Ehemaliges Zentrum der Aktivitäten war die Gegend um den (alten) **Leuchtturm**, an dessen Stelle jetzt das Sirtaki Hotel steht. Die Straße, die sich von hier aus zwischen Palmen für ca. 1 km am Strand entlang nach Süden bis etwa zu Ali Mohammeds Camp zieht, bedient den attraktivsten Teil von Dahab-Bedu. Dann folgen für weitere 1,5 km eine ganze Reihe von Camps. Auf der "Flanier-Meile" drängeln sich die Gäste, reiten Beduinen mit ihren Kamelen weltverloren dahin, wetteifern die Restaurants miteinander.

Die meisten **Restaurants und Cafeterias** sind im Beduinen-Stil aufgemacht, man hockt oder liegt auf Teppichen, lehnt an Palmstämmen oder Steinmäuerchen und läßt sich auf niedrigen Tischen servieren. Hauptsächlich werden Fischgerichte von meist frisch gefangenem Fisch, aber auch die gesamte europäische Speisekarte von Pizza bis Steak sowie Softdrinks und in letzter Zeit auch wieder Stella-Bier angeboten. An fast allen dieser Eßplätze hängen Speisekarten aus, man kann sich über das aktuelle Angebot gut informieren. Wer extravagant, gut und teurer speisen will, geht in die Hotel-Restaurants Nesima oder Sirtaki (griechisch). Ein Leser berichtet begeistert von *Sharks* (unter amerikanischer Führung), ein anderer vom sehr sauberen *Dai Pescatori* (von einem Italiener geführt) in der Nähe des Sirtaki Hotels. Aber auch Allerweltsnamen wie *Ali Baba* oder *Aladin* sollten einen Blick wert sein.

Sogenannte **Supermärkte** offerieren eine brauchbare Auswahl an Lebensmitteln, so daß sich auch Selbstversorger gut durchschlagen können. Aber auch für die Souvenir-Kaufwut ist gesorgt. Es scheint, als ob viele Händler von Kairos Khan el Khalili Bazar Dahab entdeckt hätten. Man kann hier zu ähnlichen Preisen ähnlich (nutzlose) Dinge erwerben wie in Kairo. Für die Nacht brüllen Discos heiße Rhythmen der See entgegen, oder man hängt in den Restaurants am Strand und genießt zumindest die lauen Sommernächte (im Winter kann der kühle Wind das Vergnügen stark reduzieren).

Ein paar Tips und Infos

- Halten Sie in Dahab unbedingt ein Auge auf Ihre Wertsachen bzw. Ihr Geld, hier wird viel **gestohlen** – nicht oder kaum von den Einheimischen.
- Mindestens vier **Internet Cafés** öffneten in jüngerer Zeit ihre PCs, u.a das *White Hawk* (3 Min £E 1) an der Straße nach Süden, günstiger liegt das *Internet Café* (30 Minuten £E 12) gegenüber dem Ghazala Shop.
- **Roland Ganser,** alias Abdallah el Almani, ein deutscher Moslem, lebt seit 1993 in Dahab und betreibt den "Schmuckpalast" (Tel 062 64 0247), einen Silberladen. Er bot sich an, bei Fragen gern weiterzuhelfen.
- Am Ortseingang versorgt eine **Apotheke** z.B. durchfallerkrankte Traveller mit Medikamenten
- In einer ganzen Reihe von **Tauchstationen** können Sie Tauchgeräte leihen oder das Tauchen erlernen. Zwar ist das Angebot noch nicht ganz so massiv wie in Naama/Sharm el Sheikh – zur Zeit der Recherche sprach man von etwa 28 Schulen; wenn Sie diese Zeilen lesen, werden es

Schreiben Sie uns bitte, wenn Sie Änderungen oder Neues entdecken.

noch mehr sein –, doch sollte man auch hier bei der Auswahl sowohl an die eigene Sicherheit als auch an die Umwelt denken. Wir wollen entgegen früherer Praxis bewußt keine Namen von Stationen nennen.

- Internationale **Kartentelefone** gibt es im Telefonamt im Touristenzentrum oder im Village im Oxford Shop und im Neptun Restaurant.
- Die Beduinen arrangieren **Kamel- oder Jeeptouren** in die Wadis der umliegenden Berge oder zum Katharinenkloster. Kameltrips scheinen hier mit ca. $ 50 pP und Kamel deutlich teurer als in Nuveiba zu sein. In der Restaurantstraße stehen genug Anbieter herum ("Rent a Camel"), ebenso wie Pferdevermieter.
- Ein **Kameltrip** ist ein einmaliges Erlebnis, er wird Ihnen die Faszination und Einsamkeit der Sinai-Berge erst richtig erschließen. Grundsätzliche Informationen zu diesem Thema finden Sie ab Seite 550, Führer und Kamele können Sie im Beduinendorf anheuern.
- Zum **Katharinenkloster** (£E 35 – 45 pP) fährt man um 23 Uhr ab, Aufstieg zum Mosesberg und Klosterbesichtigung, Rückkehr gegen 11 Uhr am nächsten Tag (vorsichtshalber Paß wegen der MFO-Kontrolle unterwegs mitnehmen!). In Zeiten schwächerer Saison läßt sich eine Tour von Dahab besser und billiger organisieren, weil man hier leichter Mitfahrer findet.
- Ein **Taxi** nach Sharm el Sheikh kostet um £E 100, nach Tabah um £E 200
- "**Quads**", vierrädrige Motorräder, gibt es zum Nachteil von Ohren und Umwelt zu mieten. Diese Geräte verlocken geradezu zum Offroadfahren. Dabei graben die Räder tiefe Spuren in den Sand und pflügen die wenigen Pflanzen oder Samen für immer unter die Erde. Aber auch ganz normale Motor- oder Fahrräder stehen im Verleihprogramm.

Das eigentliche Dorf, in dem die Beduinen leben, liegt ein Stück nördlich des Campdorfes. Auch dieses Dorf ist in den letzten Jahren stark gewachsen, hat eine Schule und offenbar eine Verwaltung erhalten. Das Geld, das von den Gästen hiergelassen wird, fließt noch zum großen Teil direkt in die Taschen der Beduinen. Anonyme Geschäftemacher wie an vielen anderen Touristikplätzen scheinen noch die Ausnahme zu sein.

Ausflug zum Blue Hole

Der Strand direkt am Village ist ziemlich verschmutzt. Beim Sirtaki Hotel liegt eine Korallenbank, das *Lighthouse Riff*, die auch zum **Schnorcheln** gut geeignet ist. Das Tauchmagazin *Unterwasser* klassifizierte sie 1998 als *"eine vielseitige, intakte Unterwasserlandschaft"*.

Ebenso finden Sie nördlich der Beduinensiedlung entlang der inzwischen sehr ausgefahrenen Piste Korallenriffe; ein Pickup-Platz bis zum Blue Hole kostet £E 10. Etwa 700 m nördlich des Sirtaki Hotels liegt der **Eal Garden** (beim Eldorado Camp), in dem sich besonders viele Röhrenaale tummeln. 7 km nördlich vom Assalah-Zentrum folgt beim Canyon Dive Resort (Diving Center, Hotel, Restaurant, Camping) **El Hasha** (*Canyon*), der zu den hochinteressanten Tauchplätzen des Sinai zählt. Die Piste endet rund 10 km vom Beduinendorf entfernt am **Blue Hole** ; etwas breitere Autos (Wohnmobile) müssen gut 400 m zuvor parken, weil der Durchstich durch den letzten Hügel sehr eng angelegt wurde. Direkt am Blue Hole errichteten die Beduinen Cafeterias, die auch Leihschnorchel anbieten. – Denken Sie beim Baden an Umwelt, Haie, Steinfische u.ä., lesen Sie bitte *Tips für Taucher* (Seite 109).

Das Blue Hole ist ein Loch von etwa 80 m Durchmesser in der Riffplatte mit großem

Durchs Wadi Nasib zum Katharinenkloster

Nachdem Sie vorsichtshalber vollgetankt und sich mit einer Genehmigung (Tasrih) der Polizei von Dahab ausgerüstet haben (erhältlich beim Posten am Touristenzentrum; 1997 war sie angeblich nicht erforderlich; andere Leser berichten, man dürfe nur mit Führer fahren...) können Sie durch die faszinierende Gebirgslandschaft des Wadi Nasib zum Katharinenkloster fahren. Die Piste ist streckenweise leicht versandet, Allradantrieb und einigermaßen Bodenfreiheit sind sehr empfohlen (siehe auch Seite 108). Bei km 9 und km 21 (nach der Abzweigung von der Asphaltstraße) eingezäunte Minenfelder, bei km 57 öffnet sich eine Schlucht und man trifft auf die hübsche Klein-Oase Bir Nasib mit Palmen und kleinen Gärten, die sich zwischen hohen Felswänden hinzieht.

Bei km 60 steht der erste Checkpost, der ohne Tasrih die Weiterfahrt in der Regel nicht zuläßt. Selbst wenn dieser Posten gut gelaunt ist, kann der nächste annehmen, Sie hätten den ersten umfahren; einen Leser kostete dies viel Zeit und letztlich £E 200 Strafe. Danach Paßüberquerung mit ziemlichem Weichsand, bei km 73 der zweite Checkpost. Bei km 85 zweigt rechts eine Piste ab, gleich danach kann man Granit-Steinbrecher bei ihrer harten Arbeit beobachten. Nach ca. km 93 öffnet sich der Blick auf die Blauen Berge, man durchfährt ihre Hochebene und erreicht bei km 101 am Grab des Nebi Salih – 12 km vor dem Katharinenkloster – und damit die Asphaltstraße (siehe Seite 518). In umgekehrter Richtung ist die Piste sinnigerweise ohne Tasrih befahrbar.

Fischreichtum, das senkrecht unter die 50m-Marke abfällt. Dann führt ein Tunnel ins offene Meer. Es ist zwar einerseits ein bequemer Einstieg in die Wasser-Unterwelt und ein guter Schnorchelplatz, der leicht vom Strand zu erreichen ist (das Blue Hole wird lange vor Sonnenuntergang vom Schatten der umliegenden Berge verdunkelt, daher wegen besserer Sicht zuvor ins Wasser gehen). Doch Achtung Taucher: Hier wurden mehrere tödliche Unfälle in letzter Zeit bekannt, das Loch ist heimtückisch und nur für erfahrene Taucher geeignet.

Ein Taxi zum Blue Hole kostet £E 30 bis 40, Sammel-Jeep £E 10 pP. Die Beduinen im Dorf arrangieren auch Kameltrips bis zum Blue Hole; ein guter Test übrigens für weitere Aktivitäten auf dem Kamel.

Eine dieser Aktivitäten kann der Weiterweg vom Blue Hole nach **Ras Abu Gallum** sein (Anfahrt per Auto bzw. von Norden siehe weiter unten bei *km 523 bzw. *km 537). Allerdings ist die Piste entlang der hier steil ins Meer abfallenden Berge so schmal, daß man meist das Kamel führen muß. Vom Blue Hole dauert der Marsch eine gute Stunde. Am recht einsamen Ras Abu Gallum gibt es gute Schnorchel- und Tauchplätze.

Zur Fortsetzung unserer Sinai-Umrundung müssen wir zur Abzweigung vor Dahab zurück. Bei der Weiterfahrt erleben Sie wiederum grandiose Landschaften. Die Straße schraubt sich erneut in die Berge und erreicht kurz vor Nuveiba immerhin etwa 700 m Höhe.

13 km: **Abzweigung**

Links Piste durchs Wadi Nasib zum Katharinenkloster (siehe Kasten).

26 km: **Abzweigung**

Die links abzweigende, gut ausgebaute Straße führt zum **Katharinenkloster** (siehe ab Seite 518). Sehr empfehlenswert ist zumindest ein etwa 9 km langer Abstecher Richtung Kloster zu einer bizarren Felsbarriere und, wenn möglich, zur Oase Ain Hudra (siehe Seite 528).

Die Beduinenfrauen haben ihr Vermögen stets vor Augen

11 km: **Abzweigung**

Rechts 7 km gute Piste nach **Bir Zrair**, einer kleinen Oase und Beduinensiedlung. Der wiederum sehr lohnenswerte Abstecher in dieses Wadi beeindruckt mit großartigen Bergformationen und am Ende mit einem giftgrünen Dattelpalmen-Farbklecks rund um eine Quelle. Leider hat die Oase durch Betongebäude viel von ihrem Charme verloren.

Die Piste führt weiter zum Meer bei Ras Abu Gallum. 8 km nach Bir Zrair zweigt sie links zu einem MFO-Stützpunkt auf einem hohen Berg ab; hier geradeaus weiterfahren auf einer schmalen, einen felsigen Paß erklimmenden Strecke. Es steht eine eindrucksvolle Fahrt durch ein besonders farbenfrohes, im letzten Abschnitt schluchtartiges Wadi zur Küste bevor. Diese gut präparierte Piste kann – nach derzeitigem Zustand – von robusten Fahrzeugen auch ohne Allrad bewältigt werden.

Die Küste ist nach 23,5 km von Bir Zrair aus erreicht. Biegt man dort nach rechts ab, so steht man nach ca. 2 km auf den Sandbänken und -stränden des **Ras Abu Gallum**. Vom Ankunftspunkt am Meer geht es bald nur noch zu Fuß weiter (siehe weiter oben, *Blue Hole*) nach Süden Richtung Dahab, nach Norden führt eine 42 km lange, streckenweise ziemlich wellige Piste immer am Strand entlang und an einigen Checkposts und Beduinensiedlungen vorbei nach Nuveiba-Saiadin. Die Gegend um Ras Abu Gallum wurde als dritter **Nationalpark** des Sinai deklariert. Sie unterliegt entsprechenden Schutzbestimmungen.

Zurück zur Hauptstraße. Von der Paßhöhe – dort bietet eine Bedu-Cafeteria Erfrischungen – führt sie nahezu schnurgerade mit starkem Gefälle hinunter zum Meer; Autowracks beweisen die Gefährlichkeit der Strecke.

15 km:

Nuveiba

Die Straße hat hier nach einem eindrucksvollen Bogen durch die Granitberge die Küste wieder erreicht.

Die Oase Nuveiba besteht aus zwei größeren Siedlungen im Süden und Norden eines relativ großen Schwemmlandgebietes. Hier zweigt rechts eine Straße zum **El Saiadin Village**, des gleichnamigen Beduinenstammes ab und führt dann weiter am Restaurant und Saiadin Hotel vorbei zum 1984 gebauten neuen Hafen, **Nuveiba Port** genannt. Von hier aus fahren Fährschiffe nach Aqaba.

Die ursprünglich aus Abfallbrettern, Pappkartons und Wellblechstücken zusammengezimmerten Hütten des Dorfes waren der Prototyp der halbfesten Beduinensiedlungen. Doch seit Eröffnung des Hafens ändert sich das Bild stetig. Der einst recht kleine Ort hat sich ausgedehnt und wird von einigermaßen einfallslosen Betonsiedlungen für die Hafenbediensteten eingekreist. Die Beduinen selbst entwickeln Interesse an besseren Behausungen; viele Hütten wurden durch feste Häuser, häufig aus Natursteinen gemauert, ersetzt. Dieser gehobene Konsum bedeutet für die Beduinen zumeist Verschuldung mit dem Zwang, mehr Geld zu verdienen. "Das Leben wird komplizierter", hört man sagen – während sich das Gesicht kaum vom Fernseher abwendet, der auch hier Einzug gehalten hat und unentbehrlicher als der Kühlschrank zu sein scheint.

Einige Beduinen vermieten Jeeps für Rundreisen in die Umgebung. Man muß im Dorf bzw. in den Cafés herumfragen und wird bald auf Anbieter stoßen.

Im Dorf zweigt rechts eine Straße ab, die später in eine Piste übergeht und die auf dem schmalen Streifen zwischen Gebirgskette und Strand nach Süden zum Ras Abu Gallum (siehe weiter oben) verläuft. Von dort geht es dann nur noch per pedes weiter nach Dahab, weil die steil abfallenden Berge schon bald keinen Platz mehr für eine Piste lassen.

Kurz vor dem südlichen Ortsausgang von El Saiadin schwimmt eine ziemlich **zahme Delphin-Dame** namens *Holin* mit ihrem Jungen (inzwischen verstorben) herum, die von Schwimmern sogar berührt werden kann. Der Beduine Abdallah hält sie per Füttern in Strandnähe und verlangt daher "Eintritt" ab £E 10 pP; nach oben gibt es bei ihm keine Grenzen! Man kann ebenso per Boot dem Tier hinterherfahren, auch dabei werden Phantasiepreise ab £E 30 gefordert. Legen Sie vor Abfahrt Preis und Zeitspanne fest. Achten Sie auf Ihr Gepäck, hier wird gestohlen. Ob die Show das Geld wert ist und dem Delphin mehr schadet als nützt, mag jeder selbst beurteilen. Nehmen Sie die zweite Ankündigung an der Straße in Richtung Süden, dort scheint sich die Dukaten-Delphinin häufiger aufzuhalten.

Auch ohne Delphin ist es ein schöner Bade- und Schnorchelplatz. In Abdallahs Café direkt vor Ort kann man auch für £E 5 pP übernachten (WC und Dusche).

2 km: **Abzweigung**

Rechts Hauptstraße zum Hafen Nuveiba Port, kurz vor der Hafeneinfahrt ein paar Banken (günstigere Öffnungszeiten als in Nuveiba City, alle nehmen Traveller Cheques), die Busstation, mittlere Hotels und Restaurants. Die Nachtbusse nach Kairo starten hier.

Ein gutes Stück vom Hafen entfernt hat Hilton einen exklusiven Komplex erbaut.

4 km: **Abzweigung**

Links ins landschaftlich sehr schöne Wadi Watir, nach Ain Furtega und über Nakhl zum Suez-Kanal-Tunnel. Der 15 km weite Ausflug durch die grandiose Schlucht zur Mini-Oase Ain Furtega (leider durch Überschwemmungen stark zerstört) ist ein lohnenswerter Abstecher, noch lohnender ist es, von dort aus weiter zum Coloured Canyon (siehe Seite 533) zu fahren.

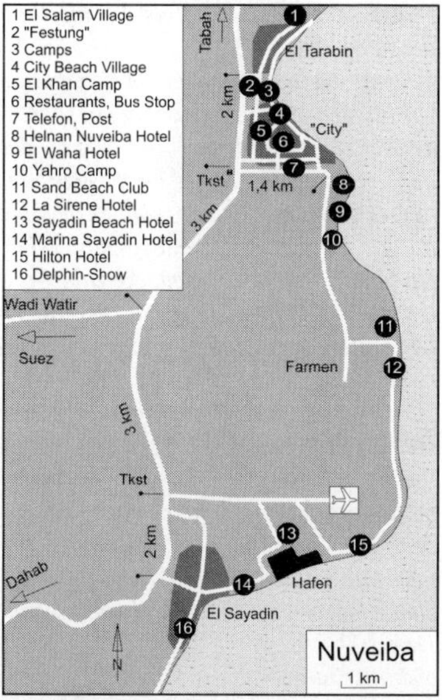

4 km:

Nuveiba City

An der Tankstelle rechts auf vierspuriger "Prachtstraße", neben der ein Park namens "6.October" angelegt wurde, nach Nuveiba City. (Eine Karte der Umgebung finden Sie auf Seite .)

Nuveiba ist unter Individualreisenden einer der beliebten Bade/Schnorchel/Tauch-Orte des Sinai. Einst sah es so aus, als ob sich diese Oase eher zum "mondänen" Badeplatz entwickeln würde, aber inzwischen hat ihr Dahab den Rang abgelaufen. Als weiteres Plus gilt, daß sich der Ort als der beste Ausgangspunkt für Kamel- und Jeeptouren zu den schönsten

Plätzen des Ostsinai anbietet (Einzelheiten siehe ab Seite 550).

Vom schönen Sandstrand öffnet sich vor allem am Spätnachmittag ein spektakulärer Blick auf das Panorama der hochaufragenden Berge im Westen oder dann, wenn die letzten Sonnenstrahlen auf die rotbraun glühenden Gebirgsketten Saudi-Arabiens fallen, die zum Greifen nahe scheinen. In dieser herrlichen Umgebung bauten die Israelis eine Touristenanlage mit Hotel, Restaurant, Tauchstation und Campingplatz (heute Helnan Hotel). Dieser Kern hat in den letzten Jahren gewaltig nach fast allen Seiten expandiert, scheint aber die derzeitige Entwicklung in Richtung Nobel-Hotelburgen nicht in dem Maße mitzumachen wie z.B. Sharm el Sheikh oder Dahab.

Mit Freigabe des Militärflughafens von Nakab (siehe Seite 533) auch für den zivilen Bereich, können Touristen nun ganz in die Nähe der Küste fliegen, damit ist der Umweg über das israelische Elat oder Sharm el Sheikh nicht mehr nötig. Dies könnte wiederum zu höheren Investitionen in Hotels verleiten.

Busverbindungen

Nuveiba ist, was die öffentlichen Verkehrsmittel betrifft, etwas ins Abseits geraten. Eine Bushaltestelle liegt am Helnan Hotel, die andere neben dem Telefonamt.

- **Dahab, Sharm el Sheikh**: 7.00, 9.00, 15.30 (£E 15)
- **Kairo**: 10.00, 15.00 (£E 55)
- **Suez**: 6.00 (£E 30)
- **Tabah**: 6.30, 12.00 (£E 15)

Es gibt keine Busverbindung nach Nuveiba-Port und keine zum Katharinenkloster, dorthin kommt man nur über den Umweg Dahab.

Fahrräder verleiht das Helnan Hotel (teuer) oder das SIM SIM Camp.

Restaurants

Gut essen kann man unter anderen im *Morgana* (vor allem Fischgerichte), Kalamari bei *Dr. Shish Kebab*, im Zentrum (allerdings immer kleinere Portionen), chinesisch/koreanisch im *Han Kang*, im *White Palace* am Strand, Pizza gibt es im *Kinawi* am Ortseingang von Tarabin. Das *Helnan Hotel* offeriert ein üppiges Frühstücksbuffet zu £E 24, bei dem man sich für den Tag satt essen kann, außerdem nicht allzu teure Gerichte an der Beachside Bar. Im *Cleopatra*, Nähe Helnan Hotel, gibt es gutes Seafood. In der Tarabin-Gegend bietet die *Italian Pizzeria* (mit Restaurant) preiswerte und gute Gerichte. Empfehlenswert ist auch *Mondial* im Camp David, gutes Essen, preiswert.

Kennenlernen

Die erste Abzweigung von der Prachtstraße führt links in die "**City**". Dort gibt es übliche Versorgungsmöglichkeiten wie Post (internationales Telefon), mehrere Supermärkte, Gemüse- und Obst- und Souvenirläden. Hier finden Sie auch preiswerte Restaurants. Schließlich liegt hier beim Telefonamt die Bushaltestelle. Travellerschecks kann man nur in der Bank im Hilton Hotel oder bei der Bank Misr in Nuveiba Port einlösen, ansonsten gibt es eine Bank im Helnan Hotel.

Wenn Sie der Straße aus der City heraus Richtung Strand folgen, stoßen Sie quasi in der Rechtskurve auf einen weißen Neubau mit der Bäckerei und nur wenig entfernt auf ein neues "Shopping Center", bald folgt das Helnan Nuveiba Hotel.

In der Hotelwäscherei kann man preiswert waschen lassen, an der Strandbar gibt es süffige Drinks. Ein recht gutes Fischrestaurant liegt zwischen Hotel und hoteleigenem Zeltplatz. Südlich vom Helnan Hotel folgen weitere Hotels bzw. Camps. Die Straße führt weiter an ehemaligen, von den Israelis gegründeten Farmen vorbei. Gleich nach der ersten Exfarm zweigt links eine Straße zum Strand ab, wo weitere Camps bzw. Hotelanlagen entstanden bzw. gerade gebaut werden. Die strandparallele Straße endet in Nuveiba Port bzw. im Saiadin Village.

In der Nähe des Helnan Hotels und der Bushaltestelle leuchtet rechts an einem der ersten Häuser ein Schild **Information**, dort hat nicht etwa die Tourismusbehörde ein Büro eröffnet, sondern Uschi (Schweizerin) und Sam (Ägypter) Baioumy-Kunz, Tel 062 500 475, Fax 062 500 476, bieten allgemeine Informationen, internationales Telefon und Fax, organisieren und leiten Trips in die Umgebung und vermitteln Autos für Europcar. Es lohnt sich in jedem Fall, dort vorbeizuschauen (und möglicherweise dort zu buchen, um das Büro mit seinem fundierten Wissen am Leben zu erhalten).

Ein Stück nördlich des Helnan Hotels steht – als Orientierungspunkt – das City Beach Hotel. Hier gibt es gibt Bier, Wein und eine (nicht zu laute) Disco. Auf dem weiter nördlich, nach der großen Düne gelegenen feinsandigen Strandabschnitt entstanden zunächst Billigcamps, die sehr an das frühe Bedu-Village in Dahab erinnerten. Inzwischen gehören auch hier sanitäre Anlagen zum Mindeststandard, in den letzten Jahren wurden auch bessere und teurere Camps bzw. Hotels errichtet. Praktisch ist der gesamte Strandabschnitt bis hin zum schon fast uralten El Salam Village am Nordrand von Tarabin vergeben. Hier spielt sich das ungezwungenere Strandleben ab, diverse Coffeeshops und Restaurants sorgen fürs Überleben.

Am Weg parallel zum Strand weiter nach Norden steht die Ruine einer aus dem Jahr 1892 stammenden osmanischen **Festung**, die kaum etwas Interessantes bietet. Danach folgt die Beduinensiedlung Nuveiba el Tarabin, die inzwischen recht gut ausgebaut ist.

In der Tarabin-Bucht zieht sich ein **Korallenriff** direkt am Strand entlang, auch vor dem Hotelkomplex siedeln Korallen, allerdings ca. 200 Meter vom Strand entfernt. Südlich, in der Nähe der Dünen, kommen Schnorchler und Taucher ebenfalls auf ihre Kosten. – Denken Sie beim Baden an Umwelt, Haie, Steinfische u.a., lesen Sie bitte *Tips für Taucher (Seite 109).*

Ausflüge

Jeep- und/oder Kamel-**Touren in die Ostsinaiberge** bieten an:

- *Anis (deutschsprachig), der Besitzer von El Khan, mit dem wir – allerdings vor Jahren – sehr gute Erfahrungen machten (siehe auch Seite 550)*
- *Der deutschsprachige Guide Morad, Tel 500 555, dem das Yahro-Camp gehört*
- *Uschi und Sam (Informations-Office) Kameltrip £E 100 pP pro Tag einschließlich Verpflegung*
- *Der gut englisch sprechende Guide Hatem Abed, der in der City wohnt (Tel 771 650)*

Auch die Restaurants El Sharkawi und Dr. Shis Kebab sowie die Camps vermitteln Jeep- und Kameltouren.

Etwa 1,5 km nach der Tankstelle an der Straße nach Tabah macht rechts ein Schild auf **El Khan** aufmerksam, ein Camp, das dem deutschsprechenden Beduinen Anis (er war mit einer Schweizerin verheiratet) gehört. Ein Besuch zeigt, was mit Tatkraft und Fleiß aus der Wüste gemacht werden kann: Das Grundstück war noch vor wenigen Jahren so tot wie die umliegenden Steinfelder, inzwischen ist eine kleine, dschungel-grüne Oase herangewachsen, die von Jahr zu Jahr dichter wird. Anis war einer der ersten, der Treckingtouren mit Kamelen in die Bergwüste anbot.

Pionier in der Wüste

Sherif el Ghamrawy, der sich in Deutschland zum Bauingenieur ausbilden ließ, war seiner Zeit mindestens um ein Jahrzehnt voraus, was die touristische Entwicklung des Sinai betraf. Als noch kein Mensch über die Grenzen der wenigen Orte hinausdachte, gründete er sozusagen "in the middle of nowhere" das inzwischen fast legendäre Basata Camp, 22 km vom damals noch sehr bescheidenen Stützpunkt Nuveiba entfernt, ohne Wasseranschluß und ohne Stromversorgung.

Seine ökologische Grundkonzeption war ebenfalls der Zeit weit voraus: Einfachste Unterkünfte aus natürlichem Material, kein Lärm, kein Tauchen, keine Hektik, sondern Ruhe, gegenseitiges Vertrauen und Achtung der Natur sind sein Kredo. Seine Gäste unterhalten sich durch Gespräche, Diskussionen oder Meditation. Kein Wunder, daß die meisten Stammgäste wurden und viele Male ihren Urlaub in Basata verbrachten.

Im Camp gilt Vertrauen: Die Gäste bedienen sich bis auf die Abendmahlzeit aus den Vorräten selbst und rechnen beim Auschecken ab. Der Koch bereitet tagsüber Brotfladen, Brot, Kuchen oder Pizza, abends gibt es abwechselnd frische Fischgerichte oder Vegetarisches. Eigenverpflegung durch Mitgebrachtes ist unerwünscht, allerdings kann sich jeder Gast aus dem vorhandenen Angebot auch selbst kochen. Koch- und Brauchwasser werden von einer Entsalzungsanlage erzeugt.

Sherif kämpft aber genauso gegen unsinnige Ansprüche der Verwaltung – so z.B. gegen einen Richtfunkturm direkt an seiner Badebucht, aber auch erfolgreich für sinnvolle Projekte. Zusammen mit Gleichgesinnten hob er ein Müll-Recycling-Projekt aus der Taufe, in das die Mitglieder ihre Abfälle nach Arten sortiert einliefern, Helfer trennen die gesammelten Stoffe weiter bzw. verdichten sie. Organische Abfälle erhalten die Beduinen zur Weiterverwertung, die meisten anderen Stoffe gehen nach Kairo zur Weiterverarbeitung. So ist ein allererster Schritt getan, das leidige Müllproblem anzugehen und Schritt für Schritt ein Umweltbewußtsein zu entwickeln.

Wenn Sie zur Grenze nach Tabah weiterfahren wollen, bringt Sie ein Sammeltaxi zu £E 10 pP direkt bis zum Schlagbaum.

3 km: **Abzweigung**

Rechts zur Beduinensiedlung

Nuveiba el Tarabin

Auf dem jetzt folgenden Küstenabschnitt bis Tabah sind in den letzten Jahren zahllose Camps und Hotelanlagen entstanden, werden gerade gebaut oder geplant. Die gesamte Küste ist mehr oder weniger zugebaut, der Zugang zum Strand nur noch an wenigen Stellen ohne Restriktionen möglich. Dieser Bauboom brach etwa ab 1997 aus, nachdem die Wasserversorgung durch den Einsatz von Meerwasserentsalzungsanlagen in großem Maßstab gesichert wurde. Wer den Sinai noch aus den Jahren nach Rückgabe von den Israelis kennt, wird diese Entwicklung zutiefst bedauern. Aber sie läßt sich nicht aufhalten.

5 km: **Ras Sheitani (Devil's Head)**

Auf einer Landspitze ragt ein alleinstehender, kopfähnlicher Felsen auf, von dessen Plattform man Fische beobachten kann. Das Riff fällt hier steil auf 15 m Tiefe ab und bietet gute Tauchgründe.

Der Platz erhielt vielleicht seinen Namen auch deshalb, weil nachts von der Höhe des Felsens geisterhafte, mehrere Quadratmeter große Lichtreflexe im Wasser zu beobachten sind. Urheber sind Schwärme des sog. **Flashlight Fish** (Photoblepharon, etwa goldfischgroß), die unterhalb der Augen in einer Hautfalte licht-emittierende Mikroben beherbergen, die sie nachts zur Nahrungssuche blau-grün aufleuchten lassen.

14 km:

Ras Burka

Der Name steht für einen Felsen, der einem verschleierten Kopf gleicht, rechts eine Polizeistation. Daneben führt eine Straße hinunter zu einer beliebten Bade- und Schnorchelbucht; ein idealer Platz für Anfänger, weil der Einstieg flach und sandig ist.

Sherif el Ghamrawy – der fließend deutsch spricht – hat hier zusammen mit seiner deutschen Frau Maria das **Basata Camp** gebaut (Tel 062 500 481). Dabei verwirklichte er eine am Aqaba-Golf einmalige Konzeption: *"Ein Platz, um tagsüber Wüstenberge und die Unterwasserwelt anzuschauen, nachts den Sternenhimmel – sonst keine Unterhaltung,"* sagt der Besitzer. Man schläft in einfachen Hütten aus Bambus, die dem Wind trotzen, aber dennoch erfrischende Ventilation garantieren. Seit einigen Jahren erweitert er sein Camp um Häuser aus Schlammziegeln und Bruchsteinen, die bereits im Rohbau sehr viel Atmosphäre versprechen. Sherif bietet darüber hinaus interessante Ausflüge in die Umgebung an (siehe Seite 550).

Etwas schwierig ist die An- und Abreise mit öffentlichen Verkehrsmitteln. Nehmen Sie den Bus nach Tabah und lassen Sie sich in Basata absetzen. Zum Wegkommen fragt man am besten einen anderen Gast, ob er einen Platz nach Nuveiba oder Tabah frei habe. Einige Taxifahrer sind in Basata stationiert, mit denen Sherif feste Preise vereinbarte.

22 km: **Tabah Hights**

Hier entsteht eine neue Touristenstadt nach dem Vorbild von El Gouna bei Hurghada mit kompletter Infrastruktur, beginndend beim kleinen Supermarkt von Tante Emma bis hin zum Spielcasino im Luxushotel.

3 km: **Tauchbucht Marsa el Muqabila**

Hier verläuft die Straße direkt am Meer; dort wo sie die Küste verläßt, ist der beste Einstieg in die Tauchgründe.

8 km: **Fjord**

Ein fjordähnlicher Einschnitt ins Gebirge hat eine malerische Bucht geschaffen, kurz zuvor führt eine Piste zum Strand. Nördlich vom Pistenende erstreckt sich ein Riff mit schönen Korallen, die Gegend ist auch zum Schnorcheln gut geeignet. Der Sun Pool ist eine kleine, vom Meer abgeschlossene Lagune, die sich – von der Straße her uneinsehbar – hinter den Bergen versteckt, die den südlichen Abschluß der Fjordbucht bilden. Derzeit scheint allerdings der Zugang durch ein Militärareal blockiert zu sein. – An der Straße steht ein Restaurant mit gutem Blick auf den Fjord.

3 km: **Abzweigung**

Links Richtung Kairo über die anfangs landschaftlich berauschend schöne Straße nach El Nakab, von dort weiter über Nakhl, El Hamdi Tunnel (siehe Seite 535).

2 km:

Coral Island

Unweit vom Strand liegt die, auch Pharaoon Island bzw. Jezirat Farun genannte, von Korallenbänken umgebene Insel mit den pittoresken, teilrestaurierten Ruinen einer Kreuzritterburg aus dem Jahr 1115 nC. Nach der Eroberung von Jerusalem 1187 durch Saladin wurde sie zu einer Festung gegen die Kreuzritter umfunktioniert. Sehr attraktive Schnorchel- und Tauchgründe liegen an der Südspitze mit guter Sicht in klarem Wasser, aber auch die Ostseite bietet schöne Korallen.

Gegenüber der Insel auf der Landseite wurden ein Motel und ein Restaurantgebäude errichtet, von dort legen Fährboote von 9 bis 17 Uhr zur Insel ab; Boottickets zu $ 4 in der Cafeteria, Eintritt £E 10.

6 km: 610/0

Tabah

Grenzstation nach Israel.

Das Dorf Tabah – nur 7 km vom israelischen Elat entfernt – war viele Jahre Zankapfel zwischen Israel und Ägypten. Beide Länder erhoben Anspruch, weil alte Landkarten des Osmanischen Reichs den Grenzverlauf mal auf der einen, mal auf der anderen Seite zeigen. Die Israelis gaben daher 1982 dieses Stück nicht an Ägypten zurück, sondern bauten flugs im "Niemandsland" ein weithin sichtbares Luxushotel, das heute *Tabah Hilton* heißt. Durch internationalen Schiedsspruch fiel der umstrittene Abschnitt an Ägypten, die Israelis räumten im Frühjahr 1989 den Platz und verkauften dem Nachbarn den Hotelkomplex. Der schmale Streifen hat immer noch einen gewissen Sonderstatus; von israelischer Seite darf man ohne große Formalitäten bis zum Hotel fahren – aber auch nicht weiter. Auf ägyptischer Seite bestehen keine Einschränkungen.

Im Hotel können Sie gut essen oder **Mietwagen** von Europcar buchen.

Die Grenzformalitäten werden von den Ägyptern relativ unkompliziert abgewickelt, siehe Seite 74. Da in Israel 7-Tage Besuchs-Visa – allerdings ausschließlich für die Ostküste des Sinai – unbürokratisch ausgestellt werden, machen viele Israelis oder auch andere Touristen von Kurzbesuchen des Sinai Gebrauch.

Wenn Sie Elat von hier aus besuchen wollen, sollten Sie sich bereits in Kairo ein *Re-Entry Permit* besorgt haben, siehe Seite 75. Allerdings soll die Ausstellung auch an der Grenze sehr unbürokratisch vor sich gehen, vielleicht versuchen Sie's einfach.

Von Tabah aus verläuft eine Asphaltstraße parallel zur Grenze nach Raffah am Mittelmeer. Leider ist sie aus militärischen Gründen gesperrt.

8.2 Abu Rudeis - Katharinenkloster - Nuveiba

Die Fahrt quer durch die Sinai-Hochgebirge gehört zu den landschaftlich eindrucksvollsten Strecken Ägyptens überhaupt, zumal die Asphaltstraße sowohl in Richtung Kloster als auch dann zur Ostküste keiner landschaftlichen Schönheit aus dem Weg geht. – Als Straßenuntergrund dient über weite Strecken das Feiran-Wadibett, d.h. bei starkem Regen rauscht das Wasser auf dem glatten Asphalt um so besser zu Tal. So wird in schöner Regelmäßigkeit die teure Asphaltdecke in die Wüste befördert, woraufhin häufig der Busverkehr für einige Zeit eingestellt werden muß.

Entfernungen: Katharinenkloster 90 km, Ostküstenstraße 172 km.

Unsere Beschreibung schließt an die vorige Route an, und zwar bei der **Kreuzung mit Rasthaus** *Manta Rest* und Polizeiposten, siehe Seite 494. Hier links ab. Die Straße folgt dem zunächst noch recht breiten Wadi Feiran.

20 km: **Pistenabzweigung**
(N28°47,78' E33°27,82')

Links Piste ins **Wadi Mukattab** (siehe auch Seite 547), das Wadi der Inschriften. Man verläßt die Asphaltstraße (mit pistentauglichem Gefährt) nach links kurz vor Passieren eines links abseits liegenden Dorfes, dort, wo die meisten Spuren zu sehen sind, und folgt den ziemlich verzweigten Pistenspuren in einen links von militärischen Anlagen liegenden Taleinschnitt, nach 5 km verzweigt sich kurz vor einem Felsplateau die Piste erneut, dort links halten. 8 km nach Verlassen der Asphaltstraße liegen links in der Nähe eines Schildes *WADI MAKTAB* die mit den Inschriften bedeckten Felsen. – Weiterfahrt von dort zur Küste.

7 km: **Pistenabzweigung**

Links Piste durch das erstaunlich dicht besiedelte Wadi Agir und weiter zum Forest of Pillars (siehe Seite 542).

14 km:

***Wadi Feiran

Im jetzt sehr engen Wadi taucht nahezu unerwartet die Oase mit ihren sattgrünen, üppigen Palmenhainen auf. Der vielfach als *Perle des Sinai* bezeichnete Ort hat über 1000 Einwohner, er zieht sich über viele Kilometer durchs enge Tal und gilt als der fruchtbarste Platz im Sinai – sieht man von den heutigen Neulandprojekten ab.

Etwa 4 km nach Ortsbeginn liegt rechts **Deir Zegheir**, ein kleines, zum Katharinenkloster gehörendes Kloster mit schönen Gärten und einer relativ neuen Basilika (Moseskapelle). Die Nonnen vermieten etwa 20 Gästebetten in sehr sauberen und ruhigen Doppelzimmern (siehe Seite 573); eine gute Alternative zur Übernachtung in Milga. Im Hintergrund ragt das eindrucksvolle Massiv des 2078 m hohen Gebel Serbal empor, der nach Meinung verschiedener Theologen in Konkurrenz zum Gebel Musa auch der Berg sein könnte, auf dem Moses die Gesetzestafeln erhielt.

Vom 4. bis 7. Jhd war Feiran Bischofssitz, eine Bischofskirche (Kathedrale) und mindestens vier weitere Kirchen (eine davon auf dem Gebel Serbal) prägten damals das Bild der Oase. Die Grundmauern der Bischofskirche und Reste von Befestigungsanlagen sind deutlich auf dem Hügel Tell el Meharred gleich neben dem Kloster zu erkennen. Im übrigen lohnen die paar Schritte den Hügel hinauf, von oben bietet sich ein schöner Blick ins Tal und über die Hütten der Umgebung.

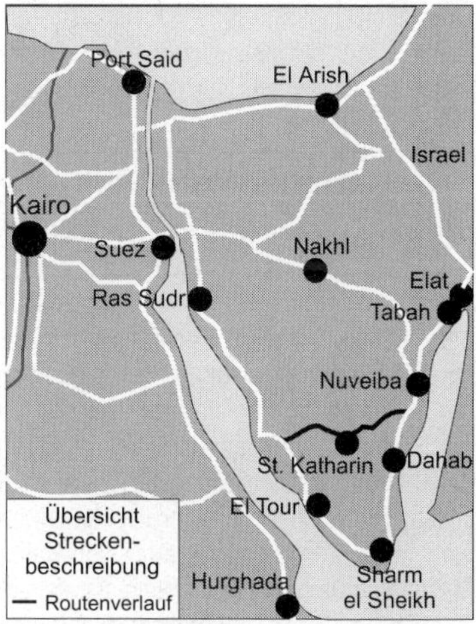

An beiden Talrändern werden Sie Löcher erkennen. Das waren einstmals Grabkammern für zumeist wohl sogenannte Sekundärgräber, die nur an den Verstorbenen erinnern sollten. Diese Löcher gaben der Oase (nach einer Version) den Namen: Feiran heißt *Mäuse*. Im Dorf gibt es bescheidene Restaurants und ein Krankenhaus.

Nach dem Ende der etwa 8 km langen Oase folgt die Straße bald dem breiteren Wadi Sheikh.

40 km: **Oase Tarfa el Qidarein**

6 km nach der Minioase biegt die Straße durch die enge Felsschlucht des **Watiya-Passes** nach Süden ab.

8 km: **Abzweigung und Tankstelle**

Links zum Flughafen und zur Ostküste, geradeaus zum Kloster, wohin wir zunächst weiterfahren wollen. Nur etwa 500 m entfernt leuchtet das

Grab des Nebi Salih

Das weiße Grabmal des von den Beduinen besonders verehrten Heiligen steht auf einem kleinen Hügel, am Hang sieht man Gräber. Der bereits im Koran erwähnte Nebi Salih gilt als einer der bedeutendsten Heiligen der Beduinen, im Sommer nach der Dattelernte wird ein großes Fest zu seinen Ehren abgehalten, an dem Tausende teilnehmen sollen. Nebi Salih, der übrigens per Kamel sowohl vom Mosesberg als auch von Kairo, Mekka und Damaskus zum Himmel aufstieg, ist außerdem insgesamt dreimal im Vorderen Orient begraben – was bei Heiligen aller Religionen vorzukommen scheint...

Knapp 1 km nach dem Grabmal zweigt links eine Piste ab zu den

**Blauen Bergen

Auf der ziemlich ausgefahren Piste erreicht man nach etwa 6 km ein Hochplateau namens Hallawi (N28°36,70' E34°02,39') (bis zum Zentrum des Plateaus weitere ca. 2 km). Dort können Sie Landschafts-Malerei bewundern: Der belgische Künstler Jean Verame malte von Oktober bis Dezember 1980 einige der Felsen-Hügel oder, genauer, großen Steinbrocken blau an (*Blaue Berge*) und nannte sie "Peace Junction", Farbverbrauch: 10 Tonnen. Diese zunächst absurd erscheinende Tat hat die stille Hochebene in eine eigene Stimmung versetzt, die sich dem Betrachter bald mitteilt. Im Lauf der vergangenen Jahre verblaßte die Farbe schon deutlich, dennoch blieb die Ausstrahlung der Gesamtkomposition erhalten. Natürlich kann man sehr geteilter Meinung sein über das Beschmieren von Felsen mit blauer Farbe...

Wir haben mehrfach viele Stunden und einige Nächte zwischen den Blauen Bergen zugebracht; jedesmal waren wir fasziniert, fast ergriffen von der gelösten Stimmung, die von den blauen Farbtupfern inmitten der rotbraunen Umgebung ausgeht. Andererseits verführt gerade diese Stimmung zum Verweilen und Meditieren – probieren Sie es einmal aus. Sie sollten bis ins Zentrum der Ebene fahren und von dort den Rundblick, aber auch die Details der Malerei erleben. Am schönsten ist übrigens, den vollen Tagesablauf in den Blauen Bergen zu verbringen.

Leider ist das Übernachten verboten, allerdings wird es nicht allzu streng kontrolliert. In Milga lassen sich auch Taxis zu den Blauen Bergen zu £E 30 – 40 anheuern; der Fahrer muß mit den Pässen der Reisenden eine Erlaubnis bei der Polizei holen.

Die Piste, auf der Sie zu den Blauen Bergen fahren, durchquert die Hochebene am Nordrand und führt durch einsame Gebirgslandschaft nach Bir Nasib und weiter durchs Wadi Nasib nach Dahab (siehe Seite 508). Sollten Sie diese Strecken fahren wollen, erkundigen Sie sich zuvor bei der Polizei in Milga, ob Sie eine Genehmigung brauchen (wahrscheinlich nicht).

5 km **Abzweigung**

Links zum Motel und Campingplatz Zeituna und Hotel Morgenland.

13 km **Kreuzung**

Links 1,5 km zum

****Katharinenkloster

Sie sollten gleich hier aus dem Bus aussteigen, wenn Sie nur zum Kloster und nicht ins Dorf Milga wollen. Denn von dort aus stehen Ihnen etwa 3 km Fußmarsch bis zum Kloster bevor.

Rechts zum Touristendorf Catherine Tourist Camp, in dem man gegen Gebühren mit warmem Wasser duschen und recht gut essen kann. Geradeaus, etwa 2 km am Ende der Asphaltstraße, geht es zum Dorf namens **Milga** (dessen Name nicht allzu bekannt ist und das meist unter dem Namen St. Catherine "mitsegelt").

In Milga endet der Bus, die Haltestelle liegt gegenüber dem Telefonamt (internationales Kartentelefon). Der Bus nach Suez/Kairo fährt um 6.00, nach Dahab um 13 Uhr ab. Auch der Standplatz der Sammeltaxis/Minibusse, die relativ häufig zu festen Preisen an die Ostküste oder nach Suez/Kairo fahren, ist in Milga; Taxis nach Kairo stehen meist auf dem Klosterparkplatz.

Im Ort gibt es Restaurants, eine Bäckerei (gegenüber der Moschee, morgens einkaufen, Preis kontrollieren), diverse "Super"märkte, Gemüseläden (der neben Panorama Restaurant bietet frisches Gemüse) und Touristenbazare. Trekker können sich in den Shops halbwegs mit dem Notwendigsten eindecken.

Hier im Zentralsinai leben die Djebeliyeh-Beduinen, die angeblich Nachfahren christlicher Sklaven aus der rumänischen Walachei sind. Justinian soll sie zum Klosterbau und als Diener der Mönche auf den Sinai beordert haben, erst vor ein paar Jahrhunderten konvertierten sie zum Islam. Heute verdienen sich die Beduinen ein Zubrot, indem sie Touristen zu ***Trekking-Touren*** *in die Berge führen. Näheres über diese Touren – die wir sehr empfehlen – lesen Sie auf Seite 550.*

Santa Katharina und eine weite, nach Süden verlaufende Umgebung gehören zu einem erst jüngst ausgewiesenen Naturschutzgebiet, das zwar keinen so strikten Auflagen wie die Nationalparks unterliegt, aber doch gewissen Regeln des Naturschutzes nachkommen muß. So sollen in den nächsten Jahren feste Trekkingrouten installiert werden, um die Tiere nicht in ihren Rückzugsgebieten zu stören und auch,

Das Katharinenkloster wirkt auch heute noch wie eine Trutzburg

um des Müllproblems besser Herr zu werden. Ferner ist die Bauhöhe und -art von Neubauten begrenzt.

Auch wenn es sich nur um bescheidene Anfänge handelt, so ist doch Bewegung in die Idee vom Schutz der Umwelt gekommen. Auch den Bewohnern des Sinai wird mehr und mehr klar, daß sie ihre natürliche Umgebung erhalten müssen.

Bereits im 4. Jh lebten in diesem Tal christliche Einsiedler, die aber immer wieder Überfällen herumstreifender Nomaden ausgesetzt waren. Kaiser Justinian gründete 527 nC das Kloster an der Stelle des brennenden Dornbusches und direkt an der einzigen Quelle dieser Gegend. Vermutlich vertauschten die Mönche recht erfreut ihre Einsiedeleien mit dem sicheren Klosterplatz. Ursprünglich war die Kloster-Festung – in der jetzt etwa 30 Mönche leben – nur durch einen (heute restaurierten) Rollenaufzug zugänglich, erst im 19. Jhd wurde eine niedrige und enge Tür in die Außenmauer gebrochen.

*Es handelt sich übrigens um ein **griechisch-orthodoxes Kloster**, das mit 3500 Manuskripten neben dem Vatikan die wertvollste religiöse Bibliothek und eine einmalige Sammlung frühbyzantinischer Ikonen besitzt. Griechisch-orthodoxe Christen können daher auch die sonst nicht zugänglichen Räume besichtigen.*

Restaurants:

In den Hotels gibt es der jeweiligen Kategorie entsprechende Restaurants, die besten und teuersten im Plaza Hotel.

- ***Coffeeshop Ahmed**, am Ortseingang, relativ gut*
- ***El Ekhlas Bedouin House**, hinter Telfonamt/Bäckerei, gut und preiswert, relativ sauber, hilfsbereit*
- ***Panorama**, kurz vor Telefonamt, gut, etwas teurer*
- ***Resthouse**, schräg gegenüber der Moschee, preiswert, mäßig sauber, Travellertreff*

Das **Katharinenkloster** (N28°33,68' E33° 58,17') beherrscht wie eine Festung ein enges Tal in 1570 m Höhe am Fuß des Mosesberges. Es ist außer freitags, sonn- und feiertags von 9 bis 12.30 Uhr geöffnet (Eintritt frei). Gruppen haben bei der Besichtigung Vorrang. Manchmal werden Gruppen auch an Feiertagen eingelassen, Einzelreisende können sich dann eventuell anschließen (Auskunft über Feiertage, an denen das Kloster geschlossen ist, erteilt auch die Klosterniederlassung in Kairo: *Mount Sinai Monastry of Saint Catherine*, 18 Midan el Daher, 11271 Cairo, Tel 482 8513, Fax 47 0343). Bibliothek, Museum und die Kapelle des brennenden Dornbusches sind normalerweise nicht mehr zugänglich.

Man kann also lediglich die sehr sehenswerte Basilika, den Klosterbrunnen und den Nachzögling des brennenden Dornbusches besichtigen; von der eigentlichen Klosterstimmung teilt sich in diesem kleinen Ausschnitt nur wenig mit. Das Fotografieren der Mönche ist verboten.

Innerhalb der Mauern sind eine Reihe von Gebäuden ineinandergeschachtelt, am interessantesten ist die dreischiffige Basilika, deren Apsis-Halbkuppel bereits im 6. Jhd ein Mosaik mit der Verklärung Christi erhielt. Im Vorraum (Narthex) ist eine kleine Ausstellung von Ikonen und alten Handschriften zu sehen. Das Kirchenschiff, durch Säulenreihen dreigeteilt, wirkt fast etwas überladen. Unter einem Baldachin rechts vom Altar steht ein Marmorschrein mit den Reliquien der Hl. Katharina. Darüber hinaus ist die prächtige Ikonostase bewundernswert.

Hinter dem Chor liegt der heiligste Platz des Klosters: Die Kapelle des brennenden

Dornbusches, aus dem heraus Gott dem Moses erschien (jeweils samstags Liturgie-Feier). Draußen, an der Rückseite dieser Kapelle, wächst ein überhängender Dornbusch, ein Nachzögling jenes heiligen. Neben der Basilika ist noch der sogenannte Mosesbrunnen zu sehen. Gegenüber ragt eine im 12. Jhd für durchreisende Moslems erbaute Moschee auf.

Außerhalb der eigentlichen Klostermauern steht die Tryphon-Kapelle, die als Beinhaus für verstorbene Mönche dient (Zugang nur mit Führung durch einen der Mönche). Im letzten Haus des Gartens werden Postkarten und Bücher verkauft. Ein Spaziergang durch die von hohen Zypressen beschatteten Gärten ist erholsam.

Wer später als 21 Uhr am Kloster eintrifft, steht vor verschlossenem Außentor, schlecht für Gäste des Hostel. Wenn man aber links an der äußeren Klostermauer entlanggeht, stößt man nach ca. 150 m auf ein verschlossenes und bald danach auf ein stets offenes Tor.

***Ausflug auf den Mosesberg (Gebel Musa)

Der etwa zweistündige, unproblematische, aber anstrengende Aufstieg auf den 2285 m hohen Berg, auf dem Moses die Gesetzestafeln empfangen haben soll, wird mit einem berauschenden Ausblick auf die Gebirgswelt des Sinai belohnt. Man versteht, daß dies ein würdiger Platz für die Überreichung von Gesetzen ist. Im übrigen ist der Mosesberg auch den Moslems heilig, weil Mohammeds Pferd Buraq bei der Himmelsreise diesen als letzte Stufe zum Himmel berührte.

Ein unvergeßliches Erlebnis bietet das Schattenspiel des Sonnenuntergangs, noch berauschender ist es, den Sonnenaufgang von der Bergesspitze aus zu beobachten. Al-

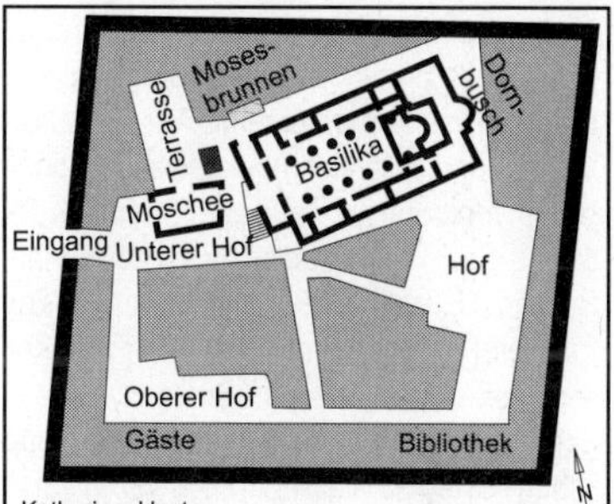

Katharinenkloster

lerdings hat sich dieses Ereignis unter Touristen so herumgesprochen, daß es für viele eher zum Alptraum gereicht. Wenn kurz vor Sonnenaufgang Hunderte von Landsleuten auf die Gipfelplattform keuchen und um die besten Fotostandpunkte ringen, ja auf dem begrenzten Platz förmlich kämpfen, dann verliert das Schauspiel seinen Reiz (ca. 30 000 marschieren jährlich hinauf). Leser berichten, daß sie bereits um 3 Uhr morgens von laut betenden, Choräle schreienden Pilgern aus dem Schlaf gerissen wurden. Nachdem der Rummel immer schlimmer wird, sollte man eher an eine andere Tour in die echte Einsamkeit des Sinai denken (siehe Seite 550).

Wenn Sie am frühen Nachmittag gemütlich aufsteigen und nicht nachts auf den Berg stolpern wollen, dann werden Sie eventuell Chancen haben, relativ ungestört auf dem Gipfel zu sein und in Stille die Sonne in all ihrer Pracht zwischen den Bergen versinken zu sehen.

Ein besonderes Erlebnis ist übrigens eine Vollmondnacht auf dem Mosesberg. Allerdings müssen Sie oben (im Freien) übernachten. Nehmen Sie daher einen warmen Schlafsack und einen warmen Pullover, oder besser, zusätzlich einen winddichten Anorak mit, die Nächte können schon im Frühherbst **sehr kalt** (unter 0 Grad) sein, ohne Schlafsack kaum auszuhalten. Stecken Sie für die Dunkelheit pro Person **unbedingt je eine starke Taschenlampe** ein. Ausreichendes Wasser und Essen nicht vergessen. Auf dem Gipfel verkaufen in der Regel Beduinen Getränke, Snacks und Kerzen, Frierende können Decken (£E 3) ausleihen. Auch unterwegs am Pfad gibt es Buden mit Getränken und Keksen. Daß diese Waren teurer sind, sollte eigentlich verständlich sein – wer schleppt schon kostenlos Wasser und Eßwaren auf einen Gipfel!

Wählen Sie nach Möglichkeit eine Nacht, nach der das Kloster geschlossen ist; denn die per Bus herangekarrten Massen sollen auch das Kloster besichtigen. Dann erwarten morgens wesentlich weniger Menschen die aufgehende Sonne, mit großer Wahrscheinlichkeit herrscht mehr Stille und kein Gedränge.

Zum **Übernachten** findet man auch in einem Raum Platz, zu dem links von der Gipfelmoschee eine Treppe hinunterführt, oder in einer Felsspalte. Allerdings herrscht zeitweise auch nachts heftiges Gedränge, es gibt Nächte mit über 100 Schläfern auf dem Gipfel. Dann – oder bereits vorsorglich – sollte man ein Stück hinunter bis zur Einsiedelei gehen und dort schlafen, es ist auch nicht ganz so kalt an dieser Stelle. Die Beduinen, die oben Tee und Kekse verkaufen, vermieten Schlafplätze in ihren Hütten zu £E 10 pP einschließlich Matratze und Decken. Man kann auch in den Steinhütten am Beginn der letzten Stufen schlafen und in der Früh hinaufgehen.

Vorsicht am Mosesberg: 1990 stürzte ein junger Franzose tödlich ab, weil er in der Dunkelheit vom Pfad abgewichen war. Immer wieder kommen Todesfälle – vor allem älterer Menschen infolge von Herz- oder Kreislaufbeschwerden – durch Überanstrengung beim Marsch in der merklich dünneren Höhenluft vor!

Falls Sie während der Nacht, die Sie auf dem Berg verbringen, Ihr Hauptgepäck unterstellen wollen, so geht dies nicht mehr im Hostel des Klosters, angeblich aber beim Wärter des zugehörigen Frühstücksraums oder beim Verwalter des Wäsche- und Matratzenlagers zu £E 3. Das Catherine Tourist Camp (grünes Schild) nimmt auch Gepäck in Verwahrung.

Hinauf auf den Gipfel führen **zwei Wege**. Eine "Diretissima", ein von einem Mönch angelegter Treppenpfad mit 2 591 Stufen (ein Leser zählte mit!), der rauf wie runter kräftige Beinmuskulatur erfordert. Der Pfad zweigt etwa 300 m nach dem Kloster vom unten beschriebenen bequemeren Weg ab (Schild mit Treppenstufen weist den Weg, scheint aber abhanden gekommen zu sein), man benötigt ca. 1 1/2 bis 2 Stunden.

Ein bequemerer, dennoch anstrengender Fußweg (2 bis 2 1/2 Stunden) steigt in Verlängerung des Klosters an (links an dessen Außenmauern vorbeigehen). Er wurde erst vor wenigen Jahrzehnten angelegt. Er kann auch zu Dreiviertel per Kamel bewältigt werden (£E 30). Nach ca. einer halben Stunde zweigt links ein Pfad zur weißen Kapelle auf dem 1854 m hohen Gebel Monega ab, nach gut einer Stunde durchquert man eine enge Felsschlucht. Rechts liegt in einem Tal eine von Zypressen beschattete verlassene Einsiedelei mit zwei Kapellen, links führen 753 Stufen auf den Gipfel. Oben steht eine verschlossene Basilika aus dem Jahr 1934 und eine Moschee. Die Moschee ist geöffnet; leider wird sie von unsensiblen Touristen als Schlafunterkunft benutzt. Gläubige Moslems, die vor allem während der ägyptischen Schulferien auf den Berg pilgern und die verschmutzte Moschee mit den Schläfern vorfinden, betrachten diesen Zustand als extremen Frevel. Wiederholt kam es zu heftigen Auseinandersetzungen.

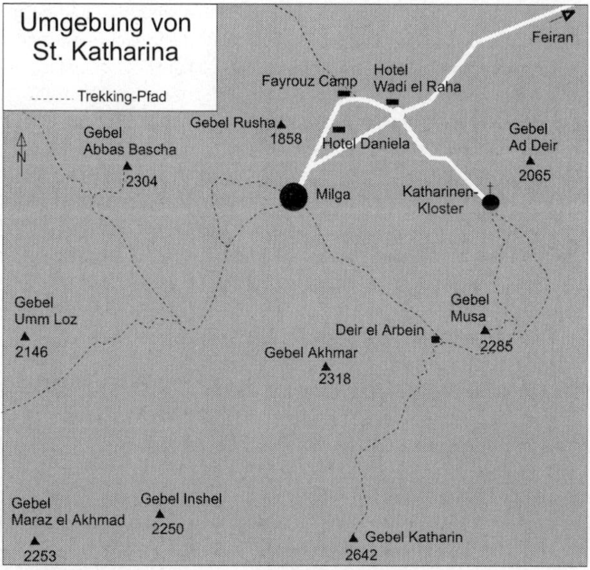

Wenn Sie die Morgenstille wirklich genießen wollen, warten Sie etwa bis eine Stunde nach Sonnenaufgang, dann sind in der Regel alle Touristen wieder verschwunden.

Falls Sie für den Rückweg die Treppe nehmen wollen, gehen Sie zur Einsiedelei mit den Zypressen hinunter und an einer Art Beton-Unterstand vorbei: von dort sieht man einen kleinen gemauerten Torbogen, der den Beginn der Treppe anzeigt. Der Torbogen wird *Obere Beichtpforte* genannt, weil hier der heilige Stephanos im 6. Jhd den Weg erst nach Beichte und Absolution freigab. Beim zweiten Torbogen, dem ein Stück weiter unten liegenden *Tor des Glaubens*, gaben die Mönche den Weg nur für "Gute und Gerechte" frei.

Auf dem Gipfel gibt es sogar (nicht trinkbares) Wasser aus einer Zisterne und Toiletten. Denken Sie an die Schönheit dieser Berge und nehmen Sie unbedingt alle Ihre Abfälle mit hinunter . Konnte man früher noch vom "heiligen Müllberg" sprechen und begleitete die Gipfelbesucher im letzten Abschnitt Fäkaliengestank, so hat sich inzwischen die Situation grundlegend geändert. Jeder Besucher sollte daher dafür sorgen, daß es so bleibt oder noch besser wird.

***Ausflug auf den 2639 m hohen Katharinenberg

Sowohl die Beduinen als auch Polizei und Militär achten darauf, daß man nicht allein durch die Gegend stiefelt. Der Aufstieg zum Katharinenberg ist aber nicht so problematisch, daß man tatsächlich einen Führer benötigt, zumal der Gipfel mit seiner Kapelle immer wieder zu sehen ist.

Der Guide ist über Sheikh Musa zu zwei Tagessätzen von je $25 pP anzuheuern. Häufig rennt er in wenigen Stunden auf den 2639 m hohen Berg, läßt oben kaum Zeit und eilt wieder runter – vorbei ist die Beschaulichkeit. Das muß aber nicht sein, uns liegen auch Berichte von einfühlsamen, informationsfreudigen Guides vor, machen Sie dies dem Sheikh klar. Leser berichten, daß sich in den Cafeterias Beduinen als preiswertere Guides anbieten.

Angeblich steht bereits beim Kloster der *40 Märtyrer* ein Posten, der hohe Strafen von Alleinwanderern verlangt. Es gibt auch Berichte, nach denen der Führer pro forma bis zur Polizeikontrolle mitgeht und sich dann auf Wunsch zurückzieht. – Gestartet wird übrigens gegen 4 Uhr!

Doch der Vollständigkeit halber folgt hier noch die Beschreibung der beiden Anmarschwege, für die man jeweils etwa fünf bis sechs Stunden kalkulieren sollte (zurück eine Stunde weniger); falls Sie an Abzweigungen unschlüssig sind, folgen Sie immer dem breiter ausgetretenen Pfad. Der erste Weg beginnt in Milga, der zweite vom Mosesberg aus. Der letztere hat den Vorteil, daß man quasi unbeobachtet abzweigen kann, nachteilig ist der erneute Teilabstieg zum Kloster der 40 Märtyrer.

Vom Katharinenkloster aus geht man etwa Zweidrittel des (bequemen) Weges zum Mosesberg bis zur letzten Rechtskurve vor dem Felseinschnitt, dort zweigt unübersehbar ein guter Pfad links ab, nach etwa 30 m ist der Katharinenberg zu sehen. Diesem Pfad talwärts bis zur baumbestandenen Oase Kloster der 40 Märtyrer (Deir el Arbein) im Wadi Leiga folgen. Dort trifft man auf die Piste, die von Milga aus zum Katharinenberg führt (Weg von Milga aus: Von der Bushaltestelle an der Moschee ostwärts auf die andere Talseite, dort auf der Piste erst südlich, dann südöstlich ins enge Wadi Arbein gehen. Später liegt links eine Kapelle mit gelber Kuppel, nach einem weiteren Stück rechts ein ummauertes Gehöft, nach etwa einer Stunde ist das Kloster der 40 Märtyrer erreicht). Hier führt der Pfad nach rechts bzw. vom Mosesberg kommend geradeaus, dann beginnt der Steilaufstieg. Unterwegs soll es hinter einer kleinen Brücke an einer schattigen Felswand eine Trinkwasserquelle geben. Der weitere Weg ist nicht zu verfehlen, nach etwa 2 bis 2,5 Stunden ist ein Bergsattel erreicht, von dem aus der Gipfel mit der weißen Kapelle zu sehen ist. Für "Gipfelschläfer": Es ist nachts bitterkalt.

Der Blick vom Katharinenberg ist noch grandioser als vom Mosesberg. Bei klarem Wetter Ausblick auf den Golf von Aqaba, Golf von Suez und das Rote Meer. An dem Platz, an dem Mönche die Gebeine der Katharina fanden, steht eine Kapelle. Mit Genehmigung des Klosters – Schlüssel problemlos erhältlich – können Sie in den Nebenräumen übernachten.

***Trekkingtouren im Hochsinai

Wandern und Klettern im Hochgebirge ("Trekking") klingt sehr dramatisch und anspruchsvoll. Es ist aber vom Klima und den bergsteigerischen Bedingungen her ein großer Unterschied, ob man in den Alpen auf 2300 m hinaufsteigt oder im Sinai. Während man in den Alpen mit lockerem Gestein, Wetterstürzen und allerlei anderen Unbilden rechnen muß, bietet der Sinai meist festes Gestein und daher sicheren Tritt und Halt, fast ständig klare, weite Sicht und schönes Wetter. Zwar ist man in den Wintermonaten nicht immer vor Regenschauern (im Extremfall Schnee) sicher, aber vom frühen Frühjahr bis zum späten Herbst geht mit dem Wetter kaum etwas schief.

Die Touren im Hochsinai stehen unter dem Privileg der dort lebenden Gabaleja-Beduinen. Ihnen "gehört" die Gegend und sie sehen es als eine ihrer Verdienstquellen an, Fremde durch ihre faszinierende Heimat zu führen. Daher vermieten sie Kamele, die Proviant, Schlafsäcke etc. zu den jeweiligen Übernachtungsplätzen befördern; d.h. man trifft meist nur abends auf diese Begleittruppe und muß deshalb den Tagesbedarf selbst schleppen.

Für Bergwanderungen müssen Sie sich beim **Mountain Tours Office, El Sheikh Musa**, Tel 062 470 457 (privat 470 425) melden. Das ist von Regierungsseite her obligatorisch. Das Büro finden Sie, indem Sie der Straße zur Stadtverwaltung (also immer dem Asphalt oder dessen Resten) folgen. Wenn die Straße kurz vor den Verwaltungsgebäuden ansteigt, biegt man rechts ab zu einem etwa 200 m entfernten blau-weißen Gebäude mit einem Supermarkt daneben. Die Leute im Dorf werden Ihnen helfen, jeder weiß, wo man den Scheich findet. Er teilt die Führer zu. Versuchen Sie, einen etwas älteren Beduinen zu finden, der hat es in der Regel nicht so eilig wie die jungen. Wenn man Glück hat und sich mit dem Führer verständigen kann, erfährt man viel über Menschen, Flora und Fauna.

Die von Beduinen geführten Wanderungen kosten $ 25 pP und Tag einschließlich Verpflegung und Kameltransport, wobei eine Übernachtung mit zwei Tagessätzen zu Buche schlägt. Der Sheikh bietet auch sogenannte Yoga-Touren an, bei denen u.a. fünf Tage lang in einem Camp in den Bergen gesundgefastet wird. Weitere Informationen zu Ausrüstung etc. finden Sie auf Seite 107.

Weiterfahrt zur Ostküste: 12 km zurück zur Abzweigung beim Grab des Nebi Salih und dort rechts abbiegen.

13 km: **Abzweigung**

Geradeaus zum 5 km entfernten, aus der Mode gekommenen Flughafen, links weiter nach Nuveiba. – Die Straße führt durch eine phantastische Gebirgskulisse mit engen Wadis, bizarren Fels- und Bergformationen. Nehmen Sie sich Zeit.

33 km:

Links ein halbwegs runder **Sandsteinfelsen**, an dessen straßenabgewandter Seite prähistorische Gravuren und Inschriften zu sehen sind. Parkspuren am Straßenrand und Abfall verweisen leider allzu deutlich auf die Stelle.

11 km: **Abzweigung**

Rechts Piste ins Wadi Saal, nach 3 km Bir Saal und weiter zum Flughafen Katharinenkloster (30 km; meist militärisch gesperrte Piste). Diese alte Pilgerroute zum Kloster, eine häufig als besonders schön apostrophierte Strecke, erschien uns weniger abwechslungsreich als die Asphaltstraße.

2 km:

***Wadi Arada

Rechts steht eine etwa quadratische Natursteingrundmauer ähnlich einer Brunneneinfassung. Auf der anderen Straßenseite zweigt eine Piste ins wirklich erlebenswerte Wadi Arada ab. Die schwierige, weichsandige Piste ist nur mit geländegängigen Fahrzeugen zu bewältigen.

Weil es so schön war, wanderte ein Leser zweimal ins Wadi und benötigte vier Stunden pro Trip. Auch wenn Sie nicht wandern, nehmen Sie genügend Wasser mit!

Die Abfahrt in den Weichsand erfolgt über den gemauerten Straßendamm, bald schon verzweigen sich die Spuren. Innerhalb des Wadis sollte man sich immer an die Hauptspur halten. Im unteren Drittel verläßt eine ältere Piste das Wadi nach links, dieser nicht folgen, sie führt zur Straße zurück.

2,9 km von der Abzweigung ragt rechts eine **Felswand mit vielen prähistorischen Zeichnungen** nahezu senkrecht empor. Es gibt nicht viele Stellen im Sinai mit so zahlreichen und eindrucksvollen Darstellungen. Z.B. sind ganz

deutlich Kamele zu erkennen, deren langgestreckte Hälse auf ein Rennen, oder zumindest große Eile hindeuten. Unterhalb dieser Szene nabatäische Inschriften, wiederum darunter allerhand kriegerische Darstellungen (sehr frech ein Kämpfer mit Schild). Im rechten Abschnitt diverse Tierbilder wie z.B. der hier längst ausgestorbene Vogel Strauß und ein Boot, mit dem die Meerengen von Aqaba oder Suez überquert worden sein könnten. Ca. 400 m weiter finden Sie erneut Gravuren an einem großen, isoliert stehenden Felsblock.

Die Fahrbedingungen werden jetzt etwas besser. 5 km nach der Asphaltstraße ist mit einem fast unscheinbaren Seitenwadi nach links das Ziel erreicht (N28°50,22' E34°16,27'). Hier teilt sich das Wadi in zwei Arme namens Arada el Sarir und Arada el Kebir.

Am besten parkt man vor dem Ausgang des unteren Armes und wandert dann in den nur ca. 100 m talaufwärts liegenden oberen Arm hinein. Schon bald verengt sich der Canyon sehr; häufig muß man über Engpässe hinwegklettern. Schließlich erreicht man ein Plateau, das mit bizarren Steinformationen übersät ist. Folgen Sie den dürftigen Wadispuren (oder denen Ihrer Vor-Gänger) bis zum Steilabfall. Dort hat sich der (seltene) Wasserstrom in einem unglaublichen Kraftakt einen senkrechten Schlund von vielen Stockwerken Höhe geschlagen. Die Wände sind, den Wasserwirbeln folgend, manchmal kreisrund, manchmal spiralförmig ausgehöhlt. Dieser weißgrau schimmernde Schornstein mit einer kleinen Öffnung in den stahlblauen Himmel kann sicher zu den Naturwundern des Sinai gezählt werden.

Von hier aus wandert man wieder zurück – aber nicht ohne neue Überraschungen. Denn der Rückweg sollte durch den anderen, den südlicheren Seitenarm des Wadi führen, er bietet manche Kletter- und sogar Rutschpartie (Achtung: Nach Regenfällen steht noch ziemlich lange Wasser im Wadi). Auch hier haben die seltenen Wassermassen einen meist nur schulterbreiten Canyon ausgehöhlt und überaus sichtbare Spuren ihrer Wirbel und ihres Ansturms gegen den Fels hinterlassen. Man steht immer wieder staunend vor neuen Schlünden und Durchbrüchen. Um schließlich am Ausgangspunkt wieder anzukommen, bedarf es durchaus etwas berg-kletterischen Geschicks. Also nichts für ungelenkige Menschen, die Angst haben, einen Schlund hinunter zu rutschen. Vorsichtshalber sollte man die Tour nicht allein unternehmen.

Für den gesamten Abstecher sollte man etwa mindestens einen halben Tag einplanen. Doch das Wadi ist eigentlich einen längeren Aufenthalt mit Wanderungen kreuz und quer wert; es zählt zu den wirklich attraktivsten und reizvollsten Sinai-Trockentälern überhaupt.

Wenn Sie schließlich zur Asphaltstraße zurückgekehrt sind, brauchen sie diese nur zu queren, um durchs **Wadi Safra** nach Osten zu fahren. Sie werden bei den unten beschriebenen Nawamis herauskommen. Allerdings benötigen Sie hier ein gut geländegängiges Fahrzeug. Auch diese Strecke ist landschaftlich sehr reizvoll, zumal sie zum Schluß durch ein größeres Dünengebiet führt. Man folgt der Piste durch das Wadi und trifft an dessen Ende auf eine große Ebene. Hier verzweigt sich die Piste zum ersten Mal, links (nördlich) geht es zu den Nawamis, geradeaus nach Dahab. Eine bald folgende Abzweigung nach Nordwest führt durch ein Dünengebiet ebenfalls zu den Nawamis.

12 km: **Pisten-Abzweigung** (N20°52,33' E34°22,56')
Querung eines Wadis, rechts Schirmakazie. Hier zweigt rechts eine Piste ab zu den

"Erosionsmalerei" mit feinsten Pinselstrichen im Coloured Canyon (oben); Nawamis (unten)

**Nawamis

(Etwa 200 m weiter steht rechts ein km-Schild *NUV 47* bzw. auf der Rückseite *KATH 71*).

Nawamis sind immer noch etwas rätselhafte Rundgräber, die höchstwahrscheinlich Ende des 4. Jahrtausends vC von Jägern und Hirten, die aber auch nach Bodenschätzen des Sinai gruben, angelegt wurden. Grabbeigaben lassen darauf schließen, daß es sich um Siedler aus Ägypten handelte.

Ein Namusiyeh (Singular von Nawamis, was in der Beduinensprache Moskitos bedeutet) ist sorgfältig aus Steinen aufgeschichtet, hat etwa 4 m Außendurchmesser, ist 2 m hoch und war ursprünglich mit einer großen Steinplatte abgedeckt. Ein kleines Steinportal, das offensichtlich nur kultischen Zwecken diente, zeigt immer nach Westen. Nawamis sind nur an wenigen Stellen des Süd- und Zentralsinai errichtet worden.

Nach einer anderen Theorie handelt es sich um Schutzbauten der damaligen Bewohner, die sich vor Heeren der pharaonischen Ägypter verbergen wollten (daher wurde immer das Gestein der Umgebung "Ton in Ton" verwendet) und die so ausgerichtet wurden, daß die nur im Gefahrenfall einziehenden Bewohner von der Anhöhe die Lage besser überblicken konnten.

Wenn Sie die 30 einsamen und stummen Zeugen einer weit zurückliegenden Vergangenheit besichtigen wollen (wir möchten es sehr empfehlen), dann parken Sie unter der Akazie und wandern etwa 2,2 km durch das Wadi, die Nawamis stehen rechts auf einem kleinen Plateau und sind nicht zu übersehen (vom oben angegebenen km-Schild aus sind sie leicht per Fernglas zu entdecken). Die Piste durchs Wadi ist ziemlich versandet und nur mit PKWs mit Bodenfreiheit zu befahren; der tief ausgefahrenen Spuren wegen gibt es andererseits kein Verirren. Man kann die Nawamis noch auf anderen Pisten erreichen, diese sind aber schwieriger zu fahren bzw. zu finden.

3 km:

Ain Hudra

Links asphaltierter Parkplatz, von dort Fußweg zur sehr malerischen Oase Ain Hudra. Man wandert (Beduinen bieten hier auch Kamelritte an) ungefähr im rechten Winkel zum Straßenverlauf in nördlicher Richtung in die Wüste (Allradfahrer können auch fahren). Nach etwa 20 Minuten Fußmarsch stößt man auf einen großen, teilweise mit einer Mauer geschützten Sandsteinfelsen, der mit Inschriften übersät ist. Leider können es heutige Besucher nicht lassen, sogar quer durch die alten Inschriften ihre Namen einzuritzen!

Die Wanderung sollte in gleicher Richtung zu einem deutlichen Einschnitt im Kreidefelsen fortgesetzt werden, der nach etwa 15 Minuten erreicht ist. Von dort bietet sich ein berauschender Blick auf die Bilderbuch-Oase Ain Hudra. Die Siedlung mit ihren umzäunten Palmenpflanzungen ist zeitweise verlassen oder von nur wenigen Menschen bewohnt. Der Abstieg dauert etwa 30 Minuten, er ist von hier aus nicht per Fahrzeug möglich (Anfahrt nur von der anderen Seite her durchs Wadi Ghazala).

Wer in der glücklichen Lage ist, sein Fahrzeug bis direkt hinter den UN-Kontrollposten weiterfahren lassen zu können (z.B. Taxi, Bus), kann für den Rückweg aus der Oase den Weg durch den sog. **Weißen Canyon** wählen, falls man einen Führer, in jedem Fall jedoch einen Kompaß mitnimmt und sich genauestens orientiert. Dazu verläßt man Ain Hudra durch ein Wadi, das (in Richtung Kreideeinschnitt gesehen) gleich links seitlich in die Oase mündet. Zunächst muß man einige Felsstufen überklettern (kein Problem) und findet bald in das stille, zunächst nicht besonders aufregende Wadi. Seine weißgrauen Wände werden allmählich immer enger, schließlich klettert man über eine schon weit mit Sand zugewehte Leiter auf eine Hochebene, auf der man sich (am besten per Kompaß) zum wartenden Auto durchschlagen muß. Der Weg ist in ca. 1 bis 1,5 Stunden zurückzulegen; wenn Sie sehr viel länger unterwegs sind, haben Sie sich verlaufen – am besten auf den eigenen Spuren zurück zur Oase gehen.

3 km: **Kontrollposten** (Ägypter und MFO-Friedenstruppe)

Gleich nach dem Posten stoßen Sie auf sanftbraune Felsformationen. Die Erosion hat dort mal wieder Meisterleistungen vollbracht: Die Steilwände der Felsen sind von Bändern mit kleinen Höhlen, deren Eingänge von zerbrechlichen Säulen flankiert werden, gesäumt.

5 km:

Kurz vor einer ziemlich steilen Auffahrt wurde rechts ein Militär-LKW auf einen Felsen gehievt; in dieser Gegend lagern Beduinen, die relativ preiswerte Kameltrips und Souvenirs anbieten.

5 km: **Abzweigung**

Die Küsten-Asphaltstraße ist erreicht: Links nach Nuveiba, rechts nach Dahab (siehe auch Seite 508).

8.3 Suez – Mitla-Paß – Nakhl – Nuveiba/ Tabah

Diese Strecke ist die wesentlich kürzere Verbindung zwischen Kairo und Nuveiba. Sie kann als nördlicher Abschnitt einer Südsinai-Rundreise dienen, zumal sie den Zentralsinai mit der Wüste Badiet el Tih erschließt und dann abwärts zum Golf von Aqaba durch die grandiosen Granitfelsen des Ostsinai führt. – Auf vielen Karten ist als Straßenverlauf die ursprüngliche Piste eingezeichnet, in der Realität folgt die Straße dieser nur bedingt.

Verheerende Regenfälle spülten schon mindestens zweimal einen Teil der Straße bei Ain Furtega und teilweise auch die kleine Oase selbst davon. Inzwischen ist alles wieder bestens asphaltiert – bis zum nächsten Regen, schrieben wir in der letzten Auflage. Doch bereits im Herbst 1997 schwamm wiederum der Asphalt davon, der inzwischen wieder repariert ist.

Wir beschreiben im Abschnitt B) eine reizvolle Alternativ-Strecke, die sich in El Nakab

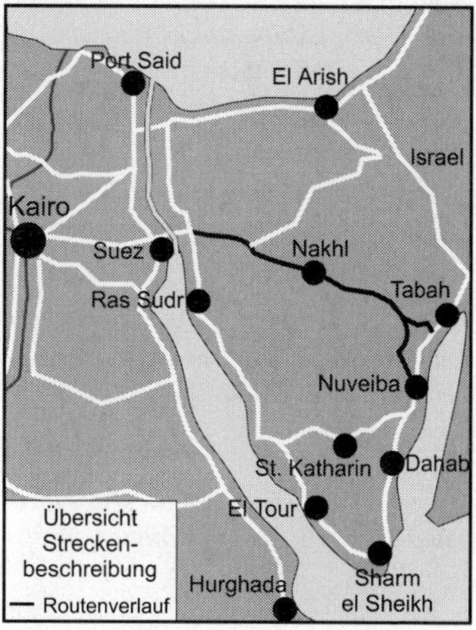

von der unter A) geschilderten Route trennt und ebenfalls zum Golf von Aqaba führt. Die zweite, nördlichere Straße bietet einen landschaftlich ähnlich grandiosen Eindruck wie der Abschnitt der südlicheren Verbindung durchs Wadi Watir. Wenn Sie uns fragen, welche der beiden eindrucksvoller ist – wir könnten uns nicht entscheiden und würden empfehlen, beide zu fahren – was sogar als Rundreise von Nuveiba aus bequem an einem halben Tag machbar ist.

Entfernungen: Nakhl Küstenstraße bei Nuveiba 330 km

Suez - Nakhl - Nuveiba

Die Straße führt über den in den Sinaikriegen heiß umkämpften **Mitla Paß** (Vorsicht, es kann noch Explosivmaterial herumliegen). Bis zum Paß steigt die Strecke stetig und langweilig durch ein Sandgebiet an, danach ist die Landschaft bis etwa zum Checkpost abwechslungsreicher.

Diese Route ist Teil der alten Pilgerstraße Darb el Hagg (oder Haj) von Nordafrika nach Mekka. Sie umging den Mitla-Paß nördlich durchs Wadi el Hagg, dort sind noch Steinhaufen zu sehen, die von Pilgern beim Bewerfen des Teufels erzeugt wurden. Pilger-Piste und Asphaltstraße suchen schließlich gemeinsam einen Weg aus dem Tih-Randgebirge am Gebel Heitan.

Die Darb el Hagg wurde 1883 zum letzten Mal offiziell von einer Pilger-Karawane benutzt, war aber schon seit etwa dem 9. Jhd "in Betrieb". Zeitweise machten sich bis zu 10 000 Menschen auf den beschwerlichen, ca. 35 Tage währenden Weg nach Mekka. Für die Sinai-Durchquerung benötigten sie etwa neun Tage.

Nach dem Suez-Kanal-Tunnel geradeaus, nach 2,5 km rechts und nach 6 km links ab.

1 km: **Jugoslawischer Friedhof**

Links eine große Frauenskulptur auf einem jugoslawischen Friedhof, das einzige Andenken an eine jugoslawisch-mazedonische Flüchtlingssiedlung des Zweiten Weltkriegs mit 30 000 Menschen, die 1946 in die Heimat zurückkehrten. Siedlung und Friedhof wurden während der israelisch-ägyptischen Kriege total zerstört, der Friedhof mit 256 Gräbern aber 1985 renoviert.

25 km: **Kreuzung**

Links Verbindungsstraße zum Wadi el Giddi, rechts zum Ausgang des Wadi Sudr (Achtung, Straße ist fast am Ende von einer hohen Sanddüne blockiert).

27 km: **Abzweigung**

Links zweigt eine schmale Asphaltstraße durch ein Militärgelände ab. Nach genau 7,3 km liegt links in einer leichten Linkskurve und auf Sanddünen folgend ein Steinhügel, der durch einen Pfad deutlich gekennzeichnet ist. Wenn Sie hier parken und diesem Pfad folgen, dann werden Sie hinter dem Hügel letzte Ruinen einer **Karawanserei** aus dem 14. Jhd finden. Im engen Wadi nebenan waren Stauanlagen und ein Wasserreservoir installiert, deren Reste deutlich zu erkennen sind.

12 km: **Abzweigung** *"WADI EL GIDDI"*

Die links abzweigende schmale Straße überquert zunächst den Gebirgsriegel im Norden und kreuzt dann das Wadi el Hagg, um schließlich auf die Giddi-Paß-Straße zu stoßen (inzwischen starke Sandverwehungen und durch Regenfälle Unterbrechungen). Das Wadi el Hagg ist hier landschaftlich recht hübsch und, der Flora nach zu urteilen, offenbar wasserreich. Ohne viel Phantasie kann man sich die Pilgerscharen vorstellen, die hier hinaufkeuchten und noch endlose Tage in Backofenhitze ihrem Ziel entgegenzustreben hatten.

12 km: **Abzweigung, Checkpost**

Links nach Bir Tamada, El Arish (siehe Streckenbeschreibung ab Seite 536)

Junge Beduinenfrau beim Teekochen

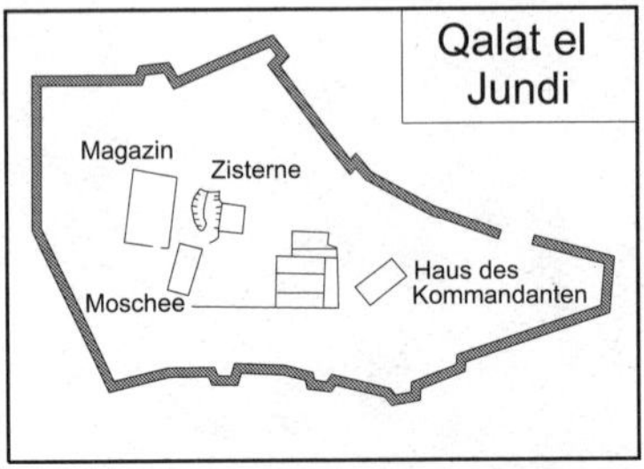

3 km: **Abzweigung**
Rechts ins Wadi Sudr zur Festung

**Qalat el Jundi

Der 23 km weite Abstecher zu Saladins Burg Qalat el Jundi lohnt sich sehr. Die Festung, deren Mauerreste sich wie eine Krone um die Bergkuppe winden, ist schon von Ferne rechts der Straße sichtbar.

Der Aufstieg dauert etwa 1/2 Stunde; nur 10 Minuten, wenn man auf einer Piste, die gegenüber dem Militärposten beginnt, bis zum Fuß des Berges fährt. Der Aufstieg mit einem etwas kritischen Steilstück beginnt direkt an dieser Stelle, eine etwas bequemere und längere Route führt rechts am Berg nach oben.

Saladin baute im 12. Jhd seine Festung auf die Spitze eines einsamen Tafelbergs, von oben bietet sich – als vielleicht beeindruckendstes Erlebnis – ein berauschender Rundblick. Wer die Wüste noch nicht kennt, kann von dieser Aussichtsplattform in aller Ruhe ihre typischen Formen betrachten: Zeugenberge im Westen, tief eingekerbte Wadis zu Füßen der Festung und die Geröllebenen der Wüste Tih im Osten. Von der Mächtigkeit der ehemaligen Anlage künden noch Befestigungsmauern und gut identifizierbare Gebäudereste. Eine Inschrift am Eingangstor nennt das muselmanische Jahr 583, also 1187 nC. Zu dieser Zeit hatte Saladin die Kreuzritter, gegen die er die Festung errichtete, bereits entscheidend geschlagen.

Imposant sind die Ruinen der Moschee mit der darunter liegenden riesigen Zisterne, das Haus des Kommandanten und ein großes Magazin. An der Südmauer ist u. a. ein kleines Bad erkennbar.

Folgt man der (streckenweise etwas schlechten) Asphaltstraße weiter, so lohnt sie dies mit abwechslungsreicher, sehenswerter Landschaft durch das fast wilde Wadi. Nach 45 km zweigt rechts eine schmale Straße Richtung Mitla-Paß ab (durch Düne blockiert), nach 56 km ist Ras el Sudr und damit die Route in den Südsinai (Siehe Seite 492) erreicht.

Zurück zur Hauptstrecke nach Osten. Sie führt jetzt durch einen ziemlich flachen und langweiligen Abschnitt, der typisch für die Tih-Hochebene ist.

52 km:

Nakhl

Tankstellen, Restaurants und bescheidene Unterkunftsmöglichkeiten.

Nakhl war die wichtigste Wasserversorgung der Pilger auf dem Weg durch die Badiet el Tih. Bereits Sultan Hassan ließ hier Reservoire anlegen, 1331 baute Malik el Dykandar eine Festung, in deren Mauern ein großer Brunnen, eine zweistöckige Karawanserei und eine Moschee lagen. Leider wurden alle Gebäude 1956 im Sinaikrieg zerstört, die letzten Reste sind noch gegenüber der Cafeteria zu sehen. In alten, noch nicht lange zurückliegenden Zeiten wurden zwei Monate vor Beginn der Haj Bullen vor die Schöpfräder gespannt, um die riesigen Zisternen für die Pilgerscharen zu füllen.

Bei der Weiterfahrt ändert sich das Bild der Strecke insofern, als unerwartet Hügel und Tafelberge aus Muschelkalk auftauchen.

44 km: **Bir el Thamad**

Kontrollposten, Tankstelle, Restaurant mit brauchbarem Essen.

42 km: **Beschilderte Abzweigung**

NUVEIBA bzw. EL NAKAB AIRPORT

Rechts halten, die links abzweigende Straße führt am Flughafen vorbei nach Tabah, siehe Seite 535.

Von hier aus senkt sich die Strecke allmählich und taucht schließlich in die rotbraunen Gebirgsmassen ein.

ca 53 km: **Grab des Sheikh Atiya** (rechts auf einem Hügel).

16 km: 295/34 Abzweigung

Rechts beginnt die Piste nach Ain Umm Ahmad, Ain El Akhdar und weiter zum Wadi Feiran (siehe Seite 549).

17 km: **Oase Ain Furtega:**

Abzweigung zum **Coloured Canyon**

Mit der ergiebigsten Quelle des Südostsinai ist Ain Furtega zumindest ein wasserreicher Platz, der auch sehr malerisch war, bis ihn, wie bereits erwähnt, heftige Fluten heimsuchten und stark zerstörten. Links (N29°02,91' E34°33,44') zweigt eine Piste ins einzige Seitenwadi in die Berge ab zum wunderschönen

****Coloured Canyon

(siehe auch Karte Seite 551). Die Markierungen für den Abzweig wurden leider beim letzten Regen 1997 davongespült; nehmen Sie eine große Palmengruppe als Orientierungshinweis.

Dieses großartige Naturwunder des Sinai kann sich durchaus mit ähnlichen Landschaften in Amerika messen: Senkrechte, in allen Rotschattierungen leuchtende Felswände verengen sich zu einer schulterbreiten Schlucht, an deren Wänden die Erosion nahezu expressionistische Gemälde schuf. Häufig hält man die feingeschwungenen Pinselstriche für das Werk begabter Künstler und kann kaum glauben, daß hier die Natur am Werke war. Allerdings hat sie über Jahrtausende hin gearbeitet und im ständigen Schatten des engen Canyon im Sandstein Spuren der einzelnen Schichten sichtbar bleiben lassen, die bei greller Sonne sehr schnell verblaßt wären.

Anfahrt: Brechen Sie möglichst früh auf, um vor dem Besucheransturm wieder nach Hause fahren zu können. Wenn Sie nicht selbst fahren wollen, dann können Sie in Nuveiba Jeeptouren für etwa £E 300 bis 400 pro Fahrzeug buchen oder sich per Kamel auf die Reise begeben.

Wer die 12,5 km lange, vom Jeep- und LKW-Tourismus sehr ausgefahrene Piste selbst fahren will, strapaziert auf dem brutalen Wellblech sein Auto sehr stark. An ein paar Stellen lauern Weichsandstellen; erfahrene Fahrer können aber durchaus ihr Glück mit Zweiradantrieb und entsprechender Bodenfreiheit versuchen. Im Prinzip ist der Weg nicht zu verfehlen, wenn man den ausgefahrensten Spuren folgt. Der Vollständigkeit halber wollen wir dennoch unsere noch aus Zeiten geringster Besucherzahlen stammende Beschreibung beibehalten, auch

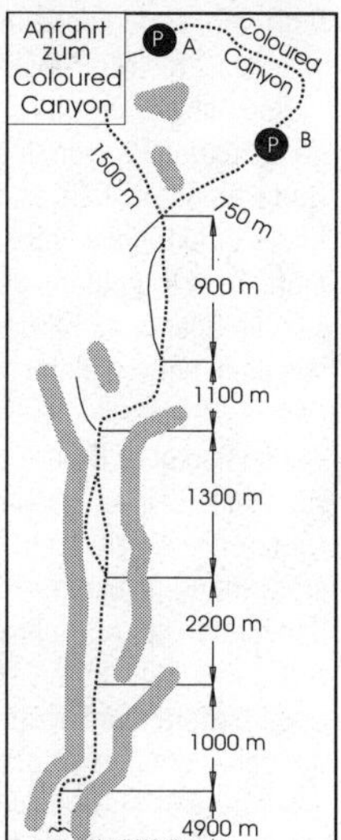

wenn das eine oder andere Detail der Zeit bzw. dem Verkehr zum Opfer fiel:

Bei km 4,9 (alle folgenden km-Angaben ab Asphaltstraße) scharfe Rechtskurve, bei km 6 zweigt ein Seitenwadi ab, Blechhütte, geradeaus weiter, bei km 8,1 etwas verzweigende Spuren im jetzt weicheren Sand, bei km 9,2 Abzweigung nach links, halten Sie sich rechts. Die übelste Weichsandstelle ist nach 10 km erreicht, die man am besten wie folgt angeht: Vor dem Sandfeld durch Grasbüschel auf linke Wadiseite bis zu einer Felsnase, dann das Wadi bzw. die Piste bis zu einer Akazienreihe queren, am letzten Baum leicht links auf den dort wieder festen Untergrund der nach rechts weiterführenden Piste zuhalten. Wenn Sie km 11,4 nach der Abfahrt die halblinke Richtung nehmen, erreichen Sie nach etwa 1 km den "Parkplatz A" (N29°08,80' E 034°35,42') am oberen Eingang zum Coloured Canyon, die rechte Abzweigung führt durch eine tieferliegende Talsohle mit weißen Felsplatten eine steile Auffahrt auf eine Kuppe hinauf, dort ist der "Parkplatz B" (N29°08'30 E34°35,68').

Parkplatz A liegt direkt oberhalb des Eingangs in den Canyon, man geht einfach den Hang hinunter, hält sich unten rechts und findet direkt in die Felsschlucht. Dies ist der einfachere Weg, denn vom Parkplatz B müssen Sie über hohe Barrieren klettern, die Sie von oben her viel einfacher überwinden können.

Von Parkplatz B führt ein Serpentinenweg zunächst auf ein Zwischenplateau, in dessen Mitte eine Akazie steht. Halb rechts weiter stößt man auf einen rötlichen Felsabbruch, den man in der Mitte links am besten hinunterklettert. Hier unten stehen zwei Akazien etwa hintereinander zum Zeichen, daß man auf dem richtigen Weg ist. Ca. 100 m weiter zweigt etwas spitzwinklig nach links ein erstes, zunächst breiteres und sandiges Wadi ab. Hier hinein, nach ca. 200 m steht man plötzlich am engen (unteren) Einlaß zum Coloured Canyon.

Wenn Sie in die enge Schlucht hineingehen, werden Sie bald auf die oben genannten Felsstufen stoßen, die den Weiterweg scheinbar versperren, versuchen Sie, hinaufzuklettern. Falls Sie das nicht schaffen: Bis zur ersten hohen Stufe haben Sie das schönste Stück des Canyons gesehen. Es lohnt sich dennoch, den engen Windungen des Wadi zu folgen, bis die Schlucht wieder weiter wird. Dort können Sie nach links aus der Schlucht herauswandern zum Parkplatz A und dann oben am Abbruch entlang zum Parkplatz B zurückgehen. Oder besser: umkehren und die Schönheiten des Canyon noch einmal bewundern.

Wenn Sie zuvor an den Stufen gescheitert sind, dann gehen Sie den Canyon von oben, vom Parkplatz A an. Eine in jedem Fall **interessantere Alternative** ist: Vom Parkplatz B wie zuvor beschrieben hinunter, aber von den beiden Akazien aus nicht in das erste Wadi zum Coloured Canyon gehen, sondern ein kurzes Stück weiter bis zum nächsten links abzweigenden Wadi. Dieses auch sehr hübsche und enge Tal durchwandern (manchmal ein bißchen klettern) und am oberen Ausgang links über eine Art Zwischenrücken zum oberen Eingang des Coloured Canyon hinübergehen. Machen Sie diesen Weg nur, wenn Sie über ein gutes Orientierungsvermögen verfügen, am besten, Sie fahren zunächst zu Parkplatz A und prägen sich die Umgebung ein.

Die Cafeteria bietet Übernachtungsmöglichkeit unter einem Palmendach zu £E 10 pP, allerdings müssen Isomatte und Schlafsack mitgebracht werden.

Doch zurück nach Ain Furtega. Bis zum Straßenbau pflegten die Kameltouren von Nuveiba aus die Strecke hierher per Tagesritt zu bewältigen; damals ein schönes und beeindruckendes Erlebnis in der Stille des engen Wadis. Heute rauscht man per Auto in 15 Minuten an den Felsmassiven vorbei.

17 km: **Kreuzung**

Die Küstenstraße ist erreicht, links 3 km nach Nuveiba (siehe Seite 511).

B) Nakhl – Tabah

Bis El Nakab bleiben wir auf der oben beschriebenen Strecke. An der auf Seite 533 erwähnten Abzweigung jetzt nicht rechts abbiegen, sondern geradeaus halten.

7 km: **El Nakab, Abzweigung**

Rechts zum Airport. Die Air Sinai fliegt mehrmals wöchentlich diesen Platz mit Gästen für die Region Tabah bis Nuveiba an.

33 km: **Abzweigung**

Geradeaus *"INTERN. BORDER"*, rechts *"TABAH"* ausgeschildert, rechts halten, da die andere Richtung, die nach Elat führt, nach wenigen Kilometern gesperrt ist. Sie würde den Paß Ras el Naqb erreichen, der wegen seines herrlichen Ausblicks von Mekkapilgern viel gepriesen wurde. Denn über ihn schraubte sich die Pilgerstraße Darb el Hagg in steilen und gefährlichen Windungen zu Tal. Heute fährt man von der Paßhöhe auf israelischer Seite auf einer gut asphaltierten Straße nach Elat hinunter.

Schon bald senkt sich die Straße in die Granitberge und folgt dann einem engen, meist nur straßenbreiten Wadi. Links und rechts ragen bizarre rotbraune Felsenberge in den Himmel. Besonders der erste Teil des Abstiegs ist landschaftlich sehr abwechslungsreich und reizvoll. Später dann flankieren Giganten die Straßenränder, die schon am frühen Nachmittag Schatten über die Straße werfen.

60 km: **T-Kreuzung**

Küstenstraße, links 8 km nach Tabah, rechts 58 km nach Nuveiba.

8.4 Suez-Kanal - Mitla-Paß - El Arish

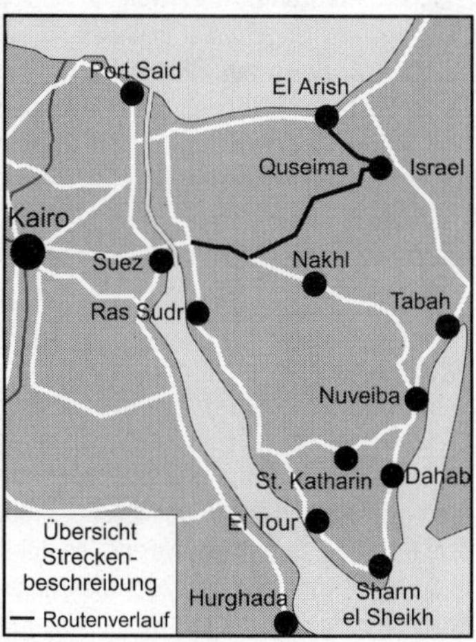

Diese Alternative zur hauptsächlich benutzten Küstenstraße nach El Arish bietet sich z.B. für eine Rundreise auf dem Nordsinai an, außerdem herrscht nur wenig Verkehr. Allerdings stießen wir über Jahre an geschlossene Schlagbäume, die sich mal ohne Fragen öffneten, ein andermal stur geschlossen blieben. Am besten besorgt man sich vorher bei der Military Intelligence Group in Kairo-Heliopolis, 26 Sharia Manshia el Bakry, eine Tasrih..

Die folgende Beschreibung ist für bessere Zeiten gedacht.

km: 0/282 ***Suez-Kanal-Tunnel***

Siehe Streckenbeschreibung, Kapitel 8.3 bis Seite 530.

63 km vom Ahmed-Hamdi-Tunnel:

Abzweigung, Checkpost
Hier links abbiegen. Die Wüste ist auf der folgenden Strecke flach wie eine Tischtennisplatte.

30 km: **Kreuzung, Checkpost**
Links nach Bir Gifgafa und über den Khatmia Paß nach Ismailiya. Geradeaus auf neu asphaltierter Straße weiter. Dieser Checkpost läßt derzeit niemanden ohne Tasrih passieren.

39 km:

Bir Hassana

Ein überraschend großer Ort mit einigen nicht sonderlich gemütlich wirkenden Betonneubauten, Cafeteria, Tankstelle und vierspuriger Hauptstraße.

Die Straße führt nach Norden auf direktem Weg weiter nach El Arish (ca. 85 km). Der Umweg über Quseima bringt Sie in eine grüne fruchtbare Oase. Daher am Ortsausgang rechts abbiegen.

38 km: **MFO- und ägyptischer Checkpost**

33 km:

*Quseima

Bereits von Ferne ist der hohe Eukalyptushain der Oase sichtbar. Daneben tränken die in der Umgebung lebenden Arishina-Beduinen ihre Herden an einem sehr ergiebigen Brunnen. Cafeterias und ein Gemüsestand, Beduinenhütten, dahinter mehrstöckige Betonbauten der Militärs und Verwaltungsleute – eine etwas seltsame Ansicht. Das Schönste an Quseima ist die Weiterfahrt ins Wadi, das von der Quelle **Ain Gedeirat** bewässert wird. Man fährt, vom Eukalyptuswald kommend, am Brunnen vorbei und hält sich dann links. Die Piste führt 11 km ins Wadi hinein, in dem satte Dattelpalm- und Olivenplantagen dominieren, von fleißigen Bauern umsorgt.

Ain Gedeirat ist die wasserreichste Quelle weit und breit im Nordsinai, sie wird bereits im 8. Jhd vC erwähnt. Oberhalb der Quelle bauten die Amalektiter eine Kasemattenfestung, im Wadi selbst sind noch die Ruinen einer achttürmigen Festung zu sehen, die bisher nicht datierbar ist. Auf alte Besiedlung weisen auch Spuren von Dämmen und Bewässerungskanälen hin, die einst an den Berghängen geführt waren. Erst in den dreißiger Jahren wurde die Quelle unter Anleitung des Engländers Jarvis wieder gefaßt, 10 Jahre später blühten bereits die Obstgärten.

29 km: **Abzweigung**
Rechts zur israelischen Grenze.

19 km: **Kreuzung, Abu Aweigila**
Links nach Bir Gifgafa, Kathmia-Paß.

21 km: **Abzweigung, Checkpost**
Dieser Posten ist recht rigoros, er verlangt eine Tasrih besonders dann, wenn man von El Arish nach Süden fahren will.

10 km: **El Arish**
(Beschreibung der Stadt siehe Seite 540.)

8.5 Suez – El Arish (- Raffah)

Die Landschaft bietet bei weitem nicht das, was der Südsinai vorzuzeigen hat. Flache, weite Wüstenebenen mit spärlichem Bewuchs, vielleicht ein paar Kamele, hin und wieder Beduinensiedlungen. Abwechslung und durchaus Charme bringt erst die weite Dünenlandschaft ins Bild, die sich an der Mittelmeerküste hinzieht. Normalerweise führt von Kairo aus die übliche Reiseroute zum Nordsinai über Ismailiya zur Kanalüberquerung bei Qantara. Wir beginnen unsere Beschreibung beim Ahmed Hamdi Kanaltun-

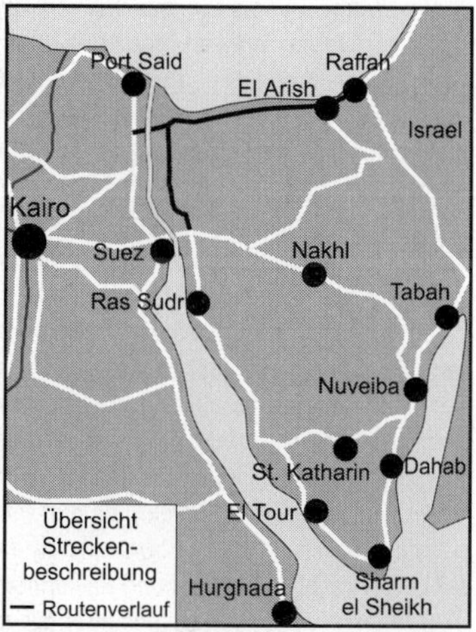

nel und können so die östliche Kanalstraße mit einbeziehen.

Nach der Tunnelausfahrt nicht sofort an der ersten Kreuzung links, das wäre die alte Holperstraße, sondern 2,5 km bis zur T-Kreuzung, dann links halten. Die Straße führt mehr oder weniger parallel zum Kanal und dessen Seen. Häufig guter Ausblick auf den Kanal und *"die Schiffe, die durch die Wüste fahren"*.

ca. 40 km: **Bittersee**

Die Straße führt nahe am Bittersee-Strand entlang, dann quert sie ein großes Landgewinnungsprojekt. Ganz selten sieht man hier noch ein paar Schienenstücke der einstigen Eisenbahn, die von Palästina über den Suez-Kanal nach Ägypten führte, von den Israeli abmontiert und für militärische Befestigungszwecke verwendet wurde. Allerdings ist eine neue Strecke im Bau, die über Raffah hinaus Palästina mit Ägypten verbinden soll. Eine Drehbrücke über den Suez-Kanal wurde bereits fertiggestellt.

73 km: **Kreuzung**

Links zur Kanal-Fähre nach Ismailiya (verkehrt nur während des Tages), rechts nach El Tassa.

37 km: **Abzweigung**

Links zur Qantara-Kanalfähre, 1 km weiter nach Qantara-Ost, der uninteressanten östlichen Hälfte von Qantara. Der Verkehr nimmt zu, denn hier trifft die Standardroute von Kairo her auf unsere Strecke.

26 km: **Abzweigung *Tell el Farma***

Pelusium

Links zum historischen Pelusium. 4 km nach der Abzweigung liegt links der langgestreckte Hügel Tell el Farma, der einzig aus historischem Schutt der ptolemäisch-römischen Stadt Pelusium besteht.

Damals erstreckte sich der Ostrand des Nildeltas bis hierher, die Hyksos gründeten etwa 1700 vC hier ihre Hauptstadt. Pelusium, das später von den Ptolemäern ausgebaut wurde, erfüllte eine wichtige Wächteraufgabe. In Pelusium fand auch eins der Dramen statt, das den Niedergang Ägyptens zu einer römischen Provinz einleitete. Pompejus wurde hier ermordet, der als Vormund der Kinder von Ptolemaios XII vom römischen Senat eingesetzt worden war. Dies war Anlaß oder Vorwand für Julius Cäsar, nach Ägypten zu kommen, was den nächsten Akt einleitete. Später dann eroberten die Araber zunächst Pelusium, bevor sie sich an die Eroberung von Babylon, den Ursprung Kairos, machten. Den endgültigen Todesstoß versetzten die Kreuzritter der Stadt, die sie 1118 eroberten und in Brand steckten.

Zu sehen gibt es nicht allzuviel, aber die Fahrt über die mit Säulen fast übersäte Hügellandschaft und der Blick auf die gut erhaltene, leider nur teilweise freigelegte Festungsmauer sind den kurzen Abstecher wert.

Der Überlieferung zufolge suchte hier auch die Hl. Familie bei ihrer Flucht nach Ägypten Schutz. Daher wird dieser Ort für die ägyptischen Jahr-2000-Aktivitäten hergerichtet (siehe auch Seite 66).

17 km: 154/123 **Rumana,** größere Stadt

Die Straße hat jetzt Küstennähe erreicht, sie zieht sich bis fast El Arish durch sanfte Dünenlandschaft, der Strand bleibt aber fast immer in unsichtbarer Ferne. Eigentlich handelt es sich um Halbwüste, deren Fruchtbarkeit stellenweise durch künstliche Bewässerung nachgeholfen wird. Die Siedlungsdichte in diesem Gebiet nimmt von Jahr zu Jahr zu – bald sieht es hier wie im Niltal aus... Auch hier ziehen die mehr ortsgebundenen Beduinen aus ihren Schilfhütten in Betonbauten um; der letzte Schritt einer langen Wanderung.

In Rumana, in Kosriot, in El Gads und Felusiat im Gebiet der El Bardawil Lagune gibt es spärliche Ruinen aus römischer Zeit.

35 km:

Bir el Abd

Größere Stadt mit langer Vergangenheit. Irgendwo im Stadtgebiet gibt es Reste eines Kornspeichers aus dem 15. Jhd nC.

Auf der Weiterfahrt bieten nach links weisende Schilder häufig *Beach* oder *Shore* an, Badelustige können hier ihr Glück versuchen.

Zur Seeseite hin liegt jetzt die Lagune **Sabkhet el Bardawil**, die durch eine in der Ferne verlaufende, stellenweise 1 km breite Landzunge vom Meer getrennt ist. Nur wenige Durchlässe schaffen eine Verbindung mit der offenen See, daher trocknet die Lagune im Sommer ziemlich stark aus. An der Südküste kristallisiert Salz, das gewonnen wird und dem Fotografen sehr bizarre Motive bieten kann.

Die Lagune und die Dünenlandschaft, die bis zu 50 km landeinwärts reicht, sind ein Werk des nahezu konstanten Nordwindes, der den Sand, den der Nil mühselig ins Mündungsgebiet geschafft hat, wieder landeinwärts verfrachtet.

Zwischen Straße und Strand wurde der **Zaranik-Naturschutzpark** eingerichtet, denn hier leben bzw. rasten während der Vogelzüge im Frühjahr und Herbst etwa 250 Vogelarten, nicht wenige in ihrer Existenz bedroht. Seit Generationen beschäftigten sich allerdings die Beduinen damit, die Vögel bei ihrer Rast zu fangen. Nur langsam können Sie vom Vogelschutz überzeugt werden. Es gibt Pläne, den Park für den Ecotourismus zu erschließen, nicht zuletzt, um den Bewohnern eine Alternative für den Lebensunterhalt zu bieten.

Immerhin können neuerdings auch Nicht-Ägypter während des Tages ohne Tasrih in das Gebiet fahren, um Vögel zu beobachten. Nachts will das Militär ungestört bleiben. Der Chef des Parks ist Mr. Waheed Salama Hamied, dessen Büro in El Arish unter Tel 068 321 774 erreichbar ist. Wenn Sie einen Besuch planen, sollten Sie sich in jedem Fall dort melden, schon allein um qualifizierte Führung im Park zu erhalten.

75 km:

Masaid

Eine völlig neu aus dem Boden gestampfte Siedlung, Vor- oder Schwesterstadt von El Arish. Links rückt der Strand zwar sehr nahe, ist aber zumeist unerreichbar. In den letzten Jahren wurde er mit Privathäusern und Feriensiedlungen zugestellt, wobei auch einige einigermaßen ansprechende Bauten entstanden, die hier – Seltenheit in Ägypten – häufig mit blumenreichen Vorgärtchen geschmückt sind.

Kinderarbeit: Kichererbsen verkaufen

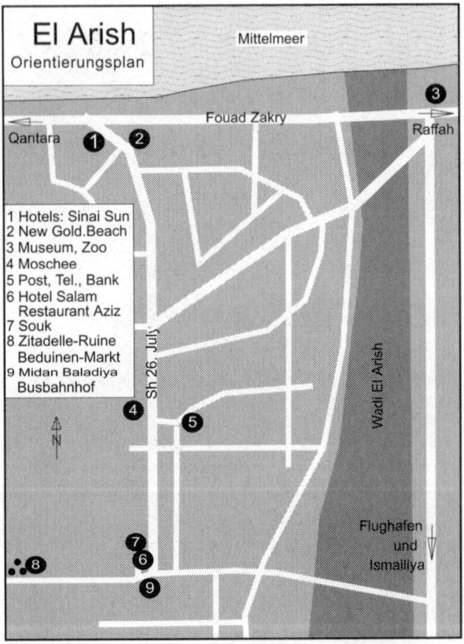

wurde die Stadt von Pharao Aktisanes gegründet. Sie diente lange Zeit als Lager für Strafgefangene, denen man zur Kenntlichmachung die Nase abgeschnitten hatte.

In moslemischer Zeit wurde aus der Via Maris eine Pilgerstraße. Der osmanische Sultan Soleiman el Kanuni baute 1570 die im Nordwesten von El Arish gelegene Soleiman Zitadelle, von der spärliche Ruinen – kaum mehr als Reste einer dicken Ziegelmauer – erhalten sind. Zuvor war (1517) unter Konsor el Gouri nur wenige Kilometer südlich der Stadt, in Nekhl, eine Zitadelle entstanden, von der es auch noch Reste geben soll (die wir leider bisher nicht entdeckten). Letzter geschichtlicher Wechselfall war die israelische Besatzung.

13 km:

El Arish

Die Hauptstadt des Sinai wartet mit guter Infrastruktur auf: Verwaltungsdienststellen, Krankenhaus, Polizei, Post, Telefon etc. Die Oase selbst ist erstaunlich groß und lebendig, schließlich wohnen heute etwa 50 000 Menschen hier. Sie wird vom breiten, in der Wüste Tih beginnenden Wadi el Arish geteilt, das nach Regenfällen im Nordsinai (Mitte Oktober bis März) etwa drei- bis sechsmal pro Jahr Wasser führt.

El Arish blickt auf eine lange Vergangenheit an der uralten Karawanenroute Via Maris zwischen Ägypten und Palästina zurück, die Ruinen verschiedener Befestigungsanlagen an der Sinai-Mittelmeerküste künden davon. Vermutlich

Die seßhaften Bewohner haben sich im Laufe der Zeit stark mit Fremden vermischt, sie unterscheiden sich deutlich von Beduinen im Landesinnern und von den Ägyptern. Hier ist mehr die Levante und eine gewisse Artverwandtschaft zu Alexandria zu spüren. Mehr blonde oder blauäugige Menschen pro tausend Einwohner werden kaum in einem anderen Winkel Ägyptens zu finden sein.

Die Lage von El Arish mit den schattigen Palmen und dem schönen, hellgelben Sandstrand lockt vor allem im Sommer viele Urlauber an, der Ort ist ein gutes Ressort für Erholungssuchende. Zu bieten hat die Stadt allerdings nun auch wieder nicht allzuviel außer dem Badevergnügen am einigermaßen sauberen Strand. Dieser ist allerdings garniert mit Beobachtungsständen, wie sie anderswo von Lebensrettern benutzt werden. Hier freilich zieht ab Sonnenuntergang das Militär auf und sorgt dafür, daß sich niemand in unmittelbarer Nähe aufhält.

Die sehr geschäftige Hauptstraße Sharia 26.July zieht sich etwa parallel zum Wadi-Bett durch die Stadt, ziemlich am südlichen Ende liegt rechts an einem größeren Platz – Midan Baladiya – der Busbahnhof und, schräg gegenüber, der Souk, dessen reiches Angebot dem Reisenden aus den Sinai-Wüsten die Augen überlaufen läßt. Kein Wunder, die Stadt ist von blühenden Gärten und Feldern umgeben. Je nach Saison gibt es hier phantastische Pfirsiche, Mangos, Apfelsinen und Datteln.

Die Dattelpalmhaine erfüllen noch einen weiteren Anspruch: Sie ziehen sich zumeist malerisch am Strand entlang und spenden neben der Augenweide den Badenden nur dort noch etwas spärlichen Schatten, wo sie noch nicht in den Hausbesitz einbezogen wurden.

Die Ost-West-Ausdehnung der strandparallelen Straße, die früher El Hagg hieß und in Sharia Fouad Zakry umgetauft wurde, beträgt von El Massaid bis zur östlichen Stadtgrenze gute 15 km, Fußgänger sind auf Taxi bzw. Sammeltaxis angewiesen. An dieser Straße liegen auch die größeren und vor allem feudaleren Hotels und die vielen Feriensiedlungen der Ägypter. Weiterhin finden Sie hier die **Tourist Information**, Tel 340 569 (10-16) eine frustrierende Einrichtung, in der es nicht viel zu erfahren gibt.

Im Kerngebiet der Stadt ist das **Restaurant Aziz** die beste Adresse. Es liegt im gleichen Gebäude wie das El Salam Hotel, in der Sharia 26.July, Ecke Midan Baladiya. In der Sharia 26.July finden sich noch eine Reihe von Imbißstuben und Restaurants. Sehr viel teurer können Sie natürlich im Semiramis oder Oberoi Hotel dinieren.

Donnerstags wird nicht weit vom normalen Souk in der Nähe der Zitadellen-Ruinen ein recht farbenfroher Beduinenmarkt abgehalten, auf dem es von Hühnern über Pflanzen bis zu Schmuck und Kleidern alles zu kaufen gibt. Im März und April sowie im September und Oktober finden Kamelrennen in El Arish zusammen mit großen Beduinenmärkten statt.

Am östlichen Stadtrand liegt ein kleines **Heimatmuseum** (£E 1), in dem hauptsächlich das tägliche Beduinenleben dokumentiert wird. Daran angeschlossen ist ein **Zoo**, der als eins der Negativbeispiele für Tiere in Gefangenschaft gelten kann. Wenn Sie Tiere mögen, verzichten Sie auf den Besuch.

Die Altertümerverwaltung baut derzeit ein Nationalmuseum in El Arish, das auf einer Fläche von 17 000 qm die Funde des Sinai der Öffentlichkeit zugänglich machen soll.

Raffah, die Stadt an der Grenze Ägypten – Israel, liegt 35 km von El Arish entfernt, sie ist auf einer guten Straße zu erreichen.

8.6 Abstecher von den Hauptstraßen des Sinai

In allen folgenden Beschreibungen geht es auf Pisten in z.T. sehr einsame Regionen des Sinai. Lesen Sie daher bitte vorher die einschlägigen Informationen zu Pistenfahrten auf Seite 108. Die Karte *South Sinai – Map of Attractions* zeigt recht gut die folgenden Pisten und Orte.

Serabit el Khadim und Forest of Pillars

Von der in Kapitel 8.1 beschriebenen Küstenstraße zweigt kurz hinter Abu Zenima (Seite 492) eine unscheinbare Straße ab, die einen sehr lohnenden Ausflug zum einzigen pharaonischen Tempel auf dem Sinai und – je nach Lust – zu interessanter Landschaft verspricht. Die schmale, aber problemlos zu befahrende, größtenteils asphaltierte (allerdings sehr löchrige) Straße folgt zunächst dem Wadi Matalla, überklettert einen Paß und windet sich durch weitere Wadis. Die Landschaft, Farben und Formationen der Berge wechseln unentwegt, hin und wieder tauchen Beduinenzelte oder gar weit verstreute Viehherden auf.

Ca. 28 km nach der Abzweigung von der Küstenstraße steht rechts auf einem Hügel ein Sheikh-Grabmal, nach 36 km hat die Straße ein Wadi erreicht, links abseits ein paar Beduinenhütten, rechts eine Teebude und ein überhängender Felsen: dort zweigt links eine etwas ausgefahrene Piste in ein Seitenwadi ab. Vorsicht, Einsanden auf Weichsandstellen ist leicht möglich. Für das kurze Stück bis Serabit können Sie hier auch einen Beduinenjeep anheuern; wenn Sie ein bißchen warten, wird sich jemand anbieten.

Bevor Sie aber nach Serabit el Khadim fahren, sollten Sie noch einen 4 km langen Abstecher nach **Bir Nasib** (N29°02,33' E33°24,05') machen. Dort finden sich Überreste eines auf pharaonische Zeiten zurückgehenden Kupferverhüttungszentrums. Zwei weiße Sheikh-Kuppelgräber zeigen an, daß die richtige Stelle gefunden ist. Der deutlich erkennbare Schlackenhaufen umfaßt etwa 100 000 Tonnen Abraum!

Sie können diesen Abstecher verlängern und eine Geisterstadt besuchen: Brunnen und Schule von Bir Nasib rechts liegenlassend, folgen Sie einer gut ausgebauten Piste zur teilaufgelassenen Mine von **Umm Bugma**. Die Route schraubt sich durch das weitläufige Gelände der Mangan-Minengesellschaft bis auf schließlich etwa 600 m Höhe und endet förmlich auf der Terrasse der Dienstvilla des Ex-Minenchefs. Von hier aus bietet sich ein herrlicher Blick auf das Vorgebirge und den Golf von Suez. Derzeit scheint zumindest ein Teil der Mine wieder in Betrieb genommen worden zu sein; der genaue Stand ist uns leider nicht bekannt.

Früher führte von der Mine eine Asphaltstraße durchs Wadi Shalal zur Küstenstraße, sie wurde 1967 komplett fortgeschwemmt. Obwohl Sie diese Strecke fast sehen können, müssen Sie – wenn Sie zur Küste zurückfahren wollen – auf der Anfahrtsroute zur Kreuzung bei Abu Zenima zurückkehren.

Doch zuvor sollte man zumindest Serabit el Khadim besuchen, indem man am überhängenden Felsen bei km 37 nach rechts (von Bir Nasib aus) abzweigt.

Nach 3,2 km liegt ein rechts ummauertes Grundstück, hier zweigt eine Piste ab, die

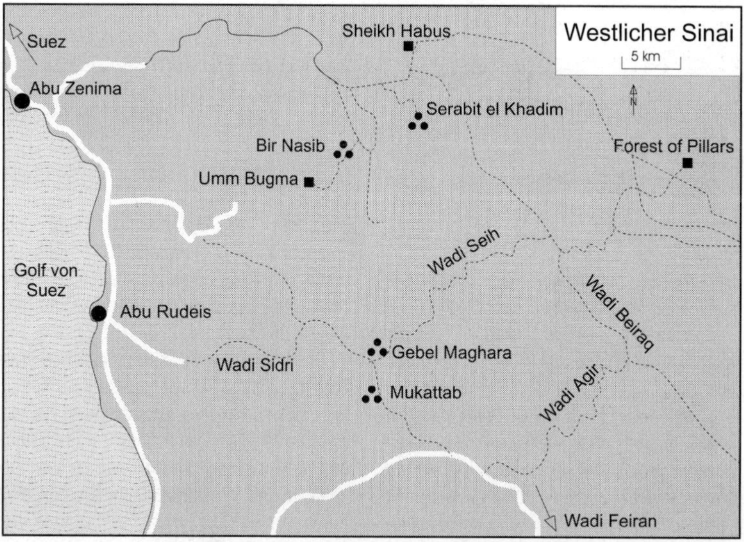

durch ein nicht häßliches Wadi und einen kleinen Paß nach 10 km ebenfalls Bir Nasib erreicht. Ca. 1,5 km nach der Abzweigung etwa auf dem Scheitel des Höhenzuges gibt es rechts Felszeichnungen. In der Nähe Beduinenhütten, die Kinder dort kennen die Lage.

4,1 km nach dem überhängenden Felsen zweigt man rechts ab nach

***Serabit el Khadim

Die beschilderte Piste führt in ein relativ enges Wadi (Pistenende bei N29°02,58' E33°26,28') und dort über einen Hügel. Nach etwa 3 km kommt ein bescheidenes Dorf, durch das man hindurch und noch ca. 1,5 km bis zum Ende des Wadi (N29°02,10' E33° 23,22') fährt. Bei einem weißen EAO-Schild auf der linken Seite ist ein sich steil den Berg hinaufwindender Pfad gut zu erkennen.

Hier läßt man das Auto stehen und folgt dem Pfad. Wir warnen allerdings vor Alleinwanderungen; wenn man sich hier verläuft, kann es eine ganze Weile dauern, bis man auf jemanden stößt, der die Richtung angibt. Heuern Sie einen Beduinen als Führer an, Sie brauchen vermutlich kaum zu warten, bis jemand neben Ihnen steht.

Unterwegs können Sie zwei recht große Stollen der **pharaonischen Minen** besichtigen. Sie liegen auf dem oberen Plateau, ca. 20 bis 30 Minuten vor dem Tempel unweit vom Pfad. Die Stollen sehen aus, als hätten die pharaonischen Arbeiter erst kürzlich die Werkzeuge fallen lassen.

Der Ursprung des Tempels von Serabit el Khadem geht auf die Türkisminen zurück, die in unmittelbarer Nähe liegen. Gegen Ende des MR waren die Türkisgruben des 17 km entfernten Wadi Maghara (siehe Seite 547) nahezu erschöpft, hier wurde sogar leichter abbaubarer Ersatz gefunden. Denn die oberste Sandsteinschicht des sich 850 m hoch erhebenden Plateaus ist völlig erodiert. Da-

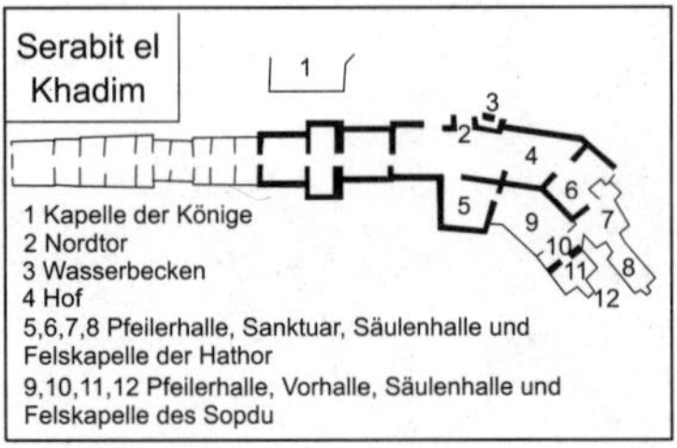

Serabit el Khadim

1 Kapelle der Könige
2 Nordtor
3 Wasserbecken
4 Hof
5,6,7,8 Pfeilerhalle, Sanktuar, Säulenhalle und Felskapelle der Hathor
9,10,11,12 Pfeilerhalle, Vorhalle, Säulenhalle und Felskapelle des Sopdu

her liegen die türkishaltigen Schieferschichten fast unterhalb der Oberfläche, sie konnten verhältnismäßig einfach durch senkrechte Stollen ausgebeutet werden.

Der Tempel liegt am Ostende des Plateaus, das nur nach Süden mit dem umgebenden Hochland verbunden ist. Er bestand eigentlich nur aus zwei Verehrungsgrotten, von denen eine der Hathor, die andere dem lokalen Sinai-Gott Sopdu geweiht war.

In der Umgebung der Grotten waren Stelen aufgestellt, von denen noch eine ganze Reihe erhalten sind. In den Türkisgruben und auf den Kultobjekten des Tempels wurde von Flinders Petrie die "protosinaitische" Schrift entdeckt, bei der die Hieroglyphen zu alphabetischen Schriftzeichen weiterentwickelt worden waren (siehe auch Wadi Mukattab, Seite 547); Phönizier brachten die Zeichen nach Griechenland, wo sie letztlich zur Grundlage auch unserer Schrift wurden.

Die reich beschrifteten Stelen (von denen allerdings die meisten im Ägyptischen Museum gelandet sind) geben u.a. Aufschluß über die Schwierigkeiten des Bergbaus weitab der Heimat und von Versorgungsmöglichkeiten. Die bis zu 1400 Teilnehmer zählenden Bergbauexpeditionen wurden von Bauern begleitet, die Kühe, Schafe, Ziegen und Hühner mitführten und mit Eselskarawanen laufend Wasser herbeizuschaffen hatten. Zudem gehörten Priester, Schreiber, Bildhauer, Kupfermacher für die Werkzeuge, Ärzte und Skorpionbeschwörer zum Troß.

Den verwöhnten Besucher des Niltals erwarten hier keine imposanten Ruinen, er trifft "nur" auf eine etwas ungewöhnliche Tempelanlage. Das, was diesen Besuch ausmacht, ist das Erlebnis der Lage: Absolute Stille und Einsamkeit der Berge, weiter Blick auf die umliegenden Täler.

Die Weiterfahrt von Serabit el Khadim zum Forest of Pillars – Wadi Fuga (arabisch: Säulenwald) – bietet interessante Eindrücke. Dafür empfiehlt sich allerdings ein einigermaßen geländetaugliches Fahrzeug, um Einsamkeit und Wüstenlandschaft allein erleben zu können. Die Piste führt im ersten Drittel häufig durch Weichsandstellen. Die dann folgende Weiterfahrt vom Forest zum Wadi Feiran erfordert sogar ein wirklich geländetaugliches Fahrzeug mit hoher Bodenfreiheit (andernfalls auf dem Hinweg zurückkehren). Alternativ kann man sich von Beduinen im Jeep zu etwa LE 100 zum Forest of Pillars bringen lassen.

Es geht also dort geradeaus weiter, wo Sie vorhin bei km 4,1 nach Serabit el Khadim abzweigten. Daher zurück zum Hauptwadi und dort rechts.

Nach 1,6 km: Beduinenhäuser, rechts Ziehbrunnen, es folgen viele ausgefahrene Weichsandstellen; bei querverlaufenden Pisten geradeaus halten.

4,8 km entfernt steht auf einer kleinen Anhöhe das weiße Grabmal des Sheikh Habus mit den meist verlassenen Unterkünften für Pilger. Herumliegende Knochen und Fellreste beweisen den regen Besuch der Stätte, an der häufig Opferungen vorgenommen werden.

Nach knapp 1 km muß man die letzte Weichsandstelle und das Wadi-Bett queren (rechts Militärstation auf einem Hügel).

Von hier führt eine eigentlich gut zu fahrende Piste schnurstracks zum Forest of Pillars, wenn man sich bei Ab- oder Verzweigungen möglichst an die linke (nördlichere) Spur hält. Allerdings ca. 10 km später aufpassen: hier (rechts ein Steinhaufen) schräg rechts fahren, wobei man rechts an zwei schwarzen Hügeln vorbei leicht bergab fährt. Die Piste verläuft in stets respektablem Abstand zum nordöstlich liegenden Steilabfall der Badiet el Tih. Wenn Sie an irgendeiner Abzweigung auf deutlich weniger befahrene Pisten geraten, dann sind Sie zu weit nördlich: umkehren und der Hauptpiste folgen. Der Forest of Pillars liegt dort, wo sich der Gebel Raqaba nach Süden vorschiebt.

22 km: **Abzweigung** (nach Durchfahren einer Hügelkette)
Links ins **Wadi Fuga,** nach 1 km

*Forest of Pillars

Die Piste endet an einem "Parkplatz" (N29°01,01' E33°40,76'), die Hauptansammlungen der Steine liegen links von der Anfahrt aus gesehen (gehen Sie vom ersten Stein-Platz noch ein Stück weiter über den nächsten Hügel).

Für denjenigen, der seltener besuchte Stellen auf dem Sinai sehen will, mag ein Ausflug zum Forest of Pillars einige Pistenmühe wert sein. Es handelt sich um ein eng begrenztes Gebiet mit röhrenartigen Felsformationen, die stellenweise etwa knie- bis hüfthoch aus dem Boden ragen.

Von "Wald" kann kaum die Rede sein. Die größte Ansammlung der Röhren dürfte vielleicht die Fläche eines halben Fußballfeldes bedecken. Und "Säulen" stellt man sich ebenfalls größer vor; doch die Anfahrt in Sichtweite des Gebel el Tih und die Wüsteneinsamkeit sind mindestens so attraktiv wie die Steinformationen, die im übrigen nur noch an einer Stelle in Rußland in dieser Form vorkommen sollen. Christoph Heithorst hat an der Uni Clausthal-Zellerfeld ein Stück Röhre untersuchen lassen. Dabei stellte sich heraus, daß die Kornstruktur aus Quarzkörnern und die Matrix, die sie untereinander verkittet, aus unterschiedlichen Materialien, u.a. Kalk, besteht. Aber noch ist nicht geklärt, wie und warum ausgerechnet hier die Röhren entstanden.

Weniger geländetaugliche Fahrzeuge sollten hier am Forest umkehren und auf dem Weg, den sie gekommen sind, zurückfahren.

Doch es gibt auch die **Weiterfahrt ins Wadi Feiran**: Für diese einsame, landschaftlich sehr reizvolle Strecke sind Pistenerfahrung, eine gute Sinai-Karte und ein Kompaß/GPS unerläßlich, da die Orientierung zumindest in der Anfangsphase schwierig ist. Auch hat sich die Pistenbeschaffenheit vor allem im Wadi Beiraq sehr verschlechtert, so daß Bodenfreiheit ganz wichtig ist.

Vom Forest of Pillars aus ist die Routenführung ziemlich unübersichtlich, weil eine Vielzahl von Pisten kreuz und quer durchs Gelände laufen. Versuchen Sie daher, mit Karte und Kompaß auf die Piste zu kommen, die sich in südwestlicher Richtung bis zum Wadi Beiraq durch die Berge windet. Dabei werden Sie nach etwa 13 km rechts einen Felsen mit Felsbildern und Inschriften passieren. 2 km weiter mündet von links eine Piste im spitzen Winkel, nach nochmals 2 km ist an einem arabisch beschrifteten Markierungsschild mit vier Pfeilen (links auf einem Hügel; 1990 wurde es um ca. 500 m westlich an die Piste des Wadi Seih versetzt – wer weiß, wo es noch landen wird) die Piste des Wadi Beiraq erreicht. Die hier folgenden km-Angaben beziehen sich auf den ursprünglichen Schildstandpunkt:

Dem Wadi nach Südosten folgen und bei km 0,5 geradeaus, bei km 1,5 links halten. Das Wadi ist übersät mit rostbraunen Steinen, die natürlich auch in die Piste hineingerollt sind. 1991 war die Piste von Regenfällen so ausgewaschen, daß sie nur noch mit hoher Bodenfreiheit oder ständigem Wegebauen bewältigt werden konnte. Früher waren übrigens die Wadis Beiraq und Labwa ein Teil des Weges von Suez zum Katharinenkloster.

km 12,4: Paßhöhe, schöner Blick auf die vorausliegende Talebene des Wadi Labwa, 0,7 km entfernt zweigt rechts eine Piste durchs Wadi Agir ab, die ins untere Wadi Feiran führt. Wenn Sie dieser unproblematisch zu fahrenden Piste folgen wollen: Nach ca. 1 km kommt ein kleines Dorf mit Schule und Ziehbrunnen, dann weitere Beduinensiedlungen. Im Wadi können Sie rechts mehrmals sehr ungewöhnliche, wie aus großen Quadern aufgehäufte "Steinbauwerke" bewundern. Nach 25 km ist die Asphaltstraße des Wadi Feiran erreicht.

Geradeaus weiter vorbei an einem ausgetrockneten Brunnen mit spärlichen Schirmakazien.

Nach gut 6 km mündet links im spitzen Winkel eine Piste ein, die einen sehr lohnenden, etwa 5 km weiten Abstecher in die malerisch gelegene Bergoase **Bir Iqna** mit mehreren Brunnen, Palmen, Gemüse- und Obstgärten ermöglicht.

Geradeaus weiter dem Wadi Labwa folgen, das jetzt herrliche Ausblicke auf die Berge im Süden bietet. Nach etwa 4 km kommt ein kleiner Friedhof. Apropos: Im Wadi Labda liegen noch **viele Minen** herum.

Nach ca. 7 km passiert man Militärstellungen mit Stacheldrahtbegrenzungen und erreicht nach weiteren 7 km eine Kreuzung mit der Piste Feiran – Ain el Akhbar – Nuveiba (siehe Seite 549). Zur Wadi-Feiran-Asphaltstraße fährt man noch 4 km und hält sich dabei immer geradeaus.

*Gebel Maghara und *Wadi Mukattab

Wie auf Seite 492 erwähnt, zweigt von der Küstenstraße 7 km vor Abu Rudeis links eine landschaftlich reizvolle Strecke zu den Türkisminen des Gebel Maghara und weiter zum Inschriftental Wadi Mukattab und von dort zur Asphaltstraße ins Wadi Feiran ab.

Die Piste erfordert Bodenfreiheit und Allradantrieb, der Anstieg auf den Budra-Paß kann schwierig sein. Gehen Sie nur mit einem entsprechend ausgerüsteten Fahrzeug auf diese Strecke, andernfalls vom Wadi Feiran aus abzweigen (siehe Seite 492) und nach der Besichtigung wieder zurückkehren. Unsere letzte Fahrt auf dieser Strecke liegt schon einige Zeit zurück, daher kann sich das eine oder andere geändert haben.

Die im rechten Winkel abzweigende Asphaltstraße führt schnurgerade zu den Bergen und biegt an der Endstation einer vom weit entfernten Manganbergwerk Umm Bugma herführenden Transportseilbahn ziemlich scharf nach rechts, um dem Fuß der Berge zu folgen.

Nach 9 km links in die Berge abbiegen und nach 5,7 km die Asphaltstraße, die im Bogen nach links führt, geradeaus verlassen und einer Piste folgen. Nach 3 km folgt ein steiler, sehr ausgefahrener Anstieg auf ein Hochplateau (Budra-Paß), der nur mit Bodenfreiheit und Kraft zu schaffen ist. Knapp 5 km entfernt steht rechts am Hang ein Hinweis-Schild WADI MUKATTAB, von rechts kommt im spitzen Winkel die Piste von Abu Rudeis durchs Wadi Sidri, die, obgleich stark versandet, ebenfalls als Anfahrt dienen kann, links halten.

4 km später steht rechts die weiße Grabkuppel des **Sheikh Suleiman**. Hier zweigt

links eine Piste in ein Seitenwadi namens Qenaia ab, dort liegt der **Gebel Maghara**, in dem in pharaonischen Zeiten Türkis abgebaut wurde.

Am besten läßt man weniger geländegängige Wagen hier stehen und wandert etwa 1 km ins sandige Wadi hinein (auch dort links halten, auf halbem Weg zweigt rechts das Wadi Iqna ab): Dort, wo ein weißes Schild *HISTORICAL SIDE* steht, führt ein ziemlich steiler Pfad den Berg hinauf. An einer Gabelung geht es links zu den aufgelassenen Türkisminen. Rechts steigt der Pfad dann weiter bis fast zur Spitze des Hügels.

Am Ende des Pfades ist ein ausdrucksvolles pharaonisches Basrelief aus der 3. Dynastie in eine senkrechte Felsplatte gemeißelt (der Pharao schlägt mit einer Keule auf die Mentu, die damaligen Sinaibewohner). Für Fotografen: das Relief liegt ab Mittag im Schatten.

Es gibt noch ein weiteres Basrelief, das besser erhalten, aber schwieriger zu erreichen ist. Links des beschriebenen Reliefs durch eine Felsspalte (in die eine Fußstütze zementiert wurde) hinaufklettern, dann rechts weiter über eine sehr schmale Felskante. An einer senkrechten Felswand finden Sie das Relief.

Der etwa 150 m hohe ***Gebel Maghara** ("Höhlen") war schon in prähistorischer Zeit für Türkis bekannt. Hauptsächlich im AR und MR wurden die Vorkommen ausgebeutet – außerdem durch Sprengungen in unserer Zeit, denen die historischen Minen weitgehend zum Opfer fielen. Entdeckt wurden die Minen 1840 von McDonald, Flinders Petrie ließ 1905 über 40 pharaonische Reliefs abschlagen und ins Kairoer Museum schaffen, um sie vor Raub zu schützen.

Gegenüber, auf dem Hügel-Plateau an der Gabelung von Wadi Qenaia und Wadi Iqna lagen im AR die Arbeitslager (noch zu erkennen), später wurden sie an den Hängen des Hügels errichtet. Ein Stück oberhalb im Wadi Iqna sind Reste einer ehemaligen Talsperrenmauer sichtbar.

Zurück zur vorigen Pistenabzweigung und etwa 6 km dem Wadi Mukattab folgen. Rechts steht ein Schild *WADI MAKTAB.*

*Wadi Mukattab

Hauptsächlich auf den Felsen der rechten Wadiseite finden Sie Inschriften, die bis in pharaonische Zeiten zurückreichen. Einige sind kulturhistorisch insofern bedeutsam, weil hier wie in Serabit el Khadim Schriftzeichen entdeckt wurden, bei denen die Hieroglyphen der Ägypter zu Einkonsonantenzeichen modifiziert worden waren. Das am 725 m hohen Gebel Mukattab liegende Wadi – einst die Hauptverbindung zwischen Feiran und Suez – forderte offenbar Durchreisende aller Zeiten zu Graffiti auf. Ein griechischer Söldner schrieb: *"Eine üble Rasse! Ich, Lupus, ein Soldat, schrieb dies mit eigner Hand".*

Ein kurzes Stück nach dem Schild zweigt links eine Piste ins Wadi Seih ab. Wenn Sie dieser zwar steinigen, aber relativ problemlosen Piste bis hinter den Gebirgsriegel folgen, dann kommen Sie auf die Route Serabit el Khadim – Forest of Pillars.

Geradeaus weiter im Wadi Mukattab treffen Sie nach 8 km auf die Verbindungsstraße Feiran – Abu Rudeis (siehe Seite 516).

Vom Ras Nasrani entlang der Küste

Auf Seite 502 ist eine Abzweigung nach Nasrani beschrieben. Hier beginnt eine Piste, die parallel zur Küste nach Norden verläuft. Die im folgenden geschilderte Strecke ist eine lohnenswerte Alternative zur Asphaltstraße. Unterwegs muß man $ 5 Eintritt zum Nationalpark zahlen.

Am Ende der Asphaltstraße in Nasrani ging es früher links ab auf eine Piste. Bei unserem letzten Besuch im Sommer 1999 stand die gesamte Gegend bis zur Grenze des Nationalparks im Zeichen größter Bauwut, neue Straßen wurden angelegt, alte Pisten verschwanden unter Planierraupen. Versuchen Sie, so dicht wie möglich der Küstenlinie nach Norden zu folgen. Etwa 14 km von der Nasrani Straße entfernt stoßen Sie auf die

Oase Nabq

Die kleine, auf dem Schwemmland des Wadi Umm Adawi gelegene Oase ist wegen der in der Umgebung vorkommenden Mangroven bekannt. Es handelt sich um die mit Abstand nördlichste Kolonie dieser Pflanzenart. Im Gegensatz zu den üblichen Vorkommen wächst hier nur eine einzige Art.

Nabq ist Zentrum des **Nationalparks Nabq**, der als zweiter nach dem Ras Muhammed Nationalpark auf dem Sinai eingerichtet wurde. Die hier lebenden Beduinen sollen wie seit Jahrhunderten ihren Gewerben – hauptsächlich Fischfang – nachgehen, dies aber im Einklang mit der Natur tun, d.h. das ökologische Gleichgewicht nicht stören.

7 km nördlich wachsen ausgedehnt Mangrovenwälder im Seichtwasser, von Vogelkolonien genutzt. 2 km entfernt sieht man das

Wrack der "Maria Schröder"

Auf der Riffplatte stehen die traurigen Überreste des in einem Sturm in den 50er Jahren gestrandeten Schiffes. Die Beplankung ist schon teilweise abgerostet, der Blick durch den Schiffsbauch mit seinen Spanten erinnert daran, daß Fisch- und Schiffskonstruktionen deutliche Ähnlichkeiten besitzen. – Diese Beschreibung aus dem Jahr 1983 ist insofern überholt, als das Schiff inzwischen in zwei Teile "zerrostet" ist. 1996 strandete ein weiteres Schiff auf dem Riff.

Direkt an der Maria Schröder finden Taucher sehr gute Gründe, 2 km nördlich liegen die *Canyons*, tiefe Einschnitte in die Riffplatte mit reicher Unterwasserfauna, bei Nahalat el Tell – 5,5 km südlich der Maria Schröder – wachsen etwa 60 m vor dem Ufer einzigartige Korallengärten.

2 km vom Wrack entfernt steht eine Palmengruppe am Strand und ganz in der Nähe das Besucherzentrum des Nationalparks, von dem wir bisher allerdings nur wissen, daß es 1998 fertiggestellt werden sollte.

Hier kann man links ins **Wadi Kid** abbiegen und erreicht nach 14 km die Asphaltstraße. Interessanter ist jedoch, weiter am Strand entlang nach Norden zu fahren.

Nach 9 km erreicht man Ras el Tantur. Etwa 300 m nach zerfallenen Hütten eines ehemaligen Militärpostens zweigt links die Piste durchs Wadi Qabila zur Asphaltstraße ab, geradeaus geht es durch reizvolle Landschaft noch ein Stück an der Küste entlang.

Hier in die Berge abbiegen. Nach Überqueren eines Passes erreicht man nach 13 km die Asphaltstraße (siehe Seite 502).

Oase Feiran - Nuveiba auf Pisten

Von Feiran können Sie auf einsamen Pisten in landschaftlich beeindruckender Umgebung nach Nuveiba fahren. Der Großteil der Strecke kann mit Fahrzeugen ohne eigentliche Geländegängigkeit, jedoch mit hoher Bodenfreiheit bewältigt werden. Allerdings ist für das kurze Stück bei Umm Ahmad Allradantrieb erforderlich. Sinnvoll ist, die Route von Feiran aus anzugehen, weil dann die 800 m Höhenunterschied in Abwärtsrichtung leichter laufen. Von Nuveiba aus ist die Orientierung wesentlich schwieriger.

Es kann durchaus sein, daß Ihnen das Militär einen Strich durch die Rechnung macht; im schlimmsten Fall wird man Sie nicht nur am Weiterfahren hindern, sondern Sie erst einmal festnehmen. Bei Begegnungen mit dem Militär vorsichtig agieren, die Leute sind schnell mit einer Kugelsalve bei der Hand.

Abfahrt Richtung Katharinenkloster

2,5 km nach dem Zentrum von Feiran links ab auf die Piste ins Wadi Akhdar (links gleich neben dem Pistenbeginn ein blau-weiß getünchtes Steinhaus).

km 9,3 und 11,1: **Kleine Siedlungen**

km 17: **Kreuzung**

Hier kreuzt die Piste von Seite 546.

km 22,3: **Abzweigung**

Arabisch beschrifteter Wegweiser, nach rechts zweigt eine Piste ab, geradeaus weiter.

km 25,4 und 26,6: **Links Brunnen**

km 28,7: **Kreuzung,** rechts halten

km 29,7: **Links kleines Gräberfeld**

km 31: **Kleine Siedlung**

Beduinenschule, Brunnen, Gärten

km 31,4: **Beschilderte Kreuzung**

(bei Steinhütten)

Hier die Hauptpiste verlassen und links Piste mit dürftigeren Spuren folgen.

km 36,5: **Brunnen Ain El Akhdar**

Gärten mit Palmen, in der Nähe ein Sheikhgrab und Friedhöfe

km 38,8: **Kreuzung, rechts halten**

km 39,2: **Kreuzung, rechts halten**

km 39,5: **Kreuzung mit Wegweiser**

Hier links fahren.

km 40,4: **Kreuzung**

Den Hauptspuren nach links folgen. Das Wadi Akhdar wird hier verlassen und eine weite Hochfläche überquert, rechts sind hohe Berge erkennbar.

km 41,8: **Kreuzung**

mit einer ausgefahrenen Piste

km 42,8: **Kreuzung,** Militärgelände (Kontrollen möglich)

Unmittelbar vor dem Militärgelände links (Richtung NW) abbiegen. Die Piste führt jetzt durch sandiges, buschbestandenes Gelände mit bizarr erodierten Felsen. Für etwa 600 m holpert man auf sehr unebenen Felsplatten und -treppen, auf denen die Piste nur schwer auszumachen ist. An einer Engstelle Stellungsgräben mit Sandsäcken, dann beginnt die gut zu befahrende Piste durch das breite Wadi Zaloa.

km 54: Links **Felsen mit Gravuren** und Inschriften

km 76,8: **Kleines Militärlager** (aufgelöst)

km 89 (ca.): **Piste ins Wadi Zaramik**

km 100,5 (ca.):

Ain Umm Ahmad

(N29°03,60' E34°24,25') Für etwa 2,5 km ein Grüngürtel mit Palmengärten, Eukalyptusbäumen und Brunnen. Gleich danach beginnt das schlechteste Stück der Strecke: Durch eine eindrucksvolle Gebirgslandschaft geht es für ca. 3 km steil und sehr holprig bergauf (Geländegängigkeit sehr wichtig).

km 119,5: **Kreuzung**

Die Asphaltstraße Nakhl – Nuveiba (siehe Seite 533) ist erreicht.

8.7 Kamel- und Trekkingtouren auf dem Sinai

Die meisten Sinai-Besucher stürzen sich auf die üblichen und bekannten Orte wie Katharinenkloster oder die Bade-Oasen an der Ostküste. Darüber hinaus gibt es aber noch eine ganze Reihe von Zielen, die mindestens ebenso einzigartig sind, sich jedoch nicht so einfach erreichen lassen, die man am besten zu Fuß oder im Kamelsattel ansteuert.

Wir glauben, daß sich der Sinai erst wirklich mitteilt und in seiner Großartigkeit erschließt, wenn man die asphaltierten Straßen verläßt und in die Einsamkeit der Berge und Wadis zieht. Dazu gehört auch, die Nacht unter freiem Himmel zu verbringen, keinen anderen Laut als das Rauschen seines eigenen Blutes zu hören und – nach Monduntergang – einen Sternenhimmel zu bewundern, wie wir ihn in Europa auch nicht annähernd in seiner Pracht erleben können.

Natürlich können Sie sich überall auf dem Sinai in die Einsamkeit absetzen. Es lohnt sich aber, bei dieser Gelegenheit einmalige Ziele auszusuchen und dabei die Gewalt der nackten Berggiganten zu erleben. Grundsätzlich gibt es zwei Gebiete, in denen Touren ohne Hast sehr viel Gewinn bringen. In den Randgebirgen des Golfs von Aqaba sind Kameltouren sehr beliebt, im Hochsinai in der Gegend des Katharinenklosters bieten Hochgebirgswandertouren (neudeutsch: Trekking) einzigartige Erlebnisse, Eindrücke und Ausblicke.

Doch zum Trekking in diesen schönen Bergen gehört auch Verantwortung. Es muß noch einmal deutlich gesagt werden: Lassen Sie keine Abfälle liegen, nehmen Sie alles wieder mit zurück. Sollten sich Ihre Führer anders verhalten, versuchen Sie, auf sie einzuwirken und vor allem mit gutem Beispiel voranzugehen. Falls Ihnen die Umweltsünden zu schlimm vorkommen, schreiben Sie an das Ministry of Tourism, Burg Masr al Siaha, Qasr el Aini, Cairo und beschweren Sie sich ganz konkret. Nur wenn viele Briefe dort eingehen, wird sich etwas bewegen.

***Kameltrips an der Ostküste

Kameltrips an der Ostküste startet man am besten von den Orten Nuveiba, Dahab oder (nur im Notfall) Sharm el Sheikh/Naama Bay aus. Auch das Basata Camp nördlich von Nuveiba bietet Touren an, die sehr positiv bewertet werden. In den genannten Orten erkundigt man sich entweder bei einem der Hotels, einer Tauchstation oder – am besten – bei den Beduinen selbst und vereinbart Konditionen (mit oder ohne Verpflegung), Strecke und Dauer. Tips zur Ausrüstung etc. finden Sie auf Seite 107.

Wir selbst sind zweimal von Nuveiba aus per Kamel in die Berge aufgebrochen und möchten diese eindrucksvollen Erfahrungen nicht missen. Erst bei Fußgängergeschwindigkeit hat man Muße, all die vielen Details zu betrachten, die – von der Erosion geschaffen – den Wegesrand säumen. Der wiegende, in steter Gleichmäßigkeit und Lautlosigkeit dahinschwankende Kamel-Hochsitz stimmt den Körper auf Ruhe und Beschaulichkeit ein.

Man sollte wenigstens drei Tage unterwegs bleiben, um wirklich sehenswerte Ziele erreichen und sich auch besser in das Leben auf dem Kamelrücken einfinden zu können. Als Beispiel einer für uns unvergeßlichen, jederzeit nachvollziehbaren Tour eine kurze Beschreibung der Strecken, die wir gemeinsam mit dem Beduinen Anis (El Khan in Nuveiba, siehe Seite 513) zurücklegten.

Start am frühen Morgen in die Berge westlich der Nuveiba-Oase, Übernachtung in einem der höher gelegenen Wadis. Am nächsten Vormittag Ritt zum **Coloured Canyon** (Beschreibung siehe Seite 533).

Vom Coloured Canyon zu Fuß durch tief eingeschnittene Wadis zum Nachtplatz **El Qatar el Melcheh**, einem von steilen Schotterwänden eingerahmten Kessel. Am letzten Morgen Abstecher zur nahe gelegenen Quelle **Bir el Melcheh**, dann Rückweg nach Nuveiba.

Bei einer Viertagestour kann man **Bir el Biyria** mit dem sog. Brücken-Canyon einschließen. Längere Touren haben Ain Umm Ahmad oder Ain Hudra zusätzlich zum Ziel.

Es gibt in der Gegend von Nuveiba auch andere Ziele. So bietet Sherif, Besitzer des Basata Camp bei Ras Burka, neben Touren in den Coloured Canyon auch Trips ins **Wadi El Hajisch** und ins **Wadi Smeila**. Beide Wadis liegen nördlich von Nuveiba und sind von der Küstenstraße her zugänglich. Beim Wadi Smeila geht der Weg durch ein geologisch interessantes Gebiet auf einen ziemlich hohen Berg, von dem sich weite Sicht auf den Golf von Aqaba bietet und auf dem man übernachten kann, um den Sonnenaufgang über dem Golf zu erleben. Hinunter können die Bergsteiger rollen, ein sandbewehter Abhang macht den Abstieg zu einem eher lustigen Unterfangen. Eine weitere Tour ins Wadi Wishwashi ist ein bißchen abenteuerlich und nur für Unerschrockene zu empfehlen. Denn dabei muß geklettert werden, man kann leicht ausrutschen und in das Wasserbecken fallen, welches das Ziel des Trips ist.

Weiterhin offeriert Sherif Touren in die Oasen Ain Umm Ahmad, Ain Hudra oder Ain Quseib (nördlich von Basata). Die meisten der genannten Ausflüge sind entweder per Jeep oder per Kamel möglich. Die Beduinenführer können sich meist englisch verständigen.

In **Dahab** gehört zum Standardangebot der (relativ langweilige) Ritt zum Blue Hole oder der Tagesausflug ins Wadi Gnein mit einer winzigen Oase. Dieses Wadi endet praktisch an der Südoase von Dahab, von dort geht es entweder per Kamel oder Geländewagen in die Berge, Fahrzeit von Dahab ca. eine Stunde.

An Ausflügen von **Naama Bay** aus ist uns – außer belanglosen Angeboten – nichts Besonderes bekannt. Anstelle von langweiligen Trips an der Küste entlang wäre ein Ritt ins obere Wadi Kid bis zur Oase Kid eine gute Alternative.

Hochsinai

Eine Dreitagesrundtour, die ungeübte Trekker zwar anstrengt, aber nicht überfordert, kann so aussehen: Am ersten Tag durchs Wadi Zawateen auf den Gipfel **Abu Mashour**, dann hinüber zum "Schwestergipfel" **Abbas Basha**, auf dessen schwindelnder Höhe die Grundmauern eines Palastes (siehe Beschreibung weiter unten) und – mehr noch – der grandiose Ausblick bis hin zum Golf von Suez zu bewundern sind.

Von dort ins **Wadi Tiniya** hinunter zum Übernachten. Am zweiten Tag über einen ziemlich steilen Paß zum Gelta (Wasserbecken) **El Azraq**. Dort wagt sich ein dünnes Rinnsal ins Freie und füllt die zwei Becken eines natürlichen, kleinen Stausees: Glasblaues Wasser spiegelt den Himmel zwischen hochaufragenden Felswänden, von Büschen und Bäumen eingesäumt. Nachtplatz im **Wadi Umm Secha.** Am dritten Tag Besuch eines Gelta im **Wadi Shag**, am frühen Nachmittag Rückkehr nach Milga.

Zum Gipfel Abbas Basha (2383 m) ist eine Erklärung nötig: Ein Sohn von Mohammed Ali namens **Abbas Basha** litt unter Asthma, im Hochsinai erhoffte er sich Linderung und wollte auf dem heute nach ihm benannten Gipfel einen Palast erbauen lassen. Dazu mußte von El Tur aus zunächst ein Fuhrwerks-Weg bis zum Gipfel angelegt werden (auf dessen Reste man auf der Tour stößt), dann konnte der Bau beginnen. Als die Grundmauern noch nicht ganz fertig waren, erstach einer der Kammerdiener seinen Prinzen, zurück blieb eine Bauruine in "allerbester Lage".

Die gewaltigen Mauerreste sind übrigens per Fernglas z.B. von der Kreuzung aus, an der es links zum Katharinenkloster geht (Seite 518), gut zu sehen. Der Gipfel liegt etwa in der Verlängerung der zur Kreuzung führenden Straße durchs Wadi Ghariba.

Wer nur den Abbas Basha Gipfel besteigen will, kann dies an einem Tag bei frühem Aufbruch und später Rückkehr schaffen, wenn er dem "Prinzenweg" folgt und nicht zusätzlich den Abu Mashour erklettert. Die Tour muß dann aber gut vorbereitet sein.

9. Allgemeine Informationen

9.1 Hotels

Lesen Sie bitte die grundsätzlichen Informationen zum Übernachten in Ägypten ab Seite 89 nach, damit Sie dieses Problem optimal angehen können. Hier noch ein paar zusätzliche Bemerkungen:

- In allen Hotels müssen oder sollten amtlich genehmigte **Preislisten** aushängen, die allerdings nur dann Beachtung finden, wenn das Haus nicht ausgebucht ist. Sollte der von Ihnen ausgehandelte Preis wesentlich höher liegen als die Preisliste anzeigt, so hilft ein Hinweis auf eine der touristischen Institutionen (Polizei), die Differenz u.U. drastisch zu verringern.
- Wenn Sie mehrere Nächte bleiben, versuchen Sie Sonderkonditionen auszuhandeln, was in vielen Hotels möglich ist.
- Fragen Sie beim Einchecken, ob der ausgehandelte Preis **Steuern** – Tax – enthält, andernfalls können hinzukommen: 12 Prozent Service, 5 Prozent Municipality (örtliche Steuer), 4 Prozent Governorate (Provinzsteuer), 5,6 Prozent sonstige Steuern; in der Summe also 26,6 Prozent! Bei kleineren Hotels jedoch meist inklusiv.
- In der folgenden Aufstellung haben wir alle Unterkünfte zusammengestellt, die uns durch eigene Recherchen oder durch Angaben aus Leserzuschriften bekannt wurden. Betrachten Sie diese Empfehlungen aber bitte nicht als das Nonplusultra für Ihre Hotelsuche; denn die Informationen sind immer unter dem **subjektiven Blickwinkel** des jeweiligen Beurteilers entstanden. Dieser Eindruck muß sich keinesfalls mit Ihren persönlichen Vorstellungen oder

Die in diesem Kapitel verwendeten **Abkürzungen** bedeuten:

AC = Aircondition	**Kschr** = Kühlschrank	**Rest** = Restaurant
ang = angenehm	**la** = laut	**ru** = ruhig
B = Bad	**li** = links	**sa** = sauber
D = Doppelzimmer	**mä** = mäßig	**se** = sehr
E = Einzelzimmer	**Md** = Midan (Platz)	**Sh** = Sharia (Straße)
einf = einfach	**mF** = mit Frühstück	**tlw** = teilweise
empf = empfehlenswert	**Dorm** = Dormitory (Mehrbettzimmer ab 3 Betten)	**unfr** = unfreundlich
F – Frühstück		**Ven** = Ventilator
fr = freundlich	**ni** = nicht	**wW** = Warmwasser
hb = hilfsbereit	**pP** = pro Person	**Zi** = Zimmer
HP = Halbpension	**re** = rechts	**24Std-R** = 24 Std besetzte Rezeption
Kü = Küche, Kochgeleg.	**rel** = relativ	

Hotels

Erfahrungen decken. Beachten Sie bitte, daß es sich um Angaben ohne **Rechtsanspruch auf Richtigkeit** handelt, die u.U. lange bevor Sie dieses Buch in Händen halten ermittelt wurden.

- **Alle Preisangaben sind in £E** angeführt; da viele Hotels in $ abrechnen, stellen wir in diesen Fällen der Preisangabe ein $-Zeichen voran, wobei **US$** gemeint sind.
- Bei den meisten 5* und 4* Hotels verzichten wir auf eine Beschreibung, weil deren Standard weitestgehend garantiert ist.
- Sofern vorhanden oder bekannt, geben wir mit "**SatTV**" an, daß Sattelitenprogramme zu empfangen sind, da normales TV nur die ägyptischen Sender ins Zimmer bringt.
- Die aktualisierten Angaben beruhen auf Informationen, die bis Mitte 1999 ermittelt wurden. Bei Hotels, die **seit 1997 nicht aktualisiert** werden konnten, sind die Angaben *kursiv* gedruckt. Bei Daten, die seit 1995 nicht mehr überarbeitet werden konnten, ist der Hotelname mager kursiv gedruckt. Von den im folgenden aufgeführten 623 Hotels sind die Angaben zu 31 Häusern (5 Prozent) älter als zwei Jahre.

Die nun folgende Liste ist so einfach wie möglich gehalten und nur mit den wichtigsten Informationen versehen, um Ihnen Vergleiche zu ermöglichen.

Abu Simbel (Tel-Vw 097)

Abu Simbel Nefertari, Tel 316 402, direkt am Stausee, 70 Zi, AC, Pool, sa, (überbucht um den 20.2. bzw 20.10.), HP möglich ········· E+B $60, D+B 75

Nobaleh Ramsis, Tel 311 660 Ortsmitte, im nubischen Stil gebaut,ca. 30 Wanderminuten v. Tempel, se sa, fr, hb, wW,Fst 7,50 ········· E+B $32, D+B $60

Abydos

Abydos, Tempelnähe ········· E 30, D 50

Osiris Park, im kleinen Park vor dem Tempel, 6 Zwei-Pers-Zelte, Sanitäranl. sa ········· pP 3

Alexandria (Tel.-Vw. 03)

Wir beschränken uns auf die im Zentrum und in den östlichen Stadtteilen gelegenen Hotels, da die Unterkünfte in den westlichen Badevororten Agami und Hannoville für Normaltouristen zu abgelegen sind. Die Hotels an der Corniche leben im wesentlichen von ägyptischen Gästen während der Feriensaison, dann steigen dort die Preise um 50 Prozent und mehr. In der Nichtsaison lassen sich gute Ermäßigungen heraushandeln. Doch diese Hotels sind von nahezu allen touristisch attraktiven Zielen viel zu abgelegen, daher führen wir nur wenige und diese eher beispielhaft an. – Hotels in Strandnähe bieten Zimmer mit Meerblick meist teurer an und erst zuletzt den billigeren Stadtblick!

Für die Hotelsuche ist wichtig zu wissen: Die Sh 26.July ist die Corniche vom Keit Bey Fort bis zur nächsten Landzunge (also noch am Md Saad Zaghlul vorbeiführend), von dort bis Montazah heißt sie dann Sh El Geish mit Hausnummern bis weit über 600!

Zur leichteren Orientierung sind **Hotels in der Nähe des Midan Saad Zaghlul mit + gekennzeichnet**.

<u>5*Luxushotels</u>: **Sheraton**, Montaza, Tel 540 0550; **Helnan** Palestine, Montazah, Tel 547 3500; **Ramada Renaissance**, Sidi Bishr, Tel 549 0935.

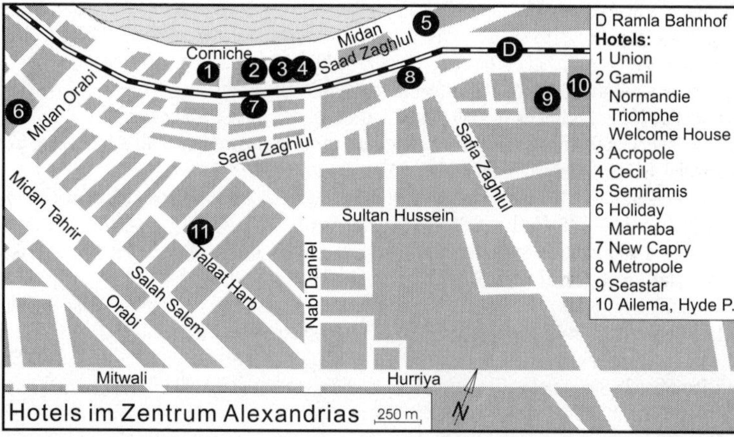

Hotels im Zentrum Alexandrias

+**Acropole**, 26 Sh Gamal et Din Yasin, Tel 480 5980, hinter Hotel Cecil, toller Blick, ziemlich abgewohnt, Ww, je 1 Bad für 3 Zi, fr, mä sa, la, häufig ausgeb., empf, mF · E 10-20, D 20-30

+**Ailema**, 21 Sh Amin Fakhry, Nähe Ramlah Bhf, Tel 484 7011, se sa, fr, se la, Tram-Erschütterungen, mF ········ E 29, E+B 45, D 40, D+B 61

Alex, 23 Sh Nasr, Tel 483 7694, AC, se sa, Kschr, la, mF ········ E+B $45, D+B $55

Amoun, 32 Sh Nasr, Tel 481 8228, 3*, AC, SatTV, Kschr, la, se sa, mF ···· E+B 131, D+B 167

+**Cecil** (Hotel Sofitel) 4*, 16 Md Saad Zaghlul, Tel 483 7173, zentral, nostalgisch, sa, se ang, mF ········ E+B $110-140, D+B $133-166

El Rouda, Sh Morsy Badr (Nähe Bhf), Tel 492 0518, se sa, wW ········ D 19, D+B 28

+**Gamil**, 8 Sh Gamal et Din Yasin, Tel 481 5458, quasi hinter Hotel Cecil, abgewohnt, mä sa, fr, la, nur zwei Toiletten für alle Gäste, Ww ········ pP 7,50

Anmerkung: Die Hotels Gamil, New Welcome House, Normandie und Victoria sind auf zwei Stockwerken in einem Haus mit einem sehr altersschwachen Lift (zur Zeit unserer letzten Recherche bereits 3 Monate kaputt).

Holiday, 6 Md Orabi, Tel 480 3517, Ww, rel große Zi, etwas ungepflegt, sa, fr, se la, mF ········ E+B 42, D+B 58

Hyde Park, 21 Sh Amin Fakhry, Tel 483 5666, (über Ailenia Hotel), Ww, empf, ang, sa, fr, la,Fst£E 5 pP ········ E 21, E+B 31, D 31, D+B 41

+**Le Roy**, 25 Sh Talaat Harb, Tel 482 0224, schräg gegenüber Paßport Office, mittelguter Blick, sa ········ E 20, E+B 25, D 25, D+B 30

Maamoura Palace, Maamoura Beach (exklusive Feriensiedlung bei Montazah), Tel 547 3450, 4*, SatTV, AC, große Zi mit großem Balkon, Kschr, se sa, ru ········ E+B 160, D+B 220

Marhaba, 10 Md Orabi, Tel 480 0957, zentr, sa, zieml. abgewohnt, la, se fr, tlw Balkon, mF ········ E+B 58 (nur HP), D+B 57

+**New Capri**, 33 Sh El Mina, Tel 480 9310, im Haus vom Tourist Office, guter Blick auf Md S. Zaghlul, 32 Zi, mä sa, mF ········ E 28, E+B 33, D 42, D+B 46

Noble, 152 Sh El Geish (Cleopatra Beach), Tel 546 4845, 2*, bestens zum Baden gelegen, Kschr, se sa, fr ········ E+B 80, D+B 100
+**Normandie**, 8 Sh Gamal et Din Yasin, Tel 480 6830, (hinter Hotel Cecil), rel sa, la, abgewohnt, Zi mit Waschbecken, 4 Toiletten, 2 Waschräume, wW, mF········ D 25
+**Paradise Inn – Metropole**, 52 Sh Saad Zaghlul, Tel 482 1465, tlw Superblick, Jugendstil-Zi, gute Atmosphäre, frisch renoviert, se sa, la, se fr··· E+B ab 255, D+B ab 321
Regency, 696 Sh el Geish, Tel 548 6973, 3*, la, große Zi, AC, Kschr, se sa, fr, Pool auf dem Dach (13. Stock), sauberer Strand, mF········ E+B 100-150, D+B 120-180
San Giovanni, Tel 546 7775, 205 Sh El Geish (Stanley Beach), Email giovanni@inetalex.le-eg.com, gut zum Baden, se sa, Kschr, AC, mF E+B 226, D+B 302
+**Sea Star,** 24 Sh Amin Fakhry, Nähe Ramlah Bhf, Tel 483 2388, se sa, empf, mF········ E+B 50, D+B 67
+**Semiramis**, 180 Sh 26.July, Tel 484 6837, 3*, ungepfegt und abgewohnt, mä sa, fr, TV, mF········ E+B 90, D+B 125
+**Triomphe**, 26 Sh Gamal et Din Yasin, Tel 480 7585, hinter Cecil, 5. St., Balkon, große Zi, Ww, fr, rel la········ E 15, E+B 22, D 25, D+B 33
+**New Welcome House**, 8 Sh Gamal et Din Yasin, Tel 480 6402, (hinter Cecil), mä sa, se einfach········ pP £E 6
+**Union**, 164 Sh 26.July (Eingang 2. Querstr. westl. Cecil), Tel 480 7312, Zi im obersten Stock am besten, se gutes Preisleistungsverh., se sa, TV, mF ·· E 44, E+B 50, D 57, D+B 65
+**Victoria**, 8 Sh Gamal et Din Yasin, Tel 480 9582, (hinter Hotel Cecil), Ww, zwei Toiletten, einfach, rel sa ········ Dreibett-Zi 15-20
+**Windsor**, 4*, 17 Sh El Shohada Ecke Corniche (3 Blocks westl. v. Cecil), Tel 480 8256, Traditionshotel ähnlich wie Cecil mit großen Zi, Sanitär und Betten se sa, sonst etwas ungepflegt, AC, mF ········ E+B $79, D+B $109
Youth Hostel, 32 Sh Bur Said, ni sa, wW, la, mF ········ pP 4,50

El Arish (Tel-Vw 068)

Egoth Oberoi, 4*, am Strand, Tel 351 321 ········ E+B $93, D+B $116
El Salam, 23 Sh Jollo, Tel 331 219, (in Durchgang zu Aziz-Rest), nahe Bus-Bhf, ni sa, wW, la, familiär, Traveller-Treff········ D+B 35
Moonlight, am Strand, ni sa, trostlos········ pP 15
New Golden Beach, rel sa, rel ru ········ D+B 20
Semiramis (BEST WESTERN), schöner Sandstrand, sa, mF (mä)········ E+B $30, D+B $50,
Sinai-Sun, Sh Fathi Fuad, Tel 068 341 855, ang, rel la, mF········ E+B $21, D+B $25

Assiut (Tel-Vw 088)

Akhenaton-Hotel, Sh Moh. Tawfik Khashaba/Sh 26.July, Tel 337 723, nahe Bahnunterf., TV 2 £E, mä sa········ E+B 24, D+B 35
Badr Touristic, Sh El Tallaga, Tel 329 811, Hochh. hinter Bhf, sa, AC, fr ·· E+B $20, D+B $25
Casablanca, Sh Kashaba, Tel 337 662, ca. 200 m v. Bhf, sa, fr, rel la, mF ··· E+B 50, D+B 70
El Haramain, neben Zam-Zam, mä sa, la (Straße und Züge), fr, hb, Etagenbad, wW, Wäscheservice, Ven £E 2, gr. Zimmer,Fst3 (wenig) ········ pP 9, D ab 12

Happy Land, Tel 320 444, von Nildamm kommend über Kanal, nächste Kreuzung li, Richtung Corniche, 1. Str. re, sa, fr, AC, TV ············ E+B 40, D+B 60
Reem, Sh Mahatta, Tel 311 421, schräg hinter Bhf, sa, fr, hb, AC, wW, TV, Zi z. Bahn se la, mF ············ E+B $25, D+B $31
El Salam, Sh Talaat Harb, Tel 332 256, AC, sa, fr, empf ············ E+B 26, D+B 40
YMCA, Sh Salah el Din el Ayoubi, Tel 323 218, Garten, sa, se fr, empf (oberster Stock), AC, TV, Kü, la, Zi nach hinten rel ru ············ alter Teil pP 8, neuer Teil E+B 25, D+B 35
Youth Hostel, 503 Sh Walidiya, Tel 324 846, (Nähe Nildamm), Achtbetten-Zi ············ pP 4
ZAM-ZAM, hinter Bhf, mä sa, etwas düster, wW ············ pP 5

Assuan (Tel-Vw 097)

Während der Hauptsaison – besonders Weihnachten, Ostern – rechtzeitig buchen!
Luxushotels: Assuan Oberoi, Elephantine Island, Tel 314 6668, Pool, etwas isoliert in schönen Gärten; **Old Cataract Sofitel**, Sh Abtal Tahrir, sehr stimmungsvoll (siehe unten); **New Cataract Sofitel**, Sh Abtal Tahrir, Tel 316 0002, unpersönlich, nüchtern, guter Pool, viele Reisegruppen; **Isis Island**, 400-Betten-Herberge auf einer Katarakt-Insel; 4* **Hotels: Amun**, Amun Island (Club Mediterranée); **Kalabsha,** Sh Abtal Tahrir, guter Ausblick; 4***Tut Amun Village**, am Stausee südl. der Sperrmauer, Ausblick über See und Wüste, gute Disco, sehr isoliert.
Abu Shelib, Sh Abbas Farid, Tel 303 051, rel kleine Zi, sa, wW, Ven, se fr, se hb, ang, rel ru (auß. Muezzin), mF, empf für alleinr. Frauen ············ E+B+AC 20, D/D+B 20, D+B+AC 25
Assuan Palace, Sh Mahmoud Jakoub, Tel 313 664, im Gemüse-Bazar, einf, sa, fr, hb, la, wW stundenweise, teilw. Ven, häufig ausgebucht, nur Etagenbad ············ pP 10
Basma, 4*, schräg gegenüber Nubischem Museum,Tel 310 901, herrlicher Blick über die Kataraktlandschaft, alle Zi mit Balkon, großer Pool, Rest, Bar, se ru, se sa, fr, AC, SatTV, Minibar, schöner Garten, (Preise verhandelbar, Sommer 25Prozent Rabatt) mF ············ E+B $85, D+B $108
Brother, Sh Saad Zaghlul, neben Noorham Hotel, se sa, ru ············ pP 8
Cleopatra, 3*, Sh Saad Zaghlul, Tel 314 002, Bhf-Nähe, Bazarseite la, se sa, fr, AC, SatTV, Minibar, Dachterrasse mit Pool, Rest, viele Gruppen, empf, mF ············ E+B 48, D+B 64
El Amir, 3*, Corniche/Sh Abas Farid, Tel 314 735, zentral, Lift, se sa, fr, la, AC, Rest, Dachgarten, Preis verhandelbar, mF ············ E+B 80, D+B 120
El Amin, Tel 301 213, v. Bhf li in Sh El Souk, 300 m Hotelschild, (Straßenfront Muezzin), teilw. Balkon, mä sa, fr, wW, Ven, mF ············ Dorm pP 10, E 11, D+B 20
EL Orabi, Sh El Makhama el Kadina (Nähe Keylany bzw. Molla Hotel), Tel 317 578, Dachterrase, Wäschservice, sa, fr, hb, mF ············ Dorm pP 7, E+B+AC 10, D+B+AC 16
El Saffa, (ca. 200 m vom Bhf: 1.re/1.li), einfach, mä sa, Ven ············ pP 4,50
El Salam, Corniche neben Hathor Hotel, Tel 302 651, se sa, fr, hb, se la, Nilblick, teilw. Balkon, wW, AC, für alleinr. Frauen empf, mF ············ E+B 35, D+B 50
Happi, 2*, Tel 314 115, Sh Tahrir, ca. 1,5 km vom Bhf, etwa Höhe Fähre Elephantine,se sa, AC, tlw Nilblick, (freie Pool-Benutzg. im Cleopatra), mF ············ E+B 35, D+B 50
Hathor, Corniche, Tel 314 580, neben El Salam Hotel, Dachterr. mit kl. Pool, Nilblick, se sa, fr, la, abgewohnt, wW, AC, mF (reichhaltig) ············ Dorm pP 15, E 25, E+B 30, D+B 45

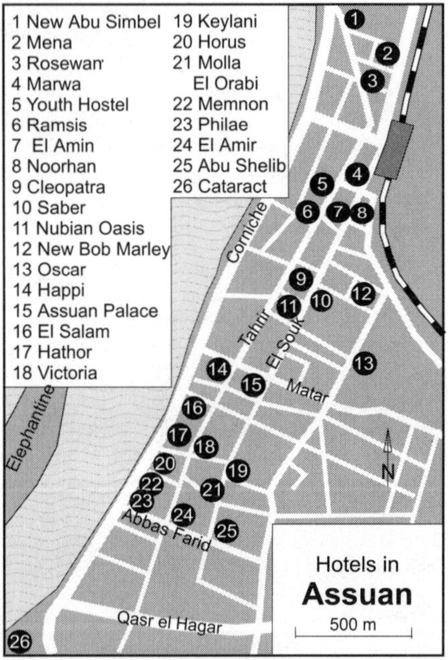

Horus, 2* (etwas verblichen), Corniche, Tel 303 323, fr, zur Corniche se la, sa, AC, Balkon mit Nilblick, Dachterrasse mit Bar/Cafeteria, im Winter 2 Monate vorausbuchen, Reisegruppen bevorzugt, mF ······· E+B 30-35, D+B 40-55

Old Isis, Nilseite der Corniche etwa Höhe Kaufhaus Benzion, Tel 315 100, 4*, zentral gelegen, se ru, se sa, AC, SatTV, Pool, Essen teuer, mF ····· E+B $56, D+B $69

Kalabsha, 4*, Sh Tahrir, Nähe Old Cataract, Tel 322 999, se sa, ru, fr, hb, AC, freie Poolbenutz. im Cataract, mF (gutes Buffet) ······················ E+B $30, D+B $45

Keylany, 25 Sh Keylany, etwa 2 Blocks oberhalb Memnon Hotel bzw. Benzion Kaufhaus, Tel 317 332, 1999 renoviert und für diese Kategorie nett eingerichtet, Dachterrasse, se sa, se fr, Ven, AC, mF ····· Dorm 7 pP, D ab 30, E+B 12, E+B+AC 20, D+B 20, D+B+AC 35

Marwa, Seitenstr. der Sh Tahrir (vom Bhf 2. Str. li, 70 m), Tel 308 532, ungepflegt, einfach, mä sa, fr, se hb, wW, Ven, Kschr, häufig ausgebucht ······· Dorm pP ab 5, E 7,50, D ab 15

Mena, Tel 304 388, Bhfs-Nähe (nördlich), schöner Dachgarten, sa, fr, hb, kl Zi, Ven ·· Dorm pP 11,50, E+B 30, D+B 40

Molla, Sh Keylany, Tel 318 100, Bazarviertel, rel sa, ru, ni fr, Ven/AC, wW, mF ······················ E+B 11,50, E+B+AC 16, D+AC 14, D+B+AC 19

New Abu Simbel, Sh Tharir, Tel 306 096, v. Bhf 2. Str. re, ca.350 m neben kl. Moschee, ru, angenehm, sa, hb, fr, wW, AC, Garten, mF ······················ E+B ab 30, D+B ab 40

New Cataract-Sofitel, Sh Tahrir, Tel 316 001/8, unpersönlich, nüchtern, guter Pool, mF ······················ E+B $75, D+B $90, Gartenblick E+B $65, D+B $80

Memnon, Corniche (Eingang Rückseite), schräg gegenüber Mona Lisa Rest, Tel 300 483, fr, se sa, neue Inneneinrichtung, AC, Nilblick, Rest, Wäscheservice, mF · E+B 30-35, D+B 40-45

New Bob Marley, Parallelstr. zur Sh El Souk, Tel 301 839, seit 1999 neues Management, das frühere Probleme (z.B. Anmache alleinreisender Frauen, ni sa) beheben will, Studenten erhalten Rabatt bis 15 Prozent, bescheidene Dachterrasse, Fst £E 1 ·· Dorm pP 5, E/D 12, E/D+B+AC 20

Noorhan, Sh Saad Zaglul, gr. Zi, wW, ni fr, sa, AC + 5 £E, Dachterrasse, Wäscheservice, TV, la ·· Dorm pP 7,50, D+B 15

Nubian Oasis, Sh Saad Zaghlul/El Souk, Tel 312 123, Email nubianoasis@infinity.com.eg, Dachterrasse mit tollem Blick Rest, zentral, einfach, rel sa, Ven/AC, wW, fr, hb, Wäscheservice, mF · · · E 15, E+B+AC 20, D 20, D+B+AC 25
Old Cataract-Sofitel, Sh Tharir, Tel 316 001, berühmtes nostalgisches Luxus-Hotel, teilw. renoviert, viele Gruppen, Nilblick-Zi · · · E+B ab $148, D+B $164 bis$900
Oscar, Tel 306 066, Bazarbereich, südl. v. Bhf, se sa, fr, hb, Dachterrasse, se la, wW, AC, mF · · · E+B 35, D+B 40
Philae, Corniche, Tel 312 090, Balkon, fr, sa, Bäder tlw defekt, AC, mF · · · E 30, D+B 44
Ramsis, Sh Tahrir, Tel 324 000, Bhf-Nähe, 10. St., etwas abgewohnt, Lift, fr, se sa, rel ru, AC, wW, TV, Kühlschr, Dinner langweilig, mF (nicht besonders) · · · E+B 40, D+B 70
Rosewan, Tel 324 497, v. Bhf nördl., nach Tkst. links, mä sa, eher ungepflegt, se fr, hb, wW, Ven, mF (mä) · · · E 18, D+B 27
Saffa, nördl. vom Bhf neben Rosewan Hotel, Tel 302 172, einfach, rel sa, Ven, abgewohnt · · · D+B 8
Saber, li v. Bhf, Tel 302 744, se einfach, ru, ni sa, Ven, tlw Balkon, wW · · · D/D+B 10
The Brothers New Hotel, Sh Saad Zaghglul, Seitenstr. der Sh El Souk, Nähe Nubian Oasis Hotel, Tel 310 460, se einfach, rel sa, Fst £E 1,50 · · · Altbau (ohne AC, Bad) Dorm 15, Neubau: E 8, D 12, D+B 15, D+B+AC 20
Victoria, südl. Sh Tahrir, Bazarnähe, Tel 303 870, fr, sa, ru, wW, Ven · · · Dorm pP 7
Yassen, vom Bhf zweite Seitenstr. der Sh El Souk neben Noorhan Hotel, teilw. Balkon, SatTV £E 3, int. Telefonservice, se sa, rel große Zi, mF · · · E+B 12, E+B+AC 20, D+B 16, D+B+AC 25
Youth Hostel, Sh Tahrir (vom Bhf 2. Str. li), Tel 322 298, zentral, mä sa, fr, rel ru Bhf), wW, Ven, mF · · · pP 6

Oase Bahariya, Bawiti (Tel-Vw 01880)

Ahmed's Safari Camp, 4 km außerhalb an Siwa-Straße, Tel 018 802 090, gute Atmosphäre, viele Blumen Grün, fr, sa, se ru, wW, hb, Lunch und Dinner erhältlich, mF · · Zweipersonen-Zelt bzw. Hütte pP 5, Zweipersonen-Bungalow 30, Lux.-Bungalow £E 50
Alpenblick, Bawiti-Zentrum, Tel 018 802 184, fr, ru, sa, wW (mä), schöner Innenhof, mF Einfachzimmer "Budget Room" pP 10, E 25, D 35, D+B 46
Alpenblick Pyramid Mountain Camp, 17 km außerhalb in der Nähe des Pyramiden Berges, einigermaßen einsam, Strohhütten, Swimmingpool für ungestörtes Baden, mF · · · pP 5
Bir Matar Chalets, gehören zum Paradise Hotel, 5 km außerhalb, ungünstige Lage wegen schlechter Verkehrsanbindung (£E 7 pro Transport), ru, mä sa, mF · · · pP 5
El Beshmo Lodge, direkt an Ain Bishmu Quelle, Tel 018 802 177, 1999 eröffnet, se sa, schön angelegt, se ru, mF · · · E 35, D 50, E+B 55, D+B 80
International Health-Center, 3*, Tel 018 802 322, im Ort auch als MUSTAFA CAMEL CAMP bekannt, deutsche Leitung, Pool, Fitness Raum, Sauna, sa, ru, Rest, HP · · E+B $40, D+B $70
New Oasis, an Quelle Ain Bishmu, im Bau, soll noch 1999 fertiggestellt werden
Paradise, im Zentrum an der Hauptstraße, untersteht Tourismusorganisation, Garten, einf, fr, hb, sa, wW, mF (gut) · · · pP 5
Resthouse (bei Managem-Mine), sa, HP gut · · · pP 25-30

Balyana

Wadi EL Mlook, von Abydos nach Bahnübergang re, se la, ni sa, nur im Notfall ·········· D 5

Beni Suef (Tel-Vw 082)

Mastbaget, Hauptstraße, Nähe Bhf, mä sa ······························ D+B 8
Semiramis, gegenüb. Bhf, Tel 322 092, mä sa, fr, ang, Rest ············ E+B 34, D+B 50

Dahab, Sinai (Tel-Vw 062)

Während arabischer und israelischer Feiertage steigen die Preise sehr stark!!

Touristenkomplex ("Dahab City"),
von Nord nach Süd aufgeführt:

Novotel, 4*, Tel 640 301, ru, erholsam, gepflegter Garten, SatTV, mF ······························ E+B $50-90, D+B $68-116
Hilton, 5*, Tel 640 310, mF ······························ E+B $110, D+B $130
Swiss Inn, 4*, Tel 640 471, gut eingerichtet, alle Zi mit Balkon ········ E+B $84, D+B $100
Ganet Sinai Village, 3*, Tel 640 440, Bungalowanlage, sa, fr, ru, Rest., AC, jedes Zi mit Terrasse, mF ······························ E+B $45, D+B $60
Helnan, 4*,etwas abseits im Süden, Tel 640 428, Disco, mF ··········· E+B $69, D+B $96

Zwischen Beduinendorf und Touristenkomplex:

Lagona Village, Bungalows am Strand, se sa, zum Teil sehr kleine Räume, AC, mF ······························ E+B $42, D+B $50-62
Nubia Village, Tel 640 147, Bungalows am Strand, AC, se sa, fr, mF···· E+B $70, D+B $120
Sara Village, ägyptisch/deutsches Management, se sa, fr, mF ············· E+B 34, D+B 54

Beduinendorf (nur ein Ausschnitt aus dem großen Angebot),
alle folgenden Unterkünfte von Süd nach Nord gelistet:

Hotels im Bedu-Village:

Nesima, südl. Dorf, Tel 640 320, hübsche Räume, gepflegte Anlage, Pool, se sa, hb, AC, mF ······························ E+B $41, D+B $52
Dyarna, am südlichen Dorfende neben INMO Diving, Tel 640 120, eigener Strand, SatTV, se sa, se fr, hb, AC, mF ··············· E+B 70, E+B+AC 85, D+B 95, D+B+AC 115
Inmo, Tel 640 370, Fax 640 372, Taucher-Hotel (daher nur an Tauchern interessiert), se sa, fr ······························ E+B 138-163, D+B 176-210
New Sphinx, südl. Dorfstr., neben Starcosa Hotel, Strandlage, Tel 640 032, AC, SatTV, se sa, Kschr, mF ······························ E+B 130, D+B 150
Sphinx, direkt neben New Sphinx und unter derselben Leitung, mF ········· D 40, D+B 60
Starcosa, südl. Dorfstr., Tel 640 366, rel große Räume, sa, fr, AC, mF ······ E+B 50, D+B 70
Sirtaki, direkt vor Lighthouse Reef, Tel 640 414, Email sirtaki@safwa.com.eg, Manager/Eigner spricht deutsch, sa, AC, TV, Pool, Zimmerpreise verhandelbar, mF ·· E+B $86, D+B $132

Hotels nördlich von Assalah bzw. am Weg zum Blue Hole:

Bedouin Moon, nördl. Ortsausgang von Assalah, Tel 640 087, gehört Beduinen, daher alle Bräuche original, se sa, schöne Zi, gut eingerichtet, AC, alle Räume mit Balkon, mF ······························ Dorm (3 Betten, Bad) pP 25, D+B 90-120

Daniela Dahab, etwa auf halbem Weg zum Canyon, 1999 eröffnet, sehr gut eingerichtet, geschmackvolle Anlage, se sa, AC, SatTV, mF ······ E+B $37, D+B $48
The Canyon Dive Resort, etwa 7 km nördlich von Assalah, vermietet auch Zimmer (AC) an Nichttaucher zu Preisen ······ um $30 – $40 pP
Camps:
Bishbishi Camp, südl. Dorfstr., se sa, ru ······ E 5, D+B 20-35
Happy Land / Musa Camp, südl. Dorfstr., fr, re sa ······ E 7, D+B 20, D+B+AC 40
Fayrouz Camp, südl. Dorfstr., Tel 640 459, re sa, sympatisch, Ven, ······ E 5, D+B 20
Happy House Camp, südl. Dorfstr., Tel 640 094, rel große Räume, etwas triste ······ D 10, D+B 20
Meramar, neben Nessima Hotel, sa, se hb, AC ······ D+B+AC 50
Auski Camp, südl. Dorfstr., sa ······ D 10
Mohammed Ali, im Zentrum kurz vor Beach Promenade, Tel 640 268, Infos, Touren, beliebt, sa (auf frischer Bettwäsche bestehen), wW ······ Dorm pP 10, D+B 50, D+B+AC 68
Hard Rock Camp, Beach Promenade, re sa ······ Strohh. 5 pP; Steinh. pP 10, D+B 30
Kapolski, Beach Promenade, Mitte vom Ort, Steinhütten oder Haus mit AC, hübsche Sitzgelgenheit auf dem Dach ······ D+B 15
Hilton Bedouin Camp, Beach Promenade, Tel 640 6313, einfache Betonhütten, rel sa ······ pP 5, D+B 25
Cleopatra Camp, Beach Promenade, rel sa ······ E/D pP 5, D+B (Ven) 20-30
Fighting Kangaroo, (dies ist das ursprüngliche Camp FIGHTING KANGAROO), se sa, Ww, ru, se fr und hb, ······ Hütte pP 5, im Neubau D 20, D+B 25, D+B+AC 50
Negm Paradise Camp, Beach Promenade, Palmen-Innenhof, rel sa, fr, Surf-Schule frei, empf ······ pP 5, D+B 25
Penguin Camp, Tel 640 117, ägypt.-deutsche Leitung, Sanitäranlg. Sa, Schlafen am Strand möglich ······ Matratzenlager pP 8, Bett pP 10
Seven Heaven, Beach Promenade, Tel 640 045, rel neu, zweistöckiges Gebäude, Zi oben mit kleinem Balkon, sa ······ Hütte (einf) pP 10, D+B 30-40
Sindbad, neben Sirtaki Hotel am Leuchtturm, sa, se fr, se ru, gute Betten · E+B 20, D+B 25
Star of Dahab, Strand, sa, fr, Palmdach-Innenhof, alleinreisende Frauen sollten vorsichtig sein ······ Hütte mit Matratzen pP 10

Dakhla, Mut (Tel-Vw 092)

Anwar, gehört zu Anwars Restaurant im Zentrum, Tel 821 566, 1999 eröffnet, se sa, Ven, große Zimmer, ······ E/D pP 15, D+B ebenfalls pP 15
Bedouin Camp, in El Dohous, 7 km nördl. von Mut, Tel 825 0605, hübsch auf einem Hügel gelegen, guter Blick, Palmhütten, gepflegt, sa, se ru, gute Atmosphäre, mF ······ pP 15
Gardens, Tel 821 577, mä sa, fr, hb, ru, wW, Dachter., schöner Palmengarten, empf ······ E 12, E+B 15, D 16, D+B 20
Gardens Camp liegt sehr hübsch und stimmungsvoll am südwestlichen Ortsrand in Sanddünen, soll noch 1999 fertig werden, Preise voraussichtlich ähnlich wie Gardens Hotel
Government Hotel, (DAR EL WAFEDIN), im Museums-Gebäude, keine Verpflegung, mä sa, fr, Balkon, kein Wasser ab 22 Uhr ······ pP 2,25-4,50

Mebarez, Tel 821 524, an der Str. nach Farafra, geräumige Zi, se sa, wW, se fr, hb, Rest., Fahrradverleih, empf, mF ··············· E 28, E+B 34, E+B+AC 44, D+B 48, D+B+AC 58

Mut 3, (Bir Talata),modernisiertes ehemaliges Resthouse, das um eine warme Quelle gebaut wurde, 3 km außerh. Richtg. Farafra, se sa, rel gut eingerichtet, ru, mF······ D+B 140

Nasser's (Lehm)Hotel, ca. 6 km von Mut im Dorf Sheikh Wali, Tel 822 727, vom deutschsprechenden Nasser selbstgebautes Lehmziegelhaus, Dachterrasse, liegt am Rand eines "Original"-Dorfes, soll komplett umgebaut werden, mä sa, wW, Kü, ru, se fr, hb, ang, Vollpension möglich·················· pP ab 5, D+B 10

Tourist-Resthouse, neben Busstation, gute Info-Quelle, fr ························ pP 6

Tourist Resthouse El Qasr, an der Hauptstraße in **El Qasr**, sa, wW, schöner Blick auf El Qasr, Bier, Besitzer Mohammed se fr und hb,Fst£E 2 ······· Dach pP 1, Dorm pP 3, D+B 15

Damietta (Tel-Vw 057)

El Manshy, Tel 323 308, Sh El Nokrashe, sa, fr, mF····················· E+B 25, D+B 30

Edfu

Dar AL Salam, neben Tempel, fr, ni sa······································ pP 5 -15

El Madina, neben Busstation, ni sa, se fr, se hb, la (Muezzin), mF (üppig) pP 13, ··· E+B 20

Semiramis, Hauptstraße, ni sa, mF ······································· pP 7,50

El Alamein

El Alamein,4*, Sidi Abd el Rahman, Tel 03 492 1228, se teuer, HP ··········· E 230, D 320

El Alamein Rest House, El Alamein, ni sa, 3-Bett-Zi································ pP 10

Amana, El Alamein, gegenüber Museum, einf ························ D 15, D+B 20

Atic, Feriendorf 15 km östl. von El Alamein, ganzjährig offen, relativ beste Übernachtungsmöglichkeit um El Alamein, sa, mF ························ E+B 100, D+B 115

El Tur (Tel-Vw 062)

Daly Magdolina, am Strand neben Hafenlagune, deutschsprachig, se sa, fr, HP (se gut)·· E+B $58, D+B $39

Delmon, Hauptstraße Richtung Hafen, Tel 771 060, se sa, AC, gut eingerichtet, mF·· E+B 68, D+B 78

Esna

El Halakem, 4. Stck, ru, ni sa, ni zentral, nur im Notfall ····························· D 10

Haramen, la, ni sa, fr, hb ······································· Dorm pP 2,50

Aramis, Corniche, ru, ni sa ··· E+B 15

Oase Farafra

Badit El Farafra Village & Hotel, nördlich des Zentrums und der Tankstelle, Tel 02 345 8524, Email, josianec@HOTmail.com, im tradtionellen Lehmbau, z.T. sehr stilvoll errichtet (besonders die D+B-Zimmer), mit Abstand beste Unterkunft, se sa, Ven, Restaurant, mF ············ Dorm pP 10-15, D+B 50.Camping pP 5

Resthouse, ca. 1 km nördlich vor Ortseingang (Bus-Stop auf Anfrage), soll ab Herbst 1999 an privat vermietet und renoviert werden, voraussichtliche Preise ············· Dorm pP 6
Derzeit ist bei Bir Sita ist ein Hotel im Bau, zwei Touristcamps sind geplant.

Fayum (Tel-Vw 084)

In Medinet Fayum:

Amoun, Soukgegend, Tel 760 660, sa, la, mF ························ E+B 36, D+B 40
Montazah, Sh Esmail el Medany, Tel 328 662, fr, mä sa,
Ven, ru··· Dorm pP 10, E+B 30, D+B 35
Palace, Sh Hurya, ca. 150 m gegenüber 4 Wasserrädern, Tel 321 222, se fr, se sa,
Manager spricht deutsch, wW, Ven, tlw AC, mF (gut)······················· E 30, D+B 50
Queen, 24 Sh Menshat, nahe Montazah Hotel, Tel 326 819, Manager spricht deutsch,
se sa, se fr, Ven, tlw AC, TV, wW, Kühlschr., mF (gut) ··················· E+B 65, D+B 130
Youth Hostel, Lux Housing Block Nr.7, 4. Stock, Flat Nr. 7 und 8, (in sog. Erholungspark),
Tel 323 682, nahe Kairo-Bus-Bhf, wW, Duschen ni sa, sonst ok,Fst £E 2 ·············· pP 5

Außerhalb von Medinet Fayum:

Auberge Du Lac-Fayum, 4*, Tel 700 002, Ex-Jagdhaus von König Faruk, immer noch
Atmosphäre, schön am Qarun See gelegen, ang, erholsam····· E+B $45-71, D+B $101-107
Ain el Sillin, ca. 5 km außerhalb, schöne Lage, sa, fr, mF ··············· E+B 20, D+B 25
Karanis Camp, km 72 Straße Kairo-Fayum, Bungalows und Zelte, Rest, ·········· D+B 30
Oasis Tourist Village, Tel 701 565, am Qarun See bei Shakshouk, mä sa,
unfr, mF ··· E+B 25, D+B 50
New Panorama Village, am Qarun-See bei Shakshouk, sa, AC, wW, Balkon, Pool, schöne
Gartenanlage, gut zum Entspannen, viele Wochenendurlauber aus Kairo· E+B $60, D+B $80

Hurghada (Tel-Vw 065)

Bei unserer Recherche im Sommer 1999 zeigte sich bei vielen Hotels, daß die Preise von 1997 eher reduziert als erhöht worden waren, obwohl wir ausdrücklich um Angaben für die kommende Wintersaison baten. Das wurde in Einzelfällen vielleicht nicht verstanden; aber der Luxor-Attentatsschock und vielleicht doch ein Überangebot führten zu einer erstaunlichen Vielfalt bei den Zimmerpreisen. Man kann, zumindest derzeit, durchaus in einigen Viersterneherbergen zum Drei- oder Zweisternepreis unterkommen. Striktes Handeln um den Zimmerpreis wird Ihnen zumindest in schwächeren Zeiten Kosten sparen helfen.

Wir haben hier nur einen Teil der zahllosen Unterkünfte erfaßt, am meisten in Dahar, viele in Sigala (Karte siehe Seite 467), am wenigsten im Touristic Center, denn die dortigen Kapazitäten werden nahezu ausschließlich von Gruppen gefüllt.

Ortsteil Dahar ("+" bedeutet Strandlage bzw. -nähe)

Afrika, 5 Min. von Bus-Bhf, sa, hb, wW, mä la (Muezzin) ······ Dorm pP 10, E 15, D+B 20-30
+Alaska, Tel 548 413, Nähe Three Corners Empire Hotel, poppig gestrichene Zimmer,
se sa, se fr, hb, Ven, wW, Dachterrasse (im Umbau), empf, mF ················ E 15, D 20
Andalos, sa, Etagenbad, Ven, mF ··································· Dorm pP 12, D+B ab 25
+California, Nähe Three Corners, Tel 549 101, sa, se fr, se hb, Ven, deutschsprachig,
mF (Liege auf Dach pP 5) ··· E 10, D+B 25-30

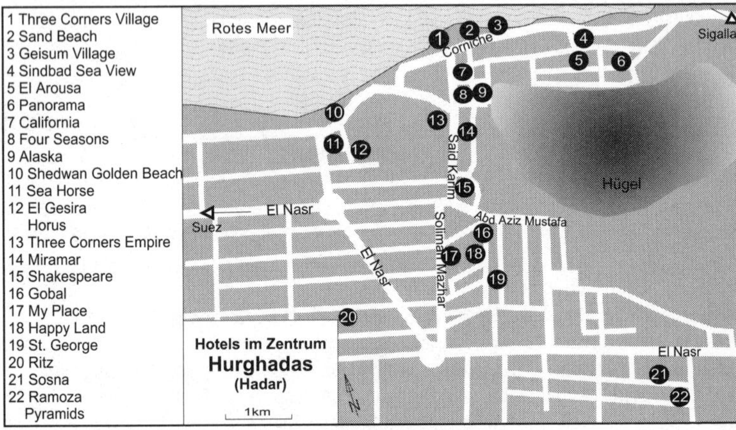

El Arousa, Corniche, gegenüber Geisum, Tel 548 434, eigener Strand, Pool, sa, fr, Zi mit Balkon, SatTV, Kühlschr., AC, HP · · · · · · · · · · E+B 110, D+B 150

+**El Gezira**, Sh El Bahr, Tel 547 809, 3*, Strandbenutzung im Sand Beach Hotel, se fr, AC, TV, sa, ang, mF · · · · · · · · · · E+B 66, D+B 94

+Four Seasons, Nähe Three Corners Empire Hotel, Tel 549 882, Meerblick, sa, hb, fr, Ven (tlw AC), mF · · · · · · · · · · E+B 20, E+B+AC 30, D+B 25, D+B+AC 40-45

Geisum Village, 2*, Tel 548 048, eigener Strand, se sa, SatTV, AC, HP · · · E+B $30, D+B $50

Gobal, Sh Sheikh Sebaq, Tel 546 623, im Zentrum, Dachterrase, sa, Etagenbad mä sa, fr, wW, (ev. auf Dach pP 6) · · · · · · · · · · E 15, D 25

Happy Land, Sh Sheikh Sebaq, Tel 547 373, Zentrum, Neubau, sa, fr, hb, wW, Ven, · · · · · · · · · · D 25, D+B 30

+Horus, Sh El Bahr, neben El Gezira Hotel, Tel 549 801, 4*, Strandbenutzung im Sand Beach Hotel, se sa, ru, fr, SatTV, AC, HP · · · · · · · · · · E+B $35, D+B $56

My Place Raoul's Budget Paradise, zentral, sa, fr, Etagenbad, wW, rel ru, hübscher Innenhof, ang, mF · · · · · · · · · · Dorm pP ab 7

+Oscar, Nähe Three Corners, Tel 544 994, fr, sa, Ven, Etagenbad,Fst2,50 · · · · · D 35,D+B 50

+Panorama, Parallelstr. zur Corniche, oberhalb Public Beach, Tel 547 890, se sa, se fr, AC, ang, Dachterrasse, Rest, mF · · · · · · · · · · E+B 40, D+B 70

Pyramids, Sh Araba el Dar, neben Ramoza Hotel, Tel 546 625, einf, hauptsächlich ägyptische Gäste, mä sa · · · · · · · · · · E 20, E+B 25, D+B 30

Ramoza, Sh Arab al Dahar, Tel 546 608, zentral, haupts. Ägypter, mä sa, mF · · E 15, D+B 25

Ramsis, Sh Arab al Dahar, Tel 549 632, haupts. Ägypter, rel sa, mF · · · · · · · · · · D 61, D+B 86

Ritz, Tel 547 031, 20 Zi, se sa, se fr, se hb, wW, AC, Balkon, mF · · · · · · · · · · E+B 35, D+B 55

+Sand Beach, 4*, Corniche, Tel 547 822, Disco, se sa, fr, AC, ru, Pool, eigener Strand, HP · · · · · · · · · · E+B $65, D+B $90

+Sea Horse, Sh El Bahr, Tel 548 704, 3*, se sa, se fr, Pool, AC, HP · · · · · · E+B $21, D+B $32

Seol, Sh El Estad & TV, Tel 547 593, AC, se sa, fr, ang, empf, mF ······· E+B 35, D+B ab 65
Shakespeare, Sh Said Karim, Tel 546 256, Kü, Ven, wW, mä sa, ang, hb, ru, empf, mF ······· D 30, D+B 35, D+B+AC 40
+Shedwan Golden Beach, 3*, Corniche, 4*, Tel 547 007, hübsche Anlage, se sa, se ru, fr, ang, eigener Strand, Pool ······· E+B $70, D+B $100
+Miramar, früher Sindbad Inn, Sh Said Karim, Tel 544 404, (Nähe Three Corners Empire Hotel), se sa, hb, AC, mF ······· E+B $14, D+B $22
+Sindbad Sea View, Corniche, Tel 545 959, se sa, ang, AC mF ······· E+B 80, D+B 90
Sosna, gegenüber Hauptpost, Eing. Sh Arab el Dahar, Tel 546 647, fr, se sa, hb, Ven, la, (AC + £E 10), mF ······· E+B 30, D+B 35
St. George, im Bazar, Tel 548 246, einf, sa, Fst £E 3 ······· E 20, E+B 25, E+B+AC 30, D 30, D+B 35, D+B+AC 45
+Three Corners Empire, 3*, Sh Sayed Karim, Tel 549 200, se sa, SatTV, AC, Kühlschr., gr. Zi, tlw Seeblick, Rest, Bar, mF ······· E+B $26, D+B $32
+Three Corners Village, 3*, Beginn der Sh Corniche, Tel 548 816, eign. Strand, Gartenterrasse, AC, se sa, Rest, viele Gruppen, mF ······· E+B $42, D+B $46

Ortsteil Sigala

Al Wari, (Strandbenutzung im Princess Hotel £E 10), mF ······· E+B 40, D+B 70
Arabia Tourist Village, 3*, Corniche, Hafennähe, Tel 548 790, Riesenanlage, 520 Zi, AC, Pool, gr. Zi mit Balkon, se sa, fr, HP ······· E+B $48, D+B $68
Beirut, 4*, Corniche, nördliches Sigala, Tel 548 905, Pool und Garten, eigener Strand, schöne Anlage, SatTV, Kühlschr., fr, se sa, AC, HP ······· E+B $60, D+B $90
Dolphin House, Tel 546 977, zwischen Dahar und Sigala, Strand des Sea Horse Hotel, Disco, ru, sa, se fr, AC, SatTV, Kschr, mF ······· E+B 40, D+B 60
Effiel, Sh El Sakia, Tel 444 570, Sakia Beach Benutzung, Dachterrase mit Pool und sehr schönem Blick, Rest, se sa, fr, ang, Kschr, SatTV, AC, HP ······· E+B $25, D+B $40
Golf, Sh Sheraton, Tel 442 828, se fr, hb, AC, mF ······· E+B 65, D+B 90
Hawai, Sh El Sakia, Tel 445 101, neben Effiel Hotel, AC, SatTV, Kschr, se sa, Sakia Beach, mF
Hellnan Regina, 4*, Sh Sheraton, Tel 442 273, AC, SatTV, Kschr, se sa, mF ··· E+B $90, D+B $160
Holiday Inn, 5*, Sh Sheraton, Tel 445 080, ······· E+B $120, D+B $ 140
Lamera, Tel 442 075, 200 m v. Strand, sa, hb, teils la, deutsch spr. Personal, mF ···· D+B 80
Laguna Beach, Tel 442 862, se sa, tlw. Balkon, AC, SatTV, HP ······· D+B $25-40
Moon Valley, Tel 444 088, Sh Sheraton, eigener Strand, Garten, Tennispl., wW, AC, große und se sa Zi, se fr, HP, mF (gut) ······· E+B $25, D+B $50-55
New Star, Sh Sheraton, Tel 442 588, haupts. Ägypter, mä sa, kleine Zi, ungepflegt, kein Strand, mF ······· E+B 40, D+B 60
New Ramoza, Sh Sheraton, Tel 445 065, große Zi, guter Blick, schöne Anlage, eigener Strand, hübsch angelegt, AC, SatTV, se sa, HP ······· E+B $10, D+B $16
Royal, Sh Sheraton, Tel 447 728, Strandnähe (Sakia Beach), sa, ang, AC, mF ······· E+B $35, D+B 60
Star, Sh Sheraton, Tel 442 588, kein Strand, haupts. Ägypter, se einf, mä sa, mF ···· E+B 55

White Albatros, Sh Sheraton, Tel 442 519, AC, Kschr, SatTV, wW, se sa, mF E+B 58, D+B 85
White House, Sh Sheraton, Tel 443 688, bekannt für russische Gruppen, billigere Räume nach hinten (ru), kein Strand, sa, AC, HP ·········· E+B 31-51, D+B 59-71

Tourist Center ("Hotel-Hurghada")

Albatros, 5*, an südl. Bucht, mF ······························· E+B $116, D+B $142
Bashira Motel, Tel 445 125, SatTV, AC, kleine Küche pro Zi, se sa········· E+B 60, D+B 80
Conrad, 5*, südl. Buchtende, Tel 443 250, mF ····················· E+B $140, D+B $160
Friendship Village, 3*, Tel 447 701, Strand- und Poolbenutzung beim gegenüberliegenden Schwesterhotel Princess Palace, AC, Kschr, kleine Terrasse, sa, HP······ E+B $12, D+B $18
Giftun-Village, 4*, Tel 442 665, viele (deutsche) Gruppen ············· E+B 150, D+B 200
Grand, Fst £E 32, ··· D+B $ 80
Hurghada Sheraton, 4*, Tel 442 000, Pool, HP ······················ E+B $60, D+B $80
Jasmine Village, Tel 442 442, 430 Zi, se sa, AC, TV, viele deutsche Gruppen, mF ·· EB $50, D+B $60
Magawish Tourist Village,4*, Tel 442 620, erstes Feriendorf in H., riesiger Bungalow-Komplex, in dem man per Shuttle-Bus transportiert werden muß, relativ wenig Grün, etwas abgewohnt, AC, SatTV, Kschr, HP························· E+B $29, D+B $38
Melia Pharao, am südlichen Bucht-Ende··········· E+B $140, D+B $180, Bungalow $240
Princess, 4*, rel große Räume, AC, Kschr, SatTV····················· E+B $30, D+B $35
Sealand Village, Sharm el Naga, (ca. 38 km südl. Hurghada, 1-3-Bett-Zelte, ang, sa, se ru, guter Service, Tauchbasis, empf, mF······························ D+B $25,50
Sindbad Beach Resort, 4*, Tel 443 261, se sa····················· D+B $167, E+B $125
Youth Hostel, Nähe Giftun-Village, 45 Betten ································· pP 8

El Gouna (nördlich von Hurghada)

Zwei 5* Hotels: **Mövenpick Resort**, Tel 544 501, (hervorragend angelegt) und **Sheraton**
Dawar Omda, Tel 545 060, 4*, mF·································· E+B $36, D+B $52
El Khan, 3*, wurde zur Zeit der Recherche gerade renoviert
Sultan Bey, Tel 545 600, 4*, mF································ E+B $91, D+B $116
Three Corners Rihana Resort, 4*, mF ······························ E+B $36, D+B $52

Ismailiya (Tel-Vw 064)

Crocodile Inn (El Temsah), 172 Sh Saad Zaghlul, Tel 331 666, 2*; Service se gut, sa, fr, Balkon, AC, mF ·· E+B 107, D+B 150
New Palace (früher EL BORG), Bahnhofsplatz (Midan Orabi), Tel 326 327, 3*, sa, fr, hb, AC,Fst£E 6 ·· E+B 35, D+B 60
Isis, neben Bhf, Tel 357 821, mä sa, wW, Vent, abgewohnt, ungepflegt, mF ··· E 16, E+B 23, D 21, D+B 35
Majestic, Bhf-Nähe, Tel 223 607, großer Altbau, se einf, ungepflegt, hauptsächlich Ägypter, mä sa, wW nach Aufforderung ································ pP 11, E 20, D 25
Mercure Ismailiya, 4*, Forsan Island, ni fr, abgew., überteuert ······ E+B $100, D+B $122
Nefertari, 41 Sh Sultan Hussein, Tel 322 822, sa, fr, hb, gutes Essen ······ E+B 30, D+B 40
Youth Hostel, Tel 322 850, am Timsah-Strand, sa, 2-6-Betten-Räume, mF ············ D 18

Kairo (Tel-Vw 02)

__5*-Hotels:__ **Cairo Marriott**, Sh Seray El Gezira, Zamalek, geschmackvoll renovierter, ehemaliger Palast, schöner Garten mit Pool; **Cairo Sheraton**, El Galaa Square, Giseh und an der Spitze der Insel Gezira als **El Gezira Sheraton**; **El Salam Hyatt**, 61 Sh Abdel Hamid Badawy, Heliopolis; **Forte Grand Pyramids**, Alexandria Desert Road, Giseh, Luxushotel mit den schönsten Swimmingpools in Kairo; **Hyatt Prince**, Sh El Tayaran, Medinet Nasr; **Mena House Oberoi**, Pyramid Road, Giseh, eins der stimmungsvollsten Hotels in großem, gepflegtem Garten, Pyramiden-Blick, großer Pool; **Meridien,** Nordspitze der Insel Roda; **Mövenpick Cairo Pyramids**, Alexandria Road; **Mövenpick Cairo Heliopolis**, Heliopolis; **Nile Hilton**, Corniche, das zentrale Hotel mit guten Restaurants, Shopping-Arkaden, Traveller-Treff; **Ramsis Hilton**, Corniche, weitaus unpersönlicher als das Schwesterhotel, toller Blick vom obersten Stock; **Shephards**, Corniche, Garden City, unpersönlich, hat nichts mit 1952 abgebranntem Shephards gemein; **Semiramis,** Corniche Nähe Hilton, moderner Neubau, Terrassen-Restaurant mit Blick zum Nil; **SIAG Pyramids Penta,** Sakkara Road, Giseh, Pyramiden-Blick.

__**Kairo: Zentrum**__

(Stadtteile Taufikiyakia, Ezbekiya, Abdin und die Khan el Khalili-Umgebung)

Ambassador, 31 Sh 26.July, 7-10. St., Tel 578 32255, 24Std-R, toller Blick, SatTV, se sa, la, fr, AC, Herbst 95 renoviert, mF ········ E+B 153 D+B 187

African House, 15 Sh Emad ed Dine, 4. St., se fr, schmuddelig ········ pP ab 6

Amin,38 Md Falaky / Bab el Louk (Nähe Md Tahrir), Tel 393 3813, 6. und 7. Stock, zentral, se sa, mä la, fr, hb, gut für alleinreisende Frauen, Balkon, Etagenbad, wW· E+B 28-35, D 36

Anglo Swiss, 14 Sh Champollion, Tel 575 1497, 6. St., zwei Lifts, große alte Räume, museale Badewannen, obere Etage renoviert, rel ru, Balkon, mF ···· pP 20, E 15, D 30, D+B ab 45

Big Ben, 33 Sh Emad El Din (unweit Md Ramsis), Tel 590 8881, 7.St., Dach-Café, rel sa, fr, Ven, wW, la, mF (wenig) ········ E+B 29, D+B 35

Blue Bird, 42 Sh Talaat Harb, 6. St., Tel 575 6377, se einf, mä sa, hb, fr, mF ····· E 20, D 30

Cairo Palace, Sh El Gumhuriya, se la, wW, mF ········ D+B 22

***Capsis Palace**, 117 Sh Ramsis, Tel 575 4219/575 4188, se la, mä sa, hb ··· E+B 24, D+B 38*

Carlton, 21 Sh 26.July, Tel 575 5022, zentral, Nähe Metro, fr, rel la, AC (laut oder defekt), SatTV, Ww, Balkon, blumengeschmückte Dachterrasse mit Rest, Zimmer unterschiedlicher Qualität, mF (gut)········ E+B 50, D+B 75

Cairo Khan, 4*, Sh 26.July/Muhammed Farid, Tel 392 2015, günstige Lage für 4*-Hotel, SatTV, zentr. AC, se sa, Kschr, mF ········ E+B $55, D+B 75

Cleopatra, 1 Sh El Bustan/ Ecke Md Tahrir, Tel 575 9900, guter Blick, hb, se sa, la, AC, für die Ausstattung zu teuer, aber günstig gelegen, mF ········ E+B $78, D+B $98

Ciao, 28 Sh Ahmed Helmi, Tel 235 2858, 3-Gehmin. v. Ramsis-Bhf, la, hb, wW, Balkon, Rest, AC, (Studentenermäßigung möglich) mF········ D+B 40-60

Claridge, 41 Sh Talaat Harb, abgewohnt, mä sa, mF ········ E+B 39, D+B 49

Cosmopolitan, 1 Sh Ben Taalab/Qasr el Nil, Tel 392 3663, stimmungsvolles altes Hotel, zentral, sa, fr, ang, Innenhofzimmer ru, SatTV, AC, mF ······ E+B $42, D+B $54

Crown, 9 Sh Emad El Din, Tel 591 8374, 5. St., Leser dieses Buches erhalten 10 Prozent Discount, tlw gr Zi, etwas abgewohnt, sa, Ven, mä ru · E 20, E+B+AC 32, D 29, D+B+AC 44,50

Dahab, 26 Sh Mahmoud Bassiyouni, Tel 579 9104, Email dahabhotel@hot.mail.com, im Stockwerk über Swiss Pension, nach Dahab-Vorbild wurden gemauerte "Hütten" aufs Hausdach gesetzt, viele Blumen, interessante Atmosphäre, sa, se fr, se hb, mF D 20, D+B 35
Des Roses, 33 Sh Talaat Harb, Tel 393 8022, 4.St., 2 Lifts, zentral, mä sa, fr, hb, la wegen Disco im Stockwerk darüber, tlw Balkon, wW, mF ············ E 20, D 25, E+B 25, D+B 35
El Hussein, Md Hussein (Khan el Khalili), Tel 591 8664, 55 Zi, guter Blick, se la, mä sa, Ven + 3 £E, AC + 10 £E································· E+B 35, D+B 60
Everest, Md Ramsis, Tel 574 2506, Hochaus gegenü. Ramsis-Bhf, (15. Stock, Vorsicht: nur Lift, Treppenh. vermutl. unzugängl.!), toller Blick, mä sa, bedingt empf, mF······ E 12, D 19
Fontana, 3*, Md Ramsis (genau Sh Seif el Din el Mahran), Tel 592 2321, zentral, guter Blick auf Md Ramsis, Dachterrasse mit Pool, Disco,se sa, etwas abgewohnt, AC, la, fr, hb, wW, Ven, TV, gutes Rest, 24Std-R, mF (gutes Buffet) ······· E+B 61, D+B 92
Garden Palace, Garden City, 11 Modareat Al Tahrir (Nähe Tahrir), Tel 356 365, zentr, rel ru, rel sa ··· E+B 35-70
Golden, 13 Talaat Harb, Tel 392 2659, 3. Stock, kein Lift, sa, la, kleinste Fenster ································· Dorm pP 5, E+B 11, D+B 22
Grand, 17 Sh 26.July, Tel 575 7700, gegenüber Taufik-Markt, große Zi, "old fashion", stilvoll, gute Atmosphäre, mä la, AC, SatTV, se sa, ang, empf, mF······· E+B $34, D+B $45
Green Valley, 33, Sh Abdel Khalik Sarwat, Tel 393 6317,11. St., mä sa········ E 16, D+B 35
Gresham, 20 Sh Talaat Harb, Tel 575 9043, gr Zi, fr, Ven, AC, teilw Balkon, wW, mä ru, mä sa, 24Std-R, mF ······························ E 25, E+B 35, D+B 45
Hamburg, Sh Borsa, 18. St., Taufikiya, Tel 771 402, überwiegend arab. Geschäftsleute, fr, ru, mä sa, AC, mF ··· D+B 122
Happyton, 2* (aber besser), 10 Sh Ali el Kassar (Seitenstr. der Sh Imad el Din), Tel 592 8600, 24Std-R, se sa, fr, hb, wW, tlw la (Muezzin), AC, SatTV, empf, Disco, mF···· E+B 49, D+B 64
Happy City, 3*, 92 Sh Mohamed Farid, Tel 395 9333, Nähe Abdeen Palast, Ende 1997 eröffnet, Dachterrasse, Rest, se sa, gepflegt, AC, SatTV, mF (Buffet) · E 85, E+B 97, D+B 135
Horris, 5 Sh 26.July (Rückgebäude), Nähe Md Opera, Tel 591 0478, 14. Stockwerk, manchmal kein Lift, AC, sa ································ E+B 46, D+B 81
Ismailiya House, 1 Md Tahrir (Eingang ziemlich genau unter Hotelschild, linkes Haus), Tel 356 3122, 7/8. Stock, Lift, 24Std-R, Vorausbuchungen auch von Europa ok, zentral, viele Traveller, se sa, se fr, la, tlw schlecht belüftet, mF · Dorm (5 B.) pP 15, E 20, D 40, D+B 48-52
Khan EL Khalili, 7 Sh El Bosta, Tel 591 7940, interessante Lage am Md Hussein, la, mä sa, mF ·· E+B 50, D+B 60
Lavie, 16 Sh 26.July, la, (ru nur zum Hinterhof), ni sa, AC + £E 40, ······· E+B 22, D+B 35
Lotus, 12 Sh Talaat Harb, Tel 575 0627, Lift, Zi z. Str. se la, fr, hb, AC, se sa, wW, 24Std-R, preisw. Rest, mF ···················· E 50, D 70, E+B+AC 70, D+B+AC 92
Magic, 10 Sh El Bustan, Eingang Seitenstraße, Tel 579 5918, Email magichotel@hot.mail.com, 1996 renoviert, zentral, se sa, se fr, se hb, Küche, Ven, Inertnet £E 10/Std, preisw. Giseh- u. Sakkara-Trips im hauseigenen Auto, emp, mF ········· E 35, D 40
Magy, 122 Sh El Galaa (nur ein paar Schritte vom Md Ramsis), Tel 574 0330, se la, fr, sa, hb (z.B.Beschaffung von Zugtickets, Internat. Studentenausweis), viele Traveller ······························ E 10, E+B 15, D 25, D+B 35, D+B+AC 40

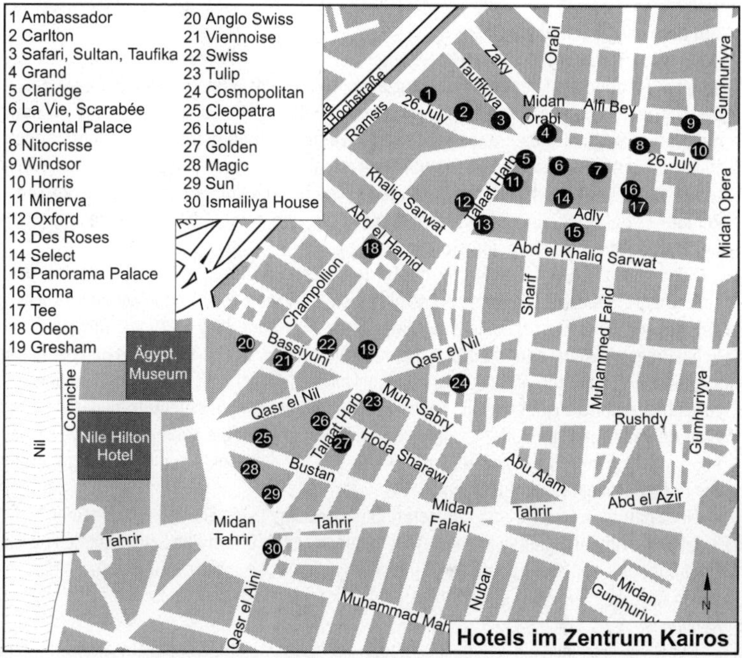

Hotels im Zentrum Kairos

Minerva, 39 Sh Talaat Harb, in Passage zur Sh Sherif, Tel 392 0600, 5. u. 6. St. (Lift öfter defekt), gr Zi, sa, la, fr, wW, tlw Balkon, häufig ausgeb., mF · · pP 15-17, E 22, D 28, D+B 32,50

New Hotel, 21 Sh Adly, Tel 392 7065, 64 gr Zi, Balkon, se sa, fr, la, mF · · · · · · · · · · · · · · · · E+B 48, E+B+AC 65, D+B 70, D+B+AC 90

New Garden Palace, Garden City, 11 Sh Modareat al Tahrir, ca. 21 Zi, sa, fr, wW, 24Std-R, Dachterrasse, Rest, mF · · · · · · · · · · · · Dorm pP 20, D 40, D+B 80

Nile Hilton, 5*, Md Tahrir, Tel 578 0444/578 0666,Fst$22 (gutes Buffet) · · · E+B $220, D+B $245

Nitocrisse, 171 Sh Muhammad Farid, Tel 391 5166, ni sa, ni fr, mF · · · · · · · · · · · · · · · · E+B 30, D 46, D+B 62, D+B AC 70

Odeon Palace, 6 Sh Abdel Hamid Said, Tel 576 7971, neben Cinema Odeon, zentral, 24Std-R, etwas abgewohnt, se sa, fr, rel ru, ang, AC, SatTV, Dachrestaurant, bekannte Nachtbar, mF · · · · · · · · · · · · · · · · E+B $37, D+B $48

Omayad, Sh 26.July/Talaat Harb, Tel 575 5103, 24Std-R, sa, SatTV, AC, Kschr, hb, mF · · · · · · · · · · · · · · · · E+B 65, D+B 85

Orient Palace, 14 Sh 26.July, 10. St., Lift, (vorw. ägypt. Gäste), abgewohnt, fr, se la, ni sa, wW · · · · · · · · · · · · · · · · E12, D ab 28

Auf dem Weg nach oben

Die Richtung stimmt schon: Es geht senkrecht nach oben – *"direkt in den Himmel"*, könnte man häufig genug bei den musealen Aufzügen in Ägyptens alten Häusern denken (in denen sich viele der preiswerten Hotels eingemietet haben). Eine Kabine aus Gitterwerk und ein offener Schacht geben unbarmherzig alle vermeintlichen und tatsächlichen Mängel frei. Die Führungsschienen triefen zwar von Fett, aber das scheint auch die einzige Wartung zu sein, die man den Gefährten angedeihen läßt. Die Seile sind irgendwie am Kopf der Kabine befestigt, einzelne Drähte hängen häufig wirr herab. Ob Befestigung und/oder Seil die nächste Belastung überstehen werden?

Man drückt auf den Knopf oder die Reste dessen und hofft, daß sich etwas tut. Ist schließlich die Kabine angekommen, so gilt es, sie zu öffnen. Die altertümlichen Schlösser gehorchen den unterschiedlichsten Prinzipien: Entweder löst kräftiges Rütteln den Schließmechanismus oder der Fahrgast muß durchs Gitter ins Innere fassen und den Verschluß von dort her zurückschieben. In jedem Fall ist die Mechanik vorsichtig zu bedienen, zu leicht werden die Finger in dem engen Spalt eingequetscht. Andere Aufzüge lassen sich zwar hervorragend von außen öffnen, doch will der Fahrgast die Kabine verlassen, ist sie ebenfalls nur von außen zu öffnen, also wieder mit Handverrenkungen durchs Gitter greifen und an Hebeln herumfummeln.

Der Spalt zwischen Tür und Kabine öffnet sich vielfach so weit, daß man bequem zum Selbstmord hindurchgleiten könnte – falls einem der mit Müll gefüllte Schachtboden nicht zu unappetitlich ist. Auch sollte der stürmische Fahrgast das leider nur arabische Schild an vielen Aufzügen durchaus ernst nehmen: *"Vor dem Einsteigen überzeugen, daß der Lift vorhanden ist"*.

Mit Glück setzt sich die Kabine bei Knopfdruck in Bewegung, wenn nicht, wackelt man heftig an den Türen, um deren elektrische Kontakte zu überlisten. Bei der langsamen Fahrt hat der Liftbenutzer genug Zeit, den Abfall zu bewundern, den die Ägypter selbst auf kleinsten Vorsprüngen von Innenhöfen zu plazieren wissen. Bleibt der Lift unterwegs stecken, schreit man laut "Hammed" (fast jeder Aufzugkenner heißt so) und irgendeine hilfreiche Hand wird unten oder oben so lange an den Türen wackeln, bis der Motor wieder summt.

Soviel über die museale Aufzugsseite. In moderen Anlagen ist die Selbsthilfe begrenzt. Bleibt der Lift stecken – was, Malesch, immer mal wieder passieren kann –, hilft vielleicht auch der Zauberruf "Hammed". Doch bis die unsichtbare Hand das Gefährt in Bewegung setzt, sollte man in der engen Kabine vorsichtshalber die Atemfrequenz reduzieren...

Oxford, 32 Sh Talaat Harb, Tel 575 8173, 6. St., abenteuerlicher Lift, sudan. Leitung, se la, fr, mä sa, wW, Ven + 2 £E, ······ E+B 20, D+B 30

Panorama Palace, 20 Sh Adly, Tel 392 9127, 4. Stck, Lift häufig kaputt (geht nur nach oben), se sa, se fr, Zi z.T. ohne Fenster ("Panorama"), mF ·· E 25, E+B 40, D 45, D+B 50

Petit Palais, 45 Sh Abdel Khalek Sarwat, zentral, sa, hb, wW, mF····· Dorm pP 15, E 20, D 40

Roma (Pension), 169 Sh Mohamed Farid, Tel 391 1088, 4.St./Lift, se sa, fr, se hb, tlw la, wW, Rest, 24Std-R, vorab reservieren da fast immer ausgebucht, empf, mF······ Dorm pP 18,50, E 25, D ab 50, D+B 50

Safari, 4 Sharia Taufikiya, (im selb. Haus auch Sultan und Venice), mä sa, fr, se einf, hb, Ven, Küche, wW ········· Dorm pP 6
Select, 19 Sh Adly, 8. St., Tel 393 3707, Lift oft defekt, guter Blick, mä sa, la, fr, Traveller-Hotel, mF (mä) ········· E 20, D 30
Scarabée, 16 Sh 26.July, Tel 393 9434, 7. St., nur mit Lift erreichbar, vorwiegend arab. Geschäftsleute, unfr, mä sa, Service mä, Ven, ni emp, mF ········· E+B 34, D+B 75
Sultan I u. II, 4 Sharia Taufikiya (im selb. Haus auch Safari und Venice), Tel 577 2258, verdreckter Hauseingang, Lift liegt als Wrack im Erdgeschoß, se einf, Küche, Ven, mä sa, fr, wW, Ven, Preise je nach Stockwerk unterschiedlich, Dorm ········· pP ab 7, D 20
Sun, 2 Sh Talaat Harb/Md Tahrir, 9. St., Tel 578 1786, sa, fr, Ven, viele Traveller, organisiert Touren nach Oberägypten, Wäscheservice, mF ········· Dorm pP 15, E 30, D 40
Swiss Pension (ehem. Hotel Suisse), 26 Sh Mahmoud Bassiyouni, Tel 574 6639, Gepäckdepot 1 £E pP/Tag, Lift, zentral, Zi mä sa, mä ru, Traveller-Hotel, mF ········· E 30, D 40, E+B 40, D+B 50
Tulip, 33 Sh/Md Talaat Harb, Tel 392 2704, mä sa, fr, wW, la (Straßenseite), kleiner Balkon, oft ausgeb., 24Std-R, AC + £E 20, mF ··· Dorm pP 20, D 35, E+B 30, D+B 50
Venice, Sh Taufikiya (im Haus von Safari u. Sultan), fr, mä sa, wW, Ven, ··· Dorm pP 8, D 20
Victoria, 69 Sh Gomhuriya, Tel 589 2290, altes, gemütl. Hotel, sa, se fr, wW, z.T. se la, AC, empf, mF (gutes Buffet) ········· E+B $25, D+B ab $30
Windsor, 19 Sh El Alfy, Tel 591 5277, Email wdoss@link.com.eg, sa, rel la, AC, fr, organisiert Touren Sakkara, Luxor, mF ········· E+B $29, D $31, D+B $39
***Y.W.C.A.**, 4 Sh Ahmed Shukry (vom Md T. Harb in Sh M. Bassiyuny, 5. Str re, nächste li), wW, Ven, für alleinr. Frauen empf, schließt um 21 U, mF ········· Dorm pP 15, E 50, D 60*

Kairo: Zamalek und Roda

Horus House, 3*, 21 Sh Ismail Muhammad, Zamalek, 4. St., Tel 340 3977, in großem (besseren) Wohnhaus mit entspr. Flair, AC, Kschr, große Zi, fr, se sa ···· E+B $54, D+B $71
Longchamps, 3*, 21 Sh Ismail Muhammad, Zamalek, 5. St. (über Horus Hotel), Tel 340 2311, in deutschem Besitz, freundlich eingerichtet in großem (besseren) Wohnhaus mit entspr. Flair, kleine Bibliothek, AC, Kschr, se sa, fr, mF ··· E+B $36, D+B $50
May Fair, 9 Sh Aziz Osman, Zamalek, Nähe franz. Botschaft, Tel 345 07315, 10 Prozent Rabatt für Leser dieses Buches, gr. Balkon, ru, se sa, fr, tlw AC (la), mF ········· E 30, E+B 40, E+B+AC 45, D 40, D+B 55, D+B+AC 60
Nile Garden, 131 Sh Abdel Aziz Soud, Manial, Tel 985 767, AC oder Ven, Balkon, Nilblick, se sa, ang, mF ········· D+B 93
El Nile Zamalek, 3*, 21 Sh Aziz Abaza, am Midan Sidky, Tel 340 1846, tlw Balkon, Nilblick, Parkplatz, se sa, AC, Kschr, Rest, fr, rel ru, mF ········· E+B 70, D+B 85
New President, 22 Sh Dr. Taha Hussein, Zamalek, Tel 340 0652, se sa, se fr, AC, SatTV, rel ru, mF ········· E+B $40, D+B $50
Pension Zamalek, 6 Sh Salah el Din, Zamalek, se ru, große Zi, einf möbliert, ang, se sa, für 2 Zi 1 Bad, mF ········· E 50, D 80

Kairo: Westlich des Nils (Agouza, Mohandissin, Dokki und Giseh)

Abu El Hoal Palace, 161 Sh El Ahram, Giseh, Tel 386 7938, se unfr, mä sa, ni empf · E+B 60

Atlas Zamalek, 20 Gamiat el Dowal el Arabiyya, Mohandissin, Tel 346 4175, se sa, se fr, hb, la, AC, Pool ········ E+B $77, D+B $96
Beirut, 56 Sh Beirut, Giseh, Tel 662 347, se sa, komfortabel, empf, mF··· E+B $48, D+B $75
Europa, 300 Sh El Ahram, Tel 535 940, se sa, fr, AC, Balkon, Garten, Pool, mF ········ E+B $68, D+B $82
Noran, 13 Sh Muhammad Khalaf, Dokki, Tel 360 4447, 8.St., Dachterrasse mit Bar, gr Zi, sa, fr, ru, wW, AC, sehr untersch. Preise ········ E+B 73, D+B 80-100
Pharaohs, 12 Sh Lofti Hassouna, Dokki, Tel 361 0871, mä sa, ru, Kschr, Balkon, abgewohnt, mF ········ E+B $34, D+B $45
St. Georges, 7 Radwan Ibn el Tabib, Giseh, beim Zoo, zwischen Sh Al Gamaa und Sh Murad, Tel 572 1580, nur mit Lift erreichbar, ru, se sa, fr, mF ···· E+B 120, D+B 100
Tiab House, 6 Sh Ali Muhammad, Tel 337 9805, sa, wW, rel ru, AC, TV, mF · E+B 39, D+B 50
Vendome, Sh El Ahram, neben Hotel 3 Pyramids, sa, Zi nach hinten bzw. höhere Stockwerke besser, SatTV, AC, ru, viele Ägypter und Kinder, sa, mF ····· E+B 120, D+B 150

Kairo: Heliopolis und Maadi

Cairotel, 4*, Maadi (Nähe Felelfel Rest.), Tel 350 6787,se sa, SatTV, AC, E+B $95, D+B $117
Champs-Elysees, 19A Sh Osman Ben Affan, Heliopolis, Tel 418 5617, sa, la, mF ··· D+B 66
Gabaly, 221 Sh El Hegaz, Heliopolis, Tel 245 5224, Flughafennähe, 24Std-R, rel sa, fr, AC, (obere Etagen empf) mF ········ D+B 110
Le Baron, 4*,Heliopolis neben Baron Empain Palast, Tel 291 5757, E+B $121, D+B $143-203
Novotel Cairo Airport, 4*, Tel 291 4727, Hotel am Flughafen (Alternative zur Stadt für späte Ankunft/Abflug), mF ········ E+B 100-110, D+B 121-135
Loloet El Maadi (Pearl), Road 7./Road 82, Maadi, Tel 350 5313, 3 Min. bis Metrostation Maadi, ru, sa, AC, SatTV, teilw. Balkon, miserables Fst, ang ········ E+B 120, D+B 140

Kairo: Sakkara

Sakkara Country Club & Hotel, Sakkara Road, Tel 385 2282, (ca. 10 km südl. von Pyramid Road, am Rand der Wüste), unfr, meist nur für Mitglieder, Rest, Pool ···· E+B 110, D+B 140
Sakkara Palm Club, Sakkara Road Badrachen, Tel 200 791, etwas heruntergekommen, isoliert ohne öffentliche Verkehrsmitel, fr, ru, (außert an Feiertagen), Garten mit Pool, erholsam, schöne Spaziergänge in die Umgebung, Appartements ········ D+B ab $60

Katharinenkloster, Sinai (Tel-Vw 062)

Al Fayrouz vor Ortseingang Milga, ru, hb, sa, wW, Mehrbetträume in Steinhütten (im Winter mit Heizung, Aufpreis) ········ im eign. Zelt pP 3,50, Dorm pP 12, E+B 50, D+B 60
Catherine TOURIST Village, Tel 470 324, 4*-Bungalow-Dorf an der Abzweigung zum Kloster, sa, ru, Preise verhandelbar, Gruppenpreise ab 4 Personen, HP ···· E+B $85, D+B $110
Catherine Plaza, 5*, Tel 470 288, vor Ortseingang Milga, Pool, Restaurant, Coffee Shop, Disco, Bookshop, AC, SatTV, mF ········ E+B $98, D+B $135

Schreiben Sie uns bitte, wenn Sie Neues oder Änderungen entdecken.

Daniela Village, vor Ortseingang Milga, sa, ru, AC,Fst$7 .... E+B $50, D+B $65
Deir Zeghir, im Kloster in der **Oase Feiran**, se sa, ru, wW, Nonnen kochen, wenn Material dazu mitgebracht wird .... pP im D 20
El Wadi El Mouquuduss, vor Ortseing. Milga, Tel 470 225, se sa, AC, mF E+B $45, D+B 83
Hostel am Kloster, 8-Pers-Schlafsäle, sa, Einchecken nur 16-22 Uhr, wW (nur abends bei Generatorbetrieb), Gepäckaufbew. £E 3 per Stück, mit HP (se mä) ..... pP 40, D+B 150
Morgenland, 6 km vor Kloster (kurz vor Zeituna), sa, HP .... E+B $55, D+B $75
Zeituna-Tourist-Camp, 6 km vor Kloster, jeweils 6-8 Betten in Steinhütten mit Zeltdach, se sa, fr, se hb .... Mehrbettzelt pP 20

Oase Kharga (Tel-Vw 092)

Bulaq Resthouse, in Bulaq, ru, fr, Kü, Garten, Quelle, neues privates Management, Camping-Möglichkeit, nur für Selbstversorger .... pP 15
Hamad Alla, Tel 920 638, sa, ru, TV, 1 Bad für 2 Zi, mF ...... E 37, E+B+AC 63, D+B+AC 90
Kharga Oasis (früher NEW VAL£EY),Tel 921 500, viele Jahre bestes Hotel im Ort, heute abgewohnt, AC, fr, sa, mF .... E+B 61, D+B 84
El Dar El Bidaa, Nähe Busbahnhof, viele Ägypter, erstaunlich sa, ... E+B 15, D+B 20
Nasser Tourist Camp, 23 km südlich an der Straße nach Baris, Zelte mit 2-3 Betten, Container mit 2 Doppelzimmern, schöner Blumengarten, Pool, Rest, Stellplätze mit Elektroanschluß, Ende '96 eröffnet, Preise unbekannt, da während Rechrche geschlossen
Pioneer (El Roward), 5*, am Ortsausgang Richtung Assiut, Tel 340 6820, se sa, AC, Minibar, SatTV, mF .... E+B 316, D+B 422
Tourist-Office-Chalets, gehört dem Tourist Office, direkt nebenan, 2-Bett-Bungalows kompl., kl. Kü, mä sa, fr, AC, TV, geräumig .... E+B 20, D+B 34
weiterhin gehören zum Tourist Office die in der Nähe liegenden Resthouses El Gomhoriya und El Montaza, in denen man pP 9 zahlt
El Waha, Sh El Basatten, Tel 920 393, rel sa, se fr, hb, gute Infos · E 7, E+B 15, D 14 D+B 20
In der Hauptstraße wird weiteres 3*-Hotel namens Badr gebaut, Fertigstellung 2000.

Koseir und Küste nach Süden

Fanadir, Hotel-Ressort, ca. 1 km südlich der Stadt, Tel 331 11414, gut eingerichtete Bungalows oder sog. Family Rooms, fr, se sa, (HP + $5) mF .... E+B $35-40, D+B $50-60
Kharamana, 5*, 25 km nördlich von Marsa Alam,hervorragend angelegtes Hotel, z.B. Drei-Kaskaden-Pool, (ein 3*-Hotel auf dem Gelände ist im Bau) mF.... E+B $110, D+B $155
Mövenpick Sirena Beach, 5*, 4 km nördlich, sehr gepflegt .... E+B $120, D+B $165
Sea Princess, Nähe Bushaltestelle, dünne Wände, Etagenbad mä sa, Ven, wW, se fr, gute Fischmahlzeiten, kein direkter Strandzugang, Fst £E 5 .... Dorm pP 10, E 15, D 24
Shams Alam, 3*, 50 km südlich von Marsa Alam, Tel 087 762 07949, 1999 eröffnet, derzeit noch "splendid isolation", 1 km langer Strand, sehr schöne Architektur mit Rohziegelkuppel- und Tonnengewölbezimmern, HP .... E+B $70, D+B $98

Kom Ombo (Tel-Vw 097)

Cleopatra, Sh 26.July, se fr, sa, wW, empf .... E 10,50

Luxor (Tel-Vw 095)

Achtung: In Luxor ist die Hotelsituation in der Hauptsaison – vor allem um Weihnachten und Ostern – recht schwierig, daher rechtzeitig buchen. Ansonsten sind Hoteliers bei der Preisgestaltung sehr flexibel, also feilschen! Superbillige Hotels vor dem Einchecken gut ansehen, ob der Zustand akzeptabel ist. Achtung: Häufig wird Zimmerpreis durch überteuerte Trips nach Theben-West o.ä. wieder hereingeholt.

Luxushotels: Club Med Belladona Resort, Sh Kaled Ibn Walid; **Hilton**, Corniche (nördlich des Karnak-Tempels), Tel 37 4933; **Isis**, Sh Khaled Ibn Walid, Tel 37 250; **Mövenpick Jolie Ville**, Crocodile Island, Tel 37 4855; **Sofitel Winter Palace**, Corniche, Tel 330 4225; **Sonesta St. Geoge,** Corniche; Tel 38 2575.

Akhnaton, Sh Muhammad Farid, Tel 373 979, kl. Räume (tlw ohne Fenster), sa, hb, wW, AC, mF ········ E 8, E+B 13, D+B 25

Anglo, südl. Bahnhofsplatz, Tel 381 671, se sa, la (Innenhofzi besser), se fr, Etagendusche, wW, Wäscheservice, AC, mF ········ D+B 30

Arabesque, Sh Muhammad Farid (Nähe Luxor Hotel bzw. Tempel), Tel 371 299, Dachterrasse mit Pool, modern, AC, Rest (wemiger empf), se sa, schöne Zi mit Balkon, fr, rel ru, empf, mF ········ E+B 90, D+B 120

Atlas, Sh Ahmed Orabi, Tel 373 514, 5 Min. v. Bhf, kleine Zi, mä sa, ni für alleinr. Frauen, wW, Balkon, ru, Wäscheservice, tlw AC ········ pP 8, D+B 16-25

Egotel, neben Luxor Hotel, Tel 373 321, Gruppen werden bevorzugt, se sa, ni se fr, AC, TV, mF, Buffet ········ D+B 180

El Salam, Seitenstr. der Sh Mahatta, Tel 372 517, fr, se einf, mä sa, la (Zi nach hinten rel ru), wW,kleiner Dachgarten ········ Dorm pP10, D+B 15

El Shazly, Sh Youssuf Hassan, Tel 371 246, ca. 300 m v. Bhf, rel sa, hb, (auch: unang., aufdringl.), rel la, wW, tlw AC +£E 5, Ven, Rad/Motorrad-Verleih, mF ······ E 15, D+B ab 25

Everest, Tel 373 260, Seitenstr. der Sh Television, deutsch-ägypt. Management, se sa, wW, AC, ru, se fr, hb, eine Etage für alleinreisende Frauen, Motorradverl., mF··· E+B 15, D+B 25

Fontana, Sh Radwan,nördl. Parallelstr. der Sh Television, Tel 380 663, Dachterrasse, extrem sa in dieser Kategoerie (tägl. Bettw.- u. Handtuchwechsel, jährlich neu gestrichen), ru, wW, Ven, Kü/Waschm., mF ········ Zi ohne Bad pP 15, E+B+AC 15, D+B+AC 25

Grand, Seitenstr. der Sh Muhammed Farid (4. Str. vom Bhf links), Tel 382 905, Dachterrasse, freier Aufbewahrungsservice (Rucksack), Waschmasch., Ven, se sa, se fr und hb, mF (einf; "grand breakf." £E 3,50) ········ Zi ohne Bad pP 5, mit Bad 6

Golden Palace, Sh Television, Tel 382 972, gegenüber von TV-Tower, sa, fr, AC, TV, Rest/Bar, Garten, Pool, Preise flexibel, mF ········ E+B 60, D+B 80

Happy Home, zur Zeit der Recherche vorübergehend geschlossen, zentral, v. Bhf gerade, nach 200 m li Schild, sa, se fr, hb, ru, Kü, wW, Ven,

Happy Land, Sh El Kamar, Tel 371 828, (vor Hotel Shady, Sh Television, re in Sh El Madina, 2. Gasse re) kl. Zi, extrem sa (tägl. Bettw.- u. Handtuchwechsel), se fr, se hb, ru, wW, Ven, Küche, ang, empf, mF ···· Dorm pP 7,50-9, E 15, E+B 20, E+B+AC 25, D+B 15, D+B+AC 27

Horus, Sh Karnak, direkt hinter Luxortempel, Tel 372 165, guter Blick auf Tempel, Str.-Zimmer se la, etwas abgewohnt, AC, wW, sa, fr, mF ········ E+B 35, D+B 45

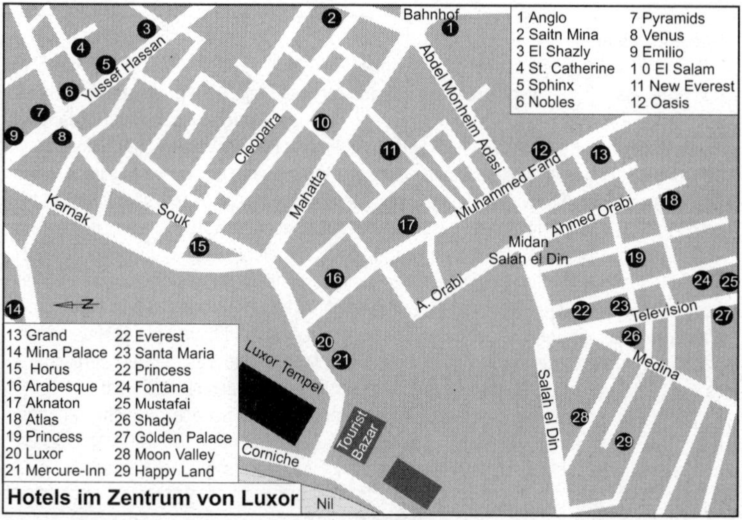

Hotels im Zentrum von Luxor

Khan El Khalili, im Souk, Sh El Lukanda/Sh El Nikheili, fr, rel sa, se hb, se la, etwas düster, wW, AC, viele Traveller ········ pP ab 8, D+B 35

Karnak, Corniche nördl. vom Karnak Tempel, schräg gegenüber v. Hilton, Tel 376 155, ländlich-ruhig, Dachterrasse, AC, TV, Rest/Bar, fr, sa, mF ········ E+B $17, D+B $24

Luxor, Sh Karnak (gegenüber Luxor Tempel), Tel 380 018, altes Kolonial-Hotel in schönem Garten, groß. Zi, AC, Minibar, se sa, re la, Rest/Bar, viele Gruppen, mF (gut) E+B $45, D+B $50

Mercure ETAP, Sh el Nil, Tel 380 944, nahe Luxor Tempel, großer Pool, AC, TV, Rest/Bar, fr, hb, viele Gruppen, mF ········ E+B ab $45-75, D+B $60-98

Mercure Inn, 4*, Sh Karnak, neben Luxor Hotel und -Tempel, Tel 373 321, AC, SatTV, se sa, mF ········ E+B $80, D+B $120

Merryland, Sh Nefertiti, gegenüber Windsor Hotel, Tel 371 746, AC, rel große Zi, se sa, ru, fr, hb, SatTV, Dachterrasse mit Superblick u. Pool, mF ········ E+B 40, D+B ab 70

Mina Palace, Corniche, Tel 372 074, nördl. v. Luxor Tempel, Terrasse, deutsche Gruppen, viele Zi mit 2 Balkonen u. Nilblick, se la, sa, se fr, AC, oft ausgebucht, mF ··· E+B ab 60, D+B ab 80

Maary Home, Sh Hor Moheb, 10 Gehminuten v. Bhf (re parallel zu Gleisen, nahe New Luxor Pharmacy), sa, se fr, hb (bis aufdringlich), Ven, wW, Waschm. £E 3, mF ········ pP 10

Military Club and Hotel; nur arabisch beschildert, Corniche (gleich nördl. der Corniche-Moschee), Tel 377 800, wer sich an Namen und Hintergrund nicht stört, erhält hier große, komfortable Zimmer mit Balkon und Nilblick, AC, Kschr, Email-Service, mF ·· D+B 75

Moon Valley, Seitenstr. der Sh Television (mitten in Wohngebiet), Tel 377 510, AC, sa, ru, Wäscheservice, Rest, mF ········ E+B 20, D+B 25

Mustafa, Sh Television, Tel 374 721, AC, Dachgarten, rel ru (Zi nach hinten), se sa, fr, hb, ang, Balkon, wW, Wäscheserv.,mF ········ Dorm pP 20, E+B 25, D 35, D+B 45

Hotelgeschichten

In Luxor existieren – fein säuberlich voneinander entfernt – ein Everest und ein New Everest Hotel. Ganz früher war das Everest bekannt für fiese Tricks: Wenn jemand am Bahnhof nach Hotel A fragte, führten ihn die Schlepper ins Everest, fragte jemand nach B, landete er ebenfalls im Everest. Das war leicht möglich, weil am Everest kein einziges Schild angebracht war, das den wirklichen Namen anzeigte. Wir erinnern uns an viele Leser, die sich über den schlechten Service im von uns gelobten Hotel A beschwerten, aber gar nicht bemerkt hatten, daß sie im damals miserablen Everest gelandet waren.

1994 kaufte Hassan Hofny zusammen mit Silke Schreiber (Sakina) aus Köln (Tel 0221 518 271) das Everest. Sie krempelten es um und besserten seinen Ruf entschieden. Viele Gäste bevorzugten nun das Everest. Bedauerlicherweise hatten die neuen Eigentümer übersehen, daß die Telefonnummer auf den alten Besitzer und nicht auf das Hotel eingetragen war. Denn dieser kaufte das Ex-Badr-Hotel, taufte es New Everest und verpachtete es samt Telefon. Nun landeten alle telefonischen Anfragen beim New Everest.

Wir erhielten wiederum Beschwerden über den schlechten Service, die nicht vorhandene Frauen-Etage und gar Belästigungen alleinreisender Frauen. Denn wer schaut schon, am Bahnhof von Schleppern bedrängt, auf den kleinen Unterschied im Namen.

New Emilio, Sh Youssuf Hassan, Tel 371 601/371 602, se sa, se fr, se la, AC, SatTV, Dachterrasse mit Rest, guter Blick, Mini-Pool, Preise flexibel, mF(se gut) · · · E+B $40, D+B ab $50

New Everest, Seitenstr. der Sh Mahatta, Tel 370 017, ni emp für alleinreisenden Frauen, kleine Dachterrasse, sa, Waschmaschine, mF · · · Dorm+B+AC pP 7, D+B+AC 12

New Nour Home, vom Bhf li, Richtung Md Salah el Din, ca. 50 m davor li in Seitenstr., ausgeschildert, fr, ru, rel sa, Ven · · · Dorm pP ab 6, D 12

New Cataract Pension, Sh El Saminia (200 m nach Catherine Hotel), Tel 384 743, kleine Pension mit familiärer Atmosphäre, se fr und hb, Ven, sa, Ww, Motorradverleih, · · · pP 20

Nile, Sh Nefertiti, hinter Mercure Hotel, Tel 3137259, einf, sa, abgewohnt, mF · E+B 35, D+B 50

Nobles, Sh Youssuf Hassan, Md Ahmose, Tel 372 823, AC + £E 5, fr, se abgewohnt, überw. ägyptische Gäste, Fst £E 3, Ven · · · E 15, D 20

Novotel-Luxor, 4*, Corniche, Tel 580 923, Pool-Bassin im Nil, AC, SatTV, se sa, mF · · · E+B $91, D+B $120

Oasis, Sh Muhammad Farid, (v. Bhf 4. Str. links) Tel 381 699, tlw la, rel sa, Waschm., wW, Traveller-Treff, mF (mäßig) · · · Dorm pP 6,E 6, E+B+AC 10, D+B 10, D+B+AC 15

Philippe, Sh Nefertiti, Tel 373 604, AC, Balkon, SatTV, Kschr, Dachgarten mit gutem Blick auf Luxortempel und Nil, se gepflegt, se sa, fr, ang, empf, mF · · · E+B 80, D+B 100

Pharaon, Tel 374 924, nördl. v. Karnak-Tempel Nähe Hilton, Nilufer, schöner Nilblick, Garten, Pool, AC, Rest/Bar, wW, se sa, ru, ang, empf, mF · · · E+B ab $25, D+B ab $35

Princess, Tel 373 997, Seitenstr. der Sh Television, wW, z.T. AC, Ven, Wäscheservice, ru, Balkon, mF · · · Dorm pP ab 10, D+B 20

Pyramids, Sh Youssef Hassan, Tel 373 243, Dachterasse (eher Abstellplatz) ziemlich einf, abgewohnt, mä sa, AC, Ven, ang, mF · · · E+B 20, D+B 30

Ramoza, Sh S. Zaghlul, Tel 381 670/372 270, se sa, AC, wW, ru, mF · · · E+B 36, D+B 52

Rezeiky Motel & Camp, Sh Fayek Fouad El Rezeiky, Tel 381 334, AC, fr, se hb, sa, Waschm., Rest, Pool, wW, empf, mF · · · E+B 30, D+B 50
St. Joseph, Sh Khaled Ibn El Waled (Nilufer, schräg gegenüber Club Med), Tel 381 707, AC, TV, guter Nilbblick (von einer Hotelseite), se sa, se fr, empf, mF · · · E+B 70, D+B 100
San Mark, Sh Karnak, Tel 373 532, schräg gegenüber kopt. Kirche St. Mark, AC, TV, Balkon, Rest/Bar, kleine Dachterrasse, kl. Zi, sa, fr, wW, mF · · · E+B 35, D+B 60
Saint Mina, Sh Cleopatra, Tel 375 409, Bhf-Nähe, Rest, Dachterrasse, ru, se sa (Preise können saisonbedingt sehr viel höher sein) · · · E 10, E+B+AC 15, D 25, D+B+AC 30
Santa Maria, Sh Television, Tel 372 603, etwas ungepflegt, AC, sa, fr, hzb, wW, mä ru, Rest/Bar, AC, mF (Hauptsaison nur mit HP +15 £E) · · · E+B 49, D+B 66
Shady, 3*, Sh Television, Tel 381 262, sa, fr, wW, SatTV, AC, Betten nicht besonders gut, Abrechnung überprüfen, Disco, Dachterrasse, Pool, Garten, mF · · · E+B 50, D+B ab 70
Sherif, erste rechte Seitenstr. der Sh Television, Tel 370 757, se sa, wW, AC, kleine Dachterrasse mit Nilblick · · · pP 5-15, D 12, D+B 15, D+B+AC 20
Sphinx, Sh Youssuf Hassan, Tel 372 830, Zi zum Innenhof schlecht belüftet, rel sa, fr, wW, mF · · · MBZi pP 7; E+B 12-18; D+B 15-25
St. Catherine, Tel 372 684, Sh St. Catherine, Nähe Luxor Tempel, zentral, mä sa, fr, etwas abgewohnt, AC la, wW, mF · · · D+B 35-40
Tutotel, 3*,1 Sh Salah el Din, Tel 377 990, Nähe des Novotel, schöner Blick besonders von Dachterrasse, AC, SatTV, Minibar, gut eingerichtet, mF · · E+B $ 65, D+B $85
Venus, Sh Yussuf Hassan, Tel 372 625, sa, rel la (Muezzin), wW, Ven, Dachterrasse, Rest, Nordzi gut, Radverleih, mF · · · E+B+AC 15, D+B+AC ab 30
Windsor, Sh Nefertiti, Tel 374 306, gegenüber Merryland Hotel, AC, TV, Pool, (zum Innenhof ru), sa, ang, Pool, große Dachterrasse, mF · · · E+B $15, D+B $20
Winter Palace-Sofitel, 5*, Corniche, Tel 380 422, · · · alter Flügel ab $130, neuer F. ab $ 120
Youth Hostel, 16 Sh El Karnak, Tel 372 139, 1,5 km v. Bhf, la, häufig ägypt. Jugendgruppen, fr, wW, Ven, (Nichtmitglieder Extraraum pP 7,50) · · · pP 6,50, D 8

Theben West

Abdel Kassem, Nähe Sethos I Tempel, Tel 310 319, schöner Blick von Dachterrasse,sehr einf, abgewohnt, mä sa, mF · · · E 20, D 30
Amoun (auch Funduq Ahmed Soliman), nahe Fähre u. Mobil-Tkst, Tel 310 912, familiäres Gästehaus, Balkon, Dachterrasse, Garten, se sa, se ang, Ven, Rest, ru, fr, empf · · E 40, D 50
Dream Valley, Nähe (südwestl.) Medinet Habu, Tel 310 581, Dachterrasse mit weitem Blick, AC, se sa, gut eingerichtet, mF · · · E+B 45, D+B 60
El Gezira, ca. 300 m von Anlegestelle entfernt an Nilarm, Tel 310 034, schöner Blick auf Luxor, Dachterrasse, Garten, sehr gelobtes Essen (£E 20), se sa, AC, Balkon, mF · · · E+B 40, D+B 60
Habou, gegenü. Medinet Habu, Tel 372 477, se einf, fr, mä sa, ang, kl. Zi, Ven, mF · · E 25, D+B 70
Marsam, (ehemals Sheik Ali), Tel 372 403, im Winterhalbjahr häufig ausgebucht (viele Ägyptologen), sa, ru, wW, Ven, schöner Innenhof, Rest, mF · · · E 25, D ab 35
Pharaos, Tel 374 924, hinter Inspektorat, Neubau mit Blick auf Medinet Habu, Dachterrasse, eins der gepflegtesten Hotels in Theben-W., Radverl., Ven, sa, fr, mF · · · E 45, D+B 70
Queens, neb. Medinet Habu, extrem einf, mä sa, Ven, Terrasse · · · E 20, D 25

Mallawi

Semiramis, Niltalstraße, einf, Zi mä sa, WC ni sa, la, ni se ang, mF ··············· pP 7,50

Mansoora

Cleopatra Touristic, 13 Souk el Toggar, Sh El Arab ····················· E+B 3,40, D+B 6

Marsa Matruh (Tel-Vw 03)

Im folgenden bedeutet *O-Corniche* bzw. *W-Corniche* östliche bzw westliche Corniche von der Einmündung der Sharia Iskendariya aus gesehen.

Arouss El Bahr, W-Corniche, fr, sa ································ E+B 25, D+B 37
Beau Site, W-Corniche, Tel 493 4011, direkt am eigenen Strand, bestes Hotel in M.M., AC, SatTV, se sa, ("Studentenpreis" außerhalb Saison pP $10 in D), Fst £E 22, E+B $75, D+B $95
Des Roses, nur Sommersaison, einf, sa, Vollpension (HP + 12,50), se gutes Essen ···· pP 20
Dareen, W-Corniche, sa, se fr, la (Muezzin), mF······················· E+B 26, D+B 40
El Ghazallah, Sh Alam el Roum/Sh Iskendariya, 10 Mi v. Bhf, einf, sa (Bettwäsche prüfen!), se fr, hb, engl. spr. Manager, Wäscheserv., Traveller-Treff, empf ······ Dorm pP 10
Queen, neben Moschee, einf "Apartment"-Hotel, mä sa, · Ap. mit 1 D+B 30, mit 2 DS+B 40
El Kasr, Tel 493 0393, an Ageeba-Straße, wird gelobt, AC, SatTV, sa, mF··· E+B 63, D+B 91
Lido, gegenüber von Riviera Palace, kleine Zi, se sa, ···························· D+B 50
Hamada, Sh Iskandreia/Sh El Gala'a, mä sa, fr, la, wW ···················· Dorm pP 10
Miami, 3*, O-Corniche, Tel 493 4810, sa, TV, AC, Disco, mF,············ E+B 120, D+B 144
Negresco, 3*, W-Corniche, nur Sommersaison, schöne Zi, Balkon, se sa · E+B $30, D+B $70
Radi, O-Corniche, Tel 493 4828, TV, sa, Disco Nightclub, mF ··········· E+B $35, D+B $44
Reem, W-Corniche, Tel 493 3605, 58 Zi, mF ·························· E+B 75, D+B 120
Riviera Palace, Sh Iskendariya, Tel 493 5195, sa, ang, fr ···························· E+B 60, D+B 100, E+B+AC 120, D+B +AC 167
Rommel House, Sh Gala'a, Tel 493 5466, 60 Zi, mF···················· E+B 93, D+B 111
Royal Palace und **New ROYAL Palace**, Tel 493 3307, beide Häuser direkt nebeneinander, nur Sommersaison, W-Corniche, sa, mF ·············· E+B $32, D+B $40
Semiramis,Tel 493 4090, nur Sommersaison, sa, fr, TV, gutes Essen, mF·· E+B 85, D+B 150
Youth Hostel, 4 Sh El Gala'a, Manager spricht engl., fr, hb ···················· pP 5,10
Tamoil, in **Sidi Barani**, 80 km vor **Sollum**/libysche Grenze, se sa ········· E+B 50, D+B 90

Minia

Akhenaton, Niluferstraße, Balkon, Nilblick, Dachrest, sa, rel ang, hb, mä la, AC, (Fahrradverleih), gutes Rest, empf, mF ································ E+B 27, D+B 38
Amun, 23 Sh Gumhuriya, (über Elektro-Geschäft, etwas versteckt), gr. Zi, rel sa, fr, durchgelegene Betten, wW ··································· D+B 12
Beach Hotel, Nähe Niluferstraße, mä la, sa ··························· E 27, D 50
Nefertiti Pullman, 4*, Corniche, nördl. vom Zentrum, Tel 331 515, Bungalows am Nil, gepfl. Rest, mF (Super-Buffet)·················· E+B $65-85, D+B $ab 90-125
Ibn Khassib, 5 Sh Raghib, Tel 324 535, 16 Zi,sa, fr, ru, AC, Hb······· E 25, E+B 34, D+B 54

Lotus, 1 Sh Bur Said, Tel 324 541, 7. Stock, gute Sicht, 41 Zi, Rest, la (kl. Hinterzi. ru), sa, fr, hb, AC, (organ. Ausflüge nach Beni Hassan), mF (gut) · · · D+B ab 42
Omar EL Khyam, 3, Sh Damaran (nahe Akhenaton), se sa, ru (aber lautes Treppenhaus), se fr, hb, empf,Fst 3,50 · · · Dorm pP 9, D+B 24
Palace, vom Bhf geradeaus zum Md Tahrir, dort re Seite, Tel 324 071, alt, leicht verstaubt, zentral, große Zi gut möbl., fr, se hb, Ven,Fst 2,50 · · · E 7,50, E+B 10, D+B 21
Savoy, gegenüber Bhf, la, ziemlich heruntergekommen · · · E+B ab 20
Sethi, Nähe Bhf, Tel 323 930, sa, mF · · · D 15

Wadi Natrun

Resthouse, Wüstenstraße Alexandria-Kairo, mF · · · E+B 100, D+B 120
Sahara In, 5 km nördl. von Resthouse, scheint Rotlichtmilieu anzugehören · · · E+B 88,20, D+B 117,60

Nag Hamadi

Aluminium, in der Siedlung der Alumium Co., mä sa · · · E+B 53, D+B 68,60

Nuveiba, Sinai (Tel-Vw 062)

Nuveiba City

Hotels südlich vom Helnan Nuveiba Hotel:

Amun Yahro Camp, Tel 500 555, Besitzer Morad spricht deutsch, Rest (Seafood, frisch und gut), sa, Strohhütten · · · mit Bodenmatratzen 15, Betten 25
El Waha Village, Tel 500 420, AC-Bungalows, SatTV, sa, fr, ang, (Hütten 25-35) mF · · · E+B 150, D+B 160
Habiba Camp, Naturmedizin-Seminare, "Beduin Salon", Stein-Appartements im Bau · · · Strohhütten 50
Helnan Nuveiba, 3*, Tel 500 401, gepfl. Bungalows, AC, hb, se sa, Rest, F-Buffet (gut) · · · E+B $50-60, D+B $60-85
La Sirene, südl. des Farmgeländes, Bungalow-Hotel, se sa, AC, mF · · · E+B 36, D+B 46
Juna, Strohhüttencamp, ca. 1km südl. vom EL WAHA in den Dünen, kein Strom, se einf, offene Gemeinschaftsduschen · · · pP 8
Sinai Moon, südl. des Farmgeländes, Strohhütten · · · pP 10
Sultana, südl. des Farmgeländes, Tel 500 490, sa, sa, ru · · · E 50, D 80, D+AC 110

Nördlich vom Helnan Nuveiba Hotel:

Batra Camp, nördlicher Strand von Tarabin, Bambushütten, se sa, einf, Fan, hb · · · pP 5
Camel Beach Village, Tel 320 873, Hütte · · · pP 20, im Winter pP 5
Camp David, neben Strohhütten auch Steinhäuser mit AC, se einf, sa, · · · E/D+B 25-30, E/D+B+AC 50-60
City Beach Village, schöner Privatstrand, se ru, AC + £E 30, ni sa, hb, Ven, Rest. (Bier, Wein), mF · · · Strohhütte 15, E+B 60, D+B 80
El Khan Camp, Anis Anisan, Tel 500 316, Bambushütten, Moskitonetze, ein weiteres Camp direkt am Strand ist im Bau, Anis unterhält ein Meditationszentrum in Ain Um Achmed (5 Kameltage entfernt), Cafeteria, ang, Hütte · · · pP $7

El Salam Touristic Village, nördlich v. Nuveiba-Tarabin, eigener Strand, sa, AC, Kschr, 100 Doppelbett-Bungalows, gutes Riff vor der Tür, mF ······ E+B $35, D+B $45
Hebton Village, Tel 500 581, relativ einf eingerichtet, Fischrestaurant, AC, Hütten auf dem Dach pP 10, mF ······ D+B 100-120
Jamal, Tel 500 066, sehr gepflegt, nett eingerichtet, Sonnenblumengarten im Innenhof, empf, mF ······ Hütte 20, D+B+Ac 60
Moonland Camp, südl. Ortseingang von Tarabin, Tel 500 610, fr, sa, wW, rel ru, Rest: "No good, no pay", Strohhütte ······ pP 10
Nakhil Inn, Tel 500 878, Email surf@sinainet.com.eg, Taucher-Hotel, AC, wW, SatTV, große Räume, se sa, mF ······ E+B $40-45, D+B $40-60
Prince Home, Tel 500 068, höherwertiges Camp, nett angelegt, se sa, mF ······ D 50
Sunrise Camp, Strohhütten, sa ······ pP 5
Sim Sim Camp, Tel 500 616, eher hotelartig eingerichtet, se sa, AC · pP 10-15, D 25, Dach 5
Sinai Sun Camp, sa ······ Hütte pP 10, D+B+AC 50
***Soft Beach Camp**, eigener schöner Strand, abschließbare Hütten auf Betonboden, kein Strom, sa ······ pP ab 6*
Swelm Camp, Tarabin, abschließbare Hütten, sa ······ pP 10

Nuveiba-Port:

Hilton, 5*, Gruppen-Ghetto, Super-Buffet ······ E+B $105, D+B $135
Marina Sayadin, nördl. des Hafenterminals, Süßwasserduschen, AC, hauptsächlich ägypt. Gäste, mF ······ E (nur Ven) 35, D+B 90
Sayadin Beach Hotel (Nähe Hafenterminal), Touristenghetto, ziemlich abgewohnt, Disco, mF ······ E+B $38, D+B $50

Nördlich von Nuveiba:

Von den nördlich Richtung Tabah gelegenen Camps und Villages soll hier nur zwei erwähnt werden::
Basata Camp, Ras Burka, Tel 062 500 481, Email basata@mst1.mist.com.eg, 22 km nördl., Bambushütten stimmungsvolle Stein/Lehmhäuser im Bau, schöne Lage in Badebucht, se sa, se ang und interessante Atmosphäre, Dinner £E 18-24, se empf, Tagesgäste zahlen £E 10 ······ Camping pP 18, Hütte pP 28 (Einzelbelegung 56 per Hütte)
Sallyland, 26 km nördlich von Nuveiba, Tel 062 530 380, Reihenbungalows, AC, se sa, se ang, ru, Badebucht mit Hausriff, geleitet von Ägypter und amerikanischem Pensionär (John), mF ······ D+B 125

Port Safaga (Tel-Vw 065)

Cleopatra, se sa, fr, ang, mF (gut) ······ E+B 50, D+B ab 65
Hakim (5 km nördl.), Wirt spricht deutsch, direkt am öffentlichen Strand (für Europäerinnen schwierig), se sa, HP (sehr gut) ······ pP DM 25
Holiday Inn, 4*, (5 km nördlich), Tel 452 823, ······ E+B $90, D+B $100
Lotus Bay (5 km nördl.), 4*, Tel 451 041, gepflegt, empf, HP ······ E+B $45, D+B $62
Maka, Durchgangsstr. Hafennähe, viele ägypt. Gäste, mä sa, nur für Notfall · pP 14, D+B 20
In der Umgebung gibt es mehrere einfache, sehr ähnliche Hotels.
Menaville, 4*, (5 km nördl.), Tel 251 760, HP ······ E+B $80, D+B $100-148

Mercure Coralia, 4*, etwas abseits östlich der Durchgangsstraße, Tel 253 821, Strand etwa 300 m entfernt, 1999 eröffnet ········· E+B $50, D+B $75
Safaga Hotel & Marina, nördl. Stadtrand, Bungalows, Tel 251 133, 3*, SatTV, Kschr, HP ········· E+B $28, D+B $50
Safaga Paradise, 4*,(5 km nördl.), Tel 251 633, mF ········· E+B $40, D+B $60
Shams Safaga, 4*, (5 km nördl), Tel 251 782, 136 Bungalows u. 96 Zi (überwg. eng und schmal), AC, Balkon, Pool ········· E+B $48, D+B $75
Sun Beach (5 km nördl.), Tel 252 658, sa, se fr, hb, kl. Bungalows, HP ········· D+B+Ven 80

Port Said (Tel-Vw 066)

Achtung: Preise häufig unterschiedlich für Kanal/Strandblick bzw. Stadtblick.
Akry, 24 Sh Gumhuriya, Tel 221 013, rel große Räume, für Hotelalter se sa · E 13, D 21, D+B 26
De La Poste, 2*, 42 Sh Gumhuriya, Tel 228 655, Kschr, fr, sa, abgewohnt, AC + £E 12, se ang,Fst £E 5 ········· E+B 35, D+B 40
Helnan, 5*, 1 Sh Cornish, Tel 320 890, am Mittelmeerstrand ········· E+B $170, D+B $225
Holiday, 3*, Sh Gomhuriya, Tel 220 711, AC, se sa, rel la, mF ········· E+B 140, D+B 186
El Miriland, Seitenstr. der Sh Nahda, Tel 227 020, einf, sa ········· E 15, D 20, D+B 25
New Concorde, 3* (sieht nicht unbedingt danach aus), Ecke Sh Salah Salim/Mostafa Kamel, Tel 225 341, se sa, AC, TV, mF ········· E+B 120, D+B 151
New Continental, 3*, 30 Sh Gomhuriya (schräg gegenüber von Cecil Café), Tel 225 024, tlws guter Kanalblick, AC; Kschr, SatTV, se sa, mF ········· E+B $20, D+B $35
New Regent, Sh Gumhuria, Tel 224 891, 3*, AC, SatTV, sa, fr, mF ········· E+B 91, D+B 127
Noras Beach, Sh Corniche, Tel 329 834, sa, AC, mF ········· E+B $50, D+B $86
Palace, 19 Sh Ghandy, Tel 239 450, rel sa, abgewohnt, mF (mä) ········· E+B 153, D+B 195
Panorama, Sh Gumhuriya, Tel 325 101, se sa, AC, mF ········· E+B 130, D+B 170
Riviera, sa, mF ········· E+B 36, D+B 47
Sonesta, 5*, an Kanaleinfahrt, Tel 325 511 ········· E+B $187, D+B $220
Youth Hostel, Sh 23.July, Tel 228 702, Nähe Stadion, se sa, fr, ru, hb ········· pP 3,25

Qena (Tel-Vw 096)

El Fath, Sh Gumhuriya, ni sa ········· E 8, D 12
El Salam (15 Minuten vom Bhf), abgewohnt, mä sa, wW ········· pP 5,50, D 8,50
New Palace, Md Mahatta, Bhf-Vorplatz, Tel 322 509, se la, ni sa, ni fr ········· E+B 12, D+B 20

Ras El Bar (Nähe Damietta) (Tel-Vw 057)

Eine Leserin schreibt, daß unverheiratete Paare nur schwer ein gemeinsames Zimmer bekommen.
Aleman, sa, empf (während der Saison £E 10 – 15 Aufschlag) ········· E+B 15, D+B 25
El Etehad, 51st Street, Altbau, se sa, fr, Kü, empf ········· D+B 10
El Mogharbel, 23, 51th Street, 56 Zi ········· E+B 4,20, D+B 7,20
El Wady, Tel 528 292, sa, fr, AC, mF ········· E+B 45, D+B 60
Marine El Nil, 1 Sh El Mohafza, 81 Zi ········· E+B 6, D+B 14,40

Ras El Sudr, Sinai (Tel-Vw 062)

Helnan Royal Beach Resort, 5*, wird sehr gelobt
Sudr Beach Inn, am Strand von Ras el Sudr, sa ········ E+B 60, D+B 75
Daghash Land (20 km südl.), AC-Bungalows ········ E+B 20, D+B 40
Health Beach Camp, von deutscher Nonne Maria aus Kairo finanziert oder gebaut, Tel Kairo 354 5826

Nördlich von Ras el Sudr entstanden in den letzten Jahren, bzw. entstehen noch verschiedene Hotelanlagen, meist für Wochenendbesucher aus Kairo gedacht; wer Entspannung am Sandstrand oder gute Surfbedingungen sucht, ist hier bei dem ständig blasenden Nordwind gut aufgehoben.

Serabit el Khadim

Serabit Tourist Village, (Sheikh Barakat's Sohn), im Beduinenzelt pP 3, Unterkunft im "Village" ohne Preisangabe

Sharm El Sheikh und Naama Bay, Sinai (Tel-Vw 062)

Luxushotels: Aida, 5*, Sh el Sh, Tel 600 719, **Hilton Fayrouz Village**, 5*, Naama, Tel 601 040, **Hilton Residence**, 5*, Sh el Sh, Tel 600 266, **Ibero Grand Sharm**, 5*, Sh el Sh, **Intercontinental**, 5*, Sh el Sh, **Sonesta Beach Resort**, 5*, Naama, Tel 600 725, **LTI Sharm**, 4*, Sh el Sh, Tel 600 870, **Marina**, 4*, Naama, Tel 600 170, **Mövenpick Jolie Ville**, 5*, Naama, Tel 600 100.
Sunset, Sh. el Sh, lahmer Service, se sa ········ D+B 150
Horus Motel, Sh. el Sh, Tel 062 663 101, se sa, große Zi, gutesFst, mF ········ D+B $ 36
Clifftop Bungalow Hotel, Sh. el Sh, Tel 600 251 ········ E+B $45, D+B $56
El Kheima Camp, Sh. el Sh, Tel 660 167, se sa, gepfl, ang, AC, mF ········ Schilf-Bungalows pP 36, E+B 92, D+B 120
Oasis, Naama, 150 m zum Strand, Kuppel-Bungalows (AC), Hütten mit Gemeinschaftsduschen, Rest, Bar, sa, mF ········ Hütte 70, Bungalow E+B 110, D+B 120
Falcon, Naama, zwischen Haupstr. und Strand, Pool, se sa, Zi nach hinten ru, mF D+B $150
Gafy Land, Naama, se sa, ang, wW, AC, mF (Buffet) ········ E+B $55, D+B $75
Pigeon House Camp, Naama, Tel 600 996, se sa, se fr, hb, wW, Rest, mF, Ven, ···· Palmhütten: E 36, D 56, Zimmer ohne AC: E+B 65, D+B 85, AC: E+B 120, D+B 170
Safety Land, Sh. el Sh, Tel 663 463, AC oder Ven, mä sa, fr, Gemeinschaftsbäder, überteuert, mF (wenig) ········ Bungalows E 45, D 60, D+B+AC 105
Sanafir, Naama, Tel 600 197, gute Atmosphäre, interessante Architektur, gutes Rest, sa, se fr, hb, mF, häufig ausgeb., Preise stark saisonabhängig ···· E+B $64-82, D+B $78-98
Sandy, Sh el Sh, Tel 661 177, se sa, fr, mF ········ E+B $85, D+B $120
Sharks Bay, 6 km nördl. von Naama, Tel 600 947, Rest, Strohhüttenunterkunft "El Badia" Hanglage, fr, mä sa, mF· 2-Pers-Strohhütte ab 65, 2-Pers-Holzhütte mit AC + Bad 150, Schlafen am Strand pP ab 15
Tiran Village, Naama, Tel 600 221, Bungalows, se fr, se sa, hb ········ E+B $70, D+B $95
Tropicana Inn, Sh el Sh Oberstadt, Tel 663 375, SatTV, se sa, hübsche Zi, großer Pool, Bustransfer zum eigenen Strand bei Ras um Sid bzw. Naama, empf, mF · E+B $27, D+B $37

Tropicana Tivoli Apt., neben Schwesterhotel Tropicana Inn, Appartement-Hotel, Zi mit Kochnische, SatTV, se sa, ähnlicher Service wie Schwesterhotel · · · · · · · · E+B 130, D+B 180
Nubian Village, Ras Nasrani, Tel 012 314 8157, nördlich des Flughafens an der Straße von Tiran gelegen, Feriendorf, Pool, se sa, AC, SatTV, mF · · · · · · · · · · · · · · · · · · E+B 100, D+B 130
Youth Hostel, Sh el Sh, Tel 600 317, rel sa, la, 8-Betten-Zimmer (getrennt nach Geschlechtern), AC, mF · pP 19,50

Oase Siwa (Tel-Vw 046)

Alexander, ca. 200 m nördlich der Moschee, Tel 460 0512, sehr kleine Gemeinschaftsbäder/Toiletten, einf, sa, mF · Dorm pP 5, D+B 30
Amoun, am Fuß des Djebel Dakrour, für Touristen ungünstig gelegen, hauptsächlich von Rheumakranken genutzt · pP 4
Arous EL Waha, Tel 460 2100, li am Ortseingang, Ven, sa, re ru, mF · · · · · · · E+B 50, D+B 60
Cleopatra, Tel 460 2148, ca. 250 m nach Marktplatz rel sa, se hb, wW, ang, Manager spricht u.a. deutsch, tlw Balkon,Fst £E 4, · · · · · · · · · · im Altbau alle Zi 18, im Neubau E+B 24, D+B 35
Palm Tree, Nähe Marktplatz an der Dakrour-Straße, Tel 460 2304, schöner, lauschiger Palmengarten, viele Traveller, rel sa, se hb, se fr, Fst £E 3,50, · · · · · · · D+B 15, MeBettZi pP 6
Siwa Palace (ehemals EL MEDINA), Tel 460 2048, Nähe Youssef Hotel, sa, ziemlich einf, nur Etagenbad, keine Schränke,Fst £E 3, · pP 10
Siwa Safari Paradise, an der Aghurmi-Straße, Tel 460 2189, derzeit bestes Hotel, in altem Palmengarten, 2 Swimmingpools mit jeweils eigener Quelle, se sa, teilw SatTV, gutes Rest, ang, nur HP · · · · · · Huts pP 30, E+B 135, D+B 215, E+B (AC) 160, D+B (AC) 270
Youssef, gegenüber Rest. Abdu, Tel 460 2162, erstaunlich sa, se fr, Ven, Dorm pP 5, D+B 10

Sohag (Tel-Vw 093)

Andalos Sohag, Tel 324 328, schräg li gegenüber Bhf, la, hi sa, kl. Zi, Ven, mF pP ab 7, D+B 20
El Salam, Tel 333 317, gegenüber Bhf, se la, mä sa, Ven, se kl. Zi · · · · · · · · · · · E 15, D+B 30
Merit Amoun, Tel 601 985, auf der Ostseite des Nils, Hauptstraße re 100 m nach der Nilbrücke, sa, ru, fr, AC, mF · E+B 70, D+B 90
Cazalovy, Ostseite, nördl. vom Hotel Merit Amoun, Tel 601 185, sa, AC, fr, mF E+B 35, D+B 50
Youth HOSTEL, 5 Sh Bur Said, nur mit internat. Studentenausweis, Kü, Ven, se sa, pP 15,00

Suez (Tel-Vw 062)

El Madena, Sh Talaat Harb, Tel 224 056, Nähe Post, mä sa, ru, fr, tlw Ven · · · · · · · E 10, D 20
El Haramen, 65 Sh Tahrir, Tel 320 051, sehr einf, mä sa, unschlagbar billig · D 6, 4-Bett-Zi 10
Green House, 3*, Richtung Pt Taufik, Tel 331 553, Pool, Rest, Bar, se sa, Kschr, etwas ungepflegt, mF · EB 162, D+B 211
Red Sea, 3*, 13 Sh Riad, Port Taufik, Tel 334 302, se sa, fr, AC, SatTV, tlw Balkon, mF · E+B $59, D+B $73
Sina, Tel 334 181 220394, Straße nach Pt Taufik, vor H. Whitehouse Hotel re, dann 1. Straße re, sa, fr, Ven, TV, AC + £E 5, mF · E 17, D 26, D+B 34
Star, Tel 220 8737, 17 Sh Bank Masr, Nähe Hotel Sina, sa, Etagenbad sa · · Dorm 15, E/D 20

Summer Palace, Port Taufik, Tel 224 475, hübsch angelegt, drei Pools, schöner Blick auf Bucht, abgewohnt, eher ungepflegt, sa, AC, TV, Kschr, Balkon, fr, ang, mF··· E+B 148, D+B 200

Youth Hostel, Sh Tarik El Hurriya, dezentral, ein Stück nach Stadion Richtung Hurghada auf rechter Seite, rel sa, mä ru, hb, Mückenplage, renoviert, Dreibettzimmer mit Bad und Toilette (auch für Verheiratete) ··· pP 10,50

White House, 2*, Tel 331 550, 322 Sh Salaam (Geish), se sa, fr, rel la, wW, AC, empf, mF (gut) ··· E+B 48, D+B 62

Tabah (Tel-Vw 062)

Salah El Deen, Motel in der Bucht von Pharao Island, 8 km südlich von Tabah, Stein-Bungalows, überw. ägypt. Gäste, la, sa, fr, AC ··· E+B $72, D+B $93

Tabah-Hilton, 5*, Privatstrand, großer Pool ··· D+B ab $200

Zagazig

Al Zahra, direkt gegenüber Bahnhof, rel sa, fr, wW, ang ··· D 10

Al Iraqi, gegenüber Bahnhof, Balkon, mä sa, ziemlich unkomfortabel ··· E 8,50

New Marshal in Simbelawen, direkt am Kanal, sa, ru, wW, empf··· D+B 10

9.2 Camping

Beachten Sie bitte beim Camping: Obwohl gewöhnlich nur Menschenansammlungen Ziel terroristischer Anschläge sind, so können plötzlich "Irrläufer" den einsamen Camper für einen Anschlag ins Visier nehmen; seien Sie bitte besonders vorsichtig bei der Wahl Ihres Nachtplatzes außerhalb der offiziellen Campingplätze!

Camping ist nicht gerade üblich in Ägypten; es gibt nur wenige offizielle Campingplätze. Wir haben daher diejenigen Nachtplätze für Camper aufgelistet, die wir entweder selbst benutzten oder die uns anderweitig bekannt wurden. Diese Liste ist weder vollständig, noch besagen die Angaben, daß die genannten Plätze noch benutzbar oder in irgendeiner Weise gesichert sind. Weiterhin ist diese Aufzählung insofern unvollständig, als im Wüstenland Ägypten genug Plätze vorhanden sind, die nicht erwähnt werden müssen. Daher finden Sie nur wenige Angaben für typische Wüstenstrecken oder nur solche, die aus irgendeinem Grund bemerkenswert erschienen.

Wichtig: Für **Camping an den Küsten** gilt zu beachten, daß ein hundert Meter breiter Streifen nachts, d.h. eine halbe Stunde vor Sonnenuntergang bis eine halbe Stunde nach Sonnenaufgang, in der Regel nicht betreten werden darf, also dort auch Campen verboten ist. Die Regierung will mit damit die langen Küstenlinien besser im Griff behalten, denn hier sind dem Rauschgift- und Waffenschmuggel Tür und Tor geöffnet. Militärpatrouillen, z.T. auf Kamelen, achten auf die Einhaltung dieser Bestimmungen. (Ausnahme der östliche Sinai, der von der MFO-Truppe kontrolliert wird.)

Denken Sie auch daran, daß an der Mittelmeerküste westlich von Alexandria und an der Küste des Roten Meeres immer noch **Minen herumliegen**, ebenso wie auf dem Sinai in der Gegend des Mitla-Passes und nördlich davon. Die Minenfelder sind keineswegs immer abgezäunt oder mit Warntafeln ausgewiesen.

Wir müssen hier wiederum betonen, daß wir für die folgenden Angaben keine Gewähr übernehmen können; insbesondere nicht was die Sicherheit oder behördliche Zugänglichkeit beschriebener Plätze betrifft. Bitte haben Sie Verständnis und beurteilen Sie selbst die jeweilige Situation sehr kritisch.

Die Reihenfolge der erwähnten Plätze hält sich an geographische Vorgaben und deckt sich mit den Streckenbeschreibungen der Kapitel 3 – 8.

Östlich von Alexandria

Generell ist die Situation für Camper in Alexandria schlecht. Entweder man folgt der Empfehlung des Tourist Office, auf dem Parkplatz vor dem Keit Bey Fort per Wohnmobil zu übernachten oder man sucht sich ein stilles Plätzchen z.B. in der Nähe der Parks von Nusha und Antoniadis.

Früher konnte man in **Abukir**, 8 km östlich von Alexandria/Montazah in einer Außenstelle des Youth Camp im Wohnmobil übernachten. Leider lehnt der "Herbergsvater" das Ansinnen kategorisch mit der Bemerkung ab, das Camp sei nur noch für Ägypter zugelassen; aber vielleicht höhlt ständige Nachfrage doch den unbarmherzigen Stein. Anfahrt: in Abukir an der Endstation der Bahnlinie vorbei, etwa 100 m weiter rechts ab zum Youth Camp. Die Außenstelle findet man, wenn man am Youth Camp vorbei bis zum Strand und dann rechts etwa 1 km weiter am Strand entlangfährt. Dort, wo links ein größerer Strandkomplex öffentlich zugänglich ist, liegt rechts der Straße ein eher verwunschenes, hotelartiges Gebäude in einem großen Garten. Hier war man bestens aufgehoben, und wäre es immer noch, denn bei unserem letzten Versuch war dieses Camp wiederum nicht belegt...

Westlich von Alexandria

El Alamein: Gegen ein Bakschisch läßt der Aufseher vom Deutschen Ehrenmal das Übernachten auf dem sehr ruhigen Parkplatz zu.

Marsa Matruh: Versuchen Sie, eine Campinggenehmigung von der Sicherheitspolizei in Marsa Matruh zu bekommen (siehe Stadtplan bzw. fragen Sie beim Tourist Office), dann können Sie (hoffentlich) ungestört vom Militär am Strand schlafen. Außerhalb der Saison können Wohnmobile vor oder neben dem Hotel Beau Site stehen und Hoteltoiletten benutzen.

Oase Siwa: Es gibt eine Reihe von Möglichkeiten: unterhalb des Gebel Dakrour (Rückseite, neben Wassertankstelle), in der Nähe von Fatnas, am Birket Aghurmi oder auf dem Parkplatz vor dem Amun Tempel.

Wadi Natrun, Wüstenstraße Alexandria/Kairo: Beim Rasthaus (Vorsicht Diebstahlgefahr) oder bei den Klöstern.

Kairo

Das ruhige, inmitten einer Gartenlandschaft gelegene **PAT Saharamar Camp** (N29° 57,83, E31°09,47') in Giseh mit warmen Duschen, mäßig sauberen, häufiger ungepflegten Toiletten, Küche mit Herd und Kühltruhe erreicht man wie folgt: Von den Pyramiden kommend auf der Pyramid Road am zweiten Kanal rechts Richtung Sakkara abbiegen, am SIAG Hotel vorbei nach knapp 2 km (etwa 100 m vor der zweiten Kanalbrücke nach der Pyramid Road) rechts ab, nach ca. 800 m links und 1,2 km an einem anfangs zugeschütteten, bald aber offenen, furchtbar dreckigen Kanal auf denkbar schlechter Straße zum Campingplatz (£E 5 pP). Der etwas mühselige Weg lohnt nur, wenn man in ländlich-ungestörter Atmosphäre ein paar Ruhetage einlegen will. Für tägliche Hin- und Herfahrt ist der folgende Platz besser geeignet.

Salma Camp (N29°58,17' E31°10,54') liegt ebenfalls an der Straße nach Sakkara: 4 km von der Pyramid Road entfernt zweigt kurz nach der Ringroad-Überführung eine Straße rechts u.a. zur Teppich-Knüpfschule von Wissa Wassef (siehe Seite 284) und zum Camp (rechts neben W. Wassef) ab, leider mußten die Hinweisschilder entfernt werden. Relativ saubere Sanitäranlagen, warme Duschen, Küche, Restaurant, Kinderspielplatz (£E 10 pP). Camper wurden aus dem eigentlich hübscheren vorderen Bereich auf einen ziemlich schatten- und trostlosen, staubigen hinteren Platz verbannt, nachts lärmt die Ringroad ganz erheblich. Achtung: Sorgen Sie auf diesen Plätzen für **Mückenschutz**, sonst werden Sie von stechwütigen Heerscharen aufgefressen.

Auf der Insel Roda gibt es relativ stille Straßen, ebenso am Nilufer der Insel Gezira, z.B. Zamalek nördlich der Sharia 26.July. Die Wüste rings um Kairo ist weniger zu empfehlen, da sie immer mehr schwindet und von eher etwas zwielichtigen Gestalten durchstreift wird.

Im **Fayum** können Sie am ungestörtesten im Wadi Rayan campen (Anfahrt siehe Seite 313). Auch das Karanis Camp, km 72 der Straße Kairo-Fayum, bietet Campmöglichkeit.

Niltal

Wegen der Terroristen ist zur Zeit nur in Luxor und Assuan an Campen zu denken. Die folgenden Informationen gelten für bessere Zeiten.

Im Prinzip besteht hier immer die Möglichkeit, einen Abstecher in die Wüste einzulegen und dort zu nächtigen. Häufig macht die Polizei Schwierigkeiten. Generell dürfte man auf der Ostseite des Nils ungestörter sein, man muß nur eine der seltenen Brücken erreichen. Sie können Ihr Glück auch in der Nähe historischer Plätze oder bei koptischen Klöstern versuchen, mit einem Bakschisch an den richtigen Mann läßt sich meist ruhig schlafen. Wer sicher, aber laut die Nacht verbringen will, stellt sich zu einem der Straßenkontrollposten.

Minia: Kanalbrücke überqueren, danach rechts abbiegen, an kleinem Park bei der Touristenpolizei, an der (lauten) Nilufer-Promenade oder in einer stillen Seitenstraße übernachten.

Mallawi: Ungestört kann man vor dem Eingang von Tuna el Gebel übernachten, das ist allemal den Umweg wert.

Tell el Amarna: Mit LKW-Fähre nach Tell el Amarna übersetzen und im Bereich der Nordgräber in der Wüste campen.

Assiut: Campingmöglichkeit beim YMCA in der Stadtmitte oder im Gelände des Sportclubs (kurz vor dem Nildamm links, laut, Duschen funktionieren nicht immer oder – in relativ gepflegtem Garten und mit dem Rauschen des Schleusenwassers als akustische Kulisse – beim Police Officer Club auf der rechten Nilufer-Seite direkt links nach Nildamm, Duschen und WC. Häufig Hochzeiten im Restaurant, dann vor 2 Uhr kein Schlaf möglich.

Abydos: Entweder auf dem Parkplatz vor dem Tempel (laut, erfordert Überredung mit Bakschisch der Nachtwächter und eventuell der Polizei) oder Zelten im Garten des Rasthauses kurz vor dem Tempel, Toiletten- und Duschenbenutzung.

Dendera: Auf dem weitläufigen Parkplatz kann man neben dem Restaurant (gegen Bakschisch) – WC und Dusche, Schatten unter Palmen – wesentlich ungestörter als in Abydos campen.

Zwischen Qena und Luxor können Wohnmobilisten auf einen der schmalen Feldwege rechts abbiegen und über den Kanal fahren. Gleich dahinter ist genug Platz für eine meist ungestörte Nacht.

Luxor: Direkt an der Einfallstraße, ca. 200 m vor der Altstadt in der Nähe des Museums, liegt das YMCA-Camp. Duschen und Toiletten sind erneuert und sauber. Die bessere und teurere Wahl ist das nahegelegene **Rezeiky Camp**, das von hohen Mauern bzw. zwei Stockwerken mit Zimmern umgeben ist. Leider waren zur Zeit unserer Recherche die Sanitäreinrichtungen nicht sonderlich gepflegt. Das zugehörige Restaurant ist gut und schmackhaft. Camping pP 10.

Theben-West: Camping beim Hotel Habu. Der Betreiber vom Resthouse neben dem Ramesseum erlaubt Wohnmobilen eine Nacht auf dem Vorplatz.

Assuan: Offizieller **Campingplatz** südlich des Stadtzentrums (siehe Stadtplan). Der Platz mit leider inzwischen unsauberen Sanitäreinrichtungen bietet auch teilweise schattige Standplätze.

Abu Simbel: Wenn Campen nicht auf dem Parkplatz vor der Tempelanlage möglich, dann im Garten des Nefertari Hotels (ab £E 20 inkl. Poolbenutzung).

Oasen der Libyschen Wüste

Eigentlich erübrigt sich hier jede Angabe, denn es finden sich zahllose Campgelegenheiten in der Wüste. Wenn sich in den einzelnen Orten Plätze anbieten, so sind sie – entgegen der üblichen Systematik – bei den Ortsbeschreibungen erwähnt. Der Vollständigkeit halber sollen die offiziellen Plätze genannt werden:

Bahariya: Ahmeds Safari Camp (am Ortsausgang von Bawiti an der Siwa-Straße, am Rand der Wüste), Duschen/Toiletten, mehere Wohnmobilstellplätze, Restaurant, Feuerplatz. Kostenloser Transfer von/nach Bawiti.

Dakhla: Gardens Camp, neues Camp des Hotel Gardens, am südwestlichen Ortsrand in Sanddünen gelegen.

Kharga: In Bulaq, südlich von Kharga, beim Bulaq Resthouse, oder im Nasser Tourist Camp, 23 km südlich an der Straße nach Baris, schöner Blumengarten, Pool, Restaurant, Stellplätze mit Elektroanschluß.

Suez-Kanal, Rotes Meer

Port Said: Am Mittelmeer westlich der Stadt, falls das Militär mitspielt.

Ismailiya: Auf dem Parkplatz neben dem Strandclub, oder im Stadtpark, dort ist – unter Pinien – das Campen und Zelten erlaubt.

Suez: Beim Youth Hostel, Sharia Tarik El Hurriya.

Sowohl beim **Antonius**- als auch beim **Pauluskloster** können Sie außerhalb der ursprünglichen Klostermauern campen.

Hurghada: Für Camper keine allzu große Freude. Neben dem Restaurant Hotel Geisum (Geisum Camping), Dusche nur stundenweise in Hotelzimmer, Restauranttoiletten benutzbar. Wohnmobile können auch beim Restaurant Shell Ghada (Nähe Safir Hotel, Sh Sheraton, Sigala) stehen, vermutlich ziemlich lange ziemlich laut, £E 30 pro Auto. Für längere Badepausen eignen sich Sharm el Naga oder Sun Beach bei Port Safaga besser.

Für das wilde Campen südlich von Hurghada benötigt man offiziell eine Tasrih der Hurghada-Polizei. Verschiedene Leser berichten, daß sie entweder unbehelligt wild campten oder aber quasi offiziell, indem sie ihren Paß beim nächsten der zahlreichen Militärposten hinterlegten.

Sharm el Naga: (siehe Seite 472) Beschilderung SEALAND, 7 km von der Straße entfernt. Gutes Touristencamp mit Tauchbasis in landschaftlich abwechslungsreicherer Gegend als Sun Beach. Restaurant, saubere Toiletten und Duschen.

Port Safaga: Etwa 5 km nördlich der Stadt liegt Sun Beach Camping, ein für Autos schattenloser Platz mit Sanitäranlagen und Restaurant am Sandstrand, pP £E 10.

Sinai

Ras Sudr: Camping Beach (N°34,57' E32° 42,91'), öffentliches Badegelände, zunächst horrende Preisvorstellungen, die sich jedoch auf Normalmaß herunterhandeln lassen.

Pharaonenquelle: Ein ruhiger, abgelegener Platz für Wohnmobile (Hinterlegen vom Paß beim Militärposten oder Duldung gegen Bakschisch).

Ras Muhammed: Campingplätze direkt am Riff im Nationalpark, "Labor"-Nähe.

Sharm el Sheikh: Safty Land Village, direkt an der Bucht; ziemlich unsauber, keine Duschen (!), £E 30 pP; statt dessen nördlich des Hotels Moon Beach am Strand (N29^18,27' E32°51,52').

Naama Bay: Pigeon House Camp, Camping (Wohnmobil, Caravan) pP 20.

Dahab: Camping in den verschiedenen Camps im Beduinendorf möglich, dort auch Duschen und Toiletten, Preise orientieren sich stark an den Zimmerpreisen, u.a. im Palm Beach (N28°36,70' E34°02,39'), Einfahrt auch für große Wohnmobile. Auch beim oder neben dem Restaurant **The Canyon Dive Resort** auf dem Weg zum Blue Hole (Duschen und WC im Restaurant).

Nuveiba: Drei Campingmöglichkeiten liegen nahe nebeneinander: Morgana Camp neben dem Hotel Helnan, El Waha Village (Leser: *"schönster Platz der Reise"*) und Amun-Ra-Yahro Camp. Beim Nakhil Inn ist ein Campingplatz mit Elektroanschluß etc. in Planung.

Ras Burka: Basata Camp (siehe Seite 515), sauber, gute Atmosphäre, gute Lage.

Katharinenkloster: Als beste Möglichkeit erscheint uns das Touristencamp Zeituna (6 km vor Kloster). Camping in Steinhütten, WC, Dusche, Wohnmobilfahrer (£E 10 pP) stehen auf dem Parkplatz (nachts u.U. laut wegen der Busse, die zum Kloster fahren). Auch das Hotel Al Fayroz (£E 10 pP) am Ortseingang von Milga bietet Stellmöglichkeit für Wohnmobile.

El Arish: Man kann sein Glück bei Hotels am Strand versuchen. Das Tourist Office empfiehlt einen städtischen Platz namens Tourist Camp, der an der Westseite der Mündung des Wadi El Arish liegt. Er ist allerdings nur während der ägyptischen Feriensaison geöffnet.

9.3 Alles o.k.?

In der folgenden Checkliste sind noch einmal alle Schritte, Informationen und Ausrüstungs-Utensilien aufgeführt, die uns wichtig erscheinen und die bei Vergessen ärgerlich oder gar teuer werden können. Diese Auflistung ist natürlich sehr subjektiv, besonders im Hinblick auf die Themen Ausrüstung und Verpflegung; sie soll daher nur Anregungen geben.

Papiere besorgen

(__) Visum
(__) Internat. Studentenausweis
(__) Internat. Führerschein
(__) Internat. Kfz-Schein
(__) Carnet des Passages
(__) Kopien von Datenseiten Paß
(__) Zusätzliche Paßfotos mitnehmen

Literatur besorgen

Schwerpunktmäßig vorbereiten
(__) Ägyptenkarte
(__) Stadtplan (Falk) Kairo
(__) Event. historischer Führer

Termine setzen

(__) Optimale Zeit auswählen
(__) Flugzeug/Schiff buchen
(__) Route planen, Schwerpunkte bestimmen

Ausrüstung/Kleidung

(__) Baumwollkleidung
(__) Jeans
(__) Kleidung für Einladung
(__) Baumwollunterwäsche
(__) Leichter Wollpullover/Anorak
(__) Sonnenhut, Sonnencreme
(__) Moskitoschutz (Netz,"Autan")
(__) Feste (Turn)schuhe
(__) Badezeug
(__) Geldgürtel oder Bauchtasche für Geld/Dokumente
(__) Gast-Geschenke besorgen (Auswahl siehe auch Seite 25)

Ausrüstung/Allgemein

(__) Foto/Kamera/Filme
(__) Ersatzbatterie für Kamera
(__) Taschenlampe
(__) Taschenmesser
(__) Schnorchel,Flossen
(__) Kurzwellenradio
(__) Gaskartuschen-Kocher
(__) Fernglas
(__) Wasserflasche
(__) Reiseapotheke
(__) (Leinen)Schlafsack
(__) Ohropax o.ä. Gehörschutz
(__) Rettungsdecke oder Isomatte als Schlafsackunterlage
(__) Eventuell leichtes Zelt
(__) Minimalwerkzeug für Mietwagenfahrer

Ausrüstung/Wohnmobil (allgemein)

(__) Klappspaten
(__) 2. Ersatzreifen mit Schlauch für längere Pistenfahrten
(__) Schaufel, Sandbleche
(__) Luftpumpe/Kompressor
(__) Manometer für Reifendruck
(__) Hydraulischer Wagenheber (für Pistenfahrten)
(__) Hartholzunterlage für Wagenh.
(__) Stabiles Abschleppseil
(__) Gutes Werkzeug

9.4 Mini-Sprachführer

Der folgende Mini-Sprachführer soll nur die notwendigste Hilfe zur Verständigung bieten, er kann kein Lexikon ersetzen. Bei jeder Neuauflage haben wir versucht, Verbesserungen und Optimierungen des Wortschatzes zu erarbeiten; vor einigen Jahren mit Haimo Pölzl aus Genf. Dann hat sich Dr. Nabil Osman, der das *Usrati Institut für Arabisch* in München betreibt, dieses Vokabulars angenommen und es wesentlich in Hinblick auf Aussprache und Betonung verbessert. Trotz dieser Professionalität verwenden wir der Einfachheit halber nicht die Standardlautzeichen, sondern einfachere Zeichen.

Ein paar Hinweise zur Betonung:

(**"**) : Explosionslaut vor **a**, **i** oder **u**, wie der Stimmabsatz vor den Wörtern **'es**, **'ist**, oder im Wort **Post"amt**

(**°**) : vor bzw. nach einem Buchstaben entspricht einem kehligen Reibelaut und bedarf viel Übung !!

(**gh**) : ein nichtrollendes Gaumen-**r**

(**'h**) : ein scharfes, ganz hinten in der Kehle gesprochenes und fast heiser klingendes **h**

(**w**) : ein **w**, wie in dem englischen Wort **wine**

(**z**) : wie stimmhaftes deutsches **s** in **Rose**

(**:**) : Vokal mit Doppelpunkt wird langgezogen gesprochen.

- **Wichtige allgemeine Ausdrücke**

ja/nein	ajwa/la
bitte (als Äußerung eines Wunsches)	min fadlak (mask)
bitte	min fadlik (fem)
danke	schukran
bitte (als Antwort auf einen Dank)	°afwan
ich möchte	ana °a:wiz
gibt es	fi:
nein, gibts nicht	la, mafi:sch
jetzt	dilwa'ti
gut	kuwajjis
nicht gut	musch kuwajjis
schlecht	wi'hisch
genug, stop	bass, kifa:ja
o.k.	tama:m

- **Wichtige allgemeine Worte**

Apotheke	agzacha:na
Arzt	dokto:r
Bank	bank
Brief	gawa:b
Briefmarke	ta:bi°
Bruder	ach
Frau	mada:m
Geld	fulu:s
gestern	imba:ri'h
groß	kibi:r
heute	innaharda
kalt	ba:rid
klein	sughajjar
Krankenhaus	mustaschfa:
Mann	ra:gil
morgen	bukra
Moschee	masgid, ga:mi°
Museum	mat'haf
Mutter	umm
Polizei	buli:s
Post	bosta
Quittung	faturah
Reisescheck	schi:k sija:'hi:
Sache	'ha:ga
schlecht	wi'hisch
Schmerzen	alam, waga°
Schwester	ucht
Sohn	ibn
Telefon	telefo:n
Tochter	bint
Unfall	'ha:dis
Vater	ab

viel	kiti:r
warm	suchn
wechseln (ich)	ana °a:wiz
wenig	schuwajja
Zoll	gumruk

- **Fragen**

wer?	mi:n?
wo?	fe:n?
wohin?	°ala fe:n?
was?	e:h?
warum?	le:h?
wann?	imta?
wie?	izzaj?
wie teuer?	bi ka:m?
wieviel?	ka:m?
wie bitte?	bit'u:l e:h?
was möchtest Du?	°a:wiz e:h?
ist es möglich ...?	mumkin ...?
nicht möglich	musch mumkin

- **Persönliches**

ich	ana
du (mask.)	inta
du (fem.)	inti
er	huwwa
sie	hijja
wir	e'hna
ihr	intu
sie	humma

- **Reisen**

Ägypten	masr
Auto	°arabijja
Bahnhof	ma'hatta
Brücke	kubri:
Bus	otobi:s
Deutsche	alma:nijja
Deutscher	alma:ni
Deutschland	alma:nijja
direkt	°ala tu:l, dughri:
Droschke	arbeya "hantur
Ermäßigung	tachfi:d
Fahrkarte einf.	tazkara ra:ji'h
Fahrpreis	ugra
Fahrrad	biskilitta
Flughafen	mata:r
Flugzeug	tajja:ra
Hafen	mi:na
hin und zurück	ra:ji'h gaij
Kairo	alqahi:ra
Kreuzung	mafraq
Minute	daqi:qa
Österreich	innimsa
Österreicher	nimsa:wi
Reisepaß	basbo:r
Schiff	markib
Schweiz	siwisra
Schweizer	siwisri:
Segelboot	felu:ka
Stadt	madi:na
Straße	scha:ri°
Stunde	sa:°a
Tourist	sa:ji'h
Weg nach ...	tari:" ila:
Zug	atr

- **Ortsbestimmung**

geradeaus	°ala tu:l, dughri:
links	schima:l
rechts	jimi:n
nach	ila:
hier/dort	hina/hina:k
zurück	ra:gi°
Norden	schama:l
Osten	schar'
Süden	ganu:b
Westen	gharb

- **Landschaft**

Berg	gabal
Hügel	tall
Brunnen	bi:r
Quelle	°ein
Wüste	sa'hara
Oase	wa:'ha
Haus	be:t

- **Restaurant/Hotel**

bezahlen	adfa°
Doppelzimmer	o:da bisri:re:n
Einzelzimmer	o:da bisri:r

essen (ich)	a:kul
Fleisch	la'hm
Fisch	samak
frei (Zimmer)	fa:di:
Gemüse	chuda:r
Hotel	funduq, ote:l
Huhn	farcha
Kaffee	ahwa
mit Frühstück	bil fita:r
Obst	fakha
Salz	mal'h
Tee	scha:j
Toilette	dorit majja, tuwalitt
trinken (ich)	aschrab
Wasser	majja
Zucker	sukkar

- **Markt/Einkaufen**

Banane	mo:z
billig	richi:s
Brot	°e:sch
Datteln	bala'h
Eier	be:d
Feigen	ti:n
Fruchtsaft	°asi:r
Granatapfel	rumma:n
Guaven	gawa:fa
Kartoffeln	bata:tis
kaufen	aschtiri:
Kilo	ki:lo
1/2 Kilo	nuss ki:lo
Mango	manga
Markt	su:q
Melone	batti:ch
Milch	laban
Orange	burtu'a:n
teuer	gha:li:
Tomaten	tama:tim
Zitrone	lamu:n
Zwiebeln	basal

- **Zahlen**

0	sifr
1	wa:'hid
2	itne:n
3	tala:ta
4	arba°a
5	chamsa
6	sitta
7	saba°a
8	tama:nja
9	tis°a
10	°aschara
11	hida:schar
12	itna:schar
13	talata:schar
14	arba°ta:schar
15	chamasta:schar
16	sitta:schar
17	saba°ta:schar
18	tamanta:schar
19	tisa°ta:schar
20	°ischri:n
21	wa:'hid wa °ischri:n
30	talati:n
40	arba°i:n
50	chamsi:n
60	sitti:n
70	saba°i:n
80	tamani:n
90	tis°i:n
100	mijja
200	mite:n
300	tultumijja
400	arba°mijja
500	chumsumijja
600	suttumijja
700	sub°umijja
800	tumnumijja
900	tus°umijja
1000	alf

0	1	2	3	4	5	6	7	8	9	10
٠	١	٢	٣	٤	٥	٦	٧	٨	٩	١٠

• Redewendungen

Ich spreche nicht arabisch	ana mat kal limsch arabi
Sprich langsam, bitte (mask.)	mumkin tit ka lim bischwi:sch
Sprich langsam, bitte (fem.)	itkallimi: bi schwi:sch
Ich verstehe Sie nicht (mask.)	ana misch fahmak
Ich verstehe Sie nicht (fem.)	ana misch fah mik
Darf ich fotografieren?	mumkin asawwar?
Ich weiß nicht	ma°rafsch
Ist das gut?	il haga di kuwajjisa?
Wie weit ist es bis ...?	e:h il masa:fa li ...?
Wo ist der Bahnhof?	il ma:hatta fen?
Was kostet das?	bikam da?
Ich bin krank	ana åjja:n
Wo ist der nächste Arzt?	fen aqrab dok to:r?
Verschwinde!	imshi: !

• Begrüßung

Herzlich willkommen	ahlan wa sahlan	Antwort: ahlan bi:k
Friede sei mit Dir !	as sala:mu °alaikum	Antwort: °alaikum as sal:am
Guten Morgen	saba:'hil che:r	Antwort: saba'hin nu:r
Guten Tag/Abend	masa:'il che:r	Antwort: masaba'in nu:r
Wie geht's dir (mask.)?	izza jjak?	Antwort: al hamdulillah
Wie geht's dir (fem.)?	izza jjik?	Antwort: al hamdulillah
Aufwiedersehen	ila: li qa:'	
Entschuldigung	a:sif	Antwort: ma°alisch
Wie heißt du? (mask.)	ismak e:h?	Antwort: Ich heiße ...ismi: ..
Wie heißt du? (fem.)	ismik e:h?	Antwort: Ich heiße ...ismi: ..

9.5 Glossar

Altägyptische Begriffe

- **Kartusche** – stilisierte, ovale Umrandung der Geburts- und Krönungsnamen eines Königs
- **Kiosk** – leichtes, pavillionartiges Bauwerk, dessen Dach von Pflanzensäulen getragen wurde
- **Kanopen** – Eingeweidengefäße; jeweils vier Krüge dienten nach der Leichenmumifizierung zur Aufbewahrung der Eingeweide
- **Mammisi** – Geburtshaus; in diesem kleinen Nebentempel wurde die Geburt des Gottessohnes in Form von "Mysterienspielen" rituell nachvollzogen
- **Mastaba – Bank-Grab**
- **Naos** – Götterschrein, in dem das Kultbild aufbewahrt wird
- **Obelisk** – (griechisch Himmelsnadel) Monolith, meist aus Rosengranit, auf quadratischer Grundfläche; seine Spitze gilt als Sitz der Sonne
- **Ostrakon** – (griechisch Scherbe) Tonscherbe, die als "Schmierzettel" verwendet wurde
- **Pylon** – (griechisch Einzugstor) mächtiger Torbau in der Tempelachse, dessen zwei Tortürme den Tempel in der Vorderfront abschließen
- **Sanktuar** – Allerheiligstes
- **Sarkophag** – Sarg
- **Stele** – Grab- oder Gedenkstein, auf dem wichtige historische Ereignisse festgehalten wurden
- **Sphinx** – Mischwesen aus Löwenleib und Menschenhaupt, die Tempel bewachen und Feinde abwehren. In Ägypten, im Gegensatz zu Griechenland, nahezu ausschließlich männlich
- **Uschebti** – kleine Figürchen aus Fayence in Mumienform, die als Grabbeigabe den Toten ins Jenseits begleiten und dort an seiner Stelle die Arbeit erledigen

Islamische Begriffe

- **Bab** – Stadttor
- **Liwan** – eine Halle, die nach drei Seiten geschlossen ist und sich nur auf der vierten Seite zum Innenhof hin öffnet
- **Madrasa** – Hochschule für religiöses Recht
- **Mashrabiya** – gedrechselte Holzgitter, ineinander verzapft
- **Mausoleum** – Grabbau
- **Minarett** – Turm des Gebetsrufers
- **Mirhab** – Gebetsnische
- **Minbar** – Gebetskanzel
- **Muezzin** – Gebetsrufer
- **Sabil Kuttab** – öffentlicher Brunnen mit angeschlossener (meist darüber liegender) Koranschule
- **Souk** – Markt, Bazar
- **Wakala** – Handelshaus, Karawanserei

Index

Raum für Notizen

SCHREIBEN SIE UNS BITTE,

ÄI

falls Sie neue und/oder bessere Informationen haben und so lange diese Infos wirklich noch aktuell sind (also gleich nach Rückkehr schreiben). Wenn wir Ihre Zuschrift verwerten können, schicken wir Ihnen ein Freiexemplar von einem der unten aufgeführten Bücher (bitte ankreuzen):

- ☐ KAIRO; LUXOR und ASSUAN
- ☐ ISRAEL, palästinensische Gebiete und Ostsinai
- ☐ JORDANIEN
- ☐ OSTDEUTSCHLAND INDIVIDUELL
- ☐ Exemplar der nächsten Auflag dieses Buches

Wir freuen uns sehr, wenn Sie Ihre Infos gut leserlich auf ein Zusatzblatt schreiben oder uns als Email schicken. Bei Email vergessen Sie bitte nicht, auch Ihre Postanschrift anzugeben. Unsere Anschrift:

Sigrid und Wil Tondok, Nadistr. 18, D-80809 München
E-Mail: s.w.tondok@tondok-verlag.de

Ihre Anschrift:..

....

Besuchszeit:..

Besuchte Gegend:...

Erfahrungen:

Kauderwelsch Band 2
Ägyptisch-Arabisch
Wort für Wort
REISE
KNOW-HOW

Kauderwelsch Band 115
Hieroglyphisch
Wort für Wort
REISE
KNOW-HOW

Programm-übersicht

Reise Know-How Bücher werden von Autoren geschrieben, die Freude am Reisen haben und viel persönliche Erfahrung einbringen. Sie helfen dem Leser, die eigene Reise bewußt zu gestalten und zu genießen. Wichtig ist uns, daß der Inhalt nicht nur im reisepraktischen Teil „Hand und Fuß“ hat, sondern daß er in angemessener Weise auf Land und Leute eingeht. Die Reihe Reise Know-How soll dazu beitragen, Menschen anderer Kulturkreise näherzukommen, ihre Eigenarten und ihre Probleme besser zu verstehen. Wir achten darauf, daß jeder einzelne Band gemeinsam gesetzten Qualitätsmerkmalen entspricht. Um in einer Welt rascher Veränderungen laufend aktualisieren zu können, drucken wir bewußt kleine Auflagen.

RAD & BIKE:
Reise Know-How Rad & Bike sind Radführer von lohnenswerten Reiseländern bzw. Radreise-Stories von außergewöhnlichen Radtouren durch außereuropäische Länder und Kontinente. Die Autoren sind entweder bekannte Biketouren-Profis oder „Newcomer“, die mit ihrem Bike in kaum bekannte Länder und Regionen vorstießen. Wer immer eine Fern-Biketour plant – oder nur davon träumt – kommt an unseren Rad & Bike-Bänden nicht vorbei!

Welt

Abent. Weltumradlung (Rad & Bike)
ISBN 3-929920-19-0
Äqua-Tour (Rad & Bike)
ISBN 3-929920-12-3
Auto(fern)reisen
ISBN 3-921497-17-5
CD-Rom Reise-Infos Internet
ISBN 3-89416-658-4
Erste Hilfe effektiv
ISBN 3-89416-689-4
Fahrrad-Weltführer
ISBN 3-9800975-8-7
Der Kreuzfahrtführer
ISBN 3-89416-663-0
Motorradreisen
ISBN 3-89662-020-7
Outdoor-Praxis
ISBN 3-89416-629-0
Die Welt im Sucher
ISBN 3-9800975-2-8
Wo es keinen Arzt gibt
ISBN 3-89416-035-7

Europa

Amsterdam
ISBN 3-89416-677-0
Andalusien
ISBN 3-89416-679-7
Bretagne
ISBN 3-89416-175-2
Budapest
ISBN 3-89416-660-6
Bulgarien
ISBN 3-89416-220-1
Costa Brava
ISBN 3-89416-646-0
Dänemarks Nordseeküste
ISBN 3-89416-634-7
England, der Süden
ISBN 3-89416-676-2
Europa Bike-Buch (Rad & Bike)
ISBN 3-89662-300-1
Gran Canaria
ISBN 3-89416-665-7
Großbritannien
ISBN 3-89416-617-7
Hollands Nordseeinseln
ISBN 3-89416-619-3
Irland-Handbuch
ISBN 3-89416-636-3
Island
ISBN 3-89662-035-5

Europa

Kärnten
ISBN 3-89662-105-x
Kreta
ISBN 3-89416-685-1
Litauen & Königsberg
ISBN 3-89416-169-8
Das Tal der Loire
ISBN 3-89416-681-9
London
ISBN 3-89416-673-8
Madrid
ISBN 3-89416-201-5
Mallorca
ISBN 3-89662-156-4
Mallorca für Eltern und Kinder
ISBN 3-89662-158-0
Mallorca, Reif für
ISBN 3-89662-168-8
Mallorca, Wandern auf
ISBN 3-89662-162-9
Malta
ISBN 3-89416-659-2
Nordspanien und der Jakobsweg
ISBN 3-89416-678-9
Nordtirol
ISBN 3-89662-107-6
Oxford
ISBN 3-89416-211-2
Paris
ISBN 3-89416-667-3
Polens Norden
Ostseeküste/Masuren
ISBN 3-89416-613-4
Prag
ISBN 3-89416-690-8
Provence
ISBN 3-89416-609-6
Pyrenäen
ISBN 3-89416-692-4
Rom
ISBN 3-89416-670-3
Salzburger Land - Salzkammergut
ISBN 3-89662-109-2
Schottland-Handbuch
ISBN 3-89416-621-5
Sizilien - Liparische Inseln
ISBN 3-89416-627-4
Skandinavien - der Norden
ISBN 3-89416-653-3
Toscana
ISBN 3-89416-664-9
Tschechien
ISBN 3-89416-600-2
Warschau/Krakau
ISBN 3-89416-209-0
Wien
ISBN 3-89416-213-9

Deutschland

Hauptsadt Berlin mit Potsdam
ISBN 3-89416-226-0
Insel Borkum
ISBN 3-89416-632-0
Insel Fehmarn
ISBN 3-89416-683-5
Harz/Ost
ISBN 3-89416-228-7
Harz/West
ISBN 3-89416-227-9
Insel Langeoog
ISBN 3-89614-684-3
Mecklenburg/Brandenburg
Wasserwandern
ISBN 3-89416-221-x
Mecklenburg/Vorpommern
Binnenland
ISBN 3-89416-615-0
München
ISBN 3-89416-672-x
Norderney
ISBN 3-89416-652-5
Nordfriesische Inseln
ISBN 3-89416-601-0
Nordseeinseln
ISBN 3-89416-197-3
Nordseeküste Niedersachsens
ISBN 3-89416-603-7
Ostdeutschland individuell
ISBN 3-89622-480-6
Ostfriesische Inseln
ISBN 3-89416-602-9
Ostseeküste/Mecklenburg-Vorpom.
ISBN 3-89416-184-1
Ostseeküste Schleswig-Holstein
ISBN 3-89416-631-2
Rügen und Hiddensee
ISBN 3-89416-654-1
Sächsische Schweiz
ISBN 3-89416-630-4
Schwarzwald
ISBN 3-89416-611-8
Schwarzwald/Nord
ISBN 3-89416-649-5
Schwarzwald/Süd
ISBN 3-89416-650-9
Insel Sylt
ISBN 3-89416-682-7
Thüringer Wald
ISBN 3-89416-651-7

Amerika

Argentinien/Urug./Parag.
ISBN 3-89662-051-7
Atlanta & New Orleans
ISBN 3-89416-230-9
Barbados, St. Lucia ...
ISBN 3-89416-639-8
Canada Ost/USA Nord-Osten
ISBN 3-89662-151-3
Canadas Westen mit Alaska
ISBN 3-89662-157-2
Chile & Osterinseln
ISBN 3-89662-054-1
Costa Rica
ISBN 3-89416-641-x
Dominikanische Republik
ISBN 3-89416-643-6
Ecuador/Galapagos
ISBN 3-89662-055-x
Guatemala
ISBN 3-89416-695-9
Hawaii
ISBN 3-89416-696-7
Honduras
ISBN 3-89416-666-5
Kolumbien
ISBN 3-89662-058-4
Lateinamerika BikeBuch
ISBN 3-89662-302-8
Mexiko
ISBN 3-89662-310-9
New Orleans
ISBN 3-89416-686-x
New York City
ISBN 3-89416-687-8
Panama
ISBN 3-89416-671-1
Peru/Bolivien
ISBN 3-89662-330-3
Radabenteuer Panamericana (Rad & Bike)
ISBN 3-929920-13-1
San Francisco
ISBN 3-89416-232-5
St. Lucia, St. Vincent, Grenada
ISBN 3-89416-624-8
Trinidad und Tobago
ISBN 3-89416-638-x
USA/Canada
ISBN 3-89662-170-x
USA/Canada Bikebuch (Rad & Bike)
ISBN 3-929920-17-4

Amerika

USA mit Flugzeug und Mietwagen
ISBN 3-89662-150-5
USA, Gastschüler in den
ISBN 3-89662-163-7
USA für Sportfans
ISBN 3-89416-633-9
USA - Südwest Natur- und Wanderführer
ISBN 3-89662-169-6
USA-Westen
ISBN 3-89662-165-3
Venezuela
ISBN 3-89662-040-1

Afrika

Agadir, Marrakesch und der Süden Marokkos
ISBN 3-89662-072-x
Ägypten individuell
ISBN 3-89662-470-9
Äthiopien
ISBN 3-89662-043-6
Bikeabenteuer Afrika (Rad & Bike)
ISBN 3-929920-15-8
Durch Afrika
ISBN 3-921497-11-6
Kairo, Luxor, Assuan
ISBN 3-89662-460-1
Kamerun
ISBN 3-89662-032-0
Libyen
ISBN 3-89662-005-3
Madagaskar, Seychellen, Mauritius, Réunion, Komoren
ISBN 3-89662-062-2
Marokko
ISBN 3-89662-081-9
Namibia
ISBN 3-89662-321-4
Simbabwe
ISBN 3-89662-026-2
Tansania Handbuch
ISBN 3-89662-048-7
Tunesien
ISBN 3-921497-74-4
Tunesiens Küste
ISBN 3-89662-076-2
Westafrika - Küstenländer
ISBN 3-89662-002-9
Westafrika - Sahel
ISBN 3-89662-001-0

Asien

Auf nach Asien (Rad & Bike)
ISBN 3-89662-301-x
Bali & Lombok mit Java
ISBN 3-89416-645-2
Bali: Ein Paradies wird erfunden
ISBN 3-89416-618-5
Bangkok
ISBN 3-89416-655-x
China Manual
ISBN 3-89416-626-6
China, der Norden
ISBN 3-89416-229-5
Chinas Osten mit Bejing und Shanghai
ISBN 3-89416-680-0
Emirat Dubai
ISBN 3-89662-094-0
Hongkong, Macau und Kanton
ISBN 3-89416-235-x
Indien, der Norden
ISBN 3-89416-223-6
Israel, palästensische Gebiete, Ostsinai
ISBN 3-89662-451-2
Jemen
ISBN 3-89622-009-6
Jordanien
ISBN 3-89662-452-0
Kambodscha
ISBN 3-89416-233-3
Komodo/Flores/Sumbawa
ISBN 3-89416-060-8
Ladakh und Zanskar
ISBN 3-89416-176-0
Laos
ISBN 3-89416-637-1
Malaysia mit Singapur und Brunei
ISBN 3-89416-640-1
Mongolei
ISBN 3-89416-217-1
Myanmar (Burma)
ISBN 3-89662-600-0
Nepal-Handbuch
ISBN 3-89416-668-1
Oman
ISBN 3-89662-100-9
Phuket (Thailand)
ISBN 3-89416-182-5
Rajasthan
ISBN 3-89416-616-9

Asien

Singapur
ISBN 3-89416-656-8
Sri Lanka
ISBN 3-89416-170-1
Sulawesi (Celebes)
ISBN 3-89416-635-5
Taiwan
ISBN 3-89416-693-2
Thailand Handbuch
ISBN 3-89416-675-4
Thailand: Tauch- und Strandführer
ISBN 3-89416-622-3
Thailands Süden mit Bangkok
ISBN 3-89416-662-2
Tokyo
ISBN 3-89416-206-6
Vereinigte Arabische Emirate
ISBN 3-89662-022-3
Vietnam-Handbuch
ISBN 3-89416-661-7

Ozeanien

Neuseeland Campingführer
ISBN 3-921497-92-2
Bikebuch Neuseeland (Rad & Bike)
ISBN 3-929920-16-6

Edition RKH

Mallorca, Geschichten aus dem anderen
ISBN 3-89662-161-0
Mallorquinische Reise
ISBN 3-89662-153-x
Yanomami- Massaker
ISBN 3-89416-624-x

Praxis

Kanu-Handbuch
ISBN 3-89416-725-1
Wildnis-Ausrüstung
ISBN 3-89416-750-5
Wildnis-Küche
ISBN 3-89416-751-3

Reise Know-How Verlag Tondok

Zuverlässige Informationen gehören zu den "Essentials" bem Reisen: Wo gibt es brauchbare Hotels, ein sauberes Restaurant, wo liegen die Sehenswürdigkeiten und wie findet man sich dort zurecht. Wie und warum reagieren die Menschen auf die Besucher, auf bestimmte Situationen? Dies und noch viel mehr erfahren Sie aus den Reiseführern von Wil und Sigrid Tondok:

Jordanien

Reisen zwischen Jordan, Wüste und Rotem Meer

Alles über das kaum bekannte, aber sehr attraktive Land zwischen Jordan und Wüste. Tips und fundierte Empfehlungen zum täglichen Reiseleben, detaillierte Beschreibungen der vielen Sehenswürdigkeiten, vor allem auch der Felsenstadt Petra. (336 Seiten, 38 Karten, 16 Farbseiten und 34 s/w-Fotos, ISBN 3-89662-452-0)

KAIRO, Luxor, Assuan - *Städteführer*

Was liegt näher, als im Kurzurlaub Kairo zu besuchen? Unser Städteführer zeigt Ihnen nicht nur das Übliche, sondern nimmt Sie mit in das Leben zwischen Mittelalter und Moderne - und, falls Sie genug Zeit haben, mit nach Luxor und Assuan. (300 Seiten, 16 Farbseiten, 33 Karten und Pläne, ISBN 3-89662-460-1)

ISRAEL, palästinensische Gebiete, Ostsinai

Erleben und Verstehen von Gestern und Heute

Zwischen Rotem, Totem und Mittel-Meer, zwischen Klagemauer und Felsendom, zwischen sattgrünen Feldern und Felsenwüste – Israel hat unendlich viel zu bieten, ganz abgesehen von der prickelnden kulturellen Vielfalt. Dieser Führer hilft bei der Auswahl und zeigt Ihnen die besten Wege. (448 Seiten, 52 Karten und 62 s/w Fotos, 16 Farbseiten, ISBN 3-89662-451-2)

OSTDEUTSCHLAND INDIVIDUELL

Das Handbuch für Entdeckungsreisen Ostedutschland und Gesamtberlin. Tips für Wohnmobilfahrer, Boot-, Rad- und Fußwanderer

Ein Reiseführer mit hohem praktischen Nutzen, z.B. 30 attraktive Routen kreuz und quer durch Deutschlands Osten, mehr als 550 Orte, Restaurants und Hotels in über 100 Orten, Bootsfahrten auf mehr als 120 Seen und Wasserwegen, viele Wandertips.(600 Seiten, 54 sw-Fotos, 16 Farbseiten, 52 Karten und Pläne, ISBN 3-89662-480-6)